RELATIONS
DE DIVERS
VOYAGES
CVRIEVX,

QVI N'ONT POINT ESTE' PVBLIE'ES,
ou qui ont esté traduites d'Hacluyt, de Purchas, & d'autres Voyageurs Anglois, Hollandois, Portugais, Alemands, Italiens, Espagnols; & de quelques Persans, Arabes, & autres Autheurs Orientaux.

Enrichies de Figures de Plantes non décrites, d'Animaux inconnus à l'Europe, & de Cartes Geographiques de Pays dont on n'a point encore donné de Cartes.

DEDIE'ES AV ROY.
IV. PARTIE.

A PARIS,
Chez ANDRÉ CRAMOISY, ruë de la vieille Bouclerie,
au Sacrifice d'Abraham.

AVIS SVR LA SVITE DV RECVEIL.

LE Recueil de Voyages dont j'ay déja donné une grande partie, est un dessein auquel je travaille il y a plusieurs années; j'ay fait chercher dans les plus fameuses Bibliotheques les pieces qui pouvoient l'enrichir, & il y a peu de gens de cette erudition que je n'aye entretenus & consultez sur ce dessein. Cependant je trouve tous les jours de nouvelles pieces qui avoient échapé à ma recherche, ou qui paroissent de nouveau; je voy par là qu'il m'arrivera la mesme chose qui est arrivée à Hakluit, à Purchas, à Ramusio, qui ont fait des recueils de voyages, & qu'il me sera impossible dans la suite de m'arrester à l'ordre que je m'estois proposé au commencement, de ranger ces pieces selon que les païs dont elles parlent sont situez à nostre égard. Apres avoir décrit les Indes dans le premier Volume, j'avois employé la fin du second & tout le troisiéme à la description de la Chine; j'y avois inseré le Geographe Chinois, traduit par le Pere Martinius sous le nom de l'Atlas de la Chine, avec la route & l'histoire du voyage que les Hollandois y ont fait, & la Relation de leur premiere Ambassade; ma pensée estoit en continuant cet ordre, d'y joindre la suite de cette negotiation, & les autres ambassades que les Hollandois y ont envoyées depuis, avec la Relation du voyage des RR. PP. Grueber & d'Oorville, tirée des lettres & des entretiens qu'on a eu avec eux sur ce sujet. Je me trouve encore une histoire entiere de la Chine, écrite en Persan, continuée jusqu'au commencement du dernier siecle, & qui peut en quelque façon suppléer la seconde decade qui manque à l'Histoire de la Chine, que le mesme Pere Martinius nous a laissé imparfaite, ne l'ayant continuée que jusqu'au temps de la naissance de JESUS-CHRIST. J'ay encore dans la mesme langue la Relation de l'ambassade des Princes des descendans de Tamerlan envoyerent à la Chine, qui est une piece tres-curieuse, & une espece de découverte de ces païs mal connus, qui sont depuis la mer Caspienne jusqu'à l'Ocean, & qui achevera de convaincre ceux qui doutent encore que le Cathay soit une partie de la Chine. Je me trouve outre cela un autre Voyage fait par terre des Indes à la Chine, que j'ay traduit d'un manuscrit Arabe, où il y a une infinité de belles remarques pour l'histoire naturelle, & quelques autres pieces de cette sorte, & mesme un livre de Confucius traduit du Chinois. Mon dessein estoit de donner ensuite une Relation bien plus ample de la terre d'Eso, du Japon, & des Isles qui sont à l'Est & au Sud de la Chine, & principalement de cette terre Australe dont on attend avec tant de curiosité, de sçavoir quelle partie elle fait de nostre terre, il m'est tombé entre les mains dequoy la satisfaire en partie, puisque j'ay le voyage de ceux qui l'ont cotoyée toute entiere, & qui ont trouvé que la mer l'environne de tous costez; j'ay mesme les veuës des costez de cette grande Isle. Mais quelques autres pieces dont je n'ay point parlé icy, & qui donneront de grandes lumieres pour ces pays, n'estant pas encore en estat, j'ay pensé que je ferois mieux de remettre à un autre temps ce que je ne pouvois donner maintenant qu'imparfait, & d'ailleurs mon but estant de rendre communes à ceux de ma nation les connoissances que nos voisins ont tirées de leurs navigations & voyages de long cours; aprés avoir mis en nostre langue beaucoup de Relations qui peuvent servir pour la navigation des Indes Occidentales, j'ay crû que je ne devois pas differer plus long-temps à donner ce que j'ay des Indes Occidentales, puisque nos François y font maintenant des navigations fort frequentes sous l'authorité & direction d'une tres-puissante Compagnie.

Je commenceray donc le Recueil des Indes Occidentales par une description du NATUREL DES INDIENS, que D. Juan Palafox, ce fameux Evesque des Indes, presenta au Roy d'Espagne en forme de Memorial, pour obliger ce Prince à reprimer la tyrannie avec laquelle on traite les Indiens. J'y joindray beaucoup de ces Relations que l'on n'a point encore vuës, & principalement des païs où nos flottes navigent le plus ordinairement, afin que les connoissances qu'en ont eu les autres Nations, instruisent la nostre de ce qu'elle y doit faire pour son commerce & pour son establissement. Et ayant reconnu, comme je viens de dire, l'impossibilité qu'il y a de suivre dans un Recueil l'ordre des païs que je m'estois proposé, toutes les pieces que je donneray desormais seront comme détachées, afin que lors qu'il en viendra d'autres on les puisse joindre ensemble, ou les separer selon que l'on le jugera à propos.

 LE VOYAGE AU PEROU m'a semblé fort curieux, je ne puis rien dire de son autheur que je ne connois que sous le nom du sieur Acarette, qui est peut-estre un nom supposé, mais je puis bien adjoûter à ce qu'il dit de son Voyage au Perou, ce que le Pere Oualle nous en a laissé. Pour ce voyage, dit-il, l'on se sert de charettes tirées par des bœufs ; l'on rend ces charettes assez commodes, car on les couvre par dedans de roseaux, & par dessus avec des cuirs, y laissant toutefois des ouvertures pour servir de portes, & d'autres qui tiennent lieu de fenestres, afin que l'on puisse avoir de l'air. Le lit du voyageur est étendu dans le fond de la charette, & il arrive souvent qu'il trouve avoir fait une grande traite, & estre arrivé au giste sans estre sorty de son lit ; avec cette commodité il a s'il veut le divertissement de la chasse ; car sans s'éloigner beaucoup de son chemin il peut monter à cheval, ses chiens font presque aussitost partir des hardes de bestes fauves ou de ces moutons du pays, les chiens les lancent, & le chasseur n'a autre chose à faire qu'à tuer à coups de bâtons les faons ou petits de ces bestes, qui ne pouvant pas suivre leurs meres, deviennent sa proye, & en peu de temps il charge son cheval de sa chasse sans s'estre éloigné du chemin. Ce voyage pourroit passer pour une promenade & pour un divertissement, si les chaleurs de ces quartiers n'estoient excessives. On voyage de nuit pour les éviter ; le jour il faut se reposer, si l'on peut appeler repos le temps qu'on passe arresté au milieu d'une campagne que le Soleil brûle, sans qu'il y ait aucun arbre ; & où l'on conte pour une bonne fortune lors qu'au bord d'une riviere on trouve quelque pied de sureau qui fait un peu d'ombre. Pour moy ma plus grande peine estoit pour l'eau, lors qu'on rencontroit quelques-unes de ces rivieres, on en faisoit une provision pour trois jours, hors de cela celles que l'on trouve dans les campagnes, sont vertes & boüeuses, & le manquement d'eau oblige quelquesfois les voyageurs à doubler la traite. J'ay veu dans ces rencontres les bœufs sentir l'eau de quatre à cinq lieuës, & y courir quelque force qu'on fist pour les retenir ; ceux mesme qui estoient attachez à la charette y couroient comme les autres, & se jettant tous dans l'eau, nous en ostoient quelquesfois l'usage, car ils en avoient fait de la boüe auparavant que nous eussions éteint nostre soif. Nous souffrions beaucoup quand cela nous arrivoit, aprés que l'eau de provision avoit manqué ; & la diligence de faire partir devant quelqu'un pour avoir de l'eau, avant qu'elle eust été gâtée par nos bœufs, estoit inutile, car ils prevenoient toûjours ceux que l'on envoyoit. Il faut quelquesfois porter toutes ses provisions pour quinze jours, ce chemin n'est point encore assez battu pour avoir des hostelleries, & dans l'étenduë de plusieurs lieuës, on ne trouve ny collines, ny pierres, ny bois à brusler ; & le bois est mesme une des choses dont il faut faire provision.

EXTRAIT DV PRIVILEGE DV ROY.

PAr grace & Privilege du Roy, donné à Paris le 8. Juin 1662. il est permis à GIRARD GARNIER de faire imprimer un *Recueil de diverses Relations & Voyages*, &c. en un ou plusieurs volumes, conjointement ou separément, pendant le temps de dix années ; avec defenses à tous autres d'en rien imprimer, vendre ny distribuer, ny aucune Carte, ny Figure, sous quelque pretexte que ce soit, sans son consentement, sous les peines portées dans ledit Privilege.

L'INDIEN,
OV
PORTRAIT AV NATVREL
DES INDIENS.

Presenté au Roy d'Espagne,

Par D. IUAN DE PALAFOX *Evesque de la Puebla de los Angeles.*

EIGNEVR,

 Vostre Majesté a peu de Ministres qui ayent esté à la nouvelle Espagne, ny qui en soient revenus avec plus d'obligation que moy de parler pour ses habitans. Quand mesme j'aurois oublié les obligations de Prestre, & d'une profession à laquelle il est si propre d'estre touché de la misere des affligez ; je ne pourois pas manquer à me souvenir de celle de Pasteur, & de pere de tant d'ames, du salut desquelles j'ay esté chargé dans les Indes, & dans un diocese aussi étendu qu'est l'evêché de los Angeles, qui fait presque la quatrieme partie de tout le ressort de l'Audiéce Royale du Mexique, tant est grand le nombre de ses habitans. Il n'y a point de pere, pour dur qu'il soit, qui ne soit touché des pleurs de ses enfans ; les peres entrent naturellement dans ces sentimens, & principalement lors qu'ils les voyent maltraitez, & dans des miseres qu'ils ne se sont point attirées par leur faute.

 La confiance qu'il a plû à V. M. de prendre en ma personne, en se voulant bien décharger sur mes soins de l'ardent desir qu'elle a toujours eu de consoler & de proteger ces pauvres peuples, me doit encore fortifier dans ces sentimens : la charge de Fiscal des Indes qu'elle m'a donnée, & que j'ay exercée l'espace de vingt ans, celle de Conseiller du Conseil des Indes, l'autre que j'eus aprés de Visiteur general des tribunaux de la nouvelle Espagne, & sur tout celle de vice-Roy & de Gouverneur, me contraignent de parler en faveur de ces abandonnez, & cependant tres-fideles vassaux de V. M. la qualité de Juge des residences des trois vice-Rois, & de l'election de la ville metropolitaine du Mexique sont encore d'autres liens de mesme force que les precedens. Mais quand mesme je ne serois point chargé de toutes ces obligations, la connoissance que j'ay des miseres & de l'oppression que ces pauvres peuples souffrent, m'obligeroit à la representer à V. M.

 Dans chacune de ces charges dont elle m'a honoré, l'on ne voit qu'une partie de ce qu'ils souffrent ; mais elles m'ont donné tout ensemble une connoissance parfaite de leur miserable estat. Les vice-Rois pour attentifs qu'ils puissent estre à leur fonction, ne sçauroient jamais arriver à comprendre ce que les Indiens souffrent, dans la superiorité d'un poste qui les comble de tous les plaisirs qu'ils peuvent souhaiter : ils ne peuvent pas approcher des affligez, des blessez, des exilez ; & quand leurs plaintes viennent jusques à leurs oreilles, elles y arrivent toujours changées

IV. Partie.   *

par ceux qui les portent; cette grande charge a toujours autour d'elle les instrumens mesme de la persecution des Indiens; ce sont souvent les principaux ministres du Vice-Roy qui en sont la cause, & ses gens qui profitent de ce que l'on oste aux Indiens, trouvent mieux leur compte à les faire passer pour criminels ou pour rebelles, qu'à souffrir que l'on écoute leurs soupirs, & que l'on voye leurs larmes.

La charge de Visiteur general du royaume semble plus propre pour découvrir la verité des mauvais traitemens qu'ils souffrent, mais elle ne suffit pas toute seule: car la nature humaine, generalement parlant, comme l'on en a vû l'exemple dans le paradis mesme en la personne d'Adam, s'arme & se munit d'excuses, auparavant que d'en venir à faire le mal; quelquefois elle se sert de la force, quelquefois de la calomnie, en d'autres rencontres de son authorité: elle empechera que le Visiteur ne trouve les moyens necessaires pour faire la recherche; elle menacera les témoins, & quelquefois le juge mesme; elle fera intervenir des retardemens, des conflits entre les jurisdictions; & ayant surpris le Conseil par de fausses informations, les officiers non seulement se mettront à couvert de la peine qu'ils ont meritée par leurs violences, mais empecheront ou obscurciront en telle sorte les preuves, que la plus grande peine retombera sur ceux des juges & des ministres qui ont eu le zele de les vouloir reformer, & qui n'ont pas voulu composer avec eux.

Ces raisons font voir que c'est proprement aux Ecclesiastiques, & aux Pasteurs de ces peuples à prendre connoissance de ces desordres, quoiqu'ils n'en puissent pas châtier les autheurs. Comme le troupeau de ces miserables peuples leur est recommandé, c'est à eux à les connoistre en particulier, à les conter de temps en temps, à les chercher dans les mines & dans les montagnes, quand ils ne se trouvent point chez eux. Ceux qui sont interessez dans les vexations qu'on leur fait, n'ont pas tant d'apprehension d'un Ecclesiastique, ou d'un Evêque, qu'ils en ont d'un Juge ou d'un Visitador; car ils luy peuvent toujours parler avec la confiance que l'on a pour un pere. J'en ay veu plusieurs fois l'experience dans les visites que j'ay faites d'une extremité à l'autre de ce royaume; & souvent les choses qui avoient échapé à ma connoissance lorsque j'estois Juge, m'estoient confiées après lorsque j'agissois en qualité d'Evêque.

Cette connoissance, celle que j'ay de la pieté de V. M. & combien luy sont agreables les services que luy peuvent rendre ses Ministres, & les Ecclesiastiques, en luy découvrant les moyens de faire observer les loix qu'elle a jugé necessaires pour le bien de ces peuples; m'ont obligé à prendre la plume, & à representer à V. M. le plus succintement qu'il me sera possible, les motifs qui doivent porter sa clemence, son saint zele & celuy de ses Ministres à donner de la force à des loix si necessaires, en les observant eux-mesmes, & en employant des reglemens proportionnez à la nature de l'affaire, & aux bonnes intentions de V. M. Les loix, SEIGNEUR, lorsqu'elles ne sont pas bien observées, ne font que du scandale, & bien loin d'empecher le malheur particulier qu'elles condamnent, elles servent en quelque façon d'authorité pour l'executer impunément, & pour authoriser tous les autres en general.

C'est pour ce dessein que je me suis mis à representer à V. M. quels sont en effet les sujets tres-utiles, & tres-fideles, que vous avez dans les Indes; rien ne justifiera tant leur cause auprés de V. M. que la connoissance de leur innocence & de leur bon naturel; je raporteray mesme quelles sont les peines & les vexations qu'ils souffrent, & en dernier lieu, les moyens & les remedes les plus propres pour arrester ces desordres; je n'avanceray rien sur ce sujet que je n'aye vû moy-mesme, & dont je ne sois parfaitement informé; je ne doute point que ces mesmes desordres ne soient déja connus dans vôtre Conseil, aussi ne me reste-t'il autre chose à faire que de les representer à vôtre religion & à vôtre pieté.

C'est principalement des Indiens de la nouvelle Espagne que j'entens parler, puisque c'est là que j'ay esté employé en tant de charges principales; la chose se passe presque de mesme dans le Perou, mais il y a toûjours quelque peu de difference pour le naturel de ses habitans.

I. *Que la facilité avec laquelle les Indiens ont reçu l'Evangile que les Espagnols leur ont porté, est un autre titre qui les rend plus dignes de la protection de Vostre Majesté.*

La tres-auguste maison d'Autriche tire son principal lustre de la pieté & de la religion, elle a passé de cette maison avec un heureux accroissement par tout le nouveau monde ; car il est certain que le zele des Rois Catholiques, sous le regne desquels les Indes furent découvertes, & principalement celuy de Charles V. & de sa mere, dont les capitaines découvrirent la nouvelle Espagne & la conquirent, n'eut point d'autre motif que le dessein d'étendre la foy par tout le monde, & rendre l'Eglise catholique plus glorieuse & plus triomphante.

Les autres parties du monde, l'Europe, l'Asie & l'Afrique, ont reçu nôtre religion de la bouche des Apostres ; mais les annales de l'Eglise qui nous l'ont appris, & ses martyrologes, nous ont marqué combien il a coûté de sang de martyrs à l'établir, & combien il en a esté répandu depuis pour la conserver. L'idolatrie s'y opposa l'espace de plus de 300. ans, & employa le fer & le feu pour s'en defendre : la chose s'est passée tout autrement dans l'Amerique ; ces peuples soûmis & d'un naturel fort doux se resolurent en peu d'années, pour ne pas dire de mois, à abattre leurs idoles ; ils foulerent aux pieds, & enterrerent eux-mesmes la gentilité & l'idolatrie, après qu'elle eut esté attaquée, & vaincuë par le zele & les armes de vos predecesseurs. Ce leur est là, Seigneur, un merite singulier. On remarque encore dans toute l'histoire ecclesiastique, que la Religion catholique n'eut pas plûtost abattu l'idolatrie, qui s'estoit defenduë avec tant d'opiniatreté dans ces trois parties du monde, que l'on vit paroître en mesme temps des heresiarques, qui ne donnerent pas moins de peine à l'Eglise, que l'idolatrie mesme. Dés le temps de l'Empereur Constantin, Arrius, aprés luy Eutyches, Macedonius, & tant d'autres qui les suivirent, entraînerent dans leur erreur une infinité de peuples, & ont laissé des successeurs qui rendent infames par leur abominable doctrine, une grande partie de l'Europe, & presque toute l'Asie & l'Afrique. Il en a esté tout autrement de l'Amerique ; car outre qu'elle a reçu la foy chrêtienne avec docilité, elle la conserve maintenant dans toute la pureté qu'elle l'a reçuë, sans aucune tache d'erreur ny d'heresie ; & il n'y a point d'Eglise qui represente mieux la robe de Nostre Seigneur toute entiere, & sans aucune coûture. C'est là encore ce me semble une consideration qui oblige V. M. & le Saint Pere à concourrir avec toute leur puissance spirituelle & temporelle à la defense de ces peuples.

II. *Que les Indiens meritent encore la protection de V. M. à cause de la ferveur avec laquelle ils professent & exercent la Religion.*

Il est vray qu'il leur est resté en certains endroits quelques restes de superstition, mais le manquement de ministres en est la seule cause ; & on voit dans tout ce nouveau monde une infinité de marques du zele de ces nouveaux Chrétiens, dont je puis rendre fort bon compte, puisque j'en ay vû souvent des preuves convaincantes. On les voit dans les processions publiques faire penitence de leurs pechez à coups de discipline, les yeux arrestez sur un Crucifix, les pieds nuds, & quelquefois la face découverte, avec un zele si veritable, qu'on ne les sçauroit voir sans en estre touché de devotion, & mesme de confusion. Il n'y a point parmy eux de maison si pauvre, qui n'ait son Kali, ou Oratoire ; ils y mettent leurs images, & employent pour le parer tout ce qu'ils peuvent épargner de la conserver, & ce qu'ils gagnent à la sueur de leurs corps. Ils passent les jours de la communion tous entiers en oraison dans ces Kali ou dans leur eglise, & cela avec une attention & un si grand respect, qu'ils pouroient servi-

IV. Partie.

d'exéple à nos Ecclefiaftiques les plus devots. Ils font des offrandes à l'Eglife, & c'eft pour les pouvoir faire plus largement qu'ils fement : tout ce qu'ils gagnent eft pour leur eglife; & comme c'eft là qu'eft leur cœur, ils y mettent auffi leur trefor. Enfin on peut dire que tout ce qui leur refte aprés qu'ils ont payé le tribut, eft employé & confacré au fervice de Dieu, principalement lorfqu'ils voyent que leurs Miniftres concourrent à ce mefme deffein, & qu'ils ne leur donnent pas de mauvais exemples, de faire leurs affaires aux dépens de celles de la Religion. En effet, SEIGNEUR, fi on en excepte ce qu'on en fournit des coffres de V. M. ce font eux qui entretiennent les Curez par leurs offrandes, qui font fubfifter les Preftres & les familles Religieufes de la nouvelle Efpagne, & qui baftiffent les eglifes. Ils font ces dépenfes d'eux-mefmes & fort volontiers, s'ils peuvent amaffer quelque chofe pour ce deffein; car quelquefois on leur demande ce qu'ils ne peuvent fournir : & qui s'étonnera s'ils ne veulent pas donner ce qui eft au deffus de leurs forces, ou qu'ils le donnent avec chagrin?

Les foins & les refpects avec lefquels ils reçoivent leurs Curez & leurs Ecclefiaftiques, eft exemplaire; ils fe mettent à genoux devant eux, leur baifent les mains avec reverence, vont au devant d'eux pour preparer les chemins lorfqu'ils font leur vifite. Quand les Ecclefiaftiques arrivēt, ils trouvent qu'on leur a apprefté tout ce qui eft neceffaire pour leur nourriture, & de lieu en lieu qu'on leur a dreffé des fueillées fur leur chemin pour fe repofer. Vous les voyez dans les eglifes, les femmes feparées d'avec les hommes, dans un profond filence, les yeux arreftez vers la terre, faire des humiliations, & des genuflexions avec tant d'ordre, que je doute que l'on voye rien de femblable dans pas une de nos familles & ordres Religieux. Mais je ne puis mieux reprefenter leur pieté, qu'en rapportant ce qui m'arriva peu de temps avant que je partiffe de ces païs. Un de leurs Cachiques, nommé Dom Louis de San-Iago, fit quarante lieuës par un tres-mauvais chemin, pour me venir trouver; je le connoiffois de l'avoir vû au temps de la vifite que j'avois faite dans ces quartiers-là; c'eftoit un homme tout à fait venerable, âgé de 80. ans, que ces peuples confideroient comme leur pere, & qui eftoit tout leur recours. Il me dit tout tremblant de la foibleffe de fon âge : *Pere, vous fçavez que j'ay depenfé tout mon bien pour l'eglife de mon païs* (ce qui eftoit vray) *& pour la defenfe des pauvres Indiens, afin qu'on les comptaft, & qu'on ne leur impofaft pas plus de tribut qu'ils n'en peuvent porter; maintenant que je me voy fur le bord de ma foffe, je voudrois bien employer cent cinquante écus que j'ay, à faire des ornemens pour l'eglife de mon pays, de la couleur qui vous plaira le plus, je vous prie donc d'en prendre le foin, & de me donner voftre benediction pour m'en retourner mourir dans ma patrie.* Je loüay fon zele, je donnay ordre qu'on executaft fa volonté, & ce bon homme s'en retourna comblé de joye achever le refte de fes jours dans fon pays. Je pourrois rapporter beaucoup de femblables exemples, fi le zele que V. M. a pour la protection de ces peuples, avoit befoin d'eftre confirmé par des exemples étrangers.

III. *Les Indiens meritent la protection de V. M. à caufe de la douceur avec laquelle ils fe font mis fous fa domination, & la fidelité conftante avec laquelle ils y demeurent.*

L'ON peut dire, SEIGNEUR, qu'en ce point ils ont furpaffé toutes les autres nations qui fe foient jamais foûmifes à aucun Prince; ces fujets ne fe font point trouvez dans la fucceffion de vos anceftres, ils fe foûmirent eux-mefmes par élection, reconnurent le faint Siege & l'Empereur Charles V. dont la conquefte eft principalement juftifiée par le faint motif qu'il eut de faire entrer ces ames dans le giron de l'Eglife, & de leur faire quitter l'idolatrie, avec les facrifices des hommes, & toutes ces autres barbaries que le diable leur avoit enfeignées, & fait pratiquer fi long-temps.

Ferdinand Cortez dit à Motezuma, qui eftoit comme Empereur de la plus grande partie de la nouvelle Efpagne, qu'un grand Prince nommé Charles Quint l'avoit

DE D. IVAN DE PALAFOX.

envoyé en ces quartiers-là pour empécher qu'il ne se commist plus d'idolatries, que les hommes ne se mangeassent plus les uns les autres, & que ny Motezuma ny ses sujets ne se souillassent pas plus long-temps des autres vices abominables, ausquels ils estoient si sujets; qu'il falloit qu'il se mist sous la protection de Charles Quint, & qu'il luy payast tribut. Motezuma fit assembler les plus sages de ses estats, fit examiner les livres, * & les traditions anciennes du païs, & ayant trouvé que du costé de l'Orient, qui estoit l'endroit par où les nostres estoient entrez dans ses estats, il devoit venir une nation étrangere à laquelle ils se devoient soûmettre, il se disposa aussitost avec son peuple, d'obeïr à l'Empereur Charles Quint, & à luy payer le tribut qu'on luy demandoit. Si Cortez trouva aprés quelque resistance, ce fut plûtost le peuple que le Prince, qui voulut secoüer le joug qu'il avoit reçu, & c'est-là le seul mouvement qui se soit fait dans le pays, car ils ont continué depuis dans une exacte obeïssance & soûmission; il ne se trouvera peut-estre point dans les histoires d'exemple d'une plus grande fidelité, d'un pays plus facilement conquis, ny qui ait moins coûté à vostre maison, & qui s'entretienne plus aisément, & avec moins de peine dans la fidelité qu'il a promise.

* Palafox parle de livres, mais ce sont plûtost des peintures que des livres.

IV. *S'ils se sont soûmis si aisément à la Couronne de V. M. il ne faut point dire que ç'ait esté par bassesse & par manquement de courage, comme quelques-uns l'ont voulu faire croire.*

Il est constant qu'ils reçurent les premiers Espagnols qui vinrent avec Cortez, comme des Teules ou Dieux venus de pays inconnus; ils prirent ces hommes à cheval pour une espece particuliere, & crûrent que l'homme & le cheval estoient d'une piece: les chiens mesmes, qu'ils voyoient combattre avec les hommes, augmenterent leur étonnement, & tout ce qu'ils virent des Espagnols, leur parut d'abord comme autant de prodiges; le feu des coups de mousquet, & l'étonnement de voir mourir les gens de ces coups sans en pouvoir comprendre la cause, servit beaucoup à établir dans leur esprit cette tradition qui leur avoit appris, qu'une nation fille du Soleil se rendroit un jour maistresse de leur pays.

Cet étonnement contribua plus que tout le reste à cette conqueste, car dans la suite on vit mille exemples du courage de ces peuples. Gouatamuz le dernier de ces Rois, qui n'avoit que vingt-quatre ans, estant obligé faute de monde d'abandonner la ville, & ayant esté pris & mené prisonnier devant Cortez, il luy presenta son poignard, & luy dit, *Prens-le & me tuë, car je ne puis vivre sans empire & sans liberté.*

Ce qui est arrivé à Cortez dans les Indes, Sertorius l'a fait autrefois aux Espagnols: ce fugitif de Rome fit accroire aux peuples d'Espagne, qui estoient alors fort simples, qu'une biche luy parloit à l'oreille; au sortir de la caverne où il s'estoit retiré, & où il avoit dressé cet animal à manger sur ses épaules, & avec une supposition si grossiere il se rendit maistre des Espagnols, & leur fit tourner leurs armes contre l'Empire Romain. Si Sertorius estoit venu en ce temps-cy, le moindre juge de village de Castille l'auroit arresté, & l'auroit fait punir comme un imposteur; cependant il ne s'est quasi rien fait de grand dans le monde, où les Espagnols n'ayent eu quelque part; & ce qui se passa alors ne peut non plus servir de prejugé contre leur courage, que l'histoire de Cortez contre l'opinion qu'on doit avoir du courage des Indiens.

Mais sur tout il faut avoüer qu'il y a eu du miracle dans cette conqueste, & y reconnoistre une force secrette de la providence divine, pour repandre sur ces peuples la lumiere de la foy.

V. *Ils meritent encore la protection de V. M. par la raison du profit que vostre Couronne en tire.*

Ce sont ceux de vos vassaux qui ont le moins coûté à vostre Couronne, & qui luy ont le plus valu; car la plus grande partie des autres royaumes de V. M. quand mesme on joindroit ensemble leurs revenus, ne rendent point à proportion de ce qu'on a tiré des mines de la nouvelle Espagne, de celles du Potosi, Zacatecas, Parral, Pachuca, Guanaxuato & autres, sans parler de ce qui se tire des impositions, tiers d'offices, & des mines du Perou. L'on dit que les Indes ont dépeuplé l'Espagne, à cela j'ay à repondre qu'on ne peut pas dire qu'un royaume coûte beaucoup à un autre, quand il n'en tire que quelque peu d'habits, encore la pluspart des Espagnols qui habitent les Indes sont venus du mélange d'autres nations, & n'ont qu'un tiers ou un quartier d'Espagnol ; cependant ils encherissent l'Espagne, au lieu que les Pays-bas bien loin de luy rendre des tributs considerables, l'épuisent tous les jours de ses meilleurs hommes & de toutes les richesses que l'Espagne tire du reste du monde.

VI. *Les Indiens ne sont point superbes, point ambitieux, ny sujets à l'avarice, à la colere, à l'envie, au jeu, ny aux blasphemes.*

Ceux qui aiment l'argent sont fort rares parmy eux, & ne l'estiment que tres-mediocrement, & pour un usage raisonnable ; vous ne les voyez point faire de dessein de joindre une maison à une autre, de se faire de grands revenus ; ils vivent tous contens dans l'estat où ils se trouvent, sans dessein de faire leur fortune ny des dépenses excessives ; il n'y a point de gens plus libres d'ambition ; l'élection des offices dans leurs assemblées se fait sans brigues, si ce n'est que quelque Mestiz s'en mesle, ou que quelque Espagnol les y engage pour ses fins particulieres, jusques-là qu'on dit communément qu'ils choisissent les hommes à la ceinture, à cause qu'ils prennent ordinairement pour leur chef celuy qui est le plus gros & le plus fort. Pour l'humilité, il n'y a point de Mestiz, de Moulate, ny mesme de Negre, devant lesquels ils ne s'abaissent : & ils sont si peu coleres, que pour mal-traitez qu'ils soient, on a de la peine à les faire resoudre à se plaindre. Ils ne connoissent pas mesme l'envie ; comme ils ne souhaittent que ce qui est necessaire pour vivre, ils n'ont point aussi d'inquietude de voir que les autres soient plus heureux qu'eux. On ne les voit point jurer, ny s'engager au jeu, ny à la depense. Que Vostre Majesté commande que l'on examine ces raisons ; & si ces nations qui sont exemptes de tous ces vices que je viens de dire, & qui cependant sont si ordinaires chez toutes les autres, ne meritent pas encore par cette raison qu'un Prince aussi Catholique & aussi pieux que vous l'estes, les cherisse, les defende & les protege.

Ils ne sont pas à la verité tout à fait exemps du reproche d'estre sensuels, ny de celuy d'estre sujets à la gourmandise ; mais il faut considerer qu'ils ne tombent guere dans le premier de ces defauts, que lors qu'ils ont perdu le sens, & qu'ils se sont enyvrez avec quelques-unes de ces boissons fortes qui sont en usage chez eux ; faudra-t'il les abandoner sur ce reproche, cependant que chez tant d'autres nations des hommes qui passent pour habiles & pour fort sensez, s'y laissent aller, lors mesme qu'ils ont leurs sens fort libres ? Ainsi il faut avoüer que s'ils sont sensuels, ce n'est jamais que lors qu'ils sont yvres, & que mesme il seroit fort aisé de les en corriger si tous les Curez & leurs Juges en prenoient quelque soin : car il est aussi aisé de reduire un de ces Indiens à ce que l'on veut, qu'un enfant de quatre ans, à qui on oste une chose qui luy fait du mal, en luy en mettant entre les mains quelqu'autre qui l'amuse. Pour ce qui est de la paresse, qu'on peut dire estre propre & comme naturelle à ces peuples, il ne faut pas s'arrester à ce vice pour lequel ils ont tant de medecins spirituels & temporels ; ceux qui les enseignent, & leurs Juges, ne les laissent point sans occupation ; ils les font travailler à toutes sortes d'arts, car c'est en cela que consiste le profit de leurs charges, & par cette raison, quoiqu'ils ne soient pas naturellement diligens, ils ne demeurent pas sans occupation : tellement, Seigneur, qu'on peut dire que des sept pechez mortels qui ont perdu le monde, ils sont tout à fait exemps de cinq; qu'ils ne sont sensuels que lors qu'ils ont perdu l'usage de la raison par la force des boissons de leur pays, & qu'encore on ne leur peut reprocher que la moitié de ce peché ; car ils ne font excez qu'à boire, & ne mangent

DE D. IVAN DE PALAFOX.

fort peu ; & ainsi au lieu que nous sommes sujets à sept pechez, on ne les peut accuser que de la moitié d'un.

Que l'on compare ces Indiens avec les autres nations du monde, entre lesquelles on en voit quelques-unes si sujetes à la colere, qu'elle y a entretenu des guerres civiles, qui ont duré quatre & cinq cens ans, comme entre les Guelfes & les Gibellins. Qu'on les compare avec ces autres peuples qui ne sortent presque point de table que pour y revenir. Qu'on fasse reflexion qu'il y en a de si sensuels, qu'ils ne pardonnent pas mesme à ce qui est de plus reservé & de plus sacré : qu'il y en a d'autres, dont l'ambition a fait naistre tant de guerres ; & d'autres si sujets aux juremens & aux blasphemes, qu'ils n'ont point de paroles plus communes. Et poura-t-on nier aprés, que des peuples si éloignez du vice, & d'eux-mesmes si portez à la vertu, ne meritent la protection de V. M ?

VII. *De la pauvreté des Indiens.*

ILS sont pauvres la pluspart par élection ; & le choix de ce genre de vivre sans ambition & sans avarice les rend encore plus conformes aux loix du Christianisme. Mais quand mesme ils seroient pauvres par force, ils meriteroient encore par cette raison d'estre protegez de V. M. & qu'elle donnast authorité aux loix qu'elle a établies. Les Caciques entre les Indiens, leurs gouverneurs & leurs autres officiers, comme ils ont des terres de leur patrimoine, & beaucoup d'industrie pour les cultiver, pouroient amasser de l'argent, des meubles, & tout ce que les autres nations souhaitent le plus ; cependant ils se contentent d'un tilma, qui leur tient lieu de juste-au-corps, d'une chemise de coton, d'un haut-de-chausse de mesme étoffe ; & il n'y a que les principaux qui ayent un chapeau & des souliers, presque tous vont nuds pieds & nuë teste. Leur maison est une pauvre cabanne ; & s'il y a quelque porte, c'est pour les defendre des bestes sauvages ; car on n'entend point parler de vol parmy eux. Pour tous meubles dont les autres parent leurs maisons ils n'ont qu'un kali, ou oratoire, pour prier Dieu : là ils mettent des representations de Saints, ou images imprimées sur du papier. Ils n'ont qu'une natte de jonc pour leur servir de lit, laquelle ils étendent à terre au premier lieu où ils se rencontrent de leur maison, n'ayant point de lieu determiné pour cela. Une piece de bois leur tient lieu de chevet ; & dans un des coins de leur maison ils moulent ou preparent leur millet, dequoy ils font des galettes qui sont leur seule nourriture. Ces pauvres gens avec cela sont plus contens que ceux qui travaillent toute leur vie à accumuler richesses sur richesses, on n'en voit pas un demander l'aumône, se plaindre de leur mauvaise fortune, ny estre envieux de celle des autres ; ils se tiennent au contraire heureux en cette honneste pauvreté, & le sont fort selon mon sens.

J'ay ouy dire à des Capucins, gens de bon sens & fort pieux, qu'ils admiroient la sainte & honneste maniere de vivre de ces Indiens ; & que si saint François qui aimoit tant la pauvreté evangelique, eust connu celle de ces Indiens, il en auroit sans doute pris quelque instruction, & auroit formé sur cet exemple les regles de cette vertu qu'il a laissée comme un droit d'ainesse aux Religieux de son ordre. Enfin si nous considerons bien la difference qu'il y a entre la maniere de vivre des Indiens, & celle des Religieux, on trouvera qu'il n'y a point d'Ordre si pauvre, où les Religieux n'ayent une cellule, un refectoire, un chapitre, des cloistres, & un peu de jardin. Les Indiens au contraire n'ont que treize ou quatorze pieds de terrain, qui sont ordinairement toute la place de leur hutte ; & s'ils ont davantage de terre, elle leur a esté donnée ordinairement pour travailler à la cultiver, & pour en tirer quelque profit à la sueur de leurs corps. Pour pauvre que soit un Religieux, il a au moins quelque aix pour se coucher dessus : l'Indien dort sur une natte étenduë par terre, & pour tout oreiller une piece de bois fort dur. Les Religieux portent des souliers ou des sandales : l'Indien va toujours nuds pieds &

8   L'INDIEN.

nu-jambes, & quelque temps qu'il fasse il n'a ny froc ny chapeau pour se couvrir la teste. Les Religieux ont toujours deux ou trois plats ou de poisson ou de legumes; au lieu que les Indiens n'ont qu'un peu de mais, ou bled, qu'on appelle en France, de Turquie, & si on y ajoute un peu *de chilé* avec de l'eau chaude, c'est le plus grand regale qu'on leur puisse faire. On dira, & il est vray, que la fin pour laquelle les Religieux souffrent ces incommoditez, releve infiniment le merite de leurs souffrances; mais cela n'empeche pas que la pauvreté des Indiens ne se doive estimer beaucoup: car outre qu'ils sont Chrestiens, il y en a beaucoup qui rapportent aussi à Dieu leur pauvreté, qui est souvent volontaire. Plusieurs d'entre eux pouroient vivre plus largement, mais ils suivent à la lettre le conseil que S. Paul s'appliquoit à luy-mesme, pourvu qu'il eust dequoy vivre & dequoy se couvrir, toutes les autres choses du monde luy estoient superflues. L'Archevesque de Mantoue General de l'Ordre de S. François rapporte qu'à Tagouakam, qui est une dependance de l'evesché que je sers, S. François & une autre Sainte apparurent à un Religieux de son Ordre, & luy dirent: *Les Indiens exercent l'obedience, la patience, & la pauvreté, dont vous faites profession.*

Mais, Seigneur, ce qui me semble le plus admirable est, que des gens si pauvres enrichissent vos sujets, aussi-bien les Ecclesiastiques que les Laïques. Ces Indiens sont autant de mouches à miel qui travaillent toute l'année afin que les autres en profitent; & ce n'est point pour les empecher de travailler que je prens leur defense, ce que j'ay à demander à V. M. avec tous ceux qui parlent en leur faveur, aprés luy avoir representé le merite de ces peuples & ses vertus, est que V. M. les protege, & qu'elle empeche seulement qu'on ne les oblige à des travaux & à des corvées qui sont infiniment au dessus de leurs forces.

Espece de poivre.

VIII. *De la patience des Indiens.*

Les travaux ausquels on les oblige sont excessifs, & leur patience est de mesme: car on ne les entend jamais s'en plaindre. Je n'entreray point icy dans le détail de ce qu'ils souffrent, il ne seroit pas bien dans un endroit où je parle de leurs vertus, de mesler avec elles les vices des autres nations: mais je puis bien asseurer V. M. que leur patience peut passer pour exemple, & qu'à l'exterieur elle ne cede point à celle des Martyrs, des Confesseurs, & de tous ceux qui ont le plus souffert pour l'amour de Dieu. Pour grande que soit leur souffrance, ils se mettent rarement en colere, & ne se resoudroient presque jamais à s'en plaindre à leurs superieurs, si des Espagnols ou des Religieux ne les y incitoient, quelquefois par amour de la justice, d'autres pour le service de V. M. d'autres aussi pour leur interest propre, ou pour leurs passions particulieres. D'eux-mesmes ils ne se plaindront jamais, & la plus grande resolution qu'ils prennent est de s'enfuir du lieu où on les persecute, pour passer à un autre. Si leur superieur vient, & qu'il leur commande qu'ils filent, ils se mettent à filer: s'il leur commande de prendre cent ou cent cinquante livres de charge, & de les porter à soixante lieuës de là, ils les portent. On leur donnera quelquefois une lettre à porter, ou un voyage de cent lieuës à faire, avec six galettes pour tout leur voyage, & on les oblige mesme quelquefois à la porter sans ce peu de secours: ils prennent la recompense qu'on leur donne, & si on ne leur en donne point, ils ne s'en plaignent pas.

IX. *De la liberalité des Indiens.*

Il sembleroit qu'estans si pauvres ils ne pouroient pas estre liberaux, & cependant ils le sont; car on ne doit pas estimer la grandeur de cette vertu sur le pied de ce qu'elle donne, mais par le desir de donner: & Nostre Seigneur loua davantage cette pauvre femme qui presenta peu de deniers au temple, que d'autres qui faisoient de plus grandes aumônes, mais avec moins d'affection. Leurs maisons sont toujours ouvertes pour loger ceux qui s'y presentent, & secourir ceux qui ont besoin

de

leur secours; ce sont eux qui entretiennent les Ecclesiastiques, & c'est de leurs offrandes que les Curez subsistent. Ils ne vont jamais voir leurs Superieurs Ecclesiastiques ou Seculiers, qu'ils ne leur portent des poules, des fruits, des œufs, ou du poisson; & quand ils n'ont rien de tout cela, ils leur presentent des fleurs : ils sont contens si ils les reçoivent, & ne se consolent point si on refuse leurs presens. Un pauvre Indien fera cinquante lieuës chargé de miel, de poisson, ou de panos qui sont des poules du pays, & cela pour demander souvent une grace qui vaudra moins que son present, & qui est ordinairement si juste, qu'on ne devroit pas attendre qu'ils la demandassent. Ils prestent volontiers tout ce qu'ils ont, & ne se refusent pas eux-mesmes lors qu'on les prie de bonne maniere de quitter leurs maisons pour aller travailler dans celle des autres ; ils y demeureront deux ou trois jours tres-contens, pour peu de nourriture qu'on leur donne. Ils sont toûjours fort honnestes quand ces breuvages dont ils usent n'ont point troublé leur raison. Les Indiennes ne se font guere Religieuses, mais c'est faute de dot, elles s'enferment dans les Convents pour servir de Sœurs converses, & vivent avec grand exemple entre les autres Religieuses. Les hommes passé cinquante ans voyent rarement les femmes, & on tient pour une débauche l'usage des femmes aux gens qui ont passé cet âge.

Il y a une Indienne à Cholula qui entretient dans sa maison & à ses dépens d'autres filles aussi Indiennes qui vivent fort honnestement. Leurs mariages en quelques provinces se font avec beaucoup de modestie ; leur maniere de faire l'amour à leurs maistresses se pourroit proposer pour exemple aux nations les plus retenuës. Le jeune Indien sans avoir parlé de son amour à celle qu'il veut rechercher pour femme, ny à ses parens, se leve de bon matin, va balayer devant sa porte, & quand sa maistresse est sortie avec ses pere & mere, il entre dans la cabanne, il la nettoye par tout; les autres matinées il y porte du bois ou de l'eau, & la met à la porte sans qu'on le voye ; c'est de cette maniere qu'il declare son amour, & qu'il tâche de penetrer quels sont les services qui peuvent plaire davantage aux parens de la fille : il les previent dans les choses qu'ils pourroient desirer de luy, & continuë à leur donner tous les jours de nouvelles marques de sa passion, jusques à ce que les parens de la fille trouvent qu'il ait acquis assez de merite pour le recompenser, & qu'ils soient assurez de sa constance, alors ils disposent entre eux toutes les choses à la celebration du mariage, sans que cependant le jeune homme dise aucune parole à sa maistresse, n'osant pas mesme se rencontrer aux lieux où elle se trouve, ny lever les yeux pour la regarder au visage lorsqu'elle passe.

X. Du peu que dépensent les Indiens ; de leur nourriture, & de leur soûmission envers leurs Superieurs.

La nourriture ordinaire des Indiens est un peu de maïz*, & il ne leur arrive guere de manger autre chose; de ce maïz ils font des galettes qu'ils trempent dans l'eau, où ils ont mis du Chilé, qui est une espece de poivre : ils gardent un grand silence, & une grande modestie à la table ; quoiqu'ils soient vingt personnes ensemble, ils ne mettent jamais deux ensemble la main au plat, ils y trempent les uns aprés les autres, & avec grand ordre leurs galettes, & si ils mangent quelquefois autre chose, c'est toûjours pour quelque extraordinaire, pour regaler leurs Superieurs ou quelque étranger.

*Ou bled de Turquie.

Ils souffrent l'incommodité de la faim avec cette mesme patience qui leur est comme naturelle; ils resistent fort à la fatigue, & avec six de ces petites galettes que je viens de dire, un Indien marchera tout un jour, fera onze ou douze lieuës, & sa dépense n'excedera point la valeur de douze Maravedis.

Depuis environ cent trente années qu'ils se sont soûmis à l'Espagne on ne leur a jamais vû faire aucun mouvement, ils n'ont jamais resisté aux ordres de la Justice, & ne se sont jamais plaints des tributs, quoiqu'excessifs, qu'on les a obligé de payer.

IV. Partie. **

Ils vivoient épars çà & là dans les montagnes, on leur fit quitter leurs retraites & leurs deserts pour venir habiter ensemble ; ils obeïrent : on leur a commandé en d'autres provinces de quitter les peuplades pour aller travailler aux mines & à d'autres ouvrages, ils ont obeï de mesme, toûjours prests à toutes sortes d'obeïssance, tantost de quitter les montagnes pour venir vivre dans les villes, tantost de sortir des villes pour aller travailler à la montagne.

XI. *De la discretion des Indiens, & de leur maniere de parler polie & civile.*

LEs Indiens ont l'esprit penetrant, non seulement pour les arts, mais aussi pour les sciences speculatives. J'ay vû des Indiens naturels fort vifs, & entr'autres un Prestre qui vit encore aujourd'huy nommé Fernando de Figueroa, de la race des Caciques, qui a soûtenu avec beaucoup d'applaudissement des conclusions publiques.

Leur langue est la plus polie & la plus civile de toutes celles dont j'ay connoissance ; l'on y trouve toutes les graces & toutes les figures des autres ; elle a mesme cet avantage pardessus la Grecque & la Latine, qu'elle a des formes de noms particulieres pour marquer du respect : pour dire par exemple Pere, ils se servent du mot *Tatl*, & pour le dire avec plus de respect, ils disent *Tatzin* ; *Teopixque* en leur langue signifie un Prestre, *Teopixcatzin*, un Prestre venerable.

Quand ils parlent à leurs Superieurs, c'est toûjours avec des discours fort propres, & qui n'ont rien de superflu ; leurs raisons sont vives & pressantes. On avoit fondu une cloche pour l'Eglise de la Puebla de los Angeles, qui se trouva d'un fort mauvais son ; le fondeur parut étonné de ce mauvais succez, comme un homme de son métier, un Indien qui se trouva là luy dit, *Ne te fache pas Pere, de ce qu'elle ne parle pas bien distinctement dés les premieres heures qu'elle a paru au monde ; la mesme chose ne t'est-elle pas arrivée ? un peu de patience elle parlera bien avec le temps.*

Un autre Indien se trouvant aux jeux des taureaux (à quoy cette nation se plaist fort) un Espagnol qui luy avoit presté une certaine quantité de maiz ou bled de Turquie, pour laquelle l'Indien luy avoit donné caution, voyant souvent son debiteur s'exposer entre les cornes des taureaux, luy faisoit signe qu'il se détournast, *Je voy bien que tu as peur qu'ils ne me tuë*, luy dit-il ; *de grace laisse moy me divertir, ne t'ay-je pas donné caution ?*

Je ne les ay jamais ouï parler en colere ny avec desordre pour quelque cause & occasion que ce pust estre, ils suivent toûjours sans s'embarasser le fil de leurs discours, & je puis dire qu'en dix ans de temps, je n'ay point vû d'Indien me parler avec aucun trouble, & que je ne me suis jamais apperçu d'aucun de ces embarras qui arrivent si ordinairement à toutes les autres nations, quand elles parlent à des personnes à qui elles doivent du respect, les Indiens au contraire ne se troublent point, & parlent tous comme des gens qui seroient accoustumez à traiter les plus grandes affaires du monde.

XII. *De la vivacité & promptitude d'esprit des Indiens ; de la facilité qu'ils ont à apprendre les arts mechaniques, & de leur bravoure.*

UN Indien qui faisoit voyage se rencontra dans un desert avec un Espagnol qui avoit un fort mauvais cheval & fort vieil, l'Espagnol voyant que celuy de l'Indien estoit de bon âge & vigoureux, demanda à l'Indien s'il le vouloit troquer contre le sien, il refusa un troc où il y avoit tant à perdre ; mais comme celuy-cy avoit des armes, & que l'autre n'en avoit point, l'Espagnol se servant de cet avantage, prit par force le cheval de l'Indien, luy mit la selle du sien, & continua ainsi son chemin avec le cheval de l'Indien, luy laissant le sien à la place, dont il estoit fort las ; l'Indien suivoit toûjours l'Espagnol, & luy demandoit de temps en temps son cheval,

DE D. IVAN DE PALAFOX.

l'Espagnol persistoit à nier qu'il l'eust pris ; ils arriverent en disputant ainsi en un lieu où il y avoit une Justice, le Juge sur la plainte de l'Indien fit venir l'Espagnol devant luy, il y fit aussi amener le cheval, il interrogea l'Espagnol pourquoy il l'avoit pris à l'Indien, il jura qu'il ne luy avoit point pris, que le cheval luy appartenoit, & qu'il l'avoit élevé tout jeune ; le pauvre Indien s'efforça de luy persuader le contraire, assurant que l'Espagnol luy avoit pris ; mais comme il n'y avoit point de preuve, le Juge ne pouvant faire autre chose dit à l'Indien qu'il falloit qu'il eust patience, & qu'il n'y avoit pas de preuve que cet homme luy eust pris son cheval ; l'Indien se tourne vers le Juge & luy dit ; *Ie prouveray si tu me le permets, que le cheval est à moy*, & aussi-tost l'Indien ostant son manteau, en couvrit la teste du cheval & dit au Juge, *Commande à cet homme, puisqu'il assure avoir élevé ce cheval, qu'il dise duquel des deux yeux il est borgne* : l'Espagnol bien embarrassé, afin qu'il ne parust pas qu'il hesitast à répondre dit aussi-tost, *Du droit*, & l'Indien découvrant la teste du cheval, dit, *Il n'est borgne ny de l'œil droit, ny du gauche*. Le Juge convaincu par une preuve si ingenieuse & si forte, luy adjugea le cheval.

Peut-on s'imaginer un expedient plus subtil que celuy que cet Indien trouva sur le champ ? s'en est-il jamais trouvé aucun qui ait approché de plus prés du jugement que Salomon rendit aux deux femmes qui demandoient toutes deux le mesme enfant ? ou plûtost celuy de l'Indien ne surpasse-t'il pas celuy de Salomon ?

Ils peuvent passer non seulement pour ouvriers, mais mesme pour bons maistres dans la plûpart des arts ; ils sont bons Peintres, bons Charpentiers & bons Architectes ; & ont en general beaucoup de facilité pour apprendre toute sorte de mestiers, il leur suffit de voir travailler les autres pour apprendre, & je croy qu'en ce point il y a peu de nations qui approchent de leur habilité.

J'ay veu travailler à l'Eglise Cathedrale un Indien qu'on appelloit les six mestiers, parce qu'il en sçavoit autant, & les exerçoit tous en perfection. C'est une chose surprenante que leur facilité à comprendre sur le champ les choses les plus difficiles, ils surpassent assurément en cela tous les autres peuples.

Un Indien du païs de Tarasco qui est une nation fort habile (ce sont eux qui font ces images à la plume) vint un jour au Mexique pour apprendre à faire des orgues, & alla trouver un artisan Espagnol qui en faisoit profession, il luy témoigna qu'il souhaitoit de l'apprendre, & qu'il luy payeroit ses peines ; l'artisan voulut tirer auparavant un écrit de l'Indien de ce qu'il luy donneroit, la chose fut differée cinq ou six jours à cause d'une affaire qui luy arriva, mais l'Indien estant demeuré pendant ce peu de temps chez l'Artisan à luy voir seulement mettre, oster & toucher ses orgues, il comprit aussitost tout ce qui regarde l'artifice interieur de cet instrument, en profita si bien, que lors qu'il fut question de passer l'écrit avec l'artisan, il luy dit qu'il n'avoit plus besoin de son instruction, & qu'il sçavoit déja faire des orgues, il s'en retourna ainsi à son païs, où estant arrivé il en fit une dont les tuyaux estoient de bois, si excellente, qu'elle passe pour la meilleure de cette Province ; il en fit en suite de divers metaux, & devint fort habile en cet art.

A Atrisco qui est une des villes de la Puebla, un Espagnol & un Indien vinrent en mesme temps pour apprendre du Chapelain de la province à joüer des orgues ; l'Espagnol quoiqu'il eust déja appris deux mois ne sçavoit pas toucher une note, au lieu que l'Indien aprés avoir appris quinze jours de temps seulement y estoit aussi habile que son maistre.

Il se trouve de fort bons Musiciens parmy eux, ils ont peu de voix, mais ils la conduisent fort bien ; ils joüent fort bien de tous les instrumens de musique, fort bien de la harpe, de la cornemuse, du violon, & sonnent bien de la trompette, ils ont des livres de musique dans leurs Chapeles, & des Maistres de musique dans toutes les Eglises Paroissiales, ce qui ne se trouve en Europe que dans les Eglises Cathedrales.

L'adresse avec laquelle ils taillent & polissent les pierres precieuses, causera sans

IV. Partie. ** ij

doute de l'admiration à V. M. si elle considere quelques-unes de celles que j'ay apportées de ce païs, & dont je luy ay fait present : ce sont de veritables pierres precieuses de tres-riche couleur, & de grande vertu, dont ils ont beaucoup de connoissance, aussi bien que des autres choses naturelles, comme des plantes, des racines, & des herbes; ils en tirent des remedes contre beaucoup d'infirmitez avec des succez singuliers; & comme ils sont pauvres & menagers, ils se servent des mesmes pierres pour faire des razoirs & des lancettes, si bien qu'ils se peuvent aisément passer des nostres qui sont d'acier.

Outre ce que j'ay cy-devant dit de leur bravoure, rien ne l'établit mieux que l'histoire des guerres de toutes ces nations * d'Indiens qu'on n'a pû dompter jusques à cette heure.

*Les Chichi, les Salineros, les Tepaguianes, & les Tobos.

C'est une chose rare, SEIGNEUR, de voir un Indien se jetter dans l'eau tout nud sur le dos d'un Crocodille, & prendre le temps qu'il ouvre la gueule pour luy mettre un bâton de demy aulne de long entre les dents, & le tirer à bord avec une corde attachée au bâton. Ce qui arriva un jour proche de Zacatecas, montre bien leur courage & leur adresse. Il y avoit là un méchant homme fort déterminé, que le grand Prevost ne pouvoit prendre à cause qu'il portoit toûjours sur luy trois ou quatre armes à feu, & qu'il estoit bon homme de cheval; un Indien ayant ouy le Juge se plaindre de ce qu'il ne pouvoit faire prendre ce méchant homme, il luy dit, que s'il vouloit il luy ameneroit pieds & mains liées, vif ou mort. Le Juge étonné qu'il eust le courage de l'entreprendre, luy promit de le bien recompenser s'il en venoit à bout. L'Indien prit un gros bâton pour son dessein, il le cacha sous son manteau, chargea sur ses épaules une espece de cage dans laquelle il avoit mis une douzaine de poules, & marcha vers le lieu où estoit ce méchant homme : lors qu'il fut à deux lieuës du village où il avoit accoûtumé de demeurer, il le rencontra à cheval, qui luy demanda où il alloit : l'Indien luy répondit, que le Pere (ils appellent ainsi les Ecclesiastiques) luy envoyoit les poules qui estoit dans sa cage. L'autre descendit de cheval, & après avoir déchargé l'Indien il se baissa pour tirer quelques poules dedans la cage : l'Indien pendant qu'il estoit occupé à prendre les poules luy donna un si grand coup de son bâton sur le mollet du bras, qu'il le jetta à terre, & luy en ayant encore donné quelques autres sur l'autre bras il se jetta sur luy avec une diligence extrême, & luy lia les pieds & les mains avec une corde, puis il le chargea sur son cheval mesme, & estant arrivé peu après au lieu où estoit le Juge, il le luy mit entre les mains.

XIII. *Des autres vertus des Indiens, de leur humilité, de leur honnesteté, de leur propreté, & de leur discretion à garder le silence.*

JE puis assurer V. M. que s'il y a dans le monde (je parle des effets de la nature, & non pas de ceux de la grace) des gens doux & humbles de cœur, ce sont les Indiens; il semble que la nature leur ait donné en partage cette vertu que nostre Seigneur nous enseigne en nous disant, *que nous apprenions de luy à estre doux & humbles de cœur*: car il faut confesser que ce sont de petits Anges qui ne connoissent ny l'ambition, ny la superbe, ny l'envie; ils ne refusent aucun travail qu'on leur commande; si on les querelle ils ne disent mot; si on leur commande quelque corvée ils y obeïssent; si on leur donne quelque nourriture ils la reçoivent, autrement ils ne la demandent pas.

Lors qu'ils parlent à leurs Superieurs, ils se mettent à genoux : si ils y viennent dix ou douze ensemble, ils se tiennent en cette posture jusques à ce qu'on leur dise de se lever, & cependant qu'un d'eux expose la cause de leur venuë, les autres se taisent : pas un ne s'en va de devant le Superieur sans avoir auparavant baisé la main, & s'il leur refuse cette soûmission, ils le prennent en mauvaise part, & en sont fort tristes, mais ils ne s'en plaignent point. Ils ne se font point d'incivilité l'un à l'autre, ils ont au contraire beaucoup d'égard les uns pour les autres, & vivent en grande union, & s'ils ont quelques differens ils sont aussitost terminez; & quoiqu'ils soient souvent vingt ou trente Indiens ensemble attendant leur Superieur, ils se tiennent tous debout ou assis dans un profond silence, & si ils se disent quelque chose les uns aux autres, c'est si bas qu'il n'y a qu'eux seuls qui le puissent entendre. Je ne les ay jamais entendu crier; ils ne sont point railleurs, & le rire (principalement à ceux qui vivent entre les Espagnols) est fort rare, ou pour mieux dire, n'est point du tout en usage. Vous ne voyez point en eux de marques de legereté, ils parlent au contraire toûjours gravement; ils sont fort attentifs à écouter ce qu'on leur commande, & témoignent beaucoup de marques de ressentiment & de reconnoissance à ceux qui leur font du bien. Ils ne sçavent ce que c'est que vaine gloire, & quoiqu'ils excellent en quelque art, ils ne s'en estiment pas davantage.

Le parler est entre eux une grande preéminence, & la principale marque de superiorité, & le silence une marque d'obeïssance & de respect; c'est pourquoy lors qu'ils veulent exprimer le mot de Prince ou Chef des Indiens ou Espagnols, ils l'appellent *Tatouai*, c'est à dire celuy qui parle: & estans devant leur Superieur, soit qu'il soit Espagnol ou Indien, ils ne parlent point que quand on les interroge. Le commun peuple porte beaucoup de respect aux nobles, & les jeunes gens aux vieillards. Les vieillards n'abusent point du respect qu'on leur rend; ils se font un honneur d'enseigner aux petits enfans à prier Dieu, & ne se defendent pas de le faire, de quelque condition qu'ils soient par dessus les autres.

Ils sont adroits dans tous les arts mechaniques, & pour ce qui est de faire les choses à peu de frais, ils surpassent en ce point toutes les autres nations que j'ay connuës.

En visitant mon diocese je fus obligé de m'arrester à un lieu appellé Olintla *, à cause que c'estoit dans le temps de la Semaine sainte, j'y trouvay environ quarante Indiens, & comme il falloit que je consacrasse les saintes Huiles dans leur Eglise, & que j'y fisse les autres offices ordinaires de ce temps, on fut obligé de leur faire dresser un Autel pour faire la consecration, & on debarassa aprés cette mesme place pour l'office du Vendredy Saint; ils dresserent donc un Autel fort élevé & avec beaucoup de degrez pour y monter & y mettre le saint Sacrement, & cela sans y employer de clous, ny avoir aucun des instrumens dont se servent les Charpentiers & les Menuisiers, ils employerent au lieu de clous & de chevilles, des joncs & de l'osier, & firent cependant un travail qui reüssit fort seur, & où ils ne firent pas la dixiéme partie de la dépense qu'il auroit couté si les Espagnols y avoient esté employez.

* Ce lieu cy est situé entre de tres-hautes montagnes dans la Province de Totonacapa.

Ils sont fort propres en leurs habits; ils sont pauvres, mais on n'y voit rien qui choque la vuë, ce qui vient de l'usage des bains qui leur est ordinaire.

XVI. *Réponse à quelques objections que l'on me pourra faire.*

Je sçay bien qu'on me pourra dire qu'il se trouve des Indiens brutaux, cruels, avaricieux, superbes, coleres, sensuels, & sujets à toutes sortes de vices; à quoy je réponds que je n'ay pas traité dans ce discours du naturel de chaque Indien en particulier, mais que j'ay entendu parler de toute la nation en general; aussi on ne décrira pas un Convent entier pour un ou deux Religieux qui ne vivront pas bien, ny tout l'Estat Ecclesiastique pour les imperfections de cinq ou six Prelats: toûjours je puis assurer V. M. que les Indiens ont generalement toutes les bonnes qualitez que j'ay décrites cy-dessus; je la puis encore assurer de deux choses, la premiere, que si entr'eux il y a quelques larrons, ce sont ceux qui n'ont pas toûjours esté élevez avec des gens de leur nation, mais qui ont hanté les Espagnols ou d'autres nations de l'Europe, car les Indiens ne se portent jamais d'eux-mesmes à cet excés, & je puis dire le mesme des autres vices ausquels ils ne se laissent aller que tres-rarement, si la malice des autres nations avec qui on les a meslez ne les y entraine; la seconde est sur le sujet de ces boissons dont ils s'enyvrent, & qui font tout leur crime; il seroit aisé de' les corriger de ce defaut, si le tiers de leurs Superieurs apportoient autant de soin pour les en corriger, que tout le reste en a pour les y engager davantage; il y a une imposition sur ces boissons, la table du Juge subsiste par là, & à mesure que l'avarice du Juge augmente, l'Indien se relasche à proportion, & se laisse aller à cette débauche. Enfin, SEIGNEUR, l'Amerique qui a l'obligation à vostre Couronne & à vostre pieté d'estre delivrée de l'idolatrie, de cette horrible coustume de manger de la chair humaine, & de ces autres vices abominables, luy auroit encore celle de se voir exempte du vice de l'yvrognerie, si les Ministres subalternes s'appliquoient à en corriger ces peuples; on pourroit au lieu de ces boissons fortes leur en donner de plus agreables au goust, & qui ne causeroient pas les mesmes desordres, mais toûjours dans une nature aussi corrompuë que l'est celle de l'homme, ce defaut ne leur doit pas faire perdre la protection & la misericorde de V. M. elle ne peut pas estre mieux employée qu'en donnant ordre que l'on execute toutes ces saintes loix qu'elle a données pour la conservation de ces pauvres peuples. C'est ce que j'ay esté obligé de representer à V. M. comme son Vassal tres-fidele, comme son Ministre en ces quartiers, & comme Evesque d'un si grand nombre de ces peuples; je tâche de satisfaire par là aux differentes obligations dont je suis chargé; & si je sollicite la pieté de V. M. pour leur conservation & pour leur defense, je le fais avec d'autant plus d'assurance que je suis persuadé que je rends en cela un service agreable à Dieu & tres-important à vostre Majesté.

L'Evesque de la Puebla de los Angeles.

RELATION DES VOYAGES DV SIEVR

...... *dans la riviere de la Plate, & de là par terre au Perou, & des observations qu'il y a faites.*

'INCLINATION que j'ay toûjours euë à voyager me fit quitter, estant encore assez jeune, la maison de mon pere ; mais je puis dire avec verité, que je me portay à cette resolution bien moins par une simple curiosité de voir du pays, que par le desir d'acquerir des lumieres & des connoissances, dont je pusse dans la suite du temps me prevaloir, non seulement pour mes interests particuliers, mais aussi pour le service de mon Prince & de ma patrie ; ce que je proteste avoir esté la principale fin de mes voyages. Je passay d'abord en Espagne, où je me rendis en peu de temps la langue du pays assez familiere, y ayant fait quelque sejour, particulierement à Cadis. Il me prit envie d'aller aux Indes Occidentales, occupées par les Espagnols, sur le recit que j'avois souvent ouy faire par eux-mesmes des richesses qu'ils en tirent, & de la bonté du pays ; il s'agissoit de rencontrer une occasion favorable, qu'il est fort difficile à un étranger de trouver en ce pays-là, & il arriva une conjoncture qui en fit naistre une dans la suite du temps, de la maniere que je vais raconter.

En l'année 1654. Olivier Cromwel alors protecteur de la republique d'Angleterre, ayant formé le dessein de surprendre les galions du Roy Catholique, qui reviennent tous les ans des Indes, avoit envoyé une armée navale sous le commandement de Blak, vers les costes d'Algarue & d'Andalousie, pour les attendre à leur retour : sur l'avis que les Espagnols en eurent, ils prirent resolution d'en équiper promptement une, pour l'opposer à celle des Anglois, & faire avorter leur entreprise. Ils assemblerent à cet effet 28. navires & 6. brûlots qu'ils firent partir sous la conduite du General Dom Paul de Contreras, qui avoit pour Vice-Amiral l'Amirante Castana, sur le vaisseau duquel je m'estois embarqué. Les deux armées se rencontrerent vers le cap de saint Vincent, où elles demeurerent plusieurs jours; mais comme les Anglois reconnurent qu'il n'y avoit rien à faire pour eux, ils se retirerent vers Lisbonne, & l'armée Espagnole relâcha à Cadis, où au commencement de l'année 1655. les galions arriverent heureusement, à l'exception du Vice-Amiral qui s'estoit perdu dans le canal de Bahama aux costes de la Floride.

Quelque temps après les Anglois ayant declaré plus ouvertement la guerre aux Espagnols, par l'entreprise qu'ils firent sur l'isle de Jamaïque, dont ils se rendirent les maistres, la navigation des Indes Occidentales demeura assez long-temps interrompuë par les courses continuelles qu'ils faisoient sur les avenuës de Cadis, & de San Lucar : ils y surprirent mesme quelques vaisseaux qui venoient des Indes, chargez de riches marchandises, se rendirent maistres d'un des plus grands, en brulerent deux autres, & mirent le reste en déroute : ensuite dequoy ils furent aux isles Canaries, où ils brulerent aussi la plus grande partie de la flotte, qui y estoit arrivée de la nouvelle Espagne, & qui y attendoit l'ordre de Madrit sur la route qu'elle devoit tenir pour éviter la rencontre des Anglois. Dans ces entrefaites les Hollandois qui ne cherchent qu'à faire leurs affaires parmy le desordre & le trouble où estoient les Espagnols, envoyerent plusieurs vaisseaux vers la riviere de la Plate, chargez de quantité de marchandises & de Noirs qu'ils avoient esté prendre à Angola & à Congo ; ces vaisseaux estant arrivez dans cette riviere, & s'étant

IV. Partie.

vancez jusques à Bonnes-ayres, les habitans du lieu qui estoient privez depuis long-temps du secours qu'ils avoient coûtume de recevoir par les galions d'Espgne, dont la navigation estoit interrompuë par les Anglois, & qui d'ailleurs manquoient de Negres & de plusieurs autres choses, firent tant auprés de leur Gouverneur, que moyennant un present qu'ils obligerent les Hollandois de luy donner, & certains droits qu'on leur fit aussi payer pour le Roy Catholique, il leur fut permis de descendre à terre, d'entrer dans la place, & d'y negocier.

Cependant les Ministres d'Espagne prevoyant que la cessation de leur commerce, & le manquement des denrées & marchandises de l'Europe en ces pays-là, pourroient contraindre les habitans d'y recevoir les étrangers, & de faire commerce avec eux (ce qu'ils tâchent d'empécher autant qu'ils peuvent) jugerent à propos de donner des permissions à plusieurs particuliers de leurs sujets d'aller negocier aux Indes à leurs risques & fortunes. Un Cavalier . . . .
. . . . en prit une, & équipa un vaisseau à Cadis où j'estois lors, sur lequel je pris d'autant plus volontiers resolution de m'embarquer, que j'avois eu auparavant plusieurs affaires de negoce avec luy, & que par l'amitié que nous avions contractée ensemble il voulut bien me laisser prendre son nom, & me faire passer pour son neveu, afin de cacher ma qualité d'étranger, qui m'auroit empéché, si elle avoit esté connuë, de faire ce voyage, parce qu'ils ne souffrent pas en Espagne qu'autres que les naturels Espagnols s'embarquent sur les vaisseaux qu'ils envoyent aux Indes. Nostre vaisseau qui estoit de 450. tonneaux, estant prest à la voile, nous partîmes sur la fin du mois de Decembre de l'année 1657. & aprés cent cinq jours de navigation, nous arrivâmes à l'embouchure de la riviere de la Plate, où nous fismes rencontre d'une fregate Françoise, commandée par le capitaine Foran, avec lequel nous eûmes quelque combat. Aprés nous estre separez, nous continuâmes nostre route jusques à la veuë de Bonnes-ayres, où nous trouvâmes 22. navires Hollandois, & parmy eux 2. vaisseaux Anglois qu'on chargeoit de cuirs de taureaux, & de quantité d'argent & de laines de vigognes pour leur retour, qu'ils avoient eu en échange de leurs marchandises. A quelques jours de là 3. vaisseaux Hollandois sortans de la rade rencontrerent le mesme vaisseau du capitaine Foran, qui estoit accompagné d'une autre fregate nommée la Mareschale, que commandoit le Chevalier de Fontenay. Aprés un assez rude combat les Hollandois se rendirent maistres de la fregate du Chevalier, firent main-basse sur tout ce qu'il y avoit dessus, & luy-mesme y fut tué.

Cet accident donna l'allarme à ceux de Bonnes-ayres, & leur fit prendre les armes, sur la croyance qu'ils eurent qu'il y avoit dans la riviere quelque escadre de vaisseaux François pour entreprendre sur leur pays, cela les fit resoudre d'envoyer demander du secours au Comte Albaeliste, Vice-Roy de tous les estats que le Roy Catholique possede en l'Amerique, qui fait sa demeure à Lima dans le Perou, lequel fit faire avec grande peine, & en partie par force une levée de cent hommes seulement, qui ne leur fut envoyée que huit ou neuf mois aprés, sous la conduite de Dom Sebastien Comacho.

Mais avant que de passer outre, il est à propos que je rapporte ce que j'ay observé de la riviere de la Plate, & des pays qu'elle baigne. Ceux du pays la nomment le Paraguay, mais plus vulgairement le grand Parana, & cela apparemment, parce que la riviere de Parana tombe dedans au dessus de la ville de las Corrientes. Son embouchure qui est sous le 35. degré du costé du Sud, au delà de la ligne equinoxiale, a environ 80. lieuës de large, entre le cap de Castillos & celuy de Sant-Antonio. Quoiqu'elle soit assez profonde par tout, la route pour y entrer la plus commune & la plus ordinaire de ceux qui voyagent est du costé du Nord, depuis Castillos jusques à Montvidio, qui est à moitié chemin de Bonnes-ayres; & bien que

SVR LA RIV. DE LA PLATE, ET AV PEROV.

de Montvidio jusques à Bonnes-ayres il y ait un canal du mesme costé du Nord, où dans le moins profond on trouve trois brasses d'eau, on traverse pour plus de sureté vis à vis de Montvidio au canal de la mesme Riviere qui est au Sud, parce qu'il est plus large, & qu'il y a au moins trois brasses & demy d'eau aux plus bas endroits, tout le fond est de vase jusqu'à un banc de sable qui est à deux lieuës de Bonnes-ayres; l'on prend là un Pilote pour passer jusques à un endroit que l'on nomme le Posso tout devant le Bourg, à un coup de canon de terre, où il n'y a que les vaisseaux qui ont permission du Roy d'Angleterre, qui y puissent entrer, les autres qui ne l'ont pas sont obligez de demeurer une lieuë plus bas. La Riviere est fort poissonneuse, mais il n'y a gueres que sept ou huit sortes de poissons bons à manger. Il y a aussi une grande quantité de ces Balaines qu'on appelle Gibars, & de Chiens marins, qui font ordinairement leurs petits en terre, & dont la peau est propre pour faire des cuirs qui servent à plusieurs usages. On me dit qu'il y avoit environ cinq ou six ans quele lict de la riviere demeura presque à sec pendant quelques jours, & qu'il ne resta que le canal du milieu remply d'eau, encore y en avoit-il si peu, qu'on le passoit facilement à gué à cheval, comme on fait ordinairement la plus-part des Rivieres qui tombent dans celle de la Plate, où il se trouve aussi force Loutres qui ne sont gueres noirs, dont les peaux servent pour couvrir les Sauvages.

Le pays que la riviere de la Plate arrose du costé du Nord est une grande étenduë de terres habitées seulement par certains Sauvages qu'on nomme Charuas; la plus grande partie des costes & des petites Isles qui sont le long de la riviere, sont pleines de bois, où l'on voit quantité de Sangliers. Depuis le Cap de Castillos jusqu'à Rio negro il n'y a aucune habitation, non plus que le long des costes de la mer depuis le mesme Cap jusqu'à San-Paulo qui confine au Bresil, quoique le pays, particulierement le long de la Riviere, paroisse fort bon, estant coupé dans les plaines & dans les collines de quantité de petits ruisseaux & que ce fust là où furent faites les premieres habitations des Espagnols, qu'ils quitterent depuis à cause de l'embarras qu'ils trouvoient à travers le grand Parana pour faire le voyage du Perou, & s'allerent habituer à Bonnes-ayres; j'ay fait plusieurs descentes au deça de Rio-negro, mais je n'ay pas esté plus de trois quarts de lieuës dans le pays, où il ne se voit que fort peu de Sauvages, dont les demeures sont assez avancées dans les terres. Ceux que j'ay vûs sont assez bien faits, ont de grands cheveux, & fort peu de barbe, n'ayant pour tout vestement qu'une grande peau composée de plusieurs petites, qui leur traine jusques aux pieds, & pour chaussure qu'une semelle de cuir, qui s'attache par dessus le pied. Ils ont pour ornement de teste une bande de quelque étoffe, qui leur serre le front, & tient leurs cheveux rangez en arriere. Les femmes n'ont point aussi d'autres vestemens que ces peaux, qu'elles ceignent vers les reins, & se couvrent la teste d'une espece de petit chapeau fait de jonc de diverses couleurs.

Depuis Rio-negro jusques à las Corrientes, & à la riviere de Parana, le pays est fort abondant en Taureaux & en Vaches: il y a aussi quantité de Cerfs, dont on tire des peaux qu'on fait passer pour veritables peaux de Buffles. Les Sauvages qui sont aux environs de Rio-negro sont les seuls de tous ceux qui sont répandus dans les pays jusques à la mer, qui ayent communication avec ceux de Bonnes-ayres; & les Casiques & Couracas qui sont leurs chefs, rendent hommage au Gouverneur de ce lieu là, dont ils ne sont éloignez que de vingt lieuës ou environ.

Une des principales habitations des Espagnols qu'on rencontre de ce costé-là est celle de las Siete Corrientes, située vers la jonction des deux rivieres de Paraguay & de Parana. Le long de celles-cy il y a trois ou quatre bourgades assez éloignées les unes des autres, & fort peu peuplées, quoique ce soit un pays propre pour les vignes, & qu'il y en ait déja suffisamment pour fournir de vin les pays circonvoi-

IV. Partie. a ij

fins. Les habitans font fous le pouvoir & la jurifdiction du Gouverneur, qui refide à l'Affomption, qui eſt la plus importante de toutes les places qu'ont les Eſpagnols en cette contrée-là: aufſi cette ville qui eſt ſituée ſur la riviere de Paraguay, eſt aſſez avancée vers le montant de la riviere du coſté du Nord, elle en eſt la Metropolitaine, ayant une Eveſché, pluſieurs Egliſes & Convens de Religieux fort accommodez : elle eſt aſſez bien peuplée, à cauſe que la pluſpart des faineans, & des gens qui ont mal fait leurs affaires, ſoit en Eſpagne, ſoit au Perou, s'y refugient ordinairement ; le pays eſtant fort abondant en bled, millet, ſucre, tabac, miel, bétail, bois de cheſne propre à bâtir des navires, pins pour ſervir à la maſture, & ſur tout en cette herbe qu'on nomme l'herbe de Paraguay, dont on trafique en grande quantité par tout l'Occident, & qui oblige ordinairement les marchands de Chili & du Perou à avoir communication & commerce avec ceux de Paraguay, parce que ſans cette herbe, dont on fait une boiſſon fort rafraichiſſante avec de l'eau & du ſucre, qu'on prend un peu tiede, les habitans du Perou, Sauvages & autres, & ſur tout ceux qui travaillent aux mines, ne pouroient ſubſiſter, dautant que le terroir du pays eſtant tout mineral, les vapeurs qui en ſortent les deſſechent, les abattent, & leur oſtent meſme juſqu'à la reſpiration, ce qu'on ne ſçauroit reparer que par cette boiſſon, qui les humecte & rafraichit enſorte qu'ils prennent leur premiere vigueur.

Dans cette habitation de l'Affomption les originaires auſſi bien que les autres, ſont fort humains, & traitent parfaitement bien les étrangers. Ils vivent dans une tres-grande liberté de toutes choſes, meſme à l'égard des femmes, juſques là qu'étant obligez (à cauſe de la chaleur) de coucher ſouvent à l'air, ils font étendre le ſoir leur matelats dans les ruës, & y paſſent toute la nuit hommes & femmes enſemble, ſans que perſonne y trouve à redire. Comme ils ont toutes les choſes neceſſaires à la vie pour le boire & pour le manger, ils vivent dans une grande faineantiſe, & ne ſe mettent pas beaucoup en peine de negocier au dehors, ny d'amaſſer de l'argent, qui eſt pour cela fort rare parmy eux, ſe contentans de donner les denrées dont ils abondent, en troc & échange d'autres marchandiſes qui leurs peuvent eſtre neceſſaires.

Plus avant dans les terres, c'eſt à ſçavoir vers le haut de la riviere d'Urugay, tirant vers le Parana & la Province de Paraguay, il y a pluſieurs habitations que les Peres Jeſuites y ont établies par le moyen des colonies qu'ils y ont tranſplantées, & des Miſſions qu'ils y ont faites, ayant manié de telle ſorte l'eſprit des Sauvages de ces contrées-là, qui ſont naturellement dociles, que les ayant retirez des bois & des montagnes, ils les ont raſſemblez en diverſes eſpeces de bourgades, les ont reduits à une vie ſociable, les ont inſtruits des veritez du Chriſtianiſme, & les ont rendus habiles aux arts mechaniques, à la Muſique, à jouer des Inſtrumens, & à pluſieurs autres choſes neceſſaires à la commodité de la vie. *Ainſi ces Miſſionnaires, que le motif de la Foy a attiré en ces quartiers, y ſont entretenus largement par les avantages qu'ils en tirent.* Le bruit des mines d'or qui enrichiſſent ce pays n'a pû eſtre tenu ſi ſecret, que les Eſpagnols n'en ayent découvert quelque choſe, & entr'autres Dom Hiacinto de Laris, cy-devant Gouverneur de Bonnes-ayres, qui environ l'année 1653. eut ordre du Roy d'Eſpagne d'aller viſiter ces habitations, pour voir en quel eſtat elles eſtoient, & reconnoiſtre l'importance du pays. Il y fut d'abord bien reçu, mais ſur ce qu'on s'apperçut qu'il commençoit à découvrir quelque choſe de ſa bonté & de ſa richeſſe, les Sauvages, qui craignent le travail des mines, ſe ſouleverent, & l'obligerent à s'en retourner avec tous ceux de ſa ſuite, qui eſtoient au nombre de cinquante perſonnes. Le Gouverneur qui luy ſucceda en ayant eu une plus particuliere connoiſſance, en voulut profiter, prenant une liaiſon étroite avec les Jeſuites de ſon Gouvernement, qui ont intelligence & commerce avec les autres ; & ayant fait de grands profits avec certains Hollandois qui estoient venus trafiquer à Bonnes-ayres, il engagea les Jesuites, ausquels il avoit confié cent mille écus en argent, à luy fournir de l'or pour cette somme, afin qu'il la pût plus commodément emporter: mais ce Gouverneur ayant esté arresté par ordre du Roy d'Espagne, pour avoir donné entrée à ces Hollandois, & son or saisi & enlevé, on découvrit par l'essay qui fut fait de cet or, qui se trouva bien plus fin que celuy du Perou, & par d'autres informations, qu'il venoit des mines découvertes par les Jesuites de ce pays-là.

De l'autre costé de la riviere de la Plate, qui est celuy du Sud, depuis le Cap de saint Antoine jusques à 30. lieuës de Bonnes-ayres, la navigation est dangereuse, à cause des bancs qui y regnent, c'est pourquoy on la fait toûjours du costé du Nord, comme il a esté dit: mais quand on est arrivé vis-à-vis de cet endroit-là, & que l'on a passé au Sud, la riviere est navigable, sur tout quand le vent d'amont la fait enfler; car quand celuy d'Ouest, qui est celuy de terre, souffle, elle diminuë de beaucoup; mais quelque basse que soit l'eau, il y en a toûjours trois brasses & demy, tant dans le canal du costé du Nord, qu'en celuy du costé du Sud. C'est particulierement lorsque l'on monte le long de ce canal qu'on commence à découvrir de la veuë ces belles plaines remplies de bétail, qui regnent jusques à Bonnes-ayres, & au delà jusques à la riviere de Solladillo, à 60. lieuës en deça de Cordoüa, lesquelles sont si remplies de bétail de toutes sortes d'especes, que quelque massacre qu'on en fasse tous les jours pour en avoir les peaux, on ne s'apperçoit d'aucune diminution.

Aussi-tost que nous fûmes arrivez au Cap de Bonnes-ayres, nous en fîmes donner avis au Gouverneur, qui ayant sçu que nous estions munis d'une permission du Roy Catholique pour nostre voyage (sans laquelle il n'auroit pû & dû suivant ses ordres & la pratique ordinaire nous donner entrée dans sa place) nous envoya les Officiers Royaux pour faire visite de nostre vaisseau, ainsi qu'il est accoûtumé. Cette visite estant faite, nos marchandises furent débarquées, & portées dans des magazins qu'on loüé pour le temps qu'on en peut avoir besoin. Elles consistoient entr'autres en toiles de toutes sortes, particulierement en celles de Rouen, qui est une marchandise qui se debite le mieux en ce pays là, comme aussi en étoffes de soye, rubans, fils, éguilles, épées, fers de chevaux, & autres ferailles, toutes sortes d'outils à travailler, drogueries, épiceries, bas de soye & de laine, draps, serges, & tous autres ouvrages de laine, & generalement en tout ce qui pouvoit estre propre aux habillemens, & pour le service des hommes & des femmes, dont nous avions esté informez que le debit en estoit facile & le negoce avantageux & profitable en ce pays-là. Et comme c'est l'usage, qu'aussi-tost qu'un Navire de permission, c'est à dire qui a la permission du Roy d'Espagne, est arrivé à Bonnes-ayres, le Gouverneur de la place, ou le Capitaine du vaisseau expedie un Courrier au Perou pour porter les dépêches d'Espagne quand il en a, sinon pour avertir les marchands de l'arrivée du vaisseau, sur lequel avis plusieurs se mettent incontinent en chemin pour venir à Bonnes-ayres se pourvoir des marchandises dont ils ont besoin, ou envoyent des commissions à leurs correspondans sur le lieu, de faire emplette pour eux. Je fus dépeché pour l'un & pour l'autre sujet; car entre quantité de pacquets de lettres que nous avions apportez, il y en avoit un assez gros de sa Majesté Catholique pour le Perou, enfermé dans une boëte de plomb, comme le sont ordinairement toutes les dépêches de la Cour d'Espagne pour les Indes, afin que si par malheur ceux qui en sont porteurs venoient à estre rencontrez à la mer par les ennemis, & à se trouver trop pressez par eux ensorte qu'ils n'eussent plus lieu de pouvoir executer l'ordre, de les jetter en ces rencontres dans l'eau, elles puissent couler promptement au fond de la mer, & échapper par ce moyen à la curiosité des ennemis. Je fus donc chargé de ce pacquet, où il y avoit plusieurs dépêches au Vice Roy du Perou, & autres principaux Officiers de ces quartiers-là sur le sujet de la naissance du Prince d'Espagne, & il me fut aussi donné un memoire attesté par les Officiers Royaux de Bonnes-ayres, de quantité de nos marchandises, pour le faire voir aux Marchands de Potosi; sur la foy duquel je ne dois pas obmettre de dire que l'achapt en fut fait par eux, & qu'ils ne les reçurent que sept ou huit mois après.

DESCRIPTION DE BONNES-AYRES.

Avant que de rien dire de mon voyage au Perou, je veux marquer icy ce que j'observay de Bonnes-ayres pendant le sejour que j'y fis. L'air y est assez temperé, à peu prés comme en Andalousie, il n'y fait pas mesme si chaud, & les pluyes y sont presque aussi frequentes en Esté qu'en Hyver. Celles qui viennent de chaleur produisent ordinairement une grande diversité d'especes de crapaux qui sont fort communs dans le pays, mais qui ne sont pas venimeux. Le bourg est un peu élevé sur le bord de la riviere de la Plate, à une portée de mousquet du canal, en une encoignure de terre que fait un petit ruisseau qu'on nomme Riochuelo, qui tombe à un quart de lieuë de là. Il est composé d'environ 400. maisons, sans clôture de murailles ny de fossez, & n'a pour defense qu'un petit fort de terre avec un fossé, qui commande sur la riviere, & où il n'y a que dix pieces de canon de fer, dont la plus grosse est de douze livres de balle. C'est là la demeure du Gouverneur, qui n'a que 150. hommes de garnison, qui font trois Compagnies commandées par trois Capitaines, qu'il destituë à sa volonté, & qu'en effet il change souvent, ensorte qu'il n'y a presque point de bon Bourgeois dans le bourg qui n'en ait esté Capitaine. De plus ces Compagnies ne sont pas toûjours complettes, parce que les Soldats qui sont tentez par la facilité qu'il y a de vivre dans le pays, s'évadent souvent, quoiqu'on tâche à les retenir par une forte paye, qui est par jour de 4. reaux de Plate, qui valent 18. sols, & un pain frais de 3. sols & demy, qui suffit pour la nourriture d'un homme: mais il y a 1200. chevaux domptez qu'il entretient dans une campagne proche du son service ordinaire, & pour en cas de besoin monter les habitans du lieu, & en faire un petit corps de Cavallerie. Outre le Fort il y a encore à l'embouchure de ce ruisseau un petit bastion où l'on fait garde, & sur lequel il n'y a que deux canons de fer de trois livres de balle chacun: cela commande à l'endroit où les barques viennent aborder, charger & décharger les marchandises, lesquelles sont sujettes à la visite des Officiers de ce bastion, tant au débarquement qu'à l'embarquement. Les maisons du Bourg ne sont bâties que de terre, parce qu'il y a peu de pierres en toutes ces contrées-là jusques au Perou, & la couverture n'en est faite que de cannes & de paille; elles n'ont point d'étages, & le logement est au rez de chaussée: elles sont de grande étenduë, parce qu'elles ont toutes des basses cours & de grands jardins pleins d'orangers, citronniers, figuiers, pommiers, poiriers, & autres sortes d'arbres, avec quantité d'herbages, comme choux, oignons, ail, laituës, pois, féves, & sur tout les melons y sont excellens, la terre estant parfaitement bonne, & d'une qualité à produire toutes sortes de choses. On vit là fort commodément, & hors le vin qui y est un peu cher, toutes les autres denrées & victuailles, comme le bœuf, veau, mouton, cerf, poules, canards, oyes sauvages, perdrix, palombes, tourterelles, & toute autre sorte de venaison & de gibier y sont en tres-grande abondance, & à si bon marché, que par exemple la perdrix ne couste qu'un sols la piece, & le reste à proportion. Il y a aussi une fort grande quantité d'autruches, dont il se voit des troupes comme de bérail, & quoiqu'elles soient bonnes à manger, il n'y a que les Sauvages qui en usent. On se sert de leurs plumes pour faire des parasols, qui sont fort commodes à

SVR LA RIVIERE DE LA PLATE.

la campagne: leurs œufs sont bons, & tout le monde en mange communément, quoiqu'on dise qu'ils sont de dure digestion. J'ay veu une chose de ces animaux assez digne de remarque, c'est que quand les femelles couvent leurs œufs, & qu'elles sont prestes à les éclore, elles ont l'instinct, & pour ainsi dire la prevoyance de pourvoir à la nourriture de leurs petits: elles mettent pour cet effet cinq ou six jours avant qu'ils sortent de la coquille, quatre de leurs œufs aux quatre coins du lieu où elles couvent, elles les cassent aprés, & quand ils sont ainsi cassez, la pourriture s'y met, les vers & les mouches s'y engendrent & y croissent en une prodigieuse quantité, qui servent de nourriture aux petits aussi-tost qu'ils sont hors de la coque, & cela leur suffit jusqu'à ce qu'ils soient capables d'aller chercher leur nourriture ailleurs. Les maisons des plus riches habitans sont ornées par dedans de tapisseries de bergame, ou de taffetas, de tableaux, & d'autres ornemens & meubles assez honestes; & tous ceux qui sont un peu accommodez ne se servent que de vaisselle d'argent, & ont beaucoup de valets qui sont Noirs, ou Moulates, Mestices ou Sauvages, Cabres ou Sambos, mais qui sont tous esclaves. Les Noirs ou Negres viennent de Guinée, les Moulates sont nez d'un Espagnol & d'une Noire, les Mestices d'un Espagnol & d'une Sauvage, & les Sambos d'un Sauvage & d'une Mestice; & sont tous differens en couleur & en poil. Ils employent ces gens-là au service domestique, à cultiver leurs metairies, où ils ont quantité de terres labourables, qui rapportent force bled, froment, orge & millet; à avoir soin des chevaux & des mules, qui ne vivent que d'herbes hyver & esté; à tuer les taureaux, & à faire toute autre sorte de service. Toute la richesse des habitans est en bétail, qui est en si grand nombre dans ce canton-là, que la campagne en est toute couverte, & particulierement de taureaux, vaches, moutons, chevaux, jumens, mules, asnes, pourceaux, cerfs, & autres especes, tellement que sans une quantité prodigieuse de chiens qui mangent les petits veaux & autres jeunes bestes, il n'y auroit pas assez d'étenduë pour ce bétail. On tire un si grand profit des peaux de ces animaux, que pour faire connoistre jusques où il pourroit aller, si cela estoit bien ménagé, je n'ay qu'à dire que dans le temps que nous arrivâmes à Bonnes-ayres, les vingt-deux vaisseaux Hollandois que nous y trouvâmes furent chargez chacun au moins de treize à quatorze mille cuirs de taureaux, ce qui monte à plus de 300000. livres, qui ne furent achetez par les Hollandois que sept à huit reaux la piece, qui font environ 56. sols, & qu'ils vendirent en Europe au moins 15. francs, qui est le prix le plus ordinaire. Comme j'estois étonné de ce grand nombre de bétail qu'on voit par la campagne, il me fut dit qu'il y avoit bien plus de sujet d'estre surpris de ce qu'ils pratiquent quelquefois quand ils apperçoivent des vaisseaux ennemis s'approcher de leurs costes, & vouloir mettre le monde à terre; c'est qu'ils n'employent autre defense pour empecher l'entrée de leurs terres à ces gens-là, que d'assembler & faire avancer vers la marine & jusques sur le bord de la mer une si grande quantité de ces taureaux, vaches, chevaux, & autres animaux, qu'il seroit impossible à des hommes, quand bien ils n'apprehenderoient point la fureur de ces animaux indomptez, de se faire passage au travers de ce nombre infiny de bestes. Autrefois les premiers habitans du lieu marquoient chacun de sa marque celles qu'ils pouvoient prendre, & les enfermoient dans l'étenduë de leurs metairies; mais elles sont multipliées de telle sorte, qu'ils ont esté contraints de les laisser aller; & on les va tuer presentement à la campagne à mesure que l'on en a besoin, ou que l'on veut amasser les cuirs. On marque seulement aujourd'huy les chevaux & les mules que l'on prend pour les faire nourrir dans les métairies, & les dompter & faire au service. Il y a des particuliers qui en font un grand traffic, & qui en envoyent quantité au Perou, d'où ils en tirent beaucoup de profit, & les vendent 50. patagons la paire. La pluspart des marchands de bétail sont fort riches; mais entre tous les negocians, les plus puissans sont ceux qui trafiquent des marchandises qu'on apporte de l'Europe : on en estime plusieurs riches de deux & trois cens mille écus, en sorte que quand un marchand n'a là que quinze ou vingt mille écus de bien, il ne passe que pour un petit mercier, & de ces derniers il y a bien 200. familles dans le bourg, qui font environ 500. hommes portans armes, outre leurs esclaves qui sont bien trois fois autant, mais qu'on ne doit pas considerer comme gens de defense, parce qu'ils ne sont point armez, & qu'il leur est mesme defendu d'avoir des armes, en sorte qu'il n'y a que les Espagnols & Portugais & leurs enfans (dont ceux qui sont nez dans le lieu, sont appellez Criolos pour faire difference de ceux qui sont nez en Espagne) & quelques Mestices, qui en portent; cela ne va pas, avec les soldats de la garnison du fort, à plus de 600. hommes, ainsi que j'ay remarqué en differentes revuës qui se faisoient à cheval trois fois l'année proche du bourg en un jour de feste, où j'ay observé qu'il y avoit plusieurs vieillards qui ne portoient point d'armes à feu, mais seulement leur epée au costé, une lance à la main, & une rondache sur l'epaule. Il est d'ailleurs à observer que ce sont la pluspart gens mariez & chefs de famille, peu aguerris, qui aiment leurs plaisirs & commoditez, & sont fort adonnez aux femmes, en quoy ils sont en quelque sorte excusables, parce qu'il y en a plusieurs d'assez belles, blanches & bienfaites, & si fideles à leurs maris, que quand elles se sont une fois abandonnées à quelqu'un, elles ne les changent pour quoy que ce soit, & il y va souvent du poison ou du poignard pour ceux qui les quittent trop legerement. Elles sont en plus grand nombre de beaucoup que les hommes, qui mesme ne sont pas tous Espagnols, y ayant parmy eux quelques François, Hollandois, & Gennois, qui passent toutefois pour originaires d'Espagne, car autrement ils n'y seroient pas soufferts, & sur tout ceux qui professeroient une autre Religion que la Catholique Apostolique & Romaine, lesquels ne seroient pas en repos à cause de l'Inquisition qui y est établie.

Il y a aussi un evêché, dont le diocese n'a d'étenduë que le bourg & celuy de Santa-Fè, avec les métairies dépendantes de l'un ou de l'autre. L'evêché est de 3000. patagons de revenu, qui font 8400. livres de nostre monnoye. L'eglise cathedrale qui est bastie de terre comme les maisons, est servie par huit ou dix Prestres. Les Jesuites y ont un college; les Dominicains, les Recolets, & les Religieux de la Mercy y ont aussi chacun un convent. Il y a de plus un hospital qui est peu frequenté, parce que les pauvres sont fort rares en ce pays-là.

VOYAGE DV SIEVR . . . . AV PEROV.

EN partant de Bonnes-ayres pour mon voyage du Perou, je pris le chemin de Cordoue, & laissay Santa-Fè à main droite, dont il est bon de dire quelque chose en passant. C'est une habitation des Espagnols, de la dépendance du gouvernement de Bonnes-ayres : celuy qui y commande n'a que la qualité de Lieutenant, & ne fait rien que par les ordres du Gouverneur de Santa-Fè. Le bourg est petit, composé de 250. maisons, sans aucunes murailles, fortifications ny garnison, eloigné de Bonnes-ayres de 80. lieuës, du costé du Nord, & situé sur le bord de la riviere de la Plate, par laquelle les grands vaisseaux y pourroient aller, sans un grand banc qui incommode le passage un peu audessus de Bonnes-ayres. Le poste de Santa-Fè est pourtant fort avantageux, à cause que c'est le seul passage du Perou, de Chili, & de Tucuman au Paraguay, & c'est comme le magazin des marchandises qu'on en tire, nommément de cette herbe, de laquelle nous avons déja parlé, dont on ne se peut passer en ces royaumes-là. Le terroir y est aussi

bon

AV PEROV.

bon & auſſi abondant qu'à Bonnes-ayres : & comme l'on y eſt preſque de la meſme maniere, je n'en diray rien davantage pour reprendre la ſuite de mon voyage. L'on compte 140. lieuës de Bonnes-ayres à Cordoüa; & parce qu'en pluſieurs endroits il n'y a point d'habitations ſur le chemin, je m'eſtois muny à mon départ de ce qu'on m'avoit dit eſtre neceſſaire, particulierement pour ma voiture, pour laquelle l'on m'avoit fait prendre trois chevaux & trois mules, conduits par un Sauvage qui me ſervoit de guide, dont partie eſtoit chargée de mon bagage, & l'autre eſtoit pour relayer ſur le chemin, quand celuy ſur lequel j'eſtois monté ſe trouveroit las. Je vis pendant trente lieuës, depuis Bonnes-ayres juſqu'à la riviere de Lucan, & meſme juſqu'à celle de la Recife, pluſieurs habitations ou metairies cultivées par des Eſpagnols : mais au delà de la Recife juſqu'à la riviere de Salladillo il n'y en a aucune. Je dois remarquer en paſſant, que toutes ces rivieres, auſſi-bien que toutes les autres de la province de Bonnes-ayres, du Paraguay, & du Tucuman, qui tombent dans celle de la Plate, ſont gueables, ſur tout à cheval; mais quand les pluyes ou quelque autre accident en ont fait enfler & croiſtre les eaux, il les faut paſſer à la nage, ou ſur quelque fardeau, ſur lequel un voyageur eſtant monté, un Sauvage le traine à l'autre bord. J'ay eſté obligé, ne ſçachant point nager, de me ſervir deux ou trois fois dans mon voyage de cette adreſſe quand je ne pouvois trouver de gué. Pour cet effet mon Sauvage alloit auſſi-toſt tuer un taureau, le dépouillant de ſa peau, qu'il rempliſſoit de paille, en faiſoit avec des coroyes de la meſme peau un gros paquet, ſur lequel je montois avec mes hardes, & luy ſe mettant à la nage, & prenant la corde à laquelle le fardeau eſtoit attaché, me trainoit d'un bord à l'autre de la riviere, qu'il faiſoit aprés paſſer à mes chevaux & mules à la nage.

Toute l'étenduë du pays entre la riviere de la Recife & de Salladillo, quoiqu'inhabitée, ne laiſſe pas d'eſtre fort abondante en bétail, & remplie d'arbres fruitiers de toutes ſortes, hormis de noyers & de chataigners. Il y a des foreſts d'arbres de pavies, qui ont 3. ou 4. lieuës d'étendue, dont le fruit eſt tres excellent, & ſe mange ordinairement cru : on le fait auſſi cuire au four & au ſoleil, & on en fait de grandes proviſions, comme on fait icy de pruneaux. Le bois de cet arbre eſt bon à bruler pour l'uſage ordinaire, & l'on ne ſe ſert gueres d'autre bois à Bonnes-ayres & aux environs. Les Sauvages qui habitent ces campagnes ſont diſtinguez en deux ſortes : les uns qui ſe ſoumettent volontiers aux Eſpagnols, ſont appellez Panpiſtas; & les autres Serranos, qui ſont habillez de peaux comme les autres, mais qui leur font cruellement la guerre quand ils les rencontrent. Tous combattent à cheval ou avec des lances, dont les pointes ſont de fer ou d'os aigus, ou avec des arcs & des fleches accommodées de meſme, & ayans des cuirs de taureaux pour la defenſe du corps, qui ſont taillez à peu prés comme des juſte-au-corps ſans manches. Ils ont des chefs qui les commandent tant en guerre qu'en paix, qu'on appelle Couracas. Quand ils ont pris en guerre quelqu'un de leurs ennemis, ſoit mort ou vif, ils s'aſſemblent tous, & aprés luy avoir fait mille reproches, que c'eſt luy ou ſes parens qui ont tué leurs parens ou amis, ils le déchirent & coupent en pluſieurs morceaux, qu'ils mangent aprés les avoir fait un peu roſtir, & prennent le crâne de ſa teſte, dont ils ſe ſervent pour boire. Leur manger ordinaire eſt de la chaire crûe ou cuite des animaux qu'ils tuent, & particulierement des jeunes chevaux, dont ils trouvent la chair plus delicate que celle des veaux. Ils uſent auſſi de poiſſon, qu'ils pêchent dans les rivieres en grande abondance. Ils n'ont point d'habitations fixes, mais vont tantoſt à un endroit, tantoſt à un autre, & ſont ordinairement pluſieurs familles enſemble, qui vivent & dorment ſous des tentes.

Je n'ay pû ſçavoir au vray quelle eſtoit leur religion, mais l'on me dit qu'ils conſideroient la Lune & le Soleil comme des divinitez : & voyageant par la cam-

IV. Partie.

pagne je vis un Sauvage qui estoit à genoux, le visage tourné vers le Soleil, qui crioit & faisoit quantité de gestes des bras & des mains. J'appris du Sauvage qui estoit avec moy, que c'estoit un de ceux qu'on nomme Papas, qui vont soir & matin s'agenouiller devant ces astres, & se tournent le matin vers le Levant, & le soir au Couchant, pour prier toutes ces pretendues divinitez de leur estre favorables, & leur donner beau temps, & de leur faire avoir avantage sur leurs ennemis. Et comme ils se postent en des endroits où il y a des echos qui leur répondent, ils croyent que c'est leur divinité qui parle; & les Papas vont après dire aux autres tout ce qu'ils veulent, tant sur ce qu'ils doivent faire, que sur le temps & les avantures qui leur doivent arriver. Ils n'observent pas beaucoup de ceremonies en leurs mariages; ils en font davantage aux funerailles de leurs proches, dont une des principales est, qu'après avoir fait consumer leurs corps par le moyen d'un certaine terre dont ils les frottent, ils gardent les ossemens, & les portent le plus qu'ils peuvent avec eux, en de certaines caisses où ils sont enfermez; en quoy ils pretendent rendre un grand témoignage de l'amitié qu'ils ont euë pour leurs parens, ausquels aussi ils en donnent beaucoup de marques pendant leur vie, & dans le temps de leurs maladies & de leur mort.

Le long de la riviere de Salladillo il se voit une grande quantité de Peroquets ou Papagayes, comme les appellent les Espagnols, & de certains oiseaux qu'on nomme Guacamayos, qui sont de toutes couleurs, & deux ou trois fois plus gros que les Peroquets. La riviere est fort remplie d'une espece de poisson qu'on appelle Dorado, fort bon à manger, comme l'est aussi une autre sorte d'animal, qu'on ne sçait si c'est poisson ou chair, qui a quatre pieds & une longue queuë, de la figure d'un Lezard.

Depuis Salladillo jusques à Cordoüa on marche le long d'une belle riviere abondante en poisson, qui n'est ny large ny profonde, & qu'on passe à gué en divers endroits. Sur le bord de la riviere on rencontre de petites habitations d'espace en espace d'environ trois à quatre lieuës, qui sont comme des maisons de campagne, habitées par des Espagnols, des Portugais, & des natifs du pays, qui y ont à souhait toutes les choses necessaires à la vie, & qui sont fort humains & charitables aux passans. Leur principale richesse est en chevaux & en mules, dont ils font trafic avec ceux du Perou.

Cordoüa est un bourg assis en une belle & fertile plaine, sur le bord d'une riviere plus grande & plus large que celle dont je viens de parler. Il est composé d'environ quatre cens maisons, bâties comme celles de Bonnes-ayres. Il n'y a ny fossez, ny murailles, ny fort pour sa defense: celuy qui y commande est Gouverneur de toute la province de Tucuman; & quoique ce soit le lieu de sa residence ordinaire, il ne laisse pas d'aller quelquefois & selon les occurrences passer quelque temps à Sant Iago del Estro, à San Miguel de Tucuman, qui est la capitale de la province, à Salta, & à Xuxui. En chacune de ces habitations il y a un Lieutenant, qui a sous luy un Alcalde & quelques officiers pour l'administration de la justice. L'Evesque de Tucuman fait aussi sa plus ordinaire demeure à Cordoüa, où l'eglise catedrale est la seule paroisse de tout le bourg; mais il y a plusieurs convens de religieux, comme de Dominicains, de Recollets, de la Mercy, & un de religieuses. Les Jesuites y ont aussi un college, & leur eglise est la plus belle & la plus riche de toutes.

Les habitans sont riches en or & en argent, à cause du grand trafic qu'ils font en mules pour le Perou & autres endroits, lequel est si considerable, qu'il s'en debite tous les ans prés de vingt-huit à trente mille de celles qui croissent dans leurs métairies. Ils les nourrissent ordinairement jusques à deux ans, qui est le temps auquel ils les mettent en vente, & en tirent six patagons de la piece. Les marchands de dehors qui les menent à Sant-Iago, à Salta, & Xuxui, où ils les laissent croistre

AV PEROV.

& fortifier pendant trois ans, les conduisent après au Perou, où i's en trouvent aussi-tost le debit, parce qu'en ces quartiers-là aussi-bien que dans le reste de l'occident la pluspart des voitures ne se font que sur des mules. Les mesmes habitans trafiquent aussi en vaches, qu'ils tirent des campagnes de Bonnes-ayres, & les font passer au Perou, où il est constant que sans cette subsistance on ne pourroit vivre qu'avec peine. Ce trafic est cause que cette habitation est la plus considerable du Tucuman, tant pour sa richesse & ses commoditez, que pour le nombre de ses habitans, dont on compte au moins cinq à six cens familles, outre les esclaves qui sont bien trois fois autant; mais les uns & les autres n'ont la pluspart pour armes que l'epée & le poignard, & sont peu soldats, l'air du pays & son abondance les rendant faineans & lâches.

De Cordoüa je pris le chemin de Sant-Iago del Estro, qui en est eloigné de 90. lieuës. Dans ma route je trouvois de temps en temps, c'est à dire de sept ou huit lieuës en sept ou huit lieuës, des habitations particulieres d'Espagnols & de Portugais, qui vivent fort solitairement : elles sont toutes situées sur de petits ruisseaux, les unes aux coins des forests, qui sont frequentes dans ce pays-là, & sont presque toutes de bois d'algarobe, dont le fruit sert à faire leur boisson, qui est douce & piquante, & enyvre comme le vin ; les autres dans les campagnes, qui ne sont pas remplies de bétail comme celles de Bonnes-ayres, mais qui en ont assez, & mesme au delà de ce qui est necessaire pour la subsistance de ceux qui y habitent, lesquels font quelque commerce de mules, comme aussi de cotton, & de graine de cochenille qui sert à la teinture, que le pays produit.

Sant-Iago del Estro est un bourg d'environ 300 maisons, sans fossez ny murailles, situé en un pays plat, environné de forests d'algarobe, sur une assez grande riviere, qui peut porter batteau, & qui est assez poissonneuse. L'air y est fort chaud & fort étouffé, ce qui rend faineans & lâches ceux qui y habitent. Ils ont tous le visage fort jaûne, & ne s'adonnent qu'à leurs divertissemens, & peu au com...... .... que les esclaves, & sont tous fort mal armez & peu aguerris. La pluspart des femmes y sont assez belles, mais elles ont presque toutes une espece de loupe à la gorge, qu'on nomme en langue du pays *cota* qui est apparemment ce que nous appellons goitre. Le pays est assez fertile en gibier, bestes fauves, froment, seigle, orge, & fruits, comme figues, pavis, pommes, poires, prunes, guines, raisins, & autres. Il se trouve là aussi une grande quantité de tigres, qui sont mechans & carnassiers, de lions qui sont fort doux, & de guanacos, qui sont grands comme des chevaux, ont le col fort long, la teste fort petite, & la queüe fort courte, dans le petit ventre ou estomach desquels se trouve la pierre dite bezoard. Il y a quatre eglises dans le bourg, sçavoir la paroisse, celle des Jesuites, celle des Recollets, & une autre. C'est là où l'Inquisiteur de la province du Tucuman fait sa residence; il est prestre seculier, & a des commissaires ou lieutenans sous luy, qui sont établis par luy dans tous les autres bourgs de la province.

Aprés avoir demeuré trois jours à Sant Iago, j'en partis pour me rendre à Salta, qui en est à 100. lieuës, & laissant San Miguel du Tucuman à main gauche, qui est un bourg de la force de Sant Iago, je pris la route d'Esteco, trouvant dans mon chemin quelques petites habitations des Espagnols répandues çà & là, & peu de sauvages. Le pays est plat, & divisé en plaines assez fertiles, & en forests qui sont remplies d'algarobe & de palmiers qui portent des dattes un peu plus petites que celles du Levant, comme aussi de quantité d'autres sortes d'arbres, entre autres de ceux d'où distille le bray, & de ceux qui produisent la cochenille & le cotton. On rencontre plusieurs petits lacs, aux environs desquels il se produit une grande quantité de sel, dont usent ceux du pays. Je demeuray un jour à Esteco pour faire quelques provisions de vivres. Sa situation est sur une grande riviere fort large,

IV. Partie. b ij

qu'on ne laisse pas de passer à gué à cheval. Le bourg estoit autrefois aussi grand'& aussi considerable que Cordoüa, mais il est presentement ruiné, n'y ayant pas plus de trente familles qui y sont restées, les autres ayant deserté à cause du grand nombre de tigres qui mangent les enfans, & quelquefois les hommes quand ils les peuvent surprendre; d'une furieuse quantité de mouches venimeuses, qui piquent fort, dont le pays est si remply à quatre ou cinq lieuës du bourg, que l'on ne sçauroit aller dehors, qu'on ne soit masqué. Le pays d'ailleurs est assez fertile en bled, orge, fruits & vignes, & seroit assez abondant en bétail, si les tigres ne le mangeoient pas.

D'Esteco à Salta il y a quinze lieuës : on pourroit dire que cette étendue de pays seroit comme celle dont je viens de parler, si elle n'estoit en quelques endroits sabloneuse. Quand on approche de Salta environ de deux lieuës on le découvre facilement, à cause qu'il est dans un fond au milieu d'une belle plaine, fort fertile en bleds, vignes, fruits, bétail, & autres choses necessaires à la vie; environné de collines & de montagnes assez hautes en quelques endroits. Le bourg est sur le bord d'une petite riviere, sur laquelle il y a un pont : il y peut avoir environ 400. maisons, & cinq ou six eglises & convens, dont les bâtimens sont de la structure de ceux que j'ay cy-devant décrits. Il n'est ceint d'aucunes murailles, fortifications ny fossez : mais les guerres que les habitans ont euës avec leurs voisins, les ont rendus plus aguerris & plus soigneux d'avoir des armes que les autres. Ils sont environ 500. hommes, tous portans armes, outre les esclaves, moulates & noirs, qui sont bien trois fois autant. C'est un lieu de grand abord, à cause du commerce assez considerable qui s'y fait en bled, en farine, en bétail, en vin, en chair salée, en suif, & autres marchandises dont ceux du pays negocient avec ceux du Perou.

A douze lieues de là est Xuxui, qui est le dernier bourg du Tucuman du costé du Perou. Sur la route d'un lieu à l'autre il y a quantité de petites habitations ou metairies, & plus qu'en aucun autre endroit, quoique le pays ne soit pas si beau ny si fertile, & que ce ne soit presque que collines & montagnes. Le bourg de Xuxui est d'environ 300. maisons : il n'est pas fort peuplé à cause des guerres continuelles que ses habitans, aussi-bien que ceux de Salta, ont avec les sauvages de la vallée de Calchaqui, qui les harcellent continuellement. La cause de ces guerres vient de ce que le gouverneur du Tucuman, nommé Dom Alonso de Mercado & de Villa-Corta, ayant esté averty que c'estoit dans cette vallée qu'estoit la maison des derniers Incas rois du Perou, qui se nommoit la maison blanche, & qu'il y avoit là des tresors & des richesses considerables, que ceux du pays gardoient comme une marque de leur ancienne grandeur, en donna avis au Roy Catholique, & luy demanda permission de la conquerir, pour la soumettre comme les autres sous sa domination; ce qu'il obtint. Pour venir à bout de son dessein il crut qu'il y falloit employer Dom Pedro Bohories, de la nation Morisque, natif d'Estramadure, comme estant une personne qui ayant une grande habitude & intrigues avec les sauvages, seroit plus propre qu'aucun autre pour le faire reüssir; mais la chose eut un succés tout contraire : car ce Bohories s'estant rendu chez les sauvages de cette vallée, & ayant gagné leurs esprits, au lieu de s'acquitter de sa commission, songea à s'établir parmy eux; à quoy il reüssit si bien, que par ses ruses & ses adresses il se fit elire & connoistre pour leur roy, en suite il se declara contre ce gouverneur, commença à luy faire la guerre vers l'année 1658. & le mit plusieurs fois luy & les siens en déroute : ce qui a donné occasion à plusieurs peuples sauvages, qui estoient sous la domination Espagnole, d'en secouër le joug pour se joindre à ceux de la vallée, qui par cette jonction se sont rendus fort considerables. C'est là aussi que se refugient les esclaves du Perou, particulierement ceux qui servent aux mines, quand ils se peuvent évader; & la retraite asseurée qu'ils y trouvent y en attire une si grande quantité, que les Espagnols n'auroient pas la moitié du monde qui leur est necessaire pour le travail des mines, s'ils ne faisoient venir des Negres de Congo, d'Angola, & d'autres endroits de la coste de Guinée par le moyen de certains Gennois qui les vont querir, & les leur vendent au prix porté par les traitez qu'ils font avec eux pour cela.

De Xuxui à Potosi l'on compte 100. lieues, & le chemin en est fort fâcheux, n'y ayant mesme que celuy-là seul pour passer du Tucuman au Perou. A deux lieues de Xuxui je commençay à entrer dans les montagnes, entre lesquelles est une petite vallée fort etroite, qui regne jusques à Omagoaca, qui est à 20. lieues de là, & le long de laquelle coule une petite riviere, que l'on est obligé de passer & de repasser fort souvent. L'on n'est pas engagé quatre lieues dans ce chemin, que l'on rencontre des volcans, qui sont des montagnes de soufre, qui s'enflamment de temps en temps, crevent, & jettent des terres dans la vallée, qui rendent le chemin si fangeux quand il pleut en suite, comme il arrive presque toujours, qu'il faut attendre quelquefois cinq ou six mois, & mesme jusqu'à l'esté, que le chemin soit sec pour le passer. Ces volcans s'etendent l'espace de deux lieues sur cette route, & dans cette etendue il n'y a aucunes habitations d'Espagnols ny de sauvages, mais au delà & jusques à Omagoaca il s'en trouve quantité de petites, occupées seulement par ces derniers, & dépendantes de quelques bourgades qui sont gouvernées par des chefs qu'ils appellent Couracas, qui ont au dessous d'eux un Cacique qui les commande, & dont la demeure est à Omagonca, qui est un bourg de 200. maisons, bâties de terre, & mal ordonnées. Le terroir des environs n'en est pas fort bon; l'on y seme pourtant du bled & quantité de millet, dont ces sauvages usent ordinairement. Pour du bétail ils en ont fort peu, & mangent communément des chairs de beuf sechées au soleil, que les marchands leurs apportent, & des chévres & des moutons que ce pays produit.

La pluspart de ces sauvages sont Catholiques, & vivent suivant les regles de la religion: ils ont une eglise à Omagoaca, qui est servie par des prestres, qui viennent de fois à d'autres pour y celebrer la messe. Ces prestres demeurent à Socchoa, qui est l'habitation de Dom Paulo d'Obando, qui est un Espagnol né dans le pays, seigneur proprietaire de cette contrée, dans laquelle est comprise non seulement toute la vallée d'Omagoaca, mais encore une grande etendue de terres au delà, ce qui fait bien environ 60. ou 80. lieues de pays, où il y a une grande quantité de vigognes, de la laine desquels ce seigneur tire de grands profits. Il prend ces animaux avec grande facilité, par le moyen des sauvages ses sujets, qui n'ont autre peine que de faire une grande enceinte de rets ou rezeaux de la hauteur d'un pied & demy, ausquels sont attachées quantité de plumes d'oiseaux, qui voltigent au gré du vent. L'enceinte faite plusieurs de ces sauvages chassent, & font entrer les bestes dedans, comme on fait en France les sangliers dans les toiles, aprés quoy il y en a qui viennent à cheval dans cette etendue, où les bestes estant enfermées, & n'osant approcher des rets à cause des plumes qui leur font peur, ils en assomment & tuent tel nombre qu'ils veulent avec certaines boulles qui sont attachées avec des cordes.

Depuis Omagoaca jusques à Maio l'on compte trente lieues, & l'on ne rencontre le long de ce chemin que fort peu d'habitations de sauvages, parce qu'il fait un si grand froid l'hyver en ce pays-là, qu'ils n'y peuvent pas durer.

De Maio l'on va à Toropalca par des plaines qui sont fort agreables: le bourg est de 200. maisons, habitées par des sauvages catholiques. Il y a un Portugais qui y demeure avec sa famille.

Au delà de Toropalca est la contrée qu'on appelle de Chichas, fort montagneuse, où il y a quantité de mines d'or & d'argent, & de ferreries où se prepare le metail. Elle a 25. lieues d'etendue jusqu'à Potosi, où j'arrivay aprés 63. jours de marche.

VOYAGE DV SIEVR......

Description de la ville de Potosi & de ses mines.

Je ne fus pas plus tost descendu de cheval chez un marchand du lieu, à qui j'avois esté recommandé, que je fus conduit par luy vers le presidant de la province de los Charcas, à qui la depêche du Roy d'Espagne, dont j'estois chargé, estoit adressée, comme au principal directeur des affaires de sa Majesté Catholique en cette province, dans l'étenduë de laquelle est Potosi, où il fait sa plus ordinaire demeure, quoique la ville de la Plata en soit la capitale. Aprés luy avoir remis la depêche, je fus mené vers le corregidor, pour luy rendre celle qui estoit pour luy; en suite je fus chez les autres pour qui j'en avois aussi: & tous me reçurent fort bien, particulierement le presidant, qui me regala d'une chaîne d'or, pour la bonne nouvelle que je luy avois apportée.

Mais avant que de passer outre, il est à propos de faire quelque description de la ville de Potosi, comme j'ay fait des autres. Les Espagnols la qualifient de ville imperiale, sans qu'aucun m'en ait pû dire la raison: elle est situee au pied de la montagne qu'on nomme Arazassou, & coupée par le milieu d'un ruisseau qui vient d'un lac enfermé de murailles, lequel est au dessus de la ville environ un quart de lieuë, & est comme le reservoir des eaux necessaires pour le travail des ferreries. La partie de la ville qui est en deçà du ruisseau, vis à vis de la montagne, est elevée sur une petite colline, & c'est la plus grande & la plus habitée; car il n'y a presque dans celle qui est du costé de la montagne, que ferreries, & les maisons de ceux qui y sont employez. La ville n'a ny murailles, ny fossez, ny forteresse pour sa defense: l'on y compte jusqu'à 4000. maisons bien bâties & de bonnes pierres, ayant plusieurs étages à la mode d'Espagne. Les eglises y sont assez belles, & toutes richement parées d'argenterie & de tapisseries & autres ornemens, & sur tout celles des religieux & religieuses, dont il y a plusieurs convens de divers ordres, qui sont fort accommodez. Cette ville n'est pas des moins peuplées du Perou, d'Espagnols, de Mestices, d'étrangers, & de gens du pays, que les Espagnols appellent Indios, de Moulates & de Negres. L'on y fait état de trois à quatre mille Espagnols naturels, portans armes, qui ont la reputation de tres braves & bons soldats. Les Mestices ne sont guere moins en nombre, ny moins adroits à l'épée, mais la pluspart sont faineans, querelleurs & traitres, & c'est pourquoy ils portent ordinairement trois ou quatre juppons ou justaucorps de buffle les uns sur les autres, qu'une épée ne sçauroit percer, pour se parer contre les coups de trahison. Il n'y a pas beaucoup d'étrangers, & ce sont partie Hollandois, Irlandois & Gennois, partie François, dont la pluspart sont Malouins, Provençaux & Basques, & passent pour Navarrois & Biscayens. Quant aux Indiens on les fait monter à prés de 10000. sans compter les Moulates & les sauvages Noirs; mais il ne leur est pas permis de porter ny épées ny armes à feu, non pas mesme aux Couracas & Caciques, quoique tous puissent aspirer à tous degrez de chevalerie & benefices, & y soient souvent élevez pour leurs services & leurs bonnes actions. Ils n'ont pas non plus la permission d'estre vestus à l'Espagnole, mais ils sont obligez de porter un habillement different, qui consiste en un justaucorps sans manches, qu'ils ont sur la chemise, à laquelle leur rabat & leurs manchettes à dentelle sont attachées; un haut-de-chausse large par le bas à la Françoise, les jambes nuës, & des souliers à cru. Les Noirs & les Moulates estant au service des Espagnols, sont habillez à l'Espagnole, & peuvent porter des armes: & tous esclaves Indiens aprés dix ans de service sont mis en liberté, & ont les mesmes avantages que les autres. La police est fort exacte dans la ville, par le soin qu'en prennent vingt-quatre magistrats qui y veillent sans cesse, outre le Corregidor & le Presidant de los Charcas, qui dirigent les choses à la maniere d'Espagne. Il faut observer que hors ces deux principaux officiers, tant à Potosi que par tout ailleurs dans les Indes, tout le monde, soit chevaliers, gentilshommes, officiers ou autres se mêlent du commerce: il y en a qui font un si grand profit, que dans la ville de Potosi l'on en nomme quelques-uns de

AV PEROV.

deux, de trois, voire mesme de quatre millions, & plusieurs de deux, trois & quatre cens mille écus de bien. Le commun peuple y est aussi fort à son aise; mais tous sont fort fiers & hautains, allans toujours fort bien converts, soit de brocard d'or & d'argent, ou d'étoffe d'écarlate & de soye, garnie de quantité de dentelles d'or & d'argent. Ils sont aussi richement meublez chez eux, n'y ayant personne qui ne soit servy en vaisselle d'argent. Les femmes des gentilshommes & des bons bourgeois y sont fort resserrées, & encore plus qu'en Espagne, elles ne sortent de la maison que pour aller à la messe, ou pour faire quelque visite, ou pour se trouver aux festes publiques, encore assez rarement. La pluspart sont adonnées à une espece de débauche, qui est de prendre du coca: c'est une plante qui vient du costé de Cusco, laquelle estant mise en rouleaux & deséchée, elles la mâchent comme on fait le tabac, & cela les échauffe & les rend quelquefois si ivres, qu'elles deviennent en un état où l'on peut faire d'elles tout ce qu'on veut. Les hommes usent aussi assez communément de ce coca, qui fait les mesmes effets sur eux que sur les femmes. Du reste ils sont assez sobres dans leur boir & leur manger; quoiqu'ils ayent abandonné toutes les choses necessaires à la vie, comme beuf, vache, mouton, volaille & gibier, fruits cruds & confits, bleds & vins, qui leur sont apportez de dehors, & mesme de fort loin, ce qui fait que ces denrées sont cheres, en sorte que les petites gens, particulierement ceux qui sont peu accommodez, auroient peine à vivre en ce lieu-là, sans l'abondance d'argent qui y roule, & la facilité d'en gagner quand ils veulent travailler.

Le meilleur argent de toutes les Indes & le plus pur est celuy des mines de Potosi: les principales ont esté trouvées dans la montagne d'Aranzasse, où quoiqu'on ait tiré une quantité prodigieuse d'argent des veines où le metail paroissoit evidemment, & qui sont presentement épuisées, on en trouve presque aussi abondamment dans les endroits où l'on n'a point cy-devant fouillé; l'on ne laisse pas mesme d'en tirer des terres qui ont esté autrefois jettées, quand on les refouille par les ouvertures, les puits & les traverses qui sont dans les montagnes, ayant esté reconnu qu'il s'y en estoit formé de nouveau depuis ce temps-là; ce qui fait bien voir leur qualité propre pour la production de ce metail: mais il vray qu'elles n'en rendent pas tant que la mine ordinaire qui se trouve par veines entre les rochers. Il y a encore d'autres sortes de veines de terre, qu'on appelle Paillaco, qui est dure comme de la pierre, & de la couleur de l'argille, lesquelles on negligeoit cy-devant, & qui neanmoins, ainsi que l'experience a fait voir, n'estoient pas tant à mépriser, puisque la facilité qu'on a d'en tirer l'argent à peu de frais, fait qu'on y trouve un profit assez raisonnable.

Outre les mines de cette montagne il y en a quantité d'autres aux environs, & plus éloignées, qui sont assez bonnes, entre autres celles de Lippes, de Carangas & de Porco; mais celles d'Ouroures, qui sont nouvellement découvertes, sont meilleures.

Le Roy d'Espagne ne fait travailler à aucune des mines, il les abandonne aux particuliers qui en font la découverte, lesquels en demeurent les maistres, aprés toutefois que le Corregidor en ayant fait la visite, les en a declarez proprietaires, aux conditions & privileges accoutumez: le mesme Corregidor leur designe & marque aussi la superficie du terrain où ils peuvent faire les ouvertures de la miniere au dehors, sans que cela restreigne & limite leur travail pour le dedans, chacun ayant pouvoir de suivre la veine qu'il a trouvée, quelque étenduë & profondeur qu'elle ait, quand bien elle traverseroit celle qu'un autre fouilleroit proche de là: tout ce que le Roy se reserve, outre ses droits dont nous parlerons cy-aprés, c'est la direction generale par ses officiers sur tout le travail des mines, & de faire fournir les sauvages qui y sont employez, afin d'empecher le desordre qu'il y auroit, si la liberté estoit à chaque proprietaire des mines d'en prendre telle quantité

suivre pour eviter les mauvaises rencontres, & achever leur voyage en sureté: quant aux galions du Perou, aprés avoir repris une nouvelle charge à Panama, ils s'en retournent à Lima, prenant diverses routes à cause de la contrarieté du vent qui les retient deux & trois mois à la mer. Estant là ils distribuent ce qu'ils ont pour le Perou, & le reste est enlevé par les marchands du Chili, qui en échange fournissent quantité de marchandises de leur pays, qui consistent en cuirs de maroquin, qu'on appelle en langage du pays cordouan, en cordages, chanvres, bray & gouldron, en huiles, olives & amandes, & sur tout en quantité d'or en sable, qui se tire des rivieres de Copiapo, Coquinbo, Valdivia, & autres qui tombent dans la mer du Sud. A propos de ces marchandises du Chili il faut toucher quelque chose de cette grande province ou royaume. A l'embouchure des rivieres dont je viens de parler, il y a de bons ports & des villes, qui sont environ de quatre à cinq cens maisons, & assez peuplées. Les plus considerables sur la coste sont Valdivia, la Conception, Copiapo, & Coquinbo. Valdivia est fortifiée, & il y a garnison, qui n'est ordinairement composée que des bannis & malfaicteurs des Indes: les trois autres sont villes marchandes. Plus avant dans la terre est Sant-Iago de Chili, qui est la capitale de tout le Chili, où il y a aussi une forte garnison, & quelques troupes reglées, à cause de la guerre continuelle que les sauvages nommez Aoucans leur font. Au delà dans les montagnes il y a la petite province de Chicuito, dont les principales places sont San Juan de la Frontera, & Mendoça, aux environ desquelles il croist force bled & quantité de vignes, qui fournissent le pays de Chili & la province de Tucuman jusques à Bonnes-ayres.

Trois semaines aprés mon arrivée à Potosi on fit les réjouïssances pour la naissance du prince d'Espagne, qui durerent quinze jours de suite, pendant lesquels le travail cessa par toute la ville, dans les minieres & aux environs, & tout le monde, depuis le plus grand jusqu'au plus petit, soit Espagnol, étranger, indien ou sauvage, ne songea qu'à faire quelque chose d'extraordinaire pour la feste. Elle commença par une cavalcade que le corregidor, les vingt-quatre magistrats de la ville, les autres officiers, les principaux d'entre la noblesse, & les notables marchands firent par la ville, revestus superbement; tout le reste du peuple, & particulierement les dames estant aux fenestres, leur jettant quantité d'eaux de senteur, force regales de confitures seches: les jours suivans on fit divers jeux qu'ils appellent les uns *iuegos de toros*, les autres *iuegos de cañas*, plusieurs sortes de mascarades, comedies, balets, musique de voix & d'instrumens, & autres divertissemens, qui se faisoient un jour par les gentilshommes, un autre par les bourgeois, tantost par les orfevres, tantost par ceux qu'ils appellent mineros; d'autres furent faits par les diverses nations, & d'autres par les Indiens, le tout avec une magnificence & une dépense extraordinaire. La réjouïssance des Indiens est digne d'une remarque particuliere; car outre qu'ils estoient revestus richement & de differente maniere assez bigearre, avec leurs arcs & leurs fleches, ils avoient fait dresser en une nuit & une matinée, dans la grande place publique, un jardin en forme de dedale, les parterres ornez de fontaines jaillissantes, garnis de toutes sortes d'arbres & de fleurs, pleins d'oiseaux, & de toutes sortes d'animaux sauvages, comme lions, tygres, & d'autre espece; au milieu dequoy ils firent mille autres réjouïssances & ceremonies extraordinaires. La penultieme journée surpassa toutes les autres, ce fut une course de bague, qui se fit aux dépens de la ville, avec des machines surprenantes. Il parut d'abord un navire tiré par des sauvages, de grandeur & de port d'environ cent tonneaux, avec son artillerie, ses gens d'equipage lestement vestus, ses ancres, ses cordages & ses voiles qui estoient enflez par le vent, qui de bonne fortune souffloit le long de la ruë par où on le trainoit à la grande place: si-tost qu'il y fut arrivé, il salua la compagnie par une décharge de tout son canon; & en mesme temps un seigneur Espagnol representant un empereur

AV PEROV.

d'Orient, qui venoit se conjouïr de la naissance du prince, descendit du vaisseau, suivy de six gentilshommes & d'un train fort leste, qui conduisoit leurs chevaux, sur lesquels estant montez ils allerent tous saluer le president de las Charcas, & luy firent un compliment, pendant lequel leurs chevaux se mirent & se tinrent à genoux, ayant esté instruits à cela: ils furent en suite saluer le corregidor & les juges du camp, de qui ayant eu permission de courre la bague contre les tenans, ils s'en acquitterent tres galamment, & receurent de fort beaux prix de la main des dames qui les distribuoient. La course de bague estant finie, le vaisseau & quantité de petites barques qu'on amena s'avancerent pour attaquer un grand chaû d'artifice, où l'on feignoit que le protecteur Cromwel, qui estoit alors en guerre avec le Roy Catholique, estoit enfermé, & aprés un assez long combat de feu d'artifice, le feu se prit au vaisseau, aux barques & au chaû, & tout fut consumé. Il fut ensuite distribué & répandu parmy le peuple quantité de pieces d'or & d'argent au nom du Roy Catholique, & il y eut mesme des particuliers qui furent si prodigues, qu'ils jetterent aussi à la populace jusques à deux & trois mille écus d'argent monnoyé. Les réjouïssances se terminerent le lendemain par une procession, qui fut faite de la grande eglise à celle des Recollets, où le saint Sacrement fut porté, accompagné de tout le clergé & de tout le peuple: & comme le chemin de l'une à l'autre eglise avoit esté dépavé à cause des festes precedentes, on le repara pour la procession, de barres d'argent, en sorte que tout le chemin qu'elle fit en estoit couvert. L'autel qui servit de reposoir en l'eglise des Recollets estoit si paré de figures, de vases & de plaques d'or & d'argent, ornées de diamans, de perles & d'autres pierreries, que je ne croy pas qu'il se puisse rien voir de plus riche; aussi tous les bourgeois y avoient apporté tout ce qu'ils avoient de plus rare. La dépense extraordinaire qui fut faite en cette feste a esté estimée monter à cinq cens mille écus & davantage.

Les divertissemens estant finis, je reste du temps que je demeuray à Potosi fut employé à achever les marchez des marchandises dont j'avois apporté la facture, lesquelles je m'obligeois de faire livrer dans certain temps à Xuxui franches de tous frais de voiture jusques-là. Je pris la plus grande partie de mon payement en argent, sçavoir en patagons, en vaisselle, en barres & en pignas, qui est l'argent vierge, & le surplus en laines de vigognes: & ayant entierement achevé les affaires pour lesquelles j'avois esté envoyé à Potosi, j'en partis pour retourner à Bonnes-Ayres par le mesme chemin par lequel j'estois venu. J'avois fait charger tous mes ballots sur des mules, qui sont les voitures ordinaires pour passer les montagnes qui separent le Perou du Tucuman: mais quand j'eus atteint Xuxui, je jugeay à propos de me servir de la voye des charrettes, qui est bien plus commode, & je continuay ainsi mon voyage. Aprés donc une marche de quatre mois j'arrivay heureusement à la riviere de Lucan, à cinq lieuës de Bonnes-Ayres, où je rencontray Ignatio Maleo, qui estoit venu audevant de moy: il s'estoit rendu là par la riviere dans un petit batteau, dont nous resolûmes de nous servir pour envoyer secrettement à nostre vaisseau la plus grande partie de l'argent que j'avois apporté: nous estimâmes qu'il en falloit user ainsi, pour eviter le risque de la confiscation que nous aurions couruë en le faisant passer par Bonnes-Ayres, à cause des defenses qu'il y a contre le transport de l'or & de l'argent, quoiqu'elles ne soient pas toujours fort regulierement observées, les gouverneurs en laissant quelquefois sortir en cachette volontairement, moyennant quelque present, ou en n'y prenant pas garde de si prés.

Je ne dois pas obmettre de dire icy que la raison pour laquelle les Espagnols ne veulent pas permettre le transport & la sortie de l'argent du Perou & des autres provinces voisines par la riviere de la Plate, ny que toutes sortes de vaisseaux y aillent trafiquer sans permission, c'est qu'ils ont consideré que s'ils laissoient le commerce libre de cette coste-là où le pays est bon & abondant en toutes choses, la terre fertile, l'air fort sain, & les voitures commodes, les marchands qui trafiquent dans le Perou, le Chili & le Tucuman, quitteroient bien-tost la voye des galions, & la route ordinaire par les mers du Nord & du Sud, & par la terre ferme qui est embarassante & incommode, pour prendre le chemin de Bonnes-Ayres; & cela feroit infailliblement deserter la pluspart des villes de la terre ferme, dont l'air est fort mal sain, & où l'on n'a pas si abondamment les choses necessaires & commodes à la vie.

Nostre argent ayant donc esté mis en sureté par la precaution dont nous avions usé, je me rendis à Bonnes-Ayres avec le reste de nos marchandises. Je n'y fus pas plus tost arrivé, que nostre retour pour l'Espagne fut resolu : mais afin que dans la visite qui se devoit faire à l'accoutumée par les officiers royaux sur nostre vaisseau avant la sortie du port, il n'y pust estre rien trouvé qui donnast lieu à aucune confiscation, nous jugeâmes à propos de ne faire embarquer d'abord que les grosses marchandises, sçavoir les laines de vigognes, les cuirs de plusieurs especes, & entre autres seize mille peaux de taureaux, avec quantité d'autres ballots & des coffres appartenans aux passagers qui devoient s'en revenir avec nous, & environ trente mille écus en argent, qui est toute la somme qu'il est permis d'emporter pour subvenir aux besoins qui peuvent arriver dans ce voyage, & pour le payement des equipages. Mais après que la visite fut faite, on acheva de charger l'argent que nous avions caché, qui pouvoit monter avec le reste de la charge du vaisseau à la valeur de trois millions de livres.

Nous partîmes de Bonnes-Ayres au mois de May 1659. en compagnie d'un vaisseau Hollandois commandé par Isaac de Brac, qui estoit aussi richement chargé : il nous engagea de faire nostre route de concert avec luy, à cause qu'il prenoit l'eau, & le mal ayant augmenté dans la suite du voyage, nous fûmes obligez de relâcher en l'isle de Fernande de Lorena, à trois degrez & demy de la ligne, du costé du Sud. Ce fut un bonheur pour nous aussi-bien que pour l'Hollandois, de nous estre arrestez là ; car ayant voulu par precaution faire provision d'eau nouvelle, nous apperçûmes que la plus grande partie de celle que nous avions prise à Bonnes-Ayres s'estoit écoulée, & que des cent bariques que nous en croyions encore avoir, il ne nous en restoit encore que trente ; c'est pourquoy bien que l'eau que nous trouvâmes là fust fort fade, & qu'elle eust cette mauvaise qualité, que de donner d'abord un dévoyement à tous ceux qui en buvoient, il en fallut remplir nos bariques. Il arriva un accident assez fâcheux à ceux qui furent employez pour l'aller puiser dans la roche d'où elle sortoit, c'est que s'estant dépouillez & mis presque à nud pour travailler avec plus de commodité, la chaleur du soleil les piqua si fort, qu'elle leur rendit le corps tout rouge, & leur fit venir ensuite de grosses bubes & pustules aux endroits où elle avoit le plus violemment dardé, dont ils furent tres-incommodez, & souffrirent beaucoup durant quinze jours.

Je descendis à terre pour visiter l'isle, qui a bien une lieuë & demy de circuit ou environ, & n'est habitée de personne. Un de nos pilotes me dit que les Hollandois l'avoient occupée pendant qu'ils tenoient Fermanbues au Bresil ; & qu'ils y avoient un petit fort, dont il se voyoit encore quelques vestiges ; qu'ils y semoient & recueilloient du millet & des feves ; & qu'ils y nourrissoient quantité de volailles, de chevres & de pourceaux. Nous y vîmes une grande quantité d'oiseaux, dont il y en avoit quelques-uns bons à manger. Nous demeurâmes là quatre jours ; & comme nous vîmes que les Hollandois n'estoient pas encore si-tost en estat de continuer leur route, ayant esté obligez de mettre leurs marchandises à terre, & leur vaisseau sur le costé pour le raccommoder, nous mîmes à la voile ; & après une assez incommode navigation par les tempestes que nous souffrions, qui nous pousserent tantost vers les costes de la Floride, tantost vers d'autres, nous apperçûmes

AV PEROV.

enfin celles d'Espagne. Au lieu d'aller à Cadis, dans l'apprehension que nous avions de rencontrer les Anglois qui estoient encore en guerre avec les Espagnols, nous jugeâmes à propos de gagner S. Ander, où nous arrivâmes heureusement environ la my-Aoust. Nous apprîmes à l'abord, que les galions d'Espagne estoient venus mouiller au mesme port à leur retour du Mexique, pour la mesme raison qui nous y avoit amenez, & qu'il n'y avoit que deux jours qu'ils en estoient partis : & comme les officiers du Roy Catholique, qui avoient esté envoyez pour les recevoir, y estoient encore, nous nous avisâmes de traiter avec eux, tant pour sauver l'amende que nous avions encouruë pour n'estre pas retournez au lieu d'où nous estions partis, que pour n'estre pas sujets à la visite; & moyennant 4000. patagons que nous leur donnâmes, nous fûmes quittes & exempts de toute recherche. Nous dechargeâmes donc là nostre argent & nos marchandises, dont partie fut ensuite envoyée à Bilbao, & partie à S. Sebastien, où en peu de temps elles furent vendues & distribuées à plusieurs marchands qui les transporterent en divers endroits pour en faire le debit. Quand nous eûmes achevé la vente de toutes nos marchandises, il fut dressé entre les interessez du vaisseau un estat & compte bien exact de la dépense & du profit qu'ils avoient fait en ce voyage, dont je ne m'amuseray point à faire le détail; je diray seulement pour en donner en gros quelque connoissance, que la dépense consistoit premierement en 250000. écus fournis & employez à l'achat des marchandises dont nostre vaisseau avoit esté chargé à Cadis, & au payement des droits de sortie d'Espagne; 74000. tant de livres pour le fret du vaisseau pendant dix-neuf mois, à raison de 3900. liv. par mois; plus en 43000. tant de livr. pour la paye pendant le mesme temps de 76. matelots tant grands que petits, à raison de dix écus par mois l'un portant l'autre; plus en 30000. écus pour les victuailles pendant le mesme temps, tant pour les gens d'equipage que pour les passagers, desquelles on avoit fait une assez bonne provision, à cause que dans ces longs voyages au delà de la ligne il faut bien nourrir les gens d'equipage, & avoir force confitures, liqueurs & autres regales pour les passagers; plus en 2000. écus pour les droits d'entrée à Bonnes-Ayres, & pour les presens aux officiers du lieu, & en 1000. écus pour les droits de sortie; plus en dépenses, droits & frais des voitures des marchandises depuis Bonnes-Ayres jusques à Potosi, & de Potosi jusques à Bonnes-Ayres, à raison de 20. écus pour quintal ou cent pesant; plus en 4000. écus pour l'exemption de la recherche & de la visite au retour en Espagne; & enfin en quelques autres dépenses tant pour les droits d'entrée des marchandises en Espagne, que pour autres choses non prévuës, lesquelles ne montoient pas à de grandes sommes; c'estoient là à peu prés les principaux articles de la dépense, laquelle payée & defalquée il se trouva de profit 250. pour cent, y compris celuy qu'on avoit fait sur les cuirs, dont on avoit retiré quinze de la piece, qui est le prix ordinaire, quoiqu'elle n'eust coûté qu'un écu de premier achat; ensemble le gain que l'on avoit fait sur les passagers, dont nous avions eu dans nostre bord plus de 50. tant en allant qu'en revenant, ce qui estoit assez considerable; car par exemple un homme seul avec son coffre avoit payé 800. écus, & le reste à proportion pour son passage & pour sa nourriture.

Nous apprîmes à S. Ander, que les vaisseaux Hollandois que nous avions vu à Bonnes-Ayres, estoient arrivez heureusement à Amsterdam; mais que l'ambassadeur d'Espagne ayant sceu qu'ils venoient de la riviere de la Plate, & en avoient rapporté une prodigieuse quantité d'argent & de marchandises tant pour le compte des marchands Hollandois, que pour celuy de plusieurs Espagnols qui avoient profité du retour de ces vaisseaux pour revenir en Europe, & qui faisoient remettre leur argent d'Amsterdam à Cadis & à Seville par lettres de change, outre des marchandises d'Hollande qu'ils y envoyoient, en avoit donné avis au conseil des Indes à Madrit, lequel ayant jugé cet argent & ces effets sujets à confiscation, à cause des

c iij

defenses qui sont faites à tous Espagnols de trafiquer sur des vaisseaux étrangers, & de transporter l'argent ailleurs qu'en Espagne, en avoit fait arrester & confisquer la plus grande partie, le reste ayant esté sauvé par l'adresse de quelques marchands qui ne s'estoient pas tant hâtez que les autres; le mesme ambassadeur ayant à cette occasion remontré de quelle consequence il estoit de tolerer la continuation de ce commerce des étrangers dans la riviere de la Plate, & de n'en pas arrester le cours : le Conseil deferant à ses avis fit promptement equipper un vaisseau à S. Sebastien, qu'il fit charger d'armes & d'hommes pour envoyer à Bonnes-Ayres, avec des ordres bien precis tant de se saisir de la personne du gouverneur, qui avoit permis à ces vaisseaux Hollandois l'entrée & le trafic dans le pays, que pour faire une exacte information des habitudes & intelligences que les Hollandois y avoient prises, comme aussi pour y rétablir si-bien les choses, en fortifiant les garnisons, & les armant mieux qu'elles n'avoient encore esté par le passé, afin qu'elles fussent en estat à l'avenir de resister aux étrangers, & de leur empecher la descente & la communication dans le pays. Peu de temps après nostre arrivée Ignatio Maleo capitaine de nostre vaisseau reçut ordre de la Cour d'Espagne de se rendre à Madrit, pour informer le Conseil des Indes de l'estat où il avoit vu & laissé les choses à Bonnes-Ayres: il voulut que je l'accompagnasse en ce voyage; ce que je fis. Aussi-tost que nous fûmes arrivez à Madrit, il donna des memoires non seulement de tout ce qu'il avoit observé dans la riviere de la Plate, mais aussi des moyens qu'on pouvoit pratiquer pour faire perdre la pensée aux étrangers d'y aller trafiquer; premierement en entretenant deux bons vaisseaux de guerre dans l'entrée de la riviere, qui pussent disputer & empecher le passage aux navires marchands qui voudroient monter jusqu'à Bonnes-Ayres; en second lieu en y envoyant tous les ans deux navires chargez de toutes les choses dont ceux de ce quartier-là pourroient avoir besoin, afin que les estant suffisamment pourvus ils ne songeassent plus à favoriser l'entrée & la descente aux étrangers qui y pourroient aller : il proposa encore de changer la route ordinaire pour les marchandises qu'on envoye au Perou & qu'on en rapporte par la voye des galions, & de l'établir par la riviere de la Plate, d'où il assuroit que les voitures se feroient plus commodément, à meilleur marché, & à moins de risque par terre au Perou, qu'elles ne se peuvent faire par l'autre chemin. Mais de toutes ces propositions le Conseil d'Espagne n'ayant goûté que celle d'envoyer à Bonnes-Ayres deux vaisseaux chargez de marchandises propres pour le pays; & Maleo ayant obtenu que ce seroit luy à qui la permission & la commission en seroit donnée, sur cette assurance nous nous en revînmes en Guipuscoa pour nous disposer à ce voyage, & donner ordre à nos affaires; nous les avançâmes si bien, qu'en peu de temps nous eûmes un vaisseau prest à faire voile, que Maleo avoit fait acheter à Amsterdam, & avoit fait venir au port du passage, chargé en partie de marchandises d'Hollande, avec d'autres qu'on avoit prises à Bayonne, à S. Sebastien & à Bilbas à la grosse avanture, à l'achat desquelles j'avois esté employé, & m'y estois engagé en consequence de la procuration de Maleo.

Dans ces entrefaites & attendant l'expedition de la permission qui avoit esté promise par le Conseil d'Espagne, il se rencontra que le Baron de Vateville estant pressé de passer en Angleterre en qualité d'ambassadeur de la part du Roy Catholique, & ayant ordre de se servir du premier vaisseau qui seroit prest, prit celuy de Maleo, qui ne servit pourtant qu'à conduire son bagage, dautant que le Roy de la grande Bretagne luy envoya dans le mesme temps une fregate, sur laquelle il traversa la mer. Pendant le sejour que Maleo fut obligé de faire en Angleterre, il fit de nouvelles provisions pour son voyage des Indes; & voyant qu'on ne luy envoyoit point la permission, s'avisa de prendre du Baron de Vateville comme capitaine general de la province de Guipuscoa, une commission sous mon nom & sous celuy de Pascoal Hiriarte commandant son vaisseau pour aller en course contre les Portugais sur la coste du Bresil, afin que cela nous pust servir de pretexte pour pouvoir arriver à la riviere de la Plate. Estant munis de cette expedition nous nous embarquâmes, & ayant relâché au Havre de Grace, pour mettre à terre N . . . qui avoit jugé à propos de retourner à Madrit pour solliciter celle du Conseil d'Espagne pour les deux vaisseaux avec lesquels nous estions convenus qu'ils nous devoient venir joindre à Bonnes-Ayres, nous continuâmes nostre route, & aprés plusieurs traverses nous arrivâmes dans la riviere de la Plate. En y entrant nous rencontrâmes deux vaisseaux Hollandois qui venoient de Bonnes-Ayres; dont les capitaines nous apprirent que l'un d'eux n'avoit jamais pû obtenir permission d'y trafiquer; mais que l'autre estant arrivé le premier, dans une conjoncture où le gouverneur estoit obligé d'envoyer promptement à sa Majesté Catholique une dépêche fort importante concernant le bien de son service, avoit esté si heureux, qu'en luy promettant de se charger de son courrier pour l'Espagne, il avoit trouvé moyen de se défaire de toutes ses marchandises, & de remporter une tres-riche charge, en quoy il disoit bien vray; car ayant eu la prevoyance avant que d'aborder au port, de divertir ses plus riches marchandises, & de les laisser en une isle plus bas, & n'ayant retenu & exposé à la visite que les grosses dont il avoit fait une fausse facture au prix du pays, separée de la generale, il en avoit fait monter la valeur à 270000. écus: il avoit transigé avec le gouverneur, que moyennant l'abandonnement qu'il luy en feroit, celuy-cy luy donneroit 22000. cuirs à un écu la piece, 12000. livres de laine de vigognes à 4. liv. 10. s. la livre, 30000. écus d'argent pour payer son equipage, ce qui avoit esté executé; mais sous le pretexte de ce marché, & pendant qu'on chargeoit les cuirs sur le vaisseau, le capitaine avoit vendu tout ou main, ses plus riches marchandises, & pour cent mille écus qu'elles valoient il en avoit tiré quatre cens mille pour le moins, en quoy le capitaine du vaisseau & le gouverneur avoient fait chacun un grand profit: mais ce gouverneur qui se nommoit Dom Alonze de Mercado & de Villacorta, homme tout à fait des-interessé & nullement sujet à l'argent, avoit fait connoistre que le profit estoit pour le Roy son maistre, & en effet il luy en donnoit avis par le mesme courrier.

Nous estant separez de ces vaisseaux, nous fûmes mouiller devant Bonnes-Ayres; mais quelques instances & quelques offres que nous pussions faire d'abord & depuis à ce gouverneur, il ne nous voulut jamais accorder la permission de mettre nos marchandises à terre, & d'en faire aucun debit à ceux du lieu, parceque nous n'en avions pas la licence d'Espagne; il consentit seulement que nous allassions de fois à d'autres à la ville pour y prendre les choses necessaires pour nostre subsistance, & des victuailles pour nostre equipage: il observa cette rigueur pendant onze mois, aprés lesquels il survint une occasion qui l'obligea à nous mieux traiter, & à entrer en quelque sorte d'accommodement avec nous. Il y avoit un autre vaisseau Espagnol dans le port, qui estoit celuy qui un an avant nostre arrivée avoit apporté d'Espagne les troupes & les armes pour renforcer les garnisons de Bonnes-Ayres & du Chili, dont j'ay cydevant parlé; il y estoit demeuré depuis ce temps là pour son negoce particulier, mais le capitaine qui le commandoit se put faire ses affaires si secretement, qu'il ne vinst aux oreilles du gouverneur, qu'il vouloit au prejudice des defenses emporter une grande quantité d'argent; & de fait il surprint une somme de cent quatorze mille écus toute preste à estre enlevée, dont le capitaine n'ayant pu avoir raison, & apprehendant une plus grande avanie, mesme d'estre arresté, mit son vaisseau à la voile pour s'en retourner en Espagne, sans attendre les depêches pour le Roy Catholique, dont le gouverneur le vouloit charger avec l'information qu'il avoit fait faire des intelligences que les Hollandois avoient prises dans le pays, laquelle il desiroit envoyer promptement en Espagne avec quelques personnes qu'il avoit fait arrester, qui eſtoient coupables de cette intelligence, entre leſquelles eſtoit un capitaine nommé Alberto Janſon, Hollandois. La fuite de ce vaiſſeau Eſpagnol obligea donc le gouverneur de changer de conduite à noſtre égard; & pour faciliter le retour de noſtre vaiſſeau, dont il jugea à propos de ſe ſervir faute d'autre, pour porter en Eſpagne ſes depêches & ſes priſonniers, il nous permit, quoique tacitement, ſous condition que nous nous en chargerions, de faire nos affaires, & d'enlever quatre mille cuirs: mais comme nous avions de grandes habitudes avec les marchands du lieu, nous ménageâmes ſi bien toutes choſes ſous la faveur de cette permiſſion, que nous fîmes le debit de toutes nos denrées, & remportâmes une riche charge en argent, en cuirs & en autres marchandiſes, aprés quoy ſans perdre temps nous reprîmes le chemin d'Eſpagne.

A noſtre arrivée dans la riviere de la Coruña en Galice nous eûmes avis par des lettres que N... avoit envoyées ſur les ports de tous coſtez, qu'il y avoit ordre du Roy Catholique de nous arreſter à noſtre retour, à cauſe que nous avions eſté à Bonnes-Ayres ſans congé, cela nous fit reſoudre (aprés avoir renvoyé au gouverneur de la Coruña par le major de Bonnes-Ayres qui eſtoit venu ſur noſtre vaiſſeau pour les affaires de ce pays-là, les depêches & les priſonniers dont nous eſtions chargez) de ſortir de la riviere, & d'aller à dix lieuës de là à la rade de Barias, où ayant trouvé un petit bâtiment, je fis charger deſſus la plus grande partie de ce que j'avois pour mon compte & pour celuy de mes amis. Le gouverneur de la Coruña en eſtant averty, détacha aprés moy un heu pour m'arreſter; mais j'uſay de telle diligence & de telle adreſſe, que ce heu ne me put jamais joindre, de maniere que j'abordai heureuſement en France au port de Socoa, où je ſauvay ainſi le fruit de mes travaux & d'un ſi long voyage. Le grand vaiſſeau que j'avois laiſſé à la rade de Barias n'eut pas un ſort ſi favorable, & fit pour ainſi dire naufrage au port; car ayant quitté la rade de Barias pour aller promptement à celle de Santonge mettre à couvert toutes les marchandiſes qu'il avoit au delà des quatre mille cuirs dont il eſtoit fait mention dans ſon regiſtre, & ayant commencé d'en faire tranſporter ſix mille dans un vaiſſeau Hollandois qu'il y rencontra, le mauvais temps le contraignit de relâcher au port du paſſage, où il fut confiſqué avec toute ſa charge au profit du Roy d'Eſpagne, ſous le pretexte dont il a déja eſté parlé, qu'il n'avoit point eu la permiſſion de ſa Majeſté Catholique pour ſon voyage.

Pendant que ces choſes ſe paſſoient, le ſergent-major de Bonnes-Ayres arriva à Madrit, & le Roy Catholique ayant fait examiner les depêches dont il eſtoit porteur, qui touchoient principalement la neceſſité qu'il y avoit d'envoyer un nouveau ſecours d'hommes & de munitions de guerre, pour augmenter les garniſons de Bonnes-Ayres & du Chili afin d'aſſurer davantage le pays contre les entrepriſes des étrangers, & meſme des ſauvages du Chili, fit promptement equiper trois vaiſſeaux à cet effet, dont la conduite fut donnée à N...: il y fut embarqué quantité de munitions, mais pour le ſecours d'hommes de guerre, il ne fut que de 300. ſoldats, dont on fit paſſer la plus grande partie dans le Chili. On envoya auſſi par le meſme vaiſſeau des juriſconſultes & des gens de droit, pour former un ſiege de juſtice ordinaire qu'ils appellent audiance, à Bonnes-Ayres, où il n'y avoit auparavant que quelques officiers pour la deciſion des affaires courantes, les grandes eſtant renvoyées pardevant l'audiance établie à Chaquiſaca, autrement nommée la Plata, dans la province de los Charcas, à 500. lieuës de Bonnes-Ayres.

N... eſtant de retour de ce voyage revint à Oyarſon dans la province de Guipuſcoa ſon pays natal, d'où m'ayant fait ſçavoir de ſes nouvelles, nous comvînmes d'avoir une entrevuë ſecrete ſur la frontiere, où nous eſtant trouvez, nous nous rendîmes compte l'un à l'autre de nos communes affaires, & par ce compte il ſe trouva redevable envers moy d'environ 60000. livres, dont il ne m'a point fait encore raiſon.

VOYAGE A LA CHINE
DES PP. I. GRVEBER
ET D'ORVILLE.

LE 30. Janvier 1665. je fus avec Monsieur Carlo Dati rendre visite au P. Jean Grueber nouvellement venu de Constantinople. Ce Pere a demeuré trois ans à la Chine, & il y a deux ans qu'il en est de retour. Il fut de Venize à Smyrne par mer, delà à Ormuz par terre en cinq mois de chemin; d'Ormuz il vint à Macao en sept mois; & aprés avoir employé trois mois à traverser de Macao & du Sud au Nord tout le royaume de la Chine, partie sur des rivieres & canaux, partie par terre, il arriva à Pekin. A son retour il a tenté un voyage qui n'a peut-estre pas encore esté fait par aucun de nos voyageurs de l'Europe; car au sortir de la Chine il entra dans les sables de la Tartarie deserte qu'il traversa en trois jours : il arriva aprés sur les bords de la mer Kokonor. C'est un grand lac ou mer, semblable à la mer Caspienne; le fleuve Jaune de la Chine y prend sa source, & aprés avoir couru avec rapidité une grande partie de ce royaume, il se vient enfin rendre dans la mer orientale à costé de l'isle de Corée; c'est la plus grande riviere de la Chine. Kokonor signifie en langue Tartare, grande mer. Le Pere s'éloignant ensuite peu à peu de son rivage, il entra dans le Toktokai, païs presque desert, & d'ailleurs si sterile, qu'il n'a point à craindre l'ambition de de ses voisins. L'on n'y rencontre que quelques tentes de Tartares, qui y menent une vie miserable. La riviere de Toktokai arose ce païs, & luy donne son nom : c'est une fort belle riviere, aussi large que le Danube; mais elle a si peu de fond, qu'un homme à cheval la peut passer à guay par tout. Delà ayant traversé le païs de Tangut il arriva à Retink, province fort peuplée, dependante du royaume de Barantola; il vint en suite au royaume mesme de Barantola. La ville capitale de ce royaume s'appelle Lassa; le Roy se nomme Teva, qui descend d'une race tres-ancienne des Tartares de Tangut. Il fait sa residence à Butala, chasteau basty sur une haute montagne à la façon des maisons d'Europe; il a quatre étages de fort bonne architecture. La cour de ce Prince est fort grosse; ses courtisans font une dépense incroyable en habits, qui sont de toile d'or, & de brocar. Cette nation d'ailleurs est fort mal propre; les hommes ny les femmes n'ont point de chemise, dorment à terre sans lit, mangent la viande cruë, & ne se lavent jamais les mains ny le visage; du reste ils sont fort affables & amis des étrangers. On y voit les femmes par les rues, comme chez les autres Tartares, au contraire de ce qui se pratique à la Chine. Le grand Prestre de ce païs s'appelle Lamacongiù, il est leur Muffti, ou comme nous dirions leur grand Prestre; ils l'adorent comme un Dieu, croyent qu'il est frere du premier Roy, encore qu'ils l'appellent ordinairement frere de tous les Rois; ils sont persuadez que toutes les fois qu'il meurt il resuscite, & qu'il a déja resuscité sept fois; cette croyance est entretenue dans l'esprit de ces peuples par l'adresse & par la politique de leurs Rois, & de main en main par celle de ceux qui sont admis au secret de cette fourberie; le Lamacongiù y aide aussi de

II. Partie. A

son costé, il se tient toujours le visage couvert, & ne se laisse voir qu'à ceux qui sont du secret. Les grands du royaume recherchent fort les excremens de cette divinité, ils les portent ordinairement à leur col comme des reliques.

De Barantola le Pere Grueber passa dans le royaume de Nekpal, qui a un mois de chemin d'étenduë. Il y a deux villes capitales dans ce royaume, Catmandir & Patan, qui ne sont separées que par une riviere qui les divise. Le Roy de ce païs s'appelle Partasmal, il fait sa residence dans la ville de Catmandir; & son frere, nommé Nevagmal (qui est un jeune Prince fort bien fait) dans celle de Patan: il a le commandement de toute la milice du royaume; & dans le temps que le P. Grueber estoit en cette ville, il avoit une grande armée sur pied pour opposer à un petit Roy nommé Varcam, qui incommodoit son païs par de frequentes courses qu'il y faisoit. Le Pere presenta à ce Prince une petite lunette d'aproche, avec laquelle il avoit découvert un lieu où Varcam s'estoit fortifié, & le fit regarder avec sa lunette de ce costé-là; ce Prince le voyant si proche cria aussitost qu'on marchast contre l'ennemy, & n'apperçut pas que cet aprochement estoit un effet des verres de la lunette. Il ne seroit pas aisé de dire combien ce present luy fut agreable. De Nekpal en cinq jours de temps il vint au royaume de Moranga, il n'y vit aucune ville, mais des maisons de paille, ou plutost des huttes, & entre autres une douane. Le Roy de Moranga paye tous les ans au Mogol un tribut de 250000. richedales & de sept elephans. De Moranga il passa dans l'Inde au delà du Gange; vint à Minapor metropolitaine de ce païs; là il traversa le Gange, qui y est large deux fois comme le Danube; de là il passa à la ville de Patan, & de Patan en vingt-cinq jours de chemin à Agra premiere ville royale de l'Inde au deçà du Gange; d'Agra il fut en six jours de temps à Deli, & de Deli à Laor en quatorze jours. Laor est bastie sur les bords de la riviere Ravi aussi large que le Danube, & qui se perd dans le fleuve Indus proche Multaia. Il s'embarqua là sur l'Indus, & arriva aprés quarante jours de navigation à Tata, qui est la derniere ville de l'Indostan, & la residence du Vice-roy de ces quartiers, nommé Laskarkan; il y trouva beaucoup de marchands Anglois & Hollandois. Delà il fut par mer à Ormuz, d'Ormuz en Perse par le chemin ordinaire jusques à Smyrne, où s'estant embarqué il arriva heureusement à Messine; de Messine à Rome, d'où il fut expedié derechef pour retourner en la Chine. Il passa pour cet effet en Alemagne, & de là en Pologne, avec dessein de tenter une autre nouvelle route par la Moscovie, ayant obtenu par le moyen de l'Empereur des passeports des Ducs de Curlande & de Moscovie; mais comme il fut arrivé aux frontiers de Moscovie, il eut nouvelle que le Roy de Pologne s'estoit joint avec le Tartare, & avoit commencé à faire la guerre au grand Duc de Moscovie; ainsi craignant de trouver de la difficulté pour le passage à Moscou, que les Tartares appellent Stoliza, il crut que le meilleur party qu'il pouvoit prendre estoit de s'en retourner à Vienne, où il arriva sur le point que l'Empereur envoyoit en ambassade à la Porte le Comte Lesle; il se mit à sa suite, faisant estat de le quitter à Constantinople, & de poursuivre son voyage; mais à peine fut-il arrivé à Constantinople, qu'il fut incommodé d'une fluxion suivie d'une grande peine de respirer, & de grandes douleurs d'estomach; ainsi n'estant pas en estat de passer plus outre, il s'embarqua pour Livourne, & de là à Florence, où il demeura huit jours; & comme il se sentoit déja beaucoup soulagé de son indisposition, il prit le chemin de Venize pour passer par le Friul à la cour de l'Empereur, afin de tenter une autre fois le voyage de la Chine par Constantinople, suivant les ordres de son General.

Ce Pere est âgé d'environ 45. ans, d'une complexion joviale, extraordinairement civil, & d'une sincerité Alemande, qui rend sa conversation tout à fait agreable; enfin il a tant de bonnes qualitez, & il est si galant homme, que quand mesme il ne seroit pas Jesuite, il ne lairroit pas de s'attirer l'estime de tout le monde.

Monsieur Carlo Dati l'avoit vu le jour d'auparavant que nous l'entretinsmes,

A LA CHINE.

dans l'antichambre du Prince Leopold, où il avoit commencé quelque conversation; mais elle ne dura pas long-temps, car ce Pere fut peu après introduit à l'audience de S. A. Après ce commencement de connoissance il le pria de vouloir bien souffrir l'importunité de quelques demandes qu'il avoit à luy faire sur le sujet de la Chine, à quoy il s'offrit d'une maniere fort obligeante.

Monsieur Dati luy demanda premierement, si le Roy qui regne maintenant en la Chine est fils du dernier possesseur du royaume, & où il fait sa residence, si c'est en la Chine, ou en Tartarie.

Il luy répondit qu'il estoit son neveu, & que son grand-pere estoit celuy qui ayant esté appellé par les Eunuques rebelles, se rendit maistre de la Chine l'an 1646. comme le Pere Martinius l'a écrit amplement dans son histoire de la Chine. Il dit ensuite que le Roy qui regne maintenant à la Chine est âgé de douze à treize ans, & qu'il fait sa residence à Pekin, ville capitale du royaume, & qui a aussi esté la residence de son pere & de son grand-pere; tellement que le precepte de Machiavel, qui dit que pour assurer un Prince dans un païs nouvellement conquis, & qui est different de langue, de coustumes & de loix, il n'y a point de plus seur party pour luy que de l'aller habiter, n'est pas une speculation politique si fine, que les esprits grossiers des Tartares ne l'ayent entendue.

On luy demanda ensuite quelle estoit la milice, & comment les Chinois estoient traitez par les Rois Tartares.

Il répondit que la milice du royaume estoit composée en general de Tartares, hormis la garde du corps du Roy, qui est d'environ 40000. hommes tant mousquetaires qu'archers, qui sont tous Coréens ou Japonois : Qu'au reste le peuple ne souffroit point d'oppression extraordinaire qu'il n'eust aussi bien soufferte sous le regne de ses Rois naturels. Il ont, nous dit-il, toute la liberté qu'ils veulent pour l'exercice de leur religion; les loix anciennes du païs sont encore observées par tout le royaume, & la justice administrée par des Magistrats Chinois, avec ce seul changement, qu'à tous les tribunaux un Tartare preside avec une authorité fort limitée, & qui ne s'étend point à changer rien dans les coustumes ny dans les ordonnances du païs.

Sur cela nous luy demandames la maniere du gouvernement politique de la Chine.

A Pekin, ce dit-il, il y a neuf Magistrats ou Tribunaux, & c'est le mesme dans toutes les autres villes du royaume, où ils ont le mesme nom & le mesme département d'affaires.

Le premier est appellé *Li-pù*, il est composé moitié de Chinois, & moitié de Tartares, il juge toutes les causes qui viennent par voye d'appel qu'on fait des sentences de tous les autres tribunaux du royaume, de quelque nature & matiere qu'elles puissent estre. Le second s'apelle aussi *Li-pù*, mais le mot *Li* est prononcé d'une autre façon, de sorte qu'au lieu que *Li* dans le premier mot signifie Raison, dans cette seconde maniere de prononcer ce mot signifie Ceremonie ; ce tribunal est le *foro ecclesiastico*, juge les differens qui arrivent entre les gens de lettres, & decide sur toutes les matieres de la religion. Le troisiéme s'appelle *Pim-pù*, & est pour la milice. Le quatriéme est pour le criminel, & s'appelle *Nim pù*. Le cinquiéme s'appelle *Cho-pù*, & est comme la chambre des comptes, ou l'épargne. Le sixiéme qui s'appelle *Cum-pù*, a la surintendance des bastimens du Roy, & des fabrique publiques. Le septiéme a la charge de la dépense & de la paye des officiers de la maison du Roy. Le huitiéme a l'inspection de ce qui se dépense pour la table du Prince. Le Pere ne se souvint pas des noms des deux derniers, ny de la charge du neufiéme.

Il y a donc (comme nous venons de dire) dans toutes les villes de la Chine neuf de ces tribunaux, qui sont subalternes les uns aux autres. Le tribunal d'une ville, par exemple, qui a la surintendance de la milice, est subalterne au tribunal de la milice de la ville metropolitaine de la province dans laquelle est la v   , & on

IV. Partie.   A ij

appelle de ce tribunal au tribunal de la milice de la ville capitale du royaume, duquel on peut aussi appeller au tribunal superieur, qui est le *Li-pù*, quand il s'agit de chose de grande consequence. De ce tribunal il n'y a autre appel que d'avoir recours au Roy, ce qu'on ne peut faire neantmoins sans se resoudre à souffrir auparavant une centaine de bastonnades fort rudes. La maniere de donner ces bastonnades est cruelle; ils font coucher le patient à terre sur le ventre, luy découvrent les reins & les fesses, & deux hommes s'assisent vis à vis l'un de l'autre sur son col & sur ses jambes, & avec une grosse canne d'Inde, qu'ils ont fait tremper auparavant dans de l'eau afin de la rendre plus souple, le frappent l'un apres l'autre, c'est à dire, celuy qui est sur le col frappe sur les fesses, & l'autre qui est sur les jambes frappe sur les épaules, ce qu'ils font avec tant de justesse, que de temps en temps ils sont contraints de s'arrester, afin que ce malheureux puisse reprendre son haleine, autrement il étoufferoit, & n'auroit pas le temps de respirer. Les Mandarins, c'est à dire les nobles du païs, & les Tartares chastient de cette façon leurs serviteurs pour la moindre faute qu'ils commettent. Mais pour retourner à celuy à qui on donne des coups de baston pour meriter l'audience du Roy, on sçaura que pour faire que l'appel soit reçu, il faut que le patient jette une pierre à une fenestre de la chambre du Roy, aprés quoy il est aussitost introduit dans la chambre; & si le Roy voit qu'il supporte les premieres bastonnades avec une certaine franchise d'esprit, qui marque la justice de sa cause, & un grand ressentiment de l'oppression qu'il a soufferte, il luy fait grace des autres, & luy commande de parler; s'il se trouve qu'on luy ait fait quelque injustice, tous ceux qui ont eu part au jugement se croyent bien heureux lors qu'ils en sont quittes pour la perte de leur charge, car ordinairement il leur en couste la vie.

Je voulus sçavoir du Pere s'il n'y avoit plus personne de la famille des derniers Rois qui avoient gouverné la Chine, sur quoy Monsieur Dati prit occasion de dire, que quelques-uns avoient cru qu'il s'estoit sauvé un fils du dernier Roy de la Chine dans une isle proche des costes de ce royaume, où il se tenoit caché.

Le Pere repartit, que la situation de cette isle suffit toute seule pour convaincre de fausseté cette opinion, parceque comme elle est à l'orient de la Chine, il auroit fallu que ce Prince pour s'y sauver eust fait un chemin de plusieurs mois, toujours au milieu des Tartares ses ennemis, qui estoient entrez de ce costé-là pour attaquer la Chine: Que le Roy son pere qui regnoit pour lors, abismé dans la débauche de ses femmes, ne sortoit pas seulement une fois l'année hors de son palais, & qu'il laissoit le soin du gouvernement de son royaume à un corps mal discipliné de 10000. Eunuques qui s'estoient revoltez, & avoient ouvert l'entrée au Tartare, qui s'estoit déja rendu maistre de trois provinces entieres, & bloqué Pekin, avant que le Roy sçust rien du tout de leur aproche; que surpris de l'épouvente de l'ennemy il s'estoit resolu à la mort; & qu'aprés avoir écrit de son propre sang sur un des brodequins de damas blanc qu'il portoit, ces paroles, *Dieu garde le nouveau Roy, qu'il ne se fie pas à mes conseillers, & qu'il aye pitié de mon peuple*, il pendit une de ses filles, & se pendit luy-mesme en suite dessous la porte du jardin de son palais. La Reine se pendit de mesme; & son fils & une autre de ses filles estant tombez entre les mains du Tartare, moururent en prison.

Nous luy demandasmes de quelle maison estoient les anciens Rois de la Chine, & ceux de la maison Tartare qui regnent maintenant.

Il nous apprit que les anciens Rois de la Chine estoient de la maison nommée *Min*, qui signifie clarté. Monsieur Dati luy dit: Pourquoy donc le Pere Martinius dans son histoire les fait-il de la maison *Taimin*? *Tai*, dit le Pere, signifie lignée, sibien que *Taimin* veut dire lignée ou famille de *Min*, comme nous disons la maison d'Austriche, la maison d'Aragon. A la seconde demande il répondit, que les Tartares n'ont point entre eux de nom de famille, & qu'ils se distinguent par leur nom propre: & que le pere du Roy d'à present s'appelloit *Xun Chi*, c'est à dire fils du

A LA CHINE.

ciel; & le Roy *Tun min*, qui signifie grande clarté.

Nous l'interrogeames comment le Roy vivoit avec ses femmes, & quelle distinction il gardoit entre leurs enfans & ceux des concubines.

A la demande des femmes il me répondit presque avec les paroles du Cantique 6. *Sexaginta sunt reginæ, & octoginta concubinæ, & adolescentularum non est numerus*. La verité est que le Roy a quinze femmes, que l'on appelle toutes Reines, mais elles ne tiennent pas toutes le mesme rang. Il y en a trois qui tiennent un plus grand rang que les autres. La premiere ou souveraine s'appelle *Cinsi*, c'est à dire Reine parfaite. Des deux autres l'une s'appelle *Tum-si*, & l'autre *Si-si*, c'est à dire Reine Orientale, & Reine Occidentale. Ils appellent ces deux Reines laterales; elles ont accés auprés de la souveraine, mais elles ne luy parlent jamais qu'à genoux; les autres douze ne luy parlent jamais, & si elles luy veulent faire sçavoir quelque chose, elles le font par le moyen de ces Reines laterales. Pour ce qui des autres femmes, le nombre n'est réglé que par l'humeur & le caprice du Roy; mais il est toujours vray qu'elles ne sont jamais moins que quelque centaine; elles sont toutes sous la direction des eunuques. Quant aux enfans de ces Reines, il n'y a point de preeminence qui les rende legitimes, on tient pour aisné celuy que le Roy élit pour son successeur. Le Roy de la Chine d'à present est fils d'une concubine; il n'a pas esté élu par faute d'autres, mais preferé par le Roy son pere quelques heures avant que de mourir, à cinq de ses freres, tous enfans de Reines, qu'il avoit fait venir en sa presence, dont il n'en jugea aucun capable du gouvernement. Il donna donc ordre d'elever ce Prince & sa mere sur le throne, le fit reconnoistre pour Roy, & sa mere pour Regente, & luy donna quatre assistans, ou pour mieux dire, tuteurs, dont le premier s'appelle *Amni*.

Je pris là-dessus occasion de luy demander leur maniere d'ensevelir leurs Rois.

On n'ensevelit pas le Roy, dit le Pere, on le brule, selon la coustume des Tartares. Le bûcher ne se fait pas de bois, mais de papier, & l'on ne sçauroit croire la grande quantité de papier que l'on y employe; car en faisant bruler le corps du Prince, on brule avec luy dans le mesme temps toute sa garderobe, ses meubles & ses tresors, avec toutes ses pierreries; & pour le dire en un mot, tout ce qui a servy au Roy defunt, ou qui estoit destiné à son service, dont il n'y a que les animaux exceptez. Douze elephans avec des brides & harnois semez de turcoises, d'emeraudes, de saphirs & d'autres pierreries d'une valeur inestimable, trois cens chevaux & cent chameaux furent chargez du tresor royal. Ce tresor fut déchargé tout entier sur cette montagne de papier preparée pour bruler le corps. Le feu y ayant esté mis, on vit couler comme des rivieres, l'or & l'argent qui se fondoit avec tant d'impetuosité, qu'il se fit faire place sans l'aide des gardes au travers de la populace, parmy laquelle il y a toujours quelqu'un qui cherche à profiter de la dépouille du mort. Il y a des ordres tres-rigoureux pour empecher ce desordre, & des chastimens tres-severes contre ceux qui y contreviennent. Les Tartares ont une grande superstition de faire en sorte qu'il n'en reste pas mesme la grosseur de la teste d'une epingle, & ils employent l'or & l'argent qui ne se peut pas consumer, à acheter d'autre papier pour le bruler une autre fois en faveur de l'ame du defunt. On fit le compte de la dépense du papier qui servit au feu, & on trouva qu'elle se montoit à 70000. écus, & le tresor qu'on avoit brulé, à quarante *mille* millions. Trois de ses domestiques, sçavoir un conseiller, un chapelain & une concubine, se devoüent à l'ame du Roy, & luy sacrifient leur vie aussitost qu'il a expiré. Il depend d'eux de choisir tel genre de mort qu'ils veulent; ordinairement on leur coupe la teste qui est aussi le genre de mort le plus ordinaire de ceux qui sont condamnez à la mort par justice, hormis les soldats qu'on a coustume d'étrangler. Outre ces trois serviteurs il s'en trouve beaucoup qui s'offrent à la mort, portez autant par affection envers le Roy, comme par les mouvemens d'une religion superstitieuse; mais s'il arrivoit que tous refusassent de mourir, en ce cas ceux qui ont esté plus avant dans les bonnes graces du defunt Roy font obligez de le suivre en l'autre monde.

Je luy demanday en quoy consistoient principalement les revenus du Roy.

Il dit qu'en la Chine toute la campagne est en propre aux païsans, qu'ils payent au Roy à peu prés la dixieme partie des fruits qu'ils recueillent, & une autre part aux Mandarins, c'est à dire aux gentilshommes, qui font maistres des chasteaux d'où dépend la campagne qu'ils cultivent. Cette reconnoissance qu'ils font au Roy fait un revenu inestimable, à laquelle se joint encore celuy du bestail de tout le Royaume; car le bestail est au domaine du Prince. Les imposts qu'on leve encore sur le cotton & sur le ris font aussi fort grands. Outre cela il y a des mines dans la province de Tunan, c'est à dire, nuée Australe; elles font fort riches en or, en saphirs, en emeraudes, & en toute sorte de pierres precieuses qui enrichissent aussi le royaume de Pegu, duquel cette province est voisine. Enfin la quantité de l'argent que fournissent les trois villes de Quangh-ceu, Canton & Nanquin, qui font les principales douanes du royaume, est incroyable.

On luy demanda si le Roy va souvent par la ville, & combien il y a d'habitans dans Pekin.

Il dit qu'il avoit accoustumé de faire faire montre une fois le mois à sa milice, qui font ses gardes du corps, ce qu'il fait luy-mesme, la faisant exercer en mesme temps à tirer au blanc. On fait cet exercice dans une de ces prairies qui font entre l'une & l'autre enceinte des murailles de la ville; car elle est enceinte de trois rangs de murailles, dont la plus avancée au dehors est la plus basse, & les autres plus élevées à mesure qu'elles approchent du corps de la ville, avec des fossez pleins d'eau, & de fort belles prairies. Dans cette prairie on plante une statue de bois, & le Roy commande à ses archers ou à ses mousquetaires de tirer en divers endroits de cette statue; à l'un il donne à tirer à une main, à l'autre à la teste, & l'autre à la poitrine. Si le soldat ne frape pas la prémiere fois, il recommence une seconde & une troisieme fois, & s'il manque toutes les trois fois, il reçoit un bon nombre de coups de baston, & outre cela il est caffé. Pekin a bien à present un million d'habitans, ils disent qu'il y en a eu jusques à neuf millions, mais cela est incroyable, veu le circuit de la ville, & la maniere de leurs bastimens qui n'ont qu'un seul étage.

Nous luy demandames dequoy ils couvrent leurs maisons.

Toutes de tuiles, répondit-il, & les maisons mesmes des païsans ne font pas couvertes autrement. Les tuiles du palais royal font emaillées par tout de couleur jaune & marbrées; elles font fort belles à voir de loin; & lorsque le Soleil donne dessus, elles reluisent comme si elles estoient d'or.

Nous luy demandames quelle religion professoient les Chinois.

Ils font tous idolatres dans le cœur, nous dit-il, & adorent dans leur particulier les idoles. Si l'on s'arreste à l'exterieur il y paroist trois differentes sectes; la premiere est celle des gens de lettres, qui font profession d'adorer une substance superieure, appellée en leur langue *Sciax-Ti*: ils tiennent ces deux mots gravez sur des placques d'or attachées dans leurs temples, & l'adorent par des sacrifices, qui consistent à faire bruler du papier doré, ou argenté, ou blanc, & en quelques petites bougies faites de storax & d'encens. Mais, comme j'ay dit, si ils professent cette religion qui paroist avoir quelque chose de noble, c'est seulement dans l'exterieur, afin d'estre distinguez des autres, & principalement des Bonzi. C'est un genre d'hommes qui a passé de la Chine aux Indes; ce font gens superstitieux, idolatres, & d'une credulité stupide. Au commencement ils eurent quelque sorte de credit parmy les Chinois, comme il arrive ordinairement aux choses nouvelles & qui ne font pas encore bien connues. La doctrine qu'ils y porterent de la transmigration des ames leur attira d'abord beaucoup de veneration, quoiqu'elle ne soit pas tout à fait semblable à celle de l'école de Pytagore; mais à la suite du temps les sçavans de la Chine, plutost par envie que par amour qu'ils eussent pour leur an-

A LA CHINE.

cienne religion, se sont opposez à ces nouveaux-venus, & ont si bien prêché le culte de leur *Sciax Ti*, qu'ils ont osté tout le credit à la religion des Bonzes, & les ont fait passer pour des fourbes, tellement qu'il n'y a pas maintenant en la Chine de gens plus décriez, ny de profession plus ignominieuse que celle-là, & mesme un honneste homme se garde bien de leur parler, ny d'avoir aucun commerce avec eux, si ce n'est dans la rencontre des enterremens, de faire des sacrifices ou des processions que ces Prestres idolatres font comme autant de mercenaires. La noblesse leur fait faire de ces processions aux occasions de nopces, de naissance d'enfans, & de semblables festes. La procession se fait au son de quantité d'instrumens, avec beaucoup d'enseignes & de banderolles qui accompagnent leurs idoles qu'on porte, & à l'honneur desquelles ils chantent des hymnes, & brulent devant elles du papier & de l'encens. La seconde secte est la plus nombreuse, car elle comprend les nobles, les bourgeois des villes, le peuple, les païsans, & enfin toutes sortes de gens. Ils honorent les ames de leurs ancestres, ausquelles ils font de continuels sacrifices, aussi-bien dans leurs temples que dans leurs maisons en particulier, où ils leur brulent du papier & de l'encens. Tout le monde de la Chine fait ce sacrifice au bon & au mauvais Esprit, tous les matins en sortant de la maison. La troisième secte est celle des Bonzes, que nous avons dit estre de vrais idolatres.

Nous luy demandasmes ce que les Chinois croyent après la mort.

Ils croyent, nous dit-il, que tout le monde sera heureux, & qu'il ne luy arrivera que du plaisir & de la sagesse; mais ils ne penetrent pas plus avant, & ne disent point comment ces avantages peuvent arriver à l'ame des hommes, seulement ils la croyent immortelle. Puisqu'ils croyent (répondit Monsieur Dati) qu'ils seront tous heureux en l'autre monde, comment ne s'abandonnent-ils pas à toute sorte de déreglemens? Il ne les retient de tant de mal (répliqua le Pere) que les peines temporelles: ce n'est pas qu'ils ne croyent qu'il y a une espece d'enfer, où l'ame des méchans est tourmentée, mais ils ont le secret de se redimer de ces tourmens. Vous sçaurez qu'au dehors de Pekin, comme de toutes les autres villes principales, il y a un grand temple divisé en plus de trois cens chapelles fort petites; chaque métier a la sienne, & non seulement les métiers, mais chaque degré de condition, depuis les magistrats jusques aux pauvres qui demandent l'aumône. Ils croyent donc que l'Esprit qui doit tourmenter les ames de ceux qui ont mal vécu, loge dans la chapelle de la profession du pecheur. Le voleur, par exemple, qui aura dérobé, fait une petite offrande à l'Esprit punisseur des voleries, afin qu'il le delivre de ces tourmens. L'Esprit ne mange pas l'offrande, mais le Bonze qui en est le gardien y donne bon ordre, & ainsi des autres. Cela n'est pas tout à fait mal pensé, car il en arrive deux biens; ils se delivrent par là de la crainte de l'avenir, & ils font encore subsister par ces offrandes un grand nombre de canailles, qui autrement seroit à charge à tout le monde, en demandant l'aumône.

Nous demandasmes au Pere, si chez les Chinois il y avoit des ordres de vie Religieuse.

Parmy les Chinois, nous répondit-il, il n'y a point d'autre sorte de Religieux que les Bonzes, qui sont en general de tres grands scelerats, & infames pour l'amour qu'ils ont pour les garçons. Les occasions qu'ils en ont sont grandes; car on leur envoye la jeunesse pour l'instruire, & ils sont les maistres d'école de ces païs-là. Cette infamie au reste n'est pas moins en usage chez les Tartares que parmy les Chinois, qui bien loin d'en avoir de l'horreur, en tiennent pour ainsi dire des academies publiques. Ce vice s'est étendu encore plus loin; car en Perse ils sont venus jusques à un tel point d'effronterie, qu'ils épousent publiquement des garçons; les peres mesmes n'ont point d'horreur d'y consentir, & de leur donner une espece de douaire comme à une de leurs filles. Mais pour retourner aux Religieux, il faut sçavoir que les Tartares ont aussi des Prestres, qui sont auprés d'eux comme les Bonzes, & font les sacrifices; ils sont vestus de robes jaunes ou rouges, qui leur descendent jusques à terre avec de grandes manches larges. Quelques-uns portent une mitre de papier, mais vont plus ordinairement la teste découverte, ont toujours les pieds nuds, & en un mot leur habit ressemble fort à celuy avec lequel on nous peint les Apostres. Cet ordre a ses monasteres de femmes Tartares, qui demeurent enfermées dans des cloistres bastis sur des montagnes fort rudes & de difficile accés, d'où elles ne sortent qu'avec le congé de leurs superieures, lorsqu'elles vont faire la queste, & on choisit toujours pour cela les plus vieilles d'entre elles. Ces Religieuses font toutes vœu de pauvreté, de chasteté & d'obeïssance : elles vont la teste découverte, & ont les cheveux tondus en rond jusques aux oreilles : leur habit est semblable à celuy des Bonzes, hormis que la couleur en est rouge, & celle de l'habit des Bonzes est comme grise.

On luy parla des sciences des Chinois.

Ils ont, dit-il, les œuvres de Confucius, qui est auprés d'eux dans la mesme estime qu'Aristote l'est chez les Moines. Confucius vivoit il y a environ trois mille ans; il leur a laissé une espece de Philosophie morale, avec divers mélanges de Theologie & de Philosophie naturelle. Le soixante & troisiéme de ses descendans est encore reconnu aujourd'huy dans le païs, je l'ay veu, il est extremement riche, & porte le titre de Prince, que les Rois de la Chine ont toujours conservé à ses descendans, tant est grande la veneration qu'ils ont pour cet homme. Outre la doctrine de Confucius ils ont beaucoup d'inclination pour la science des nombres; mais ils n'ont qu'une Geometrie tres-imparfaite qui enseigne simplement les operations les plus grossieres de la mechanique; aussi n'ont-ils aucune lumiere de la Perspective, ny des autres parties de l'Optique : d'où l'on peut facilement juger de l'estat où sont auprés d'eux les arts de la Peinture & de l'Architecture. Leur plus forte application est pour la Chiromance, la Metoposcopie, la Magie, & semblables amusemens. Ils s'appliquent fort à l'Astrologie judiciaire.

Nous le priasmes de nous dire quelque chose de leur langue & de leurs lettres.

Quant à la langue, il nous répondit qu'elle estoit fort pauvre, n'ayant au plus que quatre cens paroles; que les noms sont indeclinables, & qu'on n'employe les verbes que dans l'infinitif. Si V. P. luy dis-je, vouloit encore rester huit jours à Florence, je pourrois esperer d'apprendre si bien la langue, qu'on me prendroit pour un veritable Chinois. Le Pere se prit à rire : Il vous arriveroit aisément, dit-il, aprés cette étude de huit jours d'appeller pourceau celuy que vous voudriez traiter de Monsieur; car toute la force de la langue Chinoise consiste en la diversité des accens, des inflexions des tons, des aspirations, & d'autres semblables changemens de voix, lesquels sont, pour ainsi dire, infinis. Par exemple *Ciu* prononcé ainsi simplement, n'a aucune signification; *Ciuuuu* prononcé en allongeant la prononciation de l'*u*, & en éclaircissant toujours la voix, signifie Monsieur. *Ciu* avec l'*u* prolongé, mais en luy conservant toujours le mesme ton, signifie un pourceau. *Ciu* prononcé avec vitesse, ou pour mieux dire, en le décochant plutost de la bouche qu'en le proferant, signifie cuisine. Et enfin *Ciu* prononcé au commencement d'une voix forte, qui s'affoiblisse sur la fin, signifie les pieds d'une escabelle. Or voyez, continua-t-il à dire, comme une mesme parole peut avoir cinq differentes significations. De mesme *Tien* prononcé simplement ne signifie rien, si on le prononce aigu de sorte qu'il fasse *Ti--en*, il signifiera doux : si on accente l'*i* en cette forme *Tí-en*, il voudra dire du pain. *Tien* prononcé viste signifie un pied de table, ou d'un lit. Tout ce qu'il y a de bon en cette langue est que les paroles sont monosyllabes, & qu'elles se peuvent joindre diversement l'une avec l'autre. L'art de joindre ainsi les paroles est fort difficile, & pour l'apprendre il faut une tres-grande étude : mais le pis est qu'ils n'ont ny caracteres ny alphabet, & qu'ils expriment ou écrivent tout avec des chiffres ou figures, qui signifient quelquefois deux ou trois paroles, & souvent aussi des periodes entieres; de là vient qu'ils sont contraints d'écrire ces cinq significations qui s'expriment par le mot *Ciu*, par cinq differens chiffres, faute

de

de caracteres ou d'accens, au lieu qu'il nous seroit facile de les distinguer par divers accens que nous mettrions diversement sur une mesme parole, & mesme ce qui est encore plus beau dans les autres Langues, quoiqu'une mesme parole puisse recevoir plusieurs significations, nous ne laissons pas de connoistre celle qui luy convient à l'endroit du discours où nous la trouvons, car les paroles qui precedent & qui suivent nous la déterminent. Mais pour retourner au mot *Ciù*, outre les cinq differens chifres de ses cinq diverses significations, si j'ay dessein d'écrire, bon jour Monsieur, je ne me serviray pas du caractere qui signifie bon, ny de celuy qui veut dire Monsieur, mais je seray obligé de me servir d'un caractere different de ces deux là, qui seul expliquera ces trois paroles, bon jour Monsieur; & si je voulois écrire, ouy Monsieur, je laisserois pareillement le caractere de ouy, & celuy de Monsieur, pour me servir d'un autre qui signifieroit tout seul, ouy Monsieur : or voyez combien de caracteres il doit y avoir en cette Langue. De là vient qu'il est plus difficile de lire le Chinois que de l'écrire; car pour se faire entendre en écrivant, c'est assez de sçavoir les simples caracteres des paroles; car les joignant ensemble l'on sçait ce qu'elles veulent dire; mais cette maniere d'écrire passe chez les Chinois pour basse, & n'est en usage que parmy le peuple, au lieu que pour les gens de Lettres il faut sçavoir non seulement ces caracteres ou chifres, mais aussi leurs diverses compositions, dont on compte jusques à 74. mille, & qui en sçait davantage, passe pour plus sçavant que les autres, c'est à dire pour plus capable de lire & entendre un plus grand nombre de livres que les autres; & c'est de là que vient la grande difficulté qu'il y a d'apprendre cette Langue, parce que n'ayant point de lettres, on n'a point aussi de Dictionnaires qui enseignent l'explication des mots, qu'on est contraint d'apprendre par cette raison en les entendant prononcer de vive voix, & retenir le ton, les disant & redisant justement comme un perroquet qui apprend à parler. Les Peres Jesuites ont fait imprimer une espece de catechisme & quelques dialogues, l'un pour apprendre les termes propres à discourir des mysteres de la Foy & les enseigner aux Chinois, & l'autre pour les paroles dont on a plus affaire dans la conversation ordinaire, l'on en sçait assez pour ces usages en retenant neuf mille caracteres qui sont dans ce livre.

 Ce discours me fit quitter l'envie que j'avois prise trop legerement d'apprendre le Chinois en six jours, & mon esprit au contraire eut bien de la peine à concevoir que la vie d'un homme fust suffisante pour connoistre un si grand nombre de chifres, les demêler quand ils sont joints, & en retenir la figure & la signification : & cependant que je cherchois quelque exemple qui me pust aider à comprendre comme ils y peuvent reüssir, & en venir à bout, il me souvint fort à propos des figures qui servent aux demonstrations des Geometres ; car quoique ces figures soient embarassées de lignes, de triangles, de quarrez, de cercles, & d'une infinité d'autres figures, qui se font par la rencontre & intersection des lignes, neantmoins à la premiere veüe il ne me vint pas seulement dans l'esprit ce qui est démontré par le moyen de ces lignes, mais encore beaucoup d'autres veritez qu'il a fallu démontrer avant que d'en venir là, par un grand nombre de figures qui me reviennent dans l'esprit, quoy qu'il n'en paroisse aucune dans la figure, ni rien de la demonstration qu'elles etablissent : car toutes ces figures & veritez se supposent comme déja démontrées : il y a encore cette difficulté, que les figures des demonstrations Geometriques doivent estre considerées quelquefois comme une ligne droite, tantost pour la base d'un triangle, aprés comme le diametre d'un cercle, ou l'un des foyers d'un ovale, tantost comme le costé droit d'une parabole, & comme le latus tranversum d'un autre. Cette conversion me fit admirer davantage la force de l'esprit humain, & diminua d'autant de l'estonnement où j'estois de la science des livres Chinois: car nos Geometres qui ont dans l'esprit toutes les figures d'Euclide, d'Archimede, &c. & qui voyent en un moment la demonstration de la verité qu'elles prouvent, & la suite d'un grand nombre de consequences qu'il

IV.Partie.   B

en faut tirer les unes des autres, semblent en cela faire quelque chose de plus difficile que les Chinois, qui expliquent les figures de leurs livres qu'ils se sont imprimez dans l'esprit par un long usage, en y employant tout le temps de leur vie.

Le Pére Grueber dit au sujet des mariages, que les Chinois qui ont atteint l'âge de dix-huit ans ou environ, se marient, & prennent une femme, qui est leur seule & legitime épouse, & ils ont un doüaire proportionné à leurs facultez; ils la peuvent toujours repudier en rendant le doüaire qu'elle leur a apporté. Le pere qui marie sa fille, le fait sans esperance de la revoir jamais; il l'enferme dans une espece de chaise, dont il donne la clef à la femme qui a traité le mariage (car les mariages se traitent par l'entremise de femmes qui en font profession.) Cette femme la donne au mary, qui n'ouvre la chaise que dans sa chambre. Les filles qui sont Damoiselles, lorsqu'elles sortent de leurs maisons vont dans des littieres, à cheval, ou sur des asnes, mais toûjours voilées : celles qui sont de plus basse condition, vont le plus souvent à pied, & aussi voilées : les femmes publiques en usent de mesme. Il adjoûta sur ce mesme sujet, qu'aprés avoir pris une femme, ils peuvent entretenir tel nombre de concubines qu'ils veulent, dont ils en ont de deux sortes, les unes libres, & les autres esclaves; les libres sont des filles naturelles de Gentilshommes, ou autres personnes, qui pour se décharger de tant d'enfans qu'ils ont ordinairement à cause du grand nombre de leurs concubines, donnent leurs filles pour concubines, pour des sommes fort mediocres qu'ils en retirent, & qu'ils ne rendent point à ceux à qui ils les ont prises, lorsqu'ils les repudient. Les enfans qu'ils en ont demeurent auprés du pere : s'il s'en veut défaire, il le peut en donnant une certaine pension à la mere & aux enfans pour vivre. Les concubines esclaves sont ordinairement des filles de Bourgeois, qui s'en défont par la mesme raison que les Gentilshommes, les faisant mener aux marchez dans les Villes pour les vendre, les filles pour servir de concubines, & les masles pour valets; mais il leur est ordinaire de noyer tous leurs enfans, tant les masles que les femelles, qui viennent au monde estropiez, ou avec quelqu'autre defaut. Pour revenir aux concubines esclaves, l'on en peut choisir entre les plus belles pour une quinzaine d'écus. La condition de ces personnes est au reste fort miserable : car ceux qui les achetent, les font servir à porter de l'eau, & les employent à tous les services de la maison les plus vils & les plus penibles. Si le maistre s'en veut divertir, elles ne le peuvent pas refuser, car c'est là la premiere condition de leur achat, & quoiqu'elles soient d'une race aussi élevée que la leur, avec tout cela l'on leur coupe la teste quand elles sont trouvées en adultere. Les Religieux Catholiques se servent plus de ces concubines que d'autres, pour faire insinuer les mysteres de la foy Catholique dans l'esprit des femmes, & enfans des plus grands du Pays, elles s'y prennent fort bien, & beaucoup de ces femmes se convertissent aussi dans le cœur, mais l'on ne juge pas à propos de les baptiser, à cause de la necessité en laquelle elles vivent d'accorder tout à leur maistre.

Sur l'estat present de la Religion Catholique à la Chine, qu'elle se professe librement par tout l'Empire, & que dans toutes les Eglises des Catholiques il y a une copie de l'Edit du Roy qui approuve nostre Religion : qu'il est taillé dans une pierre en un lieu fort élevé, à la veuë de tout le monde : que les Chrestiens estoient en grande veneration dans toutes les Provinces de la Chine, & qu'il estoit libre à tout le monde aussi bien aux Tartares qu'aux Chinois d'embrasser la Foy Catholique : que les Gens de Lettres estoient en bonne intelligence avec nos Missionnaires : que la plus grande opposition leur venoit du costé des Prestres idolâtres : qu'il avoit laissé à la Chine vingt-six Jesuites, dont il y en avoit quatre à Pekin, avec deux laïcs Chinois, six Jacobins & deux Carmes Déchaussez. L'habit des Missionnaires est comme celuy des Gens de Lettres; ils portent une robe de damas blanc qui traisne jusques à terre. Le Pere Adam Schall est un de ces quatre Missionnaires Jesuites qui sont à Pekin. Il y a quarante-cinq ans qu'il est à la Chine, également estimé du Prince & de ses Sujets.

À LA CHINE.

Nous demandaſmes enſuite de quelles monnoyes & de quels poids ſe ſervent les Chinois.

Il nous répondit qu'ils n'ont qu'une ſeule monnoye marquée, appellée *Cuxa*, qu'elle eſt de fort bas alloy, & de la valeur de nos doubles : ſur l'un de ſes coſtez eſt écrit le nom du Roy, & de l'autre le nom de la monnoye. 300. pieces de cette monnoye font un *Lexu*, qui eſt environ un écu de la noſtre. Ils diviſent le *Lexu* en dix *Zien*, en huit *Fueu*, & un *Fueu* en … *Caxa*. Du reſte ils employent auſſi pour monnoye de l'or & de l'argent, qu'ils taillent par morceaux, à meſure qu'ils le dépenſent, portant pour cet effet dans leurs bottes ou brodequins des cizeaux & une balance.

La livre Chinoiſe fait ſeize de nos onces ; leur meſure ordinaire eſt la coudée. Les vivres y ſont à grand marché auſſi-bien que les habits, & pour cinq *Fuca* qui font cinq de nos ſols marquez, l'on aura une poule fort groſſe, & le reſte à proportion.

Nous l'interrogeaſmes ſur leurs boiſſons, & ſur leur table.

Ils n'ont point de vin (dit-il) quoique leur pays produiſe de fort beaux raiſins ; nous en faiſions quelquefois, dont ils buvoient avec plaiſir, mais en cachette, à cauſe que cette nation, qui preſume infiniment d'elle-meſme, a pour loy de punir cruellement ceux qui veulent introduire quelque nouuelle mode pour le vivre. Leur boiſſon ordinaire eſt le Thé & le vin de ris ; ils le tirent apparemment par le moyen de l'alambic, & par la diſtillation ; je dis apparemment, parce qu'ils ne veulent pas enſeigner le ſecret d'aucun art aux étrangers, s'ils ne jurent de le profeſſer, & il y va de la vie pour ceux qui y contreviennent. Ils tiennent pour un grand delice de boire chaud, & leur boiſſon eſt toûjours ſur le feu dans quelque vaiſſeau proche de la table. Ils mettent l'eſté dans leur boiſſon un peu de glace, mais ils ne l'y laiſſent qu'un moment, pour ne pas perdre leur delice ordinaire de boire toûjours fort chaud ; il leur ſuffit que le vin en tire, comme ils diſent, la fraîcheur, pour rafraîchir l'eſtomach qui attire en un moment cette vertu. Ils conſervent la glace comme nous faiſons en Europe, & on la vend par les villes à fort bas prix ; ils ſe ſervent plus de glace pour leurs fruits que pour leurs boiſſons, car ils les aiment fort frais. Mais pour revenir à leurs boiſſons, le vin de ris eſt d'un blanc, qui tire ſur la couleur d'ambre, & teint d'une couleur jaune dorée, fort belle ; il a un gouſt fort délicat, & il y en a d'auſſi bon, qu'il ne nous plaiſoit pas moins que le vin d'Eſpagne. Les perſonnes du commun boivent dans des vaiſſeaux de terre, mais ceux des plus riches & des nobles ſont d'or & d'argent, & relevez aſſez groſſierement en boſſe. Les plus grands Seigneurs du pays ſe ſervent de vaiſſeaux faits de corne de Rhinoceros, ornez de figures de bas relief, enrichis d'or, & quelquefois de diamans. Pour ce qui eſt des vivres, il ne leur manque rien de tous ceux que nous avons en Europe, de venaiſon, de gibier, toutes ſortes de fruits & de legumes. Pour les épiceries, ils les ont meilleures que nous, car ils ſont plus près des Moluques. Leur froment eſt fort bon, & quoiqu'ils ſoient venus juſques à en faire de la farine, ils n'en ſçavent pas faire du pain, au lieu dequoy ils ſe ſervent de ris cuit dans l'eau, puis roty & reſeché, qu'il prennent avec certains baſtons qui leur ſont de meſme uſage que nos fourchettes : ils tiennent de la main gauche une écuelle pleine de ce ris, dont ils prennent une quantité avec ces baſtons à chaque bouchée de viande. Ils n'ont point de gouſt pour l'aſſaiſonnement des viandes : dans le meſme pot ils font cuire le porc, le liévre, le poiſſon, le veau & le faiſan : ſur ces viandes le bon cuiſinier jette de l'eau tant qu'elles ſoient cuites, & il emplit de cette olla podrida ſes écuelles, ce qui leur tient lieu de potage. La chair qu'ils mangent le plus ordinairement eſt celle de porc, le mouton y eſt auſſi en grande eſtime : les pauvres gens mangent de l'aſne, du chien, du chat, &c. Il y a même des boucheries ſeparées pour toutes ces ſortes de viandes. Les pieds de chien fumez & ſechez, comme nous faiſons nos anguilles, eſt un manger fort eſtimé parmi eux : ils en font leur

IV. Partie.   B ij

deffert, & tiennent que ce mets fortifie l'eftomac. Ils fervent dans differents plats chaque forte de viande. Ils ont deux faulfes ordinairement à leur repas: la premiere eft une efpece de pafte de feverolles, qu'ils font de cette maniere. Ils font macerer les feverolles dans l'eau, les remuent foigneufement, & aprés qu'il s'eft fait fur cette eau une efpece de croute ou peau verte, ils la font paffer au travers d'un gros linge, & la mettent aprés fur des vafes pleins d'eau dans lefquels tombe la pafte la plus fine, & les écorces reftent dans le linge: ils fe fervent de cette pafte au lieu de faulce pour les viandes, & l'on peut dire qu'elle leur tient lieu de fel, car ils ne les falent pas autrement, quoique dans les Provinces les plus occidentales ils ayent abondance de puits & de fontaines falées. L'autre faulfe eft appellée *Mi-ſſo*; Elle eft faite d'une farine de grain corrompuë, qui eft d'une puanteur infupportable; on ne la met pas dans le pot en faifant cuire les viandes, mais ils la fervent dans des plats feparez, & faulcent leur viande dans cette épouvantable moutarde.

Dans les feftins, & aux tables des grands Seigneurs, ils regalent ou garniffent les plats de diverfes manieres, mais prefque toujours de ris, d'herbages, ou d'œufs durs coupez par morceaux & fricaffez, avec tout cela c'eft une mort pour un Europeen de fe trouver à de femblables tables; les étrangers qui y font conviez font auparavant un bon repas chez eux, car ils font affeurez de ne trouver rien fur ces tables, dont ils puiffent manger. L'on dreffe des tables tout au tour de la falle deftinée pour faire le feftin; on ne met jamais à chaque table plus de trois des conviez, & le maître du logis s'affied feul à la derniere. Ils n'ont point de napes: il y a autant de couverts fur la table comme il y doit avoir de gens affis autour; leurs couverts confiftent en une taffe pour boire, une affiette de ris, le plat de Mi-ſſo, & en deux de ces petits baftons de bois qui fervent au lieu de fourchettes. Toute leur vaiffelle eft de porcelaine, celle du Roy, comme du plus fimple artifan; toute la difference confifte à eftre plus ou moins fine. Les Conviez eftant affis, l'Ecuyer tranchant entre avec le premier fervice; & aprés l'avoir fait diftribuer à toutes les tables, il fait figne que l'on mange: ceux qui mettroient la main au plat avant ce fignal, recevroient une bonne mortification, & paffèroient pour des gourmands & mal apris. Ce fignal fe fait en difant *Ziu*, qui fignifie (*je vous convie*) auquel fignal les Conviez répondent tous *Ziu ziu ziu*, fe le difant l'un aprés l'autre, comme font nos Preftres, en s'embraffant & fe donnant la paix; cela eftant fait, ils mettent tous enfemble la main aux plats, portent la viande à leur bouche, & fi quelqu'un ne mange pas en mefme temps que les autres, l'Ecuyer les en crie tout haut, la perfection de ce feftin confiftant en ce que chacun mange en mefme temps, autrement le feftin pafferoit pour mal fervi & fans ordre. Lors qu'il femble à l'écuyer tranchant que l'on ait fuffifamment mangé du premier fervice, il fait fervir le fecond, & aprés celuy-là le troifiefme, en faifant toujours obferver les mefmes mefures & ceremonies, & quand le temps luy femble propre pour faire donner à boire, il fait le mefme fignal qu'auparavant, afin que l'on boive, à condition de vuider le verre. A la premiere fois que l'on boit, les Comediens paroiffent: de ces Comediens les uns font publics, & vont jouër pour de l'argent dans les maifons, les autres font entretenus par les grands Seigneurs; les plus qualifiez en entretiennent quelquefois plufieurs compagnies, comme on a les bandes de violons en France. Ces Comediens ont des habits fort riches: ils vont d'abord à celuy qui eft affis à la place d'honneur de la table, & luy prefentent le livre de leur Comedie, le priant de leur marquer le fujet qu'ils ont à reprefenter. Celuy-là par civilité l'envoye à un autre, & ainfi de main en main jufqu'à ce que le livre arrive au maiftre du logis, qui enfin leur dit de reprefenter la Comedie qu'ils voudront. Cette Comedie dure environ un quart d'heure; leurs fujets font tirez la plufpart des belles actions de leurs Rois & de leurs Reines. La Comedie eftant achevée, l'écuyer revient avec d'autres viandes, & aprés que l'on les a defervies, & beu, les Comediens reviennent, & recommencent la mefme ceremonie de preffer les conviez de leur dire le fujet qu'ils doivent jouer : cette seconde Comedie étant finie, l'Ecuyer vient derechef, & ce mauvais divertissement dure l'espace de six ou sept heures. J'oubliois à dire une chose (ce dit le Pere) qui est qu'ils n'ont point d'olives à la Chine ; ils se servent de trois autres sortes d'huile ; chez les personnes les plus riches l'on employe de l'huile du fruit qui vient aux ronces, qui est une liqueur fort douce & delicate, qu'ils tirent, je ne sçay comment, des fleurs de cette plante, dont ils ont en aussi grande quantité que nous avons icy les orties. Les gens de plus basse qualité font une autre huile d'une certaine graine qu'ils appellent Telselin, qui approche du goust de l'huile de sesame, & est un peu amere. Les paysans de mesme qu'en Pologne, se servent la plus part d'huile de lin, ou d'une autre liqueur tirée d'une plante qu'ils appellent *Ma seu*, laquelle sent fort mauvais. Ils ne mangent point de salades ni d'autres herbes cruës, ils conservent pourtant les fruits dans le sel & le vinaigre ; en un mot ils ont le goust fort peu délicat, & sont fort sales en leur manger. Lorsque l'on nous donnoit quelque lievre ou faisan, nous n'avions pas le cœur de le voir accommoder à nostre cuisinier Chinois, nous l'embrochions nous-mêmes, nous le faisions cuire, & le mangions dans la plus secrete de nos chambres, aprés avoir mis ordre que pendant ce temps-là l'on n'ouvrist à personne, qu'à ceux que le Roy envoyeroit ; & pour n'estre point surpris, un de nous se tenoit à la fenestre, afin que voyant paroistre de quelqu'un de la Cour, il courust aussi-tost nous en avertir.

C'est une chose surprenante, repliqua Monsieur Dati, que ces peuples qui ont une si grande abondance de brebis & de vaches, ne sçachent pas preparer le lait pour en faire du fromage autrement qu'en y employant des feverolles pourries.

Cela vient, répondit le Pere, de leur vanité, car vous sçaurez qu'ils ne veulent rien apprendre des étrangers, & encore moins des Tartares ; & c'est assez que les Tartares fassent du fromage, pour les empescher d'en faire, à cause de l'horreur qu'ils ont pour cette nation. J'aurois la même peine à manger du fromage des Tartares, que des laitages que font les Chinois, la puanteur en estant insuportable. Ils les font en forme de craquelins, les enfilent par centaines avec des cordes, & les pendent à leurs boutiques pour les vendre ; ils sont d'une paste si dure, que la pierre ne l'est pas davantage. Quand ils en veulent manger ils les mettent sur le feu, où ils se ramolissent comme de la cire.

Il est bien vray que si les Chinois sont peu difficiles en leur manger & boire, ils n'en sont pas de même à l'égard de leur dormir. L'hyver ils mettent des matelas de coton sur certains petits fourneaux ou étuves quarrées, qu'ils appellent *Caü*, où ils entretiennent un feu moderé. Ils ont des draps fort fins de toile de coton, (comme sont toutes leurs autres toiles, car ils ne se servent de lin que pour faire de l'huile, & du chanvre à faire des cordes.) Aux quatre coins de ce *Caü* il y a des colomnes comme à nos lits, & au ciel du lit que ces colomnes soutiennent, sont attachez ces rideaux, qu'ils appellent *Cai-tà*. L'hyver ces rideaux sont de drap, ou de quelqu'autre étoffe qui a du corps, & l'esté d'un voile tres-fin, pour empescher les coussins. Le froid étant passé, ils transportent les matelas sur des planches, ou tables, comme les nostres ; & dans le cœur de l'esté, au lieu de laine, ou de coton, ils remplissent ces matelas d'une espéce d'Alga marine ou Gouemon seche, mais qui est plus déliée & plus doüillette que de la soye ; cette herbe entretient un frais admirable. Le chevet de leurs lits & les oreillers sont faits d'une façon fort jolie ; les uns & les autres sont faits d'éclisses fort déliées de roseaux que nous appellions cannes d'Inde ; ainsi ils sont vuides par dedans, & seulement remplis d'air, ce qui est un délice incroyable, car ils sont lisses, & cependant fort doüillets ; ils ne s'enfoncent que fort peu, & la teste par cette raison ne demeure pas ensevelie dans la plume ; outre cela ils brandillent toûjours, de sorte que l'on a la teste, pour ainsi dire, sur des ressorts, & en se retournant d'un costé sur l'autre, selon qu'ils font ressort, & se remettent, ils font sortir un air frais qui vous évente le visage, ce qui est d'un grand secours dans les nuits étouffantes de l'esté.

B iij

Leurs chaises sont faites de la même maniere, le dossier & l'apuy des bras est fait avec ces éclisses, ou brins de canne d'Inde. La figure en est fort commode pour s'y seoir ; les Tartares pourtant ne veulent point tant de délices, ils dorment à terre sur des tapis, comme font les Turcs.

Nous luy parlasmes de la magnificence du Thrône sur lequel le Roy paroist dans les fonctions publiques.

Il nous répondit que les Rois Chinois avoient toûjours paru avec beaucoup de magnificence, mais que le Roy des Tartares qui regne maintenant à la Chine, s'assied à terre sur un tapis.

Monsieur Dati prit la parole pour sçavoir du Pere en quoy les Chinois faisoient le plus de dépense.

Il répondit que c'estoit à leurs funerailles, à cause de la grande quantité de cire qu'ils y consomment, aux parfums qu'ils brulent, & à la fabrique des statuës ou representations de bois, & en encens qu'ils brulent devant le corps du mort, mais sur tout dans la dépense du cercueil où ils mettent le mort. Ils le font (nous dit-il) de bois precieux, comme d'aloës, de sandal rouge & blanc, & d'autres bois fort rares d'un tres-grand prix, & cela au lieu de l'embaumer.

Nous luy demandasmes la qualité de l'air du pays, & combien ils vivent ordinairement.

L'air, nous dit-il, est bon par tout, & cela est si vray, que les paysans qui menent une vie reglée, parviennent jusques à la derniere vieillesse ; il y en a beaucoup qui vivent jusques à cent ans. Pour les nobles, quand ils ont atteint l'âge de quarante ans, ils sont vieux, & ceux qui en ont cinquante passent pour decrepits, cela vient de la débauche continuelle qu'ils font avec les femmes, & de l'excés de leurs tables, en quoy ils n'ont aucune retenuë. Les filles de qualité n'arrivent gueres à l'âge de trente ans, ce qui vient d'une coûtume ridicule qu'elles ont de bander leurs pieds, en la petitesse desquels consiste tout ce qui paroist de leur beauté ; (car on ne leur voit que cette partie du corps découverte.) Leurs meres leurs lient les pieds d'une si étrange maniere, aussi-tost qu'elles sont nées, que les canaux par où doit passer la nourriture de ces parties, estant bouchez, elles n'arrivent point à leur grosseur naturelle, & l'empeschement que ces liens apportent à la circulation du sang, leur altere vray-semblablement & gaste la complexion.

Nous luy demandasmes quelles estoient leurs plus grandes festes.

Ils en celebrent trois, nous répondit-il : à la nouvelle Lune de Février, au mois de Novembre, & le jour de la naissance du Roy. A chacune de ces trois festes le Roy sort par la ville, accompagné de tous les Seigneurs de sa Cour, des Mandarins,(c'est à dire des Nobles) des Magistrats ou Officiers de Justice, des Gens de lettres, &c. chacun en habit qui marque son rang. Ces habits sont fort differens, il n'y a que le Roy qui puisse porter une perle au haut du bonnet. Les grands Seigneurs portent diverses pierreries, & plusieurs aussi une perle, mais accompagnée ou d'un rubis, ou d'une émeraude, ou d'un bouton de jaspre ; car il n'y a que le Roy, comme nous avons dit, qui la porte seule ; les autres marques de Royauté sont deux cicognes qu'il porte sur la poitrine, faites d'une riche broderie d'argent. Les Mandarins y portent d'autres animaux ; il y en a de neuf ordres ou degrez, dans lesquels se distingue tout le corps de la noblesse, chacun ayant le sien. Le premier a une gruë pour marque de son rang ; le second, un lion ; le troisiesme, un aigle ; le quatriéme, un paon ; pour ce qui est des autres, je ne m'en souviens pas, ni de la difference des habits des Magistrats & des Gens de lettres. Je me souviens bien pourtant d'un de ces habits des sçavans, c'est de celuy des Mathematiciens, lesquels portent quatre petites tables quarrées de jaspre penduës avec des cordons de soye à leur ceinture, dans le milieu de chacune des tables est enchassé un rubis ; ils ont aussi un rubis au haut de leur bonnet, & une perle. Les couleurs les plus ordinaires dont ils s'habillent, sont le rouge, le violet, l'orangé & le bleu.

A LA CHINE.

Nous avons déja dit que les Bonzes eſtoient habillez de gris, & les Gens de Lettres de blanc. Il me ſouvient qu'à la Feſte de la Lune de Février ils font tous quelque pieces de four ſur leſquelles ils repreſentent la figure du Croiſſant ou nouvelle Lune, & auſſi qu'ils appellent cette Feſte le Sacrifice du Lievre.

Nous luy demandaſmes s'il eſtoit vray que les Chinois euſſent des Memoires ſi anciens, & de tant de milliers d'années, comme pluſieurs diſent.

Il nous dit qu'ils en avoient au deſſus du temps du Roy Tao, qui vivoit il y a 4700. ans : ils ne ſçavent rien davantage de leur Hiſtoire, ni du commencement ou de l'ancienneté du monde.

Sur l'article de leur habilité dans l'art de la Navigation, & s'ils croyent à la Chine qu'il y a quelque paſſage d'Aſie en Amerique par terre.

Il nous dit, que leur ſcience dans l'art de naviger eſt fort imparfaite ; que l'uſage de la bouſſolle leur manque, ou pour mieux dire que leur bouſſole eſt fort imparfaite : que les plus grandes barques qu'ils ayent ne peuvent porter plus de cinquante hommes, que leurs voiles ſont faites de . . . . ou nates ; mais qu'ils vont à tout vent, ayant en cela une adreſſe particuliere : que leur maniere de ramer eſt differente de la noſtre, parce qu'ils remuent ſimplement les rames devant & derriere. Delà il conclud que veu l'imperfection de l'art, ils ne peuvent pas naviger fort avant ſur mer, mais côtoyent toûjours d'aſſez prés la terre. A l'autre particularité du paſſage en Amerique, il répondit n'en ſçavoir rien de particulier, parce que les Hollandois ny les Anglois n'ayant pû pouſſer la navigation de la Mer glaciale, n'ont pas commerce vers ces quartiers là, & les Tartares ne trafiquant pas, ne ſont pas gens à le tenter pour une ſimple curioſité, & enfin les Chinois ne ſortiront pas de leur pays pour prendre cette peine. L'opinion pourtant eſt qu'il y a un paſſage, ou qu'au moins l'Aſie n'eſt ſeparée de l'Amerique que par un trajet de mer fort court, puiſque l'on voit paroiſtre de temps en temps dans les parties Mediterraines de la Tartarie, des animaux de l'Amerique, qui ne pourroient pas y venir, ſi la terre ferme n'eſtoit continuée, ou ſi la diſtance n'eſtoit telle, qu'on la pût paſſer aiſément à la nage.

Nous luy demandaſmes quelque choſe des danſes, des jeux & des jardins des Chinois.

Les Chinois, repliqua le Pere, ne danſent point, mais bien les Tartares, & cela entr'eux, car les femmes ne danſent jamais avec les hommes. Leur muſique ne conſiſte qu'à battre les paumes des mains l'une contre l'autre, ou frapper ſur quelque metal qui ait le ſon clair. Pour ce qui eſt des jeux, les Chinois en ont de toute ſorte, le balon, les dames, les échets ; ils joüent à la morra, aux dez, aux cartes, & auſſi au balon qu'ils pouſſent du pied avec une adreſſe amirable ; ils ne font point de partie, ils joüent ſimplement cinq ou ſix enſemble, ſe renvoyant le balon l'un à l'autre avec le pied ; j'ay veu une fois un balon plus d'un quart d'heure en l'air ſans tomber à terre. Pour les jardins, ce ſont proprement des enceintes de prez faites pour joüer au balon. Ils n'ont point d'autres fleurs de ſenteur que les jaſemins ; les roſes y ſont belles, mais ſans odeur ; ils ont des tulipes, des violettes, & des hyacinthes ; pour les anemones, ils ne les connoiſſent pas meſme de nom. Du reſte la grande quantité d'eau rend leurs jardins fort verds & fort agreables ; il eſt vray qu'ils n'ont pas beaucoup d'induſtrie pour les dreſſer. Tout ce que j'ay veu de beau en cette matiere, eſt dans le jardin du Roy, où il y a une grande caſcade d'eau qui tombe d'un rocher de bronze couvert d'arbres d'une meſme matiere. Les Chinois ſont fort excellens maiſtres en l'art de la fonte des metaux, & leur artillerie eſt fort belle.

A cette occaſion on luy parla de leurs autres arts, & principalement de celuy de la Medecine & de leurs Medecins. Les Medecins, ſuivit le Pere, ſont excellens à connoiſtre par le poulx, la nature & les accidens particuliers des maladies ; il eſt bien vray que pour ce qui eſt des remedes, ils reüſſiſſent en cela comme tous les autres, c'est à dire, en devinant, & par hazard. Je puis dire l'un & l'autre par experience, puisqu'estant tombé malade à un mois & demy de chemin de la Ville de Pekin, & y estant arrivé comme il pluît à Dieu, je fus aussitost visité par un Medecin du Roy, que le Pere Adam Schall fit venir. Ce Medecin aussitost qu'il fut entré dans ma chambre me fit seoir, & me laissant reposer quelque temps, me fit aprés poser les deux bras découverts jusques au coude, sur une table : il commença à me taster le poulx des deux bras, me les serrant tantost fort, tantost ne me pressant que fort doucement l'artere, quelquefois me pressant également les arteres des deux bras, tantost me pressant l'artere d'un bras, cependant qu'il laissoit celle de l'autre bras libre, quelquefois serrant l'un, & touchant seulement l'autre, quelquefois continuant à me taster le poulx fort long temps, d'autrefois me tastant de fois à autre, tantost me faisant tenir le poing fermé, quelquefois la main étenduë; enfin il n'y a posture de main ou de bras, en laquelle il ne me voulust taster le poulx : tous ces tastemens de poulx durerent un temps considerable, qui fut d'environ trois quarts d'heure. Aprés toutes ces façons il me vint à l'esprit de luy dire mon mal, mais le P. Adam me dit de me taire, & que le Medecin le sçavoit déja mieux que moy. Le Medecin aprés s'estre assis, me dit avec une majesté qui auroit esté trop grande pour l'oracle de Delphes, le temps de ma maladie, & tous ses accidens, les reduisant tous à leur temps, & y adjoûtant toutes les autres particularitez de mon mal, avec tant de justesse que j'en demeuray tout surpris. Il m'ordonna quelques breuvages, mais je connus par leur peu d'effet, qu'il avoit mieux réüssi à deviner & à connoistre ma maladie, qu'à y appliquer les remedes convenables. Or pour revenir à leur Medecine, il faut sçavoir qu'ils ne saignent jamais, mais qu'au lieu de saignées, ils appliquent des ventouses aux épaules. Ils traitent assez bien la verole avec des decoctions d'herbes : elle n'est pas si dangereuse en ces quartiers comme elle l'est en Turquie, en Perse, & aux autres endroits des Indes Orientales. Entre leurs medicamens, ils ont une racine fameuse qui se trouve dans la Province de *Suc-iven*, & qu'ils appellent lait de Tigre : ils disent que cette herbe ne croist qu'aux endroits où il a de goûté du lait des mamelles des Tigresses, lorsqu'elles sont en furie, & enragées, estant poursuivies des chasseurs. Il y a cela de vray, que l'odeur de la chair de cette racine revient fort à l'odeur du lait, elle est blanche comme du lait : ils pretendent que la chair de cette racine preparée d'une certaine maniere est un Sudorique infaillible, & fort puissant. Je puis dire avoir veu la racine, mais non pas l'experience de ce qu'ils en disent.

De là on vint à l'interroger sur les autres Arts des Chinois, & le Pere avec le mesme ordre avec lequel nous l'avions interrogé, nous répondit qu'ils n'ont point de cristal à la Chine, mais grande quantité de verre, & une espece entr'autres qu'ils appellent verre de ris, lequel est sans doute plus cassant, mais d'ailleurs plus aisé à travailler sans comparaison, que nostre verre ordinaire, car la paste à peine en est-elle mise dans le fourneau, qu'elle se fond aussitost, & c'est une chose incroyable comment ils le sçavent bien manier, pour en faire les beaux ouvrages qu'ils en font. Au lieu de fer ils se servent de grosses cannes de verre, comme font icy les Emailleurs, & ceux qui travaillent à la lampe, leurs miroirs sont tous de bonne étoffe, & comme ils sont fort experts en l'art de fondre ou jetter les metaux, ils sont de fort beaux miroirs concaves, lesquels on a à fort bon marché, & pour un peu plus d'une pistolle, l'on a un miroir de 32. pouces de diametre. Nos Peres y ont introduit l'art de faire les lunettes, & les telescopes : c'est une chose étonnante que les Chinois se soient voulu abaisser jusqu'à apprendre à les faire. Ils les font aujourd'huy assez bonnes, se servant pour cet effet de miroirs que les Marchands de l'Europe portent à la Chine : on est assuré de leur faire un fort grand present en leur donnant de ces grandes lunettes, mais les Marchands qui y trafiquent ont commencé à leur en porter.

Ils font de fort belles étoffes d'or filé, & ils font des ouvrages fort galands de
celuy

celuy qui est trait, mais sur tout il nous vantoit l'art qu'ils ont de dorer, & argenter au feu la paille en toutes sortes de manieres; car de cette paille ainsi dorée ou argentée, ils font des ouvrages merveilleux. Mais il ne se peut pas dire, ajousta-t'il, jusques à quel point ils sont ingenieux à faire des feux artificiels; ils leur font representer des caracteres, des figures, des arbres, & font prendre au feu toutes sortes de figures & de couleurs naturelles. Je n'aurois jamais crû sur le raport des autres, ce qu'il faut que je croye, après l'avoir veu de mes yeux. Je vis descendre du plancher d'une sale où je me trouvay à un festin tres-propre, une grosse vigne, je la vis aussitost entourer par un autre feu qui prit la figure des feuilles de la vigne, & de ses raisins, & tout cela si joliment coloré avec leurs couleurs naturelles, que je croy qu'on ne l'eust pas pû faire mieux avec le pinceau. Cette apparence dura l'espace d'un miserere, & la matiere s'estant consumée, elle disparut, laissant les traces de la fumée dans tous les endroits où la vigne avoit paru, avec ses feuilles & ses raisins. Ils ont quelque chose de cet art en Perse, mais ils n'y reüssissent pas si bien; les Chinois en sont fort jaloux, & avec tout cela la depense n'en est pas extraordinaire, puisque pour deux pistoles on aura un feu de trois ou quatre representations. Mon Pere (luy dis-je alors) vous me faites croire maintenant, ce que je n'avois pû croire jusques à cette heure; il y a onze ans que Monsieur Sestel Danois estant à Rome, me dit qu'on luy avoit écrit de Copenhague, qu'un Danois qui estoit revenu de la Chine, avoit fait voir au Roy une sorte de feu d'artifice, que ce feu s'estant élevé en haut en forme de fuzée, s'éclata après en divers traits de flamme, lesquels formoient en l'air le nom du Roy. Vous le pouvez croire sans difficulté, répondit le Pere, quoique je m'étonne fort que cet homme en ayt pû découvrir le secret, ce qui ne luy auroit pas asseurément reüssi, s'il ne s'estoit appliqué à cet exercice, faisant auparavant le serment necessaire, & ce n'a pas esté sans se hazarder, qu'après un tel serment il ayt pû sortir du pays.

Monsieur Dali demanda s'ils se servoient de carosses ou de chariots.

Les Chinois, répondit le Pere, se servent ordinairement de littieres portées par des mulets, ou par des hommes; elles sont semblables aux nostres, horsmis qu'elles sont bien plus longues, afin d'y pouvoir mettre des hardes, un lit & une table, ce qui est une commodité tres-grande pour le voyageur. Les Tartares ont de certains carosses à deux roües, tirez par un, ou plusieurs mulets ou chevaux; ceux des femmes des Vice-Rois (par exemple) ou d'autres grands Seigneurs, sont tirez par deux de ces bestes, & suivis d'un grand nombre de femmes Tartares à cheval, armées d'arcs & de fleches. Pour porter le bagage, ils se servent de chameaux, & d'une certaine espece de cariole qui n'a qu'une roüe fort haute, & qui tourne au milieu de deux caisses dans lesquelles est le bagage; un homme seul la tire avec une sangle qui le prend à travers le corps, & qui luy sert aussi pour gouverner plus aisément les deux bastons qui sont entaillez dans les caisses, car par ce moyen il tourne comme il veut ces carioles. Ils transportent ordinairement de cette maniere les marchandises & les fardeaux par les Provinces, & mesme au travers les montagnes.

On luy demanda s'ils se plaisent à chasser, s'ils ont l'usage de courir le Pallio, s'ils sont bons écuyers, & s'ils ont quelque adresse particuliere pour dresser les chevaux.

Les Tartares, répondit-il, sont chasseurs, mais les Chinois ne le sont point; ils ne sçavent ce que c'est que de courir le pallio; ils prennent grand soin de harnacher curieusement les chevaux, mais ils n'ont nulle adresse pour les dresser.

Nous l'interrogeasmes s'ils prennent du tabac.

Pour du tabac, ils n'en prennent point en poudre, mais beaucoup en fumée, aussi bien les Tartares comme les Chinois, tant les femmes que les hommes; les femmes portent un sachet qui leur pend sur l'épaule, dans lequel est leur pipe & leur tabac, les hommes au contraire le portent à leur ceinture.

IV. Partie. C

Monsieur Dati demanda si le mot de Mandarin est Chinois.

Il répondit qu'il estoit Portugais, & qu'à la Chine on les appelle Quoan; ce mot signifie commander, gouverner.

Sur le point de la bravoure des Chinois, & s'ils ont de l'inclination pour les armes.

Il nous répondit qu'ils sont fort lâches, & qu'en trois ans qu'il avoit esté à la Chine, il n'avoit veu qu'une fois deux personnes se battre à coups de poing, leurs differens ou querelles ne se vuidant pas autrement.

Nous luy demandasmes enfin, si à son retour il n'avoit point rencontré un Monsieur Tavernier, Marchand François, qui s'estoit embarqué à Livorne il y avoit deux ans, pour aller aux Indes, portant avec luy une richesse inestimable de pierreries, & entr'autres un assortiment de saphirs fort gros, & de perles à poire, pour faire une rose qu'il pensoit vendre au grand Mogol, pour orner la plume de son elephant. J'ajoûtay que le mesme Monsieur Tavernier m'avoit dit que le Mogol faisoit tous les jours une dépense de quinze mille écus pour l'entretien seul des elephans du feu Roy son pere; je priay le Pere de me dire ce que l'on en devoit croire.

Quant à Monsieur Tavernier, il me dit l'avoir rencontré en Perse; que je ne devois faire aucune difficulté de croire ce qu'il m'avoit dit, & encore davantage de la dépense que faisoit ce Prince pour l'entretien de ses elephans; & pour me le faire mieux entendre, il faut sçavoir (dit-il) que toute l'Inde au deçà & au delà du Gange, est divisée en beaucoup de differens pays ou gouvernemens, lesquels le grand Mogol donne aux Seigneurs de sa Cour pour toute leur vie. Ces Seigneurs en reconnoissance luy font tous les ans quelque grand present, qui en effet est un revenu arresté. Outre cela ils sont obligez de luy entretenir qui mille, qui deux mille, jusqu'à cinq mille soldats; le nombre de ses troupes par cette raison ne diminue point, (& si le Prince venant à en faire la reveuë, trouve leur troupe remplie de gens mal choisis, ils courent risque de tomber en disgrace) ce qui fait que le Mogol peut assembler en un moment cinq ou six cens mille hommes prests à combattre, sans faire une dépense extraordinaire, chaque Prince ou Seigneur estant obligé de tenir ses troupes sur pied, mesme en temps de paix. Cela estant supposé, il faut encore sçavoir qu'il y a six ou sept elephans destinez pour la personne du grand Mogol, appellez Panciasari, qui signifie, Seigneurs de cinq mille, qu'ils nomment ainsi, à cause que le grand Mogol assigne à chacun de ces elephans pour leur entretien une pension égale à ce que pourroit avoir un de ces Grands de la Cour du Mogol, qui sont obligez d'entretenir cinq mille chevaux. Vous voyez donc par là (continua-t'il) que ce que vous a raporté Monsieur Tavernier peut estre vray. Or sçachez que cette dépense ne s'étend pas seulement aux elephans, mais encore aux chevaux que l'on fait venir tous les jours devant le grand Mogol en grand nombre, aussi bien que les elephans; qu'ils sont harnachez de harnois couverts de pierreries, & que le Mogol se divertit à les faire courir & exercer les uns ou les autres, selon qu'il luy plaist le plus. De là il vint à nous parler de l'Empereur d'à present, & comme en sa jeunesse il faisoit semblant de vouloir mener une vie tout à fait retirée, & dans la contemplation; cependant cet hypocrite a depossedé son pere, qui vit encore dans une prison à Agra, âgé de quatre-vingt six ans; la crainte seule que ses sujets qui aimoient le vieillard, ne se revoltassent contre luy, l'a empesché de luy oster la vie. Sa prison est un palais d'une vaste étenduë, avec de grands apartemens, & jardins pleins de toutes sortes de delices. On luy a laissé sa garde de mousquetaires qui est fort grande, & il a encore toutes ses femmes dans un serrail, parmy lesquelles il passe le temps, & tâche de divertir sa pensée du malheureux état où il doit finir ses jours. L'Empereur son fils fit bâtir sous je ne sçay quel pretexte, une tour fort haute qui commande tous les jardins de son pere, & fit poser dessus quelque temps après une sentinelle, pour épier tout ce qui se passoit dans

A LA CHINE.

sa prison ; son pere le fit tirer à coups de fusil par une troupe de ses femmes, & s'adressant à celuy qui commandoit dans la prison ; Dites à mon fils de ma part, qu'il envoye encore de semblables oiseaux sur cette tour, ils donneront un agreable divertissement à mes femmes. On rapporte beaucoup d'exemples de la justice & de la prudence du Mogol d'aujourd'huy. Il arriva entr'autres dans le temps que j'estois à Lahor, qu'un Prince, pour une faute legere qu'un palfrenier avoit commis en pensant un cheval qu'il aimoit fort, il luy fit percer d'un clou la teste à terre avec une cruauté tout à fait barbare. Un jour que l'Empereur tenoit l'audiance (car il y a un jour tous les mois destiné pour cela) dans un grand pré hors de la ville, la femme du palfrenier s'y vint plaindre de la cruauté avec laquelle on avoit fait mourir son mary ; le Grand Mogol fit venir devant luy ce Prince, l'interrogea, s'il estoit vray qu'il eust commis le crime dont cette femme l'accusoit ; & l'autre l'ayant confessé, il le fit coucher à terre, & voulut que la femme mesme du palfrenier le traitast de sa propre main comme il avoit traité son mary. Ils disent beaucoup d'autres choses de la sagesse merveilleuse de ce Prince ; il est vray qu'il gouverne son Estat avec beaucoup de justice, pour se rendre agreable à ses sujets, & pour appaiser par là les mouvemens qui se pourroient elever dans son païs, à cause de la tyrannie qu'il exerce envers son pere, pour laquelle il sçait qu'on le hait à mort. Il est âgé de quarante ans, mais peut-estre que quand son pere sera mort, & qu'il n'aura plus cette retenuë, cette autre partie de son naturel, qu'il tâche de cacher maintenant, viendra à éclater & à se faire connoistre.

Telles furent les réponses que fit le Pere Grueber à nos questions ; nous avions encore la curiosité de luy en faire bien d'autres, mais la conversation ayant déja duré l'espace de plusieurs heures, & une tres grande partie de la nuit s'y estant écoulée, ce que nous aperçûmes seulement aux lumieres, nous nous levasmes, & prismes congé du Pere, aprés l'avoir remercié de sa civilité.

Je croirois avoir fait tort au public, si je ne luy avois donné la relation du Pere Grueber dans la langue mesme dans laquelle elle a esté écrite : car l'on entend assez icy cette langue, pour y reconnoistre un style noble, propre & juste, & un charactere d'esprit qui fera deviner aisément le nom de son autheur. J'aurois mis mesme les originaux des autres pieces Italiennes, Latines & Espagnoles, si j'avois suivi mon propre sens, car dans des Langues aussi connuës que celles-là, il faut se resoudre d'abandonner le soin de la traduction, comme je l'ay fait icy, à des gens qui y veulent bien employer leur temps.

Il y a peu de remarques dans les Lettres Latines qui suivent, qui ne soient inserées dans cette Relation, si ce n'est la Relation du Grand Lama des Tartares, qui est un peu plus étenduë dans la lettre que le Pere Grueber écrit au Pere Jean Camans aussi Jesuite. La Latine porte que quoiqu'il n'y ait jamais eu d'Europeen ni de Chrestien en ces quartiers là, ils imitent neantmoins tout ce qui se pratique dans l'Eglise Romaine, celebrent la Messe avec le pain & le vin, donnent l'Extreme-Onction, benissent les mariez, font des prieres sur les malades, des processions, ont des Monasteres d'hommes & de filles, chantent au Chœur comme nos Religieux, observent divers jeûnes durant l'année, font plusieurs mortifications penibles, & entr'autres se donnent la discipline, qu'ils sont des Evesques, & envoyent des Missionnaires qui vivent dans une tres grande pauvreté, qu'ils vont nuds pieds jusqu'à la Chine pour y prescher leur Religion. Je remarqueray en passant qu'il se trompe lors qu'il croit estre le premier des Chrestiens qui ait penetré jusqu'en ces quartiers-là : car je trouve que le Christianisme a eu plus d'étenduë du costé de l'Orient que ceux qui ont escrit l'Histoire Ecclesiastique ne luy en donnent, & qu'il y a eu des Princes, & des peuples entiers Chrestiens sur les frontieres de la Chine ; Je puis mesme faire voir en quel temps le Christianisme a esté porté par des Missionaires Nestoriens, & comment il s'est perdu ; mais il faut attendre qu'on en puisse imprimer les preuves dans les Langues mesmes dans lesquelles elles ont esté écrites, & qu'on puisse donner d'autres pieces qui éclairciront beaucoup la Geographie & l'Histoire de ces pays-là.

L'Alphabet des Chinois qui est ajoûté à cette Relation vient du Pere Ruggieri Missionaire de la Chine ; il tomba aprés sa mort entre les mains du Pere Sirmon, qui le communiqua à Monsieur Hardi de qui je l'ay eu. Cet alphabet ne s'accorde point avec ce que le Pere Grueber nous vient de dire des characteres des Chinois, & ce que tous les autres en ont écrit ; ils demeurent tous d'accord que les Chinois n'ont point de lettres comme les nostres, que chaque chose a un charactere particulier, qui la represente, comme les figures des nombres ou comme les characteres des signes & des planetes sont employez dans nos Almanachs. Pour moy je croy que nos Missionaires ont fait cet alphabet, & que ce fut avec son aide qu'ils ont fait imprimer pour l'usage des Chinois convertis quelques-unes de nos prieres que ces bonnes gens recitent, comme ils disent, avec beaucoup de devotion, ce qui vient asseurément du grand zele de ces nouveaux convertis : car si ma conjecture est vraye, ces characteres ne representent que le son des mesmes prieres, & pour le sens il est tout autre que celuy que nous y entendons, ou plustost il n'y en a point du tout, & ces prieres ainsi ecrites en Chinois sont un assemblage de toutes sortes de mots, sans qu'il y ait aucune suite ni liaison, ce qui autrement les devroit plustost distraire que d'exciter leur devotion.

IV. Partie.   C ij

Ex Litteris Grueberi Kirchero inscriptis.

EX Pequino itaque hi Patres, anno 1661. mense Iunio, in Siganfu triginta dierum, & hinc Sining sive Siningfu, totidem ferè dierum spatio transacto, bis croceo flumine, quod Hoang vocant, transito, confecerunt iter. Est autem Sining, sive Siningfu urbs magna & populosa ad vastos istos regni Sinarum muros exstructa, per quorum portam primus in Cathaium sive Chinam aditus patet ex India negotiantibus, ubi & commorari coguntur usque dum ulterior à Rege introitus concedatur. Vrbs hæc sub elevatione poli 36. grad. min. 10. constituitur. A Sining trimestri spatio per Kalmack Tartariæ desertum, usque ad initium Regni Lassa, quod & Barantola Tartari vocant, pervenerunt. Desertum verò partim montosum, partim planum, sabulo arenisque consitum, sterile prorsus, & infœcundum, cui tamen subinde natura providit nonnullis rivis, quorum ripæ jumentis herbarum virentium pascuorumque sufficientem copiam destinant: cæterùm desertum uti ab intimis Indiæ Mediterraneis originem ducit, ita quoquę ex Meridie in Boream rectà extensum; qui ejus terminum in hunc usque diem exploraverit, inventus est nemo: putant multi illud mare usque glaciale extendi, de quo pluribus in Mundo subterraneo. Habet autem varia nomina; Paulus Marcus Venetus illud desertum Lop vocat, diabolicis illusionibus spectrorumque passim comparentium multitudine infame, de quo tamen nihil nostri Patres memorant, cum semel atque iterum hujusmodi spectra comparuisse, non comprobet perpetuam eorumdem omnibus semper comparentium continuationem. Tartari olim desertum Belgian, modò Samo, aut Sinenses Kalmuck, alii Caracathai, id est, nigram Cathaiam, vocant, ubi præter ingentis magnitudinis tauros sylvestres, nullum cæteroquin animal reperias. Tartari tamen desertis assueti, illud nullo non tempore vagabundi peragrant; hordas quoque suas, ubi rivum pascuis commodum repererint, ibidem fundant. Hordæ Tartarorum sunt casæ, hominibus pecoribusque recipiendis aptæ.

E Lassa sive Barantola sub 29. grad. 6. minut. elevat. Poli constituta, usque ad radicem montis Langur quatriduo venerunt. Est autem Langur mons omnium altissimus, ita ut in summitate ejus viatores vix respirare ob aëris subtilitatem queant; neque is ob virulentas nonnullarum herbarum exhalationes æstivo tempore, sine manifesto vitæ periculo transiri possit. Per hunc montem ob horrenda præcipitia & scopulosos tractus, neque currus, neque jumentum transire potest, sed pedestri itinere totum iter conficiendum est, spatio ferè menstruo usque ad Cuthi primam Regni Necbal urbem. Quamvis autem hic montosus tractus sit transitu difficilis, providit tamen natura de magna aquarum undique ex montium cavernis erumpentium tam calidarum, quàm frigidarum copia, nec non piscium pro hominibus, pascuorumque pro jumentis ubertate. Hunc ego tractum eundem esse puto, quem Ptolomæus sub Caucaseorum montium serie catenam longè latéque in Ortum suísque fimbriis in Meridiem & Boream protractam Parapanisum vocat. Paulus Marcus Venetus Belor, alii aliis nominibus pro diversitate Nationum per quas transit nuncupant.

Ex Cuthi quinque dierum itinere pervenitur ad urbem Nesti, Regni Necbal, in quo omnes idolatriæ tenebris involuti sine ullo Christianæ fidei signo vivunt; abundat tamen rebus omnibus ad vitam sustentandam necessariis, ita ut 30. aut 40. gallinæ pro uno scuto passim vendantur,

Ex Nesti in urbem metropolitanam Regni Necbal, quæ *Cadmendu* dicitur, sub elev. Poli 27. grad. 5. minut. constitutam, 6. dierum itinere pervenitur, ubi Rex potens, etsi Gentilis, Christianæ tamen legi haud contrarius residet.

Ex Cadmendu medii diei itinere ad urbem Necbal totius Regni sedem, quam & *Baddan* vocant, pervenitur.

Ex Necbal quinque dierum itinere urbs Hedonda occurrit, Regni Marangæ Colonia, sub altit. Poli 26. grad. 36. minut. constituta.

Ex Hedonda octiduo pervenitur usque in Mutgari, quæ est prima Regni Mogorici civitas.

Ex Mutgari dierum iter est usque in Battana, quæ est civitas Regni Bengalæ ad Gangem, sub elevat. Poli 25. grad. 44. minut. constituta.

Ex Battana octo dierum spatio pervenitur in Benares, urbem populosam ad Gangem, & sub elevat. Poli 24. grad. 50. minut. constitutam, estque celebris ob Brachmanum Academiam, quæ ibidem floret, in qua & omnes scientiæ regioni propriæ, veriùs superstitiones inauditæ docentur.

Ex Benares ad Catampor undecim dierum, & ex hac in Agram septem dierum iter est.

Ex Pequino itaque Agram usque, iter est continuatum 214. dierum: si moram spectas Caravanarum, iter est unius anni & duorum mensium circiter. Atque hæc oretenus à supramemoratis Patribus accepi, qui illud, uti descripsimus, iter confecerunt.

Uti Regna, quæ dicti Patres itinere huc usque à nemine Europæorum tentato transierunt, Geographis ignota fuerunt, ita quoque multa haud indigna consideratione circa habitus, mores & consuetudines gentium observarunt.

Ex Pekino itaque metropoli Sinarum, & Imperiali sede moventes, bimestri temporis spatio ad muros famosissimos pervenerunt; ad quos urbs ingens Siningfù sita, murorum veluti præsidium quoddam contra Tartaros tutissimum, ubi murorum tam celebrium structuram, quantum istius loci ratio ferebat, diligentissimè observarunt; addideruntque muros tantæ latitudinis esse, ut sex equites eam commodè absque eo quod unus alterum impediat, in uno ordine constituti percurrant; undæ ab indigenis Siningfù eos frequenter visitari aiebant, tum ad aëris saluberrimi, qui ex arenoso adjacente deserto perflat, fruitionem, tum ad exercitia alia relaxandæ mentis opportunos; est enim adeò altus, ut prospectu undique & undique patentissimo, nec non amœnissimo facilè indigenas ad se alliciat, tum ob dictas causas, tum ob summam scalarum, quæ ad eum ascensum præstant, commoditatem. Longitudinem verò latissimi muri usque ad alteram portam, per quam in civitatem Sucien transitur ex deserto, tantam esse, ut octodecim ferè dierum spatio vix transiri possit, quos multi non tam negotiorum conficiendorum necessitate, quàm curiositate ducti, obtentâ priùs à Gubernatore Siningfù facultate, nec non commeatu sufficiente instructi conficiunt; aiunt enim innumeras ex eo habitationes intra murum obvias veluti ex alto monte spectari; extrà verò in adjacente deserto, uti oretenus ab indigenis sibi narrari audierant, omnis generis ferocium belluarum, uti sunt Tigrides, Leones, Elephantes, Rhinocerotes, Leopardi, sylvestres Tauri, Monocerotes (est ea Asinorum cornututorum species quædam) mitis, insolitisque spectaculis ex alta veluti turri ab omnibus insultantium bestiarum periculis immunes recreari, potissimùm ex ea muri parte, quæ in Austrum tendens ad regiones magis habitatas, ut Quamsi, Iunnam & Tibet appropinquat; hinc enim ad fluvium croceum, murisque vicina loca dumetis senticetisque conserta certis anni temporibus tum pabuli, tum venationis causa agminatim se conferre solent.

Egressi itaque hanc stupendi muri vastitatem dicti Patres, statim rivum piscibus refertum obvium invenerunt, quorum non exiguam copiam cœnæ in subdiali tentorio apparatæ reservarunt, transito etiam flumine croceo extra muros, statim vastissimum illud desertum Kalmak, desertum montibus & campis sterile, horridum & formidabile ingressi, ad Barantolæ Regnum usque trimestri spatio confecerunt. Hoc desertum quantumvis squalidum sit, à Tartaris tamen, quos Kalmuk vocant, constitutis anni temporibus, ubi ad ripas fluminum major pascuorum copia est, per hordas quæ portatiles non incongruè civitates dici merentur, habitatur; Tartaris desertum hinc longè latèque latrocinandi causâ divagantibus; unde ad Tartarorum insultantium violentiam propulsandam validâ manu Caravanam instructam esse oportet. Patres sæpe in eorum habitacula per hoc desertum sparsa inciderunt. Lamæ qui sunt Tartaricæ gentis Kalmack Sacrificuli, seu sacrorum Præsides, pileo utuntur rubro colore tincto, togâ albâ retrò contortâ, balteo rubro, & tunicâ flavâ induuntur, ex cujus cingulo bursa dependet.

Tartarum Kalmak referunt vidisse veste pelliceâ & cappâ flavâ indutum. Vidit fœminam Tartaram, veste ex pelle, vel ex viridi aut rubra materia induram; singulæ verò pentaculum quoddam seu amuletum collo appensum, utique ad malorum averruncationem gestant. Habitatio eorum est tentorium Tartaricum intrinsecùs ex parvis plicatilibus bacillis confectum, exteriùs verò rudi ex certæ lanæ materia funibusque constricta contectum.

Rotam volubilem circumagunt adstantes superstitiosi in sceptri formam, quo tempore Lamæ orant.

Effigiem descripsere Han Regis Tanguth demortui, quem dicunt quatuordecim habuisse filios, & ob insignem bonitatem & justitiam administratam, omnes indigenæ eum veluti sanctum, cultu Deis suis proprio venerantur, fuscâ dicitur fuisse facie, barbâ castanei coloris & mistâ, canis oculis protuberantibus. Est autem Tanguth ingens Tartariæ Regnum, cujus non exiguam partem transierunt Patres.

Erat tum temporis in aula Denæ Regis Tanguth, fœmina ex Tartaria Septenttrionali oriunda, plexos gerens, ac in modum funiculorum contortos capillos, conchis marinis capite & cingulo exornata.

Erant & in eadem Regis curia aulici quidam, quorum si habitum consideres, is totus fœmineus est, nisi quod rubri coloris pallio Lamarum more utantur.

Est in istiusmodi Regnis Tanguth & Barantola, astutiâ & fraude satanæ horrendus & exeerandus mos introductus, is videlicet, qui sequitur. Puerum eligunt viribus robustum, cui potestatem dant, ut constitutis diebus anni, quemcunque obviam habuerint hominem uniuscujusque sexus & ætatis, nullo respectu aut discrimine habito, armis quibusinstruitur, conficiat; hoc enim pacto interfectos, mox veluti à Menipe Deastrâ quam colunt consecratos, æternos honores & felicissimum statum consequi stolidè & amenter sibi persuadent. Puer mirè variegato amictu, gladio, pharetrâ, sagittilque instructus, nec non vexillorum trophæis aggravatus, constituto tempore à dæmone, cui consecratus dicitur, obsessus, maximâ furiâ domo elapsus per compita & plateas divagatur, omnes sibi obvios, nullâ resistentiâ factâ pro libitu interficit; hunc patriâ linguâ *Buth*, quod interfectorem significat, vocant, undè Patres eum, eo prorsus modo, quo ipsi, dum eodem tempore ibi morarentur, viderant.

Sunt intra vastissimum Tanguthicum Regnum alia regna inclusa, & sunt primò **Barantola**, quam etiam Lassa vacant, cum cognomine Metropoli Regni; Regem proprium habet, totum fœdis Gentilitatis erroribus intricatum; differentia Numinum idola colit, inter quæ principem locum obtinet, quod Menipe vocant, & novemplici capitum discrimine in conum monstroso fastigio assurgit, de quibus Idolis Sinensium uberiorem dissertationem promittit Kircherus. Ante hoc stulta gens insolitis gesticulationibus sacra sua facit, identidem verba hæc repetens. O Manipe mi hum, ô Manipe mi hum, id est, Manipe salva, nos. Quin & stulti homines varia ad Numen propitiandum cibaria ei apponunt, similiaque idolatriæ abominandæ specimina peragunt.

Exhibetur & aliud in Barantola falsæ Divinitatis spactaculum, quod & fidem ferè humanam excedere videtur, ita quoque singulari curâ dilucidandum est.

Narrant Patres, dum Barantolæ ad integros duos menses opportunitatem Caravanæ opperturi commorarentur, multa sese circa gentis mores & instituta observasse, quorum aliqua ridicula sunt, alia etiam execranda occurrunt. Duo hoc in Regno Reges sunt, quorum prior Regni negotiis rectè administrandis incumbit, alter ab omni negotiorum extraneorum mole avulsus, intra secretos palatii sui secessus otio indulgens, Numinis instar adoratur, non solùm ab indigenis, sed & ab omnibus Tartariæ Regibus subditis, susceptâ ad eum voluntariâ peregrinatione; hunc veluti Deum verum & vivum, quem & Patrem æternum & cœlestem vocant, magnâ munerum, quæ eidem offerre solent, attestatione adorant. Sedet is in obscuro Palatii sui conclavi, auro argentoque ornato, nec non multiplici ardentium lampadum apparatu illustrato, in eminenti loco supra culcitram, cui pretiosi tapetes substernuntur; ad quem advenæ capitibus humi prostratis advoluti, non secus ac Summo Pontifici pedes incredibili veneratione osculantur: ut vel inde Dæmonis fraudulentia luculenter appareat, qua veneratione soli Vicario Christi in terris Romano Pontifici debitam, ad superstitiosum barbararum gentium cultum, uti omnia cætera Christianæ Religionis mysteria, insitâ sibi malignitate, in abusum transtulit: unde uti patrum patrem Pontificem Romanum Christiani, ita Barbari hunc Deastrum magnum Lamam, id est, Sacerdotem Magnum, & Lamam Lamarum, id est, Sacerdotem Sacerdotum appellant, eò quod ab eo, ceu à fonte quodam tota Religionis, seu potiùs Idololatriæ ratio profluat, unde & eundem, Patrem æternum vocant. Verumtamen ne morituro æternitatis duratione exutus videri possit, hinc Lamæ seu Sacrificuli, qui soli ipsi perpetuò adsistunt, ejusque necessitatibus summâ curâ & sollicitudine serviunt, oracula ex ore ejus excerpta simplicioribus advenis mira fucatæ divinitatis simulatione exponunt: hi, inquam, post mortem ejus, ex universo Regno hominem, ipsi quoad omnia simillimum, inquirunt, quem inventum in solium surrogant; atque hoc pacto toti Regno doli fraudisque nesciis, Patris æterni ab inferis septies jam à centenis annis resuscitati, perpetuam durationem evulgantes, adeò firmiter Barbarorum animis diabolica illusione excæcatis persuadent, ut de ejus fide nullus amplius illi scrupulus inhæreat; unde tantis venerationis indiciis ab omnibus colitur, ut beatum illum se reputet, cui Lamarum (quos summis & pretiosis muneribus eum in finem, non sine magno eorum lucro corrumpere solent) benignitate aliquid ex naturalis secessus sordibus aut urina Magni Lamæ obtigerit. Ex ejusmodi enim collo portatis, urina quoque cibis commixta, ô abominandam fœditatem! contra omnium infirmitatem insultus, tutissimos ac probè munitos se fore, stolidissimè sibi imaginantur. Hæc ab incolis urbis Barantolæ Patres magno animi mœrore ex harum gentium cæcitate concepto audierunt; & quamvis Magnum Lamam (eò quod Christianæ Religionis professionem prohiberent, ut neque ullus alius, nisi præviis cæremoniis Idololatris propriis Magno Lamæ priùs exhibitis, admitti posset) videre non potuerint, ejus tamen effigiem in vestibulo Palatii Regii expositam viderunt, in quo accensis lampadibus, ficto pictoque non minùs, quàm vivo solitæ cærimoniæ exhibentur. Tantæ autem authoritatis est in tota Tartaria, ut nullus Rex alicubi inauguretur, qui non priùs missis Legatis cum inæstimabilibus muneribus à Magno Lama benedictionem pro felici Regni auspicio postulet.

Viderunt & Barantolæ ex vicino Regno Coïn advenas mulieres, juvenem & vetulam. Mulieres nobilitate conspicuæ, omnes capillos per modum fasciculorum plectunt, & retro contorquent; in fronte rubram fasciam perlis exornatam gestant; in summitate coronam argenteam per modum pyxidis turchesiis & corallis distinctam portant.

Relicto Regno Lassa seu Barantola, per altissimum montem Langur, quem paulò antè descripsimus, menstruo itinere ad Regnum Necbal pervenerunt, ubi nihil ad humanæ vitæ sustentationem rerum necessariarum deesse repererunt, exceptâ fide in Christum, utpotè omnibus Gentilitiæ cœcitatis caligine involutis. Sunt hujus regni præcipuæ urbes Cuthi & Nesti. Mos hujus gentis est, ut mulieribus propinantes, potum Chà vel vinum alii viri aut fœminæ ter eisdem infundant, & inter bibendum tria butyri fragmenta ad amphoræ limbum affigant, undè posteà bibentes acceptâ fronti affigunt. Est & alius in hisce Regnis mos immanitate formidandus, quo ægros suos jam morti vicinos, & desperatâ salute, extra domum in camporum plenas mortivicinorum fossas projectos, ibidem temporum injuriis expositos, sine ullâ pietate & commiseratione interire; post mortem verò partim rapacibus volucribus, partim lupis, canibus similibusque devorandos relinquunt, dum hoc unicum gloriosæ mortis monumentum esse sibi persuadent, intra vivorum animalium ventres sepulchrum obtinere. Fœminæ horum Regnorum adeò deformes sunt, ut diabolis similiores quàm hominibus videantur, nunquam enim religionis causâ aquâ se lavant, sed oleo quodam putidissimo, quo præterquam quod intolerabilem fœtorem spirent, dicto oleo ita inquinantur, ut non homines sed lamias diceres.

Cæterùm Rex insignem Patribus benevolentiam exhibuit, præsertim ob tubum opticum, de quo nihil unquam iis innotuerat, aliamque curiosam Matheseos supellectilem ipsi exhibitam, quibus adeò captus fuit, ut Patres prorsus apud se retinere constituerit, neque discedere indè passus sit, nisi fide data illuc se reversuros spopondissent; quod si facerent, domum inibi in nostrorum usum & exercitium se exstructurum, amplissimis redditibus instructam unà cum plenâ ad Christi legem in suum Regnum introducendam facultate concessâ, pollicitus est.

Ex Necbal discedentes ad confinia Regni Marangæ, quod Regno Tebet insertum est, appulerunt; cujus Metropolis Radoc, ultimus itineris in Regnum Tebet olim à P. Dandrada suscepti terminus, ubi multa Christianæ fidei olim inibi plantatæ indicia ex nominibus Dominici, Francisci, Antonii, quibus appellabantur homines, repererunt. Atque ex hinc tandem ad primam Mogolici Regni jam Orbi noti urbem Hedonda, & hinc Battanam, Bengalæ ad Gangem.... urbem, & Benares urbem Academiam Brachmanum celebrem, ac tandem Agram Mogori Regiam pertigerunt; ubi P. Albertus d'Orville itinerum fractus laboribus, intra paucos dies, meritorum cumulo plenus, relictâ terrestri, in cœlestem patriam, uti piè credimus, abiit, media Europam inter & Chinam via.

REVER. PATER IO. ADAM SCHALL SOC. IESV PRESBYTER,
Aulæ Sino-Tartaricæ supremi Consilii Mandarinus.

VIAGGIO
DEL P. GIOVANNI GRVEBER,
tornando per terra da China in Europa.

A dì 31. Gennaio 1665. ab Incarnatione, in Firenze.

IL dopo definare di questo giorno fui à visitare insieme col Signor Carlo Dati il P. Giouanni Grueber, natiuo di Vienna d'Austria, il quale con naue venuta di Smirne se n'era tornato di Costantinopoli insieme col Signor Bernardo Pecoy. Questo Padre è stato tre anni in China, e due anni sono ne ritornò, auendo fatto il viaggio da Venezia à Smirne per mare, da Smirne ad Ormùs per terra con camino di cinque mesi; da Ormùs nauigando per sette altri mesi à Macaò, e da Macaò attrauersando il Regno della China da Austro à Tramontana, parte per terra, parte nauigando fiumi, ò canali in termine di tre mesi à Pequin. Al ritorno poi hà tentato vn viaggio forse sin'ora non praticato da alcuno Europeo, essendo egli di China entrato nella rena della Tartaria Deserta, e quella attrauersata in tre giorni, arriuato alle spiagge di Kokonor. Questo è un mare simile al Caspio, di doue hà l'origine il fiume Giallo di China, che scorrendo con grandissime riuolte vna gran parte di quel regno, mette finalmente in mare dalla parte d'Oriente à rimpetto dell'Isola Coreï, ed è il maggior fiume di China. Kokonor dunque significa in lingua Tartara Mar grande, dalle riue del quale successinamente scostandosi il Padre, entrò in terra Toktokai, paese quasi affatto deserto, e che non riconosce Signore, nè alcun Signore per la pouertà di quello si cura di riconoscerlo. Si trouano per esso alcuni pochi padiglioni di Tartari, che vi menano vita miserabile. Per questa terra passa il fiume Toktokai, da cui prende il nome; bellissimo fiume è in sù l'andar del Danubio, se non che hà pochissimo fondo, e vn vomo à cauallo lo passa francamente à guado. Quindi inoltratosi nel paese di Tangut arriuò in Retink prouincia assai popolata del reame di Barantola, e finalmente nel regno detto propriamente Barantola. La città regia è Lassa; il Re presente hà nome Teua, e discende per antichissima origine da Tartari di Tangut; la sua residenza è in vn castello fabbricato all'Europea sù vn monte altissimo, e'l palazzo reale chiamato Butala, hà quattro piani d'assai buona architettura. La Corte è grandissima, e v'è vn lusso incredibilissimo ne gli abiti, tutti di tele, e broccati d'oro: fuor di questa la nazione è sporchissima, hauendo per legge così vomini, come donne non portar camicia, dormir in terra, mangiar carne cruda, e non lauarsi mai nè mani, nè viso. Sono però molto affabili, & amici del forestiero. Le donne si veggono per la città, come l'altre Tartare al contrario delle Chinesi. Il fratello di questo Re si chiama Lamacongiù. Questi è il Mosti, ò vogliamo dire il Sommo Sacerdote de' Tartari, da' quali è adorato come Iddio. Credono ch'ei fosse fratello del primo Re, quantunque vsino chiamarlo successiuamente

IV. Partic.   A fratello di tutti i Re; e tengono, che ogni tanto muoia, e rifufciti; e dicono, che quefta fia la fettima volta, ch' egli è riforto dalla creazione del mondo. Quefta credenza è mantenuta in quei popoli dall' aftutia del Re, e di man' in mano da que' pochi, che fono ammeßi al fegreto, e rigirano la faccenda, che però fuor di quelli non fi lafcia veder à perfona immaginabile. Le pezzuole fporche di quefta diuinità fon grandemente cercate da' grandi del regno, e beato chi può hauerne delle più fiorite, e ricamate. Vfano portarle d'auanti il petto à foggia di reliquia. Di Barantola entrò in Nekpal, reame d'vn mefe di camino (che in quefta forma vfa in quelle parti defcriuere il tratto del paefe, ò delle prouincie, e de' regni;) le città regie fon due Catmandir, e Patan, diuife folamente da vn fiume, che paffa trà l'vna, e l'altra di effe. In Catmandir ftà il Re detto Partafmal, in Patan è il fratello del Re chiamato Neuagmal, giouanetto, e belliffimo Prencipe. Quefti hà il comando dell' armi; e in quel tempo, che il P. Giouanni fi ritrouaua in Patan aueua fpedito vn groffo efercito contro vn Regolo per nome Varcam, il quale con diuerfe fcorrerie gl'infeftaua il paefe. Il Padre gli donò vn picciolo canocchiale, col quale hauendo fcoperto vn luogo, doue il fudetto Varcam s'era fortificato, fece guardar il Prencipe in quella parte, il quale vedendofi cosi auuicinata quella piazza gridò fubito, che fi tiraffe al nemico, non effendofi ancora accorto del falfo auuicinar de' criftalli. Quanto gli foffe grato quefto regalo, farebbe cofa incredibile à ridire. Vfcito di Nekpal toccò per foli cinque giorni il regno di Moranga, del quale non vedde città alcuna, mà folo certe cafe di paglia, doue è vna dogana regia. Il Re di Moranga paga ogn' anno al Mogor vn tributo di ducento cinquanta mila Tallari, e di fette Elefanti. Di Moranga entrò nell' India di là dal Gange, arriuando à Minapor metropoli; e quini paffato il Gange largo quanto due volte il Danubio, giunfe à Patanà, caminando venticinque giorni fù in Agra prima città regia dell' India di quà dal Gange; da Agra in fette giorni di viaggio à Teli feconda città regia, e da Teli in quattrodieci giorni fi conduffe à Laor terza città regia, pofta sù l' fiume Raui, grande anch' effo quanto 'l Danubio, e che mette nell' Indo vicino à Multaia. Quini imbarcato sù l'Indo dopo quaranta giorni di nauigazione fù à Tarà vltima città del Mogor, doue è vn V. Re chiamato Laskarkar; vi fono parimente affai mercanti Inglefi, e Olandefi. Poche giornate di quà da Tarà fi conduffe à Capo Fax del Perfiano; di doue per la Prouincia del Maccaran in Caramania, in Ormuz; da Ormuz in Perfia propriamente detta, in Ircania, in Media, in Armenia maggiore, e minore, in Ponto, in Capadocia, in Galutia, in Frigia, in Bitinia, in Mifia, doue Smirne. Quini imbarcatofi con felice nauigazione giunfe in Meffina. Arriuato à Roma, e rifpedito nuouamente per China venne in Alcmagna, ed alzatofi nella Pollonia penfò di tentare vn viaggio più alto per la Mofcouia, auendo per mezzo dell' Imperatore ottenuto paffaporti dal Duca di Curlandia, e dal Mofcouita. Mà giunto alle frontiere di Mofcouia arriuò nuoua nell'ifteffo tempo, che il Re di Pollonia vnito col Tartaro aueua cominciato à dar' addoffo a' Mofcouiti; per lo che dubitando di trouar difficoltà in Ytoliza (cosi chiamano Mofca i Tartari) di paffar più auanti, ftimò partito migliore tornarfene à Vienna, doue effendo giunto in quello, che l'Imperatore inniaua fuo Ambafciadore in Coftantinopoli il Conte Lefle, s'accompagnò con effo, penfando lafciarlui alla Porta, ed egli profeguire auanti il fuo viaggio. Mà appena fù giunto in Coftantinopoli, che forprefo da vna fluffione di catarro, che impedendogli di quando in quando il refpiro gli cagionaua grandiffimi trauagli di ftomaco, non gli fù più poffibile d'andare più innanzi, onde prefo l'imbarca d'vna naue per Ponente è venuto à Liuorno, e da Liuorno à Firenze, doue penfa di trattenerfi ancora otto giorni, e poiche già fente notabil miglioramento della fua indifpofizione è di penfiero d'incaminarfi alla volta di Venezia per paffare per la via del Friuli alla Corte dell'Imperatore, per di quini tentare vn' altra volta il viaggio di Coftantinopoli, ò tornare à pigliare imbarco à Liuorno per Smirne, fecondoche riceuerà gli ordini di Roma dal Generale. E quefto Padre d'età di quarantacinque anni, gioniale d'afpetto, affabile, & amoreuoliffimo oltre ogni credere, e ripieno d'vna fincerità Alemanna, la quale aiuta à far maggiormente fpiuare la fua cortefia, in fomma v'è tanto del buono, e del galant'

DA CHINA IN EVROPA.

vomo, che anche per vno che non fosse Gesuità sarebbe d'auanzo. Il Signor Carlo Dati l'auea veduto, il giorno auanti in anticamera del Signor Prencipe Leopoldo, doue aueua cominciato ad attaccar seco ragionamento, benche non molto lungo per essere il Padre di lì à poco stato introdotto all' audienza di S. A. onde con questo precedente attacco di conoscenza si fece di ritornare à godere della sua desiderabilissima maniera, e conuersazione, perche pregatolo vnitamente con esso meco à tolerar la noia, e l'importunità delle medesime domande intorno alle cose di China s'esibì di sodisfare con maniere sommamente obliganti.

Domandò il Signor Carlo, se il presente Re di China era figliuolo del primo occupatore del regno; e doue risiedeua, se in China, ò in Tartaria.

Rispose esser nipote, e che il suo auo fù quello, che chiamato dagli Eunuchi ribelli l'anno 1646. s'impadronì della China com' hà diffusamente scritto nella sua storia il P. Martini. Disse, che il Re presente è fanciullo di dodici anni in tredici; e che risiede in Pequin metropoli del regno, e così auer fatto il padre, e l'auo. Tanto che il precetto del Machiauello, che per asicurarsi vn Prencipe nuouo in vno Stato nuouamente acquistato, disforme di lingua, di costumi, e di leggi dall'antico suo dominio, non v'è più sicuro partito, che l'andarui ad abitare, non è tal'arcano di sottigliezza politica, che non v'arriuino ancora le grossolane menti de'Tartari.

Si domandò delle milizie, e'n che forma fossero trattati i Chinesi dal presente gouerno. Le milizie del regno, rispose, vniuersalmente son Tartaresche; solamente le guardie del corpo, che saranno da quaranta mila tra Moschettieri, & Arcieri sono Coreiane, e Giapponesi. Nel resto i popoli della China non patiscono oppressione alcuna straordinaria, e che per auanti non auessero sotto i proprij Re. Hanno tutta la libertà, che vogliono in professare le loro antiche religioni. Le vecchie leggi restano tuttauia in piedi, e vengono amministrate per tutto il regno da medesimi Chinesi, se non che à tutti i Magistrati presiede vn Tartaro, il quale però non s'arroga autorità maggiore di quel che porti vna pura sopraintendenza, la quale non arriua à deuiare, non che à trarre affatto le cose dall'ordine loro.

Sù questo gli addomandammo del gouerno ciuile del regno.

In Pequin, replicò, son noue Magistrati, i quali tutti co' medesimi nomi, con le medesime giudicature, cariche, & attenenze si trouano replicati in tutte le città del regno, e sono.

Il primo detto Li-pù significa Tribunal di ragione, ed è composto vgualmente di Tartari, e di Chinesi. Conosce tutti gli appelli, che vengono dalle Sentenze date sopra qualsiuoglia materia da tutti i Tribunali del regno.

Il secondo chiamasi Li-pù ancor'esso, però con differente maniera d'accento sopra la prima voce Li, la quale doue nel primo vol ragione in questo secondo modo aspirata suona lo stesso, che cerimonie. Questo è vn Tribunale, come à noi l'Ecclesiastico, giudica tra i letterati, e definisce sopra tutte le materie di Religione. Il terzo è Pim-pù, ed è militare. Il quarto è criminale, e chiamasi Nim-pù. Il quinto è Cho-pù, ed è la Depositeria Regia. Il sesto è Cum-pù, e sopraintende vgualmente alle fabbriche del Re, e à quelle del publico. Il settimo hà l'incumbenza di tutte le paghe, che dà la Casa Reale; e l'ottauo è la dispensa, che supplisce alle pronisioni della tauola del Re. Di questi due vltimi non li souuennero i nomi, e del nono ne meno l'vffizio. Ora tutti questi Tribunali, si come è detto, si ritrouano in tutte le città del regno, e da ciascuno s'appella al suo superiore, al quale egli è subordinato con quest'ordine. Il Tribunale v. g. che sopraintende alle milizie in vna città particolare, riconosce il Tribunale delle milizie della metropoli della sua Prouincia, e questo quello della città regia, dal quale è lecito d'appellare, quando siano casi grauissimi al supremo Magistrato, che è Li-pù. Da questo non v'è altro appello, che al Re, al quale è lecito à ogn'vno di richiamarsi, purche auanti voglia sottoporsi à vn carico di cinquanta solennissime bastonate. La maniera di bastonare è strana, e crudele; si distende quel pouer'vomo per terra boccone, e scoperto il sedere, e le reni segli mettono due bastonatori à sedere l'vno dirimpetto all'altro sù le gambe, e sù'l collo, e con vna

IV. Partie.

grossissima canna d'India per vno in mano, la qual tengono sempre à quest'effetto in molle nell'acqua, perche suetti meglio, e s'arrenda, cominciano à menar dolcemente à vicenda, quello, che stà sù'l collo sopra'l sedere, e quel delle gambe sopra le spalle, adoperandosi con tal gentilezza, che di quando in quando conuien loro fermarsi, tanto che quel disgraziato possa riauere il fiato, che altrimente non sarebbe possibile di non morir soffogato. Questo medesimo stile tengono i Mandarini, cioè i nobili del regno, così Tartari, come Chinesi in gastigare i lor seruitori, nè perciò si fanno molto pregare. Ma ritornando à quello, ch'è bastonato per abilitarsi all'audienza regia, è da sapere, che quando vuol' appellarsi tira vn sasso ad vna gelosia della camera del Re, il qual tirato è subito introdotto nella sua camera, e se il Re vede, che si sottoponga al bastone con vna certa franchezza d'animo, e gli paia di leggergli in faccia vna certa picca, la qual suol nascere da vn' animo fiancheggiato dalla ragione, vsa qualche sorte d'arbitrio in moderar lo statuto, e tal volta alla prima bastonata ha comandato, che parli, facendo gratia dell'altre. All'ora se si scuopre qualche ingiustizia guai à quanti sono coloro, che hanno auuto parte in quella Sentenza, poiche assai dice lor buono, se vengono priuati d'vffizio, mentre il più delle volte la pagano con la testa.

L'interrogai se il sangue degli vltimi Re di China era spinto, al che soggiunse il Signor Carlo, che per alcuni s'era creduto, che vn figliuolo dell'vltimo Re si fosse ricouerato in vn'isola adiacente al regno, e che quiui ancora viuesse occultamente.

Disse, che la situatione di quell'isola era per sè sola bastante à conuincer la falsità di questa fauola, poiche essendo ella posta alla parte d'Oriente, sarebbe conuenuto trasportar questo Prencipe per vn camino di molti mesi sempre in mezzo al nemico, essendo per quella parte principalmente venuti i Tartari. Sapessi, che il Re suo padre allora regnante, come quegli, che viuea perduto dietro agli amori delle sue donne, le quali per non abbandonar d'vn solo passo non vsciua vna volta l'anno per la città, lasciando ogni cura, & amministrazione del gouerno à vn corpo tumultuante di diecci mila Eunuchi villani, i quali ribellatisi aueuano aperto la strada al Tartaro, e quegli occupate tre prouincie intere aueua già bloccato Pequin auanti che al Re ne giungesse nuoua; sorpreso dall' improuiso spauento de' nemici dopo auere impiccata vna sua figliuola, auer' impiccato se per la gola in sù la porta del giardino del suo Palazzo, anendo prima scritto col sangue sur' vno de stiualetti di damasco bianco, che aueua in piedi; Salute al nuouo Re, non si fidi de' miei consiglieri, ed abbia pietà del mio popolo. Così parimente essersi impiccata la Regina; e'l figliuolo, e vn'altra figliuola del Re venuti nelle mani del Tartaro essersi morti prigioni.

Domandammo del Casato degli antichi Re, e di quello della Casa Tartara presentemente regnante.

Al primo rispose essere stati della Casa Min, che significa chiarezza; replicò il Signor Carlo: Come dunque il P. Martini nella sua storia gli fà della Casa Taimin? Tai, soggiunse il Padre, è voce da se, e significa stirpe, talche Tai min è lo stesso, che dire stirpe, ò famiglia Min. Così noi ancora diciamo stirpe Austriaca, stirpe Aragonese, &c. Al secondo ci rispose, che i Tartari non anno Casato distinguendosi col solo nome. Per tanto disse, che il padre di questo Re si chiamaua Xun Chi, cioè figliuolo del Cielo, e'l Re presente Tun min, che significa gran chiarezza.

L'interrogai, che ordine tenga il Re con le sue donne, e della legittimità de' figliuoli.

A quello delle donne mi rispose quasi con le parole de' Cantici al VI. Sexaginta sunt reginæ, & octoginta concubinæ, & adolescentularum non est numerus. La verità è, che il Re si tien quindici donne, le quali tutte si chiamano Regine. Tre ne sono però maggiori dell'altre, delle quali vna è la suprema. Questa si chiama Cinfì, e suona perfetta Regina. Dell'altre due; vna Tum-fì, Si-fì l'altra, cioè Regina Orientale, e Regina Occidentale. Queste due chiamansi Regine laterali, ed anno l'accesso alla suprema Regina parlandole però inginocchioni; l'altre dodici non le parlano mai, e se alcuna cosa vogliono significarle, ciò fanno per mezzo delle Regine laterali.

DA CHINA IN EVROPA.

Dopo le Regine sono l'altre donne, delle quali non v'è numero determinato potendo esser più, e meno secondo l'vmor del Re; vero è, che non sono mai così poche, che non arriuino à qualche centinaio; stanno sotto la custodia delli Eunuchi. Quanto a' figliuoli non è preeminenza, che tenga di legittimità, ò primogenitura, tutti s'hanno per vgualmente legittimi, e primogenito è quello, che il Re s'elegge per successore. Il Re presente è figliuolo di concubina, non eletto per mancanza d'altri, mà preferito dal Re suo padre poc' ore avanti di morire, à cinque figliuoli dè Regine, de quali auendoli prima fatti venir' auanti à sè, niuno ne giudicò atto al gouerno; perloche discacciatigli dalla sua presenza, mandò à leuare il fanciullo, e la madre con la sedia reale, facendo quello salutar Re, e questa Regina Reggente, dichiarandole quattro Assistenti, ò dir vogliamo Tutori Tartari, il primo de' quali è detto per nome Samni.

Sù questo presi occasione di domandare della sepoltura del Re.

Il Re (replicò il Padre) non si seppellisce, s'abbrugia, seguitando in ciò l'vsanza de' Tartari. Il rogo non si fabbrica di catasta, mà di carta; ed è cosa incredibile à dire quanto sia vasto, douendosi abbruciare sopra di esso nello stesso tempo, che arde il corpo del Re, tutta la sua guardaroba, gli abiti, le gioie, il danaro (diremmo noi) dello stipo, e in somma dagli animali in fuora quanto auea seruito, seruiua, ed era fatto à fine di seruire al defunto Re.

Dodici Elefanti bardati superbamente con briglie tempestate di turchine, di smeraldi, di zaffiri, e d'altre pietre d'inestimabile valore, trecento Caualli, e cento Cameli vennero carichi del tesoro regio, il quale fù scaricato tutto sopra quella montagna di carta preparata per ardere. Dato che fù il fuoco, l'oro, l'argento liquefatto correua come fiumi con tanto impeto, che senza altre guardie si faceua far largo alla moltitudine, trà la quale v'è sempre chi cerca di far vento à qualche cosa, e portar via un po di benedizione del morto; la qual cosa per impedire vi sono ordini rigorosissimi, e seuerissimi gastighi contro i delinquenti, auendo i Tartari grand' ubbia in vedere auanzar al fuoco, quant' è vn sol capo di spillo; e l'oro, e l'argento, che non possono consumarsi si rinuestono in tanta carta da ardere in processo di tempo all'anima del Re. La carta del rogo si fece vn conto, che importasse settanta mila scudi, e quaranta mila milioni il tesoro abbruciato con essa. Tre seruitori si danno all'anima del Re per seruirlo nell'altro mondo, i quali subito che egli è spirato, s'uccidono. Vn Consigliere, vn Cappellano, e vna Concubina. E' in loro arbitrio lo scer la morte, che vogliono, benche quella del mozzar la testa sia l'ordinaria; anzi chi è condennato dalla Giustitia non è fatto morire altrimenti, saluo i soldati, i quali è vsanza di strangolargli. De tre seruitori sud-etti se ne trouano molti, che per affetto verso il Re, come anco per impulso d'vna superstitiosa religione, s'offeriscono alla morte; mà se s'abbattesse, che tutti ricusassero, in tal caso quelli, che in vita del Re furono fauoriti sopra gli altri, son tenuti à seguitarlo nell'altro mondo.

Domandai in quello, che consistessero principalmente l'entrate regie.

Disse, che in China tutta la campagna è in proprio de i contadini, i quali de i frutti, che ne raccolgono, pagano vna picciola decima al Re, & vn' altra a' Mandarini, cioè a' nobili, che son Signori di castelli, de' quali è territorio quella campagna, nella quale essi viuono. Questa decima dunque, che danno al Re, ascende ad vna rendita inestimabile, alla quale s'aggiunge quella de' bestiami, i quali per tutto il regno sono del Re. Grandissime sono ancora l'entrate, che le rendono le grosse incette de' cotoni, e de' risi. In oltre le miniere della Prouincia di Tu-nan, che significa nuuola Australe, sono ricchissime d'oro, di zaffiri, di smeraldi, e di tutte l'altre gioie, de quali è fertile il paese, voglio dire il regno di Pegù, al quale questa prouincia è vicina; e finalmente incredibile è la quantità del danaro, che mettono le tre città di Tanceua, Cauron, e Nanquin, che sono le principali Dogane del regno.

Si domandò come il Re si lasci vedere spesso per la città, e quante anime faccia Pequin.

Disse, che vna volta il mese era solito dar la mostra alle milizie, che formano la guardia del corpo; e che ciò fà egli medesimo in persona esercitandogli nello stesso tempo à tirare à berſaglio. Queſto eſercizio ſi fà in alcune praterie, che ſono tràvna muraglia, e l'altra della città, la quale è faſciata di tre ordini di mura, delle quali l'eſteriori ſono di mano in mano più baſſe, e tutte ſono recinte da foſſati d'acqua, e da prati belliſſimi. In queſti dunque ſi mette vn fantoccio di legno, e il Re ordina coſì alli Arcieri, come alli Moſchettieri, che tirino in diuerſe parti di quello, à chi dà à colpire vna mano, à chi il capo, à chi il petto v. g. ſe non lo colpiſce alla prima, ritira la ſeconda, e la terza volta, e ſe tutte tre le volte sfalliſce, leua vn buon carico di legnate, ed è caſſato dalla milizia. Pequin al preſente farà intorno à vn millione. Dicono che n'abbia fatti fino in noue, ma non è credibile atteſo il circuito della città, e la maniera delle loro abitazioni, le quali non hann' altro, che vn ſolo piano.

Gli domandammo come cuoprano le loro fabriche.

Tutte di tegole, riſpoſe; le caſe etiandio de' contadini non ſon coperte altrimente. Le tegole del Palazzo reale ſono incroſtate di color giallo, e variato, che di lontano fanno belliſſimo vedere, e toccate dal Sole ſfauillano, come ſe foſſer d'oro.

Domandai della Religion de' Chineſi.

Tutti, riſpoſe, nel lor cuore ſon'idolatri, e tutti priuatamente adorano gli Idoli. E ben vero, che nell'eſteriore appariſcono tre diuerſe ſette. La prima è quella de' Letterati, i quali profeſſano di adorar vna ſuprema Soſtanza, detta in lingua loro Sciax-Tì; queſte due parole ſcolpite in oro tengono collocate nelle lor Chieſe, e queſte profeſſano d'adorare co' ſacrifizi, i quali tutti conſiſtono in arder carta dorata, ò inargentata, ò bianca, ed alcune ſottiliſſime candelette di ſtorace, e d'incenſo. Mà come è detto, queſta ſpecioſa oſtentazione di nobil Religione è ſolamente nell'eſterno, affine di diſtinguerſi in ſì fatta guiſa dagli altri, ed in ſpecie da' Bonzi. Queſta generazione di vomini trapaſſò in China dall'India, gente ſuperſtizioſa, idolatra, e d'vna ſtolidiſſima credulità impaſtata. Ebbero sù'l principio qualche ſorte di credito tra' Chineſi, come accade alle coſe nuoue, e ancora non ben conoſciute; nè ſi può dire quanto conciliaſſe loro di venerazione, e di ſtima la dottrina, che portarono della traſmigrazione dell'anime, benche non affatto ſimile à quella profeſſata dalla ſcuola de' Pitagorici. Mà inſorgendo in proceſſo di qualche tempo i Letterati Chineſi, e anzi per aſtio, e per malignità contro i Bonzi, che per ſincero ſentimento degli animi loro predicando, e promouendo il culto del loro Sciax-Tì, poterono à poco à poco diſcreditar la Religione de' Bonzi, e metterli talmente in fauola, che oggi in tutta la China non è gente di eſſi più abomineuole, e ignominioſa à ſegno che vn'vomo onorato ſi guarderebbe di parlare, ò trattar con eſſi ſaluo, in le occaſioni di ſepolture di morti, di ſacrifizi, ò di proceſſioni, le quali cerimonie ſi fanno tutte mercenariamente da' Bonzi, e di queſt'vltime coſtumano di farſi da qualche nobile in occaſione di nozze, ò di naſcità di figliuoli, ò di ſimili altri lieti annunciamenti; e tutto l'ordine della proceſſione conſiſte in gran ſuoni fatti da percotimenti di metalli, mà in vn vaghiſſimo ordine di banderuole con immagini d'Idoli, à quali fanno onore cantando inni alla loro vſanza, e abbruciando anch'eſſi carta, ed incenſo. Queſto medeſimo ſacrifizio ſi fà ogni mattina da chi ſia Bonzo, ò nobile, ò ignobile, ò letterato, allo Spirito buono, ò al cattiuo, in sù l'vſcia delle proprie caſe. In ſomma toltone quel gran diſprezzo, e atteſa ſemplicemente la ſuperſtizione, e i riti delle cerimonie ſcure, ſi può dire i Bonzi eſſer quelli in China, ch'erano i Sacerdoti Toſcani in Roma. La ſeconda ſetta, che è la più vniuerſale comprendendo i nobili, e cittadini, la plebe, i villani, e in ſomma ogni ſorte d'vomini, onora le anime de' lor paſſati, alle quali fanno continui ſacrifici, e coſì nelle Chieſe, come nelle proprie caſe: à queſto perche non offenda, ò non nuoca; à quello perche aiuti, e difenda. La terza ſetta è quella, che già s'è detta de' Bonzi per meri, e puri idolatri.

L'interrogammo di quel che credono dopo morte.

Bene à tutti, riſpoſe, cioè ſapienza, e piaceri; mà non diuiſan più oltre, doue, e come vengano all'anime queſti beni, baſta che le credono eterne, e immortali. Dunque, ſoggiunſe il Signor Carlo, poiche non v'è diſtinzione dal giuſto all'ingiuſto, come non

DA CHINA IN EVROPA.

la danno tutti pe'l mezzo per godere in questo mondo, e nell'altro? Dal mal fare, replicò il Padre, niun'altra cosa gli trattiene, che le pene temporali. Credono ben sì, che vi sia vna spezie d'Inferno, doue l'anime de' cattiui siano tormentate; mà hanno il segreto di redimer la pena in questa vita, onde lo Spirito tormentatore è sempre ozioso, e scioperato. Fuori di Pequin (e il simile nelle altre città principali) vi è vna grandissima fabbrica d'vn tempio spartito in più di trecento cappelle picciolissime; ogni mestiere vi hà la sua, e non solamente i mestieri, mà ogni condizione di persona ò nobile, ò ignobile, ò letterato ve l'hà: hannouela i Cortigiani, gli Vfficiali, i Soldati, i Tribunali, i Giudici; in somma i poueri, & i mendici ve l'hanno. Quiui dunque credono, che alberghi lo Spirito tormentatore dell'anime di coloro, che viuono malamente in quella professione. Il sarto dunque, che ruba, fà vna piccola offerta allo Spirito punitore de' sarti, ed è libero. Lo Spirito non mangia, mangia bene il Bonzo, che n'è custode. Il simile fà l'Auditore, il Giudice, che dà la sentenza ingiusta, il fattore, il maestro di casa, che ruba al padrone; così vengono à farsi due beni, à liberarsi l'anima da' tormenti, e à pascere vna infinità di poltroni, che se non fosse questa ladronaia di ricomprar la pena, anderebbono mendicando il pane.

Domandai se tra' Chinesi v'erano instituti di vita religiosa.

Tra' Chinesi, tanto disse, non v'è altra spezie di Religiosi, che i Bonzi, i quali in realtà sono sciaguratissimi vomini per l'infame congiungimento co' fanciulli, essendo nel resto così vaghi delle donne, come i can delle mazze. Vien'aiutata questa loro pessima inclinazione dalla commodità, che v'hanno per essere i giouanetti commessi alla loro cura, come a' Pedanti: e trà essi, e quei letterati, che insegnano loro le scienze, vi sò dire, che ne fanno macello; tanto più, che questa bellissim'arte è hoggi tanto accreditata non meno trà i Tartari, che trà Chinesi, che non se l'arrecano più à vituperio, tenendone, per così dire, publiche accademie; e in Persia si sono sfacciati à tal segno, che sposano publicamente i fanciulli, come si fà delle donne, e tirano dote da i padri loro. Ma per tornare a' Religiosi, è da sapere, come anche i Tartari hanno i lore Sacerdoti corrispondenti a' Bonzi, presso à quali è l'amministrazione de' sacrifizi. Questi vanno vestiti di giallo, ò di rosso con toghe fino in terra, e maniconi larghi. Vsano alcune mitre di carta, mà per lo più vanno in zucca, e sempre scalzi. In somma il lor'abito è assai simile à quello, col quale sogliono si dipinger gli Apostoli. Questa regola di Religione abbraccia sotto di sè monasterj di donne, tutte però Tartare, le quali viuono in clausura sopra montagne asprissime, se non quanto da lor Superiori, che sono di questa razza de' Sacerdoti, sono dispensate d'andar in cerca, limosinando per le città, od altri luoghi abitati. Quelle, che sono destinate à quest'uffizio sono sempre delle più vecchie. Tutte fanno i voti d'obedienza, pouertà, e castità. Portano il capo scoperto, tonduto in giro al par dell'orecchio. Il taglio dell'abito è simile à quello de' Bonzi, cioè toghe fino à terra, e maniconi grandissimi; il colore però è rosso, doue quel de' Bonzi è simile al bigio.

Si domandò delle scienze de' Chinesi.

Primieramente, rispose, vi sono l'opere di confusio, che viene à esser trà loro quel, che è Aristotele tra' frati. Quest'autore visse intorno à tre mil'anni sono, e dettò vna spezie di Filosofia morale alterata però con diuersi ingredienti di Teologia, e Filosofia naturale. Oggi viue il sessantesimo terzo discendente di confusio, ed io l'hò veduto. E'signore di ricchissimi feudi, ed hà titolo di Principe; che in tale stato collocarono i Re di China in antichissimi tempi questa famiglia per la superstiziosa venerazione di cotant'vomo. Oltre alla dottrina di confusio attendono grandemente alla scienza de' numeri, ed hanno vn' ignobile spezie di Geometria, non dimostrante, mà dirigente simplicemente la pratica delle operationi mecaniche, e trà queste delle più grossolane, poiche nè della prospettiua, nè dell'altre parti dell'Ottica non hanno alcun lume. Dal che si puol facilmente argomentare l'eccellenza non meno delle lor pitture, che delle fabbriche. Tutto il lor feruore consiste nelle false scienze di pura opinione, come è à dire Chiromanzia, Metoposcopia, Magia, e simili; mà sopra tutto in Astrologia iudiciaria si piccano d'eccellenti maestri.

Lo pregammo à dirci qualche cosa della lingua, e del loro alfabeto.

Quanto alla lingua replicò esser pouerissima, non arriuando assolutamente à quattrocento vocaboli. Disse, che i nomi sono indeclinabili, e i verbi non coniugarsi altrimenti, che per infiniti. Dunque, risposi io subito, se V. Paternità mi dice di voler ancora star in Firenze otto giorni, à me dà l'animo d'apprendere così bene la lingua da farmi scambiare per vn Chinese. Si, rispose il Padre ridendo; mà V.S. auuerta poi à non dir porco à vno pensando di dirli Signore. E quì prese à dirci come tutta la forza della fauella Chinese consiste nella diuersità degli accenti, de' spiriti, dell'inflessioni, de' tuoni, dell'aspirazioni, e d'altri simili accidenti delle voci, i quali sono per così dire infiniti. Per ragion d'esempio Ciu proferito così non hà significazione alcuna; Ciuuuuu proferito col prolongar quell'u sempre inacutandolo, val Signore; Ciu con l'u prodotto, mà fatto successiuamente più graue significa sala; Ciuuuu con l'u prolongato, mà conseruatoli l'istesso tuono, vuol dir porco; Ciu detto velocissimamente, e per così dire sputato più tosto, che proferito, suona l'istesso che cucina; e finalmente Ciu prima aggrauato, e poscia inacutito significa i piedi d'una seggiola. Or vedete, seguitò à dire il Padre, come vn sol vocabolo dà in cinque? Così Tien pronunziato anch'esso come egli è scritto, non è nulla; prodotto l'n sù l'acuto, sì che faccia Ti--en, vuol dir dolce; accentato l'i in questa forma Ti-en, è il pane; Tien scoccato dalle labia come saetta, significa vn sostegno d'vna tauola, d'vn letto, ò di che che sia. Quanto vi è di buono, tutte le parole son monosillabe, se bene s'accoppiano talmente l'vna con l'altra, e con cert'ordine fisso, e determinato, che in apprendere si richiede vn studio faticosissimo; il peggio è, che non hanno caratteri, nè alfabeto, e tutto esprimon con cifre, delle quali non solamente ogni parola hà la sua, mà moltissimi accoppiamenti di due, e tre parole, e moltissimi sensi, e periodi interi hanno le loro. Quindi è, che quelle cinque cose, che si esprimono con la voce Ciu variamente aspirata, per la mancanza dell'alfabeto conuien loro scriuerle con cinque cifre diuerse, doue noi per via di varie signature d'accenti (che le medesime seruirebbero ad altre voci, we andassero similmente accentate) à bastanza di distinguerno, benche la scrittura fosse sempre l'istessa, cioè Ciu. Così per esempio con porre vn semplicissimo accento sù l'i da balia, distinguiamo balià; e quel che è più bello ancora, quantunque la voce Parti abbia tanti significati, noi con tutto ciò senza verun'accento in tutti la scriuiamo nello stesso modo, cauando dal contesto delle parole il suo vero significato; il che potrebbono anche fare i Chinesi, se non auessero questa infelicità di esser priui dell'alfabeto. E per ritornare alla voce Ciu oltre alle cinque diuerse cifre -,.',. v. de' suoi cinque diuersi significati non sempre, che si vorrà scriuer Signore, sarà buona la cifra di Ciu quando vuol dir Signore: perche s'io vorrò scriuere Buon dì Signore, non mi varrò della cifra, e carattere di buono, non di quello di dì, non di quello di signore; mà ne torrò vno semplicissimo, e diuerso da tutti questi, il quale da per se solo esprime l'accoppiamento di queste tre parole Buon dì Signore: e se vorrò dire, Sì Signore, lascerò parimente la cifra ordinaria di sì, e quella di Signore, e ne torrò vn'altra significatiua di questo congiungimento delle due voci, sì Signore. Or veggasi quanti caratteri auerebbe in se questa voce Ciu in senso di Signore, de' quali vn solo la conterrà vnicamente, e tutti gli altri dirò così cumulatiuamente con altre voci; e lo stesso seguendo negli altri quattro significati della voce Ciu, si consideri, che moltiplico è mai questo di cifre, e di caratteri significanti, ò vnicamente, ò vnitamente con altre voci in vigore d'vn sol vocabolo, il quale noi in qualunque significato, quando ben n'auesse vn migliaio, scriueremmo sempre con tre modi di lettere. Di quì nasce, che in China s'apprende più difficilmente il leggere, che lo scriuere; poiche à scriuer tanto, che basti per esser inteso, serue il sapere i caratteri semplici delle parole, i quali accoppiando successiuamente l'vn dopo l'altro s'arriua à farsi intendere; benche questa sia vna forma di scrittura ignobile, e da plebei. Mà per leggere i libri, e le scritture de' nobili, e de' letterati, conuien sapere non solamente le cifre, mà le composizioni ancora, delle quali se ne contano fino in settanta quattro milia; e di queste chi più ne sà è più riputato dotto; ed è veramente, potendo leggere, e intender più libri degli altri. Di quì nasce la

somma

DA CHINA IN EVROPA.

somma difficoltà d'apprender questa lingua, mentre non essendoui alfabeto, non vi possono esser vocabulari, che insegnino la traduzione de' vocaboli, i quali bisogna imparare col sentirgli dalla viua voce, e col prouarsi, e riprouarsi à dirgli, e ridirgli come i Papagalli. I PP. della Compagnia hanno fatto stampare una spezie di Catechismo, ed alcuni dialoghi; quello per apprendere i termini per discorrer le cose della Fede, à fine d'ammaestrar in essa i Chinesi; questi per imparar quei vocaboli, che occorrono più frequentemente ne' discorsi ordinary, e nell'uso del viuer ciuile. Tutto questo si conseguisce assai sufficientemente con la cognizione di soli noue mila caratteri, che tanti ne verrano ad esser in questo libro.

Sù questo ragionamento uscitomi l'umore di voler' imparar' il Chinese in sei giorni, m'entrò in quello scambio una grandissima adombrazione di mente, che non mi lasciaua arriuar à concepire, non che finir d'intendere com' esser possibile, che la vita d'un' uomo bastasse per imparar' à conoscere una moltitudine così vasta d'intrigatissime cifre, e la mente fosse capace di ritenerne la formazione, e l'intelligenza. E mentre andaua tra me ruminando per ritrouar qualche esempio simile tra di noi, col quale mi riuscisse d'assettarmi nella fantasia l'ordine marauiglioso di questa cosa, mi successe felicemente di rauuisarne una perfettissima simiglianza nella numerosissima serie delle figure geometriche, le quali perintricate ch'elle siano di linee, di triangoli, di quadrati, e di cerchi, e d'altri innumerabili figure, che nascano dall' accozzarsi, e segarsi scambieuolmente i tratti, che si richieggono alla costruzione di esse, nondimeno à prima vista non solo mi vien' in mente ciò che per esse dimostrasi, mà tutto il progresso ancora della dimostrazione; e tutto quello (che più marauigliosa cosa è) che fù necessario à dimostrarsi con un grandissimo numero di altre figure, delle quali niuna nè apparisce, perche quanto in esse fù dimostrato, quiui semplicemente si presuppone: e non solamente diuerse cifre, e figure significano cose diuerse, mà la medesima etiandio diuersissime ne rappresenta, considerando talora una stessa linea retta e come base d'un triangolo, e come diametro d'un cerchio, e come asse d'un' ouato, e come lato retto d'una parabola, e come trasuerso d'un' altra. Considerazione, che di quanto mi fece crescer la forza marauigliosa dell' umano intendimento, altrettanto m'attuti la marauiglia de' periti nelle lettere Chinesi, poiche doue quelle contengono in un modo assai grossolano un numero determinato di sei, ò sette parole, ò di dieci, ò quindici, se pur v'arriuano, queste hanno in se, mà in una maniera più nobile, ed eminente un' ordine così vasto di verità demostrate, che à conduruesi per via di ragionamento bene spesso migliaia, e migliaia di parole non basterebbono. Ora sì come trouansi moltissimi Geometri, i quali non che tutte le figure d'Euclide, quelle d'Archimede, e d'Appollonio, hanno in mente, e di più innumerabili altre de' loro trouati particolari, all'aspetto di ciascuna delle rinuengonsi subito di quel ch'elle sono, e rigirandosi con la mente su quelle linee, scorrono in un'istante per un lunghissimo rigiro di proposizioni, e di ragionamenti; e così m'accorsi non esser gran fatto da marauigliarsi, che siano alcuni uomini, i quali in niun' altra cosa occupandosi per tutto il corso della lor vita, che infermarsi nella fantasia le spezie d'una quantità di caratteri, riesca loro finalmente di ritenerli, e francamente conoscerli. Mà è da ritornare al proposito, imperoche assai diuagato sono.

Venne il Padre Giouanni à discorrere de' matrimony, intorno a' quali ci disse, che tutti i Chinesi peruenuti all'età di 18. anni incirca pigliano una moglie, la quale sola è la legittima, e da questa riceuono dote proporzionata allo stato de' loro facoltà: possono però ripudiarla, mà con restituir la dote. Il padre, che maritta una figliuola non hà speri più riuederla; la chiude in una spezie di seggiola, della quale consegna la chiaue à quella donna, che hà trattato il parentado (giache tutti i parentadi si trattano per via di donne destinate alla senseria de' matrimony) e questa la consegna al marito, il quale non apre la seggiola se non in camera. Le donne nobili di rado escono di casa, e uscendo ò vanno in lettiga, ò à cauallo, ò sù gli asini, mà sempre coperte. Quelle che son più di basso vanno fuori più spesso, e à piedi, mà coperte anch' esse; il che fanno per infino le publiche concubine, quando passano dalle lor case in quelle delle ruffiane per far' iui copia di sè à chi hà trattato di volerle. Mà ritornando a' matrimony è da sapere, che presa ch'egli

IV. Partie:

hanno moglie, è lecito loro di tenerſi quante concubine vogliono, le quali ſono di due ſorti; altre libere, ed altre ſchiaue. Le libere ſono vniuerſalmente figliuole baſtarde de' nobili, e di perſone ciuili, che per iſgrauarſi della numeroſa famiglia, che produce loro il grandiſsimo numero delle concubine, locano altreſì per concubine le femine con dote aſſai leggiera, la quale i mariti (dirò coſì) che le pigliano non hanno obligo di reſtituire in caſo di repudio. I figliuoli che n'hanno auuti rimangono appreſſo il padre; e ſe vogliono disfarſene con la madre, ſon tenuti à dar loro vn tanto per gli alimenti. Le concubine ſchiaue ſono figliuole de' contadini, i quali per iſgrauarſi anch'eſſi de' lor figliuoli, gli ſtroppi, ò in qualunque altro modo difettoſi della perſona, annegano in faſce, e gli altri tanto maſchi, quanto femmine portano alla città per vendergli, i maſchi per ſeruitori, le femmine per concubine, e di queſte con 15. ſcudi ſi ſforiſce la piazza. Queſta condizione di donne è aſſai miſerabile, eſſendo che per le caſe fanno da mule, e da aſine in portar' acqua, e far tutti gli altri miniſterij più vili, e più faticoſi. Se il padrone le vuol conoſcere, non poſſono ricuſare, eſſendo ſtate comprate principalmente per queſto, benche di rado ſi meſcolino con eſſe loro: con tutto ciò ſe foſſero colte in fallo co' ſeruitori, ò con altri, la teſta è meſſa lero a' piedi. I Religioſi Cattolici ſi ſeruono di queſte più che d'altre perſone per inſinuar le coſe della noſtra Fede alle mogli, e figliuoli de' nobili lor ſignori, nel che s'adoperano molto bene, e molte di queſte medeſime concubine ſi conuertono nel lor cuore: mà non per queſto è lecito di battezarle, per l'obligo ch'elle hanno di ſtar ſempre diſpoſte à far' il piacere de' loro padroni.

Sù queſto l'addimandammo lo ſtato preſente della Religion Cattolica nel regno di China, e del numero de' Predicatori Euangeliſti.

Ci ragguagliò come la Fede Cattolica ſi profeſſa liberamente per tutto il regno, e che in tutte le noſtre Chieſe vi è la copia del diploma reale approuante tal Religione, ſcolpito in pietra in luogo aſſai coſpicuo. Diſſe i Chriſtiani eſſere auuti in grandiſsima venerazione in tutte le prouincie, ed eſſer lecito à tutti coſì Tartari, come Chineſi d'abbracciar la Fede ſenza nota d'infamia: Che tra i Letterati Chineſi, ed i noſtri Religioſi paſſa vn' ottima corriſpondenza, nè auer più dura emulazione, che con la vil canaglia de' Bonzi. E quanto al numero de' Predicatori riſpoſe d'auer laſciato nel regno 26. Geſuiti, de' quali quattro in Pequin con due Laici Chineſi, ſei Domenicani, e due Zoccolanti. Il lor' abito è come quello de' Letterati, cioè robboni fino in terra di dommaſco bianco. Tra i quattro Sacerdoti Geſuiti di Pequin v'è il P. Gio: Adamo Fiamingo, il quale ſono 45. anni, ch'è in China, vomo vgualmente caro al Re, & al popolo, e ſommamente riſpettato da' Miniſtri.

Di quì paſſammo à dimandare delle monete, del peſo, della miſura, e del viuere.

Riſpoſe eſſerui vna ſpezie di moneta coniata, detta Cuxa. Queſta è di vna lega baſsiſsima di metallo, e corriſponde al noſtro Quattrin nero. Da vna parte v'è improntato il nome del Re, dall' altra il nome della moneta. Trecento di queſte fanno vn Lexu, ch'è vno Scudo de' noſtri. Vn Lexu ſi diuide in dieci Zien, vn Zien in otto Fueu, vn Fueu in . . . . . Caxa. Del reſto ſi ſpende oro, e argento, del quale ſi taglia à peſo, portando à queſt' effetto ciaſcuno nelli ſtiualetti ciſoie, e bilancie. La libra Chineſe è 16. delle noſtre oncie. La miſura ordinaria è il cubito. Il viuere è à buoniſsimo prezzo, coſì nel vitto, come nel veſtito; con cinque Fuca, che ſaranno da cinque delle noſtre crazie, s'auerà vna gallina raggiunta.

L'interrogammo ſopra il mangiare de' Chineſi, e delle loro beuande.

Primieramente, riſpoſe, per farmi dalle beuande, non hanno vino, benche abbiano di belliſsime vue. Nè facciam bene noi altri Europei, e ſi nè beuiamo ancora, mà di ſoppiato, poiche la ſuperbia di quella nazione hà ſtabilito per legge, che ſia punito con ſeueriſsimi gaſtighi qualunque tenta introdurre nuoue vſanze nel vitto, ò introdotte d'apprenderle, e praticarle. Le lor beuande ſono il Tè, ed il vino di riſo, il qual cauano veriſimilmente per macerazione, e diſtillamento. Diſsi veriſimilmente, non eſſendo ammeſſo ad apprendere il ſegreto di neſſun' arte, ſe non colui, che giura di profeſſarla; e l'inoſſeruanza di tal giuramento non ſi puniſce più leggiermente, che con la vita. Beon ſempre bollente, e per maggior delizia tengono la beuanda sù'l fuoco in alcuni vaſi preſſo alla tauola.

DA CHINA IN EVROPA.

La State *mettono nel bicchiere vn pezzo di ghiaccio, mà non ve lo lasciano star quasi punto per non perder la delizia di ber stemperatamente caldo, bastando loro, che il vino ne tiri il freddo virtuale, per refrigerio dello stomacho, il qual freddo virtuale credono, che l'attragga in istante. Quindi vsano di conseruar il ghiaccio, come facciam noi, il qual si vende per la città à vilissimo prezzo. Raffreddano ben li frutti con vn pò più garbo, amandoli fortissimamente agghiacciati: mà ritornando al bere, il vin di riso è bianco, limpido, e tirato com'ambra, e tinto d'vn color giallo aurino bellissimo; ha vn sapore assai delicato, e ve n'è di quello così potente, che succede cambiarlo anche à noi altri Europei da vn vin di Spagna. Le persone ordinarie beono in terra; i nobili in oro, e in argento intagliati assai gossamente à bolino; e i signori grandi in corno di Rinoceronte liscio, ò lauorato d'intaglio con legature d'oro intarsiate riccamente di gioie. Per quello poi s'appartiene a' cibi, v'è d'ogni bene, niuna cosa mancando loro di quel, che noi abbiamo. Abbondano primieramente d'ottimo formento; hanno tutti i nostri carnaggi, e le saluaticine, tutti gli agrumi, le frutte, e gli ortaggi; e se fosse che fargli le moluche, che con la gran copia delle spezierie farebbon loro squisitissimi li condimenti. E pure del grano non arriuano à saperne far pane, quantunque ne faccian farina, mangiando in quello scambio del riso cotto in acqua, e poscia abbrustolito, e risecco, spruzzandosene in bocca con alcuni bastoncini, che adoperano in cambio di forchetta da vna ciotola, che tengon piena con la man manca, e ciò fanno dietro ad ogni boccone di carne, ò d'altra cosa, che mangiano; mà niuna cosa è più insipida delle lor viuande. Il tutto cucinan lesso, e nello stesso paiolo v'è il porco, la lepre, il pesce, la vitella, e'l fagiano, sopra de' quali il buon cuoco bada à rifonder' acqua tanta, che sian cotti, e del brodo di quella saporatissim'oglia imbandisce per ciascuno vna ciotola in luogo di minestra. La carne, che si mangia più comunemente è quella di porco. Il castrato è ancore in gran credito. La pouertà mangia dell'asino, de'cani, de'gatti, essendoui beccarie separate per tutte le sorti di carni. I peducci di cane secchi, e sfumati, come le nostre anguille, sono vn cibo stimatissimo, e le serue per scaldar', e corroborar lo stomaco. Si serue in piatti separatamente, cioè vna sorte di carne per piatto. I condimenti ordinarij son due; vno è vn certo cacio di fagiuoli, il qual si fà in questo modo. Mettonsi i fagiuoli ad infradiciare in acqua, e quando hanno fatta di là sopra vna certa spezie di pelle verde, e che dentro à rimescolarli ottimamente son macerati, si passano per istraccio assai fitto sopra vasi pieni d'acqua, nella quale cade quel passume più fino, rimanendo nello straccio la scorza. Or questa pasta si conserua per vso di condir le carni, mettendosene in quantità nel paiolo, mentre si cuocono, e si può dir, che sia il lor sale, non adoprandone d'altra sorte, quantunque nelle prouincie più Occidentali abbiano abbondanza di pozzi, e di fontane salmastre. L'altro condimento è vna salsa detta* Mi-sso, *fatta di farina di grano corrotta, la quale hà vn puzzo così orrendo, e stomacheuole, che si cambierebbe tal volta da più fetidi escrementi. Questa non si mette nelle pentole, mà si serue in tauola in piatti separati, intigniendouisi per delizia i bocconi, come si fa da noi nella mostarda, e nel ribes. Ne' banchetti, e nelle tauole de' signori grandi vsa di regalare i piatti, e tutto il regalo consiste in fiorir le viuande d'vna di queste quattro cose, ò di risi, ò di erbucci, ò d'voua sode in piccatiglio, ò di touaglioli minutissimi di frittate sottili com'ostia. Mà Iddio ne guardi ne' lor banchetti, i quali son propriamente vna morte, e chi gli frequentasse troppo spesso penerebbe poco à morirsi di fame. Quindi è, che da' conuitati s'vsa di far in casa vna buona refezione per non patir l'inedia. Nella sala destinata al conuito sono disposte intorno le tauole, à niuna delle quali siedono più di tre conuitati, e'l padron di casa siede solo nell' vltima. Non vsano touaglie d'alcuna sorte, in sù la tauola nuda tante sono posate, quante sono seggiole all'intorno. Le posate consistono in vna tazza per bere, vna ciotola di riso, il piatto del* Mi-sso, *e i due bastoncini di legno, che dissi seruir' in cambio di forchetta. Tutto il vassallamento è di porcellana, tanto quello del* Re, *che del più infimo Artiere, e tutta la distinzione è nell'esser più ò meno fina. Posti che sono à sedere i conuitati entra lo scalco col primo seruizio, e quello distribuito per tutte le tauole dà il segno di*

IV. *Partie.* B ij

cominciare à mangiare, auanti al quale chi stendesse la mano al piatto v'aurebbe vna buona mortificazione, oltre alla taccia di goloso, e di malcreato. Questo segno non è altro, che dire Ziu, che significa inuito, al che tutti vnitamente rispondono ziu ziu ziu ziu ziu, dicendoselo vicendeuolmente l'vn l'altro, come fanno i Preti all'altare|nell'abbracciarsi, e darsi la pace. Detto questo tutti in vno istesso tempo arriuano della viuanda, e si mettono in bocca il boccone, e se alcuno non và a tempo con gli altri, lo scalco grida seco à testa, consistendo in ciò vna gran parte della sua lode, che si mangi, e si beua à tempo, senza di che il conuito si direbbe mal seruito, e disordinato. Come pare allo scalco, che si sia mangiato à sufficienza d'vna viuanda, fà seruire il secondo piatto, e dopo questo il terzo con far' osseruar sempre le medesime stitiche cirimonie; e quando par' à lui far dar da bere, il che parimente farsi à tempo di battuta, replicandosi il solito inuito ziu ziu auanti, e dopo che si è beuuto con obligo di mostrar voto il bicchiere. Alla prima beuuta entrano i Comedianti, de' quali altri sono publici, e che vanno à rappresentar per le case mercenariamente; altri son trattenuti da signori particolari, tra' quali i più qualificati tengono vna, ò più compagnie d'Istrioni, come si tengono le bande de' violoni in Francia. Questi (che sono superbamente vestiti) vanno subito à quegli, che siede nel più degno luogo, e messogli auanti il libro delle lor commedie, gli chieggono, che dica loro il soggetto, ch'egli hanno à rappresentare. Questi per atto di ciuiltà li manda ad vn' altro, tanto che si conducono al padron di casa, il qual finalmente dice, che recitino la comedia, che vogliono. Questa duerà vn quarto d'ora, ed i soggetti son cauati per lo più da' fasti de' lor Re, e Regine. Finita la comedia torna lo scalco con altre viuande, e come s'è di nuouo mangiato, e beuuto tornano i Comedianti, e replicata la stessa filateria di cerimonia di domandare à tutti, che s'assegni loro il soggetto, rappresentano vn' altra comedia, la qual terminata vien di nuouo lo scalco, e durando questo dilettevol giuoco la pouertà di sei, ò sett'ore, in capo alle quali ciascuno si torna à casa affamato, e ripieno d'accidia, cagionato da vn sì gentile, e grazioso trattenimento. Vna cosa lasciaua in dietro (seguitò tuttauia il Padre dicendo) che in China non hanno oliui, onde si seruono di tre sorti d'olio. Le persone ricche mangian' olio di gelsomini, che è vn liquore delicatissimo, e dolce, cauato (non sò poi dir come) dagli stessi fiori, de' quali v'hanno quell'abbondanza, ch'abbiamo noi di pruni, e d'ortica. La gente più bassa adopra vn' altr' olio d'vn certo seme detto Telselin, che è vna spezie del disetamo, ed è alquanto amarognolo. I contadini come in Polonia consumano per lo più olio di lino, ò d'vn altro liquore, che si caua da vna pianta, detto in lingua loro Ma-scù, che è fetidissimo. Non mangiano insalata, nè altre erbe crude; conseruano ben sì le frutte in certa salamoia senza sale, fatta d'aceto. In somma nel mangiare hanno vn gusto sporchissimo; e noi altri quando ci vien donata qualche lepre, ò fagiano non dandoci il cuore di vederli straziare al nostro cuoco Chinese, l'infilziamo da per noi stessi nello schidone, cuocendoli, e mangiandogli nella più riposta camera, e abbiamo cotest' ordine, che in quel tempo non s'apra à nessuno, saluo che a' mandati dal Re, de' quali se alcuno à sorte ne venisse, tenghiamo vno alla finestra, che vedendolo comparir da lontano, corra subito ad auuisarci.

È gran cosa, replicò il Signor Carlo, che auendo tant' abbondanza di pecore, e di vacche non sappiano almeno fornir' in guisa i laticini, che non abbiano à tor de' fagiuoli fradici per far il cacio.

Tant' è, rispose il Padre; questo nasce dalla lor superbia. Pensi V.S. se s'indurrebbono à imparar cosa alcuna da' forestieri, e in particolare da' Tartari, i quali per questo solo, che fanno il cacio, non sarà mai, che si mettano à farlo i Chinesi per l'odio della nazion regnante. Io non sugia con tutto questo s'io mangiassi più volentieri i laticini de' Tartari, ò 'l cacio de' Chinesi, essendo insufribile il puzzo di quello. Vsano di farlo à ciambelle, delle quali n'infilzano à centinaia in vna corda, e così lo tengono in peso d'auanti alle botteghe per venderlo; e così sodo, e impietrito, che à batterlo nel muro auerrà facilmente, che si scrosti prima il muro, che il cacio. Quando vogliono mangiarlo lo mettono à rinuenir sù'l fuoco, doue si rammorbidisce, come cera. Egli è ben vero, che quanto a' Chinesi son grossolani in mangiare, e in bere, altrettanto sono isquisiti in dormire. L'Inuerno mettono la materazza di bombagia sù certi fornelli, ò stufe quadre, dette in lingua Chinese Caù, sotto le quali mantengono vn fuoco assai temperato. Hanno lenzuola come tutte l'altre biancherie di bombagia finissime, che del lino non si seruono ad altro, ch'à far'olio, e della canapa funi. Alle cantonate del caù vi sono le sue colonne, come à nostri letti, e al palco tengono attaccati i padiglioni detti Cai ià, l'Inuerno di drappo, e d'altra cosa graue, la State di velo finissimo per le zenzare, e le mosche. Passato il freddo trasportano le materazze dal caù sopra panche, e tauole, come le nostre; e nel cuor della State in vece di bombagia riempiono le materazze di vna spezie d'aliga secca, mà soffice, e delicata più della seta, la qual tien'vn fresco marauiglioso. Galantissima è la foggia de' piumacci, e de' guanciali parimente la State, essendo intrecciate di sottilissime suerze di canna marina, ò d'India, che dir vogliamo dentro voti, e solamente ripieni d'aria. Questa è vna delizia incredibile, son lisci come vna pietra morbidi, e auuallan pochissimo, il capo perciò non riman sepolto nel rialzamento de' guanciali; oltre di che brandiscon sempre, sì che pare d'auer la testa per così dire in sù gli archi; e riuoltandosi da vna in vn' altra parte, secondo che cedono, e ritornano si fanno mantici dell'aria fresca, la quale trapelando tra' sessi di quell'intrecciatura spira d'intorno al volto con fiati così piaceuoli, ch'è vna delizia troppo grande. E non solamente ne' letti, mà in sù le seggie ancora s'adagiano molto delicatamente. Queste hanno i fusti di legno, e le spalliere delle sudette suerze di canna; sono d'vna foggia assai comoda per sedere, mà più grosse, e forti, e meno arrendeuoli de' guanciali à proporzione del maggior peso, che hanno di sostenere; fanno però arco esse ancora, ond'è bellissimo lo starui. I Tartari però non vogliono tante delizie, dormendo sù tapeti in terra, come fanno i Turchi.

Gli domandai come era maestoso il soglio doue risiede il Re nelle funzioni publiche.

Disse, che i Re Chinesi aueuano gran lusso in questa cosa, mà che questi Re Tartari siedono in terra alla soldatesca sopra vn guanciale.

L'interrogò il Signor Carlo, in che cosa auessero il maggior lusso i Chinesi.

Rispose, che nell'accompagnature de' funerali; prima nel gran consumo delle cere, e nell'abbruciamento degli odori, e nella manifattura delle statue, e d'altri trionfi di legno, e di cenci, che portano auanti al morto, e sopra tutto nelle casse, doue ripongono il morto, fabbricandole di legni preziosi, come d'aloe, di sandali rossi, e di bianchi, e d'altre piante rarissime, e d'inestimabil valore, e ciò in vece d'inbalsamargli.

Chiesi della qualità dell' aria, e della lunghezza del viuer loro.

L'aria, soggiunse, è vniuersalmente buona, e che sia il vero, i contadini, che hanno meno disordini arriuano all'vltima vecchiaia, e moltissimi ve ne sono, che arriuano al centinaio. I nobili di quarant'vn'anni son vecchi, di cinquanta son decrepiti, e ciò per le continue dissolutezze con le lor donne, alle quali aggiungono il disordine del mangiare, e del bere, di che sono intemperantissimi. Le gentildonne poi di rado sogliono arriuare à trent' anni, il che nasce da vna bestiale vsanza di fasciatura di piedi, nella picciolezza de' quali consistendo ogni pregio della bellezza, come che niun'altra parte del corpo si vede loro scoperta. Le madri subito nate se gl'arrandallano in sì gentil maniera, che impedendo alle vene, e a' canali degli altri vmori il debito crescimento tratteuuta in gran parte per la loro strettezza (sì come è da credere) la circolazione del sangue tutte le parti, e le viscere, che n'auerebbono ad esser' inaffiate, beondone à stento non si supplisce à vn gran pezzo nel ristorarle, à quanto di esse và via continuamente, e per la forza del calor naturale s'asciuga, e suapora, onde è necessario, che stenuandosi in processo di tempo le complessioni s'ingenerino diuerse infirmità, e periscano.

Domandai quali fossero le maggiori solennità dell'anno.

Tre, rispose; la Luna nuoua di Febbraio, al principio del mese di Nouembre, e il giorno natalizio del Re. In tutte queste il medesimo Re esce fuori publicamente per la città assistito da tutta la Corte, da tutti i Mandarini, cioè i Nobili, e da tutti i Magistrati,

B iij

ò capi de' Letterati, comparendo ciafcuno con abiti conuenienti, e proprij della fua carica, i quali fon molti, e varij. L'onore della tefta del Re è vna perla in cima del berrettone. Gli altri grandi vi portano diuerfe gioie, e molti vna perla anch'eßi, mà accompagnata ò da vn rubbino, ò da vn fmeraldo, ò da vn botton di diafpro; fola non la porta, che il Re. L'altra infegna reale fono due Cicogne, le quali porta in sù'l petto figurate in vn ricco ricamo d'argento. I Mandarini vi portano altri animali, e de' noue ordini, ne' quali fi diftingue tutto il corpo della nobiltà, ciafcun'ordine hà il fuo. Il primo hà la Gruè, il fecondo il Leone, il terzo l'Aquila, il quarto il Pauone, degli altri non mi fouuiene, fi come nè anche mi dà l'animo à ricordarmi delle differenze degli abiti de' Magiftrati, e de' capi de' Letterati; d'vno mi ricorda, ed è quello del Matematico, il quale porta appefe alla cintura quattro tauolette quadrate di diafpro pendenti da cordoni di feta, e nel mezzo di ciafcheduna è incaftrato vn rubino, in cima del berrettone hà vn rubino, e vna perla. I colori più comunemente vfati nel veftire fono il roffo, il paonazzo, il ranciato, e'l turchino. I Bonzi già hò detto, che vefton di bigio, e i Letterati di bianco. Mi fcordaua di dire, che per la fefta della Lunazione di Febbraio fi fanno per tutti alcune ftiacciate, nelle quali con lauori di pafta rapprefentan la Luna, e nella Luna vna fimile apparenza; onde fi chiama ancora quefta fiftiuità il facrificio della Lepre.

L'interrogai fe fia vero, che i Chinefi abbiano memorie così antiche, e di tante migliaia d'anni, come molti vogliono.

Diffe, che dal Re Tao in là, dal quale contano 4700. anni di cronologia regia, niun'altra cofa fanno dell'età del mondo.

Domandai della nauigazione, e fe là in quelle parti fi creda, che dall'Afia fia alcun paffo in America per terra.

Quanto al primo, diffe come la lor'arte del nauigare è imperfettißima, mancando principalmente dell'vfo della buffola: che le barche maggiori non portano più di cinquanta vomini: che le vele fon fatte di ftuoie, mà che vanno con effe con tutti i venti, auendo in ciò vna maeftria particolare: che la maniera di remare è diuerfa dalla noftra, dimenando femplicemente i remi innanzi, e indietro; onde conclufe, che attefa l'imperfezione dell'arte non s'inoltrano gran fatto in mare, mà s'attengono affai rafente la fpiaggia. All'altro particolare del paffo in America rifpofe non faperfine vn vero; conciofiacofache gli Olandefi, gli Inglefi come quelli, che non hanno potuto fpuntar la nauigazione del mar ghiacciato per quelle parti non hanno commercio. I Tartari fi come non trafficano non fon gente da muouerfi per mera curiofità, e finalmente i Chinefi non vfcirebbono del lor paefe in tanta difgrazia; l'opinione però è, che il paffo vi fia, ò che almeno in qualche parte per vn gran continente d'Afia, e d'America non fieno difgiunti, che per vn breuißimo tratto di mare, vedendofi comparire di quando in quando nelle parti mediterranee di Tartaria degli animali Americani, i quali è certo, che fe la terra ferma non foffe continuata, e non vi foffe vno ftretto tale da paffarlo con vn breue nuoto, non vi potrebbono veniruii.

Tornai à domandare de' giardini de' Chinefi, de' giuochi, e de' balli.

I Chinefi (replicò il Padre) non ballano, i Tartari sì, mà frà gli vomini, non con le donne; i loro fuoni non fon'altro, che percuotimenti di palma à palma, e d'alcuni metalli fonori. Per conto de' giochi poi fi può dir, che i Chinefi abbiano il trattenimento, ed il vizio. Hanno il pallone, le tauole, i fcacchi, la mora, i dadi, le carte. Al pallone giuocano col calcio con marauigliofa deftrezza; non fanno in partita, mà palleggiano femplicemente in quattro, in cinque, in fei, e anche in più, mandandofelo l'vn l'altro co' piedi; ed io mi fon trouato à veder vn pallone per aria più d'vn quarto d'ora fenza toccar mai terra. Quanto a' giardini fon cofe ordinarißime, non effendo quafi altro, che puri ricinti di prati per vfo di giuocar al pallone. Non hanno altri fiori odoriferi, che i gelfomini; le rofe fon belle, mà fenz'odore; tulipani, vinoli, giacinti, ed anemoni non fi conofcono, nè fe ne sà il nome. Nel refto la gran copia dell'acque fà i giardini belli, e dilettenoli; è ben vero, che non hanno grand'artifizio nel farne moftra, lafciandole venire, come la madre natura le manda fuori della terra. Quanto in quefta materia hò veduto di bello,

DA CHINA IN EVROPA.

è nel giardino del Re, doue vna grandiſſim'acqua, che v'è, cade giù per vn dirupo di bronzo adornato con rilieui di tronchi, e di fogliami diuerſi, eſſendo i Chineſi nell'arte fuſoria eccellentiſſimi maeſtri, ond' hanno belliſſimi treni d'artiglieria, e d'altri arneſi militari di getto.

Sù queſto ſi preſe à domandar dell'arti, e in primo luogo de' Medici, e della Medicina. I Medici, attaccò à dire il Padre, ſono ammirabili di riconoſcere dall'oſſeruazioni del polſo le nature, e i particolari accidenti dell'infermità: è ben vero, che nell'appropriare i medicamenti rieſcono anch'eſſi, come tutti gli altri, tirando à indouinare. Io poſſo dir l'vno, e l'altro per eſperienza, poiche vn meſe e mezzo lontano da Pequin caddi ammalato, ed eſſendo mi-vi condotto, come à Dio piacque, fui ſubito viſitato da vn Medico del Re fatto-vi venire dal Padre Giouanni Adami. Queſti intrato che fù in camera, mi fece porre à ſedere, e laſciatomi alquanto ripoſare, mi fece poſar le braccia fino alle gomita ſur' vna tauola. Allora cominciò à taſtarmi l'vn e l'altro polſo, ora ſtringendo fortiſſimamente, ora ſoauemente premendo l'arteria, ora ſtringendo vgualmente l'vna e l'altra; or l'vna premendo, e l'altra allentando; or queſta ſtringendo, e quella ſemplicemente toccando; or taſtando per lungo tempo continuamente, or' à volta à volta ritornando à taſtare; ora facendomi tener il pugno raccolto, or la mano diſteſa; e finalmente non è poſitura di mano, ò di braccio, nella quale non voleſſe ſentirmi il polſo: e tutte le proue durarono vn tempo conſiderabile, che in tutto douette eſſer lo ſpazio di tre quarti d'ora. Finita queſta faccenda, mi penſaua d'auer' à cominciarlo à ragguagliar del mio male. Zitto, diſſe il P. Adami; il Signor eccellentiſſimo à queſt'ora lo sà meglio di voi, ſtaretelo à ſentire. Cominciò all'ora l'Eccellentiſſimo ritornato à ſedere con vna maeſtà, che ſarebbe ſtata troppo dell'Oracolo di Delfo, à dir del tempo della mia infirmità, di tutti gli accidenti patiti in eſſa, riducendoli tutti à lor tempi, ed ogni altra particolarità; il che fece coſi aggiuſtatamente al vero, che io mi rimaſi ſtupefatto, e fuori di me. M'ordinò alcune beuande, le quali ſe foſſero ſtate coſi bene appropriate al male, come furono l'oſſeruazioni à conoſcerlo, ſarei ſtato guarito in quel punto; mà perche ciò non ſeguì coſi per allora, biſogna credere, ch'ei non accertaſſe coſi bene il medicamento, come accertò il giudizio. Hora venendo alla Medicina, è da ſapere, che non cauan mai ſangue, mà applicano in quello ſcambio vna ſpezie di veſſicature alle ſpalle. Il mal Franceſe lo curano aſſai bene con decotti d'erbe, queſto ſi che non è tanto velenoſo, come in Turchia, ed in Perſia, ed in altre parti Orientali. Tra' medicamenti è famoſa vna radica, che ſi troua nella prouincia di Suc-iuen, detta latte di Tigre: dicono, ch'ella non ſà eſſe non in que' luoghi, doue le Tigri quand' hanno i figli arrabiate, e infuriate da' cacciatori gocciolano in paſſando il latte dalle mammelle. E veramente l'odor della polpa di queſta radica è ſimile à quei del latte, e come il latte è bianchiſſima, e candida. Vogliono dunque, che queſta polpa preparata con vari argomenti ſia vn ſudatorio infallibile, e potentiſſimo. Io poſſo dire d'auer veduta la radica, mà non già l'eſperienza.

Dalla Medicina ſi paſsò à domandar dell'altr' arti; e il Padre col medeſimo ordine, che noi l'andammo interrogando ci venne à dire, che in China non v'è criſtallo, mà grandiſſima copia di vetro, e in ſpecie ci diſſe del vetro di riſo, il quale è ſenza dubbio più fragile dell'altro, mà poi altrettanto più facile à lauorare; la ſua paſta appena meſſa in fornace è ſubito fuſa, e bollente; ed è coſa incredibile la gran ſottiglieza, alla quale conducono i vaſi, che belliſſimi ne formano. In cambio di ferri adoprano canne di vetro groſſo, come fanno tra noi quegli artifici, che lauorano alla lucerna i lauori di criſtallo più gentili, e delicati.

I loro ſpecchi ſon tutti di meſture di metalli, come che ſon peritiſſimi nell'arte del getto fanno di belliſſimi ſpecchi concaui, i quali s'hanno à buoniſſimo prezzo: con poco più d'una dobla s'auera vn ſpecchio di quattro palmi di diametro. I noſtri Padri hanno introdotte l'arti di lauorare gli occhiali, e teleſcopi; ed è coſa di marauiglia, che i Chineſi ſi ſiano abbaſſati ad imparare à lauorargli, il che denota la grande vtilità, e l'eccellenza di queſt' arte: in oggi cominciano à fargli aſſai buoni, ſeruendoſi delle ſpere, che capitano in China portate da nostri Europei, delle quali s'è certo di far loro vn accettissimo regalo, se bene i mercanti per supplire agli artefici d'occhiali hanno cominciato à commetterne.

Hanno bellissime drapperie d'oro filato, e del tirato ne fanno lauori molto galanti. Mà sopra tutto è stupendo l'artifizio di dorare, e inargentare à fuoco la paglia à diuerse sfoggie, della quale così inargentata, e dorata fanno lauori merauigliosi.

Mà non si può mai dire quanto siano ingegnosi nella fabbrica de' fuochi lauorati, co' quali rappresentano in aria caratteri, figure, alberi, e mille altre cose, e ciò non solamente col costringere il fuoco à figurarsi in quelle immagini, mà colorandolo al naturale. Io non aurei mai creduto al rapporto di altri quello, che pur mi conuien di credere agli occhi proprÿ, co' quali ne presi testimonianza. Io viddi dalla soffitta d'vna sala, in cui mi ritrouaua à vn solenne banchetto scender in terra vna grossa vite, e subito girarle intorno vn altro fuoco, che si formò in figura di pampini, e d'vue, il tutto si vagamente colorito de' proprÿ colori, che non credo si potesse far più col pennello. Durò quest' apparenza lo spazio d'vn Miserere, e consumata la materia combustibile à poco à poco disparue, lasciando da per tutto la traccia del fumo, in cui per breue tempo durò à raffigurarsi. Questa medesim' arte si troua anche in Persia, benche non tanto raffinata. I Chinesi ne sono gelosissimi: con tutto ciò il prezzo di questi fuochi non è molto rigoroso, auendosi per due doble vn fuoco di tre, ò quattro apparenze.

Vostra Paternità, diss'io allora, mi fà credere adesso quello, che fin'ora non hò creduto, ed è, che vndici anni sono in Roma il Signor Errigo Seister di Danimarca mi disse venirgli scritto di Coppenaghen esser tornato dalla China vn Danese, il quale auea fatto vedere al Re vna foggia di fuochi artifiziati, che leuati in alto da vn razzo scoppiauano in varie trisce di fiamme, le quali formauano in aria il nome del medesimo Re. V. S. replicò il Padre, può crederlo sicuramente, benche mi paia gran cosa, che quest'vomo arriuasse al segreto, il che non gli sarebbe sicuramente riuscito, se non si fosse applicato à quest' esercizio, datone prima il necessario giuramento, e certo gli hà detto buono à stamparla.

Il Signor Carlo domandò, se aueuano carozze, ò carri.

I Chinesi, soggiunse, vsano per lo più lettighe portate da muli, ò da vomini: sono assai simili alle nostre, saluo che nell' esser notabilmente più lunghe per vso di portarui casse, distenderui letti, e rizzarui tauole, il che riesce di gran commodità nel viaggiare. I Tartari hanno certe carozze con due ruote tirate da vno, à più muli, ò caualli. Le mogli de' Vice-Rè, e de' Signori grandi son tirate da due bestie, seguitandole vn gran numero di donne Tartare à cauallo, armate d'arco, e di frezze. Per portare adoperano cameli, come anco vna certa foggia di cariole con vna ruota assai alta, che gira in mezzo à due casse, nelle quali si mette la robba, e vn vomo solo reggendo con vna cigna attrauerso, come quegli che portano le sedie, alcune stanghe fitte nelle case di quà, e di là dalla sudetta ruota, le fà girare con grandissima facilità; e questo è il modo ordinario di trasportare le mercanzie, e i carichi delle condotte per le prouincie, che non son montuose.

Fù domandato, se si dilettano della caccia, se hanno vsanza di correr pali, e come sian periti nel caualcare, e nell' arte d'ammaestrare i caualli.

I Tartari, rispose, son cacciatori, i Chinesi punto. I pali non si sà quel che siano; e quanto a' caualli tutto il loro studio è nelle bardature ricchissime, non auendo alcun' arte nell' ammaestrargli.

L'interrogammo se piglian tabacco.

In poluere nò, rispose; in fumo assaissimo: e ciò tanto fanno i Tartari, quanto i Chinesi, così gli vomini, come le donne. Queste hanno la tasca della pipa, e del tabacco alla spalla; gli vomini alla cintura.

Domandò il Signor Carlo, se Mandarino è voce Chinese.

Disse esser Portoghese, e che in Chinese si chiamano Quoan, che significa signoreggiare, comandare, gouernare.

Domandai, se i popoli della China son feroci, e inclinati all'armi.

Rispose

super ægrotos rogari, processiones institui, idolorum reliquias honorari, monasteria tam monachorum quàm monialium inhabitari, in choro more religiosorum cantari, in anno sæpius jejunari, gravissimis mortificationibus, ut sunt disciplinæ, se affici, episcopos creari, missionarios in summa paupertate nudipedes per illam desertam Tartariam usque in Sinas mitti. Rem ipse oculis conspexi; quin imò tantam reverentiam suo Pontifici (qui se Samaconium appellat, id est Deum Patrem, nec minùs quàm Deus Pater adoratur ab omnibus dynastis) exhibent, ut, liceat salvâ reverentiâ dicere, illius sordes in pilulas redactas, aureæque pixidi impositas etiam maximi domini in collo gestent tanquam præsentissimum contra omnia mala remedium. In hac civitate sumus morati uno mense, mira conspeximus, & sanè maxima spes esset conversionis horum gentilium, nisi ille satanicus deus pater obstaret, qui se adorare nolentes morte confestim afficit. Nos tamen, Deo protegente, humanissimè ab illa barbara gente habiti, ac à Rege, qui hujus dei patris frater est, regio diplomate donati sumus; inde totum regnum peragrantes, in statum regis Neopal pervenimus, quod etiam meris gentilibus repletum est, ac deinde regnum Moranga transeuntes, in Indiâ appulimus, ubi in urbe regia Agra vocat à nostris Patribus omni charitate excepti sumus, & hîc post undecim à Sinis itinere positorum mensium spatium aliquantùm quiescere licuit. Hinc abeuntes tandem quatuordecim mensibus consumptis in Europam appulimus salvi, unde significo R. V. incrementa rei Christianæ & fidei adeò procedere, ut unico anno 1660. à Patribus nostris 56. plusquam quinquaginta hominum millia baptisata sint. Plura forent si instructores adessent. Rex ipse mortuus mirè favit legi Christianæ, ut non tantùm templum nobis Europæo opere exstruxerit publicè in regia urbe Pequinensi, sed etiam ante templum magnam tabulam marmoream statuerit, in qua Sinico & Tartarico charactere legem divinam laudat, approbat, ac omnibus potestatem facit liberè eam suscipiendi. Regis autem mater adeò nostræ religioni affecta est, ut quovis mense vestem Tartaricam templo nostro submittat cum sat magnis eleemosynis, & P. Joannem Schall non alio quàm Patris nomine compellat. Hæc de regno Sinensi, ad quod, Deo dante, intra pauculum tempus revertar; & nisi bella Turcica obstarent, non parvam mecum cohortem ducerem, nunc autem unico socio contentus ero.

      I. GRUEBER S Iesu.

GENEROSISSIME AC ERUDITISSIME DOMINE,

ACCEPI cum summo solatio eruditissimæ Dominationis suæ epistolam à D. Jacobo Breyno, agoque gratias maximas pro humanissima mei licèt immeritissimi memoria, spondeoque vicissim ad ultimum Orientem memorem fore humanitatis Dominationis suæ. Et ut ad petita veniam, doleo vehementer quòd tempus non suppetat Dominationi vestræ ad omnia proùt petit satisfaciendi, partim quia jam abitum cogitamus, partim etiam quia aliqua me latent, quæ Dominatio V. scire desiderat; significo tamen ea breviter quæ possum.

 I. Regem Sinarum secundum è Tartaris, qui meo tempore quando Sinas intravi regnabat, vocatum fuisse *Xun Chi* (quod significat obedientem) qui mortuus est sub meum ex Sinis abitum, nimirum 6. Februarij 1661. apparente tunc supra regiam urbem Pekinensem cometa caudato. Ei statim sequenti die successit filius ejusdem natu minimus, octo annorum, loco cujus, usque dum ad annos pubertatis perveniat, nimirum decimum-quartum absolutum, imperium gubernant quatuor duces Tartari, quorum præcipuus *Sonni* appellatur. Rex verò nouvus vocatur *Hoci*, quod nomen mutabit si ipse regimen aggrediatur, sicut etiam parens ipsius demortuus post mortem non ampliùs *Xun Chi*, sed *Xi Cù*, hoc est avus sæculorum, nominatus fuit. Hic habuit sex filios, & circiter 1500. uxores, è quibus quindecim fuerunt legitimæ, quarum rursus una prima præcipuaque fuit; quæ *Chunfi* (hoc est de verbo ad verbum perfectè volans:) dicitur: & hæc est consuetudo omnium regum Sinensium & Tartarorum, eligunt filium aliquem successorem secundum beneplacitum, reliqui filij sunt reguli per varias provincias, sine omni tamen potestate & authoritate in subditos, sed omnes sumptus reditusque subministrantur illis à Vice-Regibus qui *Knil mue* dicuntur, ne rebellare possint, habitisque in sua manu provinciis, milites conscribere.

II. Lingua aulica est Sinica; maxima tamen diplomata, uti sunt inscriptiones honorificæ & tituli, quos rex suis benemeritis aulicis offert, necnon publicæ patentes ad intrandum exeundumque ex Sinico regno, litteræ nobilitatis, quas rex dare solet, publicæ approbationes rituum, legumque, ac cæremoniarum vel politicarum vel spiritualium, &c. in utraque lingua, Tartarica nimirum & Sinica, expediuntur; unde etiam regis nomen in utraque lingua idem est. Tribunalium omnium nomina sunt Sinica, & sunt sequentia: *Colao* intimi consiliarij, *Xam xu* secretarij, *Lypu* supremum regimen, *Hupu* tribunal quæsturæ, *Lypu* tribunal cæremoniarum, *Pimpu* tribunal armorum, *Himpu* justitiæ, *Cumpu* tribunal ædilicatis, *Himtienkien* tribunal mathematicæ. Mitto hic etiam nomina Sinica, quorum significationes petit Dominatio vestra, quos optimo modo quo potui tum propriâ experientiâ, tum ex libris certissimas conscripsi.

III. Tartari sunt ejusdem religionis cum Sinensibus, adorantque omnia idola Sinensium, ac maximè cursum cœli ac planetarum, cui multùm adscribunt. Religiones omnes sunt liberæ, ac etiam Christiana, non tamen Mahumetana, cujus scilicet Christianæ subjecti æquè ac gentiles ad omnia etiam maxima officia promoventur, imò ante alios; nam rex *Xunchi* non so'ùm legem Christianorum publico diplomate tabulæ marmoreæ inciso, & ante ecclesiam nostram publicè Pequini erecto, laudavit: sed etiam omnibus amplissimam potestatem fecit eandem liberè suscipiendi & proferendi, ad cuius diplomatis finem hæc formalia verba scribit: *Ego hunc ejus animum* (nimirum nostri Patris illius qui hoc à rege impetravit, *legemque hanc quam sequitur, vehementer approbo & laudo, Deoque ad perpetuam huius rei memoriam hunc ejus ecclesiæ titulum præfigo. Tum hui én hia kim*, quod est, excellens penetrando cœlo locus. Quinimò candem ecclesiam, destructo ibidem quodam idolorum fano, Deo vero ædificavit dicavitque, cum arcu marmoreo in publica platea erecto, cujus hæc est inscriptio, *Regia via cœli*.

IV. Insignia regia sunt duo dracones, quorum formam hîc inclusam transmitto. Rex Tartariæ in Sinis non habet coronam aut sceptrum, Sinenses tamen quondam aliquam habebant, sed pileum è ductili ebore textum, in cujus summitate prominet cuspis aurea per modum turriculæ, quæ in summo habet margaritam per modum ovi columbæ, quæ margarita est stipata pulcherrimis aliis margaritis parùm minoribus. Et hoc est propriè insigne regum, quia nullus, etiam maximus regulus, audet in summitate pilei margaritam portare.

V. Moneta nulla est in Sinis, nisi auricalchina parva, quam Lusitani *Caixas* vocant. Argentum & aurum totum conflatur in massas, quæ deinde pro usu in parvas particulas scinduntur; siquidem vix ullus reperitur in Sinis, qui non libram pro ponderando secum habeat. Maximum pretium vocatur *van*, quod significat 10000. scutorum Italicorum; nam unum *Leam* Sinicum æquivalet uni scuto Italico, quod deinde dividitur in decem *Cien* sive solidos, quos Portugales *mazes* vocant.

VI. De Tartarica lingua nihil aliud informare possum, nisi quòd sit quoad modum scribendi æqualis Sinensi, non tamen quoad litteras & pronuntiationem, nam omnis ferè syllaba Tartaricæ linguæ litteram R. continet, contrariè plane Sinensi, quæ nullum R, nec B, nec D habet, & meris monosyllabis constat: & quia omnes Tartari in Sinis Sinicam addiscunt, Sinenses è contra Tartaricam nec volunt nec possunt ob difficultatem pronuntiandi litteram R; ideoque Tartarica lingua in nullo est usu, excepto illo quem superiùs insinuavi: mitto tamen hic aliquas notas illius.

TARTARICA ET SINICA.

Quid *teo* significet, ipse ignoro. Scribunt autem penicillis sicut Sinenses. Plùs de Tartarica lingua scribere non possum.

VII. Qui Tartari & quando occupaverint Sinense imperium, vestra Dominatio clarissimè intelliget ex Atlante Sinico, & etiam ex libro composito de Monarchia Sinica à P. Martino Martinio, impresso Ingolstadij in quarto, ubi fusissimè omnia disserit quæ petit D.V.

VIII. Regnum Sinicum à Tartaris vocatur *Cathay*, vel *Chin mu Chin*; civitas verò Pekinensis vocatur *Cambalu: Cathay* vult dicere, terra orientalis magna; *Cambalu* verò, regia civitas. Tartari verò qui occuparunt Sinas, vocantur *Mancheu*, sive civiles. Provinciæ & civitates etiam apud Tartaros nominibus Sinicis appellantur.

IX. De flore illo miraculoso ter quotidie variante colorem, nullam notitiam habui in Sinis, nec de floribus Rheubarbari, quandoquidem semper in Pekinensi provincia hæsi, ubi hæc non reperiuntur, sed crescunt in provincia *Suchuen*. Affirmat tamen meus famulus Sinensis, quem hic habeo, qui est natus ex Suchuen, florem illum se ita habere prout P. Martinius dixit, & flores Rheubarbari albos esse.

X. In Sinis etsi multæ sint turres & sat altæ, quæ *Ta* vocantur; nullum tamen in iis reperitur horologium solare, cuius apud Sinas maxima raritas est. Hæc breviter adquisita; quoad instructionem geographicam etsi sat multa observaverim, tamen ex his communicare nequeo, omnia enim Romæ P. Athanasio Kirchero reliqui, qui jam actualiter ea in lucem dat, quem Dominatio vestra consulere poterit: sunt etiam quoad regimen Sinicum, & tribunalia, eorumque nomina; omnia imprimuntur Viennæ Austriæ, jussu suæ Majestatis Cæsareæ, quæ brevi comparebunt.

Quod Kitchero reliqui hisce litteris addidi.

Hæc habui, quæ meo eruditissimo Domino communicarem, quæ spero etsi non pro exspectatione grata tamen accident: atque hisce me in favorem V.D. humillimè commendo, proia, eorumque nomina; omnia imprimuntur Viennæ Austriæ, jussu Majestatis Cæsareæ, quæ brevi comparebunt.

Hæc habui, quæ meo eruditissimo Domino communicarem, quæ spero etsi non pro exspectatione: grata tamen accident: atque hisce me in favorem V. Dominationis humillimè commendo, promittoque (si Deus me in Sinas reduxerit) me singularem correspondentiam semper cum vestra Dominatione & Domino Jacobo Breyne habiturum, omnia & quæ potero, fideliter perscripturum. Dantiscii 11. Decembris 1664.

JOANNES GRUEBER Societatis Jesu.

NOBILISSIME AC ERUDITISSIME VIR,

Pax Christi.

NON dubito, vestram Dominationem avidissimè hactenus responsum ad suas ad me quarto Januarii datas exspectavisse, verùm quia in continuo itinere eram illud in hoc usque tempus differre conatus sum; nam cùm licentiâ à Magno Duce Moscoviæ acceptâ transeundi ipsius terras, in Curlandiam properaremus, ibidem subsistere coacti sumus tantisper, donec plenam informationem de tutis itineribus haberemus: verùm (quod nostrum infortunium est) sub ipsum nostrum in Curlandiam appulsum serenissimus Dux Curlandiæ litteras accepit à Duce Moscoviæ, in quibus asserebatur fines, per quos Astracanum versus nobis transeundum erat, rebelli milite, ac Tartaris Kalmukensibus occupatissimos esse, adeoque ne ibi in Moscovia gratis subsistere deberemus, ipso Duce Curlandiæ suadente, reditum in Turciam meditamur, atque, si Dei voluntas fuerit, post Pascha cum legato Cæsareo Constantinopolim movebimus, inde per Natoliam viâ jam nobis tritâ in Persiam, ac deinde in Indias Chinasque tendemus. D.O. Max. pro gloria sua & tot in-

TARTARICA ET SINICA.

fidelium salute prosperet nostrum iter! Sed ut ad rem. veniam, breviter quæsitis V. Dominationis, quantùm potero, satisfaciam, nam meipsum multa latent: cùm enim prima nostra ibidem cura sit conversio gentilium, reliqua non nisi ex accidentali cum doctis viris conversatione habemus. Ad primum ergo dico, voces illas tam Sinicas quàm Tartaricas regio sigillo incisas nihil aliud quàm nomen Regis regnantis denotare, Verbi gratia *Xun Chi Rex Sinarum ac Tartarorum*. Cum autem hęc eadem verba in lingua aulica sive Tribunalium aliis litteris scribantur, quàm in lingua vulgari, & nos solùm communiter linguam vulgarem sciamus: alia enim non nisi in tribunalibus & negotiis aulicis, quę ad nos non pertinent in usu est, hinc fit, ut nullus ex nostris Patribus ferè illas litteras legat: sensus tamen ille est, quem superiùs alio charactere scripsi: eodem etiam modo in insignibus regiis litterę illæ Tartaricæ ac Sinenses nihil aliud sonant, quàm hæc esse insignia regia. Secundò *Sonni* non est nomen officii, sed est nomen proprium Tartaricum, neque aliam significationem habet. Cùm verò Sinenses communiter suis regibus dent nomina, quæ preter appellationem etiam aliud significent, hinc moderni regis nomen *Hoei* significat in lingua aulica, *Penetrans res subtiles*. Quod autem nuper oblitus fueram, id nomen non est regium, sed ipsius proprium, ut filii regis. Rex vero in sua inauguratione accepit nomen *Yun hi*, quod sonat *perpetua claritas*. Tertiò Tartari lingua Sinica Mancheu vocantur Quartò dupliciter responderi debet ad hoc quæsitum nam, cùm Tartari jam ter Sinas tenuerint, primi Tartarorum regis nomen qui Sinas occupavit, totamque historiam vestræ dominatio habebit ex Patriæ Martini Martinii duobus decadibus historicæ Sinicę Monachi in Bavariâ impressis: si verò velit, qui vocaretur rex qui anno 1644. Sinas occupavit, cujus modò regnans nepos est, vestræ Dominationi abundè satisfaciet libellus à P. Martino Martinio conscriptus de bello Tartarico, ac & ipse Atlas Sinicus, cui iste libellus annexus est. Quintò Medecina *Ta scu* solùm tractatur à medicis, videtur composita, sed ex quibus componatur, nescire me fateor, cùm & nostri fari non sit, ac etiam nemo in Sinis medicinalia tractare impunè audeat, nisi sit ex facultate medicorum, qui singularem classem constituunt: idem & dico de *Xun iò u* cortice. Sextò rationem quare incipiant Sinenses annum sole proximo decimo octavo gradui Aquarii, nulla aliam audivi unquâ quàm antiquissimam jam aliquot millium annorum consuetudinem, non dubito tamen primos illos Sinensium Reges causam hujus aliquam habuisse: incipiunt autem numerare ætatem Lunæ ab ipsa conjunctione luminarium. Quod Dominatio vestra scribit de Turcis Orientalibus, qui mensem primum *Aràm* vocant, nescio sanè quomodo Geographi errent; nam excepto regno Usbekiorum, quod quondam Samarchand dicebatur, nulla natio invenitur Mahumetanæ sectæ penes Sinas. Usbek verò ad minimum quinque mensium itinere à Sinis distat, interjacente Tartariâ desertâ regno Cottam, regno Barantola, & aliis terris, quas ego ipse transivi, nec aliam fidem ulibi quàm purè gentilem inveni, unde nescire possum, quidnam vox illa *Aràm* significet; sed nec meus socius R. P. Henricus Roth id novit, cùm tamen in omnibus Orientalibus linguis earumque libris plusquam ullus adhuc ex Societate nostra sit versatissimus, verùm puto nomen falsificatum esse. Quod author ille scribit de Cathaiorum & Sinarum calendario, in quo allegat istas voces *Aràm* & *Vuu si y*, nec significationem, nec rationem quare hoc scripserit dare possum, cùm nec unum nec alterum vel minimam affinitatem cum lingua Sinica habet. Chum verò, non Chun, est Sinicum nomen, quod significat *Medium*, hocque nomine Sinenses regnum Sinicum appellant, nimirum *Chum que*; & quamvis per litteram *m* scribatur, pronuntiatur tamen per litteram *n*, unde author ille deceptus, non prout scribitur, sed pronuntiatur, scripsit. Vocant verò Sinas *Chum que*, eò quòd putent esse regnum hoc in centro mundi positum, omniaque alia hoc tanquam supremum respicere debere. Rex Tartariæ, qui sæculo post natum Christum primo Sinas tenuit, vocabatur *Van lo*, qui etiam primus Nankinensem regiam Pekinum

Atlantem Sinicum Martinii habes lector in parte tertia hujusce operis Historiæ Sinicæ decadem primam dabo à P. Martinio conscriptam secundam decadem quæ nuc aut pêrarit aut impressa latet suplere nitar ex Persico Manuscripto.

SINARVM
SCIENTIA
POLITICO-MORALIS,
SIVE
SCIENTIÆ SINICÆ LIBER
INTER
CONFVCII LIBROS SECVNDVS,
A P. PROSPERO INTORCETTA SICVLO SOC. IESV
E SINENSI LINGVA IN LATINAM VERSA.

Chūm — Medium

Yvm — Conſtanter Tenendum

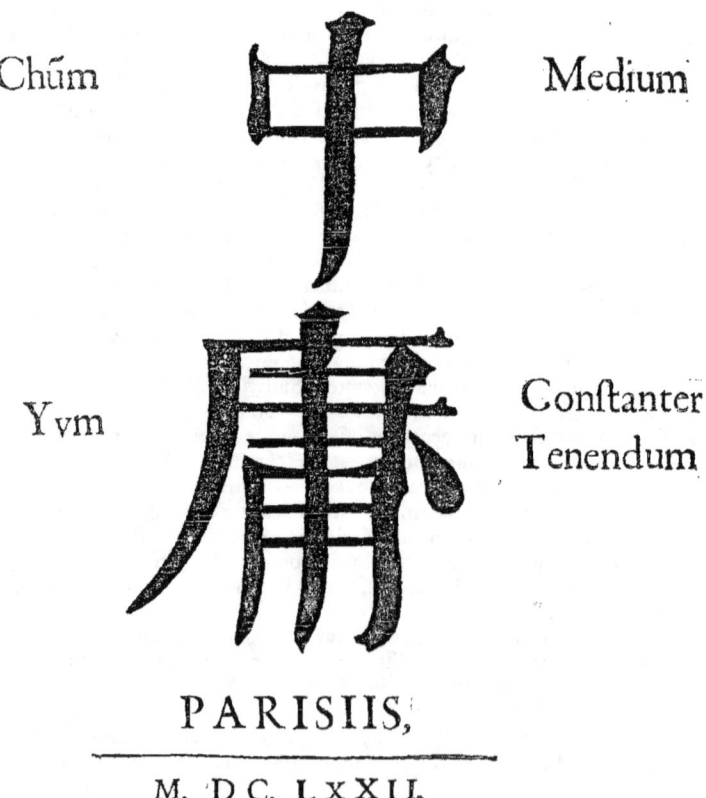

PARISIIS,
M. DC. LXXII.

AD LECTOREM.

ON iniucundum tibi fuerit, amice Lector, si causas atque argumentum breuis opusculi, Laconicâ breuitate olim descripti à Principe Philosophiæ Sinensis Confucio, breuibus hîc præcognoscas. Scias itaque velim, mihi è Sinis Romam proficiscenti, res Sinicæ missionis acturo, placuisse quidem Goæ potius, quæ fœcunda mater, & primaria veluti Radix Orientalium Missionum, iure censeri potest, quam alibi terrarum, editionem hanc, in Sinis iam antea cœptam, prosequi atque perficere; vt scilicet publico missionis bono propius ac citius consuleretur; & opus ipsum Orientale, Orienti extremo proficuum, sub auspiciis Apostoli Orientis successu prospero oriretur: quæ & fuerunt sociorum vota, quando iis degentibus in exilio Quantoniensi propter Christum, postremum non sine lachrymis vale dixi. De opusculi vtilitate siue animarum lucro, atque incremento authoritatis, quod ex notitia opusculi huius ac reliquorum Confucij, accedit præconi Euangelico, vineam Christi Sinensem, Conchinchinensem, ac Tunkinensem excolenti, non ipse hîc loquar (Iapones aliæque nationes Sinarum Imperio vicinæ semper sapientiæ primas Sinicæ genti detulerunt) eam tamen vtilitatem magnam esse necesse est fateantur Europæorum hominum quotquot præter idioma gentis, literas quoque atque priscorum libros accuratè didicerunt; & quotquot sententias quibus referti sunt libri, placita, instituta maximeque peruetusta monumenta, in proprios nunc vsus conuertunt; sic vt sibi aditum aperiant amplissimum ad afferendam literatæ genti veri summique Numinis notitiam; vt non loquar de primis Sinicæ Missionis Patribus, quorum directione atque industriâ in more fuit positum, vel ab ipsis Missionis exordiis; vt quicunque in ea Christi præcones versarentur, Confucij libris accuratè peruoluendis darent operam: & nisi prædecessores nostri magnam inde vtilitatem oriri posse vsu ipso didicissent, quis iudicabit, eos & sibi & posteris, sine vllo animarum lucro, tantum onus imponere voluisse? Hæc itaque omnia (præter ea quæ in explanatione scientiæ Sinarum politico-moralis paulò fusiùs declarantur) me impulerunt ad hoc opusculum Goæ prosequendum, perficiendumque.

Opusculi vero titulus & argumentum est, Chum Ium, medij scilicet, seu aureæ mediocritatis constantia: çu sū, Confucij nepos ex filia, hunc librum vulgauit, & quædam de suo addidit; sed & desiderantur multa; sic vt fragmentorum verius quam libri speciem habeat: ob hanc causam, & quia doctrinæ quæ traditur sublimitas, quandoque ipsius naturæ limites videtur excedere, hunc librum Sinenses Magistri tanquam subobscurum captuque difficilem, cum numero secundus sit, postremo tamen loco in scholis exponunt: est interim præconi Euangelico (vti supra dicebam) sanè vtilis quatenus & morum egregius Magister est, & naturali lumini vitiorum tenebris offuso, ceu auroræ beneficio, eam veritatis lucem subministrat, quæ soli Euangelico præluceat, viamque pandat.

Vt autem hîc Europæo Lectori, antiquitatis non minus, quàm veritatis amanti, quidpiam præberem condimenti, quo posset Laconicæ lectionis nauseam sibi adimere, aut saltem temperare, Confucij vitam, ex præcipuis Sinarum monumentis erutam, ad finem huius opusculi addendam esse censui: non eo quidem consilio, quod cum Seneca vel Plutarcho Sinensem hunc Philosophum conferri velim,

AD LECTOREM.

sed vt in Europâ nostrâ tanto viro nobilitatis tam antiquæ, Europæorum æqua æstimatio suum illud dumtaxat, quod meretur, pretium daret. Rogo tamen, Lecte benevole, vt si forte quis velit de Confucij doctrinâ tecum disserere, vel eum cur Europæis Philosophis comparare, tuam non prius sententiam feras quam alibi accurate perlegas, cum huius opusculi, tum reliquorum Confucij operum explanationem ex qua profecto plurimum tibi lucis accedet ad ferendum sine erroris periculo iudicium. Demum ad opusculi praxim, & ordinem quod spectat, hæc sunt notanda

Hæc spectant caracterum Sinicorum editionem.

1. Sinica verba, seu literas, quæ in altera eiusdem paginæ columnâ cum suis numeris oppositæ sunt, Philosophi textum esse, atque ordine Sinico, à superiori scilicet deorsum descendendo, & à læua ad dexteram, legi oportere: quibus ex aduerso i altera columna sub iisdem numeris Latina verba respondent. 2. Sinicos characteres quibus nullus est numerus superadditus, esse particulas quasdam, quæ vel or natus gratia apponi solent, vel vim habent interrogationis, præpositionis, admirationis, &c. Si qua hic accentuum, vel pronuntiationis diuersitas occurrat, meminerit Sinicæ Missionis Tyro eam non mihi, sed interpretum directioni; Europæarum quoque literarum dissimilitudinem non inconstantiæ, sed penuriæ minutiorum characterum attribuere: ob hanc enim penuriam factum est, vt in dimidi opusculi posteriore, Goæ typis dato (dimidium alterum Sinicis typis excussum est) intra parentheses claudantur quæ claritatis gratia textui interposita fuerunt quæque alias minutiori charactere imprimi debuissent. 4. Notæ oppositæ in margine sunt f. p. s. prima denotat folium textus Sinici, iuxta ordinem impressionis Nankin editæ, Authore Chu-Hi, qui liber vulgo dicitur Su-Xu-çie-chu. Secunda indicat paginam, seu potius eiusdem paginæ faciem vnam (apud Sinas folij vniu ambæ facies vnico signantur numero. Tertia ostendit paragraphum, siue lineam illam quæ in ipso Philosophi textu aliquali spatio distat ab altera. Hæc sunt quæ obiter indicanda volui, omissis quæ de accentibus, & modo pronunciandi Sinice alibi explicantur: neque enim est animus minutiis singulis hic persequendis insistere. Fruere, & vale.

SCIENTIÆ SINICÆ
LIBER INTER CONFVCII
LIBROS SECVNDVS.

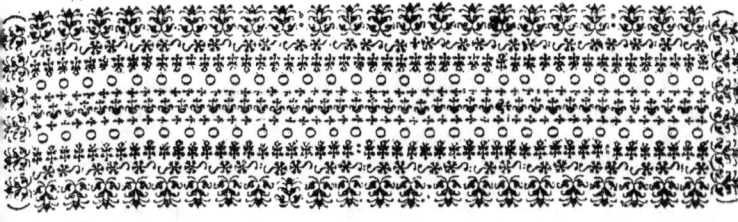

Vod à cœlo inditum est dicitur natura rationalis : quod conformatur huic naturæ, dicitur regula : restaurare hanc regulam dicitur institutio.

Regula hæc non potest momento temporis abesse : si posset abesse; non esset regula. Hac de causa perfectus vir attendit & inuigilat in his etiam quæ non videntur : timet ac pauet in his etiam quæ non audiuntur.

Non apparent, quia recondita : non sunt manifesta, quia subtilia. Ideò perfectus vir inuigilat sui secreto.

Gaudium, ira, tristitia, hilaritas, priusquam pullulent, dicuntur medium seu natura indifferens : vbi pullularint & omnia attigerint rectam mensuram; dicuntur concordia: medium est orbis magnum fundamentum: concordia est orbis vniuersalis regula.

Perfectius medio & concordia, cœli ac terræ status quietus, & omnium rerum propagatio existit.

Confucius ait, perfectus vir tenet medium : improbus præuaricatur medium.

Vir perfectus habet medium; & quia perfectus est, ideò semper tenet medium. Improbus etiam habet medium quod teneat; sed quia improbus, ideò non veretur illud præuaricari.

Confucius ait : medium ô quam illud sublime ! quod è vulgo pauci illud teneant, iam diu est.

Confucius ait : cur via hæc non frequentetur, ego noui; quia scilicet prudentes transgrediuntur; rudes non pertingunt. Cur item via hæc non sit perfecta, ego noui: quia scilicet sapientes excedunt; inertes non attingunt.

Hominum nullus non bibit & comedit : at pauci valent dignoscere sapores.

Confucius ait : etiam hanc non frequentari, proh ! quàm dolendum !

Confucius ait : Xun Imperatoris, illius quam magna prudentia ! Xun solebat consulere suos, & solebat examinare quæcumque etiam vulgaria suorum responsa, dissimulando mala, & deprædicando bona : atripiensque illorum duo extrema, vtebatur eorum medio ad populum regendum. Atque hæc illa fuere propter quæ factus est Xun, talis scilicet ac tantus Imperator.

Confucius ait : hominum quiuis dicit : ego prudens sum ; sed vt impellitur, mox intrat in mille retia & laqueos, incidit in foueæ medium, & nequaquam scit effugere. Hominum quilibet item dicit : ego prudens sum ; seligit medium; sed non valet per spatium vnius mensis seruare.

Lib. II.   A iij

SINARVM SCIENTIÆ,

Confucius ait: Hoêi discipulus, ille planè erat vir. Seligebat medium: & assecutus vnam aliquam virtutem, illicò arctè eam stringebat, fouebat in pectore, & nunquam dimittebat.

Confucius ait: Orbis regna possunt pacificè regi: dignitates & census possunt recusari: nudi enses possuut calcari: at medium non potest tam facilè teneri.

Discipulus çù-lu quæsiuit de fortitudine.

Confucius ait: de Australis-ne regionis fortitudine, vel de Borealis regionis fortitudine: an de vestra fortitudine quæris?

Esse largum, lenemque in aliorum institutione, nec immoderatius poenas exigere à refractariis; Australium regionum fortitudo est; & in hâc perfecti viri immorantur.

Cubare lanceas super, & loricas: mori, & non pertimescere: Borealium regionum fortitudo est, & in hâc fortes immorantur.

Itaque virum perfectum accommodare se aliis, & non diffluere; hæc fortitudo proh quanta! in medio aliorum, ipsum vnum rectum stare, & nusquam inclinare; hæc fortitudo proh quanta! Si in regno vigeant virtus ac leges, non mutari, nec intumescere; hæc fortitudo proh quanta! Si in regno iaceant virtus ac leges, etiam redactum ad mortem, non mutari; hæc fortitudo proh quanta!

Confucius ait: Sectari recondita & patrare miranda, vt posteris sæculis sint qui deprædicent, id ego non fecero.

Perfectus vir aggreditur viam, & progreditur. Progredi ad medium viæ, & deficere; ego non possem sic sistere.

Perfectus vir conformat se cum medio. Fugere sæculum; non videri, nec cognosci; & id non sentire, solus sanctus potest.

Perfectorum regula ampla est, & subtilis.

Viri fæminæque rudes, possunt tamen accedere ad notitiam; at non peruenire ad huius apicem. Quamuis sit sanctus, equidem habebit quod non sciat, non faciat erga alios.

Perfecti viri regulæ sunt quatuor. Ego Kieu (legitur meù) necdum benè seruo vnicam: quod enim exigitur à filiis, vt seruiant parentibus, nondum exactè seruo: quod exigitur à subditis, vt seruiant Regi, nondum perfectè seruo: quod exigitur à fratribus natu minoribus, vt seruiant maioribus; nondum ad amussim seruo: quod exigitur in amicis, vt alter alteri primas deferat; necdum satis obseruo. Perfectus vir ordinarias has virtutes exercet, & in quotidianis sermonibus circumspectus est. Si quid est, in quo deficiat; non audet non sibi vim facere. Si habeat verborum copiam, non audet totam effundere. Verba respondent operibus; opera respondent verbis. Vir perfectus quomodo non sit solidus, ac stabilis hoc modo?

Perfectus vir pro ratione sui status agit; nec cupit quidquam ab hoc alienum.

Si existat diues, & honoratus; agit vt diues, & honoratus: Si existat pauper & ignobilis; agit vt pauper & ignobilis: Si existat alienigena; agit vt alienigena: Si versetur inter ærumnas; agit pro ratione status ærumnosi. Perfectus vir nusquam intrat, vbi non sit sua sorte contentus.

Constitutus in superiori dignitate, non inclementer tractat inferiores: constitutus in inferiori dignitate, non adulatur superioribus. Perficit se, & non quærit ærumnarum suarum causam in aliis: adeòque nunquam indignatur. Supra non queritur de cœlo; infra non culpat homines.

Ideò perfectus vir commoratur in plano, vt exspectet cœli ordinationem: improbus ambulat vias periculosas, vt quærat gratuita.

Confucius ait: Sagittarius habet similitudinem cum viro perfecto: Si aberrat à depicto scopo; reflectens exquirit erroris causam à se & sua & persona.

Perfectorum regula est instar facientis iter longinquum, vtique à propinquiori incipit: vel instar subeuntis in altum; vtique ab infimo incipit.

Oda ait: Vxor amans concordiæ est instar pulsantis cymbala. Fratres vbi concordant;concordiæ gaudium vtique diu perseuerat, & rectè ordinatur tua domestica fa-

POLITICO-MORALIS. 7

milia; exhiliaratur tua vxor, filij ac nepotes.

Confucius ait: pater hoc modo, & mater; ipsi ô quam læti & tranquilli viuent!

Confucius ait: spiritibus inest operatiua virtus; & hæc quidem quàm præstans est.

Illos quasi visu percipis, & tamen non vides. Quasi auditu percipis, & tamen non audis: intimè sociantur rebus; adeoque sunt id, quod res non possunt dimittere.

Efficiunt, vt Orbis homines sint puri, & mundi, ac splendidiorem habitum induant, yt offerant sacrificia. O multitudo immensa spirituum! ac si assisterent ipsis supernè. Ac si assisterent ipsis ad læuam & dexteram.

Oda ait: an Spiritus adueniant, non potest determinari: magisnè poterit verò, si negligenter colantur?

Hujus subtilitatis manifestatio reuera non potest occultari. Sic est omnino.

Confucius ait: Xun, illius quàm magna obedientia! virtute fuit sanctus: dignitate fuit Imperator: opulentia obtinuit quidquid quatuor Maria intra est: in majorum templis sacrificabat: & filios ac nepotes conseruauit.

Ideo magna ipsius virtus haud dubiè obtinuit tantam illam dignitatem: haud dubiè obtinuit tantos illos census: haud dubiè obtinuit tantum illud nomen: haud dubiè obtinuit illam tam longæuam ætatem.

Etenim cœlum in productione rerum haud dubiè accommodat se earum dispositionibus, & dat incrementa: ideoque rectè consita fouet, dejecta destruit.

Oda ait: laudandus iubilis perfectus vir: resplendet eius præclara virtus: quæ populi sunt, tribuit populo; quæ competunt magistratibus, tribuit magistratibus: recipit census à cœlo: conseruat ac protegit imperium & ab ipso cœlo bonis cumulatur.

Ideò tantæ virtutis Vir, útique accipit imperium.

Confucius ait: expers mœroris, is solus fuit Vên Vâm Rex: quia Vam Ki fuit ei pater: & quia Vû Vâm fuit ei filius: quæ pater est orsus, filius pertexuit.

Vû Vâm Imperator propagauit & Tai Vâm & Vâm Ki auorum, & Vên Vâm patris stirpem. Semel arma induit, & obtinuit imperium: eius persona nunquam amisit toto orbe illustrem famam. Dignitate fuit Imperator: opulentia obtinuit quidquid quatuor Maria intra est, in majorum templis sacrificabat, filios item ac nepotes conseruauit.

Vû Vâm jam senior suscepit imperium: deinde Cheu cum (prædicti frater) adimpleuit Vên & Vû (patris ac fratris.) virtutes. Posthumo ornauit Regulorum titulo proauum Tai Vâm, & auum Vâm Ki. Solemnius augustiusque sacrificabat defunctis majoribus iuxta Imperatorum ritus propagabantur ad Regulos & magnates, usque ad literatos, & plebæios homines. Si pater fuisset de magnatibus, & filius esset literatus, sepeliebar patrem vt magnatem, & sacrificabat vt literato. Si verò pater fuisset literatus, & filius esset de magnatibus, sacrificabat ut magnati. Vnius anni luctus pertingebat usque ad magnates: triennij verò luctus pertingebat usque ad Imperatorem. In hoc patris & matris triennali luctu, non alia nobilium, alia ignobilium, sed vna omnium ratio.

Confucius ait: Vû Vâm, & Cheu Cum, horum quam propagata fuit obedientia!

Hi tam obedientes principes præclarè valuerunt prosequi majorum suorum voluntatem: præclarè valuerunt enarrare majorum suorum illustria facinora.

Vere & autumno adornabant suorum auita templa; rectè disponebant eorum antiqua vasa: exponebant eorum togas & vestes: offerebantque illius temporis edulia.

Et quia erat majorum templi ritus, propterea obseruabatur ordo assistentium ad læuam, & assistentium ad dexteram: item obseruabatur ordo dignitatis, ac propterea distinctio fiebat nobilium, & ignobilium; præterea ordo tenebatur officiorum; quapropter & discrimen sapientiorum; cum deinde omnes se mutuo inuitarent ad vina, inferiores ministrabant majoribus: eaque propter solemnitas illa pertingebat alio modo etiam ad ignobiliores. Cum denique inter se consanguinei epularentur; canities præcedebat; adeoque ratio dentium, id est ætatis habebatur.

Vû Vâm & Cheu Cum prosequebantur suorum majorum dignitatem: exercebant

SINARVM SCIENTIÆ,

eorum ritus, canebant eorum muſicam : ea venerabantur, quæ coluerant : ea amabant, quæ dilexerant : ſeruiebant modò mortuis, ac ſi ſeruirent adhuc ſuperſtitibus: & hic erat obedientiæ apex.

Sacrificiorum cœli & terræ ritus erat id, quo celebrant ſupremum Imperatorem & majorum aulæ ritus erat id, quo ſacrificabant ſuis majoribus. Qui clarè intellexerit hosKiao Xé ritus, & rituum Ti Châm rationes; adminiſtrabit regnum is eâ facilitate, ac ſi reſpiceret ad palmam.

Xſgai Cum (Rex regni Lù) quæſiuit de regimine.

Confucius reſpondit. Vên & Vû Regimen ad extenſum exſtat in tabulis & carnis. Similes viri, ſi exiſterent, mox ipſorum regimen reſurgeret : at ſimiles vi interierunt; adeoque & eorum regimen interijt.

Hominum virtus expeditum reddit regimen : vti terræ virtus accelerat incrementa plantarum : ejuſmodi regimen eſt inſtar fluuiatilium cannarum.

Enimverò recta gubernatio pendet ab hominibus: Rex deligat homines ad normam perſonæ ſuæ. Excolitur autem perſona per regulam : perficitur regula per vniuerſalem amorem:

Amare hominis eſt : amare autem parentes, eſt precipuum. Iuſtum eſſe, æquitatis eſt : colere autem ſapientes, eſt præcipuum. Hoc in amandis parentibus a propinquis diſcrimen, & in colendis ſapientibus ordo, ab officiorum ratione quadam rectè commenſuratâ enaſcitur.

[Pro huius loci explanatione remittit interpres lectorem infra.]

Ideò perfectus Rex non poteſt non excolere ſuam Perſonam : nam meditans excolere ſuam perſonam, non poteſt non ſeruire parentibus: meditans ſeruire parentibus, non poteſt non cognoſcere homines: meditans cognoſcere homines, non poteſt non cognoſcere cœlum.

Orbis vniverſales regulæ ſunt quinque : ea quibus exercentur illa tria : videlicet Regem inter & ſubditum : Patrem inter & filium : maritum inter & vxorem : ſi tres maiores natu inter & minores : & eius quæ amicos inter eſt ſocietatis regula Hæ quinque ſunt Orbis generales viæ. At prudentia, amor vniuerſalis, & fortitudo tria hæc ſunt orbis generales virtutes : id verò quo exercentur ipſæ, vnum quid eſt

Siue quis naſcatur ſciens : ſiue diſcendo ſciat, ſiue laborando ſciat : vbi penetrarunt ad ipſam ſcientiam, vnum quid eſt. Siue quis ſponte quietéque operetur, ſiue ob lucrum operetur, ſiue violenter operetur;vbi pertigerunt ad ipſius complementum operis, unum quid eſt.

Confucius ait: qui amat diſcere, appropinquat ad prudentiam : qui nititur opera appropinquat ad amorem : qui nouit verecundari, appropinquat ad fortitudinem

Si noſti hæc tria, iam noſti id quo excolitur perſona: ſi noſti id quo excolitur perſona; iam noſti id quo regas homines : Si noſti id quo regas homines ; iam noſti quo regas totius orbis regna.

Quicumque regunt orbis regna; habent has nouem regulas, videlicet : excolere ſe ipſos : colere ſapientes : amare parentes ac propinquos : honorare præſtatiores miniſtros : accommodare ſeſe cum reliquis miniſtris: filiorum inſtar amare populum : accerſere plurimos artifices : benignè excipere è longinquo aduenas : deręque fouere Regulos.

Si Rex excolat ſe ipſum; mox Regulæ illæ vigebunt. Si colat ſapientes ; iam non hæſitabit in negotiis : Si amat parentes; iam inter reliquos patruos, fratres maiores natu, & minores non erunt ſimultates: Si veneretur præcipuos miniſtros; iam non caligabit in regimine : Si ſeſe accommodet cum reliquis miniſtris; iam omnes præfecti reddent obſequia (ſua) impenſius : (ſi) filiorum inſtar amet populum, tum populus animabitur : (ſi) accerſat plurimos artifices, tum divitiarum ad vtendum affatim (erit: ſi) benignè excipiat è longinquo aduenas : mox quatuor terrarum,(populi ad ipſum) ſe conferent : (ſi) foueat Regulos, iam toto orbe formidabilis (erit

Abſtinentem (&) purum (eſſe) gravi cultu indui: illicita non attingere :
(ſun

POLITICO-MORALIS. 9

(funt) quibus (regia) excolitur perfona. Repellere detractores: procul abeffe à venereis: vilipendere opes; & magnipendere virtutem; ea(funt,)quibus animantur fapientes. In pretio habere fuorum dignitatem: augere eorum redditus: eadem (cum) illis amare, (&) odiffe: ea (funt) quibus animantur (omnes ad) amandos parentes. Habere præfectos inferiores (in) magno numero, (qui maioribus fubordinati) ex officio (minora quæque negotia) adminiftrent; (eft) id, quo animantur fuperioris ordinis præfecti: fuis fidere, (&) credere, amplaque (conferre) ftipendia: ea (funt,) quibus animantur (Regij) miniftri. Congruo tempore occupare (populum; &) moderari vectigalia: ea (funt) quibus animatur populus. Quotidie exa minare, (&) quouis menfe per fe explorare, (an operariorum) alimenta refpondeant operi; (eft) id, quo animantur opifices: Profequi abeuntes, (&) comiter excipere aduentantes, collaudando (aliorum) præclaras dotes, & miferando (aliorum) imbecillitatem; (eft) id, quo benignè tractantur è longinquo aduenæ. Perpetuare (Regulorum) intereuntes familias, (&) erigere (eorundem) collabentia Regna, moderando tumultus (&) propulfando pericula: celebrare Regulorum comitia, (&) excipere (eorundem) legationes iuxta (ftatuta) tempora: laute tractare abeuntes, & moderari aduentantium munera; ea (demum funt,) quibus fouentur Reguli.

F, 18. p. 2. §. 1. Quicumque regunt orbis Regna, habent (prædictas) nouem regulas: id (vero) quo exercent illas, vnum (eft.) (fi) omnes res (&) actiones (quæ fpectant ad prædictas regulas) præcogitentur; hoc ipfo folide fubfiftent: (fi verò) non præmeditatæ fuerint; hoc ipfo incaffum abibunt. (fic fi) verba prius determinaueris; hoc ipfo non cefpitabis: (fi) res agendas prius ftatueris, eo ipfo (deinde) non angeris: (fi) opus (ipfum) prædetermineris, hoc ipfo (deinde) non (te) pigebit. (Si itaque) regula (rectæ rationis) prius fixa firmaque (fuerit;) tum indeficiens (tibi eius vfus erit.)

(Si) conftituti (in) inferiori dignitate non obtinent gratiam apud fuperiores; populus nequit fieri vt regatur. (Ad) obtinendam (autem) gratiam apud fuperiores datur regula: (fi) non feruent fidem cum amicis; nec obtinebunt gratiam apud fuperiores. (Ad) feruandam fidem cum amicis datur regula: (fi) non fint obfecundantes erga parentes, nec feruabunt fidem cum amicis. (Vt fint) obfecundantes erga parentes, datur regula: (fi) reflectentes ad fuammet perfonam, (competerint) fe non finceros (effe;) nec (erunt) obfecundantes erga parentes. (Ad) fincere perficiendam fuammet perfonam (feu fe ipfos) datur regula: nifi exploratam habeant rationem boni; nec fyncere perficient fuammet perfonam.

Verâ folidaque perfectione dotatum effe, coeleftis (quædam eft) ratio: (ad hanc) veram folidamque perfectionem contendere, humana (quædam eft) ratio. Verâ folidaque perfectione dotatus non (fibi) vim infert; & tamen attingit finem: non operofe difcurrit; & tamen affequitur: cum tranquillitate (&) facilitate attingit virtutem: (atque hoc) fanctorum (eft) qui ad veram folidamque perfectionem contendit, feliget bonum, & fortiter manu tenet.

(Et hic) quidem) multa perdifcit: (præmature) difcutit quærenda: attente meditatur: (res inter fe) clare diftinguit: folide (ac) conftanter operatur.

Sunt qui nolunt difcere (quia) difcendo non proficiunt: ne (tamen) defiftant: funt qui nolunt interrogare, (quia) interrogantes non capiunt (refponfa;) ne (tamen) defiftant: funt qui nolunt meditari, (quia) quod meditantur, non (facile) affequuntur; ne (tamen) defiftant: funt qui nolunt argumentari, (quia) argumentando non clare percipiunt; ne tamen defiftant: funt qui nolunt operari, (quia in) operando non (funt) folidi (&) conftantes; ne (tamen) defiftant:(nam quod) alij vnicâ vice affequi potuere; (tu ipfe (faltem) centefimâ (poteris: quod) alij decimâ vice affequi potuerunt; (tu) ipfe (faltem) millefimâ (poteris.)

Reuera (qui) feruare valet hanc regulam; quamuis rudis (fit) tandem (erit) clare intelligens; quamuis imbecillis (fit) tandem fortis (euadet.)

Se ipfo vere folideque perfectum (effe, fimulque rerum omnium) intelligentem;

IV. P.   B

dicitur natura, (seu, natiua virtus) se ipsum (prius) illuminare reddereque intelligentem, (ac deinde in) vera (virtute seu) perfectione solidare; dicitur institutio.
(Qui) natiua perfectione dotatus (est;) eo ipso intelligens (est : qui autem prius) rerum intelligentiam (sibi comparauit;) poterit deinde perfectus (euadere.)

Solum (in) vniuerso (hoc) summe perfectus potest exhaurire suam naturam. (Si
potest exhaurire suam naturam; iam poterit exhaurire (aliorum etiam) hominum
naturam : (si) potest exhaurire hominum naturam; iam poterit exhaurire rerum naturas: (si) potest exhaurire rerum naturas; iam poterit adiuuare coelum (&) terram
(in) productione (&) conseruatione (rerum: si) potest adiuuare coelum (&) terram
(in) productione (&) conseruatione (rerum,) iam (etiam) poterit cum coelo (&) terra ternarium principium (constituere.)

Ab his (primi ordinis perfectis viris) secundi (sunt, qui) mittuntur restaurare nondum extinctam natiuæ bonitatis particulam, poterunt obtinere solidam perfectionem : vbi assecuti (fuerint) solidam perfectionem, mox (illa) sese prodet : (vbi) sese
prodiderit, mox illucescet: vbi illuxerit; mox lucis radios late diffundet : (vbi ita
irradiauerit, eo ipso motum faciet (animorum : vbi) motum fecerit; iam (morum)
mutationem inducet : (vbi) mutationem induxerit; eo ipso conuersionem efficiet
solum (in hoc) vniuerso summe perfectus efficere potest conuersionem (huiusmodi.)

Summe perfecti virtus (ea est, vt) possit præscire (futura.) Cum Regia familia proxime (est) erigenda; proculdubio (passim) dantur fausta prognostica: (cum) regiæ familiæ imminet occasus; proculdubio (passim) dantur infausta prognostica, (quæ &)
manifestantur in (herba) XI (dicta &) testudine; (&) præuio motu percellunt corpus
(humanum. At summe perfectus, cùm) calamitas, (aut) felicitas proxime instat, (in)
probis proculdubio prænoscit istam, id est, felicitatem : in) improbis proculdubio
prænoscit illam, (id est, calamitatem) ideo summe perfectus (est) instar spiritus.

(Eiusmodi) vera solidaque perfectio (est) sui ipsius perfectio : & regula (est) sui
ipsius regula.

(Hæc) vera solidaque ratio (seu perfectio, est) rerum (omnium) finis (&) principium. (Si) desit (rebus hæc) vera solidaque ratio, (seu perfectio,) non erunt res. Hac
de causa sapiens, (&) probus vir veram (hanc) solidamq; perfectionem æstimat maximi

Vere perfectus (quia) non ipse perficit sese (solum) & (hic) sistit; propterea perficit (etiam) res (alias.) Perficere scipsum, amoris (est:) perficere res, prudentiæ (est.
Et hæ quidem) natiuæ virtutes (sunt : has autem) vnitè applicando externis (&) in-
ternis; regula (est:) adeoque suis temporibus exercere, conuenientiæ (est.)

Propterea summe perfectus nunquam cessat.

(Si) nunquam cessat; ergo perdurat : (si) perdurat; ergo per effectus se prodit.

(Si) per effectus se prodit; ergò latè longèque diffunditur: (si) latè longèque diffunditur; ergo amplus, (&) profundus: (si) amplius (&) profundus; ergo sublimis (&) clarus

(Quia) amplus (&) profundus; ideò sustentat res : (quia) sublimis (&) clarus; ideo
protegit res : (quia) latè diffusus (&) perdurans; ideo perficit res.

Amplitudine (&) profunditate, æquiparatur terræ. Sublimitate, (&) claritate,
æquiparatur coelo : latitudine, (&) duratione, absque termino (est.)

Cùm sit talis (ac) tantus; non (prius) exhibet sese (atque ostentat,) ac tum deinde
manifestus fit : non (prius) motum, ac tum deinde conuersionem efficit : non (prius
operoso quodam virium molimine quidpiam) facit, ac tum deinde perficit.

Coeli terræque ratio potest vnius verbo exhauriri : (&) hæc (quidem) in efficiendis
rebus non (est quid) duplex, (sed vnicum quid est simplex:) adeoque huius (eiusdem
in) procreandis rebus (virtus est) inscrutabilis.

(Hæc itaque) coeli (&) terræ ratio lata (est, &) profunda, sublimis (&) clara, latè
diffusa (&) perdurans.

Iam hoc coelum (est) hæc lucis (&) fulgoris tantilla portio : (at) veniendo ad eius
(totius molis) interminabilem (amplitudinem;) sol, luna, stellæ, signaque coe-
lestia (in eo) suspensa continentur; vniuersæ (item) res (ab eo) teguntur : iam

POLITICO-MORALIS.

(tantilla) hæc terræ (portio, quam calcamus, cum totâ eius mole collata, vixdum) vnius pugilli terrei (est) quantitas: (at) veniendo ad (totius) eius (molis) vastitatem (&) profunditatem; sustentat montem HEA YO (dictum;) & tamen non grauatur: complectitur sinu flumina, (&) maria; & tamen non inundatur: omnium (est illa) rerum sustentaculum. Iam hic (vnus) mons vnius (item) frusti lapidei tantillum (quid est: at) veniendo ad eius (totius molis) latitudinem (&) magnitudinem; plantæ, (&) arbores (ibi) nascuntur, volucres, (&) feræ (ibi) commmorantur: metalla (item) lapidesque pretiosi (in eius) visceribus latentes in lucem prodeunt. Iam hæc aqua vnius (item) cochleatis tantilla (est) proportio: (at) veniendo ad (totius) eius (molis) inexhaustam abyssum; cete-grandia, crocodili, serpentes, dracones, pisces, testudines, (in ea) procreantur: opes (denique ac) diuitiæ (ex ea) enascuntur.

Oda ait: solius cœli virtus proh quàm alte recondita! nunquam cessat: quasi diceret: (inquit çu Su) cœlum ideo est cœlum. Quomodo (prosequitur Oda) non (vbique) manifesta Ven Regis virtutum puritas? quasi diceret: (addit çu Su.) Ven Rex ideo fuit Ven, (talis scilicet ac tantus vir, cuius) puritas quoque nunquam defecit.

(O quam) magna Sancti viri lex (&) virtus!

(O quam in) immensum diffusa! producit, conseruatque omnia: (adeo) eminens, (vt) pertingat ad cœlum.

O abundantiam (eius) maximam! rituum (maiorum, &) officiorum trecenta (capita; &) rituum (minorum,) officiorumque ter mille (capita, magna & parua omnia complectitur.)

Expectandus hic vir (est:) tum demum (hæc omnia poterunt) opere perfici.

Ideo dici solet: si non (existat) summa virtus; summa lex nequaquam coalescet.

Hinc virtutis studiosus summopere colit (& conseruare studet) rationalem naturam (suam) adeoque ad rectæ rationis regulam (omnia accurate) explorans, (seseque) instituens, implet (mentis suæ) capacitatem (&) amplitudinem; atque exhaurit (ac perspicit etiam) subtilissima (&) minutissima (quæque. Præterea perficit &) ad apicem perducit (natiuam eiusdem mentis suæ) sublimitatem (&) claritatem, & quidem (omnia agendo iuxta regulam medij, recolit vetera, & studet scire noua. Denique stabilit &) corroborat ante parta, vt augeat (& perficiat,) quod fas (&) æquum (est.)

Hac de causa consistens (in) superiori (loco) non insolescit: consistens (in) inferiori (loco) non (est) refractarius. (Si in) regno vigeant virtus (ac) leges; eius sermo sufficit, vt (etiam nolens) promoueatur (ad dignitatem.) Si regnum sine virtute (ac) legibus (sit;) eius silentium sufficit, vt inperturbatus sibi vacet. Oda ait: quia recte intelligens (erat) ac rerum prudens indagator (loquitur de quodam sapiente Chum-Xan-fu dicto.) idcirco illæsam conseruauit suam personam. Hoc illud est, (addit çu Su) quod hic supra diximus.

Confucius ait: (si quis) rudis (est;) & tamen vult suo (vnius) iudicio vti: (si quis) è vili plebe (est,) & tamen vult sibi arrogare quæ non sunt sui juris (&) fori: (si) natus in præsenti sæculo, (tamen) conuertat se (ad) priscorum (iam antiquitates) leges: qui talia agunt; calamitates obuenient ipsorum personis.

Nisi (fuerit) Imperator, nemo instituat vrbanitatis officia; nec inducat (nouos) curiæ vsus; nec mutet quidquam rei literariæ.

Moderni Imperij currus eosdem (ducunt) sulcos, (quos olim:) libri eandem (seruant) methodum, (quam olim:) minorum (quoque) eadem ratio (est.)

Tametsi (quis) habeat eorum (priscorum scilicet Regum) dignitatem: si (tamen) careat eorum virtute; ne ausit instituere ritus (&) musicam: tametsi (quis) habeat eorum virtutem: si (tamen) careat eorum dignitate, item nec ausit instituere ritus (&) musicam.

Confucius dicebat: ego (cum voluptate) refero (familiæ Imperatoriæ) HIA ritus: (at exigui Regni) Ki (aut Ri) non (sum horum) sufficiens testimonium: ego didici

SINARVM SCIENTIÆ,

(familiæ Imperatoris) YN ritus; (&) sunt (regni) SVM (posteri, apud quos horum adhuc) extant monumenta. Ego (item) studui (huius familiæ Imperatoriæ) CHEV ritibus (& hi) nunc in vsu sunt: ego (igitur) sequar (huius) CHEV (ritus.)

(Ad) gubernandum Imperia sunt (illa) tria maximi momenti: (&) illa (rariora faciunt, seu) minuunt peccata.

Superiorum temporum Reges quamuis probe statuerint leges; (tamen) carent testimonio: (& cum) desit testimonium; non datur fides: (si) non datur fides; populus non sequitur. (Vir Sanctus) in inferiori (seu priuato) constitutus, tametsi vrbanitatis officia colat; (est tamen priuatus ac) sine dignitate: (& cum) sine dignitate (sit ei) non datur fides: (ac denique quia) sine fide (& authoritate est,) populus (ipsum) non sequitur.

Ideo perfecti Regis recta gubernandi ratio fundatur in suâ ipsius personâ, testatam faciendo (virtutem suam) vniuerso populo. Explorat (exigitque regimen suum) ad (normam) trium (priscorum) Regum, & non aberrat: (infert & combinat) res à se gestas cum cœli terræque (lege;) & (huic) non aduersantur. Testatam facit ipsis (adeo) spiritibus (quantumuis reconditis virtutem suam,) & nihil dubitat. (Imo etiam post) centum sæcula expectato sancto, (quin testata futura sit,) nihil ambigit.

(Quod) testatam fore spiritibus non dubitet (inde est, quia) nouit cœlum: (quod post) centum (etiam) sæcula expectato Sancto (eandem testatam fore) nihil (item) ambigat; (inde est, quia) nouit hominem.

Hâc de causâ perfectus Rex (si quidpiam) aggreditur; iam (hoc ipsum omnibus) sæculis esse potest orbis principium: (si quidpiam) agit; iam (hoc omnibus) sæculis esse potest orbis lex: (si quid) loquitur; iam (id omnibus) sæculis esse potest orbis norma. (Denique talis est, vt) procul absentes iam (ad ipsum) anhelent: (qui verò), propiores (sunt;) iam nullo (ipsius) tœdio afficiantur.

Carmen ait: (si) existat illic, nullus (eum) aduersatur. (Si) existat isthic, nulli tœdio est, quasi diu, noctuque, & in perpetuum deprædicabitur. Perfectus Rex (addit çu Su) nullus dum fuit, (qui) non hoc modo, & (quàm) citissime obtinuerit laudem (&) famam per vniuersum orbem.

Confucius (inquit ç v s v) eminus, honorifice commemorabat YAO (&) XVN (priscos Reges:) cominus (verò) sequebatur VEN (&) VV (modernos Reges.) Supra, imitabatur cœli tempora: infra, conformabat se aquæ (&) terræ.

Quemadmodum cœlum (&) terra, (hæc quidem) nihil non continet (&) sustentat; (illud verò) nihil non tegit (&) ambit. Quemadmodum (item) quatuor tempora successiue procedunt: quemadmodum sol (&) luna alternatim illuminant. (Sic cum quâdam proportione Confucius.)

Vniuersæ res vnâ procreantur, & non sibi mutuo nocent: (quatuor temporum, solis item ac lunæ) successiui motus æquabiliter procedunt, & non sibi mutuo contrariantur tenues (ac) limitatæ, (quæ rebus inditæ sunt,) virtutes, (ceu) fluenti (cuiusdam) emanationes (sunt, illa autem) magna (&) illimitata virtus effectrix (&) corroboratrix (emanantium) procreationum (est) istud (est) cœlum (&) terra propter quod sunt magna.

Solum (in) toto orbe summe perfectus (&) sanctus est qui queat (omnia) percipere, clare intelligere, penetrare, (&) comprehendere; (adeoque) sufficiens est, vt habeat regimen. (Eius animi) magnitudo, liberalitas, affabilitas, (ac) benignitas, sufficiunt, vt habeant capacitatem, (quâ admittat &) complectatur (vniuersos. Eius) actiuitas, animi celsitudo, robor, (&) constantia, sufficiunt, vt (omnia) manuteneat (eius pura illa) simplicitas, serietas, æquabilitas, rectitudo sufficiunt, vt obtineat honorem, (&) venerationem. (Multiplices animi dotes ac) ornamenta, (eorumque mirabilis illa) temperies, (qua omnia in pondere & mensura moderatur) minimarum (etiam) rerum exacta inuestigatio (ac) discussio, sufficiunt, vt habeat quo (citra errorem omnia) discernat.

POLITICO-MORALIS. 13

(Est etiam) amplus, diffusus, profundus, (rerumque omnium) fons (&) origo: adeoque (suis) temporibus (sese) prodit exeritque.

Amplus, (&) diffusus, velut coelum: placidus (&) profundus, velut aquarum abyssus; (si) foras se prodat, iam è populo nullus (erit, qui eum) non veneretur: (si) loquatur, iam è populo nullus (erit, qui ei) non det fidem (si quid) agat; iam è populo nullus (erit qui ei) non gratulabundus applaudat.

Summè beneuolus (ac) beneficus (est) eius amor (&) pietas: placidissima (ac) profundissima eius (perfectionum) abyssus: latissimè patens eius coelum.

Si quis (concludit çu-su) non (sit) reuerà perspicax, clarè intelligens, Sanctus, prudens, (&) altè penetrans coeli virtutes: hunc (modo dictum Sanctum) ecquis (alius poterit cognoscere?

Oda ait: indutus vestem divitem (ac) variegatam, (si) superinduat vulgarem penulam; (is scilicet) odit eiusmodi ornatus ostentationem (ac) splendorem. Ideo (ait çu-su) perfecti viri virtus occulit sese (illa quidem;) sed in dies (vltrò) manifestatur: improbi (verò fucata) virtus (quia solum) specie-tenus (est talis;) proinde in dies (magis ac magis) euanescit. Perfecti viri virtus insipida (videtur;) & tamen (multum) habet venustatis: rudis informisque (videtur;) & tamen (intus) perpolita (est. Itaque si vir eiusmodi perfectus) nouerit (eorum, quæ) longè (absunt) proximum principium: nouerit (item) morum motuumque originem: nouerit (denique) subtilium (&) arcanorum manifestationem: poterit (deinde) hoc modo (paulatim) gradum facere (ad) virtutem (Sanctorum.)

Oda ait: penitus abdita licet delitescant (vitium & virtus;) tamen (vel sic) omnino in lucem prodibunt. Ideo (exponit çu-su) vir perfectus cordis intima discutiens, (si) nihil morbidi (deprehendat; non (est cuius eum) pudeat in corde (suo. Nimirum) perfectus (ad) quod non potest, (nisi difficulter,) peruenire; (nonne) hoc ipsum solùm (est,) homines (passim) quod non vident?

Oda ait: vide (ac) circumspice (cum) solus degis (in) tua domo: insuper ne agas, (de quo possis) erubescere in (tuæ) domus recessu. Ideo (ait çu-su) vir perfectus non aggreditur (negotium) & (tum primum) attendere sibi (incipit:) non profert sermonem, & (tunc primum de) verborum veracitate (cogitat. Sed semper, & in omnibus est vigilans.)

Oda ait: (Archimystes) ingrediens (templum) mouet (&) inuitat (spiritus, & quamuis) non indicat (silentium; tamen) tempore sacrificij nulla est (populi) contentio (aut) murmur. Eodem modo (ait çu-su) Rex perfectus, (quamuis) non largiatur (multa;) tamen populus excitatur (ad præstandum quod sui muneris est: quamuis non irascatur, tamen populus (eum) pertimescit præ falcibus (&) securibus.

Oda ait: (si) non apparens (ac velut) solitaria (sit Regis) virtus; centum Reguli illam studiosè æmulantur. Hac de causa (inquit çu-su) si Rex perfectus (virtutem) solidè colat: iam orbis vniuersus pace perfruetur.

Oda ait: ego complector & amo (inducitur XAMTI Supremus coeli Imperator loquens) Regis Ven-Vam claram virtutem, (quæ) non magnopere personabat, vt exterius perciperetur, (& appareret.) Confucius ait: Sonitus verborum, (&) splendor exterior, in ordine ad conuertendum populum (sunt quid) posterius. Oda ait: virtus (hæc est) quid subtile (&) leue instar pili. Imo verò (subjicit çu-su) pilus adhuc habet, (quod cum eo) comparetur: (adeoque magis rem declarat carmen aliud, quo (dicitur:) supremi coeli res, nec sonum, nec odorem (habet: sed) summum (quid est, & omnia transcendens.)

IV.P. B iij

CONFVCII VITA.

Vm-Fù-çù siue Confucius, quem Sinenses vti Principem Philosophiæ suæ sequuntur, & colunt, vulgari vel domestico potius nomine Kieu dictus; cognomento Chum-nhi; natalem habuit sedem in Regno Lù, quod Regnum in Prouinciam deinde, quæ hodie Xantum dicitur, redactum fuit in pago çeu-ye territorij Cham-pim, quod ad ciuitatem Kio-feu pertinet; hæc autem ciuitas paret vrbi Yen-cheu dictæ. Natus est anno 21. Imperatoris Lim-vam fuit hic tertius & vigesimus è familiâ, seu domo Imperatoria, Cheu dictâ, anni nomen Kem-sio; secundo item & vigesimo anno Siam-cum Regis, qui eâ tempestate Regnum Lù obtinebat: die 13. vndecimæ lunæ Kem-çu dictæ, sub horam noctis secundam, anno ante Christi ortum 551. mater ei fuit Chim, è familia prænobili Yên oriunda; pater Xo Leam-he, qui non solum primi ordinis magistratu quem gessit in Regno Sùm, sed generis quoque nobilitate fuit illustris; stirpem quippe duxit (vti chronica Sinensium testantur, & tabula genealogica quæ prolegomenis ad annales Sinicos inseritur, perspicue docet) ex vigesimo-septimo, siue penultimo Imperatore Tie-ye dicto. Porro natus est Confucius patri iam septuagenario, quem adeo triennis infans mox amisit; sed mater pupillo deinde superstes fuit per annos vnum & viginti, coniuge in monte Tum-sam Regni Lù sepulto. Puer iam sexennis præmatura quadam maturitate, viro, quam puero similior, cum æqualibus nunquam visus est lusitare. Oblata edulia non ante delibabat, quam prisco ritu, qui çu-teù nuncupatur, cœlo venerabundus obtulisset. Annorum quindecim adolescens totum se dedere cœpit priscorum libris euoluendis, & reiectis iis, quæ minus vtilia videbantur, optima quæque documenta selegit, primum expressurus ea suis ipse moribus, deinde aliis quoque ad imitandum propositurus. Non multo post vna cum Mein-y-çu & Nam-cùm Kim-xo ad ritus ciuiles addiscendos se contulit. Decimo-nono aut vt alij, 20. ætatis anno duxit vxorem, quæ vnica illi fuit Kieu-quon-xi ex qua, sequenti mox anno suscepit filium Pe-yu; sed hoc deinde iam quinquagenario, cum ipse 66. annos natus esset, orbatus est, vxore tribus ante annis amissâ: Haudquaquam tamen cum filio stirps omnis extincta est, sed per nepotem çù-sù, qui auitæ laudis, ac Philosophiæ studiosus aui sui libros commentatus est, & magnis in Imperio muneribus perfunctus, perpetua posterorum serie cum non vulgari tam opulentiâ, quam dignitate ad hæc vsque tempora propagata est, nulli fortasse familiarum, quas vel in Africâ, vel in Europa nobilitatis antiquitas commendat, postponenda. Sic quidem affirmare non dubitauit P. Ioannes Adamus Schall, Soc. Iesu Sacerdos, vir Sinicarum rerum peritus in primis, cum forte is, qui hac ætate Philosophi nomen, ac stirpem tuetur, eum Pekini visendi gratiâ, nec sine muneribus qui mos est gentis adiuisset: quod si meminerimus primam Confucianæ stirpis originem ab antiquissimis peti Sinicæ gentis Imperatoribus Chimtam-yu-hoam-ti; hunc autem iam ante annos 4. mille & amplius Sinis imperauisse, nullus vtique de tantâ nobilitate dubitandi locus nobis erit, si modo Sinarum chronicis fidem quam merentur dare placuerit. Variis in locis magistratum gessit. Philosophus magna cum laude: curas vero huiusmodi ac dignitates non alio fere studio admittebat, quam publicæ vtilitatis, spe propagandæ doctrinæ suæ: qua quidem spe si forte falli se videret, vltro scilicet magistratu se se abdicabat. Huius rei cum

CONFVCII VITA.

alias sæpe, cum vero 55. ætatis suæ anno illustre testimonium dedit; cum enim in regno Lù Mandarinum ageret (loquor hic more Lusitanorum à quibus in hoc Oriente Mandarini vocantur, qui publicas res inter Sinas administrant) tanta legum obseruatio, rerumque, & morum tam felix conuersio trimestri spatio mox consecuta est, vt iam vicini Reges, æmulique inuidiâ, metuque aliquo tenerentur, haud ignari, Respublicas non aliâ re felicius conseruari, & crescere; quam disciplinâ, legumque obseruatione: finitimi ergo Regni quod çi dicebatur Rex atque optimates tam præclaræ æmulorum gubernationi structuri insidias, donis eas, vt sit tegunt: puellas formâ, canendi gratiâ, aliisque dotibus præstantes dono mittunt Regni Lù Regi. Rex ignarus insidiarum dolosum munus admittit, capitur illico muliercularum gratiâ, capiuntur & proceres, sic prorsus, vt ad trimestre totum dum nouis illis deliciis indulgeretur, negotia cessarint publica, & Regis adeundi via præclusa fuerit: non tulit hoc Confucius: Renunciat muneri, relinquit aulam, atque ad Regna çi-quei & çu spontaneus exul contendit: verum nec hi bono quod aliis inuiderant, frui nouerunt: non admittitur Philosophus, qui à Deo coactus petere Regnum Chin, hic ad extremam victus quoque penuriam redigitur: nec multo post dum regnum Sum peragrat, à quodam Huon-tui præpotenti viro, sed insigniter improbo non semel ad mortem conquisitus est: ipse interim tot ærumnas inter, atque discrimina sui semper similis, inuicto semper animo, & pro causa tam bonâ, vitam quoque ponere paratus: quamquam fretus ipse recte factorum conscientiâ, præsidioque cœlesti, rursum negabat, quemquam sibi nocere posse, siquidem esset eâ virtute instructus, qua ipsi cœlo inniteretur. Ardens, atque indefessum studium diuulgandæ per totum Imperium sanioris doctrinæ ad extremum vsque spiritum non remisit; cumque viri ardor patriis finibus ægre contineretur, non semel de nauigando mari, terrisque remotioribus adeundis cogitauit. Discipulos numerauit 3000. ex his omnino quingentos extitisse memorant, qui variis in Regnis Magistratus gesserint: qui præ cæteris autem virtute litterisque eminerent, duos & septuaginta fuisse, quorum adeo nomina, cognomenta, & qua quisque patriâ sit oriundus, memoriæ proditur. Quatuor doctrinæ suæ, ceu gradus, totidemque discipulorum ordines, constituebat. Supremus ordo in excolendo virtutibus animo ponebat studium; & in hoc quidem ordine primas ferebant Min çù Kieù Gèn Pè Nieu Chum Cum, ac denique Yen Yuen charus præ omnibus magistro discipulus, cuius immaturum funus (obiit quippe primo & trigesimo ætatis anno) continenter lugebat. Proximus ordo ratiocinandi, dicendique facultati dabat operam; huius Principes erant çài-ngò, & çù-cum. Tertius agebat de regimine politico & probe gerendis muneribus publicis, excellebant hic Gèn-yeù, & Ki-lù. Quarti denique & postremi ordinis labor, atque occupatio hæc erat, vt quæ ad mores spectabant apto, venustoque stylo declararent, quod duo çù-yeè, çù-hià præcipua cum laude præstabant. Atque hi quidem inter duos & septuaginta, decem erant solertiores discipuli, & flos scholæ Confucianæ. Omne studium, ac doctrina Philosophi eo collimabat in primis, vt naturam ignorantiæ tenebris offusam, vitiisque deprauatam reuocaret ad pristinam lucem atque integritatem cum quâ è cœlo conditam descendisse asserebat: Ex quo deinde clemens, & æqua rerum administratio, adeoque felix, & maximè pacatus Imperij status consequeretur; quò autem certius attingeretur hic scopus, volebat omnes Kim tien ngai gin; Kè Ki, obsequi cœlo, ipsumque timere, & colere; amare proximum sicut seipsum, vincere se, atque appetitus suos subdere rationi, nec quidpiam agere, dicere, vel etiam cogitare, quod ab hac esset alienum. Porro quæ scripto verboque præcipiebat, primus ipse moribus exprimebat, ac vita, cuius rei testimonium satis luculentum præbere potest tantus tot illustrium virorum numerus, qui in disciplinam eius se contulerunt, & quæcumque gessit, dixitque, quamuis minutissima, posteritati prodidere: ad hæc constans ille fauor tot Principum, tantus tot sæculorum honor (de quo mox agemus) argumento esse potest, virtutem sane fuisse Philosopho, non meram speciem fucumque virtutis. Quid? quod

CONFVCII VITA.

nostris temporibus haud defuerint è Litteratorum ordine, qui vel amplexi iam religionem Christianam, vel huius integritate sanctitateque probe saltem perspecta non dubitanter affirmarunt, sperari posse Philosophum suum, siquidem vixisset ætate nostra, primum fuisse futurum qui ad Christi legem transisset. Certè quemadmodum sectatores eius tradunt, mira quædam fuit viri grauitas, & corporis animique moderatio, fides, æquitas, lenitas singularis. Seuerus erat ac peruigil sui ipsius obseruator, ac censor: contemptor opum, honorumque, hoc agens vnum studio prorsus indefesso, vt doctrinam suam quam plurimis mortalium impertiret. Quod autem in eo vel maximè suspicimus Europæi, & in nostratibus quidem priscæ ætatis Philosophis desideramus, tanta fuit animi demissione Confucius, vt non solum de se suisque rebus admodum modestè loqueretur, sed vltro quoque & palam arguere sese, quod nec in discendo (vt aiebat) esset impiger, nec constans in docendo, neque eâ quâ par erat vigilantiâ vitiorum suorum emendationi, & studio virtutum exercitioque operam daret. Certissimum vero argumentum modesti, sincerique animi tum dedit, cum palam ingenueque professus est doctrinam suam non esse suam, sed priscorum, in primis Yao, & Xum Regum, qui ipsum mille quingentis, eoque amplius annis antecesserant. Cum itaque non deessent, qui cum sapientia natum esse opinarentur, adeoque & prædicarent, peragrè id ferebat, & disertè negabat, ac gradum perfectæ consummatæque virtutis, aut sanctitatis peruenire se posse. Dicere identidem solitus (vt à quibusdam Sinensium traditur) virum sanctum in occidente existere Si-fam Ven-Xim-gin, quod ipse de quo, quoue spiritu pronunciarit incertum est. Hoc certum anno post Christum natum 66. Imperatorem Mim-t (fuit è familiâ Han decimus-septimus) motum verbis Philosophi, magis etiam oblata sibi per somnum specie sancti ex occidente Herois. Cum ipsimet ire non esset integrum, misisse çai-cim, & çiu-kim legatos suo nomine Occasum versus, inibi veram legem, & sanctitatem quæsituros; qui quidem cum ad insulam quandam appulissent, quæ non procul distabat à Rubro mari, non ausi longius procedere, idolum quoddam, & monstrum hominis Fè dictum (qui quingentis circiter annis ante Confucium in India floruerat) nec-non execrabilem ipsius legem in hoc Imperium & vicina circum regna retulerunt: felices, æternumque de patriâ suâ bene merituri, si pro hac peste salutarem Christi doctrinam, quam per eadem tempora Thomas Apostolus apud Indos propagabat, reportassent. Sed enim felicitas humana, & quæ hinc nascebatur superbia gentis opulentæ, potentis, & florentissimæ; veræ felicitati, tunc, vt opinor, aditum obstruxit. Sinenses ergo cum idola iam magis magisque venerarentur, nec sine exemplo quorundam regum qui prorsus impensè noxiam superstitionem sectati sunt, paulatim scilicet discesserunt à genuina Magistri sui doctrina, & præclaris institutis priscorum; ac tandem in contemptum Religionis omnis, verumque Atheismum sunt prolapsi: in hunc porro litteratos & acutiores quosque ceu manuduxit doctrina illius ipsius Fe, qui rudi vulgo idololatriæ magister extitit: duplicem quippe perditissimus impostor iste atque Atheorum Princeps doctrinam reliquit; alteram, qua rerum omnium principium finemque nihil esse docet, quam qui sectantur Athei sunt & arcanam atque interiorem vocant; alteram quæ exterior dicitur, atque illius adumbratio quædam est, ad vulgi & rudiorum ferè captum & superstitionem accommodata. De Confucio tamen dubitari non potest quin ab hac, & illa peste immunis fuerit; idolorum certè cultorem fuisse ne illi quidem, qui vitio temporis idola iam venerantur affirmare ausint; ab Atheismo vero quàm fuerit alienus, non ipse tantum, sed prisca Sinarum ætas omnis in explanatione lib. Chumyum declaramus. Migrauit è vita Confucius anno ætatis 73. luna 4. Ki-cheu vulgo dicta, anni Cui-gin-sio nomen, è sexagenario Sinensis ætæ cyclo, & quasi aureo gentis numero petitum. Erat hic annus primus & quadragesimus Imperij Kim-vam, vigesimi-quinti è familia Cheu Imperatoris: quo etiam tempore regulus Ngai-cum patrium Philosophi Regnum Lù dictum, annum iam 16. tum moderabatur. Paulò ante quàm morbo, qui supremus ei fuit, corriperetur, lugens

suorum

CONFVCII VITA.

suorum temporum perturbatione hunc versum cygnæa voce concinere auditus est: Prægrandis mons (doctrinam suam intelligebat) quò decidisti! trabalis machina euersa est: sapientes, & sancti exaruere. Mox inde languere incipiens, septimo die ante mortem, ad discipulos suos conuersus: superiori nocte, inquit, per somnium visa mihi sunt in aulâ iusta fieri. Reges quæ doceo, non obseruant. Ecquis horum per Imperium nostrum instituti mei sectator & cultor est? hoc vnum superest vt moriar. Hæc effatus lethargo corripitur, & cùm totos septem dies dormientis instar perstitisset, tandem viuere desiit. Sepultus est in Lù patrio Regno (domum quippe se cum discipulis suis contulerat) propè ciuitatem Kio-feu, ad ripam fluminis, Sic, in ipsa Academiâ suâ, in qua docere consueuerat, quæ hodie quidem muris, veluti ciuitas, cincta cernitur; luxerunt inibi Magistrum suum discipuli habitu lugubri, multaquè cum inediâ, & lachrymis non secus ac filij parentem; idque per annum totum; nec defuerunt qui ad annos omnino tres, perstiterunt, çu-cum vero sex ipsos annos, in eodem loco, luctuque perstitit. Fuit admodum procero corpore Philosophus, & si fas est Sinis credere, giganteo; sed cui tamen lati humeri, pectusque amplum decorem conciliabant, ac majestatem: in ipso vertice capitis grandiusculus ei tuber erat, quare à Patre suo Kieu, id est, colliculus, cuius speciem aliquam præbebat tuber, nominatus est, quo ipso nomine vir modestus identidem quoque vtebatur. Facies ei lata, subfuscus oris color, oculi nigri, ac prægrandes, capillus niger, barba promissa, nasus simus, vox grauis, ac tonitrui instar, vt Sinæ tradunt.

Porrò quantum honoris per annos bis mille eoque amplius detulerit Magistro suo, eiusque lucubrationibus, & virtuti grata Sinarum posteritas, pro me loquantur quotquot Imperio toto ad dignitates, & munia publica præsidio literarum sunt euecti: qui omnes vtique fatentur à Confucij in primis scholâ, & libris è quibus ad gradum examinantur, opes, honores & illustre sibi nomen obuenisse. Loquantur item singulis in oppidis, vrbibusque erectæ viro, ac dicatæ aulæ ante quarum fores quotiescumque transeunt qui è literatorum ordine publicos gerunt magistratus, protinus è sublimi augustaque sella, in qua more gentis gestantur, venerabundi descendunt, & passus aliquot pedites viam suam prosequuntur. Loquantur denique tituli sanè honorifici, qui in iis aulis, quas modò dicebamus, cernuntur trabalibus, auratisque literis exarati, *Magno Magistro*, *Illustri literarum Regi*, *sancto*, *seu eximia quadam sapientiâ ornato*, aliisque similibus, quibus hunc gentis suæ Doctorem complures Imperatorum familiæ Han-sui, Tam-sum, Yuen (fuit hæc Tartarorum occidentalium) & quæ hodiernam Tartarorum orientalium çim proximè antecessit Mim dicta, tantum non supra laudes humanas euexerunt. Quoniam tamen voce Xin, quæ spiritum sonat, quamque posterior ætas multis suorum superstitiosè tribuit, semper hîc abstinuerunt Sinæ, hodieque abstinent (quatenus saltem vox hæc numen aliquod, vel idolum significat, titulus quippe Xin-gnei, vel huic similis, funebribus tabellis inscribi solitus, & defunctis omnibus communis, superstitione caret) satis vtique declarat, non alio ritu quam prisco maiorum suorum, qui ab idolatria fuerunt alieni, coli nunc quoque Magistrum suum, maximè cum præter hosce titulos & ipsum nomen tabulæ inscriptum, nulla plerumque statua cernatur inibi, imago nulla: vna tamen extat imago Philosophi, viuæ ac spiranti non modo similis, sed re ipsâ spirans, ac viua; Nepos ille videlicet cuius ante iam meminimus; quem adeò propter aui quamuis interuallo bis mille annorum, & plusquam sexaginta generationibus iam remoti memoriam, summi pariter infimique colunt, sic prorsus, vt cum Xem-chi Monarchiæ Sino-Tartaricæ fundator, cum aulam de more adiisset, perhonorificè exceperit, & familiariter quoque cum eodem agere obseruatus fuerit. Gaudet ipse perpetua, & hæreditaria Mandarinorum dignitate; raro item priuilegio, neque vllis præterquam Regij sanguinis Principibus concesso, vt Imperatori nullum vectigal pendat: ad hæc quotquot singulis trienniis ad Doctoris gradum euehuntur, pignus aliquod grati animi, & quasi Mineruai quod auo non possunt, nepoti persoluere consueuerunt. Quod autem merito laudemus, ac suspiciamus etiam nos Europæi; cum China fortunæ varietatem sanè magnam sit experta, cumque tot bellorum casus, & calamitates subierit, tot ortus viderit, in

IV. P.   C teritusque familiarum, penes quas erat rerum summa; nunquam tamen honore, quos memoraui, grataeque posteritatis erga Confucium monumenta sunt interrupta; si tamen paucos annos exceperimus, quibus tertio post sæculo quam Philosophus obiit, çin-Xi-hoam secundus è familia çin Imperator, non in libros tantum, sed etiam literatos barbarè, crudeliterque sæuiit. Cæterum cum huius morte literæ mox reuixerunt, & iis honorum incrementis, quæ sub Tartaris quoque spectamus hodie, Confucij nomen & fama creuit.

Intelliget ex his omnibus prudens Lector, quam non inutilis futura sit Euangelico præconi viri huius authoritas, siquidem ea apud hanc gentem quæ Magistri sui, & literarum suarum vsque adeò studiosa est, vti quandoque possit (& vero potest) ad Christianam veritatem confirmandam; quemadmodum videmus, Apostolum Paulum poëtæ Græci authoritate olim apud Athenienses fuisse vsum.

Vnum tamen hic solicitè cauendum nobis, posito semper ante oculos eorum patrum exemplo, qui Missionem hanc cum singulari virtute prudentiaque fundatam nobis reliquere, vt apud Sinas admodum moderatè commendemus ac laudemus Confucium, ne testimonio nostro atque authoritate, æstimatio hominis, doctrinæque eius, quæ iusto propè maior est, immodicè prorsus augescat; maximè apud gentem, natura sane superbam, & aliena fere præ suis contemnentem. Multo magis tamen cauendum nobis erit, ne verbo scriptove damnemus, aut lædamus eum, quem tota gens tantoperè suspicit, ac veneratur, ne huic odiosi reddamur, non nos ipsi tantùm, sed ipsemet, quem prædicamus, Christus; & dum forte contemnimus aut condemnamus eum, qui tam consentanea rationi docuit, quique vitam ac mores cum doctrina sua conformare semper studuit, videamur nos Europæi, Sinis saltem, non tam cum Magistro ipsorum, quam cum ratione ipsa pugnare velle, & huius lumen, non autem Confucij nomen extinguere.

AVIS.

J'Ay choisi la Ville de Goa pour mettre au iour ce traité, elle est la mere des autres Missions, & c'est de là que découle dans le reste de l'Orient, tout ce qui se fait de grand tous les iours pour l'auancement de la Foy sous les auspices de S. François Xauier l'Apostre de l'Orient, ie l'ay fait aussi pour me conformer au sentiment de mes confreres, que ie laissay dans la Prouince de Canton qu'on leur auoit marquée pour le lieu de leur exil. Ils sçauent tous que la reputation seule d'entendre cet ouurage de Confucius peut attirer beaucoup de veneration aux Missionnaires qui sont employez dans les vignes du Seigneur, qu'on cultiue dans la Chine, dans la Cochinchine, & dans le Tonquin. Les Iaponois & toutes ces autres nations voisines de la Chine, ont toûjours deferé aux Chinois la prerogatiue de la science, rien ne concilie dauantage d'authorité aux Missionnaires que l'intelligence de ces liures Chinois qui sont pleins de maximes que ces peuples admirent, rien ne fait mieux receuoir les choses de la foy que de les voir meslées auec ces maximes & auec les ordonnances de ce païs; Tellement que les Missionnaires se peuuent ouurir par là vne grande & libre entrée à prescher à vne nation sçauante, la connoissance du vray Dieu. Les premiers de nos Missionnaires ont commencé par l'étude des liures de Confucius, & c'est sur le iugement qu'ils ont fait de l'vtilité qui s'en pouuoit tirer, que ie me suis engagé à acheuer à Goa ce petit ouurage.

Le titre du liure est Coum-yocum, c'est à dire la constance dans vne mediocrité bien-heureuse, Cusu petit-fils de Confucius mit ce liure en lumiere, & y adjoûta de luy mesme quelque chose, mais il y en manque beaucoup d'autres, & il a plus l'apparence de fragment, que d'vn livre acheué, par cette raison, & par celle de la sublimité de la doctrine qui s'y traite, il semble quelquefois surpasser les bornes de la nature mesme.

Quoy que ce liure soit le second entre ceux de Confucius, ils ne l'expliquent que le dernier dans les écoles; cependant il est tres-necessaire comme i'ay dit cy-deuant, aux Missionnaires; car il leur peut seruir d'vn excellent Maistre pour la conduite de leurs mœurs, & à ceux dont la lumiere est offusquée par l'obscurité du vice il leur donne vne certaine lumiere de la verité qu'il est fort à propos de faire marcher deuant l'Euangile, & qui ouure bien le chemin à la faire receuoir.

Il ne se peut que la briefueté & l'obscurité de cette piece ne face quelque peine au Lecteur, pour l'adoucir en quelque façon, i'y ay ioint la vie de Confucius, tirée des plus authentiques monuments des Chinois, non pas auec dessein de la comparer à Seneque ou à Plutarque, mais afin que nos sçauans de l'Europe donnent à vn si grand homme la place qu'il merite, mesme pour son antiquité Ie prie neantmoins le Lecteur de n'entrer point à mettre ce Philosophie en concurrence auec les autres, qu'il n'ait plus de lumieres des écrits de ce Philosophe qu'il n'en peut tirer de ce petit traité.

Les paroles qui sont enfermées entre les parentheses, ont esté adjoustées par le Traducteur, qui par tout ailleurs a pris à tache dans cette version de rendre parole pour parole.

LA VIE DE CONFVCIVS.

Vm-fu-çù que les Chinois suiuent comme le Pere de leur Philo- Son sur-
sophie, se nommoit Kiù; il nacquit dans le Royaume de Lù, qui nō Kom-
a esté reduit en la Prouince nommée maintenant Xantum, dans ni.
vn village nommé Leu-yè, dans le ressort de la Ville Kiofeu, qui Dans le
depend de la Ville Yenchen; il nacquit l'an 21. de l'Empereur de Cham-
Lim-vam, le 23. Empereur de la maison Imperiale nommée pin.
Cheu, l'année qu'ils appellent Kem-sio, le 13. jour de l'onziéme
lune appellée Kemsu, à deux heures de nuit; ce qui reuient à l'année 551. deuant la La 20. an-
naissance de nostre Seigneur. Sa mere se nommoit Kim de l'ancienne famille Yen; née du
son pere Xoleam-hè, personnage illustre, non seulement par vne charge principa- Roy Sia-
le qu'il auoit dans le Royaume de Sùm, mais aussi par la noblesse de sa race, qui loum, qui
venoit selon les Chroniques Chinoises, & cette table genealogique qu'ils mettent maitre en
au deuant de leurs Annales, du 27. & penultiéme Empereur nommé Ti-yè. Son ce temps-
pere auoit 70. ans quand Confucius vint au monde, il le perdit deux ans apres. là du
Pour sa mere, il auoit déja 21. quand elle mourut; son pere est enterré dans vne me de Lu.
montagne du Royaume de Lù, nommée Tum-fam. Dés l'âge 6. ans on remarqua
en luy vne sagesse qui auoit deuancé les années; car il paroissoit plûtost vn homme
fait qu'vn enfant de cét âge; on ne le voyoit point dans les jeux des enfans de sa
sorte; il ne mangeoit de rien qu'il ne l'eût auparauant offert au Ciel, selon la coûtume ancienne de ce temps-là. Dés l'âge de 15. ans il s'appliqua tout entier à la lecture
des anciens liures, & en tira tous les enseignemens qui poûuoient estre de quelque
vtilité. Il se conformoit premierement luy-mesme à leurs enseignemens & les proposoit apres aux autres pour estre imitez; il fut apres chercher les plus fameux personnages de son siecle, pour apprendre d'eux les rits & les coûtumes de son païs.
La 19. année ou comme quelques-vns disent la 20. de son âge il se maria, & l'année
suiuante il eut de sa femme vn fils qui vécut jusques à l'âge de 50. ans, car son pere
auoit déja 69. ans quand il le perdit. Sa mere estoit morte trois ans auparauant,
mais sa race ne se perdit point par la mort de ce fils; & Cu-su petit-fils de Confucius
la continua: ce fut lui qui commenta les liures de son pere & qui remplit les plus
grandes charges de ce temps-là. Cette race s'est toûjours continuée depuis, & a Tres-in-
toûjours esté dans vne grande opulence, tellement qu'il n'y a peut-estre point de fa- formé des
mille dans le reste du monde, qui se puisse vanter d'vne plus ancienne Noblesse, affaires
c'est le jugement qu'en faisoit le Pere Adam Schall, lors que celuy qui est mainte- de la Chi-
nant chef de cette famille vint expres à Pekin pour le voir. Confucius eut de gran- ne.
des charges, il acquit dans toutes vne grande reputation, aussi ne les prenoit-il que Auec des
pour se rendre plus vtile au public, & quand vn si bon dessein ne luy reüssissoit pas, il presens,
se defaisoit de la charge dont il ne pouuoit pas tirer cét auantage; jusques là que la car telle
55. année de son âge, comme il estoit employé dans le gouuernement du Royaume est la ma-
de Lu, qu'il y estoit Mandarin comme disent les Portugais; l'obseruance des loix fut niere du
si exacte durant les trois ans de sa charge, & on remarqua vn si heureux changement païs.
dans les affaires & dans les mœurs de ces peuples, que leurs voisins en conceurent de
l'enuie & tout ensemble de la crainte; car les forces d'vn Estat croissent à veuë d'œil
quand il est gouuerné par de bonnes loix. Le Roy de Xi emporté par l'vne & l'autre

IV. P.   C ij

de ces passions, du conseil des grands de son Estat, enuoya vn present au Roy de Lù de fort belles filles qui chantoient diuinement & qui auoient toutes les autres qualitez qui peuuent donner de l'amour ; le Roy qui ne voyoit point en ce present le dessein que ses ennemis y auoient caché, fut des premiers épris de l'amour de ces belles personnes, les principaux de son Estat se rendirent de mesme à son exemple, tellement que durant l'espace de trois mois qui se passerent dans ces nouuelles amours, les affaires publiques cesserent entierement, & il n'y eut plus de moyen d'approcher du Roy. Confucius ne pût souffrir cét abandonnement, il se defit de sa charge, quitta la Cour, & se retira par vn exil volontaire dans le Royaume de Sigeysù. Dans cette Cour ils n'eurent pas l'esprit de se seruir d'vn bien qu'y auoit attiré leur enuie, lors que leurs voisins en joüissoient : Ce grand homme n'y fut pas receu comme il meritoit, & fut obligé d'aller au Royaume de Chim où son merite ne fut pas plus connu, il y souffrit mesme vne extreme necessité. Et passant quelque temps apres dans le Royaume de Sùm, vn méchant homme mais tres-puissant, tascha plusieurs fois de le faire mourir. Confucius toûjours semblable à luy-mesme, supportoit ces aduersitez auec vn courage inuincible, toûjours prest de sacrifier sa vie pour vne cause si juste ; sa conscience l'asseuroit & le rendoit inébranlable au milieu de tous ces maux, il voyoit que le ciel ne luy pouuoit pas refuser son secours, ny souffrir qu'on fist du mal à vn homme qui faisoit tant de bien ; il ne diminua rien de cette ardante & infatigable étude, auec laquelle il s'appliquoit à répandre par tout l'Empire vne meilleure doctrine ; cette ardeur mesme auoit de la peine à se contenir dans les bornes de l'Empire de la Chine, & la pensée luy vint plusieurs fois de passer chez les nations les plus éloignées ; il s'est veu 3000. disciples, & entre ceux-là 500. qui ont esté employez dans les charges, mais il y en a eu 72. qui surpassoient tous les autres en vertu & en science, dont les Chinois ont conserué les noms & la patrie. Il auoit diuisé sa doctrine en quatre parties, & ses disciples en vn pareil nombre de classes.

Le premier ordre estoit de ceux qui trauailloient à cultiuer les facultez de l'esprit ; Yuenchuius tenoit la premiere place de cette classe, il mourut l'an 31. de son âge, & son maistre pleuroit continuellement la perte qu'il auoit faite en sa personne.

L'art du raisonnement & de l'eloquence tenoit le second rang ; les principaux dans cette profession estoient Zai-nego, & Zu-coum.

La troisiéme classe comprenoit le gouuernement de l'Estat, & le deuoir de chaque charge ; Yengen-yu & Ki-lu estoient les premiers de ses disciples.

L'étude de la quatriéme classe estoit celle de la Morale, & d'écrire noblement ce qui regarde les mœurs, Zu-yu & Zu-ya estoient les chefs de cette classe. Tous ces gens que nous venons de dire estoient comme la fleur de l'école de Confucius dont toute la doctrine & toute l'étude alloit en general à deliurer la nature raisonnable des tenebres de l'ignorance & des vices, & à luy rendre cette premiere lumiere & integrité auec laquelle le Ciel l'a crée.

Il arriuoit de là que cét Estat joüissoit d'vne profonde paix ; mais afin qu'ils pussent plus asseurément arriuer au but qu'il leur auoit proposé, il leur recommandoit toûjours qu'il falloit obeïr au Ciel, le craindre & luy rendre vn culte, aymer son prochain comme soy-mesme, vaincre ses desirs & les soûmettre à la raison, ne rien faire, ne rien dire, & mesme ne rien penser qui s'éloignast de ces regles. Son exemple precedoit toûjours les enseignemens qu'il donnoit dans ses écrits ; & rien n'en fait mieux voir l'effet que ce grand nombre d'hommes illustres qui sont sortis de son Academie & qui ont conserué à la posterité jusques aux moindres particularitez de sa vie. Auec cela la faueur constante d'vn si grand nombre de Princes, & l'honneur que tant de siecles luy ont rendu, sont des preuues inuincibles que la vertu de ce Philosophe estoit solide, & bien éloignée de la vanité & de l'hypocrisie : nous en auons mesme veu entre les plus sçauans de nos Chinois, de fort persuadez que s'il eût vécu jusques à ces derniers siecles, & qu'il eût connu la pureté de nostre Religion,

DE CONFVCIVS.

si eût esté asseurément le premier des Chinois à l'embrasser. C'estoit vn homme d'vne grauité admirable, d'vne moderation exemplaire, de bonne foy, d'vne equité, & d'vne douceur singuliere, seuere seulement enuers ses propres deffauts, toûjours dans l'apprehension qu'il ne luy échapast quelque action indigne de luy, faisant peu de conte des richesses & des honneurs, mais plein d'vne sainte passion d'estre vtile par l'exemple de sa vie & par les lumieres de sa doctrine. Pour nous autres gens de l'Europe, nous deuons admirer principalement son humilité, & sa modestie, puis que ces parties se sont trouuées rarement chez ces anciens Philosophes que nous admirons tous les jours. Confucius estoit si humble & si modeste qu'il reconnoissoit souuent entre ses deffauts, ce que les autres ne remarquoient point, tantost s'accusant de n'auoir pas assez d'ardeur pour acquerir de nouuelles lumieres, tantost de n'estre pas assez sur ses gardes à se defendre du vice, ou de n'estre pas assez attaché à l'étude & à l'exercice de la vertu. Mais rien ne remarque mieux la modestie de ce sçauant homme que la profession qu'il faisoit que sa doctrine n'estoit pas de luy, qu'il l'auoit tirée de ses predecesseurs, & principalement des Roys Yao & Xun, qui l'auoient precedé de plus de 1500. ans.

Il ne pouuoit souffrir que l'on dist qu'il estoit né sage, & disoit à toutes rencontres qu'il n'auoit iamais pû arriuer à vne parfaite vertu.

Quelques Chinois raportent qu'il auoit accoûtumé de dire qu'il y auoit dans l'Occidant vn saint homme nommé Sifam-ren Xim-gim, dont ils ne disent rien dauantage. Il est certain que 66. ans aprés la naissance de nostre Seigneur, l'Empereur Mim-ti le 17. de la famille de Han, touché par les paroles de Confucius & encore dauantage par la reputation de ce saint personnage de l'Occident, enuoya des Ambassadeurs en ces quartiers-là pour en raporter la veritable Loy. Ces Ambassadeurs estant arriuez à vne isle qui n'est pas éloignée de la mer-rouge, n'oserent pas s'engager plus auant, & ayant trouué dans cette isle vne Idole qui representoit vn homme monstreux nommé Fé, qui auoit vécu dans les Indes 500. ans auant Confucius; ils rapporterent cette Idole à la Chine auec son execrable doctrine. Heureux si au lieu de cette peste ils y eussent apporté la doctrine de salut & la Religion Chrestienne, que saint Thomas Apostre preschoit en ce temps-là dans les Indes.

Peut-estre que l'orgueil de cette nation qui estoit alors tres-heureuse, la rendit indigne d'vn si grand bon-heur. Quant cette Idole fut arriuée, les Chinois s'attacherent vniquement à son culte, suiuans en cela l'exemple de quelques-vns de leurs Roys; ils se separerent aussi de la doctrine de leur grand Maistre, & des bonnes maximes de leurs ancestres; & estans finalement tombez dans le mépris de la Religion ils se jetterent dans l'Atheisme, les plus éclairez, & les sçauans mesme furent les premiers à y entraisner les autres, ensuiuant pour guide les maximes de ce Fé Docteur de leur idolâtrie. Cét Imposteur soûtient que les choses n'ont point de commencement, & n'auront point de fin; cette doctrine entr'eux estoit tenuë secrette, ils l'appellent interieure par cette raison. L'autre partie de leur Religion, qu'ils appellent exterieure, n'est qu'vne apparence de Religion accommodée au peu de sens & à la superstition du peuple. Pour Confucius il est certain qu'il ne tomba point dans cét égarement, & ceux mesmes qui par vn vice du siecle adoroient alors les Idoles, n'ont jamais dit que Confucius eût pris leur party ny leur eût rendu aucun culte.

Pour ce qui est de l'Atheisme, les anciens Chinois l'ont tenu tout à fait éloigné de ce crime; ce que nous ferons voir clairement dans nostre explication du liure Cum-Yum. Confucius auoit 73. ans lors qu'il mourut, ce fut à la 4. lune que les Chinois appellent Ki-cheu, l'année Cui-gin-sio, nommée de la sorte à cause du 60. siecle de l'Ere Chinoise, & du nombre d'or de cette nation. Cette année estoit la 49. de l'Empire de Kim-vam le 25. Empereur de la famille Cheu. En ce temps-là le Vice-Roy Negai-kou gouuernoit il y auoit déja 16. ans, le Royaume de Lù, que nous auons dit estre la patrie de ce Philosophe; peu de temps auparauant qu'il tomba malade, il chanta ce vers en déplorant les troubles de son siecle, *Montagne immense où*

IV.P.   C iij

es-tu tombée? Il entendoit par là sa doctrine, *la grande machine est renuersée, les hommes sages & les vertueux ont manqué.* Il tomba apres cela dans vne langueur, & le 7 jour deuant sa mort s'estant tourné vers ses disciples, il leur dit; la nuit passée j'ay veu en songe qu'on me faisoit mes funerailles, les Roys n'obseruent pas ce que j'enseigne, & qui est-ce dans tout cet Empire qui ne profite de mes enseignemens? il ne me reste plus qu'à mourir. En disant cela il tomba dans vn assoupissement ou létargie qui dura sept iours entiers, au bout desquels il expira. Il fut enseuely dans le Royaume de Lù; car il s'estoit retiré dans sa maison auec ses disciples, elle estoit proche de la Ville de Kio-fu, sur le bord de la riuiere Su; il est enterré dans l'Academie mesme où il faisoit ordinairement ses leçons, elle est fermée de murailles comme vne Ville, ses disciples en prirent le deüil, & le pleurerent vn an durant comme des enfans auroient pleuré leur pere, faisant durant ce temps-là de grands jeûnes, il y en eut quelques-vns qui le pleurerent trois ans, son disciple Su-cum le pleura six ans durant, demeurant toûjours au lieu de sa sepulture.

Ce Philosophe estoit d'vne taille auantageuse, quelques Chinois la font gigantesque, ses épaules & sa poitrine larges, la rendoient plus majestueuse, il auoit vne bosse sur le haut de la teste, & son pere l'appelloit souuent par cette raison Ki-eu, c'est à dire l'Eminence, il se nommoit luy-mesme quelquesfois de la sorte par modestie.

Il auoit le visage large, le teint bazanné, les yeux noirs & grands, les cheueux noirs, la barbe longue, le nez camus, la voye graue, & qui ressembloit à vn tonnerre lors qu'il parloit, comme le disent les Chinois.

Ce n'est point sur mon témoignage seulement qu'on doit estimer les honneurs que la Chine rend depuis plus de 2000. ans à son Maistre, toute la posterité s'est toûjours employée dans ce païs-là à luy témoigner de la reconnoissance. Personne n'est éleué dans les charges que par sa doctrine, & ne s'auance qu'à proportion du progrez qu'il a fait dans les liures de ce grand homme; ainsi, tout ce qu'ils ont de richesses & d'honneurs, ils le reconnoissent comme venant de son étude. Dans toutes les Villes il y a des Palais qui luy sont consacrez, & lors que quelqu'vn de ces Officiers de robbe passe deuant, il se fait toûjours descendre de cette chaire de parade dans laquelle on le porte, & fait à pied quelques pas pour rendre cét honneur à sa memoire.

Sur le frontispice des Palais qui luy sont consacrez, on void ses éloges en grandes lettres d'or, auec de semblables Titres: *Au grand Maistre, à l'Illustre, au sage Roy des lettres.* Les races entieres des Empereurs de la Chine se sont efforcées à qui luy rendroit le plus d'honneur, celle de Soui, de Tam, de Soum, celle d'Yuen qui est la race des Tartares occidentaux, & celle de Mimqui preceda la race des Tartares orientaux, qui commandent maintenant & qu'ils appellent Cim. Dans tous ses éloges on ne trouue jamais le mot de Yun que les Chinois modernes donnent souuent à ceux qu'ils honorent auec superstition, les Chinois se sont toûjours abstenus de l'employer lors qu'ils parlent de Confucius, ce qui marque assez que l'honneur qu'ils luy rendent n'a rien qui ne soit selon la coustume de leurs Ancestres, qui ont esté toûjours fort éloignez de toute idolatrie. On void le plus souuent ses statuës sans qu'aucun éloge y soit.

De ce Philosophe il reste vne statuë viuante, j'entends vne personne de sa race, laquelle quoy qu'éloignée de 60. generations du temps de Confucius, ne laisse pas de tenir vn grand rang dans l'Estat; tellement que Xanchi, ce Tartare qui a conquis la Chine, le receut auec beaucoup d'honneur lors qu'il vint à sa Cour, & entretint auec beaucoup de familiarité ce petit néueu de Confucius: ceux de cette famille sont Mandarins nez, & ont vn priuilege qui ne leur est commun qu'auec les Princes du sang, de ne payer aucun tribut à l'Empereur. Auec cela, ceux qui de trois ans, en trois ans, sont éleuez au degré du Doctorat, luy font quelque present, comme par reconnoissance de l'obligation qu'ils ont à Confucius chef de sa maison.

DE CONFVCIVS.

Ceux de l'Europe s'étonneront peut-estre si je leur dis que dans toutes les guerres & reuolutions qui ont souuent changé l'Estat de la Chine, & fait passer l'Empire d'vne maison à l'autre, jamais le païs n'a interrompu les honneurs qu'il reconnoist deuoir à Confucius, si nous en exceptons ce petit nombre d'années, pendant lesquelles le second Empereur de la famille de Zim se déchaisna barbarement contre ce qu'il y auoit de liures, & de gens doctes, mais les lettres furent dans leur premier estat apres sa mort, & la reputation de Confucius a esté mesme augmentée sous l'Empire des Tartares. L'on pourra juger par là combien il importe à vn Missionnaire de se seruir de l'authorité & de la doctrine de ce Philosophe, comme S. Paul se sçeut seruir si à propos de celle du Poëte Grec aupres des Atheniens; mais en s'en seruant il faut toûjours auoir deuant les yeux l'exemple de nos premiers Peres Iesuites, qui nous ont laissé cette Mission établie par leur vertu & par leur prudence; leur exemple nous apprend que nous deuons estre fort retenus lors que nous loüons Confucius aupres des Chinois, de peur que son authorité & l'estime qu'ils en font qui n'est déja que trop grande, ne s'augmente trop par nostre témoignage; car cette nation presume beaucoup, & n'estime rien que ce qui est né chez elle. L'extremité contraire est encore bien plus à craindre; car si nous attaquons par nos écrits cét homme que toute la nation reuere, non seulement ils ne nous pourront souffrir, mais leur haine s'étendra iusques à la doctrine de nostre Religion & iusques à Iesus-Christ mesme, & en condamnant de la sorte sans discretion les écrits de ce Philosophe qui s'accordent fort bien auec la raison, & qui a toûiours tasché de conformer sa vie & ses mœurs auec sa doctrine, les Chinois considereront ceux de l'Europe comme des gens qui ont plûtost pris à tasche de combattre la raison mesme que la doctrine de leur Maistre, & qui vont dauantage à en étouffer la lumiere, qu'à obscurcir le nom de Confucius.

Ce n'est pas assez d'auoir traduit du Chinois ces fragmens ou pensées de Confucius, il les falloit encore commenter pour les faire entendre, en attendant que le Pere Intorcetta ait donné les commentaires qu'il nous promet, i'ay mis icy quelques-vnes de ses pensées qui se peuuẽt entendre sans autre secours.

Version de quelques endroits du second liure Confucius.

LA nature raisonnable est ce que les hommes tiennent du Ciel, ce qui luy est conforme s'appelle la regle, rétablir cette regle entre les hommes c'est les instruire.

Confucius dit, vn homme parfait garde la voye du milieu, les méchans au contraire s'en é oignent.

Confucius adjoûte que cette moderation est vn grand point, qu'elle est sublime, & qu'il y a déja long-temps que peu de gens y arriuent.

Je sçay ce dit-il, pourquoy on garde si peu cette route, ceux qui ont de la prudence, la passent, & les ignorans n'y peuuent pas arriuer.

Confucius dit, il y a assez d'hommes qui presument auoir de la prudence, mais au moindre choc qui leur arriue, ils tombent en milles pieges dont ils ne se sçauroient depestrer; ils disent la plûpart, i'ay de la prudence, i'ay de la moderation, mais ils n'ont pas la constance de la suiure vn mois de temps.

Confucius dit, il est aisé de gouuerner en la paix les Royaumes de la terre, de refuser les richesses & les honneurs, de mépriser les dangers d'vn combat; mais il n'est pas si aisé de garder la moderation dont nous venons de par'er.

L'honneste homme se gouuerne selon l'estat où il se trouue & ne souhaite rien qui n'y consienne, s'il est riche & dans l'honneur, il se comporte en homme riche, & consideré: s'il est pauure & dans l'obscurité, il vit en pauure & en inconnu: s'il se trouue dans l'affliction & dans la misere, il se conforme à cet estat: enfin il n'est point d'estat où il ne se trouue content.

S'il est dans vne grande éleuation, il ne traite point rudement ceux qui sont au dessous de luy; s'il se void dans vn grand abaissement, il ne flatte point lâchement ceux qui sont sur sa teste, il s'applique tout entier à se perfectionner, & ne va point chercher dans les autres la cause de ses malheurs, il n'en paroist iamais indigné, & ne se plaint ny du Ciel ny des hommes.

Il va toûjours le mesme chemin sans hausser ny baisser, & attend sur tout les ordres du Ciel: le méchant au contraire tente tout & se hazarde par tout pour arriuer à ses fins.

Cette terre où nous marchons, si on la compare auec tout l'Vniuers, à peine aura-t-elle la proportion d'vne poignée de boüe, cependant si nous en iugeons selon ce qui nous paroist d'abord de sa grandeur & de son immensité, nous trouuerons qu'elle soûtient la plus grande de toutes les montagnes sans en estre sur-chargée, qu'elle reçoit dans son sein des fleuues & des mers sans en

VERSION DV LIVRE DE CONFVCIVS.

estre inondée, & qu'enfin elle est le soûtien de toutes les choses qui tombent de plus prés sur [elle]. Si nous considerons apres cette grande montagne, ce n'est qu'un morceau de roche, si o[n la] compare auec la terre ; mais si on la considere absolument & sans autre rapport, l'on est éto[nné] de son étenduë & de sa hauteur, d'y voir croistre des plantes & des arbres, & on ne se [peut] point d'admirer les métaux & les pierres precieuses qui se tirent de ses entrailles.

O que la vertu d'un honneste homme est grande ! sa vertu & sa iustice s'étend à tout, il[le] vient toutes sortes de biens, mesme elle qui les conserue, elle est éleuée iusques au Ciel, que [son] vsage s'étend loin ; elle contient les trois cens chapitres des reglemens de la societé ciuile, & [les] autres 3000. articles des deuoirs que les hommes se doiuent les vns aux autres.

Il faut attendre qu'un homme qui ait cette vertu souueraine paroisse au monde, ce sera a[lors] que les hommes garderont soigneusement entre eux tous ces deuoirs, que leur vie sera parfaite ; [et] ce que l'on a accoustumé de dire sera trouué fort veritable, que les loix ne seront iamais parfa[ite]ment obseruées, si ce n'est sous l'Empire d'un Prince.

Ceux qui connoissent la beauté de la vertu, qui ont de l'amour pour elle, s'attachent for[te]ment à cultiuer, & tachent de conseruer dans son entier cette nature raisonnable qu'ils ont [re]ceuë du Ciel ; ils reglent par là toutes leurs actions, ils en tirent des preceptes pour leur condui[te] ils en remplissent la vaste étenduë de leur esprit, & ils penetrent iusqu'à la connoissance [des] choses les plus subtiles ; ainsi le Sage acheue de perfectionner les lumieres de son esprit, & gard[e] en tout la regle du milieu, il se sert de ce que les siecles passez ont trouué de bon, & il s'étu[die] à trouuer quelque chose de mieux, & les veritez qu'il trouue font qu'il profite mieux de [la] connoissance que l'antiquité luy a laissée ; si un homme de la sorte se trouue dans les premie[res] places de l'Estat il n'en sera pas plus enflé, s'il est dans les dernieres, il n'en sera pas m[oins] soûmis : si la vertu & les loix sont en vigueur dans son païs, c'est assez qu'il parle pour fa[ire] que l'on l'éleue & l'employe mesme malgré luy ; si la vertu & les loix n'ont point de lieu d[ans] son païs, il ne fait point de bruit, & son silence suffit pour faire qu'il mene vne vie exempte [de] toutes sortes de troubles, & qu'il puisse vacquer entierement à luy-mesme. Il y a des gens q[ui] suiuent les ordonnances de la famille Imperiale Yn, pour moy i'ay étudié celles de la fami[lle] Imperiale Cheu, qui sont maintenant en vsage, c'est pourquoy ie me regleray sur ces dern[ie]res plûtost que sur les autres.

Deuant ces Roys, il y en a eu d'autres qui ont fait de bonnes ordonnances que le peuple [ne] suit point à cause qu'elles ont manqué de témoins. Vn honneste homme qui passe sa vie en particu[lier] & hors des charges, quoy qu'il garde tous les deuoirs que la raison luy prescrit, à cause qu'il est sa[ns] dignité & sans charge, le peuple n'a point à creance en luy, & ne songe point à suiure son exemp[le].

C'est par cette mesme raison que le plus grand secret de bien gouuerner pour vn Prince, depe[nd] de sa propre personne, & de l'exemple qu'il donne à tous ses suiets par sa vertu. Il regle [sa] conduite sur celle de ces trois anciens Roys, & en le faisant il ne peut pas se tromper Ses actio[ns] s'accordent auec les loix du Ciel & de la terre, & n'a rien à craindre que dans le temps ve[nu] me que ce Saint que l'on attend sera venu, sa vertu ne soit respectée comme elle l'a esté de son regn[e].

Ainsi lors qu'un Prince de ce merite entreprend quelque chose, son entreprise est fondée sur [les] mesmes raisons qui établissent les Estats, tout ce qu'il fait & tout ce qu'il dit deuient non seul[e]ment la regle de son siecle, mais de toute la posterité. Les hommes qui viennent apres luy [ne] souhaittent rien tant que d'auoir vn Souuerain qui luy ressemble, & ceux qui viuent sous ses loix [ne] se lassent point de son gouuernement.

Il n'y a point de Roy de ce merite (dit Sussu) dont la reputation ne se soit répanduë aussi-t[ost] par tout le monde.

Celuy là dans le monde aura atteint vne derniere perfection, qui pourra entendre clairemen[t] penetrer & comprendre tout. La grandeur de son esprit, sa liberalité, sa clemence, son honneste[té] font qu'il est capable d'embrasser tout ; son actiuité, sa fermeté, sa constance la grandeur de son co[u]rage, font qu'il tient tout sous ses loix : sa iustice, son equité, sa grauité & sa vertu luy attirent [la] veneration de tout le monde : les differentes lumieres de son esprit, & leurs mélanges diuers fait q[u'il] garde en tout le iuste poix & vne mesure exacte, il penetre ce qu'il y a de plus caché, il deme[sle] les choses les plus embarassées, & ses iugemens sont si iustes qu'on n'y sçauroit trouuer à redire.

Sa vertu est d'vne si grande étenduë, qu'elle deuiët la source inepuisable de tous les biens de son siecl[e].

Il est étendu & vaste comme le Ciel, profond comme la mer, s'il sort en public il n'y a personne q[ui] ne l'adore, s'il promet quelque chose personne ne doute de sa parole, & il ne fait point d'actio[n] qui n'ait l'approbation & l'applaudissement de tout le monde.

Le disciple Oda dit, prend garde à tes actions lors que tu es dans ta maison & en ton particu[lier,] lier, qu'il ne t'en échape aucune dont tu puisse rougir, ainsi dit-il, vn homme sage ne commence aucune action qu'il ne l'ait examinée auparauant, il ne dit pas vne parole de la verité de laquelle il ne soit asseuré, & il est toûiours en garde de luy-mesme.

La vertu d'vn Souuerain ne manque iamais d'éclater, & ne demeure point solitaire, la pluspart des Grands de sa Cour taschent aussi-tost de l'imiter, & sous vn Roy qui est solidement vertueux il est im[possible] possible que l'Empire ne soit dans vn profond repos.

HISTOIRE
DE LA
HAUTE ETHIOPIE;
ECRITE SVR LES LIEVX
Par le R. P. Manoel d'Almeïda Iesuite,
Extraite & traduite de la copie Portugaise du R. P. Baltazar Tellez.

Amais autheur n'a eu plus de raison d'entreprendre son ouvrage, que le P. Tellez ; tout ce que nous avons eu devant luy de l'Ethiopie estoit fabuleux ; nous ne sçavions pas à 24. degrez prés la situation des sources du Nil ; l'on faisoit tous les jours de nouvelles resveries sur les causes de son inondation. Le nom de Prestre-Jan est un titre inconnu aux Princes mesmes d'Ethiopie ; nous n'estions pas mieux informez de l'étenduë de son Empire, l'on le faisoit beaucoup plus grand de tous sens, qu'il n'est en effet ; le public attendoit avec impatience de bons & de seurs memoires de toutes ces choses, dont nous n'avions eu jusqu'à cette heure que des chimeres de sçavans & de gens d'esprit, faites sur de fausses informations, lorsque ce bon Pere a pleinement reparé toutes les injures qu'Urreta & tant d'autres fausses Relations avoient faites au public & à la verité.

Tellez nous fait voir par les memoires des Peres de sa Compagnie, qui ont demeuré long-temps en Ethiopie, & qui l'ont traversée de tous sens, que le titre de Prestre-Jan n'est point connu des Abyssins ; il fait mesme voir la source d'où est venuë cette fixion, que je ne rapporteray point icy, puisque le P. Jeronymo Lobo l'a deja expliquée dans sa Relation : que dans la langue des Abyssins Nucè signifie Roy, & que ces peuples appellent leurs Empereurs Nuguza Negasto, comme qui diroit Roy des Rois. Pour ce qui est du nom d'Abyssins, D. Affonso Mendez Patriarche

d'Ethiopie a crû qu'il venoit d'Abaza ville capitale du Royaume d'Adel, qui estoit autrefois un membre de l'Empire d'Ethiopie, mais selon le Pere Manoel d'Almeyda Jesuite, le mot d'Abyssin ne signifie rien de particulier en cette langue. Le pays des Abyssins est aussi autrement situé que les Geographes anciens & modernes ne nous l'ont décrit. L'on s'étonnera sans doute qu'ils se soient si grossierement trompez en sa position & en sa grandeur, en comparant la nouvelle Carte de ce pays que le Patriarche Affonso Mendez, le P. Manoel d'Almeïda, le Pere Pero Pays, le P. Jeronymo Lobo, & autres, ont faite avec un grand soin & un travail de plus de trente années, avec les anciennes.

Ces Peres, dont les memoires ont servy de fondement à l'histoire de Tellez, disent, qu'autrefois l'Empire d'Ethiopie s'étendoit jusqu'à Focai, qui est sous le 17. degré de latitude Septentrionale, & qu'il commençoit à un lieu nommé Bargamo, qui est à 8. degrez en deçà de la Ligne ; qu'ainsi cet Empire avoit 9. degrez du Nort au Sud, mais qu'aujourd'huy il ne s'étend que depuis le parallele de Maçua, sous le 16. degré, jusqu'à Bargamo, que nous avons dit estre sous le 8. degré ; tellement qu'il ne luy faut pas donner plus de 8. degrez, ou 160. lieuës de long : que sa largeur, à la prendre des costes de la Mer rouge jusqu'aux peuples nommez Agaus, & aux bras du Nil qui va en Egypte, est de 140. lieuës Portugaises ; le P. Manoel d'Almeïda qui nous l'apprend, ajoûte qu'il a fait plusieurs fois ce chemin, & qu'il a traversé cet Empire du Sud au Nord, & de l'Est à l'Ouest.

Il est aisé de voir par les limites que ces

De l'étenduë de l'Empire d'Ethiopie.

voyageurs Missionnaires donnent à l'Ethiopie, combien toutes les Cartes qui ont paru jusqu'à cette heure de ce pays sont fausses, car elles l'étendent depuis le 22. degré lat. Nord jusques à 16. ou 17. degrez du costé du Sud, de sorte que la Ligne Equinoxiale le couperoit quasi par le milieu : ils mettent à cette hauteur de dix-sept degrez les lacs de Zayré & de Zambré, d'où ils disent que vient le Nil, tellement qu'ils donnent à cet Empire 39. ou 40. degrez du Nord au Sud, quoiqu'il n'en ait que 8. ou 9. comme j'ay dit cy-dessus. Ils luy donnent de largeur de l'Est à l'Ouest, depuis la coste de la Mer rouge jusqu'à Rio Negro, & aux confins de Congo, ou de Municongo, qui est une espace de pays de plus de 400. lieuës. Barros luy a moins donné d'étenduë que les autres Geographes, il ne laisse pas de l'étendre encore trop loin, en luy donnant Suaquem pour bornes du costé du Nord, car les limites d'Ethiopie n'ont jamais esté jusqu'à Suaquem, & de nostre temps elles ne passoient guere Maçua, qui est sous la hauteur de 16. degrez : il faut oster aussi un degré ou deux de l'étenduë qu'il donne à ses bornes du costé du Midy, car Adea n'est pas comme il le met à six degrez de latitude, mais entre le 7. & le 8. degré. Barros d'ailleurs tres-exact, est excusable en cela ; car sa faute vient du rapport que luy en firent quelques-uns de ces Portugais qui entrerent en Ethiopie avec Christovam de Gama, qui l'informerent mal de ce qu'ils n'avoient pas pû examiner avec assez d'exactitude ; ces braves n'avoient pas d'instrumens pour prendre l'élevation du Pole en chaque place, comme ont fait depuis ces Peres, qui ont marqué avec soin dans leur Carte la position des places de ce pays : on la voit icy gravée exactement d'aprés l'original qui en a esté envoyé de Portugal fait à la main. Pour remplir le vuide des espaces que ces Geographes donnoient à cet Empire, ils faisoient plusieurs Royaumes d'un seul ; vous voyez dans leurs Cartes un Royaume de Tigray proche la Ligne, un autre à 7. degrez de latitude Septentrionale, qu'ils appellent Tigré Mahom ; & un troisiéme plus avancé, qu'ils appellent le Royaume de Barnagas ; mais la veuë de la Carte mesme démeslera mieux ces erreurs que le discours ne le pourroit faire, & fera voir que ces trois noms conviennent au seul Royaume de Tigré : cette Carte comprend tous les Royaumes qui estoient de la dépendance de cet Empire, du temps que le Patriarche D. Affonso Mendez estoit en Ethiopie, c'est à dire vers l'année 1640. en voicy les noms, Tigré, Dambea, Bagameder, Goiam, Amahara, Narea, & une partie de Xaoà, avec les petits Royaumes & Provinces de Mazaga, Salem, Ogarà, Abargalé, Holcait, Salgadé, Cemen, Salaoa, Ozeca, & Doba. Outre ces pays les Royaumes suivans obeïssoient aussi autrefois à l'Empereur d'Ethiopie, celuy d'Angote, Doaro, Ogge, Bali, Adea, Alamale, Oxelo, Ganz, Betezamora, Cuarague, Buzana, Susgamo, Bahargamo, Cambat, Boxa, Gumar, Conch, Damot, Doba, Mota, Aurà, Holeca, Oyfat, Guedem, Ganch, Marrabet, Manz, & Bizamo. Ces bornes établies l'Empereur d'Ethiopie d'aujourd'huy ne possede pas la moitié des pays qui obeïssoient à ses ancestres ; les Galas luy en ont pris encore quelque partie depuis qu'il a quitté la Religion Catholique, conformément aux derniers avis qu'on a eu à Rome de ces quartiers-là. Voicy la description que le P. Tellez nous donne de ceux de ces Royaumes qui sont encore aujourd'huy sous la domination des Abyssins.

Tigré commence à Maçua, petite Isle proche d'Arquico, la premiere des places situées dans le continent d'Ethiopie, & son principal Port auparavant que les Turcs s'en fussent emparez. Ce Royaume s'étend donc depuis Maçua ou Arquico l'espace de 12. lieuës, le long de la Mer rouge jusqu'à Dofalo, qui est un autre petit port & fort peu frequenté à cause de son peu de fond, il estoit aussi de la dépendance d'Ethiopie, mais les Turcs s'en sont emparez. L'espace de pays entre Maçua & Dofalo est aussi presque tout habité par des Mores qui reconnoissent le Turc, tellement que cet Empire n'a plus aucun port sur la Mer rouge. Au Sud-Ouest de Maçua, & presqu'au milieu du Royaume de Tigré, est une ville appellée Maegoga, mais plus ordinairement Fremona ; elle est sous la hauteur de 14. degrez & demy latitude Nord, & on y a toûjours trouvé la mesme hauteur par les diverses observations qu'on y a faites avec l'Astrolabe. Le Royaume de Tigré a environ 90. lieuës de long & 50. de large, c'est le plus grand & le meilleur de tous ceux d'Ethiopie. Il confine vers le Septentrion avec le Royaume de Bagameder, & à l'Orient avec celuy d'Angote ; delà il s'étend jusqu'au Royaume de Amahara, & ensuite jusques aux bords du Nil. Entre ces deux Royaumes passe la riviere Baxilo, qui est fort grande, & qui aprés avoir marqué leurs limites, se va enfin rendre dans le Nil. Le Royaume d'Angote s'étend depuis Larta jusqu'au Nil, c'est à dire environ 60. lieuës, mais il n'en a que 20. de large, parce qu'il a esté écorné de quelques Provinces ; si elles y estoient jointes, il seroit bien aussi large que long.

Pour ce qui est du Royaume de Goiam, il s'étend environ 50. lieuës du Nord au Sud, & environ 30. de l'Est à l'Ouest ; sa largeur

DE LA HAVTE ETHIOPIE.

est bornée par le tour que fait le Nil, qui aprés avoir pris sa source au milieu de ce Royaume, l'entourre quasi tout, & en fait une peninsule.

Au Sud du Royaume de Goiam est celuy de Dambea, le Nil y entre; ce Royaume n'a que 24. lieuës de long, & 10. ou 12. de large, mais il en aura presque encore autant, si nous y ajoûtons le terrain qu'occupe le lac de Dambea.

Le Royaume de Amaharà s'étend de l'Est à l'Ouest environ 40. lieuës.

Narea est le dernier Royaume de la dépendance d'Ethiopie.

La Carte du pays supplera à la description de l'étenduë & de la position de chacun de ces Royaumes ou Provinces, il faudra seulement y ajoûter les particularitez de quelques-uns des principaux fleuves de l'Ethiopie qu'elle ne pourroit pas representer. Pour le Nil, nous n'en dirons rien icy, à cause de la description qu'en donne le P. Jeronymo Lobo est la mesme que celle de Tellez, ou pour mieux dire, celle de Tellez vient du mesme Pere J. Lobo. Les autres fleuves sont le Tacazé, qui est le plus connu en Ethiopie aprés le Nil; sa source est au commencement du Royaume d'Angote, proche de Begameder, où trois bouillons d'eau sortent avec impetuosité du pied d'une montagne nommée Axquaqua, qui est à son Orient. Ces sources se joignent aprés ensemble, & forment une grande riviere qui court vers l'Occident l'espace de quelques journées de chemin, passe par les limites de Daqhana & de Hoage qu'elle laisse à son Nort, traverse aprés le Royaume de Tigré, & divisé en deux & par le milieu une de ses Provinces nommée Siré, dont les terres qu'il quitte à l'Orient sont les meilleures de ce Royaume. Dans celles qu'elle laisse à l'Occident, est le fameux desert de Aldoba, où il y avoit autrefois des hermites, comme dans la Thebaïde. Cette riviere est à peu prés de la largeur du Nil; il y a quantité de cavernes tres-profondes le long de ses bords, où se retirent des crocodils & des lezars d'une grandeur prodigieuse, comme aussi quelques chevaux marins qui ressemblent assez, à ce que dit le P.M. d'Almeïda qui en a veu, à des chevaux ordinaires par la teste & par les oreilles; qu'au reste ils ont les pieds, & la queuë courte, & qu'ils n'ont point de poil sur la peau. Elle nourrit aussi de toutes sortes de poissons, entr'autres la Torpedo, dont le mesme Pere dit qu'en ayant pris une dans sa main, elle luy causa un tel tremblement par tout le bras, qu'il la jetta aussi-tost, & n'en voulut plus depuis faire l'experience. De là, le Tacazé passe par la Province de Holcait, & tombe aussi-tost

aprés dans un pays fort bas, tenu par des Caffres; il passe par le Royaume de Deqhim habité par des Negres que nous appellons Baullous, & que ceux de la coste de Suaqhem nomment Funchos, comme on voit dans la Carte, de là il se va perdre dans le Nil.

On dit que le fleuve appellé Zebeé est plus large & plus profond que le Nil; sa source est en un lieu nommé Boxa, dans la partie meridionale du Royaume de Narea; il court au commencement quelques lieuës vers l'Occident, va aprés vers le Septentrion, & enferme presque tout le Royaume de Gingiro, dont il fait une peninsule, comme le Nil entoure le Royaume de Goiam; aprés avoir fait ce tour il coule vers le Sud, quelques-uns disent qu'il passe à Mombaça.

Le fleuve Hoax n'est pas tout à fait si large ny si profond que le Nil; sa source est entre le Royaume de Xaoa, qu'il a à son Nort, celuy d'Ogge qui luy est au Sud, & le Royaume de Fategar qu'il a à l'Est. Ce fleuve court aprés vers le Nord-Est, & ayant reçu les eaux d'une grande riviere nommée Machy, qui sort du lac Zoay dans le Royaume d'Ogge, il entre avec cette creuë d'eaux dans le Royaume d'Adel, autrement Zeyla, & traverse une de ses Provinces nommée Auca Gurrelé. Il pleut rarement en ce Royaume, & il semble que la Providence divine ait voulu remedier à ce defaut par le secours de cette riviere; l'eau de laquelle estant conduite çà & là par des canaux faits à la main, arrose les terres, & les rend plus fertiles; mais elle y perd toutes ses eaux, & ne va point jusqu'à la mer.

La riviere appellée Mareb commence dans le Royaume de Tigré à deux lieuës de Baroa, ou Fremona, qu'elle laisse à l'Orient, & prenant aprés son cours vers le Sud, entre dans un pays habité par des Caffres, où il n'y a presque que des sablons, sous lesquels elle se cache une grande espace de chemin; ceux du pays ne laissent pas d'en boire en creusant neuf ou dix pieds en terre, & mesme ils y peschent de bon poisson, à ce que rapporte le P. M. d'Almeida, sur ce qu'il avoit ouy dire, lorsqu'il passa en ce pays-là, à J. Gabriel chef des Portugais de cette contrée. Cette riviere reparoist une seconde fois, & coule au travers du Royaume de Deqhim. C'est celle-là mesme que le Valencien appelle Rio Negro, à cause qu'elle passe par un pays habité de Negres, comme si dans l'Ethiopie il y en avoit quelqu'autre qui passast par un pays habité d'hommes blancs; c'est aussi cette riviere qui fait, à ce qu'il dit, trois étangs; que de l'un d'eux il sort une autre riviere qui passe entre des pierreries de grande valeur; & qu'à l'endroit de la coste de Melinde où elle se perd dans la mer, il y a une grande quantité de perles & d'ambre, mais tout cela est faux, l'on ne sçait ce que c'est en Ethiopie que pierres precieuses, & l'Empereur qui y regne aujourd'huy se croit bien paré d'avoir à sa couronne quelques perles que le P. M. d'Almeïda luy a fait venir des Indes, car pas un de ses predecesseurs n'en avoient jamais porté.

Le livre de Valencien est plein d'erreurs si grossieres, qu'elles se détruisent assez d'elles-mesmes : mais ce que l'on trouve dans les Commentaires d'Albuquerque tromperoit plus aisément les gens ; cette facilité que celuy qui les a composez suppose dans le dessein de barrer le Nil en Ethiopie, & d'en priver l'Egypte, est toute de l'imagination de l'autheur ; & si Albuquerque eust veu les pays qui bordent cette riviere, une semblable pensée ne luy seroit jamais venuë.

Ptolomée & les autres Geographes mettent l'Isle de Meroé à 13. degrez de la ligne latitude Nort, & disent qu'à la hauteur de 11. degrez la riviere Astaboras se joint au Nil ; qu'elles courent ainsi jointes ensemble jusqu'à la hauteur de 12. degrez, où elles se divisent derechef, & se rejoignent aprés sous le 16. ou 17. degré, & que l'espace de terre qu'enferment ces deux rivieres est l'Isle de Meroé. Barros dit la mesme chose, mais il ajoûte qu'elle s'appelle aujourd'huy Noba. Le nouvel Atlas nous represente dans ses Cartes, que le Nil & le Tacazé se joignent, & font un lac qu'ils appellent Gueguéré. Ortelius & Mercator disent que ce ne sont point deux rivieres qui forment cette Isle qu'ils appellent Gueguéré, mais plûtost deux bras du Nil. Tout ce que je viens de rapporter de ces Geographes est plein de faussetez basties sur des rapports peu fideles de ce pays-là ; car le Patriarche Affonso Mendez, le Pere Manoel d'Almeïda & d'autres Peres qui ont vécu plusieurs années en Ethiopie sous la hauteur de 12. 13. & 14. degrez, qui ont passé plusieurs fois le Tacazé & le Nil, & qui ont observé leurs cours avec grand soin, disent qu'il n'est point vray que ces deux rivieres se joignent dans l'Empire d'Ethiopie, mais qu'elles naissent en deux differens endroits, & courent toûjours separées l'une de l'autre dans la distance d'environ 60. lieuës, comme on le peut voir par la Carte cy-jointe. Ces Peres ajoûtent, que le Nil ne se divise pas en deux bras en Ethiopie : & enfin ils sont convaincus que le Royaume de Goiam que le Nil enferme presque tout à fait, & où il prend son origine, est la fameuse Isle Meroé, dont les anciens ont dit tant de fables ; ce qui se prouve parce qu'ils disent qu'elle s'étend depuis 12. jusqu'à 13. degrez, qui est la hauteur sous laquelle est ce Royaume ; & qu'il est d'ailleurs constant qu'il n'y a point d'autre Isle sous cette hauteur. Cette verité se confirme aussi par la largeur d'environ 50. lieuës que les Geographes donnent à cette Isle, qui est la mesme que celle du Royaume de Goiam ; mais ce qu'ils disent de son tour ne luy convient pas, car ils luy donnent environ cent lieuës, & le Royaume de Goiam n'en a que 50. Les cataractes du Nil, que les mesmes autheurs mettent à la pointe septentrionale de l'Isle de Meroé proche de l'Egypte, sont en deux endroits differens ; la premiere est proche d'un lieu du pays des Agaus, appellé Depeqham, à neuf ou dix lieues de l'endroit où le Nil entre dans le lac de Dambea ; & la seconde aprés que ce fleuve est sorty du mesme lac, proche d'un village appellé Alata.

L'on ne peut pas dire que le Nil fasse cette Isle aprés qu'il est sorty d'Ethiopie ; Ptolomée qui estoit Egyptien, n'auroit pas manqué à faire mention de cette Isle, si elle eust esté en effet dans son pays ; & la couleur noire que Lucien donne aux habitans de l'isle de Meroé convient mieux aux Ethiopiens qu'aux Egyptiens. On peut encore moins asseurer que l'Isle de Meroé soit une de celles qui sont dans le lac de Dambea ; elles sont toutes trop petites pour cette grandeur de cent lieuës que luy donnent les Geographes. Pour ce qui est de son or, de ses pierreries & autres richesses qu'ils luy donnent, elle les doit toutes à leurs relations.

Je n'étendray point icy le discours du P. Tellez touchant le nom de la Mer rouge, c'est un ramas de tout ce qui s'est dit de bon & de mauvais sur ce sujet, qu'il conclut par l'opinion des Peres de la Compagnie, qui ont esté employez dans la mission d'Ethiopie, & que vous aurez veuë chez le Pere J. Lobo.

Le climat de ces pays qui sont enfermez entre ces limites que nous venons de donner à l'Ethiopie, est aussi temperé que celuy de Portugal ; il y a mesme des endroits où l'on ne sent pas les chaleurs excessives de nostre Esté, ny celles de nos jours Caniculaires. Enfin le froid y est plus à craindre que le chaud : mais comme cet Empire a une tres-grande étenduë, aussi la temperature de l'air y est-elle diverse ; en effet l'hyver commence à la partie maritime d'Ethiopie, c'est à dire depuis Maçua jusqu'à Dancali le long de la Mer rouge, aux mois de Decembre & de Janvier comme en Portugal. A neuf ou dix lieuës du bord de la mer les froids y sont moderez, & les pluyes aussi, lesquelles arrosent les campagnes, & servent à les rendre plus fertiles ; mais il n'en est pas de mesme plus avant dans les terres, vers les montagnes de Bizan, qui sont à deux journées au delà de Deboroa ; l'Hyver commence de-

DE LA HAUTE ETHIOPIE.

puis le 10. Juillet jusqu'à la fin du mois de Septembre. Le P. Manoel d'Almeyda qui a veu toutes les terres de cet Empire, confirme la mesme chose; qu'il est Hyver au dedans de l'Ethiopie, pendant les mesmes mois qu'à la coste des Indes, & depuis la ville de Diù jusqu'au cap Comorin; que le long de la coste d'Ethiopie du costé de la Mer rouge les saisons sont reglées comme en Portugal, au lieu qu'à la coste opposée d'Arabie, depuis l'entrée de la Mer rouge jusqu'aux Isles de Curia Muria, il est Hyver en Juin, Juillet, Aoust & Septembre, comme à la coste des Indes; & qu'enfin dans l'Arabie il commence en Novembre, & finit en Fevrier de mesme qu'en Portugal.

Des pays qui recognoissent aujourd'uy l'Empereur d'Ethiopie. L'Empereur d'Ethiopie d'aujourd'huy possede les Royaumes de Dambea, Tigré, Begameder, Goiam, Amarà, & les Provinces de Cemem, Ogarà, Sagado, Holcait, Xaoà, & Holecà, tous lesquels Royaumes & pays, si nous en exceptons celuy de Dambeà, qui est tout uny, sont pleins de montagnes, & à peine peut-on marcher une journée durant par ces pays, sans en rencontrer de si hautes & de si escarpées, que les Alpes & les Pyrenées ne sont que de petites colines en comparaison. Entre ces montagnes, celles que les Abyssins appellent Ambàs, sont separées des autres; toutes d'une prodigieuse hauteur, & si droites, qu'elles semblent avoir esté coupées à plomb artificiellement, & il n'y a ordinairement qu'un ou deux endroits qui servent comme de portes pour y monter, encore avec beaucoup de peine; au sommet de ces montagnes il y a des plaines, de l'eau, & des gens qui ont choisi pour retraite ces forteresses naturelles qui semblent estre élevées par la Providence Divine pour defendre les Ethiopiens qui s'y sont refugiez, & qui d'ailleurs ne s'entendent point à fortifier une place. Toute l'Ethiopie en est pleine, mais principalement le Royaume de Amarà, où elles étoient tout à fait necessaires pour asseurer ses habitans contre les incursions des Galles, les plus dangereux ennemis de cet Empire.

C'est une chose étonnante de voir les diverses figures que font ces roches & ces montagnes, les unes ont celle d'une pyramide; les autres sont rondes depuis le sommet jusqu'à la racine, il y en a de carrées, & de plus larges par le haut que par le bas; enfin il s'y en trouve de toutes les figures imaginables. On est quelquefois obligé pour aller d'un Royaume de l'Ethiopie à l'autre, de traverser plusieurs de ces montagnes, comme en allant de Fremone, qui est quasi au milieu du Royaume de Tigré, & à 45. lieuës de Maçua, à Dancaz & à Dambeà, il faut que ceux qui font ce chemin traversent entre autres montagnes celle que l'on appelle Lamalmon, qui en a une autre nommée Guçà, laquelle luy sert comme de fondement. Il faut une demie journée de chemin pour arriver au haut de cette derniere montagne, ce qui se fait en tournant jusqu'au haut par un chemin taillé dans la pente de cette montagne, dont le pied se perd dans des precipices qui font peur; & d'ailleurs il est si étroit, que quand deux Caravannes se rencontrent en ce passage, quand l'une monte, & que l'autre descend, l'on y courre grand risque. Les Caravannes qui y passent sont ordinairement chargées d'étoffes des Indes, de pierres de sel, & autres marchandises. Quand on est au haut de la montagne de Guçà l'on trouve une plaine qui a environ une lieuë de tour, où les voyageurs & les Caravannes se reposent pour mieux achever le reste; car le jour suivant l'on a à passer une coste si étroite & si élevée, qu'elle fait trembler tous ceux qui la regardent. Aprés avoir gagné le haut de cette montagne l'on trouve les racines du Lamalmon, qui est une roche aussi fort escarpée, & qui ressemble à une forteresse; le chemin par où l'on y monte est plus mauvais que celuy qu'on a fait, quoique la nature semble y avoir taillé des degrez avec leurs rampes; mais ces degrez font un escalier fort droit, & les marches ont souvent deux ou deux pieds & demy de haut; c'est une chose étonnante que les bestes de somme puissent passer par là, quoique déchargées, car il y a quantité de gens sur ce passage qui ne vivent que de prendre la charge de ces bestes, pour la porter tant qu'elles ayent passé ce détroit. Lamalmon a environ 500. brasses de hauteur, & si escarpée, qu'elle paroist coupée à plomb. Elle a à son sommet une espece de table ou plate-forme, qui a environ une demie lieuë de circuit; l'on voit là une peuplade qui n'a point d'autre ennemy à combattre que la faim; les habitans se consolent du peu qu'ils y trouvent à manger, avec les eaux excellentes qu'ils y boivent. De cette platte forme l'on découvre presque tout le Royaume de Tigré, & vers l'Orient une grande chaîne de montagnes contiguës au Lamalmon, & une autre au Nord-Ouest, lesquelles chaînes forment un grand arc, au milieu duquel les montagnes du Royaume de Tigré, quoique fort hautes, ne paroissent rien auprès de celle de Lamalmon. Tout ce que je rapporte icy de ces montagnes est tiré du P. Manoel d'Almeida.

Il y a quantité de mines fort riches en Ethiopie, mais ses habitans ne les veulent pas fouiller de crainte que ce metal ne donne envie au Turc de s'emparer de leur pays, & d'en faire des esclaves. L'or est la marchandise dont ils trafiquent le plus, il se trouve dans les rivieres du pays par petits grains comme de la semence de perles ; il leur tient lieu de monnoye, car il n'y en a point d'autre dans le pays, & ils en payent ce qu'ils achetent, principalement des marchands étrangers, qui prennent en payement ces grains d'or qui se donnent au poids.

Ils font aussi grand trafic de fer, de plomb, & principalement du sel qui se trouve dans leurs montagnes, & qui leur tient lieu aussi de monnoye ; il n'est pas par grains comme le nostre d'Europe, mais en morceaux en forme de brique, qu'ils tirent de certaines montagnes ou roches de la frontiere de Tigré, & d'Angotè, qui ne sont quasi que de sel.

La terre d'Ethiopie aux endroits où elle est cultivée, est fort fertile ; & quoique les Ethiopiens n'ayent pas beaucoup d'industrie pour la cultiver, elle ne laisse pas de rapporter trois fois l'année du bled, de l'orge, du millet & d'autres grains que nous avons en Europe. Il y croist en grande abondance une certaine graine qu'ils nomment Tef, qui est leur nourriture la plus ordinaire, parce qu'elle rapporte beaucoup en Ethiopie, & qu'elle est tres-nourrissante ; mais d'ailleurs si petite, qu'un grain de moutarde est dix fois plus gros. Nonobstant cette fertilité l'Ethiopie ne laisse pas d'estre incommodée fort souvent de la famine, ce qui vient quelquefois des nuages de sauterelles qui s'abattent sur leurs moissons, & les mangent, & aussi quand les troupes de l'Empereur passent d'un Royaume à l'autre, car ces troupes ne laissent rien en la campagne, & prennent mesme tout ce qu'ils trouvent dans les maisons.

La plûpart de nos meilleures plantes medecinales croissent aussi en Ethiopie ; ils en ont une qu'ils nomment Amadmagdo, laquelle a la vertu de guerir les os rompus ou déboitez ; & une autre nommée Assazoé, si specifique contre le venin, que les serpens les plus venimeux restent comme immobiles quand on les en touche seulement, ou quand ils se trouvent à son ombre. Une personne qui en a mangé a la mesme vertu pendant plusieurs années, & peut aller sans crainte parmy les bestes venimeuses, qui deviennent immobiles à son approche.

L'Ensete est semblable au figuier d'Adam, deux hommes ont quelquefois peine à en embrasser le tronc ; quand on le coupe il en renaist cinq ou six cens rejettons. Le tronc se mange coupé par rouelles, ou l'on le rape, & l'on en fait de la farine.

Il se recueille aussi en Ethiopie une grande quantité de cotton qui y vient comme aux Indes, sur un petit arbrisseau : il y a beaucoup de séné, & de toutes sortes de fruits, comme limons, citrons, oranges & figues qui y sont assez semblables aux nostres, & des pesches en quelques endroits en quantité, & principalement dans les Isles du lac de Dambea. Les cannes de sucre y viennent bien ; mais il y a peu de raisins, & par consequent peu de vin ; les Peres de la Compagnie de Jesus ne laissent pas neanmoins d'y en trouver assez pour dire la Messe ; car l'experience leur a appris, qu'ayant pressé entre leurs mains des grappes raisin, ils en pouvoient faire du vin qui se peut conserver.

Ils ont des chevaux, des mulets, & mules, des bœufs, des vaches, & des moutons en grande quantité, c'est la plus grande richesse du pays ; il y a plaisir à voir dans les campagnes d'Ethiopie les grands troupeaux de bœufs & de vaches qui y paissent, & principalement à Tigré, & dans le pays habité par les Agaus. Les chevaux y sont grands, de bonne race, vigoureux, trottent & courent bien le galop, tournent aisément d'une main à l'autre, & ne sont pas moins adroits que nos Andaluz. Leurs selles sont fort legeres, & semblables à celles de nos Genets, hormis que les harçons sont plus hauts ; ils chevauchent assez long, mais comme il n'y a de la place dans chaque étrier que pour mettre le gros orteil du pied, le cavalier n'en est pas si ferme en selle ny sur ses étriers. Lorsqu'ils vont à la guerre ils montent des mules qui sont fort douces, grandes & bien proportionnées, & menent leur cheval en main ; coûtume qu'ils semblent tenir des Juifs, dont les Rois, comme on le voit dans la sainte Ecriture, n'alloient que sur des mules. Il y a quantité d'Elephans sauvages, mais de privez il ne s'y en voit point. Il y a beaucoup de Lyons & de Tygres ; les Lyons s'y apprivoisent aisément & sont fort grands ; il y a aussi des Loups, Loups cerviers, Renards, Singes, Chats sauvages en quantité, & des Civettes, comme aussi des Liévres, Lapins, &c. Ce pays nourrit deux especes d'animaux qui luy sont particuliers ; le premier qu'ils nomment Asne sauvage, est de la grandeur d'une moyenne mule, de bonne taille, gras, le poil couché, & qui n'a rien de l'Asne que les oreilles, il est sauvage mais l'on l'apprivoise aisément ; ceux qui sont en Ethiopie viennent dans des bois qui sont par delà le pays que possedent aujourd'huy les Galles ; la bigarrure de son poil est singuliere, ce sont des bandes grises, noires, tirantes sur le roux, toutes de mesme largeur & proportion, qui se tournent en cercles vers les flancs, & ailleurs en volutes, comme la figure vous

DE LA HAVTE ETHIOPIE.

le representera encore mieux que le discours ne le pourroit faire. L'Empereur d'Ethiopie fit present d'un de ces animaux au Bacha de Suaquem, qu'un Indien acheta aprés de luy 2000. sequins, pour le presenter au grand Mogol; le mesme Empereur en ayant encore envoyé un autre à un Bacha de Suaquem, à cause qu'il avoit laissé passer des Jesuites en Ethiopie sans leur faire tort; quand il fut de retour à Constantinople, il en fit present au Grand Seigneur, qui en fut si content, qu'il donna en recompense à ce Bacha une Charge bien plus grande que celle qu'il avoit exercée auparavant. L'autre animal particulier à l'Ethiopie est la Giraffe, autrement appellée par les Ethiopiens Giracachem. Elle a la teste petite; un homme monté sur un cheval assez haut, peut passer aisément par dessous son ventre, car elle a les jambes de devant de 12. palmes de haut, & celles de derriere ne sont guere plus basses; son col gresle & fort long me fait croire que c'est le Chamelopard dis dont parlent les anciens, à quoy se rapporte encore ce qu'en écrivent les Peres de la Compagnie de Jesus, qui disent qu'il ressemble plus au Chameau qu'à quelqu'autre animal que ce soit. Je ne parle point icy des oiseaux d'Ethiopie, parce qu'ils ont presque toutes les mesmes especes que nous en avons en Europe.

Le peuple d'Ethiopie est meslé de Chrestiens, de Mores, d'Indiens, & de diverses sortes de Gentils, principalement dans le Royaume de Goiam, où l'on voit des Agaus, des Gongas, des Gafates, & mesme des Gallas ausquels l'Empereur d'Ethiopie a donné la quelques terres, & aussi à Dambeà, afin qu'il s'en pûst servir contre d'autres peuples de leur nation, qui sont leurs ennemis, & encore plus barbares qu'eux.

Il y a aussi eu de tout temps des Juifs, dont quelques-uns se sont faits Chrestiens; ils ont possedé autrefois une grande partie de l'Empire, & quasi tout le Royaume de Dambeà, avec les Provinces de Ogara, & de Cemen; mais comme les Gallas avancent tous les jours leurs conquestes sur cet Empire, les Ethiopiens ont empieté de mesme sur les Juifs, & les ont presque tous chassez de leurs pays, à la reserve de ceux qui s'étoient retirez dans la Province de Cemen, qui s'y sont defendus avec beaucoup de courage, aidez par l'aspreté des montagnes de ces quartiers; mais l'Empereur Segued les defit enfin il y a quelques années, tellement que la plûpart y demeurerent sur la place, & les autres se répandirent çà & là, principalement vers le Royaume de Dambeà, où quelques-uns se firent Chrestiens. Leur occupation la plus ordinaire est de faire des draps, des assagayes, des instrumens à cultiver la terre, & semblables ouvrages de fer qu'ils sçavent tres bien travailler. L'on trouve aussi beaucoup de Juifs dans le pays qui est entre l'Ethiopie & ces Caffres qui habitent le long des rives du Nil, lesquels autrefois ont secoué le joug de l'Ethiopie; l'on les y appelle Falaxas, c'est à dire étrangers, transportez-là apparemment dans quelques-uns de ces grands changemens qui sont arrivez à leur nation.

Les Mores sont semez partout cet Empire, & font bien le tiers de ses habitans; ils ont entre les mains le principal commerce du pays, à cause que les Chrestiens étrangers en sont exclus. Les Abyssins sont fort sobres dans leur manger, mais ils boivent par excez de leur Sand ou bierre; ont de l'esprit, du naturel, ne sont point cruels, pardonnent facilement les injures qu'on leur a faites, & ne sont point querelleurs; s'ils ont different avec quelqu'un, ils le terminent ordinairement l'épée à la main, ou à coups de poing & de bambous: ils se rendent fort facilement à la raison & à la justice, de sorte que quand ils se battent pour quelque different, ils cessent aussi-tost que quelque homme de marque s'offre à les mettre d'accord; ou bien ils remettent la decision de leur different au Seigneur du lieu où ils sont, auquel les deux parties alleguent leurs raisons de bouche, & se soûmettent sans murmure à la Sentence qu'il rend, ce qui abrege tous ces procez qui sont les fleau des autres nations. Ceux du Royaume de Tigré ne vuident pas si aisément leurs querelles, s'il y a du sang répandu, & mesme s'il arrive qu'il en demeure quelqu'un sur la place, tous ceux de sa famille se croyent obligez de vanger sa mort jusqu'à ce qu'il reste quelqu'un de sa famille.

Comme ces peuples sont meslez de differentes nations, il en est de mesme des langues qui se parlent dans ce pays, principalement au Royaume de Goiam, où l'on trouvera dans une petite espace de pays un village de Damotes, un autre de Gafates, ou de Xaos, dans d'autres des Zeytes, ou des Xates, sans compter les Agaus, les Gongas & autres qui sont les naturels & les premiers habitans de ce Royaume-là. Or toutes ces differentes nations parlent des langages particuliers aussi dissemblables les uns des autres, que le Portugais l'est du François, & le François de l'Italien. La langue appellée Amahara, est d'un grand soulagement dans cette confusion de langages; car une personne qui la sçait, se fait toûjours entendre en quelque lieu d'Ethiopie que ce soit.

La diversité des mœurs & des habits est aussi grande que celle des langues.

Les Ethiopiens, generalement parlant, sont d'une taille avantageuse, & bien proportionnez; ils ont le nez affilé, & les lévres petites, le tein d'un noir, ou qui tire sur la couleur d'olive, qui est la plus estimée entre eux; il y en a mesme d'autres qui sont rouges de visage, & aussi blancs, mais d'un blanc morne qui n'a rien de vif.

Il n'y a pas encore soixante ans que les Ethiopiens, si vous en exceptez l'Empereur, les Princes du sang, & les premiers de sa Cour, ne portoient pour tout habit qu'un caleçon & une piece de drap ou de toile, qui leur servoit à divers usages: de jour c'estoit un manteau, & la nuit elle leur servoit à deux usages; car cette piece de toile étenduë sur un cuir qu'ils appellent Neté, leur servoit de matelas & aussi de drap. Une fourchette de bois appellée Bercutá, sur laquelle ils s'appuyent le col afin que la teste ait plus d'air, leur tient lieu de chevet; ce qu'ils font aussi de peur que leurs cheveux, dont ils ont grand soin, ne s'engagent sous leur teste. C'est-là comme sont faits ordinairement les lits des Ethiopiens, j'entens de ceux mesme qui sont les plus riches, & les plus distinguez: il est vray que les plus qualifiez font étendre le cuir, dont je viens de parler, sur des courroyes tenduës; mais il n'y a que l'Empereur & les Princes qui ayent des couvertures de la Chine, qui leur viennent des ports de la Mer rouge, & qui sont bordées de bandes de toile de coton & de soye; ils mettent deux ou trois de ces couvertures sur un lit: leur lit est tendu dans la sale où ils reçoivent le monde; car ces lits servent aussi de chaises; ils rangent ces deux ou trois couvertures l'une dessus l'autre, en sorte toutefois qu'elles débordent l'une au dessous de l'autre, afin qu'elles fassent paroistre davantage la magnificence de leurs maisons.

Ce caleçon tout seul avec la piece de toile qui servoit de manteau, n'y est plus maintenant en usage que parmy le peuple, car ceux qui en ont le moyen portent outre cela une espece de juste-au-corps ou camisole de toile des Indes, qui n'est ouverte pardevant que jusqu'à la ceinture. Les principaux Gentils-hommes du pays ont des haut-de-chausses qui leur descendent jusques sur la cheville du pied, où ils les arrestent & serrent vers le bas de la jambe; ils sont de damas ou de velours depuis le genouil jusques en bas, mais pour le reste, comme il est caché sous leur juste-au-corps, ils se contentent de le faire de toile, parce, ce disent-ils, qu'autrement ce seroit perdre de la soye; ménage qui ne se pratique pas seulement parmy les principaux du pays, mais par l'Empereur mesme; cette épargne paroist quelquefois quand ils s'assisent, mais ils ne sont pas ambitieux comme nous de faire paroistre leur qualité par la dépense des étoffes de leurs habits, ny de mettre soye sur soye.

S'ils sont si peu soigneux d'estre richement habillez, il n'en est pas de mesme du soin qu'ils prennent de leurs cheveux; ils se les laissent croistre, hommes & femmes, quoiqu'ils soient frisez, & qu'ils ne viennent pas ordinairement fort longs, principalement aux hommes: pour les femmes elles les laissent pendre à la negligence tout de leur long, horsmis ceux qu'elles ont sur le devant de la teste; mais les hommes se les accommodent de cent façons differentes, en font des tresses, ou les relevent; ils les tiennent toûjours graissez avec du beurre, qui est leur meilleure pommade.

Les Abyssins ont pris beaucoup de manieres des Mahometans & des Payens qui sont meslez parmy eux, mais ils retiennent encore davantage des coûtumes des Juifs; ils observent leurs baptesmes, les femmes se purifient le jour qu'elles doivent entrer dans le Temple; les masles ne sont baptisez que quand ils ont atteint l'âge de 40. jours, les filles au 80. & non devant, quand mesme l'enfant seroit en danger de mort. Les Peres eurent bien de la peine à leur faire quitter ces coûtumes Juifves, quand ils leur firent recevoir la Foy Catholique, mais sur tout la Circoncision, à laquelle ils sont plus attachez.

Les premiers du pays mangent à terre assis sur des tapis; & le peuple sur des nattes rondes; n'ont point de nappes ny de serviettes; l'on couvre ces nattes d'apas ou galettes faites de farine de bled, millet, ou d'orge, que l'on sert avec quelque morceau de chair cruë ou rostie dessus; mais si avec la viande il y a du bouillon ou quelque autre chose de liquide, ils la servent dans des écuelles de terre noire, couvertes de couvercles de paille tres-fine: l'Empereur mesme n'a que cette vaisselle de terre, & cet apas ou galette que nous venons de dire, tient lieu de serviettes auxquelles l'on s'essuye les mains.

Le berindo ou la chair de vache cruë est ce qu'ils aiment davantage; ils l'assaisonnent de beaucoup de sel & de poivre, & c'est un regal de leurs Princes, lorsqu'on y a joint du fiel de vache, qui leur tient lieu d'une excellente moustarde.

Le dedans des trippes des vaches, qu'ils saupoudrent de beaucoup de poivre & de sel, leur sert aussi d'un autre grand regal; ils l'appellent Manta: mais ce n'est que pour la bouche des Princes & des plus grands Seigneurs, parce qu'il y faut beaucoup de poivre, & le poivre est fort cher chez eux.

Comme les Abyssins sont peu industrieux,

ils

DE LA HAUTE ETHIOPIE.

ils n'ont point de moulins, il faut qu'ils broyent leur grain à la main, il n'y a que les femmes qui y travaillent, une femme peut moudre par jour dequoy faire quarante & cinquante apas ou galettes; ils sont contraints d'en cuire tous les jours, car quand elles sont de plus d'un jour, elles ne valent plus rien.

Au lieu de vin & de biere voicy leur boisson. Ils mettent du miel dans un baril avec cinq ou six fois autant d'eau, & une poignée d'orge grillée sur le feu; pour la faire fermenter ils y adjoûtent des petits morceaux d'un certain bois qu'ils nomment Sardo, lequel en cinq ou six jours diminuë de beaucoup la douceur du miel, cela fait une boisson qui n'a pas à la verité le goût de nôtre vin, mais qui d'ailleurs a l'avantage d'être plus saine. Ils ne boivent point durant le repas, mais après s'être levez de table: ils font excez & s'enyvrent souvent de cette boisson, quoy qu'elle ne soit pas si forte que nôtre vin.

Devant que nos Missionnaires les eussent instruits, leurs mariages n'étoient pas de veritables mariages, car ils se faisoient en cachette, & avec un consentement exprés de se pouvoir separer en cas de discorde entre le mary & la femme, ainsi ils le rompoient avec la mesme facilité; l'infidelité de la femme ou du mary, la sterilité, & le moindre different leur en fournissoit des causes plus que legitimes: vous jugez bien par là que le divorce y étoit fort frequent, mais celuy qui se rompoit par adultere, se renoüoit facilement en donnant quelque somme d'argent à la partie offensée. Le mary & la femme avoient ordinairement chacun leur bien, leurs meubles, & mesme leur table à part. Le mariage ne se renoüoit pas si aisément quand le mary & la femme avoient eu querelle ensemble, ou s'étoient battus, en ce cas le Juge leur permettoit de se remarier à d'autres; & un Ethiopien aimoit mieux épouser une femme separée d'avec son mary pour adultere que pour querelle. Nos Peres n'eurent pas peu de peine à les persuader de recevoir le mariage selon la Foy Catholique, parce que leurs erreurs sur le sujet de ce Sacrement avoient jetté de tres-fortes racines, & ce fut une des principales causes qui leur fit secouer le joug de l'Eglise Romaine.

Quand on leur vient dire que quelqu'un de leurs proches, leur Seigneur, ou quelqu'un de ses enfans est mort, ils se jettent aussi-tôt à terre avec une si grande violence, que souvent ils en meurent sur la place, ou en restent estropiez, autrement ils passeroient pour peu affectionnez au défunt. Les Gafates au lieu de se jetter par terre, se donnent des coups à la tête & aux bras, où ils se font de grandes playes.

Les parens du défunt loüent des pleureurs qui les aident à pleurer leurs morts: ils le font au son des tambours, & en se frappant les mains l'une contre l'autre, la poitrine & le visage, ce qu'ils accompagnent en mesme temps de cris qui étourdissent les têtes des plus dures. L'on porte au lieu où se font ces lamentations, tout ce qui appartenoit au défunt, sa lance, son bouclier, ses armes & ses hardes, l'on y amene aussi son cheval. Ils enterrent les morts dans l'Eglise, font des dons aux Prêtres pour chanter des Pseaumes & dire de certaines prieres. Ils font aussi des offrandes à l'Eglise, & donnent aux pauvres de la viande, des apàs & du vin. Avec tout cela ils ne croyent pas le Purgatoire, quoi qu'ils semblent l'avoüer par ces aumônes & prieres pour le repos des ames des morts.

Une des plus singulieres coûtumes des Ethiopiens étoit celle de mettre les enfans des Empereurs à Ambà Guexen: j'ay appris la source de cette coûtume, & qu'en l'an 1260. Iqhnu Amalac Empereur d'Ethiopie qui avoit eu cinq enfans mâles, leur enchargea fort en mourant de vivre toûjours ensemble en bonne intelligence & concorde, & au lieu de leur partager les terres de son Royaume, il ordonna qu'ils regneroient tour à tour, un an chacun, que l'aisné commenceroit, & ses autres freres regneroient après selon leurs âges. Ils garderent quelque temps cette regle, mais Free Hecan le plus jeune de ces freres se lassa d'attendre que son tour pour regner fût venu, & ne put souffrir davantage la distinction qu'on faisoit entre ses freres & luy, car ses autres freres qui avoient déja regné, mangeoient à une mesme table, au lieu que luy, dont le rang n'étoit pas encore venu, étoit reduit à une seconde table, & étoit obligé d'aller laver ses mains hors du Palais; car c'est une incivilité en Ethiopie de laver ses mains devant ceux à qui l'on doit du respect. Il resolut de retenir l'Empire lorsque son tour à regner seroit venu, & de mettre ses autres freres sur une de ces ambàs ou montagnes coupées à plomb, dont j'ay déja parlé, pour joüir ainsi plus tranquillement & plus long-temps de sa bonne fortune; mais son perfide amy, à qui il avoit communiqué ce grand secret, l'alla dire à celuy de ses freres qui regnoit alors: la pensée luy en plut, & il confina avec celuy qui en avoit été l'autheur, ses autres freres sur l'ambà Guexen; il rencherit encore sur cette pensée, & y fit mettre aussi ses propres enfans, de peur que l'envie de regner ne leur fist entreprendre la mesme chose qui étoit venuë dans l'esprit de leur oncle.

Tous nos Geographes nomment faussement cette montagne Amarà, dont le veri-

IV. Partie.   B

table nom eſt ambà Quexen, & Amarà le nom du Royaume où elle eſt. Cette coûtume de mettre les enfans des Empereurs ſur cette montagne s'eſt depuis obſervée en Ethiopie plus de deux cens ans, juſqu'à l'Empereur Nahod pere de Onac Segued le dernier des Empereurs qui y ait été confiné : il avoit un fils de huit ou neuf ans, qui étant un jour avec ſon pere, un des plus grands de l'Empire qui étoit là preſent dit à l'Empereur, *Ce jeune Prince eſt déja bien grand*. Le Prince vit bien où alloient ces paroles, il dit à ſon pere la larme à l'œil : *N'auray-je donc été élevé que pour l'Ambà Quexen ?* Ces paroles toucherent tellement le cœur tendre du pere, qu'il fit aſſembler ſon Conſeil & les plus grands de ſon Etat, leur jura & les fit jurer aprés, que jamais ils ne mettroient ſon fils ny aucun des enfans des Empereurs qui regneroient aprés lui, dans une ſmblable priſon ; ce qui a été obſervé juſqu'à aujourd'hui, comme le témoignent les Peres, qui adjoûtent que l'Empereur Sultan Seged, qui a regné juſqu'en l'année 1632. eut pluſieurs enfans mâles, dont pas un ne fut confiné ſur l'ambà Guexen.

Cette coûtume, quoique cruelle, étoit d'ailleurs cauſe d'un grand bien à l'Etat, elle coupoit racine à tant de guerres civiles, qui n'arrivent que trop frequemment en Ethiopie à cauſe de la multiplicité des enfans, des neveux, & des autres parens de ſes Empereurs.

Pour revenir à l'ambà Quexen, qui ſervoit autrefois de priſon aux fils des Empereurs d'Ethiopie, elle eſt ſur les confins du Royaume de Amaharà, du côté de Xaoà, coupée à plomb de toutes parts comme une tour, & toute de roche vive ; ſon ſommet finit par une plaine d'environ une demie-lieuë de circuit, mais il faut bien une demi-journée pour faire le tour de ſon pied ; elle eſt haute à proportion, car un homme des plus forts ne peut jetter avec la fronde une pierre d'en bas juſqu'à ſon ſommet. L'on la monte aſſez aiſément vers le bas, mais elle eſt ſi eſcarpée vers le haut, que les bêtes à cornes d'Ethiopie qui grimpent comme des chevres, y ſont guindées en haut par le moyen d'une corde à laquelle on les attache. Il y avoit dans la plaine du ſommet de cette montagne une maiſon de pierre, couverte de paille, comme le ſont toutes les maiſons d'Ethiopie : là demeuroient les Gardes de ces malheureux Princes qui y étoient releguez. L'on trouve dans cette plaine deux étangs ; l'eau d'un de ces étangs fourniſſoit leur boiſſon, cependant que l'on reſervoit l'autre pour les autres uſages. Il n'y croît aucun arbre fruitier, mais ſeulement quelques Cedres ſauvages & quelques arbriſſeaux. Proche d'un de ces étangs il y a une petite colline, ſur laquelle ſont bâties deux Chapelles ſervies par des Moines du pays, & des Depteras ou Chanoines qui demeurent proche de là. Il y a eu autrefois juſques à quatorze Moines, mais il n'y en a plus aujourd'huy que ſix ou ſept. Les Depteras & les Moines ſe marient, mais leurs Prieurs ne le ſont point, & un rideau empeſche que les autres Moines ne les voyent lorſqu'ils ſont à table.

Ces Princes n'avoient point d'autre compagnie que celle des Officiers qui les avoient en leur garde, ce qu'ils executoient avec tant de ſoin & d'exactitude, que non ſeulement ils ne laiſſoient monter perſonne au haut de la montagne, mais ne permettoient pas meſme que l'on en approchât ; ouvroient les lettres qu'on leur envoyoit, & ne ſouffroient pas que ces Princes changeaſſent d'habits.

Le Pere Manoel d'Almeïda, témoin oculaire de tout ce que je viens de rapporter de cette montagne, adjoûte qu'il y en a en Ethiopie cent autres plus hautes & plus fertiles qu'ambà Quexen ; qu'elles ont davantage d'eaux & de meilleures, fourniſſent pluſieurs legumes, au lieu qu'il ne croît que de l'orge, des féves, & quelque peu de grain à ambà Quexen, qui doit toute ſa reputation à la priſon des enfans de ces Empereurs.

Auſſi-tôt que l'Empereur étoit mort, les principaux du pays s'aſſembloient pour en élire un autre d'entre les Princes releguez à ambà Quexen, & dés qu'il y en avoit un d'élû, le Vice Roy du Royaume de Tigré alloit avec des troupes au pied de cette montagne, il y montoit avec les principaux du pays, qui entroient dans la chambre du Prince élû, & luy mettoient à l'oreille droite un Betul ou anneau d'or pour marque de ſon élection. Il faiſoit enſuite dire aux autres Princes priſonniers de venir faire la reverence au nouvel Empereur, & le feliciter ſur ſon élection : au bas de la montagne il étoit reçû par les premiers Officiers de la Couronne & toute la Milice, dont les principaux Chefs luy témoignoient leur reſpect en deſcendant de deſſus leurs montures, & ne remontant qu'au ſigne que leur en fait l'Empereur. Il étoit porté aprés ſous une tente qui luy étoit preparée, appellée Debana ; ils le conduiſoient en danſant au ſon de pluſieurs inſtrumens, au Sacre qui ſe fait avec une huile de ſenteur.

Les Empereurs d'Ethiopie outre un grand nombre de femmes legitimes ont encore pluſieurs concubines, quoy qu'en diſe Alvarez. Les Peres aſſûrent que le Prince Raz Cella Chriſtos, dont nous parlerons cy aprés, en avoit pluſieurs, & principalement des femmes Payennes, & qu'il y avoit dans ſon quar-

DE LA HAUTE ETHIOPIE

tier des Pagodes avec leurs Idoles pour ses concubines, & des Eglises pour lui.

Quand l'Empereur se marie avec quelque fille d'un Prince More, ou Gentil, il la fait baptiser auparavant. Les femmes qu'ils épousent se prennent ordinairement entre les filles de leurs sujets, mais de race noble, dont il y en a beaucoup, principalement au Royaume de Tigré; il est vray que quelquefois les Empereurs d'Ethiopie n'ont pas tant égard à la noblesse qu'à la beauté des filles qu'ils épousent, à cause (disent-ils) que la noblesse des femmes qu'ils prennent ne peuvent pas augmenter la leur, & qu'elles sont assez annoblies par ce choix. Un des plus grands Seigneurs de l'Empereur declare le choix au peuple; il monte sur une espece d'échaffaut élevé pour cet effet, & prononce à haute voix ces mots, *Anagasna danguecora chem*, c'est à dire, Nous faisons regner nôtre esclave. L'Imperatrice s'assied aprés à côté de l'Empereur sur le thrône, ou plûtôt sus une espece de lit un peu élevé de terre, car il en a la figure. L'Imperatrice d'Ethiopie n'a jamais porté de couronne: l'Empereur n'a ni armes ni devises, & il n'est point vray qu'il porte pour sceptre une Croix, ils en ont ordinairement une petite à la main, non pas comme une marque de l'Empire, mais plûtôt du degré de Diacre, qu'ils prennent tous jusques aux grands Seigneurs de l'Empire même, afin qu'il leur soit permis de communier avec les Prêtres dans les Chapelles & dans le chœur des Eglises, & non dehors comme le font les Seculiers.

Il y a toûjours un rideau tiré devant l'Empereur, qui empêche que personne ne le voye manger, si ce n'est deux ou trois Pages qui le servent, & qui lui fourrent dans la bouche les morceaux de chair de vache cruë envelopez dans ces apas ou oublies qui ont un pied de largeur: les grands Seigneurs sont servis de même. La vaisselle dans laquelle on le sert est de terre noire, couverte de couvercles de jonc ou de paille de diverses couleurs, en forme de pyramide. Lors qu'il donna à dîner au P. Pays, ce furent des filles qui apporterent les plats jusqu'au rideau.

Si la dépense de sa table est modique, son revenu est de même. De tous les Royaumes qui dépendent de l'Ethiopie, il n'y en a point qui rende plus d'or à l'Empereur, que celuy de Narea. Malec Segued qui a regné en Ethiopie depuis l'an 1563. jusqu'à 1596. en tira une année 5000. oqueàs; les autres années il rendit 1500. oqueàs: le tribut a toûjours été en diminuant depuis, & la derniere année il ne rapotta que 500. oqueàs à cause de l'invasion des Galles; l'on espere qu'à l'avenir ce revenu reviendra à son pied ordinaire

IV. Partie.

de 1000. oqueàs. Il tire aussi de quelques terres du Royaume de Goiam environ 1100. oqueàs en or, & 3000. oqueàs en pagnes, dont chacun vaut une pataque, & 200. bezertes qui sont des pagnes de cotton fort grandes, semblables à des tapis; chacune de ces pagnes vaut environ un oqueà, encore ce tribut ne se doit pas entendre de tous les ans, car L'Empereur donne quelquefois toutes ces terres ou une partie, à des Seigneurs du pays, à ses enfans, freres, ou courtisans, qui en ont le revenu. On dit que le Royaume de Goiam payoit autrefois 3000. chevaux, qui sont tous bay-clair ou cendrez; mais l'Empereur Malac Segued le déchargea de ce tribut, afin que ceux qui l'habitent eussent des chevaux pour se defendre contre les incursions continuelles des Galles.

L'Empereur ne tire point d'or en grain d'autre Royaume que de celui de Narea, mais il tire des revenus considerables des Gouverneurs: celuy de Tigré, par exemple, paye tous les ans environ 25000. pataques, les Gouverneurs de Dambea cinq mille. Il tire aussi quelque chose des pays de Begameder, Amahará, Nolecà & Xaoá, mais peu, à cause que ces pays-là sont les plus incommodez par les Galles qui ont envahy plusieurs des terres de l'Empire, où ils sont tellement mêlez avec les sujets de ces pays-là, qu'ils ne veulent plus reconnoître l'Empereur, ni lui parler de tribut.

Il y a quelques terres qui rendent dix ou douze mille charges de vivres. Les laboureurs de Dambea, Guiam, Begameder, & de quelques autres pays lui payent chacun une charge de vivres, mais il les donne ordinairement à ceux de sa Cour & de ses troupes, qui en ont plus besoin.

Il a encore la dîxme des bêtes à cornes. Les Tisserans Mores & Chrétiens lui payent une certaine quantité de piece de toile: l'on voit par ces articles que son revenu est peu de chose à comparaison de l'idée qu'on en a euë par le passé, & de l'étenduë de ses Estats, où il est proprietaire de toutes les terres, tellement qu'il arrive souvent qu'un Seigneur fait labourer une terre qu'un autre sa seme, & qu'un troisiéme en fait la moisson; peu de personnes par cette raison s'appliquent à semer ni à labourer la terre, & c'est-là une des causes de la sterilité du pays. Cette disposition qu'il a de toutes les terres de son Etat rendroit ses courtisans, fort soûmis, si ces graces ne se faisoient ordinairement à proportion du fermage qu'on lui en paye. Un semblable gouvernement rend la partie des Indes qui dépend du Mogol, peu cultivée.

Quand l'Empereur donne quelque Xume-

B ij

ce, ou charge, celle de Vice-Roy (par exemple) ou de Gouverneur d'une Province; c'est toûjours avec un semblable cry : Nous donnous une telle charge à nôtre esclave, &c. Un Portugais qu'on avoit pourvû d'une charge considerable par une humeur commune à tous ceux de sa nation, offrit beaucoup d'argent à celui qui devoit faire le cry public, afin qu'il ne le nommât pas esclave de l'Empereur, selon la coûtume, mais qu'il dît simplement, l'Empereur donne une telle charge à un tel ; ce que l'Ethiopien n'osa jamais faire, car ce Prince tient generallement pour esclave tous ceux qui habitent dans le pays de sa domination, sans distinguer les étrangers d'avec les naturels du pays. L'Empereur d'Ethiopie est absolu dans ses Estats ; il n'a point de Roys qui lui soient tributaires, car les Rois de Dancali & de Gingiro ne sont pas proprement ses vassaux, & ne lui payent aucun tribut, mais lui rendent seulement le respect qu'ils doivent à un puissant Prince dont ils sont voisins.

L'Empereur donne ou oste quand il veut le gouvernement des pays de son obeissance à ceux qui les possedent ; hormis la charge de Vice-Roy de Tigré, qui est hereditaire & le Gouvernement du pays de Barnagas, celle de Xumo, de Seraoé, de Syré, de Temben, & de plusieurs autres, il en est de même du Royaume de Dambea, dont le gouvernement s'est toûjours conservé dans la famille des Cantibas, qui descendent des Princes à qui ce pays appartenoit anciennement. Pour ce qui est des autres gouvernemens l'Empereur les change tous les deux ans, tous les ans, & quelquefois même de six mois en six mois, & les oste à une personne d'une famille pour les donner à un autre de la même famille, selon leur merite, ou plûtôt selon l'enchere qu'ils y mettent, car à proprement parler ils se donnent à qui plus les achete, & non par grace ; il faut pour avoir un de ces gouvernemens, donner de l'argent à proportion du profit que l'on espere d'en tirer ; & comme il arrive souvent que plusieurs personnes aspirent au même Gouvernement, on le donne à celui qui en offre davantage : de là vient l'oppression du peuple, que l'on écorche pour gagner ce que le Gouvernement a coûté. Les Gouverneurs reloüent même des petites parties de leur Gouvernement à ceux qui leur en offrent le plus ; & comme la vie & les biens de tous ceux qu'ils gouvernent, sont absolument en leur pouvoir, tout est au pillage. Ces Gouverneurs sont juges & parties : ce n'est pas que les habitans d'un Royaume, ou d'une Province ne puissent appeller au Tribunal de la residence de l'Empereur, de la Sentence renduë par leur Gouverneur, mais il y en a peu qui osent le faire, ni s'en plaindre ; & même le tems de gouverner étant expiré il obtient de l'Empereur par presens, ou par argent, qui fait plus d'effet que toute autre chose, un ample pardon de tout ce qu'il peut avoir fait contre les loix, & des defenses que personne n'ait à se plaindre de lui ni de ses Officiers. Ils sont tellement accoûtumez à cette façon de gouvernement, qu'ils croyent qu'on ne la sçauroit changer sans causer de grands troubles dans l'Estat.

Les Empereurs d'Ethiopie avoient autrefois deux Betaudets ou favoris, qui étoient l'un à la droite, l'autre à la gauche de l'Empereur ; en ce tems-là l'Empereur ne se laissoit voir que de fort peu de personnes, & ces deux Officiers avoient toute l'authorité entre les mains : il y a déja plusieurs années que cette charge est supprimée, mais il s'en est faite une autre à la place de ces deux-là, car le Rax, ou Chef est premier Ministre de l'Empereur en tems de paix, & encore davantage durant la guerre ; le Generalissime de l'armée, le Ballatinhoche goyta, ou Seigneur des serviteurs, sont au dessou, du Raz ; son pouvoir s'étend sur tous les Vice-Rois, Capitaines Xumos ou Gouverneurs, & enfin sur tous les Azages, & les Umbares ou Conseillers de l'Empereur. La charge du Tecacase bella Tinhoche suit après ; son authorité est seulement sur les Ecuyers, Pages, & autres Officiers de l'Ecurie, qui sont tous ordinairement de la lie du peuple ; car l'Empereur ne se sert pas de fils de Gentils-hommes pour être ses pages, mais d'esclaves de differentes nations, comme Agaus, Gongas, Caffres, ou Ballous, qu'il éleve aux plus grandes charges de l'Empire, ce qui arrive fort ordinairement à cause qu'ils servent avec plus de fidelité que ceux qui sont de naissance.

La charge des Azages correspond assez à celle de Conseiler du Parlement : au dessous de ceux-cy sont les Umbares. Umbar signifie chaise, & ces Officiers s'appellent de la sorte à cause qu'ils sont dans leur chaise pendant que le criminel est debout devant eux pour recevoir sa sentence.

Toutes les Requêtes & autres procedures se font de bouche, & non par écrit ; il n'y a que les témoins de l'accusateur qui sont oüis, & comme il est aisé d'en trouver pour de l'argent dans ce pays là, l'innocence de l'accusé court toûjours grand risque.

Les Juges font mettre ceux qui sont convaincus de meurtre, entre les mains des enfans de la femme, ou des parens du mort, qui lui pardonnent quelquefois pour de l'argent, ou les font mourir de quelle mort ils veulent: ils ont pris cette coûtume avec beaucoup d'autres des Juifs.

Quand on ne sçait pas precisément celui qui a fait le meurtre, l'on se met en possession du bien des habitans du lieu & des environs où il a été fait, & souvent l'innocent paye pour le coupable.

Les Abyssins en general sont bons hommes de guerre à pied & à cheval, robustes, adroits: souffrent la fatigue, la faim & la soif au delà de ce qui se peut imaginer, campent presque toute l'année, endurent les injures de l'air, le froid & le chaud, se passent de peu, font la guerre dés leur jeunesse, & y vieillissent; il n'y a que ceux qui cultivent la terre qui en soient exempts, l'Empereur leur donne des terres, dont ils jouïssent tant qu'ils sont à son service; on les donne à d'autres quand ils s'en retirent, c'est-là la seule solde dont l'Empereur paye sa milice, ainsi il met sur pied de grandes troupes à peu de frais.

Les assagayes ou demy lances sont leurs armes; il y a de ces assagayes faites pour darger & d'autres pour se deffendre en les tenant dans une main, & de l'autre le bouclier couvert de peau de buffle fort épaisse & fort dure: chaque soldat porte ordinairement deux de ces assagayes, l'une dont le fer est fort étroit, & l'autre qui l'a plus large; ils dardent la premiere d'abord qu'ils entrent au combat, avec tant de force, qu'elle perce les cuirasses & les boucliers; ils continuent à se battre avec l'autre dont le fer est plus large, Les Gentils hommes portent l'épée, mais ils s'en servent peu, & ne la portent que par ornement, aussi la poignée est ordinairement d'argent, & le fourreau couvert de quelque riche étoffe; ils tiennent leur épée à la main pendant qu'ils parlent à quelqu'un, ou lorsqu'ils se promenent; mais un de leurs valets la porte sous le bras quand ils vont par les rues. Ils portent aussi une masse d'armes ou maillet, appellée bolota, faite d'un bois fort dur & fort pesant, avec un poignard dont ils se servent quand ils en viennent aux mains, & qu'ils sçavent darder avec beaucoup d'adresse.

Les Cavaliers de l'Empereur n'ont pour toutes armes qu'une lance courte faite en forme de dard, & quelques assagayes pour darder, dont le fer est étroit; il y en a peu qui se veulent embarrasser de bouclier ni de cuirasse.

Les armées que l'Empereur met en campagne sont ordinairement de 35. mille hommes de pied, & de quatre à cinq mille chevaux: entre ces chevaux il y en aura ordinairement quinze cens de taille & de la force des genets d'Espagne. Sept ou huit cens de ces Cavaliers portent des cuirasses & des morions. L'on fait estat dans ces troupes de mille Mousquetaires entretenus, quoique quand l'armée est en marche il n'y en ait qu'environ quatre ou cinq cens, desquels la plûpart sont si mal adroits, qu'ils sont à peine capables de faire une décharge dans l'occasion, & ne sçavent pas se servir de l'avantage qu'ils pourroient tirer de ces armes. Ils ne sçavent rien de l'art de ranger une armée en bataille, ni de dresser des bataillons comme l'on fait en Europe; ils vont tous en un gros pour attaquer l'ennemi, & si ceux qui sont à la tête de leur armée enfoncent les ennemis, la queuë de l'armée les suit, sinon ils prennent la fuite sans se railler si ceux de la tête sont enfoncez.

Le terrain qu'occupe leur camp est extraordinairement grand à proportion des troupes, car le nombre de ceux qui suivent l'armée est deux fois plus grand que celui des soldats; aussi l'Empereur & l'Imperatrice vont à la guerre avec toute leur maison: les vivandiers & autres gens necessaires qui suivent l'armée, font un nombre de personnes qui excede deux fois celui des soldats. Tous les grands Seigneurs & Dames de la Cour y ont leurs tentes, comme aussi les Chefs de l'armée, & même plusieurs soldats. Ils dressent ces tentes avec un fort bon ordre; les quatre ou cinq de l'Empereur qui sont tres-belles, se dressent justement au milieu du camp, derriere sont deux tentes qui servent d'Eglise, plus loin & assez éloignées de celles de l'Empereur sont les tentes de l'Imperatrice & celles des grands Seigneurs, qui ont toutes leur endroit assigné, & ensuite celles des Chefs de l'armée & des soldats selon leur rang, c'est à dire ceux de l'avant-garde les premiers, les soldats de l'arriere-garde derriere, ceux des aisles les uns à main droite, les autres à main gauche; de sorte que le camp disposé de cette maniere occupe un grand terrain, & paroît beaucoup principalement la nuit par la grande quantité de feux que l'on y fait: ce même ordre se garde dans tous les campemens.

Quand on doit décamper, le Titaurati ou Mareschal de camp part devant & va choisir un autre lieu pour camper; il enfonce une lance en terre à l'endroit où l'on doit dresser les tentes de l'Empereur, cette marque étant arrestée chacun sçait aussi tôt le lieu où il doit dresser la sienne,

Ils sont peu soigneux de faire provision de vivres, le soldat subsiste de ce que le laboureur lui donne, ou de ce qu'il trouve aux endroits par où il passe, il pille & vole avec autant de violence que pourroient faire les Galles leurs ennemis, principalement quand l'armée campe durant quelque jours en un endroit ; car alors l'Empereur ou le Generalissime de l'armée leur assigne des lieux, d'où ils peuvent prendre de gré ou de force ce qui est necessaire pour leur subsistance : l'insolence du soldat passe quelque fois plus loin, & il faut que la patience des peuples augmente à proportion.

Les Galles entrent facilement dans les terres des Abyssins, qui ne leur peuvent pas rendre la pareille, car les Galles ne cultivent point la terre, & se contentent du lait de leurs bestiaux, qu'ils menent facilement où ils veulent, & se retirent de même, & leurs champs demeurans deserts, les troupes des Abyssins qui y sont entrées, sont contraintes de s'en retirer au plûtôt, car autrement elles seroient en danger de mourir de faim.

Les Azages & principaux Seigneurs d'Ethiopie marchent toûjours proche de l'Empereur ; il porte une couronne ou toque couverte de plaques d'or & d'argent avec quelques perles : l'on ne connoît point là d'autres pierreries, on lui porte un parasol de soye à la façon des Indes, il n'a point de ces rideaux qui couvroient les anciens Empereurs d'Ethiopie, en sorte que l'on ne les pouvoit pas voir ? ils quittent même souvent leurs mules ; montent à cheval, courent une carriere, & se montrent à toutes leurs troupes.

Quoy qu'ayent dit nos Geographes des villes de l'Empire des Abyssins, la verité est qu'il n'y en a pas une. Accum étoit anciennement fort celebre en Ethiopie, elle conserve encore aujourd'hui quelques restes de sa grandeur, qui marquent que ç'a été une ville : les Ethiopiens veulent que la Reine Saba y ait fait sa residence, les Empereurs y ont même tenu leur Cour durant plusieurs siecles, & on les y couronne encore aujourd'huy. Cependant cette fameuse ville d'Accum ou d'Auxum, dont le Cardinal Baronius fait si souvent mention dans ses Anales, n'est maintenant qu'un village de quelques cent feux. Accum est éloignée de trois lieuës de Fremone, & d'environ 45. de Maçua ; elle est sous la hauteur de 14. d. 30. m. l'on y voit plusieurs ruines fort antiques, & entre autres celle d'une grande Eglise, il paroît qu'elle étoit de 220. palmes de long, & de cent de largeur : mais ce qu'il y a de plus remarquable parmy ces ruines, sont des pierres prodigieusement hautes, taillées en pyramide ; la plus haute d'entre elles à 104. coudées, & 10. de large par la baze, elle est élevée sur des assises de pierres, ou plintes, qui ont deux palmes de haut : les plus petites de ces aiguilles ont depuis 30. jusqu'à 40. palmes de haut, sont de pierres rustiques & non achevées ; les plus grandes de toutes sont étendues par terre, ils en accusent les Turcs quand ils entrerent en Ethiopie. Il y a apparence que ces obelisques ont été dressées pour servir d'ornement aux sepulchres qui en sont proches, de même que ceux d'Egypte. L'on voit aussi entre ces ruines une pierre élevée, sur laquelle il y a une inscription en lettres Grecques & Latines, mais qui n'ont aucun sens. *Elle est expliquée dans la premiere Partie de ce Recueil.*

Le camp de l'Empereur est comme la ville capitale de l'Empire, non pas à cause de la grandeur de ses édifices, car ce ne sont que des cabannes ; tellement qu'à les voir de quelque éminence on les prendroit pour des monceaux de paille, dont elles sont couvertes : le grand nombre de gens qui y campent, & le bon ordre dans lequel l'on dresse ce camp, & principalement aux endroits où l'Empereur doit passer l'hyver, sent bien sa ville. Il a changé souvent de place depuis quelques années. Dans le temps que nos Peres Jesuites étoient en Ethiopie, l'Empereur campa au lieu appellé Dancaz prés de dix ans, mais il avoit changé auparavant en quatre ans de cinq ou six endroits. Lorsqu'on leve le piquet, l'on transporte aussi tout ce qui sert à l'Eglise. Quatre Prestres sont employez à porter l'autel ou plûtôt l'arche sur laquelle on dit la Messe ; car ce qui leur tient lieu de pierre d'autel, a la forme de l'Arche du viel Testament, qu'ils pretendent être encore maintenant dans l'Eglise d'Auxum, & qu'ils gardent avec grand soin, de peur, disent-ils, que les Catholiques Romains ne leur emportent ; ils ont je ne sçay quelle tradition, qu'elle y a été transportée. Un autre Prêtre marche devant cet autel, & l'encense ; tout le monde fait place, ceux même qui sont à cheval, mettent pied à terre aussi-tôt qu'ils entendent la sonnette qui les avertit que ce modele de l'Arche approche.

Le Pere Pays lui bâtit un Salaca au Palais de pierre à la maniere de l'Europe, sur le bord du lac de Dambea, que les Ethiopiens viennent encore voir des extremitez de l'Empire, & l'appellant Babet laybet, c'est à dire maison dessus maison, à cause qu'il a deux étages, ce qui passe leur imagination.

Il n'y a donc point de ville en Ethiopie, ce ne sont tous que des villages ; mais il est des Provinces d'Ethiopie si pleines de villages, que toute la campagne ne semble qu'une ville, tant ils sont bâtis prés à prés l'un de l'autre, & il y en a d'autres presque entierement desertes. Tous ces villages sont ouverts & n'ont aucune muraille, si ce n'est ceux du Royaume de Amahará & autres pays qui

DE LA HAUTE ETHIOPIE.

proche des Galles, où ils élevent pour leur défense des murailles de pierres seches.

Les Ethiopiens comptent dans leur histoire vingt-quatre Empereurs depuis la Reine de Saba & le fils qu'elle eut de Salomon jusqu'à la naissance de Jesus Christ, & soixante-huit depuis ce temps-là jusqu'au present Empereur Faciladas.

Voicy ce que j'ay tiré de la traduction que le P. d'Almeida avoit faite du livre de l'Eglise d'Auxum, & d'un autre livre de l'Empereur Seltan Seged. La Reine Saba y est nommée Neguesta Azeb, c'est à dire la Reine du Midy. Ils disent qu'elle fut en Jerusalem la quatriéme année du regne de Salomon, qu'elle en eut un fils nommé Menilehec ou David, qu'elle regna vingt cinq ans après être retournée en son pays, & son fils vingt-neuf. Zagdur succeda à Menilehech son pere, & depuis Zagdur jusqu'au Roy Phacen ils comptent vingt-quatre Rois de pere en fils.

L'année de l'Incarnation est chez eux la huitiéme année du regne du Roy Phacen. Depuis la naissance de Nôtre Seigneur jusqu'à l'année 327. leurs histoires font mention de treize Rois. En ce temps-là l'Empire étoit divisé entre deux freres nommez Abrà & Azbà. Ce fut de leur temps, c'est à dire l'an 330. que saint Frumentio, qu'ils appellent Fremonatos, fut envoyé en Ethiopie par saint Athanase, & que la Foy y fut introduite. Après ces deux freres qui gouvernerent en grande union, l'Empire tomba entre les mains de trois autres freres nommez Azfà, Azfed & Amey. Les Abyssins asseurent que pour gouverner avec plus d'union ils avoient divisé le jour en trois parties, & qu'ils regnoient chacun à leur tour une partie du jour; & que cette maniere de gouvernement si bizarre leur réüssit bien; qu'Aradò, Aladobà & Amimaid leur succederent; & que de leur temps, c'est à dire l'année 414. ou environ il y vint de Rome ou de Grece des Religieux. Tacend regna après Aminaid, & immediatement après luy Caleb, qui est celuy que Baronius & les Actes du martyr Aretas appellent Elesbaan; ce qui revient à l'année 521. Il passe pour Saint chez eux & dans le Martyrologe Romain.

Depuis 521. jusqu'à 960. auquel temps regna Del-Noad, ils ont une suite de dix-neuf Rois: & ce fut en ce temps-là que manqua la lignée des descendans de Salomon, & que l'Empire passa dans une autre famille nommé Zagué, qui tint l'Empire l'espace de 340. ans, c'est à dire depuis 960. jusqu'à 1300. environ, car alors Iqunù Amalat monta sur le thrône, & en sa personne l'Empire rentra dans la race de Salomon. Ils ne tiennent que ceux de cette race pour veritables Empereurs, & c'est par cette raison que je ne mets point au rang des Empereurs ceux qui n'en sont point.

Depuis cet Iqhunú qui regnoit environ l'an 1300. jusqu'à Zarà Jacob qui mourut vers l'an 1439. ils comptent seize Empereurs. Dans le temps de Zarà Jacob se celebra le Concile de Florence: ce fut luy qui voulut réünir l'Ethiopie à la Foy Catholique; il envoya pour cet effet des Abyssins avec des lettres au Pape Eugene IV.

Beda Mariam succeda à Zarà Jacob, & après luy Escander ou Alexandre. Ce fut de son regne, c'est à dire l'an 1491. que Pedro Conilham vint en Ethiopie.

Andeseon succeda à Alexandre, il regna six mois seulement, & après luy Naod qui gouverna treize ans, & mourut vers l'an l'an de N. Seigneur 1500. Onag Segued, autrement nommé David, succeda à Naod. Pendant qu'il regnoit D. Rodrigo de Lima & le P. Fr. Alvarez entrerent en Ethiopie avec l'Ambassadeur du Roy D. Manoel. David commença à regner en 1507. & finit l'an 1540. De son temps Achmed Visir du Roy d'Adel entra en Ethiopie, & la conquit presque toute. David étant mort, son fils Asnaf Segued, autrement nommé Claudios, luy succeda. D. Christovanda Gama vint à son secours en Ethiopie avec 400. Portugais, & défit cet Achmad Ganhe, c'est à dire le gaucher. Asnaf Segued commença à regner l'an 1540. & mourut en 1548. Adamas Segued, autrement nommé Minas, luy succeda; ce fut luy qui exila le Patriarche D. And. d'Oviedo. Malac Segued suivit après, commença à regner l'an 1563. & mourut en 1597. Pendant son regne il souffrit que ce Patriarche vécut en repos à Fremone avec ses Religieux, & qu'il administrât les Sacremens aux Portugais. Jacob luy succeda, & regna sept ans. Zadanguil le détrona; mais quand il fut mort, Jacob se remit en campagne, & eut pour competiteur Socinios qui prit le nom de Melec Seged quand il vint à l'Empire, & enfin celuy de Sultan Segued; car il est ordinaire à ces Princes de changer ainsi de nom.

Cette guerre entre eux dura trois ans, au bout desquels Socinios demeura vainqueur & regna l'espace de vingt cinq ans, sans compter les trois ans durant lesquels Jacob luy disputa l'Empire, car ce Jacob mourut l'an 1607. Sultan Segued quitta l'Empire avec la vie l'an 1632.

Dans cette Chronologie il n'est point parlé ny de la Reine Candace, ny de l'Imperatrice Helene, les Abyssins non plus que les Juifs ne nomment point les femmes dans leurs genealogies, & cela leur est commun avec tous les Orientaux.

Tout le regne de Seltam Segued se passa en soûlevemens & en guerres ; ces peuples ne pouvoient souffrir la reforme que nos Missionnaires y avoient preschée & établie avec beaucoup de succez ; les Moines & les Religieux la portoient plus impatiemment que les autres, & dans les combats qu'il fallut donner pour cette querelle, ces Moines & ces Religieux tenoient les premiers rangs. Les Moines d'Ethiopie se marient, sont courtisans, & ne font point scrupule d'aller à la guerre, mesme hors des occasions de religion. L'Empereur vint à bout de la plûspart de ces mouvemens sous la conduite de son frere Raz Cella Christos, mais il succomba aux intrigues de sa Cour, car ayant défendu par une proclamation publique l'exercice de la Religion du pays, l'Imperatrice, ses filles & toute sa maison se tourna contre luy. On luy fit voir avec horreur un champ couvert des corps morts de ses sujets qui s'étoient joints à un rebelle chef des Agaüs de la contrée de Lasta, & qui avoient été taillez en pieces par ses troupes : on luy representa en mesme temps combien de combats il avoit fallu donner, & tout le sang qui avoit été répandu jusqu'alors pour établir la Religion Romaine, & les difficultez qu'il auroit à combattre pour obliger les peuples à la suivre ; on luy persuada enfin de rétablir la Messe à la maniere de l'Eglise Abyssine, luy donnant à entendre, que le peuple ayant obtenu cette satisfaction, demeureroit en repos, & ne songeroit plus aux autres changemens. L'Empereur se rend à ces raisons, la permission de la Messe se publie, mais la faction des Heretiques en tire avantage, pousse l'affaire à bout, & l'oblige enfin à donner à tout son Empire la liberté de suivre leur ancienne Religion, ce qui fut receu avec tant d'emportement, qu'ils firent un Baptesme & une Circonsion generale pour se purger, comme ils disoient, des erreurs de la Foy Catholique. On bannit les Jesuites, qui avoient treize residences dans cet Empire, & entr'autres celle de Fremona avec des bastions, que l'on pouvoit appeller une forteresse. Les Peres se retirerent sur la frontiere. On fit une nouvelle proclamation, que l'un eût à suivre la Religion d'Alexandrie. Seltam Segued étant mort accablé de ses affaires, le nouvel Abuna qui vint d'Alexandrie, ne donna point de repos à Faciladas son fils & son successeur, jusqu'à ce qu'il eût obligé le Barnagas, ou Amiral de la Côte, nommé Akay, de faire sortir de son Gouvernement & de l'Empire le Patriarche Affonso Mendez & ses Compagnons Jesuites, à qui il avoit donné retraite : les autres Missionnaires, qui étoient demeurez cachez en divers endroits de l'Ethiopie, y souffrirent le martyre en differens temps, nommément D. Apollinar d'Almeyda Evesque de Nicée, Hyacinthe Francesco, Francesco Rodriguez; & le P. Lobo étant venu à Rome pour demander du secours, la Congregation de Propaganda Fide envoya six Capucins François, comme si cette persecution fût venuë en partie de la haine que les Abyssins avoient conceuë contre la nation Portugaise ; mais le P. Agathange de Vendosme, & Cassian de Nantes y souffrirent aussi le martyre à Suaquem comme leurs autres camarades qui avoient voulu passer du côté de Madagoxo, l'avoient souffert chez les Caffres, & aprés eux les PP. Cardeyra & Bruno Bruni Jesuites, que les Ethiopiens firent mourir en 1640. Les dernieres nouvelles du P. Noguera de 1652. portent que la persecution avoit toûjours continué depuis contre les Catholiques ; & que l'Empereur n'avoit pas pardonné à son propre sang. J'en donneray un recit plus particulier, lorsque j'auray pû joindre aux lettres de la Congregation de Propaganda, la Relation que le P. Tellez nous en a promise, & les Lettres de M. Bernier.

Voila la suite qu'ils ont des Empereurs descendus en ligne masculine de Salomon. Comme ceux de la maison de Zagué n'en étoient pas, ils ne sont point mis au rang des autres ; cependant un des Princes nommé Lalibela fait un principal ornement de leur histoire, car les quarante années de son regne, & celles du regne de son fils font le siecle d'or de ce peuples. Ce fut luy qui fit bâtir ces Eglises qu'*Alvarez* qui les avoit veuës, décrit si particulierement ; il les fit tailler dans des roches comme un Sculpteur tire une belle statuë d'un bloc de marbre, en ôtant ce qui est hors des contours du models qu'il s'est formé de son imagination.

REMARQVES

Sur les Relations d'Ethiopie des RR. PP. Ieronimo Lobo, & de Balthasar Tellez Iesuites.

IERONYMO LOBO Jesuite, Auteur de ces Relations, est un personnage d'un grand merite, qui s'est exposé plusieurs fois pour la Religion. Dans une de ses navigations il fit naufrage sur la coste de Natal, où il se sauva avec deux cens soixante-trois personnes de l'equipage de son vaisseau, & bâtit de son débris, deux Paraches, sur lesquelles il passa à Angola l'année 1636. d'Angola au Brezil, du Brezil à Cartagene, & de là en Espagne, pour y soliciter le secours dont la Mission d'Ethiopie, où il a travaillé plusieurs années, avoit besoin : Ainsi l'on ne doit point faire de difficulté de croire ce qui vient d'une personne qui s'est exposée tant de fois à estre le Martyr de la verité; mais comme ce n'est point luy qui a dicté ces Relations, & qu'elles ont seulement esté receuës de sa bouche, & traduites de l'Anglois en François, elles ont besoin de quelque éclaircissement; c'est ce qui m'oblige aujourd'huy de m'adresser à luy-mesme, pour sçavoir ce que nous devons croire de quelques-uns de leurs articles, comme j'y ay déja eu recours & au R. P. Tellez dés l'année 667 par l'entremise de M. T. qui estoit alors en Portugal.

Le premier éclaircissement sera sur la carte d'Ethiopie que j'ay jointe à leurs Relations, comme ayant esté faite dans le pays mesme par les PP. Pays, Mendez, Lobo, Almeïda, & cependant l'on suppose à Rome que le P. Eschinard l'a faite. Dans la carte du Pere Eschinard, le Lac de Dambeas s'étend de l'Est à l'Ouest; Dans celle de leurs Missionnaires d'Ethiopie il gist Nort & Sud; comme il est aussi dans une Carte faite par les soins de M. Ludolphe sur la relation de l'Aba George, Abyssin, que feu Monsieur l'Electeur de Mayence m'envoya. C'est à eux de nous dire d'où vient qu'ils ont osté au Pere Eschinard l'honneur d'avoir fait cette Carte; & s'il y a quelque fondement aux changemens qu'il y a faits?

Fol. 1. ligne 1. *L'Empire des Abyssins est le plus grand & le plus ancien des Estats de l'Afrique.*
Selon les dernieres Relations de l'Afrique, l'Empire de Benin & l'Empire de Makoko sont plus grands que celuy des Abyssins; car le Roy de Benin met cent quatre-vingts mil hommes en campagne; & l'Empereur de Makoko, outre qu'il a dix Roys qui luy sont tributaires, a de plus cette marque de grandeur que l'on mange tous les jours à sa table deux cens hommes, plûtost par un faste barbare, que par aucune necessité; car ce païs nourrit, selon ces relations quantité de bestiaux, & produit tout ce qui est de plus propre pour la nourriture de l'homme.

Fol. 1. l. 3. *Ce païs est en effet plus haut que l'Egypte & que les autres païs voisins.*
Nous avons une experience certaine que non seulement le païs des Abyssins est plus haut que l'Egypte, mais mesme que le plan de tout le reste de l'Afrique; car si le Nil nous donne le niveau de l'Egypte, la riviere de Gambie, Cuama, celle de Zebée que l'on croit passer à Melinde, ou à Monbaça & une autre proche de Magadoxo, nous asseurent que les terres de l'Ethiopie, & celles qui leur sont voisines, d'où viennent ces fleuves, sont plus hautes que les trois autres côstes de l'Afrique, où ces rivieres se rendent dans la mer, qui d'elle-mesme nous est un niveau general pour estimer la hauteur de toutes les terres, & leurs pentes par le moyen des rivieres qui en viennent & qu'elle reçoit. Abulfeda appelle la riviere de Gambie le Nil de Gane, & celle de Madagoxo; le Nil de Mocadessou, à cause qu'elles inondent en mesme temps que le Nil d'Egypte, qu'elles nourrissent les mesmes animaux, j'entens les Crocodilles & les Cheuaux marins, & qu'elles ont leurs sources fort proche de celles du Nil.

Fol. 1. l. 24. *L'Isle de Suaquem appartient de droit à un pauure Prince dont le Royaume est appellé Balou.* J'ay apris des Geographes Orientaux que j'ay entre mes M. SS. que les Balouïn sont des peuples situez entre la Nubie & le pays d'Elbege, autres-fois Jacobites de religion. Le P. I. Lobo & les Portugais parlent peu de ces pays, ils touchent à l'Ethiopie; le tâcheray de remplir icy ce vuide, en inserant une Relation que j'en ay tirée d'Abulfeda, & de quelques autres Geographes Arabes; c'est là où quelques-uns des anciens ont placé les Pigmées, & cependant ces peuples sont les hommes du monde les mieux taillez.

Depuis la Ville d'Asoüan dans la Thebaïde, jusqu'à la premiere place du pays de Nubie, il y a 7. milles de distance. Bilaq est une Isle que font les eaux du Nil, & est la derniere des places que les Mahometans tiennent; de là jusqu'à Elqsar, le premier village de Nubie, il n'y a qu'un mille de chemin. Les barques trouvent entre Asoüan & ce village, le mont ou plûtost le rocher Genadel, qui barre par le milieu la mer du Nil; car c'est ainsi que les Egyptiens appellent son lit, pour faire honneur à un fleuve de qui ils reçoivent tant de secours; ces roches sont les

REMARQVES

bornes de la navigation de ceux de Nubie, & ceux aussi qui viennent du costé opposé de l'Egyp ne les passent point ; car le Nil tombe du haut de ces rochers par trois ouvertures avec be coup de violence & de bruit, & fait ces catadupes ou cascades si renommées, mais fort él gnées de celles que les PP. Lobo & Tellez décrivent icy dans leurs Relations; fol. 3. lig. car ce sont d'autres cascades du mesme Nil, qui estoient peu connuës jusqu'à cette heure qu nous les ont décrites. Ces Geographes Arabes & quelques-uns mesme du pays nous appren que le Nil n'inonde point en Nubie, & qu'ils sont mesme obligez d'élever ses eaux avec des m chines; que ses bords sont plantez de palmiers; qu'il fait là plusieurs isles habitées, & riches bestiaux, & qui ont du gibier & du poisson en quantité. Que la pluspart estoient Sabéens de sect qu'ils adoroient le Soleil & les étoiles, & que sans avoir jamais eu de Prophetes ny aucun de ces vres que Dieu a envoyés, ils ne laissent pas de l'adorer de tout leur cœur: que depuis le Gemid jusqu'à l'autre extremité de la Nubie il y a dix stations; que ce pays obeït au Saheb Elgebel, c' à dire Seigneur de la Montagne; que l'arbre du baume ne se trouve point ailleurs qu'en ces pay là; que des Princes de la race des Caliphes Beni Umié, au temps de la décadance de leur Maiso se retirerent au fond de la Nubie, pour mettre leurs vies à couvert des desseins de leurs ennemi que proche la ville d'Aloüach le Nil est divisé en deux branches; que l'eau de la branche du co de l'Orient est verte, & celle du costé de l'Occident est blanche; que le pays d'Elbegé confine costé de Suaquem avec celuy des Abyssins; qu'il y a des mines d'Emeraudes dans des cave nes profondes & obscures du mont Carshendé; qu'il y en a de trois sortes, qu'ils taillent roche dans ces cavernes avec des outils d'acier; qu'ils en tirent une pierre verte & brute dont separent les Emeraudes, & que pour connoistre leur perfection, ils les mettent dans de l'huile chau & les frottent apres avec une grosse toile, on a travaillé à ces mines jusques en l'année 767. l'Hegire, il les met à dix journées de chemin de la ville de Qift.

Je joindray à la description de Nubie & du pays d'Elbegé, celle des Royaumes d'Adel, & Dancali, à cause qu'ils confinent avec les Abyssins, en attendant une description plus exac dans l'Abulfeda. Le Royaume d'Adel s'étend depuis le Cap de Guardafuy jusqu'à l'embouchu de la Mer rouge, & de là le long de ses costes jusqu'à Dancali & Bailur, selon la relation de c Peres. Zeila est un port de ce Royaume, il y pleut rarement comme en l'Egypte, mais la rivie Hoax supplée par son inondation au deffaut de la pluye.

Le Roy de Dancali est fort peu de chose, n'a que des manieres rustiques, & que nous trouv rions mesme à redire dans les personnes de la plus basse condition. Ils disent que le pays d Dancali est une campagne de quatre journées de chemin de long, & d'une de large; ils l'appelle le pays du Sel; en effet tout ce qui s'en consomme en Ethiopie, se tire de là; & il y tient lieu d' gent, & d'une monnoye fort courante; ils le tirent d'une roche, où ils le couppent en forme briques de huit pouces de long & de quatre en quarré; il est tres-blanc, tres-fin, & tres-dur. Bea coup de gens travaillent continuellement à le couper, & il s'en transporte en si grande quanti qu'ils rencontrerent une caravane de 600. tant chameaux que mules, qui n'estoit point charg d'autres marchandises; il faut marcher de nuit dans ces champs, où l'on coupe le sel, à cau que la chaleur y est si grande, qu'ils trouverent qu'elle avoit fait fondre la cire à cacheter q estoit dans leurs écritoires. Au sortir de ces plaines nos Missionnaires marcherent deux jours le lon d'une riviere dont l'eau estoit tres-claire & tres-fraische; le fonds plein de poulliot & de marj laine; les bords plantez de palmiers. Ils arriverent enfin au pied de la montagne de Seniffé d il fallut décharger les chameaux pour la passer: elle est plus hute que pas une des Alpes, m couverte de Cedres, de Cyprés, de buissons de sauge, & de roziers blancs. Au delà de la mont gne ils trouverent des terres semées d'orge & de milliet, ce qu'ils n'avoient pas encore rencont dans ce chemin, & apres ils arriverent à la ville de Fremone.

Fol. 1. l. 35. *Qui sont tous sous le mesme paralele que celles de Sofala.* J'ay une relation qu'ont fait les Portugais pour la découverte de ces mines de Sofala, qui les éloigne un peu plu

Fol. 3. l. 31. *Fait un si grand tour.* Cecy confirme la relation d'Eratosthenes qui sembloit i croyable; car la figure du Noun Grec qu'il attribuë à son cours, revient assez à cette descriptio Herodote aussi qui avoit fait un voyage exprés pour connoistre le Nil, & la cause de son inond rion, nous en avoit dit plus de veritez que tous ceux qui en ont parlé de nos jours, ceux q l'ont lû verront icy avec plaisir la confirmation de ce qu'il a dit il y a plus de 2000. ans; de ce s crifice de vaches aux sources du Nil: Je ne raporteray point icy le passage pour laisser la place d'autres que l'on ne trouveroit pas aisément ailleurs.

De la mer rouge. Souf ne signifie point rouge chez les peuples qui habitent les bords de cet mer, les noms qu'ils luy donnent sont la mer d'Elcolsum, de la Mecque, ou d'Aila; & comme Grecs ont esté long-temps en possession de nommer les pays, les arts, & les sciences; il me rest roit toûjours ce doute, que ce nom luy vient plûtost du Roy Eritra, qui a eu des escadres galeres, que d'une fleur d'où on tire une teinture rouge chez les Ethiopiens avec qui no n'avons point eu de commerce.

Fol. 4. l. 35. *C'est la raison du beau temps qu'il fait cependant en Europe.*

SVR LES RELATIONS D'ETHIOPIE.

J'ay joint dans la suite de ce Recüeil, une suite de plusieurs années de ce qui est arrivé de plus remarquable aux inondations du Nil, & peut-estre qu'il se trouvera que dans le temps qu'il n'est pas tombé la quantité ordinaire de pluye entre les Tropiques, ce qui se peut estimer par la hauteur des eaux du Nil; dans ce temps-là dans nostre Europe, les pluyes en Esté ont esté plus frequentes qu'à l'ordinaire; car suivant l'analogie de la grande regularité des choses naturelles, je croys qu'il doit tomber tous les ans à peu prés une mesme quantité d'eau, mais qu'elle est inégalement partagée, principalement dans les pays qui sont hors des Tropiques.

Fol. 4. l. 40. *Proche du Cayre il y a une Colonne.* Il y en avoit une autre de porphyre à Asna, celle-cy est dressée au milieu d'un grand quarré, où l'eau du Nil est conduite par une voûte, dans le temps de son inondation: elle est de marbre blanc, divisée en 22. coudées, chaque coudée est subdivisée en 24. doigts, & cette division revient à une autre de moindre nombre de coudées, mais qui sont chacune de 28. d. Les Cophtes disent que lors que le Nil n'arrive qu'à 12. coudées, c'est une année d'une grande famine, que quand il vient à 16. coudées devant le temps de l Elnoûrous, c'est l'année d'une pleine recolte, mais que lors qu'il gagne jusqu'à la 18. ils ont beaucoup à craindre, qu'ainsi les deux points les plus dangereux sont le 12. & le 18. j'apprens de là que l'on a mal entendu ce qu'a dit le P. Lobo, que le Nil monte quelquefois jusqu'à 23. coudées; car si cela estoit, il ruineroit toute l'Egypte, & entraineroit tous ses ponts & toutes ses levées; en effet on trouvera dans le Canon ou Chronologie que j'ay des observations des cruës du Nil depuis plusieurs centaines d'années, que lors que les eaux montent à la 18. coudées, le peuple sort du Cayre, pour prier Dieu de faire baisser les eaux; ces observations m'ont fait penser que puisque du temps de Pline jusqu'à cette heure il s'est passé 15. ou 16. siecles, & que de son temps la cruë de 16. coudées faisoit une bonne année en Egypte, comme elle fait encore à cette heure; l'on en peut tirer une induction qu'il n'est point vray que l'Egypte doive sa naissance au Nil, contre l'opinion des anciens & le raisonnement d'Herodote, l'on pourra peut-estre tirer aussi quelque nouveau secours de ces observations pour connoistre les mesures des anciens.

Ces Auteurs Mahometans accusent les Cophtes de leur avoir fait acroire long-temps que l'inondation du Nil estoit l'effet d'une relique qu'ils mettoient dans ses eaux la nuit de la feste de saint Michel.

Fol. 5. ligne 1. *Le Consul des François a le trafic du sené.* M. Bernier nous a apris que le Consul des François est tout à fait hors de ce negoce, & que ce sont les Juifs qui ont maintenant ce monopole. J'ay veu icy du sené en graine, qui avoit atteint sa parfaite maturité, & je ne doute point qu'avec un peu de soin l'on ne le puisse naturaliser en nostre climat.

Fol. 5. l. 6. *Zacharie Vermeil.* Le P. Lobo, dont la maison a servy de retraite à cét avanturier, sera bien aise de voir ce qu'en dit M. Gassendi dans la vie de M. Perez vers l'année 1634.

Fol. 5. l. 17. *Prince Chrestien tres puissant dans les Indes.* J'ay apris qui estoit ce Prince Chrestien, dans les histoires des Dynasties de l'Orient, que j'ay entre mes M.SS. Orientaux. Ces auteurs Mahometans nous apprendront peut-estre un jour des choses à l'avantage du Christianisme que nous ne trouverons pas dans nos auteurs de l'histoire Ecclesiastique.

Fol. 5. l. 41. *Jan Coy, c'est à dire mon Roy.* Sandobal fol. 249. qui cite aussi dans son histoire d'Ethiopie, les relations du R. P. I. Lobo, interprete Jan Coy, Seigneur de Mon Cœur.

Ce Valenciano, autrement le P. Uretta dont parlent les PP. Tellez & Lobo, merite tous les insultes que luy font les Portugais: il n'est point vray qu'un Abyssin luy ait dit ce qu'il nous a donné de l'Ethiopie; car cét Abyssin le desavoüa & dit le contraire au Pere Godinho qui le vit à Rome; toute sa relation n'est qu'un tissu de menteries, & la dedicace qu'il en fait à la Vierge Marie est une impieté sans pareille. Entre toutes ces faussetez il y en a une dont les PP. ne parlent point, qui est bien la plus impudente, c'est de dire que le Tite-Live est le seul M. S. Latin qui soit dans la Bibliotheque du Mont Amara, où il dit faussement qu'il y a beaucoup d'autres M.SS. en toutes sortes de langues, & que dans ce manuscrit du Tite-Live, il n'y manque rien de tout ce que l'on regrette tant dans l'edition que nous avons de cét auteur.

Tellez fol. 14. lig. 10. col. 2. Ces pierres avec des inscriptions en lettres Grecques & Latines qui n'ont point de sens, sont apparemment celles-là mesmes que j'ay données dans le fragment de Cosmas qui est dans la premiere partie de mon recueil: car les inscriptions Grecques de ce temps-là, à cause des lettres capitales qui sont nos lettres romaines paroissent de la sorte à ceux qui n'ont pas fait d'étude. Une Ectype ou copie de ces inscriptions, & des desseins de ces ruines, seroient une des plus curieuses choses que les Jesuites nous auroient pû raporter d'Ethiopie, avec quelqu'une de ces Bibles que leurs Missionnaires ont veuës entre les mains des Juifs qui sont en ces quartiers-là depuis le temps de Salmanassar, comme écrivent les Peres: La mesme occasion s'est déja rencontrée du costé de la Chine, où les PP. II. ont aussi veu des Juifs qui n'avoient eu nul commerce avec les autres, & ne sçavoient pas mesme la venuë du Messie. Ces recherches, les desseins de ces ruines, & des monumens de Chilminar ou Persepolis, ceux des Temples de la Thebaïde marquez dans la lettre cy jointe des PP. Capucins, sont de ces soins que Pline appelle Curas Regum.

Fol. 8. *De la licorne.* M. T. m'écrit de Lisbonne 1667. Le P. Lobo m'a asseuré que dans la Province où est la source du Nil, il se trouve des Licornes, les unes blanches les autres bayes, avec une corne blanche au front de la longueur du bras, elles sont fort farouches. Il a eu aussi un petit poulain bay qui luy fut envoyé, & qui ne vécut que 8. ou 10. iours pour n'avoir pas eu une inmement qui luy donnast à teter. La mesme personne dans une autre lettre, parlant de la Licorne, & de la relation du P. Lobo m'en écrit en ces termes. Son compagnon en a eu un petit qui mourut, ayant esté pris à sa recommandation par les habitans du lieu ; il s'en est aussi veu plusieurs dans la Comarca Nanina qui est la derniere des Provinces des Agaus.

D'où vient donc que le P. Tellez qui décrit la Giraffe & la Zebra, ne parle point de la Licorne.

Le Pere Lobo en continuant à répondre aux questions que luy fit mon amy, s'estendit aussi fort sur le Rinoceros & sur le cheval marin, voicy comme il luy en parla. *Le cheval marin est trespuissant, & n'a de cheval que les oreilles, & presque le reste de bœuf, sans cornes, i'ay tué au Cap de B. Esperance de ces animaux, il a les pieds de l'Elephant, & marche sur la terre où il est presque toûjours à brouter & nage à l'embouchure des rivieres* Et sur la question que ie luy faisois, s'il esto vray, comme l'a écrit le P. Boym dans son livre intitulé Flora Sinensis qui est dans la seconde partie de vostre recüeil, que l'on arreste le sang de ceux que l'on seigne dans l'hospital de Goa, en appliquant sur l'ouverture une dent de cheval marin, le Pere répond, *dans l'hospital de Goa il n'y a point de dent de cheval marin qui arreste le sang.* Il faut que j'aioûte à cette relation qu'il donne du cheval marin, que je l'ay veu décrit avec des griffes aux pieds, ce qui le rendroit fort different, de l'Elephant, & nous obligeroit à le mettre au rang des animaux terrestres

Fol. 8 l. 25. *Les oiseaux de Paradis n'ont pas point de pieds* J'ay veu de ces oiseaux de Paradis qui avoient de pieds; & ce qui a causé l'erreur où l'on a esté jusqu'à cette heure, est qu'on le leur oste pour les envoyer, de peur qu'ils ne gastent leurs plumes qui sont fort fines; le mall. est d'une couleur vive & plus petit que la femelle.

Le Pelican n'est pas celuy de tous les oiseaux dont nous souhaitons le plus d'aprendre l'histoire, de ceux qui ont esté en Ethiopie; c'est le Pere I. Lobo que nous devons consulter sur celuy que nous decrit le Pere Bolivar ; il dit qu'il y a vers ces quartiers-là un oiseau qui a le corps deux fois aussi grand que l'Elephant, mais voicy ses propres paroles : de peur que l'on ne s'en prenne la traduction. *Avis Condor est diversæ magnitudinis pro diversitate regionum. Maior à multis Lusitanis visa in expeditione contra r gna Sofalæ & Cuama, & regiones de los Caffres & Monomotapa usque ad regnum Angolæ, & montes de Teoa, &c In aliquibus autem regionibus, vidi pennas alicuius avis prodigiosa, licet Avem non viderim. Penna illa prout ex forma colligebatur erat ex mediocribus longitudine 28. palmorum, latit. 3 Calamus vero à radice usque ad extremitatem longit. 5. palm. densitatis instar brachii moderati, robustissimus erat & durus. Pennulæ inter se æquales & bene compositæ, ut vix ab invicem nisi cum violentia divellerentur. Color erat valde nigro, calamus colore albo Referunt illi, qui hanc avem viderunt, eam magnitudine duorum Elephantum simul junctorum excedere, & à nemine huc usque aliquam interfectam : ut velocitate Nubium tenus fertur, in aliis non commoveri videatur. Forma similis est aquilæ. Verum etsi magnitudine ac velocitate perpolleat, victum tamen cum labore quærere cogitur, propter densissima nemora, quibus omnes illæ regiones refertæ sunt. Commoratur in terris desertis & frigidis, ut montibus Teoæ, id est Lunæ, & in eorum vallibus certis vicibus apparet. Nigræ pennæ in magno habent pretio. Magna difficultate vix una ab incolis obtineri potest, quia vel unam pennam decem & plures simul sedentes, ab infesto calore, Vespis & Muscis defendit. Quæ dixi confirmare poterimus, has cum aliis avibus conferendo, quæ similes dictis sunt ; ex quibus multas interfeci & infinitas vidi, præcipuè in regno Peruano, ubi earum magna est copia. Hæ equas vaccas & alias pecudes deprædantur, imprimis, cum fœtus pariunt, ut vaccæ, vel parienti multum facessant negotii, per aliquot dies fœtui inhiantes. Nigræ hæ sunt aves, & rostro robustissimo, aduncoque, unguibus item aduncis. Illarum magnitudo maxima est, ut minor reliquis avium, quas dimensus sum (quæ pullus non erat) habuerit densitatem subtus alas cannam unius Romanam, & ab extremitate unius alæ ad aliam, longitudinem 22 pedum superarit. Maior vero quam inveni 30. pedes circiter continebat ; in terra consistentes iumenti habent corpulentiam sæpius verò ducentas libras carnis evomuere præ nimia satietate cadentes. Pennarum aliquæ septem vel octo palmos longæ sunt.* Si cette relation est vraye le Condor du P. Bolivar sera le Roc des Arabes, & un de ces oiseaux qui sont décrits dans le Roman de Sandebad. La Serre que l'on garde à Paris dans le tresor de la Sainte Chapelle, nous asseure bien qu'il y a des oiseaux fort grands, ceux du Perou sont décrits ailleurs, mais pour la relation du P. Bolivar de ceux d'Ethiopie, j'en attens la confirmation des R. P. Lobo & Tellez.

Pour les Palmiers, il faut que j'ajoûte à ce que le Pere Lobo nous a dit de leurs usages, que Pl Instrame nous apprend qu'on en a fait des souliers; le Cocos sert aussi pour prendre des Singes, l coupe l'amande lors qu'elle est dure, le Singe trouvant l'un des trous de la coquille assez clair pour y passer la main, empoigne un de ces morceaux de l'amande, qui l'empesche de la retirer mesme trou, & ainsi il devient la proye du Bandarin qui luy a tendu ce piege.

RELATION
DV R. P. IERONYMO LOBO
DE L'EMPIRE
DES ABYSSINS,

Des Sources du Nil, de la Licorne, &c.

L'EMPIRE des Abyssins est le plus grand & le plus ancien des Estats de l'Afrique ; On l'appelle la haute Ethiopie, ou l'Ethiopie au dessus de l'Egypte ; ce pays est en effet plus haut que l'Egypte, & que les autres pays voysins ; il est borné du costé de l'Orient par la Mer rouge, du costé du Nort par l'Egypte, & au Midy par la Mer des Indes ; Mais tout ce qui est enfermé par ces bornes n'est pas aujourd'huy sous la domination de l'Empereur des Abyssins ; car les Turcs en tiennent la partie qui s'étend le long de la Mer rouge avec deux Forts dans les Isles de Souakem & de Massoüa, & un troisiéme plus petit, nommé Erkiko ; situé dans la terre ferme, & qui ne sert que pour asseurer de l'eau à l'Isle de Massoüa. Ils puisent cette eau dans des Cachimbas, ou puits qu'ils creusent proche de la source d'une riviere qui est à sec en esté, & la portent tous les jours à Massoüa, dans de petites barques qu'ils apellent Geluas.

L'Isle de Massoüa est éloignée de deux lieuës du Fort d'Erkiko ; c'est le seul port par où les Abyssins peuvent recevoir des marchandises étrangeres & se défaire de celles de leur pays ; elle n'a gueres que douze cens brasses de circuit, sa figure ressemble assez au pied d'un homme, son havre est assez bon, mais elle n'est pas de grande défense ; la garnison est de soixante hommes blancs & noirs ; le Lieutenant du Bacha demeure dans la maison de la douane avec quelques autres Officiers.

L'Isle de Souakem est plus petite, mais elle est mieux fortifiée & de plus difficile accés, car elle est entourée de quantité de roches ; une centaine de Turcs l'habitent sous le commandement d'un Bacha qui y reside ; elle est hors des bornes de l'Empire Ottoman, car cette Isle appartient de droit à un pauvre Prince dont le Royaume est appellé maintenant Balou, & anciennement Negran. Ce Prince est d'une humeur fort guerriere, ses Sujets sont Mahometans ; les plus beaux hommes, les plus beaux chevaux, & les plus beaux moutons que j'aye vû au monde, sont dans ce pays-là, & je n'ay point mangé ailleurs de si bons melons d'eau.

La Thebaïde est au Nord de ce petit pays, & elle est frontiere à l'Empire des Abyssins qui s'étend si avant vers l'Ouest, que le Royaume de Congo luy a esté autrefois tributaire, comme nostre grand Historien Jean de Barros l'affirme dans sa premiere Decade. Maintenant cet Empire ne s'étend point au delà du Royaume de Narea, dont les habitans ne sont point Abyssins, mais fort civilisez & ont une bonne forme de gouvernement. Narea est un pays riche en mines & metaux ; il est sous le mesme parallele que Sofala, & n'en est pas fort éloigné. Il paye tous les ans un tribut d'environ dix mille pieces de huit. Du costé du Sud, cet Empire a esté

IV. Partie   A

RELATIONS DV P. IERONYMO LOBO,

aussi fort écorné, car entre les Abyssins & la coste de la mer du Sud il y a diverses nations Mahometanes, ou Idolâtres, & toutes fort barbares, qui ne reconnoissent point l'Empereur des Abyssins, & vivent sous des tentes comme les montagnards d'Afrique; ils choisissent tous les huit ans un Chef qu'ils appellent Karayé primiero, ou Louba. Pour ce qui est des Barbares qui demeurent le long de la coste de la mer, ils ont des Rois; Macheda est le plus puissant de ces Rois.

Anciennement l'Empire Abyssin contenoit plusieurs Royaumes, leurs Annales ou Histoires en comptent jusqu'à vingt, avec autant de Provinces, maintenant on croit communément qu'il ne contient que cinq Royaumes, chacun de la grandeur du Royaume de Portugal, & 6. Provinces, chacune de l'étenduë de celle de Beyra, le Portugal, Agaos. La plus grande de ces Provinces est divisée en plusieurs territoires, c'est dans celuy de Tonkoüa qu'on a trouvé la source du Nil, & que l'on a vû la veritable licorne.

La partie la plus haute de cette Province est pleine de montagnes, & couverte de bois, où entr'autres arbres l'on voit des cedres; ces bois sont si épais qu'il est difficile de les penetrer, & de voyager dans le pays; ils servent de retraite à ces Agaos, qui sont payens, & toûjours dans la revolte : là ils ont un azile asseuré aussi bien que dans de certaines cavernes où ils se mettent à couvert en temps de guerre; leurs cavernes n'ont qu'une entrée, ils y logent ordinairement une ou deux familles, mais les familles de ces Payens sont nombreuses, car ils augmentent le nombre de leurs femmes à proportion que leur bestail multiplie, & comptent dix vaches pour une femme. Ils se retirent dans ces cavernes avec leur bestail, qui fait toutes leurs richesses, car ils ne sement gueres de grain, & quoique ce soit toûjours en esté qu'ils s'y retirent à cause qu'il n'y a que ce temps-là pendant lequel on leur puisse faire la guerre, ils ne laissent pas d'y trouver toûjours de l'eau, avec cela ils n'apprehendent point d'en estre chassez par la fumée, car ils ont des ouvertures & des soupiraux qui les mettent à couvert de ce danger.

Le Nil, que ceux du pays apellent Abavi, c'est à dire le pere des eaux, a sa source dans le territoire de Tonkoüa. La plus grande partie de l'Ethiopie est pleine de montagnes; les torrens que ces montagnes versent deviennent plus forts en hyver, & tombant dans le lit du Nil, enflent ses eaux, & sont cause que l'Egypte qui les reçoit en est inondée.

J'ajoûteray à ce Discours une Relation des Sources du Nil plus exacte que celle-cy.

C'est le Gehon dont parle la Genese; sa source est dans un endroit fort agreable, ce sont deux fontaines, ou pour parler comme ceux du pays, deux yeux, éloignez l'un de l'autre d'environ vingt pas : chacune de ces sources est à peu prés de la grandeur d'une roüe de carrosse; ceux du pays adorent la plus grande de ses sources, & luy sacrifient des vaches, en jettent la teste dans la source, en mangent la chair comme une chose sacrée, & ramassent aprés les os dans un mesme lieu, si bien qu'il s'en est fait une grande montagne; elle seroit encore plus grande, si les bestes & les oyseaux n'en ostoient toujours quelque partie. L'endroit où sont ces sources, est couvert de bois, & quand on le passe à cheval, la terre qui tremble, & le bruit creux qu'elle rend, font assez connoistre que cette terre n'a pas beaucoup de fonds, & qu'il y a de l'eau dessous; ce champ aboutit à un lac, & la plaine où sont ces sources est sur le haut d'une montagne, d'où l'on découvre plusieurs grandes valées; cette éminence va en descendant insensiblement; du milieu de cette descente, proche d'une tranchée qui est bordée de buissons, on voit la plus grande des deux sources du Nil, l'on en a trouvé le fond à seize ou dix-sept pieds, mais la sonde peut rencontrer dans le chemin les racines des buissons qui croissent sur les bords, & c'est ce qui l'empéche apparemment de descendre plus bas.

L'autre source fut sondée à seize palmes; de la plus grande de ces sources, commence un bois fort agreable & d'arbres fort verds, qui semble planté sur une ligne, & suivre l'humidité de l'eau de la source qui se fait un passage sous terre, & qui reparoist à cent pas environ de là; mais avec tres-peu d'eau, de là elle va toujours en s'augmentant des eaux que diverses autres sources versent dans son lit; tel-

DES SOURCES DV NIL.

lement qu'à un peu plus de trois journées de chemin, au bas de la source il se fait une riviere assez profonde pour des batteaux qui vont à la voile, & si large que le bras d'un homme fort rebuste la traverse à peine d'un coup de pierre.

A cent pas environ, plus haut que cette place, le cours de la riviere est tellement entrecoupé de roches, que je la traversay l'année 1629. a pied sec, en sautant de roche en roche, lorsque je passay du Royaume de Goyama dans la Province de Dambea; tous ceux de ma troupe me suivirent, & l'on a apellé depuis ce passage de mon nom, le Passage de Jeronymo Lobo. Je tentay ce passage, & je le découvris à cause qu'il se trouva fort peu de bateaux pour le grand nombre de passagers que nous estions. Cet endroit est le passage ordinaire de ceux qui viennent de la Cour & de la Province de Dambea pour entrer dans le Royaume de Goyama.

Les batteaux dans lesquels ils passent sont faits de grosses nattes que l'on joint fortement les unes avec les autres, mais qui ne laissent pas de s'en aller quelquefois en pieces, avec beaucoup de danger pour les passagers. Dix hommes peuvent passer dans un de ces batteaux avec un peu de bagage. Comme ils ne connoissent point l'usage des rames, il se servent en leur place de longs bastons. Il leur est encore plus ordinaire de passer la riviere à la nage, & de s'exposer au danger des chevaux marins & des crocodils que cette riviere nourrit. Aprés que le Nil s'est accrû à ce point que je viens de dire, il fait un demy cercle, & à deux journées de chemin de ce passage il se jette dans un lac d'eau douce, que ceux du pays nomment Dambea. L'on y voit une infinité d'oiseaux sauvages: il y a du poisson, mais en petite quantité, ce qui vient peut-estre des chevaux marins & des crocodils qui le depeuplent. Ce lac a vingt cinq lieuës de long, il en a bien quinze à l'endroit où il est le plus large; il fait plusieurs Isles, dont quelques-unes sont desertes, & les autres habitées; la plus grande a bien deux lieuës de long, mais elle est fort étroite, il la nomment Dek; c'est là le lieu d'exil des gens que l'on bannit de la Cour, où le danger des crocodils, & l'étroite défense d'y aborder en bateau, oste aux exilez toute esperance d'en pouvoir sortir. Le Nil entre avec rapidité par 'une des extremitez de ce lac, & s'ouvrant le passage dedans le vase du lac, en ressort en un autre endroit aprés avoir employé un quart de lieuë à le traverser; le fleuve au sortir de ce lac fait un si grand tour, qu'il environne tout le Royaume de Goyama qui est de la grandeur du Portugal, & une partie d'un autre Royaume nommé Damote. Par ce tour que nous venons de dire qu'il fait, il se raproche tellement de sa source, qu'elle n'en est éloignée que de deux journées de chemin; de là il prend son cours vers le Sudest, & aprés avoir traversé plusieurs pays, se rend dans l'Egypte; c'est dans ce chemin qu'on voit ces cataractes, ou cheutes d'eau si fameuses; mais il n'est point vray que le bruit qu'elles font, rende sourds les peuples qui en sont proches, comme plusieurs Autheurs l'ont faussement rapporté. Il y a une de ces cataractes bien plus haute que l'autre: à la premiere ou à la seconde le Nil se precipite du haut d'une roche escarpée. On en entend le bruit à trois journées, & ses eaux en tombant de si haut paroissent comme une fumée. Cette eau d'ailleurs court avec tant de violence, qu'elle fait un arc en tombant, si bien que l'on peut passer au pied de la roche au dessous de cet arc, sans en estre mouillé. Il y a mesme des bancs taillez au pied du roc, pour la commodité de ceux qui s'y veulent reposer, & jouïr d'un si agreable spectacle.

Auparavant que nous fussions arrivez en Ethiopie, il n'y avoit point de pont sur le Nil, les Abyssins n'en pouvoient concevoir la structure; & comme nous eûmes fait entendre au Prince ce que c'estoit qu'un pont, & la commodité que l'on en tire, il en fit bastir un dans le Royaume d'Amara entre deux roches fort hautes, où le passage du fleuve estoit tres-dangereux, quoique la riviere y fust fort étroite; l'un des deux tailleurs de pierre que nous avions amené avec nous des Indes en Ethiopie, pour y bâtir des Eglises, entreprit ce travail & l'executa au grand étonnement de ces peuples.

IV. Partie. A ij

Je ne puis m'empescher icy de faire reflexion sur le peu de fortune qu'eurent ceux qu'Alexandre & Cesar avoient envoyez pour découvrir les sources du Nil, il faut que la difficulté de traverser tant de differens peuples qui sont depuis l'Egypte jusques aux sources du Nil, ou celle de remonter la riviere à cause des cataractes les ait empeschez d'y reüssir; au lieu que s'ils s'y fussent pris du costé de la Mer rouge, ils pouvoient en peu de temps & moins de peine venir à bout de ce fameux dessein, & satisfaire la curiosité de leurs Princes : car il y a des ports sur cette mer, d'où l'on peut arriver en deux mois de chemin jusques aux sources du Nil.

La vraye cause de l'accroissement du Nil, & de son innondation dans les plaines d'Egypte, ce qui arrive au plus fort de l'Esté.

L'Ignorance de la situation des terres de l'Ethiopie a fait que tous ceux qui se sont voulu mesler d'écrire des causes de l'innondation du Nil, se sont éloignez de la verité; la neige fonduë n'est point la cause de ce débordement, car le froid qu'il fait en Ethiopie n'est pas assez grand pour y conserver longs-temps la neige. Je n'y sçay que deux places où il neige & il gresle, l'une est dans le Royaume de Tigré sur le haut de la montagne Seman, l'autre dans le Royaume de Damote, en un endroit nommé Chamorra; cette gresle que l'on prend pour de la neige, venant à fondre, se rend par torrens dans les pays plus bas, mais ce n'est jamais en assez grande abondance pour pouvoir enfler les rivieres du pays; tant s'en faut qu'elle puisse estre la principale cause de l'innondation du Nil dans l'Egypte.

Il est aussi peu vray que ce soient les vents de Nord, & que soufflant ordinairement dans les mois de Juin & Juillet, ils arrestent le cours de l'eau, & la fassent refouler & sortir hors de son lit.

Je ne rapporteray point icy les autres causes que l'on s'est imaginées de ce grand effet, pour en venir plutost à la verité de la chose, qui ne pouvoit estre découverte que par ceux qui ont passé quelques années en Ethiopie; en deux mots voicy la verité.

En Ethiopie comme dans les Indes, & dans tous les autres pays qui sont entre les deux Tropiques, l'hyver ou le temps des pluyes commance vers les premiers jours du mois de Juin, & c'est la raison du beau temps qu'il fait cependant en Europe; la plus grande partie de l'Ethiopie est couverte de montagnes, & le Nil qui prend son cours dans les vallées de ces montagnes, ramasse & charrie la plus grande partie des pluyes; ce sont ces pluyes qui font enfler les rivieres, & qui arrosent toute l'Egypte qui n'a point d'autres eaux. Dans cette Province les années sont fertiles, ou rendent peu, à proportion de la hauteur à laquelle l'eau monte. Il y a proche du Caire une colomne où sont marquées les diverses hauteurs jusques ausquelles l'eau a monté par le passé, & c'est sur ce pied que les habitans jugent de la bonne ou mauvaise recolte de l'année; le Magistrat mesme le fait sçavoir dans le Caire, par une proclamation publique, depuis la fin du mois de Juillet, & le fait continuer tout le mois d'Aoust.

Quand l'eau n'atteint pas le seixiéme degré de cette colomne, les habitans ont sujet d'apprehender la famine; quand elle monte jusqu'à 23. degrez, ils esperent une pleine année : mais quand elle monte plus haut, ils ont sujet de craindre qu'elle ne leur oste le moyen de semer, ou celuy de faire leur moisson.

Il y a une autre chose qui donne de la reputation au Nil, c'est le Sené, ce purgatif qui est de si grand usage en Europe; il n'y a que les bois d'Ethyopie qui produisent cette plante, elle vient en forme de buisson; il s'en recueille beaucoup dans le pays où j'ay fait mon principal sejour; les Negres sauvages le vont ramasser dans le dedans du pays, & le portent dans de grands batteaux jusques au Caire.

DV TITRE DE PRESTRE IAN.

Le Consul des François a le monopole de cette drogue, il fait un present de 30000. écus aux nouveaux Bachas, pour s'en conserver la possession, & prend à un certain prix tout ce que l'on en apporte. Quand il a fait serrer ce séné dans les magazins, il en fait trois lots, dont on en brûle deux, & on ne reserve que le troisiéme qui suffit pour fournir toute l'Europe.

C'est ainsi que m'a raporté la chose un François nommé Zacharie Vermeil, qui avoit esté long-temps domestique de ce Consul: l'envie de voyager le fit venir en Ethiopie, où il demeura un an dans ma maison, & aprés nostre bannissement, il prit party dans l'armée de l'Empereur, il s'enrichit au service de ce Prince, s'habitua dans le pays; il n'a jamais pû obtenir depuis la permission d'en sortir, & il y est mort aprés dix années de sejour.

D'où vient le titre de Prestre Ian, que l'on donne au Roy des Abyssins.

IL y a tant d'Historiens qui ont parlé d'un Prince Chrestien tres-puissant dans les Indes Orientales, que l'on ne sçauroit douter qu'il n'ait esté, quoique nous ne puissions rien dire maintenant ni de ce Prince, ni de l'étendüe de son Empire. Dans la pensée de bien des gens l'Empereur d'Ethiopie passe pour ce fameux Prestre Jan, quoique ce titre soit inconnu en Ethiopie, & que pas un de leurs Princes ne l'ait jamais pris. Pour moy qui ay esté long-temps en Ethiopie, & qui ay fait souvent reflexion sur ce sujet, je trouve qu'il y a beaucoup d'apparence que cette erreur s'est répanduë dans le reste du monde sur ce que le Prestre Jan des Indes avoit pour symbole de sa religion une main qui tient une croix, & quand il marchoit en campagne, on portoit devant luy une croix. Il y a encore cette convenance, qu'autrefois les Empereurs des Abyssins estoient Prestres, si l'on en croit leurs traditions & leurs Annales. Ce rapport a fait croire que ce fameux Prestre Jan des Indes dont on ne trouve maintenant point de vestiges dans toutes les découvertes que les Portugais ont fait dans les Indes, estoit l'Empereur des Abyssins.

C'est une coûtume en Ethiopie, que lorsque les esclaves veulent demander quelque grace à leur maistre, ou les Sujets à leurs Princes, c'est la coûtume, dis-je, de se mettre en quelque lieu éminent d'où ils puissent estre entendus, & de crier d'une voix plaintive, mais le plus haut qu'ils peuvent, chacun en leur langue. Les Portugais par exemple crient Senor, Senor; les Mores, Acid, Acid, qui signifie la mesme chose; les paysans du Royaume de Tigré crient Adaric, Adaric; les Courtisans, Abito, Abito; il y en a qui abbayent comme des chiens, ou heurlent comme des loups; d'autres semblent imiter d'autres bestes, mais tous par ces differens cris font entendre à leur Prince de quel pays ils sont. Ceux d'une Province principale qui est au cœur des Estats de ce Prince, & où il tient depuis long-temps sa résidence, quand ils ont quelque chose à luy demander, crient Jan Coy, c'est à dire, mon Roy; je croy que c'est de là que vient le mot de Jan, & que le mot de Prestre vient de la tradition qu'ils ont que leurs Empereurs ont esté autrefois Prestres, & disent pour le confirmer, qu'ils ont fait autrefois des miracles.

Or les Abyssins sont fort portez aux pellerinages de la Terre Sainte, & ils l'ont encore esté davantage aux temps passez qu'ils ne le sont à cette heure, principalement dans ces temps où les François passoient souvent en Asie pour leurs guerres d'outre mer; l'on peut dire que c'est de l'entretien qu'ils eurent avec les Abyssins, qu'est venu le titre de Prestre Jan, car ces peuples apparemment pour relever davantage le respect qu'ils ont pour leur Prince, y ajoûtent la qualité de Prestre.

Je croy que cette conjecture n'est pas sans apparence de quelque probabilité, mais je la soumets au jugement des voyageurs, & de ceux principalement qui ont esté long-temps en Ethiopie, m'assurant que quelque jugement que les autres en fassent, ils m'excuseront toujours sur l'intention que j'ay euë de leur dire une pensée que j'ay crû leur pouvoir estre agreable.

De la Mer Rouge, & pourquoy on la nomme ainsi.

LE Cap de Guardafui est celuy que les anciens ont nommé le Cap des Epices, à cause que les vaisseaux qui apportoient ces drogues des Indes, les venoient reconnoistre. Il est dans le Royaume d'Adel, dont les habitans sont Mahometans & bons soldats. Ce pays manque tout à fait de pluye comme l'Egypte, mais diverses grandes rivieres qui prennent leurs sources dans les mesmes montagnes d'Ethiopie, suppléent à ce défaut, comme le Nil à ceux de l'Egypte. Le Cap de Guardafui en a un autre opposé, nommé le Cap Fartac, du nom d'une ville & d'un peuple qui habite en cet endroit le continent de l'Arabie, Mahometans de secte, & soldats d'inclination; la distance entre ces deux Caps est de 50. lieuës. L'Ocean aprés avoir esté restreint entre ces deux terres & leurs costes dans l'étenduë de 150. lieuës, vient enfin à estre resserré jusqu'à quatre lieuës de distance par les costes qui se raprochent, & aprés avoir borné de ce costé là le Golphe d'Arabie, forme la bouche de la Mer Rouge, qui de là s'étend l'espace de 180. lieuës jusques à Suez, qui est au fond du golphe. Le golphe, à l'endroit où il est le plus large, c'est à dire entre l'Isle de Camaran & de Massoüa, a 40. lieuës de largeur proche du Suez, il n'en a que trois, & passé Suez il se rettressit encore quelque peu davantage. Il y en a qui ont divisé cette Mer en trois parties, celle du milieu est saine & navigeable, il y a bien quelques petites Isles & rochers, mais comme la mer ne les couvre point, ils ne sont pas dangereux. Les deux autres parties qui sont l'une le long de la coste d'Ethiopie, & l'autre du costé de l'Arabie, sont plus à craindre à cause des bancs, des rochers, & d'un fonds de corail blanc que l'on trouve presque par tout. L'Isle nommé Naoun, ou Babelmandel, qui est au milieu de l'embouchure du golphe de la Mer Rouge, y forme deux entrées; elle a deux lieuës de longueur, & moins d'un quart de lieuë de largeur, c'est une roche sterile, battuë du vent & du Soleil, où il n'y a pas mesme un brin d'herbe, mais qui ne laisse pas d'estre couverte d'un grand nombre d'oiseaux de mer. L'entrée du costé de l'Arabie est le passage ordinaire des grands vaisseaux, car l'autre qui est plus proche de l'Ethiopie est si salée de roches, & tellement battuë des vents, qu'on ne se hazarde jamais d'y passer, si ce n'est dans de petits bastimens que ceux du pays apellent Gelvas. Proche de l'Isle il y a un canal fort étroit; je l'ay passé deux fois; il a assez de profondeur, mais il est tres-dangereux pour les grands vaisseaux, principalement si l'on approche trop de l'Isle. Douze lieuës au dessus de l'entrée du costé de l'Arabie, est la ville de Moca; Moca est riche & de grand trafic; 40. lieuës plus avant est l'Isle de Camara, & l'on voit aprés Gidda, Loya, Zebita & Taura, qui est à une demie journée du Mont Sinaï. Gidda est le port de la Mecque ou de Medine, où est le tombeau de Mahomet. Suez, que l'on apelloit autrefois la ville des Heros, maintenant qu'elle n'a plus le commerce des denrées des Indes, dont elle estoit autrefois l'étape & le lieu d'entrepos entre l'Asie & l'Europe, n'est maintenant qu'un pauvre village habité par des pescheurs. Elle est éloignée de 25. lieuës du Grand Caire, de 16. du bras le plus proche du Nil, & de 41. lieuës de la Mer Mediterranée. De l'autre costé d'Ethiopie la premiere place est Alkoser, autrefois fort riche, & maintenant aussi un fort pauvre village. Un peu plus avant est Korondelo, où les enfans d'Israël passerent à la sortie d'Egypte. Assez proche de là est une place nommée Risa, où s'embarque & de se décharge tout ce qu'on porte en Egypte, ou qui en vient: cette place est dans l'enfonceure des

DE LA MER ROUGE.

montagnes qui bordent cette coste d'Ethiopie, & M. Vossius a fort bien marqué dans son livre de l'origine du Nil, que lorsque dans la partie de cette montagne qui regarde la mer il est Esté, l'on trouve qu'il est Hyver dans la partie qui luy est opposée, & au contraire. De là jusqu'à Souakem ce n'est qu'un desert ; l'isle de Souakem où j'ay esté quelque temps prisonnier entre les mains des Turcs, est fort petite & ronde, elle est tres-peuplée, un Bacha y tient sa résidence, il y a une douane où on décharge toutes les marchandises, un Roy du pays nommé Balou en partage le profit avec les Turcs. Cent lieuës plus avant est l'Isle de Massoüa qui peut avoir douze cens brasses de circuit ; elle a la forme du pied d'un homme, il y a une rade pour les vaisseaux entre cette Isle & le continent : un Shech ou Lieutenant du Bacha y reside en qualité de Juge des differens qui arrivent sur le fait de la douane. Arkiko est deux lieuës au dessus de Massoüa ; j'y ay esté aussi quelque temps prisonnier ; c'est une place mal fortifiée, & encore plus mal pourveuë de munitions necessaires, aussi ne sert-elle que pour s'asseurer de l'eau que ceux de Massoüa y viennent querir tous les jours dans de petits batteaux. Au dessous de cette Isle est celle d'Aleka, qui a seize lieuës de longueur, mais étroite & fort peuplée à cause qu'il s'y pesche des perles. Quelques lieuës plus bas est le port de Baylour, du Royaume de Dankali, où je pris terre lorsque j'arrivay en Ethiopie. A douze lieuës de là on trouve le détroit de Babelmandel, par où j'ay commencé la description de la Mer Rouge.

Cette description generale de la Mer Rouge ayant precedé, je viens maintenant à examiner la cause de son nom. J'ay navigé une fois l'espace de six semaines sur cette Mer, & une autre fois vingt jours durant, & quelque diligence que j'aye pû faire pour m'en informer, tout ce que j'ay appris n'a servy qu'à détruire les suppositions des autres ; car ce nom ne luy vient point asseurément de ces taches rouges qui flotent sur cette Mer, & que quelques-uns croyent venir des baleines ; dans tout le temps que j'y ay esté, je n'ay rien aperceu qui approche de cela, & de plus les baleines ne viennent gueres dans les lieux où il y a si peu de fonds. L'autre opinion de ceux qui rapportent la raison de ce nom à des montagnes de terre rouge dont le vent transporte quelquefois quelque partie dans cette Mer, n'est pas plus vray-semblable ; car quelle apparence que cette poussiere puisse changer la couleur naturelle de toute l'eau d'une mer ; Ce nom luy est aussi peu venu du corail que l'on dit estre au fonds de cette Mer ; car celuy qui est au fond n'est point rouge, il est plutost blanc, si ce n'est que l'on employe l'artifice pour luy faire changer de couleur : mais quand il seroit rouge, il ne pourroit pas changer la couleur de l'eau. J'en ay trouvé quelquefois de rouge sur la greve, qui n'estoit point en branche, mais en petits morceaux, & sa couleur vive luy estoit venuë du Soleil qui avoit donné long-temps dessus. Pour moy, sans m'arrester davantage sur l'opinion des autres, je rapporteray icy la mienne, qui ne sera fondée que sur ce que j'ay veu, & sur le sentiment d'un de mes confreres avec qui j'ay esté en ces pays, & qui fut fait aprés Patriarche d'Ethiopie, homme fort sçavant en toutes sortes de Lettres, divines & humaines. Nous conclûmes ensemble qu'on ne voyoit rien dans cette mer pour la couleur, qui ne se rencontrast dans les autres mers, où l'on voit quelquefois des endroits plus blancs ou plus bleus, selon qu'il y a plus ou moins de fonds, ou qu'il est de pierre ou de vase, ce qui fait souvent paroistre la mer toute verte. J'ay bien remarqué en quelques endroits des taches rouges, ce qui venoit apparemment du goüemon, ou Alogue marine pourrie dans le fonds de la mer. Nous ramassâmes mesme de cette herbe qui s'estoit détachée du fonds & qui flottoit sur la surface de l'eau, & ayant jetté l'anchre là proche, nous fîmes plonger un Indien pour nous apporter de celle qui estoit au fonds de la mer, & examinant ce qu'il en avoit apporté du fonds, nous trouvâmes que cette herbe est celle que les Ethiopiens apellent Soufo, qui croist en grande abondance aux Indes, & en divers autres quartiers de l'Asie. On apelle encore Soufo, la graine de cette plante, & sa fleur aussi, que l'on auroit peine à distinguer de celle du saffran. De cette fleur on fait une couleur rouge dont on se sert en Ethiopie & aux Indes pour teindre les étoffes ; & la tapisserie de l'Eglise que j'avois en Ethiopie, estoit de cette teinture. Nous joignîmes à cela, que saint Hierôme dans sa traduction apelle la Mer Rouge, la Mer Souf, comme si Souf, & rouge vouloient dire la mesme chose aussi bien chez les Hebreux que chez les Ethiopiens. Je tiray de là ma conclusion, que le nom de cette mer venoit plutost de là que de toutes les autres étymologies dont on l'a voulu faire venir jusques à cette heure ; car si on fait bouillir la fleur de cette plante avec un peu de jus de citron, elle fait une belle couleur, qui approche plus de l'incarnat que du rouge, & qui seroit fort précieuse si elle estoit fixe. Ainsi la fleur de cette plante faisant le rouge, ceux de ces quartiers-là se sont servis de son nom pour exprimer cette couleur.

De la Licorne.

LA Licorne, le Phœnix, le Pelican & l'oiseau de Paradis sont les animaux dont on a le plus parlé, & cependant quelque diligence que l'on ait faite jusques à present, on n'a point sceu encore s'il y a en effet des Licornes, ni l'histoire veritable de ces oyseaux ; car pour ce qui est du Phœnix, les habitans de l'Arabie ne le connoissent point, & l'oiseau de Paradis ne se trouve que mort, le bec fiché en terre dans une Isle qui est tout proche des Moluques, & de Macaxa ; & quelque soin qu'on ait pris jusque à cette heure, on n'a pû découvrir d'où il venoit. On dit que ces oiseaux volent toujours, qu'ils n'ont point de pieds, qu'ils se nourrissent des mouches qu'ils prennent dans l'air, qu'ils se reposent en l'air, qu'ils volent fort haut, & que lorsqu'ils viennent en bas, ils planent avec leurs aisles déployées ; que le masle a un trou sur le dos où la femelle pond ses œufs, & que là mesme elle les couvre.

L'on prend quelquefois des Pelicans vers Angola, j'en ay veu deux ; il y a des gens qui veulent qu'ils ayent une ouverture dans la poitrine qu'ils se sont faite eux-mesmes pour nourrir leurs petits de leur propre sang, ce qui a donné sujet à beaucoup de pensées fort devotes.

Pour la Licorne, comme nous la voyons souvent mentionnée en l'Ecriture Sainte, on ne peut pas dire qu'elle ne soit, ni aussi la confondre avec l'Abada ; car l'Abada ou Rhinoceros a deux cornes, elles ne sont pas droites mais courbées. La Licorne veritable vient d'Affrique dans la Province Agaos, du Royaume de Damote ; elle est de la grandeur d'un cheval de mediocre taille, d'un poil brun tirant sur le noir ; elle a le crin & la queuë noire, le crin court & peu fourny ; ils disent en avoir veu en d'autres endroits de cette Province, qui avoient le crain plus long & plus épais, avec une corne droite longue de cinq palmes, d'une couleur qui tire sur le blanc ; ils disent qu'elle demeure toujours dans les bois, & que cet animal estant fort peureux, il ne se hazarde gueres dans les lieux découverts. Les gens les plus barbares du monde, sont les peuples de ces pays ; ils mangent de la chair de ces bestes, comme de toutes les autres que les bois leur fournissent. Un de nos Peres qui a passé quelque temps dans cette Province, aprés avoir employé beaucoup de soin pour avoir un animal si rare, en eut enfin un jeune que ceux du pays luy apporterent, mais il mourut en peu de jours tant il estoit delicat à nourrir. J'ay entendu dire à un Capitaine Portugais, homme d'âge & de credit, qui estoit en grande estime auprés des plus grands Seigneurs de ces pays, que retournant de l'armée, où il alloit tous les ans à la suite de l'Empereur Malecseged, ayant avec luy une troupe de vingt Cavaliers Portugais, ils

avoient

avoient mis pied à terre dans une petite vallée entourée de bois fort épais pour faire paistre leurs chevaux ; à peine estoient-ils assis, qu'ils virent sortir hors du plus fort du bois un animal tout à fait semblable à un cheval ; ils eurent assez de temps pour l'examiner, ils remarquerent qu'il avoit une corne droite sur le devant de la teste ; les soldats n'ayant pas leurs armes en état, se leverent pour l'entourer, mais la Licorne ne leur en donna pas le temps, & se jetta en un moment dans le fort.

Dans un autre endroit de cette Province, nommé Nanina, qui est plein de montagnes, ils ont veu souvent cette mesme beste paistre avec d'autres ; cette place est un lieu d'exil, & le Tyran Adamas Segth y relegua sans raison plusieurs Portugais, qui disent avoir veu des Licornes du haut des rochers, cependant qu'elles passoient dans des plaines qui sont au bas. Ces rapports, & particulierement celuy du bon vieillard Jean Gabriel, avec la relation de mon confrere, me font croire que la Licorne dont il a esté tant parlé, se trouve en effet dans cette Province.

Du palmier, & de ses differentes especes.

LE Palmier est celle de toutes les plantes dont les hommes tirent le plus de profit & de differens usages ; car depuis l'extremité de ses racines jusqu'aux derniers bouts de ses branches, il n'y a rien dont on ne tire quelque service. La plûpart des autres plantes ne rapportent qu'une fois l'an ; le Palmier au contraire a tous les mois quelque chose dont il paye celuy qui le cultive. Il porte de mois en mois des grappes de trente, de quarante, & quelquefois d'un plus grand nombre de noix de cocos ; & quoiqu'ordinairement il n'y en ait que dix ou douze qui viennent en une parfaite maturité, l'arbre n'en pouvant pas nourrir une plus grande quantité, ce grand nombre sert toujours à faire voir qu'il fait plus qu'il ne peut pour satisfaire à nos vœux, & payer nos soins.

L'Asie a l'avantage d'avoir beaucoup de cette sorte d'arbres, mais principalement dans les pays qui sont entre les rivieres de l'Inde & celle du Gange. Ces terres generalement parlant y sont fort propres, mais celles qui sont les plus proches de la coste de la mer y sont encore plus propres que les autres. Les étrangers donnent des nom de Palmiers à des arbres d'especes fort differentes ; mais de tous les Palmiers le plus excellent est celuy qu'on appelle le Cocos. Ceux du pays leur donnent le noms particuliers, & en font huit especes qu'ils distinguent par leur tronc, leurs fueilles, leur fruit, & aussi par les differens profits qu'ils en tirent. Des Palmiers qui portent le Cocos, les uns viennent naturellement, les autres veulent estre cultivez ; ceux qu'ils appellent Barka, c'est à dire excellens, sont plus rares que les autres, & quand ils veulent dire qu'une chose est excellente, ils disent qu'elle est Barka. La noix donc qu'ils appellent de la sorte est de bon goust & fort saine, & ne charge point l'estomach en quelque quantité que l'on en mange : mais il faut remarquer encore, que toutes les noix qui viennent sur le Palmier qui porte les noix Barkas, ne meritent pas également ce titre d'excellence. La noix Barka quand elle n'est pas encore meure est appellée Lana taougi, c'est à dire, douce & agreable ; elle est rafraischissante, saine & de grand usage dans les fievres : mais si les racines touchent à l'eau de la mer ou à quelqu'autre eau salée, le fruit qu'elles portent s'en ressent, & en est moins bon.

Les sept autres sortes passent pour sauvages à cause de leur fruit, ou de la qualité du terroir qui les porte, & du peu de culture dont elles ont besoin. Le Palmier appellé Cajouris est celuy qui porte les dattes : mais dans les Indes il n'en porte point, & rend seulement une certaine liqueur qu'ils distillent, & dont ils font du vin. L'autre est ce qu'ils appellent Trefulim ; c'est de ses branches & de ses feuilles qu'on fait des parasols assez grands pour mettre deux hommes à couvert du Soleil

& de la pluye, ce qui eſt un ſecours ſans lequel on ne pourroit pas voyager en ces pays-là. Cet arbre dont on fait les paraſols, ne porte point de fruit.

Il y a un autre Palmier, dont ils appellent le fruit de Rapoſa, c'eſt à dire, du Renard; il n'eſt pas fort agreable au gouſt, ne meurit gueres, & quand il meurit, il porte un fruit qui a la couleur, la forme & la grappe de la datte ſauvage.

L'autre eſpece appellée Berlin ne porte point auſſi de fruit, & ne ſert que pour orner les Egliſes, à quoy elle eſt fort propre à cauſe de la facilité qu'il y a de les plier en arc comme on veut.

La derniere eſpece qu'ils appellent Macomeira, eſt ſans doute une ſorte de Palmier: ſes grappes ſont chargées de vingt-cinq & trente cocos; chacun auſſi gros qu'une pomme ordinaire quand elle eſt meure: il eſt de la couleur des dattes, & fort agreable à la veuë; la chair de ce fruit eſt comme des étouppes, ou la ſucce piutoſt qu'on ne la mange; & ſi on en prend trop, elle eſt de fort dure digeſtion, mais de meilleure odeur que la pomme kamocſa; le noyau nommé kukinho, lorſqu'il eſt verd il eſt fort dur, c'eſt un ſouverain remede contre pluſieurs maladies. Telles ſont les eſpeces de Palmiers que la terre porte; la mer en a un autre qu'on appelle le Cocos des Maldives, à cauſe que la Mer de ces Iſles en produit en grande abondance. Les Maldives ſont une chaiſne de pluſieurs Iſles de differentes grandeurs, qui a bien cent lieuës d'étenduë; elles ſont éloignées de trente ou quarante lieuës de la coſte, & giſent N. & S. & ſont bien 1100. en nombre. La mer qui bat ces Iſles jette de ces noix qui flottent vers la coſte; j'en ay veu depuis la coſte de Melinde juſqu'au Cap de Guardafui, qui eſt une étenduë de coſte de plus de deux cens lieuës; elles ſont un peu moins groſſes que la teſte d'un homme, & croiſſent attachées l'une à l'autre juſques aux deux tiers de leur longueur. L'écorce n'en eſt pas épaiſſe; mais elle ne laiſſe pas d'eſtre dure & noire. La chair de ce fruit eſt auſſi ferme que des autres cocos qui croiſſent dans le continent; je les ay veu vendre au poids de l'argent, car on croit que c'eſt un grand remede contre toutes ſortes de maladies, & particulierement contre le poiſon; ils la pilent pour cet effet dans un mortier fait exprés, avec un peu d'eau qui devient blanche, & qu'ils boivent de la ſorte.

Comme ils en ont beaucoup dans les Indes, ils ſe ſervent ſouvent de ce remede. Voilà ce que j'avois à dire du Palmier & de la noix des Maldives; il faut que je parle maintenant de l'utilité que l'on tire des autres ſortes que nous avons décrites cy-devant.

Toutes ces eſpeces de Palmiers ont un tronc qui n'eſt pas fort ſolide, & ne portent point leurs fueilles comme les autres arbres; leurs fueilles croiſſent au haut du tronc, & à meſure que l'arbre croiſt, les plus vieilles de ces feuilles tombent, & ne laiſſent autre veſtige qu'un bourlet à l'endroit où elles eſtoient attachées. Il eſt fort rare que ces arbres portent deux troncs: pour moy je n'en ay veu qu'un proche la coſte de Melinde; je m'embarquay & partis exprés de l'Iſle de Paté, pour y voir une choſe ſi remarquable. Le Palmier qu'ils nomment Macomeira, à cauſe de ſon fruit nommé Macoma, lorſqu'il a atteint la hauteur d'un homme ſe ſepare d'abord en deux troncs, chacun de ces deux troncs ſe ſepare aprés en deux autres lorſqu'ils ont atteint cette meſme longueur, & chaque branche ou tronc continue de meſme à ſe fourcher en deux, juſqu'à ce qu'il ait atteint la hauteur à laquelle il croiſt naturellement.

Le Palmier appellé Trefulim croiſt le plus haut de tous; la groſſeur de ſon tronc eſt proportionnée à ſa hauteur; ſon tronc eſt d'un bois dur; il pourroit ſervir de maſt pour les grands vaiſſeaux, mais il n'a pas encore aſſez de ſolidité: enfin tous les troncs des arbres qui portent le cocos ne peuvent eſtre employez en maſts que pour de petits baſtimens.

La terre & le folage le plus propre pour ces arbres de Cocos eſt le long de la mer; car lorſqu'ils ſont arroſez de ces eaux ils pouſſent mieux: mais l'experience

DES PALMIERS.

a fait voir que ceux qui croissent proche les maisons, rapportent plus de fruit que les autres, & par cette raison ceux du pays dressent leurs habitations au milieu de leurs Palmiers. Aux habitans de ces quartiers là ces plantes de Palmiers tiennent lieu de ces plans de vignes ou d'oliviers qu'on voit en Europe. Entre ces rangs de Palmiers ils laissent un espace de terre où ils font du ris, de l'orge, & où ils sement quelques autres grains. J'ay veu de fort beaux plans de Palmiers dans les Indes, mais toujours dans des plaines ; je croy qu'ils ne les plantent jamais sur les montagnes, à cause que leur teste estant chargée de fueilles, leur tronc foible & le fruit fort delicat, le vent les romproit souvent. On plante ces Palmiers en semant les cocos sur une couche, la graine pousse en peu de temps, & on les transplante par rangs au lieu où ils doivent demeurer. Ces plans de cocos sont tres-agreables à voir, c'est une veuë mesme qui surprend les gens qui viennent d'Europe, où il y a tant de beaux jardins ; car ces troncs tout droits, qui n'ont du verd qu'au plus haut, font une perspective fort agreable. Quand les plans sont encore foibles, le bestail leur feroit grand tort si on ne les en defendoit en les renfermant de hayes. La culture de ces plantes n'est pas de grande depense, il n'est pas besoin de leur donner beaucoup d'eau ; quand elles sont creuës à une certaine hauteur on les amande avec des cendres qu'on jette sur leurs racines ; toutes sortes de coquillages leur sont fort propres, principalement celuy de ces petits poissons que ceux du pays appellent Cuta ; car quand ils ont pourry au pied de l'arbre, ils luy servent d'un excellent fumier. Si on ne peut pas les amander de la sorte, on le fait avec de la vase que l'on tire des marais salez, ce qui augmente aussi beaucoup la fertilité du plan. Elles portent du fruit aprés cinq ans, principalement lorsque la terre où on les a mises a esté bien preparée. Si la terre n'est pas assez meuble, & qu'ils ayent plus de peine à étendre leurs racines, ils sont jusqu'à ce temps sans porter de fruit. Je sçay un endroit de terre dans l'Isle de Ceylan si propre pour ces arbres, qu'en deux ans de temps ils ont atteint leur perfection, & sont chargez de fruit. Du tronc de ce Palmier il en sort une guaine de la grosseur du bras d'un homme, assez semblable au cimeterre des Mores : cette guaine s'ouvre, & fait paroistre une grappe de 80. & quelquefois de 100. noix à peu prés de la grosseur d'une noisette : mais de ce grand nombre il n'y en a que treize ou quatorze qui viennent à une parfaite maturité, & cela selon la bonté de la terre qui les nourrit ; les autres tombent faute de nourriture, mais la plante repare cette perte en poussant presque en mesme temps une nouvelle grappe, & ainsi de suite de mois en mois : tellement que l'on voit sur chaque arbre quatre ou cinq grapes de differens âges, les unes en fleur, les autres nouvellement sorties de fleur, grosses comme des noix ordinaires, d'autres plus grosses, à mesure qu'elles approchent davantage du temps de leur maturité. On ne voit point d'exemple d'une semblable fertilité parmy les autres plantes.

Les profits qui se tirent de ce fruit sont sans nombre ; quand la noix est encore verte, elle est pleine d'une liqueur qui est la plus agreable boisson de ces pays-là, ils l'apellent Lana, & chaque noix en rend plein un grand verre. Lorsque la noix est plus avancée, ce qui est dedans a la consistance de la créme, ils l'apellent Cocanna, & ils le mangent avec des cueilleres, & quand le fruit est arrivé à sa derniere perfection, il est agreable au goust : mais comme ce fruit est d'une nature fort chaude & de difficile digestion, il fait mal quand on en prend par trop ; il en faut excepter la noix Barka, dont le goust est excellent, & qui ne fait point de mal quelque excés que l'on en fasse ; l'écorce qui couvre la chair du fruit est noire : on prend aussi ces noix, on les rape, on les met dans le creux des bambous ou roseaux, on les y fait bouillir, & il s'en fait du Cuscus, qui est un manger semblable aux Vermicelli d'Italie, ou du Ceral du lait de ces rapures détrempées dans de l'eau.

Il y a encore d'autres manieres de preparer ce fruit : on en oste quelquefois

IV. Partie   B ij

les deux écorces ou coquilles, l'on separe en deux la chair qui est dedans, on la fait secher au Soleil, & l'on en porte une grande quantité preparée de la sorte dans les pays où il n'y a point d'oliviers, où l'on en fait une huile qui est fort saine & fort bonne pour les playes & pour les ulceres. Ce fruit estant meslé avec l'Ygra qui est une sorte de sucre commun, ou Mascouade, que l'on tire de la féve des Palmiers, comme je l'expliqueray cy-aprés, est un mets fort delicieux pour les Indiens, mais l'écorce exterieure qui couvre tout ce fruit, estant filée fournit des cables assez gros pour les plus grands vaisseaux: ces cables resistent mieux à un effort, & ne pourrissent pas sitost que ceux qui sont faits de chanvre. La seconde écorce qui couvre immediatement la chair du cocos, se peut manger comme les cardons d'Espagne, quand elle est tendre & verte: elle craque dans la bouche, fait le mesme effet pour l'estomach, & noircit les levres & les doigts comme les cardons; quand elle est tout à fait meure, elle s'apelle Charetta, & est tres-dure, quoiqu'elle soit mince: on s'en sert pour differens usages, mais principalement pour donner une meilleure trempe aux outils de fer.

Outre ces profits que je viens de dire qu'on tire des Palmiers de cocos, je puis dire avec verité, que de cet arbre on peut bastir & avitailler un vaisseau, le charger de pain, de vin, d'huile, de vinaigre, de sucre & d'autres commoditez que l'on tire toutes du Palmier, & j'ay navigé dans de semblables vaisseaux, ce que je m'en vais expliquer plus au long.

Ces vaisseaux dans le pays sont apellez Pangayos; j'ay navigé dessus le long de la coste de Melinde & dans la Mer Rouge; ils ne s'éloignent pas beaucoup de la coste, à cause que n'ayant point de fer, ces bastimens ne peuvent pas souffrir le heurt de la vague. On fait des planches du tronc de ces Palmiers, elles sont foibles à la verité, & spongieuses comme de l'étouppe: on coud ces planches l'une avec l'autre avec du funin que l'on tire de la derniere écorce de la noix. On calfade & on remplit les intervalles des planches avec le cayro, on le couvre aprés avec de la graisse de poisson qui tient lieu de bray & de gauldron. Aux endroits où les vaisseaux ont besoin de clouds, on y employe des épines de bois que l'on tire d'une certaine espece de Palmiers. Le tronc du Palmier est un mast tout fait; les cordages, comme j'ay dit cy-devant, sont faits du cayro ou écorce du cocos, & les fueilles du Palmier nommé Cayouris, estant cousuës ensemble, leur servent de voiles, car ces fueilles ne suppléent pas mal au defaut de la toile, jusques là mesme que l'on en fait aussi des sacs à millet. Le dedans de la noix de cocos sert de pain, soit qu'aprés avoir meury elle ait esté sechée, ou qu'elle ait esté mise estant encore verte dans des bambous, comme nous avons dit cy-devant. Ils nomment Cobra l'amande seiche, & Puto lorsqu'elle est verte. Ces vaisseaux ne sont point obligez de faire provision d'eau, celle qu'ils trouvent dans les noix qui sont encore vertes, est claire comme de l'eau de roche, & est plus fraische.

La meilleure huile dont ils se servent dans toutes les Indes est celle qu'ils tirent de la noix quand elle est seche, car celle qu'ils tirent de la graine nommée Gergelin, ne vaut pas grande chose, & il n'y a que les pauvres gens qui s'en servent. Pour le vin, voicy la maniere dont ils le tirent: quand le Palmier a jetté son Poio ou guaine, que j'ay dit cy devant avoir la figure d'un cimeterre Turc, ils la coupent à trois doigts du bout, & lient l'endroit qu'ils ont coupé avec un petit roseau, de peur que les bouts n'estant pas liez ne crevent & ne laissent perdre de la substance de la plante. Ils mettent ce bout de la guaine ainsi lié dans une cruche, afin qu'elle reçoive cette liqueur qui auroit produit les cocos. Cette liqueur degoutte deux fois le jour, le matin l'on retire ce qui a degoutté la nuit, & le soir ce qui a degoutté pendant le jour. A ces heures-là certains hommes d'une race particuliere, nommez Bandarins, armez d'une bonne serpe, montent au plus haut des Palmiers, entre lesquels ceux qu'ils apellent Cayouris, sont d'une prodigieuse hauteur. Ils se guindent en haut avec une hare ou cerceau qui les entoure & embrasse aussi le tronc de l'arbre : ils grimpent aussi le long du tronc comme sur une échelle, mettant les pieds sur des marches qu'ils se sont faites le long du tronc de l'arbre, avec autant d'asseurance qu'un matelot monte sur les haubans de son vaisseau.

Dans ces autres Palmiers plus petits que l'on range sous l'espece de ceux qui portent des dattes, ils font un trou dans le tronc dans lequel ils placent un vaisseau, afin que la liqueur de l'arbre y distille, & ces arbres dont on tire ainsi la liqueur, ne portent point dans ce temps-là de cocos. Cette liqueur est douce, a beaucoup de vertu purge le corps de ses humeurs, & avec cela on la boit par regale ; ils la distillent dans un alambic, sur le haut duquel ils jettent continuellement de l'eau pour le rafraichir, autrement le feu s'y mettroit. Ce vin tiré de la noix de cocos est ce que ceux du pays appellent Ouraka, il empoisonne lors mesme que l'on en prend en petite quantité, monte à la teste, & fait d'étranges effets, & a encore une bien plus grande force, lorsqu'on le distille une seconde fois. De cet Ouraka on en fait d'excellent vinaigre, en mettant dedans deux ou trois tisons allumez, ou quelque grosse pierre qui ait esté long temps dans le feu. Pour le sucre on le tire de cette liqueur douce que nous avons décrite, qui est fraischement tirée de l'arbre; on la fait bouillir jusques à ce que s'estant coagulée, elle se change en sucre d'une belle couleur & d'un excellent goust. Ainsi je croy avoir bien établi ce que j'ay dit cy-devant, que non seulement on bâtissoit un vaisseau de ces Palmiers, qu'on l'avitailloit, mais mesme que l'on en tiroit diverses sortes de marchandises pour le charger.

Tous les pays qui portent le cocos ne le produisent pas de mesme grosseur; ce fruit est plus petit ou plus gros selon la bonté de son terroir. En la coste de Malabar qui est plus froide, & qui est toute coupée de rivieres qui viennent de la montagne de Gatte au pied de laquelle cette coste s'étend, les cocos sont si beaux, que ceux qui ne sont pas encore arrivez à leur perfection à Cochin & aux environs, peuvent seuls appaiser la soif de deux personnes. Les cocos de l'Isle de Ceylan ont le premier rang après ceux de Cochin, car le terroir en est fort gras & fort fertil, mais il ne l'est pas encore tant que celuy de Malacca où viennent les plus grands cocos ; ceux de l'Arabie heureuse portent les plus beaux de ces fruits ; je puis parler de tous ces fruits avec d'autant plus d'asseurance, que c'est sur le témoignage de mes yeux que je rapporte ce que j'avance icy. Il ne faut pas que je passe sous silence deux vertus principales de ce fruit ; la premiere, que quand la guaine commence à paroistre, & qu'elle est encore couverte de fleurs, si on la met en poudre, & qu'on la fasse bouillir avec trois pintes de lait de vache, c'est un remede infaillible contre la jaunisse, ce que je ne dis point seulement sur l'opinion qu'on en a dans le pays, mais sur ma propre experience, ayant guery en peu de temps une personne qui en estoit incommodée. L'autre vertu fort établie dans l'esprit des femmes du pays, est que l'eau des noix qui sont encore vertes, est un grand cosmetique, & qu'elle leur fait un beau teint. Le Palmier qui porte la datte, est aussi de la mesme espece ; il y en a plus de cette espece dans les Indes que des autres, quoiqu'il n'y porte point de dattes : les Indiens en tirent le Soura, dont ils font du vin : vers le Nord on les voit souvent chargez de dattes qui paroissent par grappes, mais elles ne viennent point à une parfaite maturité, par la faute du climat qui ne leur est pas propre ; leur vray pays est l'Affrique, où elles portent un excellent fruit. Celles d'Arabie sont excellentes, elles viennent par bouquets de diverses couleurs, & lorsqu'elles commencent à meurir, elles sont fort agreables à la veuë, & encore davantage au goust.

L'Arabie pierreuse n'en est pas tout à fait privée, il est vray qu'elles ne sont pas si bonnes que les autres, elles sont mesme une partie de la nourriture de leurs che-

B iij

vaux. Les meilleures dattes chez les Arabes sont celles qu'ils apellent Muxanas, elles viennent les dernieres, mais elles sont d'un goust excellent, il en sort fort peu du pays ; les Cherifs les gardent, disant qu'elles leur appartiennent par le droit de leur naissance.

Ce fruit ne meurit pas sur l'arbre si on n'en plante proche de luy ou à sa veuë, un autre qu'ils appellent le masle, qui est un secret de nature que l'experience a enseigné aux hommes sans qu'ils en ayent pû jusques à cette heure découvrir la cause. On m'a dit que le noyau de la palme estant broyé & bû dans l'eau, estoit d'un grand secours pour les femmes qui sont en travail. Il y a des Palmiers qui portent un fruit nommé Macoma, qui a une odeur aussi agreable que la Camoesa, & qui est de cette belle couleur de dattes. Quand on a trop mangé, ce fruit aide extremement à la digestion ; j'ay vû plusieurs experiences de la vertu de ce fruit, & il est bon encore contre les vapeurs des hypocondres. Il y a un autre fruit nommé Trefolim, qui est aussi le nom de l'arbre qui le porte ; il croist dans ses gousses quinze ou seize noix, dont chacune vient aussi grosse que les deux poings joints ensemble ; elles sont vertes au commencement, & quand elles sont prestes à meurir, cette verdeur se change en couleur de pourpre : lorsqu'on l'ouvre, on y trouve trois separations pleines d'un miel coagulé fort frais & fort rafraischissant, quoiqu'il n'ait pas beaucoup de goust il ne laisse pas d'estre mangé comme un regale ; la chair de ce fruit est d'un blanc pasle.

Le fruit du Palmier nommé Areca approche fort de celuy que nous venons de décrire ; les Indiens en font grande estime ; l'Isle de Ceylan produit les meilleurs ; on en tire beaucoup, & ils sont d'un grand debit, ordinairement ils ne sont pas plus grands qu'une noisette. La chair en est ferme & dure, & c'est le ragoust le plus ordinaire des Indiens, car ils mâchent toujours la fueille d'une herbe qui est plus grande & plus épaisse que celle du lierre. Ils sucent aussi l'amande de l'Areca, qui est fort propre pour leur rechauffer l'estomach. Ce suc est stiptique, & excite le mesme sentiment sur les levres que l'alun ou la pome de Cyprés dont ils se servent quelquefois au lieu d'Areca. Ce fruit qui ressemble à des dattes, croist dans des gousses, & on en comptera quelquefois jusques à deux cens & davantage dans un bouquet ; les Indiens sont tellement accoûtumez à ce fruit, qu'ils l'ont toujours dans la bouche, s'imaginant qu'il fortifie l'estomach, les gencives, & qu'il aide à la digestion ; dans tous leurs repas c'est le dernier mets, aussi ils le preferent à tous les nostres de l'Europe, mais je ne suis pas de leur sentiment.

Je dois ajoûter à ce que j'ay dit du cocos des Maldives, que l'arbre qui le porte croist au fond de la mer, & qu'il vient sans culture. Je finiray ce discours des Palmiers par leurs maladies. Ils ont un ennemy mortel, qui est un certain ver noir qui perce aisément quelque bois que ce soit, sec ou verd, il n'a pas grande peine par cette raison à entrer dans le bois des Palmiers qui est tendre, & quand il est arrivé au cœur, il arreste la séve de l'arbre, & le fait mourir ; quelquefois mesme il l'attaque par le haut où sont les fueilles & les fruits, car cet endroit du Palmier est fort blanc, tendre, & doux à merveilles : on coupera quelquefois un Palmier entier pour en tirer cette partie qui est extremement delicate ; j'en ay tâté plusieurs fois ; si on n'y remedie d'abord, le ver ne cesse point, jusqu'à ce qu'il meure ; le Bandarin qui a le soin de ces arbres, fait la guerre à ces vers, & quand il a trouvé le trou par où il est entré, il cherche avec des fers diversement crochus, jusques à ce qu'il l'ait tué. Il arrive à ces arbres un autre accident par la negligence du Bandarin qui les cultive, car lorsqu'il grimpe dessus pour y remplir de Soura leurs vaisseaux, si on tombe par hazard une goutte de cette liqueur sur le tronc de l'arbre, il s'engendre en cet endroit un autre ver qui attaque & mange l'œil de l'arbre. A cet accident il n'y a point de remede, si ce n'est celuy-cy qui est selon les coûtumes du pays, & qui oblige le Bandarin à payer dix Pardaos pour re-

DES PALMIERS.

parer la perte qui est arrivée par sa faute. Un Palmier bien cultivé & dans un bon fonds rendra tous les ans un Pardao, & c'est sur ce pied-là que l'on estime ordinairement le revenu des plans de ces arbres.

Le troisiéme accident qui cause la perte des Palmiers, vient de la terre; lorsqu'elle vient sterile par quelque accident, l'arbre se sent aussi tost de la maladie de sa nourrice, devient aussi sterile, & meurt enfin. On connoist cette mauvaise disposition dans la terre par un petit sable rouge que l'on y découvre, & il paroist mesme quelque chose de cette maladie sur le tronc de l'arbre. Quand le Bandarin s'en apperçoit, il fait un grand trou dans la partie de l'arbre qui est encore saine, pour empêcher que la gangraine n'en approche, il oste l'écorce de l'endroit qui est malade, & fait entrer des fers chauds à l'endroit où il paroist du sable.

Il y a une reflexion à faire sur la maladie de ces arbres, c'est que lorsqu'ils ont à mourir par quelques-uns de ces accidens, ils se chargent cette année là de tant de cocos, que l'on les soupçonne en mesme temps d'estre malades, & cette indication fait qu'on y apporte aussi tost du remede.

Il faut que je dise encore icy, qu'il n'y a rien au monde de plus delicat que le Palmito, j'entens la partie interieure du haut du tronc; c'est proprement de ce point comme d'un centre, que partent toutes les branches de l'arbre. Cette substance est blanche comme du lait caillé, extrémement tendre, & d'un goust encore plus doux & plus agreable que les meilleures confitures, sans qu'il y ait sujet de craindre d'en manger par excés.

Je suis asseuré que ceux qui liront cette Relation en feront le mesme jugement que moy, s'ils en mangent jamais. J'en ay fait plusieurs experiences aux Indes; mais encore davantage le long de la coste de Terrado Natal, où je fis naufrage, & où je fus obligé de demeurer huit mois à bâtir deux barques, pour sauver nostre équipage. Le manquement d'autres provisions nous obligea de nous passer de ce qui s'y rencontra, & nous contâmes pour une grande & bonne fortune celle d'avoir trouvé beaucoup de ces Palmiers, j'entens de ceux qui portent les dattes; car nous fismes provision de tout ce qui se trouva de palmites dans toute l'étendüe d'une lieuë de pays, & ils nous fournirent une nourriture qui auroit mesme esté fort agreable à des gens moins affamez que nous ne l'estions. Les Palmiers durent long-temps, il y a des signes pour connoistre leur âge. Tous les ans ils poussent quatre branches qui s'étendent peu à peu en forme de croix, elles sechent & tombent aprés trois ou quatre ans de temps, chacune de ces fueilles laissant une marque à l'endroit du tronc où elle a esté attachée; & c'est par là que l'on juge de son âge. Mais afin que ce que j'ay dit au commencement soit plus averé, que depuis l'extremité de sa racine jusqu'au dernier bout de ses branches tout en estoit utile, il faut que je fasse remarquer icy, que la racine donne une excellente trempe au fer; que ses fueilles roulées servent de chuli ou torches, & asseurent les voyageurs des Indes du danger des serpens qui sont si dangereux en ces quartiers-là, & en si grand nombre, qu'ils attaquent souvent les voyageurs, quand ils ne sont point armez du feu de ces torches. Ceux du pays se servent encore de ces torches pour pescher, comme on fait en portugal; les fueilles servent aussi pour couvrir leurs Palamquins ou litieres, & le Soleil ni la pluye ne les percent point. Il y a d'autres Palmiers dont les fueilles servent de papier, on en fait des livres; on écrit sur ces fueilles avec une petite pointe de fer, ce que ceux du pays font fort viste. Les fueilles de l'arbre que nous avons décrit sous le nom de Cayouris étant sechées, deviennent d'un blanc vif, & sont fort estimées, quoiqu'à bon marché; ils les appellent Palhate, ils en font des bonnets si propres & si legers, que le Viceroy mesmes s'en sert.

Le Poio ou guaine recourbée en forme de cimeterre, enferme, comme j'ay dit, les grappes de cocos, comme elle est d'une substance plus épaisse & plus forte, elle sert au menu peuple, & particulierement aux Bandarins, pour leur faire des bonnets semblables à des bonnets à l'Angloise.

J'ay dit cy-devant que le tronc estoit menu & peu solide à proportion de sa grande hauteur, que tout le poids des branches & du fruit estoit tout au haut du tronc, & que donnant ainsi beaucoup de prise aux vents, il les romproient aisément si la nature n'avoit armé le tronc & les branches de filamens entretissus comme un canevas, ce qui tient si bien toutes les parties unies ensemble, que le vent ne leur sçauroit faire de tort, & il n'y a que le fer qui puisse forcer ce tissu dont je viens de parler; Voila ce que je puis dire pour la satisfaction des curieux de toutes les especes de Palmiers que je connois; ceux qui n'en seront pas satisfaits, & qui en voudront sçavoir davantage, peuvent aller aux Indes pour s'en instruire, & dans les autres pays où ces arbres croissent, ils s'en pourront informer plus particulierement en ces quartiers-là, mais peut-estre aussi qu'ils n'en apprendront pas davantage, & qu'ils y perdront leur peine.

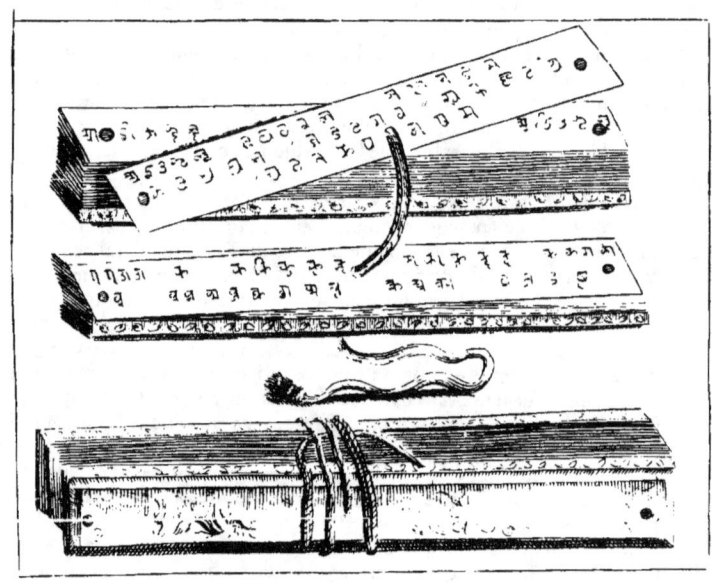

EXTRAIT DV PRIVILEGE DV ROY.

PAr grace & Privilege du Roy donné à Paris le 1. jour de Juin 1662. il est permis à Girard Garnier de faire imprimer un Livre intitulé, *Les grands Voyages, ou Relations de plusieurs voyages, traduits de l'Anglois, Hollandois & autres langues, & enrichies de plusieurs cartes & figures*, en telle marge & caracteres, & autant de fois que bon luy semblera, durant l'espace de vingt années, à compter du jour qu'il sera imprimé pour la premiere fois; avec défenses à tous autres d'en rien imprimer sous pretexte de changement, augmentation ou autrement, sans le consentement dudit Garnier, aux peines portées dans ledit Privilege.

Registré sur le livre de la Communauté des Imprimeurs & Marchands Libraires de cette ville de Paris ce 17. Novembre 1664. Signé E. MARTIN *Syndic.*

Les Relations du R. P. Jeronymo Lobo de l'Empire des Abyssins, des sources du Nil, de la Licorne, &c. ont esté achevées d'estre imprimées pour la premiere fois le 11. Fevrier 1673.

DECOVVERTE DE QVELQVES
Pays qui sont entre l'Empire des Abysins & la coste de Melinde.

L'ANNEE 1607. peu apres que Sultan Seged eût esté installé sur le trône de l'Empire d'Ethiopie, le Pere Pays encouragé par les faveurs qu'il recevoit tous les jours de ce Prince, & par la disposition où il le voyoit d'embrasser la Religion Catholique, écrivit à Philippe III. Roy d'Espagne, le suppliant de témoigner à ce Prince quelque ressentiment des graces qu'il faisoit à ses sujets, & de l'animer par ses lettres à maintenir nostre Religion. L'Empereur receut les réponces qui vinrent d'Espagne avec beaucoup de joye; il ne se contenta pas d'y faire réponce, il voulut encore envoyer un Ambassadeur au Roy d'Espagne avec ordre de traverser le Royaume de Narea, & de se rendre par là à la coste de Melinde, & de là à Goa pour s'y embarquer dans les vaisseaux de Portugal.

Il communiqua ce dessein aux Peres Iesuites, leur representa la necessité de cét envoy, les dangers qu'ils auroient couru en passant par les païs dépendans des Turcs, qu'ils n'auroient point fait de quartier à son Ambassadeur, s'ils eussent pris le moindre soupçon du sujet de cette ambassade & du secours du Portugal; il leur témoigna aussi qu'il souhaitoit qu'un des Peres Iesuites accompagnât son Ambassadeur, afin qu'il fut mieux receu aux Indes & en Europe; le sort de ce voyage auquel tous les Peres s'offrirent, tomba sur le Pere Antonio Fernandez fort connu de l'Empereur pour sa prudence, vertu & zele qu'il avoit fait paroistre en toutes sortes de rencontres pour son service, il choisit pour chef de l'ambassade Tecur Egzy (c'est à dire Bien-aymé de Dieu) personne de consideration & fort sage, qui avoit toûjours fait paroistre un grand zele pour la Foy Catholique. Il prevoioit aussi bien que le Pere les grandes difficultez d'un si long chemin au travers des païs des Mores, des Turcs, des Caffres & autres nations barbares, il ne laissa pas pourtant de preparer tout ce qui dépendoit de luy pour le faire reüssir. Le Pere Antonio Fernandez ayant donc receu les lettres de l'Empereur & toutes les choses necessaires pour son voyage, partit de Dambea au commencement du mois de Mars 1613. pour aller joindre à Goiam l'Ambassadeur Tecur Egzy qui y estoit allé mettre ordre à ses affaires domestiques. Le Pere avoit avec luy dix Portugais dont quatre s'estoient offerts de l'accompagner jusqu'aux Indes, & les six autres jusqu'à Narea. Le Vice-roy de Goiam frere de l'Empereur qui s'estoit fait Catholique depuis peu, receut le Pere avec beaucoup de témoignages d'amitié, le fit demeurer dans son camp en attendant que les Gallas & les Xares qu'il avoit envoyé querir, pour leur servir de guides jusqu'à Narea, fussent venus. Ce Prince fit de grandes largesses aux guides, & leur en promit encore d'autres quand ils luy auroient apporté nouvelles certaines que le Pere & l'Ambassadeur seroient arrivés sans accident à Narea: En prenant congé du Pere il luy tint un discours plein de zele & d'esprit, pour l'encourager à cette Mission. Les Ambassadeurs partirent de Ombrama, où estoit le camp du Vice-roy le 15. Avril 1613. avec quarante hommes d'escorte armez d'assagayes & de boucliers. Apres deux ou trois jours de m[arc]he en tirant vers l'Occident par le païs des Gongas, ils arriverent à Sinasse [qui] est une des principales peuplades de ces quartiers. Ce fut là qu'ils commencere[nt à] connoistre les difficultez de ce voyage; car y ayant demandé une escorte pou[r les] conduire jusques aux confins d'Ethiopie, ces peuples leur refuserent; ils en d[on]nerent avis au Vice-roy par le moyen d'un de leurs Portugais; le Vice-roy y env[oya] aussi-tost trois compagnies de soldats pour leur servir d'escorte & chastier les G[on]gas; mais sur l'avis qu'ils eurent de la plainte que les Ambassadeurs avoient fait[e au] Vice-roy, ils leur donnerent une escorte avec laquelle ils arriverent en trois jo[urs] à Miné, qui est un passage du Nil à l'endroit du retour qu'il fait pour couler v[ers] l'Egypte. Il est déja si grand en cét endroit & si rapide que l'Ambassadeur fut co[n]traint de le passer sur un radeau que l'on fit de pieces de bois mal attachées ens[em]ble, & soûtenuës de quelques calebasses, avec des hommes qui nageoient dev[ant] pour le conduire, & d'autres qui le poussoient par derriere; ils employerent un j[our] entier en allées & venuës à passer le Nil de la sorte.

Le lendemain les Ambassadeurs depescherent au Vice-roy pour luy don[ner] avis qu'ils estoient passez le Nil, & le prier de faire retourner ses trois compag[nies] de soldats dont ils n'avoient plus besoin : De là ils marcherent toûjours vers le S[ud] jusques à Narea; dans ce chemin qui est d'environ cinquante lieuës, ils couru[rent] grand risque d'estre volés par les Galles & autres barbares. Le lendemain ils e[n]trerent dans un païs des Caffres qui passent pour vassaux de l'Empereur d'E[thiopie; cependant ils sortirent de leurs cabanes comme autant de bestes feroc[es] de leurs cavernes, & vinrent les armes à la main pour voler l'Ambassadeur: [il] employa en vain l'autorité & le nom de l'Empereur, il fallut se servir des arm[es] ce qui les arresta & les fit entrer en traité : ils permirent le passage & receure[nt en] recompense quelques bonnets & morceaux de sel en forme de briques; une plu[ye] qui tomba fort à propos, y contribua aussi & à les empescher de se joindre av[ec] les Habitans d'un grand village qui estoit là proche. L'Ambassadeur prit son tem[ps] continua son chemin, & redoubla le pas. Le mesme jour, le Guide qu'ils avoi[ent] pris pour les conduire à Narea par des chemins de détour pour ne pas tomber [en]tre les mains des Caffres, les fit passer par une forest fort épaisse, & descendre u[ne] coste escarpée, au bas de laquelle coule le fleuve Maleg, ils se trouverent su[r les] rives vers le soir; le lendemain ils ne trouverent point de gué, ce qui leur don[na] sujet de soupçonner que le guide avoit eu dessein de leur faire quelque mauv[ais] tour dans une forest par ou ils devoient passer où il avoit autres-fois engagé [un] grand Seigneur du païs qu'il avoit promis de guider, & qu'il fit tomber entre [les] mains des ennemis ; le Pere le fit observer de prés par cette raison, sans luy r[ien] témoigner du soupçon qu'il avoit. Le lendemain ils trouverent un gué & ent[re]rent dans le Royaume de Narea, qui commence aux bords de ce fleuve; ils ma[r]cherent apres avec plus de seureté, parce qu'ils estoient déja fort éloignez des C[af]fres : d'abord ils monterent la montagne de Ganca ou Gonca qui est fort haute, [où] un des principaux Capitaines de Narea faisoit sa residence; il les receut avec [de] grandes demonstrations d'amitié, parce que le Vice-roy de Goiam les luy av[oit] fort recommandez, mais encores davantage à cause des presens que les Amba[s]sadeurs luy apportoient de la part de ce mesme Vice-roy.

Le Royaume de Narea est le plus meridional de toutes les terres de l'Emp[ire] d'Etiophie, l'on compte environ 200. lieuës de Masua à Narea, chemin qui [se] fait en marchant presque toûjours vers le Sudoüest, c'est à dire jusques à Miné, [qui] est de la dépendance du Royaume de Goiam, où l'on traverse une seconde fois [le] Nil pour aller à Narea, & delà l'on va droit vers le Sud.

Le milieu de Dambea, est par les treize degrez & demy, latitude Septentriona[le,] Miné à douze degrez & Narea à huit de la mesme latitude.

DE LA HAVTE ETHIOPIE.

Le Royaume de Narea n'est pas si grand que le font quelques-uns, en le confondant avec le païs des Caffres, qui l'environne & qui s'étend jusques à la coste de Melinde; il a au Sudoest & à l'Oest la coste d'Angole, & comme les Habitans de Narea trafiquent avec les Caffres, qui sont leur frontiere; ils ont aussi beaucoup d'or qu'ils achetent d'eux en échange de vaches, de sel, & d'autres marchandises.

Narea n'a pas plus de 30. ou 40. lieuës d'étenduë, ses Habitans sont les plus civils de tous les peuples qui sont proche de l'Ethiopie; ils ne tiennent rien des Caffres, sont de belle taille, n'ont point les lévres grosses, ont le nez affilé, & sont d'une couleur qui n'est pas fort noire; ils sont d'ailleurs gens de parole, ne sont point menteurs, ny dissimulez comme les Amaras. Leur païs est fertile en vivres, & en toutes sortes de bestiaux; ils donnent de l'or au poids, pour ce qu'ils achetent, au lieu de monnoye marquée, comme l'on fait par toute l'Ethiopie; ils ont pourtant aussi de petites placques de fer marquées, larges de deux doigts & longues de trois, qui ont cours comme de la monnoye. Ces peuples estoient autres-fois Gentils, mais ils receurent il y a environ 60. ans le Baptesme & la Foy des Abyssins avec leurs erreurs. Aucun de nos Peres n'a encore eu occasion d'aller à Narea pour y porter la Foy Catholique. Ils sont braves, defendent bien leur païs, & quoy que les Galles se soient emparez de la plus grande partie de l'Ethiopie, & qu'ils les attaquent continuellement, ils n'ont jamais rien pû gagner sur eux, & cela sans qu'ils ayent receu de secours de l'Empereur, auquel ils payent tribut, mais c'est de leur bon gré; car pour aller à eux, il faudroit de necessité que ses troupes passassent au milieu des païs habitez par les Galles ses ennemis, outre qu'il a assez à faire d'apaiser les revoltes continuelles qui se font dans les autres Royaumes plus voisins des lieux de sa residence.

De la montagne Ganca ou Gonca, le Pere & l'Ambassadeur marcherent vers la Cour du Benero (c'est à dire Gouverneur) de Nerea; ils y arriverent apres six jours de marche, les premieres journées par une contrée que les Galles avoient tout ravagée peu de jours auparavant, & les autres par un païs bien cultivé & peuplé. Le Gouverneur les receut assez froidement, à cause, à ce que l'on dit au Pere, d'un Moine Schismatique que le Benero avoit auprés de luy, & qui estoit Vicaire de l'Abuna ou Patriarchie d'Ethiopie; ce Moine aprehendoit que le Pere ne fut venu pour luy oster avec cette Office un revenu assez considerable qu'il en tiroit; le Pere l'alla voir, & pour luy oster le soupçon, il luy demanda sa faveur auprés du Benero pour en obtenir une prompte expedition; il y ajoûta un present qui n'ayda pas peu à faire dissiper les mauvaises impressions qu'il auoit prises de l'arrivée du Pere & de l'Ambassadeur.

Le Benero ne fut pas si aisé à gouverner, comme il penetroit plus avant dans les choses; il eut de grands soupçons du sujet de cette Ambassade; il fit diverses questions au Pere & à l'Ambassadeur pour s'en éclaircir; & quoy que le secret ne fut qu'entre eux deux, comme il est fort difficile de cacher entierement à une personne une chose dont elle se doute déja; il connut d'abord que ce voyage tendoit à faire passer des Portugais des Indes dans son Royaume, qu'ils s'en rendroient les maistres, & le contraindroient à embrasser la Religion Catholique: il fit assembler là dessus les Grands de sa Cour, leur communiqua fort secretement sa pensée; ils convinrent tous qu'il ne falloit pas souffrir que le Pere & l'Ambassadeur fissent le chemin qu'ils avoient resolu, qui estoit le plus droit, qu'il leur en falloit faire prendre un autre fort incommode & de grand détour par le païs de Baly. Il leur dit donc apres plusieurs discours de part & d'autre, qu'ils ne les laisseroit jamais passer par où ils avoient dessein, mais bien par le Baly, à quoy il falut se resoudre; car ils estoient resolus de pousser à bout ce dessein.

Baly est un Royaume qui dépendoit autres-fois de l'Empire de l'Ethiopie; mais les Galles & les Mahometans le possedent aujourd'huy; il confine avec le Royaume

d'Adel, & il est à l'Orient du Royaume de Narea. Le Pere connut bien p
qu'il ne pourroit pas achever ce voyage, & que puis qu'il avoit rencontré toute
difficultez sur les terres de l'Empereur, il en devoit attendre de bien plus gra
lors qu'il seroit dans les terres des Caffres, qui n'ont autre loy que leur inte
neanmoins considerant que c'estoit pour le service de Dieu, il prit le chemi
Baly se confiant en sa misericorde.

Ce Pere & l'Ambassadeur au sortir de la Cour de Narea, prirent leur che
vers l'Orient, & arriverent le premier jour au lieu où estoit le Capitaine q
Benero leur avoit destiné pour escorte ; d'abord il les receut bien, esperant que
grand present d'eux, mais celuy qu'ils luy firent n'ayant point répondu à
esperances, il les fit attendre huit jours apres luy, à la fin desquels il leur ord
80. hommes pour les conduire jusques aux confins du Royaume de Narea ; ils r
cherent avec cette escorte l'espace de quatre grandes journées par un païs de
à cause des courses des Galles ; leur escort s'en retourna apres, & comme
min qu'ils avoient encore à faire estoit fort dangereux, ils faisoient marcher
vant eux de batteurs d'estrade pour leur faire signe lors qu'ils verroient les G.
de loin, afin qu'ils eussent le loisir de se cacher dans les bois. A midy ils com
cerent à descendre une montagne fort haute & fort rude, & l'Ambassadeur du C
giro leur dit qu'avant que d'achever de la descendre il falloit se cacher jusque
soir, afin de pouvoir passer de nuit ces campagnes où les Galles faisoient pa
leur bestial. Sur les quatre heures apres midy ils commencerent à marcher
faveur d'vne pluye qui fit retirer les Galles vers leurs cabanes, mais qui mouill.
fit souffrir beaucoup de froid à nos voyageurs fatiguez. Leur peine redoubla
que la nuit fut venuë, parce que le bois qu'ils traversoient estoit fort fourré pa
bas, difficile à percer de jour, & encore plus la nuit. Ils firent du feu dans les b
ils marchererent un peu d'orge rostie qui est la nourriture ordinaire des voyag
de ce païs-là, & le lendemain au matin apres avoir descendu une montagne
droite ils arriverent à la riviere Zebée.

Cette riviere court avec plus de rapidité que le Nil, & à l'endroit où ils
voient passer, elle faisoit un bruit horrible en tombant d'une montagne entre
rochers escarpez, entre lesquels ses eaux se brisent ; ce pont sur lequel il fa
qu'ils passassent des eaux si rapides & si affreuses estoit fait d'une seule piece
bois, elle traversoit la riviere quoy qu'elle fur considerablement large, & la
teur de ce pont estoit si grande qu'en regardant du haut du pont l'on ne dé
vroit en bas qu'un abysme : la grande portée de la piece de bois la faisoit trem
sous les pieds de nos gens, & neanmoins c'estoit à qui la passeroit le premier ;
aussi-tost que l'on est de l'autre costé de cette riviere l'on n'a plus à craindre les (
les, dont l'apprehension estoit si grande qu'elle étouffoit toutes les autres crain
ils rendirent graces à Dieu, de l'autre costé du pont, de ce qu'il les avoit déliv
des mains des Galles ; ils ne pûrent pas faire passer sur ce pont leurs mules,
pourquoy ils les laisserent cette nuit là au bord de la riviere avec deux hom
pour les garder, & ordre de passer le pont si les Galles venoient, & le rompre a
eux, mais le lendemain deux habitans du païs leur enseignerent un guay, où il
firent passer avec beaucoup de peine.

Les Ambassadeurs gagnerent peu apres à une habitation d'où ils firent sçavoir
arrivée au Roy de Gingiro, & luy demander permission du luy aller presenter
lettres qu'il avoit à luy donner de la part de l'Empereur d'Ethiopie ; mais ce P
pour lors fort occupé à sa magie, les fit attendre là huit jours, au bout desquel
eurent permission d'aller à sa Cour, où ils arriverent en un jour de chemin ; ils tr
verent ce Prince preparé à les recevoir assis ou plûtost perché sur son trône ; car
stoit un espece de cage haute d'environ 25. palmes & 30. de diametre, elle finissoit
le haut, en un rond semblable à une roüe, le Roy, estoit assis sur un tapis étendu

DE LA HAVTE ETHIOPIE.

cette roüe; tous ses Courtisans debout au bas de ce trône où il donna ses audiances: il estoit vestu d'une thoile fort fine, dont la blancheur faisoit paroistre davantage la noirceur de son visage; où du reste l'on ne voyoit point de ces traits que l'on remarque dans les Caffres. Il demanda d'abord la lettre de l'Empereur; il descendit de son trône pour la venir prendre, demanda apres de ses nouvelles & remonta dessus son trône, apres quoy il leut la lettre, & parla quelque temps aux Ambassadeurs par Interprete, auquel toutes les fois que le Roy disoit quelque chose pour leur reporter, il baisoit les bouts de ses doigts, & apres s'estre incliné en terre, il alloit apres dire au Pere qui estoit à quelque distance du trône ce que le Roy disoit, & en luy retournant porter la réponse du Pere, il faisoit auparavant la mesme ceremonie; le dialogue dura long-temps: enfin le Roy fit dire au Pere & à l'Ambassadeur de s'aller reposer, & que l'Empereur luy mandoit en substance dans sa lettre qu'il luy avoit écrite de les bien traiter, & de les faire conduire avec bonne escorte jusques sur les frontieres de son Royaume, ce qu'il feroit (dit-il) fort volontiers.

Le lendemain le Pere fit present au Roy de quelques paques noirs des Indes, il en témoigna beaucoup d'agrément comme d'une chose rare en ces païs-là. Quand le Pere fut prest à partir Gingiro, en reconnoissance de son present, luy envoya une fille d'un des grands de son Royaume pour luy servir d'esclave; le Pere s'excusa de la recevoir, disant qu'il n'estoit pas accoustumé de mener des femmes avec luy; le Roy trouva bonne la difficulté qu'il en fit, & luy envoya un esclave que le Pere accepta, non pas dans la pensée d'en tirer aucun service, mais bien dans l'esperance de le baptiser; il luy donna encores une belle mule, qui vint fort à propos pour le voyage; comme aussi des gens pour leur ayder à repasser la riviere de Zebée, & aller de-là au Royaume de Cambate. Ils partirent pour cet effet de la Cour du Roy de Gingiro, & arriverent le mesme jour sur les bords de la riviere Zebée pour la passer; les gens que le Roy leur avoit donnez fort adroits à ces sortes de passages, firent une machine qui n'estoit guere plus seure que la piece de bois; ils tuerent une vache, mirent le bagage dans sa peau, ce qui servoit à deux usages, l'un à le passer, l'autre à servir de lest au batteau qu'ils firent de la peau de cette vache en la cousant bien; ils l'enflerent apres en soufflant dedans, & y attacherent apres deux bastons semblables à ceux d'une litiere, quatre hommes se mirent sur ces bastons, deux devant & deux derriere la machine; on leur defendoit de se remuer, & on les avoit pris de mesme pois, afin qu'ils tinssent la machine en equilibre : Devant cette machine nageoit un homme fort habile en cet art, qui avoit une corde attachée au corps & qui l'estoit aussi à la machine qu'il tiroit par ce moyen apres luy, deux autres nageurs là poussoient aussi par derriere; un jour entier fut employé à ce passage.

La riviere Zebée entoure presque tout à fait le Royaume de Gingiro & en fait comme une peninsule, comme on le voit dans la Carte d'Ethiopie cy jointe, & de là elle se va perdre dans la mer vers la coste de Melinde.

Ce Royaume est petit, ceux qui l'habitent sont noirs comme les Caffres, mais ils n'ont pas les traits du visage comme eux; ils sont tous Gentils, fort adonnez à la magie, & ils ont des coûtumes si extraordinaires que je seray sans doute excusable de les avoir décrites.

Gingiro signifie un Singe ou une Guenon, en effet la couleur noire de ce Prince, ses gestes, ses manieres, estoient toutes de cet animal; ces peuples tiennent encore cela des Singes qu'ils tuënt leurs Roys, & ceux de leurs gens qui reviennent blessez du combat; parce, disent-ils, qu'ils devoient mourir plûtost que de le conserver avec de semblables marques de l'avantage de leurs ennemis.

Mais quoy que ces Roys ainsi branchez sur leur lucquoir, ressemblent à des Singes, ils ne laissent pas d'avoir des pensées fort élevées; si le Roy doit sortir de son Palais, c'est fort matin & avant soleil levé; & s'il arrive que le soleil ait paru avant qu'il [soit] sorty, il se tient tout ce jour-là enfermé dans son Palais, ne monte point [sur] son trône d'audiance, & ne donne point ny d'ordre, parce disent-ils, que d[eux] soleils ne se peuvent pas souffrir dans le monde en mesme temps; & comme i[l ne] luy veut pas ceder cette qualité, il s'en vange le lendemain & sort devant que [le] soleil soit levé.

Les ceremonies qu'ils font pour élire leurs Roys, sont de mesme tout-à-[fait] extraordinaires: ils enveloppent le corps de leur deffunt Roy dans de riches dra[ps] & le mettent ainsi dans la peau d'une vache fraischement écorchée: Aussi-tost [tous] ceux qui peuvent pretendre à la Couronne, comme les enfans du deffunt, & [les] Princes du sang Royal, se vont cacher dans les bois, font semblant de fuir l'h[on]neur qu'ils souhaitent; les Electeurs que l'on croit de grands sorciers, tien[nent] conseil ensemble, vont chercher dans les bois celuy qu'ils ont élû, & font [des]cendre du Ciel par sorcellerie un espece d'oiseau de rapine gros comme un Aig[le] qu'ils nomment Liber, cét oiseau vole avec de grands cris au lieu où est ce[luy] qui est élû; les Electeurs vont aussi-tost vers ce costé-là, & le trouvent ento[uré] de Lyons, de Tygres, de Couleuvres, de Pantheres, & semblables bestes, qu[i] font venir par magie autour du Prince nouvellement élû, qui se defend com[me] un Taureau contre ceux qui le veulent emmener, les blesse & les tuë mesm[e quel]que-fois; car ceux qui le cherchent ne le quittent point qu'ils ne l'ayent pris [&] amené par force; en le conduisant ainsi, il en faut venir aux mains avec des g[ens] d'une famille qui depuis long-temps pretend avoir droit de mettre le Prince [sur] le trône, les plus forts ont cét avantage qui leur donne une grande part a[ux] bonnes graces du nouveau Gingiro.

La ceremonie du couronnement est de mener le Roy au Palais & de le me[ttre] sous une tente: Le septiéme jour apres la mort du dernier Roy, les magiciens ap[por]tent un ver qu'ils disent estre sorty des narines du deffunt, lequel ver ils enve[lop]pent dans un morceau d'étoffe de soye, & le nouveau Roy luy arrache la te[ste] avec ses dents; cela fait ils enterrent le Roy mort, apres l'avoir porté par [les] champs semez qu'ils le prient de le benir; arrivez qu'ils sont au lieu la sepulture [des] anciens Roys, qui est dans un petit bois, ils creusent la fosse en terre & le mett[ent] dedans sans le couvrir, mais il demeure exposé à l'air, parce, disent-ils que la te[rre] n'est pas digne de couvrir le corps de leur Roy, qui ne cede point au soleil en gr[an]deur, & aussi afin que le ciel luy serve d'un mausolée plus magnifique. Le jou[r de] l'enterrement ils tuënt plusieurs vaches proche de la sepulture, en sorte que le [sang] du Roy tombe sur le corps du Roy; ils y égorgent encore une vache tous les jo[urs] tant que le nouveau Roy est en vie, ce qui va au profit de leurs Prestres, ou p[lus]tost sorciers, qui font bien couler le sang de la vache dans le fossé, mais four[nis]sent leur tables de ce qui en reste.

Pour revenir au nouveau Roy, pendant qu'il tuë le ver, le peuple fait des [cris] d'allegresse & d'applaudissemens à sa loüange, & luy souhaitent une longue v[ie,] la feste finit apres qu'ils l'ont installé sur cette maniere de trône dit cy-devant; le nouveau Roy envoie querir aussi-tost ceux qui ont esté favoris de son pre[de]cesseur, leur dit que puisque ils estoient si fort ses amis durant sa vie, il estoit ju[ste] qu'ils l'accompagnassent aussi dans l'autre monde, afin de continuer leurs se[rvi]ces, & les fait tous tuer sous ce pretexte; il en choisit d'autres, remplit les ch[ar]ges du Royaume qui sont vacantes, & cela n'empesche pas que ces premieres [pla]ces ne soient fort briguées, & n'interesse fort les Courtisans à la conservation [de] leur Prince.

Au temps de l'élection, ils brûlent & reduisent en cendres toutes les mai[sons] où a demeuré le deffunt Roy avec tous ses meubles, & enfin tout ce qu'il lu[y a] appartenu sans en excepter aucune chose, pour precieuse qu'elle soit; la m[ort]

DE LA HAVTE ETHIOPIE.

choses s'observe quand il meurt quelque particulier, dont ils ne brûlent pas seulement la maison & les arbres qui luy ont appartenu, mais mesme les plantes qui sont aux environs du lieu où il habitoit, de peur, disent-ils, que le deffunt estant accoûtumé à ces lieux n'y revienne. Le Palais du deffunt Roy estant brûlé, l'on en bâtit un autre, & au dessus un trône à la mode du païs; il y a une grosse piece de bois qui soûtient tout ce bâtiment & qui est au milieu ; avant que de la couper dans le bois ils coupent la teste au pied à un homme le premier venu, d'une certaine famille de ce Royaume, qui à cause de cela est exempte de tous tributs ; ils ne se contentent pas de ce cruel sacrifice, lors que le Palais est achevé le Roy y entre en grande pompe, mais avant qu'il mette le pied sur le sueïl de la porte du Palais, ils tuënt un autre homme de la mesme famille, si le Palais n'en a qu'une, & deux s'il y a deux portes; rougissent de sang le sueïl, la serrure, & les costez de la porte.

Quand le Roy veut acheter quelques marchandises des marchands qui viennent en son Royaume, il prend à condition de leur donner vingt, trente, ou plus d'esclaves qu'il commande à ses gens d'aller choisir d'entre ses sujets ; les officiers qui ont cét ordre, entrent dans les maisons hardiment, ils y prennent les garçons & filles qu'ils veulent & les livrent sur le champ aux marchands; le mesme s'observe quand le Roy veut faire present à une personne de quelque esclave ; car en ce cas il leur fait choisir soigneusement les mieux faits, par la maxime que quand l'on donne il faut toûjours que ce soit le meilleur ; il n'y a que la famille de ceux que l'on égorge pour frotter de leur sang les portes du Palais du Roy, qui soient exempts de cette vexation; mais cét ordre s'execute sur tous les autres sujets du Roy, lesquels luy portent tant de respect & de soûmission que cette coûtume s'observe sans aucune difficulté. La premiere chose que fait le Roy de Gingiro apres son avenement à la Couronne, est de faire chercher avec beaucoup d'exactitude par tous ses Estats tous ceux d'entre ses sujets de l'un & de l'autre sexe qui ont la teigne, & les fait jetter dans la riviere de Zebée, de peur, disent-ils, que ce mal en se cómuniquant de l'un à l'autre ne vienne jusqu'au Roy.

Pour revenir au Pere & à l'Ambassadeur ; à la sortie du Royaume de Gingiro, ils prirent leur chemin vers l'Est, & arriverent à Sangara habitation du Royaume de Cambate sous l'obeyssance d'Amelmal qui reconnoissoit encore l'Empereur d'Ethiopie pour Souverain. A la gauche de ce pays habitent les Gura Gues, peuples qui reconnoissent aussi l'Empereur pour leur maistre. Le Pere & l'Ambassadeur resterent deux jours à Sangara, parce que l'on leur avoit fait esperer qu'ils y pourroient trouver quelque compagnie, mais ils ne leur avoient fait cette proposition qu'à dessein d'avoir le loisir d'avertir leurs voisins qu'ils pillassent les Ambassadeurs ; ce qu'ils firent, car sur le chemin ils furent rencontrez par cinq Gura Gues à cheval, accompagnez de plusieurs autres à pied, tous armez, & qui marchoient en forme de bataillon ; ils attaquerent nos gens avec assez de vigueur & furent receus de mesme, car quoy qu'ils ne fussent que dix-sept en tout, ils repousserent courageusement ces voleurs; mais ils perdirent dans le combat un jeune garçon parent de l'Ambassadeur, lequel pour secourir le Pere que quelques-uns des ennemis pressoient fort, ne sceut pas assez prendre garde au dáger qu'il couroit luy-mesme, & fut blessé d'une flesche empoisonnée, dont il mourut peu de jours apres, au grand regret de tous ses compagnons, qui l'aimoient beaucoup à cause de sa grande douceur ; les gens de l'Ambassadeur vouloient vanger la mort du parent de leur maistre, mais le Pere les retint, de peur qu'ils ne les engageassent dans de nouveaux dangers.

Nos gens estant debarassez de cete canaille, arriverent enfin au lieu ou Amelmal fait sa residence, apres avoir essuyé encore plusieurs autres rencontres : Amelmal les receut bien d'abord à cause des lettres de recommandation qu'ils avoient de l'Empereur, mais il arriva là dans le mesme temps un Abyssin nommé Manquer qui estoit venu à la Cour de Amelmal sous pretexte de luy demander le tribut qu'il paie à l'Empereur, mais qui avoit esté envoyé là par plusieurs grands Seigneurs d'Ethiopie, ennemis de la Foy Catholique, pour persuader ce Gouverneur de ne point laisser passer plus avant ces Portugais ny l'Ambassadeur, parce qu'ils alloient sans congé de l'Empereur querir des Portugais armez de mousquets & de canons qui tuoient de loing, pour se rendre maistres de l'Empire, & les contraindre à changer la religion de leurs peres, & ce méchant homme fit entendre la mesme chose à tous ceux du païs, & à leurs voisins les Galles & les Mores, à qui il mit aisément cette terreur en teste.

Amelmal sur cét avis fit examiner le Pere avec ceux de sa compagnie, & ne trouuant point de fondement aux accusations de Manquer, il leur vouloit donner congé de passer outre, mais Manquer fit tant qu'il l'obligea à envoyer auparavant un homme vers l'Empereur pour sçavoir s'il vouloit bien laisser passer ces hommes, & si leurs lettres estoient veritables : Manquer envoya un Exprés & le Pere un autre. Trois mois apres avoir attendu réponse, ces envoyez revinrent & dirent qu'on les avoit retenu jusques alors à un lieu distant de trois journées de chemin de Sangara ; de sorte qu'il fut necessaire d'en envoyer d'autres, d'attendre leur retour, & s'armer de patience contre les persecutions qu'un si dangereux ennemy leur preparoit.

Ceux qui portoient nouvelle de la retention du Pere, arriverent enfin à la Cour de l'Empereur qui en fut extraordinairement fâché, il auroit fait chastier Manquer & Amelmal s'ils n'eussent pas esté si éloignez de sa Cour, & dans un pays où il ne pouvoit pas envoyer des forces asse[z] pu[is]santes pour cét effet, ny luy faire la guerre en cas qu'ils se fussent revoltez, d'alieurs le Royaur[ne] de Cabate ne luy paye pas tribut, il est partagé entre divers Seigneurs Galles & Mores, neantmo[ins] l'Empereur fit ce qu'il pût, il dépescha un Courier appellé Baharo homme fort connu dans [le] pays, avec une lettre pour Amelmal, dans laquelle il luy mandoit qu'il donnât à son compte Pere & à l'Ambassadeur tout ce qu'ils auroient besoin, luy enchargeoit aussi expressément de recommander aux Roys & Princes ses voisins, il accompagna ses lettres de riches presens, pour [un] More nommé Alico, qui gouvernoit un pays proche de la nommé Alaba, parce que c'estoient [les] premieres Terres par où ils deuoient passer en sortant de dessus celles de Amelmal.

Ces ordres de l'Empereur arriverent à Cambate en Juillet l'année 1614. Amelmal donna a[ux] Ambassadeurs sept chevaux, comme le meilleur present qu'ils pussent faire aux Princes [des] terres de qui ils devoient passer. Ils s'appresterent aussi-tost pour partir & continuer ce penible fascheux voyage, il y avoit déja quatorze mois qu'ils estoient partis de la Cour d'Ethiopie, [&] voyoient assez les fatigues & les perils qu'ils avoient à essuier, ce desespoir fut que quelques-u[ns] des gens de l'Ambassadeur le quitterét, mais la passion de rendre un si grand service à la Religi[on] donna un nouveau courage au Pere Fermandez & passa jusques dans l'esprit de l'Ambassadeur.

Lors que le perfide Manquer sceut que Amelmal estoit resolu d'executer les ordres de l'Emp[e]reur, & qu'il falloit necessairement que le Pere & l'Ambassadeur passassent par les terres du M[o]re Alico, il luy écrivit une lettre, luy mit les mesmes soupçons dans l'esprit, & s'estant sau[vé] des mains d'Amelmal qui le retenoit à dessein, il vint luy-mesme trouver Alico à Alaba où [les] Ambassadeurs estoient arrivez.

Le premier effet de la venuë de ce méchant homme fut qu'il fit resoudre Alico à arrest[er] Courier Baharo; le second fut de faire mettre en prison le Pere & l'Ambassadeur dans des lie[ux] separez & de leur faire confisquer leur bagage, & arrester les voitures qui leur devoient ser[vir] pour ce voyage, avec les chevaux que Amelmal leur avoit donnez; avec cela, les Ministres de ce[tte] méchanceté firent une tres-exacte visite de tout ce qu'ils portoient, mais ils ne trouverét point [à leur] bon heur les lettres que le Pere avoit attachées sous ses aisselles; car s'ils les eussent trouvées, co[m]me l'Empereur d'Ethiopie demandoit par ces lettres le secours des Portugais, & que cela eut c[on]firmé en partie ce que luy avoit dit Manquer, Alico sans doute les auroit fait égorger; p[en]dant les dix jours qu'ils furent en prison on tint plusieurs conseils, sçavoir si on les dev[oit] faire mourir. Manquer opinoit toûjours selon sa passion, mais plusieurs des grands Seigneurs [du] Royaume empescherent, luy representant qu'il avoit fait prendre un Courier, contre tout dr[oit] & de plus un homme qui luy avoit apporté des lettres & des presens de l'Empereur: on le [mit] donc en liberté, & pour ce qui est des Ambassadeurs il suivit le conseil que luy donna un hom[me] de grande autorité parmy eux, de ne les point faire mourir mais de les obliger à retourner [d'où] qu'il fit, mais il ne leur voulut pas permettre de repasser par les terres de Amelmal, craign[ant] qu'il ne les fit passer par un autre chemin, ou que l'Ambassadeur luy ayant fait des plaintes, [il] luy vint faire la guerre. Manquer n'estoit point content qu'on eut pris ce party, il conseill[a à] Alico de retenir trois des Portugais qui estoient avec le Pere, luy alleguant qu'ils le pourroi[ent] servir utilement dans ses troupes, ce qu'il fit au grand regret du Pere, qui estoit fasché non s[eu]lement de ce qu'il falloit qu'il laissât trois de ses compagnons avec les Mores, mais aussi [de ce] qu'ils luy empeschoient de continuer son voyage; neantmoins il fallut obeyr à ce Tyran [il] prit congé des trois Portugais, les quittant avec beaucoup de larmes, & se remit en chemin a[vec] l'Ambassadeur pour s'en retourner par où il estoit venu; ils trouverent de nouvelles difficultez d[ans] le retour, & sans le secours d'un Galle de la connoissance de Baharo ils auroient couru grand ris[que] de perdre la vie, ce Galle les mena à son habitation. Le plus grand danger qu'ils coururent fu[t la] rencontre d'une autre troupe de Galles qui faisoient de grandes rejouissances dans leurs pago[des] ils coururét vers eux à dessein d'accroistre la solemnité de leurs festes en offrant ces Chrest[iens en] ces victimes de leurs abominables sacrifices, ce qu'ils auroient executé, sans doute, tel estoit l'emp[or]tement avec lequel ils vinrent à eux, si le Galle Amuma ne les eut détourné d'une si barbare reso[lu]tion, ils leur permirent en sa consideration de passer, mais ce ne fut pas sans grande contestati[on] ils arriverent enfin à une montagne peuplée par des Chrestiens sujets de l'Empereur, d'où le P[ere] luy donna avis du succez de son voyage, & qu'il attendoit là ses ordres pour tenter le mesme vo[ya]ge par quelque autre endroit s'il le vouloit permettre, mais l'Empereur voyant qu'il n'y a[voit] point de moyen d'executer ce dessein, leur envoya un ordre de retourner à la Cour, où [ils ar]riverent au mois de Septembre de l'année 1614.

RELATION
DU
VOYAGE DU SAYD,
OU DE LA THEBAYDE,

Fait en 1668. par les PP. Protais & Charles-François d'Orleans, Capucins Missionaires.

LE lieu le plus éloigné du Caire, où il y a des Eglises, est Esné, situé au Ponant sur une colline proche du Nil. C'est une ville fort ancienne, ainsi qu'il paroist par un temple d'Idoles tout dans son entier au milieu de la ville, & par un autre distant d'une petite demie lieuë du costé du Nord, tous deux garnis d'Idoles dehors & dedans, dont on verra cy-aprés les figures & les mesures.

Dans Esné il y a deux Eglises, l'une dediée à la Vierge, l'autre à sainte Dilaye & à ses trois enfans martyrs. Il ne se peut rien voir de plus pauvre ny de plus nud, si ce n'est les deux Convens qui sont hors de cette ville, l'un à demie lieuë, dedié aux Martyrs d'Esné, que le Prefet Adrian fit mourir; il couvrit quatre-vingts arpens de terre de leurs corps, à ce que dit l'histoire Arabe, que nous avons lûë dans ce Convent. Cette mesme histoire ajoûte, que sainte Helene a fait bastir ce Monastere; ce qui n'est guere croyable, pour estre trop mal basti & trop peu de chose. Il reste encore autour du mesme Monastere de beaux & anciens sepulcres, qu'ils croyent comme article de foy avoir esté élevez par la mesme Sainte. L'apparence y est toute entiere, & je l'aurois crû moy-mesme sur leur parole & sur leur traditive, parce que ces sepulcres sont assez curieux & recherchez, bastis de belles briques, bien enduits de chaux, & ornez de quelques pierres de marbre & d'autres pierres polies ou gravées: mais ayant visité le second Convent à trois lieuës de la ville, dedié à S. Matthieu Confesseur, & ayant veu à l'entour quatre ou cinq mausolées semblables à ceux qu'ils disent estre des Martyrs, je me suis desabusé, & je leur ay fait avouër que les sepulcres de ce Convent-cy appartiennent aux Chrestiens d'un village voisin nommé Esfoun; ce qui me fait juger par une consequence assez probable, que les autres ne renferment que les corps des anciens Chrestiens de la ville, puisque mesme encore aujourd'huy ils n'ont point d'autres sepultures que dans ce lieu-là. Cependant les Cophtes ont une tres grande devotion à ce Monastere que je viens de dire, bien qu'ils soient persuadez que les Grecs l'ont tenu long-temps avant eux; ce qui paroist par les restes des anciennes peintures, ornemens & tableaux qui sont tous à la Grecque. Il y a une petite Chapelle dediée à S. Michel, dont la pierre qui sert d'Autel, est gravée de caracteres Grecs. Quant à l'autre Monastere plus éloigné, qu'ils appellent Bahary, il est bien plus grand que le premier, mais tout à fait abandonné à la mercy des Arabes, parce qu'il est au milieu d'un desert, où il ne seroit pas possible de le conserver, car les Arabes n'épargnent aucun lieu où ils soupçonnent trouver quelque chose; ils rompent, enfoncent, fouillent par tout, & n'ont laissé aucune image entiere dans l'Eglise. On m'a dit qu'ils y avoient trouvé quelques medailles & pieces antiques d'or & d'argent. Presque toutes les figures & ouvrages sont à la Grecque; ce qui n'est pas de cette maniere semble plus moderne. On compte encore douze cellules dans le dortoir; celle qu'ils appellent du Superieur, est assez jolie, peinte, garnie de figures de lions, de paons, & d'autres oiseaux & animaux. Dans le premier Convent il n'y a que huit cellules. La ville d'Esné contient environ quarante maisons de pauvres Chrestiens, presque tous tisserans, gouvernez par deux Curez.

IV. Partie. a

VOYAGE DV SAYD.

A onze lieuës en deçà d'Esné, du costé du Levant, est un bourg appellé Tuot, assez éloigné de l'eau, où il y a un temple d'Idoles, mais ruiné. Nous ne vismes en passant que le clocher du païs.

A douze lieuës en deçà d'Esné est un gros bourg ancien nommé Armand, au Ponant, presque tout abandonné : les gens du païs ne m'en pûrent dire la raison ; ils l'appellent Balab Mousé : il y a encore un temple d'Idoles, où l'on va par un chemin couvert & souterrain.

En descendant deux ou trois lieuës au Levant sont deux villages fort memorables à demie lieuë l'un de l'autre. Le premier s'appelle Loxor, où sont cinq ou six maisons de pauvres Chrestiens, qui nous reçurent aussibien que leur pauvreté le pouvoit permettre. Ils nous firent voir les restes d'un fameux temple d'Idoles : il y a encore 78. colomnes sur pied, couvertes de pierres d'une prodigieuse grosseur : j'en mesuray une de quinze semelles de longueur, & de trois d'épaisseur. Parmy ces colomnes il y en a quatorze rangées deux à deux, qu'à peine six grands hommes peuvent embrasser ; veritablement elles n'ont que six à sept toises de hauteur. Le bas du temple est encore entier avec plusieurs autres appartemens, comme sales, chambres, &c. le tout tant haut que bas garni & plein de lettres hieroglyphiques & de divinitez avec leurs adorateurs de l'un & de l'autre sexe. Proche d'une des portes du temple il y a deux tres-beaux obelisques ou aiguilles fort hautes, ausquelles rien ne manque ; il semble qu'elles soient fraichement faites, tant la gravure en est belle : chaque face a huit pieds de Roy de largeur par le bas : au pied de chacune sont deux statues de pierre noire & dure, qui representent deux femmes ; il y a douze semelles d'une épaule à l'autre ; elles sont enterrées jusques à la ceinture, faites à peu prés comme le sphinx. Elles ont une espece de globe sur la teste, avec une coëffure fort extravagante ; leurs visages sont si ruinez & défigurez, qu'on n'y reconnoist plus que la place, le reste de ce qui sort de terre est entier.

Le deuxieme village est el Hamdie, ou Loxor el Cadim, ou Carnae. La tradition des gens du païs dit que c'estoit autrefois la demeure d'un Roy ; il y a bien de l'apparence, car on y voit de grands & beaux restes d'un Chasteau, aux avenues duquel il y a des sphinx de part & d'autre, la teste tournée vers l'allée, dans la posture à peu prés qu'on donne aux lions du throne de Salomon. Ils ont vingt-une semelle de longueur, distans de deux les uns des autres. J'en ay veu quatre allées toutes garnies, avant que d'arriver au Palais ; je ne sçay pas s'il y en a d'autres, parce que je ne vis que la moitié du contour : j'en comptay soixante de chaque costé dans la premiere allée, & cinquante-un dans la seconde, le tout fort bien ordonné. Les portes sont grandes & exhaussées au delà de toute mesure & de la croyance, couvertes des plus belles pierres qu'il est possible de voir ; j'en mesuray une de trente-cinq semelles. Je ne pus rien connoistre dans la cimetrie des bastimens, tant ils sont en desordre & ruinez, outre que le peu de temps que nous avions à y demeurer ne nous permit pas d'observer toutes ces choses ; pour les bien examiner piece à piece, il faudroit au moins un mois, & je n'y fus pas de trois heures & demie. Je croy qu'il y a plus de mille figures demy relief, & quelques-unes tout relief. Il y a un tres-grand nombre de colomnes, j'en comptay environ 120. dans une seule sale, qui estoient de cinq grandes brasses de grosseur. Je remarquay sept aiguilles, deux desquelles sont assez regulieres, excepté que l'une a demy pied de face plus que les deux de Loxor, & que l'autre est beaucoup plus petite. Il y en a trois par terre, brisées qui à moitié, qui tout à fait, & deux autres de jaspe rompues par le haut, sur lesquelles il y a de grands personnages gravez avec quantité d'ornemens fort particuliers. Il y a un grand bassin d'eau dans la cour du chasteau avec un tour de belles pierres : on me dit que cette eau seule blanchissoit fort bien le linge ; pour l'éprouver j'y trempay un mouchoir, qui conserva l'odeur du savon durant quatre ou cinq jours. A l'un des portaux du Palais il y a deux grandes statues d'une pierre blanche comme albastre, mais le visage en est tout ruiné ; elles ont l'épée à la ceinture. Une autre paroist encore vers le milieu du chasteau, de mesme taille, c'est à dire de la hauteur de trois hommes bien proportionnez ; mais ces statues m'ayant semblé hors d'ordre, elles sont inutiles & toutes mutilées.

Ce que je viens de dire n'est que bagatelle au regard de ce qui se trouve vis à vis à une lieuë de là du costé du Ponant, selon le rapport de plus de cinquante personnes de qui je m'en suis informé : c'est un lieu qui s'appelle l'ancienne ville de Habou, pleine d'antiques & de curiositez incomparablement plus belles que celles de Hamdie ; outre qu'il y a quantité de momies que les Arabes brulent tous les jours, aussibien que leurs divinitez de bois. Le lieu où sont les momies se nomme Biout el Meloue : on découvre de loin avec des lunettes d'approche deux épouvantables Idoles, masle & femelle, assises dans des chaises, tournées au Levant, lesquelles doivent avoir la teste à peu prés comme celle des pyramides du Caire appellé Aboul & Saoul. Elles sont bien proportionnées, on discerne aisément l'homme d'avec la femme, leurs noms sont Tama & Cama.

VOYAGE DV SAYD.

Tout proche de là est un lieu nommé Legourné, ou el Abouab, où les temples & les statues se sont conservées si fraisches, & les couleurs si vives, qu'il semble (disent les habitans) que le maistre n'a pas encore lavé ses mains depuis son travail, ce sont leurs propres termes. On en découvre quelque chose du bord du Nil. Les Chrestiens de Loxor voyant que j'avois grande envie d'aller sur les lieux pour en considerer les beautez, s'offrirent de me mener à Habou, mais pour plusieurs raisons je ne le jugeay pas à propos, dont je me suis repenti; mon dessein est d'y retourner non seulement par curiosité, mais à cause des Chrestiens qui sont comme de pauvres brebis sans pasteur, qui ont à mon avis grande disposition à recevoir la Grace & la Foy Catholique, la pluspart m'ayant dit qu'ils me vouloient prendre pour leur pere spirituel, & se confesser à moy : il y en a qui ont passé cinquante années sans Confession & sans Communion, n'ayant ny Eglise ny Prestre.

A trois lieuës au deçà, du costé du Ponant, est un lieu assez connu, nommé Negadé, où se tient l'Evesque du lieu : son Eglise cathedrale aussibien que celle d'Esné ressemble à une étable couverte de paille, ou plutost de nattes ; il y a bien 60. ou 70. maisons de Chrestiens. Une lieuë au dessous dans le desert sont cinq Convens : le premier s'appelle Deir el Salib, habité par un Religieux nommé Abd el Said : le deuxieme, el Mignir, où Abisentaous Evesque, qui est mort en reputation de sainteté, est enterré : le troisieme, Mary Boktor : les deux autres sont inhabitez.

A deux milles loin de Negadé est la ville de Goue, l'Eglie est dediée à S. Estienne, elle est fort grande, bienqu'elle ne renferme que peu de Chrestiens Cophtes au nombre de quarante ou cinquante, qui payent le Kararhe, ou tribut qui se leve par teste.

A sept lieuës au deçà, du costé du Levant, est la ville de Ghené, où est l'abord des Karavannes du Cocio à quatre journées de là : il n'y a point d'Eglise, mais seulement quelques pauvres Chrestiens.

A deux petites lieuës plus bas, au Ponant, est un lieu nommé Daudura, fort ancien, il y a un temple d'Idoles d'une démesurée grandeur & hauteur ; on le voit de deux lieuës de loin, un peu éloigné du village, où il y a environ trente Chrestiens qui payent le Iaoualy.

A dix lieues au deçà, au Levant, est un village nommé Kaso, où est un Convent ancien dedié au S. Abou Balamon. Presque vis à vis, une bonne demie lieue, au Ponant, est le Convent de Mari Mina, mais il n'y a point de Prestre, les habitans avoient chassé le leur depuis six mois pour les malversations & débauches qu'ils avoient reconnu tant en luy qu'en sa femme.

A deux lieues plus bas du mesme costé est Bahioüra, un peu éloigné du Nil ; le port est Sahel ; ce sont deux Convens, le plus considerable se nomme Bidabé, l'autre Mary Gergez. Le Curé est un bon vieillard, qui se dit Superieur de Bidabé ; il nous fit des caresses & bonne reception, autant que peut un païsan.

A douze lieues du mesme costé est un village nommé Belline, où il y a une Eglise dediée à la Vierge, sous terre, fort petite, le jour n'y entre que par la porte, & encore peu, dautant que la cour de l'Eglise est toute ombragée d'un arbre qui la couvre fort proprement.

La ville de Gergé est sept lieues plus bas, distante du Caire d'environ 195. lieues ; c'est la demeure ordinaire du Sangiak, qui commande la haute Egypte. Jusques-là il n'y a pas grande curiosité, sinon les ruines de Thebes assez proche du Nil : mais comme je n'y passay que de nuit en allant & venant, je n'ay pû découvrir à la lueur de la Lune que quelques belles colomnes de marbre. Ce lieu est à vingt-quatre lieues au dessous d'une ville assez grande, nommée Manfalout, assez peuplé de Chrestiens, qui ont leur Eglise à une lieuë de là, nommée Benikelbe.

A demie journée de là est un Monastere nommé Mèharrak, habité par des Abyssins : tous les Chrestiens du païs tiennent par tradition, que Jesus, Marie & Joseph ont demeuré dans ce lieu.

Itineraire de Manfalout au Caire.

Manfalout ville, au Ponant du Nil.		Chaik Ebadé, au Levant du Nil.	
Om Kessous, Ponant.	l. 10.	Medmet Ensené, ou Thebes.	
Beniavé, P.	1.	Beny Emeranes, L.	25.
Koféé Sanabou, P.	2.	Menie ville, P.	1.
Bazara, P.	1. ½	Dair Iabal el Tour, L.	6.
Mizara, P.	1.	Serérié, L.	3.
Baraout el Cherif, P.	1.	Galosene, P.	1.
Beny el Amran à droit & à gauche, P.	3.	Beny Mahammad el Kafour, P.	4.
Mellaoüy ville, P.		Beny Mizar, P.	5.

VOYAGE DV S'AYD.

Abou Gerge, P.	2.	Nezle & Effié, L.	6.
Gondre, P. ⎱	3.	Haram el Iabal, ou Medon, P.	3.
Chorana, L. ⎰		Salahié, L.	3.
Bebe, P.	10.	Mahouedné, L.	4.
Benissouf ville, P.	8.	Kasr el Arab, L.	6.
Maimoun, P.	7.	Chebak, P.	8.
Boukh, P.	6.	Le Caire.	6.

Du Caire le 6. Ianvier 1670.

PAR la vostre du 20. Avril dernier je voy que vous me demandez des nouvelles de mon voyage en la haute Egypte, je suis tres aise de vous donner la satisfaction que vous me demandez, à condition pourtant que vous aurez la bonté d'en donner part aux amis, principalement à Mr de Valmont, autrement du Mont S. Jean, & à Mr Thevenot quand il sera de retour de Flandres. Je vous diray donc que j'ay employé trois mois de temps dans ce voyage, en compagnie de mon frere le P. Charles-François, toûjours montant sur le Nil, que j'ay penetré où jamais François n'avoit esté de memoire d'homme, jusques à 300. lieues au dessus de cette ville, à deux journées en deça des Cascades. J'y ay admiré quantité de temples de faux dieux, encore tous entiers, avec des palais fort antiques, tous remplis de statues & d'idoles. J'ay compté dans un seul endroit jusques à sept obelisques ou aiguilles, comme celles qui sont à Rome, & environ six-vingts colomnes dans une seule salle, de la grosseur de cinq grandes brasses, tout cela rempli dedans & dehors depuis le haut jusques en bas de lettres hieroglyphiques & de figures de fausses divinitez. J'ay trouvé des statues de marbre blanc, quelques autres de marbre noir, de la grandeur de trois personnes, portant l'épée au costé, & deux de pierre dure, sçavoir un homme & une femme, pour le moins de la hauteur de huit toises, quoiqu'elles fussent assises dans des chaises, mais bien proportionnées : deux autres de marbre noir, representant des femmes avec des globes sur leurs testes, & des coëffures extravagantes ; les statues de ces femmes ont douze pieds d'une espaule à l'autre ; celles-cy sont enterrées jusques à la ceinture. Si j'eusse pû donner plus de temps à ce voyage-là, ou si le sujet de la mission ne m'eust arresté long-temps dans des lieux où il n'y avoit rien à voir, j'aurois pû faire des remarques bien curieuses ; car il y a tel lieu où je n'ay pû employer qu'une demie heure à le considerer, qui meritoit bien d'y demeurer huit bonnes journées : il est vray aussi que nous ne sommes descendus qu'en deux endroits seulement, où il y avoit des antiquitez à voir, l'un desquels s'appelle Loxor el Kadion, qui est un tres ancien chasteau, que la tradition du païs tient avoir esté autrefois la demeure d'un Roy : l'on n'aura pas de peine à le croire, mesme avant d'y entrer, puisque l'on voit d'abord une des avenues du chasteau bordée d'un grand nombre de sphinx rangez en haye, & la teste tournée vers l'allée. Vous sçavez que le sphinx est une Idole qui a la teste de femme & le corps de lion, qui estoit autrefois une fameuse divinité parmy les Egyptiens. Ces sphinx sont distans l'un de l'autre environ de deux pas, & ont 21. pieds de longueur. J'ay marché dans quatre de ces allées qui aboutissoient à autant de portes du chasteau, & je ne sçay pas s'il y en a davantage, parce que je ne fis que la moitié du tour de ce chasteau qui est fort spacieux. J'ay compté 60. sphinx dans une allée vis à vis d'un pareil nombre, & 51. dans une autre. Les allées sont de la largeur d'un jeu de mail. Les portes dudit chasteau sont d'une effroyable hauteur, couvertes des plus belles pierres qui se puissent voir : j'en mesuray une qui fait tout le haut d'une porte, je la trouvay de 26. pieds & demy de longueur, & épaisse à proportion. Je croy qu'il y a plus d'un million de statues & de figures de bas relief. Dans les bas-relief des murailles & des pilliers toutes les figures sont de bas relief, & il n'y en a aucune qui soit veuë de front : il m'eust fallu un mois tout entier dans un semblable lieu pour y observer toutes les particularitez ; je me contentay de tirer seulement les postures d'une douzaine de diables les plus extravagans avec leurs troupes d'hommes & de femmes qui les adorent, & quelques frontispices de temples, lesquels ne sont pas fort riches en architecture, mais ils sont bastis de tres belles pierres : ce qui me plaisoit le plus, c'estoit le plat-fond & l'azur, & les autres couleurs qui sont liées comme de l'émail, paroissant aussi fraiches que si elles avoient esté appliquées depuis un mois. Il y a tel temple si spacieux, que 3000. personnes s'y peuvent ranger sur le toit à leur aise. J'espere y retourner bientost, & n'en pas revenir avec tant de precipitation ; mais il me faut faire un petit voyage sur la Mer rouge, où je vais tous les ans pour visiter de pauvres esclaves dans les galeres du Turc, & leur administrer les Sacremens.   F. PROTAIS.

HISTOIRE
DE L'EMPIRE MEXICAIN,
representée par figures.

RELATION
DU MEXIQUE,
OU DE LA NOUVELLE ESPAGNE,
par Thomas Gages.

Traduite par MELCHISEDEC THEVENOT.

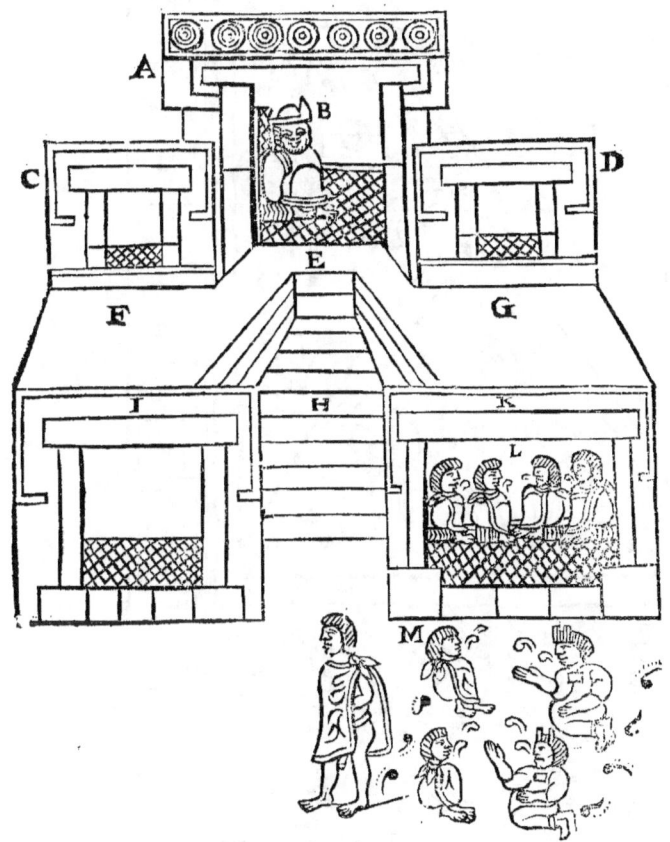

A PARIS,
Chez THOMAS MOETTE, ruë de la vieille Boucherie, à St Alexis.
M. DC. XCVI.
Avec Privilege du Roy.

HISTOIRE DES MEXICAINS.

II.

DES MEXICAINS.

III.

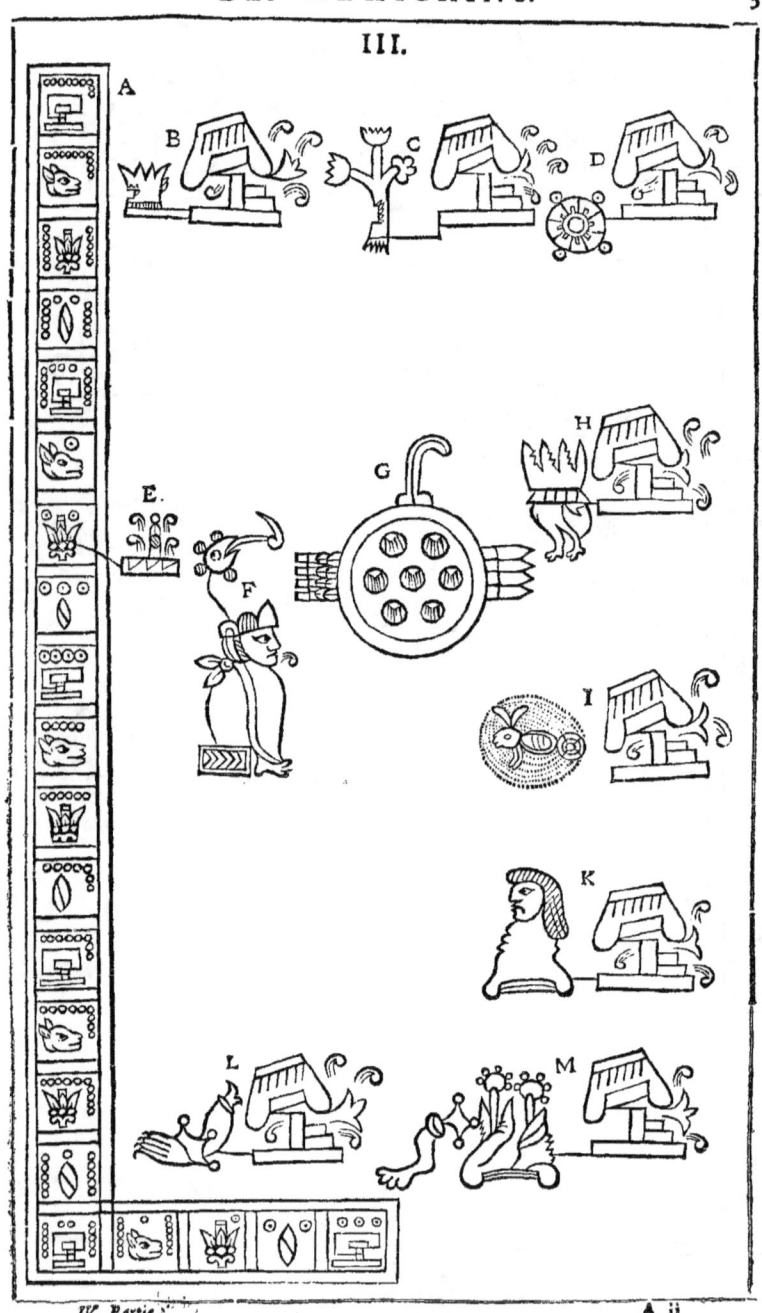

IV. Partie.

HISTOIRE

IV.

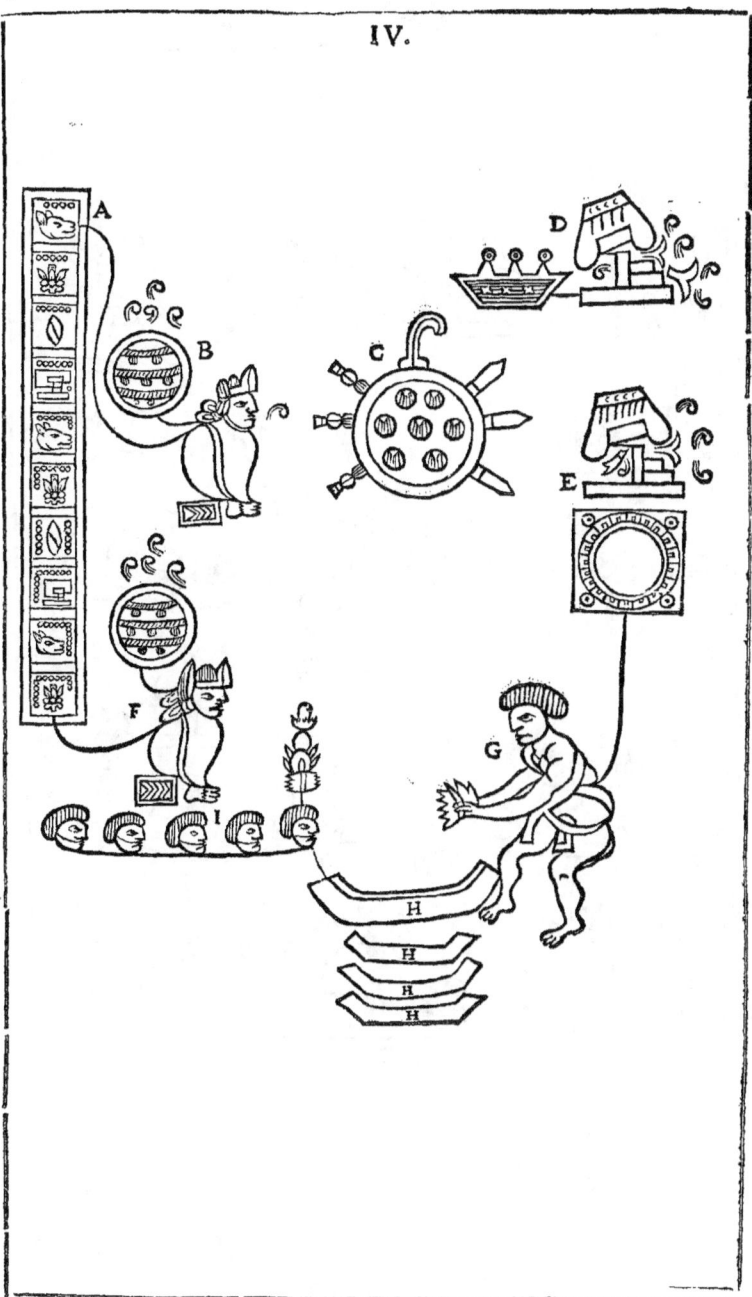

DES MEXICAINS.

V.

VI.

VII.

8 HISTOIRE

VIII.

DES MEXICAINS.

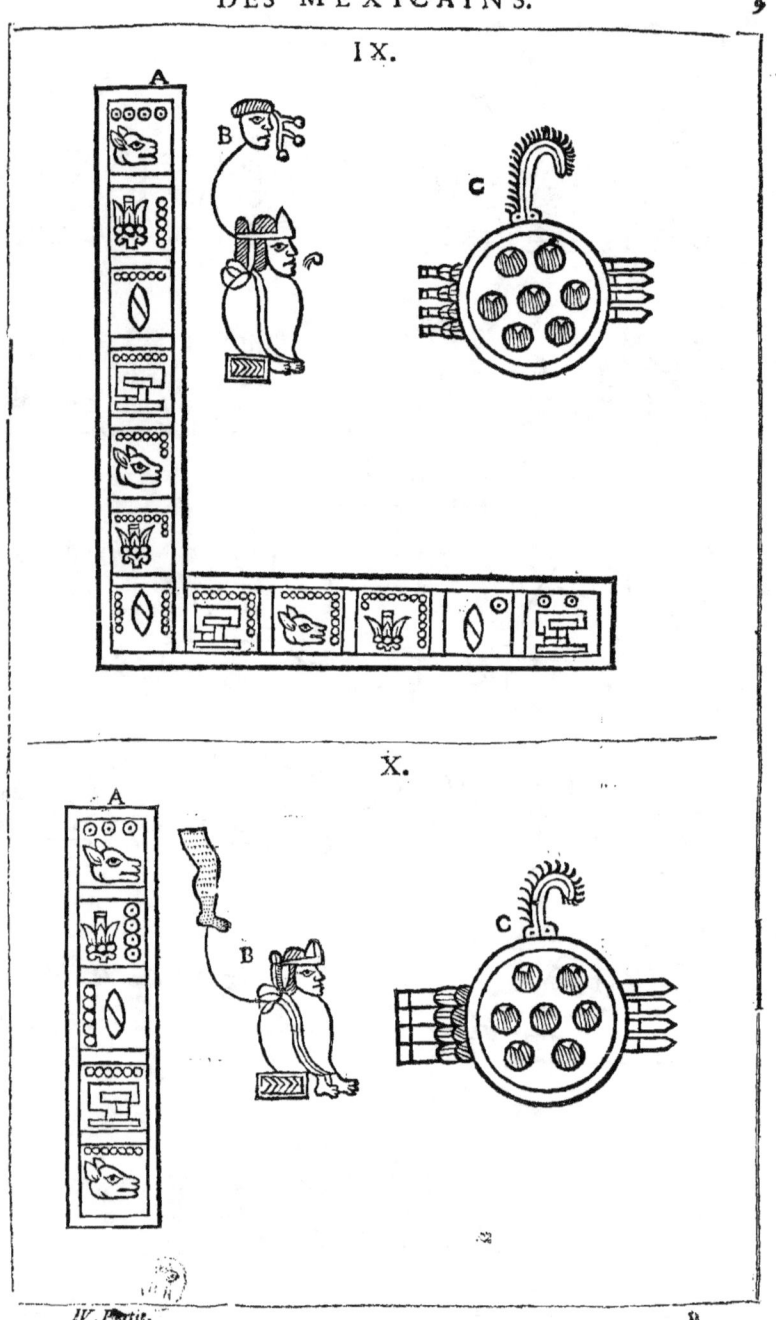

XI.

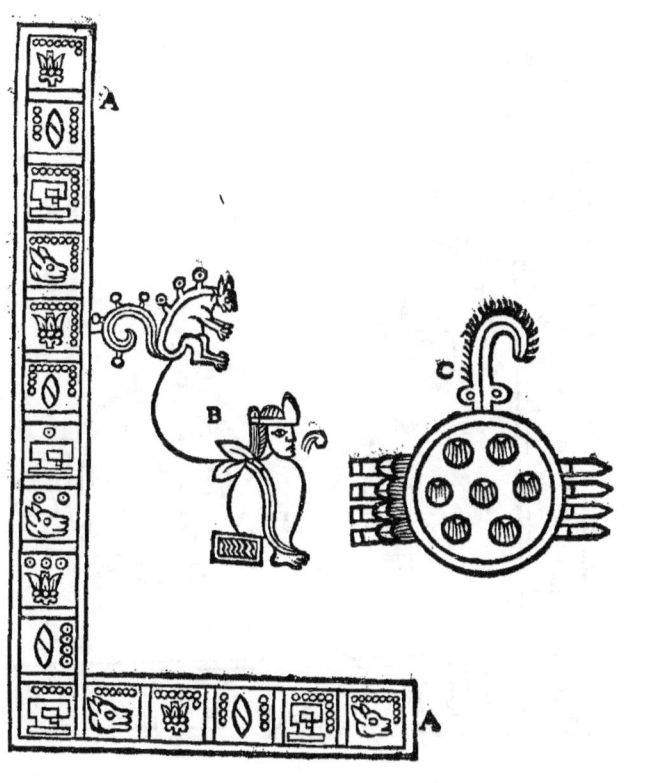

DES MEXICAINS.

XII.

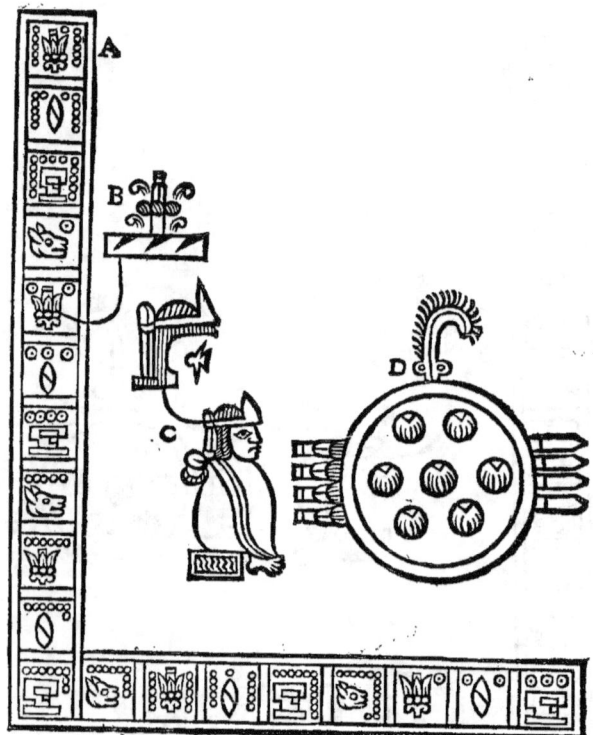

XIII.

XIV.

XV.

DES MEXICAINS.

XVI.

XVII.

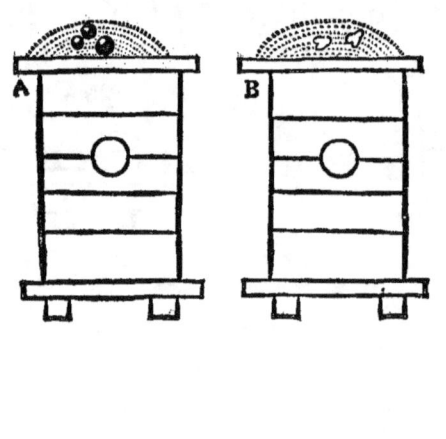

16 HISTOIRE

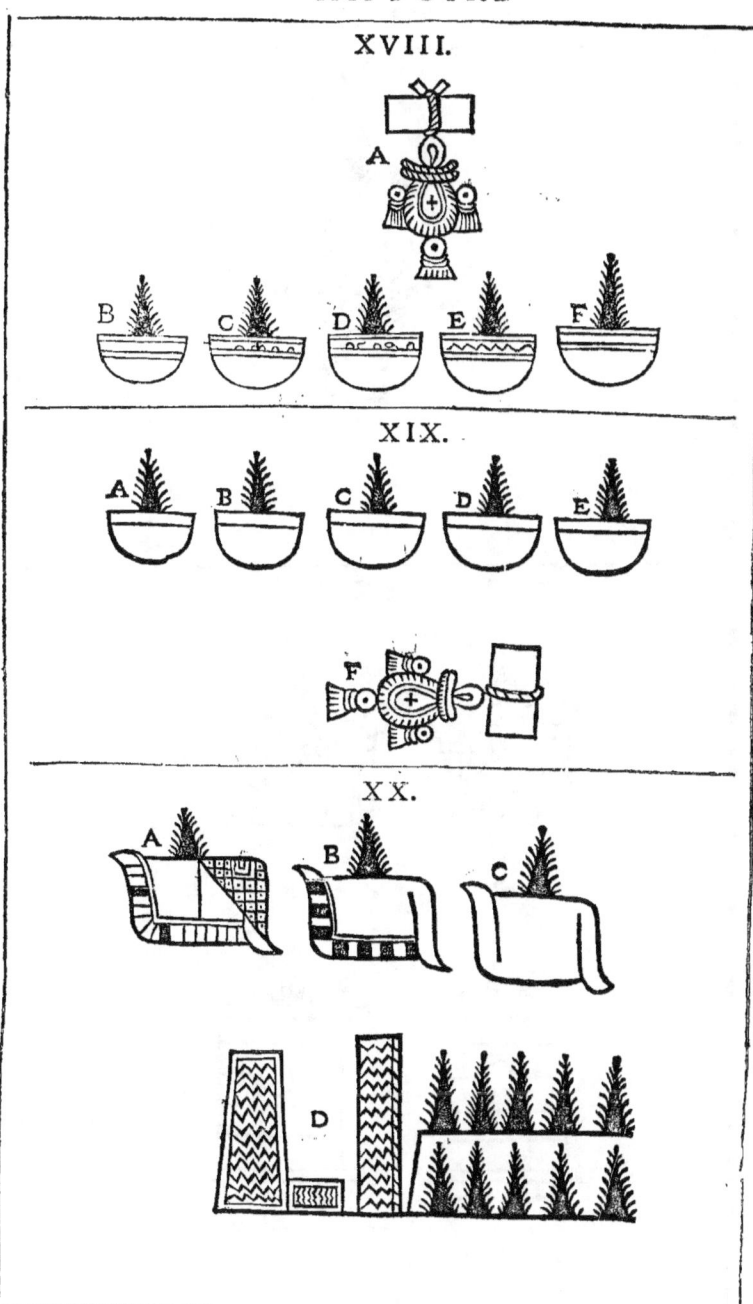

DES MEXICAINS.

XXIII.

XXIV.

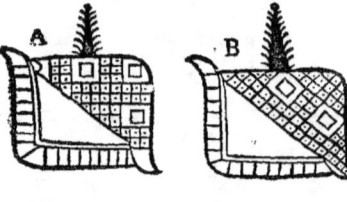

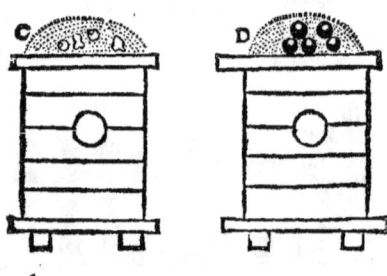

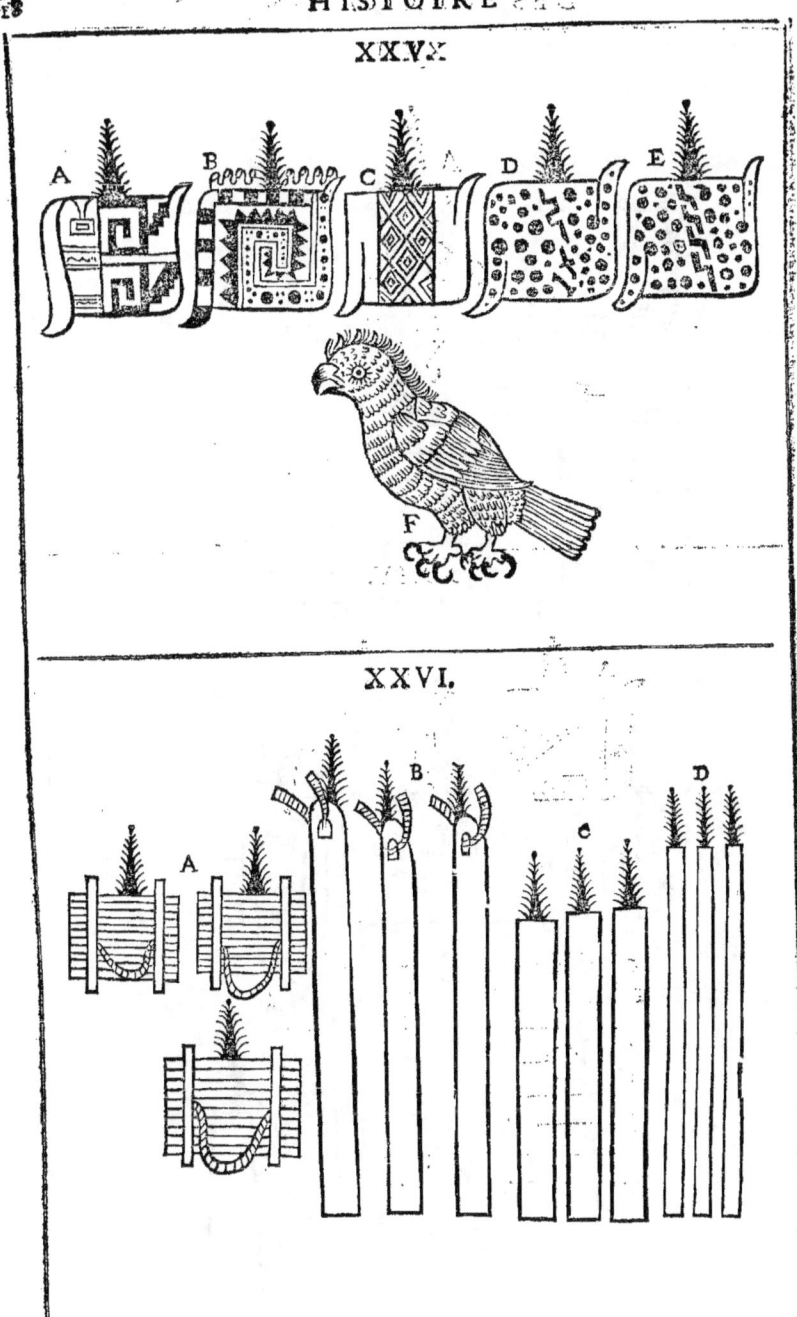

DES MEXICAINS.

XXVII.

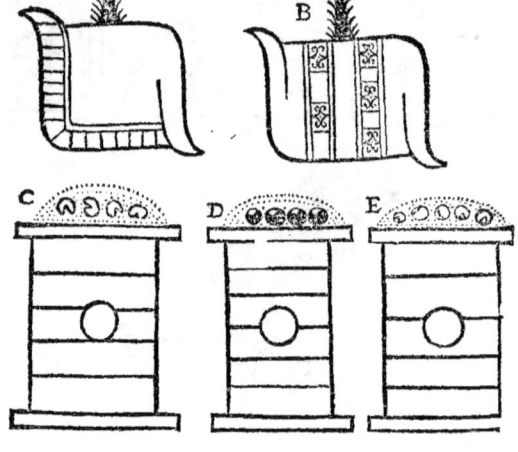

XXVIII.

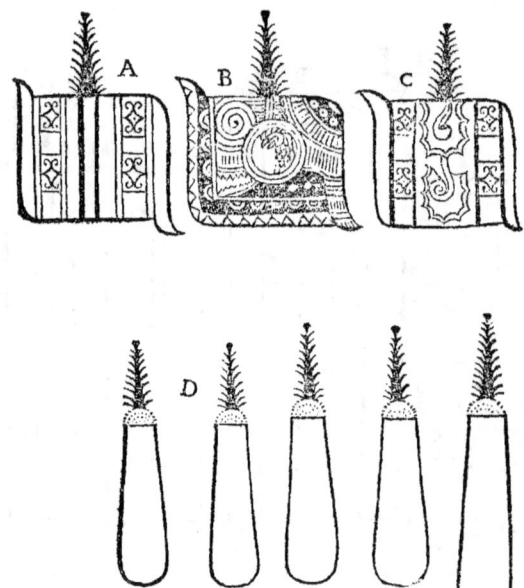

IV. Partie.

HISTOIRE

XXIX.

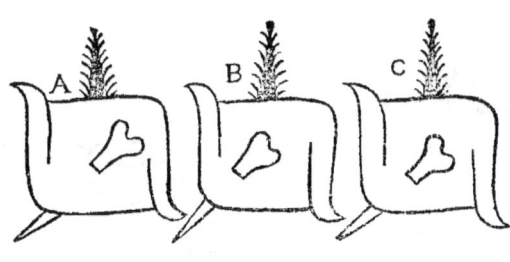

XXX.

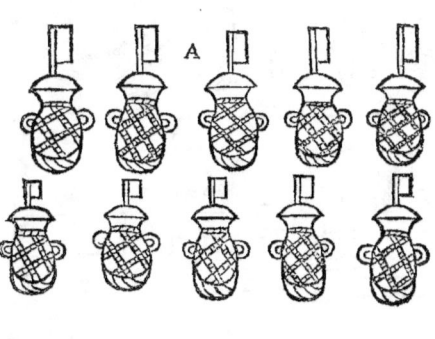

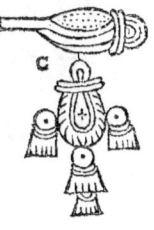

DES MEXICAINS.

XXXI.

XXXII.

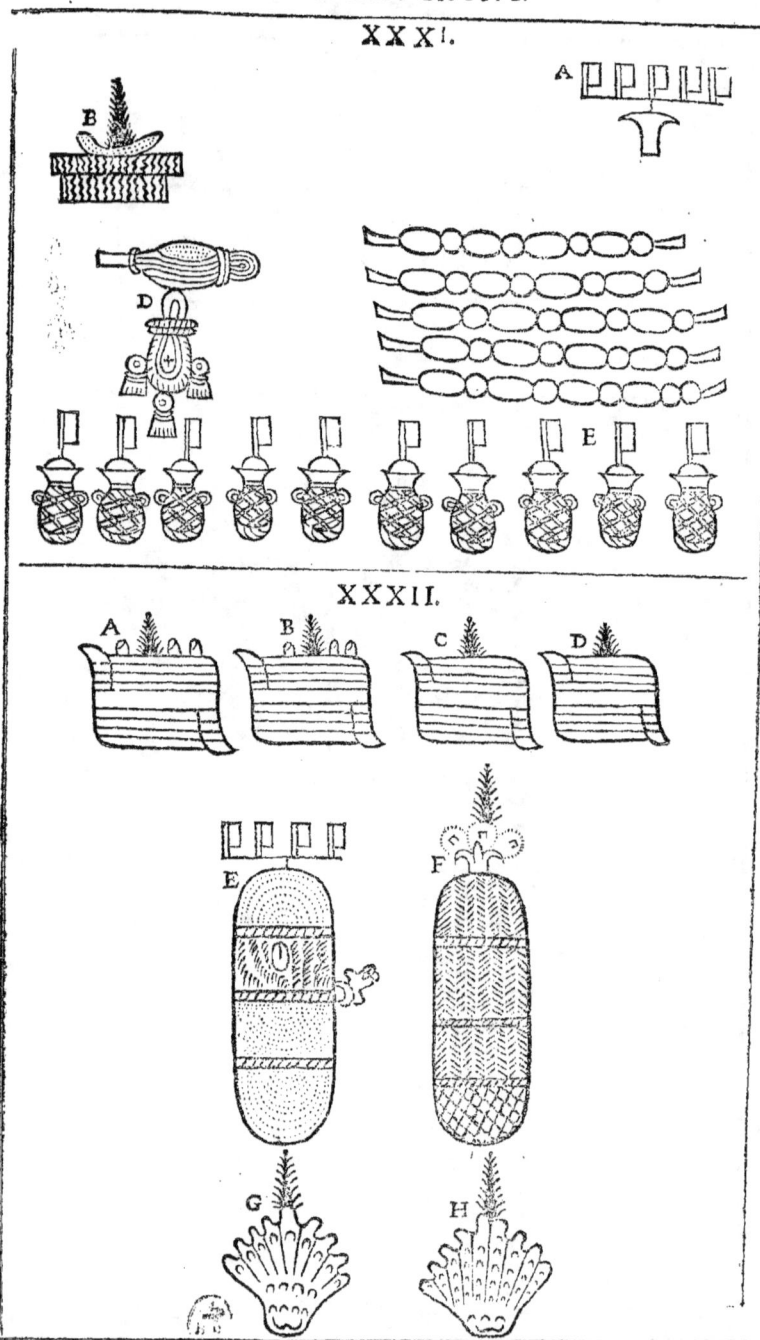

IV. Partie.

HISTOIRE

XXXIII.

XXXIV.

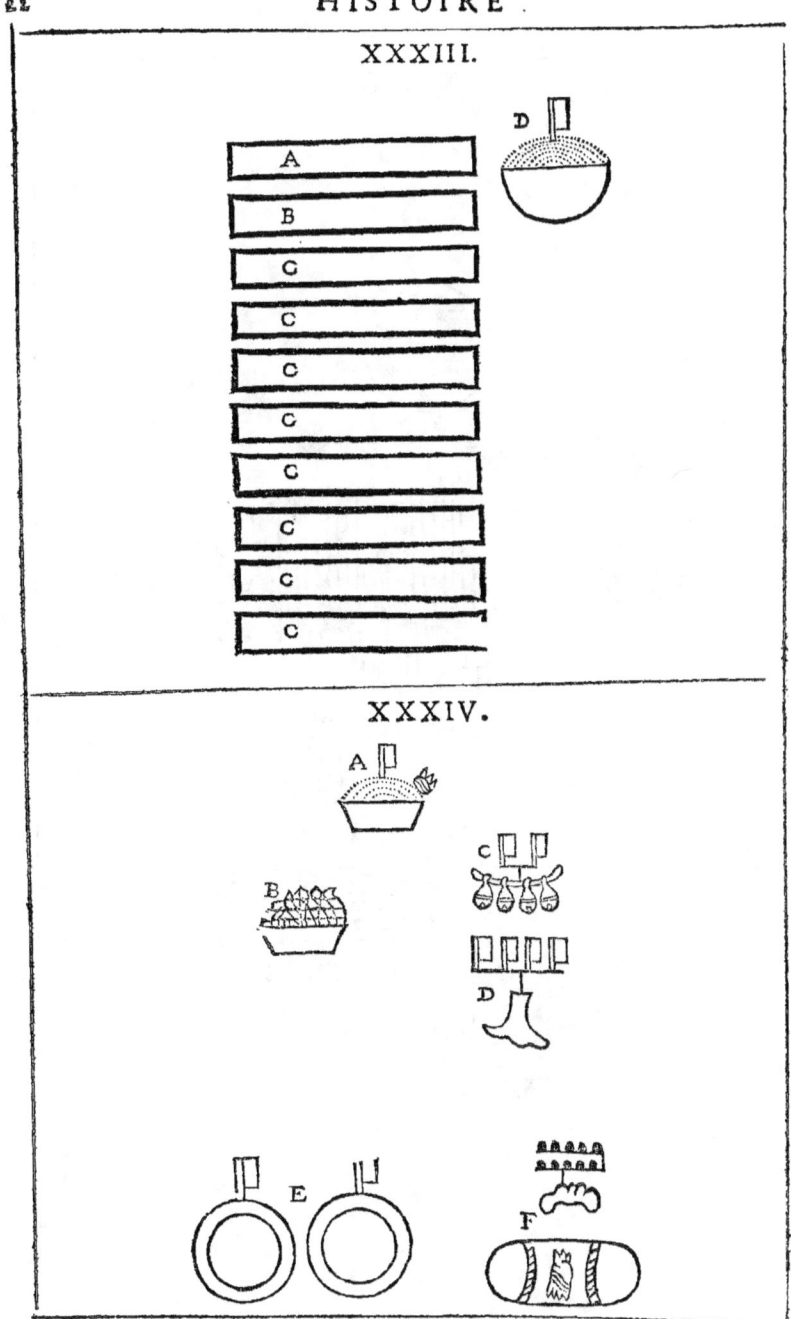

DES MEXICAINS.

XXXV.

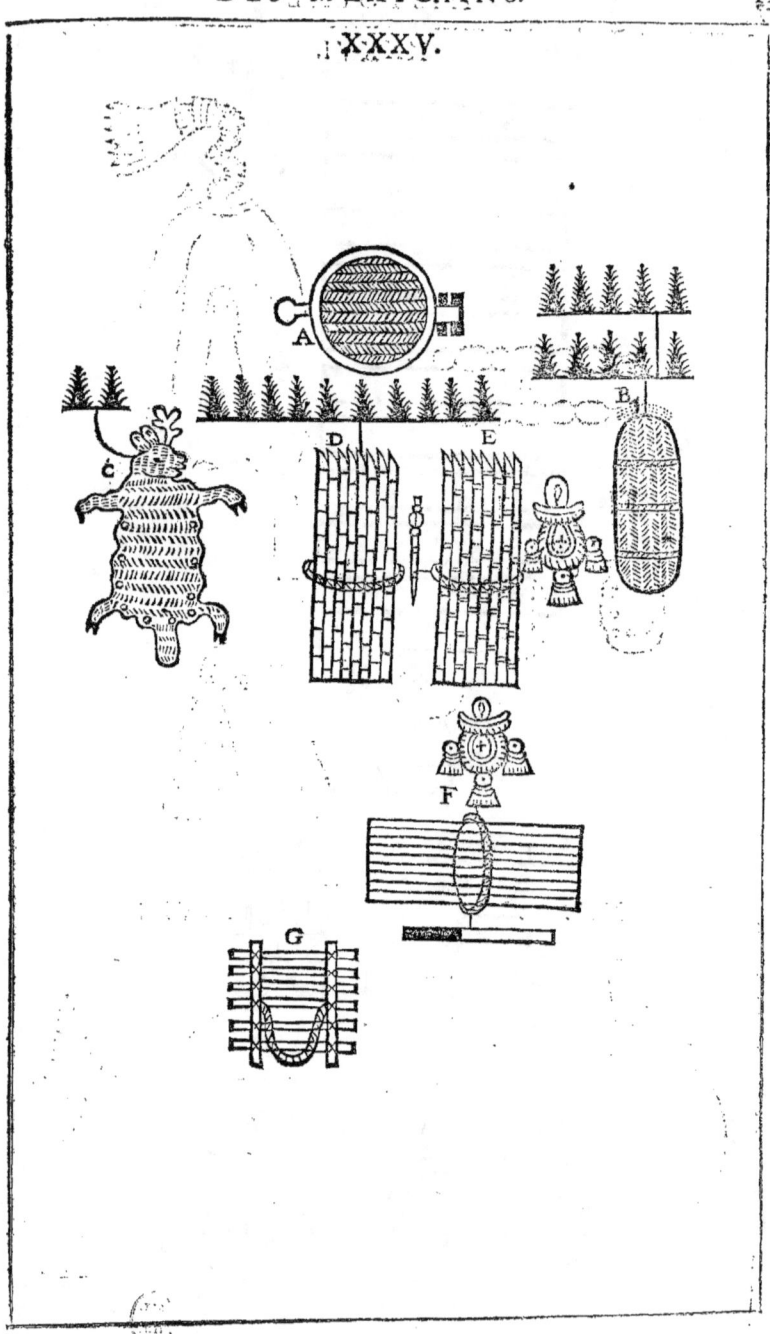

HISTOIRE

XXXVI.

XXXVII.

XXXVIII.

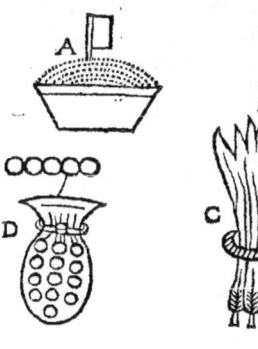

DES MEXICAINS.
XXXIX.

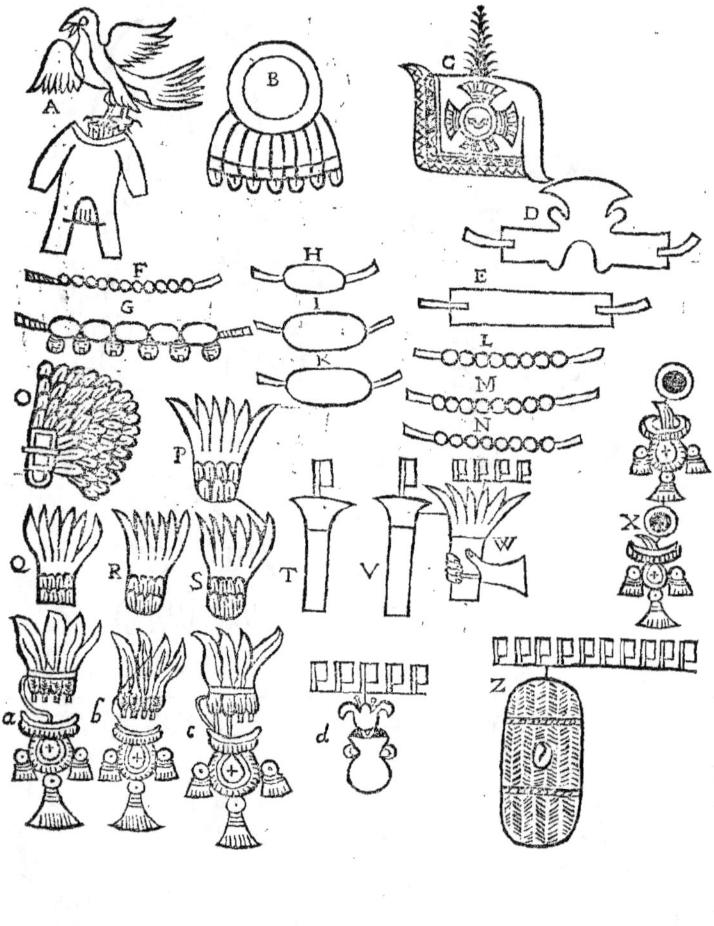

HISTOIRE

XL.

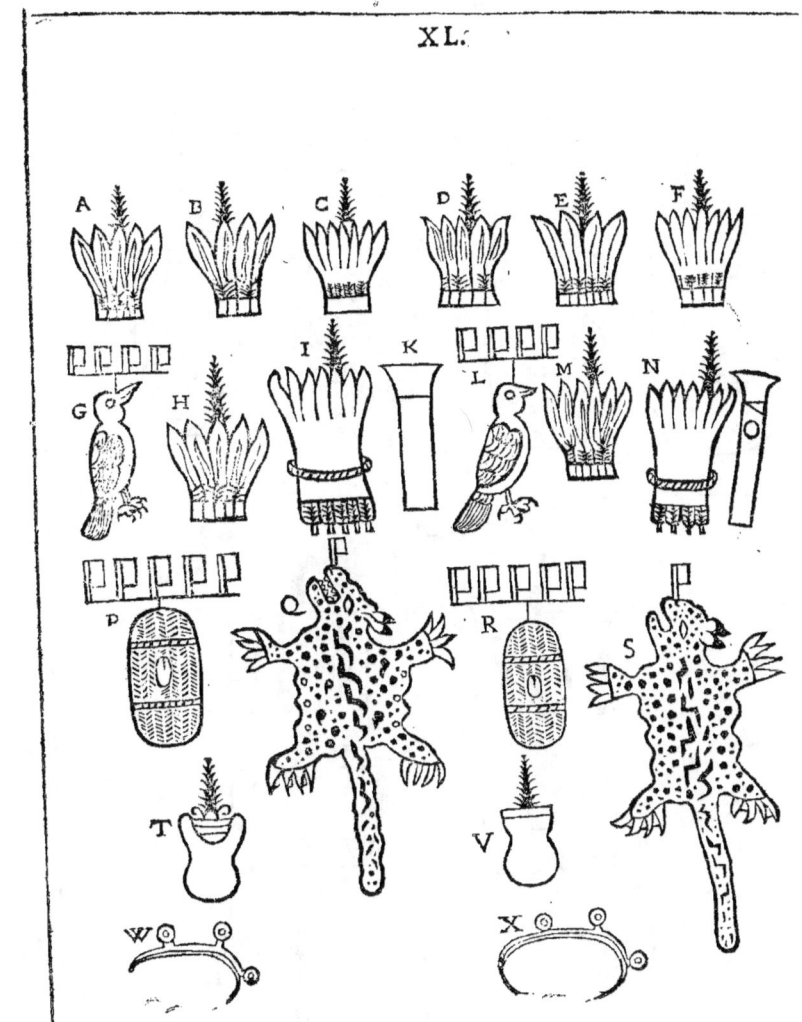

DES MEXICAINS.

XLI.

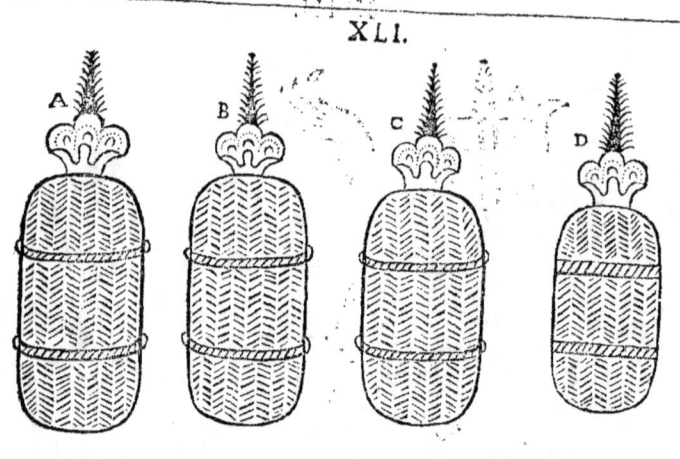

XLII.

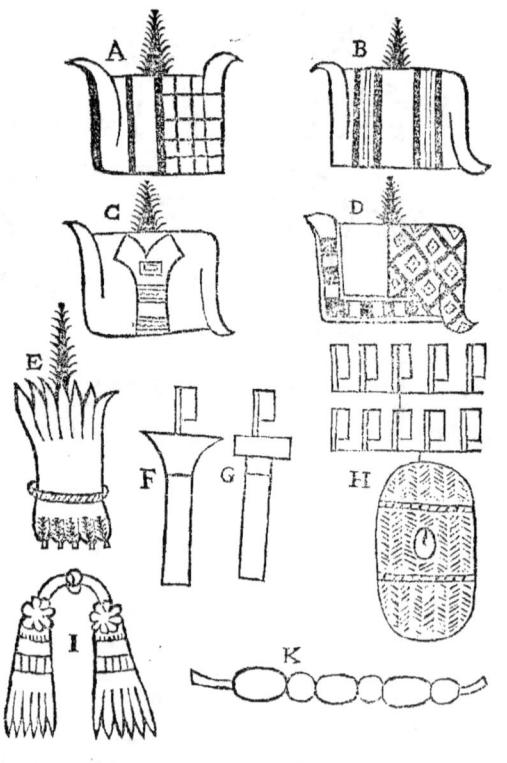

IV, Partie. D ij

XLIII.

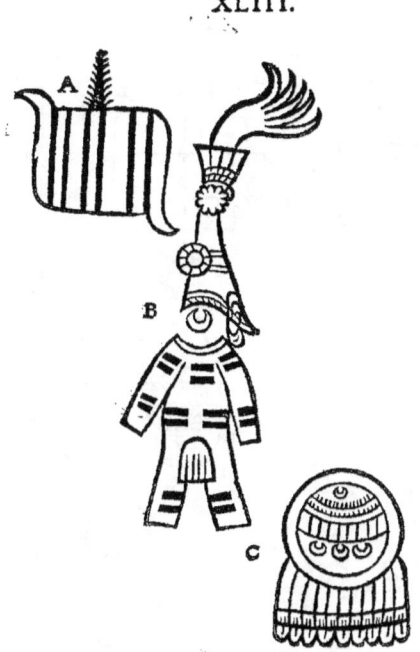

XLIV.

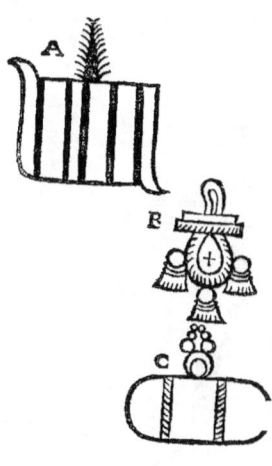

DES MEXICAINS.

XLV.

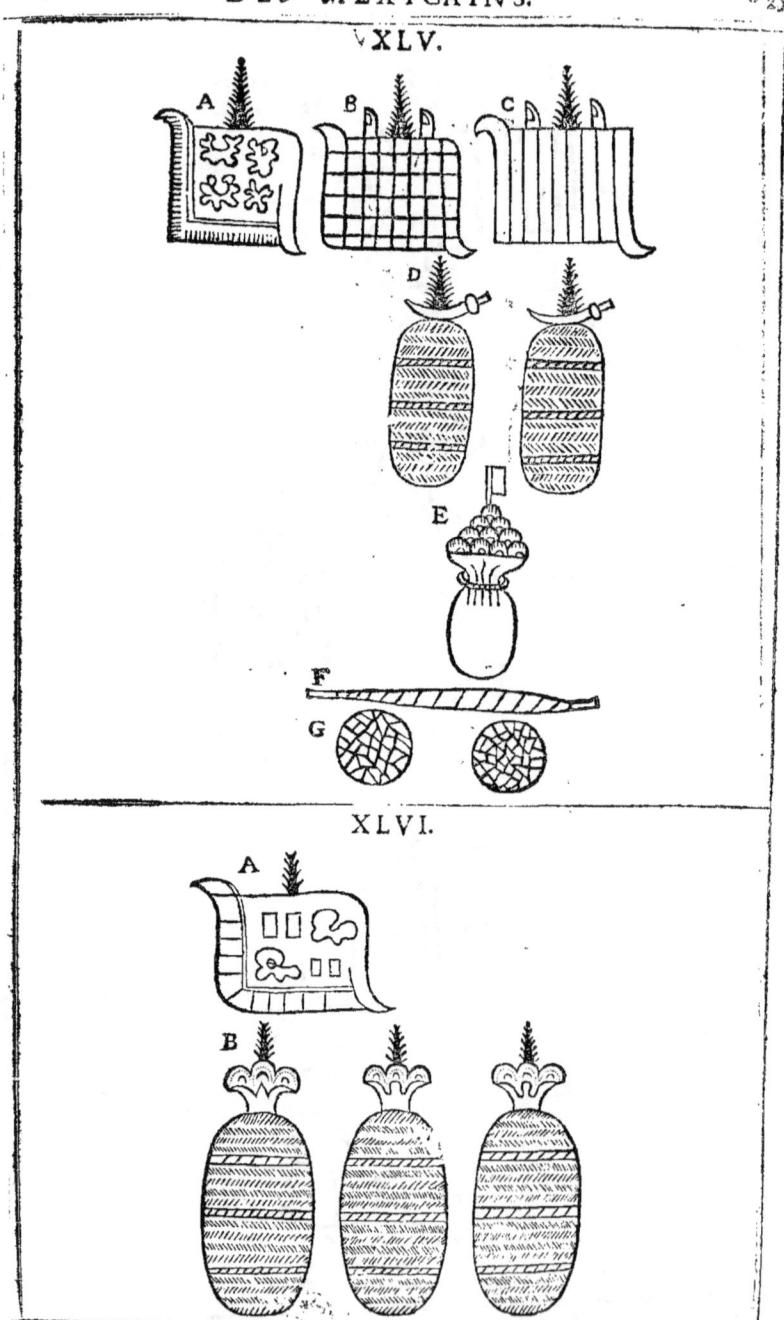

XLVI.

IV. Partie.

XLVII.

XLVIII.

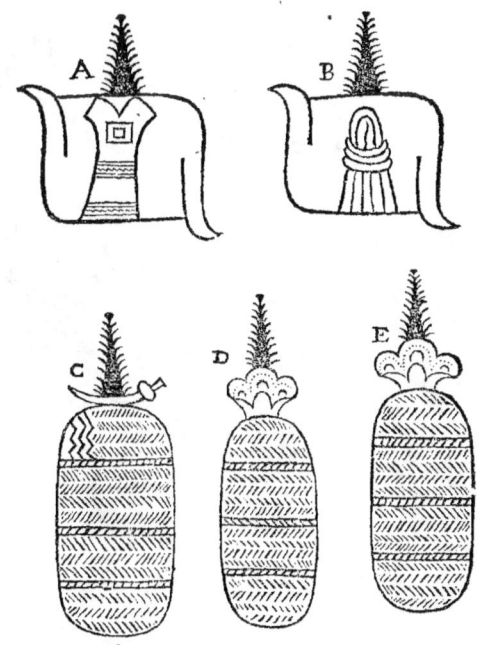

DES MEXICAINS.
XLIX.

HISTOIRE

L.

DES MEXICAINS.

LI.

IV. Partie.

HISTOIRE
LII.

DES MEXICAINS.

LIII.

HISTOIRE
LIV.

LV.

HISTOIRE

LVI.

LVII.

HISTOIRE

LVIII.

DES MEXICAINS.
LIX.

IV. Partie.

HISTOIRE
LX.

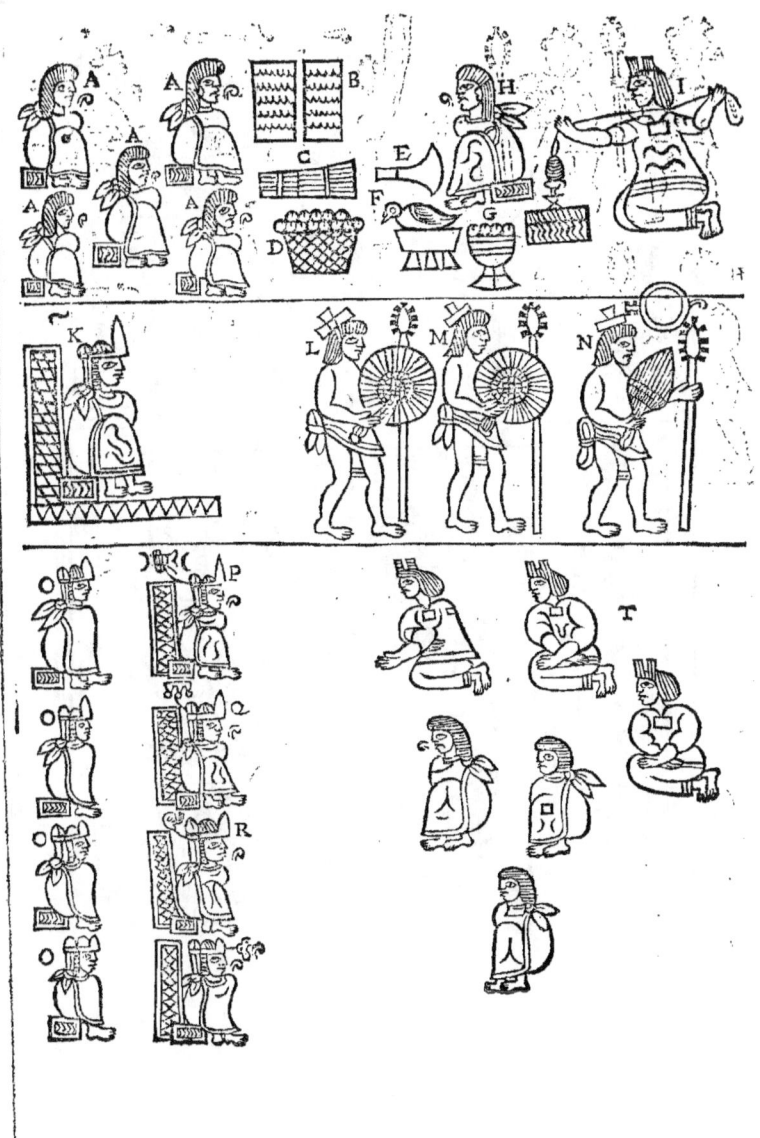

DES MEXICAINS.
.LXI.

LXI.

DES MEXICAINS.

LXII.

IV. Partie.

LXIII.

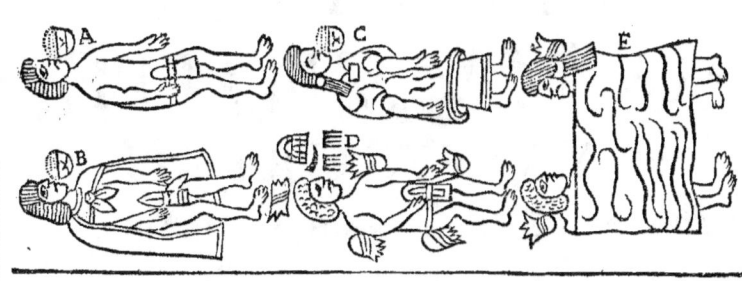

HISTOIRE DU MEXIQUE
PAR FIGURES
EXPLIQUÉES EN LANGUE MEXICAINE,
Et depuis en langue Espagnole.

Avis tiré du Recueil de Purchas.

E ne fut pas sans peine que le Gouverneur du Mexique tira des mains de ceux du païs cette Histoire avec une interpretation en langue Mexicaine des figures qui la composent. Il fit traduire cette explication de la langue Mexicaine en Espagnol. Le vaisseau dans lequel on l'avoit mise pour l'envoyer à l'Empereur Charles V. fut pris par un François, & tomba entre les mains d'André Thevet. Hacluyt qui estoit alors Aumônier de l'Ambassadeur d'Angleterre en France, l'acheta depuis des heritiers de Thevet, & fit en sorte qu'un nommé Locke la traduisit d'Espagnol en Anglois par l'ordre de Walter Raleig. Henry Speelman, si connu des gens de lettres par ses sçavans ouvrages, obligea Purchas quelque temps après d'en faire tailler les figures, qui se sont conservées par ce moyen, & que l'on donne au public.

Ce Livre, ou plutost ce Recueil de Figures, est divisé en trois parties. Les Figures de la premiere contiennent les annales de l'Empire de Mexique: La seconde, ses revenus, ce que chacune de ses bourgades payoit de tribut, avec les richesses naturelles dont elles jouïssoient: L'œconomie des Mexicains, leur discipline en temps de paix & en temps de guerre, leur pratique en matiere de religion & de politique, font la troisieme partie de cette Histoire.

PREMIERE PARTIE.

L'AN 1324. un peuple nommé Meçiti, après avoir erré çà & là durant plusieurs années, arriva enfin au lieu où est maintenant bastie la ville de Mexique. C'estoit alors un marais couvert de roseaux, & de ces joncs qu'ils nomment Tuli. Un ruisseau d'eau tres-claire, marqué par la lettre T, coupoit en forme de croix l'étendue de ce marais, & une roche marquoit le point où les deux branches de ce ruisseau se croisoient. Dans cette roche un grand Tunal, ou figuier des Indes, M, avoit piqué ses racines; un Aigle N avoit choisi cet arbre pour retraite.

FIGURE premiere.

Ces peuples après avoir couru tout le païs d'autour, y avoir trouvé beaucoup de venaison & de gibier, & son ruisseau fort poissonneux, resolurent de s'habituer dans un lieu où ils trouvoient tant d'avantages, & celuy-là encore d'y estre à couvert des insultes de leurs ennemis. Ils bastirent donc une grande ville *O*, entre ces roseaux & ces joncs; le marais luy servoit d'un grand fossé : ils la nommerent Tenuchtitlan, à cause du Tunal ou figuier qu'ils trouverent sur la roche; car Tenuchtitlan en Mexicain signifie un Tunal qui a cru sur la roche.

Les Meçiti, nommés depuis Mexicains, estoient alors gouvernés par ces dix Chefs, Acacitli *A*, Quapan *B*, Ocelopan *C*, Aguexotel *D*, Tecinenh *E*, Tenuch *F*, Xominitel *G*, Xocoyol *H*, Xiuhcaqui *I*, & Atotel *K*, d'entre lesquels ils élurent Tenuch pour leur General.

Quelques années après cet établissement ils se trouverent beaucoup augmentés en nombre, le courage leur crut de mesme; ils se mirent en campagne, & leur premiere conqueste fut celle de deux peuplades voisines, Coluachan *P*, & Tenaiucan *Q*, que Tenuch conquit *R*, par la force de ses armes *L*, qui estoient une targe & un dard. Les habitans de ces bourgades, & leur captivité *S*. Son regne fut de cinquante & un an, marqués par les compartimens *V*, dont chacun vaut un an, *Dans l'Original Mexicain ces compartimens estoient peints en bleu.*

FIGURE II. L'an 1375. Acamapichtli *B* succeda au gouvernement des Mexicains; il conquit par ses armes *C* les bourgades de Quaunahuac *D*, Mizquic *G*, Caitlahuac *H*, & Xochimilco *I*. L'amour estoit la passion dominante de Acamapichtli, aussi avoit-il plusieurs femmes, toutes filles des principaux Seigneurs Mexicains. Il en eut quantité d'enfans, qui augmenterent le nombre des Casiques & des gens de guerre, & qui rendirent leur peuplade plus puissante.

Acamapichtli est peint deux fois dans cette figure : dans la premiere *B*, la figure qu'il a sur la teste marque comme il commence à regner, & dans celle *E*, il est représenté en conquerant : la ligne courbe qui l'attache avec le huitieme des compartimens qui marquent les années, signifie que la huitieme année de son regne il subjugua les quatre bourgades nommées cy-dessus. Les quatre testes *F* sont les habitans des mesmes bourgades, & ce qui en sort sont leurs enseignes. Le regne de Acamapichtli fut de vingt & un an *A*.

FIGURE III. L'an 1396. Huiçilihuitel succeda à Acamapichtli son pere, & regna vingt & un an *A*. Il soumit à la domination des Mexicains par la force de ses armes *G* Toltitlan *B*, Quanztitlan *C*, Chalco *D*, Tulancinco *H*, Xaltocan *I*, Otunpa *K*, Acolma *L*, & Tezenco *M*, huit bourgades ainsi nommées. La figure *E* n'est pas expliquée, non plus que plusieurs autres ausquelles le Graveur a mis des lettres; pour moy je croy qu'elle marque que Huiçilihuitel commença ses conquestes la septieme année de son regne. Huiçilihuitel *F* estoit fort guerrier, & addonné aux femmes; il eut plusieurs enfans de ses concubines, & augmenta encore par là la puissance des Mexicains.

FIGURE IV. L'an 1417. Chimalpupuca *B* succeda à Huiçilihuitel son pere; il conquit par la force de ses armes *C* les bourgades de Texquiquiac *D*, & une autre fort grande, nommée Chalco *E* Quelques années après Chalco se revolta *G*, il y eut cinq Mexicains de tués dans la meslée *I*, les habitans de Chalco leur rompirent quatre canots *H*. Chimalpupuca regna dix ans, & laissa plusieurs enfans de ses concubines.

FIGURE V. L'an 1427. Yzcoatçi fils de Acamapich qui avoit esté General des Mexicains, succeda à Chimalpupuca; il conquit par la force de ses armes *F* vingt-quatre bourgades Azcapucalca *B*, Coyvacan *C*, Teocalhucyacan *D*, Guaguacan *G*, Tlacopan *H*, Atlacuihuayan *I*, Mixcoac *K*, Quauximalpan *L*, Quauhtitlan *M*, Tupan *N*, Acolhuacan *O*.

FIGURE VI. Mizquic *A*, Cuitlahuac *B*, Xochinuicopu *C*, Chalco *D*, Tlatilulco avec Quauhtlatoa son Seigneur *E*, Huicilapan *F*, Quauhnahuac *G*, Cuecalan *H*, Caqualpan *I*. Iztepec *K*, Xiuhtepec *L*, Yoalan *M*, & Tepequecnilco *N*. Yzcoatci fut aussi vaillant que Acamapich, avec cela homme de bon sens. Il eut plusieurs concubines, dont il laissa sept enfans; il regna treize ans *A*.

FIGURE VII. L'an 1440. Guegue Moteçuma fils de Huiçilihuitel succeda à Yzcoarçi. Durant son regne qui fut de 29. ans *A*, il rendit tributaires par la force de ses armes *D* les trente-trois bourgades suivantes, Coayxlahuacan avec Atonal qui en estoit Seigneur *B*, Mimalhuaztepec *E*, Tenanco *F*, Tetuitepec *G*, Chinconquiancho *H*, Xiuhtepec *I*, Totolapan *K*, Chalco *L*, Quauhnahuac *M*, Atlatlanhca *N*, Huaxtepec *O*.

Yauhtepec

DU MEXIQUE.

Yauhtepec *A*, Tepuztlan *B*, Tepatzcinco *C*, Yacapichtlan *D*, Yoaltepec *E*, Tlachco *F*, Tlalcocauhtitlan *G*, Tepequacuilco *H*, Quiyantcopan *I*, Chontalcoatlan *K*, Hucipuchtlan *L*, Atotonilco *M*, Axocopan *N*, Tulan *O*, Xilotepec *P*, Yzquincuitlapilco *Q*, Atotonilco *R*, Tlapacoyan *S*, Chalixitla *T*, Tlatlauhquitepec *V*, Cuetlaxtlan *X*, & Quanhtocheo *Y*. FIGURE VIII.

Guegue Motezuma estoit homme d'esprit, aimoit la vertu, grand ennemy de toutes sortes de vices, bon à ses sujets, point adonné aux femmes, fort sobre, & fort severe à punir l'yvrognerie. Il fit divers Reglemens pour le bien de son Estat. Sa justice, sa sagesse & ses bonnes mœurs le firent craindre & respecter de ses sujets. Il laissa deux enfans.

L'an 1479. Axayacaci *B*, fils de Teçoçomoetliquieto, succeda à Gueguemotezuma; il conquit par la force de ses armes *C* les trente-sept bourgades suivantes, Tlatilulco, Atlapulco, Xalatlanhio, Tlacotepec, Motepec, Capulnac, Occyacac, Quanhpanoyan, Xochiacan, Teotenanco, Caliymayan, Cinacantepec, Tulocan, Xiquipilco, Tenancinco, Tepeyacac, Tlaximaloyan, Oztoma, Xacotitlan, Oculian, Oxtoticpac, Matlatlan, Cuezcomatlyacac, Tecalco, Cuetlaxtlan, Puxcauhtlan, Alcuilzapan, Tlaolan, Mixtlan, Cuecaloztoc, Tetzapotitlan, Miquizetlan, Tamuoc, Tiupttel, Tuchpan, Tenexticpac, & Quauhtlan. D'entre ces bourgades Tlatilulco luy fit beaucoup de peine à subjuguer: car Moquihuix son Gouverneur estoit brave & fort puissant; & quoiqu'il eust esté autrefois fort bien avec les Seigneurs du Mexique, il se brouilla avec eux, & ils en vinrent plusieurs fois aux mains; mais enfin ayant eu du pire dans une bataille, il se sauva dans un Cu, ou Temple: là ne pouvant souffrir les reproches qu'un Sacrificateur luy fit de sa fuite, il se jetta du haut du Temple. Axayacaci fut vaillant, & fort adonné aux femmes, dont il eut plusieurs enfans. Sa severité & sa bravoure le firent craindre & respecter de ses sujets. Les Loix & les Ordonnances établies par Gueguemotezuma son predecesseur, furent exactement suivies durant son regne, qui fut de douze ans, *A*. FIGURE IX.

L'an 1482. Tizoziatzi *B* succeda à Axayacaci son pere. Il conquit par ses armes *C* les quatorze bourgades suivantes, Tonahymoquezayan, Toxico, Ecatepec, Zilan Tecaxic, Tuluka, Yancuitlan, Tlapan, Atezcahuacan, Mizatlan, Xochiyetla, Tamapachco, Ecatlyquapochco, & Miquetlan. Les preuves de courage & de conduite qu'il fit paroistre en plusieurs rencontres, luy acquirent le titre de Tloxcatecutel, ou grand Capitaine, sans lequel on ne pouvoit pretendre au gouvernement des Mexicains. Ainsi son grand pere, son pere & ses freres avoient merité ce mesme titre, & par là estoient parvenus à l'Empire. Il eut plusieurs enfans de ses femmes, fut fort respecté de ses sujets à cause de sa vertu & de sa gravité. Il tint la main à l'execution des Loix, & à la punition des crimes. Les cinq années de son regne *A* se passerent avec une grande police, & beaucoup de moderation. FIGURE X.

L'an 1486. Ahuizozin *B*, frere de Tiçoçi carzi, fut élu General des Mexicains. Il conquit par la force de ses armes *C* les quarante-cinq bourgades suivantes, Tziccoac, Tlappan, Molanco, Amaxtlan, Zapotlan, Xaltepec, Chiapan, Tototepec, Xochtlan, Xolochiuhylan, Cozaquanhtenanco, Coçohuipilecan, Coyuacac, Acatepec, Huexolotlan, Acapulco, Xiuhhuacan, Apancalecan, Tecpatepec, Tetechiapco, Xicochimalco, Xiuhteczacatlan, Tequantepec, Coyolapan, Yztactlalocan, Teocuitlatlan, Huchaetlan, Quanhxayacatitlan, Yzhuatlan, Comitlan, Nantzintlan, Huipilan, Cahualan, Yftatlan, Huiztlan, Xolotlan, Quanhnacaztlan, Macatlan, Ayanhtochivitlatla, Quanhtlan, Cuecalcuitlapila, Mapachtepec, Quauhpilolan, Tlacotepec, & Mizquitlan. Il fut égal à son frere pour sa bravoure, son bon naturel & ses autres vertus. Il fit observer les Loix & les Ordonnances, principalement celles de Guegue Moteçuma: & en ce temps l'Empire estoit devenu fort puissant & fort renommé, car il contenoit presque toute la nouvelle Espagne; l'amour que les Mexicains avoient pour ce Prince, augmenta encore les bornes & la grandeur de l'Empire. Il eut plusieurs enfans de ce grand nombre de femmes, qui estoit comme une marque de grandeur & de magnificence dans la Cour de ces Princes. Il estoit d'une humeur fort gaye, aimoit beaucoup la musique, & ses Palais ne manquoient jamais de ce divertissement ny le jour ny la nuit. Il regna seize ans, *A*. FIGURE XI.

L'an 1502. Moteçuma *C*, fils de Axayaçaçi, qui avoit gouverné les Mexicains, succeda à Ahuiçoçin. C'estoit un Prince fort guerrier; il commença la cinquieme année de son regne *B* à conquerir par les armes *D* les quarante-quatre bourgades suivantes, Achiotlan, Zozolan, Nochiztlan, Recutepec, Zulan, Tlaniztlan, Huilotepec, Yepatepec, Yztactlalocan, Chichihualtatacala, Tecaxic, Tlachinolticpac, Xoconochco, Zinacantlan, Huizlan, Piaztlan, Molanco, Zaquantepec, Pipiyoltepec, Hucyapan, Tecpatlan, Amatlan, FIGURE XII.

IV. Partie.   H

Caltepec, Pantepec, Teoazinco, Tecoznihtla, Teochiapan, Zacatepec, Tlachquiyanch o, Malinaltepec, Quimichtepec, Yzquintepec, Zenzontepec, Quetzaltepec, Cuezcomayaxtlahuacan, Huexolotlan, Xalapan, Xaltianhnizco, Yoloxonecuila, Atepec, Mictlan, Yztitlan, Tliltepec & Comaltepec.

 Chacune de ces bourgades eftoit gouvernée par un Cafique, ou Gouverneur établi par le General ou Empereur des Mexicains, afin de retenir les habitans dans l'obeïffance, & de ramaffer les tributs qu'ils devoient payer. Entre les bourgades fuivantes, Citlaltepec, Quauhtochco, Mixcoatel & Tlacateɛtel avoient un Cafique pour les gouverner; Zonpanoo, Xaltocan & Tlacateɛtli de mefme; Acalhuacan & Tlacochreɛtli un Cafique; Tlacochteɛtli un Cafique; Tlacatecatel un Cafique; Qztomoa, Atzacan, Atlan, Omequuh & Tezcacoacacatel un Cafique; Tlilancalqui un Cafique; Xoconochco & Tecapotitlan un Cafique.

 Motezuma eftoit refpecté & craint de fes fujets, principalement des Officiers de fon armée, & des principaux Seigneurs du Mexique, jufques à un tel point, qu'ils n'ofoient le regarder en face, & tenoient toujours les yeux baiffés vers la terre en luy parlant. Il regna avec plus d'autorité que pas un de fes predeceffeurs. Il eftoit d'ailleurs grand Philofophe & Aftrologue, fçavant en toutes fortes d'arts, mais en celuy de la guerre plus qu'en aucun des autres. Il fit obferver les Ordonnances établies par fes predeceffeurs depuis le regne de Gueguemoteçuma; & il y en ajoûta mefme quantité d'autres pour le bien de fes Etats.

 Il avoit plufieurs femmes, toutes filles des principaux Seigneurs du païs, & de fes alliés, qu'il époufoit felon la loy du païs; & les enfans qu'il eut de ces mariages, quoiqu'en grand nombre, eftoient beaucoup plus eftimés que ceux qu'il avoit de fes concubines. Ce grand nombre d'enfans augmenta fa puiffance, & l'eftime des peuples, chez qui c'eft un merite d'avoir beaucoup d'enfans. Il regna dix-huit ans A, & mourut âgé de cinquante-trois ans.

 La feizieme année de fon regne les Mexicains fçurent qu'un an après des étrangers viendroient avec une flotte conquerir leur païs; Cortez y arriva en effet en ce temps-là. Il eftoit âgé de trente-cinq ans environ lorfqu'il fut inftalé fur le thrône. Un an après fa mort les Efpagnols conquirent la ville de Mexique, & le païs d'autour, & peu de temps après toute la nouvelle Efpagne.

HISTOIRE DU MEXIQUE PAR FIGURES,
contenant les Tributs que chaque Ville & Bourgade eftoit obligée de payer aux Empereurs Mexicains.

SECONDE PARTIE.

FIGURE XIII. Yzcoatzi & Axiacazi Empereurs Mexicains obligerent les habitans de Tlatilulco, maintenant appellés Sant Iago par les Efpagnols, lorfqu'ils les foumirent à leur obeïffance, de reparer le Temple de Huiznahuac A, toutes les fois qu'il feroit neceffaire: à fournir tous les vingt jours marqués par les cinq ronds K, dont chacun vaut cinq, quarante vaiffeaux B, C, tenans un demy muid environ, & dans chacun 1600. amandes de Cacao moulües avec de la farine de Maïz, nommée Chianpinoli: 40. vaiffeaux D, E, de mefme grandeur de Chianpinoli feule, & 800. charges de grandes mantes H, I. Tlatilulco N contribuoit de plus tous les ans 40. cottes d'armes F de plumes fimples blanches avec les rayes noires, & 40. autres G de la mefme couleur, & barrées de jaune avec leurs targues L, M.

FIGURE XIV. Les bourgades de Xaxalpan, Yopico, Tepetlacalco, Tecoloapan, Tepechpan, Tequemecan, Huizilo, Pucheo, Colhuizinco, Cozotlan, Tepepulan, Olac, Acapan, Cuitlahuac, Tezcacoa, Mezquis, Aochpanco, Tzapotitlan, Xico, Toyac, Tecalco, Tlacoxiucho & Neytitlan payoient de tribut tous les fix mois 400. charges de Maxtlacs, ou habits legers A, 400. charges de naguas & de huipiles * B, 2400. charges de grandes mantes de laine torfe C, D, E, H, I, K, 800. charges de petites mantes F, G, d'un riche ouvrage avec des compartimens bleus, jaunes & verts: & tous les ans quatre cottes d'armes avec leurs targues de plumes choifies L, M, N, O, P, Q, R, S.

* Sont des habits à l'ufage des femmes.

FIGURE XV. Une cotte d'armes avec fa targue garnie de riches plumes A, B, 60. cottes d'armes avec

DU MEXIQUE.

leurs targues faites de plumes communes C, D, E, F, G, H : quatre caissons tenans chacun quatre ou cinq mille boisseaux de Feverolles, de Chian, de Maiz & de Guautli ou graine de Bletlos, qui est le bled du païs.

Les Casiques ou Seigneurs de ces bourgades reconnoissoient pour Chef un Petlaxcalcatel ou Gouverneur, qui demeuroit dans la principale des bourgades qui estoient sous sa jurisdiction; & ainsi de toutes les autres villes & bourgades, dont le tribut est marqué dans les Figures qui suivent.

Acolmecalt, Calipixque, Acolhuacan, Huizilan, Tololzinco, Tlachyahnalco, Tepechpa, Aztaquemeca, Teacalco, Tonanitla, Zenpoalan, Tepetlaoztoc, Achnatepec, Tizatep, Contlan, Yxquenecan, Matixco, Teneazcalapan, Tyzaincan, Tepetlapan, Caltahualco, Tecoyncan, Tlaquilpan, Quauhquemecm, Epazuincan, Ameyalco, Quauhyocan & Ecatepec payoient de tribut deux fois tous les ans 2000. charges de grandes mantes de laine torse, 1200. charges de mantes de Canahuac pour les Casiques, 400. charges de maxtlacs ou d'habits legers, 400. charges de naguas & de huipiles. Elles payoient de plus une fois par an trois cottes d'armes avec leurs targues garnies de plumes d'élite, 400. charges de mantes *A* rouges, & bordées de compartimens par carrés bleus, verts, rouges & jaunes, 400. charges de mantes blanches & noires *B*. **FIGURE XVI.**

Quatre caissons *A B* de feverolles, de maiz, de chian & de guautli ou bled du païs, 100. cottes d'armes avec leurs targues garnies de plumes communes: 200. cottes d'armes de plumes d'élite *C*. La plupart des choses mentionnées cy-dessus n'ont point esté representées dans cette Figure, parce qu'elles l'ont déja esté dans les precedentes. **FIGURE XVII.**

Toutes ces Generalités payoient de ces caissons pleins de maiz, de feverolles, de chian & de guautli ou grain de bletlos; ainsi dans les suivantes on les marquera sous le nom de caissons.

Les bourgades de Quauhnahuac, Teocalcinco, Chimalco, Huccilapan, Acatlicpac, Xochitepec, Miacatla, Molotla, Coatlan, Xiuhtepec, Xoxoutla, Amacoztitlan, Yztlan, Ocpayucan, Yztepec & Atlichotoayan payoient tous les six mois 8000. feuilles de papier *A*, c'est à dire 16000. feuilles par an : 2000. tasses de differentes grandeurs, rouges & jaunes *B*, *C*, *D*, *E*, *F*: 1200. charges de grandes mantes de laine torse : 800. charges de petites mantes blanches : 1200. charges de petites mantes blanches pour les Casiques : 400. charges de maxtlacs : 400. charges de naguas & de huipiles ou habits de femmes. Ces bourgades payoient encore tous les ans une fois huit cottes d'armes avec leurs targues garnies de plumes rares de diverses couleurs, & quatre caissons. **FIGURE XVIII.**

Les bourgades de Huaxtepec, Xoxhimilcacinco, Quauhtlan, Achuehuecpan, Anenequilco, Olintepec, Quauhnitlyxco, Zonpanco, Huizilapan, Taltitcapan, Coacalco, Yzamatitla, Tepoztlan, Yanhtepec, Yacappichtla, Tlayacapan, Xaloztoc, Tecpazino, Nepopoalco, Atlatlauca, Totolapan, Amilzinco & Atlhuelic payoient tous les six mois 400. charges de maxtlactle, 400. charges de naguas & de huipiles, 2400. charges de grandes mantes de laine torse, 800. charges de riches mantes pour les Casiques, 1000. couppes vernies *A*, *B*, *C*, *D*, *E*, 8000. feuilles de papier *F*. Elles payoient de plus tous les ans 40. cottes d'armes avec leurs targues garnies de plumes de peu de valeur, 6. cottes d'armes avec leurs targues garnies de riches plumes, & 4. caissons. **FIGURE XIX.**

Les bourgades de Quauhtitlan, Tehuiloyocan, Ahuexoyocan, Xalapan, Tepoxaco, Cuezcomohuacan & Xilozinco payoient tous les six mois 400. charges de mantes fines *A* avec des compartimens rouges, jaunes, &c. 400. charges de mantes bordées de carreaux blancs & noirs *B*, 400. charges de mantes blanches *C*, 4000. Petates* ou nattes *D*, avec autant de sieges de jonc & d'autres herbes *D*. De plus elles payoient tous les ans deux cottes d'armes avec leurs targues garnies de plumes rares, 40. cottes d'armes avec leurs targues garnies de plumes simples, & 4. caissons. **FIGURE XX.** *Chacun des épics vaut 400.

Les bourgades d'Axocopan, Atenco, Tetepanco, Xochichiuca, Temohuayan, Tezatepec, Mizquianhnala, Yzmyquilpan, Tlaahnililpan & Tecpatepec payoient tous les six mois 800. charges de riches mantes, 400. charges de mantes blanches avec un bord blanc & noir, 800. charges de mantes blanches, 400. charges de naguas & de huipiles, & 400. grands pots de miel de Maguez *A* : & tous les ans deux cottes d'armes avec leurs targues garnies de plumes rares, 40. cottes d'armes garnies de plumes plus ordinaires, & quatre caissons. **FIGURE XXI.**

Les bourgades de Atotonilco, Guapalcalco, Quecalmacan, Acocolco, Tehuchuec, Otlazpan & Xalac payoient tous les six mois 400. charges de mantes pour les Casiques, 400. charges de mantes blanches bordées de blanc & de noir, 800. charges de grandes mantes de laine torse, 400. charges de chaux *A*, & tous les ans deux cottes d'armes **FIGURE XXII.**

H ij

garnies de plumes avec leurs targues garnies de plumes rares : 40. cottes d'armes avec leurs targues garnies de plumes plus ordinaires, & 4. caissons.

FIGURE XXIII. Les bourgades de Hacypuchtla, Xalac, Tequixcuiac, Tetlapanaloyan, Xicalhuacan, Xomeyocan, Acayocan, Tezcateperoneo & Atocpan payoient tous les six mois 400. charges de riches mantes pour les Casiques : 400. charges de mantes blanches avec un bord blanc & noir : 800. charges de mantes blanches d'Enequen : 400. pots de miel de Maguez A, & tous les ans deux cottes d'armes avec leurs targues garnies de plumes riches, 60. autres garnies de plumes simples, & 4. caissons.

FIGURE XXIV. Les bourgades d'Atonotilco, Acaxochitla, Xuachquecaloyan, Hueyapan, Itzihuinquilocan & Tulancingo payoient tous les six mois 400. charges de riches mantes pour les Casiques A : 400. charges de riches mantes aussi pour les Casiques B : 1600. charges de mantes blanches d'Enequen : & tous les ans quatre cottes d'armes de plumes rares, & quatre caissons C, D.

FIGURE XXV. Les bourgades de Xilotepec, Tlachco, Tzayanalquilpa, Michmaloyan, Tepetitlan, Acaxochytla & Tecocauhtlan payoient tous les six mois 400. charges A de naguas & de huipiles fort riches : 500. charges de mantes pour les Casiques B : 400. charges de mantes my-parties d'une bande rouge par le milieu : & 800. charges de mantes fort riches D : 400. charges des petites mantes tres-riches E : & tous les ans un, deux, trois ou plus, aigles vivans F : deux cottes d'armes garnies de plumes tres-rares, & quatre caissons.

FIGURE XXVI. Les bourgades de Quahneocan, Tecpa, Chapolnoloyan, Tlalatlauco, Acaxochic, Ameyalco, Ocotepec, Huizquilocan, Coatepec, Quauhpanoayan, Tlalachco, Chichciquauhtla & Huizicilapan payoient de six mois en six mois 800. charges de petites mantes d'un ouvrage riche : 800. charges de petites mantes d'Enequen : tous les ans une cotte d'armes avec sa targue couverte de plumes fines : 40. autres avec leurs targues garnies de plumes de moindre valeur, & quatre caissons : tous les quatre jours 1200. charges de bois à brûler A : 1200. grandes poutres ou pieces de bois de charpente B : 2400. grandes planches de bois C, & 1200. solives D.

FIGURE XXVII. Les bourgades de Toluca, Calixtlahuacan, Xicaltepec, Tepetlhuiacan, Mytepec, Capulteopan, Metepec, Cacalomata, Calymayan, Teotenanco, Zepemaxalco & Zoquitzinco payoient tous les six mois 400. charges A de mantes blanches de coton, avec des compartimens par carrés gris, jaunes, rouges, & de couleur d'olive : 400. charges B de mantes d'Enequen avec des taches rouges, blanches & noires : 1200. charges de mantes blanches d'Enequen : & tous les ans vingt cottes d'armes avec leurs targues garnies de plumes choisies, vingt autres avec des plumes plus communes, & six caissons C, D, E.

FIGURE XXVIII. Les bourgades de Ocuilan, Tenantinco, Tequaloyan, Tenatinho, Coatepec & Zincozcar payoient deux fois par an 800. charges de riches mantes d'Enequen A : 400. charges de mantes fines de coton B : 400. riches mantes d'Enequen : 2000. briques ou morceaux de sel blanc rafiné D, qui se consumoit par les Seigneurs du Mexique : une cotte d'armes de plumes fort rares, vingt autres de plumes simples, & quatre caissons.

FIGURE XXIX. Les bourgades de Malynalco, Zonpahnacan & Xocotitlan payoient tous les six mois 1200. charges de grandes mantes d'Enequen blanches A, B, C, 400. charges des mesmes mantes brodées, & tous les ans une fois huit caissons.

FIGURE XXX. Les bourgades de Tlalcho, Acamylixtlahuacan, Chontalcoatlan, Teticpac, Nochtepec, Teoehztocan, Tlamacazipan, Tepexahnalco, Tzicapuçalco & Tetenanco payoient tous les six mois 400. charges de mantes de coton fort riches : 400. charges de Naguas & de Huipiles : 1200. charges de mantes blanches d'Enequen fort unies : tous les 400. jours 200. pots de miel A : 1200. couppes vernies de jaune : 400. corbeilles remplies de Colpac blanc, qui est une espece de parfum : 8000. * masses ou morceaux de Copal non rafiné, enveloppées dans des feuilles de Palmiers : tous les ans deux cottes d'armes avec leurs targues ornées de plumes rares : & deux caissons de Maiz & de Chian.

* Dans la figure, la bourse avec ses trois houppes vaut 8000.

FIGURE XXXI. Les bourgades de Tepequacuilco, Chilapan, Ohnapan, Huitzoco, Tlachimalacac, Yoallan, Cocolan, Atenanco, Chilacachapan, Telogoapan, Oztoma, Yohcliteopan, Alahuiztlan, Cucçalan, qui sont situées dans les païs chauds, payoient tous les six mois 400. charges de mantes piquées : 400. mantes avec des bandes blanches & noires : 400. charges d'autres mantes fort riches : 400. charges de Naguas & de Huipiles : 400. charges de mantes blanches, & 1600. charges de grandes mantes : & tous les quatre jours 100. haches de cuivre A, 1200. couppes vernies de jaune, 400. pots de miel E, 400. petites corbeilles de Copal blanc pour les parfums B, 800. masses ou morceaux de Copal non rafiné : Et payoient tous les ans une fois deux cottes d'armes de plumes rares : 20.

cottes

DU MEXIQUE.

cottes d'armes avec leurs targues de plumes communes: cinq filets ou colliers C de pierres precieuses taillées en ovale ou en rond, nommées Chalchihuitel, & 4. caiſſons.

Les bourgades Cihnatlan, Colima, Panotlan, Nochcoc, Yztapan, Petlatlan, Xihnacan, FIGURE Apancalecan, Coçohuipilecan, Coyuac, Zacatulan & Xolochuthyan payoient tous les six XXXII. mois 1620. charges de grandes mantes avec des bandes orangées A, B, C, D: 1400. charges de grandes mantes de laine torſe: 400. charges de Cacao E: 400. balles de cotton: 800. coquilles rouges, ſemblables par leur figure à celles que portent les Pelerins.

Les bourgades de Tlapan, Xocatlan, Ychncatepecpan, Amaxac, Ahuacatla, Acocoz- FIGURE pan, Yoalan, Ocoapan, Huitzamela, Acuitlapan, Milynaltepec, Totomixtlahuacan, Te- XXXIII. tenanco & Chipetlan payoient tous les six mois 400. charges de naguas & de huipiles, qui ſont des habits pour les femmes: 400. charges de mantes rouges: 800. charges de grandes mantes: 800. Tecomates ou couppes à boire du Chocolate, & tous les ans deux cottes d'armes avec leurs targues garnies de plumes choiſies: 10. couppes D remplies de poudre d'or, dont chacune en tenoit deux fois plein les deux mains: & dix plaques d'or A, B, C, larges de quatre doigts, longues de deux pieds & demy environ, & minces comme du parchemin.

Les bourgades de Tlalcocauhtitlan, Tolymany, Quauhtecoma, Ychcatlan, Tepoz- FIGURE titlan, Achnaçiçinco, Mitzinco, Cacatla, Quianhteopan, Olynalan, Quauhtecomatla, XXXIV. Qualac, Ychatla, Xala, Yoaltepec, Xihnacalco, Tzlacaapan, Patlanalan, Yxicayan, Ycheaatoyac, Chalco, Tecmilco, Tepuztlan, Xocoyoltepec, Malynaltepec & Quauxumulco, toutes ſituées dans un païs chaud, payoient de ſix mois en ſix mois 1000. grandes mantes, 300. pots de miel: 20. vaiſſeaux A remplis de vernix jaune, nommé Tecoçahuitel, dont ils ſe verniſſoient la peau: 40 grelots, 80. haches de cuivre D: & tous les ans cinq cottes d'armes avec leurs targues garnies de plumes rares: un vaiſſeau rempli de Turquoiſes B: 40. plaques d'or rondes E de l'épaiſſeur d'un travers de doigt: 10..... de Turquoiſes tres-fines: une grande charge F des meſmes Turquoiſes, & douze caiſſons.

Les bourgades de Tepeacan, Quechulac, Tecamachalco, Acatzinco, Tecalco, Yeco- FIGURE hinanco, Quauhtinchan, Chiétlan, Quatlatlanhcan, Tepixic, Ytzucan, Quauhquechulan, XXXV. Teonochtitlan, Huechuetlan, Tetenanco, Coatteopantlan, Zinco, Xpatlan, Nacochtlan, Chilteepintlan, Oztotlapechco & Ateczahnacan, qui ſont ſituées dans un païs chaud, payoient tous les quatre jours une targue A avec une eſpece d'épée de bois armée de taillans de razoirs, qui leur tenoit lieu de coutelas: 4000. charges de chaux: 800. peaux de Daim C: 4000. charges D de cannes pleines au dedans, qu'ils nomment Otlatel: 8000. charges E de cannes à faire des dards pour la guerre: 8000. charges F de Acayatel, qui eſt un parfum ou paſtille pour la bouche: 200. Cacaxtles ou eſpece de crochets à porter des charges ſur le dos: & tous les ans quatre caiſſons.

Les bourgades de Coayxtlahuacan, Texopan, Tamaçoladan, Zancuitlan, Tepuzcu- FIGURE lulan, Nochiztlan, Xaltepec, Tamaçolan, Mictlan, Coaxomalo & Cuicatla, ſituées dans XXXVI. un païs temperé, payoient tous les ſix mois quatre cens charges de mantes piquées & tres-riches: quatre cens charges de mantes tiſſues de laine rouge & noire: quatre cens charges de maxtlaxes ou étoffes legeres, propres à faire des ceintures, &c. quatre cens charges de naguas & de huipiles: & tous les ans deux cottes d'armes A, garnies de plumes choiſies: deux fils ou colliers B de pierres precieuſes vertes, qu'ils nommoient Chachihuitel, taillées en rond ou en ovale: quarante ſacs C de graine de Cochenille: huit cens poignées D de grandes plumes vertes choiſies, qu'ils nommoient Queçaly: vingt couppes E remplies de poudre d'or tres-fin: & un Yalpilony F de plumes rares pour ſervir d'ornement à l'étendart de l'Empereur.

Les bourgades de Coyolan, Etlan, Quauxilotitlan, Guauxacac, Camotlan, Teocuitla- FIGURE lan, Quautzontepec, Octlan, Teticpac, Tlalcuechahnayan & Macuilxochic, ſituées ſous XXXVII un climat temperé, payoient tous les ſix mois quatre cens charges de mantes piquées: huit cens charges de grandes mantes: quatre caiſſons: vingt plaques d'or A de l'épaiſſeur d'un pouce, & de la grandeur d'un plat ordinaire: & vingt ſacs de Cochenille B.

Les bourgades de Tlachquiarico, Achiotlan & Capotlan, auſſi ſituées dans un païs FIGURE chaud, payoient tous les ſix mois quatre charges de grandes mantes, & tous les ans une XXXVIII. cotte d'armes garnie de plumes choiſies: vingt coupes A remplies de poudre d'or: cinq ſacs de graine de Cochenille: & quatre cens bouquets C de plumes vertes choiſies, nommées Queçaly.

IV. Partie. I

FIGURE XXXIX. Les bourgades Tochtepec, Xayaco, Otlahtlan, Coçamaloapan, Mixtlan, Michapan, Ayotzintepec, Michtlan, Teotilan, Oxitlan, Tzynacanozioc, Tototepec, Chinantlan, Ayocintepec, Cuezcomatitlan, Puetlan, Teteutlan, Yxmatlatlan, Ayotlan, Tzotlan & Tlacotlalpan, situées dans un païs temperé, payoient tous les six mois 1600. charges de mantes pour les Casiques: 800. charges de mantes avec un bord de compartimens rouges, blancs & verts: 400. charges C de naguas & de huipiles ou étoffes legeres, & tous les ans une cotte d'armes A, avec sa targue garnie de plumes rares: une targue d'or B, un diadême d'or D, un bandeau d'or E, ou ornement de teste large comme la main, & mince comme du parchemin: deux colliers de pierres precieuses taillées en rond, & un collier d'or F, G: trois pierres precieuses H, I, K, de Chalchiuitel fort grandes: trois colliers L, M, N, de grains de Chalchihuitel: un ornement de teste O de plumes jaunes fort rares fait en forme d'aîle d'oiseau: 4. poignées ou bouquets de plumes vertes choisies, meslées de plumes jaunes P, Q, R, S: 20. Beçotes que la figure T represente, d'Ambre-clair, enrichies d'or: 20. autres Beçotes V, de Cristal: 80. bouquets W, de plumes vertes choisies de Queçaly: 1000. boules X, semblables à des pelottes d'Oly, qui est une gomme qui se tire d'un arbre; ces pelottes ou boules rebondissent fort haut quand on les jette à terre; 200. charges de Cacao Z, 8000. poignées a, de plumes fort rares d'un bleu de Turquoise: 8000 autres poignées b, de plumes rouges: 8000. poignées c de plumes vertes: 100. ......ou pots d, d'ambre liquide, & quatre colliers de grains d'une pierre qu'il nomme Chalchiuitel.

FIGURE XL. Les bourgades de Xoconochco, Oyotlan, Coyoacan, Mapachtepec, Macatlan, Huiztlan, Acapetlatlan & Huehuetlan, aussi situées dans un païs chaud, payoient tous les six mois deux grands filets ou colliers de pierres tres-estimées en ces quartiers de Chalchihuitel tres-riches; 2400. poignées A, B, C, D, E, F, de plumes choisies bleuës, rouges, de couleur de Turquoise, & vertes: 160. oiseaux morts d'un plumage de couleur de Turquoise sur le dos, & brun sous le ventre; 800. poignées M, H, de plumes jaunes choisies: 800. poignées I, N, de plumes vertes larges de Queçaly: deux Beçotes K, O, d'Ambre transparent enrichies d'or: 200. charges P, R, de Cacao: 40. peaux de Tygre Q, S, 800. Tecomates ou couppes representées par les figures T, V, pour boire du Cacao; deux morceaux d'Ambre-clair W, X, gros comme des briques.

FIGURE XLI. Les bourgades de Quanhtocho, Teuhçohzaporlan, Tototlan, Tuchonco, Ahuizapan, Quauhtetelco & Yizteyocan, situées sous un climat temperé, payoient tous les six mois 400. charges de grandes mantes: tous les ans vingt charges de Cacao, & 1600. paquets de cotton A, B, C, D.

FIGURE XLII. Les bourgades de Cuetlaxtlan, Mictlanquauhtla, Tlapanicytlan, Oxichan, Acozpan & Teoziocan, situées dans un païs chaud, payoient tous les six mois 4000. charges A, de naguas & de huipiles, qui sont des habits pour les femmes: 400. charges B, de petites mantes bordées de compartimens blancs & noirs: 400. charges de mantes C, demy piquées: 4000. charges de mantes D, de quatre brasses chacune: 400. charges de mantes blanches de la mesme grandeur: 160. charges de mantes pour les Casiques: 1200. charges d'autres mantes: tous les ans deux cottes d'armes avec leurs targues garnies de plumes choisies: 400. poignées E, de plumes vertes de Queçaly: 20. beçotes F de Cristal ombré de bleu, & enchassées dans de l'or: 20. beçotes G d'Ambre clair enrichies d'or: 200. charges de Cacao H, & un Queçalelalpilony que la figure I represente, de plumes vertes de Queçaly, qui servoient pour l'ornement de l'étendart de l'Empereur des Mexicains: un collier K, ou filet de pierres precieuses de Chilchihuitel.

FIGURE XXXIII. Les bourgades de Tlapacoyan, Xoloxochitlan, Xochiquauhtitlan, Tuchtlan, Coapan, Aztaapan & Acaçicatla payoient tous les six mois 400. charges de mantes A, blanches, avec des barres noires, & 800. charges de grandes mantes blanches: tous les ans deux cottes d'armes B, avec leurs targues C, garnies de plumes choisies.

FIGURE XLIV. Les bourgades de Tlatlauhquitepec, Atenco, Tezuitlan, Ayauncheo, Yayauquitlalpa, Xonoctla, Teotlalpan, Yiztepec, Yxcoyamec, Yaonahuac & Caltepec payoient tous les six mois 1600. charges A, de mantes blanches avec des barres noires: 800. masses B, ou morceaux d'Ambre liquide de Xochiococoltel C, pour les parfums: & tous les ans deux cottes d'armes avec leurs targues garnies de plumes choisies.

FIGURE XLV. Les bourgades de Tuchpan, Tiatiçapan, Chinanteopan, Papantla, Oçelotepec, Miachnaapan & Mictlan payoient tous les six mois 400. charges A, de mantes: 400. charges d'autres mantes B, avec des barres rouges & blanches: 400. charges de mantes C, avec des barres vertes, jaunes & rouges: 400. charges de maxilacts, ou étoffes legeres: 400. charges de mantes blanches de quatre braſſes chacune: 800. charges de mantes de huit braſſes, avec des barres orangées & blanches: 400 charges de mantes blanches de huit braſſes: 400. charges de naguas & de huipiles, qui ſont des habits pour les femmes: 240. charges de mantes rouges, blanches & noires pour les Caſiques: & tous les ans deux cottes d'armes garnies de plumes tres riches: 800. charges D d'Axi, ou Poivre long ſec: 20. ſacs E de petites plumes blanches, qui ſervent pour parer & couvrir les mantes: 2 colliers de pierres de Chalchihuitel fort fines: un autre de Turquoiſes F: deux rozes de Turquoiſes G.

Les bourgades d'Atlan & de Teçapotitlan payoient tous les ſix mois 800. charges A de mantes d'un ouvrage tres riche rouges & blanches, avec un bord de compartimens verts, rouges, jaunes & bleus: 800. charges de Maxtlacts, ou étoffes legeres: & 400. charges de mantes blanches de quatre braſſes chacune: & un fois tous les ans 1200 paquets de cotton 3. FIGURE XLVI.

La bourgade d'Oxitipan payoit tous les ſix mois 2000. charges de mantes de deux braſſes chacune: 800. charges de mantes de quatre braſſes avec des barres bleuës, & jaunes, rouges & vertes: & tous les ans 400. charges A, d'Axi ou poivre long: & deux ou trois aigles en vie B, plus ou moins, ſelon que ſes habitans en pouvoient prendre. FIGURE XLVII.

Les bourgades de Cizicoac, Molanco, Cozcatecutlan, Ychoatlan & Xocogocan payoient tous les ſix mois 400. charges A de naguas & de huipiles, qui ſont des habits pour les femmes: 400. charges B de Maxtlacs, ou étoffes legeres: 400. charges de mantes blanches de trois braſſes chacune: & tous les ans deux cottes d'armes couvertes de plumes choiſies: 400. charges C d'Axi, ou poivre long ſec: & 800. paquets de cotton D, E. FIGURE XLVIII.

HISTOIRE DU MEXIQUE PAR FIGURES,
contenant l'Oeconomie des Mexicains, avec leurs coutumes & leur diſcipline en temps de Paix & de Guerre.

TROISIEME PARTIE.

Cette figure repreſente une accouchée A, dont l'enfant eſt mis dans un berceau C, & quatre jours après marqué par les quatre ronds B, la Sage-femme D le portoit tout nud dans la cour de la maiſon de l'accouchée, & le mettoit ſur des jones nommés Tuli I, que vous voyez étendus pour cet effet. Il y avoit deſſus un vaiſſeau plein d'eau, où la Sage-femme lavoit l'enfant. Trois jeunes garçons F, G, H, aſſis proche ces jones mangent de l'Yxicue ou Maiz roſty meſlé avec des féverolles cuites, que la figure repreſente devant eux dans un autre vaiſſeau. la Sage femme ayant levé l'enfant, diſoit à ces garçons qu'ils le nommaſſent à haute voix du nom qu'ils luy voudroient donner. Lorſqu'on portoit laver l'enfant, ſi c'eſtoit un garçon, on luy mettoit à la main les outils E, dont ſon pere ſe ſervoit ordinairement dans le métier qu'il exerçoit, une targue & des dards, par exemple s'il eſtoit homme de guerre, &c. & ſi c'eſtoit une fille, une quenoüille, & un fuzeau L, un panier M, un ballet K: après que cette ceremonie eſtoit achevée, la Sage-femme reportoit l'enfant à la mere. On enterroit la targue & les dards, ſi le pere du garçon eſtoit homme de guerre, proche du lieu où aparament ils ſe devoient battre contre leurs ennemis, & les outils dont ſe ſervent les filles ſous une Metate, ou pierre ſur laquelle ils peſtriſſent leurs galettes. Si le pere Q, & la mere R de l'enfant O, vouloient qu'il fuſt d'Egliſe, ils le portoient vingt jours après au Temple de Calmecac, où ils l'offroient avec leurs preſens, qui conſiſtoient en mantes, & quelque choſe à manger; & lorſqu'il eſtoit en âge, ils le mettoient entre les mains du grand Preſtre, N, pour l'inſtruire ſur le fait des Sacrifices. Et quand au contraire ils vouloient qu'il portaſt les armes, ils l'offroient au Teachchauch P, ou Maiſtre dont la fonction eſtoit d'enſeigner aux jeunes gens l'art de la guerre. FIGURE XLIX.

C repreſente un garçon âgé de trois ans marqués par les 3 ronds B, auquel ſon pere A, donne des preceptes pour ſa conduite. Le garçon de cet âge avoit à chaque repas la moitié d'une galette D; la mere E donne à ſa fille de cet âge G, les meſmes preceptes, elle avoit FIGURE L.

I ij

aussi une demie galette *F* à chaque repas. Le pere *H* fait faire des choses aisées à son fils âgé de quatre ans *I*, afin de l'accoutumer de bonne heure au travail. Sa ration à cet âge est d'une galette *K* à chaque repas. La mere *L* prend le mesme soin de sa fille de cet âge *N*, & luy apprend à filer. Sa ration est aussi d'une galette *M*.

Le pere *O* fait porter au Tianguez ou marché à ses deux garçons âgés de cinq ans *P* du bois & d'autres fardeaux legers; ils ont la mesme ration *Q, R*. La mere *S* apprend à filer à sa fille *T* du mesme âge. Le pere *W*, pour ne pas laisser oisifs ses garçons, les envoye, lorsqu'ils ont six ans, ramasser dans le marché le grain & les autres choses que le hazard y a répandues: la mere *Y* observe le mesme à l'égard de sa fille, dont la ration augmente à l'âge de six ans, aussi bien que celle des garçons, d'une galette *X, Z*. *Comme la figure seule explique assez ces rations, on n*. *l'expliquera pas davantage dans la suite.*

FIGURE LI. Le pere *A* enseigne à son fils *D* âgé de sept ans *B*, comment il faut pêcher: la mere *E* fait filer du cotton à sa fille *G* du mesme âge. Le pere *H* menace son fils *I* âgé huit ans *J* de le piquer avec des piquans de Magnez ou plante semblable à l'Aloës, que la figure *L* represente, s'il ne fait pas son devoir: la mere *M* menace sa fille *P* du mesme châtiment. *T* represente un garçon de neuf ans *S* ; son pere *Q* le pique par tout le corps avec de ces piquans de Magnez, parce qu'il est incorrigible: la mere *V* châtie de mesme sa fille *X*, hormis qu'elle ne luy pique seulement que les poings. Un pere donne des coups de bâton à son fils âgé de dix ans *Y*, à cause qu'il est faineant: la mere *Aa* châtie de mesme sa fille *Cc*.

FIGURE LII. Le pere *B* après avoir éprouvé en vain toute sorte de châtimens pour corriger son fils *C*, qui a déja onze ans, luy tient le visage exposé à la fumée d'Axi ou poivre long *E*: la mere *F* châtie aussi sa fille *G* avec la mesme fumée. Un autre garçon de douze ans *L*, que son pere *K* met tout nud, les pieds & les mains liées, dans un lieu plein d'eau & de boue *N*, & l'y laisse tout un jour: la mere *O* fait balayer la nuit, marquée par les ronds *P*, la maison & la rue à sa fille. *R* Le pere *S* fait apporter des roseaux à son garçon *V* âgé de treize ans *T*; un garçon *W* mene un canot *X* chargé de roseaux *Z*: la mere *Aa* occupe sa fille *Bb* à pêtrir des galettes. Un . . . . *Dd*, un . . . . *Ee, Ff*, un pot *Gg* plein de viandes bouillies: un garçon *Kk* âgé de quatorze ans, qui pêche dans un canot *Li*: la mere *Nn* montre à sa fille *Oo* à travailler des étoffes de laine *Qq*.

FIGURE LIII. Le pere *A* met un de ses garçons *B* âgé de quinze ans entre les mains du Tlamacaz-qui *C* ou Grand Prestre du Temple Calmecac *D*, pour l'instruire & en faire un Prestre. Un autre garçon *E* du mesme âge *H*, que son pere envoye à l'école *G*, pour y estre instruit par le Teachcauh *F* ou miistre qui instruit la jeunesse.

Lorsqu'une fille se marioit, l'Amanteza *I*, ou entremetteur du mariage, la portoit vers le soir sur son dos *W* chez le garçon qui la devoit épouser; il estoit éclairé par quatre femmes *X, Z*, ayant chacune à la main une espece de torche faite de bois de pin, marquées par les chifres 1. 2. 3. 4. Les parens du garçon viennent recevoir la fille à l'entrée de la cour de la maison, & l'introduisent dans une salle où le garçon l'attend; ils s'y asseyent sur des sieges rangés sur une natte *O*, & toute la ceremonie du mariage consiste à nouër un coin du bas de l'habit du garçon *L*, avec un coin de celuy de la fille *M*. Ils offrent à leurs Dieux par forme de sacrifice du parfum de Copal *Q*, qu'ils brûlent sur un vaisseau où il y a du feu. Deux vieillards *I, R*, & deux vieilles femmes *N, V*, servent de témoins du mariage. *K P* representent les viandes que l'on a servies devant les nouveaux mariés. Les nouveaux mariés mangent après des viandes qu'on leur a servies, & boivent dans des tasses *T* du Pulque, representé par le pot *S*. Les vieillards & les vieilles femmes mangent aussi, & après le repas chacun exhorte en particulier les nouveaux mariés de bien vivre dans leur ménage.

FIGURE LIV. Le plus vieux des Prestres du Temple occupe les Tlamacaz ou Novices, les uns à balayer le Temple *A*, les autres à apporter des branches d'arbres & d'autres verdures pour parer le Temple *B*. Il y en a qui ont soin d'amasser de ces piquans de Maguez pour tirer du sang pour faire les sacrifices *C*: d'autres apportent au Temple des roseaux pour faire des sieges *D*, ou fournissent de bûches pour y entretenir toujours le feu *E, F, G*. Les Prestres font faire aux Novices tous ces differens services, & les instruisent, afin qu'ils en puissent après donner des leçons à ceux qui seront sous leur conduite. Le Prestre *H* pique le Novice *I* avec des piquans de Maguez, à cause qu'il n'a pas fait le devoir de sa charge. Deux autres Prestres *K, M*, punissent de mesme le Novice *L* pour une pareille faute: s'il s'est absenté trois jours, & qu'il ait passé en la maison *N* de son pere, on luy fait souffrir le mesme châtiment. *Dans l'Original Mexicain toutes les figures des Prestres sont peintes de couleur de gris cendré, ou de jaune.*

Un pere

DU MEXIQUE.

Un pere Q, donne son fils P, au Tequigna, ou vaillant Guerrier O, pour luy enseigner le mestier de la guerre. Le Tequigna S, luy fait porter son bagage.

Un des principaux Prestres A, va la nuit, marquée par les ronds D, à la montagne pour FIGURE y faire penitence. Il porte du feu, & une bourse remplie de parfum de Copal & du LV. sur son dos pour sacrifier au Diable; il est suivi d'un Novice B, chargé d'autres choses pour le mesme sacrifice. Un Prestre C, joüe la nuit E, d'un instrument de musique nommé Teponaztly. Un autre Prestre F, connoist la nuit l'heure qu'il est, en observant les Etoiles. Un jeune homme G, va à la guerre chargé d'armes & d'autres choses. Les deux Telpuchtlatos ou Bedeaux H, L, jettent des tisons ardens à la teste d'un jeune homme I, à cause qu'il avoit esté surpris avec une femme, K. Un Prestre M, a soin de faire nettoyer le Temple. Deux autres Prestres N, Q, piquent le Novice avec des éclats de bois de pin pointus, O, à cause qu'ils l'ont surpris avec une femme P. Quand un Novice S, devient desobeïssant, deux Telpuchtlatos, ou bedeaux R, T, luy brûlent les cheveux. Un jeune homme V, mene un canot avec des pierres, pour reparer le Temple X.

Un Novice A conduit un canot chargé de pierres pour reparer le Temple d'Alyauhca- FIGURE ly B. Un autre Novice C, porte les hardes d'un Prestre D, qui va à la guerre encourager LVI. les soldats, & faire certaines ceremonies. Ils parvenoient aux charges & degrés selon le merite de leurs actions, & le nombre des prisonniers qu'ils avoient faits, comme on le voit marqué dans les peintures de cette Figure, avec les marques exterieures de leur autorité, leurs habits, & les degrés par lesquels il falloit passer pour parvenir au premier rang des hommes de guerre.

Un Tecutly E, ou grand Prevost de l'Empereur des Mexicains, avec un Officier F, au dessous de luy, fait reparer le pont de bois H, & le chemin qui conduit au Temple Sihnatcocaly G.

Un jeune homme I, a pour recompense d'un prisonnier L, qu'il a fait sur l'ennemy, une mante quarée K. Le mesme M, a pour avoir fait 2. prisonniers O, la cotte d'armes rouge qu'il a endossée, & la mante N, de couleur orangée avec une bordure rouge. Le mesme guerrier P, pour avoir fait trois prisonniers R, est recompensé du harnois qu'il a sur luy, & de la mante Q. Le mesme a pour recompense de quatre prisonniers V, qu'il a faits, la cotte d'armes S, dont il est couvert, & la mante T, my-partie de noir & d'orangé avec un bord noir. Le mesme W, s'est acquis le titre d'Etonty par son courage, & pour avoir fait cinq ou six prisonniers, X. Le brave, que la Figure Y represente avec le harnois particulier qu'il porte, est parvenu au rang de Quaqchil, à cause de 5. prisonniers Z, qu'il a faits à la guerre de Quexo, & en d'autres rencontres. De ces degrés d'honneur l'on passoit à celuy de Tlacatecatel, qui estoit le supréme degré auquel on pouvoit monter en suivant la profession des armes. L'habillement & la touffe de plumes, que la Figure, &, nous fait observer, estoit la marque de ce degré.

Les principaux Prestres Mexicains faisoient aussi profession de porter les armes; l'Em- FIGURE pereur les recompensoit de diverses marques & titres d'honneur, selon le merite de leurs LVII. actions, & le nombre des captifs qu'ils avoient faits.

Un Prestre A, fait un prisonnier P, le Prestre B, pour avoir fait 2. prisonniers P, est recompensé de la cotte d'armes avec laquelle il est dépeint. Le mesme Prestre C, a esté gratifié par l'Empereur de la cotte d'armes qu'il a endossée, parce qu'il a fait trois prisonniers de guerre P. Le Prestre D, est recompensé d'une cotte d'armes noire & blanche, à cause de quatre prisonniers P, qu'il a faits. Le mesme E, a pour recompense de cinq prisonniers P, qu'il a faits, la cotte d'armes rouge qu'il a sur luy. Le mesme F, à cause de sa bravoure, & de ce qu'il a fait 6. prisonniers P, a pour recompense une cotte d'armes jaune, ornée de plumes vertes, & une targue rouge, verte & jaune.

Un Quauhnochtli G, un Tlilancalqui H, un Atenpanecatel I, & un Ezguacatecatel K, tous quatre Officiers de l'Empereur, de different rang & autorité, dont la fonction estoit de porter les Ordres du Prince. Un Tlacphcalcatel L, un Tezcacoacatel M, un Tycoy huacatel N, & un Tequiltecatel O, tous quatre Generaux d'armée.

Le Casique C, que deux Executeurs B, D, de la justice de l'Empereur, accompagnés d'un FIGURE troisiéme A, étranglent par ordre de l'Empereur, à cause qu'il s'est revolté, & que les ha- LVIII. bitans G, L, de sa bourgade ont tué & volé des marchands H, K, de la ville de Mexique, qui venoient vendre leurs marchandises I, à la bourgade du Casique La femme E, du mesme Casique, & son fils F, sont menés prisonniers à la Cour, avec un joug de fer au col. Auparavant de faire mourir le Casique, l'Executeur de la Justice N, luy prononce sa Sen-

IV. Partie. K

HISTOIRE DU MEXIQUE.

tence de mort, en luy mettant autour de la teste les ronds O, & un autre Executeur de la Justice presente une targue, pour marquer que l'on détruira par les armes sa bourgade.

Les quatre Messagers de l'Empereur P, Q, S, T, en retournant à la Cour, après avoir fait sçavoir au Casique sa Sentence de mort, sont attaqués sur le chemin par les serviteurs R, V, W, du mesme Casique, qui leur tirent des fleches.

FIGURE LIX. Des Tequignas ou espions A, B, D, F, H, I, K, L, que l'Empereur envoye la nuit reconnoistre la bourgade d'un Casique, & l'endroit le plus propre pour la surprendre, dont E, E, E, E, en sont les maisons *(peint en bleu dans l'Original Mexicain.)* Ils sont le tour de la bourgade, du Tiangueza ou marché C, & du Temple G, pendant que les habitans sont endormis. Les Mexicains P allant attaquer armés de leurs targues & de leurs dards Q, la bourgade qui s'est revoltée, les Habitans de la bourgade intimidés du malheur qui les menace, députent à la Cour trois d'entr'eux M, N, O, pour traiter leur accommodement, Tlacatecatel R, Tlacochcaleatel S, Huitznahuatel T, & Ticocyhuocatel V, qui sont quatre Capitaines de l'armée des Mexicains.

FIGURE LX. Un Telpuchtly H, ou Messager nouvellement marié. Sa femme I, qui file derriere luy. Il dit aux Telpuchtlys A A A A A, ses camarades, qu'il s'est défait de sa Charge pour se marier, & vivre plus en repos; Il les traite à cette occasion. D represente les pains du festin; F, les poulles bouillies; les tasses G, marquent le Cacao, qui est la boisson de ces repas. Il leur fait present aussi à chacun d'une poignée de baguettes dont ils tirent leur parfum, C, d'une hache de cuivre E, & de deux mantes B.

Quand ces Telpuchtlys L, M, N, avoient bien fait le devoir de leur Charge, l'Empereur des Mexicains K, les avançoit en dignité, & les faisoit ses Tequignas, ou Ambassadeurs & Officiers de ses armées; ils portent à la main les marques de cette dignité.

Quatre Senateurs, ou Juges P, Q, R, commis par l'Empereur, pour juger les affaires civiles & criminelles. Quatre Tectlis, ou jeunes hommes O O O O, sont derriere ces Senateurs, pendant qu'ils jugent, afin d'apprendre le Droit, & servir un jour en leur place. Trois hommes & autant de femmes T, qui plaident. Il y avoit appel au Conseil de Motezuma, des Tribunaux inferieurs.

FIGURE LXI. Le Throne de Motezuma A, où il paroist en public. Motezuma B, Palais C, où logeoient les Seigneurs de Tenaynca, de Chienauhtla & de Colhuacan, comme amis & Confederés de Motezuma. Le logement des Seigneurs de Tezcucoytacuba D. La cour du Palais de Motezuma E, F, G, un degré H, portoit à cette cour. La Chambre du Conseil de guerre I, la Chambre du Conseil de Motezuma K, six Conseillers L, du Conseil de Motezuma. Des solliciteurs de procés, & des Plaideurs M, qui ont appellé au Conseil de Motezuma, des Jugemens rendus à des Tribunaux inferieurs.

FIGURE LXII. Le pere B, donne à son fils C, des preceptes pour sa conduite, & luy remontre que ceux qui s'adonnent à la vertu, s'acquierent du credit auprés des Casiques & grands Seigneurs, qui les font leurs Messagers A, ou Musiciens E, dans les occasions des noces, festins, & autres réjouïssances, à cause de l'estime qu'ils ont pour eux.

Une maison F, G, I, où l'on s'assemble pour traiter des affaires publiques; le Grand Maistre H, de la maison de l'Empereur y est assis; il exhorte les jeunes gens L, N, de fuïr l'oisiveté, & il leur remontre qu'elle est cause qu'ils deviennent vagabonds, O, joueurs de paume, P, voleurs Q, joueurs de dez, R, médisans & flateurs, Aa, yvrognes, Dd, yvrognes & larrons, Ee. Les Figures K, M, representent des ..., & des ...

Les artisans enseignent à leurs enfans leur métier. Un Charpentier S, (par exemple) l'apprend à son fils T, un Lapidaire V, à son fils W, un Peintre X, à son fils Y, un Orfevre Z, à son fils, & un Garnisseur de plumes Bb, à son fils Cc.

FIGURE LXIII. Un jeune garçon A, estoit condamné à la mort, suivant la Loy du païs, pour s'estre enyvré. Une jeune femme C, de mesme. L'on lapidoit un voleur D. On fait mourir de mesme l'adultere E.

Les mesmes loix permettoient à un vieillard de soixante & dix ans F, de s'enyvrer en public & en particulier, à cause de son âge. Sa femme G, avoit le mesme privilege, en consideration de ce qu'elle estoit grand'mere.

FIN.

RELATION DU MEXIQUE,
ET DE LA
NOUVELLE ESPAGNE,
PAR THOMAS GAGES.

Traduite de l'Anglois.

E premier jour de Juillet de l'année 1625. l'Amiral des Gallions Dom Carlos Deybarra fit tirer le coup de partance, pour avertir tous ceux de Cadis qui devoient estre du voyage, de se trouver le lendemain à bord.

Deux jours après il vint un ordre de m'arrester, sur ce qu'étant étranger il ne m'étoit pas permis de passer en la nouvelle Espagne. Le Pere Calvo Superieur de la Mission des Philippines, en laquelle je devois être employé avec quelques autres Religieux de l'Ordre de S. François, me fit cacher dans une batique d'où l'on avoit tiré le biscuit. Trente deux Vaisseaux chargez de vins, de figues, de de raisins, d'olives, d'huiles, de draps, de serges, de toiles, de fer & de vif argent pour les mines, composoient nostre flotte. Ils se mirent à la mer avec huit Galions qui nous devoient servir de convoy jusques à la hauteur des Canaries, où ils nous quitterent.

L'on fait son compte d'avoir passé le plus difficile du voyage quand on a atteint ces Isles, car on trouve vers les Canaries les vents si favorables à cette navigation & si asseurez, qu'on pouroit faire ce passage en moins d'un mois de temps, si les calmes ne le rendoient quelquefois plus long : ils furent cause que nous ne vismes point la terre que le 20. Aoust, ayant fait cette navigation depuis les Canaries avec aussi peu d'agitation, que si nous eussions été portez sur le courant d'une riviere, ce qui nous donnoit occasion de prendre souvent le divertissement de la pesche des Dorades, & d'autres passe-temps. Le jour de S. Ignace 30. J. suites qui étoient dans le vaisseau de sainte Gertrude, l'ornerent de banderoles qui representoient les armes de ce Saint & les autres marques de leur Compagnie ; ils tirerent dés la veille cinquante coups de canon, & la mer se trouvant fort calme on voyoit attachées aux mats & aux manœuvres de leur vaisseau quantité de lanternes avec des lumieres : pendant la nuit ce ne fut que fanfares & musique : le jour ils firent une procession dans le vaisseau, tournant plusieurs fois autour du grand mast. Le 4. d'Aoust nous leur rendîmes la pareille, & nous celebrâmes la feste de saint Dominique : nous étions vingt-sept Jacobins ; & pour faire quelque chose de plus qu'eux nous les invitâmes à disner à nostre bord avec Juan Niño de Toledo President des Manilhes, & le Capitaine de leur Vaisseau ; aprés le disner on leur donna la Comedie tirée de Lope de Vega, elle fut representée par des soldats, par des passagers, & par quelques-uns de nos plus jeunes Moines, le tout avec une decoration de theatre & des habits si propres, qu'on n'auroit pas pû mieux faire dans Madrit mesme. Aprés toutes ces réjouissances nostre Amiral étonné de n'avoir point veu de terre depuis le 29. Juillet jusqu'au 19. Aoust, fit venir à son bord tous les Pilotes, pour sçavoir d'eux leurs opinions sur le lieu où se trouvoit la flotte ; les uns la faisoient à 300. lieuës de la plus proche terre, les autres à 200. les uns plus, les autres moins, mais tout fort éloignez de la

IV. Partie.

verité, hormis un vieux Pilote du plus petit Vaisseau de la flotte, qui fut raillé de tous les autres, à cause qu'il assuroit qu'avec le peu de frais qu'il faisoit nous serions le lendemain matin à la Guadeloupe ; cependant le lendemain matin on découvrit l'Isle Desseada, celle de Marigalan, aprés la saint Domingue, & enfin la Guadeloupe, où nous devions prendre des eaux & des rafraichissemens: nous jettâmes l'ancre à une bonne rade qui est devant cette Isle.

Les Insulaires apporterent de leurs Ananas, cannes de sucre & autres fruits ; on les regaloit de vins d'Espagne & de petites merceries. Quelques-uns de nos gens allerent à terre se baigner & laver leur linge : les Jesuites y furent des premiers, &, ayant trouvé parmi les Indiens un Mulato qui s'étoit refugié chez eux, aprés avoir quitté un Espagnol dont il étoit esclave, ils tacherent de le persuader de se rembarquer sur la flotte, & de reprendre l'exercice de la Religion Chrestienne dans laquelle il avoit esté instruit. Le Mulato avoit de la peine à s'y resoudre à cause de sa femme & de trois enfans qu'il en avoit, il leur promit neanmoins ; l'on concerta avec lui de lui envoyer le lendemain un esquif pour cet effet, mais les Indiens avoient dressé une embuscade au lieu où il devoit aborder, & chargerent en mesme temps ceux de l'esquif & les autres Chrestiens qu'ils trouverent dans l'Isle ; il y eut trois Jesuites blessez, & quelques autres gens de tuez.

Le 22. Aoust nous levâmes l'ancre ; les fruits que nous avions changez avec ces Insulaires nous servirent de nourriture, principalement les Platanes ou Ananas ; c'est un aussi bon fruit qu'aucun qu'on mange en Espagne, l'on le cueille lorsqu'il est encore verd, & il jaunit en meurissant : nous sucions les cannes de sucre que nous avions toûjours à la bouche : les tortuës étoient nostre principale nourriture, & les Espagnols les accommodoient de sorte en les saupoudrant d'un peu de sel & les tenant deux ou trois jours à l'air, que nous les trouvions aussi bonnes que du veau, & tant qu'elles durerent nous ne touchâmes point aux provisions des chairs de bœuf, de mouton & de lard que nous avions apportées d'Espagne.

Le quatriéme jour un de nos Religieux nommé J. de la Cueva, qui avoit esté blessé par les Insulaires mourut & fut jetté en mer, aprés qu'on lui eut chanté le *Requiem*, & que tout l'équipage lui eut crié trois fois, *buen viage, buen viage, buen viage ;* au troisiéme cry on fit une décharge de tout le canon, & on jetta son corps avec des pierres attachées aux pieds, afin qu'il allast au fond. Nous eusmes aprés la veuë de Porto Rico, & puis de la grande Isle San Domingo : les vaisseaux qui devoient aller à Porto Rico, San Domingo, Cartagena, &c. nous quitterent : enfin nostre flotte destinée pour le Mexique arriva à la mer de Sunda, ainsi appellée à cause qu'on est souvent obligé d'y jetter la sonde ; elle est si calme que nous fûmes une semaine sans presque changer de place : nos Mariniers se baignerent proche du vaisseau de crainte des Tuberons ; un d'eux s'étant hazardé de s'en éloigner davantage que les autres pour voir un de ses amis qui étoit dans un autre vaisseau, fut attaqué d'un qui lui coupa la cuisse, un bras, & lui emporta la moitié de l'épaule. Nous vismes enfin la terre, mais nôtre sage Amiral qui connoissoit le danger de cette coste & de l'entrée du port de saint Jean d'Ulloa à cause des roches qui ne se découvrent point, & ne sont connuës que par les balises qu'on met dessus, fit son compte que nous ne pouvions point, du vent que nous avions, arriver plutost que sur le soir à l'entrée du port, & apprehendant que les vents du Nord qui sont assez ordinaires en ces quartiers là au mois de Septembre ne nous jettassent la nuit sur les roches, prit conseil avec les Pilotes & resolut de faire petites voiles, afin de n'approcher point de l'entrée du port qu'au commencement du jour, que nous pourrions avoir des esquifs de terre qui nous conduiroient dedans : nos Pilotes faisoient bon quart, cependant que nos passagers qui ne connoissoient rien de ce danger dormoient en seureté. Le vent du Nord s'éleva vers la minuit, ce qui mit tout l'équipage en allarme, mais ce vent-là n'ayant pas duré long temps, nous vismes à huit heures du matin les maisons du port, il en sortit des batteaux qui nous servirent de guide au travers de ces rochers : on jetta l'ancre, & pour une plus grande seureté on arima les Vaisseaux avec des cables qu'on passe par des anneaux de fer qui sont aux murailles du port.

Nous arrivâmes donc le 12. Septembre à saint Jean d'Ulhua, autrement Vera Crus : la ville avoit preparé une fort belle entrée au Vice Roy le Marquis de Seralhuo, tous les Ordres de Religieux le vinrent recevoir en procession, & le conduisirent en la Cathedrale sous un dais avec sa femme. Le Prieur du Cloistre de S. Dominique nous avoit preparé un logement : nous employâmes les deux jours du sejour que nous y fismes, à voir la ville, nous en fismes le tour, & nous trouvâmes que son terroir estoit par tout de sable, hormis du côté du Sud où il y a des mares d'eau dormantes qui rendent cette place fort mal saine : nous y arrivâmes durant les grandes chaleurs : il y a bien trois mille habitans, entre lesquels il y a des marchands riches de trois & quatre cens mille escus. Les Eglises aussi bien que les maisons

ET DE LA NOUVELLE ESPAGNE.

des particuliers sont basties de planches, & l'on en a veu souvent la plus grande partie brûlée rez pied rez terre. La ville est riche à cause qu'elle est sur le chemin d'Espagne au Mexique & aux Indes Orientales, & qu'elle sert le plus souvent d'entrepos à ceux qui vont d'Espagne en l'Isle de Cuba, santo Domingo, Jucatan, Porto-bello, & par Porto-bello au Perou, à Carthagene, & à toutes les Isles de la mer du Nord, aux Zacatecas, sant Ildefonso, Tabasco, los Zoques, Chiappa de los Indios, c'est-à-dire aux lieux du monde où il se fait le plus riche commerce. Le mauvais air qui en faisoit apprehender le sejour, est en partie cause de la richesse de ce petit nombre de marchands qui y ont choisi leur demeure. La force de cette place consiste en la difficulté d'entrer dans son port ; car la roche qui est à une portée de mousquet de la ville, sur laquelle est basti le chasteau, n'est gardé que par une foible garnison. Cette roche & ce chasteau servent de defense au havre ; qui du reste est fort ouvert du costé de l'Ocean, & tellement battu des vents du Nord ; que tous les vaisseaux qui y jettent l'ancre, sont obligez de se mettre à l'abry de la roche & du chasteau, & encore n'y sont pas en seureté, s'ils ne sont arrivez avec des cables & des ancres à terre à ces anneaux de fer que nous avons dit. Ces vents du Nord sont quelquefois si violens, qu'ils jettent les vaisseaux sur la roche, après avoir rompu leurs cables. Le Prieur des Jacobins nous fit grande chere, mais nous passâmes fort mal la nuit, car ces maisons qui ne sont que de planches, & nos lits avec elles étoient tellement ébranlez par le vent, que nous fusmes obligez de gagner le bord de la mer pour nous mettre à couvert de cette apprehension. Le lendemain les Religieux du Convent se moquerent de nous, & nous dirent qu'ils ne dormoient jamais mieux que lorsqu'ils étoient bercez de ces vents.

Nous resolûmes de prendre la route le long de la mer pour continuer nostre voyage, dont nostre Conducteur le Pere Calvo estoit fort aise, car il craignoit que les fruits du pays & les eaux fraiches beuës en trop grande abondance ne nous fissent tomber malades du flux de sang, ce qui arrive ordinairement. Nous partîsmes de là le 14. jour de Septembre, après avoir tiré du vaisseau le reste de nos provisions d'Espagne : nous trouvasmes que le chemin du Mexique n'est que sable les trois ou quatre premieres lieuës, & est aussi large que celuy de Londres à saint Alban. La premiere ville des Indiens que nous trouvasmes fut l'ancienne ville de vera Cruz ; les premiers Conquerans de ce pays l'avoient choisie pour leur port, mais les vents du Nord les obligerent à la quitter, & s'établir à Saint Jean d'Ulhua. Nous vismes là combien les Indiens sont soûmis aux Religieux, sur une lettre qu'on leur avoit écrite, que nous devions passer par leur ville ; ils vindrent à cheval au devant de nous à deux lieues hors de la ville, se jetterent à nos pieds, nous baiserent les mains, nous appellant Apostres de Jesus Christ ; nous donnerent à chacun un bouquet de fleurs, & nous regalerent le mieux qu'ils pûrent. Il en vint d'autres troupes divisées par bandes, selon les Confrairies dont ils étoient, qui nous donnerent aussi à chacun des fleurs ; & étant arrivez à la place du marché de leur ville, ils nous servirent de boëtes de diverses sortes de confitures, & des coupes de Chocolate au pied d'un grand arbre, à l'ombre duquel se tient le marché. Nous logeâmes les deux premiers jours dans de petites villes des Indiens fort pauvres, mais où nous ne laissions pas de trouver toutes sortes de provisions.

La nuit du troisième jour nous arrivâmes à une grande ville nommée Xalappa della vera Cruz, qui a bien 2000. habitans, partie Espagnols, & partie Indiens ; elle fut érigée en Evesché l'année 1634. son détroit ayant esté démembré de l'étenduë de celui de la Puebla de los Angeles ; & quoiqu'elle ne fasse pas plus du tiers de cet Evesché, elle vaut bien neanmoins à son Evesque dix mille écus de rente en grains. Son terroir est fort fertile en mays & en bled, mais ce qui l'enrichit davantage, ce sont les moulins à sucre, les nourritures qu'ils font de mules & de toute sorte de bestail, & la recolte de la Cochenille. De Xalappa nous passâmes par une place nommée la Rinconada : c'est proprement une hostellerie, mais où les voyageurs sont obligez de s'arrester, à cause qu'elle est éloignée des autres villes : elle est situee à l'entrée d'une vallée ; elle a des eaux les meilleures de toute cette coste ; & quoique la chaleur du Soleil les échauffe, elles ne laissent pas d'estre fort agreables. La nuit suivante nous arrivasmes à une ville nommée Segura, où il y avoit environ mille habitans. Cette ville a esté bastie par Cortez pour assurer le passage de Saint Jean de Ulhua au Mexique. Il y a une grande abondance de vivres, beaucoup de fruits, de Bannanas & de Sapotes, au dedans desquels on trouve un noyau fort noir, de la grosseur des prunelles. Le Chicosapote a la chair aussi rouge que l'écarlatte, il est doux, il se fond la bouche, & à un goust tres agreable. Le terroir seroit tres propre pour la vigne, mais on ne leur a jamais voulu permettre d'en planter, & s'ils avoient du vin, ils n'auroient plus besoin du commerce de l'Europe.

Cette ville est la plus temperée de celle qu'on trouve sur le chemin de Saint Jean de Ulhua au Mexique, & ses habitans qui autrefois mangeoient de la chair humaine, sont maintenant les plus polis de ces quartiers. Nous nous éloignâmes un peu de nostre chemin en tirant vers l'Oüest, pour voir la fameuse ville de Tlaxcallan, dont les habitans se joignirent avec Cortez & furent les principaux instrumens de sa conqueste. Tlaxcallan signifie en langue Indienne, du pain bien cuit; en effet il y croist plus de ce grain appellé Centli, dont on fait du pain, qu'en toutes les autres provinces. Elle est sur le bord d'une riviere, qui tire sa source de la montagne nommée Atlancapetec. Elle arrose la plus grande partie de cette province, & se rend dans la mer du Sud proche de Zacatullan. Le gouvernement de cette place estoit aristocratique & , ces Indiens ennemis de toute monarchie consideroient Montesuma comme un tyran. Elle a vingt-huit villes ou villages, où il peut bien avoir cent cinquante mille hommes ; ce sont des hommes bien faits & les meilleurs soldats de toutes les Indes. Ils sont fort pauvres, car il ne leur croist rien que du Centli, qui leur sert de nourriture, & qu'ils changent pour avoir toute sorte d'autres commoditez. Le terroir en est gras & propre pour les grains & pour les pasturages; il croist mesme tant d'herbes au dessous des pins, qu'on y engraisse le bestail : à deux lieuës de la ville est la montagne nommée de S. Barthelemy ; elle a bien six mille de haut & quarante mille de tour. On y trouve de la neige endurcie par le froid ; les Indiens l'invoquoient autrefois pour avoir de l'eau. On y parloit trois langues differentes. La ville est maintenant habitée par des Espagnols & des Indiens ; elle est la residence de l'Alcalde mayor, l'un des premiers Officiers des Indes; car sa jurisdiction s'étend sur toutes les villes & bourgades qui en sont à vingt lieues à la ronde. Ce n'est pas que les Indiens n'ayent aussi des Alcaldes, des Regidores & des Alguazils; mais c'est cet Alcalde major qui les nomme. La rudesse avec laquelle cet Officier les traite est cause que la ville est fort peu habitée : c'est ainsi que les Espagnols reconnoissent l'obligation qu'ils ont à ces anciens habitans, d'avoir tant contribué à leurs premieres conquestes.

En continuant nostre voyage nous passâmes par la Puebla de los Angeles, bâtie dans une agreable vallée à dix lieues environ d'une montagne trés haute, toûjours couverte de neige. Le nom Indien qu'elle avoit autrefois signifie un serpent dans l'eau, à cause qu'il y a en cet endroit deux fontaines, l'eau de l'une est trés bonne à boire, & l'autre ne l'est pas; c'est maintenant un Evesché qui vaut vingt mille ducars de rente, quoiqu'on en ait démembré Xalappa de la vera Cruz; elle se peuple tous les jours davantage à cause de la bonté de son air. L'on tient qu'elle a bien aujourd'huy dix mille habitans. Il s'y fait du drap si estimé des Espagnols, que l'on n'en fait plus venir de ceux de Segovie, à cause de la grande abondance & de la bonté de ceux qui se font à la ville de los Angeles. Les chapeaux qui s'y font les meilleurs de tout le pays. Il y a aussi une verrerie qui est une grande rareté dans ces quartiers-là, où ces peuples n'avoient jamais rien vû de semblable. L'on y bat la moitié de l'argent qu'on tire des Sacatecas. Elle passe pour la premiere ville aprés le Mexique, & avec le temps elle ne lui cedera en rien. Il y croist toutes sortes de legumes ; on y fait beaucoup de sucre, & j'y ay veu un seul moulin si grand, qu'il estoit servy par deux cent Indiens sans leurs enfans. Je vis encore une autre ville principale entre le Mexique & Guacocingo. Il y peut avoir cinq cent Indiens & cent Espagnols, & un Convent de Cordeliers. Le Roy d'Espagne a accordé de grands privileges à cette ville aussi bien qu'à celle de Tlaxacallan, à cause qu'elle se joignit avec les habitans de la derniere contre les Mexiquains, pour favoriser les Espagnols quand ils conquirent ce pays.

De là nous continuasmes nostre chemin pour aller à la ville de Mexique, en montant le costé d'une haute montagne que nous avions découverte de la ville de los Angeles qui en est éloignée de dix mille. Elle surpasse en hauteur, en froidure & en neige) qui y tombe continuellement) les plus hautes des Alpes. Depuis nostre départ d'Espagne nous n'avions pas encore senti tant de froid que nous en souffrismes en la passant. Les Espagnols en étoient davantage incommodez que les autres, à cause des chaleurs de leur pays, & de celles qu'ils avoient souffertes sur mer. Il y a environ trente milles depuis la ville de Guacocingo jusqu'à celle de Mexique ; l'on employe la moitié de ce chemin à monter & descendre cette montagne. Nous découvrîmes de son sommet la ville de Mexique & le lac qui l'environe, lequel nous sembloit tout proche, quoiqu'il fust bien à dix milles de distance du pied de la montagne.

Le premier village que nous rencontrasmes aprés avoir descendu la montagne, fut Quahutipec, de la iurisdiction de Tezcuco.

A trois lieues de là & à nostre main droite, nous vismes la ville de Tezcuco sur le bord du lac. Elle estoit aussi grande que la ville de Mexique du temps de Cortez ; elle est encore

OU DE LA NOUVELLE ESPAGNE.

aujourd'huy fameuse entre les Espagnols, comme une des premieres qui se soûmirent à leur domination. En l'estat que nous la vismes, nous ne jugeames pas qu'il y eust plus de cent Espagnols & de 300. Indiens, qui tiroient tout leur revenu de leurs jardins & des legumes qui s'en vendent tous les jours à la ville de Mexique, & aussi de quelques cedres dont le bois s'employe à bastir des maisons : mais il leur en reste peu, les Espagnols en ayant consommé un grand nombre dans leurs bâtimens. L'on reprocha à Cortez d'en avoir employé sept mille troncs dans le seul bâtiment de son palais. Les jardins de cette ville étoient autrefois entourez par les troncs d'arbres qui leur servoient de haye & de murailles ; quelques-uns étoient de six-vingt pieds de haut, & de douze de tour.

Au bout de cette plaine nous trouvasmes une ville appellée Mexicalcinco, de 100. habitans, qui a esté autrefois une grande ville. De là nous allasmes à Guetlavac, petite ville mais fort plaisante à cause de l'ombrage qu'y font plusieurs arbres fruitiers de ses jardins & des maisons de plaisance que des bourgeois de la ville de Mexique y ont fait bâtir pour leur divertissement, car cette ville est au pied de la chaussée qui mene au travers du lac à la ville de Mexique, & n'en est éloignée que de cinq mille Anglois.

Le 3. Octobre 1625. nous arrivasmes à la ville de Mexique. Sa situation approche fort de celle de Venise, si ce n'est que Venise est bâtie dans la mer, & la ville de Mexique sur un lac, qui est divisé en deux parties, ou pour mieux dire sur deux lacs, car l'eau d'un de ces lacs ne hausse ni ne baisse, au lieu que l'autre hausse & baisse selon que le vent change. L'eau du lac qui demeure toûjours en mesme estat est fort saine, bonne & douce, & nourrit quantité de petits poissons ; au contraire celle du lac qui hausse & baisse, est salée, amere, empestée, & ne produit aucun poisson. La surface du lac d'eau douce est plus haute que celle de l'autre lac ; en effet elle tombe dedans. Le lac salé a quinze lieuës de large & autant de long, de sorte qu'il a prés de 60. lieuës de tour, & le lac d'eau douce en a davantage ; tellement que ces deux lacs ensemble ont bien cent lieuës de tour.

Les Espagnols ont de differentes opinions touchant l'eau de ce lac & sa source ; les uns disent que tout le lac ensemble n'a qu'une source, qui vient d'une grande & haute montagne qui est au Sud de la ville de Mexique. Je puis assurer pour l'avoir veu, que l'on fait tous les jours une grande quantité de sel dans le lac qui est salé, & que c'est en cela que consiste une partie du plus grand trafic de cette ville, non seulement pour le debit qui s'en fait dans le pays, mais mesme dans les Isles Philippines. Quelque que puisse estre la cause de la differente nature de ces deux lacs, nous n'en sçavons point d'autres exemples dans le monde. Il y avoit autrefois plus de 80. villes de neuf à dix mille feux, bâties autour de ce lac. Tezencao en estoit une ; cependant dans le temps que j'y passay je n'y comptay qu'environ trente tant villes ou villages ; car la plus grande de ces villes passe à peine cinquante feux. La rudesse avec laquelle les Espagnols traitent cette pauvre nation qu'ils détruisent de jour en jour, en est la seule cause ; & deux ans auparavant mon retour en Europe, qui fut l'année 1635. je sceus de bonne part que les Espagnols avoient fait mourir un million d'Indiens, qu'ils avoient employé à faire prendre à l'eau qui vient dans le lac, un autre tour que celui de la ville de Mexique, pour empécher par là les grandes innondations ausquelles la ville de Mexique estoit sujette, comme il arriva l'année 1634. que l'eau du lac crût tellement que la ville de Mexique en pensa estre toute ruinée. Cette année là l'eau vint jusques dans les Églises, qui sont bâties aux endroits les plus élevez de la ville, de sorte que les habitans estoient contraints d'aller avec des canots d'une maison à l'autre. Ils ont détourné cette eau en lui coupant un chemin au travers des montagnes, mais il est à croire que cela ne durera pas, & que l'eau reprendra son ancien cours.

Je ne diray rien de la description que Gages fait de l'ancienne Mexique, puisqu'elle se trouve ailleurs, & qu'elle n'est point de lui, non plus que la relation qu'il fait des conquestes de Cortez. La ville de Mexique est bien changée & éloignée de cet heureux estat du temps de Cortez ; elle ne laisse pas d'estre encore maintenant une des plus grandes villes du monde, elle s'est principalement accrûe depuis l'an 1634. & depuis le soin que l'on a pris d'en détourner ces eaux, comme j'ay dit, il s'en faut beaucoup que ce lac n'en vienne si proche qu'il avoit accoutumé de faire. Quelquefois ce lac exhale une vapeur puante, & corrompt l'air des environs, qui d'ailleurs y est fort temperé & fort sain à cause des montagnes qui l'environnent. Les Espagnols croyent que les fortifications de Saint Jean de Ulhua la mettent assez à couvert des entreprises des étrangers ; & d'ailleurs ils n'ont plus rien à craindre des naturels du pays, qu'ils ont exterminez par toutes sortes de violences : c'est pourquoy il n'y a ny rampars, ny bastions, ny armes pour defendre cette ville ; & cependant c'est une des plus riches du monde. Il y vient tous les ans par la mer du Nord une flotte qui apporte tout ce qu'il y a de meilleures marchandises dans toute l'Europe.

RELATION DU MEXIQUE,

Elle reçoit encore par la mer Pacifique tout ce qui vient de plus riche de la Chine, du Japon, & des mines du Perou. Elle envoye tous les ans aux Philippines deux grandes caraques & deux autres bastimens plus petits. L'on y bat tous les jours de la monnoye des mines de saint Loüis de Sacatecas, qui sont à quatre-vingt lieuës de là du costé du Nord; car l'on y apporte la matiere de ces mines par morceaux sur des mulets. Les Espagnols ont encore poussé leurs conquestes cent lieuës au delà de ces mines, où ils découvrent tous les jours de nouvelles richesses. Ils ont basti là une ville sous le nom de la nouvelle Mexique, pour s'asseurer la possession de ces richesses, & dompter les Indiens de ces quartiers-là, qui sont fort bons soldats, & qui tiennent les Espagnols dans de continuelles allarmes. Il est à croire que les Espagnols acheveront un jour de conquerir tout le reste de ces pays devers le Nord, qui s'étendent sans doute jusqu'à nos habitations de Virginie & nouvelle Angleterre.

Cortez établit la ville de Mexique la Capitale des autres conquestes qu'il fit en ces quartiers-là, & qui avoient plus de cent lieuës de long. La reputation de sa iustice, & les bons ordres que ce Conquerant apportoit pour le gouvernement du pays, y attirerent de son temps beaucoup d'Indiens; mais ceux qui sont venus aprés lui, lui ont bien fait changer de face. L'année 1625. que i'y arrivay, il n'y avoit pas cinq mille Indiens; car les Espagnols qui l'habitent maintenant, qui sont tous à les entendre parler, des Guzmans, des Mendoça, & des fils de Conquerans, ont détruit ou écarté les habitans naturels de ce pays, ont trouvé moyen de leur oster les maisons qu'ils avoient aux meilleurs endroits de la ville, que Cortez leur avoit laissé à condition d'en payer une legere reconnoissance, & les ont reduits dans un des fauxbourgs nommé Guadaluppe. De ces cinq mille Indiens que ie trouvay au Mexique lorsque i'y arrivay, il en est mort plus de la moitié depuis des fatigues ausquelles on les a obligez pour détourner cette eau qui entre dans le lac, comme nous avons dit; & ie suis asseuré qu'il n'y reste pas maintenant deux mille Indiens, & un millier de Mestiz, c'est à dire de gens dont la mere est Indienne, & le pere Espagnol, & ce nombre diminue tous les iours par les mauvais traitemens de ces Espagnols, chez qui les moindres gens, un mulletier, par exemple, a la presomption d'un Conquerant, & traite l'Indien comme son esclave.

De trois ou quatre maisons d'Indiens l'on en a faite une à la maniere d'Espagne, avec de beaux iardins : ces maisons sont solidement basties de pierre & de brique; elles ne sont pas neanmoins fort hautes, à cause des tremblemens de terre qui y sont fort frequens. Ses rues sont fort larges, trois carrosses peuvent passer de front dans les plus étroites, & six dans les plus larges, ce qui fait paroistre la ville bien plus grande qu'elle n'est en effet. De mon temps l'on y faisoit estat de trente ou quarante mille Espagnols, tous riches & si magnifiques, qu'ils ont des carrosses la pluspart & de trés belles livrées; i'en ay compté iusqu'à deux mille dans l'Almeda, qui est un lieu comme le Cours de Paris. Ils disent communement qu'il y a quatre choses remarquables à la ville de Mexique, la beauté des femmes, les chevaux, les rues, & les habits; mais l'on y pourroit encore adiouter la magnificence de leurs carosses, qui surpasse tout ce que l'on voit en ce genre à Madrid & dans les autres villes de l'Europe : ils ne se contentent pas d'y employer les plus riches étoffes du monde, ils les relevent encore d'or, d'argent & de pierreries, avec les mors des chevaux & les fers d'argent. L'on tient qu'il y a 15000. carosses.

Les rues de nos plus belles villes de l'Europe n'approchent point de celles de la ville de Mexique, pour leur grandeur, leur netteté, & principalement à cause des riches boutiques dont elles sont bordées, & entre autres la rue des Orfévres, parmi lesquels il y a beaucoup d'Indiens & de Chinois, qui ont appris aux Espagnols quantité de secrets de cet art, inconnus aux autres nations. Le perroquet du Marquis de Seralvo, & la lampe des Dominicains, est de telle façon, elle est d'argent, & porte 300. branches avec leurs bobeches pour y mettre des cierges, & cent petites lampes, toutes de differens desseins; elle a esté estimée à 400000. ducats, c'est à dire environ 800000. écus.

La liberté qu'ont les femmes va iusqu'à l'excés; leur divertissement le plus ordinaire est le ieu, à quoi elles passent des iours & des nuits entieres, elles tâchent mesme d'y engager ceux qui passent dans les rues, en les appellant quand elles manquent de compagnie; & i'ay éprouvé que les Religieux mesmes ont de la peine à s'en defendre. Les perles, les diamans & les rubis sont fort communs entres elles, les femmes mesmes des Negres s'en parent, & il y en a de si bien faites & qui ont de si beaux traits, qu'elles donnent de la ialousie aux plus belles Espagnolles & à celles de la premiere qualité; aussi n'oublient-elles rien des manieres ni des aiustemens qui peuvent donner de l'amour à ceux qui ont ce goust.

OU DE LA NOUVELLE ESPAGNE.

La principale place de la ville de Mexique est le marché, il n'est pas si grand maintenant qu'il l'étoit du temps de Montezuma : le long d'un de ses costez regne un portique ou rangée d'arcades, où l'on peut se mettre à couvert quand il pleut, au dessous il y a des boutiques où l'on vend toutes sortes d'étoffes & d'ouvrages de soye, & des femmes au devant qui vendent des fruits & des herbes. En face de cette rangée d'arcades est le Palais du Vice-Roy, qui tient avec ses jardins fermez de murailles, toute une face du marché ; au bout de ce Palais est la prison, très-forte & bastie de pierre ; tout proche est la belle ruë appellée *la Plateria*, ou la ruë des Orfévres, très-riche en or, argent, perles & diamans. Tous les marchands de soye demeurent dans la grande ruë de S. Augustin ; mais la plus longue & large de toutes les ruës de la ville du Mexique est celle appellée Tacuba, où il n'y a quasi que des boutiques de Clincailliers, & de ceux qui trafiquent en cuivre & en acier : cette ruë est proche de l'Aqueduc par où passe l'eau qui est conduite dans la ville, elle est ainsi appellée à cause qu'elle mene à un village de ce nom. La ruë de l'Aigle surpasse toutes les autres par la magnificence de ses bastimens, c'est le quartier des gens de qualité, des courtisans & des principaux Officiers de la ville ; la maison de Ferdinando Cortez y est aussi : on appelle cette ruë la ruë de l'Aigle, à cause d'un aigle de pierre qui estoit autrefois un Idole des Indiens, & qui est encore au coin de cette rue.

Il n'y a que trois chauffées ou chemins pour entrer dans la ville de Mexique, l'une vient de l'Ouest & a une lieue & demie de long, l'autre vient du Nort, & a trois lieues de long : la ville n'a point d'entrée vers l'Est, mais elle a une chaussée du costé du Sud, qui a cinq lieues de long, qui estoit le chemin par où Cortez entra dans la ville quand il la conquit.

Quoique le fruit appellé Nuchtli croisse en plusieurs endroits de l'Amerique, & qu'il y en ait maintenant en Espagne, il n'y a pourtant point de lieu où il croisse si naturellement qu'au Mexique, c'est un des meilleurs fruits de ce pays, il ressemble à la figue, & renferme comme elle plusieurs petits grains, mais plus gros que ceux de la figue, avec une teste ou couronne assez semblable à celle de la nefle ; il y a de ces fruits de diverses couleurs, les uns sont verds par dessus, & de couleur d'incarnat par dedans, ceux là sont de fort bon goust ; d'autres sont jaunes, il y en a de blancs, de bigarrez de plusieurs couleurs ; mais la meilleure espece est la blanche : ce fruit dure long-temps, il y en a qui a le goust de poires, d'autres de raisins, il est fort rafraichissant & par cette raison beaucoup estimé dans le temps des grandes chaleurs de l'Esté, les Espagnols l'estiment encore plus que les Indiens ; le labour & la culture de la terre le rend meilleur. Il y a aussi un fruit de la mesme espece, qui est rouge, d'aussi bon goust que les autres, mais moins estimé à cause qu'il tint les lévres, la langue, les habits, & mesme l'urine, de rouge comme du sang : la plure de dehors de ce fruit est épaisse, & pleine de petits picquans, & quand on le coupe droit tout d'un coup jusqu'aux grains qu'elle enferme, l'on la peut lever tout au tour avec le doigt sans la rompre, & en tirer le fruit pour manger. Les Espagnols pour attrapper les nouveaux venus mettent cinq ou six de ces fruits dans quelque linge, & les ayant bien remuez dedans, les picquans presque invisibles qui sont sur la plure, se fourent dans le linge, de sorte qu'une personne venant à s'essuyer la bouche avec cette serviette pour boire, ces picquans lui entrent dans les lévres, où se mettent droits comme si ils y étoient semez, ils la font begayer quelque temps quand elle veut parler, jusques à ce que l'on les oste à force de se frotter & de se laver les lévres.

Il y croist aussi un autre fruit deux fois aussi gros qu'une grosse poire, qu'ils appellent en Espagnol *maniar blanco*, ou blanc manger, car en effet ce fruit en a presque le goust : il se fond dans la bouche comme de la neige, & l'emplit d'une eau sucrée ; il est plein au dedans de noyaux, ou petites pierres noires, lesquelles si on les écrase sous les dents, sont ameres ; ils ne se tiennent pas ensemble, mais sont enveloppez chacun d'une pellicule qui les separe les uns des autres, & qui les divise par rangées, de sorte que si on coupe ce fruit droit, l'une des moitiez fait la figure d'un échiquier, avec des intervalles blancs & noirs, dont on mange ou on suce le blanc, & on jette le noir.

Il est aussi à remarquer un fruit qu'ils appellent Pinia, ou pomme de Pin, n'est pas le fruit que portent les Pins, mais une autre qui croist sur un arbre plus petit, qui a les fueilles pleines de picquants, & qu'il est plus gros que les plus gros melons d'Angleterre quand il est meur, il est jaune dehors & dedans, par dehors il est plein de petites bosses, & il est si froid & si humide, qu'il n'y a rien de si dangereux que d'en manger beaucoup. Avant que de manger de ce fruit on le coupe par tranches que l'on fait tremper l'espace d'une demie heure dans de l'eau & du sel, qui lui oste beaucoup de sa crudité & d'indigestion ; on le sert après dans un plat avec beaucoup d'eau fraische, & on le mange ainsi : mais la meilleure maniere est d'en faire de la conserve, qui est sans contredit la meilleure de tous ces païs. Il y croist aussi du raisin, quoique l'on n'en fasse pas de vin; des pommes, des poires, des pesches, des abricots, des grenades, des melons, des dattes, des figues, des noix, des chataignes, des oranges, des limes aigres & douces, des citrons en grande abondance, beaucoup des autres fruits qui sont en l'Europe, & d'autres qui n'y sont pas communs, principalement aux environs de la ville de Mexique, où il croist un arbre appellé Metel, qu'ils plantent & cultivent comme l'on fait les vignes en Europe : il a prés de quarante sortes de fueilles differentes, lesquelles servent à divers usages, car quand elles sont encore tendres ils en font des conserves, du papier, de la filasse, des manteaux, des nattes, des souliers, des ceintures, & de cordages. Il croist sur les fueilles de cet arbre de certains piquants si forts & si aigus, qu'ils s'en servent au lieu de scies : sa racine rend un jus ou syrop, qui ayant été bouïlli il s'en fait du sucre. L'on en fait aussi du vinaigre & du vin, dont les Indiens s'enyvrent : son écorce brûlée guerit les blessures & les ulceres : il sort du sommet de son tronc une gomme, qui est un excellent antidote contre le poison. Enfin la ville de Mexique ni ses environs ne manquent de rien de ce qui peut rendre une ville heureuse, & le titre de Paradis terrestre lui convient mieux qu'à quelqu'autre lieu du monde. Cette ville est le siege de l'Archevesque & du Vice-Roy : il a le pouvoir de faire des Loix & Ordonnances, de donner les Charges, & de decider les differens qui arrivent, si ce n'est qu'ils soient de telle consequence qu'il juge à propos d'en remettre le jugement au Conseil d'Espagne. Tous les Gouverneurs qui sont dans le Mexique lui sont subalternes ; il y a bien quatre cent lieuës de pays qui en dependent. La plufpart des Officiers du Mexique sont ses creatures, ils luy font de grands presens pour estre preferez les uns aux autres. Il est Chef de la Justice, l'on appelle à son tribunal, où les affaires se terminent en dernier ressort ; son temps est de cinq ans, il lui est aisé d'acheter une prorogation de 5. ans, & quelquefois de dix. C'est une chose incroyable combien un Vice-Roy du Mexique peut amasser de richesses tous les ans, sans compter les cent mille ducats qu'il a du Roy, principalement en s'appliquant au trafic, comme ils font presque tous ; car quand ils veulent trafiquer d'une marchandise, ils en font un monopole, comme faisoit le Marquis de Serralvo de mon temps, qui estoit le plus grand monopoleur de sel qu'il y eust jamais au Mexique, il gagnoit tous les ans la valeur d'un million dans ce monopole & dans le trafic qu'il faisoit en Espagne & aux Philippines ; il exerça la charge de Vice-Roy l'espace de dix ans, & pour estre continué dans cette dignité cinq ans plus que le temps ordinaire, il fit present au Roy d'Espagne d'un Perroquet fait de pierreries, qui fut estimé cinq cens mille écus, & dépensa un million en presens qu'il fit à la Cour d'Espagne. Outre le Vice Roy il y a ordinairement six Juges & un Procureur du Roy, lesquels ont chacun du Roy d'Espagne par an 11000. ducats d'apointement. Il y a un Lieutenant Civil & un Lieutenant Criminel, qui jugent avec lui toutes les causes civiles & criminelles, neanmoins quoique joints ensemble ils n'osent contredire le Vice-Roy dans tous les jugemens qu'il rend, quoiqu'iniustes, & mesme quelques uns l'ayant hazardé ils en ont esté chastiez, de sorte qu'il est maistre absolu de la Justice. Ce pouvoir sans bornes, l'avarice du Vice-Roy, les grands appointemens de soixante mille ducats tous les ans, & l'orgueil de l'Archevesque Don Alonzo de Zerna mirent la ville à deux doigts de sa ruine ; car ces deux pouvoirs se battant comme deux cailloux ensemble, allumerent un feu qui pensa reduire cette belle ville en cendre, comme aussi le Palais du Vice-Roy.

J'en rapporteray icy l'histoire, afin qu'elle serve d'avertissement à toutes les nations, de ne point elire de Gouverneurs avares, ni des Prelats trop entreprenans. Le Comte de Gelves passoit alors pour estre le meilleur Vice-Roy qui eust esté jamais envoyé d'Espagne en Amerique, les Espagnols l'appelloient le terrible Justicier, il faisoit faire une exacte recherche des voleurs, il les faisoit pendre sans remission, tout le monde disoit que depuis la conqueste du Mexique jusqu'à son temps l'on n'avoit jamais veu tant pendre de malfaicteurs. Quant à la justice il y estoit severe & équitable ; mais l'avidité du gain l'avoit tellement aveuglé, qu'auparavant qu'il eust reconnu le mal qu'il faisoit, il avoit mis tout le Mexique sur le point de se revolter. Il faisoit faire ce qu'il ne vouloit pas que l'on sçust qui vinst de lui, par ses émissaires, & entr'autres par un nommé D. Pedro Mexia, trés riche Gentilhomme du Mexique, qu'il s'étoit associé pour profiter sur le maiz des Indiens, & sur le bled des Espagnols ; il en acheta grande quantité à raison de 14. terces le boisseau, comme il est taxé dans le pays par les Loix, pour le vendre aprés en en tems de famine avec avantage ; les Fermiers & autres gens qui voyoient cette année abondante, étoient bien-aise de lui vendre leur grain, ne considerant pas à quelle fin il l'achetoit, & d'autres le faisoient aussi sçachant que c'étoit des favoris du Vice-Roy qui l'achetoient. Ainsi D. Pedro Mexia remplit tous les greniers qu'il avoit loüez dans le pays, si bien que lui & le Vice Roy devinrent maistres de tout le grain du pays, & il avoit des Officiers attitrez qui l'alloient vendre aux marchez

lorsque

lorsque le temps y étoit propre, & qu'il le pouvoit vendre deux fois plus qu'il ne luy avoit couté : les pauvres commencerent à se plaindre, & les riches à murmurer. L'on fit voir au Vice-Roy en plein Conseil la taxe du grain selon les Ordonnances, à quoi il répondit que cette taxe & cette Ordonnance ne devoit s'étendre qu'au temps de famine ; qu'il étoit bien informé que l'année presente estoit la plus abondante qui eust jamais été ; qu'il sçavoit aussi que l'on en apportoit dans les marchez suffisamment pour fournir la ville de Mexique & tout le païs ; ainsi il se mocquoit des Ordonnances, des plaintes des riches, & des souffrances des pauvres, & personne ne vendoit des grains que les gens des greniers de D. Pedro Mexia. Le peuple s'adressa à Don Alonso de Zerna Archevesque de la ville de Mexique, qui fit un cas de conscience de ce monopole, excommunia ce Pedro de Mexia, en fit afficher des placards à toutes les portes des Eglises, comme aussi des billets de *cessatio à divinis*. Pedro de Mexia vendoit toujours son grain, & même l'augmenta de prix : neanmoins connoissant par là que l'Archevesque lui en vouloit, & le peuple ayant crié aprés luy, quand il passoit dans les ruës, il se retira secrettement chez le Vice Roy luy demandant sa faveur & sa protection dans une affaire qui leur étoit commune. Le Vice-Roy donna aussi tost ses ordres, pour faire arracher des portes des Eglises les billets d'excommunication, & de *cessatio à divinis*, avec commandement à tous les Superieurs des Religions d'ouvrir leurs Eglises, & de celebrer le service divin comme auparavant ; les Religieux n'executerent point les ordres du Vice-Roy, comme étant contraires à l'obeïssance qu'ils devoient à leur Archevesque : le Vice-Roy lui fit commandement de revoquer sa censure, à quoy il répondit, que ce qu'il avoit fait estoit bien fait, & contre un persecuteur des pauvres, que leurs cris l'avoient obligé d'en prendre connoissance, & qu'il ne pouvoit revoquer sa censure, jusques à ce que Don Pedro de Mexia se fust soumis à l'Eglise, & qu'il n'eust dédommagé le public, & principalement les pauvres, avec les Prestres & les Religieux qui avoient beaucoup souffert à cause d'un monopole si injuste.

Le Vice-Roy échauffé de cette réponse, qui lui parut arrogante & choquer l'authorité de son Prince, commanda que l'on se saisist de sa personne pour le mener à S. Jean du Ulhua & l'y faire embarquer pour Espagne. L'Archevesque sur cet avis se retira au quartier de Guadalupe avec plusieurs de son Clergé, & se servant de ses armes, il fulmina une excommunication contre le Vice-Roy. Le Vice-Roy luy met en trousse des Sergens & autres Ministres de la Justice, l'obligea de se sauver dans l'Eglise, où il prit ses habits Pontificaux, fit allumer les cierges sur l'Autel, tira le S. Sacrement du tabernacle, le prit d'une main, la Croix de l'autre, & attendit en cet estat proche de l'Autel avec beaucoup de Prestres autour de lui, les venuë des Sergens qui le devoient prendre. Arrivez qu'ils furent dans l'Eglise, ils se mirent à genoux comme pour satisfaire à leur devoir, & dirent à l'Archevesque le sujet pour lequel ils étoient venus, le requerant qu'il eust à remettre le S. Sacrement, & à sortir de l'Eglise pour entendre les ordres qu'ils lui portoient au nom du Roy. L'Archevesque répliqua, que le Vice-Roy estant excommunié & hors de l'Eglise, il n'avoit aucun pouvoir ni authorité, bien loin d'être en droit de lui rien commander dans la maison de Dieu, & dans son Eglise ; qu'ils eussent à se retirer, & qu'ils se gardassent bien de rien attenter contre les immunitez Ecclesiastiques. L'Officier lui fit voir l'ordre qu'il avoit de le prendre en quelque lieu qu'il fust, & de le mener au port de S. Jean de Ulhua, pour estre de là transporté en Espagne. Il commanda ensuite au nom du Roy à un Prestre qu'il avoit amené exprés, d'oster le S. Sacrement des mains de l'Archevesque, ce qu'il executa ; Don Alonso quitta aprés ses habits Pontificaux, & se rendit entre les mains de l'Officier, prenant tous les Prestres pour témoins de la violence qu'il souffroit. Il fut de là mené à saint Jean de Ulhua, & puis en Espagne. Les Mexicains firent leur affaire, de la persecution de leur Archevesque ; il s'estoit attiré leur affection par la chaleur qu'il avoit témoignée en prenant le party du peuple & des pauvres ; ses sentimens se répandent parmy tout le peuple ; l'on crie contre D. Pedro de Mexia & contre le Vice-Roy, les Prestres animent les Seculiers contre luy, les Criolos ou Espagnols nez dans les Indes font encore plus de bruit que les autres, la sedition enfin éclate par l'insulte que l'on fit à l'Officier qui avoit mené l'Archevesque à S. Jean de Ulhua. *Alla vel el Judas*, commencerent-ils à crier le voyant dans un carrosse, *muera el vellaco descomulgado la muerte del Judas*, ils le suivirent avec ces imprecations, & à coups de pierres, jusques dans le Palais du Vice Roy ; & quoique il fist asseurer le peuple que Tirol s'estoit sauvé par une porte de derriere, il ne pust arrester leur furie ; car quelques Prestres s'estant mis à la teste des soulevez, & un nommé Salazar entr'autres ayant forcé les prisons, vint avec toute la populace, & les scelerats qu'il en

IV. Partie.

avoit tirez, mettre le feu aux portes du Palais du Vice-Roy ; ce fut en vain qu'il parut sur le balcon de son Palais, qu'il fit déployer l'Etendart du Roy d'Espagne, & fit sonner la trompette pour demander du secours à la ville, les soûlevez y répondirent par des cris de *viva el Rey, muera el mal govierno, mueran los descomulgados* ; l'on se battit trois heures durant à coups de main, la porte fut cependant brûlée, l'on pilla quelque partie du Palais du Vice-Roy, & le mal auroit esté plus loin, si quelques uns des principaux habitans ne s'étoient hazardez de parler au peuple, & ne l'avoient persuadé d'éteindre le feu, également à craindre aux innocens & aux coupables. Le Vice-Roy se sauva déguisé en Cordelier, & demeura une année durant caché dans un Cloître, où je le vis l'année suivante.

Le Conseil d'Espagne qui apprehendoit que d'autres villes ne suivissent cet exemple, envoya l'année d'après 1625. Le Marquis de Seralvo à la place du Comte de Gelves, & lui donna pour Assesseur Dom Martin de Carillo, du Tribunal de l'Inquisition de Valladolid, avec une Commission fort expresse de punir les autheurs de cette rebellion. J'étois au Mexique au temps de cette recherche, & je sçavois par le moyen du Confesseur de Carillo tout ce qui se passoit ; si la Justice eust esté faite avec rigueur, la plupart des principaux de la ville du Mexique auroient esté punis, pour ne s'estre pas rangez sous l'Etendart du Roy d'Espagne, lorsqu'on les y avoit appellez au son de la trompette ; ils dirent pour leurs excuses, que la populace s'étoit jettée sur eux, & les en avoit empechez : quelques Juges pourtant furent deposez de leur charge ; & l'on trouva les principaux autheurs de cette sedition étoient les Prestres, & sous eux les Criollos. Salazar, avec trois autres Prestres furent condamnez aux Galeres, mais ils avoient pris la fuite ; l'on publia une amnistis pour tous les autres. Le procedé de l'Archevesque fut plus blâmé en Espagne que celuy du Vice-Roy, il fut long temps sans employ, on lui donna enfin l'Evesché de Zamora en Castille, lieu de sa naissance ; ainsi de 60000. écus que lui rendoit tous les ans l'Archevêché du Mexique, il fut reduit à n'avoir que 5000. écus que vaut celui de Zamora. Pour le Comte de Gelves, on le rappella en Espagne, où il eut la charge de Cavallerizo del Rei, qui est une charge fort considerable à Madrid.

L'Amerique contient le Mexique & le Perou, qui sont separez l'un de l'autre par un isthme de dix-sept lieuës de largeur, & selon les autres, de douze seulement. Le Mexique ou partie septentrionale, est encore subdivisée en quatre Provinces, Themistitan, Nova Gallicia, Mechoacan, & Guastacan. La ville de Mexique qui tient le premier lieu entre celles de Themistitan, fait aussi que cette Province a la prééminence sur les trois autres ; car elle est le siege Archiepiscopal de cette partie de l'Amerique, & la residence du Vice-Roy. La seconde ville de Themistitan est la Puebla de los Angeles, la troisiéme Villaruca, Antiquera la quatriéme, Meccioca la cinquiéme, Ottopan la sixiéme. Ces villes, si l'on en excepte les deux premieres, sont toutes fort petites ; le nom des villes leur est demeuré parce que les Espagnols ont eu dessein autrefois d'y ériger des Eveschez, ce qu'ils n'ont pû executer, la ville de Mexique & celle de los Angeles ayant attiré tout le trafic, & presque tous les habitans des autres places. Le ressort de la ville du Mexique s'étend à toutes les villes de ses environs, autrefois habitées par des Indiens, toutes sont maintenant d'Espagnols & de Mestiz. Entre ces villes, Chapultepec est fameuse par les sepultures des anciens Empereurs du Mexique, l'on y enterre les Vice Rois ; Il y a un grand Palais avec plusieurs jardins embellis de fontaines & de viviers remplis de poissons ; les Vice-Rois & la Noblesse du Mexique s'y viennent souvent divertir. L'on tient que les richesses qui sont dans la Chapelle des Vice-Rois, vallent plus d'un million d'écus. Tecuba est une ville fort agreable pour ses jardins ; elle est bastie sur le chemin de Chapultepec. Au Sud de la ville de Mexique est Toluco, fort pour son trafic, & qui est principalement renommée à cause du bon lard qui s'y fait, & que l'on envoye de tous côtez. Vers l'Occident est la ville nommée la Piedad, bâtie au bout d'une chaussée, il y vient beaucoup de monde de la ville du Mexique, par une devotion qu'ils ont à une Image de la Vierge, & les excessives richesses que l'on y voit sont de grandes marques de la pieté de ces peuples.

Au Nort & à trois lieuës de Mexique est le lieu le plus divertissant de tous ses environs, nommé la Soledad, ou le desert, les Carmes Déchaussez y ont basty un beau Cloître sur une montagne entre des rochers, ils ont pratiqué dedans & autour plusieurs caverves, taillées en forme de cellules ; il y avoit de mon temps, dans l'Eglise qu'ils y ont, vingt lampes d'argent, dont la moindre étoit estimée quatre ou cinq cens écus. Sur le chemin de la Soledad est une autre ville nommée Tacubaya, où les Capucins ont un beau Cloître, l'on y vient principalement pour ouïr leur musique, que ces

ET DE LA NOUVELLE ESPAGNE.

Peres ont si bien apprise aux Indiens, qu'ils n'en doivent rien à ceux de l'Eglise Cathedrale de Mexique.

Proche la province de Themistitan est celle de Guastachan, sur la route de saint Jean de Ulhua au Mexique; elle n'est pas si pauvre que la fait Heylin, car elle a beaucoup de moulins à sucre, & de lieux où l'on recueille la Cochenille; elle s'étend jusqu'à la vallée de Guaxaca, qui est très fertile. Tlaxcallan estoit autrefois la ville capitale de cette province; mais les principales d'aujourd'huy sont Guaxaca & Xalappa, toutes deux érigées en Eveschez, c'est d'elles qu'elle tire son principal ornement. Elle a aussi Villarica, qui est une ville maritime très-riche, à cause que tous les vaisseaux qui vont ou viennent de la nouvelle Espagne s'y arrestent, & deux Colonies Espagnoles, Pamico & Sant Iago.

Mechoacan est la troisiéme partie du Mexique, elle a de circuit quatre vingt lieuës, le terroir en est fort fertile, planté de meurriers, il s'y fait quantité de soye, l'on y ramasse beaucoup de miel, de cire & d'ambre noir, mais sur tout elle est renommée à cause des beaux ouvrages de plumes qui s'y font; & les rivieres qui l'arrosent nourrissent une si grande abondance de poisson, qu'elle en tire son nom, car Mechoacan en Mexicain signifie lieu de pêche.

La langue de ces Indiens est fort riche, ils sont de bonne taille, & élegans, forts, spirituels, de bon sens, & industrieux, comme il se voit par leurs ouvrages, specialement par ceux qu'ils font de plumes, qui ont merité souvent d'estre presentez aux Rois d'Espagne.

L'on nomme Valladolid la ville capitale de cette Province; c'est aussi un siege Episcopal; ses meilleures villes sont, Sinfonte, où le Roy de cette contrée faisoit autrefois sa résidence, Pascuar, & Colima, qui sont fort grandes, & habitées par des Espagnols & des Indiens. Elle a deux bons ports, le port de saint Antonio, & le port de Sant Iago. Du temps que Cortez conquit le Mexique, cette province avoit presque autant d'étenduë toute seule que l'Empire du Mexique; Caconzin, Roy de Mechoacan, fit amitié avec Cortez, & fut toûjours devoüé pour les Espagnols, qu'il reconnut pour ses maistres, jusqu'au temps de Nuño de Guzman President de la Justice du Mexique, qui en passant par Mechoacan, prit Caconzin sans qu'il fist de resistance, & après avoir tiré de lui 10000. marcs d'argent, beaucoup d'or & d'autres richesses, il le fit brûler avec les principaux de son Royaume, sans autre raison que celle d'arrester les plaintes qu'il auroit pû faire d'un traitement si injuste.

La quatriéme & derniere province du Mexique est Gallicia nueva, ses rivieres sont celles de Piastelle, & San Sebastien. Entre plusieurs villes habitées d'Espagnols & d'Indiens, qui rendent cette province fameuse, Xalisco est la principale, Guadalaiara la seconde, Coanum la troisiéme, Compostella la quatriéme, San Spiritu la cinquiéme, & Capala, maintenant appellée nueva Mexico, la sixiéme. Les Espagnols de cette derniere ville sont tous les jours aux mains avec les Indiens qui sont au Nord, sans en pouvoir venir à bout; car ils sont braves, se retirent dans les roches & dans les montagnes, & quoi qu'ils n'ayent que des arcs & des flèches, ils ne laissent pas de se bien defendre, viennent au combat avec de grands cris, sautent d'une roche à l'autre, & tuent beaucoup d'Espagnols. Ce sont de ses riches mines de San Luis de Sacatecas, d'où l'on apporte à la maison des mines du Mexique, & de la Puebla de los Angeles, tout l'argent qui s'y monnoye, il en passe tous les ans pour six millions en Espagne. Les Espagnols travaillent à les subjuguer, avec application, car à mesure qu'ils avancent vers le Septentrion, ils découvrent de nouvelles richesses; & d'ailleurs ils ont à craindre que les Anglois ne les previennent & ne s'en rendent les maistres en venant de la Virginie & de leurs autres Colonies. J'ay entendu dire à ce propos aux Espagnols, qu'ils s'étonnoient de ce que les Anglois n'étoient pas entrez plus avant dans les pays; que pour eux, lorsqu'ils seroient venus à bout de ces Indiens, ils les viendroient chercher jusque dans la Floride & la Virginie, pour les en chasser.

Quivira est la plus Occidentale des dépendances du Mexique, opposée à la Tartarie, c'est une raison pour quelques uns de croire que les Tartares ont habité les premiers l'Amerique; à la verité les peuples qui l'habitent leur ressemblent en plusieurs coûtumes & façons de faire, la rudesse des mœurs, & la maniere d'agir de ses habitans, marquent qu'ils tiennent beaucoup des Tartares; d'ailleurs Quivira, & tout le costé Occidental de l'Amerique, qui confine avec l'Asie, est beaucoup plus peuplé que celui de l'Orient, ce qui fait croire que cette partie a esté habitée la premiere; si le costé Occidental n'est pas joint à la Tartarie, il n'en est separé que par un fort petit détroit; les habitans de Quivira, les plus proches de la Tartarie, changent de demeures selon les saisons de l'année, & vont aux endroits où il y a des pasturages pour leurs bestiaux, de mesme que les Tartares. Tout ce costé de l'Amerique est couvert de pasturages, & joüit d'un air fort temperé. Les peuples qui l'habitent sont plus

IV Partie.

d'eſtime du verre que de l'or ; en quelques endroits ils mangent de la chair humaine. Leur vaches ſont leurs plus grandes richeſſes, ils couvrent leurs maiſons de leurs peaux, ils font du fil de leur poil, & des cordes de leurs nerfs, des outres pour porter de l'eau, de la peau de leurs veaux, ils boivent leur ſang, leur chair eſt leur nourriture ordinaire, & la fiente de ces animaux leur tient lieu de bois à brûler.

On croit que ces peuples ont quelque commerce avec ceux de la Chine, les Eſpagnols n'ont pas encore penetré fort avant de ce coſté-là, mais ils diſent que lorſque Vaſquez Coronado conquit Quivira, il vit dans la mer, loin de la coſte, un vaiſſeau qui n'étoit pas fait comme les noſtres, mais plus ſemblable à ceux de la Chine, & qu'il y avoit un Pellican dépeint à ſon pavillon. Quivira ſelon les Eſpagnols contient Cibola, & la nueva Albion, Cibola eſt vers l'Orient, ſa ville capitale eſt auſſi nommée Cibola, Totonaa eſt la ſeconde ; l'air y eſt temperé, & elle eſt ſcituée fort agreablement ſur le bord de la riviere dont elle porte le nom. Sa troiſiéme ville conſiderable eſt Tinguez, les Jeſuites y ont un College pour la converſion de ces Indiens.

Jucatan eſt le troiſiéme Royaume ou diviſion de l'Amerique Septentrionale Eſpagnole, & fut découvert par Hernando de Cordoüa l'année 1517. Jucatan en Indien ſignifie, Que dites-vous ? Les Eſpagnols ont ainſi nommé ce Royaume, parce qu'ayant demandé aux habitans le nom de leur pays lorſqu'ils le découvrirent, comme ils n'entendoient pas l'Eſpagnol, ils leur répondirent Jucatan, c'eſt à dire, que dites vous ? quelques-uns ont dit mal à propos, que ce nom lui venoit de Joctan fils de Heber, qu'ils font venir de l'Orient habiter ce pays-là. Jucatan eſt une peninſule vis-à-vis de d'Iſle de Cuba, qui a au moins 900. milles de circuit, elle eſt diviſée en trois parties, Jucatan, Guatemala, & Acaſamil ; les principales villes de Jucatan ſont, Campeche, Valladolid, Merida, Simaticas, & Caire, qu'ils nomment ainſi à cauſe de ſa grandeur & de ſa beauté. Les Eſpagnols tiennent que ce pays n'eſt pas riche ; ſes principales marchandiſes ſont, du miel, de la cire, des cuirs, & un peu de ſucre, il n'y a point de Cochenille, d'Indigo, ny de mines, mais en recompenſe diverſes drogues fort eſtimées, & principalement la Canna fiſtula, la Zarzaparilla, & quantité de Maiz. Il y a auſſi grande quantité de bois propre à baſtir des vaiſſeaux, auſſi les Eſpagnols y en baſtiſſent-ils de trés-forts, dont ils ſe ſervent pour leurs retours en Eſpagne.

La ſeconde partie du Royaume de Jucatan eſt nommée Guatamala, où j'ay demeuré prés de 12. ans : quoique les Eſpagnols ayent fait mourir cruellement plus de 500000. de ſes habitans, elle ne laiſſe pas d'avoir les plus grandes villes & les plus peuplées d'Indiens de toute l'Amerique. Cette province eſt fort fertile, ſes principales villes ſont, Guatemala, Caſſuca, & Chiapa.

L'Iſle d'Acaſamil, ou plus ordinairement appellée par les Eſpagnols Santa Cruz, fait la troiſiéme & derniere partie du Royaume de Jucatan, elle eſt vis-à-vis de Guatemala, Santa Cruz eſt ſa ville capitale.

La quatriéme partie de l'Amerique ſeptentrionale & Eſpagnole, car je ne me ſuis pas informé des autres, eſt Nicaragua : elle eſt au Sud Eſt, à environ 450. lieuës du Mexique, & lui eſt ſemblable en quelque façon pour ſon terroir, & ſes habitans qui ſont de belle taille, & d'une couleur tirant ſur le blanc. Cette province eſt ſi delicieuſe & ſi fertile, que les Eſpagnols la nomment le Paradis de Mahomet. Entre pluſieurs arbres qui y croiſſent il y en a un qui fait ſecher ſur le champ celui qui touche la moindre de ſes branches. L'on peut dire qu'il y a là autant de Perroquets, que de Corneilles en Angleterre. Les Coqs d'inde & autres volailles, les Cailles & les Lapins ſont les mets les plus ordinaires des habitans de cette province. Elle a pluſieurs villes trés-peuplées, mais non pas tant que celles de Guatemala ; les principales ſont la ville de Leon ſiege Epiſcopal, & Granada qui eſt baſtie ſur un lac d'eau douce d'environ 300. milles de circuit, qui a flux & reflux, quoiqu'il n'ait pas de communication viſible avec la mer.

Je ne dis rien icy du Perou, parce que Gages n'en parle que par oüy-dire.

L'an 1637. comme j'étois à Panama pour retourner en Angleterre, il y arriva environ vingt Indiens payens, qui venoient avec un ſignal de paix, traiter avec le Preſident de ce lieu, promettant de ſe ranger ſous l'obeïſſance du Roy d'Eſpagne ; mais l'on me dit aprés à Carthagene, qu'il n'y eut rien d'arreſté, les Eſpagnols n'oſant ſe fier à ces peuples qui ont tant de fois pris les armes pour ſe venger de leurs cruautez ; ces Indiens étoient fort propres, grands & bien proportionnez, il y en avoit un entr'eux qui avoit les cheveux d'un roux le plus ardent que j'aye jamais veu, il avoit des pendans d'oreille d'or, d'autres avoient de petites pieces d'or en forme de demy-lune penduës à leur lévre denhaut, qui ſont des marques des grandes richeſſes qui ſont chez eux.

OU DE LA NOUVELLE ESPAGNE.

L'Amerique a de grandes Isles qui l'environnent, celle de sainte Marguerite qui en est une, ne produit point de bled, d'arbres, ni aucunes herbes; elle n'a mesme point d'eau, mais les perles qu'ils y trouvent, la rendent considerable, & fait que l'on s'y passe de ce qui est le plus necessaire à la vie de l'homme; des marchands fort riches qui ont jusqu'à 50. Negres, y demeurent pour pescher des perles dans les roches qui environnent cette Isle, & ausquels il faut que leurs maistres se fient pour le nombre de perles qu'ils ont peschées. Ce qui se fait ainsi. On descend les Negres au fond de la mer dans une espece de corbeille, & l'on les y laisse jusques à ce qu'ils tirent la corde avec quoi on les a descendus : & alors on les remonte. J'ay entendu dire à de ces Marchands qui faisoient pescher des perles, qu'ils nourrissent principalement leurs Negres de rôty durant qu'ils peschent, afin qu'ils puissent retenir plus long temps leur haleine sous l'eau. L'on porte à Carthagenes les perles qui se peschent à sainte Marguerite, pour y estre percées : elle a une grande ruë où il n'y a que des boutiques de gens qui ne font autre chose que de percer des perles. Tous les ans vers le mois de Juillet l'on équipe un vaisseau ou deux pour porter à Carthagene le revenu que payent au Roy d'Espagne les Marchands de l'Isle de sainte Marguerite, avec les perles qui s'y peschent, & chacun de ces vaisseaux est estimé ordinairement 60. ou 80. mille ducats, ou davantage; ces vaisseaux sont toujours bien armez à cause des Pirates Anglois & Hollandois.

Comme j'estois à Carthagene l'an 1637. une vaisseau Anglois venant de l'Isle de la Providence, attaqua une vaisseau chargé de cette riche marchandise, & l'avoit déja contraint à demander quartier, lorsque deux vaisseaux Hollandois qui survinrent pretendirent avoir part à cette prise. Mais pendant qu'ils s'amusoient à contester, le vaisseau Espagnol se retira sous une petite Isle qui est là proche, l'on déchargea à la haste ses perles, on les cacha dans un bois de l'Isle, & les Espagnols mirent le feu à leur vaisseau; il partit après de Carthagene un vaisseau armé en guerre pour aller querir ces perles dans le bois, où il ne s'en trouva pas la troisiéme partie de ce que l'on y avoit caché.

La Jamaïque est une autre Isle possedée par les Espagnols, elle a 28. milles de long, & 70. de large, elle vaut mieux que l'Isle de sainte Marguerite, car elle a de belles fontaines & ruisseaux, mais elle lui est de beaucoup inferieure en richesses. Les principales marchandises que l'on en tire sont, quelques cuirs, des sucres, & du tabac. Elle n'a que deux villes considerables, Oristana, & Sevilla : l'on y bastit d'aussi bons vaisseaux qu'en Espagne : cette Isle estoit autrefois fort peuplée, mais les Espagnols en ont fait mourir plus de soixante mille habitans, & les femmes de cette Isle aussi bien que celles de la terre ferme, étouffent leurs enfant dés qu'ils sont nez, afin de les délivrer de la tyrannie d'une nation si cruelle.

Bien loin au de là de ces deux Isles est celle de Cuba, elle a 300. milles de long, & 70. milles de large. Elle est diversifiée de forests, de lacs & de montagnes. L'air y est fort temperé, la terre fort fertile, elle a des mines de très-bon cuivre, force gingembre, casse, mastic, & aloës; l'on y a trouvé autrefois un peu d'or, mais il étoit de bas aloy. Il y croist un peu de canelle, de canna fistula, ne zarzaparilla & de sucre, toutes sortes de bestiaux & de Gibier s'y trouvent en grande abondance, la mer qui l'entoure nourrit quantité de poisson, & entr'autres des tortuës, il y a aussi des cochons en si grande abondance, que les Vaisseaux qui s'en retournent en Espagne, en font leur principale provision.

Les principales villes de l'Isle de Cuba sont, S. Jago, & Havana, qui est bastie sur le bord septentrional de l'Isle; elle a une rade trés-sure pour les vaisseaux; c'est l'étape des marchandises, & les Espagnols l'appellent la clef de toutes les Indes Occidentales, & l'entrée de toute l'Amerique. Les vaisseaux du Roy d'Espagne viennent moüiller à ce port; & les vaisseaux marchands s'y rendent des divers ports des pays que je viens de nommer. En un mot toutes les richesses de l'Amerique, qui consistent en droits, revenus du Roy, & en denrées des Marchands, y sont assemblées au mois de Septembre : l'année que j'y étois elles furent estimées à 30 millions, & il s'y rencontra 53. vaisseaux qui en partirent de compagnie. Comme Havana est le magazin de toutes les richesses de l'Amerique, le principal soin des Espagnols a été de la bien fortifier; il est vray qu'ils n'y ont rien épargné, les Espagnols la croyent imprenable, & se vantent d'avoir quatre places imprenables, Anvers, Milan, Pampelone, & Havana. Cette ville a deux châteaux trés-forts, l'un à la pointe du havre vers la mer, l'autre plus en dedans, quasi vis-à-vis du premier, ces deux Châteaux resserrent ce havre tellement à son embouchure, qu'il n'y sçauroit entrer qu'un vaisseau de front à la fois, c'est pourquoi ces châteaux peuvent empescher l'entrée du port à plusieurs centaines de vaisseaux. J'ay esté dans le principal de ces châteaux, il est trés-fort du côté de la mer, mais il me parut foible du costé de la terre. Entre plusieurs pieces de canon il y en avoit

RELATION DU MEXIQUE

douze de fonte fort gros, qu'ils nomment les douze Apoftres.

L'Hifpaniole eft la plus grande Ifle qui ait efté découverte jufqu'à cette heure ; car elle a 1500. mille de circuit, l'air y eft temperé, la terre fertille, & riche en mines, les habitans font grand trafic d'ambre, de fucre, de gingembre, de peaux & de cire ; les herbes & les legumes que l'on y porte de l'Europe y viennent fi vifte qu'on en peut manger vingt quatre jours après qu'on les a femez.

Son or eft plus pur que celui que l'on tire de l'Ifle de Cuba ; fes cannes de fucre font d'un très-grand rapport, la terre y eft fi fertile, qu'elle rend au centuple ; les quatre rivieres qui arrofent cette Ifle en font caufe, elles prennent leurs fources à une mefme montagne qui eft au milieu de l'Ifle, la Juna prend fon cours vers l'Eft, Artihinnacus vers l'Oueft, Jacchus vers le Nord, & Nahius vers le Sud. Cette Ifle eft fi pleine de pourceaux & de beftail, que les vaiffeaux qui paffent par là en font leurs provifions.

La cruauté des Efpagnols en a fait mourir prefque tous les habitans. San Domingo eft la capitale, elle a une Audience tenuë par un Prefident & fix Confeillers ; c'eft auffi un Archevefché qui ne rend pas à la verité tant que celui de Mexique, ni de Lima, mais qui ne laiffe pas d'avoir la préeminence, car c'eft le Primat de toutes les Indes, à caufe que les Efpagnols ont conquis cette Ifle la premiere. Elle a outre cela les villes de Santa Ifabella, S. Thomé, S. Jean, Maragua, & Porto, qui font toutes fort riches & marchandes.

Les Bifcayens, & les Efpagnols de Caftille & d'Eftremadure qui font en Amerique, & fpecialement au Perou, ont une haine mortelle les uns contre les autres, qui a mis fouvent cet Eftat à deux doigts de fa ruïne.

La mefme haine regne entre les Criolos, ou Efpagnols nez dans les Indes, & ceux qui viennent d'Efpagne ; ceux-cy les appellent Indiens, & les traitent comme des gens qui ont deffein de fe feparer de leur Monarchie : on ne permet point par cette raifon qu'ils parviennent à aucune charge confiderable, en effet on n'en a jamais veu de Vice Roys du Mexique ni du Perou, de Prefidens de Guatemala, fanta Fé, S. Domingo, ou de Gouverneurs de Jucatan, Carthagene, Havana, ou d'Alcaldes de Sotovuzco, Chiapa, ou de fan Salvador, qui font les principales charges des Indes Occidentales, quoiqu'entre ces Efpagnols Indiens ou Criollos il y en ait qui defcendent des Cortez & des Pizars, les premiers conquerans du Mexique & du Perou. Cette haine eft fi grande, qu'il n'y a point de domination qu'ils n'aimaffent mieux que celle des Efpagnols, & fi les Hollandois euffent pouffé leur victoire lorfqu'ils prirent Truxillo dans le Honduras, ces Criollos les auroient fans doute reçus ; ils fe joignirent avec l'Archevefque D. Alonzo de Zerna, contre le Vice Roy du Mexique, & fi on ne les euft retenus, ils auroient deflors fecoué le joug.

Les Caftillans par la mefme politique ne fouffrent point que dans les maifons Religieufes les Criollos entrent dans les premieres charges, & avec tout cela ils n'ont pas pû empecher que dans quelques provinces de l'Amerique, les naturels n'ayent pris le deffus, & ne fe foient tellement fortifiez contre les Caftillans, qu'ils ne reçoivent plus de recruës, ou de nouvelles Miffions d'Efpagne. Il y a des Jacobins dans le Mexique, des Cordeliers, des Religieux de S. Auguftin, des Carmes, des Religieux de la Mercy ; mais entre tous ces Religieux, il n'y a que les Jefuites & les Religieux de la Mercy qui fe foient maintenus contre les naturels, & reçoivent tous les deux ou trois ans des Miffionnaires d'Efpagne. Ceux de la Mercy, dans le Chapitre qui fut tenu à la ville de Mexique pour l'élection de leur General, en vinrent aux mains & aux coufteaux avec les Criollos, jufques-là que le Vice Roy fut obligé d'y aller luy-mefme pour les mettre à la raifon.

Il y a en toute l'Amerique 4. Archevefchez, S. Domingo, Mexico, Lima & fanta Fé, dont dépendent environ 30. Evefchez. Le gouvernement & l'adminiftration de la Juftice eft commife aux Vice-Rois qui refident à la ville de Mexique, & à Lima, & d'autres Juges fubalternes, comme Prefidens, Gouverneurs, & Alcades majors, excepté le Prefident de Guatemala & celuy de S. Domingo, dont le pouvoir eft auffi abfolu que celui des Vice-Rois, & les Officiers qui font au deffous d'eux ne reconnoiffent que la Cour d'Efpagne.

Mon deffein, comme j'ay dit, étoit au fortir d'Efpagne de paffer aux Philippines en qualité de Miffionnaire ; mais ayant changé depuis de deffein, je refolus avec quatre de mes camarades, pour éviter la contrainte à laquelle je m'étois engagé, d'aller à Guatemala, où l'on m'avoit affuré que les Religieux étoient fort bien reçus. Nous partimes à cheval de la ville de Mexique le 15. Fevrier, n'ayant entre nous que 40. écus pour faire ce voyage qui eft de 900. lieuës, nous partîmes à dix heures du foir pour gagner Atlifco qui eft dans une vallée de bien 20. milles au moins de tour, à qui elle donne fon nom ; elle eft fort renommée dans le pays, à caufe de la grande quantité de grains que l'on y recueille tous les ans, & dont elle fournit la ville de Mexique, & celles des environs.

ET DE LA NOUVELLE ESPAGNE.

L'on trouve dans cette vallée plusieurs habitations d'Espagnols & d'Indiens. Nous allions de ferme en ferme, où nous estions bien traitez par ces riches fermiers & païsans qui ont beaucoup de respect pour les Prestres ; nous commençames-là à nous r'assurer de la peur, & ne voulûmes plus aller la nuit, mais joüir de la belle perspective de cette vallée en allant le jour. De cette vallée nous en traversâmes une autre appellée la vallée de saint Pablo, laquelle quoique moins grande que celle d'Atlisco, est neanmoins estimée plus riche, car on y fait deux recoltes tous les ans. Les premieres semences se font lorsqu'il commence à pleuvoir, & croissent dans la saison ordinaire de la pluye, la seconde se fait en Esté aussi-tôt que la premiere recolte est faite, ils l'aident avec l'eau de plusieurs torrens qui tombent des montagnes qui environnent cette plaine, & ils laissent sur leurs grains l'eau tant qu'ils veulent, & la font écouler de mesme. Les païsans y vivent du revenu de leurs fermes, entre lesquelles il y en a que l'on estime depuis vingt jusqu'à quarante mille ducats. Nous nous trouvâmes par bonheur chez un païsan qui estoit du pays d'un de mes compagnons, lequel pour l'amour de luy nous logea trois jours durant. Sa table estoit aussi bien couverte que celle d'un grand Seigneur ; on nous servoit en vaisselle d'argent ; il n'épargnoit aucune chose pour nous bien traiter, pas même les parfums & la musique ; il nous fit present de vingt ducats, & nous donna en partant un guide pour nous conduire tout le long du jour.

De cette vallée nous passâmes à Tasco ville d'environ cinq cens habitans, qui font grand trafic de coton qu'ils recueillent en abondance. De là nous gagnames le chemin de Guaxaca, & allâmes à Chautla, où il y a aussi quantité de cotton, tout proche de là est une grande ville appellée Zumpango, qui a au moins huit cens habitans, tant Espagnols qu'Indiens, entre lesquels il y en a de fort riches. Les principales marchandises dont elle trafique, sont du cotton, du sucre & de la cochenille. Proche de cette ville sont les montagnes de la misteca, où sont basties plusieurs grandes & riches bourgades qui trafiquent de la meilleure soye de tout le pays, de quantité de cire & de miel ; leurs habitans portent ces marchandises à la ville de Mexique & aux lieux circonvoisins avec vingt ou trente mulets, & en rapportent d'autres marchandises en échange. Il y a de ces Indiens riches de douze à quinze mille ducats : sommes considerables pour des gens qui ont des Espagnols pour maîtres.

Le pays est fort fertil en grains, sucre, cochenille, miel, cotton, plantines & autres fruits qui y croissent en grande abondance ; mais il y a sur tout force bestes à cornes, dont les cuirs sont une des meilleures marchandises qui entrent en Espagne. Quelques-uns disent que l'on a trouvé autrefois beaucoup d'or vers les montagnes de Misteca, que ses habitans s'en servoient communément, maintenant ils ne connoissent plus ce metal, tant l'avidité des Espagnols & la misere où ils ont reduit ces peuples est grande. Il y a aussi des mines d'argent, que les Espagnols n'ont pas encore trouvées. Pour celles de fer ils ne se veulent pas donner la peine d'y travailler, trouvant mieux leur compte à le faire venir d'Espagne. De là nous fusmes à la ville de Guaxaca, cette ville est petite, mais belle ; c'est un Evesché, elle est distante de quatre-vingts lieuës de la ville de Mexique, & bastie dans une plaisante vallée, & c'est de là que Cortez a pris le titre de Marquis della Valle. Cette ville comme toutes les autres de Mexique, horsmis les places maritimes, n'a aucunes fortifications, pas mesme de murailles n'y d'artillerie pour la defendre : elle est habitée par deux mille habitans au plus, & gouvernée par un Alcade Major Espagnol, qui a la jurisdiction de toute cette vallée jusqu'à Tecocentepec, ville bastie sur les bords de la Mer du Sud. Cette vallée a au moins quinze lieuës de long & dix de large, une riviere fort poissonneuse la coupe par le milieu, elle nourrit de grands troupeaux de bestes à laine, que ceux de la ville de los Angeles employent dans leurs draps ; les Marchands d'Espagne en tirent des cuirs, & beaucoup de Religieux leur subsistance, ils y ont des Eglises fort magnifiques, & principalement le Cloître des Dominicains, dont le tresor est estimé deux ou trois millions, & son bastiment le plus beau & le plus solide de tout le pays. Cette vallée est encore fameuse par ses sucres & par ses conserves, mais sur tout par la bonté des chevaux que l'on en tire.

La ville de Guaxaca est encore riche à cause de la commodité qu'il y a d'y porter & rapporter les marchandises au port de saint Jean de Ulhua par la grande riviere Alvarado qui passe proche, neanmoins les vaisseaux ne viennent pas jusqu'à Guaxaca, mais ils demeurent à Zapoteca, & à saint Idefonso, qui en sont proche ; & la negligence des Espagnols est si grande, que le long de cette riviere, qui porte jusqu'au cœur d'un pays si riche, ils n'ont basti aucune forteresse pour s'en asseurer la possession, se reposant sur ce que les grands vaisseaux ne la peuvent pas remonter, & que les petits ne leur peuvent pas faire grand mal. Enfin l'air de la ville de Guaxaca est si temperé, elle est si abondante en fruits & autres choses pour la nourriture des hommes, & bastie dans une situation si commode entre la mer du Nort & celle du Sud, qu'il n'y a point d'endroit que j'eusse plus volontiers choisi, si mon intention eust esté de passer ma vie en Amerique ; mais j'appris que les Religieux Criollos ou natifs du pays estoient ennemis des Religieux qui viennent d'Espagne, c'est pourquoy nous n'y demeurâmes que trois jours, au bout desquels nous en partîmes pour Chiapa, qui en est à 300. lieuës. En continuant nostre chemin nous apprîmes à nostre grande joye, que les habitans de la plupart des villes par où nous avions à passer, avoient receu ordre du Conseil du Mexique, de nourrir les Religieux qui passeroient par là, & de leur donner des montures & des bestes de somme pour porter leur bagage sans argent, s'ils n'en avoient point, pourvu qu'ils écrivissent en partant sur le livre de la ville, ce qu'ils auroient dépensé, ne demeurant toutefois pas plus de 24. heures en chaque ville, laquelle dépense les Officiers de ces villes estoient obligez d'extraire du livre des villes à la fin de l'année, & de la rapporter à l'Audience ou Tribunal duquel elles dependent, & ces dépenses étoient alloüées sur ce que la ville devoit au Tresor ; il y avoit aussi un ordre de semer tous les ans du bled & du maiz pour les passagers.

La premiere grande ville que nous rencontrâmes, aprés estre partis de Guaxaca, fut Antequera ; nous y fîmes bonne chere, & le lendemain estant prests à partir, nous demandâmes le registre de la ville, sur lequel nous écrivîmes la dépense que nous avions faite & celle de nos chevaux, & partîmes aprés l'avoir signée ; mais nous ne trouvâmes pas la même facilité, dans quelques petites villes d'Indiens, qui s'excusoient de nous nourrir sur leur pauvreté & sur ce que nous estions quatre & avions quatre chevaux, ce qui nous fit resoudre à prendre un plus long chemin pour passer par de grandes villes. Nixapa fut la premiere que nous trouvâmes sur ce chemin aprés Antiquera, qui est habitée par environ 800. tant Espagnols qu'Indiens, elle est bastie sur un bras de la grande riviere Alvarado : elle passe pour une des plus riches villes de toute la contrée de Guaxaca, car l'on y fait beaucoup d'Indigo, de Sucre & de Cochenille ; il y croist beaucoup d'arbres de Cacao, & de ceux d'Achiote, dont on fait la Chocolate, ce sont deux sortes de marchandises qui ont grand cours en ces quartiers-là.

De là nous allâmes à Aquapulco, puis à Capalité grandes villes aussi basties dans une plaine abondante en bestes à cornes & à laine, & en excellens fruits, principalement en Pignas & en Sandias ; fruits plus gros que des melons, & si plains d'eau, qu'ils fondent dans la bouche & rafraichissent fort, ce qui les fait fort estimer dans un lieu comme celuy-là où les chaleurs sont excessives. La ville la plus proche & la plus considerable qui se trouve aprés Capalita, est Tecoantepeque, bastie sur le bord de la mer du Sud, avec un bon havre pour de petits vaisseaux : ceux de ces quartiers-là qui vont trafiquer à Acapulco, à la ville de Mexique, Relaio, Guatemala, & quelquefois mesme à Panama, s'y viennent rafraichir, comme aussi les vaisseaux qui vont du Perou à Aquapulco. Ce port n'est pas fortifié, & si quelques vaisseaux Anglois ou Hollandois se presentoient pour y entrer, ils trouveroient fort peu de resistance, & s'ouvriroient un chemin aisé, pour penetrer par là bien avant dans ce pays.

Depuis Aquapulco jusqu'à Panama, qui est une distance d'environ deux mille lieuës par terre, le long du bord de la mer du Sud, il n'y a point de ports que celuy-là, la Trinité, qui est le port de Guatemala, Relaio, celui de Nicaragua, & le Golphe de Salina, pour la Costa Rica, mais ces ports ne sont que pour de petits vaisseaux, il n'y a ny munitions ny artillerie ce sont des entrées ouvertes pour les avanturiers. Il se fait au port de Tecoantepec, une pesche fort riche ; le poisson s'en sale, & se transporte par tout le pays de Mexique. Le trafic des Philippines, le commerce du Perou, & sur tout celui qu'ils font de port en port, a entichy beaucoup de ses habitans.

L'on peut aller de là à Guatemala toujours le long du bord de la mer ; mais nostre dessein étoit pour la ville de Chiapo ; nous prîmes donc nostre chemin par les montagnes nommées Quelnes, aprés avoir passé Estepeque, nous entrâmes dans une plaine tellement battuë des vents de la mer du Sud, qu'elle est inhabitable, pour moy j'y crus devoir finir mes jours, car m'étant égaré de mes camarades, ie passay seul la nuit dans ce desert, où les hurlemens des Tigres & des Loups auroient fait mourir de peur une personne plus resolue que ie ne le suis naturellement. Un Indien que mes camarades avoient envoyé pour me chercher, me conduisit à Estepeque où ils estoient : j'appris là que ces Loups & ces Tigres qui m'avoient fait tant de peur, attaquoient rarement les hommes : que cette plaine nourrissoit une prodigieuse quantité de bestail & de haras de chevaux, mesme de ceux qui sont sauvages, qu'elle a cinq villes, belles, riches, abondantes en toutes sortes

OV DE LA NOVVELLE ESPAGNE.

tes de vivres, & sont, Tecoantepeque, Estepeque, Ecatepeque, Sanatepeque, & Tapanatepeque. De la troisiéme de ces villes l on découvre les hautes montagnes de Quelnes, par où nous devions passer. Ce sont les montagnes du plus dangereux passage qui soient dans tout ce pays; quoique leur seule veuë nous épouventast, nous ne laissâmes pas de nous y engager, & nous allâmes à Tapanatepeque, où nous fumes tres-bien reçus par les Indiens. Cette ville est tres-belle, bâtie au pied des montagnes de Quelnes, fort abondante en toutes sortes de vivres : il y demeure de riches Indiens, qui ont des fermes où ils nourrissent jusqu'à trois & quatre mille testes de bestail. La volaille & le gibier y sont fort communs, & la meilleure marée qui se mange dans tout le Mexique, car la mer en est fort proche; elle a encore beaucoup de poisson d'eau douce. n'estant pas loin d'une petite riviere qui en fournit de toutes sortes. Les Indiens arrosent leurs jardins des eaux qui descendent en grande quantité de ces montagnes : leurs Orangers, Citronniers, Figuiers, & autres arbres semblables, les fournissent abondamment de fruits, & les défendent de l'ardeur du Soleil, qui autrement seroit insupportable.

Le lendemain de nostre arrivée à Tapanatepeque le temps estoit si calme, que nous voulumes partir, de peur qu'il ne changeast ; mais les Indiens nous convierent à disner, nous assurant que ce temps calme dureroit encore quelques jours. Aprés le disner nous resolumes de partir pour monter la montagne de Maquilapa, & ils nous donnerent des montures, & deux hommes pour nous guider, & porter nos provisions; nous n'en avions pris que pour un jour, car l'on vient au sommet de cette montagne par où passe le chemin de Chiapa, aprés sept lieuës de marche, & l'on trouve à trois milles au delà une des plus riches fermes de tout le pays de Chiapa, où nous sçavions que nous serions bien reçus par D. Jean de Tolede à qui elle appartient. La nuit estant venuë, ces Indiens nous consoloient de la peine que nous avions à grimper, en nous faisant esperer du beau temps, & que nous serions le lendemain à midy avec Don Jean de Tolede. Nonobstant leur conjecture, le lendemain le vent augmenta de plus en plus, à mesure que nous montions, & comme nous estions à my-coste, la resolution estoit déja prise de retourner sur nos pas, lorsque les Indiens nous dirent qu'à environ un mille plus haut il y avoit une fontaine, & une maison bastie exprés pour y recevoir les voyageurs quand la lassitude ou l'apprehension des vents leur fait chercher une retraite ; nous marchâmes donc avec beaucoup d'empressement pour la gagner, le vent se renforçoit toûjours, & pour surcroist de maux la nuit survint, il la fallut passer au pied d'un citronnier, qui nous donna le souper & le couvert. Le lendemain quoique le vent fust encore plus violent, nous ne laissâmes pas d'avancer chemin sans autre provision que nos citrons & l'eau de la fontaine ; mais nous nous mismes à la fin à la mesme boisson que les Indiens, qui avoient pris chacun un petit sac plein de poudre de Maiz, dont ils font auparavant des galetes qu'ils cuisent dures comme du biscuit, & les reduisent aprés en poudre, en mettent dans de l'eau, & la boivent en voyageant ; nous en trouvâmes l'usage meilleur que celuy des limons, & l'eau pure. Le vent augmentoit toûjours, un homme de nostre troupe s'offrit d'avancer une mille ou deux à pied, pour reconnoistre le passage, & voir de plus prés le danger, afin de nous en venir dire des nouvelles ; il revint avec des assurances que nous pouvions passer en menant nos mulles par la bride ; aprés quelques contestations l'on prit ce party ; nous partîmes donc le lendemain, & comme le chemin en quelques endroits estoit fort estroit, l'on mit pied à terre ; mais ce fut au plus haut de la montagne de Maquilapa *que nous vîsmes de prés le danger dont on nous avoit menacez, le chemin est fort étroit, taillé dans la pente de cette montagne tres-haute, la mer en bat le pied, & soit qu'on tourne les yeux vers ces abysmes, ou que l'on mesure la hauteur des roches qui sont à la gauche, la veuë & l'imagination en sont également troublées : pour ne les point voir nous nous mismes à quatre pattes, & nous marchions sur les traces que les hommes & les mules y avoient marquées. Lorsque le chemin commença à s'élargir, & que les arbres que nous rencontrâmes nous promirent quelque abry, nous considerâmes avec plaisir le dangereux chemin par où nous avions passé, accusant nostre temerité, & celle des voyageurs qui hazardent ce chemin, cependant qu'il y en a un autre plus seur qui n'est que de dix milles plus long. D. Jean de Tolede nous reçut fort bien dans sa ferme; nous en partîmes aprés y avoir esté deux jours, pour aller à Acupala grande ville de la province de Chiapa, habitée par des Indiens, & bastie sur le bord de la riviere qui passe proche de la ville nommée Chiapa de los Indios, pour la distinguer de Chiapa Real, autrement Chiapa de los Españoles: De Acapala nous fusmes à Chiapa de los Indios, qui est presque aussi enfoncée que la montagne de Maquilapa est haute ; cette ville est bastie sur le bord d'une riviere large comme la Tamise l'est à Londres, elle prend sa source aux

*Qui signi-
fie en Mexicain teste
sans cheveux.

IV. Partie.

montagnes de Cuchumatlanes sur le chemin de Chiapa Real à Guatemala, & coule vers la province de Zoques, où elle entre dans la riviere de Tabasco. Le Provincial de Chiapa nous reçut tres-bien, il envoya deux de mes camarades dans la province pour y apprendre la langue, & prescher ensuite les Indiens; je demeuray à Chiapa depuis le mois d'Avril jusques à celuy de Septembre, & j'eus tout ce temps-là pour observer le gouvernement & les particularitez du pays.

Ce pays passe auprés des Espagnols pour un des plus pauvres de l'Amerique, à cause qu'ils n'y ont point trouvé de mines, ny de sable d'or dans ses rivieres, & qu'il n'a aucun havre sur la mer du Sud, pour le transport des marchandises à Mexico, Guaxaca, & Guatemala. Cependant il est vray qu'il produit de riches marchandises qui luy entretiennent un trafic continuel avec ses voisins, car c'est l'endroit de toute l'Amerique d'où il se tire le plus de Cochenille ; & d'ailleurs il rend beaucoup, à cause des grandes villes & fort peuplées qui en dépendent. Mais ce qui le devroit rendre plus considerable auprés des Espagnols, est sa situation entre Guatemala, Mexico, & la province de Jucatan, & que si un jour l'on y entroit par la riviere de Tabasco, la perte de ce pays entraineroit celle de toute la nouvelle Espagne.

Le pays de Chiapa est divisé en trois parties qui sont, Chiapa, Zeldales, & Zoques; celle de Chiapa est la plus pauvre des trois ; Chiapa de los Indios est sa ville capitale. Toutes les autres villes & fermes qui sont du costé du Nord & de Maquilapa, en dépendent. La vallée de Capanabastla qui est tres-grande, & qui s'étend vers Soconuzco, en est proche, c'est aussi un Prieuré. Sa principale ville, & où le Prieur fait sa residence, s'appelle aussi Capanabastla, elle est habitée par environ 800. Indiens. La grande riviere qui prend sa source aux montagnes de Cuchumatlanes, arrose cette vallée, elle passe à Chiapa de los Indios, & de là à Tabasco. Elle est aussi fameuse à cause de la grande abondance de poisson qui se pesche dans cette riviere, & la quantité de bestial qu'elle nourrit, & dont elle fournit Chiapa Real, & toutes les villes d'alentour. Il fait fort froid à Chiapa & à Comitlan, à cause que ces villes sont basties sur des montagnes ; les chaleurs au contraire sont insupportables dans la vallée de Capanabastla qui est au pied, & il y fait de grands tonneres depuis le mois de May jusqu'à la fin de Septembre. Elle a environ 40. milles de long, & 10. ou 12. de large. A l'autre bout de cette vallée est la ville de Sant Bartholomé. Toutes les autres villes de Chiapa sont du costé de Soconuzco ; où il fait encore plus chaud & plus de tonneres, parce qu'elles sont plus proches de la mer. La principale marchandise de cette vallée, aprés les bestiaux, est le cotton, dont ils sont une tres-grande quantité de manteaux à l'usage des Indiens, qui est une marchandise de grand debit en ces quartiers-là, & qu'ils échangent avec ceux de Soconuzco & à Xuchutepeque contre du Cacao, qui s'y recueille en grande quantité, ils ont avec cela abondance de tout ce qui est necessaire à la vie. L'argent n'y est pas si commun ny à Chiapa, qu'à la ville de Mexique & à Guaxaca, car au lieu que l'on n'y compte que par patagons & par pieces de huit, l'on ne compte icy que par testons qui ne valent qu'un demy patagon. La riviere qui passe par cette vallée, fait du bien à ses habitans, mais ils le payent cherement par le tort que leur font les Caymans ou Crocodils qu'elle nourrit, jusqu'à leur enlever leurs enfans & bestiaux, dont ils sont fort friands. Chiapa Real qui dépend aussi de cette province, est une des moindres de toute l'Amerique, car elle n'a au plus que 400. maisons d'Espagnols, & une centaine de maisons d'Indiens, qui forment le barrio de los Indios, comme le nomment les Espagnols, ou le faux-bourg des Indiens ; il n'y a dans cette ville qu'une Cathedrale pour toute Eglise, un Convent de Cordeliers, un de Jacobins, & un de Religieuses fort pauvre. Le principal negoce que font ses Marchands, est de Cacao, & de Cotton, qui leur vient des pays des environs, de petites merceries, de sucre, & d'un peu de Cochenille, parce que le Gouverneur de Chiapa qui s'en reserve ordinairement le monopole, ne souffre pas qu'ils en trafiquent beaucoup, & qu'ils ayent part aux grands profits qu'il en tire. Tous ces Marchands ont leurs boutiques dans une petite place devant l'Eglise Cathedrale.

Les Dames de Chiapa se plaignent d'avoir l'estomach si debile, qu'elles ne peuvent entendre la Messe, & encore moins un Sermon, sans prendre de la Chocolatte. Lorsque j'y estois, leurs servantes leur en apportoient à l'Eglise dans des tasses, & comme il arrivoit ordinairement qu'elles la prenoient toutes en mesme temps, cela troubloit souvent le service. L'Evesque du lieu les voulut empescher, il les en reprit plusieurs fois en particulier & en public, mais ses sermons n'ayant servy de rien, il fit mettre des billets d'excommunication à la porte de l'Eglise contre celles qui y buvoient de la Chocolatte ; les femmes prennent la chose fort à cœur, protestent qu'elles ne s'en peuvent passer ; elles em-

OV DE LA NOVVELLE ESPAGNE.

ployent tous leurs amis, je me trouvay un jour employé avec d'autres pour prier l'Evesque de revocquer son Excommunication, mais inutilement, les dames demeurent fermes, continuent comme auparavant à boire de la Chocolate dans l Eglise, passent jusques à dire des injures à leur Pasteur, & la chose alla si avant, qu'un jour les Prestres ayant voulu oster aux servantes les tasses & la Chocolate, il y eut des épées tirées contr'eux, & un tres-grand scandale dans l'Eglise: elles concerterent entr'elles de n'aller plus à la Cathedrale, pour n'estre point sous la correction de l'Evesque & de son Clergé, elles furent toutes aux Eglises des Moines, qui en profitoient beaucoup. L'Evesque pour les mettre à la raison, fit publier que sur peine d'excommunication elles eussent à venir entendre la Messe à la Cathedrale; & elles toûjours fermes & resoluës, laisserent passer un mois entier sans entendre la Messe. Enfin une de ces dames trouva moyen de faire empoisonner l'Evesque par le ministere d'un de ses pages avec qui elle avoit commerce secret, la verité est que l'Evesque mourut, persuadé du poison, & qu'en mourant il offrit à Dieu sa vie comme un sacrifice qu'il avoit fait à son honneur & à celuy de son Eglise.

A douze lieuës de Chiapa Real est Chiapa de los Indios, une des plus grandes villes d'Indiens de toute l'Amerique, car elle contient au moins 4000. familles. Le Roy d'Espagne a accordé beaucoup de privileges à cette ville. Elle est ordinairement gouvernée par un Indien que le Gouverneur de Chiapa Real y met, parce qu'elle en dépend: le Gouverneur Indien a permission de porter l'épée, & plusieurs privileges que les autres Gouverneurs Indiens n'ont pas. Cette ville est sur le bord d'une grande riviere, ses habitans sont fort adroits à toutes sortes d'exercices, principalement des armes, de la danse, jeux & autres passe-temps; ils sont d'ailleurs fort braves, aiment fort à faire des festes. Cette ville est fort riche, par le trafic que plusieurs de ses habitans font avec les pays d'autour. Les vivres y sont en grande abondance, mais la chaleur y est si excessive, que les Indiens sont obligez de porter continuellement un linge au tour de leur col pour essuyer la sueur. A deux ou trois lieuës de la ville il y a deux moulins à succre, dont l'un appartient aux Dominicains; à ces deux moulins sont employez continuellement prés de 200. Negres & plusieurs autres Indiens. Il se nourrit aux environs de cette ville quantité de mulles, & de tres-bons chevaux. La ville de Chiapa de los Indios, & toutes les villes d'alentour ne manquent que d'un air un peu temperé, & de bled qui n'y leve point, mais l'on en apporte de Chiapa de los Espanoles & de Comitlan; cette ville d'ailleurs n'en souffre pas beaucoup d'incommodité, parce que les Espagnols aussi bien que les Indiens mangent plus de Maiz, que de bled.

La province de Zoques confine avec le pays de Chiapa de los Indios, & en est la plus riche partie. Elle s'étend d'un costé jusqu'à la riviere de Tabasco, autrement Grijalva: l'on transporte ordinairement ses marchandises par cette riviere à saint Jean de l'Jlhua, autrement Vera Cruz. Elle trafique aussi avec le pays de Jucatan, par le moyen de Puerto Real qui est entre Grijalva & Jucatan. Si ce port & cette riviere sont d'un grand avantage à la province de Zoques, ils donnent tous les jours de grandes apprehensions aux Espagnols qui connoissent la foiblesse de la riviere Grijalva, & celle de Puerto Real, & que si quelque nation étrangere vouloit entrer dans le pays par l'une ou l'autre de ces entrées, elle pourroit aisément prendre pied dans la province de Chiapa, & passer de là à Guatemala: ce qui a dégoûté les Anglois & les Hollandois de cette entreprise, est que la riviere de Tabasco est fort basse, & que l'air y est fort chaud, ce qui fait qu'il y a quantité de moucherons fort incommodes: en un mot ils se sont dégoutez les uns & les autres de cette entreprise par des raisons trop frivoles.

Les villes de la province de Zoques ne sont pas fort grandes, mais extremément riches; leurs principales marchandises sont la soye & la cochenille, qui y est la meilleure de toute l'Amerique, & il n'y a point d'endroit dans cette partie du monde, où elle soit en si grande abondance. Il y a peu d'Indiens qui n'ayent un jardin planté de meuriers blancs pour nourir des vers à soye; aussi elle y est en si grande abondance, que toutes les femmes de ce pays s'employent à faire des estoffes de soye de diverses couleurs. C'est une chose surprenante de voir les beaux ouvrages de soye que font ces Indiennes, qui pourroient servir de modele aux plus habiles en cet art. Les Espagnols les achetent pour les envoyer en Espagne. Les habitans de Zoques sont fort spirituels & de bonne taille, il y fait fort chaud, principalement vers la riviere de Tabasco, & extremément froid en quelques autres endroits de cette province. Il y croist du Maiz en abondance, mais point de bled; le bestail n'y est pas en si grande quantité que vers Chiapa, mais il y a bien autant de volaille.

Tome IV.   *** ij

La province de Zeldales qui est la derniere de celles de Chiapa, s'étend en quelques endroits vers les limites de Comitlan, du costé du Nord; de celuy du Sud elle confine avec certains Indiens qui n'ont pas encore esté subjuguez, & qui font souvent des courses dans le pays des Indiens Chrestiens, bruslent leurs villes, & emmenent leurs bestiaux. La ville capitale de cette province est Ococingo, bastie sur la frontiere de ces Indiens qui n'ont pas encore esté conquis; cette province passe auprés des Espagnols pour fort riche, à cause qu'il y croist quantité de Cacao & d'Achiote, le dernier sert pour donner à la Chocolate la couleur dont elle est ordinairement. Elle abonde aussi en bestiaux, & sur tout en Porcs, dont ses habitans font du lard: il y a de toutes sortes de volailles en quantité, du Maiz & du Miel. De mon temps l'on y bastit un moulin à sucre, que l'on croyoit devoir estre aussi bon que celuy des environs de Chiapa de los Indios. Cette province est montagneuse en plusieurs endroits, mais la ville de Ococingo est bastie dans une agreable vallée proche de quantité de ruisseaux & de fontaines, on la tient par cette raison fort propre pour le sucre, & pour les cannes d'où on le tire. Les Religieux ont fait semer du bled dans cette vallée, qui y est fort bien venu.

Chocolate est un mot Indien composé de latte qui signifie de l'eau, & de choco, mot qui est fait pour exprimer le bruit du moulinet dont on se sert en preparant la Chocolate. La base de cette composition est un noyau nommé Cacao, plus gros qu'une grosse amande, il croist dans des gousses, où il y a quelquefois jusqu'à quarante & plus de ces noyaux, son arbre se nomme aussi Cacao; cet arbre est si delicat, que l'on plante tout proche le trou où l'on veut mettre un Cacao, un autre arbre nommé par les Espagnols la Madre del Cacao, à cause qu'on ne le met là que pour luy faire de l'ombre, & empescher que le Soleil ne le brûle. Outre la gousse qui envelope les noyaux de Cacao, chacun a encore son envelope particuliere qui le couvre, c'est une petite pellicule que les femmes aiment autant que le Cacao, car elles la tiennent fort rafraichissante, elle se fond en eau dans la bouche. Il y a de deux sortes de Cacao, l'un est d'un brun tirant sur le rouge, les noyaux de cette espece sont ronds & picotez vers les bouts; ceux de l'autre espece sont plus gros, plats, & non si ronds que les premiers, ils sont d'une substance plus seiche, on les nomme Patlante, ils sont à bien meilleur marché que ceux de la premiere espece, & chassent davantage le sommeil, c'est par cette raison qu'il n'y a que le menu peuple qui s'en serve; la varieté est grande touchant les autres drogues qui entrent dans la composition de la Chocolate, les uns y mettent du poivre noir, ce qui n'est pas fort approuvé par d'autres, à cause, disent-ils, qu'il est trop sec & trop chaud, si ce n'est pour ceux qui ont le foye froid; mais l'on y met ordinairement au lieu de cela du Chile, qui est une espece de poivre long, lequel quoique chaud & picquant sur la langue, fait à ce qu'ils pretendent une operation toute contraire dans le corps, & il le rafraichit. L'on mesle aussi avec la Chocolate, du sucre, de la canelle, du cloud, de l'anis, des amandes, des noisettes, de l'Oreivela, de la Bainilla, de la Sapoyolle, de l'eau de fleur d'Orange, du Musc, & plus ou moins d'Achiote, selon que l'on veut faire la Chocolate plus ou moins rouge; mais pour ce qui est de la dose de chacune de ces drogues, elle n'a autre regle que la disposition de celuy pour qui on la fait; neanmoins la dose ordinaire que donne Antonio Colmenero est celle-cy, pour cent livres de Cacao, deux gousses de poivre rouge, plein la main d'anis & autant d'Oreivelas, une fois autant de la fleur Mechasuchil ou Bainilla, ou bien six roses d'Alexandrie reduites en poudre; deux dragmes de Canelle, une douzaine d'amandes, & autant de noisetes, une demie livre de Sucre & de l'Achiote, selon la couleur que l'on veut donner à la Chocolate. Le mesme Autheur ne trouve pas à propos d'y mettre du cloud, du sucre, ny aucune eau de senteur, quoique les Indiens ayent accoûtumé de le faire. D'autres y meslent du Maiz ou du Paniso, qui est fort venteux, aussi ne l'y met-on que pour le profit, & parce que cela croist de beaucoup la quantité de la Chocolate, car chaque fanega ou boisseau de Maiz ne vaut là que treize sols, au lieu qu'une livre de Chocolate couste ordinairement là cinquante-deux sols: pour ce qui est de la cannelle tout le monde y en met, parce que les Medecins disent qu'elle est chaude & seiche au troisiéme degré, qu'elle est diuretique & amie des reins, qu'elle est aussi bonne pour ceux qui ont des douleurs froides, on l'ordonne pour les yeux, & elle est fort cordiale.

Pour donc faire la Chocolate, il faut bien piller dans un mortier de pierre toutes ces drogues, ce que font les Indiens, ou bien ils les broyent sur une pierre fort large qu'ils appellent Metate, il faut bien faire seicher toutes ces drogues sur le feu, horsmis l'Achiote, auparavant que de les broyer, afin qu'elles se broyent mieux, & les remuer

OV DE LA NOVVELLE ESPAGNE.

toûjours sur le feu jusqu'à ce qu'elles soient seiches, car autrement elles bruleroient, ou deviendroient noires ; il faut aussi prendre garde qu'elles ne soient pas trop seiches, car autrement elles seroient ameres, & perdroient leur force. L'on broye la canelle & chaque drogue separément, premierement le poivre long, puis l'Achiote & le Cacao, qui sera meilleur si on luy oste la pellicule seche qui le couvre, il le faut broyer ou piller petit à petit jusqu'à ce qu'il soit reduit en poudre, & tourner en rond en le broyant afin qu'il se mesle mieux. Tout cela estant donc bien broyé on le met dans le vaisseau où est le Cacao, avec lequel il faut bien mesler ces drogues avec une cuilliere, il en faut ensuite oster la paste qui s'en sera faite, & la remettre dans le mortier, sous lequel il faut qu'il y ait un peu de feu, afin que le mélange des matieres se fasse plus aisément ; mais s'il y a plus de feu qu'il n'en faut pour les échauffer seulement, elles sechent par trop, & viennent à rien. L'Achiote se mesle avec les drogues quand elles sont battuës, pour donner seulement, comme j'ay déja dit, couleur à la Chocolate. Il faut aussi passer toutes ces drogues, excepté le Cacao ; quand le tout est bien meslé ensemble, l'on prend avec une cuilliere un peu de cette paste qui est presque liquide, & on la met dans des boëtes, ou bien sur des fueilles de plantanes si l'on en veut faire des tablettes ; car aussi-tost que la Chocolate est refroidie elle devient dure ; pour en faire des tablettes on en met seulement une cuillerée pour chacune, sur ces fueilles de plantanes, comme nous le venons de dire, ou bien sur des fueilles de papier que l'on laisse à l'ombre ; car autrement la matiere qui compose la Chocolate se fondroit, au lieu qu'elle devient dure à l'ombre : ces tablettes de Chocolate se détachent aisément du papier, ou des fueilles, en les renversant, à cause de l'onctuosité ou graisse qui est dans cette composition, mais si on la mettoit sur quelque chose de terre ou sur du bois, elle ne s'en osteroit qu'à force de grater & en la rompant.

Il y a diverses manieres d'apprester la Chocolate pour la boire ; on la prend ordinairement au Mexique quand elle est chaude avec de l'Atole, en faisant dissoudre la tablette de Chocolate dans de l'eau chaude, aprés quoy on la remuë avec le moulinet dans le vaisseau où on la veut boire, & quand à force de la remuer elle est devenuë en écume, on r'acheve de remplir la tasse avec de l'Atole tout chaud, puis on la boit par gorgées. Il y en a qui aprés avoir fait dissoudre la Chocolate dans de l'eau froide, & quand elle est reduite en écume à force de la remuer avec le moulinet, en prennent l'écume qui nage au dessus, la mettent dans un autre vaisseau, & remettent ce qui reste sur le feu avec autant de sucre qu'ils veulent, & quand cela est chaud, ils le versent sur l'écume qu'ils en ont ostée auparavant, & la boivent ainsi. Mais la maniere la plus ordinaire de prendre la Chocolate est d'emplir à demy d'eau fort chaude le vaisseau dans lequel on la veut boire, & d'y mettre une ou deux tablettes de Chocolate selon que l'on la veut épaisse, & la remuer aprés avec le moulinet tant qu'elle devienne en écume, alors il faut achever d'emplir le vaisseau d'eau chaude, puis la boire par gorgées ; aprés y avoir mis du sucre, d'autres y trempent aussi des morceaux de conserve & du masse-pain que l'on mange ensuite. Il y a encore une autre maniere de boire la Chocolate, fort usitée dans l'Isle de saint Domingue, c'est de faire bouillir la Chocolate dans un petit pot avec un peu d'eau, jusqu'à ce qu'elle soit fonduë, puis l'on y ajoûte du sucre & de l'eau selon la quantité de la Chocolate, & on la fait bouillir un autre bouillon jusqu'à ce qu'il paroisse une écume huileuse dessus, c'est-là le temps de la boire. Les Indiens la prennent aussi froide dans leurs festins pour se rafraichir, l'apprestant de cette maniere. Aprés avoir fait dissoudre leur Chocolate dans de l'eau froide, où ils ne mettent que peu ou point d'autres drogues, ils la reduisent en écume avec le moulinet, ainsi elle rend beaucoup d'écume grasse, principalement quand le Cacao est vieux & pourry, ils la mettent dans un petit plat, ils ajoûtent ensuite du sucre à ce qui est resté de la Chocolate dont ils ont osté l'écume, & la versent aprés de haut dans le vaisseau où est l'écume, & la boivent ainsi froide. Mais la Chocolate est si froide prise de cette maniere, qu'elle n'est pas bonne à toutes sortes de gens, ce que l'on a veu par experience, car elle fait mal à l'estomach, & principalement aux femmes. Mais la maniere de saint Domingue est la plus usitée & la plus saine, & elle reüssit aussi bien dans les pays froids que dans les pays chauds. Il est vray que l'on boit plus de Chocolate aux Indes qu'en Europe, à cause que l'on a là l'estomach plus debile qu'icy, & qu'une tassée de Chocolate bien faite le renforcit.

L'Achiote croist aussi dans de grandes gousses pleines de grains rouges, que l'on reduit en paste à mesure qu'elle seche on en fait des boulles, des tourteaux, ou bien on la fait en forme de briques, & on la vend ainsi.

Il y a quatre especes de poivre rouge & long, la premiere est appellée Chilchotes, la seconde est petite, & s'appelle Chilterpin, & ces deux especes de poivre long picquent fortement la langue. Les deux autres sortes sont nommées Tonalchiles, elles ne sont pas si fortes que les deux premieres, & les Indiens en mangent avec du pain, comme ils mangeroient d'autres fruits ; mais celuy que l'on met ordinairement dans la Chocolate s'appelle Chilpaclagua, il a une gousse fort grosse, & n'est pas si piquant que le premier, ny si beau que le dernier. Le Mechasnil ou Bainilla est purgatif; l'on met de tous ces ingrediens & encore plusieurs autres dans la composition de la Chocolate, chacun selon sa fantaisie, mais les Negres & les Indiens n'y mettent ordinairement que du Cacao, de l'Achiote, du Maiz, & un peu de Chile ou poivre long, avec un peu d'Anis ; quoique le Cacao soit meslé avec toutes ces drogues qui sont chaudes, il faut qu'il y ait neanmoins du Cacao en plus grande quantité que de toutes les autres drogues qui servent à temperer sa froideur, d'où il s'ensuit que la Chocolate n'est pas si froide que le Cacao tout seul, ny si chaude que tout le reste des drogues qui la composent, mais elle a une vertu si temperée, qu'estant prise moderément, elle peut échauffer les estomachs froids, & rafraichir ceux qui sont d'un temperament contraire. J'ay pris de la Chocolate 12. ans entiers, ordinairement quatre fois tous les jours, c'est à dire une tassée le matin, une autre entre neuf & dix heures, une troisiéme entre une heure ou deux aprésdisner, & une quatriéme entre quatre ou cinq heures du soir, mais quand je voulois étudier tard, j'en prenois une cinquiéme tassée entre les sept ou huit heures du soir, qui me tenoit éveillé jusqu'à minuit ; j'ay éprouvé que si je manquois à en prendre à ces heures accoûtumées, j'avois aussi tost mal à l'estomach. La Chocolate ainsi prise me conserva en santé 12. ans entiers que je fus en Amerique, sans me sentir incommodé d'obstructions, opilations, ny fievre; je sçay bien que le corps des autres n'est pas fait comme le mien, aussi je ne pretens pas passer pour Medecin en prescrivant à quelles personnes la Chocolate est bonne, & les heures qu'il la faut prendre, je diray seulement que j'ay connu des gens qui pour y avoir mis trop de sucre dans la Chocolate elle les avoit laschez, ou qui ayant pris de la Chocolate trop souvent, s'en sont trouvez mal, mais le mesme arrive de tous les autres breuvages & nourritures qui sont mal quand on en prend trop. Il en est de mesme de la Chocolate, qui ayant des parties grasses en trop grande quantité, elles ne se peuvent pas si bien distribuer dans toutes les veines, & transpirer par les pors de la chair, lorsqu'on en prend par excez, ce qui cause des opilations & des obstructions.

C'est une chose étonnante que les Anglois ne portent pas aussi bien à leur païs du Cacao, que des autres denrées des Indes, au lieu d'acheter en Espagne la Chocolate comme ils font, & qu'ils ne se servent pas aussi bien que les Hollandois de l'occasion qui se rencontre souvent d'en prendre des vaisseaux entierement chargez dans les mers des Indes. J'ay entendu souvent les Espagnols se mocquer d'eux & dire, que quand les Anglois avoient pris quelque vaisseau chargé de Chocolate, ils la jettoient en mer, l'appellant par mocquerie Cagaruta de Carnero, ou crotes de brebis, au lieu d'en faire leur profit. A la verité c'est une chose plus necessaire dans les Indes qu'aucune autre marchandise, c'est elle qui enrichit la ville de Chiapa, où on apporte du Mexique & de divers endroits de l'Amerique des sommes d'argent considerables, seulement pour acheter de la Chocolate. L'Atole est un breuvage dont les Indiens usoient fort autrefois, il a la consistance de bouillie, & est composé de fleur de Maiz, dont on a osté l'écorce; si on l'assaisonne d'un peu de poivre long, il a meilleur goust. Les Indiennes le portent ordinairement vendre chaud dans des pots aux marchez, ou le vendent par tassées, & on l'y va boire publiquement. Les Dames de qualité & les personnes riches l'assaisonnent de canelle, elles y mettent des eaux de senteur, de l'ambre, ou du musc, & quantité de sucre, ce qui le fait trouver plus fort & plus nourrissant ; les Medecins l'ordonnent mesme à ceux qui sont foibles, de mesme qu'ils sont icy le lait d'amandes.

Le temps de mon départ estant venu, je quittay Chiapa ; la premiere ville que je trouvay sur mon chemin fut Theopixca, c'est une belle & grande ville à six lieues de Chiapa ; les Indiens qui l'habitent sont plus adroits à monter à cheval que tous les autres de l'Amerique, si l'on en excepte seulement ceux de Chiapa de los Españoles. De là j'allay à Comitlan, j'y demeuray une semaine, où je passay bien le temps avec le Prieur, j'en partis pour aller à Izquintenango, qui est une ville bastie à l'extremité de la vallée de

Capanabaſtla, & éloignée de deux lieuës des montagnes de Cuchumatlanes. C'eſt une des plus agreables villes de toutes celles de la province de Chiapa, l'abondance de cotton qui s'y recueille la rend fort riche, ſa ſituation contribuë auſſi à l'enrichir; car elle eſt ſur le chemin des Marchands qui vont trafiquer à Guatemala avec leurs mulles : elle eſt fort abondante en fruits, principalement en Pignas. La riviere qui va à Chiapa de los Indios, y paſſe, quoique ſa ſource ne ſoit pas loin des montagnes de Cuchumatlanes, elle ne laiſſe pas d'eſtre fort profonde & fort large à l'endroit de cette ville, où on la paſſe avec un bac, car il n'y a point de gué. Ce bac eſt employé jour & nuit, & eſt d'un grand revenu à la ville, où il y a encore pluſieurs canots pour remonter ou deſcendre quand on veut la riviere. Aprés y avoir demeuré deux jours que je paſſay avec le Curé du lieu & le Prieur de Comitlan, ils me firent avoir des Indiens pour me conduire juſqu'à la premiere ville que l'on rencontre dans les montagnes de Cuchumatlanes, l'on me donna une mulle pour ma voiture; un Indien eſtoit chargé de mon lit que je portois toûjours dans un ſac de cuir qu'ils nomment Petaca, un autre Indien portoit ma Petaquilla, où eſtoit ma Chocoladiere, & trois autres qui marchoient, deux devant, l'autre derriere moy pour me conduire, ſans eſtre obligé de leur rien donner qu'à chacun une taſſée de Chocolatte quand j'en prenois. Mes amis me dirent que je pouvois demander aux Indiens chez qui je paſſerois, tout ce qui ſeroit neceſſaire pour ma ſubſiſtance, pourvû que je l'écriviſſe ſur le livre de la ville, & me ſervir meſme des Indiens des autres lieux de mon paſſage.

Je partis donc de Izquintenango en cet équipage. Quoique les montagnes vers leſquelles je marchois paruſſent fort eſcarpées à la veuë, je trouvay neanmoins à leur pied un chemin fort large & aiſé; je rencontrois à tous momens des Requas ou caravannes de mulles, ce qui me donnoit du courage, jugeant que puiſque des mulles chargées paſſoient bien par ces montagnes, j'y pourrois paſſer aiſément avec celle que je montois. Je trouvay entre ces montagnes une petite bourgade où je paſſay la nuit ; plus j'avançois, plus le chemin s'élargiſſoit & devenoit meilleur, il n'y avoit que la pluye qui m'incommodoit, mais il ne falloit point attendre de beau temps, parce que c'eſtoit à la fin de Septembre, c'eſt à dire à la fin de l'Hyver de ce pays-là. La premiere bourgade que je rencontray entre ces montagnes, fut celle de S. Martin, qui n'eſt que de 25. maiſons, j'en partis le lendemain au matin aprés avoir renvoyé les Indiens qui m'avoient ſervy de guides. De là j'allay à Cuchumatlan, autre petite ville, un peu plus grande que celle de Saint Martin, habitée par des Indiens fort civils, accompagné de deux autres Indiens : elle eſt baſtie au plus haut de ces montagnes. En chemin faiſant mes Indiens me montrerent la ſource de la grande riviere de Chiapa de los Indios, qui eſt ce qu'il y a de plus remarquable dans tout ce chemin. J'arrivay le lendemain au dernier village des montagnes de Cuchumatlanes, ils l'appellent Chautlan, les habitans me reçurent fort bien : j'y vis de fort bons raiſins qui viennent ſur des treilles, ils feroient ſans doute du vin meilleur que celuy d'Eſpagne. L'on porte ces raiſins de là à Guatemala, qui en eſt à 40. lieuës, où l'on les vend dans les lieux par rareté, en effet il ne ſe trouve point de ſemblables fruits depuis la ville de Mexique juſques à Guatemala. Le lendemain je partis du matin, afin d'arriver de bonne heure à Scapula, la premiere ville que l'on rencontre aprés. Je n'eus pas marché trois lieuës, que je découvris une agreable vallée, coupée par une riviere ; auſſi-toſt que j'eus deſcendu les montagnes, je trouvay le Prieur de Scapula qui m'attendoit avec pluſieurs Indiens ſur le bord de cette agreable riviere, d'abord il me fit peur, car il avoit à la gorge une enflure qui tournoit quaſi tout autour de ſon col, & luy pendoit ſur les épaules & ſur la poitrine. Il me dit qu'il y avoit bien dix ans qu'il ſouffroit cette incommodité, il en attribuoit la cauſe à l'eau de cette riviere ; en effet dans la ville je vis pluſieurs hommes & femmes incommodez de ce meſme mal. Le Prieur m'en oſta l'aprehenſion, me diſant que cette eau ne faiſoit mal qu'à ceux qui la beuvoient toute froide. Il y a des marchands qui ſont aſſez à leur aiſe du trafic qu'ils font à Suchtepeque, de Cacao qui y croiſt en grande abondance. Le reſte des habitans trafiquent d'ouvrages de poterie, faits d'une terre qui y eſt fort propre, & qui eſt particuliere en ces quartiers-là ; mais la principale commodité de cette ville eſt le ſel qu'ils ramaſſent tous les matins ſur les bords de la riviere qui y paſſe. L'air y eſt chaud, à cauſe qu'elle eſt dans un fond, & toute entourée de montagnes. Entre pluſieurs bons fruits qui croiſſent aux environs de cette ville, il y a des dattes auſſi bonnes que celles de Barbarie. De Scapula je fus à la ville de Saint André, qui en eſt à ſix ou ſept lieuës; elle eſt grande, & baſtie dans une plaine, je n'y remarquay rien que beaucoup de cotton & quantité de fermes au tour, où je vis beaucoup de beſtiaux & grand nombre de volaille. Au bout de cette plaine il y a une montagne dont la hauteur m'épouvanta. J'envoyay devant à la ville de Sacualpa, autrement appellée Sancta Maria de Zojabab, où je devois aller le lendemain, pour avertir, comme on a coûtume, qu'ils m'envoyaſſent des mules; cet ordre donné je fus coucher à un Rancho, qui font des maiſons baſties pour les voyageurs, afin qu'ils y paſſent la nuit quand la journée qu'ils ont à faire eſt trop longue. J en partis le lendemain pour monter la montagne, qui n'eſtoit pas ſi difficile qu'elle ſembloit de loin, car le chemin s'adoucit en tournoyant au tour; mais plus je montois, plus ma veuë s'éboüiſſoit, quand je regardois la riviere qui paſſe au bas; comme je fus environ à my-coſte je rencontray des Indiens de Santa Maria, qui amenoient deux mules, une pour ma monture, & l'autre pour porter mon bagage, j'allay ainſi à la ville de Sainte Marie de Zojabab, c'eſt la plus grande & la plus belle de toutes les villes du Prieuré de Scapula. De là je fus à la ville de S. Martin, qui eſt du reſſort de Guatemala, où je paſſay la nuit, & en partis le lendemain au matin pour aller à Chimaltenango, qui eſt une des plus grandes villes de cette contrée, baſtie dans une vallée à trois lieuës de Guatemala, elle eſt de mille feux, & habitée par de riches Indiens qui font grand trafic avec leurs voiſins.

Depuis la vallée où eſt la ville de Chimaltenango, iuſques à Guatemala, le chemin eſt uny & agreable; en le faiſant je vis une ville d'Indiens, de grande enceinte, nommée Xocotenango, mais les maiſons ſont fort éloignées les unes des autres, principalement celles des Eſpagnols, qui viennent de Guatemala s'y divertir; elle tire ſon nom de Xocotte qui eſt un fruit qui croiſt-là en grande abondance; il eſt jaune quand il eſt mur, & eſt fort rafraichiſſant; il y en a de deux ſortes, car l'un eſt doux & l'autre aigre. Ces arbres ſont en ſi grande quantité, & il tombe tant de leurs fruits à terre, que les Eſpagnols en tirent un grand profit à cauſe des cochons qu'ils engraiſſent par ce moyen: des deux coſtez de ce chemin il y a pluſieurs jardins qui fourniſſent Guatemala d'herbes, de fruits & de fleurs Pour aller à cette ville il faut paſſer deux montagnes qu'ils appellent, l'une le Volcan du feu, & l'autre le Volcan de l'eau; elles ſont quaſi vis-à-vis l'une de l'autre, ſur les deux bords de la vallée où elle eſt baſtie; ils appellent l'une Volcan d'eau à cauſe que du coſté de Guatemala cette montagne verſe une grande quantité de ruiſſeaux qui eſtant joints, forment cette riviere, qui ſuit la pente de la vallée. Le pied de cette montagne eſt couvert de fleurs, & la coſte a par tout des arbres, & eſt fort differente de l'autre montagne d'où il ſort des tourbillons de feu qui exhalent une puanteur de ſouphre inſupportable. Il y a quelques années qu'il en ſortit tant de cendres, que les maiſons de Guatemala en furent couvertes, & tous les arbres des environs en furent brûlez, l'on vit ſortir avec ces cendres, des morceaux de roches avec la meſme violence qu'un boulet ſort de la bouche d'un canon, avec un tintamarre & un bruit horrible. Du temps que j'y eſtois un de mes amis fit l'experience trois jours durant de lire la nuit une lettre à la lueur des flammes qui en ſortoient, quoique ſa maiſon en fuſt éloignée de trois milles.

Le bruit que ce Volcan fait eſt plus grand l'Eſté que l'Hyver, c'eſt à dire depuis le mois d'Octobre juſqu'à la fin d'Avril, & il ſemble que le vent entrant dans ces concavitez, y allume davantage ces matieres, qu'en d'autres temps, & fait meſme trembler la terre des environs de la montagne. Ces tremblemens ont quelquefois obligé les habitans de Guatemala de quitter leurs maiſons, de ſe tenir ſous des tentes dreſſées dans le marché. L'air de cette ville eſt d'ailleurs fort temperé, l'abondance de vivres fort grande, juſques-là que j'y ay vû un païſan qui avoit 40000. teſtes de beſtail, ſans celuy qui eſt ſauvage & qu'ils appellent Simarrones, qui tient la montagne, & que les Negres chaſſent, comme auſſi quantité de Sangliers, auſquels ils font une chaſſe generale de peur qu'ils ne multiplient par trop. Mais pour revenir à Guatemala, l'abondance & la police y ſont ſi grandes, que l'on y vit pour rien, & l'on n'y voit point de gueux; car pour trois ou quatre ſols l'on peut avoir autant de bœuf qu'un homme en peut manger toute une ſemaine: & avec quelques amandes de Cacao, il peut avoir ſa proviſion de pain. Elle a bien 5000. feux & deux cens dans le faux-bourg appellé el Barrio de San Domingo. Outre le trafic qu'elle fait par terre, elle envoye au Perou, & les embarquemens s'en font au port de la Villa della Trinitad, & à celuy de Relaio.

L'audience de Guatemala eſt compoſée d'un Preſident, de ſix Conſeillers, d'un Procureur du Roy, d'un Lieutenant Civil, & d'un Lieutenant Criminel. Le Preſident eſt auſſi abſolu qu'un Vice-Roy du Perou, ou du Mexique; mais il n'a que 12. mille ducats de gages, quand il veut s'appliquer au commerce ſa charge rend bien davantage, comme le Comte de Gomera, Preſident de Guatemala, qui en quatorze ans qu'il exerça cette charge, amaſſa un million de ducats. Chaque Conſeiller à 4000. ducats, & le Procureur

ET DE LA NOUVELLE ESPAGNE.

cureur du Roy trois mil, qui leur sont payez tous les ans des coffres du Roy.

La ville de Guatemala est la Capitale de la Province de ce nom, qui s'étend 900. milles vers le Sud, & trois cens mille vers le Nord.

Le lieu le plus proche de Guatemala où les vaisseaux puissent ancrer, est au village nommé la Trinidad, il n'y a point d'autre Port dans l'étenduë de quatre cent mille entre Guatemala & Tecoantepeque. Les principales marchandises que l'on apporte à Guatemala, viennent des Provinces de Soconuzco & de Suchtepeque; ce ne sont la pluspart que des drogues qui entrent dans la composition de la Chocolate, avec un peu d'Indigo, & de Cochenille, que l'on apporte de Sant Antonio capitale de la Province de Suchtepeque, ou de celle de Izquinla: Cette derniere Place en fournit toute l'Espagne; l'on y nourrit aussi une quantité tres grande de bestiaux: le sejour d'un Païs si fertile seroit fort agreable si les chaleurs n'y estoient excessives depuis le mois de May jusqu'à la fin du mois de Septembre.

Les Esclaves qui servent dans les Fermes des environs de Guatemala sont la principale force de ces Païs, & quoiqu'ils n'ayent pour toutes armes que des Assagayes, dont ils dardent les bestes sauvages, ils n'ont pas laissé de faire souvent peur à leurs maistres, & à toute la ville de Guatemala. Il y en a entr'eux qui ont le courage, & l'addresse d'abatre les Taureaux les plus feroces, & d'aller prendre jusques dans les rivieres les Crocodilles qu'ils tirent après à terre.

L'endroit le plus riche de cette Province est le long de la mer, jusqu'au village de la Trinidad, son Port quoiqu'un peu dangereux, ne laisse pas d'enrichir beaucoup la ville de Guatemala à cause des vaisseaux qui y viennent de Panama, du Perou & d'autres lieux. Cependant il n'est défendu d'aucune fortification. Entre ce Port & celuy de Realejo la mer fait une grande baye où les petits vaisseaux viennent prendre les rafraîchissemens, dans une Bourgade d'Espagnols meslez avec des Indiens, nommée San Miguel: Les Espagnols n'ont pas esté plus soigneux de défendre l'entrée de cette Baye, que celle du Port de Realejo qui n'est gardée que par deux cent familles des Mestiz & d'Indiens; cependant ce Port donne entrée dans le païs jusqu'à Guatemala, Nicaragua, & mesme dans ceux de Leon, & de Nueva Granada.

Vers le mois de Juillet, ou au commencement de celuy d'Aoust au plus tard, il vient à Golfo dulce, qui est à soixante lieuës à l'Est de Guatelama, deux ou trois vaisseaux décharger dans des magazins les marchandises qu'ils ont apportées d'Espagne, & se recharger de celles de Guatemala, qui y ont esté mises deux ou trois mois auparavant dans d'autres magazins; De sorte que durant les mois de Juillet, d'Aoust & de Septembre, l'on est asseuré de trouver à Golfo dulce de grandes richesses, que les Espagnols abandonnent à la garde d'un ou deux Indiens seulement, & d'autant de Mulates, la pluspart releguez pour crimes dans le Chasteau ruiné de San Thomé de Castilia. Cependant comme l'entrée de ce Golfe est fort asseurée par deux roches, qui la ferment, il seroit tres-aisé de défendre l'embouchure, mille vaisseaux y pourroient tenir à l'ancre commodement: Les Espagnols se moquent des Anglois & des Hollandois & de ce qu'ils y sont entrez sans descendre à terre, car ils auroient pû à la penetrer bien avant dans ce païs, sans trouver de resistance considerable. Pour moy je fus fort surpris de ce que les Hollandois ayant attaqué Truxillo, qui est le principal Port de Comayagua, & de Honduras, ils se retirerent avec quelque butin seulement au lieu de s'y fortifier, ce qui leur auroit esté fort facile. Les Habitans prirent la fuite d'abord qu'ils parurent, & l'on craignoit fort à Guatemala qu'ils n'avançassent dans le païs, car l'on n'y étoit point en estat de leur resister.

Le chemin de Golfo dulce à Guatelama n'est pas si mauvais que le font quelques-uns, principalement depuis la fin du mois de Septembre jusqu'à celuy de May: car l'Hyver & les pluyes cessent durant ce temps-là, & il regne un vent qui seiche les chemins; les Mules ne laissent pas dans les plus mauvais temps de l'année d'y porter au moins 400. livres pesant, & cela dans les passages les plus difficiles des montagnes qui sont proche Golfo dulce: Ce chemin d'ailleurs est si large, que quand une trace est mauvaise l'on en peut choisir une autre, le plus mauvais ne dure que quinze lieuës, & l'on y trouve de temps en temps des Ranchos, ou maisons destinées pour loger les voyageurs: Il y a aussi dans les bois des Mules & des Bestiaux qui servent de voitures. Ce que les Espagnols craignent le plus en passant les montagnes de Golfo dulce, est de tomber entre les mains des esclaves Negres, que la cruauté de leurs maistres y a fait refugier, le nombre en augmente tous les jours, car outre leurs enfans qu'ils y portent avec eux, il y a souvent d'autres Negres qui suivent leur exemple. Ils se jettent sur les Mules passent, & prennent tant qu'ils veulent des marchandises dont elles sont chargées, sans mal traiter les Esclaves qui les conduisent. Les Habitans de Guatelama ont tâché plusieurs fois de les faire revenir chez leurs maistres, mais ils n'en n'ont jamais pû venir à bout.

IV. Partie.

RELATION DU MEXIQUE,

Ces Negres ont pour toutes armes l'arc & les fleches, qu'ils ne portent que pour leur deffence, & n'attaquent personne : ils ne font point de mal à ceux qui leur abandonnent quelque partie de ce qu'ils portent : Ils se sont souvent expliquez que la principale cause qui les avoit fait refugier dans ces montagnes, estoit afin de se joindre aux Anglois, ou aux Hollandois, s'ils faisoient jamais descente à Golfe Dulce, sçachant bien qu'ils leur donneroient leur liberté, ce qu'ils ne se peuvent promettre des Espagnols.

Pour revenir au chemin de Golfo Dulce, les quinze lieues de mauvais chemin passées, il est meilleur, & l'on trouve de temps, en temps de petites bourgades fournies de toutes sortes de vivres.

A quinze lieuës au delà l'on trouve Acabastlan grande ville d'Indiens, bastie sur le bord d'une riviere qui nourrit les plus excellens poissons de tout ce païs. L'on y en pesche un entr'autres nommé Bodo, qui est gros, rond, & long comme le bras d'un homme environ ; il n'a qu'une seule arête qui lui passe tout le long du corps par le milieu ; sa chair est blanche comme du lait, elle se fond comme du beurre, & est d'un trés-bon goust, à quelque sauce qu'on l'accommode. L'on pesche aussi dans les rivieres & ruisseaux peu profonds, qui sont entre Acabastlan & Guatemala, un autre espece de poisson qu'ils nomment Tepemechin, & qui peut estre mis au rang des meilleurs poissons du monde, sa graisse a tout à fait le goust de celle de veau, les Espagnols le tiennent pour une espece de Truyte.

La ville d'Acabastlan est gouvernée par un Corregidor Espagnol, dont la Jurisdiction s'étend jusqu'à Golfo Dulce. Elle n'est habitée que par une vingtaine environ d'Espagnols, & de quelques Indiens, qui ont pour toutes armes l'arc & les fleches ; Cette Ville n'est point fortifiée, il y a à ses environs plusieurs Fermes fort riches en bestiaux, & où l'on recueille quantité de drogues, qui entrent dans la composition de la Chocolatte, & d'autres aussi qui servent à la medecine. Il y a plus de jardins à Acabastlan, & il y croist plus de fruits qu'en aucune autre ville d'Indiens de cette contrée : mais ce qui lui donne le plus de reputation, sont leurs excellens melons, dont ils fournissent leurs voisins.

L'on ne compte que trente petites lieuës d'Acabastlan à Guatemala, chemin qui se fait au travers de quelques montagnes, où les Espagnols ont trouvé des mines de cuivre & de fer, qu'ils ont abandonnées parce qu'elles cousteroient plus à foüiller qu'ils n'en tireroient de profit. Ils ont d'ailleurs beaucoup perdu à maltraiter les Indiens qui habitent entre Acabastlan & Guatemala pour tirer d'eux de l'or, principalement ceux d'un lieu nommé Aguacaliente, car ses habitans trouvoient des paillettes d'or, dans une riviere qui passe en ces quartiers, & payoient tous les ans aux Espagnols un tribut considerable de cette poudre, à present ils n'en tirent plus rien, car ils ont fait mourir tous ces Indiens à force de les maltraiter pour apprendre le lieu d'où ils tiroient ces richesses ; & les Espagnols ne l'ont jamais pû trouver, quelque diligence qu'ils ayent employée à le chercher.

A quatre lieuës d'Aguacaliente, est le Rio de las Vaccas, là une troupe de pauvres Mestitz & Mulattes habitent, & nourrissent quelques bestiaux, & employent avec peu de succés leur temps à chercher dans cette riviere de la poudre d'or, dans l'esperance qu'ils ont de trouver un jour la source de ces richesses.

L'on découvre de cette riviere l'agreable vallée de Mixco y Pinola, ainsi nommée par les Espagnols, à cause de deux villes d'Indiens basties sur ses costez, l'une appellée Mixco, & l'autre Pinola. Cette vallée est éloignée de Guatemala de six lieuës ou environ, elle a quinze lieues de long & dix ou douze de large. Le terrain qu'elle renferme est divisé en trente ou quarante fermes d'Espagnols. Il y croist le meilleur grain de tout le païs, elle en fournit Guatemala, & l'on en fait du biscuit pour les vaisseaux qui vont & viennent d'Espagne. Les Indiens qui habitent cette vallée sont plus propres à cultiver la terre, qu'à porter les armes.

La ville de Mixco est habitée par trois cens familles ou environ, entre lesquelles il y a des Indiens tres-riches, ils ont l'obligation aux Espagnols de leur avoir appris à cultiver la terre, à trafiquer avec leurs Mules à Golfo Dulce, & à profiter de l'avantage que la ville de Mixco a d'estre sur le chemin des Marchands qui vont & viennent de Golfo Dulce ; Elle n'a d'ailleurs pour toute marchandise qu'une certaine terre, dont ses habitans font de la vaisselle qu'ils vernissent de diverses couleurs. Cette vaisselle se vend à Guatemala, & aux Bourgades voisines : Les femmes des Criolos mangent mesme de cette terre, qui altere leur santé, & leur rend le tint paste.

Pinola n'est pas plus grande que Mixco, mais elle est dans une situation bien plus avantageuse, elle est bâtie dans une plaine, au lieu que Mixco est sur la pente d'une montagne qui oste

OU DE LA NOUVELLE ESPAGNE.

aux voyageurs la veuë de la vallée : Elle a à son Nort & à son Sud des montagnes où il croît du grain meilleur que celui de la vallée. A son Oüest sont les villes de Petapa & d'Amatitlan, La premiere est habitée par environ cinq cens personnes fort riches, & qui ont reçeu quelques Espagnols.

Les Indiens nomment Pancac la ville de Pinola, mot composé de Pan, qui signifie dedans ou entre & de cac, c'est à dire du feu ; un fruit nommé Guiava, & aussi un insecte que les Espagnols nomment Nigua, trop connu pour la douleur qu'il fait sentir à ceux qu'il picque, principalement aux endroits où il y a beaucoup de cochons. Cette vermine au dire des Espagnols, fit mourir plusieurs des soldats de Drac, comme ils alloient à Panama par la montagne de San Pablo, elle cause de la demangeaison aux lieux où elle s'attache, il leur cousta la vie, ce disent-ils, pour s'estre grattez aux jambes où elle s'attache principalement.

Quelques-uns soûtiennent que cet insecte s'engendre par tout indifferemment, aussi bien sur les tables, & dans les lits qu'à terre : mais l'experience fait voir qu'il ne se forme que sur le plancher des maisons, principalement dans celles que l'on ne tient pas nettes : Il se prend rarement aux mains, & aux autres parties du corps, marque qu'il s'engendre à terre. La Nigua est encore plus petite qu'une puce, à peine la voit-t-on dans la chair, car elle n'y paroît pas plus grosse que la pointe d'une épingle ; lors qu'elle s'est piquée dans les jambes elle cause une grande cuisson; On l'en peut tirer aisément avec une épingle, mais il la faut tirer toute entiere, car s'il en reste la moindre partie le mal ne diminuë point; quand elle est entrée dans la chair elle y fait un trou où elle met plusieurs lentes, qui peu à peu deviennent grosses, comme une grosse puce ; quoy que les jambes demangent alors il ne les faut pas gratter, car il s'y feroit un apostume, & l'on courreroit risque d'en perdre l'usage. Il y en a qui les ôtent dedans la chair à la premiere demangeaison qu'elles y causent : mais cela est fort difficile, car elles sont alors imperceptibles, & d'ailleurs fort sujettes à se rompre ; c'est pourquoi la plûpart aiment mieux les laisser dans la chair jusqu'à ce qu'elles y ayent fait leur trou, & mis leurs œufs, il se leve une petite bube sur la peau, & ils les en tirent en les cernant tout au tour avec la pointe d'une épingle, & tâchant de les ôter entieres ; Aprés les avoir ainsi tirées, l'on ne fait que mettre dans le trou un peu de cendre ou de l'ordure des oreilles, & par ce moyen l'on en guerit en un jour ou deux. Le moyen d'éviter cette vermine est de mettre ses habits, & principalement les souliers & les bas sur quelque chaise, ou autre chose élevée de terre. Quoi que les Indiens aillent la plûpart nuds pieds, ils sont rarement incommodez de ces insectes, ce que l'on attribuë à la dureté de leur peau.

Pinola ou Pancac est fort sujette à des Niguas, comme je l'ay éprouvé moy-même.

Petapa en Indien signifie lit d'eau. Il y demeure à ce que l'on tient une famille d'Indiens, qui sont de la race des anciens Rois de cette contrée. Les Espagnols honorent du nom de Guzmans ceux qui en descendent, & élisent mesme d'entr'eux les Gouverneurs de la Ville ; ils leurs ont octroyé de grands privileges, mais non pas de porter l'épée, comme au Gouverneur de Chiapa de los Indios. Si les Indiens n'étoient point si sujets à s'enyvrer ceux de cette famille auroient pû pretendre à des Gouvernemens considerables. Les habitans de Petapa sont obligez de servir chacun à leur tour le Gouverneur, les uns par exemple de luy aprester à manger ; les autres ont soin de son écurie, & il y en a qui sont obligez de pescher du poisson pour sa table : Ils sont obligez de rendre les mêmes services à un Religieux que les Espagnols lui donnent pour son Collegue, & qui a un train d'Evesque ; le Gouverneur ne peut rien decider sans avoir son suffrage. Les Indiens de cette Ville ne peuvent pas estre mieux policez qu'ils le sont.

Une Riviere guayable en plusieurs endroits passe proche de Petapa, & arrose les jardins qui y sont en grand nombre, & remplis de tous les fruits & legumes qui se puissent souhaitter. A un mille & demi de là est un moulin à succre, ou sont employés soixante Negres au moins : Ce moulin appartient à un Biscayen riche maintenant de plus de 250000. écus, & qui étoit fort pauvre lors qu'il vint en ces quartiers-là, car le commencement de sa fortune vint du trafic qu'il faisoit par le païs avec deux Mules qu'il acheta d'un Indien au service duquel il s'étoit mis.

A trois lieuës de ce Moulin est la ville d'Amatitlan, elle est à la verité plus peuplée que Petapa, mais il n'y a pas tant d'Espagnols ; Ses ruës sont fort droites, larges, unies, & toutes sablées. Il y vient un grand concours du peuple de Guatemala se baigner dans ses eaux chaudes qu'il y a, & que l'on croit fort saines. Cette Ville tire un grand profit du sel qui se ramasse sur les bords du Lac qui en est proche, & où on le voit les matins congelé en forme de glace, qui est très-bon & même très blanc lors qu'on l'a purifié. Ses Habitans font aussi un gain considerable sur les Mules que l'on fait paistre aux bords du même Lac, qui en un jour, & même en moins de temps deviennent très-grasses, l'on ne paye que cinq ou six sols par jour pour chaque Mul.

Il croît aussi dans la Vallée de Mixco y Pinola une espece de petit grain, nommé par les Espagnols Tigro tremehno, qui se met vers la fin du mois d'Aouft, & dont on fait la recolte à la fin de celuy de Novembre: Ils le battent sur le champ même où ils le cueillent, y laissent les vannures du grain, & mettent le feu au chaume un peu auparavant que les premieres pluyes ayent commencé à tomber, il en reste une graisse sur la terre, qui l'amende autant que si elle étoit bien fumée. Ils brûlent de même vers la fin du mois de Mars l'herbe des pâturages de la Vallée qui est alors seiche, & quand il a pleu deux ou trois fois dessus, elle recroît plus épaisse, & plus haute qu'auparavant.

Ils coupent aussi les arbres dessus les terres qui n'ont pas encore été défrichées, & les brûlent dessus après les avoir laissé seicher.

Proche de Mixco est la Bourgade de San Lucar, où l'air est fort froid, l'on y serre par cette raison tous les grains qui se recueillent à Guatemala & dans toute la Vallée, où la chaleur empêche qu'on le puisse garder, on les met dans des greniers faits exprès, qu'ils appellent Troias dont le plancher est d'ais, couvert de natte & élevé de terre de deux pieds, où il se conserve fort bien, & l'on a cet avantage que de deux cent boisseaux de bled que l'on y met, l'on en retire deux cent vingt.

Après avoir décrit ce qu'il y a de plus remarquable sur le chemin de Golfo dulce à Guatemala, je parleray du païs de Vera Cruz, Coban en est la Ville capitale, & la residence ordinaire du Gouverneur: Les Espagnols n'ont pas encore pû subjuguer la partie de ce Païs, qui est entre Vera Paz & le Iucatan, ils en avoient entrepris la Conquête qui leur promettoit beaucoup, & qui leur donneroit un passage libre pour trafiquer par terre avec Campin, & dans tout le païs de Iucatan, au lieu que lorsqu'ils portent leurs marchandises à Havana par le Golfe, ils courent risque d'être pris par les Pyrates. Un Religieux de mes amis se hazarda d'aller chez ces Barbares, qui ne sont pas encore subjuguez, & avança jusqu'à Campin, il rapporta à son retour que les Indiens l'entendant parler leur langage, & voyant sa maniere de traiter honnête, le receurent de même, de peur que s'ils l'eussent mal-traité les Espagnols ne leur fissent la guerre. Il me dit de plus, que ce païs étoit meilleur que celuy de Vera Paz, qui est assujeti aux Espagnols, & loüoit fort surtout une vallée où il avoit trouvé un grand Lac, & une Ville peuplée de douze mil Indiens. Comme le passage est bouché aux Espagnols de ce costé-là, ils vont à Golfo dulce par un autre endroit où le passage est libre, y porter des rafraîchissemens aux Vaisseaux quand ils y arrivent, & ils en rapportent en échange du vin, & des autres marchandises d'Espagne.

L'on passe en allant de Guatemala à Vera Cruz les montagnes de Sacatepeque, Saca signifie des herbes, & Tepeque une montagne: en effet, elles sont toutes couvertes de verdure. Les Villes principales qui y sont bâties sont San Iago de cinq cent feux, San Pedro de six cent, San Iuan de même, & San Domingo qui n'en a que trois cent. Ces quatre Villes sont fort riches, leurs Habitans recueillent beaucoup de bled & de maïz, ils ont plus de courage que les Indiens des autres Villes. De mon temps un Indien de Sant Iago donna à l'Eglise la valeur de six cent écus quoiqu'il fût Payen: ces peuples gagnent beaucoup à louër de grands bouquets de plumes dont les Indiens se parent aux occasions de leurs danses & de leurs fêtes, quelques-uns de ces bouquets de plumes en ont au moins 60. toutes fort longues, & d'une grande diversité de couleurs.

Quoique les Espagnols ne permettent pas aux Indiens le port des armes si ce n'est l'arc & les fléches, ils ne laissent pas d'appréhender leur grand nombre, car ils sont mil Indiens pour un Espagnol, ils multiplient tous les jours dans cette proportion, & par là ils rentreront un jour indubitablement dans la possession de leur pays, ou en chasseront les Espagnols, en se joignant à la premiere Nation de l'Europe qui le voudra entreprendre. Ainsi mal fondez sont ceux qui soustiennent que la conquête de l'Amerique seroit plus difficile maintenant qu'elle ne l'étoit du temps de Cortez, à cause, ajoutent-ils, qu'il y a maintenant des Espagnols & des Indiens à combattre, au lieu qu'il n'y avoit alors que des Indiens tous nuds, ces Indiens se souleveroient sans doute contre leurs injustes maîtres, les Espagnols sont extrêmement foibles & avec le peu de monde qu'ils ont, ne pourront jamais défendre toutes les entrées d'un pays si estendu, les Negres suivroient leur exemples, & les Criolos même qui sont si mal traitez par les Espagnols, aimeroient mieux être sous la domination d'une Nation estrangere, que de se voir opprimez de la sorte par une Nation qui ne garde point de mesure.

Quoique ce n'ait jamais esté l'intention des Roys d'Espagne que l'on traitast les Indiens en Esclaves, leur condition neantmoins est encores plus miserable. Le Repartidor qui en a la Liste les distribuë tous les Dimanches aux Espagnols, selon la grandeur de leurs fermes, ou les autres besoins qu'ils en ont. L'on sçait ce que chaque Ville doit
fournir

ET DE LA NOUVELLE ESPAGNE.

fournir de gens de travail, & l'Audiance de Guatemala en regle le nombre: Ces Indiens font conduits au rendez vous par un Officier de leur nation, ils y portent leurs outils, sçavoir une houë, une pesle & une coignée avec quelques gasteaux de maiz, des frixolles, & quelque morceau de viande froide ; ils portent aisément leurs lits sur leur dos, car ils ne consistent qu'à une simple couverture de grosse laine: Quand ils sont donc arrivez au rendez-vous avec les autres, on les enferme dans la Maison de Ville. Le Repartidor appelle ensuite les Espagnols marquez sur sa Liste; & fait sortir à mesure le nombre d'Indiens que chaque Espagnol doit avoir, à l'un trois, à l'autre quatre, dix, quinze, vingt, ou plus selon leurs besoins. L'Espagnol en recevant ses Indiens leur prend à chacun un outil ou leur couverture de crainte qu'ils ne s'enfuïent, & donne au Repartidor pour chaque Indien, un demi Real, ce qui luy vaut quelquesfois jusqu'à vingt cinq écus. Si l'Espagnol se plaint qu'un de ses Indiens se soit enfui, ou qu'il n'ait pas travaillé toute la semaine, l'on prend l'Indien, l'on l'attache par les mains à un poteau dans le marché, & on le foüette sur le dos; cependant que les plaintes que l'Indien pourroit faire souvent avec plus de justice, ne sont point écoutées. A peine se peuvent-ils nourrir du salaire que leur donnent les Espagnols, car ils n'ont à la fin de la semaine que cinq Reaux, & encore lorsque les Espagnols s'apperçoivent de l'envie que leurs Indiens ont d'aller revoir leurs femmes ils s'accommodent avec eux, & en retiennent une partie pour leur donner cette permission. Cét ordre, ou plûtost cette tyrannie s'observe par tout ailleurs comme à Guatemala. D'autres Indiens nommez Tamemex sont obligez quand les passagers les envoyent querir en leurs bourgades, de porter sur leurs mules, & quelquesfois mesme sur leur dos des fardeaux tres pesants, & souvent à la fin du voyage on ne leur donne que des coups pour salaire; ils feront quelquesfois porter à ces pauvres gens tout le long du jour, ou plusieurs jours de suite, une valise de cent livres pesant ils attachent la valise par les deux bouts avec une corde, qui a un cuir large au milieu, qu'ils arrestent sur leur front ; ce qui les fait distinguer aisément d'entre les autres, car ils n'ont point de cheveux en cet endroit. C'est ainsi que ces miserables sont traittez par les Espagnols ; ils se seroient déja revoltez plusieurs fois s'ils n'étoient retenus par les Prestres. Leur habit ordinaire est une paire de caleçons de toile, ou de laine, larges vers les genoux, sans chausses ni souliers, si ce n'est ceux qui portent des fardeaux bien loin, ceux là mettent des semelles de cuir pour se conserver les plantes des pieds. Au lieu de pourpoint ils ont une demy chemise, une mante de toile ou de laine qui leur traisne presque jusqu'à terre, attachée avec un bouton sur l'une des épaules, un chapeau qui ne leur coûte qu'environ vingt six sols, & si mauvais, que les bords leurs battent jusques sur le dos quand ils ont esté à la pluye, la mante leur sert également de couverture & de lit, car il y en a peu qui soient assez riches pour avoir une natte legere sur laquelle ils se puissent coucher, les riches ceux qui ont des Fermes, & les Officiers ont leur haut de chausse bordé par enbas d'un passement, ou galon de soye de diverses couleurs, d'autres font mettre un passement sur leur mante, ou font piquer dessus quelque figure d'oyseau. Les principaux Gouverneurs, ou les plus riches, comme de quatre à cinq mil ducats, couchent plus à leur aise, ils étendent une grande natte sur des planches ou des rozeaux joints ensemble. Mais pour les femmes elles sont plus curieuses dans leurs habits, les plus riches portent des colliers, des bracelets & des pendans d'oreilles, elles relevent tous leurs cheveux par tresses vers le haut de la teste : les plus riches se couvrent d'un voile de toile de Hollande ou de cotton & même de la Chine.

Ce voile est celuy des ornemens des Indiennes qui leur coûte le plus, elles se couvrent la teste avec ce voile, & il leur descend qu'si jusqu'à terre. Leurs maisons, ou plûtost leurs cabanes n'ont qu'un étage divisé en deux chambres, il n'y a point de cheminées, ils font du feu sur des pierres au milieu d'une de ces chambres pour cuire leur manger, & comme la fumée n'a point de sortie faite exprés, toute la maison semble une cheminée tant elle est noire par dedans, ces maisons ne sont point fermées, ils n'ont que de la vaisselle de terre, & ainsi ils ne craignent pas qu'on les vole. Il n'y a guere de maisons où il n'y ait un bain dans la cour, où ils se baignent dans de l'eau chaude lorsqu'ils sont malades, ils n'ont point d'autre remede pour se guerir.

Chaque Ville ou Bourgade est divisée par quartiers & chaque quartier a son Chef, tous ceux du quartier luy obeïssent, & c'est à luy qu'ils ont recours dans les occasions. Quand un garçon d'un quartier se veut marier à une fille d'un autre quartier, le pere du garçon va trouver le Chef du quartier d'où est la fille, luy déclare son dessein, confere avec luy, & quoy qu'ils n'ayent que fort peu de chose, ils passent des journées entieres à dresser les articles; Ces conferences se terminent à table: Le pere en mariant sa fille ne luy donne rien, mais en mourant il partage également ses biens à ses enfans.

IV. Partie. * * * * *

Quand quelqu'un veut faire baftir ou raccommoder fa maifon, il le fait fçavoir au Chef de fon quartier, qui avertit tous ceux de la Bourgade afin qu'ils le viennent aider chacun felon fon meftier; ainfi une maifon eft entierement bâtie en un feul jour, fans qu'il en coûte autre chofe, que quelques taffées de Chocolatte affaifonnée d'un peu d'anis & de poivre long, dont celuy qui la fait baftir regale ceux qui y ont travaillé.

La nourriture ordinaire des Indiens font les Feverolles que ce païs produit en grande abondance; ils les gardent feiches toute l'année, & fe tiennent fort heureux quand ils en peuvent avoir de boüillies avec du Poivre long; Au deffaut de Feverolles ils ont recours à leurs Tortillas ou gafteaux de Maiz qu'ils ont fait cuire dans une terrine, ce qui fe fait en un moment, & ils les mangent tous chauds avec un peu de fel & de poivre long, quelquefois ils ne fe donnent pas cette peine, & mangent les grains de Maiz tous verds avec un peu de fel ; Pour moy, je trouve le Maiz verd fort nourriffant & d'auffi bon gouft que nos pois verds. Ils font auffi du potage de ce Maiz verd après qu'il a efté boüilly dans un peu de laict ; les plus pauvres des Indiens fe paffent de ce potage. D'autres achetent beaucoup de viande fraifche à la fois, & en font des Taffajos ; c'eft à dire, qu'ils couppent par éguillettes les plus longues & les plus minces qu'ils peuvent toute la chair de la cuiffe d'un Bœuf, par exemple les fallent après, & les mettent feicher durant une femaine dans leur court fur des branches d'arbres ; ils les expofent à la fumée l'efpace d'une autre femaine, & les entaffent après par petits pacquets qu'ils lient bien fort avec une ficelle, cela devient dur comme une pierre; j'ay mangé plufieurs fois du Bœuf ainfi preparé, les Efpagnols en confomment beaucoup, & c'eft une provifion commode pour les Voyageurs ; il y a mefme des Efpagnols qui font devenus riches à en tranfporter aux Bourgades où l'on ne vend point de viande, car ils auront quelquefois pour un petit pacquet de Taffajo qui ne leur revient ordinairement qu'à cinq deniers environ, pour un Real de Cacao.

Quand ils ont tué une befte à la chaffe ils la laiffent dans quelque caverne & la couvrent de feüilles ; & lors qu'il commence à s'y former des vers ils la portent chez eux, la couppent par pieces, la font boüillir un boüillon dans de l'eau avec une certaine herbe affez femblable à la Tanafie ; ils croyent qu'elle a la propriété de rendre la viande corrompuë fa premiere fraifcheur & blancheur, ils expofent enfuite cette chair à la fumée, & après l'y avoir laiffée quelque temps ils la font boüillir derechef, & pour un regal entier ils l'affaifonnent de Poivre long ; voila la maniere de preparer la venaifon dans l'Amerique ; j'en ay mangé quelquefois, la chair en eft courte & blanche ; mais j'avouë qu'au commencement ce n'eftoit pas fans repugnance à caufe de l'imagination des vers.

Les Indiens qui ne font pas obligez à fervir les Efpagnols, & qui n'ont guere à faire, vont chaffer le Heriffon dans les bois, ils en aiment fort la chair ; les heriffons y font fort femblables aux noftres, ils ne vivent au dire des Indiens, que d'œufs d'Amits, de racines feiches & d'herbes. La chair de cét animal eft blanche, & ne le cede point à celle des poulardes que l'on a engraiffées. Les Efpagnols les plus riches en mangent mefme le Carefme, à caufe qu'ils ne vivent, comme je viens de dire, que d'Amits, ou fourmis & de leurs œufs, d'herbes, & de racines, toutes chofes de peu de fubftance.

Ils mangent auffi beaucoup d'un autre animal, qu'ils nomment Iguana, il y en a de deux fortes, d'aquatiques & de terreftres ; ceux-cy grimpent comme des Efcureüils au haut des arbres, & font leurs petits entre des racines d'arbres, ou dans quelque trou de muraille; ils ont des écailles vertes & d'autres noires, la figure de cét animal fait peur d'abord, mais fa chair ne laiffe pas d'être fort bonne boüillie, & rend un excellent boüillon; elle approche du gouft de celle du Lapin, il eft fort dangereux d'en manger lors qu'elle n'eft pas affez cuite, & il m'en a penfe coûter la vie. Il eft décrit ailleurs avec plus de foin & d'exactitude auffi bien que les Tortuës d'eau & de terre qui s'y trouvent en grand nombre.

La boiffon ordinaire des Indiens eft la Chocolate fans Sucre ni Attolle ; ils la quittent quand ils peuvent avoir de quelque boiffon qui enyvre, & en boivent jufqu'à la derniére goutte, & n'épargnent rien pour en avoir : Ils compofent un breuvage qui eft encore plus fort que le vin d'Efpagne, car ils empliffent de Melaffe & de fuc de cannes de fucre une grande Tinaxa ou Urne de terre, ils y ajoûtent un peu de miel pour donner de la douceur à cette compofition, & peu d'eau, des racines & des feüilles de Tabac & d'autres plantes pour en augmenter la force ; il y en a mefme qui mettent dans ces Urnes un Crapaut vif & l'y laiffent l'efpace d'un mois, puis ils convient leurs amis d'en venir boire, ce qu'ils font d'ordinaire la nuit, de peur que leur Curé ne les en empêchent; ils boivent jufqu'à crever de ce vin ainfi preparé, qu'ils nomment Chica ; il en fort une puanteur infupportable, cette boif-

OU DE LA NOUVELLE ESPAGNE.

son est cause de la mort & de la perte d'un grand nombre d'Indiens.

Les Espagnols frelatent & alterent en mil manieres le vin qu'ils leurs vendent, quoyqu'il y ait des défenses fort rigoureuses, & mesme des peines contre ceux qui en vendent dans les villes d'Indiens, mais le grand profit qu'ils y font, est cause qu'ils ne s'en sçauroient empescher, principalement aux environs de Guatemala. (*Voyez le Memorial de Palafox.*)

Lorsqu'un Indien est si yvre qu'il ne peut plus boire, ils luy font payer deux fois plus qu'il n'a depensé, ils ont le soin de le mettre au lit, mais ils ne manquent pas de renverser ses poches.

Dans une Ville de trois ou quatre cens familles d'Indiens, il y aura deux Alcaldes, six Regidores, deux Algoazils majors, & six Algoazils inferieurs. Et quant aux Villes d'Indiens qui ont le privilege d'élite des Gouverneurs de leur Nation, l'Eleu commande à tous ses Officiers, on les change tous les ans, l'élection se porte à l'Audiance dont la Ville ressort, là le Gouverneur Espagnol de la Province où est cette Ville, la ratifie, il fait même rendre compte aux Officiers qui sortent de charge, de la dépense qu'ils ont faite, ils le dressent sur le Livre de compte de la Ville, car chaque Ville a son Secretaire ou Greffier qui exerce cette charge plusieurs années, parce que les Indiens n'en sont pas capables, il tire beaucoup de sa Charge à cause de la multiplicité des Actes qu'il expedie.

Si celuy qui est éleu Gouverneur se fait aimer de ses concitoyens il est continué longtemps, autrement les Espagnols le changent sur les premieres plaintes qu'on leur fait de sa conduite, & l'on en établit un autre à sa place.

Ces Gouverneurs ont le pouvoir de juger tous les Indiens de la Ville qu'ils gouvernent de quelque qualité qu'ils soient; il les peut faire mettre en prison, imposer des amendes, les faire fustiger & les bannir, car pour la haute Justice elle est entre les mains des Espagnols.

Si un Espagnol passant par une Ville d'Indiens ou y étant habitué cause du scandale, ou fait quelque insolence, le Gouverneur Indien a bien le pouvoir de l'envoyer avec le procez verbal de l'excez qu'il a commis, à l'Audiance Espagnole la plus prochaine, mais il n'a pas celuy de le faire punir, ni mesme de luy faire garder prison, une nuit seulement. Ce pouvoir sur les Espagnols, quoyque limité au point que je viens de dire, leur est inutile, car il n'en faut qu'un seul pour faire trembler toute une Ville d'Indiens; ils sçavent d'ailleurs que l'Espagnol aura tousjours gain de cause; c'est de-là que vient leur arrogance & leur abandonnement à toute sorte de crimes.

Lors qu'il y a sujet de plaintes contre quelque Indien, j'entends lors que le differend n'est qu'entre des Indiens, ses parens, & le Chef du quartier dont il est s'assemblent, concertent ensemble la punition qu'il a meritée; les Officiers de Justice confirment leur Sentence & la font executer, si ce n'est que le coupable n'en appelle pardevant son Curé, qui a aussi pouvoir de juger les criminels qui apportent appel luy de la Sentence que les Justiciers ou Alcaldes ont renduë contr'eux; souvent ils remettent les cas de Justice au Jugement des Prestres qu'ils croyent en cela plus sçavans qu'eux, & disent que les punitions qu'ils leur imposent leur semblent plus douces, comme venant de la main de Dieu: Ce sont les paroles que me dit un jour un Indien, qui avoit appellé pardevant moy de la Sentence de son Juge; je le condamnay au foüet que je luy fis donner, dont il me remercia, me baisa les mains, & même donna quelque argent par une reconnoissance si peu meritée.

Il se trouve dans la plûpart de leurs Villes des Maréchaux, des Tailleurs de pierres, des Charpentiers, des Massons, des Cordonniers, & d'autres artisans tous fort adroits. Je me mis un jour en tête de faire faire une voûte fort large au dessus d'une Chapelle de l'Eglise de Mixco; il étoit difficile de bien conduire le cintre de cette voûte, neanmoins je ne pris que des Indiens. La plûpart de leurs Eglises sont voûtées, & ce sont les Indiens qui les conduisent. Du temps que j'étois à Amatitlan ils y bâtirent un Cloistre avec plusieurs arcades de pierre les unes au dessus des autres, avec autant de justesse que des Espagnols auroient pû faire. Ils sont fort portez à la peinture, & ce sont eux qui peignent la plûpart des Images & des Autels de leurs Eglises. Presque dans toutes leurs Villes il y a une Ecole où l'on montre à lire & à chanter, quelques-uns y apprennent aussi à écrire. Chaque Eglise a ses Chantres, ses Trompettes & ses Hauts-bois, plus ou moins, selon que la Ville est grande; ils appellent Fiscal celuy qui est Maistre de la Chapelle, ou Musique; il porte pour marque de sa Charge une baguette blanche avec une Croix d'argent au bout, & lors que quelqu'un se pourvoit pardevant le Curé, c'est le Fiscal qui fait executer ce qu'il ordonne. Il est obligé de faire assembler tous les Dimanches & les bonnes festes la jeunesse, & de les Catechiser. Il se doit trouver le matin à l'Eglise avec les Musiciens quand on sonne la Messe, qui se dit dans plusieurs Eglises avec des Orgues & d'autres instrumens. Ce Fiscal y est plus consideré que les Officiers de Justice, & joüit de beaucoup d'exemptions.

RELATION DU MEXIQUE,

Toutes les Villes de l'Amerique Espagnole dépendent ou de la Couronne, où de particuliers nommez Encomenderos, qui descendent la plupart des premiers Conquerans de ce Pays : elles payent toutes generalement un certain tribut au Roy en argent, sans celuy qu'elles doivent à leur Encomendero en denrées que produit le Pays; il y en a pourtant de franches de tout tribut comme celles dont les habitans descendent des Peuples de Tlaxcallan, & d'autres endroits aux environs de la Ville de Mexique, qui aiderent les Espagnols dans leurs premieres Conquestes. Il n'y a point de Ville d'Indiens si pauvre où chaque homme marié ne paye tous les ans au Roy au moins quatre Reaux ou trente sols, & autant à son Encomendero; mais si la Ville est tributaire du Roy seulement, ils payent chacun six, & en quelques endroits huit Reaux. Celles qui appartiennent à des Eucomenderos leur payent pour tribut des marchandises que produit le Pays, comme du Maiz, du miel, de la volaille, du sel, du Cacao & des mantes faites de cotton: ces mantes, & les autres marchandises qu'ils contribuent sont les plus estimées, parce que les Indiens choisissent les meilleures, & s'ils portoient à leur Seigneur, quelque chose qui ne fut pas l'élite de la sorte, ils sçavent qu'ils n'en rapporteroient que des coups, & seroient renvoyez pour en aller querir d'autres. Le Chef de chaque quartier a le soin de ramasser les tributs ; il les délivre aux Officiers du Roy, si la Ville en dépend, ou à son Encomendero.

Ce que j'ay veu de plus humain dans le Gouvernement des Espagnols, est qu'un Indien qui a atteint 70. ans & qui est pauvre, est franc de tout tribut.

Les Indiens sont traitables, & d'un naturel fort doux; ils sont craintifs, & par cette raison l'on en tire toute sorte de service & d'obeïssance, pour peu qu'on les traite avec quelque douceur, autrement ils servent mal volontiers, ne travaillent que par force, & aiment mieux s'étrangler que de vivre sous la domination d'un Maistre injuste: ils sont aussi fort fidels, l'on n'entend point dire qu'ils commettent des vols d'importance, & un Espagnol passe la nuit sans crainte dans un desert tout seul entre plusieurs Indiens quoy qu'il ait sur lui de l'or, & d'autres richesses; ils sont d'ailleurs fort secrets, discrets dans leurs discours, & ne revelent jamais rien au préjudice de ceux de leur Nation, ni même contre ceux d'entre les Espagnols qu'ils ont pris en amitié; mais ils ont sur tout un grand respect pour leurs Prêtres, ils mettent leurs plus beaux habits pour leur parler, & étudient leurs paroles qu'ils leur doivent dire, ils ont beaucoup d'expressions differentes, ornées de figures & y employent les fables & les comparaisons; je me suis plû souvent à écouter des heures entieres de vieilles femmes Indiennes, qui me parloient avec tant d'éloquence que j'en étois surpris; j'apprenois mieux l'Indien à les entendre parler, que je n'aurois pû faire dans les Livres , & je ne doute point qu'une personne qui sçauroit leur répondre avec les mêmes expressions, ne gagnast les cœurs des Indiens, & que l'on ne tirast d'eux par là tout ce que l'on voudroit.

Quant à leur Religion, ils exercent dans l'exterieur la Catholique, mais naturellement ils sont fort superstitieux, & visionaires; ils tirent mauvais augure de la moindre chose : d'un oyseau, par exemple, qui viendra voller ou chanter proche leur maison; enfin il y en a encore aujourd'huy plusieurs qui adorent les Idoles, & d'autres qui se mêlent de sorcellerie; le Diable apparoist à ceux cy, & leur fait croire que leur vie dépend d'une certaine beste, & que quand elle mourra ils mourront aussi; c'est pourquoy ils tremblent de peur lors qu'on chasse cette beste, & si elle devient malade ils le sont aussi d'imagination.

Le President, & les Officiers de l'Audiance de Guatemala, & autres Païs, comme aussi les Gouverneurs, enrichissent leurs domestiques aux dépens des Indiens; aux uns ils donnent la charge de voir combien chaque habitant des Villes & Bourgades de leur Jurisdiction a semé de Maiz; les autres prennent garde qu'ils nourrissent beaucoup de volailles afin qu'il y en ait toûjours en abondance dans le païs. Il y en a qui ont soin de voir si les Indiens font bon ménage: d'autres ont la commission de leur faire raccômoder les grands chemins; il y en a d'autres qui ont la charge de conter les Indiens de chaque lieu; mais le pis est, que ces Officiers font leur visite quand la fantaisie leur en prend, & les Indiens sont obligez de leur donner quelque chose à chaque fois. Quand donc un Officier veut conter les Indiens il les appelle tous l'un après l'autre par leur nom comme ils sont marquez dans sa liste, il se fait amener tous leurs enfans de l'un & de l'autre sexe pour voir ceux qui sont propres à marier; & quand il en trouve qui ne sont pas mariez & qui en ont l'âge, il en fait des reproches au pere, leur disant qu'ils sont inutils puisqu'ils ne payent pas de tribut au Roi. Il augmente le tribut du pere selon le nombre d'enfans qu'il a d'âge à être mariez, & quand ils le sont il les taxe comme les autres Indiens; & afin que ce tribut monte plus haut, ils ne souffrent pas qu'ils laissent leurs enfans sans les marier quand ils ont atteint l'âge de 14 ou 15. ans. Ils soustiennent mesme qu'un garçon à quatorze ans & les filles à treize sont nubiles, ils les y contraignent, & se servant de l'exception du Canon, qui ne veut pas qu'on se

marie

ET DE LA NOUVELLE ESPAGNE.

marie devant quinze ans, par la maxime *nisi malitia supleat ætatem*. Du temps que j'estois à Pinola, l'Encomendedro de qui elle dépendoit en fit conter les habitans, ce qui dura une semaine, pendant laquelle l'on me fit faire vingt mariages, qui avec ceux qui s'étoient faits depuis la derniere fois qu'on les avoit comptez, montoient à cinquante familles de surcroist ; ils me contraignirent entr'autres de marier un garçon qui n'avoit pas douze ans, j'y employay inutilement le Regiftre des Baptesmes, tout cela ne servit de rien, il en fallut passer par-là.

Quoy que les Indiens foient ainfi tyrannifez'par les Espagnols, ils ne laiffent pas d'aimer fort les réjouïssances, & les festes publiques, principalement les danses, sur tout à la feste de leur Ville ou Bourgade. Trois mois auparavant que ce jour arrive ils font des assemblées la nuit, & des repetitions des danses qu'ils doivent danser ce jour solemnel : dans ces assemblées il boivent beaucoup de Chocolatte & de Chica ; il y a une maison particuliere pour chaque sorte de danse, & des Maistres qui les enseignent. Durant ce temps-là l'on ne sçauroit dormir la nuit à cause du bruit qu'ils font avec leurs chansons & à joüer des Haut-bois, &c. Le jour de la feste étant venu, ils dansent en public l'espace de huit jours, les danses qu'ils ont apprises en particulier. Ce jour-là vous les voyez habillez d'étoffes de soye ou de thoilles fines, ornez de rubans ; & de pannaches de plumes selon la danse qu'ils veulent danser. Ils la commencent devant l'Image du Saint qui en est le Patron, ou bien devant l'Eglise. Durant l'octave du Saint ils vont danser dans les maisons, où l'on leur donne de la Chocolatte, ou quelques autres breuvages, la plufpart font yvres pendant ce temps-là, & si on les en blâme, ils difent brutalement qu'ils ont beu à la fanté du Patron de leur Village afin qu'il se souvienne d'eux dans le Ciel. Ils appellent Toncontin la principalle de leurs danses, elle a été dansée à Madrid en presence du Roy d'Espagne, qui la trouva fort divertissante : pour la danser ils s'habillent d'habits blancs, brodez de figures de fleurs ou d'oyseaux, avec des longues pannaches de plumes de diverses couleurs, collées fur un corcelet doré fait exprés qu'ils attachent avec des rubans fur leurs épaules, la teste couverte d'un efpece de casque doré, ou chapeau avec un bouquet ou touffe de plumes ; plufieurs attachent à leurs pieds des plumes rangées en formes d'ailes d'oyseaux, ils ont tous un éventail à la main, auffi de plume, ainfi ils en font tous couverts depuis la teste jufqu'aux pieds. Trente ou quarante hommes habillez de la forte, plus ou moins felon que la Bourgade eft grande, dansent au fon d'un instrument qu'ils nomment Tepanabaz, il est plus epais quatre fois que nos violles, & eft fait d'un tronc d'arbre creux, rond, bien vuidé, & uny par dedans, & par dehors il a deux ou trois fentes longues pardessus, & quelques trous au bout ; on le met sur un siege de bois au milieu de la danse, & le Maistre à danser bat dessus la mesure avec deux baftons, entourez de laine par le bout, couverte d'un cuir poissé qui l'envelope & la retient ; les Indiens connoiffent par le fon de cét instrument, qui eft rude & fourd, les mouvemens qu'ils doivent faire, & quand ils doivent chanter, ils danfent en cadence autour de leur Tepanabaz, se suivant les uns des autres, & vont quelquesfois droit, d'autres fois en rond ou en demi cercle, le corps courbé jufqu'à terre & y touchent quelquesfois avec les plumes qu'ils ont dans les mains, ils difent cependant des chanfons à l'honneur de leur Saint, & quand ils ont dansé deux ou trois heures en un endroit ils vont recommencer à une autre maifon.

Il n'y a que les principaux de la Ville qui danfent le Toncontin, qui eft une dansé fort ancienne chez eux. Ils reprefentent auffi souvent la chasse de quelque beste feroce qu'ils offrent à leur Saint, au lieu qu'autres fois ils la facrifioient à leurs Idoles. Pour faire cette chaffe ils fe couvrent de peaux de Lions, de Tigres, de Loups & d'autres beftes, les uns ont des testes de ces mefmes animaux ou d'Aigles, & d'autres oyseaux de rapine fur leur tefte, & à la main des haches, des épées, & d'autres armes peintes, avec lefquelles ils font mine de tuer la beste ; ils la courent au fon d'un petit Tepanabaz, & au bruit que rendent plufieurs écailles de Tortuës qu'ils frappent les unes contre les autres, & au deffaut d'écailles, ils battent fur une peau étenduë fur des pots ; en courant ils font plufieurs cris ; s'appellent, & fe difent l'une une chofe, l'autre une autre touchant la befte qu'ils courent. Quelquesfois au lieu de reprefenter cette chaffe ils courent aprés quelque homme fort vifte à la courfe, le pourfuivent, frappent l'air de leurs armes peintes, les heurlemens épouvantables dont ils accompagnent ces reprefentations rendent la Fefte mal agreable.

Je ne m'arresteray pas icy plus long-temps fur leur police & manieres de faire, je vous diray que l'envie de revoir ma Patrie me fit refoudre à quitter Guatemala, & d'aller ailleurs apprendre l'Indien, afin de gagner quelque argent pour mon retour : Je fçavois que le Confeil des Indes ne permet pas aux Ecclefiaftiques qui ont paffé aux Indes d'en revenir qu'aprés y avoir demeuré dix ans ; j'écrivis au General de mon Ordre pour avoir cette permission

IV. Partie.

RELATION DU MEXIQUE,

Dans ce temps là un Religieux nommé Francifco de Moran, Prieur de Coban dans la Province de Vera Paz; avoit repréfenté à l'audiance de Guatemala la neceffité de découvrir un chemin pour penetrer de Vera-paz à Jucatan, & de reduire les peuples barbares qui habitent entre ces deux païs, qui en bouchent fouvent le paffage, & font de frequentes courfes dans les villes d'Indiens Catholiques. Moran me regardoit comme très-propre à cette entreprife, & pour m'y engager davantage, il me faifoit voir de grands gains; Je ne fus pas difficile à perfuader, & le Provincial m'ayant donné quelque ajuto de cofta, je fus avec Moran à Vera-paz avec cinquante Efpagnols, & une centaine d'Indiens que le Préfident de l'audiance de Guatemala nous fit donner pour cette entreprife. Nous partîmes de Coban montez fur des Mules, & nous marchâmes deux jours par un pays habité d'Indiens Chrêtiens : mais en approchant du pays ennemy, il nous fallut marcher deux autres jours à pied par des montagnes efcarpées, & des forefts fort épaiffes. Le troifiéme jour nous refolûmes de penetrer plus avant, nonobftant les obftacles qui s'y rencontroient. Nous trouvâmes dans ces montagnes des fruits de diverfes fortes, & dans les lieux bas, des ruiffeaux, & des fontaines bordées de quantité d'arbres de Cacao & d'Achiotte : Nous trouvâmes une vallée traverfée d'une riviere, & fur fes bords du Maiz : Nous nous tinfmes fur nos gardes, car ce Maiz nous marquoit qu'il y devoit avoir des Indiens là proche : En effet après avoir avancé encore un peu nous découvrîmes fix petites cabanes couvertes de branches, & de grandes fëüilles d'arbres; Il s'y rencontra deux hommes, trois femmes, & cinq enfans tous nuds qui tâcherent de s'enfuyr, mais on les retint, nous leur offrîmes de nos vivres, dont ils ne voulurent point manger d'abord, & ils continuerent à crier & à fe tourmenter; jufqu'à ce que Moran qui parloit un peu leur langue les eut rafturez : Nous les menâmes longtemps avec nous dans l'efperance qu'ils nous enfeigneroient quelque grande peuplade, mais l'on n'en fçeut rien tirer : Nous continuâmes à marcher fuivant des traces d'Indiens que nous rencontrions çà & là. Le foir l'on fe trouva proche d'une douzaine de huttes, où il y avoit vingt perfonnes environ, nos gens y prirent quelques arcs & des fleches, des Platanes du poiffon, & de la venaifon, ce qui vint fort à propos pour faire ceffer noftre faim. Nous apprîmes de ces gens qu'à deux journées de là il y avoit une grande habitation, nous nous arretâmes quelque temps dans ces huttes, car j'y tombay malade avec quelques-uns de mes camarades; l'on envoya cependant des Efpagnols, & des Indiens reconnoître le pays; ils découvrirent plufieurs huttes, & des terres femées de Maix, de Chile, de Féves, & de Cotton, mais ils ne pûrent prendre langue, car tous les habitans s'en étoient fuys.

La relation qu'ils nous firent à leur retour de la beauté du pays qu'ils avoient veu, nous fut de quelque confolation. Nous marchames le lendemain vers cette découverte; Ces habitations étoient tout le long de la riviere; Les prifonniers que nous avions faits, nous dirent qu'ils trouvoient quelquesfois de l'or dans cette riviere, & que plus avant il y avoit un Lac proche duquel plufieurs milliers d'Indiens habitoient, tous adroits à tirer de l'arc.

Ce jour-là nos gens commencerent à murmurer contre Moran, de ce qu'il les avoient engagez en une entreprife fi dangereufe. Vers la minuit les Sentinelles donnerent l'allarme, c'étoit une troupe de mil Indiens environ qui venoient fondre fur nous, mais quand ils virent qu'ils étoient découverts, ils fe mirent à crier d'une façon épouventable; l'efcarmouche ne dura qu'une heure ou environ, les Indiens ennemis prirent la fuite, nous en fifmes dix prifonniers, & treize demeurerent fur la place; Il n'y eut que cinq de nos bleffez, dont un mourut le lendemain. Le mefme jour nos foldats qui entendoient dire aux Indiens que fi nous paffions plus outre, il y avoit fix ou fept milles Indiens prefts à nous attaquer, ne parloient que de s'en retourner. Ces Indiens adioûtoient que les Efpagnols avoient conquis tout le pays des environs, & qu'il ne leur reftoit plus que le leur à fubiuguer; mais qu'ils étoient tous refolus de le deffendre iufqu'à la mort avec leur liberté, que neanmoins fi nous voulions traverfer leur pays comme amis ils ne l'empefcheroient pas, mais que fi nous venions pour les faire efclaves, & les traiter comme leurs voifins, ils étoient tous refolus de deffendre leur liberté, & de mourir mille fois pluftoft que de fe foumettre à une domination fi rude.

Nous deliberâmes là deffus; les uns étoient d'avis avec Moran de reconnoître au moins le pays, & de le traverfer en paix iufqu'à ce qu'on eut atteint quelque habitation de Iucatan; les autres vouloient que l'on fit la guerre à ces Indiens, d'autres opinoient au retour attendu le grand nombre des ennemis que nous avions à combattre : Dans ces entrefaites les ennemis vinrent en plus grand nombre pour nous attaquer une feconde fois, mais prirent la fuite lors qu'ils virent que nous étions fur nos gardes.

Le lendemain nous refolûmes de retourner fur nos pas; Moran fit dire aux Indiens que fi ils lui vouloient donner paffage libre par leurs païs pour aller a celui de Iucatan, la reviendroit dans quelques mois accompagné de six Indiens seulement, ils répondirent qu'il y pouvoit venir avec ce nombre d'Indiens, comme il fit l'année d'après.

Je retournay donc à Coban & j'y restay jusqu'à ce que les vaisseaux furent arrivez au Golfe, où je fus avec Moran pour acheter les choses dont le Convent avoit besoin; Il y avoit alors une Fregate chargée pour Truxillo, où quelques affaires obligerent Moran d'aller, je l'y suivis, & aprés avoir demeuré une semaine en ce Port fort aisé à prendre comme il a paru lors que les Anglois & les Hollandois l'ont pillé, nous retournâmes par terre à Guatemala par le pays de Comayagua, autrement Honduras; C'est un pays couvert de Forests, & de montagnes, fort pauvre; d'ailleurs fort difficile à traverser, & l'on n'y trouve à acheter que des cuirs, de la Canna fistula, & de la Sarsaparilla; Le pain y est si rare que l'on s'y sert de Cassave; mais dans le milieu du pays, principalement aux environs de la ville de Comayagua l'on trouve du Maiz en plus grande abondance, à cause de quelques Bourgades d'Indiens basties çà & là; Ce pays m'a paru le plus pauvre de toute l'Amerique: Le lieu de cette Province le plus sain, & où il fait meilleur vivre, est la Vallée de Gracias à Dios, où il y a des fermes fort abondantes en bestiaux & en grains; l'on compte de Truxillo à Guatemala quatre-vingts ou cent lieuës, que nous fismes par terre sans manquer de vivres, ni de guides, car les Indiens s'y offroient volontairement, & nous donnoient tout ce que nous pouvions souhaiter d'eux.

Estant de retour à Guatemala nous y fusmes receus comme des Apostres, parce que nous avions hazardé nostre vie pour découvrir un pays de Payens. Moran fut si transporté de joye de la maniere avec laquelle il avoit esté receu, qu'il fit dessein de retourner aux pays de ces Payens accompagné de six Indiens seulement, comme il leur avoit promis. Il auroit bien souhaitté que je l'eusse accompagné dans cette seconde entreprise, mais ie m'étois trouvé fort mal dans le premier voyage, d'avoir esté obligé de marcher à pied, & ie ne voyois point dans cette expedition d'esperance de pouvoir trouver ce qu'il me falloit d'argent pour retourner en Angleterre qui étoit tout mon dessein, c'est pourquoi ie me resolus d'amasser de l'argent par d'autres voyes moins dangereuses; & afin de pouvoir prescher aux Indiens qui sont fort liberaux envers leurs Prestres & Curez, ie me mis à apprendre la langue Poconchi dans la Ville de Petapa.

Les Peres des environs entendent fort bien l'Indien, & en ont mesme composé des Grammaires & des Dictionnaires. Le Pere Molina, mon maistre en cette Langue, écrivit au Provincial que j'estois capable d'instruire les Indiens, & de les prescher, & que ie meritois bien d'être Curé dans quelqu'une de leurs Bourgades, afin de m'accoustumer à prescher plus hardiment, & achever d'apprendre cette Langue que ie sçeus parler en trois mois. Le Provincial qui étoit mon amy, me pourveut aussi-tost des Bourgades de Mixco & de Pinola, à condition que je rendrois compte au Cloistre de Guatemala, tous les quartiers de ce que j'aurois receu: Car les peupades des Indiens dépendent toutes de quelque Convent; & les Religieux qui sont pourveus de la Cure de quelque Bourgade, sont obligez de donner à leurs Superieurs l'argent qu'ils ont gagné, de plus que ce qu'ils ont dépensé pour leur entretien, & celui de leurs valets. Cét ordre ne s'observe pourtant pas au Perou, car les Religieux aprés avoir esté pourveus de quelque Benefice, ne dépendent plus d'aucun Convent, & appliquent à leur profit ce qu'ils gagnent, aussi ne reçoivent-ils de leurs Convents aucune chose, ni pour le vivre ni pour l'habillement: cela fait que les Religieux du Perou sont les plus riches de tous ceux des Indes, & meinent une vie de grands Seigneurs plutost que de Religieux; ceux de Guaxaca & de Mexique, ont suffisamment pour vivre à leur aise, mais ils ne ioüissent pas de la mesme liberté que ceux du Perou, à cause du compte qu'ils sont obligez de rendre à leurs Superieurs comme i'ay déja dit, aussi reçoivent-ils tous les mois de leurs Convens un baril de vin, d'environ quarante pintes, & tous les ans un habit neuf, & les autres hardes qui leur manquent. Avec tout cela les Religieux de Guatemala ne laissent pas d'avoir beaucoup de profits, tellement qu'ils peuvent mettre tous les ans une somme considerable en reserve, leur dépense payée, & le Superieur aussi à qui ils donnent environ trois cens écus tous les ans. Mixco me valoit tous les mois vingt écus, & Pinola quinze, qui m'étoient ponctuellement payez par les Gouverneurs, ou Alcaldes de ces Bourgades; & pour me payer cette somme on semoit une terre de grain ou de Maïs, appartenant à la Commune; on écrivoit dans un Livre le profit qu'elle rapportoit tous les ans, & il falloit que i'écrivisse dans le mesme Livre ce que ie recevois, & on le portoit tous les ans à l'Audiance de Guatemala pour estre examiné.

Je passay cinq ans à Mixco & Pinola; une année que les Sauterelles ruinerent leurs sucres, les grains, & l'Indigo, ie gagnay beaucoup, car les Indiens me faisoient dire des Messes & faire des Processions, & Prieres pour détourner ce fleau de Dieu; L'année d'apres ce païs fut fort affligé d'une maladie trés violente & contagieuse, qu'ils nomment Tarbadilo ; ce mal attaquoit les entrailles, & faifoit mourir une perfonne en trois ou quatre jours ; la puanteur qui fortoit du corps de ceux qui en étoient atteints, étoit fi grande qu'elle infectoit, & les maifons & ceux qui venoient voir le malade ; les chairs de la bouche & de la langue pourriffoient, & le corps devenoit noir comme charbon. Il y eut fort peu d'Efpagnols d'attaquez de cette maladie, mais les Indiens le furent generalement.

Ce Pays eft fort fujet aux tremblemens de terre ; un peu aprés que la maladie dont je viens de parler fut ceffée, il en fit un fi grand, que la Ville de Truxillo en fut abyfmée. Les tremblemens y commencent tout à coup, durent trés peu, & fe font en trois efcouffes ou mouvemens : le premier souleve la terre d'un cofté, le fecond femble la fouslever de l'autre, & le troifiéme la remet droite & en fon premier eftat.

Aprés avoir efté cinq ans Curé de Mixco, & de Pinola, j'obtins permiffion du General de mon Ordre, de retourner à mon pays, & comme le Provincial de Guatemala n'y vouloit point confentir, je refolus de partir à fon infçeu à la premiere occafion, aprés avoir fait vendre par Miguel d'Alva vieux Negre de mes amis, tout ce que j'avois de meubles & d'autres effets qui me rendirent 9000. pieces de huit, fomme que j'avois ramaffée en douze ans de fejour que j'avois fait dans l'Amerique.

Je partis donc de Petapa le feptiéme Janvier 1637. à minuit, accompagné de Miguel d'Alva feulement : comme le chemin étoit toujours en montant il étoit quafi jour avant que nous euffions atteint le fommet de Sierra redonda montagne fort renommée à caufe de fes bons pafturages & des beftiaux qu'elle nourrit ; j'en partis dés le jour afin de n'eftre pas reconnu par quelqu'un de Petapa, car elle n'en eft éloignée que de cinq lieuës ; A quatre lieuës de là eft une peuplade d'Indiens nommée los Efclavos, parce que du temps de Montezuma fes habitans étoient obligez de porter d'Amatitlan par tout le pays d'autour, les Lettres, & toutes les autres chofes qu'on leur donnoit à porter ; & il falloit pour cét effet qu'un certain nombre de ces gens allaft toutes les femaines à Amatitlan, pour rendre à fes habitans le fervice de couriers que je viens de dire : on remarquera à cette occafion qu'Amatlan eft un mot compofé d'Amat, c'eft à dire une Lettre, & de Itlan, c'eft à dire Ville, à caufe que c'étoit autrefois le lieu où l'on envoyoit les Lettres de toutes parts pour eftre portées de là par tout le pays, mefme jufqu'au Perou. La Bourgade de Los Efclavos eft baftie dans un fonds proche d'une riviere fur laquelle les Efpagnols ont bafty un grand pont, à caufe de la rapidité de fes eaux qui en rendoit le paffage difficile.

Le mefme jour nous gagnafmes Aguachapa qui en eft à dix lieuës, & fort proche de la Mer du Sud, & du Port de la Trinidad où nous arrivafmes le foir, fi bien que nous fifmes en un jour & partie d'une nuit foixante mille d'Angleterre, par des montagnes & des chemins pierreux. La Bourgade de Aguachapa eft fort renommée à caufe de la vaiffelle de terre qui s'y fait mieux qu'à Mixco. A un mille & demy de là eft un Volcan dont il fort continuellement une fumée fort épaiffe & noire, & mefme des flammes de temps en temps ; le lieu d'où fort cette fumée eft enfoncé, contre l'ordinaire des autres volcans. J'en partis à minuit, & fus déjeûner à une grande Bourgade nommée Chalchuapan, dont les habitans parloient le Pocenchi. Delà je fus à une Ferme détournée du chemin de San Salvador, où je ne voulus pas entrer craignant d'y eftre connu, parce qu'elle eft habitée par des Efpagnols : cette Ville eft fort pauvre, & n'eft gueres plus grande que Chiapa, elle eft diftante de Guatemala de quarante lieuës au moins ; les montagnes nommées Chuntales où il habite des Indiens auffi fort pauvres, la couvrent du cofté de la Mer du Nord, l'on fait à fes environs du fuccre & un d'Indigo, les beftiaux font leur trafic, j'en partis fur les huit heures du foir, & traverfay la ville de San Salvador, à la faveur de la nuit.

Vers les fept heures du matin je me trouvay fur les bords d'une grande riviere nommée Rio de Lempa, diftante de dix lieues environ de San Salvadoa ; j'y rencontray l'Indien que j'avois fait partir de Mixco avec mon bagage. Cette riviere eft grande, il y a toujours deux Bacqs pour la paffer, à deux lieues par delà cette riviere eft un Village d'Indiens, où je fis le meilleur repas que j'euffe point encore fait depuis Petapa, j'en partis à quatre heures aprés midy, & fus gagner un autre Village diftant de deux lieues du premier. Le lendemain je n'avois que dix lieues à faire pour arriver à une Bourgade nommée San Miguel, qui eft quafi auffi grande que celle de San Salvador. Là je vendis la Mule que je montois, & refolus d'aller par un bras de Mer à une Bourgade de la Province de Nicaragua nommée la Vicia ; je donnay donc ordre à l'Indien qui menoit mon bagage de m'aller attendre à la Vicia ou à Realejo, qui font deux Bourgades fort proche l'une de l'autre, & diftantes de San Miguel de trente lieues. J'arrivay à la Vicia aprés un jour de navigation, au lieu qu'il en faut bien trois pour faire ce chemin par terre ; mon Indien y arriva le lendemain, & nous fufmes à Realejo ; De là je fus

OU DE LA NOUVELLE ESPAGNE.

je fus à Granada, je ne trouvay rien de plus remarquable que la beauté & la facilité du chemin qui y meine, ses fruits & l'abondance de toutes choses, rendent ce Canton le plus délicieux de toute l'Amerique. Entre Realeio & Granada est la ville de Leon, proche d'un Volcan, qui fit autrefois de grands dommages aux pays voisins par les flammes qui en sortirent, mais il a cessé, & laisse les habitans en liberté, mais non pas sans crainte, car il fume encore de temps en temps.

La ville de Leon est bastie fort proprement; le soin de ses habitans n'est point d'amasser des richesses, peu necessaires dans un lieu où l'on vit pour rien, mais d'être logez plaisamment, & de vivre de même: Ils passent agreablement le temps dans leurs jardins, sans se mettre en peine de trafiquer, quoi qu'ils le pourroient fort aisément par le Lac qui en est proche; ils se contentent seulement d'envoyer tous les ans par ce Lac quelques Fregates à Havana par la mer du Nort, à Realeio sur celle du Sud, au lieu de faire le trafic du Perou. Le chemin est fort beau & uny depuis cette Ville jusqu'à Granada; j'y appris que les Fregates sur lesquelles je me devois embarquer, ne mettroient pas si-tost la voile, je me retiray dans une Bourgade d'Indiens là proche, de peur d'être reconnu à Granada par quelqu'un de ceux qui y venoient en ce temps avec les troupes de Mules chargées de Cochenille & d'Indigo, qu'elles apportoient de Guatemala pour en charger les Fregates. Les maisons de Granada sont plus belles que celles de Leon, elle est bien plus habitée; il a quelques Marchands extraordinairement riches, & grand nombre d'autres qui le sont mediocrement, dont les uns trafiquent à Carthagena, Guatemala, San Salvador & Comayagua; & d'autres au Perou, & à Panama par la Mer du Sud; cette Ville est devenuë la plus riche de toute l'Amerique Septentrionale; par les Fregattes que les Marchands de Guatemala y chargent tous les ans de leurs marchandises pour estre transportées à Carthagene, aimans mieux se servir de cette voye, que de celle du Golphe de Honduras, entre lequel & Havana les Hollandois les ont souvent pillez; au lieu que le chemin qu'ils prennent maintenant n'est pas tant croisé par les Hollandois. L'on transporte même quelquefois les revenus du Roy à Carthagene par cette voye. Lors que j'étois à Granada il y vint en un jour 300. Mules de San Salvador & de Comayagua, chargées seulement d'Indigo, de Cochenille, & de cuirs. Deux jours après il y arriva de Guatemala trois troupes de Mules, dont l'une étoit chargée de l'argent que cette Contrée paye de tribut, la seconde de sucre, & la troisiéme d'Indigo. J'appris là avec douleur que le passage de Granada à Carthagene duroit quelquefois des deux mois, quoy que le traict fut fort court, & que cette navigation fut fort difficile principalement sur la riviere nommée le Desaguadero, à cause des chutes d'eau entre les Rochers qui y sont en plusieurs endroits: de sorte que l'on est souvent obligé de décharger les marchandises qui sont dans les Fregates, & d'en charger des Mules qui sont là pour cét effet avec une troupe d'Indiens, qui ont soin de dresser des Magazins pour mettre les marchandises jusqu'à ce que les Mules les transportent, & d'autres magazins par delà le plus mauvais passage, où on les remet dans les Fregates. Outre ces difficultez il y a des Moucherons en très grande quantité, qui incommodent fort durant que l'on est sur cette riviere, & les chaleurs y sont si excessives presque par tout que plusieurs personnes y meurent auparavant d'avoir atteint la Mer. Nonobstant ces difficultez j'avois fait marché avec un Capitaine de Vaisseau pour me porter à Carthagena lors qu'il vint une deffense de Guatemala à tous les Vaisseaux qui étoient dans le Port de Granada, de n'en point partir de cette année-là, sur ce que l'on y avoit eu advis que des Vaisseaux Anglois & Hollandois attendoient au passage les Fregattes de Granada vers l'embouchure du Desaguadero; cét ordre me fit resoudre avec trois Espagnols d'aller par terre à Costarica, car l'on nous avoit asseuré qu'à Cartago nous trouverions des Vaisseaux qui iroient à Portobelo, ou par la riviere des Anzuelos, ou par celle de Suere, d'où il part tous les ans quelques Vaisseaux chargez de farine, de lard, de vollaille, & d'autres victuailles pour les Gallions; c'étoit un chemin très-difficile & de prés de 150. lieuës, par des montagnes, & des deserts, & pardessus tout cela nous n'étions pas asseurez d'y trouver des Fregattes pour portobelo.

Nous resolumes de tenter toutes sortes de moyens pour joindre les Gallions plutost que de retourner à Guatemala. Je partis donc de Granada avec les trois Espagnols que ie viens de dire, qui avoient dessein de retourner en Espagne: Nous marchâmes les deux premiers jours par un pays fort agreable & fertil. Le second jour nous fusmes épouventez par un Crocodille qui sortit d'un Lac, proche duquel nous passions, nous croyions d'abord que ce fût quelque tronc d'arbre tombé dans l'eau, nous en passâmes proche, son mouvement & ses écailles nous le firent connoître bien tard, il vint droit à nous, un de nos Espagnols qui connoissoit mieux cét animal, nous dit qu'il falloit tourner en fuyant court tantost à droit tantost à gauche, ce qui nous reussit fort bien, car le Crocodille à cause de sa longueur ne pouvoit se tourner si viste que nos Mules, & nous l'évitâmes par ce moyen.

IV. Partie.

RELATION DU MEXIQUE

Aprés avoir quitté les bords du Lac nous aprochâmes plus vers la Mer du Sud que vers celle du Nord, nous ne vîmes rien de remarquable durant tout ce chemin, que de grandes forefts, où il y avoit des arbres principalement du cofté de la Mer du Sud, propres à baftir de grands Vaiffeaux, plufieurs montagnes & deferts, nous y paffions quelquesfois des deux & trois nuits de fuite, ou dans les bois éloignez d'habitations d'Indiens ; ce qui nous confoloit dans ces deferts, c'eft que nous avions un bon Guide, & que nous trouvions de temps en temps des hoftelleries que l'on a fait baftir pour la commodité des Voyageurs : Enfin, aprés plufieurs fatigues, & avoir couru mille dangers, nous arrivâmes à la ville de Carthago, elle ne me parut pas fi pauvre que l'on me l'avoit figurée à Nicaragua, car il y a des Marchands fort riches qui trafiquent à Panama, à Portobelo, à la Havana, & mefme de là en Efpagne. Cette ville eft habitée de 400. familles ou environ, fon Gouverneur eft Efpagnol, & c'eft un Evefché : Nous y apprimes qu'il y avoit une Fregatte prefte à faire voile de la riviere de Sucre, nous y fûmes donc par un pays montagneux en plufieurs endroits, mais qui ne laiffe pas d'avoir dans des vallées par cy par-là de trés-bons grains, nous y trouvafmes auffi des Efpagnols qui faifoient valoir de bonnes fermes, & qui font de grandes nourritures de Porcs auffi bien que les Indiens, qui nous parurent bien moins courtois que ceux de Nicaragua & de Guatemala, quoi que les Efpagnols les tiennent autant en bride que ceux de Guatemala, & autres lieux. Enfin, nous arrivafmes fi à propos à la riviere de Suere que nous n'y attendîmes que trois jours pour nous embarquer ; le Capitaine de la Fregate nous dit que le plus grand danger à defcendre cette riviere jufqu'à la Mer, venoit de la rapidité avec laquelle elle court en quelques endroits, qu'elle a de baffe, & des rochers qui la barrent. Nous n'eufmes pas avancé vingt lieuës que nous découvrifmes deux vaiffeaux qui venoient à nous, ils étoient Hollandois, & comme nous n'avions point de canon ni d'autres armes, il fallut fe rendre à difcretion : Le Commandant de ces Vaiffeaux prit tout ce qu'il y avoit dans noftre Fregatte, & j'y perdis prefque tout mon vaillant de même que mes compagnons à qui il ne refta que quelques Lettres de change payables à Portobelo. La feule grace qu'il nous fit fut de nous laiffer la Fregate vuide. Eftans de retour à terre, nous prifmes confeil touchant le chemin que nous devions tenir, à la fin nous refolumes de retourner à Carthago : fur le chemin nous parlâmes de ce qui nous étoit refté, les Efpagnoles avoient leurs Lettres de change dont ils fçavoient bien qu'ils feroient payez à Carthago, je me garday bien de leur dire que j'avois fauvé de débris environ mil écus : Comme nous fufmes arrivez à Carthago l'on nous quefta, je mandois auffi de mon cofté attendant toujours l'occafion de repaffer en Angleterre : A la fin je choifis le chemin que m'enfeignerent des Marchands de Carthago, c'étoit d'aller à Nicoya, a Chira, & de là a Golfo, de Salinas, où ils m'affuroient que je trouverois embarquement pour Panama : mes trois compagnons Efpagnols refolurent auffi de faire le mefme chemin que nous avions toujours confideré comme noftre pis aller : Le chemin eft fort defagreable & montagneux de Carthago jufqu'à Nicoya, nous ne trouvions que fort rarement des Eftancias ou Hoftelleries pour nous repofer, fort peu de Bourgades d'Indiens, & toutes trés-pauvres ; Nicoya, au contraire eft jolie, & eft la refidence d'un Gouverneur Efpagnol qui nous traita favorablement, & nous fit efperer qu'il devoit bien-toft venir de Panama a Golfo de Salinas un vaiffeau y charger du Sel, & d'autres denrées comme ils ont accouftumé tous les ans. Pendant que je fus là je gagnay environ 150. écus a prefcher, confeffer, & dire la Meffe, parce que le Curé s'étoit mis mal avec le Gouverneur & n'ofoit fortir. A la fin nous eufmes avis qu'il étoit arrivé une Fregate de Panama a Golfo de Salinas, fon Capitaine vint a Nicoya, & nous traitafmes avec lui les trois Efpagnols & moi, pour nous mener a Panama. Il y a aux environs de Chira, de Golfo de Salinas, & de Nicoya quelques fermes d'Efpagnols & des petites Bourgades d'Indiens, dont le Gouverneur de Nicoya oblige les habitans a lui teindre un efpece de fil, nommée Pita, qui eft de grand debit en Efpagne ; ils le teignent en couleur de Pourpre, qui eft fort eftimée en Efpagne ; les Indiens tirent cette couleur de certaines coquilles qu'ils ramaffent fur le rivage de la Mer.

Il fe trouve auffi en cét endroit en plus grande abondance qu'a pas un autre, des coquilles fervant a faire d'autres couleurs.

Les marchandifes qui fe traitent aux environs de Chira, & de Golfo de Salinas, font le Sel, le Miel, le Maiz, un peu de grain, la Pita, & de la volaille que des fregates viennent querir tous les ans pour les porter à Panama. Noftre fregate fut bien-toft chargée de ces marchandifes, nous nous y embarquafmes en efperance d'eftre en cinq ou fix jours à Panama ; mais dés le lendemain le vent & les courants nous pousferent jufques vers la Ligne ; fept jours aprés un autre vent nous fit dériver vers les Ifles de las Perlas, & Puerta de Chame qui eft au Sud des montagnes de Veragua d'où nous efperions aller en deux jours au plus à Panama, mais le vent ceffa tout à coup, & en une nuit les courants nous reculerent bien

ET DE LA NOUVELLE ESPAGNE.

plus que nous n'avions avancé ces jours-là. Le pis étoit que la boisson nous avoit manqué depuis quatre jours, nous crûmes étancher la soif en beuvant un peu de miel, mais il fit un effet contraire, bien que je fus contraint de boire de mon urine, à l'exemple de quelques autres, & de tenir dans ma bouche des cartiers de balles de mousquet pour me la tenir humide. Le Capitaine ne vouloit point que l'on tournast le cap vers les Isles qui étoient en grand nombre autour de nous, pour y chercher de l'eau, & l'auroit empesché si la soif nous pressant encore davantage, les trois Espagnols, mes camarades ne l'y eussent obligé l'épée à la main : On jetta donc l'anchre à une de ces Isles, & l'on mit l'esquif à la mer pour y chercher de l'eau, mais en vain ; je me perdis dans cette Isle à force d'en chercher, cependant les autres se remirent dans l'esquif pour aborder à une autre Isle qui leur en promettoit, & me laisserent seul à terre, car cette Isle étoit inhabitée, je fus fort surpris lors qu'étant revenu à ce lieu où nous avions abordé je n'y trouvay plus l'esquif, je criay de toute ma force sans estre entendu, à la fin je découvris l'esquif de dessus un rocher qui ramoit vers une Isle voisine ; cela me fit esperer qu'ils me reviendroient chercher aprés avoir trouvé de l'eau ; tout le rafraischissement que je pûs trouver dans cét Isle furent quelques meures sauvages, semblables à celles qui viennent sur les ronces ; j'étois tout en sueur, je me mis tout nud dans l'eau jusqu'au col pour me rafraischir, & lors que j'en fus sorty m'endormis de telle sorte que mes compagnons étant revenus pour me prendre, ils m'appellerent de tous costez sans que je me mévaillasse à la fin ils me trouverent, & m'aprirent qu'ils avoient trouvé dans l'Isle voisine de l'eau, des oranges & des citrons, & qu'elle étoit habitée par quelques Espagnols ; d'abord que j'eus atteint l'esquif, on me donna de l'eau tout mon saoul, mais comme elle étoit fort chaude, & bourbeuse, je la revomis aussi-tost, il me prit ensuite une fiévre chaude qui ne me quitta que long-temps aprés.

Aprés avoir couru plusieurs dangers, j'arrivay enfin à Panama, où je fus environ quinze jours à reprendre mes forces. Il y a une Audiance en cette Ville composée comme celle de Guatemala d'un President & de six Juges, c'est un Evesché, son Port est plus fort du costé de la Mer du Sud, qu'aucun autre que j'aye veu de ce costé là ; il y avoir quelques canons pointez pour le deffendre. La pluspart des maisons n'y sont bâties que de pieces de bois & de planches, le Palais du President est basty de mesme, & la grand' Eglise est mesme couverte de planches, tant à cause que le plastre & les pierres y sont fort rares, que de la grande chaleur ; en effet, elle y est si excessive, que l'on n'y sçauroit souffrir pour tout habit qu'un espece de pourpoint de thoille couppé & un calçon de taffetas, ou de quelqu'autre étoffe fort legere. Le poisson, les fruits & les legumes y sont en plus grande abondance que la chair. La boisson la plus délicieuse pour les femmes de cette Ville est l'eau de Cocos & la Chocolatte, il a aussi du vin du Perou en abondance. Les Espagnols qui l'habitent sont fort abandonnez à toutes sortes de plaisirs principalement à celui des femmes. Cette Ville passe pour une des plus riches de toute l'Amerique ; Elle trafique par terre, & par la riviere de Chiagre, dans la Mer du Nord & par la Mer du Sud au Perou, par toutes les Indes Orientales, au Mexique, & avec les Honduras. Trois ou quatre grands vaisseaux y apportent tous les ans icy les principales richesses du Perou, ils n'abordent pas jusques tout proche la ville, parce qu'ils demeureroient à sec sur le sable lors que la marée se retire, mais ils demeurent à l'anchre à Puerto Perico qui en est à trois lieuës, la marée se retire jusqu'à trois mille de la ville, & laisse un limon qui la rend fort mal-saine, à quoi aussi plusieurs marais qui l'environnent ne contribuent pas peu. Il y pouvoit avoir en ce temps-là 5000. habitans. J'avois le choix d'aller à Portobelo par terre ou par eau ; & comme par terre il y avoit des montagnes presque inaccessibles à traverser, je pris la voye de la riviere de Chiagre. Je partis donc à minuit de Panama pour aller à Venta de Cruzes, qui en est à dix ou douze lieuës, par un chemin presque par tout uny. J'y arrivay avant les dix heures du matin. Elle n'est habitée que par des Mulattes & des Negres, qui gagnent leur vie à porter dans des batteaux plats des marchandises à Portobelo. Aprés avoir demeuré cinq jours à Venta de Cruzes, j'en partis pour Portobelo dans une de ces barques ; cette navigation est difficile, car la riviere de Chiagre est basse en plusieurs endroits, de sorte que les barques s'arrestent sur le sable, & elles ne sont remises à flot que par le moyen des Negres qui les poussent avec de grandes perches ; Quelquefois aussi l'on trouve des courans qui emportent les barques aussi viste qu'un trait d'arbaleste, d'autres fois elles sont arrestées par les branches des arbres qui sont sur les bords de la riviere, si bien, que l'on est souvent contraint de les couper. Une pluye qui tomba quelques jours aprés que nous nous fûmes embarquez sur cette riviere, & les torrens d'eaux qui descendoient alors des montagnes la grossirent, & fit qu'aprés douze jours de navigation nous arrivasmes à la Mer. Les Espagnols sont sans doute persuadez que les Estrangers ne peuvent pas entrer dans le pays par cette riviere, puis qu'ils ne fortifient pas mieux le Chasteau qui est à son embouchure ; il est certain que de mon temps il tomboit en ruïne.

Aprés avoir esté regalez de quelques rafraischissemens par le Capitaine de ce Chasteau nous en prismes congé, & nous mismes en mer. D'abord nous découvrismes l'Escudo de Veragua, nous costoyasmes aprés la terre jusqu'à la nuit qu'on passa derriere une petite Isle ; nos Negres firent bon toute la nuit à cause des Hollandois, qui attendent souvent au passage les batteaux de Chiagre, mais il n'en parut point cette nuit-là. Le lendemain au matin nous arrivasmes à Portobelo qui est fortifié de trois Chasteaux, dont deux sont à son embouchere, & le troisiéme est plus avant, où l'on fait toujours bonne garde. Les Gallions n'étoient pas encore à Portobelo, ils n'y arriverent que dix jours aprés moy au nombre de huit, & dix vaisseaux marchands. Les maisons devinrent si cheres alors que l'on me demandoit soixante écus pour une chambre où il n'y avoit que la place d'un lit & d'une table, & cela pour environ quinze jours que les Gallions devoient demeurer à Portobelo. Je demeuray surpris de la quantité de Mules qui y venoient de Panama chargées de barres d'argent, car en un seul jour i'en contay deux cent qui n'étoient point chargées d'autre chose ; On les déchargeoit dans le marché, & il y avoit des monceaux de barres d'argent que l'on laissoit à l'abandon, sans craindre que l'on y touchast, de mesme que si ç'eust esté des tas de pierres. C'estoit une chose étonnante de voir comme les ruës étoient remplies de monde : d'abord que les vaisseaux furent arrivez, les vivres rencherirent, de sorte qu'il falloit acheter douze Reaux ce qui n'en valloit auparavant qu'un. Les Marchands ne vendoient pas leurs étoffes à l'aune mais à la piece & aux poids, & on ne les payoit qu'en barres d'argent. Cette Foire, qui sans exageration, peut passer pour la plus grande du monde, ne dura que quinze jours, car en cét espace de temps les Gallions furent rechargez de barres d'argent.

D. Carlos de Ybarra, Amiral de la flotte, qui voyoit la maladie dans son équipage, pressoit fort les Marchands de recharger les vaisseaux, dont i'avois bien de la joye, car l'air est fort mal sain à Portobelo, les chaleurs y sont excessives, & il court aussi des fiévres trés-dangereuses principalement en la saison que les Gallions y viennent, durant le séjour que i'y fis il mourut bien 500. personnes. Le Capitaine d'un des Gallions me demandoit trois cens écus pour mon passage, ie fus reduit à me contenter d'un vaisseau Marchand nommé le Saint Sebastien, sur lequel ie fis ... de Chapelain, & i'eus mon passage avec la table du Maistre du vaisseau. Le lendemain que nous fusmes en Mer pour aller à Carthagene, nous découvrismes quatre voiles qui firent peur aux vaisseaux marchands de la flotte, & les obligerent de se mettre à couverts entre les Gallions ; & comme le vaisseau dans lequel i'étois étoit bon voilier, il se tenoit toujours sous le canon de l'Amiral, ou de quelqu'autre grand batiment, mais les autres vaisseaux marchands ne peurent pas faire le mesme, & la nuit il y en eut deux de prix par les Hollandois. La plus grande peur qu'eurent les Espagnols étoit vers l'Isle de la Providence autrement de Santa Catalina, où ils apprehendoient de trouver des Anglois, ils l'appellent aussi l'Isle de Pirates, & ne iugent rien de plus necessaire à la seureté de ces Mers que d'en chasser les Anglois, à cause que c'est un poste fort propre pour attaquer tout ce qui sort de la riviere du Desaguadero, & les Fregates de Granada, & qu'ils croisent la Mer entre Portobelo & Carthagena par où passent les plus grandes richesses du Roy d'Espagne. Nous arrivasmes heureusement à Carthagena, d'où nous partismes pour Espagne, aprés y avoir pris les choses necessaires : la flotte de Vera Cruz nous devoit ioindre à Havana, mais l'Amiral ne voulut pas l'y attendre plus de huit jours à cause du mauvais temps que causoit la Lune de Septembre où nous estions, & qui rend le Golphe de Bahama fort dangereux. Nous rencontrasmes en chemin la flotte de Vera Cruz composée de vingt-deux voiles, l'on en fit de grandes réiouïssances de part & d'autre, & elle nous quitta l'apresdisnée pour relascher à Havana, & y prendre les choses dont elle avoit besoin. Et aprés avoir eu la veuë de l'Isle de S. Augustin, de la Floride, de la Tercere, &c Nous découvrismes Cadiz, & le vingtiéme Novembre 1637. nous iettames l'anchre à S. Lucar de Baramcda ; delà ie passay en Angleterre.

FIN.

EXTRAIT DU PRIVILEGE DU ROY.

Par Grace & Privilege du Roy donné à Paris le 18. Fevrier 1663. Il est permis à Girad Garnier de faire imprimer la *Relation du Mexique par Thomas Gages*, en telle marges & caracteres, & autant de fois que bon lui semblera, durant l'espace de dix années, à compter du jour qu'il sera imprimé pour la premiere fois ; Avec deffences à tous autres d'en rien imprimer sous pretexte de changement, augmentation ou autrement, sans le consentement dudit Garnier, aux peines portées dans ledit Privilege.

Registré dans le Livre de la Communauté des Imprimeurs & Marchands Libraires de cette Ville de Paris, le 23. Avril 1663. à la charge que la distribution dudit Livre sera faite par un Libraire.

Signé, I. DU BRAY, Syndic.

Achevé d'imprimer pour la premiere fois le 3. Février 1676.

VOYAGE
D'ABEL TASMAN.

L'an M. DC. XLII.

ABEL TASMAN partit de Batavia avec deux vaisseaux le 14. Aoust 1642. il arriva le 5. Septembre à l'Isle Maurice, qui gît sous le 20. degré de latitude Sud, & sous le 83. degré, 8. minutes de longitude. Ils trouverent cette Isle plus proche de l'Orient qu'elle ne devoit estre de 50. milles, selon l'estimation de leur route ; & cette différence de 50. milles donne celle de 3. degrés 33. minutes. *Voyez la Carte qui est à la Découverte de la Terre Australe, Tome I.*

Ils en partirent le 8. Octobre, & jusques au 22. ils firent leur route vers le Sud jusques au 40. & 41. degré ; ils trouverent que leur boussole varioit de 23. 24. & 25. degrés dans cette route. Depuis ce temps-là leur route fut vers le Sud-Est jusques au 29. du mesme mois, où ils trouverent 45. degrés 47. minutes de latitude Sud, & 89. degrés 44. minutes de longitude ; & que leur boussole declinoit de 26. degrés 45. minutes vers l'Est.

Le 6. Novembre 49. degr. 4. min. de latitude, 114. degr. 56. min. de longitude, & 26. degr. de declinaison, temps humide, accompagné de brouillars & de vents, avec de grosses vagues qui venoient du Sud-Oüest & du Sud, si-bien qu'à trois pointes du compas de là il n'y avoit point sujet de croire qu'il y eût de terre.

Le 15. Novembre, latitude 44. degr. 3. min. longitude 140. degr. 32. min. declinaison 18. degr. 30. min. vers l'Est, laquelle diminua tout d'un coup après : car estant le 21. du mesme mois au 158. degré de longitude, la declinaison se trouva n'estre plus que de 4. degrés.

Le 22. Novembre ils ne purent mettre en repos leur boussole, ce qui leur donna lieu de croire qu'il y avoit en cet endroit des roches d'Aimant.

Le 24. Novembre, hauteur 42. degrés 25. min. & selon leur estimation, longitude 163. degr. 50. min. ils découvrirent terre à l'Est au Nord d'eux, dont ils estoient éloignés de 10. lieuës ; ils la nommerent *la Terre d'Antoine Van Dimens*, & ils trouverent que leur boussole ne declinoit point en cet endroit, & que le milieu de cette terre a de longitude 163. degrés 50. minutes. Ils eurent là un temps rude, & de la tempeste ; ils coururent au Sud-Est le long de la coste jusques à 44. degrés de latitude, où ils trouverent que cette terre s'étend vers l'Est, & que plus avant elle se range vers le Nord-Est & le Nord.

Le 1. Decembre ils jetterent l'ancre sous la hauteur de 43. degrés 10. min. & 167. degrés 55. m. de longitude, dans une baye qu'ils nommerent *la Baye de Frederic-Henry*. Ils entendirent beaucoup de bruit, qu'ils s'imaginerent estre fait par des hommes ; mais ils n'en virent point. Ils remarquerent deux arbres, dont les troncs estoient environ de deux brasses & demie de grosseur, & de 60. à 65. pieds de hauteur ; l'écorce de ces arbres avoit esté ôtée avec des haches armées de pierre à fusil, pour y monter plus aisément, & y prendre des nids d'oiseaux. Les trous que l'on avoit fait dans le tronc, avoient la forme de degrés, ils estoient éloignés de cinq pieds l'un de l'autre, tellement qu'ils tirerent de là une conjecture, qu'il faloit que les hommes de ce canton là fussent fort grands. Ces trous paroissoient avoir esté faits depuis trois ou quatre jours. Ils entendirent du bruit fait par des hommes, comme s'ils eussent sonné une trompette ou cornet, qui ne pouvoit pas estre loin d'eux ; neanmoins ils ne virent personne. Ils y reconnurent des vestiges de bestes sauvages, semblables à des griffes de tygres & d'autres bestes : ils virent aussi de la gomme sur quelques arbres, & de la gomme lacque dans terre.

Le flot monte en cette terre à la hauteur de trois pieds ; les bois n'y sont point fourés ny embarassés de broussailles par en bas. Ils y virent plusieurs fumées ; mais ils ne purent faire autre chose que de dresser un poteau avec la marque de la Compagnie, & un étendart du Prince au dessus. Ils y trouverent là trois degrés de declinaison Nord-Est.

Le 5. Decembre, latitude 42. degr. 34. min. longitude 169. degrés, ils quitterent cette

VOYAGE

terre pour courir vers l'Est, & y chercherent les Isles de Salomon sur la longitude de 195. degrés.

Le 9. Decembre, latitude 42. d. 37. m. longitude 176. d. 29. m. declinaison 5. d. vers le Nord-Est.

Le 12. ils eurent de grandes vagues du côté du Sud-Oüest, ce qui leur donna lieu de croire que du côté du Sud ou du Sud-Oüest il n'y avoit point de terre.

Le 13. Decembre, latitude 41. d. 10. m. longitude 188. d. 28. m. declinaison vers le Nord-Est 7. d. 30. m. ils eurent vuë de la terre, qui leur parut fort haute, & couverte de montagnes. Dans les Cartes cette terre est maintenant nommée *Zelandia Nova*. Ils en suivirent la côte, faisant toujours leur route vers le Nord-Est, jusques à ce qu'ils eurent rencontré une baye le 18. Decembre 1642. où ils mouillerent sous la latitude de 40. d. 50. m. & la longitude de 191. d. 41. m. declinaison 9. d.

Les habitans de ces quartiers sont gros & grands, ont les ossemens fort gros; ils ne s'approchoient point du vaisseau qu'à la distance d'un jet de pierre. Ils sonnerent d'un instrument, qui fit du bruit semblable à la trompette des Negres. Les nôtres sonnerent leur trompette. La couleur de leur chair est entre le brun & le jaune; ils ont les cheveux noirs, qu'ils se relevent sur le haut de la teste, où ils les arrestent & les lient comme font ceux du Japon. Ils portent une plume bien fournie sur le derriere de la teste. De ces gens-là les uns avoient des habits de cotton, d'autres les portoient de natte; mais tous generalement avoient le haut du corps nud.

Le 19. Decembre, ces gens qui sont les Antipodes des Hollandois, leur parurent plus hardis; ils se mirent en état de faire quelque échange de marchandise avec ceux de l'Iacht dont ils s'approcherent. Le Capitaine eut quelque soupçon qu'ils les voulussent attaquer, & il envoya son esquif armé de sept hommes, pour avertir ceux de l'Iacht qu'ils se tinssent sur leurs gardes: mais ces gens qui devoient porter cet avertissement, furent attaqués par les Sauvages, qui en tuerent trois ou quatre, & les autres se sauverent à la nâge. Il y avoit long temps qu'ils tâchoient à faire un pareil coup, mais la grosse vague les en avoit empeché jusques alors. Pour cette raison ils appellerent cette baye, *la Baye des meurtriers*. De là ils coururent vers l'Est; ils virent terre tout autour d'eux, qui leur parut bonne, fertile & bien cultivée; mais le temps estoit fort rude, & le vent d'Oüest, tellement qu'ils eurent bien de la peine à en sortir.

Le 24. Decembre ils trouverent de la difficulté à s'avancer vers le Nord, à cause du vent contraire; & d'ailleurs ils ne sçavoient pas s'ils pourroient trouver une sortie de ce côté-là, le flot venant du Sud-Est: ils resolurent de rentrer dans ce golphe pour y chercher une sortie; mais enfin le 26. Decembre le vent les servant mieux, ils gagnerent vers le Nord-Est.

Le 4. Janvier 1643. latitude 34. d. 35. m. longitude 191. d. 9. m. declinaison vers le Nord-Est 8. d. 40. m. ils vinrent à la pointe de cette terre qui s'avance vers le Nord-Est; & comme ils trouverent là de grandes vagues qui venoient du Nord-Est, ils conclurent qu'il y avoit de ce côté-là une grande mer, dequoy ils se rejouïrent, à cause qu'ils estoient assurés d'y trouver une sortie. Ils découvrirent à une Isle, qu'ils nommerent *l'Isle des trois Rois*; ils y furent chercher des rafraichissemens, & virent sur une montagne trente ou trente-cinq hommes, qui leur parurent fort grands, autant qu'on en put juger de loin, armés de bâtons ou de massuës, qui leur crierent avec de grosses voix, mais on ne les pouvoit entendre. Ils coururent autour de cette Isle, & y virent peu de Sauvages, & peu ou point de terre labourée, si ce n'est près d'une riviere, où nos gens faisoient état de prendre de l'eau, mais il ne leur fut pas possible de le faire; ils resolurent donc de courir vers l'Est jusques à la longitude de 220. degrés; de là ils tirerent vers le Nord jusques à 17. degrés de latitude meridionale, pour aprés courir vers l'Oüest, & y chercher les Isles d'Horne, & des Cocos pour s'y rafraichir: car ils n'avoient rien trouvé dans la descente qu'ils avoient faite dans la Terre d'Antoine Van Dimens, & ils n'avoient pû prendre terre à celle de la Nouvelle Zelande.

Le 8. Janvier, latitude 32. d. 15. m. longitude 192. d. 20 m. declinaison vers le Nord-Est 9. d. ils eurent de grandes vagues du côté du Sud-Est; ils en tirerent une consequence, que de ce côté-là il n'y a point de terre.

Le 12. Janvier, latitude 30. d. 5. m. longitude 195. d. 25. m. declinaison vers le Nord Est 9. d. 30. m. ils eurent de grosses vagues du côté du Sud-Est & du Sud-Oüest.

Le 16. Janvier, latitude 26. d. 29. m. longitude 199. d. 32. m. declinaison 8. degrés vers le Nord-Est.

D'ABEL TASMAN.

Le 19. Janvier, latitude 22. d. 35. m. longitude 204. d. 15. m. decl. 7. d. 30. m. ils virent une Isle qui peut avoir deux ou trois lieuës de tour, qu'ils nommerent *l'Isle des Negrettes*, qui sont des sortes de canards qui ont la queuë fourchue. Les vents de Sud-Est & de Sud-Sud-Est les empecherent d'en approcher ; elle leur parut haute & escarpée, & deserte. Le lendemain ils virent deux autres Isles.

Le 21. Janvier, latitude 21. d. 10. m. longitude 205. d. 29. m. declinaison 7. d. 15. m. ils arriverent à celle des Isles la plus septenerionale, qui estoit aussi la plus grande, mais la terre n'en estoit pas haute ; il la nommerent *Amsterdam*, & l'autre qui est proche, *Midelbourg*. Ils trouverent dans la premiere des cochons, des poules, & toutes sortes de fruits ; les habitans leur parurent affables ; ils n'avoient point d'armes, & ne remarquerent point qu'ils eussent aucune apprehension d'eux : mais le vol est une chose permise chez eux. Les courans ou marées n'y sont pas bien fortes ; l'Ebe y court vers le Nord-Est, & le flot vers le Sud-Est. Ils firent leur compte que la Lune au Sud-Oüest fait le vif de l'eau ; que la marée y monte de sept à huit pieds. Le vent y fut toujours Sud-Est & Sud-Sud-Est, c'est pourquoy l'Hemskerk chassa sur son ancre, & ils furent obligés de quitter cette Isle sans y prendre de l'eau, à cause que les choses n'estoient pas en état de le pouvoir faire.

Le 25. Janvier, latitude 20. d. 15. m. longitude 206. d. 19. m. declinaison vers le Nord-Est 6. d. 20. m. aprés avoir eu la vuë de diverses petites Isles, ils arriverent à celle de Rotterdam, dont le peuple est affable, sans armes comme les autres insulaires qu'ils venoient de quitter, mais encore plus grands voleurs. Ils s'y fournirent d'eau & d'autres rafraichissemens ; ils passerent au travers de cette Isle, où ils trouverent grande quantité d'arbres de Cocos plantés à la ligne, des jardins divisés par planches, fournies de toutes sortes de fruits : c'estoit un plaisir de voir ces jardins si bien dressés, les arbres plantés à la ligne, & une odeur fort agreable par tout. Ils virent aprés beaucoup d'autres Isles, comme la Carte le marque ; leur dessein estoit de lever vers le Nord jusqu'à 17. degrés de latitude, & de tirer aprés vers l'Oüest, pour eviter les Isles nommées *des Traistres & d'Horn*, le vent estoit Sud-Est, & quelquefois Est-Sud-Est.

Le 6. Fevrier, latitude 17. d. 19. m. longitude 201. d. 35. m. ils se trouverent entre dix-huit ou vingt Isles toutes entourées de recifs, de seiches & de roches au devant, qui sont nommées dans les Cartes, des noms du Prince Wilhem, & les seiches de celuy de Hemskerk.

Le 8. Fevrier, latitude 15. d. 29. m. longitude 199. d. 31. m. ils eurent beaucoup de pluye, de grands vents de Nord-Est & de Nord-Nord-Est, temps couvert ; ils apprehenderent d'estre plus à l'Oüest que ne marquoit leur estime, & de tomber au Sud de la Nouvelle Guinée, ou de s'engager dans quelque terre inconnuë, outre que le temps estoit venteux & couvert ; ils resolurent donc de courir vers le Nord, ou vers le Nord-Nord-Est jusqu'à 5. d. 6. m. de latitude, & de prendre aprés la route vers l'Oüest vers la Nouvelle Guinée, pour faire leur navigation plus surement.

Le 14. Fevrier, latitude 16. d. 30. m. longitude 193. d. 35. m. ils eurent toujours jusqu'à ce temps là des pluyes & des tempestes, le temps se calma un peu.

Le 20. Fevrier, latitude 13. d. 45. m. longitude 193. d. temps toujours obscur, plein de brouillars & de pluyes, avec des coups de mer de tous côtés, & les vents inconstans.

Le 26. Fevrier, latitude 9. d. 48. m. longitude 193. d. 43. m. toujours des vents de Nord-Oüest, & de 21. jours ils n'en eurent pas un seul sans pluye.

Le 2. Mars, latitude 9. d. 11. m. longitude 192. d. 45. m. declinaison 10. d. le temps & le vent inconstant.

Le 8. Mars, latitude 7. d. 45. m. longitude 190. d. 47. m. le temps & le vent de mesme qu'auparavant.

Le 14. Mars, latitude 10. d. 12. m. longitude 186. d. 14. m. declinaison 8. d. 45. m. il y avoit douze jours qu'ils n'avoient pu prendre de hauteur, à cause qu'il avoit fait tous les jours un temps humide & obscur avec beaucoup de pluyes.

Le 20. Mars, latitude 5. d. 15. m. longitude 181. d. 16. m. declinaison 9. d. le temps estoit devenu meilleur.

Le 22. Mars, latitude 5. d. 2. m. longitude 178. d. 32. m. bon temps avec un vent d'Est, ils découvrirent terre à quatre milles d'eux au Oüest ; ils trouverent que c'estoient plusieurs petites isles ; qu'il y en avoit bien vingt ensemble, qui sont à 90. milles environ de la côte de la Nouvelle Guinée : elles sont marquées dans les Cartes sous le nom de *Onhong Java*.

VOYAGE D'ABEL TASMAN.

Le 25. Mars, latitude 4. d. 35. m. longitude 175. d. 10. m. declinaison 9. d. 30. m. ils se trouverent sous les Isles découvertes par Malk & Schouten ou le Maire, elles sont quatorze ou quinze; leurs habitans sont sauvages, ont les cheveux noirs, relevés sur le haut de la teste comme les habitans de la Nouvelle Zelande.

Le 29. ils arriverent aux Isles Vertes, & le 30. sous les Isles de Saint Jean.

Le 1. Avril, latitude 4. d. 30. m. longitude 171. d. 2. m. declinaison 8. d. 45. m. ils vinrent à la côte de la Nouvelle Guinée, au Cap que les Espagnols appellent *Sancta Maria*. Ils suivirent cette côte en courant le Nord-Oüest jusques aux Isles d'Anthom Kaens, Cardeniis, & celle des Pêcheurs, & au bout du Cap des Autruches, où la terre refuit au Sud & au Sud-Est; ils rangerent toujours la côte pour pousser plus avant leur découverte, ou trouver un passage vers le Sud.

Le 12. Avril, latitude 3. d. 45. m. longitude 167. d. declinaison 10. d. ils eurent là un tremblement de terre si furieux, que tous ceux de l'équipage qui dormoient, se leverent en sursaut, croyans que le vaisseau fût sur une roche; cependant ils connurent par la sonde qu'il n'y avoit point de fond. Ils eurent après d'autres tremblemens de terre, mais jamais si terribles que celuy-cy, ils avoient alors passé le Cap des Autruches, & alloient gagner le Golphe de Bonne Esperance.

Le 14. Avril, latit. 5. d. 27. m. long. 166. d. 57. m. decl. 9. d. 15. m. ils virent la terre Est-Nord-Est vers le Sud; & plus avant Sud Sud-Oüest ils tâcherent de passer entre ces deux terres, mais inutilement, car ils trouverent qu'elles se rejoignoient vers l'Oüest, c'est pourquoy ils continuerent leur cours vers l'Oüest le long de la côte, & ils eurent là beaucoup de calme.

Le 20. Avril, latit. 5. d. 4. m. long. 164. d. 27. m. declin. 8. d. 30. m. ils arriverent la nuit à l'Isle qui brûle; ils virent sortir un grand feu du haut de la montagne que Schouten a décrit dans son Voyage. Ils passerent entre cette isle & la terre ferme, & découvrirent plusieurs autres feux le long de l'eau, & au milieu de la haute montagne, ce qui leur fit juger que cette isle estoit fort peuplée. Ils eurent beaucoup de calmes le long de cette côte de la Nouvelle Guinée; ils y voyoient flotter continuellement des pieces de bois comme de petits arbres, des bambous, & autres saletés que les rivieres charient; ils jugerent de là, que cette isle devoit estre fort fertile & abondante à cause de ces rivieres. Le jour suivant ils approcherent de la montagne qui jette du feu, & coururent le long de cette terre Nord-Est.

Le 27. Avril, latit. 2. d. 10. m. long. 156. d. 47. m. ils crurent estre à l'Isle de Moa, mais ils estoient à celle de Jamma, qui est un peu plus à l'Est que celle de Moa; ils prirent là beaucoup de noix de Coco. Le peuple de cette isle est tout noir; & tout ce que nos gens disoient, ils le repetoient parfaitement sur le champ, ce qui est une marque que leur langue est riche en paroles: elle est difficile à prononcer, car ils ont quelquefois deux ou trois R dans un mot. Le jour suivant ils arriverent devant Moa, où ils trouverent beaucoup de rafraichissemens; le vent contraire les y arresta jusques au 6. May, ils y ramasserent 6000. noix de Cocos, & 100. grappes de Pisseng.

Au commencement du troc qu'ils faisoient dans l'isle de Moa, il arriva par hazard qu'un coup de fleche tiré par les habitans blessa un de nos gens, ce qui fit que les vaisseaux approcherent davantage de leur côte, & leur donnerent tant d'épouvante, qu'ils nous amenerent eux-mesmes celuy qui avoit tiré le coup, pour en faire ce qu'il nous plairoit; & depuis ce temps-là ils estoient encore plus affables & plus faciles dans la traite, jusques-là que nos gens faisoient passer des morceaux de fer qu'ils avoient éguisés, pour des couteaux. La mesme chose estoit déja arrivée à Schouten l'année 1616. car il estoit entré fort avant dans ces Isles, où il avoit tiré quelques coups sur la côte & dans les bois, & après leur avoir par là fait apprehender nos armes, il les trouva fort disposés à entrer en traité.

Le 12. May, latit. o. d. 54. m. long. * * d. declin. 6. d. 30. m. ils firent voile le long du côté du Nord de l'Isle de Schouten; les habitans leur parurent fort vifs & fort dispos, & l'isle longue de 18. ou 19. milles, & fort habitée.

Le 18. May, latit. o. d. 16. m. long. 147. d. 55. m. decl. 5. d. 30. m. ils avoient passé le Cap de Bonne Esperance, & estoient arrivés à la pointe de l'Oüest de la Nouvelle Guinée; ils eurent là des temps fort variables, des vents contraires avec pluye. De cette pointe ils coururent vers Ceran, où ils arriverent le 27. May à sa côte du Nord; ils passerent après au Nord de Bourée & de Bouton, & de là à Batavia, où ils arriverent le 15. Juin, ayant ainsi achevé leur voyage en dix mois.

FIN.

INSTRVCTION DES VENTS QVI SE
rencontrent, & regnent plus frequemment entre les Païs bas & l'Isle de Iava.

Premierement.

N n'a que trop connu par plusieurs experiences, qu'il est tres-necessaire que les Maistres de Navires & Pilotes qui vont aux Indes, ou en retournent, au service de la Compagnie Orientale privilegiée Hollandoise, sçachent quels Vents soufflent en ce passage; ainsi l'on a conclu & arresté pour les instruire ce qui suit; à quoy leur est ordonné par cette Instruction d'avoir égard, & de s'y conformer entierement.

II. Les Vents sont variables & divers entre le Païs-bas & les Isles Canns.

III. Au costé Meridional des Isles Canaries on a ordinairement un Vent passager de Nordest, que les Flamans nomment Passet Windt, & les François Ventalizé: ce Vent souffle & porte les Navires plus loin en une saison qu'en l'autre, ainsi qu'il suit.

IV. En Janvier, Fevrier & Mars il souffle ordinairement jusques au quatriéme degré de latitude du Nord, où en mesme temps commence pareil Vent passager de Sudest à l'Est.

V. Au mois d'Avril le susdit Vent de Nordest vente coustumierement jusques au cinquiéme degré de latitude du Nord, où en mesme temps commence le Vent de Sudest.

VI. En May il souffle jusques au sixiéme degré de latitude du Nord, où en mesme temps commence un Vent du costé du Sudest, & mesme du Sud.

VII. En Juin, jusques au huitiéme degré de latitude du Nord, où lors il commence à venter du costé du Sud.

VIII. En Juillet il souffle jusques au dixiéme degré de latitude du Nord, où les Vents commencent du costé du Sud, & mesme de l'Ouest.

IX. Au mois d'Aoust jusques au onziéme degré de latitude du Nord, où les mesmes Vents commencent à souffler du costé du Sud & de l'Ouest.

X. En Septembre jusques au dixiéme degré de ladite latitude du Nord, où le Vent du Sud commence pour lors.

XI. En Octobre jusques au huitiéme degré de latitude du Nord, où les Vents de Sud, & mesme du costé d'Est commencent.

XII. En Novembre jusques au sixiéme degré de latitude du Nord, où le Vent du Sudest commence.

XIII. Finalement en Decembre il souffle jusques au cinquiéme degré de latitude du Nord, où le Vent de Sudest commence.

XIV. Mais il faut remarquer qu'entre le temps des vents passagers ou alizez du Nordest & Sudest, j'entens entre la fin du Vent de Nordest & le commencement de celuy de Sudest, il intervient communément divers Vents inconstans, lesquels se trouvent parfois à un degré ou deux plus tost ou plus tard que les susdites latitudes & tant plus vous estes proche du Nord, tant plus vous rencontrez de Vents de Nord & de Nordest, & au contraire à mesure que vous approchez du

IV. Partie.   A

Sud, vous trouvez que ces Vents viennent plus frequemment du costé du Sud & du Sudest.

XV. Depuis Septembre jusqu'au mois de Mars à la coste du Bresil, il vente souvent d'Est & d'Est quart, au Nordest; & depuis Mars jusques en Septembre d'entre l'Est Sudest & Sud-Sudest, selon que l'on est loin ou proche de terre; mais plus l'on est proche de la coste, plus on a de Vents de Sud.

XVI. Mais à la coste d'Angola les Vents Sud y regnent toûjours.

XVII. Du Cap de Bonne Esperance à sainte Helene, Ascension, & plus avant jusques au dessous de la ligne, on a ordinairement le Vent d'environ le Sudest.

XVIII. Entre les 28. & 35. degrez de latitude meridionale l'on trouve ordinairement les Vents fort divers.

XIX. Au Sud des 35. ou 36. degrez de latitude meridionale on a ordinairement un Vent passager ou alizé d'Ouest, mais point si regulierement & si constamment vers les mois de Janvier, Fevrier & Mars, qu'aux autres temps de l'année.

XX. Ces Vents d'Ouest passagers ou alizez qui se trouvent au costé du Sud des 35. ou 36. degrez, s'étendent & soufflent aussi du costé de l'Est du Cap de Bonne Esperance jusques au païs d'Endracht; neanmoins és mois de Janvier, Fevrier & Mars l'on a aussi du costé du Sud vers les 35. degrez aux environs dudit Cap & 100. à 200. lieuës à son costé d'Est, des Vents fort divers, ainsi qu'il a esté dit de son costé d'Ouest; mais le Vent d'Est y souffle plus souvent que les autres.

XXI. Entre les 35. & 28. degrez de latitude du Sud l'on a souvent des Vents changeans, lesquels soufflent mesme quelquesfois jusques au Tropique de Capricorne.

XXII. Au costé d'Est ou Oriental de Madagascar l'on a en toute l'étenduë de la Mer des Indes un Vent d'Est qui y est ordinaire, entre les 10. ou 11. degrez de latitude meridionale & le Tropique de Capricorne; ce Vent y souffle toute l'année, & souvent mesme jusques au 28. degré de la mesme latitude Meridionale.

XXIII. Entre la ligne Equinoxiale & les 10. ou 11. deg. de latitude meridionale, il vente de l'Est une partie de l'année, & de l'Ouest l'autre partie: l'on fait estat que le Mousson ou Vent anniversaire d'Est regne depuis Avril jusques en Novembre, & que celuy d'Ouest regne depuis Novembre jusques au mois d'Avril; mais en Decembre & Janvier souffle le plus fort: pour ce qui est des mois d'Avril & de Novembre, ils sont comptez pour estre des mois variables, & durant lesquels les Vents sont inconstans.

INSTRVCTION POVR LE VOYAGE DES INDES Orientales, quand on part du Païs-bas pour aller à l'Isle de Iava au Printemps.

Premierement.

Suivant ce qui a esté conclu & arresté touchant les Vents qui se trouvent ordinairement en mer, entre les Païs-bas & Java, selon les meilleures preuves & experiences plus certaines, il est ordonné & enjoint par cette Instruction, à tous Maistres de Navires & Pilotes partans au temps du Printemps du Païs-bas pour aller aux Indes au service de la Compagnie Orientale privilegiée.

II. Premierement, qu'ayant passé le Canal ils dressent leur cours Sudouest depuis le Cap-lezard, autrement le bout d'Angleterre, s'il se peut, jusqu'à la hauteur de 43. degrez, pour par ainsi courir environ 60. lieuës loin du Cap de Finistere:

POVR LA ROVTE DES INDES ORIENT.

s'ils ont pris par le Nord d'Escosse, ils tâcheront d'atteindre la mesme hauteur de 43. degrez, & la distance de 60. lieuës du Cap de Finisterre.

III. De cette hauteur de 43. degrez de latitude Septentrionale, ou du Nord & distance de 60. lieuës du Cap de Finistere, ils tireront droit par le Sud & Sud demy quart à l'Ouest vers Madere, ou Porto santo, & continuant la mesme course du Sud, passeront outre entre Canarie & Teneriffe, ou bien declinans un peu vers l'Ouest par le costé Occidental de Teneriffe, selon que les Vents le permettront.

IV. Ce que dessus s'entend quand le Vent y est favorable ; mais s'il estoit contraire, on fera son mieux & son possible pour tenir ladite route ; & sur tout d'avoir la veuë des Isles de Canarie, où les Vents de Nordest passagers ou alizez se trouvent, ainsi qu'il a esté rapporté en l'Instruction des Vents qui se rencontrent entre les Païs-bas & Java.

V. Avec ce Vent de Nordest, passager ou alizé, on passera des Isles de Canarie à la veuë de celles de Capvert, lesquelles on reconnoistra aussi de loin.

VI. L'on dressera après son cours Sud demy quart à l'Est, depuis les Isles du Capvert jusques à ce qu'on rencontre les Vents changeans.

VII. Et afin qu'à l'occasion de ces Vents changeans l'on ne decline pas trop à l'Est ou à l'Ouest, en rodant & louvoyant çà & là aux environs de la ligne Equinoxiale, mais qu'on la puisse commodément & asseurément croiser, on prendra garde à la route qui est marquée dans la Carte par les lignes marquées avec les lettres A, B, C, D, E, F, G.

VIII. La lettre A, sur les 11. degrez 30. minutes de latitude du Nord à 60. lieuës du Capvert vers le Sudouest, le Capvert estant supposé estre à 14. degrez 30 minutes.

IX. La lettre B, sur 14. degrez de latitude, à 80. lieuës de Sierra Leona vers l'Ouest demy quart au Sud.

X. La lettre C, sur la ligne Equinoxiale au Sud de Cabo monte.

XI. D, sur la ligne Equinoxiale 85. lieuës de Vigia vers l'Est.

XII. E, sur les 11. degrez 30. minutes de latitude au Sud de l'Isle Brava.

XIII. Il y a une ligne tirée de la lettre A jusques à B, & de B une autre jusques à C, comme aussi de la lettre E jusques à D.

XIV. Outre lesdites lettres & lignes, la lettre G est marquée sur la ligne Equinoxiale à 40. lieuës de la lettre D, vers l'Ouest B, [l'imprimé Flamand porte en cet article que G soit marqué en la Carte Oostwaert, c'est à dire à l'Est de la lettre D, sur la ligne Equinoxiale; mais c'est une erreur de l'Imprimerie, comme il se peut assez comprendre par la fin de l'article 18. suivant, & par le commencement de l'article 19, & visiblement par les Cartes marines, esquelles G est marqué à l'Ouest de D ; c'est pourquoy nous les avons suivis en cette version, & mis que G est vers l'Ouest de D.]

XV. Les Navires donc louvoiront le plus qu'il se poura entre la ligne A, B, C, & celle de E, D, pour parvenir à la ligne Equinoxiale, & la passer, prenant bien garde de ne courir pas plus loin vers l'Est, que la ligne A, B, C, crainte d'estre portez par les courans vers la coste de Guinée ou dans son Golfe ; car les courans y portent rapidement és mois de Juin & de Juillet.

XVI. Il ne faudra non plus courir vers l'Ouest plus loin que la ligne E, D, crainte d'approcher de trop près la coste du Bresil ; car és mois d'Avril, May, Juin, Juillet & Aoust, le Vent de Sud y souffle beaucoup, causant de grands courans & marées vers le Nord, de sorte qu'il seroit impossible és mois susdits de doubler les Albrohos, si l'on estoit prés de la coste du Bresil.

XVII. Partant les Navires qui és mois de May, Juin, Juillet & Aoust se trouveront en cette Mer, ou passage, ne devront aucunement passer au costé d'Est de

INSTRVCTION DES VENTS

ladite ligne A B C, ny à l'Ouest de celle de E D, si une extrême necessité ne les y oblige.

XVIII. S'il arrivoit toutefois qu'estant à l'environ de la ligne E D, on eust à 3. degrez ou plus prés de la ligne Equinoxiale le Vent de Sudest, ou plus prés de l'Est, & que suivant ce que dessus il fust besoin de virer ou changer bord, il faudroit pourtant continuer son cours Sud demy quart à l'Ouest, ou jusques au Sud Sudouest tout au plus, pour passer par ainsi la ligne Equinoxiale; mais si le Vent sautoit ou se tournoit tant au Sud qu'on ne pûst aucunement tenir son cours Sudouest, ny se maintenir au costé d'Est de la ligne F G, il faudroit changer bord, & venir vers l'Est, attendant la commodité de courir tellement vers le Sud, qu'on puisse passer la ligne Equinoxiale au costé Oriental de la lettre D; en tout cas il se faut bien garder de passer à l'Ouest de la lettre G.

XIX. Estant passé si avant entre les lignes de A B C, & de E D, que l'on soit parvenu au dessous de la ligne Equinoxiale, ou qu'on la puisse passer entre les lettres C & D, ou pour toute extremité entre C, & G, & qu'on ait trouvé les Vents passagers ou alizez du Sudest, il faut à leur faveur courir vers le Sud, jusques à ce que le Vent d'Ouest se rencontre, avec lequel on dressera & tiendra lors son cours Sudest jusques aux 36. 37. ou 38. degrez de latitude meridionale, & puis Est, prenant soigneusement garde s'il ne se rencontre là rien qui jusques à present ait esté inconnu.

XX. Ayant passé le Cap de Bonne Esperance l'on juge à propos de courir entre les 36. & 42. degrez de latitude meridionale vers l'Est, jusqu'à ce qu'on soit parvenu à 850. lieuës au costé d'Est du mesme Cap.

XXI. Si aprés le commencement du mois d'Octobre on se trouvoit estre environ 850. lieuës à l'Est du Cap de Bonne Esperance, & qu'on pust gagner le détroit de Sunda avec le Mousson ou Vent anniversaire d'Ouest, lequel souffle le plus és mois de Decembre, Janvier & Fevrier, il faudra tellement dresser son cours vers le Nord, qu'on soit certain de pouvoir devaller à l'Ouest du détroit de Sunda, afin qu'estant venu à 6. degrez de latitude meridionale, & sur le Vent audit détroit, on le puisse gagner & passer au plûtost.

XXII. Mais si courant du Cap de Bonne Esperance vers l'Est on se trouvoit estre devant le mois d'Octobre ou aprés le commencement de Mars à 800. lieuës loin du Cap vers l'Est entre les 36. & 42. degrez de latitude, & qu'il fallust aller au détroit de Sunda avec le Mousson ou Vent anniversaire d'Est, on dressera lors son cours plus au Nord qu'à l'Est, pourvu qu'on fasse estime, estant arrivé environ les 30. degrez de latitude, d'estre éloigné dudit Cap de 950. ou 1000. lieuës vers l'Est.

XXIII. Aprés avoir passé ces 950. ou 1000. lieuës à l'Est du Cap de Bonne Esperance, il conviendra, si le temps & le Vent le permettent, de passer à veuë de la terre d'Endracht sur les 27. degrez de latitude ou plus au Nord, pour dresser delà tellement son cours, qu'on puisse estre assuré de pouvoir passer sans peril les rochers & les écueils du Trial gisans à 20. degrez de latitude du Sud, & de se rencontrer bien à point à la coste meridionale de Java, pour devaller au détroit de Sunda par dessus le Vent, & le passer en diligence.

XXIV. Il faut aussi sçavoir que l'Isle de S. Paul est située environ 38. degrez de latitude meridionale, & selon l'estimation des Pilotes environ 700. lieuës du Cap de Bonne Esperance vers l'Est; on donne cet avis, afin d'y veiller à temps, & n'y échouer par mégarde.

XXV. Notez bien que le chemin du Cap de Bonne Esperance à la terre d'Endracht est en effet beaucoup plus court qu'il ne paroist par la Carte marine; il peut mesme arriver qu'il se trouve encore plus court qu'il n'est en effet, à cause des courans, de sorte que ladite terre d'Endracht se pourroit trouver plutost qu'on ne penseroit; d'ailleurs la terre d'Endracht a au Sud des 27. degrez de latitude des bancs dangereux, & fonds rocheux & pierreux; c'est pourquoy il faut estre bien sur ses gardes, & y prevoir de bonne heure, comme aussi jetter souvent la sonde tant de nuit que de jour quand le temps est obscur & couvert, car on trouve fond de 100. 80. ou 70. brasses à 7. 6. ou 5. lieuës de terre.

INSTRVCTION POVR NAVIGER DV PAIS-BAS à Iava au temps de l'Automne.

PREMIEREMENT.

SUR ce qui a esté rapporté de la proprieté des Vents qui se trouvent regulierement en mer entre les Païs-bas & Java, selon les meilleures informations & experiences plus certaines; il est ordonné & enjoint par cette Instruction à tous les Maistres de Navires & Pilotes partans au temps de l'Automne du Païs-bas pour aller aux Indes au service de la Compagnie Orientale privilegiée,

II. Premierement, qu'ayant passé le Canal ils dresseront leur cours Sudouest depuis le Cap-Lezard ou bout d'Angleterre s'il se peut, jusques à la hauteur de 43. degrez, pour par ainsi courir environ 60. lieuës loin du Cap Finistere.

III. De cette hauteur de 43. degrez de latitude Septentrionale, ou du Nord & distance de 60. lieuës du Cap Finistere, ils tireront droit par le Sud & Sud demy quart à l'Ouest, vers Madere ou Porto santo, d'où continuant la mesme course du Sud, ils passeront outre entre Canarie & Teneriffe, ou bien declinant un peu vers l'Ouest par le costé Occidental de Teneriffe, selon que les Vents le permettront.

IV. Ce que dessus s'entend quand le Vent est favorable; mais estant contraire, on fera son mieux & son possible d'approcher de la route, & sur tout de passer à la veuë des Isles Canaries, où le Vent de Nordest passager ou alizé se trouve, ainsi qu'il a esté rapporté en l'Instruction des Vents qui se rencontrent entre les Païs-bas & Java.

V. Avec ce Vent de Nordest passager ou alizé, on passera des Isles Canaries à la veuë aussi de celles du Capvert, les reconnoissant de loin.

VI. L'on dressera après son cours Sud demy quart à l'Est, depuis les Isles du Capvert jusques à ce qu'on trouve les Vents de Sudest & d'Est, avec lesquels on tirera vers le Sud.

VII. Et parce qu'aux environs de la coste du Bresil les Vents soufflent souvent d'Est demy quart ou quart au Nord, & cela depuis le mois de Novembre jusques au mois de Mars, l'on a jugé à propos qu'avec le mesme Vent on tire droit au Sud, jusques à ce qu'on rencontre les Vents d'Ouest, pour puis après courir Sudest à leur faveur, jusques au 36. 37. 38. ou 40. degrez de latitude meridionale, & delà vers l'Est, ayant toûjours soin de prendre garde s'il se rencontre là quelque chose qui ait esté jusques à present inconnue.

VIII. Ayant passé le Cap de Bonne Esperance on dressera & tiendra son cours vers l'Est entre les 36. & 42. degrez jusques à 800. lieuës dudit Cap vers l'Est, & plus vers le Nord que vers l'Est, pourvu qu'estant arrivé environ les 30. degrez de latitude, l'on puisse faire estat d'estre éloigné du Cap 950. ou 1000. lieuës vers l'Est.

IX. Ces 950. ou 1000. lieuës à l'Est du Cap de Bonne Esperance estant passez, il convient, si le temps & le Vent le permettent, de passer à la veuë de la terre d'Endracht sur les 27. degrez de latitude ou plus vers le Nord, pour delà dresser tellement son cours, qu'on puisse estre assuré de pouvoir passer sans peril les roches & écueils du Trial gisans environ 20. degrez de latitude du Sud, & de se rencontrer

INSTRVCTION DES VENTS

bien à point à la coste meridionale de Java, pour delà devaller au détroit de Sunda par dessus le Vent, & le passer au plûtost.

X. Cela se doit entendre au temps que le Mousson ou Vents anniversaires d'Est regnent du costé meridional de l'Equateur, & qu'on peut naviger ces susdites 950. ou 1000. lieuës du Cap de Bonne Esperance vers l'Est, entre le commencement du mois de Mars & la fin de Septembre.

XI. Mais au temps que le Mousson ou Vents anniversaires d'Ouest, lesquels soufflent le plus fort és mois de Decembre, Janvier & Fevrier, regnent au costé meridional de l'Equateur, il faut estant venu environ 800. lieuës à l'Est du Cap de Bonne Esperance entre ladite latitude de 36. ou 40. degrez, dresser son cours plus au Nord qu'Est, qu'on se puisse asseurer de devaller à l'ouverture du détroit de Sunda, afin qu'estant venu à six degrez de latitude meridionale, on se rencontre sur le Vent au détroit de Sunda, & ainsi le passer au plûtost.

XII. Il faut aussi sçavoir que l'Isle de S. Paul est située environ 38. deg. de latitude meridionale, & selon l'estime des Pilotes environ 700. lieuës du Cap de Bonne Esperance vers l'Est, ce qu'il faut avoir en memoire pour y prendre garde de bonne heure, crainte d'y donner à travers.

XIII. Notez bien que le chemin du Cap de Bonne Esperance à la terre d'Endracht est en effet beaucoup plus court qu'il ne paroist par les graduations de la Carte marine, ou Table des degrez & mesures de la terre: il peut arriver qu'il se trouve encore plus court qu'il n'est en effet à cause des courants, de sorte que la terre d'Endracht se pourroit rencontrer plûtost qu'on ne penseroit, & ainsi courir grand risque, d'autant que la terre d'Endracht a sur 27. degrez de latitude des bancs dangereux & fonds rocheux & pierreux ; c'est pourquoy il faut estre bien sur ses gardes, & y prevoir de bonne heure, comme aussi de jetter à temps la sonde, tant de nuit que de jour, quand le temps est obscur & nuageux, car on trouve fond de cent, de quatre vingts, & de soixante & dix brasses, à 7. 6. & 5. lieuës de terre.

INTRVCTION DES EMBATES, QV'ON NOMME aux Indes Moussons ; c'est à dire des Vents anniversaires & reguliers qui se levent chaque année en mesme saison, & soufflent és Mers & Isles du Sud.

PREMIEREMENT.

Mousson d'Ouest.
LE mauvais temps, qui n'est autre qu'un Vent d'Ouest fort pluvieux, commence au commencement de Novembre à Batavia & tout le long de la coste Septentrionale de Java, comme aussi de toutes les Isles qui suivent d'une file vers l'Est jusqu'à Solor & Timor, les vents & les pluyes s'augmentent en Decembre; c'est en Janvier que le Vent jette tout son feu, & qu'il pleut le plus impetueusement, & cela dure jusqu'après la my-Fevrier, passé ce temps le Mousson des pluyes ou Vent d'Ouest, commence à se ralentir & diminuer jusques à la fin de Mars.

Mois inconstant.
II. Au mois d'Avril il y fait beau temps, calme & bonace, & vente diversement, & parfois quelque orage ou bourasque du costé d'Ouest à la nouvelle & pleine Lune, ce qui dure jusques au commencement de May, auquel temps le Vent commence à se tourner à l'Est.

Mousson d'Est.
III. Le Vent d'Est regne esdits lieux depuis le commencement de May sans beaucoup de pluye; en Juin & Juillet il souffle le plus sans aucune pluye, que parfois par quelque subit orage, mais fort rarement, de sorte qu'en cette saison le temps est presque toûjours clair & serein, continuant ainsi jusques à la fin du mois de Septembre.

POVR LA ROVTE DES INDES ORIENT.

IV. Au mois d'Octobre il vente derechef diversement esdits quartiers, les Vents d'Ouest commençans à se lever à mesure que ceux d'Est diminuent. *Mois inconstant.*

V. Les susdits Vents continuels en leur saison, comme aussi les courans qui suivent toûjours le Vent, courent de l'Ouest, & du Nordouest, ou de l'Est Sudest de la grande Mer, & de là courent le long des terres. *Quel chemin tient le Mousson.*

VI. Mais il faut sçavoir que lesdits Vents anniversaires commencent en quelques années quinze jours, mesme un mois entier plus tost ou plus tard qu'au temps accoûtumé, & finissent après à leur temps ordinaire. *Incertitude du commencement des Moussons.*

VII. Au temps que nous venons de dire, pendant lequel le Vent d'Ouest souffle plus fort, & son courant est plus rapide, ce qui est en Decembre & Janvier jusques à la my Fevrier, il n'est point à propos d'entreprendre d'aller contre le vent & marée, encore qu'au long du rivage il y eust bon fond à poser ou ancrer : car si le voyage est un peu long on perdroit autant de temps à les surmonter, que l'on en mettroit à attendre le Vent d'Est : si toutefois le lieu où on veut aller n'est pas beaucoup éloigné, comme de Batavia à Bantan, on pourroit entreprendre de gagner le Vent, mesme avec de grands Navires. *Qu'il ne faut naviger contre la Mousson d'Ouest.*

VIII. Les Vents d'Est ne sont pas si violens esdits quartiers que ceux d'Ouest; c'est pourquoy on peut naviger des places d'Ouest à celles d'Est, comme de Bantan à Batavia, Japara, & plus avant jusques à Solor & Timor, en rangeant la coste, & mesme passer par le Canal de Madura, au temps que les Vents d'Est regnent : & dautant que ces mesmes Vents d'Est ne sont pas si violens, les Navires qui viennent de l'Ouest & de la Mer des Indes, peuvent en tout temps de l'année passer le détroit de Sunda, & venir à Batavia. *Qu'on peut naviger contre la Mousson d'Est.*

IX. Encore que les Vents & courants d'Ouest soient incomparablement plus violens & rapides que ceux d'Est, l'on peut pourtant partir de Batavia, & sortir du détroit de Sunda en tout temps & saison, mesme au plus fort des Vents d'Ouest, quoiqu'incomparablement avec plus de peine que l'on n'y entre contre le Vent d'Est ou Mousson Oriental. *Qu'ô peut passer le détroit de Sûda contre la Mousson d'Ouest.*

X. Le détroit de Sunda est tres profond du costé de Sumatra, & en quelques endroits sans aucun fond ; mais du costé de Java le fond est bon partout pour y ancrer sur 20. ou 30. brasses de profond, de sorte que le meilleur est de la ranger & cottoyer, mais il se faut bien garder d'aprocher la rive ou plage de trop prés, crainte de s'y échouer, à cause qu'elle est fort basse.

XI. Il y a tel fond qu'on le peut desirer au dessous des Isles du Prince, qui sont situées au détroit de Sunda, à la pointe ou extremité Occidentale de Java, de sorte qu'on s'y peut arrester & poser sur 20. ou 15. brasses d'eau, pour attendre que le Vent se tourne à l'Ouest Sud-Ouest, dautant que le Vent qui en pleine mer est Ouest Nord-Ouest & Nord-Ouest, se forligne de quelques rumbs prés la terre ; or ayant le Vent du costé d'Ouest Sudouest, l'on peut de ces Isles doubler facilement la pointe platte de l'Isle de Sumatra, & déboucher le détroit de Sunda où le Vent saute derechef à l'Ouest demy quart ou quart au Nord, avec lequel on peut courir Sudouest demy quart ou quart au Sud ou Sud Sudouest, mesme jusques aux 10. & 11. degrez de latitude meridionale, pour rencontrer le Vent ordinaire du Sudest.

XII. En tirant de Batavia vers le Nord tout le long de la coste Orientale de Sumatra par dedans Banca, & jusques au détroit de Sabon, c'est le mesme Mousson qu'à Batavia, mais le Nordouest y souffle plus fort. *Mousson par dedans Banca.*

XIII. L'on peut ancrer tout du long de la coste Orientale de Sumatra, & il y a là flux & reflux, mais non pas si regulier qu'aux Païs-bas, car le flot ou marée court incomparablement plus long temps quand elle va au gré du Mousson, que lors qu'elle l'a contraire : il est vray qu'à la nouvelle & pleine Lune il y resiste aucunement, & s'efforce par des bouillons de courir au contraire plus qu'en autre *Qu'on peut naviger par dedâs Banca contre la Mousson.*

temps: avec cette aide les Navires peuvent franchir ce paſſage contre le Vent, mais neanmoins avec grande peine.

Mouſſons aux envi-rons de Borneo.

XIV. En la Mer qui eſt entre Banca, Bantan & autres Iſles adjaçantes vers l'Oueſt d'une part, & l'Iſle de Borneo vers l'Eſt d'autre part, laquelle les Portugais nomment *la Mala a de las Damas* à l'occaſion de ſes calmes & bonaces, le Mouſſon ou Vent anniverſaire regne & tient le meſme cours qu'au long de l'Iſle de Java; mais environ la ligne equinoxiale, le temps n'y eſt pas ſi reglément ſec ou pluvieux qu'és places ſus mentionnées, car il peut arriver qu'il pleuve à Borneo onze mois continuels, ou au moins quelque peu chaque jour.

Mouſſon aux Mou-luques & és environs.

XV. Pareillement il faut faire eſtat d'avoir le Mouſſon ou Vent anniverſaire à Macaſar le long des coſtes Occidentales & Septentrionales de Celebes; comme auſſi aux Mouluques & du long de Bathachina Gilolo, en meſme temps qu'au long de Java & autres Iſles adjaçantes qui ſont vers l'Eſt; mais avec cette diffe-rence que le Mouſſon qu'on nomme d'Oueſt, ſouffle és Mouluques du coſté du Nord Nord-Oueſt, dont il eſt nommé Mouſſon du Nord & non pas d'Oueſt; & au contraire le Mouſſon d'Eſt y ſouffle auſſi du Sud Sud-Eſt, il eſt auſſi nommé par cette raiſon Mouſſon du Sud, & non d'Eſt, cela continuant ainſi juſques auprés des Manipes, qui ſont trois petites Iſles ſituées à trois degrez de latitude meridionale proche Cambelo entre Ceram & Bouro: or le Mouſſon ou Vent anniverſaire d'Oueſt ou du Nord, ainſi qu'il y eſt nommé, cauſe és Mouluques les plus gran-des pluyes, & celuy d'Eſt ou du Sud les plus grandes ſechereſſes, tout ainſi qu'il a eſté declaré touchant le Mouſſon ou Vent anniverſaire de Java, & ſes Iſles voiſi-nes, mais pas avec ſi grande difference entre l'un & l'autre, comme nous l'avons remarqué auſſi parlant de Borneo; où l'on ne voit preſques pas de difference entre le bon & le mauvais temps d'une meſme année.

Qu'on peut venir des Moulu-ques contre le Mouſſon.

XVI. Combien qu'aux Mouluques & Iſles adjaçantes le Mouſſon ou Vent anniverſaire d'Eſt ou Sud ſoit en plus grande force aux mois de Juin & Juillet, comme il ſe peut comprendre par ce qu'on vient de dire; les Navires neanmoins peuvent quelquefois louvoyer contre vent & marée par entre les Iſles juſques aux Manipes, où ils commenceront à avoir le Mouſſon d'Eſt, c'eſt à dire vent & marée, & ainſi venir commodément à Batavia.

Qu'on peut aller aux Mouluques contre le Mouſſon.

XVII. Qui voudra aller des quartiers d'Oueſt aux Mouluques au temps que le Mouſſon ou Vent anniverſaire de Nord ou Eſt regne, doit eſtre averty qu'eſtant paſſé par les bouquerones au coſté meridionale de Celebes, il peut ſelon que Wi-lem Janſon, Gouverneur de Solor, Timor & Iſles voiſines, enſeigne plus au long en ſes Inſtructions des Cartes marines, ou *leeſe caert*, naviger du long de la meſ-me Iſle Celebes par dedans les Iſles de Bouton, laiſſant à ſa droite toutes les pe-tites Iſles qui ſont devers Boullo & Xulla Pangey en meſme quart, eſtant quel-que peu ſecondé en ce paſſage du changement des courans, & trouvant preſque tout du long commodité de poſer ou ancrer, on peut louvoyer en croiſant prés la terre juſques à ce qu'on ſoit aſſez avant vers le Nord pour paſſer vers les Iſles Mouluques.

XVIII. Ayez égard toutefois que ledit paſſage le long de Celebes eſt beau-coup ſale, & que pluſieurs bancs de ſable & rochers s'y trouvent ſous l'eau; il eſt par cette raiſon incomparablement meilleur, voulant aller aux Mouluques con-tre ledit Mouſſon de Nord, de paſſer le détroit de Bouton, & de là traverſer par le Sud de Xulla droit au Trou ou paſſage d'Ouby, d'où l'on peut monter & ga-gner les Mouluques du coſté du Nord.

Mouſſons à Amboine & Banda.

XIX. Au Sud des Manipes Amboyna & Banda & plus avant vers Bouro, & juſques auprés de Titabeſſe, où le Mouſſon ou Vent aniverſaire d'Eſt regne quelque temps, tout ainſi qu'au long de Java & autres Iſles ſus-mentionnées, il pleut & vente impetueuſement depuis le commencement juſques à la moitié

du

POVR LA ROVTE DES INDES ORIENT.

du Mousson; c'est à dire depuis la fin d'Avril jusques à la fin de Septembre, ou un mois ou quinze jours plus tost ou plus tard en quelques années, quoiqu'en mesme temps il soit à Java & à ses places voisines beau, sec, serein, & sans aucun orage.

XX. Le Mousson d'Est ayant cessé de venter, les courans toutefois vont icy un mois ou environ contre le Vent d'Ouest, comme on voit aussi les courans aprés le Mousson d'Ouest aller encore un mois durant contre le Vent d'Est. *Courát qui va contre le vent.*

XXI. Au Nord de Malacca & d'Atchim; en tirant vers l'Ouest, & le long de la coste de Coromandel & de Ceylon, il vente de l'Est Nord-Est, ou du Nord-Est, cependant que le Mousson d'Ouest souffle entre la ligne & les 10. ou 11. degrez de latitude meridionale, à l'Oriental & à l'Occident de Java, jusques aux Maldives; & au contraire lors que les vents Orientaux soufflent dans ce parage & aux environs de Batavia au mesme temps au Nord de la Ligne, les vents viennent de l'Ouest Sud-Ouest, & du Sud-Ouest. Janson a trouvé que le comencement & la fin du Mousson du Nord-Est ne s'accordoit pas avec la fin & le commencement du Mousson de l'Ouest de l'autre costé de la Ligne; car il remarque, qu'estant à Punta de Gala à la my-Mars, le vent se leva Ouest Sud-Ouest & Sud-Ouest. & qu'à la fin du mesme mois il souffla continuellement du costé de l'Ouest; que les courans portoient fort impetueusement vers le Nord, ce qui dura jusqu'au commencement d'Octobre, que le Vent commença à souffler de l'Est Nord-Est, & du Nord-Est. *Mousson du Golfe de Bengala.*

XXII. Au commencement de Juin il se leve à Masulipatan un Vent de terre extrémement chaud & mal-sain, lequel dure quatorze ou quinze jours: les Navires peuvent avec ce vent partir de Masulipatan & de la coste de Coromandel, & tenant prés du vent, passer Atchim, ou aller à Batavia en costoyant l'isle de Sumatra par dehors: mais à cause qu'en ce mesme mois les Vents de Sud-Ouest & d'Ouest Sud-Ouest soufflent puissamment en pleine mer vers le Golfe de Bengala, & que les marées courent fort vers le Nord, il arrive souvent que les Navires ont bien de la peine à gagner Atchim. *Temps propre pour naviger de Masulipatan à Batavia.*

XXIII. Le temps le plus propre pour naviger de la coste de Coromandel à Batavia, est celuy d'Octobre, Novembre & Decembre, avec le Mousson de Nord-Est, lequel porte les Navires jusques au dessous de la Ligne Equinoxiale, où ils trouvent des vents variables; & l'ayant passé d'un degré ou d'un degré & demy de latitude du Sud, ils trouvent en Novembre & Decembre les Vents d'Ouest Nord-Ouest, qui les portent en peu de temps à Batavia.

XXIV. Nos Flamans, qui en l'an 1614. navigerent les premiers le long de la coste d'Arabie, racontent que depuis le commencement d'Aoust jusques au 19. Decembre ils eurent dés les cinq degrez de latitude meridionale presque toûjours des Vents de Sud Sud-Sud-Ouest, & de Sud-Ouest estant à 50. ou 60. lieuës loin de la coste d'Arabie. *Vents de Sud-Ouest au mois d'Avril à la coste d'Arabie.*

XXV. Et qu'à la mesme coste d'Arabie depuis le 19. Septembre ils eurent le Vent d'Est Sud-Est, & des courants vers l'Ouest, mais grand calme prés de terre; que s'estant remis en mer sur la fin d'Octobre, ils eurent des vents de Nord-Est & de Nord Nord-Est, & au commencement de Novembre sous la Ligne Equinoxiale, des Vents d'Ouest Nord-Ouest, & à quatre degrez de latitude Sud un Vent d'Ouest Sud-Ouest, qui les porta à Bantan. *Vents d'Est en Septemb. le long de l'Arabie.*

XXVI. En la Mer des Indes, entre l'Isle Madagascar du costé de l'occident, & celle de Java du costé de l'orient, les vents de Sud-Est regnent toute l'année depuis les 10. à 11. degrez de latitude du Sud jusqu'au 28. degré, à la faveur desquels les navires qui reviennent de Batavia à la patrie, passent souvent jusqu'au cap des Aiguilles, où ils trouvent des vents d'Ouest qui les quittent; mais aussi tost qu'ils sont passez un peu plus avant que le Cap de Bonne Esperance, & qu'ils sont arrivez aux 27. ou 28. degré de latitude meridionale, ils trouvent les Vents ordinaires du Sudest, qui les portent à l'isle de sainte Helene, & vers la Ligne Equinoxiale. *Vents de Sud-Est perpetuels entre les 10. 11. & 30. degrez de latitude du Sud.*

IV. Partie.   B

XXVII. Ces Vents d'Ouest qu'on rencontre prés du Cap de Bonne Esperance, soufflent aussi à son costé occidental entre les isles de Tristan d'Achunha & le cap & par toute la mer des Indes, entre les 28. & 36. degrez de latitude meridionale, principalement en May, Juin, Juillet & Aoust, qui est le temps de l'hyver de ces quartiers; mais en Janvier, Fevrier & Mars, qui est l'Esté, on y a des vents fort variables, qui soufflent du costé de l'Est, avec de grands orages & guillées.

XXVIII. Les vents meridionaux qui soufflent en mer entre Angola & le Bresil, depuis les 24. & 25. degrez de latitude meridionale jusques proche la Ligne Equinoxiale, viennent du costé du Sud-Ouest, en Mars, Avril, May, Juin, Juillet, Aoust & Septembre: mais en Octobre, Novembre, Decembre, Janvier & Fevrier, quand le Soleil est au Sud de la Ligne Equinoxiale, ils soufflent le plus du quartier du Sud Sud-Ouest.

XXIX. Quand le Soleil est au costé septentrional de la Ligne Equinoxiale, l'on a les vents de Midy & du Sud Sud-Ouest, qui s'étendent assez loin vers le Nord jusques aux isles du Sel; mais le Soleil estant au Sud de la Ligne, ces Vents meridionaux soufflent plus du costé du Sud-Est, & ne s'étendent pas si haut vers le Nord; mais alors les vents de Nordest, lesquels regnent presque continuellement entre les isles de Canarie & celles de Sel, soufflent non seulement jusqu'au sixiéme degré, mais jusqu'au quatriéme degré de latitude Nord, où ils se perdent & changent en vent d'Ouest & de Sud, & aussi en calmes; lesquels vents & calmes se rencontrent la pluspart du temps aux endroits que nous venons de dire, & sous la Ligne Equinoxiale & à ses environs.

Instruction pour les aiguilles des Compas ou Boussoles.

L'ON a trouvé par plusieurs observations & experiences faites en divers temps & lieux, que les aiguilles des Boussoles ne montrent pas toujours exactement le Nord; ce que tous ceux qui font profession de Pilotage doivent sçavoir.

A Amsterdam l'aiguille declinoit autrefois, selon le P. Plancius de 9 $\frac{1}{2}$ degrez.

J. Lastman l'a observée à prés de six l'an 1649. C. J. Lastman & Blaeu l'ont observée de deux degrez. A l'entrée du Canal venant de la mer d'Espagne, la variation a esté vers l'Est huit degrez, à present elle n'est que de trois degrez.

Prés du Cap de Bonne-Esperance l'aiguille declinoit autrefois d'un demy degré vers l'Ouest, maintenant il se trouve qu'elle decline de cinq degrez.

Nous pourrions en rapporter d'autres exemples, mais ceux-cy nous suffiront.

Mais outre ce changement de declinaison, qui vient de la nature de l'Aimant, il y a encore une autre varieté à observer du costé des aiguilles; car il arrive souvent que plusieurs Boussoles, dont les aiguilles sont egalement frottées par un mesme Maistre, different entre elles de quelques degrez.

L'an 1649. deux Ouvriers de Compas ou Boussoles en firent chacun six, & mirent selon leur coutume leurs aiguilles en lozange au dessous de leurs roses, aprés les avoir frottées en nostre presence; les six roses de l'un de ces maistres montroient 32. 29 $\frac{1}{2}$. 32. 33 $\frac{1}{2}$. 28. 32. degrez, & les autres six roses montroient 31. 33. 30 $\frac{1}{2}$. 30. 31. 33.

Il est vray-semblable que cette diversité vient de ce qu'un costé de l'aiguille tire plus de la vertu de l'Aimant, que l'autre, soit pour n'avoir pas esté egalement trempée des deux costez, ou que l'un des costez ait esté frotté sur la pierre plus fermement que l'autre, à quoy on ne peut remedier qu'en les frottant de nouveau.

Or pour prevenir ce desordre nous avons fait mettre sous la rose deux aiguilles droites de mesme longueur, & paralleles, l'une & l'autre egalement éloignées du point du Sud & du Nord.

L'an 1649. C. J. Lastman frotta de sa pierre d'Aimant, en presence des susdits

POVR LA ROVTE DES INDES ORIENT.

Ouvriers de Boussoles, six aiguilles paralleles appliquées sous leurs roses, lesquelles ayant esté eprouvées, ces Boussoles de nouvelle maniere montroient 32. 31¼. 32¼ 31½. 32½. 32¾. degrez.

La difference de la moindre & de la plus grande variation des six premieres roses, dont les aiguilles estoient posées en lozange, & frottées sur la mesme pierre par le mesme Maistre qui les avoit faites, avoient varié de 5½ degrez. La difference de la moindre & de la plus grande variation des autres six roses de l'autre Ouvrier, & eprouvées à la mesme sonde, estoit de 8. degrez, au lieu que celles de Lastman de la nouvelle maniere ne varioient que de trois quarts de degré.

Donc il faut conclure que les aiguilles droites & de bonne trempe estant posées comme il faut sous les roses, & bien egalement frottées sur une bonne pierre, montreront la ligne magnetique; & qu'autant que la ligne magnetique decline du Nord, autant les Boussoles ou Compas montreront de declinaison; & variront fort peu entre elles. Mais pour ce qui est de trouver par observation la variation du Compas ou aiguille marine, on en trouvera une suffisante instruction au commencement du Livre des Tables de latitude du lever & coucher du Soleil, que W. J. Blaeu a calculées, comme aussi dans le Livre de l'Art de la Navigation composé par C. J. Lastman.

Aprés que l'on aura pris avec une bonne Boussole la declinaison de l'Aimant, on pourra une autre fois, estant en la mesme hauteur, voir le changement qui y sera arrivé.

Nous avons trouvé à propos de donner à chaque Navire deux Compas avec les aiguilles paralleles, outre le Compas de sonde, ou de la variation, pour rectifier les autres, lequel a aussi les aiguilles paralleles, sçavoir l'un pour le Maistre du navire, & l'autre pour l'usage des Pilotes sur la cahute, afin de reconnoistre leur variation par le Compas de sonde, & dresser la route conformément à sa direction.

En general il faut sçavoir que la Boussole est un instrument fort delicat, & qui peut estre facilement alteré; ainsi il faut estre soigneux que le pivot sur lequel la rose ou quadran pose, soit raisonnablement pointu, & son goulet (que les Flamans nomment dop) ou trou soit bien net, & aussi que la rose y vague justement au niveau; & que la boiste soit si-bien close, que l'air n'y puisse entrer en façon du monde. Il faut sur tout prendre garde qu'il n'y ait aucun fer ou acier trop proche du Compas, & mesme de ne pas mettre un Compas trop proche de l'autre.

AVICTVAILLEMENT DES VAISSEAVX DE GVERRE,

& autres vaisseaux de la Compagnie Hollandoise, pour neuf mois, hormis le biscuit dont ils sont fournis pour dix mois.

Pour cent hommes.

Biscuit. 17800. livres à 4. liv. la semaine par ration.

Viande. Douze barils chacun de 550. liv. dont on donnera deux fois la semaine trois quarterons chaque fois par ration.

Lard. 10. pipes, chacune de 350. liv. par ration trois quarterons à l'un des jours de la semaine.

Merluche. 1500. l. c'est à dire un tiers de moruë, un de merluche, & un de rondt-vis, dont on donnera 4. fois la semaine, un quarteron chaque fois tant qu'elle durera.

Fromage. 400. fromages de sept à huit livres, que chacun sera obligé de bien conserver les quatre qu'il doit avoir pour sa ration.

Eau. 30. bariques d'eau, une *flip kanne* par ration.

Eau pour la chaudiere. 6. pipes d'eau pour la chaudiere.

Bierre. 100. tonnes, une tonne par ration.

Vin de France. Deux tonneaux de vin de France, chacun de 502. pintes pour tout le vaiſſeau, mais principalement pour les malades.

Vin d'Eſpagne. Trois toelaſten ou meſure de 1024. pintes chacune, dont on donnera de trois jours en trois jours un demy-ſeptier par ration.

Eau de vie. Trois toclaſten en 24. amen, tenant chacun 128. pintes, de deux jours en deux jours la moitié d'un demy-ſeptier par ration.

Beure. Quatre tonnes, chacune de 300. liv. dont on diſtribûra les trois premiers mois à chaque homme une demie livre la ſemaine pour mettre ſur ſon pain, & une livre la ſemaine à chaque plat.

Huile d'olive. Sept demy-amen d'huile, chacun de 128. pintes, dont on donnera à chaque homme, aprés que le beure ſera finy, un demy-ſeptier la ſemaine pour manger avec ſon pain, & une chopine à chaque plat; tellement que le beure durant trois mois, & l'huile ſix mois, ils dureront neuf mois.

Vinaigre. Quatre varkens de vinaigre, à un demy-ſeptier à chaque homme par ration la ſemaine pour le plat; l'on en met dans chaque vaiſſeau plus qu'il n'en faut pour 9. mois, afin de s'en ſervir auſſi en temps de combat, maladie ou autrement.

Ius de citron. Une demie-amen tenant 64. pintes pour tout un vaiſſeau.

Pruneaux. Six quartaux, chacun peſant 700. l. dont on donnera au commencement deux fois la ſemaine pour entretenir en ſanté l'equipage.

Gruyau. 50. ſacs de gruyau, dont 36. ſacs font un *laſt*, ou tonneaux de mer.

Pois gris, & blancs. 20. ſacs de pois gris, & autant de blancs, dont 36. ſacs font un *laſt*.

Moutarde. Une demie-tonne pour tout un vaiſſeau.

Racine de reſor. Une pipe pour tout un vaiſſeau.

Chandelle. Pour un vaiſſeau 60. l. de ſuif, 60. l. demy-lavée, 60. l. tout à fait lavée.

Gros ſel. Dix petites tonnes pour chaque cent tonnes de viande ou lard.

Sel blanc. Une petite tonne pour la table à tout un vaiſſeau.

Vin teint. Deux demy-amen, chacun de 128. pintes pour tout un vaiſſeau.

Iopen bier. Un baril de 22. pintes pour tout un vaiſſeau.

Huile de balaine. Sept demy-amen, chacun de 128. pintes, pour bruler dans les lampes dans chaque vaiſſeau, ou cinq à ſix demy-amen, ſelon qu'il eſt grand.

Suif. 30. l. de ſuif à chaque vaiſſeau.

Truye. Une truye pleine à chaque vaiſſeau.

Sain-doux. Une petite tonne pour chaque vaiſſeau.

Orge. Deux groſſes tonnes d'orge pour les poules, afin d'avoir des œufs pour les malades.

Pour la cahute ou chambre du Capitaine en chaque vaiſſeau.

4. Fromages avec graine de Cumin. 4. moyennes tonnes de biſcuit. 4. tonnes de bonne biere. 10. jambons fumez. 10. pieces de viande fumée. 10. langues fumées.

Et au cas que ſur le fait des vivres il arrive quelque choſe dont le preſent reglement ne parle point, la choſe ſera remiſe au Conſeil du vaiſſeau, dont les membres ſeront reſponſables des fautes, excés, ou injuſtices qui y ſeront commiſes.

Le Gouverneur, les Conſeillers, les autres directeurs & marchands des comptoirs & reſidences de la Compagnie où les vaiſſeaux arriveront, premierement s'informeront ſi les officiers des vaiſſeaux ont ſuivi & executé ponctuellement la teneur du preſent reglement, tant pour la conſervation, que pour la diſtribution & partage des victuailles & portions ordonnées cy-deſſus aux equipages des vaiſſeaux : & procederont contre les delinquans avec toute rigueur (aprés en avoir pris les informations ſuffiſantes) ſuivant que la qualité de la choſe le requerera.

Ainſi fait, ordonné & arreſté dans l'aſſemblée de Meſſieurs les Dix-ſept, le 29. Sept. 1661.

L'ASIE DE BARROS,
OU
L'HISTOIRE
DES CONQVESTES DES PORTVGAIS
AVX INDES ORIENTALES.
PARTIE PREMIERE.

CHAPITRE PREMIER.

LES Mahometans, aprés avoir esté chassez des Espagnes, s'étendoient dans l'Asie Mineure, sans que la pluspart des Princes de l'Europe, embarassez dans leurs guerres, fissent reflexion sur les consequences de leur agrandissement ; ce fut en ce temps-là que les Rois de Portugal, qui avoient achevé les premiers de nettoyer leurs Estats de cette barbarie, furent encore les premiers à les attaquer dans l'Afrique, & à arrester dans l'Asie un si dangereux torrent.

II. L'Infant Don Henrique, cinquieme fils de Don Juan I. aprés avoir accompagné son pere l'année 1415. à la prise de Septa, en revint plein d'amour pour la veritable gloire, & bien persuadé qu'il n'y en a point qui merite mieux l'application d'un grand Prince, que celle des nouvelles découvertes. Il n'avoit alors que 21. ans : mais en cet âge il s'estoit informé de divers voyageurs, & avoit appris tout ce que les Mathematiques peuvent donner de lumiere pour ces entreprises ; il fit armer deux vaisseaux, & les fit courir le long de la coste d'Afrique, dont il avoit en beaucoup de relations par le moyen des Mores des païs de Fez & de Maroc. Ses vaisseaux cette premiere campagne ne passerent point le cap de Boiador, 60. lieuës au delà d'un autre cap nommé le cap de Nam, à cause qu'il avoit esté jusqu'alors la borne de la navigation des Castillans. L'Infant y renvoya Jean Gonzalez Zarco, & Tristan Vaz, gentilshommes de sa Maison, avec ordre de doubler ce cap, & suivre la coste, laquelle selon ses relations s'étendoit jusques sous la Ligne Equinoxiale. Une tempeste les surprit avant d'avoir gagné la coste d'Afrique, & les jetta dans une isle qu'ils appellerent Porto-santo, parce qu'ils la découvrirent aprés la tempeste. Ils la trouverent habitée d'un peuple peu civilisé, mais qui cependant n'estoit pas tout à fait ny sauvage ny barbare. Le terroir leur en parut fertile ; cette découverte donnant de nouvelles esperances à l'Infant, il renvoya avec eux Bartholomé Perestrelo gentilhomme de marque de la maison de son frere D. Juan ; & leur donna à chacun un vaisseau, où on mit tout ce qui peut servir à conquerir & à peupler des terres nouvellement découvertes. Il leur arriva à Porto-santo ce qui arriva autrefois aux habitans de Carpasia, car deux lapins qu'ils jetterent dans cette isle multiplierent si fort, qu'il fallut l'abandonner au bout de deux ans.

III. Perestrelo retourna en Portugal, mais Jean Gonzales & Tristan Vas qui estoient destinez à de plus hautes entreprises, en continuant leur voyage découvrirent de loin une isle qui leur parut comme une nuë, ils la nommerent Madere, à cause de la grande abondance de bois dont elle estoit couverte ; c'est presentement une des plus temperées & des plus fertiles isles de l'Ocean. Tristan mit pied à terre à la pointe qui a conservé son nom ; Gonzales descendit d'un autre costé qu'il nomma Camera de lobos, ou la taniere des loups, 1418.

IV. Partie. A

pour en avoir veu en quantité en cet endroit. Triſtan, à qui l'Infant donna la partie de l'iſle où il avoit fait ſa deſcente, n'a point eu d'heritiers: mais il y a encore aujourd'huy trois maiſons conſiderables de la race de Gonzales. L'Infant donna à Pereſtrelo l'iſle de Porto-ſanto à condition de la peupler, ce qui ne reüſſit pas alors à cauſe des lapins; trois mille hommes qu'il y avoit fait paſſer y moururent avec luy. Pour ce qui eſt de l'iſle de Madere, on mit le feu dans les bois pour découvrir en quelque endroit le terrain: mais il gagna de telle maniere, qu'elle parut ſept ans durant tout en feu: & maintenant qu'elle abonde en toutes ſortes de grains, elle a grande neceſſité de bois, dont elle eſtoit auparavant toute cou-verte. On y baſtit auſſitoſt des Egliſes; elle a maintenant une Cathedrale; le Roy D. Douarte donna cette iſle à l'Infant ſon frere quelque temps aprés, & le gouvernement ſpirituel à l'Ordre de Chriſt.

  IV. L'Infant travailla 12. ans entiers à la découverte de la Guinée avec peu d'appro-bation de la pluſpart des gens qui diſoient, que quand meſme on auroit paſſé le cap Boiador on ne trouveroit que des ſables incultes & brûlez; que le Roy D. Juan ſon frere par un effet de grande prudence avoit fait venir en Portugal des étrangers pour le cultiver. Quelle apparence, diſoient-ils, de faire aujourd'huy quitter leur païs à des Portugais pour habiter des terres que l'Autheur du Monde ſemble n'avoir deſtinées que pour eſtre couruës par des beſtes; ce qui paroiſſoit aſſez, ce diſoient-ils, dans l'exemple des lapins de Porto Sto. Toutes les entrepriſes qu'il fit pour cette découverte durant 12. ans, luy attirerent ces reproches; perſonne ne paſſoit le cap Boiador, juſques à ce que Gilianes de Lagos un de ſes domeſtiques y eſtant allé avec une barque doubla enfin ce cap ſi redouté, luy donna le nom de Boiador, & pour marque que ces païs n'eſtoient point ſi ſecs & ſi ſteriles qu'on les avoit décriez, rapporta quelques herbes de l'Iſle qui en eſt proche. Le Roy D. Douarte, qui avoit ſuc-cedé en ce temps-là à la Couronne, fit don à l'Infant de cette découverte, comme ayant eſté faite ſous l'étendart de l'Ordre de Chriſt, dont il eſtoit le Grand Maiſtre.

1434. V. Gilianes continua ſa découverte aux dépens d'un nommé Alonſo Gonçalez Baldaya Echanſon de l'Infant; ils paſſerent 30. lieuës au delà du cap, mirent pied à terre, y dé-couvrirent des piſtes d'hommes & de chameaux, & ſans penetrer davantage, retourne-rent en Portugal, & nommerent cet endroit Angra de Ruivos, à cauſe d'un poiſſon ainſi nommé qu'ils y trouverent en abondance. L'année ſuivante ils paſſerent douze lieuës plus avant, & jetterent à terre deux jeunes hommes de l'âge de ſeize à dix-ſept ans, avec leurs chevaux, leur donnerent des lances & des épées, avec ordre de prendre langue s'ils pouvoient, & de regagner le bord dela mer en cas qu'ils fuſſent pouſſez. Ils coururent le païs toute la journée, & trouverent enfin 19. hommes armez de dards & de zagayes, qui prirent la fuite aprés avoir reçu & donné quelques coups dont mourut un de ces deux Cava-liers: ils ſe nommoient Etor Homem, & Diego Lopez de Almeyda, gentilshommes nourris dans la maiſon de l'Infant. Baldaya mit pied à terre, mais les Mores ſe retirerent. Il ſuivit encore la coſte 12. lieuës plus loin; il trouva à l'embouchure d'une riviere quantité de loups marins; ils tuerent quelques-uns, dont les peaux furent fort eſtimées en Portugal, & eſtant entrez plus avant dans les terres, ils trouverent des filets de peſcheurs tendus, mais enfin leurs vivres ayant manqué, ils furent obligez de ſe retirer.

1440. VI. Antoine Gonçalez Maiſtre de la Garderobe de l'Infant fut renvoyé avec ordre de charger ſon vaiſſeau de peaux de loups marins, il entra une nuit avec huit de ſes camarades trois lieuës avant dans les terres; il découvrit un homme nud avec deux dards à la main, qui conduiſoit un chameau; ils l'emporterent vers le vaiſſeau, & rencontrerent en chemin une caravane de quarante Negres, & une Moreſſe qu'ils enleverent à la veuë de cette troupe qui ſe mit à couvert derriere des rochers, n'oſant pas attaquer neuf Portugais qui ſe rembar-querent avec leur priſe: mais Nuño Triſtan domeſtique de l'Infant eſtant arrivé, ils ren-trerent dans le terres avec luy, ils trouverent des hommes, ils en tuerent trois & en ame-nerent dix priſonniers; ils nommerent cet endroit le port du Cavalier, à cauſe que Nuño Triſtan y donna l'Ordre de Chevalerie à Antoine Gonçalez. Un interprete Arabe que Nuño avoit mené avec luy entendit le langage de ces Mores; on le mit à terre avec la Mo-reſſe, pour leur offrir le rachapt des hommes qu'on leur avoit pris. Le jour d'aprés on en vit paroiſtre cent cinquante ſur des chameaux & ſur des chevaux, qui défierent les noſtres de venir à terre, & qui leur jetterent quantité de pierres. Gonçalez retourna en Portugal avec quelques eſclaves; pour Triſtan il eſpalma de nouveau ſa caravelle ſur ces ſables, courut la coſte juſqu'au cap qu'il nomma Cap blanc, & n'y ayant trouvé que quelques veſtiges d'hom-mes il retourna auſſi en Portugal.

  VII. Ces découvertes allant de mieux en mieux, l'Infant envoya à Rome Fernand Lopez de Azevedo au Pape Martin V. pour luy demander en faveur de la couronne de Portugal

AVX INDES ORIENTALES.

tout ce qu'il découvriroit par mer depuis le cap Boiador jusques aux Indes, avec Indulgence pleniere pour ceux qui mourroient dans cette entreprise : ce qu'il obtint aisément. Gonçalez retourna avec le plus apparent des Negres qu'il avoit fait esclaves, & qui luy promettoit en échange sept esclaves de Guinée ; mais l'ayant mis à terre il luy manqua de parole. On luy amena dix esclaves de differentes nations en échange de deux jeunes hommes qu'il avoit pris, & une quantité assez considerable d'or en poudre : delà vint le nom de Rio del oro qu'ils donnerent à un petit ruisseau qui vient de six lieuës avant dans les terres. Cet or, un bouclier de cuir, des œufs d'Autruches qu'ils apporterent en Portugal, & la nouveauté de la couleur de ces Negres attirerent l'admiration de tout le monde : l'or principalement fut cause que Nuño Tristan y retourna ; il vit en ce voyage l'Isle Adeget qui est une de celles d'Arguin, où il trouva vingt Almadies ou petites barques avec quatre hommes sur chacune, qui ramoient avec leurs jambes ; Tristan leur donna la chasse avec son esquif, en prit quatorze, & attrapa après les autres dans l'Isle. Delà il passa à une autre Isle qu'ils nommerent l'Isle des Herons ou Aigretes, à cause du grand nombre de ces oiseaux, dont ils prirent mesme quelques-uns à la main. 1442. 1443.

VIII. Ces bons succés donnerent lieu à l'establissement d'une compagnie en la ville de Lagos, qui demanda permission à l'Infant de pousser plus avant ses decouvertes, à condition de luy en faire quelque reconnoissance. Lancerote Page de la Chambre, Gilianes dont nous avons parlé, Estevan Alonso, Rodrigo Alvarez, & Juan Dyaz furent les chefs de cette entreprise, & partirent avec six caravelles ; Lancerote estoit Capitaine general de cette flotte ; ils toucherent à l'isle des Herons. Martin Vincente & Gil Vasques avec quatorze hommes chacun en leur bateau passerent de là en l'isle de Nar, attaquerent une habitation qui estoit sur la greve, & ramenerent cent cinquante Negres ; Lancerote mit pied à terre dans celle de Tider, y fit plus de quarante esclaves, & l'Infant le reçut avec de grandes caresses. 1444.

IX. Gonçalo de Cintra, qui avoit esté auparavant valet de pied de l'Infant, & qui estoit alors son Ecuyer, s'estant embarqué dans un autre bastiment, entra dans l'Isle d'Arguin : mais s'estant hasté de mettre pied à terre sur les bords d'un ruisseau où il estoit entré, la marée la laissa à sec, & il y fut attaqué par deux cens Mores qui le tuerent avec six ou sept autres. Le nom en est demeuré à l'entrée de ce ruisseau, qui est quatorze lieuës plus avant que celuy de Loro. Antonio Gonçalez, Diego Alonso, & Gomez Perez, y furent une autre fois avec quelques ordres pour la conversion de ces Barbares, & pour y establir quelque commerce : mais ils retournerent sans rien faire, avec un des habitans qui vint de son bon gré avec eux. Un Portugais nommé Juan Ernandez voulut bien aussi demeurer avec les Negres. Nuño Tristan y fit après un autre voyage, & en emmena une vingtaine d'esclaves. Dinis Fernandez Ecuyer du Roy D. Juan passa dans un autre vaisseau la riviere de Senega, qui separe les Azeneques d'avec les Jalofes, & prit quatre Negres qui peschoient, & passant plus avant il découvrit le Cap vert, maintenant l'un des plus fameux caps de l'Ocean Occidental ; il mit pied à terre dans une petite isle, où il tua quelques chevres, & vint rendre le bord en Portugal. 1445.

X. Antoine Gonçalez, Garcia Mendez, & Diego Alonso furent l'année d'après avec trois caravelles jettez par la tempeste aux Isles d'Arguin, où ils prirent dans un village 25. Negres, & appellerent cette pointe le cap de Rascate ou de rançon, par la raison de ces vingt-cinq Negres qu'ils y avoient pris. 1447.

XI. Ils eurent une grande joye de trouver entre les Azeneques ce Juan Fernandez qui avoit voulu demeurer avec eux, & qui estoit le principal sujet de leur voyage. Ils s'estonnerent de le voir si gras, & si fort accoustumé à la maniere de ces Barbares. On sceut de luy que ce païs n'estoit qu'une grande plaine, dans laquelle on ne pouvoit marquer le chemin que comme sur mer, par les estoiles, par les vents & par les oiseaux : que ces peuples se nourrissoient d'une certaine semence semblable au millet, qui venoit sans aucune culture ; qu'ils mangeoient des herbes, des lezards & des sauterelles ; qu'au lieu de feu ils faisoient cuire leur viande au soleil ; que le lait estoit leur boisson la plus ordinaire, à cause qu'il n'y a point d'eau dans le païs ; qu'ils mangent la chair de quelques animaux, mais qu'ils épargnent toûjours les femelles ; que le poisson estoit la nourriture de ceux qui sont plus proches de la mer. Lorsqu'ils se furent apprivoisez avec nos gens, on leur porta du bled ; ils le mangerent grain à grain, comme si c'eussent esté des dragées. Leur païs est une campagne sterile, pleine de sable ; il y a quelques palmiers & des figuiers sauvages ; leurs tentes leur servent de maisons, les peaux de leurs troupeaux, d'habits ; ceux qui se piquent d'estre un peu polis que les autres portent une espece de jupon, & les autres de mechans draps. Ils n'ont point d'autre exercice que de paistre leurs troupeaux. Leur langue est la mesme que celle des Arabes de Barbarie, avec quelque difference toutefois, comme celle qui est entre

IV. Partie. A ij

les Castillans & les peuples de la Galice. Ils apprirent de luy qu'ils se gouvernent par familles, sans reconnoistre aucun Roy. Avec cette relation ils s'en retournerent, & en passant au Capo blanco ils firent 55. esclaves.

XI. Divers autres Portugais commandez par le mesme Lancerote, allerent à ces mesmes costes d'Afrique, où ils firent quelques esclaves : mais leur prise ne répondant pas au bruit & à la dépense de leur armement, ils voulurent tenter leur fortune sur l'isle de la Palma ; ils n'en rapporterent que 17. esclaves, & entr'eux une Negre d'une taille surprenante pour sa grandeur, qu'on leur dit estre la Reine de la meilleure partie de l'isle. Ils retournerent à l'isle de Gomora peu satisfaits de cette entreprise, se jetterent sur les Insulaires, & en firent vingt esclaves, quoiqu'ils se fussent declarez d'abord pour eux, & qu'ils les eussent mesme aidé à faire la descente dans l'Isle de Palma. L'Infant à leur retour chastia un procedé si mal honneste, & renvoya ces esclaves bien vestus en leur païs.

XII. La Gomora & la Palma sont deux Isles des Canaries. Jean de Betencourt François découvrit les Canaries sous l'aveu du Roy de Castille Don Henrique III. & conquit celles de Lancerote, Fuerteventura, & Ferro. Il y laissa Maciot de Betencourt son cousin, qui conquit la Gomora, & qui les donna depuis à l'Infant Don Henrique en échange de quelques terres qu'il eut en l'Isle de Madere où il alla demeurer. De ces douze Isles qui portent le nom de Canaries, il en restoit huit à conquerir, la grande Canarie, Palma, Graciosa, Infierno, Alegranza, sainte Claire, Rocha, & Lobos. L'Infant arma une flotte sur laquelle il mit 2500. hommes de pied, & six vingt lances. Ces troupes sous la conduite de D. Fernando de Castro Grand Maistre de sa Maison, mirent pied à terre dans ces isles : mais les Castillans en ayant fait des plaintes, on se resolut facilement de les abandonner pour le peu de profit qu'elles promettoient. Le Roy de Castille Don Henry IV. les donna depuis à D. Martin de Ataide Comte d'Atouguia, lorsqu'il luy amena la Reine Jeanne sa femme, fille du Roy D. Duarte, & aprés diverses revolutions elles demeurerent aux Rois de Castille par la paix qui fut faite entre le Roy de Portugal D. Alonso V. & le Roy Catholique Ferdinand.

Le gouvernement de ces Insulaires estoit entre les mains d'un certain nombre de personnes. Ils n'avoient entr'eux rien de reglé sur la Religion, & n'avoient pour armes que des pierres & des bastons, & pour habits des peaux de bestes, qui leur couvroient le haut du corps, une toile de differentes couleurs faite de fueilles de Palmes achevoit de leur couvrir le reste du corps ; ils se rasoient avec des pierres aiguisées ; leurs Gouverneurs depucelloient les filles sur le point d'estre mariées ; ces peuples se les prestoient par regale les uns aux autres quand ils s'entrevisitoient ; ils faisoient nourrir leurs enfans par des chevres, & leur nourriture la plus ordinaire estoit de farine de bled, d'avoine, de lait, d'herbes, de rats, de lezards & de couleuvres.

XIII. Lancerote en costoyant la terre de Zahara, qui fait partie des deserts de Libye, découvrit la riviere d'Oveda, qu'il appella Sanega, du nom d'un Negre qui y paya sa rançon. Il s'imagina que c'estoit un des bras du Nil, parce qu'on luy dit qu'elle venoit du costé d'Orient, & qu'elle passoit au travers de plusieurs grands Royaumes. Aprés beaucoup de fortunes de mer il retourna en Portugal avec quelques esclaves.

XIV. Nuño Tristan courut 60. lieuës plus avant que le Cap-vert, & ayant mouillé à l'embouchure du grand fleuve, il entra dedans avec son bateau, où aprés avoir navigé quelque temps, il fut attaqué & environné par 13. Almadies pleines de Negres qui le tuerent avec tous ses gens à coups de fleches. Quatre hommes qui estoient restez dans le vaisseau, quoiqu'ils n'eussent aucune connoissance de l'art de la navigation, le remenerent en Portugal aprés avoir esté deux mois sur mer. Alvaro Fernandez alla 40. lieuës plus avant que Tristan, & arriva à la riviere de Tabite, d'où il revint aussi blessé par les Negres.

1448. XV. L'année d'aprés Diego Gilhomen alla par l'ordre de l'Infant pour établir le commerce avec les Mores de Meca, 12. lieues par delà le cap du Gué, & Fernand Alonso Chevalier de l'Ordre de Christ fut envoyé Ambassadeur vers le Roy du Cap-vert. Il trouva tout le païs en armes : mais ayant fait entendre par deux Negres qui servoient d'interpretes, qu'il ne venoit que pour leur proposer la paix & la Religion Chrestienne, le Farim, c'est à dire le Gouverneur, envoya au Roy luy donner avis de son arrivée, & cependant on commença à traiter de l'établissement du commerce : mais un gentilhomme Danois qui estoit avec l'Ambassadeur, ayant esté tué avec quelques Portugais, par la trahison d'un Negre qui luy promettoit de luy faire voir des elephans, l'Ambassadeur s'en retourna sans attendre d'autres nouvelles de ce Roy.

Le Roy D. Duarte aprés avoir regné peu de temps en Portugal, laissa pour successeur son fils D. Alonse V. âgé de 6. ans, sous la tutelle de son oncle l'Infant D. Pedro, frere de D.

AUX INDES ORIENTALES.

Henry. Et comme tout ce qui s'est fait depuis pour ces découvertes a esté fait au nom de ce Roy, je finiray de parler de D. Henry, autheur de ces glorieuses entreprises des Indes, par son portrait. Ce Prince n'estoit pas fort grand, sa taille estoit mediocre, mais forte & ramassée; il avoit le teint blanc & vermeil, les cheveux blonds, mais rudes & presque herissez; sa mine estoit terrible, quoiqu'il fust tres-doux à tous ceux qui avoient à faire à luy. Il estoit homme de parole, grave en toutes ses actions, liberal, zelé pour la Religion, exempt de toutes sortes de vices, brave, hardy, avoit grande connoissance des Arts & des belles Lettres, & fut le premier homme de son siecle pour les Mathematiques. Il mourut à Sagrés l'an 1463. âgé de 67. ans.

CHAPITRE II.

Découverte du Roy Dom Alonso V. depuis 1448. jusqu'à 1471.

I. DOM Alonso poussa ses découvertes comme son oncle D. Henry faisoit de son costé. Il luy donna le privilege, qu'il n'y eust que luy qui pust passer le cap de Boiador, avec le quinziéme de tout le profit qui en reviendroit: mais les démeslez entre ce Roy & D. Pedro son oncle retarderent beaucoup le succés de ces entreprises. Il avoit permis à l'Infant de peupler les isles des Açores, que Gonzalo Vello Comandador de Almourol avoit découvertes. Ces isles sont, S. Miguel, Santa Maria, Jesus ou la Tercere, Graciosa, Pico, Fayal, Flores, & Cuervo, qui est la plus occidentale. Elles sont presque toutes sous le parallele de Lisbonne. Ils les nommerent Açores, c'est à dire vautours, à cause qu'ils virent beaucoup de ces oiseaux lorsqu'ils les découvrirent. Au plus haut de l'isle de Cuervo ils trouverent la statue d'un homme à cheval, la teste découverte, qui de la main gauche se tenoit au crin, & montroit de la droite vers l'Occident, comme s'il eust montré l'Amerique, avec quelques lettres gravées dans la roche qui estoit au dessous, que personne ne pût expliquer. Le trafic de la poudre d'or & des Negres qu'on faisoit aux isles d'Arguin fit resoudre l'Infant à y faire bastir un Fort, qui fut le premier qui fut basti dans ces nouvelles conquestes. Antonio de Nole Gennois avoit découvert dans le mesme temps les isles du Cap-verd par ordre de sa Republique, qui l'avoit envoyé en Portugal avec trois vaisseaux. On les appelle communément les isles du Cap-verd, à cause qu'elles n'en sont éloignées que d'environ 100. lieuës; ce sont les Isles Fortunées des anciens Geographes, maintenant elles sont connuës sous le nom de Maio, San Felippe, Santiago, Fuego, Brava, Boavista, Sal, S. Nicolao, S. Luzia, S. Anton. Petro de Cintra & Sivero de Costa découvrirent en mesme temps la coste de Sierra Leona.

1448.

1449.

1460.

II. Le Roy afferma le trafic de la coste de Guinée à cinq cens ducats, à condition de pousser 500. lieuës plus avant les découvertes, dans le terme de cinq ans. On découvrit la coste de la Mina; & Fernando Po l'isle Formosa, à qui le nom de celuy qui la trouva est demeuré. La derniere découverte sous le regne de D. Alonso fut celle de Cabo da Catalina: d'autres avoient déja découvert la coste de Malaguet, du nom d'une graine que les Italiens nommoient Grana de Paradiso, car des Negres en traversant le païs de Mandinga & les deserts de Libye, en apportoient tous les ans à un port de la mer Mediterranée nommé Mundibarca. On découvrit en mesme temps les isles de S. Thomé, Anno-bueno, Prencipe, & d'autres encore, dont on ne fit pas de cas en ces temps-là, parce que le Roy D. Alonso avoit borné toutes ses pensées du costé de l'Afrique, tellement que les Castillans ayant mis pied à terre à l'isle de San Matheo en 1625. ils connurent qu'elle avoit esté habitée il y avoit 87. ans par les Portugais, dont on voyoit encore des vestiges des arbres fruitiers, & des animaux transportez de l'Europe, avec la devise de l'Infant D. Henrique taillée dans des troncs d'arbres, en paroles Françoises, TALENT DE BIEN FAIRE.

1469.
1471.

CHAPITRE III.

Découvertes & conquestes du Roy D. Iuan II. depuis l'année 1481. jusqu'en 1495.

I. EN l'année 1481. le Roy D. Juan II. qui avoit succedé au Roy D. Alonso son pere, pour s'asseurer le commerce de la poudre d'or, dont on commençoit à connoistre le profit, envoya de Portugal tout ce qui estoit necessaire pour bastir un Fort sur la coste de la mine; Diego de Asambauya fut commandé avec 600. hommes pour ce dessein, il porta

1481.

A iij

DES CONQVESTES DES PORTVGAIS

dans ses vaisseaux depuis les pierres qui devoient entrer dans les fondemens, jusques aux tuilles qui le devoient couvrir. Il confirma à son arrivée la paix qu'on avoit faite un peu auparavant avec ces peuples, fit mettre sur un arbre les armes de Portugal, & fit dresser au pied un autel où l'on dit la Messe. Camarança Roy du païs le vint voir accompagné d'un grand nombre de ses sujets, nuds & sans autres habits que quelques peaux de Singes, ou des feüilles de Palmes, qui les couvroient depuis la ceinture jusqu'aux genoux. Le Prince avoit aux bras & aux jambes des bracelets d'or, & au col une chaisne d'où pendoient des clochettes, & à la barbe des ferets d'or. Ce cortege estoit suivi de plusieurs instrumens de grand bruit & de peu d'harmonie. On luy proposa d'embrasser la Religion Catholique, & de permettre de bastir une maison qui pûst servir de retraite aux Portugais.

II. Camarança reçut assez bien les propositions de nostre Religion, mais il refusa la permission de bastir cette pretendue maison. Les Portugais après qu'il se fut retiré ne laisserent pas de faire travailler au Fort, mais comme ils estoient empeschez à faire sauter une roche qui les incommodoit, les Negres qui adoroient cette roche se jetterent avec grand bruit sur les travailleurs ; mais Azambuya fut au devant d'eux avec des presens de choses de peu de valeur, que ces Negres trouverent si belles, qu'ils se retirerent, & laisserent achever ce Fort, qui fut appellé S. George.

1484. III. Le Roy de Portugal commença en ce temps à prendre le titre de Roy de Guinée, & ordonna qu'au lieu de Croix de bois on dresseroit dans tous les lieux de ses découvertes des Croix de pierre, avec une inscription du Roy, du Gouverneur, & du temps auquel elles avoient esté dressées. Diego Cam Gentilhomme de la Chambre fut le premier qui ayant passé le cap de Catalina, arriva à la riviere de Congo, qui arrose un Royaume qui porte le mesme nom ; cette riviere est appellée par ceux du païs Zayre. Il s'en retourna en Portugal avec quelques Negres, le Roy D. Juan les reçut bien, & les renvoya chargez de presens avec ce mesme Diego Cam pour faire alliance avec le Roy de Congo, & luy faire embrasser la
1486. Religion Chrestienne. Ce Roy gousta si-bien la nation Portugaise & leur Religion, qu'il envoya en Portugal les enfans des principaux de son royaume pour estre baptizez, & pour demander des Prestres pour instruire son peuple. Le Roy de Benin qui est entre le Fort S. George & le royaume de Congo, voyant les avantages que ses voisins tiroient des Portugais, fit semblant de se vouloir convertir, & demanda aussi des Prestres pour s'instruire.

IV. L'Ambassadeur du Roy de Benin fit entendre au Roy D. Juan, que 250. lieuës au delà du royaume de Benin estoit le plus puissant Prince de tous ces païs-là, nommé Ogané, & que les Rois de Benin en venant à la Couronne luy en envoyoient demander avec de grands presens la confirmation, & en recevoient un baston avec un casque au lieu de sceptre & de couronne, avec une croix comme celle de Malthe, le tout d'un cuivre bien travaillé ; que cet Ogané avoit toûjours un rideau devant luy ; & que quand on luy parloit, & qu'on prenoit congé de luy, il montroit seulement un pied pour marque qu'il accordoit ce qu'on luy avoit demandé. Le Roy de Portugal s'imagina que ce Prince estoit le Prestre-Jan, & fit armer trois vaisseaux pour y aller. Cette escadre passa 120. lieuës plus avant qu'on n'avoit encore esté ; ils dresserent une Croix à la Sierra-parda à la hauteur de 24. degrez, courant ensuite à la veuë de la Angra, qu'ils appellerent de los Vaqueros, ou des Vachers, à cause du grand nombre de vaches qu'ils y virent : ils toucherent à une petite isle qu'ils appellerent de la Croix, & 25. lieuës par delà ils entrerent dans une riviere qu'ils nommerent l'Infante, du nom d'un Capitaine de ces vaisseaux. Ils retournoient en Portugal ennuyez des fatigues d'un si long voyage, lorsqu'ils trouverent ce Cap si fameux, qu'ils appellerent le cap des Tourmentes, à cause d'une furieuse tourmente qu'ils
1487. eurent ; le Roy de Portugal le nomma depuis le Cap de bonne Esperance, sur les grandes esperances qu'ils conceurent de découvrir par là la navigation des Indes. On courut cette année-là 750. lieuës de coste.

V. Dans le temps de ces découvertes par mer deux Portugais, Pedro Couillam, & Alfonso de Payva, entreprirent d'aller par terre aux Indes ; & ayant passé par Rhodes, Alexandrie, le Caire, ils arriverent à Toro dans une caravanne de Maures de Tremezen qui alloient à Aden ville de l'Arabie Heureuse à l'entrée du Détroit de la Mer Rouge ; ils se separerent là avec promesse de se retrouver dans un certain temps au Caire. Payva tourna vers l'Ethiopie, & Couillam vers les Indes ; il alla à Cananor, à Calecut, à Goa, delà il passa à Zofala, & de Zofala par la mer rouge au Caire, où il apprit que son camarade estoit mort ; du Caire il passa à Ormus, & dans la Mer Rouge, où il découvrit le royaume du Prestre-Jan, qui le prit pour un espion, & le fit arrester.

VI. Bemoi Prince des Jalofs estoit alors Roy d'Ethiopie, il avoit envoyé un Prestre nommé Lucas Marcos au Roy de Portugal pour luy demander du secours contre son frere

AUX INDES ORIENTALES.

Cibitah qui luy faisoit la guerre, moyennant quoy il promettoit d'embrasser la Religion Chrestienne. Sur cette esperance le Roy D. Juan luy envoya des troupes sous la conduite de Gonsalo Coello, avec lesquelles il se defendit quelque temps: mais le Roy les ayant retirées parce qu'il differoit trop à se faire baptiser, il perdit une bataille, & fut contraint de se refugier en Portugal, où il reçut le Baptesme, qui fut accompagné de grandes festes.

VII. Ce Prince Bemoi y fit admirer son adresse; il descendoit de cheval & montoit en selle au milieu de la course; il poussoit un cheval tout debout sur la selle, & ramassoit en courant des pierres qu'on luy jettoit à terre. Le Roy luy donna vingt caravelles avec des hommes & des armes pour le rétablir dans son royaume, & pour bastir un fort sur le bord du fleuve Zenega. 1489.

VIII. La Province de Jalof est entre la riviere de Gambie & celle de Zenega; les Portugais luy donnerent ce nom, qui estoit celuy d'un Prince du païs à qui ils parlerent quand ils la découvrirent: elle a differens noms selon les divers païs qu'elle arrose dans son cours qui est fort long. A cent cinquante lieuës de son embouchure elle n'est plus navigable, à cause d'un saut qu'elle fait du haut d'un rocher escarpé; là ses eaux font un arc en tombant avec un bruit horrible, & laissent entre le pied du rocher & le lieu de leur chute assez d'espace pour passer dessous, & les voyageurs ont le plaisir de voir des montagnes d'eau par-dessus leurs testes sans en estre mouillez. La riviere de Gambie a son cours plus tortu, l'espace de 180. lieuës, mais elle a plus de fond & plus d'eau que celle de Zenega, qui tire sa source de Mandinga. Outre que ces deux rivieres sont pleines de differens poissons, on y trouve encore des chevaux marins, des crocodiles & des serpens qui ont des aisles, & sur leurs bords on voit des elephans, des onces ou lynx, des sangliers, & des gazeles qui sont une espece de chevreuils: c'est une chose assez remarquable, que l'eau d'une de ces deux rivieres meslée avec de l'eau de l'autre vous fera vomir avec grand effort; ce qui n'arrive pas si on boit de l'une ou de l'autre separément. Le païs qui est entre ces deux rivieres forme un Cap, que nous appellons le Cap-vert, situé à un peu moins de 14. degrez, c'est celuy que Ptolomée appelle *Promonterium Asinarium*. Ce païs qu'on appelle Jalof s'étend vers l'Orient environ 170. lieuës, & est fertil en tout. Il y a plusieurs villes bien peuplées, celle de Tungubutu est comme le magazin de l'or de Mandinga, & les marchands du Caire, de Tunis, d'Oran, de Tremesen, de Fez, de Maroc & d'autres lieux y viennent trafiquer. C'estoit pour ce commerce que le Roy D. Juan vouloit faire bastir un fort sur la riviere de Zenega, mais Petro Vazes de Cuña qui commandoit les vingt caravelles, tua le pauvre Bemoi, & s'en retourna en Portugal sans rien faire, chassé par la peur qu'il eut de mourir dans ce climat qui luy parut fort mal sain.

IX. L'Ambassadeur du Roy de Congo suffisamment instruit de la Religion Chrestienne, partit de Lisbonne avec trois vaisseaux du Roy de Portugal; ils aborderent à Sono qui est du Congo, & furent bien reçus par un vieillard venerable nommé Manisono, qui estoit Seigneur du païs, & oncle du Roy; il souhaita d'estre baptisé, il fit dresser un autel au milieu d'une campagne, où il reçut le Baptesme en presence de vingt-cinq mille de ses sujets. Ruy de Sousa Capitaine des vaisseaux fut trouver le Roy qui demeuroit à Amballe Congo à 50. lieuës de Sono, qui le reçut assis dans une chaise d'ivoire, posée sur un throne magnifique à la mode du païs. Il avoit la moitié du corps nuë jusqu'à la ceinture, & l'autre estoit couverte d'un damas cramoisi: il portoit au bras gauche un bracelet de laiton, & une queuë de cheval luy pendoit sur les epaules, c'est la marque de la Royauté chez eux, pour laquelle ils ont le plus de respect. Sur la teste il avoit comme une mitre de toile de palme, d'un ouvrage si beau & si fin, qu'on l'auroit pris pour du velours. Il permit de bastir une Eglise, qu'on appelle Sainte Croix pour avoir esté commencée le jour de sainte Croix au mois de May. Ce Prince y fut baptisé avec sa femme devant plus de cent mille personnes, & fut nommé Jean, & la Reine Leonor en memoire du Roy & de la Reine de Portugal qui avoient les mesmes noms. 1490.

X. Le fils aisné du Roy, qui estoit alors à la guerre, se fit baptiser, & prit le nom d'Alfonse; mais Panso Aquitimo second fils de ce Roy Negre ne voulut jamais recevoir le Baptesme; & son pere mesme, dont le zele estoit beaucoup refroidy, depuis que les Prestres Portugais le voulurent forcer à n'avoir qu'une femme selon les loix du Christianisme, fit dessein de le quitter, de retourner à son idolatrie, & de faire Panso Aquitimo son successeur; cependant qu'Alfonse constant dans la Religion, fut contraint de se tenir caché jusqu'à la mort de son pere; car alors s'estant assuré contre les mauvais desseins de son frere, il entra dans le Palais, & y fut salué Roy. Aquitimo l'y vint investir; il n'avoit auprés de sa personne pour se defendre que trente-sept Chrestiens Portugais ou Negres, mais ayant déployé l'étendart de la Croix, il défit un nombre infini de gentils, prit Aquitimo, qui mourut dans son obstination. Un des principaux Negres en demandant le Baptesme, confessa que ce n'estoit point les trente-sept Chrestiens, mais une grande armée resplandissante conduite par une Croix, qui les avoit vaincus. Alfonse estant demeuré Roy paisible, fit bruler les idoles, & convertit par son exemple une grande partie de ses sujets. Il envoya en Portugal ses enfans pour étudier, avec ses petits-fils & ses neveux, deux desquels furent depuis dans ces païs-là deux tres-dignes Evesques : & en memoire du miracle de cette victoire, & aussi que la Religion Chrestienne commença à s'établir en son païs le jour de sainte Croix, il prit pour armes *una cruz de plata florida en campo rojo, y dos veneres de oro en cada punta con las quinas de Portugal.*

1493. XI. En l'année 1493. Christophe Colon arriva à Lisbonne, il avoit rapporté d'une Isle qu'il appelloit Sipango, des sauvages, de l'or, & diverses choses fort pretieuses; quelque temps auparavant il estoit venu offrir ses services à D. Juan de Portugal, qui ne pouvoit sans douleur se souvenir de l'avoir rebutté; le dépit d'avoir esté méprisé faisoit dire à Colon des paroles si libres, que plusieurs s'offrirent au Roy de le tuer autant pour le punir de son manquement de respect, que pour oster au Roy de Castille la connoissance des païs qu'il venoit de découvrir : mais le Roy excusant en Colon tout ce que la passion luy faisoit dire, le traita fort honnestement, & le renvoya avec force presens. Ce Colon estoit un Gennois, qui avoit appris en Portugal la navigation, & qui sur l'instruction des Portugais & sur ses seules imaginations proposoit d'aller découvrir l'isle Sipango, ce qui paroissoit un pur songe. Il fut favorablement écouté en Castille par les Rois Catholiques, & il venoit lors de faire cette découverte par leur ordre. D. Juan n'envioit point la bonne fortune des Castillans, mais il avoit peur, en voyant les hommes & les fruits que Colon avoit apportez, que cette terre ne fust de ses conquestes, & c'est ce qui l'obligea à preparer une armée, dont il fit General Dom Francisco Almeyda, pour empecher la navigation des Castillans : mais l'affaire fut mise en negotiation, & aprés plusieurs ambassades de part & d'autre sans rien conclure, l'accommodement se fit de la maniere que je l'ay marqué dans la vie des Rois Jean II. & Jean III.

XII. Aprés la mort du Prince Bemoi le Roy de Portugal ne perdit pas les esperances qu'il avoit conçuës d'entrer dans le Royaume de Senega : il continua d'y envoyer ses vaisseaux, de trafiquer de Negres, & d'entretenir l'amitié avec les Princes de ces païs-là. Pedro de Evora & Gonzaloanes furent de sa part trouver le Roy de Tucurol & celuy de Tumgubutu, il envoya Rodrigo Rebelo, Pedro Reynel, & Juan Colaço avec de grands presens vers le Prince de Mandimansa & vers celuy de Temala.

Il eut aussi correspondance avec le Roy de los Moses, Prince qui a esté fameux en son temps, & avec Mahamed Ben Mazugul petit-fils de Muza Roy de Songo, qui est une ville bien peuplée, du païs de Mandinga. Ce Prince aprés la connoissance qu'il eut du Roy de Portugal, avoua que pas-un des quatre cens quarante quatre Rois dont il descendoit, n'avoit ouï parler qu'il y eust au monde de Rois plus puissans que le Roy d'Eliemen, celuy de Baldac, celuy du Caire, & le Roy de Tucurol. Le Roy de Portugal avoit commerce de lettres avec tous ces Rois barbares, & à l'occasion du fort d'Arguin il avoit envoyé à la ville d'Huadem, qui en est à 70. lieuës vers l'Est, pour établir parmy les Maures, pas tant pour le trafic de l'or, que pour avoir une plus grande connoissance du Prestre-Jan, qui estoit sa plus forte passion : mais la mort arresta toutes ses belles entreprises. Il eut la gloire pendant son regne, d'avoir porté l'Evangile au fond de l'Afrique, d'avoir fait bastir le fort d'Arguin & celuy de S. George de la Mine au milieu de l'Ethiopie, & d'avoir mis sous la domination des Portugais la Guinée, qui est abondante en ivoire, en or, en sucre, en poivre, en malagueta ou maniquette, en cire & autres choses precieuses.

CHAPITRE IV.

Découvertes du Roy D. Manuel depuis l'année 1497. jusqu'en 1500.

1497. I. DOm Manuel pour continuer les glorieux desseins du Roy D. Juan de trouver le chemin des Indes Orientales, fit partir de Lisbonne le 8. Juillet 1497. trois vaisseaux
II. avec seulement 160. hommes de mer & de guerre, commandez par Vasco de Gama, qui aprés cinq mois de navigation arriverent à une baye qui s'appelle aujourd'huy Angra de santa Helena, où ils prirent un Negre qui amassoit du miel dans la montagne ; ils le ren-
III. voyerent avec des grains de verre & des grelots ou sonnettes : & quelques Portugais estant descendus pour aller voir les habitations de ces Negres, ils furent repoussez jusques dans leurs vaisseaux à coups de fleches, dont Vasco de Gama fut blessé à une jambe. Il leva l'ancre, & trois jours aprés, le 20. Novembre, il doubla le Cap de Bonne Esperance, & le

jour

AUX INDES ORIENTALES.

jour de sainte Catherine il mouilla six lieuës loin à une grande rade qu'on apelle Angra de San-Bras ; là ils troquerent par signes quelques rafraichissemens avec les Negres. Le jour de Noël les Portugais découvrirent une côte qu'ils nommerent par cette raison Natal. La riviere qui a son embouchure en cet endroit, Rio de los Reies, parce qu'elle fut trouvée le jour des Rois. Le General y mit à terre deux Portugais pour prendre langue, & l'informer à son retour de ce qu'ils y auroient vû. Il avoit embarqué sur son bord quelques criminels, pour les employer à ces découvertes. Aprés avoir traité de l'yvoire & des vivres avec le Roitelet de ce païs-là, qui eut la curiosité de voir sa flote, il s'avança jusqu'au cap de las Corrientes, & sans s'arrêter à Zofala, il passa cinq lieuës au delà, & entra dans l'embouchure d'une grande riviere, où il vit plusieurs petits bâtimens, dont les voiles étoient de toile de palmiers. Il remarqua avec plaisir, que les habitans de cette côte entendoient quelque chose à la navigation, qu'ils avoient le teint moins brulé, & qu'ils parloient la langue Arabique avec plus de pureté & de politesse que ceux qu'il avoit vûs jusques alors. La propreté de leurs habits de toile de coton, ou d'étoffes de soie de couleurs differentes, témoignoit qu'ils étoient plus civilisez. On luy assura qu'un peu plus avant à l'Est, il trouveroit des peuples plus blancs, & qui logeoient dans des maisons bâties à la maniere de celles de l'Europe. Vasco de Gama nomma cette riviere, Rio de bons Sinaïs, à cause des bonnes nouvelles qu'il y avoit reçuës. Quoique plusieurs de ses gens fussent morts du scorbuc, ou maladie de mer, cela ne l'empécha pas de continuer son voyage. Il trouva certaines petites isles, qu'on nomme aujourd'huy les isles de S. George, vis-à-vis du Mozambique, d'où sortoient des zambuques ou petits bâtimens que ceux du païs gouvernoient avec beaucoup d'adresse, au son de divers instrumens. Lors qu'il en fut plus proche, il remarqua qu'entre ces Indiens, les uns étoient blancs, & les autres étoient noirs, que leurs habits étoient de toile de coton de diverses couleurs, & qu'ils portoient sur la tête des bonnets à la Persiene. Ils demanderent aux Portugais avec beaucoup de resolution qui ils étoient, & ce qu'ils cherchoient. Vasco de Gama s'informa à son tour des particularitez du païs, ils luy répondirent que le Checq ou Souverain de ces quartiers se nommoit Zacoëja, & que tous ceux qui abordoient de ces côtes, étoient obligez de luy donner avis de leur arrivée. Vasco de Gama leur demanda un Pilote pour le mener à Calicut, & accompagna cette priere d'un present pour le Checq, dont la nouveauté plûtôt que la valeur luy fit obtenir ce qu'il souhaitoit.

IV. Un More qu'on avoit envoyé au Checq, pour l'informer de l'arrivée des Portuguais, revint peu de temps aprés avec plusieurs rafraichissemens, & des assurances que ce Prince leur accordoit ce qu'ils luy avoient demandé. Un accueil si favorable fit resoudre Gama à entrer dans le Port, mais un coup de vent le jetta un peu plus loin à quatorze degrez & demy de hauteur contre une isle assez unie, mais dont l'air paroissoit mal sain à cause des brouillards qui la couvroient. Les maisons n'étoient que de branches d'arbres entrelassées, à la reserve du Palais du Checq, & de la Mosquée, qui étoient couvertes de planches liées ensemble, & couvertes avec de la terre. Cette isle étoit occupée par des Mores qui s'y étoient venus établir, & servoit d'échelle à la ville de Quilloa bâtie vis-à-vis, & à la mine de Zofala qui étoit derriere, mais les Negres du païs possedoient la terre-ferme. Les Portugais trouvérent ce poste si commode, & si propre à leurs desseins, qu'ils resolurent de s'y établir, & dans la suite ils en ont fait une des meilleures places du monde ; c'est là que leurs flotes passent ordinairement l'hiver. Trois Abissins étant venus à bord du vaisseau de Gama, se prosternérent devant une Image de l'Ange Gabriel qu'ils y apperçurent : ces peuples avoient encore quelque tradition de l'Evangile ; ils étoient Mahometans, parce qu'étant sortis fort jeunes de leur patrie ; ils avoient embrassé les coutumes & la Religion du lieu où ils s'étoient établis. Ils visiterent Gama plusieurs fois avec assez de liberté, quoy qu'ils eussent peine à se faire entendre : mais étant entrez en quelque soupçon, il luy fut depuis impossible de les faire revenir. Les Portuguais firent de nouveaux presens au Checq, & par ce moyen obtinrent la permission de planter une Croix sur ses terres, & d'y bâtir une petite Chapelle sous l'invocation de S.George, où ils firent dire la Messe. Ces Mores ne garderent pas long-temps fidelité à Gama : ils tirerent quantité de fléches sur quelques gens de son équipage descendus pour faire du bois ; on leur répondit des vaisseaux à coup de mousquet & de canon. La flote sortit du Port l'onziéme de Mars avec un des Pilotes que le General avoit pris à son service, pendant qu'il étoit à bord de l'isle. Il moüilla une seconde fois à celle de S. George, où les Portugais vinrent aux mains avec les Mores, qu'ils obligérent de se retirer.

V. Le Pilote infidele, comme le sont tous les Afriquains, voulut faire échoüer la flote sur des bancs de sable qui sont entre ces isles ; mais sa mauvaise foi fut châtiée par des

IV. Partie. B

étrivieres, & depuis, ce lieu où il reçut ce châtiment fut nommé l'isle del Cap Açotad'o, qui veut dire, du foüeté. Cette correction ne le rendit pas plus sage, il voulut persuader à Gama d'entrer dans le Port de Quilloa, luy assurant qu'il y trouveroit des Chrétiens. Cependant il n'avoit d'autre dessein que de faire périr les Portugais en cet endroit : mais quelque peine qu'il prît, il luy fut impossible d'entrer, & il fut emporté par le courant de l'eau jusques à Monbaça. Cette ville est entourée d'une eau qui se divisant en deux branches, entoure ses murailles à droit & à gauche, & luy sert de fossez. Les maisons y sont aussi-bien bâties qu'en Espagne, & tous ses habitans sont Mahometans, sans aucun mélange de Chrétiens. Gama n'ayant pas trouvé plus de fidelité avec eux, qu'avec ceux qu'il venoit de quitter, abandonna cette rade sans entrer dans le Port ; deux autres luy aprirent qu'il trouveroit un peu plus loin le Port de Melinde, où l'on avoit coûtume de s'embarquer pour passer aux Indes.

VI. La ville de Melinde est bâtie dans une plaine, au pied d'une montagne fort escarpée : elle est entourée de jardins, de vergers, & de bois de palmiers. Les paturages y sont fort bons, & les fruits d'un goût exquis. Les habitans y sont bien faits, agréables, quoique bazanez, & font paroître dans leurs actions beaucoup d'adresse & de disposition. Les femmes peuvent passer pour belles : elles se couvrent de la ceinture en-bas avec des étofes de soie, ou des toiles de coton, & lient leurs cheveux avec un ruban large qui leur ceint la tête, & à l'extrémité duquel pend une frange d'or. La plûpart des Marchands qui y trafiquent sont Guzarates, ils en raportent de l'or, de l'yvoire, de l'ambre & de la cire, en échange de diverses drogues de leur païs. Le Roy de Melinde vint voir Gama sur son bord, & reçut agréablement le present que le Portugais luy fit de trois Mores qu'il avoit pris en mer. Une alliance étroite entre les deux nations y fut traitée, & concluë quinze jours après Pâques. Gama fut aussi visité par quelques Banians Marchands de Cambaie, qui ayant vû son vaisseau une image de la Vierge, luy rendirent tant d'honneur, qu'il étoit facile de juger qu'en leur païs ils avoient conservé quelque chose des instructions de S. Thomas Apôtre des Indes. Gama prit à Melinde un Pilote Guzarate nommé Malemo Cana, qui luy fit voir une Carte Marine de toutes les côtes des Indes, dans laquelle les Meridiens & les Paralelles étant representez par des lignes droites, & divisant toute la Carte en petits quarrez, le gissement des côtes en étoit fort exactement representé.

VII. Ce vaste païs que les Persans nomment l'Indoustan, est entre deux grands fleuves; l'Inde dont il a pris le nom, le borne à l'Occident, & le Gange à l'Orient. L'Océan luy sert de limites au Midy, de maniere que ce Royaume a quatre côtez presque égaux, sans que les angles soient droits. Sa plus grande étenduë est du Nord au Sud. La pointe qui regarde le Midy, forme le Cap de Comorin. Les sources de ces deux grands fleuves sont à l'autre extremité ; les Indiens tiennent qu'ils viennent tous deux d'une même source, & c'est de cette opinion qu'est venu la fable des deux freres que Barros a rapportée dans son livre de Geographie ; elles naissent sous le mont Imaüs, que ceux du païs nomment Dalanguer ou Nigracot, ainsi l'Océan d'un côté & ces deux grands fleuves des deux autres renferment tout l'Indoustan, & en font une presque isle. Depuis le mont Imaüs jusqu'au cap de Comorin on peut conter quatre cens lieuës en droite ligne. Les deux autres angles qui vont de l'Est à l'Oüest, sont éloignez de trois cens lieuës l'un de l'autre, & vont aboutir à l'embouchure de ces deux grandes rivieres, qui en reçoivent plusieurs autres dans leur lit. Les deux côtez qui suivent le cours de ces fleuves, sont presque égaux à celuy qui regne le long de l'Océan, & va finir au Cap de Comorin. Quoique les Indes soient habitées le plus ordinairement par des Idolâtres, ou par des Mahometans, il ne laisse pas d'y avoir des coûtumes & des Religions differentes dans les divers Royaumes qui les composent, dont les principaux sont ceux de Moltan, de Deli, de Cospetir, d'Orixa, de Mandao, de Citor, de Guzarate, qu'on nomme communément Cambaie, & une partie de celuy de Bengala. Le Royaume de Decan, qui est aussi dans les Indes, est divisé en plusieurs Souverainetez, dans lesquelles est enclavé le Royaume de Palé. Le Royaume de Bisnagar, dont la Province de Malabar fait partie, contient aussi plusieurs Provinces qui ont chacune leur Prince particulier indépendant, ou soumis aux Rois qui possedent les Etats dont je viens de parler. Toutes ces nations sont belliqueuses, & toutes ces Indes n'auroient qu'un Maître, si ces divers Royaumes n'étoient separez les uns des autres par de grandes rivieres, d'affreuses montagnes, de profonds marais, d'épaisses forests, de vastes deserts qui leur servent de barriere, & arrêtent les desseins ambitieux de ces Souverains. La principale borne de ces Royaumes est une chaine de montagnes que ceux du païs nomment Gatte. Elle s'étend l'espace de vingt lieuës du Nord au Sud le long de la mer, dans une distance neanmoins qui laisse entre la côte & l'Océan une plaine agreable, coupée en quelques endroits

AUX INDES ORIENTALES.

par de petites isles que la mer forme en entrant dans les terres. Depuis l'embouchure de la rivière de Carnate proche du Cap, ou de la montagne de Deli, redoutable aux voyageurs, à la hauteur de douze degrez & demy au Nord, on voit une autre plaine entre cette montagne, & la mer, qui a 80. lieuës de longueur, six de largeur, quelquefois moins, & en d'autres endroits dix, & même davantage, suivant que la montagne s'aproche, ou se recule de la mer. C'est dans cette plaine qu'est la Province de Malabar, & ou est bâtie la ville de Calicut. Elle étoit autrefois habitée par des idolâtres, & ses Ports frequentez par des Marchands Mahometans. Ses Princes ont toûjours été de la famille des Bramines, devots & sçavans à leur mode, & grands observateurs des preceptes de Pithagore. Tous les habitans sont divisez en deux Classes ou Etats en Paleas qui sont les artisans, & les nobles qui s'appellent Naires, Ces derniers se servent avec beaucoup d'adresse de l'épée & du bouclier, qui sont leurs seules armes. Ils sont si fiers, qu'ils se croyent polluez, quand ils ont été touchez seulement en passant par quelque personne du peuple, & se lavent incontinent pour se purifier. Le plus puissant de tous ces Rois est celuy de Calicut, aussi le nomme-t'on Zamorin, qui veut dire Empereur. On voit dans la ville capitale qui a donné le nom au Royaume, des bâtimens assez magnifiques, qui ont été embellis par ceux du païs : mais les Marchands qui y frequentent, se mettent peu en peine de la propreté de leurs logemens. Il y manque un Port, pour y mettre à l'abry les vaisseaux qui sont contraints de demeurer à l'anchre dans le Golfe.

VIII. Gama moüilla à Calicut le 20. de Mars, auquel temps l'hiver commence en ce païs-là. Il fit donner avis de son arrivée au Zamorin, qui n'étoit pas dans sa capitale ; ce Prince luy envoya un Pilote pour mettre ses vaisseaux en seureté. Le General des Portugais fit connoissance avec un More nommé Monzaïde, qui s'étoit établi depuis peu à Calicut, & qui parloit passablement la langue Castillane qu'il avoit apprise à Oran. Ce More luy fut d'un grand secours, pour traiter avec le Zamorin & ses Ministres. On peut même dire que les Portugais luy eurent toute l'obligation de l'établissement qu'ils firent dans le Royaume de Calicut, & du progrés de la Religion Chrétienne parmi ces Infidéles. Gama mit pied à terre le troisième jour de son arrivée, pour aller saluer le Roy qui desiroit de le voir. Gama & l'Envoyé du Roy firent le voyage dans des Palanquins que deux hommes portoient sur leurs épaules, mais avec tant d'adresse que les vaisseaux en sentoit le mouvement. Ils arrivèrent ensemble à une Pagode, qui égaloit en grandeur les plus considerables Monasteres de l'Europe, & il y avoit cinq cloches au clocher. On avoit élevé devant le Portail une colonne de bronze, sur laquelle étoit posé un coq de même métal. Les Portugais furent reçus à la porte par quatre Bramines tous nuds, à la reserve d'une pagne de toile de coton liée autour de la ceinture qui leur descendoit jusqu'au genoüil : ils portoient aussi chacun trois fils en bandoüillere, ce qui étoit la marque de leur caractère de Bramines. Ils presentèrent aux Portugais de l'eau au bout d'un aspergés, & de la poudre de Sandal pour en mettre sur le front, & cela avec de profondes reverences, à peu prés comme on donne de l'eau benite dans nos Eglises. Les murailles étoient ornées de peintures, qui ne representoient que des figures monstrueuses. Gama aprés cette ceremonie entra dans une Chapelle ronde & bien bâtie, où il vit dans une niche une statuë de femme qu'il ne put distinguer, parce que le lieu étoit fort obscur. Les Portugais ayant demandé ce qu'elle representoit, les Malabares s'écriérent tous à la fois avec un bruit respectueux, Maria, Maria, Maria, & se prosternerent en même temps le visage contre terre. Les Portugais en firent de même, s'étant imaginez, comme il étoit vray, que c'étoit une representation de la Sainte Vierge : ils n'ignorèrent pas que ces peuples avoient retenu cette marque de nôtre Religion, depuis le temps qu'elle leur avoit été prêchée par S. Thomas Apôtre. Les Portugais aprés être sortis de la Pagode au travers d'une foule incroyable de peuple, que la curiosité de les voir y avoit attiré, se mirent en chemin ; ils firent cinq lieuës, & arrivèrent à la maison du Zamorin, ils le trouvèrent couché sur un lit, dont les rideaux étoient d'une riche étoffe d'or & de soie. Il étoit vêtu d'une toile de coton blanche, semée de feüillages & de roses d'or. Il portoit sur sa tête une mitre brodée de de perles. Il avoit autour de ses bras & de ses jambes qu'il avoit nuës, des bracelets d'or enrichis de pierreries. On voyoit auprés de luy une personne de bonne mine, qui tenoit un plat d'or rempli de feüilles de Betle. Son principal Bramine qui étoit au chevet de son lit, & que sa longue chevelure blanche rendoit venerable, s'avança, & ayant pris Gama par la main, le presenta à l'Empereur, qui luy témoigna qu'il étoit bien aise de le voir, mais il se donna si peu de mouvement pour le saluër, qu'à peine luy vit-on lever la tête du chevet. Il marqua néanmoins au Bramine, par un signe, qu'il pouvoit faire asseoir cet Etranger sur les degrez de l'estrade de son lit. Il écouta avec attention la harangue de Gama, il y répondit en peu de mots, & reçut la Lettre du Roy D. Manuel, qui étoit écrite en Espagnol d'un côté, & en Arabe de l'autre. Il la garda pour la communiquer à ses Ministres, & resoudre avec eux ce qu'il jugeroit le plus convenable au bien de son Etat. Cette Lettre ne marquoit autre chose que le desir qu'avoit le Roy de Portugal, d'entretenir une bonne correspondance avec le Zamorin, & établir le commerce entre les deux Nations. Gama fut logé dans le Palais d'un Catual, & le lendemain il fit des presens aux principaux Ministres de cette Cour, pour se les rendre favorables; mais comme ils n'étoient pas aussi magnifiques qu'ils l'avoient prétendu, ce General ne fut pas si bien reçû à la seconde Audience qu'à la premiere, quoique le Zamorin ne luy parût pas moins bien disposé, & même plus ouvert qu'à la premiere.

IX. Les Marchands Afriquains qui trafiquoient dans ce Royaume, craignant que ces nouveaux venus ne fissent tort à leur commerce, tâcherent les décrediter auprés du Zamorin, en luy persuadant que Gama étoit plûtôt un banni, ou un Capitaine de Corsaires, qu'un Ambassadeur, & luy representerent que s'il avoit été envoyé par un aussi grand Prince, qu'il vouloit le faire accroire, il auroit apporté des presens plus considerables. Le Zamorin pour s'éclaircir de la verité, voulut luy-même interroger Gama : il luy proposa ses doutes, & luy offrit un asile dans sa Cour, si quelque mauvaise affaire l'avoit obligé d'abandonner sa patrie. Gama parla au Zamorin avec tant d'assurance, qu'il le persuada de sa sincerité. Il luy fit ensuite entendre qu'il n'y avoit nulle apparence qu'il eût voulu s'exposer à des perils sans nombre, pour chercher une retraite si éloignée de son païs; que d'ailleurs il ne luy demandoit que la libre entrée dans ses Ports pour les vaisseaux de sa Nation. Il luy conta le soin qu'avoit pris le Roy son Maître, & deux des ses predecesseurs, de découvrir des terres inconnuës, montrant que le peu de certitude de pouvoir arriver auprés de ce Prince, étoit la seule cause qui l'avoit empêché d'apporter des presens proportionnés à la grandeur du Roy son Maître & de celuy à qui il étoit envoyé : mais que s'il luy permettoit de revenir, il repareroit cette faute avec usure : enfin il sçut si bien parler, qu'il desabusa entierement le Zamorin, & en obtint tout ce qu'il souhaitoit.

X. Gama aprés avoir pris congé du Zamorin, se preparoit à regagner son vaisseau, lors qu'il se vit arrêté, sans en pouvoir apprendre la cause. Tout ce qu'il put obtenir par l'intercession de Monzaïde, fut qu'on le laisseroit aller, & qu'on retiendroit sept personnes de sa suite. Gama ne fut pas plûtôt de retour sur son bord, qu'il employa toute son adresse pour faire relâcher ses gens, mais n'en pouvant venir à bout par la douceur, il eut recours à la force. Il fit la chasse à quelques barques de pescheurs, & s'étant fait amener une vingtaine de ces miserables, il obligea par cette represaille le Zamorin à luy renvoyer ses Portuguais, avec la réponse à la Lettre du Roy de Portugal, & de grandes excuses de l'insulte qu'on luy avoit fait. Gama aprés avoir reçû cette satisfaction se remit à la voile avec Monzaïde qui voulut l'accompagner, & avec quelqu'un de ces pescheurs qu'il avoit gardez pour les faire voir au Roy son Maître.

XI. Gama n'étoit pas fort éloigné du Port de Calicut, quand il se vit encore suivy par environ soixante fustes qu'on avoit envoyé aprés luy, mais ayant fait descharger sur ces fustes une bordée de toute son artillerie, il l'obligea de se retirer. Aprés qu'il l'eut perduë de vuë, il continua sa route rasant la terre. Il moüilla aprés proche certaines petites isles entre Bacanor & Balicala, où il fit élever une colonne avec une inscription, portant qu'il les dédioit à Sainte Marie, de quoy ceux du païs témoignerent une grande satisfaction. Ce monument fut le septiéme & le dernier qu'il laissa dans ces païs nouvellement découverts. Dans la riviere de las buenas Señnales, il en avoit fait ériger un, qui portoit le nom de Saint Raphaël, un autre au Mozambique, consacré à Saint George, un troisiéme à Melinde, où étoit gravé le nom de Saint Estienne, comme à Calicut, celuy de Saint Gabriel. Pendant que Gama faisoit travailler à ce dernier monument, il découvrit une barque de pescheurs de Calicut, qu'il obligea de venir à son bord. Il écrivit par cette voye au Zamorin, se servant pour cet effet de la main de Monzaïde, qui sçavoit la langue du païs. Il s'excusa par cette Lettre envers ce Prince, de ce qu'il emmenoit avec luy quelques-uns de ses sujets, l'assûrant que c'étoit moins pour se vanger du mauvais traitement fait à ses Portuguais, que pour donner au Roy son Maître le plaisir d'apprendre de leur bouche les particularitez de leur païs, & afin qu'à leur retour ils pussent aussi faire à S. M. Z. un fidele rapport de ce qu'ils auroient vû en Espagne. Gama découvrit dans ce voyage douze cens lieuës de païs en droite ligne, depuis la rivière de l'Infante, où Barthelemy Deaz avoit abordé jusqu'au Port de Calicut. Gama trouva encore peu de temps aprés avoir renvoyé ces Pescheurs, l'isle que les Canariens appellent Anche diva, peu éloignée du continent, petite à la verité, mais toute couverte d'arbres. L'air en est mal sain, les eaux bonnes, & la mer qui l'environne fort poissonneuse. Anchediva, ou Angediva, selon d'autres, contient cinq isles, & est presentement le lieu le plus frequenté de toutes les Indes. Gama y donnoit carene, y faisoit de l'eau, & y prenoit quelque rafraichissement, lors qu'il se vit attaqué par un Corsaire avec huit petits bâtimens à rame, qui étoient tellement serrez & couverts de branches d'arbres, que de loin on eût dit que c'étoit une petite isle. Gama y fut trompé, & il ne les reconnut que lorsque le Corsaire fut sur luy; il écarta néanmoins bien-tôt cette petite flote, prit un de ces brigantins, & donna la chasse aux sept autres. Ce Pirate nommé Timoja, suivit peu de temps après la fortune des Portugais, comme nous le dirons en leur lieu. Ce peril fut beaucoup moindre que celuy que fit courir à Gama, Sabayo Turc de nation, alors Souverain de Goa, mais qui fut depuis dépoüillé par le Roy d'Idalcam. Sabayo se servit d'un Juif d'Alexandrie, pour faire donner les Portugais dans le piége qu'il luy avoit tendu. Ce traître s'avança sur une langue de terre, & leur fit signe d'aprocher, avec une Croix, pour leur persuader qu'il étoit Chrétien. Gama envoya sa chaloupe pour le prendre: mais étant entré en quelque soupçon de luy, il luy fit donner la question, & apprit les desseins de Sabayo. Ce Juif se repentant d'avoir servy d'instrument à cette trahison, demanda le Baptême, & fut nommé Gaspar: il prit ensuite le surnom de Gama qui avoit été son parrain. Gama traversa le Golfe, & arriva à Melinde, & dans ce trajet perdit quelques personnes de son équipage. Il jetta l'anchre à la vûë de la ville de Madaxo, située sur une côte escarpée, mais agréable à la vûë. Il y fut d'abord attaqué par huit zambuques bien armées, mais il les fit retirer à coups de canon. Il ne laissa pas d'entrer dans le Port de Melinde, & fut bien reçû du Roy. Après qu'il se fut remis à la voile, le vaisseau Saint Raphael échoüa sur un banc de sable, & donna son nom à ces basses: l'équipage se sauva sur les deux autres navires, qu'un orage separa à la hauteur du Cap verd. Nicolas Coëlho arriva à Lisbonne, croyant que son General avoit pris le devant, mais il se trompoit, car Vasco de Gama s'étoit arrêté à la Tercere, pour y faire donner la sepulture à Pol de Gama son frere, mort de maladie sur son bord. Ce General gagna bien-tôt après l'embouchure du Tage, après avoir demeuré deux ans & deux mois à son voyage. Il s'étoit embarqué avec cent soixante personnes, dont il n'en ramena que cinquante-cinq. Le Roy recompensa tous ces illustres Navigateurs, Gama par le Dom qu'il luy permit de mettre devant son nom, & par un des Ecussons de Portugal qu'il ajoûta à ses Armes: il le fit Amiral de ses mers de Levant, avec trois mille ducats d'apointement, & Comte de Vidigueira. Il fit Coëlho Chevalier, & luy accorda une pension de cent écus: il donna aussi le titre de Chevalier au Pilote Fernandez Martinez, tant pour luy que pour son fils aîné.

XII. L'Infant D. Henrique principal auteur de ces découvertes, avoit fondé un hermitage sur les bords du Tage à une lieuë de Lisbone, sous le nom de Nôtre Dame de Belem, & comme il étoit grand Maître de l'Ordre de Christ, il y avoit établi des Religieux de cet Ordre, avec un revenu suffisant, & les avoit chargé d'administrer les Sacremens aux Matelots. Le Roy D. Manüel à son exemple, incité par l'heureux succez du voyage de Gama, fit bâtir en ce même endroit une Eglise magnifique, avec un Couvent beaucoup plus spacieux, sans néanmoins en changer le nom, & pour conserver la memoire du premier Fondateur, il fit mettre sa statuë en marbre sur le portail. Il y fit aussi mettre la sienne, & celle de la Reine son épouse, mais dans un lieu moins exposé à la vûë. Il consacra l'Eglise à Saint Jerôme, & la fit desservir par des Hieronymites. Il eut aussi la precaution de faire construire au bord de la mer la tour de Saint Vincent pour defendre l'entrée de la riviere, & garantir ces Religieux de l'insulte des Corsaires.

CHAPITRE V.
Découverte du Roy D. Manüel, depuis 1500. jusqu'en 1502.

I. DOM Manuel resolu de continuer la découverte de ces païs, d'où Gama luy avoit apporté tant de choses curieuses, fit équiper une nouvelle flote composée de treize vaisseaux de differentes grandeurs. Il remit le 8. de May entre les mains de Pedro Alvarez Cabral l'étendard de la Croix, luy donna le commandement de cette flote. La flote étoit montée de douze cens hommes de mer, ou de guerre.

1500.

II. Ces Portugais après avoir essuié plusieurs dangers, découvrirent à la hauteur de dix degrez du Sud, des hommes de couleur pâle, avec des cheveux droits, & le visage plat. Ils voulurent sçavoir davantage de particularitez du païs: mais ces sauvages prirent la fuite, & quand ils furent un peu éloignez ils s'assemblerent en un peloton sur une eminence. Quelques Portugais s'étant avancez vers eux, leur parlerent en diverses langues, & leur firent divers signes sans en pouvoir tirer aucune réponse. Ils se rembarquerent, & continuerent leur route, & aborderent le samedy Saint à un Port qu'ils nommerent Seguro, parce qu'ils y furent à l'abri de tous les vents. Les gens de ce païs-là parurent si sociables, que les Portugais ne firent aucune difficulté de debarquer, & de descendre à terre. Ils dresserent au pied d'un arbre un Autel, sur lequel on dît la Messe; ces peuples y assisterent avec beaucoup de respect &

de modestie. Cabral dépêcha incontinent au Roy, pour luy donner avis de ces heureux succez, & donna à ce païs le nom de Sainte Croix, qu'il fit arborer au plus haut d'un arbre. Il y laissa deux Portugais pour recognoître le païs. Il sçût dans la suite que c'étoit le Bresil. Cabral s'étant remis à la voile, observa la nuit du 12. de May une Comete, dont la longue queuë s'étendoit vers le Cap de Bonne Esperance; mais deux jours après on ne la vit plus. On crut que ce meteore avoit été le presage d'une tempeste qui le suivit dans vingt jours, & fit perir quatre vaisseaux. Cabral entra le 16. de Juillet dans la bare de Zofala avec les six Navires qui luy restoient de toute sa flote. Il y donna la chasse à deux vaisseaux, dont l'un luy échapa en échoüant à terre, & l'autre pris : ils étoient remplis de Mores commandez par Checq Foteima, qui venoit des mines de Zofala. Cabral le traita fort honnêtement, luy fit rendre tout ce qu'on luy avoit pris, & le regala le mieux qu'il luy fut possible, parce qu'il étoit oncle du Roy de Melinde, pour qui les Portugais étoient obligez d'avoir de la consideration, à cause des bons traitemens que Vasco de Gama en avoit reçûs.

III. Cabral en rangeant la côte, alla moüiller à Quilloa ville ancienne, sur le bord de la mer. Elle étoit alors possedée par un Prince Mahometan fort aimé de ses peuples, & puissant à cause du commerce de Zofala, qui le faisoit beaucoup considerer de ces peuples. Le General des Portugais luy envoya dire qu'il avoit des choses importantes à luy communiquer de la part du Roy son Maître. Abraham (c'étoit le nom du Roy de Quilloa) fit réponse qu'il étoit prest à donner audience à Cabral, s'il vouloit mettre pied à terre. Ce General repliqua qu'il ne quittoit jamais son bord que pour combattre ceux qui refusoient l'amitié des Portugais, neanmoins qu'en consideration d'un si grand Prince, il vouloit bien faire la moitié du chemin, & qu'il iroit au devant de luy dans sa chaloupe. Cette réponse fiere surprit ce Roy barbare, qui ne laissa pas d'accepter le parti. On vit en même temps sortir du Port plusieurs chaloupes ou zambuques avec divers pavillons également riches, au son de plusieurs instrumens, & s'avancer vers la flote. Cabral ayant fait l'autre moitié du chemin, proposa au Roy un traité de Commerce, luy demandant en même temps la permission de faire prêcher l'Evangile dans ses Etats. Ce Prince témoigna recevoir agreablement cette proposition, quoy qu'il eût des sentimens fort opposez à ceux qu'il faisoit paroître, n'ayant l'esprit occupé pendant cette entrevûë, qu'à s'éclaircir des forces de la flote Portugaise. Après quelques complimens, les deux Chefs se separerent fort satisfaits l'un de l'autre en apparence. Le 2. Aoust, Cabral aborda à Melinde, où il fut reçû suivant l'alliance contractée avec Vasco de Gama, & encore mieux à cause du bon traitement fait à Fateima. Il y eut des visites & des presens reciproques : celuy des Portugais fut precedé de plusieurs trompetes, ce qui n'avoit pas été pratiqué par les autres Generaux. Il fut presenté par le Facteur Ayrez Correa, qui se rendit si agreable au Roy de Melinde, que pour avoir la liberté de le retenir auprès de luy toute la nuit, il envoya à Cabral l'anneau qui luy servoit de Sceau, ne luy pouvant donner un ôtage plus seur selon les manieres du païs. Le Roy après avoir fait plusieurs questions à Correa, qui le satisfit par ses réponses, luy apprit qu'il avoit eu une grande guerre avec le Roy de Mombaça, pour avoir fait alliance avec ceux de sa nation, luy protestant en même temps que les traverses qu'il avoit essuyées, n'avoient fait que fortifier & augmenter son amitié, pour les Portugais. Peu de jours après Cabral sortit de ce Port avec deux Pilotes Guzarates, laissant dans la ville Juan Machado, & Louis Moura, avec ordre de chercher le chemin pour penetrer dans le Royaume des Abyssins, qui étoit le principal but de cet armement.

IV. Cabral alla moüiller à Machedina la veille de la Saint Barthelemy, il y espalma ses vaisseaux, fit de l'eau, & traita plusieurs marchandises par signes avec les habitans. Il se rendit ensuite à Calicut le 15. de Septembre. Les peuples de ce Royaume furent surpris & réjoüis tous ensemble de voir les Portugais si-tôt de retour, ayant encore la memoire fraîche de leur premier voyage. Cabral fit saluer la ville par une décharge de toute son artillerie : les Mores qui se trouvoient sur la greve, furent si épouvantez de ce bruit, qu'ils prirent la fuite. Correa alla donner avis au Zamorin de l'arrivée des Portugais, & ménagea une entrevûë de ce Prince avec le General, après avoir negocié des seuretez reciproques. On donna pour l'assurance de la personne de Cabral, & de ceux de sa suite, six des principaux Ministres du Zamorin de la famille des Bramenes, entre lesquels étoit le Coutual, qui avoit tant fait de peine à Gama. Correa avoir ordre de demander ces mêmes personnes pour ôtages, suivant les memoires qu'en avoient donné à Lisbonne Monzaïde & les Esclaves que Gama avoit emmenez avec luy en Portugal, & que son successeur ramenoit alors, tant pour executer ce qui avoit été promis au Zamorin, que pour donner moyen à ce Prince de s'instruire par leur bouche, de ce qu'ils avoient vû à la Cour de D. Manuel.

V. Les Portugais qui mirent pied à terre se firent admirer par leur bonne mine, & par la richesse de leurs habits. Le Zamorin les reçût sur un trône d'or enrichi de pierreries. Il s'avança quelques pas au devant de Cabral qui luy presenta la Lettre du Roy son Maître &

AUX INDES ORIENTALES.

langue Arabe. Elle ne contenoit comme la precedente, que la proposition d'une alliance entre les deux nations, & d'un traité de Commerce. Quoique le Zamorin craignît les suites de cet engagement, il ne laissa pas d'accorder ce qu'on luy demandoit, & de faire donner aux Portugais une maison pour leur servir de magazin. Correa en prit incontinent possession, y mit soixante hommes entendus au trafic. Les Marchands de la Meque n'oublierent rien pour empêcher qu'on ne delivrât aux Portugais des marchandises pour charger leurs vaisseaux, regardant cet établissement comme la ruine de leur commerce. Cabral en fit des plaintes au Zamorin.

VI. Ce n'étoit pas néanmoins par les artifices de ces Marchands qu'avoit été le plus retardée la cargaison des vaisseaux Portugais, la mes-intelligence des deux Intendans du Commerce, l'un de mer, & l'autre de celuy de terre, y eut la plus grande part. Cogia Cemeceri eut quelque jalousie, de ce qu'il avoit traité plus confidemment avec son collegue, qu'avec luy. Pour s'en vanger, il s'avisa d'une malice qui n'eut pas tout l'effet qu'il s'en étoit promis. Il avoit eu avis qu'il étoit parti de Cochim, qui est une ville à vingt lieuës de Calicut, un vaisseau de Ceylam chargé d'Elefans pour Cambaie. Comme il faloit de necessité que ce navire passât à la vûë de la flote Portugaise, il dit à Correa que le Zamorin souhaitoit d'avoir un de ces Elefans, mais que le Capitaine du vaisseau de Ceylam avoit refusé de luy donner cette satisfaction, & que si Cabral pouvoit se rendre maître de ce vaisseau, il feroit fort bien sa cour au Roy son Maître, & faciliteroit par ce service son expedition, outre qu'il profiteroit de quantité d'épiceries, dont ce navire étoit chargé pour le conte des Marchands de la Meque. Cogia Cemeceri avoit deux vûës en donnant ce conseil; l'une de faire recevoir un notable échec à la flote Portugaise, en l'engageant au combat contre un vaisseau bien armé, & du port de six cens tonneaux; l'autre de rendre par cette hostilité le Roy de Cochim ennemi de cette nation. Pour mieux faire réussir un si mauvais dessein, il fit donner avis sous main aux Ceylanois qu'ils devoient être attaquez, afin qu'ils se renforçassent de monde & d'artillerie. Cabral donna la commission à Pedro Deltayde, d'attaquer ce vaisseau avec le S. Pierre qu'il montoit. D'abord les Ceylanois ne voyant venir à eux qu'un seul navire, en firent peu de cas, & continuerent leur route, mais quand ils sentirent l'effet de l'artillerie Portugaise, ils se repentirent de leur erreur. Cependant comme ils étoient trop proches pour éviter le combat, ils presenterent le bord, tirerent quelques petites pieces d'artillerie & voyant que c'étoit avec peu de succés, ils firent pleuvoir une grêle de fléches sur les Portugais. Les forces étant trop inégales aprés la premiere décharge, ils prirent la chasse, & furent poursuivis par Atayde jusqu'à la rade de Cananor, qui se rendit maître du vaisseau à la vûë de ceux du païs, qui se disposoient à le secourir. Le Zamorin apprit cette victoire avec étonnement, parce que le vaisseau Ceylanois étoit six fois plus grand que le Portugais; & connut par cette experience avec quelque chagrin la puissance de ceux qu'il avoit introduit dans ses Etats. A l'égard de Cemeceri, il n'eut que de la confusion de voir son dessein avorté. Outre le mauvais succez du combat des Ceylanois, il eut encore le déplaisir d'apprendre que la gloire que les Portugais avoient acquise en cette occasion, avoit facilité leur alliance avec le Roy de Cochim, à qui Cabral renvoya le vaisseau qu'il avoit pris, aprés avoir dedommagé ceux à qui il appartenoit, aussi-tôt qu'il avoit eu connoissance de l'artifice de Cemeceri.

VII. Les Portugais ne furent pas toûjours si heureux à se deffendre des piéges qu'on leur tendoit. Il y avoit déja trois mois que leur flote étoit dans le Port de Calicut, sans qu'il leur eût été possible de faire charger plus de deux vaisseaux d'épiceries. Correa à qui l'on avoit fait dire sous main, que ce retardement venoit de ce qu'on en vouloit auparavant pourvoir & charger les vaisseaux marchands de la Meque, & qu'ils en faisoient charger la nuit deux navires, s'en plaignit au Zamorin. Ce Prince artificieux luy répondit que les Portugais pouvoient attaquer ces deux vaisseaux, & en enlever les marchandises qui seroient de bonne prise. Il n'en falut pas davantage, les Portugais entrerent dans un de ces bâtimens, mais ils n'y trouverent que des provisions qu'on apportoit à la ville, ce que le Zamorin sçavoit bien, leur ayant fait exprés donner ce faux avis pour les porter à cette violence. Ils payerent cher leur credulité, le peuple s'imaginant qu'ils vouloient l'affamer, puis qu'ils enlevoient les vivres destinez pour leur subsistance, se souleva; il se mit en divers troupes à la queuë de Correa & de ses compagnons, faisant main basse sur tous ceux qu'il rencontreroit. Il y en eut jusqu'à quarante de tuez dans cette sedition. Cinq Religieux de Saint François qui étoient alors dans la ville se sauverent au travers d'une grêle de fléches, & entr'autres le Pere Enrique Gardien du Convent, qui avoit été le premier à prêcher l'Evangile dans ce Royaume. Cabral ne laissa pas cette cruauté impunie, mais comme il faloit prendre son temps pour se mieux vanger, il dissimula pendant quelques jours son ressentiment. Lorsque ces infidéles ne pensoient plus à ce qui s'étoit passé, s'imaginant que Cabral l'avoit oublié de même, il fit mettre le feu à quinze grands vaisseaux qui étoient dans ce Port, & pendant que la mer paroissoit tout en feu, il fit canonner la ville sans discontinuer pendant deux jours. Son artillerie fit tant d'effet, qu'il y eut plus de cinq cens personnes tuées dans les ruës.

VIII. Cabral s'étant remis à la voile, courut cinquante lieuës, qu'il y a de Calicut à Cochim, ville capitale du Royaume qui porte le même nom. Aprés avoir mis le feu à deux navires marchands de Calicut, chargez de vivres, que pour leur malheur il trouva sur sa route à la vûë de Cianganor, il envoya donner avis de son arrivée au Roy de Cochim, qui demeuroit hors de la ville, par un Bramine, qui ayant depuis peu reçû le Batême, avoit été nommé Michel. C'étoit un de ces Religieux de Malabar, qui pour faire pénitence, vont par païs tous nuds, & chargez de chaines. On les nomme Jogues, quand ils sont Gentils, & Calenders quands ils font profession de la Religion Mahometane. Le Roy de Cochim reçût fort bien le compliment de Cabral, & permit aux Portugais de charger des épiceries. Ils tarderent quelque temps à achever leur charge, mais ils le firent sans aucun trouble. Ils trouverent à Cranganor des Chrétiens de S. Thomas, qui sont instruits par des Evêques Armeniens. Cabral mena en Portugal deux de ces Chrétiens schismatiques qui étoient freres, Mathias qui y mourut, & Josef qui passa en Italie, de là à Jerusalem, & ensuite en Armenie pour saluer le Patriarche. Le Zamorin s'attira la haine de tous les Princes de Malabar, par la trahison qu'il avoit faite aux Portugais. Les Rois de Cochim & de Cananor jaloux des immenses richesses qu'il avoit acquises par le trafic d'épiceries qu'il avoit entretenu avec les Mores, dans l'espoir d'en établir un pareil avec les Portugais, retenoient autant qu'ils pouvoient la flote de Cabral dans leurs Ports. Les Gouverneurs de Coulan, Royaume voisin de celuy de Cochim au Sud, envoyerent des personnes de creance au General, pour le solliciter de les venir visiter. Il reçût civilement ces Envoyez, mais il n'accepta pas leurs offres, parce que ses vaisseaux avoient déja leur charge. Cependant afin que son successeur trouvât la sienne toute prête quand il reviendroit, il laissa à Cochim un Facteur, un Ecrivain, un Interprete, & quelqu'autres personnes.

IX. Cabral avoit mandé au Roy de Cananor, qu'il viendroit charger du gingembre dans ses Ports, ce qui l'obligea d'y passer pour s'acquitter de sa promesse, & de peur qu'on ne crût qu'il n'auroit osé passer à la vûë de Calicut. Ce Roy luy fit mille caresses, & le pria de recevoir sur son bord un Ambassadeur qu'il avoit dessein d'envoyer à D. Manuel. Ce Ministre y ayant passé, en trouva deux autres du Roy de Cochim, chargez par leur Maître d'offrir de sa part de riches presens au Roy de Portugal, avec une Lettre par laquelle il luy demandoit son amitié, & la continuation du commerce. Le 13. de Janvier Cabral se remit à la voile, pour retourner à Lisbone. Il fut battu d'une furieuse tempête vers la côte de Melinde, & perdit le vaisseau de Sancho Joar sur un banc, mais l'équipage se sauva à terre.

X. Un peu avant le retour de cette flote commandée par Cabral au commencement de Mars 1501. il en partit un autre composée de quatre vaisseaux, & montée de quatre cens hommes, sous les ordres de Louis Nova Gentilhomme de Galice, fort entendu à la Navigation. Ce nouveau General trouva huit degrez au delà de la ligne au Sud une isle qu'il nomma de la Conception. Aprés qu'il eut doublé le cap de Bonne-Espérance, il mit à terre à San-Blas quelques personnes de son équipage pour faire de l'eau. Ils trouverent sur la plage dans un soulier la Lettre de Pedro Ataïde, qui ayant manqué sa route, avoit moüillé à cette isle. Cette Lettre contenoit une briéve relation du voyage de Cabral, qui servit d'instruction à Nova. Il arriva au Mozambique le premier d'Aoust, & passa de là à Quilloa, aprés avoir découvert une isle à laquelle il donna son nom. Avant que d'arriver à Melinde, il poursuivit deux gros vaisseaux, dont l'un fut pris & brûlé, aprés qu'on en eut enlevé toute la charge. Il entra dans le Port de Cananor, où il étoit tellement souhaité, que le Roy pour l'obliger de s'y arrêter, luy dit en confidence que le Zamorin avoit envoyé contre luy une flote de quarante vaisseaux de guerre : ce discours produisit un effet tout contraire aux intentions de ce Prince. Nova qui sçavoit que les Portugais ne pouvoient s'établir dans un païs si éloigné du leur, qu'en témoignant une intrépidité à toute épreuve, n'eut garde de témoigner la moindre crainte pour un ennemi qu'il faloit vaincre, ou mourir, pour la gloire de la nation, il se remit à la voile pour l'aller chercher, laissant à Cananor quatre Facteurs pour luy tenir charge prête au retour, & prit la route de Cochim. Dans ce passage de Calicut il rencontra la flote dont on luy avoit parlé, qu'il canonna tout un jour & une nuit, même une partie du jour suivant. Il coula à fond cinq gros vaisseaux, & neuf paraos, ou moindres bâtimens, & leur tua plus de quatre cens hommes. Le reste de la flote retourna à Calicut porter la nouvelle de sa défaite. Nova étant arrivé à Cochim, y fit promptement charger les marchandises que les Officiers de Cabral luy tenoient prêtes, suivant l'ordre qu'il leur en avoit donné en partant. En passant à la hauteur du Cap de Bonne-Esperance, il découvrit l'isle de Sainte Helene ; elle est fertile ; l'air en est sain, & les eaux bonnes. Elle est à la hauteur de seize degrez, éloignée de Goa de 1547. lieuës, du Mozambique de 1100, du cap de Bonne-Esperance de 520, d'Angole de 370, de la mine de 375, du Bresil de 540, & de Lisbone de 1100.

AMBASSADE

AMBASSADE
DE
S'CHAHROK.
FILS DE TAMERLAN,
Et d'autres Princes ses voisins,
A L'EMPEREUR DU KHATAI.

'AN 1419. ou 822. de l'Hegire, Schahrokh envoya des Ambassadeurs au païs du Khataï. Schadi Khogia étoit le chef de l'ambassade, & le Prince Mirza Baïsangar son fils y envoya en même temps de sa part Sultan Ahmed & le Peintre Kogia Gaiats Eddin, qui eut ordre de faire un Journal exact du voyage, & de remarquer tout ce qu'il verroit dans chaque ville & dans chaque païs, la difficulté ou facilité des chemins, la description des païs & des édifices, la police & les coûtumes des villes, la grandeur & la magnificence des Souverains, leur conduite dans le gouvernement de leurs Etats. Ils furent de retour à la ville de Horat, d'où ils étoient partis, le 11. de la Lune de Ramazan de l'année 825. avec de riches presens de la part de l'Empereur du Khataï, & raconterent des choses merveilleuses & surprenantes du païs d'où ils venoient. Mais parce que Kogia Gaiats Eddin en a fait une relation tres-curieuse & tres-veritable, nous nous remettons à ce qu'il en a dit. En voicy la substance.

Les Ambassadeurs partirent de la ville d'Haret, & se mirent en chemin le 11. de la Lune de Zi-lcaadeh. Ils arriverent à la ville de Balkh le 9. de la Lune de Zi-lhigeh, & ils y séjournerent à cause des pluyes continuelles, jusqu'au premier jour de la Lune de Muharrem de l'année 823. Ils arriverent à Samarcand en vingt-deux jours de marche, & trouverent que le Prince Mirza Ulug Beg avoit déja envoyé devant ses Ambassadeurs Sultan Schats, & Mehemmed Bakhschi avec tous ses Khataiens. Les Ambassadeurs du Khorassan, de Bedakschan & des autres Princes leurs voisins s'étant r'assemblez, ils sortirent de Samarkand tous ensemble avec les Ambassadeurs du Kataï, passerent par les villes de Taschkend, de Seiram & d'Asch, & entrerent dans le païs des Mogols le 11. de la Lune de Rabi-elakhir, où ils apprirent qu'il y avoit un grand desordre dans cette Horde, qu'Avis Khan s'étoit mis en campagne pour faire la guerre à Schir Mehemmed Aglan. Ces mouvemens s'étant appaisez, l'Emir Khoudadad qui commandoit dans le païs, les vint trouver, & les assura qu'ils pouvoient continuer leur voyage en toute seureté.

Le 18. de la Lune de Gemadi elevvel, les Ambassadeurs arriverent dans un lieu nommé Bilgotou sur les terres de Mehemmed Beg, & y attendirent la jonction des Dagis & des gens du Scha de Bedakshan. Aprés leur arrivée ils passerent la riviere de Kenxer le 22. de la même Lune, & le 23. ils virent Mehemmed Beg Prince & Chef de cette Horde, le Sultan Schadi Karxan son fils étoit gendre de Schahroxh, & une fille de ce Prince avoit été mariée au Prince Mirza Mehemmed Gioux̧i.

Le 28. ils arriverent dans les païs d'Ildouz & de Schir Behram, & dans ce desert de grande étenduë, quoique le soleil fût au solstice de l'Esté, ils furent surpris d'y trouver de la glace de l'épaisseur de deux doigts.

A

AMBASSADE DE S'CHAHROKH, &c.

Le 8. de la Lune de Ginmachi elakhir, on eut nouvelle que les fils d'Ahmed Beg avoient pillé le Dagi qui étoit l'Ambassadeur d'Avis Kan. Les Ambassadeurs en furent tellement épouvantez, qu'ils passerent au plus vîte les défilez & les montagnes nonobstant les pluies & la grêle qui les incommoderent beaucoup. Ils arriverent à la ville du Tarkan à la fin de cette Lune.

La plûpart des habitans de Tarkan sont idolâtres, ils ont un grand Temple & une grande Idole dans l'endroit le plus apparent de ce Temple, ils disent que c'étoit la figure de Schakmonni.

Ils partirent de là le 2. de la Lune de Regeb, & arriverent le 5. à Kara Kogia, & le 10. de ce mois des Khataïens vinrent, & écrivirent les noms des Ambassadeurs & de tous les gens de leur suite.

Le 19. ils entrerent dans le bourg d'Ata Soufi ou Khanzadeh Tag'-Uddin de la race du Prophete originaire de la ville de Tormul, gendre d'Emir Fakhr-Eddin Chef des Mussulmans habituez dans Kabul, faisoit sa demeure.

Le 21. de la Lune de Regeb ils arriverent à la ville de Kabul. L'Emir Fakhr-Eddin y avoit fait bâtir une Mosquée tres-belle, & tres magnifique. Prés de la Mosquée les Idolâtres avoient un Temple, autour duquel il y avoit des Idoles de diverses grandeurs, & d'étranges figures, & à la porte du Temple deux figures de geans qui paroissoient se battre l'un contre l'autre. Un jeune homme tres bien fait, nommé Mengli Timour Bairi, étoit Gouverneur de la ville.

Etant partis dés le 15. ils entrerent dans un desert où ils trouvoient de l'eau de deux jours en deux jours, & le 12. de la Lune de Schaban, ils rencontrerent des lions, des bœufs & autres bêtes sauvages dans ce desert, & l'on dit que ces bœufs sont si grands & si forts, qu'un d'eux enleva une fois un Cavalier de dessus sa selle avec ses cornes, sur le bout desquelles il le porta un temps considerable. La chose est fort surprenante si elle est vraie.

Le 14. de la Lune de Schaban, ils arriverent à un lieu d'où il n'y a que dix journées de route jusques à Sekgiva, premiere ville du Kataï.

Alors tous les Kataïens qui avoient eu nouvelle de leur venuë, vinrent au devant d'eux, suivant l'ordre qu'ils en avoient, & chaque jour on dressoit des tentes dans des lieux propres pour ces regals, & sous ces tentes des tables couvertes de viandes, comme oyes, poules, autres viandes cuites, toute sorte de fruits secs & non secs servis dans des plats de porcelaine, & au dessus de chaque table il y avoit des branches d'arbres, & d'autres verdures attachées, qui faisoient un fort bel effet. C'est ainsi qu'ils preparoient des festins dans le desert, d'une magnificence, qu'on auroit eu de la peine à en faire de semblables dans les villes. Aprés avoir bien mangé ils faisoient venir differentes sortes de boissons enyvrantes, fournissant de plus à chacun un mouton, de la farine, de l'orge & toutes les choses dont ils avoient besoin, & les Kataïens envoyoient tout cela aux Ambassadeurs, avec tous les honneurs & tous les égards qu'ils pouvoient souhaiter. Ils dresserent aussi un acte contenant le nombre des gens de chaque Ambassadeur, & tirerent serment des Ambassadeurs, qu'ils n'en avoient pas davantage que ce qu'ils marquoient, leur faisant entendre qu'ils ne faisoient pas d'estime de ceux qui ne disent pas la verité. Dans cet Etat les Marchands passerent comme les gens de la suite des Ambassadeurs. Suivant le contenu de l'écrit, Emir Schadi Khogia & Gakcheh avoient deux cens personnes, Sultan Ahmed & Gaiats Eddin cent cinquante, Argdak soixante, Ardvan cinquante, Tag'-Uddin cinquante. Pour les Ambassadeurs d'Ulug Beg, ils avoient pris le devant, & ceux du Prince Mirza Ibrahim Sultan n'étoient pas encore venus.

Le 16. de la Lune de Schaban, les Kataïens annoncerent aux Ambassadeurs que Dankgï Gouverneur des confins où ils étoient, les regaleroit ce jour-là d'un festin Imperial, & ils arriverent à l'endroit où il étoit campé pour les recevoir. Cet endroit étoit en quarré, les cordes des tentes attachées à leurs piquets, étoient tellement entrelassées, que personne n'y pouvoit entrer que par les quatre portes qui avoient été faites exprés. Cette enceinte renfermoit une grande place, environ d'un arpent de terre au milieu de laquelle on avoit pratiqué un grand couvert fort élevé, avec des toiles suspenduës sur des pilliers de bois, & au fond de cette plaine ou endroit de ce couvert, on avoit dressé un grand dais Imperial porté sur deux pilliers vernis à la maniere des Kataïens. On voyoit entre les deux pilliers un grand fauteüil pour l'Empereur, & d'autres sieges à la gauche & à la droite. Les Ambassadeurs prirent leur place à la gauche, & les Emirs ou Officiers Kataïens à la droite, parce que chez eux la gauche, disent ils, est plus honorable que la droite, à cause que le cœur qui fait la fonction d'un Roy juste, est dans le corps au côté gauche. Devant chacun des Ambassadeurs il y avoit deux tables, l'une servie de viandes cuites, comme oyes, poules & fruits secs du Kataï; l'autre de differentes sortes de pieces de four ou gateaux & pains delicats, avec une representation de festons de papier & de soie, faits

A L'EMPEREUR DU KHATAI.

avec beaucoup d'artifice; il n'y avoit qu'une table devant les autres personnes. Vis-à-vis il y avoit un Kurkeh ou buffet Imperial posé sur un lieu élevé, avec des vases de porcelaine & d'argent de differentes grandeurs. A la droite & à la gauche du Kurkeh étoient disposez les Musiciens & Joüeurs de toute sorte d'instrumens du païs, qui joüoient tous ensemble en concert, jusqu'aux tymbales soutenus sur des trepieds. Il y avoit aussi de jeunes garçons fardez de blanc & de rouge, avec des pendans d'oreille de perles, comme les filles en portent, qui joüoient differentes sortes de Jeux. Il ne se peut rien voir de plus magnifique que tout cet appareil ensemble. Depuis le couvert où l'on mangeoit, jusqu'aux portes, il y avoit une double haie de soldats armez. Il y avoit aussi des hommes disposez dans des endroits, pour donner du kouseh & du karao dont on mangeoit. On porta à Emir Dousoun Maître de la sale du festin, un grand panier rempli de plats & de bouquets, & en presentant le plat à chacun d'eux, il leur mettoit en même temps un bouquet à la tête, de sorte que toute l'Assemblée sembloit former un plaisant jardin. Des Farceurs, le visage caché sous des masques de carte, representant plusieurs animaux, danserent aussi à la maniere de Khataïens, c'étoient de jeunes garçons beaux comme le soleil, qui versoient à boire. * D'autres tenoient des bassins remplis de noisettes, de jujubes, de noix, de chastaignes, de limons, d'ail, d'oignons confits dans le vinaigre, des melons d'eau coupez par tranches, & d'autres délices selon le goût de ces Princes, & chacun d'eux presentoit ce qu'il avoit à ceux ausquels l'Emir Maître du festin avoit donné un plat, afin qu'ils prissent ce qu'il leur plairoit, & le missent dessus. Ils firent paroître une machine en forme d'une grande cigogne tres-bien representée, dans laquelle étoit un enfant. La cigogne marchoit en cadence, remuoit la tête, & faisoit une si grande varieté de mouvemens, que chacun en fut surpris. Enfin toute cette journée-là se passa fort agreablement.

Le 17. de la même Lune les Ambassadeurs continuerent leur route toûjours par le desert, & arriverent au bout de quelques jours à Caraoul.

Caraoul est une forteresse bien munie, disposée de telle maniere dans la montagne, qu'elle barre le chemin; qu'il faut entrer par une de ses portes, & sortir par l'autre. Lorsque les Ambassadeurs entrerent, les Khataïens ne se contenterent pas de les conter eux & leurs gens, on mit encore leurs noms par écrit.

De Caraoul ils allerent à la ville de Sekgiou, où ils furent logez dans un grand logement public élevé au dessus de la porte, & là les Khataïens se chargerent de leur bagage, dont ils tinrent compte piece par piece dans un registre. Or dans tous les logemens, comme dans celui-cy, il y avoit des provisions de bouche, des lits & des montures. Il y avoit même un ordre de fournir des matelas & des couvertures de soie toutes les nuits, jusqu'aux serviteurs des Ambassadeurs.

Sekgiou est une ville grande & forte en forme de quarré parfait. Il y a seize marchez égaux, ayant cinquante coudées en quarré, tous arrosez & bien balaiez. Il y a des pourceaux dans toutes les maisons, & les Bouchers en pendent la viande à tous leurs étalages à côté de la viande de mouton. Il y a aussi dans leurs marchez plusieurs galeries couvertes, bordées de boutiques, avec une belle sale de charpente à l'entrée, ornée de peinture. Les murailles de la ville sont flanquées de Tours couvertes par le haut, de vingt pas en vingt pas. Comme la ville est quarrée, chaque côté a une porte posée de telle maniere, qu'elles se regardent toute quatre en droite ligne; ce qui fait qu'elles paroissent être prés l'une de l'autre, quoy qu'elles soient fort éloignées: ainsi elles se voyent toutes du milieu de la ville. Au dessus de chaque porte il y a un pavillon à deux étages, dont le toit est en dos d'âne, suivant la maniere des Khataïens, & comme on les voit dans le païs de Mazanderan, excepté que les toits au Mazandiran sont couverts de tuiles de terre cuite, non colorées, & que les toits du Khataï sont couverts de tuiles de pourcelaine. Il y a plusieurs Temples d'Idoles dans cette ville, qui occupent chacun une place de prés de dix arpens. Ils sont tous fort propres; le pavé en est de briques si bien faites, qu'elles semblent avoir le poliment des pierres precieuses. A la porte de chaque Temple il y a de jeunes garçons d'un air agréable, lesquels aprés avoir regalé & diverti les Etrangers, les introduisent dans le Temple, leur font tout voir, & les ramenent ensuite.

Cette ville est donc la premiere de Khataï, éloignée de quatre-vingt-dix-neuf journées de la ville de Kan Balix, qui est le lieu de la residence de l'Empereur, par un païs tres-peuplé, car chaque journée on loge dans un gros bourg. Or dans l'espace de chaque journée il y a plusieurs Cargous & plusieurs Kidifous; ils appellent Kidifous un édifice haut de soixante coudées, où il y a toûjours des personnes en garde, & ils sont tellement disposez, que d'un Cargou on en voit un autre. Lors qu'il y a quelque nouveauté, comme par exemple si une armée étrangere se découvre, aussi-tôt on allume du feu au haut du premier Cargou; on en fait autant au Cargou le plus proche d'abord qu'on l'a apperçû, & ainsi consecutivement, de sorte

AMBASSADE DE S'CHAHROKH, &c.

qu'en un jour & une nuit on en apprend les nouvelles à la diſtance de trois Lunes ou mois de chemin : la lettre qui contient le détail de la nouvelle, paſſe de Kidifou en Kidifou, & de main en main, juſqu'à ce qu'elle ſoit arrivée à la ville Impériale. Il y a dix Merrés, d'un Kidifou à un autre, & ſeize merrés font une paraſange. Les gardes des Kargous ſe relevent de dix jours en dix jours, mais les gardes des Kidifous demeurent toûjours de ſorte qu'ils y ont des maiſons, d'autres logemens, & qu'ils y labourent la terre. De Sexgiou à Kamgiou qui eſt une autre ville plus grande que Sexgiou, il y a neuf journées, & le Dankgi qui y fait ſa reſidence eſt au deſſus de tous les Dankgis des confins. Au logement de chaque journée on fourniſſoit quatre cens cinquante tant chevaux qu'ânes & mulets, avec cinquante-ſix chariots pour les Ambaſſadeurs. Les valets qui ont ſoin des chevaux, ſe nomment Bafou, & ceux qui ont ſoin des ânes & des mulets Loufou, & les chartiers Gipnou. Les chariots ſont tirez par un grand nombre d'hommes qui les tirent avec des cordes par deſſus leurs épaules, & ils les tirent d'un logement à un autre, quelque pluie qu'il faſſe, quelque montagnes que l'on ait à paſſer, & quelque difficiles que ſoient les chemins : ils ſont douze à chaque chariot. Ce ſont de jeunes garçons bien faits qui ont des perles fauſſes du Khataï aux oreilles, & les cheveux retrouſſez ſur la tête. On fournit les chevaux avec la ſelle, la bride & le foüet, & les Bafous courent toûjours devant juſqu'au logement. Dans chaque logement on trouvoit des moutons, des oyes, des poules, du ris, de la farine, du miel, de l'ail & des oignons confits dans le vinaigre, & des herbages. On faiſoit auſſi un feſtin aux Ambaſſadeurs dans chaque ville, & l'on appelle Raſoun, la ſale où on les traitte. Dans chaque ſale où le feſtin ſe fait, il y a un trône de fait de l'Empereur, tourné du côté de la capitale de l'Empire. Il eſt couvert d'un dais par deſſus, & de rideaux à côté du trône. Au pied il y a un grand tapis ſur lequel ſont les Officiers & les Ambaſſadeurs, & leurs gens derriere eux, diſpoſez par files & par rang comme les Muſulmans, lors qu'ils font la priere. Lors qu'ils ſont rangez dans cet ordre, le garde qui eſt à côté du trône fait un cry par trois fois, à ce cry auſſi-tôt les Officiers Khataïens mettent la tête contre terre ; ils obligent les Ambaſſadeurs & leurs gens de faire la même choſe, aprés quoy chacun ſe va mettre à ſa table.

C'étoit le 25. de la Lune de Ramazan, lorſque le Dankgi fit le feſtin aux Muſſulmans dans la ville de Kamgiou. Ils y furent invitez ; on leur dit que c'étoit un regal de l'Empereur, & qu'ils devoient le conſiderer & le recevoir comme tel. Les Ambaſſadeurs firent réponſe qu'ils ne pouvoient le recevoir de toute cette Lune de leur Ramazan, & le prierent de les excuſer : le Dankgi reçut bien leur excuſe, & leur envoya tout ce qui avoit été preparé pour les traitter.

Dans cette ville de Kamgiou ils y virent un Temple d'Idoles long de 500. kes ou coudées, ſur autant de largeur. On trouve au milieu une Idole couchée qui paroit dormir, longue de cinquante pieds, de ſorte que les mains & les pieds avoient neuf pieds de longueur, & la tête vingt, & une coudée de tour. Il y en avoit d'autres derriere ſon dos, & au deſſus de ſa tête chacune d'une coudée, plus ou moins ; elles avoient toutes la figure d'hommes, avec une telle attitude ou mouvement, que l'on eût dit qu'elles étoient vivantes. Il y a auſſi de fort belles repreſentations de figures ſur la muraille. La grande Idole avoit une main ſous la tête, & l'autre étenduë le long de la cuiſſe, elle étoit entierement dorée. Ils la nomment Samonifou; chacun alloit en foule poſer la tête contre terre devant elle. Au tour de cet édifice il y avoit de petits Temples ſemblables aux chambres de Caravanſerails, avec des portieres ou rideaux de brocard, des tabourets & des fauteüils dorez, des chandeliers & des vaſes qui y ſervoient d'ornement. On remarqua dix autres grands Temples à peu prés ſemblables dans cette ville, & un autre édifice que les Muſulmans appellent Tcherki Felek. Il avoit la forme d'un Kioſque à huit faces, il a quinze étages l'un ſur l'autre, & à chaque étage des chambres enduites de vernis de la Chine, avec des galeries à l'entour, & embellies tout autour de peintures qui repreſentoient entr'autres choſes l'Empereur du Khataï aſſis, avec ſes Courtiſans, de jeunes garçons, & des filles à droite & à gauche. Ces appartemens étoient de différentes grandeurs à chaque étage, les dedans ornez de peintures. Au bas du Kioſque il y avoit des figures de geans qui ſembloient le porter ſur leur dos. Le Kioſque avoit vingt coudées de circonference, & douze de hauteur à chaque étage. Il étoit de bois poli, mais tellement doré qu'il paroiſſoit d'or maſſif. Sous l'édifice il y a dans une cave un eſſieu de fer, qui regne depuis le bas juſqu'au haut, de maniere que le bout d'en bas poſe ſur une aſſiſe de fer, & l'autre touche au haut du toit, & avec peu de force en faiſant mouvoir le fer dans la cave, tout ce grand édifice ſe met en mouvement, & tourne. Enfin c'eſt une machine ſi admirable, & ſi ſurprenante qu'il faut que tous les Charpentiers, Serruriers & Peintres du monde y aillent apprendre les ſecrets de leur métier.

A meſure que les Ambaſſadeurs approchoient de Khanbalik, on redoubloit de magnificence

A L'EMPEREUR DU KHATAI.

cence, on leur faifoit des feftins. Avant que de partir de Kamgiou, on leur fournit des montures & des voitures qu'ils rendirent à leur retour en paſſant ; ils y conſignerent même tous les preſens qu'ils portoient pour l'Empereur, à l'exception d'un lion envoyé par le Prince Mirza Baiſangar, que le Palevan Salah-ddin à qui il avoit été donné en garde, mena juſques à la capitale. Enfin ils arrivoient tous les jours dans un Jam ou logement, & chaque ſemaine dans une ville, juſqu'à ce qu'ils vinrent le 4. de la Lune de Schouval aux bords du fleuve Caramouran, qui eſt grand comme le Gihoun ou Oxus ; il eſt traverſé d'un pont de vingt-ſix bateaux arrêtez enſemble, avec des chaînes attachées d'une rive à l'autre à des colonnes de fer, de la groſſeur de la cuiſſe d'un homme. Les bateaux étoient encore arrêtez & attachez les uns aux autres par de gros crampons, & couverts de planches, de ſorte que tout le pont étoit ferme & égal, & que les Ambaſſadeurs n'eurent aucun embarras à le paſſer. Au delà du fleuve ils trouverent une grande ville où l'on fit un feſtin aux Ambaſſadeurs, plus magnifique encore que tous les précédens. Cette ville a auſſi un Temple d'Idoles plus ſuperbe que tous ceux qu'ils avoient vûs, depuis qu'ils étoient entrez ſur les terres du Khataï. Ils y remarquerent trois bordels publics, où il y avoit des filles de joye d'une grande beauté. Quoique les filles du Khataï ſoient belles communément, néanmoins elles ſont là plus belles qu'ailleurs, & la ville pour ce ſujet s'appelle la ville de la Beauté.

Aprés avoir paſſé quelques autres villes, ils arriverent le 12. de la Lune de Zi-lkaade à un fleuve une fois plus large que le Gihoun, qu'ils paſſerent heureuſement en bateau. Aprés avoir paſſé pluſieurs autres rivieres en bateau, & quelquefois ſur des ponts, ils arriverent le 27. de la même Lune à la ville de Sadin Fou, grande & peuplée. Elle a un Temple & une groſſe Idole de bronze doré, de cinquante coudées de haut, toutes les parties bien proportionnées ; elle a pluſieurs mains, & dans la paume de la main la figure d'un œil. On appelloit cette Idole, l'Idole à mille mains ; elle eſt dans une grande vénération dans toute l'étenduë du Khataï. L'Idole & l'édifice ſont poſez ſur une plate forme de belle pierre de taille, & autour il y a d'autres édifices, chambres & ménagemens qui paroiſſent comme autant de niches autour de la grande Idole. L'une ne fait que luy paſſer un peu le pied, une autre ne luy vient pas juſques au genoüil, une autre luy paſſe le genoüil, une autre luy va juſques au milieu du corps, une autre juſques à la poitrine, & ainſi des autres. Le haut de cet édifice eſt d'une beauté achevée, il ſe termine par une ſale ouverte, le tout d'un ſi beau travail, qu'on ne ſçauroit s'empêcher de le regarder avec admiration. Il y a huit de ces éminences, autour deſquelles on peut tourner tant en dedans qu'en dehors. L'Idole eſt debout, & les deux pieds ont prés de dix coudées de long.

On ſuppoſe que l'on a bien employé cent mille charges de bronze à cet ouvrage. Il y a quantité d'autres petites Idoles, mais elles ſont de plâtre, & peintes. Les montagnes ou éminences & les voutes paroiſſent auſſi être de plâtre, & il y a des grotes dans ces montagnes où ſont repreſentez en peinture des Prêtres, des Idoles, des Religieux & des Solitaires menant une vie de penitence. On y voit auſſi des tygres repreſentez, des léopards, des ſerpens, & des arbres peints ſur les murailles dans une grande perfection. Il y a de fort beaux édifices autour du Temple, mais entr'autres une de ces Tours à pluſieurs étages, qui tournent de même qu'à Camgiou, mais plus grande & plus belle.

Les Ambaſſadeurs continuerent ainſi leur marche, faiſant quatre ou cinq paraſanges par jour juſques au 8. de la Lune de Zi-lhigeh, qu'ils arriverent à la porte de Khan Balik un peu avant le jour. C'eſt une ville ſi grande, que chaque pan de ſes murailles a une paraſange de long ; mais parce que les maiſons n'étoient pas encore achevées de rebâtir, il y avoit cent mille adoſſées contre les murailles. Comme il étoit matin, & que la porte n'étoit pas encore ouverte, on fit entrer les Ambaſſadeurs dans la ville par une Tour à laquelle on travailloit encore, & on les conduiſit à la porte de la cour du Palais de l'Empereur, où on y arrive par une chauſſée de ſept cens pieds de long qu'ils paſſerent à pied. L'avenuë de la porte étoit barrée par cinq Elephans de chaque côté, qui avançoient leurs trompes, entre leſquels on les fit paſſer. Etant entrez dans une cour d'une grande étenduë extrémement agréable à voir, ils trouverent prés de cent mille hommes à la porte de l'Empereur, quoiqu'il ne fût pas encore jour. En face de cette cour il y avoit un Kioſque dont l'aſſiſe étoit de trente coudées ; ſur cette aſſiſe s'élevoient des colonnes de cinquante coudées de haut, & au deſſus une loge ou tribune longue de ſoixante coudées, & large de quarante. Il y a trois grandes portes, & d'autres plus petites à droite & à gauche. L'Empereur paſſe par celle du milieu, & le monde paſſe par celles des côtez. Au haut du Kioſque au deſſus des portes à droite & à gauche, étoit un Kurkeh ou grande tymbale poſée ſur un trepied, & une cloche ſuſpenduë ; deux perſonnes y attendoient que l'Empereur vint à ſon trône. On conta prés de trois cens mille hommes aſſemblez devant le Palais, entre leſquels environ deux mille Muſiciens & Joueurs d'inſtrumens qui chantoient des airs à leur mode en

B

AMBASSADE DE S'CHAHROK,

langue Khataïenne, & les paroles de ces airs étoient des Prieres pour la prosperité de l'Empereur. Deux autres mil hommes armez d'hallebardes, de bâtons, de dards, de fléches, de lances, de sabres, de masses d'armes, étoient assez occupez à faire écarter le monde; d'autres tenoient des éventails à la Khataïenne, ou des parasols. Autour de cette place il y avoit des loges, des sofas sous de hauts portiques, fermez de grilles ; toute la place étoit pavée de pierres.

Enfin lorsque le jour fut venu, ceux qui attendoient l'Empereur commencerent à faire retentir le kurkeh, les trompetes, les tymbales, les tambours, les flûtes, & les haut-bois, & à sonner cette cloche du pavillon, en même temps l'on ouvrit les trois portes, tout le monde entra en foule pour voir l'Empereur.

Les Ambassadeurs ayant passé de la premiere place dans la seconde, ils la trouverent aussi fort belle & fort spacieuse. En haut il y avoit un Kiosque ou pavillon plus grand que le premier, où l'on y dressa une estrade ou sofa en forme de triangle, haute de quatre coudées couvert de satin jaune, avec des dorures & des peintures, representant le Simorg ou le Phœnix que les Khataïens appellent l'Oiseau royal. Sur ce trône ou sofa étoit un siège d'or massif, & à droite & à gauche il y avoit des Khataïens debout & rangez en grand nombre ; les premiers étoient ceux qui commandoient à dix mille hommes, suivis de ceux qui commandoient à mille, & aprés eux étoient ceux qui ne commandoient qu'à cent, tenant chacun à la main droite une planche d'une coudée de long, & large d'un quart, & ne regardant autre chose que leur planche, & derriere eux il y a une multitude innombrable de soldats armez de cuirasses & de lances, & plusieurs avoient le sabre nud à la main, tous debout dans leurs rangs, & dans un si grand silence, qu'on auroit dit qu'il n'y avoit pas une seule ame. Les choses étant dans cet état, l'Empereur sortit de son appartement, & monta sur le trône par un escalier de cinq marches d'argent qu'on y avoit posé, & s'assit sur ce siege d'or. Il étoit d'une taille mediocre ; sa barbe n'étoit ni trop, ni trop peu fournie, & deux ou trois cens poils luy pendoient du menton d'une si grande longueur, qu'ils faisoient trois ou quatre cadenettes sur l'estomac. A droite & à gauche du trône, il y avoit deux filles d'une grande beauté, les cheveux attachez sur le haut de la tête, le visage & le col découvert, avec de grosses perles aux oreilles, tenant du papier & une plume à la main, & dans une grande attention pour écrire ce que l'Empereur prononceroit ; car on met par écrit toutes ses paroles, qu'on luy represente lors qu'il est rentré dans son appartement, pour voir s'il y a quelque chose à changer dans ses commandemens. On les met par écrit en cette forme, & on les porte dehors aux gens du Divan, afin qu'ils les fassent éxécuter. Enfin lors qu'il eut pris place, & que tout fut rangé, on fit avancer les Ambassadeurs en face de l'Empereur, avec les criminels. La premiere affaire que l'on traitta fut celle des criminels, lesquels étoient au nombre de sept cens. Les uns étoient attachez par le col ; d'autres avoient les mains & le col passez dans une planche ; on en voyoit cinq ou six tout à la fois attachez à une seule planche plus longue, dans laquelle ils avoient la tête engagée ; chacun avoit un garde qui le tenoit par les cheveux, attendant l'ordre de l'Empereur, il les fit mettre la plûpart en prison ; il y en eut peu de condamnez à la mort. Il n'y a aucun Gouverneur ni Juge dans tout le Khataï qui condamne à la mort. On les envoye tous à Kambatik pour paroître devant le trône de l'Empereur, personne n'en est dispensé, quand même il y auroit une année de chemin. Le crime d'un chacun est écrit sur un bout de planche qu'il porte attaché à son col, avec sa chaîne ou ses fers ; les crimes contre la Religion y sont les plus châtiez, comme les plus grands.

Les Ambassadeurs furent conduits prés du trône environ à quinze coudées prés ; & l'Officier qui les conduisit s'étant mis à genoux, lut un papier en Khataïen, lequel exposoit ce qui regardoit les Ambassadeurs ; sçavoir que c'étoient des Ambassadeurs qui venoient de fort loin de la part de S'chahrok & de ses enfans ; qu'ils avoient apporté des choses rares pour être presentées à l'Empereur, & qu'ils étoient venus pour frapper la tête contre terre devant Sa Majesté. Alors le Cadis Moulana Hagi Jousouf un des Officiers qui commandoient à dix mille hommes, Favori du Sultan, & l'un des douze de son Conseil, s'approcha des Ambassadeurs avec quelques Musulmans qui sçavoient la langue, & leur dit premierement de se mettre à genoux, & de baisser la tête contre terre. Les Ambassadeurs baisserent la tête par trois fois, mais ils ne mirent pas le front contre terre. Cela fait, les Ambassadeurs prirent à deux mains les Lettres de S'chahrok, du Prince Baisangar, des autres Princes, & des Emirs envelopées dans du satin jaune, suivant la coûtume des Khataïens qui envelopent de cette couleur tout ce qui est destiné pour l'Empereur. Le Cadi Moulana Jousouf prit les Lettres de leurs mains, & les remit dans celles d'un Khogia du Palais, lequel étoit au pied du trône. Ce Khogia les presenta à l'Empereur qui les prit, les ouvrit, les regarda, & les redonna ensuite au Khogia. Aprés il descendit de son trône, & s'assit au bas sur un siege, & en même

A L'EMPEREUR DU KHATAI.

temps on apporta trois mille vestes d'étofe fine, & deux mille autres de grosses étofes, dont ses enfans & ceux de sa maison furent revêtus. On fit approcher prés de luy les sept Ambassadeurs, Schadi Kogia, Kukcheh, Sultan Ahmed, Gaiat Eddin, Argdak, Ardvan, & Tag'-Eddin, lesquels mirent le genoüil en terre, l'Empereur s'informa d'eux, de la santé de S'chahrok. Aprés il leur demanda si Kara Jousouf luy avoit envoyé un Ambassadeur, & le tribut, à quoy ils répondirent qu'oüi, & que ses Dakgians ou Ambassadeurs en avoient été témoins. Il leur demanda aussi s'il y avoit beaucoup de bled, & grande abondance dans leur païs. Ils répondirent que tout y abondoit, qu'il y en avoit beaucoup, & de tout ce qui est nécessaire à la vie. Je le crois, dit-il, car lorsque le cœur d'un Empereur est droit & qu'il est bien avec Dieu, Dieu luy envoye tout en abondance. Je veux, dit-il, envoyer un Ambassadeur à Kara Jousouf, parce qu'il y a de bons chevaux dans son païs, y a-t-il de la seureté par les chemins ?

Les Ambassadeurs répondirent que les chemins étoient seurs, à cause des bons ordres du Sultan Schahrok. Je le sçay, repartit l'Empereur, mais vous êtes venu de loin, levez-vous, & allez manger. Alors on conduisit les Ambassadeurs dans la premiere cour, où il y avoit un siége & une table pour chacun, servie de la maniere qui a été marquée ci-devant. Le repas étant fini, on les mena dans le logement où ils devoient coucher. La principale chambre étoit meublée d'un lit, d'une estrade garnie de coussins d'étofes de soye tres-belles, d'un grand bassin, d'un brazier pour faire du feu, & à droite & à gauche il y avoit d'autres chambres avec des lits, des coussins d'étofe de soie, des tapis de pied ou des nattes tres-fines. Chacun de ces Ambassadeurs étoit logé de cette maniere dans une chambre séparée, où ils avoient tous une marmite, un plat, une cueillere & une table. On donnoit chaque jour pour dix personnes un mouton, une oye, deux poules, chacun deux mesures de farine, un grand plat de ris, deux grands bassins remplis de sucreries, un pot de miel, de l'ail, des oignons, du sel, differentes sortes d'herbages, une bouteille de dirapum, & un bassin de fruits secs, comme noix, noisettes, chataignes, &c. Il y avoit avec cela un nombre de valets bien faits qui demeuroient toûjours debout, & prêts à les servir depuis le matin jusques au soir.

Le lendemain neuviéme de la Lune de Zi-lhigge, il étoit encore nuit lorsque le Sekgin (c'est luy qui avoit soin d'eux à la Cour) leur vint dire aux Ambassadeurs de se lever, & que l'Empereur les regaloit ce jour-là. Aprés les avoir fait monter sur des chevaux bien harnachez qu'il leur avoit fait venir, il les mena au Palais de l'Empereur. On les fit demeurer dans la premiere cour jusqu'à ce qu'il fût jour, & ils y trouverent deux cens mille hommes qui attendoient aussi. Lorsqu'il fut jour on ouvrit les trois portes, & l'on conduisit les Ambassadeurs au pied du trône, où ils baisserent la tête contre terre par cinq fois pour saluer l'Empereur. Ensuite l'Empereur descendit de son trône, & l'on remena les Ambassadeurs dehors dans la premiere cour, où on leur dit, que s'ils avoient quelque necessité à faire, qu'ils la fissent, parce qu'il ne seroit plus temps de sortir quand ils seroient au festin, d'où il ne leur seroit point permis de sortir pour quelque necessité que ce fût. Les Ambassadeurs s'étant dispersez & puis rassemblez, on les fit passer de la premiere & seconde cour, dans celle du trône de la Justice, de là dans la troisiéme qui étoit entierement ouverte, & pavée de belles pierres de taille, on trouveroit en face une sale de soixante coudées de longueur, avec des chambres au dessus. Et il est à remarquer que les Khataïens ont toûjours la façade & les portes de leurs maisons tournées au Midy. Dans la sale il y avoit un grand sofa ou estrade plus élevée que la hauteur d'un homme, à laquelle l'on montoit par trois escaliers d'argent, l'un pardevant, & les deux autres aux deux cotez, & il y avoit deux Khogias du Serail étoient debout, l'un d'un côté, l'autre de l'autre, avec une espece de carton qui alloit jusques aux oreilles où il étoit attaché, & leur couvroit la bouche. Au dessus de ce sofa il y en avoit un autre plus petit en forme de sofa, avec des oreillers & des carreaux à mettre sous les pieds. A gauche & à droite étoient des braziers avec leurs cassolettes. Ce sofa étoit de bois, mais si bien doré qu'il paroissoit d'or massif. Moulana Cadi Jousouf disoit qu'il y avoit soixante ans que ce trône étoit doré, sans avoir rien perdu de son éclat. Enfin tout ce que l'on voyoit dans ce lieu étoit si bien travaillé, & couvert d'un si beau vernis, que l'ouvrage méritoit l'admiration des maîtres les plus habiles.

Ils admirerent la diversité des tables ; les unes chargées de viandes ; les autres de confitures seches, d'autres ornées de festons devant l'Empereur. Les Dakgis les plus distinguez étoient debout à droite & à gauche du trône, armez d'un carquois, d'un sabre & d'un bouclier qu'ils ne portent pas à la main, mais passé en travers le corps avec un cordon; les soldats de la garde du Prince rangez un peu derriere eux, tenant tous le sabre nud. A la gauche qui est plus honorable chez eux que la droite, étoit la place des Ambassadeurs. Ils mettent trois tables devant les Emirs

& devant ceux à qui ils font le plus d'honneur ; ceux que l'on considere ensuite en ont deux, & les autres n'en ont qu'une. Il y eut pour le moins ce jour-là mille tables couvertes & servies.

Devant le trône de l'Empereur près d'une fenêtre de la sale, il y avoit un grand kurkeh, & un homme debout sur une espece d'échafaut, à côté duquel étoient les joüeurs d'instrumens. Au fond de la sale étoient suspendus des rideaux qui en couvroient une partie jusqu'au trône, pour donner lieu aux femmes d'en approcher sans être vûës. Les viandes & le Dirasoun sont servis dans une grande boëte avec son couvercle. Pendant que ces choses se preparoient, les Ambassadeurs demeurerent toûjours debout : enfin lorsque tout fut prêt, deux Khogias, l'un d'un côté, l'autre de l'autre, tirerent avec une corde de soie passée sur une poulie, chacun un rideau ou portiere qui étoit devant une porte derriere le trône. En même temps l'Empereur sortit, les instrumens se firent entendre, car le silence dans la cour étoit fort grand. L'Empereur prit sa séance sous un dais en forme de pavillon, de satin jaune, sur lequel étoient representez quatre Dragons. On fit approcher les Ambassadeurs au devant du Prince ; ils mirent la tête contre terre par cinq fois, après quoy s'étant retirez, ils s'assirent aux tables qui leur étoient preparées, & servies à plusieurs services comme aux autres festins. Les Farceurs representoient des jeux. Les premiers qui parurent, furent de jeunes garçons fardez de blanc & de rouge, comme des filles, avec perles aux oreilles, vêtus de brocard d'or, tenant à la main des bouquets de fleurs, des roses & des tulipes contrefaites avec du papier de couleur & de la soie, & d'autres fleurs à la tête. Ils danserent à la Khataienne, ensuite deux jeunes garçons âgez de dix ans tendirent des cordes ; un homme se coucha sur le dos, faisant semblant de dormir, mais tenant les pieds élevez en l'air. On mit entre les jambes un nombre de grosses cannes longues de sept coudées ; un autre Farceur les tenoit de sa main, lors qu'un jeune garçon de dix à douze ans monta sur ces cannes, avec une adresse surprenante, & fit encore plusieurs jeux sur ces cannes, après lesquelles enfin la canne luy manqua, & tout le monde crut qu'il étoit tombé, & en pieces. Mais l'homme qui paroissoit dormir se leva sur ses pieds, & le retint en l'air. Il y en eut un qui joüa des airs sur les douze modes des khataiens tous différens. Deux autres ayant chacun une main sur leur instrument, & l'autre reciproquement sur l'instrument de leur compagnon, joüerent ensemble un même air sans se broüiller. Cette assemblée continua jusqu'après la Priere du midy, que l'Empereur fit finir, en se retirant à l'appartement des femmes, après avoir, comme l'on dit, fait des largesses aux joüeurs, après quoy les Ambassadeurs furent congediez. Au dessus de la cour du Palais voloient plusieurs milliers d'oiseaux de différentes espéces, comme pigeons, tourterelles, pigeons ramiers, corbeaux, vautours qui s'abbatoient & mangeoient ce qu'ils trouvoient à terre entre les jambes de cette grande populace sans s'effaroucher, & sans que personne leur fit aucun tort.

Les Ambassadeurs demeurerent dans cette ville, depuis le huitiéme de la Lune de Zi-lhigeh de l'année 822. jusqu'au premier de la Lune de Gemadi elevvel de l'année 823. qui sont cinq Lunes, & dans cette intervale ils reçûrent chaque jour pour leur subsistance, ce qu'on leur avoit donné dés le premier jour. Ils furent ainsi plusieurs autres fois regalez de semblables festins, & toûjours d'autres jeux nouveaux qui surpassoient de beaucoup les premiers.

Le lendemain du premier festin, feste du sacrifice, les Ambassadeurs & tous les Musulmans s'assemblerent, & firent ensemble la Priere de cette feste dans la Mosquée que l'Empereur leur avoit fait bâtir dans la ville de Khambalik. Deux jours après les Ambassadeurs furent invitez à un autre festin, avec des divertissemens nouveaux.

Le 17. de la Lune de Zi-lhigeh on conduisit tous les criminels au supplice où ils furent châtiez chacun suivant leur crime, & suivant ce que portent les Livres des Coûtumes du païs, où la peine de chaque crime est specifiée, mais nous ne ferons pas mention de toutes les differences de ces crimes, de leurs peines & châtimens, pour ne pas soüiller cette relation d'un recit aussi desagréable. Les Khataiens ont une grande exactitude dans l'examen des criminels, jusques là que l'Empereur tient conseil douze fois avant que de les condamner à mort. De sorte qu'un accusé ayant été condamné dans onze Conseils, est quelquefois renvoyé absous dans le douziéme qui se tient toûjours devant l'Empereur, qui ne condamne jamais que ceux qu'on ne peut sauver.

Le 25. de la Lune de Muharrem, Moulana Cadi Jousouf envoya avertir ses Ambassadeurs que le lendemain étoit le premier jour de l'année, que l'Empereur iroit à un nouveau Palais, & que personne n'y portoit rien de blanc, parce que le blanc est une marque de deüil auprés des Khataiens. Ainsi sur la mi-nuit du 28. le Segin les vint prendre, & les conduisit à ce superbe & nouveau Palais auquel on travailloit depuis dix-neuf ans, & qui ne faisoit que d'être achevé. Cette nuit-là chacun avoit à sa maison ou à sa boutique des torches, des lanternes

A L'EMPEREUR DU KHATAÏ.

nes allumées de chandelles & de lampes, de sorte qu'il faisoit aussi clair qu'en plein soleil.
 Les Ambassadeurs ayant été conduits au nouveau Palais, y trouverent cent mille hommes qui y étoient accourus de tous les endroits du Khataï, des païs de Tachin, de Machin, de Calmak, de Tebet, de Kabul, de Karakogia, de Giourga, & des costes de la mer; l'Empereur donna ce jour-là un festin à tous les Emirs de ses Etats. Les tables des Ambassadeurs furent preparées hors de la sale où étoit le trône, & celle des Emirs dans la sale même. Il y avoit prés de deux cens mille hommes armez, chacun ayant un parasol à la khataienne avec leurs boucliers. Les jeunes garçons danserent, & les Farceurs firent des jeux, & ces jeux & ces danses tout-à-fait differentes des autres fois, & dans les Musiques l'on n'oublia point les louanges du nouveau Palais.
 Pour faire comprendre la grandeur de ce bâtiment, depuis la porte de la sale jusqu'à la premiere enceinte, il y a mille neuf cens vingt-cinq pas, mais personne n'a entrée dans les appartemens interieurs où sont les femmes. A droite & à gauche tout est rempli d'édifices, de Serails & de jardins les uns dans les autres, ces bâtimens sont de pierre de taille, de pourcelaine, ou de marbre, & si bien mis en œuvre qu'il semble que ce sont des pierreries enchassées. Il y a prés de deux ou trois cens coudées de pavé, dont les pierres sont si égales & si bien jointes, que l'une ne passe pas l'autre de l'épaisseur d'un cheveu, semblables à ces lignes des tables tirées à la regle, que l'on voit dans les Livres. Il ne se fait rien dans les autres païs en fait de maçonnerie, de charpenterie, de travail en relief sur le plâtre, & de peinture qui égale en cela les Khataiens, quoique les plus habiles Maîtres en puissent dire. Enfin le festin ne finit qu'après midy.
 Le 9. de la Lune de Safar, de grand matin on amena de beaux chevaux aux Ambassadeurs sur lesquels ils furent à l'audience, il y avoit huit jours que l'Empereur n'étoit sorti hors de l'interieur de son Palais. Car il a coûtume chaque année d'être pendant quelques jours en retraite sans manger d'aucune sorte de viande, sans entrer chez ses femmes, & sans donner accés auprés de sa personne à qui que ce soit; lors qu'il est dans ce lieu de retraite il n'y a ni figure ni Idole, disant qu'il y adore & qu'il y invoque le Dieu du ciel. Ce jour-là il avoit achevé ses exercices, & il devoit rentrer dans le lieu du Serail où sont ses femmes. On avoit orné les Elephans, & mis des sieges d'argent en forme de litieres rondes sur leur dos, avec des étendars de sept couleurs, de damas, & des gens armez montez dessus; outre ceux-là il y en avoit cinquante autres caparassonnez de même, sur lesquels étoient les joüeurs d'insttumens, & tout cela avec une grandeur & magnificence qui ne se peut exprimer. Ces Elephans étoient précedez ou suivis d'environ cinquante mille hommes qui marchoient dans un si bel ordre, qu'un pied ne passoit pas devant l'autre, & dans un si grand silence, que l'on n'entendoit autre chose que le son des instrumens. Ce fut dans cet appareil que l'Empereur rentra dans l'interieur du Palais, aprés quoy chacun se retira chez soy. Ces illuminations durerent sept jours entiers. On voyoit dans la Cour Impériale une representation d'une montagne; elle étoit de charpente, & couverte de branches de ciprés. De sorte que par sa verdure on l'auroit pris pour une montagne d'émeraude. Cette montagne étoit éclairée de cent mille flambeaux, & pour les allumer ils sont de petites souris de bitume, de sorte qu'en allumant un de ces flambeaux, les souris en portent le feu par des cordes de flambeaux en flambeaux, & en un moment tous les flambeaux sont allumez jusques au haut de la montagne; on vit paroître aussi dans le même temps grand nombre de lumieres & de flambeaux aux boutiques & aux maisons par toute la ville. Personne n'est poursuivi pour crime pendant ces sept jours; l'Empereur fait de grands presens, jusques-là qu'il remet les dettes de ceux qui sont en reste envers le fisc, que les prisons sont ouvertes, & les prisonniers remis en liberté.
 Les Astrologues du Khataï avoient pronostiqué que cette année le Palais de l'Empereur seroit endommagé du feu, & cette prediction fut le sujet de cette illumination. Les Emirs s'étant assemblez, l'Empereur leur fit un festin, & les regala.
 Le 13. de la Lune de Safar le Sekgin vint prendre les Ambassadeurs, & les plaça dans la premiere cour, où il y avoit plus de cent mille étrangers de toutes sortes de païs. Au premier kiosque il y avoit un trône enrichi d'or & de pierreries. Les portes du kiosque s'ouvrirent, & l'Empereur s'assit sur le trône, & alors tout le peuple se mit à genoux, la tête contre terre. Ensuite on apporta un sofa ou banc que l'on posa sur la même ligne que celuy de l'Empereur, trois personnes monterent dessus, deux de ces Officiers tenoient une Patente contenant un Arrest de l'Empereur, que l'un d'eux lut à haute voix, de maniere que tout le monde l'entendoit, hormis nos Ambassadeurs, car il étoit en langue khataienne qu'ils n'entendoient point. Il contenoit qu'en faveur du premier jour de l'année qui avoit été le 10. de la Lune de Safar, & de l'illumination, l'Empereur mettoit en liberté les prisonniers, & ceux

qui devoient des arrerages au fisc, & tous les criminels excepté ceux qui avoient fait quelque meurtre : que l'on n'envoiroit point d'Ambassadeur en aucun païs pendant trois années, & que les mêmes ordres seroient portez dans toutes les Provinces de l'Empire. La lecture faite on descendit cet Arrest du kiosque en bas avec des cordes de soie jaune attachée à un anneau ; cet Arrest étoit étendu sur une planche de bois avec une bordure d'or. On le porta dehors, tout le peuple & les instrumens suivant après jusques au logement des Ambassadeurs, & on en envoya ensuite des copies dans les Provinces. Après que l'Empereur fut sorti hors du kiosque ou pavillon, on fit un festin aux Ambassadeurs.

Le premier jour de la Lune de Rabi-elevvel on appella une autre fois les Ambassadeurs, & l'Empereur qui avoit fait apporter des schankars ou oiseaux de proie, dit qu'il donneroit des Schankars à ceux qui luy avoient apporté de bons chevaux, c'est à dire pour en faire donner trois à Sultan Schats Ambassadeur de Mirza Ulug Beg, trois à Sultan Ahmed Ambassadeur de Mirza Baisangar, trois à Schadi Kogia Ambassadeur de Schahrok, & les donna en garde aux gardiens de ses animaux.

Le lendemain ayant encore fait appeller les Ambassadeurs : l'armée, leur dit-il, va sur les confins de l'Etat, preparez-vous afin que vous retourniez en même temps dans vôtre païs. Et se tournant vers Argdak Ambassadeur du Prince Mirza Siourgatmisch ; Je n'ay point, dit-il, de schankar à te donner, & quand j'en aurois eu, je ne t'en aurois pas donné, parce qu'on te les prendroit de même, qu'on en a déja pris une autre fois à Ardeschir Ambassadeur de Mirza Siourgatmisch : si l'Empereur veut bien me faire cette grace, répondit Argdak, je luy engage ma parole que personne ne me l'ôtera. Demeure icy, reprit l'Empereur, il m'en viendra deux, & je te les donneray.

Le 8. de la Lune de Rabi-elevvel, les Ambassadeurs Sultan Schah & Bakschi Melek furent demandez, & on leur donna le sankisch, c'est à dire le present de l'Empereur. Sultan Schah eut huit Balisches d'argent, trente vestes Impériales fourées, vingt-quatre jupons, deux chevaux, dont l'un étoit harnaché, cent pacquets de flèches de cannes, vingt-cinq grands vases de pourcelaine, & cinq mille * * * ; Bakschi Melek en eut autant, excepté qu'il eut un Balische d'argent moins. Il n'y eut point d'argent pour les femmes des Ambassadeurs, mais elles eurent la moitié des étofes qu'avoient eu les Ambassadeurs. Bati Mourankeh Ambassadeur d'Aviskhan, arriva ce jour-là avec deux cens cinquante personnes. Ils mirent tous la tête contre terre en voyant l'Empereur, & les Ministres leur assignerent des meubles, & de quoy subsister suivant le nombre qu'ils étoient.

Le treiziéme de la même Lune les Ambassadeurs ayant été appellez : Je vais à la chasse, leur dit l'Empereur, prenez vos schankars, afin que vous n'en soyez pas en peine, au cas que je sois trop long-temps dehors. Les schankars volent bien, & les chevaux que l'on m'amene ne valent rien. En même tems on donna les schankars aux Ambassadeurs, & l'Empereur partit pour la chasse.

Le fils de l'Empereur retourna du païs de Nemraï, & les Ambassadeurs allerent pour le voir au levant du Palais de l'Empereur. Il étoit assis de même que l'Empereur, avec le même ordre des gens qui étoient autour de luy. On leur servit des tables de la même maniere qu'on leur en avoit servi aux audiences qu'ils avoient euës de l'Empereur, & ils se retirerent après y avoir reçû le même traitement.

Le premier jour de la Lune de Rabi-elakhir on leur apprit que l'Empereur retournoit de chasse, & qu'il falloit aller au devant de luy. Ils monterent à cheval, mais ayant appris en chemin qu'il ne venoit que le lendemain, ils retournerent chez eux. Le Schankar de Sultan Ahmed mourut ce jour-là. Le Segin les vint avertir de se mettre en chemin la nuit, afin qu'ils pussent voir l'Empereur le lendemain de bon matin. Etant montez à cheval ils trouverent à la porte de leur Hôtel Moulana Cazi Jousouf qui les attendoit dans une grande tristesse ; luy en ayant demandé la cause : l'Empereur, leur dit-il en secret, ayant monté à la chasse le cheval que Schahrok a envoyé, le cheval l'a jetté à bas, & de colere il a ordonné que l'on vous transportât tous chargez de chaînes aux villes du Levant du Khataï. Les Ambassadeurs en furent dans une grande affliction ; il falut continuer leur chemin pendant la nuit, ils marcherent jusqu'à deux ou trois heures du jour, ayant fait environ vingt mille, & arriverent au campement où l'Empereur étoit arrivé le jour précédent. Cette même nuit les Khataïens avoient enfermé de murailles un terrain de cinq cens pas en quarré ; la muraille avoit * * * pas de large & dix coudées de haut, & ces sortes de murailles qui se font avec de la terre pressée entre deux ais comme dans une forme, s'achevent en fort peu de temps dans le Khataï. Il y avoit deux portes, & la terre ôtée qui avoit servi à faire la muraille, avoit laissé un fossé qui regnoit autour de la muraille ; les portes avoient des gardes, & d'autres soldats armez s'étoient rangez le long des fossez. Dans cette enceinte de murailles il y en

A L'EMPEREUR DU KHATAI.

avoit deux autres faites en quarré avec des étofes de satin jaune, chacune haute de vingt-cinq coudées, soûtenuës par des poteaux quarrez, & tout autour il y avoit des pavillons & des tentes de satin de jaune. Les Ambassadeurs s'étant avancez à cinq cens pas environ du quartier de l'Empereur, Moulana Cadi Jousouf dit aux Ambassadeurs de mettre pied à terre, & d'attendre là que l'Empereur vint, pendant qu'il alloit au devant. L'Empereur étant venu & étant descendu de cheval, le Lidagi & le Giandagi que l'on nomme Setalid & Gikfou en langue khataienne, étoient debout devant l'Empereur ; il étoit sur le point de faire arrêter les Ambassadeurs. Lorsque le Lidagi, le Giandagi & Moulana Jousouf se prosternant la tête contre terre, le supplierent de ne point venir à cette extrémité. Ce n'est point leur faute, dirent-ils, leurs Seigneurs envoient les meilleurs chevaux qu'ils trouvent, & l'on ne peut pas aussi s'en prendre à eux ; & quand Sa Majesté feroit mettre les Ambassadeurs en piéces, cette action feroit un tres-méchant effet pour Sa Majesté, l'on diroit que l'Empereur du Khatai auroit violé le droit des gens en la personne des Ambassadeurs. L'Empereur goûta leurs raisons, & Moulana Cadis Jousouf vint tout joyeux annoncer cette bonne nouvelle aux Ambassadeurs, leur disant que Dieu avoit eu compassion des Etrangers, & que l'Empereur leur avoit pardonné. On leur apporta des viandes que l'Empereur leur envoyoit, mais c'étoient des viandes de pourceau & de mouton mêlées ensemble, de sorte qu'ils n'en mangerent point, parce qu'ils étoient Musulmans. Ensuite l'Empereur monta un grand cheval noir, les quatre pieds blancs, c'étoit un present que Mirza Ulug Beg luy avoit envoyé. Il étoit couvert d'une housse de brocard à fond jaune, & l'Empereur ayant deux personnes à droite & à gauche à l'arçon de la selle, marchoit au petit pas. Ce Prince étoit couvert d'une veste de brocard à fond rouge, il avoit la barbe renfermée dans une bourse de satin noir. Sept litieres couvertes que des hommes portoient suivoient aprés luy, dans lesquelles étoient les filles qui l'avoient accompagné à la chasse, & une autre plus grande portée par soixante-dix hommes. Un gros de Cavalerie marchoit devant l'Empereur dans un si bel ordre, que l'un ne passoit pas l'autre dans son rang. Ils étoient par escadrons, & chaque escadron étoit à vingt pas de distance de l'autre ; ils s'étendoient jusques à la ville, & marcherent en cet ordre. Dans le milieu l'Empereur avoit pris sa place avec dix Dagis, Moulana Cadis Jousouf, le Lidagi & le Giandagi. Moulana Cadis Jousouf s'étant détaché, vint dire aux Ambassadeurs de descendre de cheval, & de se prosterner la tête contre terre lorsque l'Empereur seroit venu à eux, ce qui fut éxécuté. L'Empereur leur ayant dit de remonter, ils le firent, & l'accompagnerent.

L'Empereur leur adressa la parole : il faut, dit-il, en s'adressant à Schadi Kogia, que les presens, les raretez, les chevaux & les animaux sauvages que l'on envoye soient une autre fois mieux choisis, pour augmenter l'amitié que j'ay pour vos Princes. J'ay monté, étant à la chasse, le cheval que vous m'avez presenté, il est si vicieux, & je suis si âgé qu'il m'a jetté par terre, & que j'en suis blessé. J'ay eu une confusion à la main, j'y ay senti une grande douleur ; j'ay mis beaucoup d'or dessus, & la douleur est un peu appaisée. Schadi Kogia, à ce que l'on dit, répondit en les excusant, que c'étoit le cheval que le Grand Emir Timour Karkan avoit monté, & que Schahrok qui l'avoit conservé par rareté, luy avoit envoyé comme le cheval dont on faisoit le plus d'estime dans ses Etats. L'Empereur agréa cette reponse, & demanda un schankar & le lâcha sur une grüe, mais il retourna sans la prendre, & l'Empereur luy donna trois coups sur la tête en le reprenant. Aprés cela il descendit de cheval, & s'étant assis sur un siége, ayant les pieds posez sur un autre, il donna un schankar à Sultan Schah, & un autre à Sultan Ahmed, mais il n'en donna pas à Schadi Kogia. Il remonta à cheval, & comme il se fut approché de la ville, une grande foule de peuple qui en étoit sortie, le reçut avec mil acclamations en langue khataienne. Il rentra avec une suite magnifique, & les Ambassadeurs se retirerent à leur Hôtel.

Le 4. de la Lune de Rabi-clakir, le Skgin vint prendre les Ambassadeurs, & les amena, leur disant que l'Empereur leur donneroit les presens ce jour-là. L'Empereur étant assis, fit apporter devant luy des tables, & fit mettre les presens sur chacune ; il envoya appeller les Ambassadeurs par des Emirs, suivant le rang dans lequel il les voyoit ; le premier que l'on appella fut Sultan Ahmed à qui il fit donner une des tables, puis Kogia Haiats Eddin, Schadi Kogia, Kukgeh, Argdak, Erdevan & Tadg' Uddin de Bedakschan qui furent chacun regalez de même. Voicy la liste de cette distribution de presens, suivant l'ordre des Ambassadeurs.

Schadi Kogia eut dix Balisches d'argent, trente pieces de satin, soixante-dix jupons de Tarkoudlu & de Savkebeki, & cinq mille hiad, & on donna un tiers de ces étofes pour sa femme, mais on ne luy donna ni Balisches d'argent, ni * * *

Sultan Ahmed, Kukgeh, & Argdak n'eurent chacun que huit Balisches d'argent, seize piéces de fatin, de Tarkoudlu, & de Savkebeki chacun quatre-vingt-quatorze en comprenant leurs femmes, & à chacun deux mille ***

Kogia Gaiats Eddin, Ardevan, & Tadg'-Uddin de Bedakhschan eurent chacun fept Balisches d'argent, feize piéces de fatin, & deux mille ***

Les Ambaffadeurs ayant fait enlever les prefens, fe retirerent chez eux. Pour ce qui regarde les Ambaffadeurs de Mirza Ulug Beg, ils avoient déja reçû leurs prefens auparavant, comme il a été remarqué.

Dans cet intervalle, une des femmes que l'Empereur aimoit le plus mourut, & l'on apprit fa mort en même temps que fa maladie. Le 8. de la Lune de Giumadi elevvel, on dit publiquement que la femme de l'Empereur étoit morte, & qu'on l'enterreroit le lendemain. La nuit suivante par un decret de Dieu, le feu prit au nouveau Palais de l'Empereur, non fans quelque foupçon de quelque fourberie des Aftrologues. L'appartement principal qui avoit quatre-vingt coudées de long & trente de large, orné de colomnes qui à peine pouvoient être embraffées par trois hommes, peintes d'azur & enduites de vernis, fut entiérement brûlé. La ville fut toute éclairée de cet incendie. De cet appartement le feu prit au kiofque de vingt toifes, & enfuite à l'appartement des femmes qui étoit encore beaucoup plus magnifique. Deux cens cinquante maifons furent auffi confommées aux environs, avec perte de plufieurs hommes & femmes. L'Empereur & les Emirs ne firent point de réflexion que ce châtiment venoit de ce qu'ils étoient infidéles. Au contraire, l'Empereur étant allé dans un temple d'Idole: Le Dieu du ciel, dit-il, en s'humiliant, est en colére contre moy, par cette raifon il a brûlé mon Palais, cependant je n'ay point fait de mal, je n'ay chagriné ni mon pere, ni ma mere, & on ne me peut imputer d'avoir exercé aucune tyrannie. Il fut tellement touché de cet accident, qu'il en tomba malade. Leur coûtume dans l'enterrement des Dames du Palais, est de les emporter fur une montagne deftinée pour leur fepulture. Lors qu'on y en a porté quelqu'une, fuivant leurs cérémonies, & qu'on l'a mife dans la fepulture, on y laiffe les chevaux qui luy appartenoient pour paître fur le terroir deftiné pour le lieu de fa fepulture. On laiffe auffi dans le même endroit plufieurs filles & quelques kogias du Serail de la Dame, aufquels on donne de quoy pouvoir fubfifter pendant cinq ans, & peut-être davantage, afin que leurs vivres venant à finir, ils finiffent auffi leur vie. On ne fçut point de quelle maniere la Dame avoit été portée à cette montagne, à caufe de l'incendie.

Comme la maladie de l'Empereur tiroit en longueur, le Prince fon fils prit féance dans la fale du Palais, & donna l'audience de congé aux Ambaffadeurs, depuis ce jour pendant tout le temps qu'ils furent à fe mettre en état de partir on ne leur donna plus rien pour leur fubfiftance.

Leur fortie de Khambalik fut au 15. de la pleine Lune de Giumadi elevvel, les Dagis les accompagnerent, & au retour on leur fournit les mêmes chofes qu'on leur avoit fourni en venant dans chaque logement ; on leur donna de même des chariots ; on leur fit des feftins dans les villes & dans les bourgs, & ils difent qu'ils ont cette confidération pour les Ambaffadeurs dans leur retour, afin que l'amitié demeure plus ferme & mieux établie avec les Princes leurs voifins. Ils arriverent à la ville de Nikian le premier jour de la Lune de Regeb, où les Magiftrats ou Officiers fortirent au devant d'eux ; mais les mêmes Magiftrats ne vifiterent point leurs balots, par un commandement exprès de l'Empereur ; autrement c'eft la coûtume parmi eux d'ouvrir en cet endroit-là tous les balots pour voir fi l'on n'emporte point quelque chofe de contrebande. Le lendemain ils y furent regalez d'un feftin magnifique. De là continuant leur route, ils arrivérent au fleuve de Caramouran le 5. de la Lune de Schaban. Chaque jour ils trouvoient un logement, & ils rencontroient une ville chaque femaine dans laquelle on leur faifoit un feftin.

Le 24. de la Lune de Schaban, ils arrivérent à la ville de Kamgiou, qui eft celle où en allant ils avoient laiffé leurs domeftiques, & leur gros bagage qui leur fut rendu en fon entier ; mais parce qu'il n'y avoit pas alors de fureté pour paffer par le Mogoliftan, ils y firent un fejour de dix mois & demy. Après ce retardement ils partirent de Kamgiou le 7. de la Lune de Zi-lkaadeh, & arrivérent à Sokgiou le 9. dans le même temps qu'Emir Huffim Ambaffadeur de Mirza Ibrahim Sultan qui venoit de Schiraz, & Pehlevan Gemul Ambaffadeur de Mirza Ruftan qui venoit de Efpahan, y arrivérent auffi, rapportant qu'ils avoient trouvé de grandes difficultez dans le chemin, ce qui obligea les Ambaffadeurs de refter encore du temps dans cette ville-là, d'où ils partirent au plein de la Lune de Muharrem de de l'année 825. Après quelques jours de marche ils arrivérent à la ville de Caraoul, dont les Magiftrats dirent que la loy des Khataiens étoit de faire le même examen des Etrangers à leur retour, que l'on avoit à leur entrée dans le païs, & apporterent leur regiftre pour le confronter, que s'ils y manquoient ils encourroient la difgrace de l'Empereur. Enfin la vifite faite ils fortirent de Karoul le 19. de la Lune de Muharrem, & pour éviter les difficultez & les empêchemens qu'ils craignoient à caufe de la guerre, ils prirent la route du defert,

où

A L'EMPEREUR DU KHATAI.

où ils souffrirent beaucoup à cause de la disette d'eau, jusques au 16. du mois Rabic elevvel qu'ils sortirent de ce desert, & le 9. de la Lune de Gemadi elakhir ils arriverent à la ville de Khoten; de là à la ville de Kaschgar où ils arriverent le 6. de la Lune de Regeb. Le 21. de la même Lune aprés avoir passé par derriere la ville d'Endkoien, les Ambassadeurs se separerent, les uns prenant la route de Samarkand, & les autres la route de Bedakschan. Ceux-cy qui étoient les Ambassadeurs de Schahrok arriverent heureusement & avec beaucoup de joye au Château de Schadman le 21. de la Lune de Schaban, & à la ville de Balkh le premier de la Lune de Ramazan, & le 10. de la même Lune à la Cour de Schahrok.

RELATIO ABLEGATIONIS
QUAM CZAREA MAJESTAS AD CATAYENSEM Chamum Bogdi destinavit, ann. CIƆ. IƆC. LIII.

Postquam ablegatus discessit ex urbe Tobolska, subvectus fluvio Irtisio, exactisque in itinere quatuor hebdomadis diebus trinis, ad civitatem Tara Ruthenicæ ditionis die Julii mensis XXVII. pervenit. Ex quo oppido per eundem subvectus fluvium kal. Augusti, ad aquas albas Septembris XVI. est delatus. Ubi septimanis quatuor exactis denuò, ad usum ablegati à Calmucensi Principe Ablajo missi sunt equi quinquaginta cum XL. camelis. Ab aquis albis profectus octobris XVI. post tridui iter devenit ad locum, cui nomen Kalbasimo, notata illic oculis molis majoris domo quadam antiquâ, & jam ruinosa. Unde promoto pede post biduum pervenit Lonkagajum, alteroque ad fluviolum Jenseuliam, ex rupibus saxosis prolapsum, atque decurrentem in flumen Irtisium. Quo flumine iterum subvectus est Ablegatus: cujus in dextra regione sedem fixit Lama sive Presbyter nonneme Calmucensi possidetque lateritias nonnullas domos, ac victum sibi ex agricultura parat, ejusdem imperio subsunt quidam Buchares. Die Novembris XXII. a. CIƆ. IƆC. LIII. devenit Ablegatus ad sedes ac hospitia Bucharum Principis Ablaji: qui exiguis in domibus ex limo structis habitant, pecorisque ac frumenti possident haud parum. Cæterùm Princeps ipse Ablegato omnique ejusdem comitatui loca & lautia præstari curavit toto tempore quo ejus in ditione sumus, aut commorati, aut iter fecimus, suppeditatis per spatium menstruum hordei ac farris XXX. kapis farinæ v. ovibus XX, X. hircis. Die Novemb. XXVII. Princeps Ablajus fratrem misit ad Ablegatum, uti inspicerentur munera ad se se missa à Czarea Majestate. Die Januarii XXVII. Munera Majestatis Czareæ per Ablegatum Principi Ablajo sunt oblata. Apud quem cum commoratus esset bidui spatio discessit inde, ac apud Buchares ejusdem moram quadrimestrem cum decem diebus traxit. Quo tempore decurso Ablegatum Princeps secum abduxit, ac uterque devenerunt Aprilis die IV. ad fluviolum Beschas ex lapidosis devolutum montibus in flumen Irtisium. Secundùm quem fluviolum is Princeps ædificia nonnulla lateritia curabat exstruenda per Architectos Chatajenses hanc in rem ad se missos, à Chamo Cathajensi. Die Junii XXX. Princeps Ablajus ablegatum dimisit Catayense regnum versus, isque post iter dierum XIV. pervenit ad sedem liberorum Principis Koli. Quinto die post ad Kol civitatem. In ipsa civitate ædificia non nisi bina lateritia observavimus. Post quatridui iter exactum ad locum ingentem, cui nomen Calmucensi lingua Kisilbas, est deventum, per quem lacum Irtisius flumen transit. Hoc lacu enavigato iterum devenimus ad flumen Irtisium, secundum ripam ejus in toto octiduo iter promovimus per ditionem Calmucensi Taisini Taisa sive Principis. Unde rursus instituto itinere post biduum contigimus ditionem Mugalensis Taisha sive Principis Irdekulu. Habitant hi in tentoriis prope flumen Irtisium septidui denuò post iter confectum per saxosas rupes perlati sumus in ditionem Kalmucensis Taisa sive Principis Suructahon. Sedem in qua is commorabatur Bulugan appellant: quo ex loco flumen Irtisium originem capit. Hinc rursus itinere dierum XXII. promoto attigimus ditionem Mugalensis Taisa Otsurbaligentia. Hinc octidui iter confectum ad Mugalensem Taisa sumpsi contendimus. Post triduum tandem ad ultimum Taisa Mugalensem Dobrona est perventum: a quo quinquidui itinere facto in Catayensem ditionem perveniri potest. Porrò Principes hi omnes tam Mugalenses quàm Calmucenses sub tentoriis vivunt, nec habitationem certam deligunt, sed ab uno loco id alium vegantur ac transferunt sedem, pecori sustendo potissimùm consulentes, ex quo pervenceramus ad limitem Katayensis imperii, bimestri facto itinere attingimus primam cujus ditionis civitatem Kokotan. Post iter institutum ab aquis albis superiùs dictis, & ab flumine Irtisio per Calmucensis & Mugalensis ditionis montes excelsos ac latos incommodi ac modestia multum perpessi sumus, commoratique, variis hic illic in locis per hebdomadas interdum binas tresve continuas, dum conflictamur cum inopia victus ac aquarum potui utilium. Cæterùm ut perventum est ad civitatem Kokotan jam dictam, Ablegatus misit ad Præfectum oppidi, qui adventum suum nuntiarent, quique peterent sumptus, ac victum sibi suisque sustentandis necessarios ac alendis. At ille responsum dedit, Principis sui injussu gratificari sese Ablegato non posse. Promoto igitur itinere in ipsam civita-

D

14 RELATIO ABLEGATIONIS CZAREÆ MAJESTATIS

tem die Januarii mensis xii. pervenimus. Post exactam illic octidui moram advenerunt e-Mandarini sive Capitanei bini à Chamo missi, qui Ablegatum ad Metropolim regni ac sedem Imperatoriam (sic Tartari appellant urbem quæ Catayensibus est Pekinga) Cambalukam perducerent. Die igitur Januarii xvi. nos viæ commisimus ex civitate Kokotan profecti, cujus muri ex limo facti turres ex latere coctili: portarum turres reliquis majores. Tum *unaquæque binas portas*, quarum januæ ligno ex robore & ferreis laminis inductæ. Turribus hoc genus *senis* instructa civitas; sed in quibus tormentorum nihil bellicorum vidimus. Extra civitatem obtulit se nobis ingens copia spectandorum Pagodorum, ex lapide coetili structorum, quibus per *exteriora* colore ex viridi coementum esset superinductum. Vidimus & in hoc oppido tabernas, atque officinas complures vario mercis genere instructas: tabernis subjungantur ædificia habitationi destinata. Negotiantur ad portus argento venæ purissimæ: quod pondus *talas* appellant, quarum singulæ unciis circiter tribus respondent. Merces minoris rei permutantur cum herba tabaco aut Tsaia sive Thea. In tabernis sericæ telæ & vestis omne genus videas exponi ex lino confectæ ac versicoloris. Magna hic tam frugis omnigenæ ad victum necessariæ, quàm serici abundantia. Ex hoc oppido digressi die duodecimo pervenimus ad secundum ditionis hujus oppidum Kapkiam. Terræ inter hasce binas civitates sitæ pleraque infederunt varii Principes Mugalenses Catayensi Chamo obnoxii ac obsequium præstantes. Oppida ab hisce nulla incoluntur, sed sub tentoriis vitam exigunt, huc illuc eberrantes, ad exemplum reliquorum suæ nationis Principum.

Die Februarii x. ut propè ad hanc civitatem deventum est, ad Præfectum ejus misit Ablegatus, qui equos, & commeatum flagitarent, repulsà tamen petitione hac sub prætextu mandati herilis nihil tale sibi hactenus injungentis: missurum se nihilo minus hoc nomine in aulam. Sita est civitas Kaphi excelsos inter montes, per quos celeberrimus ille Catayensis murus sese extendit, altitudine ulnarum plus minus ix. latus ulnas circiter quaternas cum dimidia, cujus initium ab oppido Suktseia, ubi rhabarbarum ingenti copia nascitur, Turres extra murum procurrunt ex latere coetili constructæ; maurus ipse ex silice ingenti. Harum turrium moles immensa, quarum interstitium centenos aliquot passus exæquat. Murum hunc ad oram maritimam finiri Catayenses ferunt. Post moram dierum x. mandatum ex aula allatum est, quo recipi jubebamur. Iter igitur Metropolin Catayensis imperii versus promovimus Februarii die xxi. cum duobus Capitaneis jam dictis: ad quam septidui post iter deventum. Hanc Mugales Cambaluk appellant. Toto hoc itinere transivimus civitates octodecim quà magnas, quà exiguas ex lapide coctili, & limo constructas. Harum in nulla quid armorum majoris rei vidimus, præter tormenta bellica, & illa quidem haud molis magnæ. Milites præsidiarii erant instructi selopetis exiguis & contis sive hastis longioribus. Fluviorum per quos transitum fecimus, ripæ jungebantur pontibus lapideis artificiosum structis in modum. In oppidis cives paulo honoratiores servi unus atque alter comitantur ut plurimum, capiti horum umbracula prætendentes, aut præferentes baculum auro illitum, & clamantes Mem toët, hoc est in nostra lingua: Expecta utique paulisper. Præfecti oppidorum aliique proceres regimini civitatis admoti lecticis gestantur per quaternos, vel aliæro plures, hoc est octonos lecticariis in urbem regni primariam Kambalukam pervenimus die Martii mensis tertio an. 7164. extra urbem à magnatibus binis sumus excepti, quorum alter Cancellariæ negotiorum Mugalensium, Catayensium alteri erant præpositi. Ab his deducebamur in Pagodum sive templum quoddam vicinum, ubi largiter potionibus ex Thea confectis herba sumus invitati. Templum hoc ferebatur dedicatum honori. Idoli Talainana: cujusdam quem præsentem olim templo interfuisse, aliasque de eo res miras, & prorsus incredibiles enarrant. (Inter alia octies ad minimum è vivis hunc excessisse, ac denuò esse renatum. Nam pro homine habent, qui infantili etiam ætate maturo in omnibus judicio fuerit instructus, polleatque indole plus quàm humana. Posse hunc rescire animi sensa, omnesque cogitationes eorum, à quibus conveniatur. Hunc Tartari Calmuccenses ac Mugalenses tantùm non pro Deo venerantur; sed Catayenses ab hisce discrepant.) Exceptis igitur nobis hac potione jussum est, ut posito genu submississeque Capitibus Pagodum veraremur: formulam mandati erat: inflectite corpus & reverentiam præstate Regi nostro. Ad quæ responsum est ab Ablegato, non esse moris apud nos ut quisquam inflexo genu prosternatur ante Dominum nostrum Czarem, idque obtecto capite dixit. Quibus auditis obticuerunt illi, ac denuò propinarunt nobis potionem ex Thea confectam, coctamque cum butyro & oxygala lacte vaccarum, addebant, hic potus The inifsus est à Czare: quo vesci recusavimus, quod festum quadragesimale nobis observandum incumberet, in porta civitatis vidimus tormenta tria bellica Ænea sed exigua, longitudine circiter ulnæ unius cum dimidia: cujus & notæ alia bina civitatem jam ingressi observavimus. Postquam per ulnæ miliari circiter Italico uno equitassemus, ad hospitium nostrum sumus devecti. Invenimus illic cubicula bina ex latere coctili constructa tapetibusque ex radice herbarum quarumdam confectis, ornata. Præbita sunt & lautia quotidiana Ablegato, ovis una, pisces bini, patinæ tres farinæ, herbæ Theæ patina una cum dimidia, patinæ binæ Oryzæ, dodrans vini adusti quam aquam vitæ appellant. Comitatui dabatur carnis bubulæ aliquantum, patina Oryzæ singulis, ac cyathus adusti vini. Patina unaquæque sesquipondum facit

AD CATAYENSEM CHAMUM BOGDI.

Die Martii mensis IV. nonnulli ex aula nos convenêre, testati sese missos à Chamo, ut munera Czareæ Majestatis in aulam perferrent. Ad quæ respondit Ablegatus, neque apud Majestatem Czaream, neque terrarum alibi usu obtinere aut moris esse, ut credentiales literæ & munera à Legato peterentur, in conspectum Principis illo non admisso. Si placeret Chamo sese admitti, nullam in se moram fore credentialis Epistolæ munerumque, tradendorum, respondere qui mittebantur apud Dominum nostrum Czarem in usu esse ea, quæ ditionis suæ civibus convenirent: suum verò apud Dominum Chamum longè alios mores obtinere: neque Regem nostrum aliis leges posse perscribere Principibus viris, sibi de muneribus auferendis rem in mandato esse datam. Cùm pergeret obniti Ablegatus, abstulêre illi tamen munera; addentes, fore, ut Chamus ad illum mitteret; quapropter videret ne imparatus esset, cum litteris Czareis in aulam ubi evocaretur. Elapsis diebus nonnullis curârunt significari Ablegato, ut sibi in Cancellaria mox adesset cum Czarea epistola: quod is facturum sese negavit, caussatus se missum à Czarea Majestate ad Chamum ipsum haud quaquam ad Chami Consiliarios. Non multis post diebus transferebamur ex hospitio nostro alium in locum cubiculis IV. lapideis instructum. Augusti mensis die X. Consiliarii Chami sæpè numero mittebant ad Ablegatum, flagitantes uti in Cancellariam se conferret: sed persistit is in proposito ob causas jam dictas, negavitque id si faceret, posse se factum tueri aut excusare apud herum suum. Exactis diebus nonnullis Consiliarii munera ablata referebant ad Ablegatum addentes facti caussam: sic jussisse Chamum, quod is inobsequentem se præstaret ac refragaretur perferendis in Cancellariam Czareis litteris; præterea quod genuflectere recusasset, nec exteros legatos ad Chamum posse admitti, quin imò nec proprios subditos, magnatum procerumque exceptis potissimis.

Spatium urbis Kambalucæ vix describi à nobis potest, quod integrum non fuerit domo prodire, sed captivorum instar hospitio inclusi detineremur. Ex narratione Mugalensium ac Catayorum percepimus, longitudinem, latitudinemque urbis in octonas leucas se extendere. Merx præcipuè venalis illic constat ex serico varii generis, cui aurum intextum ac complures florum, serpentum, avium, & ferarum figuræ venales præterea gemmæ argentum, alcæ merces pretiosæ, quarum plerææque ipsa hac in urbe laborantur. Argentum, gemmæ, margaritæ apportantur in urbem ex regno Karacataio quod Catayenses Catayum vetus indigitant. Post bimestre iter in regnum istud pervenitur, quod multo habetur majus Catayo novo. Ferunt in Catayensi regno pelles Zobelinas, Castoreas ac Tigrinas haberi plurimas. In urbibus domus omnes ædificiaque lapide versicolori sunt intecta, sed humilem constructa in modum, excepto regali palatio, quod excelsum utique ac spatiosum variis coloribus splendidè insignitum, ac frontispicio deaurato, ad hæc muro lateritio circumdatum, ac portis quinis instructum, sed occlusis plerumque, & rarò admodum patentibus semperque ab excubitore frequenti ac numeroso custoditis admodum. Portæ unicuique pons adjunctus lateritius: ponubus singulis adstat columna ingens XVIII. circiter ulnarum altitudine, in qua litteras nonnullas Catayenses cœlatas aureas est videre. E regione Palatii Regalis area immensa se diffundit, in quam singulis ter mensibus Ministri Principis conveniant necesse est, ipsumque inflexo corpore venerentur. Novilunium cultu prosequuntur præcipuo, ejusque in honorem vexilla plurima per plateas urbis ac regiones exponunt ita festum diem testificati. Magnates regni ac reliqui potioris notæ Ministri cùm in aream hanc devenêre quisque convenientem dignitati suum locum sedentes occupant, vestiti splendidissimo amictu, atque in hanc solennitatem parato. Exacto hunc in modum plus minus horæ unius spatio Cubicularius Regius superveniens sedentes monet imperatque, uti sese coram Rege inflectant: quod ab iis per vices ternas præstatur continuas. Post ubi sese in sedem suam remisêre, idem Cubicularius unicuique eorum peculiare scriptum tradit, quo multa cum veneratione, excepto, depositisque mox pretiosis vestibus, domum suam quisque ingrediuntur. Obtinet præterea usus, ut elephantes nonnulli coram Rege sistantur eidemque venerationem ex more præstent: quorum XXVI. illi adesse dicuntur. Ambitur palatium aqua ingenti circumducta, cujus oras vestiti videas lapide quadrato molis sat magne cæruleo. Vestitus Catayensium, ædesque & domorum tecta, templaque mirificas exhibent figuras serpentum, draconum, aliorumque id genus animalium, aut monstrorum. In Catayensi regno, fructus varii ac aromatum diversa genera nascuntur, in quibus Caryophilli, piper, nuces muscatæ, zingiber, thea, badiana, tum & frumenti species complures, quæ cum nonnullæ bis quotannis maturescunt. Tritici siliginei nihil tamen illic terrarum deprehendimus oculo, aut notavimus. Plateæ lapide instratæ sunt, quarum bina ad latera canaliculi decurrunt pluvialis aquæ amoliendæ inservientes. Didicimus præterea ex Catayensibus nusquam in hoc fluvios majores occurrere, uno excepto, cui nomen Chatulo, qui ex Bucharia regno devolutus exoneret se se in mare: non longè hunc decurrere ab urbe Cambalucka; in quem naves Belgicas subvehi, sed ostium ejus esse periculosum in primis. Sumus etiam edocti in urbe Cambalucka aquam esse sanguinei coloris: in qua pisces etiam, eundem forma exteriori referrent colorem, sed carne alibi canti. De Chamo narratum nobis est; esse hunc oriundum ex gente Tartarorum Mugalensium; quanquam ex ante tempora Reges fuissent orti ex Catayensi natione: cæterùm ante annos XXX. à

Mugalenfibus Tartaris imperium Catayenfe occupatum vi fuiffe: quod cùm Catayenfium Rex Dai Backan cognoviffet, fufpendio vitam finiffe: fucceflorem illi datum ex filiis nus minimum; qui poftea vel Miniftrorum fuorum Procerumque præcipuos in regnum Catayen fe antiquum captivus fit abductus, relicto in prædam Tartaris Mugalenfibus omni imperio quo illi etiamnum potiantur. Ex Catayenfibus in urbe Cambalucka pauci omnino fupe funt cùm durè ac ferviliter fub jugo Mugalenfi habeantur. Miniftri Regii majorumque minorum que gentium domo Mugalenfis funt, fplendidè ut plurimum veftiti, ac enfe præcincti latus quod miferis Catayenfibus in publico haud quaquam licet, præpofita illis hancce in rem pœ na graviffimâ.

Catayenfes viri fœminæque funt ftaturâ corporis modica ac fatis eleganti. Fœminæ pod funt admodum exiguo, quam illis formam conciliant à teneris: vefte fuccincta, manicis la xioribus aliquanto, ac crine non adftricto, uti moris eft fœminas inter Belgicas. Viris demif fæ ad talos veftes, ac fub lævam axillam nodis duobus obligatæ, coloris fufci: nifi quibus reipub. adminiftratio contigit. Miniftris Aulicis pileolo exiguo caput obtectum, cujus apice nodus fericus prominet rubri coloris, geftant & interdum pileolos ex junco vel vimin contextos. Fœminæ Mugalenfes Tartaræ eodem planè modo, quo Calmucenfes, complica ac nodant crinem. Quantum ad religionem cœremoniafque Catayenfium adorant illi multa diverfi generis imagines ex limo, ligno, lapideque confectas nonnullas harum auro & ar gento illitas aut cæteroquin variis fucatas coloribus; quæ in Pagodis five templis numer paffim ingenti comparent nocturno præfertim tempore adiri atque adorari à Catayenfibu folitæ, quas ante Cereos aut factas ex fevo candelas ftatuunt accenfas. Campanas habent pau ciores, ex ferro alio ve metallo conflatas. Cibis vefcuntur immundioribus, ut ranis, teftudi numque ac canina, carne quam elixam publicè venalem in foro exponunt.

Mugalenfes fœminæ funt oppido pulchræ, pede tam exiguo, ac Calmucenfem veftitus morem defluente in terram tunica. Viri ut plurimum utuntur amictu fufci aut pulli coloris Eandem ferè in facris quam Catayenfes amplectuntur religionem, ac cœremonias e idem Magnatibus umbracula præferuntur latiora, eofdemque fepteni aut octoni præcedant f mu li, baculos deauratos ac tabellas ex ligno geftitantes. Subfequuntur à tergo centeni aut plu res aliquanto fervi, ac mancipiorum genus omne. Si quis equo vectus occurrat horum ne mini, defcendat neceffe eft, ut advenientem videat, nec promoveat iter, aut equo infiliat ru fum, nifi fubducto jam oculis fuis Magnate.

Ligni magna eft inopia, cujus vix tantum affibus octonis vel novenis comparatur quod fin gulas in vices prandio apparando fufficiat. Regno in eodem externi commorantur haud pauci præcipui negotiatores atque in hifce Galli, Hollandi, Hifpani, Itali: quorum quifque fu in religionis negotio cœremoniis peculiariter utuntur ac privatim, habentque proprias do mos: in quarum nonnullis videre noftri imaginem Salvatoris noftri Jefu Chrifti depictam ac B. Virginis compluriumque Sanctorum. Ex Catayenfibus multos hi ad Chriftianam fide complectendam redegère; jamque antiquitus ab annis retro compluribus hic terrarum æta tem exigunt. Quomodo huc pervenerint autem, aut quando à Catayenfibus indicari nobis haud quaquam certo potuit. Sunt & Perfæ hic complures. qui fectam Muhamed inam ample ctuntur: quique ab annis jam multis cum magno Tamerlano huc maiores fuos ferant perve niffe, uti ex eorum commentariis fe ipfique habent compertum. Temporibus noftris Cha mus Catayenfis ingentia gerebat bella cum filio Catayerfis Imperatoris jam dicti. Cæterum, fit ne in veteri Catayenfi regno Imperator, nec ne, non potuit à nobis refciri.

Eodem anno 7164. die Junii menfis VII. in Regnum Catayum, urbemque Kambaluckam viginti quinque circiter Hollandi: qui ferebant fe ex patria eo appulifle trinis navibus: in vemque unaquaque fociis vectoribus centum inftructam fuiffe, quarum binæ in ipfo iti nere periiffent. Qui fupererant ex navi tertia homines circiter LXXV. iis permiffum non eft ad Metropolim fe conferre, fed in navi fua fubftiterunt Hollandis quoque interdicebatur, Quemadmodum nobis pedem ex hofpitio fuo proferre: eaque partim de caufa, partim etiam quod linguam nefcirent Belgicam noftri, fermones cum hifce confere, re non potuerunt. Mife runt illi ad nos, cum procinctu ftaremus abituri, binas epiftolas: obfignatam alteram alteram apertam ad populares fuos Mofcuæ degentes exaratas. Ibidemque nobis jam profectis inde fubftiterunt; an prope diem dimittendi illa ex aula, nobis planè eft incompertum.

Nos autem maturato reditu ex urbe Kambalucka difceffimus Septembris die IV. an. 7166. iter infti uentes civitatem verfus Kapkiam. Quo in reditu longè plura incommoda perpeffi fumus, quàm jam ante in Catayem contendentes, ingruente præfertim hyeme ac magna ubique in locis defertis inopia victus fe nobis offerente. Ita ut frigore acerbo ac immenfi nivis mole ex jumentis noftris equi ac Cameli complures perierint ac fuffocati fint in monti bus: nobis interim coactis in horum locum aliis ingenti pretio in hæ bariis mercari.

Sed & Catayenfes diverfam à priori itinere viam nobis præfcribebant Mugalenfe regnum inter ac Buchariam. Tandem poft exantlatas plurimas moleftias, victafque difficultates im menfas pervenimus in Principis Ablaii ditionem, & menfe feptimo die 30. Junii menfis an nuente divina gratia, falvi in Siberiæ Metropolin Tobolfkam pervenimus, poft exactum hoc in itinere tempus trienne cum quinis menfibus.

SYNOPSIS CHRONOLOGICA MONARCHIÆ SINICÆ

AB ANNO POST DILUVIUM CC. LXXV.
USQUE
AD ANNUM CHRISTI M. DC. LXVI.

SEX CONDITORES MONARCHIÆ SINICÆ per annos D. LXXXVII.

Fŏ Hí, vel Taí Haŏ, vel Paŏ Hí dictus, oriundus ex Provincia Xēn Sī : ipsius Aula & sepulchrum in Chīn Cheū Civitate Provinciæ Hŏ Nán. Victimas offert Spiritibus. Homines vagos, rudes, incultos paulatim à barbara & agresti vita ad cultum & mansuetudinem traduxit. Connubiorum jus ac leges instituit, ut non ineantur nisi inter diversi nominis familias, quæ lex hodie viget. Arma dicitur invenisse Cān Cō dicta, id est offensiva, & defensiva. Fuerunt ei quindecim Reipublicæ Administri. Kalendarii fundamenta jacit, item Cycli sive Periodi annorum sexaginta : instituit Musicam Fŭ Lái dictam, item Instrumenta, alterum 27, alterum 36 fidium : Litterarum sex formas excogitat, retia quoque ad piscandum & venandum. Conspicatus Draconem maculosum, Mappam Hieroglificam conficit, quæ lineolis 384 constat, situ, seu ordine linealarum quater & sexagies variato, & hic est liber Yĕ Hīm dictus. Draconem vult esse suæ gentis insigne. Anno Fŏ Hí 76 juxta septuaginta Interpretum computum obiit Noë, Anno post Diluvium 350 ; sicque Fŏ Hí cœpit regnare Anno ante Christum 2944, & Anno post Diluvium 175. Regnavit 115. annis.

Xīn Nūm, id est, spiritalis Agricola, aliàs Yēn Tí Patre Toparcha ditionis Xaŏ Tiēn : Matre Gān Tēm. Aula ipsius primò in Provincia Xēn Sī, dein Kio seu Provincia Xān tūm : obiit visitans Provinciam Hŭ quàm, Medicum agit, examinat herbarum & aquarum naturam, ut morbis tunc grassantibus mederetur. Sŏ Xā Regulus seu Dinasta rebellat ; contra hunc sui arma capiunt, & ad Xīn nūm deficiunt, mox acta pax consequitur. Fidus cliens Kí Vēn à Sŏ xā occiditur dum eum à rebellione dehortatur. Hujus Xīn nūm posteri 1700 post annis creati Reguli, Rex çiáo à Vŭ Vām conditore familiæ Cheū. Intercalari mense lunaris Anni defectum supplet: Aratrum & Agriculturam invenit : Mercimonia instituit : Forum publicum ad nundinas & officinas designat : Herbariolum conscribit ; ex aqua marina decocta Sal conficitur. Dicitur uno die

12 herbas venenatas, ac totidem antidota invenisse. Anno Xîn nûm III. obiit Sem: regnavit, id est, cœpit regnare Anno ante Christum 2829, & post Diluvium 390; à Monarchia Sinensi 116; regnavit 140 annis.

Hoâm tí, alias Hyen Yvên Patre Toparcha ditionis Yeû Hiûm, matre Fú Paô. Aula Chô Chéu Provinciæ Pe Kim, sepulchrum in Provincia Xân Tûm, obiit anno ætatis 111. Adolescens ætatem vicit prudentia. Majestas Imperii & Diadematis hujus sub hoc sumit initium, Templum extruit, dedicatque Xâm Tí, id est supremo Cœli Imperatori; infestam populo belluam occidit. Chi Yêu è stirpe Xîn Nûm rebellat. Vincitur tertio prælio. Reguli eligunt Hoâm Tí, hic quatuor Regulos rebelles subjugat. Arcus, ensis, lanceæ, galeæ, loricæ jam tum fuit usus, ex inde pax. Victori parent etiam barbari. Designat Præfectos duodecim, & totidem ferè qui præsint diversis artibus. Regina Liu cù docet populum bombyces alere, usus opera Câm Kie, Litteras perficit opera Tá Nôô. Perficit Cyclum sexagenarium, sive Periodum 60 annorum. Scribit de Astronomia & arte Medica, ab eodem Arithmetica, Sphæra, Currus, Navigia, divisio Agrorum, Architectura, Acus & as Sartoria, Textrina, Figulina, Fusoria, Æra Campana 12 fudit, Moneta, Mensuræ, Pondera, rerum Pretia, Fistula aliqua, Instrumenta & Musica Hiên Chî initium habuere. Aquila in Palatii fastigio nidificat. Unicornis autem (verius) Rhinoreros in saltu regio vagatur: dicitur herba Kio Ye in Aula fuisse, quæ se ad eos qui contra fas litigaturi veniebant obvertebat. Ex hoc Imperatore Hoâm tí quinque qui sequuntur Imperatores, item primæ tres Imperatoris Domus ac Familiæ penes quos Sinarum fuit Imperium per annos 2440, adeoque 85 Imperatores, ceu anni ex trunco suo ortum ducunt. Regnavit annis 100: primus autem quo regnare cœpit, idem fuit 256 is Sinicæ Monarchiæ, fuitque Ante adventum Christi An. 2689, & post Diluvium 530. Tribus istis Imperatoribus, sive Fundatoribus Imperii Sinensis, etsi tribuatur Principem Fo hi 115 annis regnasse, Xîn nûm 140, & Hoâm tí 115, non est quod reverâ tot annis regnarint, sed quod anni qui in seditionibus compescendis, seu quasi in interregnis illis intercesserunt, adscribantur annis Imperii dictorum imperatorum.

Xâo hâo, aliàs Kîn tiên filius Hoâm tí, matre Lûi cù natus in Provincia Xân tûm, Aula & sepulchrum ibidem. Sectatur primi Regis Fô hî normam & instituta, primus hic fuit qui cœtus hominum muris clausit, Urbesque constituit, tametsi non desint Auctores qui laudem hanc decessori tribuant. Initia prospera, sed mox novem Reguli ordinem Sacrorum & Imperii perturbant, infesti populo fictitiis spirituum spectris ac larvis; hinc initia superstitionum & juvenum periculum ut notat Historia. Hujus Imperatoris quatuor filii obierunt munera publica sub sequenti Imperatore Cheu Hio. Etiam Keu Lûm filius Xîn nûm II. Imperatoris, sub hoc quoque fertur Magistratum gessisse, Auctor fuit Musicæ Kien Yven dictæ, trahendis curribus boves jungit. Dicitur Mater illo gravida conspicata stellam novam quæ instar Iridis delabebatur benè sibi ominatam fuisse. Primo Anno apparet Aquila, quam dein vult esse insigne Imperii atque Optimatum. Regnare cœpit Anno 356 Monarchiæ, fuitque ante Christi adventum Annus 2589 & post Diluvium An. 630. Regnavit autem annis 84.

Chûen Hîo, alias Cao Yâm nepos Hoâm tí ex hujus filio Chôm Y, matre Niu Kiu. Aula primò in Provincia Kim, deinde in Provincia Xan Tum, ubi sepulchri epitaphium, hodieque extat. Obiit an. ætatis 91. Purus & Religiosus: Sacrificiorum ritus, ipsumque Imperium ad pristinum splendorem revocat missis in hunc finem per Imperium Præfectis; debellat novem dictos Regulos: abusus introductos in Sacrificiis, tollit, hinc pax, & ordo rerum pristinus. Kalendarii auctor dicitur quia hoc correxit, vide infra. Auctor est Musicæ Chîm Yûn dictæ. Imperavit 78 annis, quorum primus fuit 440 Monarchiæ, ante Christum 2505, & post Diluvium 714.

Ti co, alias Cao sîn, nepos Xâo hâo ex hujus filio Châo Kie. Aula Yên sû in Provincia Hô nân. Sepulchrum in Provincia Pe kim, obiit an. ætat. 105, obediens cœlo, spiritum veneratur; pius, & gravis: beneficus & sincerus: forma Imperio digna. Medium prudens tenet: eodem quo sapientes ætatis illius habitu vestium utitur. Rerum status prosper: hoc Rege omnes gaudent ei se subdere. Filios ac nepotes Châm y (fuit hic filius Hoâm tí III. Imperatoris) donat ditionibus Regni Xo in Provincia Si Chuen. Sunt ei quatuor uxores Reginæ. Prima post Sacrificium factum Xâm tí, parit filium Cie: ex secunda natus Yâo: ex tertia Sie: ex quarta Chí, & hic quidem à morte Patris novem annis imperavit, sed quia degener à Regulis privatus Imperio, novem illius anni adscribuntur Yâo. Novi & plenilunia sui distinguit nominibus, item quadrantes lunaris aspectus cum sole. Primo Imperii anno Musicam instituit Kieû Châo dictam.

Isti sunt sex Conditores Monarchiæ Sinicæ per annos 587, cujus principia sicut aliarum modica & obscura: ritu barbarorum in sylvis & antris pelliti Sinæ degunt, herbis tantùm crudisque carnibus vescuntur, sanguinem potant. Patrem vix est qui norit, quia nulla dum thori jura, sed paulatim ad humanitatem excoluntur, & primus Imperii conditor Fo hi rudimenta quædam à cœli & terræ vel cursu vel ordine petit. Hinc Conditoribus singulis suum ab elementorum uno nomen, sua Præfectis quoque insignia, coloris cærulei, rubri, albi, nigri à quatuor anni tempestatibus mutuata. Solaris anni verniquæ temporis principium constituit in gradu 15 Aquarii, quem adeo gradum Kalendariæ cujusque anni proximè cum ipso novilunio vel sequuntur vel antecedunt: hæc autem ratio temporis tametsi deinde sæculis aliquot interrupta, tamen imperante familiâ Hân sub Imperatore Hiâo vû Hoâm ti denuò revocata ad hanc usque ætatem observatur.

MONARCHIÆ SINICÆ.

Duo Monarchiæ Imperatores, iidemque Legiflatores per annos 133.

IMPERIUM jam cultiùs opulentiùsque duo qui sequuntur Principes Yâo & Xún legibus, institutis politicis & officiis ornant ac firmant; & hos quidem ut normam suorum Principum, & exemplar priscæ virtutis posteritas omnis veneratur atque deprædicat.

Primo Legislatore Yâo auspicante, suum imperium Chronicæ supputationem quoque temporum ordiuntur per Cyclos sive Periodos annorum sexaginta; ordiuntur autem ab anno Cycli primo & quadragesimo ex quo certo conficias Cycli usum jam ante viguisse.

Yâo, alias Taô & Tâm filius Tì co ex secunda Regina Kǐm tu dicta. Aula Pǔ Cheu in Provincia Xan si. Sepulchrum Kio feu in Provincia Xan tum. Obiit ætatis 118. Opes cum essent regiæ, vulgari tamen victu, vestitu, domo, strato contentus est, suorum culpas sibi adscribit uni, adeoque se famis publicæ pius ac modestus reum agit. Imperium reliquit sapientiori non filio Tan chu dicto, nec cuiquam ex aliis octo filiis quos habuit. Tanta cum pace regit ut per 50 annos vix sentiatur regere. Obeuntem illum ditiones suas, pueri atque Aratores fausto cantu prosequuntur: mortuum verò, quasi Pater esset omnium, Sinæ omnes toto lugent triennio. Anno 44 ab agro & stiva in Imperii rimatem adscribit Xún, cui & ambas filias dat nuptui. Sub hæc tempora quinque nobilitatis ordinibus, quibus fere respondent nostrates Principes, Duces, Marchiones, Comites, Barones, singulis tribuuntur insignia: consule Lib. Lù yǔ. Trecentos quinquaginta quatuor anni dies partitur in sex menses, dierum 29 & totidem dierum 30, usus opera duorum Astronomorum suorum Hô, & Hi dicti. Auctor est Musicæ Tà dàm dictæ. Sericarum vestium, quibus intexti flores jam tunc est usus. Ludus qui saccharum dicitur initium sumpsit hoc tempore. Decimo quarto post mense quam conceptus fuerat nascitur. Anno imperii 61 principium diluvii novennalis, cujus aquis alio derivandis perficitur Quên à quatuor Primatibus Imperii Sú yo dictis ipsi Yâo commendatus. Imperavit 72 annis, fuitque primus annus quo regnare cœpit, idem 588 Sinicæ Monarchiæ, ante Christum anno 2357, & post Diluvium 862, fuitque Cycli primi annus 41 Ka Xin.

Xún, alias Yû electus à Yâo nepos Hoâm ti ex septima stirpe, fuit ei Pater Cù séu, Mater Vo tem. Aula in Provincia Xên si: visitans ditiones Provinciæ Xên si moritur in Cam ngû suo ætat. 110.

Imago viva decessoris sui. Omnes obedientes ac pii filii partes implet etiam adversus novercam. Nemini suorum non aures auditumque præbet, locum sustentandis commodè senibus designat. Centenarios ipse per se visit. Filium suum Xam xiun à successione in Imperium excludit. Quatuor è posteris Hoâm ti, insolentiores reprimit, mox deinde Imperium dividit in Regiones duodecim, altâ pace fruitur: in tabella palam exposita notari à quovis permittit si quid apse in administratione Imperii peccetur. Sunt ei à consiliis octo Pa cài dicti è stirpe Chuen hio, alii item octo è stirpe Tì co dicti Pa Yuèn; præter hos alii septem olim dum agros coleret ei familiares: novem denique alii variis muneribus præfecti. Vide Lib. Xu xim. Sphæram septem planetarum ex pretioso lapide curat effingi. Auctor est Musicæ Siáo chio dictæ; canit & ipse tam voce quàm fidibus. Hoc Rege testaceis sarcophagis utebantur Sinæ, sed mox sub Tà yù ligneorum cœpit usus, Gymnasium litterarium instituit. Novæ stellæ visæ quarum una mediæ instar Lunæ. Aquila per Imperium volitat, rara avis in Sinis, ideoque raræ felicitatis augurium. Primus annus quo cœpit regnare, fuit 660° Monarchiæ; ante Christum 2285, & post Diluvium 234; denique Cycli 2 annus 53 Pim Xin dictus.

Santâi, id est trium Familiarum Imperatoriarum. Prima Hia dicta, propagata per fratres, filios ac nepotes Imperatores 17. Annos 458.

IMPERIUM quod ab ortu in occasum 20 fere jam tunc occupabat, & totidem à Septentrione in Meridiem (siquidem tributaria Barbarorum regna incluseris) Rex Yû in novem regiones dividit, & quæ cuique respondeant constellationes docet: ordinat vectigalia, de his vide Xu xim Lib. 2. Novem vasa fundit ex ære, quasi imagines novem regionum, & hæc quidem conservata deinde sunt per annos fere 1970, quoad capta à Regulo regni C, in, atque in flumen demersa perierunt. De divisione terrarum consule Lib. 2 Xu xim, & Atlantem Sinicum.

Aquas novennalis diluvii, quibus in mare derivandis Quên Imperatoris Yû pater ærarium prope exhauserat successu nullo (quapropter & capitis damnatus est) filius industriâ suâ & 13 annorum labore, feliciter in mare derivat, quam ob causam collatum est ei Imperium.

Tà Yù, id est magnus Yù electus à Xún; nepos Hoâm ti è quartâ stirpe; natus anno Imperatoris Yâo 80, mense 6, die 6. Hujus & Familiæ Aula Hià hièn in Provincia Xân si. Obiit ætat. an. 100. Fugientem honores ad solium evehunt Reguli: imitatur ipse decessores suos.

Yaô & Xún, obvius cunti ad supplicium è rheda sua descendit, & reo collacrimatur. Usum potûs qui inebriaret, vetat, inventore Ytie castigato. Futuram à vino Imperii ruinam prædicit. Jam antequam Yù imperaret, codemque imperante, florebant optimates Coo taô, & Pe ye, & C, ie de quorum monumentis, & præclaris monitis consule Xu xim lib. Primum annum inchoat à no-

a ij

SYNOPSIS CHRONOLOGICA.

vilunio quod proximè antecedit Veris initium. Auctor est Musicæ Tá hia laudes Yâo & Xùm complexæ. Tympanum erigit, cujus pulsu evocatus tempore unius refectionis decies à mensâ, ter deinde à balneo prodit alacer suos audituros. Usus tympani hodieque viget. Circini & perpendiculi usus ei tribuitur. Rhedam equis jungit. Hujus mater Chí dicta illo gravidâ cum stellam serrantem cerneret benè sibi ominata dicitur. Ipsi jam post susceptum Imperium fortè naviganti præsens à belluâ periculum, mori impavidus ac cœlum suscipiens, *vita hæc depositum est*, inquit, *mors restitutio*, quo dicto fugit bellua. Aurea sub hoc ætas: hinc forte quod aurum triduo pluisse memorent, obiens ac lustrans ditiones suas bis Comitia celebrat, ad quæ Regulus Fâm sûm cum tardius venisset plectitur. Filii immemor Regulum Pê yĕ qui sibi succedat proponit cœlo. Imperavit 27 annis, annus autem primus Imperii ejus fuit 171 Monarchiæ, ante Christum 2224., & post Diluvium 995, Cycli 3 54. Tím sú dictus.

Tı Kı filius Tá yû ob merita Patris & sua à Regulis electus: Mater Kiáo dicta. Aula eadem. Sinistrum belli successum adscribit modicæ virtuti suæ. Xám kiûm, quem Xún Pater sibi noluerat succedere, regiè benevolénque semper tractato Regulo Ye vitâ functo regiè parentat. Regulum Hú, quod esset vir improbus, & Kalendarii ordinem perturbaret armis aggressus victor extinguit. Inter quinque fratres distribuit Regnum Guéi in provincia Xán sī situm. Hereditaria in Imperium successio per filios & nepotes ab hoc initium ducit. Novem ordines Musicorum, & totidem tripudiorum choros instituit. Ædes turri nobiles excipiendis Legatis & Comitiis celebrandis extruit. Imperavit 9 annis, fuitque annus primus Imperii ejusdem. 748 Monarchiæ, ante Christum an. 2197, & post Diluvium 1022, Cycli 4 annis 21 Kia xîn dictus.

Taí cām decessoris filius: exul obiit. Luxu perditus res Imperii neglexit: venationi dies omnino centum impendens sui Imperii 19 à venatione redeuntem Hoân hô fluvii transitu Regulus Héu prohibet, fratremque Imperio substituit: quinque fratres Imperatores luctuosum Imperii statum deplorant. Extat in Xú kím Lib. 2; eorum lamentatio U cŭ chī cŏ dicta, id est quinque puerorum cantus. Regulus Héu y celebratus sagittarius, alius ab eo qui vixit imperante Yaô. Anno 12 hujus Imperatoris fuit initium regni Assiriorum, & anno 20 initium regni Sicyniorum. Imperavit 29 annis fuitque annus quo cœpit imperare, idem 757° Sinicæ Monarchiæ, ante Christum 2188 & post Diluvium 1031, Cycli ejusdem anno 30 Quéi sú.

Chúm cām frater minor subrogatus à Regulo Héu y decennio toto abstinet titulo Imperatoris, quandiu scilicet frater in exilio superstes est. Armis præficit Regulum Yn Héu, cujus opera quamvis cætero quin improbi Regulos Hí & Hô immodicè vino deditos debellat, & punit anno 2 Imperii sui. Supra memoratum Héu y eligit in Colaum: eorum qui Imperatori à consiliis sunt supremus hic ordo est: secundus à summo dignitatis gradu, primumque totius gentis oraculum. Anno hujus 2 Eclypsis solis sed quo die & mense contigerit Chronica non meminerunt. Hoc tempore Babylon conditur. Imperavit 13 annis fuitque is quo cœpit imperare 786 Monarchiæ, ante Christum 2159, post Diluvium 1060, Cycli ejusdem anni 59 Gin sio.

Tı siám decessoris filius. Aula Xám kiēu in provincia Hô nân occisus. Imperii administrationem temerè committit Colao Héu y Aulam alió transferens: Héu y luxui quoque deditus Imperii curam committit alteri Hân chō dicto; sed hic Colao, Regeque interfectis invadit arque usurpat Imperium. Regina gerens uterum, fugit ad suum Patrem Regulum regni Yèu gēm, ubi parit Xaó çam Regis interfecti filium. Hoc tempore conditur Ninive, & fuit Idololatriæ initium. Imperare cœpit anno 799 Monarchiæ, ante Christum 2146, & post Diluvium 1073, Cycli 5, anno 12 Ye hái. Imperavit autem annis 27.

Xaó çam decessoris occisi filius. Aula vetus in provincia Xán sī obiit ætat. 61. Complures annos modicam ditionem, cui maternus Avus eum præfecerat cum laude regit. Post 40 annos restitutus in paternum Imperium, hoc ad pristinam integritatem feliciter revocat. Filium Vú yŭ creat Regulum regni ŭ (est hoc situm in provincia quæ hodie Che kiám dicitur) alterum suorum filiorum Kio hie Regulum creat ditionis C̄, ēm dictæ. Reguli omnes ad Comitia de more veniunt. Barbari ultro se dedunt subduntque imperatori. Hujus 2 anno natus Thare pater Abrahami. Zoroastes Magus Rex Bactrianorum imperare cœpit anno 816 Monarchiæ, ante Christum 2119, post Diluvium 1100, Cycli ejusdem ann. 39 Gin yn Imperavit autem annis 62.

Tı xú decessoris filius. Hujus & sequentium Aula ibidem in provincia Xán sī. Imitatur Regem Yù hujus Familiæ fondatorem. Anno 10 hujus nascitur Abraham 1172 annis post Diluvium juxta 70 Interpretes. Imperavit an. 17, fuitque is quo cœpit imperare 888 Monarchiæ, ante Christum 2057 post Diluvium 1162, Cycli 6 an. 4 Kia xîn.

Tı Hoâi decessoris filius. Anno 3 novem Barbarorum regna subdunt se Imperatori. Imperavit 26 annis, fuitque is quo cœpit imperare, idem 905 Monarc. ante Christum 2040, post Diluvium 1179, Cycli ejusdem an. 58 Sin yeŭ.

Tı mâm, seu ut alii legunt Tı Vâm decessoris filius, cœpit ac lustrat ditiones Imperii sui. Ex lapide pretioso sed ignoto, qui ad oram fluminis Hiâm hô repertus fuerat sigillum conficit. Imperavit 18 annis fuitque 931 Monarc. ante Christum 2014, post Diluv. 1205, Cycli 7 ann. 24 Tim hái.

Tı sie decessoris filius. Sex regna Barbarorum Imperatori se dedunt. Hic Regulos eorum titulis ac dignitatibus primus ornat, qui mos hodie viget. Hoc tempore fuit Melchisedech Rex Sálem. Imperavit 16 annis fuitque is quo cœpit imperare 949 Monarc. ante Christum 1996, post Diluvium 1223, Cycli ejusdem ann. 42 Ye sú.

Tı Pŭ Kiám decessoris filius. Anno 34 hujus fuit

MONARCHIÆ SINICÆ.

fuit Sodomæ incendium. Anno 35 hujus nascitur Isaac. Imperavit 59 ann. fuitque is quo cœpit imperare an. 965 Monar. ante Christum 1980, post Diluvium 1259, Cycli ejusdem ann. 58 Sin yeù.

Ti Kium frater ipsius Ti Pú Kiăm imperavit 21 annis, fuitque is quo cœpit imperare 1024 Monarchiæ, ante Christum 1921, post Diluv. 1298, Cycli 8 an. 57 Kem xim.

Ti Kiŭ decessoris filius. Imperavit 21 annis fuitque is quo cœpit imperare 1045 Monarchiæ, ante Chr. 1900, post Di. 1319, Cy. 9 an. 18 Sin sŭ.

Ti cŭm xia Ti Pú Kiăm filius, superstitionibus addictus & libidini. Ab hujus tempore paulatim cœpit Imperium labem ac ruinam facere multis Regulorum rebellionibus. Duo Dracones mas & femella capti, & cuidam Liêu liu commissi alendi, sed hic, mortuâ femellâ fugit. Anno 4 hujus nati Esaü & Jacob. Anno 7 moritur Abraham. Hoc tempore fuit initium Regni Argivorum Inacho conditore. Imperavit 31 annis fuitque annus iste quo cœpit imperare 1066 Monarchiæ, ante Christum 1879, & post Diluvium 1340, Cycli ejusdem an. 39 Gin yn.

Ti căo decessoris filius imperavit 11 annis, fuitque 1097 Monarchiæ, ante Christum 1848, post Diluvium 1371, Cycli 10, an. 10 Queı̆ yeŭ.

Ti fă decessoris filius imperavit 19 annis fuitque 1108 Monarchiæ, ante Christum 1837, & post Dilu. 1382, Cycli ejusd. anni 21. Kiă xiñ.

Kiĕ decessoris filius, alias Lў queı̆ Tyrannus impius, crudelis, lascivus, iis corporis viribus ut ferrum manu diffringat, jactat tum desiturum se quando sol esse desinet. Vino lacum implet in quem ad pulsum tympani tria hominum millia se petulanter immergunt. Rebellem Regulum Yeŭ xı̆ domat. Hic demum victori mittit pellicem Mı̆ ei hỹ ex qua deinde ruina Imperii Tam Reguli commisso prælio fruitur tyrannum, fugit hic in Nañ châo, ibique post triennium obit. Quàm tûm fidus cliens dum tyrannum officii sui commonefacit, ejusdem jussu occiditur; parentat ei Regulus Tam, conjicitur ob hanc causam in vincula, paulò post tamen solvitur, solutus per sapientem Ỹ Yn evocatum ex agro frustra conatur mederi Principi, multi optimatum Aulam relinquunt, è pretioso lapide turrim extruit in gratiam suæ pellicis. Anno imperii 50, stellæ visæ decidere, terræ motu pars montis Tai xañ decidit, fluvium Ỹ, & Lŏ in provincia Hô nân exsiccantur anno 22 hujus fuit diluvium Ogygium. Imperavit 52 annis, fuitque 1117 Monarchiæ, ante Christum 1818, post Diluvium 1401, Cycli ejusdem an. 40 Queı̆ maò.

SECUNDA FAMILIA,

Primùm Xăm, posteà Yn dicta numerat Imperatores 28, annos 644.

CHIM Tam etiamnum Regulus dum forte saltum videt capiendis feris indagine jam circumdatum, illas miseratus, tribus locis laxari jubet indaginem, quo mitis animi exemplo Regulos sibi jam benevolos multo arctius devinxit. Victo Kiĕ tyranno, Comitia celebrat, ter mille Primates adsunt; his ipse cum sigillo sus imperatoris eligendi defert, omnium votis unus ipse eligitur ac recusat ter, Imperium adire cogitur anno ætatis 87.

Anno Imperatoris Chim tam sexto Chinam quoque cœpit affligere fames septennalis, eadem scilicet quæ in sacris Litteris in universo orbe prævaluisse scribitur Genes. cap. 41. Hâc imperante Familiâ sedes Aulæ Crebro mutatur, ob eluviones & strages rapidissimi fluminis Hoâm hô dicti, hæc una propè causa collabentis deinde Familiæ atque Imperii.

Chim tam ex augusta stirpe Imperatoris Hoâm ti oriundus, fuit ei pater Chù queı̆, mater Fû tù: Aulam transfert ex provincia Xăn sı̆ in provinciam Hô nân quæ olim Pŏ dicta fuit, nunc urbs Quéitĕ dicitur. Obiit ætatis anno 10. Religiosus, modestus at aurum amans; gravissimè afflictus cum suis fame septennali, vota placando Cœlo seque ipsum victimam offert, effusis repente imbribus exauditur. Therio-trophia feris Sacrificio destinatis extruit, minuit vectigalia, auri fodinas aperit sublevandæ populi inopiæ. Ỹ yn & Chúm Exeı̆ duo Imperatoris Colai, de quorum sapientibus consiliis, uti & ipsius Principis, consule Lib. Xŭ ķı̆ñ. In pelvi in qua corpus lavabat vasisque aliis præclara monita primus jubet exarari. Annum indicit ab eo mense qui fuit 11 familiæ præcedentis, & hujus quidem insignia nigri coloris fuerant, in Sacrificiis autem violacei, ipse verò albi vult esse in posterum. Anno 6 hujus cœpit fames Ægypti quo Profectus est Jacob anno Imperatoris hujus 8. Imperavit 13 annis, fuitque 1179 Monarchiæ, ante Christum 1766, & post Diluvium 1453, Cycli 11 an 32 Yĕul.

Tai xiă cognomento Tai Kŭm nepos Imperatoris Chim tam ex hujus filio natu maximo Tai tim dicto, adolescens degenerat ab institutis Avi sui, sed eum mox Colaus ỹ yn collocatum in horto sepulchrali ac suburbano avi ejusdem per triennium fœliciter excolit; præclare jam institutum Colaus ỹ yn, insignia defert Imperii quod ipse prudenter ac pacificè administrat, sponte suâ Reguli omnes ei parent, est beneficus erga omnes, sed maximè viduas ac pupillos. Imperator Chim tam filio suo Tai tim natu maximo superstes fuit, cui tandem mortuo secundus filiorum Vai pim in Imperio succedit: huic autem cum nondum biennium totum imperasset, tertius Chŭm gı̆n succedens per quadriennium imperat; cæterum tam hujus quam illius anni, sex scilicet, uni Tai Kiă adscribuntur, Ỹ yn Colai monita & præclaram institutionem parvi Principis Tai xi, vide in Lib. Xŭ Kı̆ñ. Hoc tempore Sparta conditur. Imperavit 33 an. fuitq; 1192 Mon. ante Christum 1753, post Diluvium 1466, Cycli ejusdem an 45 Vŭ xı̆m.

Vŏ tim decessoris filius, Consiliis Ỹ yn Colai continenter utitur suo & Reipublicæ magno emolumento. Octavo hujus anno moritur Ỹ yn ætatis 100, Imperator ei parentat ritu apparatuque regio, Colao Ỹ Yn succedit filius Ỹ pú, qui deinde quinque Imperatoribus fuit à Consiliis usque ad annum 7 Tai veı̆ Imperatoris. Fuit prodigiosa per triduum Moritur Joseph Patriarcha. Imperavit 19 an. fuitque 1225 Monar. ante Chr.

1720, poſt Diluv. 1499, Cycli 12 an. 18 Siñ ſú.

Tai xĕm deceſſoris frater, hoc tempore fuit Jobi patientis certamen, imperavit 25 an. fuitque 1254 Monar. ante Chriſt. 1691, poſt Diluv. 1518, Cycli ejuſdem an. 47 Qĕiñ ſiŏ.

Siao Kiă deceſſoris filius imperavit 17 an. fuitque 1279 Monar. ante Chriſt. 1666, poſt Diluv. 1553 Cycli 13 an. 12 Yĕ Hai.

Yŭm Ki deceſſoris frater Imperium collabeſcere incipit. Regulorum aliqui ad Comitia venire detrectant : imperavit an. 12, fuitque 1296 Monar. ante Chriſt. 1649, poſt Diluv. 1570, Cycli ejuſdem an. 2, Gin xiñ.

Tai Vŭ cognomento Chŭm cum deceſſoris frater, res moreſque Imperii reſtaurat qui ad ſuſtentandos & fovendos homines grandævos & juſta mortuis perſolvenda quæ quondam inſtituta fuerant ſollicito ſervari curat, per 75 annos pacificè regit, Comitiis adſunt 76 Regulorum Legati. Duobus Colais ypŭ & Chîn yĕ mortuis, tertius Colaus Vŭ Eiĕn conſilio prudentiaque Principem juvat, Colaus p̃ pú Regem docet inferiora eſſe virtute auguria, adeoque non eſſe quod prodigio mori repente frondes explicantis & mox areſcentis terreatur. An. Imp. 7. arbor mortis, unius aut ut alii 7 dierum ſpatio frondes latè explicat, mox inde triduum ſpatio prorſus exareſcit, hoc tempore naſcitur Moyſes, imperavit 75 an. fuitque 1308 Monar. ante Chriſt. 1637, poſt Diluv. 1582, Cycli ejuſdem an. 41 Kiă Kiñ.

Chúm tim deceſſoris filius Aulæ ſedem ex Pĕ transfert in Ngao locum ejuſdem provinciæ Hô nân. Barbaros latrocinantes domat, eluviones fluminis Hoâm hô cogent Imperatorem cum Aula migrare alias, hoc tempore fuit initium Regni Athenienſium conditore Cecrope. Imperavit 13 an. fuitque 1583 Mon. ante Chriſt. 1561, poſt Diluv. 1657, Cycli 14 an. 56 Kì én.

Vai gin deceſſoris frater; ab hoc tempore bellum cœpit exardeſcere inter fratres & filios Imperatorum, quod per 100 & amplius annos, deinde tenuit : notant hiſtorici quod à tempore Chúm tim fratres Imperatorum excluſit eorumdem filiis ſubinde cœperunt admoveri Imperio. Hoc tempore Iſraëlitæ migrant ex Ægypto, etiam Lex ſcripta traditur. Imperavit 15. annis fuitque 1395 Monar. ante Chriſt. 1549, poſt Diluv. 1670, Cycli 15 an. 9 Giñ xiñ.

Hô Tan Kiă deceſſoris frater Aulam transfert è Ngao in Siam qui locus ad urbem Chàm lĕ pertinet. Exundat iterum fluvius Hoân hô, lateque ſtrages edit, quapropter Aula transfertur ad borealem fluvii regionem. Hoc tempore fuit Diluvium Deucaleonis. Imperavit 9 an. fuitque 1411 Monarchiæ, ante Chriſt. 1534, poſt Diluv. 1685 Cycli ejuſdem an. 24 Tim hai.

Gŭ yĕ deceſſoris filius Aulam transfert in Kĕm locum nunc Hô eim hiĕn dictum. Res Imperii collapſas reſtaurat, quod in moribus depravatum eſt corrigit. Alta pax in Imperio ; Reguli Comitia frequentant, Hiĕm filium Colai Vŭ hiĕn ſupra memorati ad eandem quæ patris fuerat dignitatem evehit. Novæ rurſus eluviones & ſtrages fluvii Hoâm hô, ob quas Imperator cum Aula verſus Orientem migrat, hoc tempore cœpit Areopagus. Imperavit 19 an. fuitque 1420 Monar. ante Chriſt. 1525, poſt Diluv. 1694, Cycli ejuſdem an. 33. Pim xiñ.

Gŭ ſiñ deceſſoris filius ; hoc tempore moritur Moyſes & Aaron, ſuccedit Joſue. Imperavit 16 an. fuitque 1439 Monar. ante Chriſt. 1506 poſt Diluv. 1713, Cycli ejuſd. an 52 Yĕ mao.

Vŏ Kiă deceſſoris filius alii volunt quod poſt hunc primum cœperint fratres Imperatorum, excluſis eorumdem filiis tenere Imperium ; hoc tempore fuit Trojani Regni initium Dardano Rege. Imperavit 25 an. fuitque 1465 Mon. ante Ch. 1590, poſt Dil. 1729, Cycli 10 an. 8 Siñ vi.

Cŭ tim filius Sŭ em 12 Imperatoris : hoc tempore floruit Triſmegiſtus. Imperavit 32 an. fuitque 1480 Monar. ante Chriſtum 1465, poſt Diluv. 1754, Cycli ejuſd. an. 33. Pin xiñ.

Nan Kĕm filius Vŏ Kiă imperavit 25 an. fuitque 1512 Monar. Sinicæ, ante Chriſt. 1433, poſt Diluv. 1786, Cycli 17 an. 5 Vŭ xiñ.

Yân Kiă filius C, ŭ tim 14 Imperatoris, Reguli non veniunt more ad Comitia ; controverſiæ inter filios & fratres Imperatorum de jure ad Imperium, bellorum ſemina. Imperavit 7 an. fuitque 1587 Monar. ante Chriſt. 1408, poſt Dil. 1811, Cycli ejuſd. 30 Qŭei ſŭ.

Puŏn Kĕm frater Yâm Kiă deceſſoris, Aulam eadem quæ fuit conditoris Chŭm tam Imperatoris ſtatum ad priſtinum ſplendorem revocat. Regis Chŭm tam in gubernatione ſubditorum imitator ; populus optata pace fruitur. Reguli Comitiis adſunt, Familiam Imperatorum quæ ad id tempus Xăm dicta fuerat, deinceps Yñ vocari jubet. Regis oratio quâ ſuos ut nitgrent hortatur, extat in Lib. Xŭ Kim. Ob novas cluviones fluvii Hoâm hô, rurſus in primam Aulam ſedem Pŏ dictam migratur. Imperavit 28 an. fuitque 1544 Monar. ante Chriſt. 1401 poſt Diluv. 1818, Cycli ejuſd. an. 37 Kĕn qŭ.

Siao ſiñ deceſſoris frater, ſub hoc res Imperii rurſus incipiunt collabeſcere. Hoc tempore fuit Janus. Imperavit 21 an. fuitque 1572 Monar. ante Ch. 1373, poſt Dil. 1846, Cycli 18 an. 5 Vŭ xiñ.

Siao yĕ deceſſoris filius in avertendis publici calamitatibus ſegnior Tai pĕ, & Chŭm yăm ſi tres in gratiam C, ŭ cum Reguli & potus ſuique filio natu minimo Ki liĕ favebat imperium cedet Regnum cedunt, atque excedentes patria, Regnum ŭ, hodie ſŭ chĕu in provincià Nan xhier fundant, Cŭm vâm ex ſuo migrat in Ki dictis ſubditis cum Principe tam caro, pio cæterari migrantibus. Vide Mĕm. ¶Hoc tempore fuere Saturnus, Jupiter, Bacchus. Imperavit 18 an fuitque 1598 Monar. ante Chriſt. 135́, poſt Dilu 1867, Cycli ejuſd. an. 26 Kì chĕn.

Vŭ tim cognomento Cao quem deceſſoris filii Princeps religioſus ac pacis amans, in ſepulchro horto patris patrimonium de renovando ſerio ſecum ipſe meditatur, offertur ei à Xàn Cœli Imperatore per ſomnium, ſpecies ignota ex quem prout ipſe depingebat verbis, coloribus preſſum conquiri jubet, inventum inter cæmentarios & vulgò Fŭ yvĕ nominatum Colaum creat, Fŭ yvĕ ſupremus Adminiſter Imperii, ſive Colex cæmentario. Extant in Lib. Xŭ Kim præ-

ejus monita, dum Familiæ fundatori Chím tam de more sacrificat Imperator, phasiana repente advolans insistit   Imperialis mox crocitat, hinc fœlicitatis ac pacis augurium Colaus C,ŭ xí petit. Hoc tempore fuit initium Regni Mycenorum Perseo Rege & Hercule. Imperavit 59 an. fuitque 1621 Monarchiæ, ante Christ. 1324, post Dil. 895, Cycli ejusd. an. 54 Tim sŭ.

Cŭ Kĕm decessoris filius imperavit 7 an. fuitq; 1680 Monar. ante Christ. 1265, post Diluv. 1954, Cycli 19 an. 53 Pim xin.

Cŭ Kiă decessoris frater, lascivi mores Sinarum & rebelliones labefactant Imperium. Hoc tempore fuerunt Argonautæ, Amazones, Tyrus conditur, floret Orpheus. Imperavit 33 an. fuitq; 1687 Monar. ante Christ. 1258, post Diluv. 1961, Cycli ejusd. an. 60 Quèi hai.

Lin sin decessoris filius imperavit 6 an. fuitque 1710 Monar. ante Christ. 1225, post Diluv. 1994, Cycli 20 an. 33. Pim xin.

Kĕm tim decessoris frater filius 2 imperatoris C,ŭ Kiă. Hoc tempore floruit Debora. Imperavit 21 an. fuitque 1716 Monar. ante Christ. 1219, post Diluv. 2000, Cycli ejusd. an. 39 Gin in.

Vŭ yĕ filius decessoris anno 4 sui Imperii dum venatur juxta fluvium Guéy, ictus fulmine perit; impius perditisque moribus dum scaccis lusitat, ipsos spiritus quorum nomina latrunculis indiderat, ludum facit, & veluti victis victor insultat; utrem sanguine plenum suspendit in aëre, hunc sagittis petit cœlum absè feriri vociferans. Barbari Orientales, cum terra vix caperet multitudinem, quæsituri novas sedes ad vicinas Eoi maris Insulas (fortassis & Japonicas) migrant. Japones certè ferocia, armorum studio Tartaris perquam sunt similes. Hoc tempore fuerunt Heroes, Thebani. Imperavit 4 an. fuitque 1747 Monarc. ante Christ. 1198, post Diluv. 2021, Cycli ejusd. an. 60 Quèi hai.

Tai tim decessoris filius, Ki liĕ cui pater C,ŭ cum (de quo supra) & mater Tai Kiăm raræ virtutis matrona. Debellat Tartaros Pekinenses. Imperavit 3. an. fuitque 1751 Monarc. ante Christ. 1194, post Diluv. 1025, Cycli 21 an. 4 Tim maŏ.

Tiyĕ decessoris filius, Imperatoris auspiciis Regulus Ki ŭ alios debellat Barbaros, in provincia Yĕxun ki liĕ perhonorificis titulis ab Imperatore ornatur. Septimo ejusdem anno moritur, ei succedit filius Vĕn vân; tres Imperatori sunt filii, natu minimum, Colao suadente, designat hæredem Imperii, propterea quod deus talem majores maret ante peperisset, quam Reginæ titulo gauderet. Vide Genealogiam. Hoc tempore fuit Gedeon Jepthe, & Trojæ incensum. Imperavit 37 annis, fuitque 1754 Monar. ante Christ. 191, post Diluv. 2028, Cycli ejusd. an. 7 Kem ŭ.

Chéu alias Xĕu sin decessoris filius natu minimus pronepos blasphemi Vŭyĕ victus à Vŭ vĕm ductore 700 millium & voluntario incendio cum gaza regia tandem absumptus, in turri Cö tai dicta mense duodecimo an. 33 Imperii sui, quamquam postremus hic annus, non ipsi sed successori adscribitur, magnas naturæ dotes majoribus vitiis fœdat extinguitque, suaâ pellicis admodum crudeli supplicii genere, Pâolŏ dicebatur, reos leviorum criminum afficit, alligatos scilicet columnæ æneæ condenti in cineres redigens; vino lacum implet, in quem viri fœminæque ludibundi sese mergunt ac lasciniunt. Debellat Regulum Yèu sŭ qui modò memoratam pellicem victori mittit, exitiale tam ipsi quam Imperio donum. Ipse in pregnantes, ut in matrem suam Nero, crudeliter curiosius sævit: puellam à Regulo regni Kiài dono missam, quia libidini ejus servire constanter recusat, interficit, mox & autorem doni. Kiçu patruus Regis, dum paxillos eburneos alianque peregrinam suppellectilem adhiberi videt, damnat ætatis suæ luxum, ex hoc ruinam Imperii præsagiens, amentiam deinde fingens datur in vincula, Vi çu Regis frater & Tai cum aliique dum audiuntur Aula excedunt, Pi can alter Regis patruus, & C,ŭ y dum cum monent occiduntur. In pellicis gratiam extruendæ turri Lŏ tai dictæ annos impendit omnino septem, turris altitudo Sinensium cubitorum mille, circuitus 1080 passuum. Venustas in Venusta, quam fœminæ Sinenses à pedum brevitate & exilitate petunt (quos ob idipsum tenellos ab infantia fasciis perquam arctè constrictos deformiter extenuant) à pellice Tan ki, cui monstruosa pedum exilitas erat initium duxisse fertur. Anno Imperii 20 terræ motus extitit per quinque dies repetitus, quo tempore Regulus Vĕn vâm supra memorati Vŭ vâm pater obiit; fuerat ille novem ante annos cum Regem officii sui commonefaceret conjectus in carcerem, ex quo deinde muneribus delimito Rege demittitur, & supplicium Pâŏ cŏ hortante illo abrogatur. Hoc tempore Alba conditur, Sampson Judex, nascitur Samuël. Imperavit 32 an. fuitque annus ille quo cœpit imperare 1791 Monarc. ante Christ. 1154, post Diluv. 2065, Cycli ejusd. an. 44 Tim vi.

TERTIA FAMILIA,

Cheŭ dicta, numerat Imperatores 35, annos 873. Primùm Si Chĕn quandiu fixit Aulæ sedem in Occidente sub 12 Imperatoribus; post vero Tŭm Cheŭ dicta, translata scilicet ad Orientem Aula.

PRINCEPS Vĕn vâm dum forte effossa hominis ossa offendit, ea, veste sibi detractâ involvi jubet ac tumulari, quo pietatis aliarumque virtutum exemplo 40 Regulorum animos ab Imperatore Chaŭ jam alienos inclinat ad se. Ipse quòd è tribus Imperii partibus duas affectu studioque sibi devinctas habuerit, quod item filium Vŭ vâm Imperio deinde toto positum, primum inter Imperatores hujus Familiæ locum, non tamen titulum obtinet. Familia Cheŭ si Regum Annorumque numerum spectes omnium Familiarum longè maxima; principio quidem felix ac florens: sed novorum deinde rituum, quin & Auguriorum justo studiosior, exacto vix sæculo, sui jam dissimilis pravis dogmatibus discordisque paulatim invalescentibus, & oppressa tandem bellis intestinis, cum ipso quoque nomine suo quod per 100 postremos annos solùm prope, cæteris amissis, spiraverat, extinguitur.

SYNOPSIS CHRONOLOGICA

Vên vâm patre Kí liĕ , matre Taí gĩn rarę virtutis matrona progenitus , obiit anno ætatis 97. Hujus & filii Vŭ vâm præclara monita paſſim in Lib. offendes. Inſignis religione , pietate erga parentes , & ſeniorum pauperumque commiſeratione. Admodum procero corpore fuiſſe ſcribitur & naſo aquilino. Demiſſus è carcere cum novæ ditionis munus quod Cheú tyrannus offerebat reſpuiſſet , ſibi ac virtuti vacat. ; perfugium eſt virorum illuſtrium , qui vel odio vel metu Tyranni Cheú Aulam relinquunt. Habet à conſiliis quatuor eximiæ prudentiæ viros , quos inter Taí cum Ván octogenario jam major primum locum obtinet. In cuſtodia poſitus commentari incipit Lib. Yĕ Kīm ſeú Hieroglificas notas Fŏ hi conditoris , quas ejus deinde filius Chéu cũm uberius explanavit, utriuſque vero Commentaria notis ſuis illuſtravit confuſius. Ad obſervandos ſyderum curſus Speculam extruit Lím taí dictam altam duobus perticis , ambitu ſuo 120 paſſus complexam , ſeptumque venatorium ſex ferè leucarum ambitu ædificat. De his vide Mençium Lib. primo.

Vŭ vâm patre Vên vâm , matte Taí ſŭ raræ item virtutis fœmina progenitus, victo Tyranno Chéu, ejuſque pellice Tém Kĩ capite plexa ab octogentis partim Regulis partim Dynaſtis convivii tempore ſalutatur Imperator , totiuſque Chinæ Dominus , quamvis reluctans conſtituitur. Ipſius Aula in provincia Xên sī , tunc Kiao dicta , nunc Hién yam hién novem Vaſa imperialia in oppido Lŏ yâm dicto provinciæ Hô nân , velut in meditullio Imperii ſui collocat. Moritur an. Imperii 7, menſe 12 , ætat. 93. Paternæ laudis ac virtutis æmulus , nec cuiquam belli pacifque gloriâ ſecundus. Principio cum adit Imperium, ſolemni ritu ſacrificat Xán tí ſupremo Cœli Imperatori, & ſpiritibus mortuos Patrem , Avum Atavumque Regum nomine inſignit. Optima ſpolia inter Regulos Familiæ Xam , meſſes agrorum hoſtilium inter inopes partitur, carceres recludi jubet , eductum de cuſtodia Tyranni Cheú patruum Rĩ cũ dictum (qui libellum Hũm fân Lib. Xū kīm inſertum ſcripſerat , Regno Coreæ donat , eximique jure clientelari , & feudi onere. Olim cum plurimum Sinarum ſanguine iterum atque iterum occiſi ſepulchrum glorioſo Epitaphio , titulifque aliis adornari jubet. Septuaginta Regna inter fratres filioſque morigeros , atque alios benemeritos diſtribuit ; munificentia ſanè regia ſed olim Imperio nocitura , menſe quarto , arma, bellique apparatum omnem recondi jubet. Viget pax : ſeptem-decim Regna Barbarorum ei ſponte ſe dedunt. Docet genti ſuæ militari diſciplina imbuendæ uno duntaxat viro qui vere dux & miles ſit, opus eſſe : ſic nimirum ut ab hoc uno viro probè inſtituantur alii decem : ab horum ſingulis mox decem alii , & ſic deinceps ; exiguo tempore centum armatorum millia , coque amplius rei militaris peritiam conſecuturos. Secundo Imperii ſui anno ægrotavit ; frater ejus Chéu cũm ſolemni ritu ſe victimam devovet pro vita fratris, qui protinus ſanatur, vide Lib. Xū kīm habet à conſiliis decem ſapientes, vide Lib. Cúm yú. Celebres Pĕ y , & Xŏ eī filii Reguli Regni Fú chŭ de quorum laudabili rariſſimaque lite uter alteri cederet Regnum. vide Lib. Sú xū. Triumphantem Vŭ vâm peccati arguunt, quod vel Tyranno cauſa mortis extiterit : audit illos Imperator, cujus obſequium ac victum dedignati , in montem Xéu yâm voluntaria fame conſumuntur, ignea voce lamentabile carmen poſteritati occinentes, annis indicant ab eo menſe qui fuit 11 Familiæ præcedentis. Auctor eſt Muſicæ Tà mī dictæ , qu æ re quia martem & arma ſonat injucunda eſt linis pacim amantibus. Uſum draconis & Imperii inſignæ hoc erat quatuor unguibus inſtructi vulgo permitttit, & draconem vero quinque inſtructum in quibus ſolius Familiæ Regis vult eſſe inſigne qui mos hodieque viget. Ipſe poſteros priſci Imperatoris Xīn nũm Eoâm ti yàs Xún yŭ variis donat Regnis, dum forte navigat prægrandis atque albicans piſcis ſaltu exilit in navem , hinc onen & conſirmatus albi coloris uſus ad inſigna, paulo poſt tamen cum ignis fulgetri inſtar eſſet delapſus faſtigium Palatii lamberet moxque ſubiens in album purpurei coloris avem referre videretur, purpurei deinceps coloris uſum ad inſignia præferbit. Imperavit 7 annis fuitque 1823 Monarch. ante Chriſt. 1122 , poſt Diluv. 2097, Cycli 22 an. 16 Kĩ maŏ.

Chĩm vâm deceſſoris filius natus annos 13 patri ſuccedit ; moritur an. ætat. 50 menſe 40 , montaque dedit moriens filio ſuo atque hæredi Imperii , vide in Lib. Xú kīm. Cleú cũm patruus ac Tutor pupilli Regis adminiſtrat pro illo res Imperii. Idem tres fratres ſuos unà cum Cleú Tyranni filio Vŭ kĕm quod ſemina quædam rebellionis ſpargerent graviter plectit , de his Muſica Chŏ dicta inſtituitur. Menſuratum ponderumque ratio exactior conſtituitur : immodica Patrui potentia atque authoritas inviſiis ſuſpicionibuſque anſam præbet : quibus ille prudenter cedens Regnum Lŭ petit , ſed hinc poſt biennium cum honore revocatur. Undecimo Imperii anno inde deinde moritur centenarius, ei regiâ pompâ juſta perſolvuntur ; ſuccedit ipſi Kĭũm Colaus , cujus monita vide in Libro Xū Kīm. Vī cũ fratrem Cheú Tyranni creat Imperator Regulum Regni Sũm , eximitque onere clientelari ; idem anno 5 cum ſauu ipſius fratrem Xŏ yŭ jocabundus Regulum creaſſet monitus ab optimate Sŭ yĕ non eſſe regium jocari ſerio Regulum creat Regni Tāi ſeu Cĩ, quod deinde 29 ex illa ſtirpe Reguli adminiſtrarunt ; ſeptimo quoque anno ad Orientem Aulam conſtituit in urbe & provincia Hô nân, mox inde repetit Occidentem. Anno ætat. 20 perſe res adminiſtrat. Præclara monita Sŭ yĕ ad Regem, nec non ipſius Cleú cũm ad filium ſuum Pê kĩn dum ad Regnum Lŭ contenderet, vide in Analibus, an. 6 Rex Tum kĩm & Cochenchinæ ſuis & monita Religionis permotus , per Legatos ſuos remedium petit ſiccitati triennali, inter cætera munera Gallus albus effertur imagine acceptos & regia de more munificenti remiſſos Cleú cũm inſuper acu magnetica inſtruit, cujus indicio per ſolitudines aliquas profecturi certius viam carpant. Hoc tempore fuit Samu. I Judex, & naſcitur David. Imperare cœpit anno 1810

Monarchus,

MONARCHIÆ SINICÆ.

Monarchiæ, ante Chrlſt.   poſt Diluv. 2104,
Cycli ejuſdem an. 23.

Cùm vảm deceſſoris filius Patris avique ſui veſtigiis inſiſtit, ſpirituum venerator exemplo Regis Yaô; ſi vel unius ſupplicii cogitur decernere, ingemiſcit: alta pax hoc imperante. An. 8 celebrat Comitia Regulorum ad quos Regis oratio Cảm cao dicta, extat in Lib. Xũ kĩm. Colaus Clúo cum cum juſſu Regis ditiones Occidentis luſtrat. Moritur ingenti deſiderio ſui ruſticis quoque hominibus relicto, itaut multis poſt ſæculis eorum carminibus celebratus ſit, præclara ejus monita vide in Lib. Xũ kĩm: per annos omnino quadraginta vix ullus ſupplicorum uſus fuiſſe ſcribitur, qui in carceribus erant juſſu Principis emiſſi ad colendos agros & familiam alendam, omnes præſcripto tempore ad carcerem ſuum revertuntur, & tamen erant inter eos capitalis quoque criminis rei. Hoc tempore fuit Saül Rex, David primum ungitur, moritur Codrus. Imperavit 26 an. fuitque 1867 Monarchiæ, ante Ch. 1078, poſt Dil. 2141, Cycli ejuſd. an. 60.

Cháo vảm deceſſoris filius aquis merſus extinguitur; hoc imperante paulatim labefieri cœpit imperium.   revertenti in Aulam & trajecturo flumen Kảm provinciæ Hủ quảm accolæ fluminis Barbari per inſidias ac dolum navem offerunt, cujus compagibus in alvei medio de repente ſolutis Rex unả cum ſuis aquis hauſtus miſerabiliter perit. Anno 14 Regulus Regni Lủ yếu cùm dictus à fratre Fẽ dicto, occiditur, qui deinde Regnum uſurpat an. Imperii 16 naſcitur in India ex patre Cĩm faũ vảm, & matte mô yẽ, monſtrum hominis Fẽ dictum Bonziorum anteſignanus, & diabolicæ ſectæ Sinas olim poſt annos 1060 Interfecturæ, nec-non ƪ mniortum Pithagoricorum author rudi quidem vulgo magiſter Idolatriæ; diſcipulorum vero acutioribus & conſciis intenioris ſenſus animi ſui, quem moriens tandem prodidit peſtilentis athæiſmi magiſter. His temporibus naſcitur Salomon & ædificat Templum. Imperavit 51 annis fuitque an. quo imperare cœpit idem & 1893 Monarc. ante Chriſt. 1052, poſt Dil. 1167, Cycli 23 an. 26 Kì chếu.

Mô vảm deceſſoris filius degenerat ab exemplis atque inſtitutis avorum. Anno 17 ſubigit Barbaros Auſtrales opera C,aô fú quem hac de cauſa creat Regulum Regni Claô in provinciis Xaũ ſì kiũm ỹả & Pẽ kiũm; præclara ad Regem monita vide in Lib. Xũ kĩm, uti & Libellum quem Rex ſcribi juſſít de ſupplicis per Colaum Liủ. Anno 35 fruſtra tenitente Colao Meú ni laceſſit armis Barbaros Chảm xũ in provincia hủ quảm. Redit ab expeditione cum quatuor Lupis albis & Cervis, ſed ab ejuſmodi præda ſunt qui ſiniſtrum omen petant. Anno 6 hujus naſcitur Homerus, & an. 55 moritur Fẽ. Imperavit 55 an. fuitque 1944 Mon. ante Ch. 1001, poſt Dil. 2218, Cy. 24 an. 17. Kem kiũ.

Cùm vảm deceſſoris filius obiit an. ætat. 84. Regni Miẽ Regulum Cảm cùm dictum quod tres mulieres fugitivas ipſo inſcio ſibi vindicaſſet, interfecit. Hoc tempore Samaria conditur. Imperavit an. 12, fuitque primus an. quo imperare cœpit 1999 Mon. ante Ch. 946, poſt Dil. 2273, Cy. 25 Yẽ haǐ.

Yẽ vảm ſucceſſoris filius obiit an. ætat. 50. Hoc imperante res Imperii magis magiſque flacceſcunt, quo fit ut Satiricis Verſibus reprehendatur, Mordacium & Satiricorum Poëmatum initium. Hoc tempore fuit Joſaphat Rex, & floret Heſiodus. Imperavit 25 an. fuitq; an. ille quo cœpit imperare 2011 Mon. ante Chriſt. 934, poſt Diluv. 1285, Cycli ejuſdem an. 14 Tim háǐ.

Hiáo vảm deceſſoris frater obiit anno ætat. 65; equi ſtudioſior quảm virtutum: itaque alendis illis regia inſtruit equilia Fĩ çủ propter inſignem peritiam domandi equos & regendi donatur Regno C,iủ à cujus ſtirpe Familia hæc olim extinguetur: erat hic Fĩ çủ è poſteris Pẽ yẽ quem 1400 ante an. Imperator Yủ ſucceſſorem ſibi deſignarat: immodicæ magnitudinis grando quả lcti boves & equi pereunt. Fluvii Kiảm & hản præter morem congelaſcunt. Hoc tempore fuerunt Helias & Eliſeus; Imperavit 15 an. fuitque 2036 Mon., ante Chriſt, 909, poſt Dil. 23.. Cycli ejuſdem an. 49.

Yẽ vả deceſſoris filius obiit ann. ætat. 60 notatur hic à Scriptoribus velut ignorans debiti ritus, & negligens ſuæ majeſtatis propterea quod advenientes Regulos un alterove paſſu deſcendens excepiſſet, Barbaros in Provincia Xaũ ſi domat per ſuos relatis inter alia ſpolia mille equis, Barbarorum Legati ceſſant à frequentanda de more Aulâ. Imperavit 16 an. fuitq; 205tan. Mon. ante Ch. 894, poſt Dil. 2324 Cycli 25 an. 4. tĩm maỏ.

Livảm deceſſoris filius obiit ann. ætat. 35 Cum à populo cui exoſus erat timeret ſibi, profugit trepidus & per annos 17 procul ab Aulâ privatus degens inglorius tandem moritur, & re & nomine ferox, Legum neglector; qua de cauſa Reguli rebellant: occidit Regulum Regni C,î, ſubſtituto ejuſdem fratre ann. 11; expeditionem contra Barbaros latrocinantes ſuſcipit ſucceſſu nullo; miris & occultis artibus in notitiam venit obtrectatorum ſuorum quos & morte plectit, Yủm i virum auri cupidum Colaum creat, quem cum alter Colaus, & ipſe datis Codicillis accuſaſſet non auditur. Per annos 17 Triumviratus quidam extitit Colais Cláo cùm & Cléu cũm qui alii ſunt abiis quorum ſupra memoravimus, & cum adoleſcente profugi Regis filio res Imperii adminiſtrantibus, anni tamen omnes ipſi patri profugo cum reliquis adſcribuntur. Hoc tempore fuit initium Regni Medorum; Lycurgus regnat, Carthago conditur, floret Zacharias. Imperavit an. 51, fuitque 2067 Mon. ante Chriſt. 878, poſt Diluv. 2341, Cycli ejuſd. an. 20 Queí Vi.

Siveñ vảm profugi Li vảm filius qui per ann. 17 patre etiam ſuperſtite cum duobus Colais imperaverat, uſus Colaorum Cláo cùm & Cléu cùm ſalutaribus conſiliis Imperium priſtinæ integritati firmitatique reſtituit; Sapientes accerſit undique. Reguli ad obſequium & Comitia redeunt. Præfecti militares varios domant Barbaros Imperatoris auſpiciis anno 33. Regina Kiảm maritum ſuum luxui conviviiſque deditum, depoſito muliebri ornatu, ritu lugentis adit, arguitque, reſipiſcit ille, ſcribit ipſa Librum mulierum inſtitutioni perappoſitum cujus etiamhodie multus eſt uſus. Imp. vitæ ſuæ Imperiiq; finem innocentis Colai Tủ pẽ cæde commaculat, de qua cum à C,cyủ interfecti amiciſſimo argueretur intrepidè, mortem hic quoque retulit veritatis atque amicitiæ præmium;

laudabilem planè morem seu ritum quo prisci Reges solebant ipsi per se partem agri colere, tum ut fructus sacrificio destinatos inde colligerent, tam ut agriculturæ studium commendarent, tum denique ut miserere discerent colonos experti labores eorum, Imperator obnitente frustra Colao negligit atque intermittit. Anno 6 magna sterilitas. Floruerunt hac ætate (velut alii sub Chīn vām 2 Familiæ ejus Imperatore) quater gemini Sapientes quos una mater quaterno partu in lucem ediderat: eorum nomina vide in Lib. Lún yŭ parte 9 in fine. Hoc tempore fuit initium Regni Macedonici, floruerunt que Ozeas, Amos, Joel, Micheas, Jonas, Isaias. Imperavit 46 an. fuitque 2116 Monar. ante Ch. 827, post Dil. 2392, Cyc. 27 an. 11. Kiă sið.

Yeŭ vām decessoris filius, ultimus Imperatorum qui in Occidentali Aula imperârunt : in prælio occisus in loco lǐ xaû dicto prope urbem Sī nagān in provincia Xēn sī insolens & lascivus. Anno 3 jungit sibi pellicem Paò sŭ dictam, cujus origo refertur, sed fabulosa ab hac seu tertia Sinarum Helena ruinam Imperii filium Pĕ fǒ dictum, ex ea suscepit. An. 5 repudiat uxorem, & Reginam legitimam Zīn dictam filio î kiēu, subrogatis in eorum locum pellice & filio Pĕ fǒ ; Regulus Regni Xīn socer Imperatoris repudiat, pater inita cum Barbaris societate bellum infert genero qua una cum pellice interfecto nepotem suum î kiēu in solio collocat, & in pristinum jus Imperium vindicat Imperator, ut amicæ suæ quæ agelasta videbatur, risum exprimat signo ex speculis de more dato Regulos ad arma convocat : advolant. hostem nullum, quieta reperiunt omnia, pellex in risum solvitur, sed non multo post etiam in lachrymas, quando Reguli jam serio quippe ad veram hostium irruptionem acciti, non comparuêre. Anno 2 ingens terræ motus quo & tria flumina contremuisse observatum. Pars montis Kī xān abrumpitur ac ruit ; hinc Colaus Pě yām instantem ruinam Imperii præsagit adductis pristinorum temporum exemplis. An. 6 mense 10 die primo Eclypsis solis : anno 6 hujus fuit initium Olympiadum , hujusque tempore fuit Syracusa condita. Imperavit 11 annis, fuitque 2164 Monar. ante Christ. 781, post Diluv, 2438, Cœli ejusdem an. 57 Kēm xi ŭ.

Pīn vām alias Î kiēu decessoris filius ad Orientem, id est, Hô nân quæ provincia Xeŭ sī Orientalis est Aulam transfert in oppidum Lŏ yām, hac de causa Familia Lu cleŭ sive Orientalis deinceps dicta est, hujus consilio atque opera Golai Fáin pě rectè fœliciterque regit Imperium : illo mortuo labi receptæ Aulæ mutatio publicæ calamitatis ac ruinæ causa ex parte fuit ; damnatur à Scriptoribus quod avum maternum. sed qui idem patri suo mortis causa extiterat auxerit dignitate principio domat 4 Regulos Regni C,î qŭ çīn , & çīn. Anno 22 Reguli ferè omnes rebellant, quos inter septem opibus ac potentia eminent : ab hoc tempore & deinceps ritus solius Imperatori proprios Reguli per nefas usurpant, de hoc vide Lŭn yú. Anno 13 Mĭ cŭm Regni Guéi centenarius obit vir religione & amore subditorum memorabilis : de ea consule lib. Tām heiǒ, Hujus an. Imperatoris 49 Confusius exorsus est historiam Chū çiēu di. étam, id est de præmiis ac suppliciis, hac ille res per

ann. 241. gestas ætatemque suam est complexus ; semina hæresum Yām & mê hoc imperante spargi cœpta ; de his vide infra sub 22 Imperatore, liber Odarum Tá yá, hoc etiam tempore prodiit, tametsi alii imperante Lí vām editum fuisse affirment. Anno 1 hujus natus Romulus ; an. 20 Roma condita ; an. 13 natus Tobias Junior , & initium regni Babylonici. Imperavit 51 an. fuitque primus annus qaò imperare cœpit 2175 Mon. ante Ch. 770, post Dil. 1449, Cycli 28 an. 8 sīn nǐ.

Huōn vām decessoris nepos, moritur an. Imperii 23, mense 3 , Princeps bellicosus ; an. 13 de Regulo regni Chīn victoriam sed cum vulnere in scapulis reportat. An. 1 Huōn cŭm regni Guéi Regulus occiditur & Cleŭ yŭ qui & usurpat regnum, sed hoc occisus à furenti populo mox amittit ;

anno 19 Regulus regni Guéi occidit duos filios suos ; an. 7 hujus fuit Numa Rex, an. 14. Victoria Judith. Imperavit 23 annis fuitque 2226 Mon. ante Chr. 719, post Diluv. 2500, Cycli ejusdem anni 59 Gīn siǒ.

Chuām vām decessoris filius , an. 1 Hĕ mŭ tentat occidere Imperatorem, huic subrogaturus Kĕ fratrem patef. conjuratis interficitur Hĕ mŭ fugit Regis frater ad regnum Çīn, an. 3 à Regulo regni C,î occiditur Regulus regni Lŭ : ann. 11 Reguli regni C,î occiditur à Mŭ chí ; hic paulo post à suis quoque interficitur : Regulus regni Lŭ cladem accipit à regni C,î exercitu, sed an. proxime sequenti vicem reddit : an. 12 Huōn cŭm Regulus regni C,î vult Pào xǒ Colaus creare, sed hic amicum suum Quôn hûm uti se digniorem proponit Principi creati in vinculis eximitur, fit Colaus Colai Quôn hûm. Præclara tam bello quam pace consilia extant in Chronicis atque alibi. Ann. 10 mense 4 stella verius cometes velut in tenuem resoluta pluviam evanuisse scribitur. Imperavit 15 ann. fuitque 2149 Monar. ante Christ. 636 post Diluv. 2523, Cycli 29 anni 22 Yĕ yeŭ.

Li vām decessoris filius, jacet Imperatoria majestas , Reguli titulum Pā (nos Tyranni interpretamur) usurpare incipiunt. Regulorum ferè Princeps his erat qui Pā dicebatur solertia rei agendæ atque industria hoc adeptus, non autem deciuuio sæculi concilio quo seligi suos Imperatores quos ideo vocat cœli filios Sī,inæ consentiunt. An. 1 Huōn cŭm Regulus regni C.î comitia celebrat: Legati regnum suum non agnoscunt quare deletur à Huōn cŭm hoc regnum. An. 3 Huōn cŭm titulum Pā, seu Tyranni Principisque Regulorum nec-non authoritatem usurpat : in conciliis suis Reguli plerumque fidem sibi mutuo obstringebant jurejurando quando & sanguinem mactati jovis hauriebant ; hoc jusjurandum Mém dicitur. Imperavit an. 5, fuitque 2264 Mon. ante Chr. 681, post Dil. 2555, Cycli ejusdem anno 37 Kēm çŭ.

Hoéi vām decessoris filius , Ardearum aucupio deditissimus in quos opes publicas erogunt, itaque bello petitus , suis, quibus invisus est Ardearum more diffugientibus cladem accepit à Regulo regni C,î. Anno 17 sui imperii , an. 2 C,ù tuī filius it Imper. Chuām vām rebellionem movet. An. 4 occiditur, an. 5 primo genitus Reguli regni Chīn a tais interficitur ; an. 15 mense 8 mortuo Ghuām cŭm Regulo regni Lŭ filius Paōn dictus succedit, [...]

mox decimo mense à Kĭ m sŭ occiditur, uti & Nŭn cŭm qui interfecto successerat, sed ipse xĭm sŭ tandem à Regulo Hĭ cŭm interfectus duplicis Regicidii dat pœnas. An. 22 Imperator hæredem sibi designat Xŏ tai filium natu secundum, sed Huŏm cŭm Regulus cum cæteris natu majori juramentum fidelitatis præstat ; anno 15 mense 8 Regulus regni C, in occidit filium natu majorem innocentem & boni publici amantem: fugit alter filius Tŭm Regulo dein mortuo, duo qui ei ordine successerant, interficiuntur. Anno 1. mense 3, die prima Eclypsis solis. An. 1 hujus moritur Tobias senior, & an. 17 nascitur Jeremias. Imperavit 25 ann. fuitque 2269 Mon. ante Ch. 676, post Diluv. 2543, Cycli ejusdem an. 42 Yĕ su.

Siām vam successoris filius natu major ; anno 1 Huŭm cŭm Regulus regni C, i privata in regno suo comitia celebrat, forte Colaus Cāi cŭm ab Imperatore supervenit cum victimæ carnibus, solito Imperatoris ad Regulos munere, Regulus eas venerabundus suscipit, dicens, *Cum veneratione suscipiendum esse quidquid à Cœli filio mitteretur.* An. 9 moritur Huŏn cŭm Pā sive Tyrannus : quinque ipsius filii propaterno Regno inter se digladiantur. Anno 17 Imperator victus à rebelli fratre Xŏ lai interfecto ; eodem anno 27 cum dictus Vēn cŭm Regulo regni C, in comitiis Imperii per insignem arrogantiam ambiret primum locum ei restitit Imperator, *& tibi*, inquit, *opes ac potentia, sed mihi jus ac virtus favent.* Anno 24 dictus vēn cum qui & Tyranni titulo ausus fuerat moritur, huic vēm cŭm antea Tum lĭ dicto dum olim profugus à patre suo qui interfecerat fratrem ejus natu majorem, errat, ærumnis atque inædia jam prope confectus famulus C, ù tĭn defectum è brachio suo carnis frustum offerens vitam servat, cum vero paternum deinde regnum is obtineret nec famulo tam bene merito quam referre par erat gratiam referret, hic ingrati animi vitium ænigmate regiis affixo postibus exprobat suo domino fugitque conquirimox jubetur, premio j impridem pro merito donandus. An. 11 hujus nascitur Ezechiel, & ann. 17 nascitur Daniel. Imperavit 35 annis, fuitque 2294 Mona. ante Christ. 651, post Diluv. 2568, Cycli 30 ann. 7 kĕm ù.

Kiĕm vām decessoris filius, an. 1 mense 2 sepelit patrem 8 mense præcedentis anni defunctum, Legati regni Lù exequiis de more assistunt, sed absque solutis muneribus ; alia atque alia bella Regulos inter durant. An. 6 hujus fuit historia Suzannæ. Imperavit 6 an. fuitq; 2327 Mon. ante Chr. 618, post Dil. 2601, Cyc. ejusd. an. 40 Quèi ināo.

Quām vām decessoris filius, an. 6 Regulus regni C, in occiditur à præfecto Claŏ tŭm qui & regnum Sŭm paulo ante vastarat, præterea quod indigenæ Regulum suum interfecissent. An. 4 Regulus regni Kiù occiditur à primogeniti sui famulo, qui & profugit expilato thesauro Regis. Hoc tempore fuit Sybilla Cumana. Imperavit 6. an. fuitq; 2333 Mon. ante Chr. 612, post Diluv. 2607, Cycli ejusd. an. 46 Kĭ yeù.

Tim vām decessoris frater, moritur an. imperii 21 mense 11, an. 1 Clūum vām Regulus regni C, ù titulum Tyranni obtinet, Aulam petit Imperatoris cum ingenti exercitu, quæri jubet quanta sint quantique ponderis novem vasa imperialia quæ tunc prope sola inani nomine supererant Imperatori, respondet Colaus vām sūn Imperii insignia virtutem esse non vasa ænea, quo accepto responso, Clŭēm vām victi instar cum suis copiis discedit. An. 8 occiditur Regulus regni Clūn à præfecto Hiā vĭ xū sĭŏ, hic anno proximo perduellionis suæ dat pœnas filio Reguli regni C, ù à quo interficitur: sub ejus aut sequentis Imperatoris tempore nascitur Lĭ laŏ kūn alias Luŏ tān Philosophus ex provincia Hù quam oriundus : sibi & virtuti vacandum esse docet contemptis sæculi curis ejus libro sectari Tao sū dicti, multis superstitionibus & pravis dogmatibus vitiarunt hodieque vitiant. An. 7 ejus vastatur Jerusalem, Templum destruitur ; an. 16 tres Pueri in fornace Babylonica. Imperavit 21 an. ; 2339 Mon. ante Chr. 606, post Diluv. 2613, Cycli ejusd. an. 52 Yĕ maŏ.

Kiēm vām decessoris filius, moritur an. imperii 14 mense 9, desinit titulus Pā seu Tyranni, quo sub 7 Imperatoribus usi fuerant quinque Reguli regnorum Cĭ sūn C, in çīn : an. 2. deletur Tyrannus regni Cù à Regulis C, īn & vī & cum Tyranno Tyranni titulus. An. 13 Chŏ cŭm Regulus regni C, in sia viros sapientes qui administri sint regni sui accersit ; itaque eorum opera & consilio Regulorum potentissimus evadit. Sub hoc tempore natus putatur Philosophus Yām alias Clū discipulus, postea modo dicti Laŏ kiūm docebit his curam sui dumtaxat habendam, nulla ne Regis quidem habita ratione. Sub idem tempus natus videtur Mĕ Philosophns, tametsi tres alii ejusdem nominis & sectæ referantur, hujus opposita superiori hæresis erit sententia omnes æqualiter amandos esse, nullā sui ratione habitā, nullo item personarum, parentum quidem discrimine. Floruerunt hoc tempore *Solon* & septem Græci sapientes. Imperavit 14 an. fuitq; 2360 Mon. ante Ch. 585, post Diluv. 2634, Cycli 31 an. 13 Pĭn cūm.

Lĭm vām decessoris filius quem cum barba natum nonnulli memorant, moritur an. imperii sui 27, mense 12 Regulus regni C, īn fretus opibus potentiaque sua P egulorum comitia crebro indicit & anno 24 occiditur Clŭūm cūm Regulus regni C, i nec multo post ipse regicida è medio tollitur. An. hujus Imperatoris 21 mense 11 nascitur Philosophiæ Sinicæ princeps, confusius qui unde genus suum ducat, tabula genealogica huic operi inserta declarabit. An. 24 moritur Xŏ liān lĕ pater confucii quondam ditionis Leù in regno Sŭm præfectus. Hoc tempore fuit Pytagoras. Imperavit 27 annis, fuitque 2374 Mon. ante Ch. 571, post Dil. 2648, Cycli ejusdem an. 27 Kēm ĭn.

Kĭm vām decessoris filius, moritur an. 25 imperii sui mense 4, succedit ei filius Mēm dicitur, sed paulo post obiit, quare nec in serie Imperatorum ponitur, cum Imper. filium natu maximum amisisset, omnium minimo C, ù chao dicto coronam destinat, sed occupatus morte perficere id nequit: Cù chaò tamen fretus quorumdam opera spes suas ac patris tuetur, nēque arma movet in Kĭm vām fratrem qui primus adierat Imperium, sed his hic quoque spe sua excidit. Hoc imperante confusius ad liberales disciplinas edisçendas se confert : 19 aut 20 ætatis anno ducit uxorem, ex qua sequenti

MONARCHIÆ SINICÆ.

Monarchiæ, ante Chrst. post Diluv. 2104, Cycli ejusdem an. 23.

Câm vâm decessoris filius Patris avique sui vestigiis insistit, spirituum veneratar exemplo Regis Yaô; si vel unius supplicium cogatur decernere, ingemiscit: alta pax hoc imperante. An. 8 celebrat Comitia Regulorum ad quos Regis oratio Câm cao dicta, extat in Lib. Xŭ Kĭm. Colaus Clúo cum cum jussu Regis ditiones Occidentis lustrat. Moritur ingenti desiderio sui rusticis quoque hominibus relicto, itaut multis post sæculis eorum carminibus celebratus sit, præclara ejus monita vide in Lib. Xŭ Kĭm: per annos omnino quadraginta vix ullus suppliciorum usus fuisse scribitur, qui in carceribus erant jussu Principis emissi ad colendos agros & familiam alendam, omnes præscripto tempore ad carcerem suum revertuntur, & tamen erant inter eos capitalis quoque criminis rei. Hoc tempore fuit Saül Rex, David primum ungitur, moritur Codrus. Imperavit 26 an. fuitque 1867 Monarchiæ, ante Ch. 1078, post Dil. 2141, Cycli ejusd. an. 60.

Cháo vâm decessoris filius aquis mersus extinguitur; hoc imperante paulatim labefieri cœpit imperium. revertenti in Aulam & trajecturo flumen Kâm provinciæ Hú quàm accolæ fluminis Barbari per insidias ac dolum navem offerunt, cujus compagibus in alvei medio de repente solutis Rex unâ cum suis aquis haustus miserabiliter perit. Anno 14 Regulus Regni Lǜ yēu cûm dictus à fratre Fē dicto, occiditur, qui deinde Regnum usurpat an. Imperii 16 nascitur in India ex patre Cĭm faū vâm, & matre mō yĕ, monstrum hominis Fĕ dictum Bonziorum antesignanus, & diabolicæ sectæ Sinas olim post annos 1060 interfecturæ, nec-non Ismoniorum Pithagoricorum author rudi quidem vulgo magister Idololatriæ, discipulorum vero acutioribus & consciis interioris sensus animi sui, quem moriens tandem prodidit pestilentis athæismi magister. His temporibus nascitur Salomon & ædificat Templum. Imperavit 51 annis fuitque an. quo imperare cœpit idem & 1893 Monarc. ante Christ. 1052, post Dil. 1167, Cycli 23 an. 26 Kĭ chĕu.

Mō vâm decessoris filius degenerat ab exemplis atque institutis avorum. Anno 17 subigit Barbaros Australes opera Cyaò sŭ quem hac de causa creat Regulum Regni Claó in provinciis Xân sí kiūm yă & Pĕ kiūm; præclara ad Regem monita vide in Lib. Xū kim, uti & Libellum quem Rex scribi jussit de suppliciis per Colaum Liŭ. Anno 35 frustra tentente Colao Meú sŭ lacessit armis Barbaros Chám xū in provincia hŭ quàm. Redit ab expeditione cum quatuor Lupis albis & Cervis, sed ab ejusmodi præda sunt qui sinistrum omen petant. Anno 6 hujus nascitur Homerus, & an. 53 moritur Fĕ. Imperavit 55 an. fuitque 1944 Mon. ante Ch. 1001, post Dil. 2218, Cy. 24 an. 17. Kem kiù.

Cûm vâm decessoris filius obiit an. ætat. 84. Regni Miĕ Regulum Câ m cūm dictum quod tres mulieres fugitivas ipso inscio sibi vindicasset, interfecit. Hoc tempore Samaria conditur. Imperavit an. 12, fuitque primus an. quo imperare cœpit 1999 Mon. ante Ch. 946, post Dil. 2275, Cy. 25 Yĕ hai.

Yĕ vâm successoris filius obiit an. ætat. 50. Hoc imperante res Imperii magis magisque flaccescunt, quo fit ut Satiricis Versibus reprehendatur, Mordacium & Satiricorum Poëmatum initium. Hoc tempore fuit Josaphat Rex, & floret Hesiodus. Imperavit 25 an. fuitq; an. ille quo cœpit imperare 2011 Mon. ante Christ. 934, post Diluv. 2285, Cycli ejusdem an. 24 Tim hái.

Hiáo vâm decessoris frater obiit anno ætat. 65; equi studiosior quàm virtutum: itaque alendis illis regia instruit equilia Fĭçū propter insignem peritiam domandi equos & regendi donatur Regno C, iú à cujus stirpe Familia hæc olim extinguetur: erat hic Fĭ çū è posteris Pĕ yĕ quem 1400 ante an. Imperator Yŭ successorem sibi designarat: immodicæ magnitudinis grando quâ Icti boves & equi pereunt. Fluvii Kiâm & hân præter morem congelascunt. Hoc tempore fuerunt Helias & Eliseus; Imperavit 15 an. fuitque 2036 Mon., ante Christ. 909, post Dil. 23.. Cycli ejusdem an. 49.

Yĕ vâ decessoris filius obiit ann. ætat. 60 notatur hic à Scriptoribus velut ignorans debiti ritus, & negligens suæ majestatis proptereà quod advenientes Regulos uno alterove passu descendens excepisset, Barbaros in Provincia Xañ si domat per suos relatis inter alia spolia mille equis, Barbarorum Legati cessant à frequentanda de more Aulâ. Imperavit 16 an. fuitq; 2051an. Mon. ante Ch. 894 post Dil. 2324 Cycli 25 an. 4. tĭm maò.

Livâm decessoris filius obiit ann. ætat. 35 Cum à populo cui exosus erat timeret sibi, profugit trepidus & per annos 17 procul ab Aulâ privatus degens inglorius tandem moritur, & re ac nomine ferox, Legum neglector; qua de causa Reguli rebellant: occidit Regulum Regni C,î, substituto ejusdem fratre ann. 11; expeditionem contra Barbaros latrocinantes suscipit successu nullo, miris & occultis artibus in notitiam venit obtrectatorum suorum quos & morte plectit, Yûm î virum auri cupidum Colaum creat, quem cum alter Colaus, & ipse datis Codicillis accusasset non auditur. Per annos 17 Triumviratus quidam extitit Colais Claó cûm & Cléu cûm qui alii sunt abiis quorum suprà memoravimus, & cum adolescente profugi Regis filio res Imperii administrantibus, anni tamen omnes ipsi patri profugo cum reliquis adscribuntur. Hoc tempore fuit initium Regni Medorum; Lycurgus regnat, Carthago conditur, floret Zacharias. Imperavit 51, fuitque 2067 Mon. ante Christ. 878, post Diluv. 2341, Cycli ejusd. an. 20 Queí Vi.

Siven vâm profugi Lî vâm filius qui per ann. 17 patre etiam superstite cum duobus Colais imperaverat, usus Colaorum Claó cûm & Cléu cûm salutaribus consiliis Imperium pristinæ integritati firmitatique restituit; Sapientes accersit undique. Reguli ad obsequium & Comitia redeunt. Præfecti militares varios domant Barbaros Imperatoris auspiciis anno 33. Regina Kiām maritum suum luxui convivisque deditum, deposito muliebri ornatu, ritu lugentis adit, arguitque, resipiscit ille, scribit ipsa Librum mulierum institutioni perappositum cujus etiam hodie multus est usus. Imp. vitæ suæ Imperiiq; finem innocentis Colai Tū pĕ cæde commaculat, de qua cum à C, cyù interfecti amicissimo argueretur intrepide, mortem hîc quoque retulit veritatis atque amicitiæ præmium:

MONARCHIÆ SINICÆ.   13

terat, ad Tim hô Colaum transit non jure, sed vi & armis; ipsum autem Gúei vâm deinde dictus est, habuitque Regni sui sex successores. Anno 15 Ven heù Regulo regni Guèi mortuo succedit filius Kiĕ alias Vû heù, qui fortè gloriantide ditionibus suis naturâ munitissimis : *At ego sanè plus firmitatis ac Præsidii in virtute, ô Rex, quàm in præruptis saxis montibusque constituo* : Colaus ù xì, inquit, Cũ sī Confucii nepos, atque liber Clum yũm avique in lucem editus est. *Tunc Cũ sū ingentes columnas Palatii tui, ô Rex*, inquit, *tametsi forte pauxillum vitii habeant non regii domus tuæ fulcrum mox esse desinant.* Anno hujus 23 Galli obsident Capitolium. Imperavit 26 an. fuitque 2544 Monar. ante Christ. 401, post Diluv. 2818, Cycli 34 an. 17 Kem xin.

Liĕ vâm decessoris filius, an. 6 Gúei vâm Regulus regni C, â cum vinceret opibus potentiaque omnes adeoque & Imperatorem, huic tamen obsequium clientelare solus defert, quod ejus factum Scriptores omnes deprædicant. Regni Cî Regulo duo sunt Præfecti, quorum alteri obtrectatur, quamvis ditionem sibi commissam probè administret, alterum quamvis negligat officium suum, multi tamen commendant ac laudant; hunc igitur Rex, ut qui superiores Magistratus procul dubio corruperat muneribus, interficit, illum quod & munera contemnat, nec ipse quidem largiatur aliis, auget dignitate. Anno 5 hujus natus Demosthenes. Imperavit 7 an. fuitque 2570 Mon. ante Ch. 373, post Dil 2844, Cycli ejusdem an. 43 Ì Im ù.

Hiēm vâm decessoris frater, ann. 7 Hiaŏ cũm creatus Regulus regni C, in præclarâ sui administratione in sua ditione vincit omnes. An. 44 Regis titulum quo & Imperatores ejus Familiæ uti consueverant usurpat; ab hoc deinceps Regnum Cîn ea tenuit incrementa, ut in Imperium tandem evaserit. Ann. 5 Regulus regni Cîn prælio vincit Triumviros regni Cîn, occisis 60 millibus. Anno 28 Regulus regni C, i, cujus insidiis elusis Pâm yvĕm se pertinet. Floret hac tempestate Mensius secundus Sinarum Philosophus discipulus memorati Cũm ūi; habuit & ipse discipulos 17; Anno Imperii 33 adit Regulum regni C, i ob præclara bello paceque consilia, à variis Regulis expetitur. Vide Annales. Huéi vâm Regulus regni Gúei dum forte quærit à Regulo regni C, i Guēi vâm dicto & amico suo, num Piropos haberet suis qui erant luculentissimi similes : *Quatuor*, inquit Gúei vâm, *sunt mihi quorum fulgore mea 50 leucarum ditio collustratur tota* ; Quatuor Regni sui Præfectos intelligebat. An. 8 ad Occidentem observatus Cometa, Occidentis scilicet Imperii prænuntius. Anno 21 hujus natus Alexander Magnus, & viguit Epicurus. Imperavit 48 an. fuitque 2577 Monar. ante Christ. 368, post Diluvium 2851, Cycli ejusdem an. 50 Gúei cheú.

Xin cĩm vâm decessoris filius, postremo imperii sui anno se suasque ditiones regni C, in ex . . . . excitu deletur ac fugatur. Ann. 1 mortuo Regulo regni Gúei, Mensius confert se ad Ciâm vâm Regulum regni C, i ; post sex deinde annos discedit è regno Ci, pravis dogmatibus Yâm & Mĕ, de quibus supra vehementer invalescentibus. Hoc tempore fuit initium regni Ptolemæorum in Ægypto.

Imperavit 6 an. fuitque 2625 Mon. ante Chr. 320, post Dil. 2899, Cycli 35 an. 38 Siñ cheû.

Nâm vâm decessoris filius, postremo imperii sui anno se suasque ditiones Regni Regique C, in clao siâm vâm dicto, clientelati subditorum more prostratus humi dedit se victori : ergo missus ad avitam Familiæ Cleû sedem, eodem anno, inœrore & senio confectus moritur. Ann. 30 regni C, in Regulus simulatâ pace tegens insidias, convivio excipit regni Claŏ Regulum, sed insidiis ab ejus clienteSiâm yû dicto detectis in ipso convivio circularis haustus res tota finitur. Hoc imperante atrocia, perpetuaque inter Regulos bella. Anno 36 Tiēn tũn copiarum regni Claŏ ductor Aulam Regemque regni Yĕm capit, usus hoc stratagemate. Mille bobus enses ad cornua, faces arundineas ad caudas alligat, arundinibus deinde succensis per hiatum murorum furentes immittit, ingens oppidanorum strages editur, & Aula mox capitur ij so cum Rege. Siâm yû Colai dignitatem proditurum insidiarum fideique suæ præmium obtinet, Mensius postquam frustra revocare studuit priscarum Legum disciplinam, integritatem & Leges quas ejus discipuli libris septem complexi posteris reliquerunt ; moritur ipse, & cum ipso paulatim emoritur Philosophiæ Confusianæ gloria. Anno imperii 16 dum Regulus regni C, ù Colaŏ suo Kivĕ yvĕm favet impensius, hic invidiâ æmulorum de gratia Principis aulaque dejicitur, quare amens mœrore in flumen Cõ lŏ dictum se præcipitat : ejus desiderium produnt hodieque Sinenses, dum ludicris navigiis mersum quotannis quæritant die 5 lunæ 5. Regnum Sũm postquam sub 32 Regulis steterat, tandem à Regulo regni extinguitur, Regnum C, i item Lû per 32, aut ut alii 34 Regulos propagatum, tandem extinguitur à Caŏ liĕ vâm Regulo regni C, ù : Regnum item principio multis clarum victoriis, paucis deinde Barbarorum ægrè resistit, verum victus à Philosopho Clũm clien, spoliatum vim magnam lucemque impedimento esse ac damno ducem rursum superatem rursum victor evadit Philosophus, oblata à variis munera respuens versus patriæ locum se confert paupertate suâ contentus ac dives. Claŏ vâm electus à suis Regulus regni Yĕn, pius & moribus antiquis princeps, conquiri jubet viros sapientes per Quŏ qúei clientem suum; & hic callidè seipsum commendaturus, narrat olim extitisse Regem qui mille aureis emi jusserit equum qui uno die 70 leucas conficeret, sed cum jam mortuum invenissent, emisse tamen ejusdem ossa, quo factum ut alii audito quod tanti vel ossa emeret, protinus educaverint tres equos similes spe pretii majoris, *Ita & tu, ô Rex, licet, si meâ quamvis parum idonei operâ consilioque uti cœperis, alii mox ad te properabunt prudentiâ sapientiâque insignes, consilium probabit eventus.* Anno hujus 44 fuerunt 70 Interpretes. Imperavit 59 an. fuitque 263 Monar. ante Christ. 314, post Diluv. 2905, Cyc. ejusd. an. 44 Tim vi.

Tum cheú kiũm pronepos Caŏ vân Imperatoris 28 de quo supra, frustra conatur restaurare Imperium, cujus tenues reliquias septem videlicet oppida tueri jam impotens, his exuitur, & Imperio toto, atque ita concidit ac perit Imperatoria domus seu Familia Cleû, quæ steterat annis 873. Ann. Imperii tertio Claó fiam vâmRegulus regni C,in,ufurpato, ritu Imperatorum facrificat Xám ti fupremo Cœli Imperatori; triennio poſt moritur anno Regni ſui 57. Hiaó vên vâm filius ei ſuccedit in Imperium, ſed ecce triduo poſt etiam in tumulum huic ſuccedit rurſum filium Cluûm fiâm vâm, primus tandem, ſed & ultimus Familiæ Cîn futurus Imperator. Anno imperii 7, qui & primus fuit novæ Familiæ, primique Imperatoris Cluûm fiâm vâm Familia Cheû a Liû pú gueî quondam mercatore poſt regni Cî,n Colao atque armorum præfecto decretatio victa certamine, tandem extinguitur, ſed & Colaus ipſe 15 poſt annis violentis manibus extinguit ſeſe, fuerat ei filius quem in Aula clàm genitum Regulus Hiaó vên vâm, & Regina uti ſuum ſuſceperant atque educarant; hic ergo poſt tres annos Sinarum Imperium & cognomentum Xì hoâm ti ſibi vindicabit.

Tum cheû κiun Imperatoris annus primus erat Chaó fiâm vâm Reguli regni C,in. annus 52 Caó liè vâm 39 Reguli regni C,ù. An. 8, Hiaó vâm 58 Reguli regni C,ù yên. Ann.3, Ngan lî vâm 7 Reguli regni Quéi. Ann.22, Hiaó chim vâm 10 Reguli regni Chaó. Annus 11, Huôn hoëi vâm 9 Reguli regni Hán. Ann 18, Vâm kién 7. Reguli regni C,ì, Colao Tiên hô numerando. Annus 10 Anni Imperii 6. Mon. 2690, ante Ch. 255, à Dil. 1964, Cycli 36, annus 43 Pim ù dictus.

QUARTA FAMILIA
Cîn dicta,

Imperatorem dumtaxat unum, atque annos 3 numerat; quatenus tamen alteram quæ proximè ſecuta eſt, quam Héucin, id eſt, Poſteriorem vocant, complectitur; numerat Imperatores 3, annos 43.

EXTINCTIS tribus Familiis, ſucceſſit tandem quarta, quæ Imperium per annos 310, vi quæſitum & armis, atque inter aſſiduas bellorum viciſſitudines tandem obtentum, mox trium ſpatio miſerabiliter amittit; humanæ fœlicitatis (cujus hîc brevitatem Scriptores expendunt) illuſtre argumentum. Poſterioris Familiæ Héu cin, qui triennali ſucceſſit, primus Imperator Xì hoâm ti. Fuit ipſe nullâ quidem generis nobilitate, ſed rerum geſtarum, bellicâque imprimis g'oriâ ſanè clariſſimus, qui adeo facilè potuiſſet Imperii ſui firmitati & diuturnitati conſulere, maximè cum Regna omnia jam in Provincias redegiſſet, ſed enim violentiâ, crudelitate, odioque litterarum, quinetiam litteratorum, ſibi quidem peperit odium litteratiſſimæ poſteritatis, Familiæ verò ſuæ uſuram fœlicitatis longè breviſſimam.

I. Chuâm fiâm vâm, filius Hiaó vên vâm triduani Imperatoris, idemque primus & ultimus Slên ſin, hoc eſt anterioris Familiæ C,in Imperator, Anno 2 Sin lim ductor copiarum Reguli regni Quéi dum urbem quandam regni C,in oppugnat, oppidanis ſtrenuè ſe deffendentibus, ipſe Patrem ejus qui urbi erat Præfectus alibi commorantem adduci ad ſe jubet, paternâ ſcilicet authoritate impulſurum filium ad deditionem; at ſenex Caó ei nomen, *Si filius,* inquit, *urbem dedat in patriæ gratiam, patriæ Regiſque ſui erit proditor,* me autem filio tanti criminis authorem eſſe nefas eſt, quo dicto comprehendi juſſus in conſpectu Ducis ſeipſum jugulat. Anni Imperii 3, Mon. 2696, ante Chriſt. 249, à Diluv. 2970, Cycli ejuſdem annus 49 Gin çù dictus.

2. Xì hoâm ti heù çin, id eſt poſterioris Familiæ C,in caput ac princeps filius Colai Liû pú guéi, ſed clam deinde adoptatus ab Hiaó vên vâm, de quo ſupra narratum, 12 poſt menſe quam conceptus Imperii jam dominus, nomen quod tribus Sinicæ gentis Fundatoribus proprium fuerat ſibi ſumit; exinde Imperatores omnes dicti, hodieque dicuntur, Hoâm ti, ferè ſicut apud nos Cæſares, obit Xì hoâm ti an. imperii ſui 87, menſe ſeptimo, in loco Xâ πieû dicto, cum luſtraret provinciam Xan tûm. Aulam tenuit in Hiên yâm, qui locus ad Singan fa metropolem provinciæ Xin ſi pertinet, ubi eſt ſepultus à filio, menſe 9.

Magnas animi, corporiſque dotes vitiat ac peſſumdat ſuperbia, crudelitate, magiæ ſtudio, ad quam utitur magiſtro Pê yân, qui fuit è ſectionibus Lì láo xiûn, de quo ſupra, perſuaſus rem dari, quæ poſſet conferre immortalitatem. An. 28 millia aliquot hominum utriuſq; ſexus ad inſulam amandat, qui ambroſiam modo dictam quæritent; ex his multi fortaſſe in Japone ſubſtiterunt: hoſtis idem fuit & litteratorum & litteratura. Primus fuit qui dum obiret ac luſtraret ſuas ditiones, titulis honorificis & quaſi dignitatibus ſpiritus montium præſides, ut Aulæ ſuæ clientes augere cœpit, ſed enim damnant hanc colendorum ſpirituum rationem, uti plenam arrogantiæ ſcriptores Annalium, aſſeruntque à priſcis Principibus fuiſſe prorſus alienam, qui utique dum luſtrarent Imperium, non aliter quam Sacrificiis ritè oblatis colere ſolerent ſpiritus, atque hos unaque cœlum propitium ſibi reddere, nimirum tam inſolentem ritum: excogitaſſe litteratos homines quoſdam, Imperatoribus Familiarum C,in, & Hán adulantes.

Anno Imperii 17, extinguit Regulum regni Hán decimum, qui & ultimus fuit. Anno 19 regni Chio Regulum 12 & ultimum. An. 22 regni Quéi Regulum octavum & ultimum. Anno 24 regni C,û Regulum 35, eumdemque ultimum. Anno 25 regni Yén Regulum 28, eumdemque ultimum. An. 26 ſeptimum Regulum regni C,ì, qui & ultimus fuit, Regno privat, non tamen vita, quod ſe victoris ſævitiei dediſſet, qui adeo præfectus minori ditioni, ibidem voluntariâ fame ſe enecat. Anno regni ſui 44, itaque & poſt ſex & viginti annos debellatis atque extinctis his Regulis Hoâm ti, id eſt Imperatoris nomen aſſumit.

Anno 3 Li mò Dux Sinicus Barbaros nunc fugâ nunc cunctationc luſos ac fugatos domat, centum millibus Equitum ad unum tandem cæſis. Anno 10 literati omnes propoſitâ pœnâ capitis jubentur Aulâ excedere; excedunt ſine mora viginti ſex & quidem Principes Ordinis ſui: in his Lì ſû, qui relictis codicillis Regem docet, quod montibus vales ſunt, hoc Imperiis eſſe ſapientes, per hos illa creſcere & conſervari, placet oratio, revocatur Edictum, Lì ſû dignitatem recuperat, hoc authore in 36 Provincias Imperium dividitur.

Rursus anno 10, suam ipsius matrem (ut per errorem putabat, matrem, flagitii suspectam) Aulâ ejicit, duos ejusdem filios interficit; Consiliarios item viginti septê, à quibus ob hæc reprehenditur.

Mão çião Colaus exprobrat Regi crudelitatem, ac jugulum præbens, *Ad 28 constellationes* (tot enim Sinæ statuunt) *una jam desideratur*, inquit, *ut omnes abs te fuisse extinctos sciat posteritas*, placatur Rex, humi prostratum monet, elevat, putatitia matre mox revocata.

Anno 32, expeditio Sinarum contra Tartaros, ex illis triginta millia duce Mûm tiêu finibus suis egressos domat, mox inde murus extruitur.

Leucarum Germanicarum circiter 300 murus, orbis miraculum, annorum 5 dumtaxat opus, Sinarum contra Tartaros quondam munimentum, excubantibus decies centenis militum millibus; Ex sinu maris Eoi perpetuo ferè tractu, sed obliquo trans montes quoque & flumina versum Occasum perducitur à 42 gradu altitudinis & 152 longitudinis ad 37 altitudinis, & 134 longitudinis, altus cubitis Sinicis 30, latus 12; portis, turribus, arcibus insignis, quatuor Provincias ambit.

Palatium extruit Ô fãm cum dictum, cujus aula superior capit decem millia hominum commodè considentium, sed sub sequenti Familia Hán, non multo post cremabitur incendio, quod tres solidos menses tenuisse dicitur. Armorum materiam conflit in Statuas Gyganteas duodecim, singularum pondus 120 librarum millia, diu à sequenti etiam Familia servantur in Châm lô hién.

Anno 34 omnes ubique libros præter Medicos atque sortilegos cremari jubet Imperator; item 460 litteratos collo tenus defossos in humum truncari capite, hoc dum Fû sû major natu filius damnat, in exilium mittitur, quem dein frater suus idemque successor in Imperium, jubet occidi.

A mense quo sub Familia Chéu terminabatur annus, anni ducit exordium, respondebatque Novembri nostro.

Insignia vult esse coloris nigri. Anni Imperii 37, Monarchiæ 1699, ante Chr. 246, à Diluv. 2973, Cycli ejusd. an. 52 Yě mào dictus.

Zih xî hoâm tí, alias Hû decessoris filius natu minor, in Palatio occisus ab impio Colao Chaó cão, qui ei subrogat C, ù ym filium exulis Fû sû.

Fratrem Fû sû jussu patris exulem Imperator jubet interfici; item Mûm tiên domitis Barbaris, aliisque meritis clarum, sed hic veneno mortem occupat.

Regnis quæ domuerat Pater rebellionis ansam præbet inertia deliciosi filii, duo rustici latronum duces cum regnis nuper redactis in provincias, arma jungunt, Lieû pãm confœderatorum ductor contra Familiam C, în sæpius victor titulum Regulî Hán assumit.

Duo Colai Lî sũ & Chaó caô Imperatoris Xi hoâm ti mortem occultant, quoad minor filius legitimus Imperii successor proclametur; nomen huic Hû; quod barbarum borealem sonat; magi olim à patre consulti exitiale futurum Imperio pronuntiarunt: pater ergo missis in Septentrionem maximis exercitibus frustra conatur Imperii ruinam, quæ non nisi à filio suo profectura erat, borealibus Tartaris profligatis declinare. Colaus Cháo cão dominandi cupidus juvenem avocat à curis publicis ad delicias & oblectamenta. Ejiciuntur ab Aula Colai libellorum supplicum, adeoque Principis commonendi usus tollitur; hinc paulatim labefactari Imperium; non desunt tamen qui de officio periculoque moneant Imperatorem, sed hic alios contemnit, occidit alios.

Lieû pãm miles gregarius ad Imperium aspirans Phylionomum consulit, qui contemplatus hominem primum ei filiæ suæ nuptias offert, has admittenti denuntiat Imperio potiturum, potitur, & Hán Familiam condit, sed nuptu suam conjugioque gloriam obscurat. Ann. Imp. 3 Mon. 2736; ante Christ. 209, à Diluv. 3010, Cycli 37, annus 29 Gîn xîn dictus.

Cú ym vâm nepos Imperatoris Xi hoâm ti ex Fû sũ filio natu maximo. Morbum simulans interfectorem decessoris, ac patrui sui Cháo cão dictum, dum ab eo invisitur interficit; tantum 46 diebus imperat, quare eum Chronicæ Imperatorum numero excludunt.

Lieû pãm jam Regulus exuit Imperio C, ù ym vâm Principem, cum illud vix dum adiisset, idemque Princeps non multo post à Hoâm pú (qui cum administraret arma Reguli C, ù, Imperium & ipse affectabat) vitâ quoque miser exuitur.

QUINTA FAMILIA
Hán dicta,

Numerat Imperatores 27, annos 426; primum Si hán quod in Occidente statuisset Aulam sub quindecim Imperatoribus, dein verò Tûm hán dicta, postquam scilicet translata ad Orientem Aula sub 12 Imperatoribus ibidem præstitit.

FAMILIA Hán Conditoris sui regiis dotibus ac virtutibus quam genere illustrior, Hia primam Familiarum propè æquavit annorum numero, numero Principum etiam vicit, infelix quod ejus quam extinxerat Familiæ perniciosa quædam instituta non jam extinxerit; sævitia quoque Reginæ, nec-non alterius Familiæ, cui novitas sua nomen fuit quasi interregnum, sed brevi quippe annorum 14, illa quidem nascentis exordia comminaculavit, hæc verò medium propè cursum, quo prosperè ferebatur, interrupit.

Hac imperante Familia natus est SALVATOR MUNDI, cui utinam obedivissent, qui *obedientiæ* cognomento tantoperè gloriabantur & gaudebant Principes penè omnes; sed è contrario 172 post exordium suum annis Sina, pestifera secta Idoli Fé cœpta infici, hinc lachrimæ, superstitiones, atque innumera deinceps mala, collegit illa librorum & litterarum semiustas reliquias, conata enim mores antiquos & integritatem priscorum revocare, modico tamen successu cum superioris Familiæ vitium jam occupasset Imperii viscera.

1. Cão cũ hoâm ti olim Lieû pãm ex Gregario milite Sinarum Imperator & Familiæ Hán conditor oriundus ex ea provincia quæ hodie Nân xîm sive Kiâm nán dicitur; Aulam statuit in Châm ngîm in provincia Xên sî. Obiit an. Imperii 12,

mense 4, æt. 51 depositus à Medicis, *Pareamus*, inquit, *Cœlo quod militi contulit Imperium; Imperatori nunc aufert vitam, in hanc & illud jus habet*.

Armorum illi peritia est, non litterarum; animi non corporis indoles planè regia, mirè solers atque industrius, beneficus & clemens, amans subditorum, consilia facilis audire & sequi: Militarem præfectum quem maximè contrarium sibi infestumque habuerat, hortatu suorum auget honoribus, atque in perpetuum sibi devincit; benè de Republica meritos creat Regulos, successorem sibi destinat filium natu minorem ex secunda Reginarum natum, quo audito quatuor Optimates octogenarii omnes cum filio natu maximo Imperatorem adeunt, jus Principis & publicæ perturbationis ac ruinæ periculum ponunt ob oculos, caput suum fidei pignus offerunt; cedit Imperator.

Cum Familia C, in, tria insuper delet Regna, quæ nutante ac ruente illo in spem Imperii venerant. An. 5 Imperatorem salutari se patitur: convivio & musicâ Musicus ipsemet suos excipit; in convivio quodam lethiferum insidiantis ictum, fratrum unus objecto ante Imperatorem capite & corpore avertit. Anno 10 Chin sũ Regulus rebellat & cadit in prælio, sauciatur Imperator.

Quinque bello inclyti Duces florent hactempestate. Hâm siñ è piscatore miles bellator, ac dux trium Regnorum victor, Regni C, i Regiam represso diu fluminis alveo, tum deinde laxato obruit & capit, præmium stratagematis fuit ipsum Regnum, quo tamen ob rebellionis suspicionem sexto post anno privatur innocens Chầm leàm, & hic regno clarus, sed eodem deinde spreto clarior, quietis enim jam rebus Imperii petit à Principe filio uni vacare ut liceat, ille annuit siao hô Colaus, hic dum familiæ Zin Aula diripitur, nihil tollit præter libros & monumenta Archivii Regii, ratus hæc esse spoliorum maxima. Et verò ea non parum momenti attulerunt Imperio mox obtinendo. Hinc apud ejusdem scriptores encomia. Vâm lêm Dux militum transierat. Hic à Regulo Reg. C, ũ ad Licûpầm etiamnum Regulum; Hâmyũ cliens item Reguli Regni C, ũ commilitonem quondam suum matris operâ revocatus, hanc ad eum militibus suis stipatum mittit, sed mater nunciari filio jubet fidem ei cui jam obtigerat Imperium servandam esse, ne autem suæ matris causa filius angeretur, in vestigio se ipsa perimit; interim Hâmyû cum & ipse ad Imperium adspiraret, incendit Aulam õ fãm cum dictum, de qua supra, è sepulchris Regum Regni C, ũ thesauros eruit, septendecim præliis vincit Imperatorem Coô cũ hoầm ti qui semel deleto prorsus exercitu vix cum quingentis suorum manus hostium evadit, tandem tamen qui toties vicerat vincitur, non tam virtute quàm dolo militari hostium, sed horum manus manus vicissim ipse inferens sibi evadit; in Idolorum numerum aliquot post sæculis refertur, qui insanus honor non paucis hujusmodi Heroibus Martiis, à superstitiosâ doctrinâ delatus est. Ann. Imp. 12. Monarch. 1739. ante Ch. 206. à diluvio 3013. Cycli ejusdem ann. 32. ỹẽví dictus.

Hiaô hoéi haầm ti decessoris filius natu maximus sine hærede moritur septimo imperii anno ætatis 24.

Propensus in bonum, pius, amans pacis, unâ re maxima peccavit, quod matri suæ pravæ mulieri, ambitiosæ, crudeli rerum administrationem permiserit.

Imperatoris mater jubet occidi Regulum Regni Chầo, conjugi suo Imperatori ex ea quæ inter Reginas secunda censebatur quondam natum, quin & hanc quamvis innocentem manibus, pedibus, naribus auribusque mutilat, oculis eidem erutis, mox ad crudele spectaculum clam filium accersit, qui eo horrescens ac negans hominem esse cujus tam dira crudelitas existeret, præ doloris iræque vehementiâ languore qui propè lethalis ei fuit, corripitur, ac deinceps ab omni rerum administratione & curâ se abstinuit. Ann. Imperii 7. Monarch. 2751. ante Chr. 194. à Diluv. 3025. Cycli ejusdem ann. 44. tim ũi dictus.

Cáo hoầm hcú, item Liù heu dicta filia Physionomi (de quo suprá) decessoris mater, & prima Imperatoris uxor.

Usurpata contra leges Imperii administratione tyrannidem exercet, octavo tandem anno privatur omni potestate, obit ejusdem anni mense 7. execrabilis omnibus.

Imperatrix quemdam è sua Liù familia Colaum creat, cui & Imperium, familiam Han exclusura, destinat animo. Regulus Chầm solemne convivium parat, petit ab Imperatrice potestatem sibi faciat ludicro Gladiatorum certamine convivas oblectandi; facit illa: cum ergo jam vino convivæ incaluerunt, repente quotquot adsunt è familia Liù trucidantur, vociferante Regulo, lolium eradicate, ut segetes succrescant. Anni Imperii 8. Monarch. 2758. ante Chr. 187. à Diluv. 3032. Cycli ejusdem annus 5. Kiầ yñ dictus.

Hiaó veñ Hoầm tí filius primi Imperatoris Cáo cũ hoầm ti, Regulorum populique suffragiis ex cái privato Regno suo evectus ad Imperium, nequicquam adversantibus qui è familia Liù eodem adspirabant, moritur anno Imperii sui 23. mense 6. ætat. 46.

Rara Principis hujus frugalitas ac modestia, quam prodit victus, vestitus & strati ratio, quin & Gynecæum Regium, Matronis, ad exemplum Reginæ, usu vestium acu pictarum, & quæ humum prolixæ verrerent abstinentibus, ædes regias ne una quidem tegula patitur augeri, inter hæc tamen munificus erga populum, cujus uti & pacis perquam amans, in sacrificiis preces ac vota primum pro incolumitate publica, deinde pro sua Regia, contrà quàm fieri consueverat, cœlo spiritibusque offerri jubet, pium prisca Religionis morem revocat, quo solebant Imperatores suis ipsi manibus agri partem colere atque arare (de quo supra.) Delectabatur jocis ac fabulis mimi cujusdam, castigat hunc verbis gravissimis Colaus, quod coram Principe nugas agere non pertimescat, inaudit Imperator, histrionem dimittit, cum aquarum modo penuria, modo copia seu eluviones affligerent Imperium, hortatur Edicto subditos, ut de peccatis suis atque

que erroribus, quibus forte calamitates istas accersat, commonefaciant, pœnas graves constituit infligendas detractoribus, atque iis qui perniciosos rumores spargerent. Moriens luctum triduanum indici vetat, vulgari item humilique sepulchro contentus. Anno primo Imperii rogatus à suis ut de more designaret hæredem Imperii ipse, filium natu maximum (cui cura patris authoritatem jus in Imperium hîc non videtur competere) designat : publicæ lætitiæ signa dari, Grandævos à tributi pensionibus immunes esse, & regiis expensis vestiri jubet : permovit hoc Edictum Regulos, ut ei certatim subderent sese : pax igitur ubique magna, & nulla prope suppliciorum necessitas.

Irrumpentes crebrò Tartaros cum numeroso centum quadraginta quandoque millium Equitatu feliciter repellit, in expeditione contra Tartaros noctu volens ingredi in unam suarum arcium, sed noctu intrare ab excubante prohibitus, & vix tandem nec aliter tamen quam pedes ingredi permissus, severum disciplinæ arcisque custodem militari ornat dignitate.

Colaus cai reprehendit Reginam secundam quamvis Principi charissimam, quod utatur pari ac prima Regina subsellio, ac illa confestim gradu uno demissius considet, & aliquot argenti pondo præmium monitori suo mittit. Regulus Cháo morbum ne cogatur adesse comitiis, simulat, capitale enim hoc erat: Imperator ei ut revera imbecilli scipionem mittens prudenti vicissim dissimulatione periculum clientis antevertit; cuidam qui se muneribus corrumpi sive ut auri vim donans, ne denuò committas, inquit, ob quod ex præscripto legum te cogar interficere. Virgo pro patre suo ad crudele quoddam supplicium condemnato in perpetuam servitutem se offert Imperatori; hic non modo vitam reo donat, sed genus supplicii quoque abrogat, quin & aliorum acerbitatem deinde mitigat, & qui rarae artis cyathum offert Imperatori quatuor inscriptum litteris longam promittentibus ætatem, gaudet oblata spe credulus, jubet annos Imperii sui ab illo qui tunc agebatur, denuò numerari sexdecimve exactos jam oblivioni tradi. Et hic quidem sumpsit initium mos ille qui hodieque viget, sua primis Imperii annis indidendi cognomenta, ipsa pro arbitratu Principis, ac spe longioris ævi vel capiendæ felicitatis novæ, vel alia quacumque de causa iterum ac sæpius quandoque variantur; cæterum brevi suspicatus est Imperator spes eas quas ambrosius ille calix propinabat esse mendices, quare & impostorem capite plectit, & septimo tandem anno moriens sibi fuisse impositam reipsa experitur. Ann. Imp. 2. mens. 11. die ultimo Eclypsis solis. Ann. Imp. 23. Mon. 2766. ante Christ. 179. à Diluv. 3040. Cycli ejusdem annus 59. Gīn sīo dictus.

Hiāo Kīm Hoâm ti decessoris filius moritur anno ætatis quadragesimo octavo, sincerus ac clemens mitigavit acerbitatem quorumdam suppliciorum, felix etiam prole, trium filiorum * hos inter decima Fā nomen, è cujus stirpe nascetur is qui collapsum in Occidente Imperium restaurabit in Oriente, decimus sextus hujus familiæ futurus Imperator, uti etiam ex stirpe filii natu octavi, qui ditionis Chūm xān Regulus fuit, exurget sequentis familiæ heū hán dictæ fundator & Princeps.

Yāfū Ducem copiarum suarum successu victoriisque insolentiorem verbis castigat Imperator, at ille impotens animi voluntaria fame sputoque sanguinis consumitur. Repudiat Imperator uxorem legitimam, & à filio quem ex hac & primo quidem loco genuerat, primi titulum & succedendi jus in minorem transfert, damnatur hoc jus factum. Tertium mutatur cognomentum anni. Ann. Imp. 16. Monarch. 2789. ante Chr. 156. à Dil. 3063. Cycli 38. annus. 22. yēyeū dictus.

Hiāo vū hoâm ti decessoris filius an. ætatis decimo sexto adit Imperium, & septuagesimo primo moritur. Filium è secunda Reginarum natum pronunciat hæredem Imperii, tradit eum moriens Colais hō quàm & yĕtán instituendum, pueri matrem jubet interfici, suis adversantibus, deprecantibusque respondet, suis exemplo sese cão hoâm heu Reginæ exemplo, de quo supra, consulere velle tam Imperio toti quam pupillo heredi.

Avitæ laudis æmulus, patiens moneri, condonationem publicam criminum, non tamen prorsus enormium, vulgari per Imperium jubet, ac vinctos solvi, indulgentia priscis quoque Regibus usitata : inter has animi dotes justè pronior in severitatem & quidem cruentam, nec non magorum illudi se passus præstigiis obscuris. Deperibat Reginam Imperator, illa moritur, amissæ desiderium non ferenti opera cujusdam præstigiatoris è secta Lī Lāo xūm denuò spectanda datur, sed impostori caro stat ars sua, quippe ut talis ab eo cui præstigiis suis imposuerat jubetur interfici. Pergit interim nihilominus insanire Princeps, ac interim ædificat excipiendo rori vitæ immortalis, secundum commenta sectatorum Lilāo xiūn, sed anno septuagesimo primo ætatis suæ moriens Imperator deplorat se à Magis sectariis deceptum.

Gūo cim armorum Dux octoginta Tartarorum millia ipso cum Rege prælio vincit & capit : alter dux si quàm Sinarum colonias in Barbarorum terras, quas armis occupaverat, longe traducit, viros litteris ac sapientia claros sectatores Confucii undique accersit Imperator, fovet, colit, contrà despicit eos atque odit Regina, sectæ Lī lāo xiūn magicisque superstitionibus vehementer addicta, quibus & maritum tandem inficit. Guéi filius Imperatoris natu maximus patrem suum veneficiis tentat è medio tollere, patescunt insidiæ, mittitur cum suis in carcerem, omnium decreta cæde : carceris custos cui Pīn Kiā nomen filiorum Principis rei admodum infantis miseratus clam fidei mulieri educandum tradit, quòm opera sua hóquam viri integerrimi successurum avo suo, Colaus Kīc ngām vir moribus antiquis jam non ferens uxoris Principis insaniam, aliaque vitia, arguit eam intrepidè, frustraque sapienter moneri dicit, nec esse quod ad fictorum laudes adspiret, ipse diu deliciis fabulisque * * * mera virtutis specie tam se quàm suos falleret. Formulam illam ván síú, id est, decem annorum millia, qua hodieque soli Imperatores salutari & compellari solent sub hoc immortalitatis cupidissimo Principe adulatorum vanitas excogitavit. Ann. 6. mens. 8. Cometes in Oriente An. 32. sterilitas & fames, cùm ex diuturna siccitate magna sterilitas & caritas annonæ existeret, Imperator publicas deprecationes ad Cœlum spiritusque indicit: suadent Colai, ut communem famem censu Régio sublevandam curet, contrà Princeps Astronomorum Præfectus contendit, sed Rex immite consilium detestatus, hominem capitis damnat, ac vivum frangi jubet: res miranda, effusi mox imbres, & ubertas ingens consequitur. Anno 407. secunda Regina decimo quarto à conceptu mense parit filium, quem deinde pater nominat hæredem Imperii.

Anni cognomentum mutatur undecies, Imperator miratus familiam hia omnium familiarum primam jubet inchoari annum à Novilunio quod sequitur vel antecedit Solis ingressum in decimum quintum Aquarii, quam temporis rationem Monarchia hodie etiamnum servat. Ann. Imp. 54. M. 2805. ant. C. 140. à D. 3079. Cy. an. 38 sin ehiu. Hiáo cháo hoâm ti decessoris filius, moritur an. æt. 22 sine hærede. Benignus amans Subditorum, quibus & tributorum partem remittit. An. 8. quidam è sectar iis, Lí lao xiŭm defuncti Imperatoris primogenitus ei mentitus Aulam magno cum apparatu ingreditur, sed fraude apertà plectitur capite. Conjuratio in vitam Imperatoris, quâ item patefacta Principes atque authores ejusdem sibi mortem ipsi consciscunt.

Hŏ quâm & Yĕ tañ Colai Tutores Imperatoris pueri, ac deinde Magistri adolescentis, ambo verecundiæ continentiæque famâ clari, primus certè cum annos omnino decem Gynecæum regium frequentasset, nunquam visus est nisi admodum verecundè oculos tollere; alter vero ibidem quoque assiduus Principis sui causa si quando res postulabat, cum Matronis aulicis ageret, non aliter eas quam eminùs alloqui solebat. Mortuo Imperatore, frater ejus Regulus Cham Yĕ dictus eligitur à Hŏ quâm Côlao, sed cum depravatis esset moribus ac moneri impatiens, è solio protinus ab eodem dejicitur, subrogato in Imperium nepote Imperatoris Hiáo vũ hoâm ti dicti. Ann. Imperii 13, Mon. 2859, ant. Ch. 86, à Dil. 3133, Cy. 39 an. 32 Yĕ vi dictus.

Hiáo sì vēn hoâm ti Imperatoris Hiáo vū hoâm ti, ex Quéi filio natu maximo, sed ob perduellionis crimen interfecto nepos è carcere ipsâque morte miserantis infantulum custodis industriâ ereptus 14 ætat. an. adit Imp. moritur an. ætat. 43.

A puero litterarum studiis assuetus authore Colao Hŏ quâm mirè administrationi vacat impensè in audiendis suos facilis assiduus, supplicorum præmiorumque rationem à Magnatibus exegit, ad gratam posteritatis memoriam & virtutis calcar primus Heroum de Rep. benè meritorum effigies pingi imperat, & in Aula sua exponi.

Avitum Templum ædificare statuit Imperator Avo suo propter eximia ejusdem merita, dissuadet hoc ei Regulus Xīm: Avum quippe mulierum fudisse sanguinem, tributis onerasse subditos, &

non videri eâ veneratione dignum, non auditur Regulus. Septies mutat anni cognomentum: sub vitæ finem accitis hominibus litteratis castigari jubet, ac meliori ordine componi & concordari libros authenticos.

Anno 1, mense 4, visâ aquilâ hinc Tá xē prima publica noxarum condonatio; anno 3, mense 4, terræ motus quo dejecti duo pagi; anno 16, mense 10, visa rursum aquila; anno 20, mense 4, die prima Eclypsis solis. An. Imperii 25, Mon. 2872, ante Chr. 75, à Dil. 3145, Cyc. an. 45 Vú xin.

Hiáo yvēn hoâm ti decessoris filius natu maximus, moritur anno ætatis 43 Vulgari habitu vestium contentus, litterarum studiosus ac peritus in primis, quæ adeo mirificè sub ipso florent. Vám chi Colaus vir integer, calumniatorum operâ mittitur in custodiam: hic injuriæ probrique impatiens veneno se perimit; Rex cum plorat, calumniatores autem severissimis verbis (cum pœnis tunc quidem non posset) castigat.

Anno 7 ob terræ motum & solis defectionem sua reis crimina de more condonantur; an. 9, 6, die ultima soli terum deficit, an. Imp. 16, M. 1897, ant. Ch. 48, à Dil. 3171, Cy. 40, an. 10 Quēyĕl.

Hiáo chím hoâm ti decessoris filius an. ætatis quadragesimo-quinto, Imperii 26, tertio mense, moritur sine hærede, nam qui post mortem è concubinis duabus nati sunt ei filii, Imperatricum operâ sublati nullibi postea comparuêre.

Primis annis Imperii sui justo lenior atque facilior, litterarum quibus impensè dat operam, doctrinæque laudi multum officit, quod non minus vitio, luxui deliciisque sit deditus, occasione cometis Astrologus quidam judiciarius humano sanguine placandum videri cœlum pronuntiat, crudelis Imperator accitum ad se Fam yēn Colaum acerbis planè verbis tanquam multarum graviumque noxarum reum castigat; at ille facilitate plusquam Sinica in ipso vestigio jugulat se, lætum hac quasi victima Principem Colaus alter reprehendens ea non tam placari quam provocari cœlestem iram docet.

Vám màm supremus Administer Imperii, nec multo post improbus ejusdem usurpator, pauperi modicæque ætatis nurui, sed jam viduæ socrus sua secundas suadet nuptias, illa respuit, instat altera, persistit nurus, amens dolore senior se necat laqueo: propinqui mortuæ culpam mortis in nurum conferunt; nec mora capitur innocens, damnatur, plectitur: exinde loci incolas triennio toto sterilitas affligit, suspicati ergo de morte tam injusta pœnam exigi, votis & sacrificiis placant (uti opinantur) defunctæ manes, quando ecce desideratissimam pluviam de repente profudit cœlum. Anni cognomentum mutatur septies.

Anno 3, mense 12 die prima solis defectio, & hanc Eclypsim proxima nocte secutus terræ motus, item ipsis Kalend. anni quinti solis defectus.

Anno decimo-octavo stella quædam visa est evanescere, & velut in rorem pluviam resolvi: mensis autem secundo, die ultimo Eclypsis solis. Anno vigesimo-primo, mense septimo Cometes ad Orientem apparet. Anno vigesimo-sexto, mense nono, in boreali regione triginta locis & amplius terra concutitur. An. Imp. 26 Monar. 1915.

ante Ch. 31, à Dil. 3817, Cyc. annus 26 Kì cheŭ.

Hiáo ngāi hoâm tì Imperatoris Hiáo yvên hoâm tì ex ejusdem filio ditionis Tāo tìm Regulo nepos, obiit anno ætatis vigesimo-quinto, Imperii sexto, mense sexto absque hærede; tametsi sexto mense postremi anni sui mortuus sit, totus tamen annus ei de more adscribitur, adeoque & Natalis Christi Domini, in cujus tempora incidisse censetur, eum tamen quinto circiter post mense quam ipse mortuus fuerat Christus sit natus. Rectè administrat Imperium, modestus ingenio, suorum studiis sententiisque accommodat sese, sub finem vitæ severior. Pax viget, anno sexto plurimorum Regum ac Dynastarum clientelam profitentium legatione honoratur, adductis 376 Interpretib. Legatos Imperator excipit magnificè.

Anno secundo Imperii auditur in Aulæ medio sonus ingens, velut æris campani majoris; consuluntur Astrologi judiciarii, docent imminere calamitatem, cui avertendæ sanguis poscatur Colai Chŭ pŏ, non audit eos Imperator, gnarus hæc oracula invidorum opera confingi, bis mutatur anni cognomentum. An. quinto, mense 1, die 1, Eclypsis solis, it e man. 6. mense 5, solis Eclypsis.

DECAS SECUNDA.

Anno 6. Lunâ 11. Salvator Mundi, Rex Regum, & Dominus dominantium nascitur. Vide Prolog. cap. 4. & 5. Imperavit hic Imperator 6. annis, fuitque 2938. Monarch. ante Christ. 6. post Diluv. 3213. Cycli ejusdem an. 52. *Tĕ maò.*

Hiāo pĭm hoàm ti noni Imperatoris *Hiāo yvĕn ti* ex filio ditionis *Chŭm xăm* Regulo nepos, adit imperium; mense nono ejusdem anni quo decessor obierat, anno ætatis 14. veneno tollitur. Quòd impar. esset rebus imperii administrandis adolescentulus, avia Imperatrix *Vâm màm* Colai sui curę fideique committit omnia, qui proinde novis titulis & honoribus, quos simulatè recusat, ab ea donatur. Hic anno priore falsis accusationibus æmulum Colaum *Tŭm hiĕn* eò adegerat, ut cum uxore sibi mortem consciscerent, quo sublato, solus rerum potitur, pro arbitrio munera publica confert & aufert: 117. suæ factionis dynastas creat, filiamque suam in thorum soliumque regium evehit. Rebellionem contra se motam detegit, reos plectit. Nomine Imperatoris sacra facit Cœli supremo Imperatori: mittit octo de optimatibus, qui regni finibus egressi, vicinorum regnorum mores lustrent: fami publicę de suo peculio consulit, ipse interim oleribus victitans, hac arte paulatim sibi gratiam populi conciliaturus, & gradum sibi structurus ad solium. Optimi quique Senatorum de medio tolluntur, alii offensi gubernatione potentiaque *Vâm màm* Colai, insignibus officii ad valvas aulæ suspensis aliò migrant. Anno 5. *Vâm màm* Imperatorem veneno quo vinum miscuerat, perimit; cum morte luctantem videns, vota facit hypocrita, & caput suum pro salute morientis devovet. Post Imperatoris mortem in puteo reperitur, quem ipse clam injici jusserat, lapis, *Vâm màm* nomine tituloque Proimperatoris inscriptus, fraudulentâ scilicet industriâ affectantis imperium, quasi divinitus ei destinaretur. Rex defertur ad aviam Imperatricem, quæ primùm reluctata, tandem cum salutari Imperatorem patitur. Anno 1. Lunâ 5. & anno 2. Lunâ 9. Sol deficit. Imperavit annis 5. fuitque 2945. Monarchiæ, post Christum 1. post Diluv. 3219. Cycli 40. annus 58. *Siñ. yeù.*

Jŭ çŭ ym octavi Imperatoris *Hiāo siùen hoâm ti* ex filio ditionis *Quăm gŭei* Regulo pronepos, puer biennis à *Vâm màm* in solio collocatur, quoad maturis jam ad usurpandum imperium rebus, ex eodem solio dejicitur. Quamvis hic puer legitimus esset Imperator, tamen *Vâm màm* solum Principis nomen ei tribuit, cùm interim ipse Proimperatoris titulo uteretur, ne Imperatoris titulo usus, invidiæ sustinendæ impar esset. Anno 2. confœderatorum *Han* exercitum centum millibus constantem prælio vincit Proimperator. *Cĕy* primum ductorem copiarum hostilium capturo, frustatim discerpi jubet: benemeritos ferè quadringentos dynastas creat. Anno 3. successu rerum tumidus, larvâ tandem positâ, palam usurpat imperium. Luctam de more triennalem pro matre defunctâ negligit, causatus impediri se publici boni causâ; nihilominus arguunt hoc ejus factum Scriptores, aliqui è serie Imperatorum excludunt puerum *Jŭ çŭ ym*, adscriptis sequenti sive *Vâm màm* usurpatori annis 17. Anno 1. Lunâ 10. Sol deficit. Imperavit ann. 3, fuitque 2950. Monarch. post Christ. 6. post Diluv. 3224. Cycli 41. ann. 3. *Pĭm yn.*

Vâm màm, ejus quæ uxor fuerat noni Imperatoris *Hiāo yvĕn hoàm ti* ex fratre nepos, originem suam ab ipso *Hoâm ti* tertio Monarchiæ conditore conatus deducere. E quatuor filiis suis duos perimit, tertius venenum jussus sumere, gladio se confodit; quartus interim lento morbo consumitur. Natorum funera sequitur cædes patris occisi anno 15. frustra scilicet ferculo vitæ immortalis (uti vocabant) sæpe pasti; memoratus annus successori adscribitur. Fuit vafer, ambitiosus, crudelis; fictis prodigiis hoc agit, ut credant Sinæ imperium à cœlo ipsi collatum. Imperatrici enarrat somnium Præfecti cujusdam, cui dormienti oblata fuerit species, dicentis, *Ego sum Cœlestis Regis Legatus ad te missus, ut renunties Imperatori, ut verus Imperator fiat*; quare puerum *Jŭ çŭ ym* abdicat fictis cum lacrymis, ad id se cogi dictitans cœli mandato. Puer interim ditionis *Ngam tim* Regulus creatur, 17. post annis denuò salutandus Imperator, & mox deinde occidendus. Anno 9. rebellionum initia ob crudeles exactiones vectigalium, sterilitatis etiam tempore; hinc latrocinantur indigenæ, illinc barbari fines depopulantur; consistuntur exercitus confœderatorum *Che mŭi* dictorum à superciliis quæ minio tingebant, quo se ab aliis discernerent. An. 14. Reguli familiæ *Han* (quos inter *Licû yn,* & *Licû siĕu* fratres, iidemque Dynastæ rusticationi dantes operam) arma capiunt, hinc varium cruentumque bellum; bis victi restaurant exercitum. *Vâm màm* cùm vetera Magistratuum sigilla reposceret, suum quasi novæ jam familiæ volens substituere, inter alios vir octogenarius è primariis, negavit se traditurum, dicens, *Ego jam decrepitus, brevi terram ingrediar, qui potero unus iidemque duarum familiarum sigilla oneratus primùm meum dominum conspicere?* Cùm Imperator fanum ab se extructum, & majorum memoriæ dicatum, destruxisset, avia Imperatrix indignè rem ferens, *Si,* inquit, *mortui sensu carent, quorsum eis fana extruuntur? si est eis sensus, quorsum prophanantur?* Indit usurpator familiæ suæ nomen *Sin,* id est novæ alchimiæ studiosus est, innovat ferè omnia, tametsi videri vellet antiquitatis restaurator. Tollit usum flavi coloris proprium familiæ *Han,* albi inducto. Imperium dividit in novem provincias, & regiones 125. in quibus urbes 2203. dynastas creat 796. toparchas 1551. Cognomentum anni ter mutatur: anni principium ad duodecimam Lunam revocat. Ceteri Chronistæ neglectâ hac novitate veterem rationem temporum sequuntur. Anno 5. Cometes per 20. dies arsit. Moritur Imperatrix, avia duodecimi Imperatoris *Hiāo pĭm hoâm ti* an. ætatis 84. An. 6. Lunâ 3. Sol deficit. Anno 8. terræmotus, quem ut omen sibi prosperum interpretatur usurpator, montis ruinâ fluvium *Kim* stetit. Lunâ 7. Sol deficit. Annis 12. 13. 14. sterilitas & fames plurimos homines abfumit. Anno 14. Cometa, & tot erucarum examina, ut Soli ipfi nubem obduxerint. Imperavit 14. an. fuitque 2953. Monar. poft Chriftum 9. poft Diluv. 3227. Cycli ejufdem ann. 6. *Kĭ sŭ.*

Hoâi yâm vâm, alias *Kēm xi,* pronepos Reguli ditionis *Lĭm tai,* è ftirpe quinti Imperatoris *Hiao kĭm hoâm ti* oriundi electus ab exercitu confœderatorum *Han.* Mittit legatos ad exercitus à rubro fupercilio appellatus, qui in ipfius electionem haud confenferant; fed irrito fuccefſu: quippe poft triennium ab illis ipfis interficietur. Ducem *Liêu yn* rebellionis fufpectum, revera infontem, morte plectit; fratrem *Liêu sieû* tot inter victorias & plaufus, tamen modeftiſſimus, Regulum creat. An. 1. exercitus familiæ *Han* ducibus *Liêu yn* & *Liêu sieû* confligit cum ufurpatore *Vâm mâm,* ex ejus copiis cæfa viginti millia. Lunâ 9. Regia *Chàm ngan* invaditur, incenditur altera pars palatii; ufurpatoris filia in flammas fe præcipitat, hoftium manus ut effugiat: in altera parte à furente milite occupata obtruncatur *Vâm mâm,* cadaver in frufta divifum fale conditur; caput in foro fufpenfum, telis populi petitur; eft qui exectam linguam dentibus difcerpat. Anno 2. dum Imperator luxui & deliciis dedit fefe, ab fuis rejicitur, fubftituto interim quodam *Vâm lâm,* qui fe Imperatoris decimi *Chim hoâm ti* filium eſſe mentiebatur: ceterùm hic ab exercitu *Liêu sieû* paulo poft obfeſſus & captus obtruncatur. *Liêu sieû* qui proximè tenebit imperium, jam ante ab Aftrologis ei promiſſum, comitate & benevolentia fibi omnes devincit. Confiliis utitur *Tem yù* viri admodum fapientis, deinde & armorum præfecti. Ufurpator præfagiens imminentem ruinam, imbellem turbam regiâ jubet excedere, & in agris fub aperto cœlo fupplices cœli opem implorare, quod olim id folitum fieri legiſſet. Imperavit an. 2. fuitque 2967. Monarch. poft Chriftum 23. poft Diluvium 3241. cycli ejufdem an. 20. *Queï vi.*

Quam vú hoâm ti, primùm *Liêu sieû* dictus, è ftirpe quinti Imperatoris *Hiao kĭm hoâm ti,* decimo fcilicet ejufdem filio. Ab hoc incipit altera feries familiæ *Ham tum,* id eft Orientalis dictæ: aulam quippe conftituit in *Lŏ yam* provinciæ *Hŏ nân.* Moritur Lunâ 2. anno ætatis 61. conditur in humili pauperequè fepulcro, quale vivus parari fibi juſſerat, ne (uti aiebat) latronum avaritia illud aliquando violaret. Princeps bello & pace clariſſimus: ruri edicatus, & plebis labores experiendo doctus, miferari fuos & mederi iifdem novit, comis, facilis, liberalis, litterarum peritiſſimus, adeoque litteratorum amans, quos undique accerfit; pro meritis honores & magiftratus confert: dynaftas ab ufurpatore abdicatos ditionibus fuis reftituit, corporis habitus à privato non abhorrens: in gynecæo nihil quod offendat notatur. Dum luftrat imperium, in natali folo cum popularibus fuis ruricolis epulatur. Splendorem tot virtutum offufcat Imperatricis repudiatio, & filii natu maximi à fucceſſione abdicatio. Imperator annis duodecim domandis adverfariis & pacando imperio occupatur. Anno 1. rubris tincti fuperciliis copias fuas in triginta cuneos dividunt, finguli cuneorum conftant decem millibus. Victo *Hoâi yâm vâm* Imperatore magi cujufdam confilio è familia *Han* fibi deligunt Imperatorem, forte tres inter fratres miſſa, imperium obtigit natu tertio *Priôn çú* dicto, qui natus annos 15. dynaftæ cujufdam heri fui pafcebat armenta. *Tem yù* & *Fūm y* præfecti copiis Imperatoris *Quam vù,* nunc cunctando, nunc dimicando frangunt inconditam multitudinem: *Puôn çù* bubulcus Imperator victori fe dedit, à quo & vita donatur & dynaftia. Imperator offert filiam fuam Colao *Sūm* in conjugem; at ille renuit, negans æquum eſſe ut uxorem quam pauper duxerat, dives repudiet. *Nên quâm* pifcatori fuo olim fodali ad fe accerfito obviam procedit Imperator, defert ei primum locum, quin & in eodem fecum ftrato cubare jubet, ubi noctem priftinæ vitæ res commemorando jucundè traducunt. *Mà yuén* dux bello clarus, domitis Conchinchinæ rebellibus, in altera contra boreales expeditione fortiter occumbit; ejus filiam Imperator filio fuo defpondet. Imperator dum luftrat auftrales regiones, incolis loci *Nân tiun* condonat unius anni vectigal: illi annos decem donari fibi petunt: abnuens Imperator, *Qui ausim,* inquit, *tam remoti temporis mihi jus vindicare?* Cùmque agreftes illi defectui liberalitatis id tribuerent, fubridens, annum alterum benignus adjecit. Sub noctem redux à venatione, regiæ portas occlufas offendit: vigilum præfectus aperiri vetat; Princeps ad aliam pergens, admittitur; poftridie eum à quo admiſſus fuerat, uno dignitatis gradu dejectum plectit, auget alterum. Anno 2. Lunâ 1. & anno 6. Lunâ 9. Sol deficit. Anno 7. Lunâ 3. memorabilis illa eclipfis, de qua in Prolegomenis cap. 10. Eclipfeos iftius occafione jubet fuos Imperator in pofterum abftinere voce *Sanctus,* quo eum in fuis codicillis appellabant. Rurfus deficit Sol annis 16. Lun. 3. 17. Lun. 2. 22. Lun. 5. 25. Lun. 3. 29. Lun. 2. 31. Lun. 5. 32. Lun. 11. Bis mutatur anni cognomentum. Imperavit 33. annis, fuitque 2969. Monar. poft Chriſt. 25. poft Diluv. 3243. cycli ejufdem annus 22. *Iĕ yëû.*

Hiào mĭm hoâm ti ex decem quos deceſſor habuit, filiis numero quartus. Obiit an. ætatis 48. Lun. 8. prudens, fagax, clemens, patri perquam fimilis. Uxor ei fuit filia ducis *Mà yuén* (de quo fuprà) modeftiæ fpeculum, ficut veftibus acu pictis conftanter abftineret. Academiam inftituit in ipfa aula pro filiis Optimatum & Regulorum; barbarorum quoque principum filii ad eam admittuntur. Heroas bello & pace claros jubet depingi. Crebras eluviones fluvii *Hoâm hô* coërcet, objectis per mille ftadiorum eoque amplius fpatium aggeribus operâ centum mille hominum. Anno 15. vifit ædes Confufii. Academiam fuam luftrat identidem, & fcholafticorum exercitationibus intereft. Hoc imperante pax magna: cùm unus fratrum contra eum conjuraſſet, tam huic, quàm mille aliis qui unà conjuraverant, captique jam erant, Reginæ pre-

DECAS SECUNDA.   23

cibus condonatum est crimen. Quærit ex *Vâm ym* Regulo & fratre suo Imperator, qua re maximè delectetur; ille, *Nihil est*, inquit, *delectabilius quàm bene agere*. Sed revera caruit hoc oblectamento, cùm pessimè egerit, inducendis superstitionibus idoli *Fe* impensè favens. Ceterùm non multo post, ut scriptores notant, idololatriæ suæ poenas dedit, quando rebellionis convictus, necem sibi ipsi conscivit. Occasione somnii, quo oblata fuerat Imperatori species aurata hominis gigantea magnitudine, memor ipse prisci cujusdam dicti *Si fâm yeû xim gin, In Occidente existit Sanctus*, per duos legatos quæri jusserat veram legem; at illi non ultra Indiam, ubi D. Thomas verisimiliter tunc degebat, progressi, idolum *Fe* cum multis sectæ voluminibus reportant anno 8. Lun. 10. post Christum verò 65. Fidem ac superstitionem idoli auxerit statua non dissimilis, quam 160. circiter ante annis Clientelares ab Occasu barbari sexto Imperatori *Hiaò vù* obtulerant. Anno 3. ingens sterilitas: in hac autem gente numerosissima, turbarum ac rebellionis periculum solet esse sterilitatis & famis tempore. Anno 3. Lunâ 8. Sol deficit, item an. 8. lun. 10. an. 13. lun. 10. an. 16. lun. 5. Imperavit 18. annis, fuitque 3002. Monar. post Christum 58. post Diluvium 3276. cycli ejusdem annus 55. *Vû sio*.

Hiao cham hoâm ti decessoris filius, obiit anno æt. 31. probus & sapiens, literarum & pacis amans, facilis condonare peccata, vectigalia moderatur. Aliquos è finitimis barbaris rebellantes ad obsequium reducit, plerisque interim in officio clientelari persistentibus. Notandum barbaros fere eùm res imperii turbarentur, à Sinis deficere solitos, cùm denuo pacaretur, virtute Principis illectos, ultro ad pristinum obsequium redire consuetos, maximè quòd obsequium istud conjunctum esse cum nullo servitutis onere, & cum ingenti lucro ex commerciis & amplitudine munerum, qua ipsorum tenuitati Sinica majestas respondebat. Et verò Sinenses imperii sui vastitate & fertilitate contenti, si quando Barbarorum amicitiam & clientelam expetebant, magis utique id agebant ad quietem suorum finium & splendorem imperii, quàm ut ejusdem fines ambitiosè proferrentur. Anno 2. Magistratibus suis elegantiorum vestium usum interdicit, mandans iisdem, ut non contenti sola virtutis specie, de vera internaque virtute potissimum laborent. Anno 1. terræmotus & Cometes. Sol deficit an. 5. lun. 7. an. 6. lun. 6. an. 12. lun. 8. Ter mutatus anni cognomentum. Imperavit 15. annis, fuitque 3020. Monar. post Christum 76. post Diluvium 3294. cycli 42. annus 13. *Pim çù*.

Hiao hô hoâm ti, filius secundus decessoris, decennis adit imperium sub tutela viduæ Imperatricis. Obiit an. ætat. 27. lunâ 12. Anno 14. conjugem suam abjicit, quæ dominandi cupida, marito fuerat insidiata, contabescit illa mœrore. In ius & locum Imperatricis, concubinarum una *Tem yù* Ducis neptis succedit quamvis invita. Est ipsa modestiæ singularis, litterarum non minùs perita quàm studiosa: itaque de muneribus quâ ei gratulabundi Magistratus de more offerunt, præter penicillos & novum papyri genus tunc primùm inventum, nihil admittit. Hic Imperator primus eunuchos publicis rebus ac muneribus occupavit, à quibus crebro deinde perturbatum imperium, & ipsæ quandoque imperiales familiæ ob eorum perfidiam insolentiamve extinctæ. Anno 6. supremus Occidentalium Præfectus *Pan chao* dictus, jus imperii clientelare longissimè profert: est ipse non solùm in historiis, sed ludis quoque scenicis admodum celebratus. Scribitur autem ducentorum fere dierum itinere terrestri cum victore exercitu progressus fuisse versus Occidentem per quadraginta, ut aiunt, (credo non sine auxesi) stadiorum Sinicorum millia. Inter quinquaginta & amplius regna, quæ missis obsidibus clientelam profitebantur, recensetur etiam *Ta çin*, hoc est magnum *çin* regnum, quod etiam rectè quis interpretari possit *Regnum maximè occiduum*, quandoquidem eodem vocabulo provinciam *Xen si* provinciarum suarum omnium maximè occiduam olim Sinæ significarint: tametsi constet inter duos & septuaginta Præcones Evangelicos, quos lapideum monumentum refert anno Christo 633. venisse in Chinam ex eodem ipso *Ta cin*, cujus & inibi fit mentio venisse, non liquet tamen an ex Ecclesia Christianorum quos S. Thomæ vocamus, an ex Judææ vel Syriæ Ecclesiis ipsi venerint. De memorata *Pan chao* Ducis expeditione, in qua posuit is triginta annos, consule majores Annales, in quibus regionum, fluminum, sinuumque maritimorum ac montium accurata descriptio. Sol deficit anno 2. lun. 2. an. 4. lun. 6. an. 7. lun. 4. an. 12. lun. 7. an. 15. lun. 4. Bis mutatur anni cognomentum. Imperavit 17. annis, fuitque 3033. Monar. post Christum 89. post Diluv. 3307. cycli ejusdem annus 26. *Ki chèu*.

Hiao xam hoâm ti decessoris filius, fratre natu maximo, quòd immedicabili morbo laboraret, excluso, puer centum dierum eligitur ad imperium, lunâ 8. moritur. Per hæc tempora grassatur insignis pirata *Cham pe lù*, quinque post annis occiditur. Imperatrix de languore quodam, & neglectu litterarum commonefacta, studiis earumdem instaurandis impensè dat operam. Imperavit 1. anno, fuitque 3050. Monar. post Christum 106. post Diluv. 3314. cycli ejusdem annus 14. *P ïnu*.

Hiao ngan hoâm ti nepos decimoctavi Imperatoris *Hiao cham*. An. ætat. 32. lun. 3. dum redit lustrato imperio, moritur in ipso suo curru regio: quo tempore sepelitur, aves prodigiosæ magnitudinis, quippe decem cubitis altæ, & quæ viginti duorum cubitorum spatium expansis alis occupabant, exque cicures, spectatæ sunt. Senior Imperatrix memorata neptis illa Ducis *Tem yù*, pro tredecenni Imperatore administrat imperium. De publica sterilitate facta certior, adit ipsa per se carceres, vinctorum causas cognoscit: inde redeuntem desideratis imbribus cœlum remunerasse scribitur. Ceterùm multas & magnas laudes illius, ambitiosa regnandi dulcedo commaculavit: sæpius quippe monita maturum rebus administrandis esse Principem, pergit tamen ipsa res administrare, monitoribus etiam pœnâ quandoque mulctatis. Anno tandem 15. morientem secuta est totius familię *Tem* ruina. Anno 1. edoctus Imperator vastissimum imperium sua ipsum mole viribusque fatigari, sponte misso veluti sanguine, & castigata luxuria, certis arctioribusque idem circumscribit, & plurimarum gentium ac principum clientelæ renuntiat: Eunuchi ad Dynastarum quoque & Regulorum dignitatem evehuntur; res ad id tempus inaudita. Uni optimatum viro integro *Yâm chin*, quidam auri decem pondo in gratiam præfecturæ sibi collatæ noctu offert, ille rejicit: Alter instans, *Nox*, inquit, *est, quis resciet ?* Tum ille, *Cœlum*, inquit, *resciet, resciet terra, resciemus & nos ambo, quo pacto diets fore nemo ut resciat?* Amicis eundem hortantibus, ut aliqua subinde munera liberorum sustentatione futura olim usui admitteret: *Nomen*, inquit, *& exemplum Præfecti minimè cupidi filiis meis pro ampla hereditate erit.* Imperator unam concubinarum creat Imperatricem: hæc sterilis, alterius concubinæ prolem, matre clam veneno sublata, sibi vindicat: ceterùm puer hic agente id ipsum matre putatitiâ decennis privabitur jure succedendi in imperium, cui tamen mox succedet. Singulis prope annis terræmotus; maximè terribilis fuit qui incidit in Lunam 2. anni octavi, quando tellus hiatum fecit longum stadiis 182. latum 56. Sol deficit anno 1. lun. 3. an. 5. lun. 1. an. 7. lun. 4. an. 8. lun. 3. & 10. an. 9. lun. 9. an. 10. lun. 3. an. 11. lun. 2. an. 12. lun. 8. an 13. lun. 12. totalis eclipsis, an. 14. lun. 7. an. 18. lun. 9. an. 19. lun. 3. Quinquies mutatur anni cognomentum. Imperavit 19. annis, fuitque 3051. Monar. post Christum 107. post Diluv. 3325. cycli ejusdem annus 44. *Tim vi.*

Hiao xūn hoâm ti filius unicus decessoris, quo decessore mortuo, Imperatrix alium è stirpe decimioctavi Imperatoris *Hiao cham* infantem protinus substituerat, sed hoc item mortuo, lun. 10. eunuchi contra Imperatricem Imperatricis conjurati, non sine cædibus hunc *Hiao xūn*, quem mater illa putatitia decennem solio paterno exclusum voluerat, in eodem collocant, ipsa Imperatrice in angulum palatii retrusa. Obiit an. ætat. 31. lunâ 8. Est qui suadeat Imperatori, ut Imperatricem in palatii angulum retrusam, matris loco habere pergat, idque pro vetusto gentis more, quo filii concubinarum pertinere censentur ad legitimam uxorem: paret Imperator, & Kalendis primi anni solitis ritibus veneratur Imperatricem in palatio orientali. Quatuor enim sunt palatia ad quatuor Mundi plagas obversa, & suis quæque ritibus destinata. Ceterùm cùm mortua fuisset ipso illo anno mulier ambitiosa, protinus scitum fuit ab ea sublatam fuisse olim veneno matrem Imperatoris, quare vetuit is in posterum honores defunctæ fieri, & titulos honorarios (quibus etiam post funera hic gaudetur) nec non lacrymas luctumque in veram matrem transtulit. Alios atque alios barbaros cladibus affectos domat. Anno 7. infesti latronum cunei in provincia *Nân kim* urbes omnino novem & quadraginta diripiunt, latronum dux *Mà miên* post annos 12 Imperatoris nomen usurpabit, sed mox altero post anno in prælio occumbet. Dubio Imperatori ecquam è quatuor concubinis ex æquo gratiosis Imperatricem creet; Colaus, *In deligenda*, inquit, *conjuge virtus prima est; si par est virtus, attendatur ætas; si ætas par fuerit, tum demum forma quæ magis placuerit, habeatur ratio.* Prima itaque virtus tulit, quâ reliquas, ea quæ *Leâm xi* dicebatur, vincebat. Hujus ergo parenti & fratri dynastiam confert, à quibus graves deinde existent turbæ. Floret hoc tempore *Yûm* insignis Mathematicus, de cujus Astrolabio & Astronomia Annales copiosè agunt. Anno 9. laboratur fame; multi multa de more suggerunt Principi remedia publicæ calamitatis, quos inter unus Colaorum, *Virtus tua Rex*, inquit, *non virtutis species medeatur nobis necesse est, tu autem florem duntaxat carpis, de nucleo non laboras.* Alius remedia ab Astrologis & Conjectoribus petita, vana & inania esse multis probat, suadet hominum hujusmodi commentarios ut interdicat, plectat impostores. Sancit Imperator ut nemo admoveatur gerendæ reipublicæ ante quadragesimum ætatis annum, nisi virtutis indolisve præstantia ætatem suppleat. Anno 8. nutricem suam honore immodico, Heroinę scilicet titulo ac sigillo donat, quod ei deinde veneficii damnatæ cum infamiæ nota eripietur. Sol deficit anno 2. lunâ 7. an. 10. lun. 8. & intercalari, an. 13. lun. 12. an. 15. lun. 2. an. 16. lun. 9. Ipsa Regia crebro terræmotu concutitur, anno scilicet 3. & 11. & 14. & 15. Item anno 8. lun. 4. quando in vico Regiæ suburbano terra hiavit cubitis in longum 850. In ditione *Leâm chéu* anno 18. terra centies octogies concutitur, ruunt urbium mœnia, multi hominum pereunt. Imperavit 19. an. fuitque 3070. Monar. post Christum 126. post Diluv. 3344. cycli 43. annus 3. *Pim yn.*

Hiao chûm hoâm ti puer biennis sub tutela Imperatricis, licèt obierit anno 1. lun. 1. tamen adscribitur ei de more totus annus. *Ly cù* vir integerrimus, rebellibus prudentiâ magis & industriâ, quàm vi & bello pacatis, aulæ Præfectus constituitur, sed post triennium operâ *Leâm kj*, quanvis innocens in carcere neci dabitur. Puello Imperatori mortuo Imperatrix cum fratre *Leâm kj* subrogat octennem puerum, excluso ejusdem fratre natu majore: erat autem à 18. Imperatore *Hiao châm* quintâ jam ætate descendebat. Imperavit an. 1. fuitque 3089. Monar. post Christum 145. post Diluv. 3363. cycli ejusdem annus 22. *Tē yeū.*

Hiao che hoam ti puer octennis, de quo suprà, idemque Regulus *Longan*, & deinde *Po hai*, an. 1. lun. 6. intercalari veneno sublatus, prudentiâ & sagacitate vincit ætatem. Cùm forte in conventu publico torvè intuens fratrem Imperatricis *Leâm kj*, mussitabundus dixisset, *ô ferocens hominem!* hic ubi hoc rescivit, non multo pòst jusculum veneno miscens, puerum è medio tollit,

HISTORIÆ SINICÆ DECAS SECUNDA.

Hiào huôn hoâm tí abnepos Imperatoris Hiôa chaṁ, obiit anno ætatis trigesimo-sexto sine prole, cum tamen essent ei quinquaginta sex millia Concubinarum; Imperatrix pro adolescente res administrat, quarto tandem anno ei resignat Imperium. Est ipse sectæ Laó kiūn, unice studiosus: eo regnante venales fiunt Magistratus, & sub hujus successore etiam dinastiæ. Imperator memoratum Liâmki altius atque altius evehit, uxorem ejus Heroïnam nominat, auctam censu ducarum urbium, 500 scilicet aureorum millibus. Immodica potentia & authoritate sua jam insolentior cum anni Kalendis Regem de more veneraturus, sed contra leges accinctus gladio in Curiam introisset, gladio per vim mox erepto, veniam tamen tanti criminis impetrat: omnibus tandem adeoque & Principi ob varia crimina exosus, repente cinctus ab Eunuchorum turba, cum fugam desperaret una cum uxore sibi manus infert: propinqui omnes & amici corruunt plusquam trecenti Magistratu suo privantur: opum unius hominis fisco adictarum tanta vis fuit, ut mediam partem vectigalium illius anni æquaverit. Imperator viros sapientia celebriores, missis quoque muneribus, ad Aulam invitat, plurimi recusant venire, quod in tanto connubiorum dominatu desperarent se quidquam profecturos. Anno decimo-nono Puón Præfectus innocens datur in custodiam; Inter hæc publica noxarum condemnatio forte promulgatur, solvuntur vincti, negat innocens se exiturum, *Nam si extero*, inquit, *ubique transferam in me culpæ ejus infamiam, & vivens ero malus Præfectus, mortuus vero malus videbor spiritus.* Cæterum patefacta mox calumnia libertatem cum honore recuperat. Quærit Imperator ex Colao quæ de se sentiat? fidenter ille, *Nec bonus es*, inquit, *Rex, nec malus, nam cum ego qui malus sum suadeo quidpiam obsequeris suadenti, cum boni vero quid suadent bonos quoque audis Rex sincere monentem novis auget honoribus.* Terra cum tremuisset multi de multis Imperatorem commonefaciunt, in primis ut improbos suppliciis potius quam beneficiis prosequatur: impiis scilicet Liâm xi poscebatur ad pœnam, *Ægris*, inquunt, *pharmaca sunt usui, valentibus alimenta robustiora, & contravalentibus obtrudis pharmaca, in ægris vero robustiores ciba & quidem nocituras male protradis.* Solis Eclypsis. Anno primo, luna prima; an. tertio, luna quarta; ann. 6, luna septima; an. 8, luna 9; anno 11°, luna 1, anno 12, luna 5, anno 19, & 20, luna prima; anno 21, luna 5; an. 1, luna 4, Regia tremit. Item an. 3, luna 9; quinque montes ruinam minantur, anno 6, luna 10 rursus tremit Regia; anno 16 Palatium variis in locis sexies arsit. An. 2, lu 4 fluvius Hoâm eô nunquam non turbidus ac limosus limpidis Sinis fluxit aquis quæ res numeratur inter fausta omina; septies mutat anni cognomentum. Imperavit 20 annis, fuitque 3091 Mon. post Chr. 147, post Diluv. 3365, Cycli ejusdem an. 24 Tiṅ hái.

Hiào lïm hoâm tí oriundus ex stirpe Hiaô claṁ Reguli Hiaô vâm pronepos, Imperatrix Teŭ tutricem agit, & pro puero administrat Imperium; obiit an. ætat. 34, luna 4 studiosissimus Enucorum monere impatiens, avarus jocis ac nugis delectatur: nundinas domesticas instituit, ad quas è quaternis Palatiis Concubinæ ventitent. Gaudet audire licitantes, contrahentes jurgantes: quadriga regia quam Sinis junxerat ipsemet auriga. Obit ac lustrat Ginæcea sua, orbe autem Sinico hic quoque Regis ad exemplum se componente brevi tempore equi asinis viliores extiterunt. Una re laudandus hic Imperator quod priscorum Legum & Sapientum documenta quæ ŭ kïm, id est quinque libris continentur marmoreis tabulis insculpi jusserit, eaque præ foribus Academiæ erigi. Porrò non pauca ex litteratis hisce monumentis etiam nunc extant. Conjuratio contra Enuchos detegitur: occiduntur centum Senatores, ex aliis autem Magistratibus septingenti Barbari postquam octogies circiter pugnatum fuerat, tandem domiti, Tuon kium Barbarorum domitor in decennali expeditione nunquam culcitra ad somnum usus. Claó paó bello contra Barbaros Præfectus forte matrem cum uxore & filiis accersciverat venientes intercipiunt Barbari: instante prælio in conspectum filii producunt matrem; At ille, *De Patria hic agitur*, inquit, *& fide in Principem par est, cedat his privata pietas*, quibus auditis, *mater, suus*, inquit, *cujusque vitæ præfixus est terminus tu mei causa cave pecces in Regem & patriam*: pugnatur, cæduntur Barbari prope ad interditionem quam matris neci occisione mox ulciscuntur; sit victor filius desiderii luctusque acerbitatem non ferens, & ipse tandem se perimit Vâm sù secundus ab Enuchorum Principe cum filio adoptivo Kiĕ dicto ob crudelitatem aliaque scelera plectitur. Kiĕ certe quinquennii spatio quo Provinciam administrat supra decem hominum millia morte mulctaverat, corpora eorumdem frustratim dissecta condita sale, & ad fumum siccata ossa idem funiculis inserta per Provinciam ad terrorem cæterorum circumferri jubens. Anno 17 novi latronum cunei à Flavo filo cognominati emergunt, duces eorum tres fratres è secta Laó Kiǔm claṁ kiô claṁ liâm paó nominati. Potu lustralis aquæ diris ac veneficiis infectæ quæ hodieque in usu est apud eos sectarios & Fù xìn dicitur, morbis medelam promittunt, per octo Provincias cœpit malum, & decenni spatio aliquot centena hominum millia sectæ dant nomen: tandem fit conjuratio qua mox patefacta cæduntur plurimi conjuratorum, Claṁ kiô fuga vulgatus & obsessus in arce moritur; Claṁ liâm initio cum Regis prælio vincitur cæsis 30 millibus & 50 millibus fluvio dum fugiunt absorptis; Claṁ paó similiter in altero prælio cadit, hi partim cæsi, partim capti ad centum millia numerantur: minus negotii facessivit altera secta vulga dicta Mi xiaó ab orïza, cujus certam mensuram exibebat autor sectæ: morbos magicis suis carminibus curabat. Anno primo, luna quinta & decima Eclypsis solis; item anno decimo, luna decima Eclypsis solis & Regiæ tremor; an. decimo-quinto & vigesimo-primo cometes, quo item anno sanguinem pluit in Palatio, quater mutavit anni cognomentum,

f

Cycli ejuſdem anni 45 Vû xiñ. Imperavit 22 annis, fuitque 3112 Mon. poſt Ch. 168, poſt Dil. 3386.

Hiáo hiên hoâm hi deceſſoris filius, ſecundo loco natus cùm patrem mors occupaſſet hærede non nominato Imperatricis authoritate potentiaque ſuæ factionis fretus novennis adit Imperium, fratre qui natus annos 14 jam per aliquot menſes imperaverat abdicato, cum infæliciter per multos annos imperaſſet, ab invaſore Imperii Caô poï de ſolio dejectus & Dynaſtam ditionis Xân yân coactus agere, exul, & inglorius quatuordecim poſt annis obiit anno ætatis 54: hebes & inſignis ac deliciis magis quàm Reipublicæ dans operam; hinc aſſidua bella tam externa quàm interna, tandemque Imperii in tres partes & capita partitio, de quibus mox agetur. Orientalis China prope tota conſpirat contra Tùm cliǒ factionis impetatoriæ principem, ſed hic Principem natu majorem jam Regulum tollit é medio, & cum ipſo radicem ſpemque omnem contrariæ factionis; Aulam deinde transfert in Claôm ngân priſtinam Occidentis ſedem omnibus licèt reluctantibus, eam verò inde diſcedens cæde deſtruit, & ſepulchris legum impiè violatis theſauros ibidem reconditos ſecum auferens, opulentiores quoſque falſorum criminum inſimulat, & facultates damnatorum ſibi ac filio addicit. Cæterum brevi pœnas dedit, uno quippe poſt anno dum Regi gratulaturus recuperatam ex morbo valetudinem in Aulam ſubit, maximâ ſuorum catervâ ſtipatus répentè contrucidatur: quanto laboraverit odio communis populi lætitia prodidit, cadaver in tauro ſuſpenſum adipe vi ſolis diffluente, militum ductor ardentem tædam umbilico ingerens jucundum exultanti populo ſpectaculum ſeu feſtivæ cujuſdam piriæ dedit: auri pondo ferè tricies mille argenti nonagies mille fiſco Regio addicta recrudeſcit flavorum pileorum rebellio trecenta numerantur capitum millia paulatim domantur; ex his autem ſimilibuſque rebellium & in poſterum apud Sinas conatibus atque inſidiis, dum ſpecie Religionis novæ Rempublicam perturbant, atque in diſcrimen adducunt, naſcitur ea difficultas quam in Evangelicæ veritatis promulgatione experimur, ſuſpecta quippe novitas omnis, ipſumque novæ Religionis nomen prope jam terrori eſt, atque adeo cum Magiſtratus nondum ſatis perſpectam habeant Chriſtianæ Legis innocentiam & ſanctitatem mirum non eſt eos in externis hominibus pertimeſcere quod exitioſum fuiſſe toties in ſuis experti ſunt. Anno quarto, lunâ primâ ſol deficit, anno quinto lunâ ſeptimâ totâ; hoc item Imperatore crebri terræ motus, crebræ ſterilitates quæ longum ſit omnia referre. Cæterum fuerunt ea Familiæ Hán mox interituræ non dubia pronoſtica; ter mutatur anni cognomentum. Imperavit 31 annis, fuitque 3134 Mon. poſt Chriſt. 190, poſt Diluv. 3408, Cycli 44 annus 7 Kêm û.

Quoniam Principes Familiæ Hán non alio magis nomine gloriati ſunt, quam pietatis obedientiæque filialis, quam virtutem littera declarant; juvat hîc ſubtexere illuſtriora quædam illius exempla variis è libris ſelecta quam Imperat. & quæ imperante hac Familia numerantur edita fuiſſe, & quæ Sinenſes pueri innuptæque puellæ paſſim decantant, habentque pro veriſſimis, tametſi aliqua videri poſſint fabuloſa, meritura tamen eam ſaltem fidem quam apud nos obtinent quæ ex Scriptoribus Ethnicis vel Græcis vel Latinis in eodem genere ſunt tradita.

Hiáo vên hoâm ti fundatoris hic erat filius, tertio loco natus, cum jam patri ſucceſſiſſet in Imperio, & Regina mater ejus identidem langueret pius filius non aſſiſtebat modo ſuæ matri aſſiduè, & in eodem conclavi pernoctabat, nec depoſitis quidem ad brevem quietem veſtibus, ſed oculos ipſos ab oculis aſpectuque matris vix unquam divertebat: nullam quoque potionem medicam ei patiebatur afferri quam ipſe non prælibaſſet; itaque latè per orbem Sinicum vulgata fuit tantæ virtutis fama & encomiis omnium celebrata.

Obierat pauperis filii cui Túm yûm nomen pauper pater ergo juſta perſoluturus filius, neceſſarios nummos ſui ipſius prætio conficit, ultro in ſervitutem alteri ſe tradens, humato patre, impigerrimè ſervit, & præter imparatum quotidie penſum privatâ paulatim operâ lucratur, quo deinde libertatem redimat. Forté ambulanti obvia quædam Virgo ultro nuptias offert, adducit lætus deſponſatam in heri domo ſibi Virginem, exinde menſis unius ſpatio telas omnino trecentas cum nova nupta texendo perficit celeritate prodigiosâ: mox reſtituto libertatis prætio, diſceſſum cum illa parat, tunc Virgo, *Immortalis ego ſum*, inquit, *& Cœlitum una, fecit inſignis illa pietas tua ut Cœli Imperator me mitteret opem tibi ut ferrem, tuam libertatem recuperaſti, non eſt ergo quod diutius hic morer*: his dictis videri deſiit.

Aderat patri ſuo meſſe colligendâ occupato filia annos nata quatuordecim, vulgò Yâm hiâm nominata, cùm ecce de repentè Tigris advolat incautum meſſorem invaſura, & Virgo conſpicata belluam, objicit illi ſeſe, mox collo prehenſam ſiſtit intrepida, profugit pater, quem ubi filia tuto jam eſſe loco videt, dimittit Tigridem, nullo prorſus accepto damno.

Laudis hujus æmula fuit inuſitata pietas adoleſcentuli Yèm çù dicti quem & putamus imperante Familiâ Hán vixiſſe; erant ei parentes prope jam confecti ſenio, Cervinum lac fortè expetebant, intellexit hoc puer, amictus cervinâ pelle in vicinos montes ac ſylvas abdit ſeſe, ibi Cervas inter repetit, lac mulget, domumque properans potandum offert parentibus, ſed cum in venatores ſubinde incideret, atque hi feram rati figere pararent, protinus in pedes erectus ſe pariter ac pietatem ſuam mirantibus prodebat.

Alterius puellæ tanto etiam laudabilior fuit pietas quanto diutius exercita & quidem adverſus ſocrum decimum & ſextum ætatis annum agens in mariti domum conceſſerat; hic nullâ dum ſuſceptâ prole longinquus iter ſuſcepturus, dum conjugi valedicit, *Eſt mihi uti ſcis*, inquit, *jam grandis nata mater an tu ſi quid humani per viam acciderit, ejus alendæ curam ſuſcipies? Neque enim fratres alii ſunt mihi. Suſcipio*, inquit,

DECAS SECUNDA.

illa. Abit maritus, & morbo correptus obit in itinere; at nova nupta fidem primo toro servatura socrum alit, victum ei textrino opere sedula quæritans non minori constantiâ quam amore, exacto triennali luctu parentes eam ad alteras invitant nuptias, recusat vidua nefas ac probrosum esse dicens socrum abs se negligi & fidem marito datam violari, si urgere pergerent pro nuptiis sunus electuram, cesserunt parentes: at illa deinceps per annos octo & viginti socrum alit, cumque octogenaria tandem obiisset, necessariam quoque suppellectilem pia nurus in apparatum funebrem absumpsit, quotannis deinde velut matri parentare solita. Cognovit hoc urbis Hôm yàm Gubernator, aliquot auri pondera viduæ dono mittit, eamque honorifico titulo Hiaó sū, hoc est obedientis matronæ ornandam curat.

Erat cuidam Hân pê yù dicto mater jam decrepita à qua verberatus amore cœpit flere, miratur vetula, *Et quid malum nunc ploras*, inquit, *qui olim quotiescunque à me vapulatus adeo non plorabas ut gaudenti similis viderere?* Tum ille: *Quidni gauderem*, inquit, *quando ex dolore quem verbera tua mihî incutiebant intelligebam pollere te viribus, at nunc cum te verberantem vix sentio, ætate fractam & viribus destitutam esse intelligo, hæc mihi lachrimarum causa est, ô Mater.*

Gaudet agmen hoc pietatis tametsi cunctos præcesserit tempore (quippe tertio è Familia Cheū Imperatori, coætaneus.) Septuagenarius senex Lao laí cù vulgo dictus, dum non ætatis vitio, sed pietatis studio repuerascit, immortale nomen apud Sinas consecutus, hic ut oblectaret parentes suos jam senes decrepitos ac sibi servos vereque repuerascentes puerum se fingebat habitu & veste variegata, moribus incessu, lingua puer, pueri instar lusitare coram ipsis, cespitare, prolabi in terram ut aborto nisu morosæ ætatis tædia discuteret, ætatis interim vel suæ vel ipsorum nulla unquam mentione facta, ipsoque senectutis vocabulo sollicitè abstinens ne memoriam rei Senibus plerumque injucundæ renovaret.

SEXTA FAMILIA
dicta Heú Hán,

Id est posterior Familia Han numeravit Imperatores duos, annos 441, quanquam revera non penès hanc unam, sed tres omninò Familias, scilicet, Han u guei dici potest fuisse Imperium hoc tempore quippe singulæ, & jus sibi vindicabant & obtinebant partem Imperii. Excrescit immodicè & rerum series & bellorum, quocirca multa scientes præteribimus, promissæ brevitatis memores.

Anteriore Familia Han extincta, Triarchia quædam Saū Quê Chaó dicta successit tribus Aulis in Septentrione, Meridie, Occidente constitutis.

Sun kí ven armorum præfectus, idemque Regulus Regni û in Meridionali Chinæ usurpat Imperium, vir à prudentia, clementia, studioque litterarum commendatus, Aulam primùm in Hû quám, deinde in provincia . . . . Nan Kim constituit: numerat hæc Familia U dicta, quatuor Imperatores, annos verò 59, deinde à sequenti Familia Gin extincta est.

Tertia familia cui Guei nomen reliquis duabus posterior in Septentrione usurpat Imperium; Aulam constituit in Chám tê (urbs est provinciæ Hô nân) sed hinc alio deinde mox alio rursus transtulit, quinquies loco mutatam: Familiæ Princeps & Conditor Caô poi consiliis virorum sapientum multùm uti solitus, numeravit Familia Quei Imperatores quinque per annos 46 quoad extincta fuit, ab Armorum suorum Præfecto longè præcipuo Sù mâ, Chao nominato, à cujus filio sequens Familia Gìn dicta sumpsit exordium. Non desunt Scriptores qui Familiam Guei, exclusa Heu han, in dicta serie inter Imperatorias collocant.

Cháo liĕ vâm primus Familiæ Heu hán Imperator natus in Regno Xŏ, nunc provincia Sú chuen dicta; oriundus ex posteris Reguli Cám vâm qui fuit quinti Imperatoris Hiáo kim filius ordine octavus, quo etiam nomine capessivit Imperium ut hæreditario jure sibi debitum, diu obscurus vixerat, Licu in vulgo nominatus: puer enim orbatus patre victum sibi & pauperculæ matri quæritabat ex calceis quos per compita venales circumferebat; pertæsus deinde vitam humilem, nomen dat militiæ, hic regiæ animi dotes paulatim se produnt: vocatis in armorum societatem strenuissimis ducibus Quèm yu & Chám fi; principem inter suos locum obtinet, & extincta deinde familia Hàn. etiam. Aula Chim, tum Metropolis provinciæ Sù chim, Obit anno 63, mense 4.

Proceritate corporis prope giganteâ, brachiis adeo longis ut cum ea deorsum porrigeret, manus infra genua pertingerent; oculis ita constitutis ut aures suas spectare posset: magnanimus apparuit, verborum in omni successu rerum, motuque animi, eadem semper frons, idemque vultus; speculum veri Principis cui religio bonumque publicum fit cordi: morti jam proximus, *Quisquis*, inquit, *quinquagenarius moritur, non habet cur de brevitate vitæ suæ expostulet cum Cœlo; quantò minùs ego qui quinquagenario sum major.* Inde filium Imperii Colao suo Cŏ leám commendans, *Si consiliis tuis*, inquit, *non acquiescit filius meus, eum de solio dejice, & tu-ipse regna*: Mox conversus ad filium, *Macte animo*, inquit, *peccatum quamvis leve tibi videatur cave commiseris, quod rectum, quod honestum sit, quamvis exile tibi videatur cave neglexeris; sola virtus est sapientia, Mortales subjugat; noli modicam virtutem meam imitari, in uno Cŏ leám consiliorum omnium partem invenies.*

Perpetua 44 annorum bella 14 voluminibus conscripta: titulus voluminum . . . . Sañ quê & í. Quatuor ingentes exercitus producens in campum imperator, nequidquam res Imperii conatur restaurare. In ultimo prælio cum Impetatore Guei, cum immensas prope copias per aliquot milliaria divisisset in exercitus minores quadraginta, victus nocte profugit.

Cō leam Colaus bello & pace perilluſtris, illuſtres item bello duces Quān yu & Chām ſi ambo in prælio occumbunt. Gaō poī alter Imperii in Boreali China uſurpator dum unà cum filio Iái dicto venationi dat operam, cervam cum hinnulo obviam, ſagitta figit, mox filio mandat ut hinnulum ſimiliter figat; at is obortis repente lachrimis, *Cum tu*, inquit *O pater matrem ſuſtuleris, ego quo pacto ſuſtineam prolem interficere.* Matrem ipſius Ivi flagitii ſuſpectam pater occiderat. qui his filii lachrimis & facta reprehenſione commotus, & ipſe facti ſui pœnitentiâ tangitur.

Anno primo Imperatoris hujus Cháo lig vâm Regulus regni û dictus Sūm xiūen proclamatur Imperator in China Meridionali, ſi Libro Sān quē fu fas eſt credere. Jam nunc Nitrati pulveris & Tormentorum bellicorum in China fuit uſus. Imperavit tribus annis, fuitque annus ille quo imperare cœpit idem Mon. 3165, poſt Dil. 3434, poſt Chriſt. 221, Cycli ejuſdem an. 38 Siū yeū.

Heu hoam ti decessoris filius primo loco natus, anno ſui Imperii 40, amiſſa Aula deuit ſeſe victori cui Ngaī nomen, & qui arma Familiæ Borealis adminiſtrabat. Anno 41 creatur ditionis Ngaū lō Dominus, ubi privatus delitescens, ſeptennio poſt moritur ætatis 65.

Paternarum laudum & virtutum æmulus quandiu à conſiliis habuit Colaum Dō leám, rebus uſus eſt proſperis, illo mortuo ſenſit adverſa.

Rex regni û qui in Meridionali China imperabat Legatum mittit fœdus, & armorum ſocietatem oblaturus contra Regem regni Guéi quæ in Boreali China imperabat. Appropinquanti legatus Imperatoris obviam procedens, *Nec cœlum*, inquit, *fert duos Soles, nec terra duos Reges; ſiquidem Rex Guéi debelletur, tum deinde videbimus utri noſtrum deferatur à cœlo Imperium:* Initur fœdus at ſucceſſu nullo. Cō leám cum centum millibus armatorum ſæpè aggreſſus Regem Guei, ſemper vincitur; lauietur tamen quod accepta clade ſuos ordinarè reduceret, ſic ut prorſus non videretur victus eſſe. Rex Borealis cum infeſtis ſignis petit Meridiem æmulum Regem debellaturus, at ubi ad ripam magni fluminis Kion pervenit, veementes undas conſpicatus & ingemiſcens, *Ideo nimirum*, inquit, *Cœlum limites hos conſtituit Septentrionem inter & Meridiem, ut noſtram mortalium cupiditatem limitaret*. Itaque damnato belli conſilio in Boream cum ſuis revertitur.

Anno 41 perfidia clientis Sù mà yao opibus & armis inſtructa Boreale evertit Imperium: erat ipſe Regulus regni Cìn, idemque regiarum copiarum ductor; anno ſequenti moriens ambitionis ſuæ hæredem relinquit filium cui Yēn nomen, à quo deinde ſequens familia Gìn dicta fundabatur.

Cō leám morbo extinguitur, lugent eum milites ut patrem filii; celebratur à Scriptoribus ejuſdem teſtamentum quod moriens ad Imperatorem miſit, eratque hujuſmodi: *Sunt mihi in Aula Sĕ yvēn octingenta arborum planta & qui decim terra jugera quæ Orizam præbent, ſuciunt hæc viventi moderatè, neque velim ego lios meos aliis augeri opibus, opulentia priorum ſubditorum, perturbationum & rebellium radix eſt.*

Anno 40 cum filius Imperatoris Chīn dict de ſalute Imperii deſperaret, *Moriamur*, inquit *ô Pater, in bello glorioſè, ut patres noſtros vidimus*, at detractante prælium patre, Chīn lachmabuudus in funebrem majoru n ſuorum Aulā pergit, ibi occiſâ prius uxore ſuâ ſe perimit.

Matrona prænobilis uxor Colai cum marito viduata eſſet, modicæque adhuc ætatis & pro experſ, ut importunitate parentum ſecundas nuptias ſuadentium ſe liberaret, capillos abſcidit, mox etiam partem auriculæ, & deſtinea hinc ſanguine ſimul etiam jurejurando fidem m rito ſuo firmat, verum cum perſeverarent ei in leſti eſſe, tandem etiam ſe naribus mutillat. Celebrantur exempla quædam pietatis & obedientia filialis imperante familiâ Heu hàn edit Puer novennis (Hoan ven xiam ei nomen fuit obſequia domeſtica ſuæ matris quæ diem obirat ſuppleturus per æſtivos dies culcidram patris & pulvinar quotidie flabello refrigerat, brumali vero tempore ſtratum ſuo ipſo corpuſculo ſe dulus calefacit.

Alter jam adoleſcens cum proter ſeditiones et arma qua jua verſum fugiens matrem ſuam humeris circumferret, incidens ſæpius in Latrones qui rapinis ac cædibus miſcebant omnia, ipſorum que jam vinctum neci deſtinabant, illius matrem multùm lachrimans attendebat, addere gentis eſſe decrepitæ, nec alium qui ſe moriturum miſeram deinde aleret, quibus vocibus commoti eum nequidem nummulis ſuis nedum vitâ ſpoliabant.

Multi deinde vel hujus exemplo vel ſua ſponte dum vetulæ matris abſe ſuſtentandæ mentionem faciunt, imminentes cervicibus gladio ſeditioſorum fæliciter evadunt. Anni cognomentum quater mutatur. Imperavit annis 41 fuitque annus ille quo imperare cœpit Monar 3168, poſt Diluv. 3442, à Chriſto 214, Cycli ejuſdem anni 41 Kiā xi.

SEPTIMA FAMILIA

Cin numeravit annos 155. Imperatores 15 primum Si cin dicta quandiu in Occidente conſtituit Aulam ſub quatuor ſcilicet Imperatoribus, deinde Tūm cin poſtquam migrans in Orientem ſub Ki Imperatoribus idem perſtitit.

Familia Cin priſcorum quidem morum ac litterarum ſtudioſa extitit, & in exordio ſuo ſatis fortunata, diu futura ſi tam ſciviſſet tueri parta quam quærere. Verum 50 circiter poſt annis, cum vim hoſtium jam vix ferret, coacti ſunt Principes migrare in Ortum, jamque ruitura erat nova domus niſi clientum quorumdam fide fides & induſtria ſubſidio veniſſet : damno etiam fuerunt deliciæ, luxus, otia, quibus dum Principes indulgent, & Imperii gubernacula committunt Primatibus, authoritatis primùm ac tandem etiam dignitatis jacturam fecerunt.

Tempore quo familia Cin imperavit Reges & qui ditiones obtinebant, alii majores, minores alii de principatu certaverunt, ſinguli Imperatoris titulum ritusque per fas & nefas uſurpantes, Meridionales dum bella inferunt Borealibus plerumque vincuntur; hos enim præter auxilia Barbarorum quibuſcum fœdus inierant nativum robur atque indoles Martia roborat, ſubinde tamen conſilio prudentiæque Meridionalium, vis ac ferocia cedit Aquilonarium.

Xi cù vu hoàm ti oriundus ex hô nân bellici ducis Sú mà chaô cujus modò meminimus filius natu maximus, obiit anno ætatis 55 menſe quarto relicta prole numeroſa. Aula Lô yàm in regione occidua provinciæ Kô nân, hinc ipſa familia C, in Occidentalis dicta eſt.

Princeps magnanimus, ſolers atque induſtrius, ſagax, amans veri, prodigo quàm liberali propior, colorem ſtatumque oris nullo caſu mutat. Anno 17 pacatis rebus Imperii, milites & arma dimittit, ne quidquam diſſuadente Colao, quo factum, ut poſtea tot emerſerint latronum cunei: deliciis totum ſe dedit; in uno Regio Palatio quinque fœminarum millia cum quibus hortos ſuos obit curru, ſed ab ovibus tractus. Conſtituerat filium ſuum natu maximum quod eſſet hebetioris ingenii excludere à ſucceſſione. Nocte quadam Ædes Regiæ fortuitò correptæ ſunt incendio, ſpectaturus id Imperator è conclavi ſuo parat egredi, ſed prohibet illum parvulus nepos quinquennis puer Lú dictus, primogeniti filiolus, qui avi ſui veſtem præhendens (*Nox eſt,* inquit, *turbata ſunt omnia, tutum non eſt videri Imperatorem;*) obſtupuit & verò paruit nepotulo monenti Princeps, & precox parvuli prudentia Patri quamvis tardiori ſceptrum impetravit. Anno ſexto Imperii pacato jam Septentrione, Meridionalem Chinam aggreditur nobiliorem, maximeque opulentam portionem Imperii quam Rex û ditione tenebat, cum ducentis armatorum millibus, ſuſcepta eſt expeditio. Anno 16 Sinæ Meridionales aditum obſtructuri claſſibus hoſtium qui ab Occaſu adventabant, flumen Kiam quamvis ſpatioſum jungunt catenis, quas crebris è ferro verubus innectunt, firmantque; hoſtes è contrario plurimas rates pice & reſinâ inſtruunt, inflammatas ſecundo flumine in catenas invehunt, rumpuntur aditus, infeſtis ſignis Kan Kinenſis Regia petitur, captus Rex portis egreſſus & junctis poſt tergum manibus victori ſe dedit, qui eum ditionis Vâm in Septentione dominum creans, *Jam dudum,* inquit, *ubi locum illum deſignaveram animo. At ego dicens tuus,* inquit alter, *tibi ſolum hoc auſtrale jamdudum ſervaveram.* Hunc finem habuit Chinæ Meridionale Imperium: itaque Xi cù vu totius Chinæ dominus hoc anno evaſit: cæterum ab ipſius morte novæ mox ſecutæ ſunt rebelliones. Quærit Imperator ex Colao ſuo Lieù cuiuſm de Imperatoribus familiæ Hân comparati

queat? *Duobus,* inquit, *Huun qui vigeſimuſquintus fuit, & Lim qui ſextus & vigeſimus. Quid ita?* Rex inquit, tum Colaus, *Quia tu,* inquit, *ô Rex, venales habes Magiſtratus, & illi habuerunt in hoc tamen diſſimiles tibi quod publicorum Munerum pretia expenderent in uſus publicos, at tu in privatos.* Subridens Imperator, *At ego,* inquit, *aliud invenio quo ſim ab eis diſſimilis, amboſque vincam; neutri illorum vir fuit tanti candoris ac fidei quanti te eſſe hoc die comperi.* Meridionalis Imperator Aulam transfert in provinciam Hû quàm, ſed anno ſequenti rurſus in Nam kin migrat Aula, ubi ſuos audit ac jus dicit. Borealis Imperator capit decem millia hominum. Inſana opum oſtentatio contentioque inter Vâm cai Reginæ fratrem & alterum ſatrapam cui Kĕ cûm nomen: jubet ille pannos ſuos utique pretioſos ordine explicari, & ecce ſpatium Ko li, id eſt quatuor circiter leucarum obtinuerunt; verum produxit alter pretioſiores & ad quinquaginta leucas protendit: profert Vâm cai ramum corallinum altum duobus cubitis, quem dum contemplantur omnes admirabundi, Xĕ cûm repente ſolo afflictum diffringit, indignante æmulo, *Parce,* inquit, *pretii jacturam tui, meus cum fœnore præſtabit,* hoc dicto, ramum alterum proferri juſſit cubitis omninò quatuor & uno inſuper palmo altum; cæterum tantæ opes adeò non tutatæ ſunt dominum, ut contra facerent exitio, quippe non multis poſt annis à Regulo regni Chao occiditur exprobratum quod parituras tantam calamitatem divitias haud citiùs profudiſſet. Celebratur rara pietas cujuſdam Van peti dicti, qui ad ſepulchrum Patris injuſtè occiſi vitam exigens in perenni luctu, in de nullis amicorum precibus nec oblatis etiam dignitatibus avelli potuit. Anni cognomentum ter mutatur. Imperavit annis 20, fuitque factus annus ille quo imperare cœpit Mon. 3100, poſt Dil. 3483, poſt Chr. 265, Cycli 45 an 22 Ye yeu.

Hiào hoèi hoâm ti deceſſoris filius tollitur veneno cibis indito, anno ætatis 48, nullo relicto filio: mirè ſtupidus ac hebes, dum quodam die cauſantes in horto ranas audit, an Mandarini ſint qui illic garriant, ſciſcitatur, tempore ſterilitatis ac famis cum ei ſignificaretur ob orizæ triticique penuriam multos emori, *At cur non carnibus veſcuntur?* inquit. Primis annis conſilio & operâ quatuor Primatum ſatis fœliciter & cum pace imperat: ſecunda Regina Xu kiã dicta, tori ſimul ac Imperii conſors, quæ adeò ut erat ferocis ingenii mulier ejicit primam occiſis qui eidem favent. Imperator interea ſuâ illâ tam inſigni hebetudine prope peſſundat Imperium. Anno 11 Regina Xiã tyrannidem jam exercens veneno perimit filium Regis unicum Yú dictum ex prima Reginarum natum, de quo ſupra, Regulus regni Chao exercitu comparato mortem Principis ulciſcitur; occiſis & Reginâ & qui partes Reginæ ſequebantur, fugit Imperator: ultor Regulus, ſequenti anno invadit, uſurpat Imperium, ſed altero mox anno à Regulo regni C,i victoriis ſuis interim tumidus atque inſoleſcens Regulus C,i & ipſe affectat Imperium, reus criminis cujus ultor extiterat: verum à duobus aliis Re-

g

gulis confœderatis acceptâ clade occiditur, victorum deinde alter rebellat, erat his Regulus Chím tû, itémque frater Imperatoris, hic armis fratrem rebellem aggreditur, dum pugnatur unus Procerum Vaò dictus animadvertit currum regium telis undique certatim peti, propugnantium verò alios cecidisse, dilabi alios, ergo conscendit currum & amictum regium circumdans sibi suo corpore tegit Principem ac fugæ locum præbet, numeróque hostium ac telis tandem obrutus cadit exanimis: fide clientis sanguine vestis Regis madescit tota, asservari illum jubet Imperator, nec elui patitur illustre fortitudinis ac fidei monimentum. Lieû yvém armorum dux ubi res pessum ire videt, affectat Imperium, quod deinde invadet atque usurpabit in Septentrione, & familiæ suæ nomen Han tribuet, sed distruetur illa post decem annos; simili ferè modo quidam Lí hieûm Occidentis affectat Imperium, ac se Regem Chín tû nominari vult, qui paulò post mortuo succedit filius, & hunc tollit è medio frater æmulus fratricidam Borealis Rex è nova familia Hán lî kéu dictus, sed hunc quoque kiûm vêm Imperialium copiarum ductor 40. post annis bello subactum extinguit.

Invaluit hoc tempore insana quædam secta Vû guêi kiáa dicta, id est doctrina de nihilo ex quo scilicet sint omnia, & in quod omnia revertantur, exausta ex monumentis Laò kiûm. & Cluâm cùm oppugnavit eam scripto libro Mandarinus sectator Philosophiæ Confusianæ, verum successu nullo. Novatores illi dum contemplationi vacant, immotò sedent corpore, clausis oculis mortuorum similes sint ne ut respirare quidem videantur; pascuntur hac inanissima Philosophia multi etiam viri Principes ad valetudinem quoque rati conducere; quod functiones omnes animi corporisque extaticorum instar ad horas aliquot suspendant.

Cum Magistrates passim venales essent pretio, fuit quidem Lù peâ dictus, qui fantastico ænigmate probaret spiritum longè potentissimum esse ipsam pecuniam, alludens ad nummum æreum qui unus apud Sinas viget, & rotundus cum sit & in medio quadratum foramen habeat rotundi cœli & terræ quam quadratam putabant, adeóque præsidis spiritus imaginem quamdam refert; *Quamvis expers virtutis sit*, inquit, *tamen colitur ab omnibus, penetrat cubiculos Regum; turrésque & arces scandit, in periculis securitatem præstat, in morte vitam, in vita mortem, honores & confert & aufert, vincit omnia regitque, domat, reseratque omnia, hodie solus ille spiritus dominatur.* Septies mutatur anni cognomentum. Imperavit annis 17, fuitque Monar. 8134, post Dil. 3506, post Christ. 290, Cycli ejusdem ann. 47 kém sû.

Hiáo hoaî hoâm tí filius vigesimi-quinti Hiáo vù conditoris ad solium evectus, à Regulo Hô kím, postquam hic fratrem ejus regni Clîm tû Regem cui Yán nomeu ad Imperiale paternúmque solium etiam adspirantem de spe summæ dignitatis dejecit, occisus à Cûm Rege familiæ Hán. Anno sexto mense quarto & trigesimo litteratum sapientiæque studiosus, specimen præbet boni Principis, ac de Republica sollicitus: hinc magni plausus & communis alacritas omnium ac spes familiæ C,in quæ ruinam minabatur, denuo restaurandæ, an. 2. Lieû yám Regulus regni Huîn occiso fratre Imperatoris nomen assumit; biennio post moritur relicto filio Cûm dicto hærede paternæ spei & ambitionis quâ impulsus & hunc & sequentem Imperatorem fugientem interficit: dominum creat ditionis Haei xî filium ejus interficit, patrem verò cum deinde jussisset quodam die prodire in convivium, vinúmque fundere servili habitu illachrimati sunt tam acerbæ sorti qui clientes ejusdem quondam fuerant, quare offensus Barbarus victor & suspicionibus agitatus non multò post decem ex illis Proceribus ipsúmque Imperatorem jubet interfici. Inter hæc Regulus regni Cîn idémque nepos Hiáo vù in solio collocatur ab iis satrapis qui familiam verè Imperatoriam tuentur. Imperavit annis 6, fuitque Monar. 3151, post Diluv. 3525, post Chr. 307, Cycli 46 an. 4 Tîm mâo. His tempora incidit Victoria Constantini de Maxentio.

Hiáo mîn hoâm tí nepos Kiró vû conditoris à satrapis electus, ab usurpatore Cûm Imperio vitáque spoliatur. An. & 48 an. 4. dux Lieû yao auspiciis familiæ Hán bellum administrans Aulam Clam mgñ quo se contulerat Imperator sitam in provincia Kèn sî capit; victori supplex fit Imperator, & privatæ ditioni præfectus in Pìm yâm urbem provinciæ Kân si deducitur. Lieû yaó successu armorum vinóque insolentior dum jactat in convivio desituram brevi familiam Cín, Colai duo Lù chûn & Liâm guei, *Si ita est futura*, inquiunt, *mors nobis pro beneficio erit*: Hæc dicentibus porregit victor ensem quo protinus se jugulant. Cum verò Lieû yáo deinde expeteret sibi Colai Liâm guíci uxorem cui Sîn erat nomen, illa ferales nuptias adversata multumque lachrimans, *Ego*, inquit, *vivere ut sustineam ne dicam nubere marito pro fidelitate mortuo mulier casta duobus non servit*, quo dicto jugulat sese; laudavit etiam hostis, & hanc & illos perthonorificè tumulavit. Anno septimo Tŏ pō creatur Regulus regni Tai sex habuit successores; extincta fuit deinde famila à Rege regni C,in sû xicñ dicto: ex posteris Tŏ pō existet olim Quéi dictus qui sese Regem regni Guéi venditabit, erítque Borealis Imperii Guéi fundator imperante sequente familia Súm. Anno 2 mense primo visi tres soles, & trium unus delabi in terram; stella item delabi visa, & deinde converti in frustum carneum longum 30 passibus, latum 27: consultus Astrologus judiciarius respondit notari luxum & luxuriam fœminarum in Palatio degentium. Imperavit annis 4, fuitque Monar. 3157, post Diluv. 3531, post Christum 313, Cycli ejusdem anno 10 Quéi yeû.

Chûm cûm yvêm hoâm tí filius Kiú Reguli regni Lûm yè conditoris item nepos Aulam transfert in Nân kîm quæ urbs respectu Lŏ yâm Occidentalis est, hac de causa Tûm cín, id est, Orientalis familia Cín posthac dicitur. Moritur anno 46 mense 11 mœrore confectus à moderatione animi & morum gravitate commendatus in decidendis rebus minùs fortis ac promptus:

DECAS SECUNDA.

viros bello claros & qui consilio valeant studiosè revocat; innovaturus Imperium primores Imperii solenni ritu mutuam inter se suoque Principi fidem jurant. Academia instituitur sed exiguo fructu: hæc omnia in dies quippe aliæ rebelliores ex aliis pupullare cœperunt, digladiantibus inter se pro Imperio Regulis primùm quidem tribus deinde quatuor.

Vàm taó Colaus trium Imperatorum laudatus à moderato usu vestium, victûs, voluptatum jussus ab Imperatore in eodem cum ipso considere subsellio modestè recusans, *Si Sol*, inquit, *se dimittat ad res eas quas illuminat, jam res non latebunt quod suspiciant*. Anno primo servitus acerba Hiaó min Imperatoris præteriti, eum Cúm Tyrannus jam exauctoratus ministrare jubet inter epulas solvere cyathos, vina fundere; veteres miseri Principis clientes obmutescere ad hoc spectaculum, ingemiscere, lachrimari; unus cui Sín pin nomen doloris impotens & Principem quondam suum amplexus in acerbos ejulatus prorumpit, indignatus hic Tyrannus exire jubet hominem & truncari capite, nec multo post ipsum quoque Hiaó min interfici. Cæterum brevi tyrannidem finiit altero mox anno extinctus: succedit ei filius quem eodem anno Chùn armorum Præfectus è medio tollit; hunc autem similiter mox tollit Lieù yaó de quo supra, sibique vindicat Imperium: Aulam constituit in Cheám ngán, abolitaque Hàn littera quod nemo jam ex familia illa superesset novam Claó scilicet assumit; verum per idem tempus armorum ductor alius Te lĕ nominatus sibi quoque vindicat Imperium, nomenque Heu claó, id est familiæ posterioris Claó tribuit sibi, sed hæc quoque post multa prælia tandem extinguitur à Rege regni Yèn. Imperavit annis sex, fuitque Monar. 3261, post Dil. 3535, post Ch. 317, Cy. ejusd. an 14. Tim cheù.

Sŏ cúm mím hoám ti decessoris filius, obiit anno ætatis 27 mense 7, etiamnum puer eximii cujusdam ingens specimen dedit; dum quodam die patri suo assistit, adest fortè nuntius ex urbe Clám ngán, quærit ab eo pater utrum sol esset vicinus, an urbs Clám ngán Borealis quondam Aula, *Urbs*, inquit puer, *vicinior nobis est, ex hac enim advenientes video homines, ex regione solis qui veniret adhuc quidem vidi neminem*. Non multo post dum satrapas & affines suos epulis excipit Imperator, idem eorum conviviis suscitatur à puero, *Qui sol*, inquit, *nobis est propior?* erubuit hic: pater spe fultus uti putabat sperati plausûs, poscenti verò causam responsi tam diversi, parvulus intuens patrem, *Ego si oculos tollo*, inquit, *solem video, non idem Borealem Aulam quocumque illos circumferam*. Anno primo Cum Vàn tûm qui priore anno rebellionem moverat fortè ægrotaret, frater ejus Hàn cum quinquaginta millibus armatorum Vàn kinun expugnaturus abit, accipit cladem, interim moritur Vàn tûm cujus, cujus cadaver è tumulo jubet erui Imperator & capite truncari. Imperavit annis 3, fuitque Monar. 3267, post Diluv. 3541, post Christ. 323, Cycli ejusdem anno 20 Queí ví.

Hién cúm hîm hoám ti decessoris filius moritur anno ætatis 21 mense 6, relictis duobus filiolis, qui post intervallum annorum aliquot imperabunt. Regina mater pro quinquenni Principe res administrat. Viros sago togaque nobiles quorum facile Princeps Huón vén ad Concilium adhibet: bellis ingruentibus fratri defuncti conjugis rogatû suorum defert Imperium. Anno 15 quatuor Regnorum Principes etiamnum de Imperio dimicant, hos inter Regulus regni Yĕn in provincia Pekinensi, cujus regnum per annos 32 cum ejusdem filio corruet subactum armis: Borralis Regis regni Cĭn Fû Kĭen nominati in Septentrione. Anno quinto Xĕ lĕ de quo supra cum Lieù yaó; quaro post anno moritur Xĕ lĕ, succedit ei filius, sed à Colao Hû sequenti mox anno dejicitur, invadente locum Principis Colao eodem circiter tempore Pĭm hû dum pro Imperatore præliatur, cadit, quo cognito duo ejusdem filii velut ulturi mortem patris multo acrius animosiusque dimicant, tamen & ipsi cadunt: mariti & filiorum corpora delata ad matrem; illa constanti animo, vultuque, *Conjux*, inquit, *uti fidus cliens pro causa Principis occubuit. O quanta singulorum gloria? cessent ergo lachrimæ*. Bis mutatur anni cognomentum. Imperavit annis 17, fuitque annus ille quo cœpit Imperare idem Sinicæ Monar. 3270, post Diluv. 3544, post Ch. 316, Cycli ejusdem an. 23 Pĭm hŏ.

Cam hoám ti frater uterinus decessoris, à satrapis primisque regni electus, obiit ætatis 21, bella perpetua: acciderit pro hæc fere tempora quod de filiali pietate cœlitus approbata vulgo traditur. Ægrotabat Mém cúm adolescentis, qui puer orbatus fuerat patre, mater vidua & jam grandis natu forte expetebat arundineum quoddam germen, quod ubi primum humo protruditur, tenerum est, & esu pergratum, hodieque in deliciis apud Sinas, hyems erat, neque ulla verni germinis usquam copia: adolescens tamen arundinetum petit, ibi complexus arentem arbusculum, & lachrimantibus oculis suspiciens cœlum, ejus opem implorat, quando ecce momento temporis germen quod expetebatur è terra pululat, succidit alacer, coquit, affert matri, edit illa & convalescit. Imperavit annis 2, fuitque Monar. 3287, post Diluv. 3561, post Christ. 343, Cycli ejusdem an. 40 Queí mâa.

Hiaó cúm mŏ hoám ti decessoris filius primo loco natus biennis infans, moritur anno Imperii sui 17, mense quinto ætatis 19 sine filio; primis annis tutelæ Imperatricis committitur adolescens, deinde virtute prudentiaque eorum quos habet à consiliis: provincias aliquot recuperat. Anno 2 mortuo ditionis Heám satrapa filius eam in regnum erigit suâpte authoritate, quatuor itaque Reges ordine hic imperitarant quo ad 30 post annis à Boreali Rege Fû kĭen deletum est regnum. Anno 30 Huón vén præfectus armorum imperialium invadit Aulam familiæ Hàn ferroque & igne vastat, sicque rebellatrix illa domus tandem occidit; regnante ultimo ejusdem Rege Xí dicto rebellant interim alia quinque regna. Anno 6 postremus Rex regni Chaó capitur & occiditur à Vû hím qui victoriâ tumidus usurpat Imperatoris titulum, inditque suæ familiæ nemen Guéi quod simul cum illa post biennium delebitur à Regulo regni Yên, qui nihilo moderatior, & ipse nomen Imperatoris sibi arrogabit. Anno 7 Regulus regni Kien Imperatoris titulum usurpat. Hûm vên tribus post annis cum 40 millibus partim equitum, partim peditum aggreditur usurpatorem, eoque profligato, multæ urbes ultro victori se dedunt, qui humanitate, clementiaque sua magis ac magis sibi eas devincit. Regulus Hiên post annum moritur, succedit ei filius Sêm dictus vino perquam deditus quo madens sævit in innocentes, itaque anno sequenti à Regulo regni Tûm hái, cui nomen erat Fû kiêu occiditur, qui protinus etiam Imperatoris titulum sibi vindicat: seligit sibi in copiarum ducem, deinde etiam Colaum eum quo diu usus fuerat amico Vâm mèm dictum, virum litteris, armis, consilio eximium, quo adjutore potentissimus evadit.

Anno 7 Huôn vên salutaturus Imperatorem, apparatu prope imperatorio & cum multis armatorum millibus Aulam Nanxinensem petit; extimescit Imperator: monetur dux inusitatum esse morem adeundæ sic Aulæ; petit facti veniam, copiasque recedere jubet longius. Bis mutatur anni cognomentum. Imperavit annis 17, fuitque annus ille quo cœpit imperare idem Monorchiæ 3289, post Diluv. 3563, post Christ. 345, Cycli ejusdem an. 42 Yě sú.

Ngā hoâm ti filius natu major septimi Imperatoris Hiên cùm ab Imperii primoribus electus, obiit anno ætatis 25 sine filio: Huôn vên auctor est Imperatori, ut Aulam in Occidentem, urbem scilicet Lŏ yâm transferat: Imperator hominis authoritatem, potentiamque veritùs non audet apertè dissentire, apertè dissentit Vâm xŏ clementiæque suæ dent locum. *Apud sapientes*, inquit, *carcer est Aula seu officina infælicitatis*. Regina dominandi cupida veneno postmodum tollit hunc Principem, porro C̄,āmngû vâm. Imperavit annis quatuor, fuitque annus ille quo cœpit imperare idem Monar. 3417, post Dil. 3504, post Ch. 473, Cycli ejusdem an. 50 Quei cheû.

Xûn ti quinti Imperatoris (uti putatur) filius natu tertius adeoque frater decessoris electus à Colao Siāo Tâo Chîm, deinde anno tertio mense quarto privatus Imperio, Dynastia Iǔ Yń eidem collata, mox autem sequenti mense cum tota stirpe Familiaque Imperatoria interfectus anno æt 14. imperii tertio quem an. familiæ sequentis conditor, uti alias sæpe est factum sibi vindicavit. Colaus . . . Siāo Tâo Chîm creatur Regulus Regni C,î in Provincia Xān Tûm siti, unde & petitum nomen est sequenti familiæ.

Anno primo mense decimo duo Colai Yên C,án, & Lieû Pìm cùm potentiam parricidæ Siāo Tâo Chîm iniquissimè ferrent, statuunt eum è medio tollere sed conjuratione patefacta per colaum Chù Yuén, patricida misso exercitu, circumsideri jubet oppidum, in quo conjurati degunt: pugnatur, Colai filius periclitanti jam patri servaturus vitam, corpus interponit obrutusque telis cadit exanimis: tum pater, *Cadis*, inquit, *o fili pietatis erga parentem victima, & ego nunc fidei erga Regem meum cadam*: his dictis & ipse confossus interiit; ambo de inde Poëtarum carminibus multùm celebrati.

Usum monetæ cupreæ (hæc uni viget apud Sinas) prohibet hic Imperator, aut ut alii scribunt hujus pater Mîm ti: prohibendi causa fuit quod usque adeo tenues essent nummuli, ut aquæ supernatarent, ac millia numero non superarent trium digitalium mensurarum altitudinem. Imperavit an. 2, fuitque Mon. 3421, post Diluv. 3695 post Ch. 477, Cycli ejusdem an. 54 Tim su.

Colaus eujus consilio & ipse Huôn vên tandem acquievit. Poëtarum quoque carminibus celebrata est octennis pueri filialis pietas viō Mèm nomen, vixitque imperante hac familia; curta ut in paupere domo suppellex erat, adeoque nec conopeum, seu papilio quo culices per æstivos menses infesti, noctu excluderentur: miseratus ergo parentes suos, simulatque ingruebant tenebræ, & cum his culices in strato parentum collocabat sese, nudum, tenerumque corpusculum aculis culicum exponens, expleturas eas sanguine, ut saturæ parentibus deinde parcerent. Bis mutatur anni cognomentum. Imperavit an. 4, fuitque Monar. 3306, post Dil. 3580, post Ch. 362, Cycli ejusdem an. 59 Gîn fiō.

Ti Yě decessoris frater uterinus & septimi Imperatoris minor natu filius: ab Imperii primoribus evectus ad solium, sed anno quinto dejectus à Colao Huôn Vên & creatus Dominus arcis Hái Sî ubi vixit anni 11. obiit deinde an. ætatis 43. anno quarto Huôn Vên cum 50. millibus armatorum aggressus copias reguli Yên, fundit, fugatque. Profugit regulus ad Regem Regni Cîn suppetias petiturus, initur fœdus, initur & prælium. Vincitur Huôn vên desideratis suorum triginta millibus, at sequenti mox anno Rex C,în duce Vâm mèm contra Regulum Yên rupto fœdere movet arma, pugnatur, cadunt è militibus Reguli quinquaginta millia, centum millia victori se dedunt, ipseque tandem Regulus: Aulâ Chām sē jussa est; hic finis præpotentis quondam Regni, & si non multo post fuit qui diversa quidem stirpe, sed eodem Yên nomine Regum capessivit Fû kiên Rex C,în quo parta tueatur ac firmet ex subactæ regionis incolis 40 millia familiarum in Chām ngán destinatam Aulæ sedem abducit. Imperavit annis 5, fuitque Monarchiæ 3310, post Diluv. 3584, post Christ. 366, Cycli ejusdem an. 3 Pìm ín.

Vái cum kiên vên hoâm ri filius natu minimus quinti Imperatoris Chîm cùm yén à Colao & militiæ præfecto Huôn vên in solio collocatus, dejecto inde Ti yě, secundo Imperii anno septimo mense obiit ætatis 17.

Huôn vên eximias laudes pace belloque partas per tot annos, perduellionis tandem labe commaculat: dum clandestinis artibus conatur invadere Imperium, abrupti tamen mors tertio post anno consecuta spes & conatus ambitiosos.

Vâm çiâm dictus puer matrem amiserat, duxeratque alteram pater; hæc oderat privignum & patri quoque reddiderat invisum: accidit intereà ut noverca brumali quodam die vehementer expeteret recentem piscem, concreta rigido gelu erant flumina, adolescens tamen ad ea se

confert

DECAS SECUNDA.

confert, & extremam vestem subiternens sibi super glaciem, ibidem indormiscit non sine piis ad Cœlum votis, ut votis novercæ facere queat satis, diffringitur glacies, prosiliunt duo pisces, quos lætus novercæ offert. Imperavit annis 2, fuitque Mon. 3115, post Dil. 3589 post Christ. 575, Cycli ejusdem an 8 Sin vi.

Liě cùm hiao vù hoâm ti decessoris filius à Châm quèi secunda Reginarum clam peremptus anno imperii 24 mense 9 ætatis 35. An. 21 jocabundus Imperator ad secundam Reginarum suarum quæ trigesimum fere agebat annum : *Jam tu mihi vetula videris*, inquit, *tempus est alteram quæ florentioris ætatis sit in locum tuum substituendi*. Exitio fuit Principi jocus iste, quem mulier perquam sinistrè interpretata, concuba nocte in mariti conclave penetrat, ibique adjutrice una familiarum somno vinoque sepultum culcitrâ ad os oppressâ suffocat, vulgata mox fama repentè mortuum.

Anno tertio mense septimo Vâm mém Colaus ex lethali morbo decumbens, per litteras domino suo Chinæ Borealis Imperatori Fù kiěn dicto valedicit, addens cùm qui benè quidpiam agat, non illico benè perficere, nec qui fæliciter, acceperit certum esse finiturum fæliciter; *Ea propter*, inquit, *prisci Reges iidemque Philosophi tanta cum vigilantia, cura, constantia res agebant, propositi sui tenaces maximè; horum vestigiis, ô Rex, insiste*: Fù kiěn lectis Colai litteris; animo consternatus est; visit ipse clientem, & quamvis jam moribundum, de Imperii rebus consulit : tum Colaus; *Etsi*, inquit, *familia C, in nonnisi Meridiem, adeoque partem obtineat totius Imperii; revera tamen imperandi jus penes illam est: Imperatorum quoque series ad hoc sibi quidem constat, estque summos inter & infimos concordia, quare si jam moriturum occidis, ô Rex, Domino C, in nullum facesces negotium: bellica virtutis exercitio campus haud deerit, dum Barbaros Boreales juratos hostes tuos armis domitos vel flectes vel franges*; his dictis in conspectum Regis spiritum dedit, qui peracerbè sentiens tanti viri jacturam, de ea cum ipso cœlo quodammodo expostulavit.

Anno decimo deliberat Fù kiěn de subigenda Meridionali China; dissuadent iniquam expeditionem Colai, quippe familiam C, in Imperare ex mandato Cœli, cui mandato qui adversatur, utique cœlestes iras provocare, & accescere calamitates, ab ea certè nihil adhuc quidem gravius peccatum esse, ob quod videri queat amisisse gratiam Cœli & favorem, firmissimo quoque vallo & vix superabili munitam esse meridionalem Chinam, flumine videlicet Kiâm, non minùs spatioso quam profundo : ad hæc aliaque ejusdem sententiæ : *Determinatus*; inquit, *Fù kiěn, regnorum regnantiumque numerus est*; flumen autem si conatibus meis obstat, flagris cæsum domato, & quamvis furentes undas, & dominandi libidine fas & jus proculians, cum numerosissimis copiis Meridiem petit; sexcenta peditum millia, equitum vero ducenta septuaginta scriptores recensent. Stadia Sinica omnino mille id est septuaginta leucas belgicas agmine perpetuo miles occubabat, sic prorsus ut signa & vexilla semper essent vicissim conspicua & tympanarum pulsus vicissim audirentur. Pervenerat jam prima acies ad oppidum Lm xâm, quod paret urbi Tûm yâm, sitûmque est in Nam xinensi provincia ; Imperialis quoque exercitus, qui octoginta duntaxat armatorum millibus constabat obvia procedebat hosti ducibus Siě ngân & Siě hiven fratribus Borealis miles duce Yûm ; primo impetu capit civitatem Xeǔ chěu, alter vero Borealium item copiarum ductor Heâm chîm castra sua locat prope oppidum Tîm yvěn fratres vicissim duobus inde milliaribus metantur sua : tum inito maturè consilio statuunt sine mora congredi prius quam tota vis hostium confluat, vel sola mole suâ & multitudine paucos oppressura : ductore ergo Licù haô quinque millia promptissimorum militum castra Leâm chîm repentè adoriuntur, eâ quidem fortitudine simul ac fælicitate, ut obtruncatis ipso cum duce quindecim millibus, immemores suæ paucitatis ultro pavidi instarent, ac prosequerentur victoriam. Fù kiân interim Borealium Imperator, dum cum duce Yûm contemplatur eminus è muris Xeǔ chěu hostiles copias admirabili quodam ordine dispositas diffidere suis rebus incipit, ac pannico terrore corripi, ratus è vicino monte Pǎ cům dum fortè arborum cacumina fortuito vento concutiuntur, alias atque alias hostium copias descendere. Tandem ad aquas ǔi xiǔ miserandam accipit cladem Borealis exercitus ipso duce Yûm interfecto : cœcus pavor atque ex hoc perturbatio cladis causa multi ferro perierunt, aquis & fame multi ; ex denis quibusque septem vel octo desiderati Fù kiěn elapsus fugâ cum mille militibus Piem ductor suus Mú yùm chiǔ non multo post consequitur, & cum eo triginta millia, reliquiæ infelicis 870 millium ; geminavit autem cladem sequenti mox anno memorati ductoris perfidia, qui afflictam Principis fortunam contemnens, se palam rebellans regni Yen Regem nominari se jubet, brevique ducentorum millium exercitu comparato contendit ad urbem Hô nân præpotentis regni caput ; neque plus fidei fuit alteri militum præfecto, cui Yào châm nomen ; hic novum quoque molitus regnum, Hcǔ çin dici voluit : itaque anno 13 Aulam Châm ngan Borealis Imperii sedem obsidionis cingit, animosè tuetur sese Fù kiěn, atque inter promptissimos demicans, multis undique telis sauciatus relicto in urbe filio, tandem profugit capitur à rebelli Yâo châm & in Idoli fano, constrictis laqueo faucibus enecatur, atque ita qui per fas & nefas ad summa contenderat, omnibus excidit, rebelli eidem victori duo deinde successores erant, quo penultimo sequentis Imperatoris anno cliens ejusdem Lieù yù dux strenuissimus novo regno finem dabit.

Anno 14 Tō fù quei familiæ suæ & Imperii per annos 149 duraturi fundamenta jacit : sequentibus vero annis alia ex aliis regna in Septentrione rebellant, militesque & arma comparant. Socordia legitimi Imperatoris vino luxuque perditi rebellionis ansam præbet, qui si victoriam prosecutus fuisset, omnia fecisset ditionis suæ,

h

Varii ergo adspirare ad Imperium, titulumque & insignia usurpare, fidei, multæ cædes, multa certamina, multa fortitudinis & ignaviæ, fidei perfidiæque exempla, multi regnorum ortus & occasus sequentibus annis consecuti, quoad tandem subsequenti familiæ Imperii moles ad duos Sinarum dominos perveniet.

Anno secundo Lunâ septimâ cometes apparet, Imperator ei propinat vinum, hoc pacto scilicet aversurus ab se si quid forte portenderetur ominis sinistri. Bis mutatur anni cognomentum: imperavit annis 24, fuitque annus ille quo cœpit imperare idem Monar. 3317 post Diluv. 3591, post Christ. 575, Cycli ejusdem an. 10 Queî yŭe.

Ngân hoâm ti decessoris filius anno ætatis 37 imperii 22, mense 12, clam peremptus laqueis in Palatio Orientali à cliente suo Hieû yvé. In adolescentia prorsus hebes atque obtusus, ac si careret communi hominum sensu, frigus quidem & æstum, famem & sitim percipere non videbatur.

Anno primo Regna rebellantia partim minora, partim majora omnino septem. Rex regni Guêi (cui Tŏ pŏ quêi nomen) debellat Regem regni Yên capta ejusdem Aula, ad quam decreta jam expeditione profecturus cum esset, fuit nefasta, quia ultimus familiæ Xam Imperator Chéu dictus, ille quondam periisset, cui Rex at ego contra faustissimam esse censeo, utpote qua Tyrannus periit, & victor Tyranni Vŭ vam Rex familiæ Cheû tertiæ fundamenta jecit. Exemplum & argumentum perappositum quo pæcones divinæ legis, vanissimas observationes quibus hodieque Sinæ dant operam eludant, Idem To pa queî Accademiam instaurat, in qua tria Scolasticorum millia.

Hoc primum tempore Lieû yú (cujus jam ante facta est mentio) cœpit emergere de circumforaneo calceorum venditore, miles militumque ductor multis clarus victoriis, forma hominis Imperio digna, proceritati corporis inusitatæ, quippe cubitorum septem, ea corporis animique robur & magnitudo, denique secuturæ mox familiæ fundator hic erit.

Anno sexto Huoñ hivên Imperii primus rebellis imperatoriam dignitatem & Aulam invadit; excedere jubet legitimum Principem, & ditione Pĭm cú contentum esse; forte accidit, ut dum occuparet solium imperiale, sedes ipsa subsideret, jamque multorum animis curam injecerat tam sinistri ominis species, quando vanos metus una vox adulatoris longè vanissima disjecit, dicentis, tantam esse virtutem Principis, ut eam terra sustinere non possit: atunis suis præficit ducem Hieû yŭ Regina uxore nequidquam hortante, ne tanta potentia & authoritate instrueret hominem cujus ambitio diu alteri parere non posset, uti planè res ipsa docuit: occiso quippe Huoñ hivên, ipsoque Imperatore quem in solium restitueret, ejusque deinde successore clam per insidias sublatis, cum sæpe fœliciter pugnavisset, Regesque regnorum Yên, C,in, aliosque debellasset, tandem familiæ Súm conditor & Princeps evasit. Ter mutatur anni cognomentum: imperavit annis 22, fuitque annus ille quo cœpit imperare idem Monar. 3365, post Diluv. 3615, post Christum 597, Cycii ejusdem ann. 34 Túm yeŭ.

Cûm hoâm ti decessoris frater uterinus, à Lieû yú collocatus in solio mox uno post anno dejectus, ac post biennium mense nono ejusdem jussu suffocatus in lecto anno ætatis 37. Anno primo Lieû yú octavo ab Imperatore Reguli regni Súm jussu Lieû yú vinum toxico imbuerat medicus Châm guei, eumque juberetur illud ignaro Imperatore offerre, parricidium detestatus, ipsemet vinum unaque mortem hausit, rarum fidei & pietatis erga legitimum Principem exemplar.

Duobus quidem annis imperasse scribitur; Cùm hoâm ti secundum tamen adscripsit sibi, primumque esse voluit imperii sui, sequens Imperator uti alias sæpè factum. Imperavit anno uno, fuitque annus ille quo cœpit imperare idem Mon. 3363, post Dil. 3637, post Christ. 429, Cycli ejusd. an. 56 xì úi.

OCTAVA FAMILIA
Sûm dicta,

Numeravit Imperatores 7. annos 59.

IMPERIALES quinque Familiæ, quæ ordine sequuntur, & in Austro imperarunt vulgò dicuntur ù tai, vel C,iên ù tai, id est priores quinque Familiæ, ut distinguantur ab aliis quinque posterioribus tempore, Familia scilicet decima tertia.

Tàm dicta quæ verè fuit Monarchica, priores inter & posteriores Familias interjectæ: quia verò per hæc tempora suus in utraque regione tam Boreali quam Australi Sinis Imperator fuit: assiduè scriptores tribus utuntur vocibus Nâm Pé chaô quibus significatur Australe & Septentrionale Imperium, sic ut Diarchia quoque dici posset, sive Duumviratus, & verò non aliud fere nomen Historici tribuunt, hisce Principibus quam Chù id est domini, tametsi jus Imperatoris ac titulum, ritusque sibi vindicarint; porro Duumviratus iste dici potest cœpisse à quinto Imperatore familiæ præcedentis, qui Aulam in australi urbe Nân kîm constituit.

Miserabilis fuit Sinarum status per hæc tempora, rebus Imperii quondam florentissimis semper abeuntibus in pejus: etenim præter cruenta bella, clandestinas fraudes, insidias, conjurationes, cædes, parricidia, jus fere in armis, imperio malè parto, malè delabente ab aliis ad alios tam in Meridie, quam in Septentrione, quo ad tandem Chinæ totius Monarchiam quinta familia Siâ dicta obtinuit; verùm quia illam vi magis quam clementia & æquitate tuebatur protinus amisit.

Caô cù vŭ hoâm ti, aliàs Lieû yú de homine plebeio Sinarum Meridionalium Imperator, oriundus è provincia Nankinensi, ipsius Aula Nankinum Provinciæ Metropolis; obiit ætatis 67. Laudatur ab industria stratagematum fœlici-

DECAS SECUNDA.

tate magnitudine animi, gravitate, moderato rerum usu tam in vestibus, quam epulis : potissimùm vero commendatur ejus obedientia adversus novercam, sic ut numerari posset inter illustriores Principes gentis suæ, nisi duplici parricidio (ne dicam triplici) graduum sibi fecisset ad principatum.

Juvat hic claritatis gratia simul in conspectum dare Familias omnes Borealis Imperii, quod (uti diximus) per multos annos æmulum fuit Imperii Meridionalis. Primam Familiam Quéi dictam fundavit Tŏ pŏ quéi 20 fere annis, ante familiam Sŭm, multis autem regnis eorum qui rebellaverant aucta evasit in Imperium, ac spatio annorum 249 tredecim Principes numeravit. Aulam tenuit in Tái yvên Matropoli provinciæ Xān sī, deinde in urbe Hô yâm provinciæ Hô nân successu porro temporis divisum fuit hoc Imperium Guéi in Orientale Tŭm Guéi dictum, quod uno suo Principe stetit annis 16, & in Occidentale dictum Sī Guéi, quod spatio annorum 22 tres Principes ordine administrarunt. Orientale protinus occupatum à Boreali Rege regni C,i Principibus omnino sex per annos 28 paruit : Orientale ab Heú Cheú sive posteriore Familia Cheú subjugatum, quinque Reges per annos 24 obtinuerunt.

Fuerunt, nascente Lieŭ zŭ, cubiculum repentino lumine collustratum, à Bunziis item prænuntiatum ei fuisse Imperium, notandum porro quod referantur à scriptoribus complura prognostica (cum maximè cum de Familia conditoris agitur, à figura corporis aliisque signis petita, quæ nos plerumque brevitatis gratia prætermittimus. Anno Imperii primo, luna quarta cometes. Imperavit an. 3. fuitque annus ille quo cœpit imperare idem Mon. 3364, post Diluvium 3638, post Christum 420, Cycli ejusdem an. 57 ém xīn.

Ym yâm vâm, alias Xaó tí, id est minor Imperator, decessoris filius natu maximus à Colao Tán taŏ çi privatus Imperio, modicoque regno Ym xâm præfectus & tandem Colai ejusdem jussu paucis post mensibus interfectus, anno ætatis 18. jocis & oblectamentis immodicè deditus, notatur sepelivisse patrem, non eo ritu nec honore qui poscebatur, protinus dejicitur de Solio : subrogato ei minore fratre, adhuc etiam duobus post annis vita simul & Imperio exuitur. Duæ sectæ, quarum Princeps Caó kiŭm, & Foĕ, datis de more codicillis, accusantur, sed Imperator adeo non audit accusatores, ut contra priori sectæ quæ vulgò Taŏ kiaco nominatur insensè faveat. Imperavit anno uno, fuitque annus ille quo cœpit imperare idem Monar. 3367, post Dil. 3641, post Ch. 422, Cycli ejusd. an. 60 Zuéi háy.

Tái çù vên ti decessoris frater, adeoque filius natu minimus conditoris, à suo ipsius filio natu maximo cui Xa nomen occiditur anno Imperii 30 ætat. 47 Princeps pius, rectus, moderatus, probæ administrationis studiosus, itaque species aliqua pristinæ fœlicitatis visa est refulgere : Bonziorum sectæ deditus est ; publicos Magistratus ultra sexennium prorogari vetat. Anno 37 fratrem suum jubet interfici ; anno 30 ipsemet à filio vicissim occiditur : parricidam vero frater

natu minor exercitu comparato mox opprimit ac necat, ea de causa suffragiis Optimatum ad solium paternum evehitur.

Anno septimo Borealem expeditionem suscipit, patrium regnum Sŭm in provincia Hô nân situm adjuncturus : ad Imperium suum meridionale Borealis Imperator vicissim parat, & primo quidem certamine victor evadit, sed aliis deinde præliis (triginta recensentur) assidue vincitur, Colao Tân taó çi Nanxinensium duce, qui dum reditum tandem parat versus Meridiem, hostes omnem latè regionem quâ transeundum ei erat urere & populari incipiunt, quos ferro nequiverant fame domituri ; at Colaus plurimos corbes & saccos arena plenos, in editioribus castrorum locis collocari jubet, ad hæc dum movet, otizam ab extremo agmine neglectius temerèque spargi, quo astu delusi hostes spem quam conceperant animis, inædia debilitatos opprimandi, & ultionis expetitæ penitus abjecerint ; Cæterum dum triumphabundus ad Imperatorem redit Colaus laborum ac victoriarum præmium, mortem retulit : formidini scilicet esse jam cœperat armati hominis fœlicitas, & potentia ; at ille vitium tam ingrati animi exprobans suo Principi, hoc etiam addidit, Sinarum murum cadente se corruere, & vero tanti bellatoris ac ducis interitus, novos dedit animos Borealibus quæ amiserant, recuperandi, victúsque non uno prælio Nanxinensis Impetator, ubi ab æmulo suo infestis signis invadi videt Provincias, multifque locis vastari sensit ubique jacturam Colai sui : tandem anno 27 tam atroci pertinacia pugnatum est, ut gravissima utrinque accepta clade stagnarent campi humano sanguine, jamque aves ipsæ, quemadmodum Annales memorant, aliò migrarunt.

Viti aliquot Principes superiòris familiæ C, in clientes, dum non sustinent servire alteri domino, agriculturæ studiis aliisque similibus privatè se dedunt, exemplo jam olim usitato quando res Imperii turbabantur. Anno tertio luna secunda intercalari nascitur Imperatori filius, Xaŏ dictus : de quo necando deliberat Pater, præsagiens, Imperio, quod esset monstruoso exitio futurum, sed eripitur industria Reginæ matris, & clam educatus præsagii veritatem olim parricidio confirmabit. An. 23 Tái ùu tié familia Guéi Borealis Imperator interfici jubet omnes Bonzios ditionis suæ, fanis simul atque idolis cremari jussit : Laudant hoc factum scriptores Annalium. Anno 29 occidit hunc Principem parricida Cóm ngái, qui protinus & ipse tollitur è medio, nepote legitimi Principis in solium evecto. Imperavit supradictus Tái eŭ vên ti annis 20, fuitque annus ille quo cœpit imperare, idem Mou. 3366, post Dil. 3642, post Christ. 424, Cycli ejusdem 48 an. primo Kiă çù.

Hiáo ùu ti decessoris filius natu tertius, hortatu procerum fratrem natu majorem parricidii reum tollit è medio, deinde capessit Imperium ; Princeps litteris excultus, nec minus equitandi an sagittandi peritia nobilis, sed immodice venationi deditus : notatur etiam immensa prodigalitas plurima expendentis in extruendas ædes

h ij

regias soluti quoque oris, nec cum honore quo par erat suos tractans. Obiit ætatis 35. Monitus à Colao sumptus inutiles ut moderaretur, parsimoniam fundatoris imitatus: *Absit*, inquit, *eum ut imiter, qui Toparcha nescio cuiquam Imperatori similior peccavit parsimonia sua.* Imperatori mortuo succedit filius natu major Yĕ dictus, sed quia insolens & crudelis initia sui principatus innocentium multorum sanguine fœdat, ac funestat; protinus occiditur, subrogato in ejus locum patruo, à multis itaque serie Imperatorum excluditur, pauci cum nomine Fá tí, id est repudiati Imperatoris in ea collocant. Bi mutatur anni cognomentum; imperavit annis 11. fuitque annus ille quo cœpit imperare idem Mon. 3398. post Dil. 3672, post Christ. 454, Cycli ejusdem an. 31 Kiă ŭ.

Tái cŭm mǐm tí tertii Imperatoris Táí çŭ vên tí filius undecimus, adeoque frater decessoris, à proceribus aliisque viris primariis electus: obiit ætatis 34, Imperii 8, mense 4; ingenii ferocis ac barbari, itaque anno 2 juvenes regios omnino tredecim, fratrum suorum (fuerunt ei vigintiocto) filios jubet interfici, firmaturus hac ratione imperium sibi liberisque suis; verum dum nullos ipse suscipit, clam certos homines ad pellices suas submittit quæ si masculum pariant eum, interreptâ matre, velut ab se genitum Imperatrici educandum tradit. Anno tertio promovet Siaŏ taŏ chím ad primum dignitatis gradum, qui deinceps per duplex parricidium gradum ulteriorem sibi faciet ad Imperium, familiæ sequentis Cî dictæ futurus conditor. Eodem anno in provincia Nankinensi memorandam cladem accipit à duce Ngān tŭ, qui ad Imperatoris Borealis Guéi partes transfugerat; sic ut multa cadaverum millia per spatium quinque leucarum sparsa ferale spectaculum præberent.

Anno septimo floret in Septentrione Hiēm çŭ Imperator, ab ingenio, prudentiâ, justitiâ, aliisque laudibus commendatus, conquiri jubet homines litteratos, quamquam Bonsiis quoque & Taŏ sŭ plurimùm sit usus, usque adeo tandem captus & fascinatus impostorum doctrina, modoque vivendi, ut renuntiare statueret Imperio, curisque omnibus humanis; quinquenni filio, quem Imperatrix deinde veneno sustulit hærede nominato.

Anno octavo Meridionalis Imperator de Colao Iuo kím vên sinistri quid suspicatus, ei venenum quod potet, mittit: ludebat is fortè schacchis, epistolam mortis nunciam venerabundus accipit, legit immutato vultu; inchoatum deinde ludum absolvit, exibitoque amicis qui aderant Regis mandato, ac vicissim per litteras gratiis eidem actis, postquam valedixit omnibus, venenum hausit, ibique statim est extinctus fortitudine animi & serenitate (oris certè quidem) usitatâ inter viros principes gentis Sinicæ, si quando repentinus hujusmodi incidit casus, maximè quando nullius criminis sibi conscii sunt, quod huic quidem usu venit. Colaum suum duobus post mensibus secutus est Imperator. Bis mutatur anni cognomentum; imperavit annis octo, fuitque annus ille quo cœpit imperare idem Mon. 3409,

post diluv. 3693, post Christ. 465, Cycli ejusdem an. 42 Yĕ sŭ.

Cǎm ngū vǎm decessoris filius natu maximus ut à quibusdam scribitur suppositicius, occiditur à Colao Siaŏ taŏ chím anno ætatis 15 inconditis moribus adolescens: veritus potentiam Colai Siaŏ toŏ chím, statuit eum è medio tollere, sed is rem subodoratus, cædem suam cæde Principis antevertit.

Hiēn çù Septentrionis Imperator, subditos criminum reos, squallore, pœnisque longi carceris macerat, hic ratione futurum dicens, ut virtutis, officiique sui reminiscantur.

NONA FAMILIA
Cî dicta,

Numerat Imperatores 5, annos 23.

Táí çù caŏ tí idem qui Siaŏ taŏ chím oriundus ex familia Siaŏ hŏ qui imperante quintâ familiâ Hán Magistratum gesserat ipse, quarta jam & vigesima progenies Aulæ Nán kím Obiit anno ætatis 54, peritissimus litterarum, magnanimus haud ullo tamen prælio clarus: dicere consueverat sese quidem per annos decem rerum patienter effecturum, ut idem esset aun quod glebæ pretium.

Anno primo extinctâ, sicut diximus, Imperatoriâ domo filium natu maximum hæredem suum pronuntiat, aliis autem filiis Dynastias confert. Venerunt Imperatori novo gratulari Proceres, alique viri primarii: unus Sù fù constanter negavit se iturum; cum essent ergo qui occidere vellent hominem, prohibuit eos Imperator, nolens, sciens gaudere ipsum illustri nomine fidi clientis, & qui in causa legitimi Principis vitam posuisset. Indutus aliquando vestem fulgentem auro, & distinctum lapillis rari pretii, repente jussit omnes comminui, dicens morbum ex illis gigni cupiditatis insaturatæ quæ majorem super corporis ornatum luxumque expetere. Imperavit annis 4, fuitque annus ille quo cœpit imperare idem Mon. 3423, post Dil. 3697, post Ch. 479, Cycli ejusdem an. 56 Ki ví.

Xí çu vù tí decessoris filius natu maximus, obiit an. ætatis 45. Magistratus & munera publica non nisi per triennium geri permittit: filius Imperatoris Cŭ lieū dictus superstitiosæ Bonziorum sectæ studiosissimus octo litteratos l'à yeŭ five octo sodales vulgo nominatos in amicitiam suam & quasi contubernium admittit. Fān chin alter politicus illius temporis Principi conatur persuadere frustra sperari quippiam a Fĕ perniciofo quondam Imperatore, nunc Idolo celeberrimo. *Vita,* inquit, *hominis est instar foliorum arboris, eorum alia dum vento disjiciuntur in cœcum incidunt, alia in hortum, in montem sublimem vel sublimiora quoque loca defferuntur, ac miro casu fortuitoque deferuntur; haud alia vitæ nostræ vel prosperæ vel adversæ ratio & causa est, ubique dominatur casus:* apertius deinde loquens & januam pandens atheismo interire docet animam unà cum corpore, nec quicquam post hanc
vitam

DECAS SECUNDA.

vitam superesse, *Cultro*, inquit, *sua est acies & corpori mens sua ; illo destructo necesse est hac quoque pereat :* fuit qui doctrinam impiam stolidamque scripto refelleret.

Siao yèn vir pacis ac belli, nec-non litterarum studiis clarissimus, ad dignitates magnas evehitur : olim invasurus Imperium & familiæ sequentis Leâm dictæ futurus conditor. Anno quinto moritur. Colaus Caó yùm laudatur plurimum ab integritate & fide, cum enim servierit quinque Imperatoribus Borealibus nullius tamen cupiditatis aut alius peccati à quoquam insimulatus est. Obiit anno ætatis 98 ; laudator prisci temporis & æmulator. Anno 10 Borealis Imperator Aulam suam translaturus in Lŏ yàm provinciam Hŏ nan cum suos abhorrere sciret, industriâ tamen astuque rem perficit ; expeditionem fingit contra Sinos Australes, milites & arma comparat, ac tandem ingenti cum exercitu in quo flos erat Imperii Meridiem versus tendit. Transeundum erat per Lŏ yam ; hic ergo stativa dum habet percunctatur à suis utrum malint an ibi sedem figere an petere meridiem, alii m tentaturi : formidolosum bellum fecerat memoria superioribus temporibus, gravissimæ cladis, itaque volentes ac læti castra sua in civitatem Aulamque Principis commutarunt. Imperavit annis 11, fuitque annus ille quo cœpit imperare idem Mon. 3427, post Dil. 3701, post Christ. 483, Cycli ejusdem an. 60 Guei hói.

Caó cùm mim ti decessoris patruus frater conditoris ; obiit anno ætatis 40 per cædem duorum quos collocarat in solio ; solium tandem occupat Tai cũ quippe familiæ conditor : moriens filiolum Cláo yèn tutelæ fideique fratris commendat ; hic vero nepotulum Ciao yě curat Imperatorem salutari, & primo statim anno mense septimo ingressus Aulam cum exercitu eundem occidit : inde revocato quem ejicerat fratris filio Cláo vèn Imperium defert, sed hunc quoque dominandi cupiditas more jam impatiens tres post menses Imperio vitaque privat. In Septentrione pax alta, Borealis Imperator usque adeo litterarum studiis ac librorum lectioni est deditus, ut eos ne iter quidem faciens dimittat ; lugubrationes suas Colais aliisque viris sapientiâ claris quos impensè colit ac habet In peregrinorum loco commandanas offert : ætatis priscæ mores qui apud Australes vigebant ; apud suos quoque revocat, multaque tollit ad mores & habitum corporis pertinentia, quæ assidua cum vicinis Barbaris consuetudo paulatim invexerat. Imperavit annis 41, fuitque annus ille quo imperare cœpit idem Monar. 3438, post Dil. 3711, post Christ. 494, Cycli ejusdem anni 11 Kiă siŏ.

Tum hoên heû, id est Dynasta regni Tum hoêm decessoris filius natu tertius an. ætatis 19 occisus à Siaô yoèn, cujus fratrem aliosque ipse Tùm hoêm prius occiderat, luxui, jocis ac veneri immodicè deditus : multos à quibus de afficio suo commonefit interfici jubet ; Eunuchis suis impensè favet, quibus administrationem totius imperii committit, hinc lachrymæ subditorum, inquam, odia, invidiæ, rebellio, Principis & Familiæ occasus.

Anno 2 Siaŏ yèn adjutus multorum votis atque opibus infesto cum exercitu Aulam Nankinensem invadit & capit, ejicit Imperatorem, collata eidem ad breve tempus Dynastia. Incenso veteri Palatio novum jubet extrui longè magnificentissimum, sic ut pavimentum auratis floribus quos Lien hoa Sinæ vocant insterneretur, perfecto jam opere cum jussisset Reginam Puŏn, Reginas inter secundam quam præ cæteris amabat, per illas incedere : *Singuli passus tui*, inquit, *producunt florem aureum*. Imperavit annis 2, fuitque annus ille quo cœpit imperare idem Mon. 3443, post Diluv. 3717, post Christ. 499, Cycli ejusdem an. 16 Kì mão.

Hŏ hoêm ti filius octavus Imperatoris Mĩm ti decessoris frater ; ab Haŏ yèn Colao positus in solio, tùm depositus, & elapso vix anno occisus anno ætatis 15. Siaŏ yèn creatur Regulus regni Leâm, quod nomen ad familiam suam imperialem mox transferet. Imperavit an. 1, fuitque Monar. 3445, post Dil. 3719, post Christ. 501, Cycli ejusdem an. 18 Sĩu sù.

DECIMA FAMILIA
Leâm dicta.

Numerat quatuor Imperatores, annos 55.

Caŏ cù vù ti, alias Siaŏ yèn oriundus ex vetusta Familia Siaŏ hŏ, eadem scilicet ex qua familiæ præcedentis conditor originem duxerat ; moritur anno imperii sui 48, ætatis 86 : Aula Nân xĩn, Princeps impigerrimus, negotia prope omnia per se expedit, ante solis ortum subditis audiendis vacat, excultus litteris & disciplinis prope omnibus, etiam militari ; parsimoniæ studio modum excellens totum quippe triennium eodem lectulo, & quod magis mirere pileo usus dicitur : idem raræ fuit pietatis & obedientiæ adversus parentes, cæterum tantas laudes obscuravit sortilegiorum studium, & quo improbissimè addictis Pithagoricis Bonziorum somniis ac superstitionibus, abjectis tandem curis publicis ipsemet factus est Bonzius. Sub imperii sui initia missâ legatione Duumviros inter Australem scilicet Imperatorem ac Borealem pax conclauditur, quæ non multo post rupta, anno circiter 15 sequitur alterius Trojæ urbis inquam Xéu yâm in provincia Xân sy, decennalis obsidio : obsidionis tempore cum millia aliquot hominum diu improbissimè laborassent in extruendis iterumque restaurandis altissimis aggeribus, quibus aquæ urbem obruturæ concludebantur : eisdem nihil omnino resistentibus aquarum vi repente ruptis plurima obsidentium millia maximeque simul recente perierunt. Fuit dies quo fuerunt aliquot centena hominum millia aquis hausta ; tandem anno imperii sui 25 expugnata urbs fuit : anno 16 Edicto vetat mactari bruta animantia tam in sacrificiis quam politicis oblationibus &c. veritus nimirum ne animæ parentum vel majorum transmigratint in eas victimas quæ à filiis posteritifve offeruntur ; ergo victimarum loco farinam jubet offerri. Scriptores hic latè explodunt Principis infaniam qui adeo laboravit de non fundendo fanguine tauri vel arietis adeoque & culice non obterendo : cum tamen fex Regulis & duobus Imperatoribus vitam ademiffet, totque fubditorum Myriades bellorum cafibus ac laboribus affumpfiffet, cæterum eo tandem dementiæ venit Imperator, ut fe anno Imperii 26 Idolo Fĕ venundans in mancipium in fano Bonziorum degeret rafo capite, ibique vili habitu, folifque herbis & orizâ viliori contentus, fabulofis impiè fectæ commentationibus operam daret ; Magiftratus igitur, ac Dynaftæ cùm viderent hoc modo turbari, negligique res Imperii, Principem mille cupreorum Myrialibus redemptum, ad Aulam, quamvis fæpius reluctantem, reduxerunt ; fed is infanite pergens, in Palatio quoque Bonziorum lege rituque vivebat, cumque adeo non auderet homines criminofos damnare mortis : fi quando forte criminis atrocitas id prorfus exegiffet, totâ die illâ mœrens atque anxius incedebat ; hinc fpes impunitatis crefcere improbis, hinc rapinæ, latrocinia, & cædes, quas ftultiffimus homo deplorabat fcilicet, florentibus interim Bonziis, fic ut 15 Fanorum millia hoc tempore extiterint.

Colaus ᴋíén yvèn cum fervire Imperatori recufaret, quod invaforem & tyrannum diceret, fpontaneâ fame (non infrequenti apud Sinas lethi genere) fe necat : re cognitâ Imperator : *à Cœlo*, inquit, *mihi venit Imperium non à Dynaftis meis, quorfum perimit fe mifer?*

Anno tertio orizæ tanta fuit ubertas & copia, ut medius fere modius 30 duntaxat nummulis cupreis (res apud Sinas inaudita (veniret.

Anno decimo quinto moritur Borealis Imperator, fuccedit filius etiamnum puer, hujus itaque loco Regina mater Hû dicta res adminiftrat ; exinde omnia in pejus ruere ; ipfa Imperatoris Auftralis velut æmula Monafterium extruit fumptuofiffimum, quale China haud unquam viderat, ubi mille Bonzii commodè degebant : turrim adjungit Monafterio altam 180 orgiis ; In turri æra campana raræ magnitudinis, quin & lapidis pretiofis, qui fpectantium oculos fulgore fuo perftringebant. Yvìn nĭm, feu æternæ quietis fpeciofum nomen cœnobio inditum ; poft aliquot deinde annos & varias Imperatorum cædes, tandem anno 33 Imperatoris Auftralis corruit Imperium Boreale Huéi dictum, quod annis 149 fub 13 legibus fteterat, atque in duos divifum dominos ; duplex quoque nomen deinceps fortitur, fcilicet, Tum huéi Orientalis, & Si huéi Occidentalis.

Bonzius Auftralium Imperator cùm poftremo Imperii fui vitæque anno cognoviffet, arcem magni momenti, tâ Chím dictam, quæ paret urbi Nanᴋineſi ab Heú Ḳím cliente fuo, fed jam rebelli fuiffe occupatam, placido non minus ore quam animo, illam ego cepi, inquit, illam perdidit, ipfemet deinde captus, & productus in confpectu victoris nullum turbati animi dedit fignum. Rebellis autem quamvis effet ferocis ingenii, victorifque infolens, hîc tamen vel intueri os Imperatoris, Dominique fui non fuftinuit, adeoque eft commotus animo, ut fudor ei manaret ex vultu, nec amplius deinde paffus fit in confpectum fuum venire, fed ingemifcens, equidem difficile eft, inquit collatæ à Cœlo Majeftati refiftere, tandem perimere non aufus fenem, jubebat tamen quæ is ad victum quoque petebat parce maligneque fuppeditari, quoad flagitanti pauxillum mellis, quo oris amaritudini mederetur, cum id negatum fuiffet, repente extinctus eft.

Anno 2. Kiĕ fuén adolefcentulus annos 15. natus, illuftre dedit exemplum pietatis erga Patrem : capitis hunc damnaverat Imperator ob enormia crimina, quæ Magiftratus fui tempore commiferat : cognita re puer adit Principem, & pro vita Patris fuam offert, dubitatum eft ferio ne puer id faceret, an fpecie tenus ; fuane fponte, an aliorum impulfu, multis ac feveris tentamentis explorata pietas, tandem conftitit ; huic ergo donatur vita patris, ipfique filio eximii cujufdam honoris defertur infigne, at ille conftanter admiffurum fe negans, abfit, inquit, ut ego id geram quod rei quondam patris affiduè memoriam renovet. Septies mutatur anni cognomentum, imperavit ann. 48. fuitque annus quo cœpit imperare, idem &c. Monar. 3446. poft diluv. 3720. poft Chriftum 502. Cycle 49. an. 19. Gĭn û.

Kiĕn vĕn ti deceffloris filius natu tertius, ab invafore Héu Ḳìm captus & occifus an. æt. 49. transfugerat Héu Ḳìm à Boreali Imperatore ad Auftralem, à quo donatus Regno Hô Nán, ipfe non minus ingratus, quam perfidus, imperio vitaque fpoliat Imperatorem (ficut antea dictum eft, & hunc ejufdem filium, aliofque è Familia Imperatoria jubet interfici. Inde titulum Imperatoris fibi vindicat, fed quem ipfa cum vita mox dimiffet ; anno 1. Septentrionis Orientale Imperium huéi, tranfit ad Regem Ĝi imperavit ann. 2. fuitque Monar. 1494. poft diluv. 3768. poft Chriftum 550. Cycli 50. ann. 7. Kĕn û.

Hiáo yvèn tí conditoris vŭ hoăm ti filius natu feptimus occifus anno æt. 47. ftultè improbéq. addictus fectæ Laóᴋiŭm de qua ubiq. fermones ingerebat Anno primo ulturus mortem Patris, fratrifq. Ducibus. * * *

Chǐn pā Siĕn, & * * vâm Sĕm piĕn init prælium cum Héu Ḳím invafore & parricida. qui vincitur, tandem capite truncatur : Obfederat Aulam Nanᴋinenfem potentiffimo eum exercitu Familiæ Guéi Imperator qui in Occidentali China dominabatur : Auftrales Imperator Hiao yvèn ti, dum Muros urbis circumit armatus, ac propugnatores, ut ftrenue rem gerant hortatur, ne tum quidem ab Encomiis fectæ Laóᴋim, & petitis inde dogmatibus fermonem temperat, defperatis rebus, Enfem pretiofiffimum, quo accingebatur diffringens, & Bibliotheca locupletiffima, quæ 140. millibus voluminum inftructa erat, ne veniret in hoftium poteftatem incendi jufsâ fufpirans, hâc nocte, inquit, Ars omnis interiit tam militaris quam litteraria. Urbe capta, vectus equo albo, habituque vulgari victori fe dedit, à quo non multò poft interficitur. Victor interim, quo pron tiores habeat in obsequium suum Australes, nepotem conditoris vŭ tí (cui chā nomen erat) Leâm ditionis regulum creat, eundemque jubet clientelare obsequium sibi deferre. Hujus Familia Heŭ Leâm, hoc est posterior dicta Imperatoris quoque titulo usurpato, post annos 33. successores duos finem habebit, nulla re gesta memorabilis, imperavit anno 3. fuitq. Monar. 3496. post diluv. 3770. post Christum 552. Cycli ejusdem. An. 9. Gĭn Xín.

Kĭm tí filius natu nonus conditoris vŭ tí, aut ut alii Hiáo yvên tí filius occisus ab eo. æt. 16. an. 1. armis suis summo cum Imperio præficit Chĭn pā Siēn ditionis Chĭn Dynastam, à quo tertio ab hinc anno privabitur Imperio, factus Dominus ditionis Kiăm yn͂, paulo post etiam vita exuetur, parricida vero secuturæ mox familiæ futurus est conditor.

Anno secundo Occidentale Septentrionis Imperium quod erat penes familiam Huéi transit ad familiam Cheŭ similiter Borealem: hujus deinde quartus princeps Cao çŭ dictus è tribus sectis * * * primam esse volet quæ * * jŭ (hoc est litteratorum) dicitur, quamque prisca ætas professa est, hodieque litterati profitentur, sed haud multo post exagitati vexatique Bonzii & ejusdem prope cum his farinæ Tărsŭ dicti, Idola cum fanis suis exusta. Quod fortasse nusquam aliarum gentium quæ verum Deum ignorabant factum aliquando fuit, in China jam fieri vidimus aliquoties & porro videbimus, ut publica Principis, & Magistratuum authoritate Idola cum fanis crementur, occidantur sacrificuli * * nimirum ea secta quæ litteratorum propria est, & Cœli spirituumque cultrix ab Idolis semper abhorruit Principem locum & præcipuos quosque Magistratus in China semper obtinuit, tametsi etiam Principes non pauci & litterati pro sua privatorum superstitione coluerint Idola, & cultoribus idolorum faverint: hodieque faveant, bis mutatur anni cognomentum imperavit ann. 2. fuitq. annus ille qui cœpit imperare &c. Monar. 3499. post diluv. 3773. post Christum 555. Cycli ejusd. an.14.

UNDECIMA FAMILIA
Chîn dicta,
Numerat Imperatores 5. annos 32.

CAŏ çŭ vŭ tí, alias Chîn pā Siēn, ex Colao Familiæ antecedentis, armorumque prefecto Imperator, oriundus ex stirpe Ducis Chĭn Xĕ, qui Imperante familia Hân militari gloria clarus fuerat. Moritur an. æt. 59. sine filio, Aula Nâm Kĭn. Lector assiduus Librorum, qui de re militari sunt scripti, & ipse rebus bello gestis gestisq inclytus; ad hæc ab industria, magnitudine animi, liberalitate laudatus, ceterum correptus eadem qua superioris familiæ conditor insania, nec sine spe (ut autumo) longævæ etatis, quo alteri obtigerat, se quoque Idolo in servitutem venundat. Quatrumviratus Sinicus: in Austro quippe duo Imperia Chîn & Hêu

Leâm : in Septentrione. Item duo Cī & Cheŭ: familiæ Cī, ut Imperialem domum Guéi funditus extirpet, familias omnes ex illa reliquas quatuor & quadraginta, partim ferro, partim fame extinguit: Aulam suam constituit in urbe Lŏyâm Provinciæ Hŏ Nân: familiæ vero Cheŭ in urbe Chāṁ Provinciæ Xên si constituit suam. Imperavit an. 3. fuitq. Monar. 3501. post diluv. 3775. post Christum 557. Cycli ejusd. an.14. Tím Cheŭ.

Xi çŭ vên tí decessoris frater electus à Satrapis, primisque Magistratuum, moritur, an.æt.45. Diu inter plebeios privatus vixerat, ac sine spe aliquando imperandi: non ignarus ergo mali, miseratur suos, totumque se per benigne subditorum commodis impendit, eorum lites, & controversias per se decidit. Singulis fere noctibus obit ac lustrat palatium, veritus ne quid admittatur, quod ædes regias dedecoret. In aula nocturnas horas & quadrantes horarum distingui jubet, ab excubitoribus, tympanorum pulsu; qui usus Imperio deinde toto viguit, hodieque viget; uti etiam nocturnorum luminum in frequentioribus urbium compitis ac vicis. Lætus autem sua hac industria princeps, dum nocturnarum vigiliarum signa resonabant hoc audito (inquiebat) dormio securus.

Regulum Ngān Chŭm fratrem suum Imperii hæredem declarare statuerat, eo quod filius imbecillioris valetudinis esset, sed dissuasit, acriterque restitit Colaus Cŭm Huŏn, negans in aula persistiturum sese, siquidem is in ea mente persisteret: abstitit Imperator, succedit filius cœterum ab eodem Regulo Ngān Chŭm patruo suo de solio vix dum occupato dejicitur ipso patruo mox invadente Imperium, Cheŭ Borealis Imperatoris laus ac victus Austrini Æmula inter cætera præclare gesta priscam renovat Monarchiæ morem, quo viri jam grandes admodum nati, atque ii maxime qui de Republica bene meriti fuerant, alebantur expensis Regiis, & multo cum honore, atque in domiciliis ad id destinatis, Eo cum visendi gratia venisset aliquando Imperator, is qui cæteros auctoritate sapientiaque antecedebat Kin dictus, apposita oratione Principem excipiens; his eum inter cetera monitis uti senior instruxit: cujusvis potius rei jacturam faceret, quam fidem falleret semel datam: bonos afficeret premiis, supplicii improbos: sic fore ut hi peccare desisterent, illi certatim affluentes merita meritis cumularent: agendarum rerum normam, ac fundamentum à seipso peteret: dicturus quidpiam prius ter illud secum ipse perpenderet; acturus vero omnino novies, sic ab errоris periculo securiorem fore : peccata Principum non secus ac defectiones solis ac lunæ oculis patere omnium. Hæc dicentem Imperator non audivit modo pertitente, sed eo quoque ritu quo apud Sinas discipuli Magistros suos salutare solent, & ipse venerabundus salutavit. Bis mutatur anni cognomentum; anno quinto luna sexta Iris albicans solem coronat. Imperavit annis 7. fuitque Mon. 3504. post Dil. 3778. post Chr. 560. Cycli ejusdem an. 17. Kèm vŭn.

Lin haì vâm, alias Fi tí, seu repudiatus, aut inutilis Imperator decessoris filius, moritur an.

i ij

ætatis 19. Imperavit annis duobus, fuitque Mon. 3511. poſt Diluv. 3785. poſt Chriſt. 567. Cycli ejuſdem an. 24. Tim hái

Caó cúm livén tí deceſſoris patruus ex Regulo Ngân chûm Imperator, moritur an. ætatis 52. ejecto fratris filio, legitimoque hærede imperii per vim ac nefas illud occupat, cæterum jam Imperator ad pacem, mutuamque charitatem hortatur omnes, ipſe naturâ feſtivus, & hilaris, & muſices in primis ſtudioſus, viros ſeligit belli, pacisſque artibus inſignes, quorum conſilio & operâ utatur. Anno ſeptimo Chûn taô clientum unus exquiſita plurimaque munera offert Imperatori, gradum ſibi facturus hoc pacto ad altiorem dignitatem, ſed Imperator ubi ſpes ambitioſas hominis cognoſcit, palam & coram ſe cremari jubet omnia.

In Septentrione Caó cù familiæ Cheû Imperator, Colaum creat Yâm kién, cujus filio filiam ſuam nuptui dederat. Colaus iſte poſtmodum Dynaſtia regni ſui auctus, Imperium quoque invadet, ac ſequenti familiæ quæ ſui dicetur nomen ac principium dabit. Anno quinto dicti Imperatoris filius Cervum coloris albi venatus offert patri, rarum munus, ac bene ominatum; at pater C,ái té (inquit) Pû çái xúi, *alicitas in virtute conſiſtit, non in auguriis ac monſtris.*

Anno nono Boreale regnum C,î poſtremo prælio deletur ab Imperatore familiæ Cheû deſideratis plusquam decem millibus, cæteris vero fuſis ac fugatis, Rex cum centum equitibus profugit, inde capitur, & finem accipit familia C,î quæ per annos 17. Reges quinque numeraverat; ſed & victrix familia cheû non diu ſtetit, quarto namque poſt anno, non externâ vi, ſed inteſtino malo periit, cum per annos 25. quinque ſimiliter Reges numeraſſet. Yâm Kiéu invaſor Imperii protinus Imperatoris titulo inſignibuſque utens, filias quoque ſuis dynaſteas ac ſatrapias confert, annoſque novi Imperii jam tum numerare occipit. Imperavit annis 14. Monar. 3513. poſt Dil. 3787. poſt Ch. 569. Cycli ejuſdem an. 26. xi cheû.

Châm chîm cúm, alias Héu chú de ſolio dejectus diu vitam privatus agit, moritur an. ætat. 52. ſequentis vero familiæ 21. extruendis palatiis ſumptuoſiſſimis improbè deditus, ligna pretioſa undequaque jubet convehi, nec auro parcit ac lapidibus rari pretii, quibus ædes ſuas exornet: hic autem indulgere genio & Baccho, Venerique operam dare. Anno ſexto varii armorum; atque inter hos filius Yâm kién dictus Quam cum exercitu numeroſiſſimo familiæ Sûi quingentorum ſcilicet millium, familiam Chîn debellaturus Auſtrum petit, jamque fluvium xâm præcipuum meridionalis imperii propugnaculum impunè trajicit: neque è veterno ſuo excitatur Imperator, quoad anno ſequenti (qui primus cenſebitur familiæ victricis) repentè Nankinenſis Aula invaditur & occupatur: deſperabundus Imperator in puteum ſeſe præcipitat, ex quo quod aquis careret, extrahitur vivus, atque in Châm ngân deducitur, pelhce inter quas juvenem amoribus ſuis dementarat interfectâ. Tú çái Colaus ægerrimè ferens luxum Principis, ac depravatos mores, cum graviter officii ſui commovet: impatiens veritatis Imperator, iræque impotens revocate jubet hominemque dixerat; ſed Colaus, *Cor meum*, inquit, *à vultu meo non diſcrepat*, hic ubi videt, immutatus eſt, illud quo pacto mutabitur? juſſu ergo furioſi juvenis in ipſo veſtigio contrucidatur. Simillimum ſortitus eſt exitium anno quinto Imperii alter è proceribus cui Châm hoá nomen, dum Principi ob oculos ponit exitus calamitoſos quorumdam Regum, qui æſtu ſimili voluptatum abrepti Reipublicæ curam neglexerant, eumque meminiſſe; jubet tremendum eſſe cœli Imperium, quo conferri poſſint Imperia & auferri. Anno quinto familia Héu leâm, quæ in Auſtro quoque per annos 33 dominata fuerat ſub tribus Regibus, deletur ab exercitu familiæ Sûi jam præpotentis, & proximè potiturâ rerum. Bis mutatur anni cognomento. Imperavit annis ſex, fuitque Monar. 3527. poſt Dil. 3801. poſt Chriſt. 583. Cycli ejuſdem ann 40. Quèi maô.

DUODECIMA FAMILIA
Sûi dicta,

Numerat Imperatores 3. annos 29.

IMPERIUM quod per 300. fere annos kiâm fluvium diviſerat, ſeu quidam limes ambitionis & cupiditatis, nunc uni tandem domino parere incipiet.

Caó çú vén hoâm tí, alias Yâm kién oriundus è domo Chîn, quæ imperante familia Hái jam tum illuſtris erat: à ſuo ipſius filio in Palatio occiſus anno ætatis 64. Aula Châm ngân in provincia Xéu ſi; diu in Septentrione militaverat, primùm Guéi, deinde Cheû Familiæ Imperatoriis: rudis quidem Litterarum, ingenii ſagacis & profundi, prudens quoque & ſeverus, & in adminiſtrandis Regnis quæ poteſtatis ſuæ fecerat perquam vigilans: idem inſigni ciborum temperantiâ, & charitate ſubditorum; tandem Chinæ totius evadit Monarcha: Muſicam utpote morum apud Sinas magiſtram revocat; renovat Leges; furtum unius etiam nummuli, & cucurbitæ unius, morte plecti jubet: quanquam hortatu ſuorum rigidiſſimam legem mox antiquat; in Judices tamen aliosſque Magiſtratus muneribus corruptos conſtanter ſeverus, convictos criminum, illico jubet interfici, ipſemet plerumque ſupplicii ſpectator. Imperator familiaribus quandoque cum Colais ſuis colloquens: *Fratrum*, inquit, *diſcordia bellorum fere qua Monarchiam hanc diſtrahunt affliguntque cauſa eſt : cauſa porro fraterna diſcordiæ diverſitas matrum eſt cum uni de Regina ſuſcipiuntur, de concubinis alii : & ego hic quidem curâ liber ſum, cui una eademque uxor filios quinque peperit, quos adeo fraternus amor & concordia hoſtibus formidabiles reddet.* Vaticinium hoc probabilius fuit quàm veriùs: etenim fratrem natu maximum, filius ſecundo natus interfecit, & quod multo fuit deteſtabilius, idem ſuum ipſius patrem de medio ſuſtulit; tres reliqui fratres mutuis odiis armiſque perierunt: deniquè

DECAS SECUNDA.

denique parricida manu plebeii hominis suffocatus, ipse tandem miserabiliter interiit. Anno 12. mense 11. terræ motus per Imperium totum. Ipse illo anno Imperator filium natu secundum, cui Quàm nomen, designat hæredem Imperii, relicto filio natu maximo Yŭm dicto. Bis mutatur anni cognomentum. Imperavit ann. 16. fuitque Monar. 3533. post Diluv. 3807. post Christ. 589. Cycli ejusdem an. 46. Kì yeŭ.

Yâ n hoâm ti decessoris filius natu secundus, Quàm dictus, anno ætatis 39. dum provinciam NanKinensem lustrat, in urbe Yam cheŭ exceptus ab homine plebeio cui hoâ Kié nomen. Aulam paternam transfert in urbem Hô nam cognominis provinciæ: industriâ & fortitudine cæterisque dotibus inclytus, sed idem impius & parricida, & fratricida; thesauros ingentes quos industriâ, parsimoniáque patris cumulaverat prodigus filius in delicias luxumque & ludos expendit: septum curat extrui amplissimum 15 leucarum ambitu, quo fere omnis generis feræ contineantur; in septo lacum effodi leucæ unius: duo item prodigiosæ magnitudinis excitat hordea, alterum caveis ter mille, & ambitu leucarum duarum, Palatia quoque facit magnificentissima cum hortis suis, quo obequitantem, numerosi pellicum equitantium greges turmatim sequuntur cum multo cantu, cum musicis instrumentis; exinde ludi, epulæ, & Bacchi, Venerisque deliciæ. Obeuntem provincias, atque Imperium per se lustrantem, octoginta militum millia magno cum fastu comitantur. Fluvium Ho'am hô trajicere parantem classis ornatissima numerosissimaque deducit 40 leucarum spatium, eoque amplius perpetua navium series occupat ordine pulcherrimo, atque hæc omnia fere pertinent ad primum Imperii ejus annum. Anno tertio & quinto quadraginta quatuor, partim Satrapiæ, partim Regna ad Occasum sita clientelare obsequium deferunt Imperatori; idem faciunt Satrapiæ Boreales ad unum omnes: cum Barbaris quoque Occidentalibus terrifisque remotioribus commercium instituitur; denique anno quinto numerabat Monarchia octo milliones & nongenta millia, eadem patebat ab Ortu in Occasum spatio 9300 stadiorum seu milliarium Sinensium, è quibus duodecim cum dimidio respondent tria millia Italica: ab Austro vero in Septentrionem 14815. Imperavit ann. 12. fuitque monar. 5549. post Dil. 3823. post Christum 605. Cycli 15. ann. 2. Yè cheŭ.

Anno quinto armorum usum plebi interdicit, quæ lex hodieque viget. Expeditio Boreana funestæ Persarum expeditioni in Græciam perquàm similis septimo Imperii anno suscepta per triennium Sinas exercuit, & Monarchiæ vires atque ærariæ propemodum exhausit. Borea maris Eoi Peninsula est, quâ parte Boteam spectat continenti Sinicæ regionis Isthmo conjuncta ab Occasu freto minime profundo à Sinensi littore separatur: constat octo duntaxat civitatibus, quarum singulis sua subjecta sunt oppida; hanc ergo multis jam sæculis exemptam clientelari onere Imperator successu rerum gloriaque tumidus, denuo parere sibi jubet; recusant Boreani, recusantes vi, & armis coacturus primo expeditionis anno terrâ marique aggreditur potentissimis instructus classibus, sed irrito successu ex denis quibusque, tres quatuorve, vel incommodis belli, vel hostium manibus perierunt. Sequenti mox anno (octavus erat) renovata expeditio, exercitus omnino duodecim, quorum singuli constabant centum mille per Boreale latus provinciæ Leao tûm in Peninsulam immissi, Colao Lô yŭm prudenter, ac frustra improbante tam inconditam multitudinem, quam dicebat expugnandis Boreanis haud magis idoneam, vel necessariam videri, quam Balistam triginta millia librarum gliribus occidendis; verum cum deesset hic ductorum virtus atque peritia quâ tantum corpus animaretur, plurimis impune dilabentibus, tandem ex 305. millibus qui perseveraverant non rediere nisi bis mille & septingenti, & hi quidem lixani & colones, & inutile vulgus: reliquis omnibus dum Peninsulæ Metropolim obsident atque oppugnant, & item iterque repelluntur, vel armis Boreanorum, vel peste consumptis, Decimo tandem anno cum Sinæ novis viribus aggrederentur Peninsulam, Boreali vincendo jam fessi, fractique, missis ad Imperatorem legatis, onus clientelare susceperunt non minori probro damnoque vincentium quam suâ qui vinci videbantur gloriâ. Quanto interim damno expeditio hæc novæ Monarchiæ familiæque fuerit, vel hinc potest intelligi, quod ejusdem ruina non multo post tempore consecuta sit: diuturna scilicet Imperatoris, & omnium prope militum absentia, latrociniis impune exercendis occasionem dederat; ad hæc odio jam esse cœperat Imperator, propter immodicas pecuniarum exactiones alendo bello tam sumptuoso: contemptui quoque propter infaustos ejusdem belli successus: quo propensiores deinde fuerunt popularium animi, studiaque in eum qui familiæ proximæ sequentis erit conditor Li yvèn dictus, quem Imperator Boreanam susceptorus expeditionem ditionis Hûn hoâ, nunc Kim yâm fû dictæ in provinciæ Xan sì præfecerat.

Anno undecimo, mense secundo duo Pavones in ipso nidificant Palatio, hinc publicæ congratulationes, & variæ fausti ominis interpretationes, quarum nulla fuisset verior, quam quæ prænuntios divisse esse novæ familiæ multo fœlicius ac diutius imperaturæ. Eodem anno viros omnino centum litteris insignes accersit Imperator; horum operâ plurimum libri de re militari, politica, medica, rustica, aliisque argumentis olim conscripti diligenter castigati sunt, ac de denuo recusi: de sortilegiis item sacrifice ac dogmatis Bonziorum Su vi universim 17 millia Voluminum in lucem prodierunt. In eis autem lucubrationibus crebra mentio priscorum Regum Yaô & Xún & ipsemet Imperator singularis eorundem admirator & encomiastes, at non item imitator. Certè rebus Imperii magis ac magis in dies turbatis, cum dictus Li yvèn impulsu maxime sui filii natu secundi, afflictis oppressisque civibus (ut speciosè prædicabat) opitulari decrevisset. Imperator autem magnis eidem collatis honoribus nascenti rebellioni, & jam vehementer corroboratæ (quippe 120 millia bellatorum æmulum jam sequebantur) cum sero mederi conaretur; desperabundus ipse, totumque se

K

Baccho Venerique dedens, dum lustrat Rustralem Chinam, atque in urbe Yâm cheü versatur, ab ignobili quodam homine suffocatus interiit, casui porro tam miserando multùm illacrymatus est is, cui casus ille pariebat Imperium.

Cúm ti decessoris nepos à Li yvên collocatus in solio, sed eidem se deinde dedens, regni Hî creatur Regulus, ac 15. ætatis anno moritur. Pueri hujus tempore denuo Monarchia dividitur in octo Regna; spes interim & conatus Dynastæ Li yvên familiam Tâ ôn proximè fundaturi, mirificè provehunt quatuor ejusdem filii, quos inter Xi mîn secundo loco genitus valde eminet consilio, magnitudine animi, bellicaque gloria: hic nutantem patrem ad capessendum perpellit Imperium veluti cœlitus delatum: accedunt populorum, maximè finitimorum studia & cohortationes: itaque jactâ tandem aleâ cum Lâo seim aliisque præfectis armorum imperialium non uno prælio decernit, & ubique victor evadit; inde veterem Aulam Chám ngañ in provincia Xèn sî pacificè occupat. Mense undecimo hujus anni cum finitimis quoque barbaris fœdus init; ac tandem Satrapias omnes & regna sex annorum spatio in potestatem suam redegit. Imperavit anno uno, fuitque Monar. 3561. post Diluv. 3833. post Ch. 617. Cycli ejusdem ann. 14. Tim cheü.

DECIMA-TERTIA FAMILIA Tâm dicta,

Numerat Imperatores 20. Imperatricem unam, annos. 289.

PRÆCEDENTES quinque Familias, hæc una, Principum quidem numero, ferè æquavit; annorum etiam superavit: fœlix si constitisset sibi, & primis ultima respondissent; verum non longè ab ipso suo exordio prope abfuit ab interitu; fuit illi virorum sapientium, adeoque insignium documentorum copia: dedecoravit autem eandem, ac sæpius in discrimen adduxit, ac tandem in exitum primum quidam tyrannis unius fœminæ. Tum potentia Eunuchorum tanta, ut electio 7. Imperatorum penes eos steterit, deinde superstitio: ad prava administratio Palatii ipsius seu domus regiæ (quam tamen Sinæ normam esse volunt Imperii totius) in qua connubiorum usus, admodum propinquos inter, contra vetustissimam gentis legem introductus est.

Quod hanc Familiam (Europeis quidem) maximè reddat memorabilem, Christianæ Legis est introductio: circa initia secundi Imperatoris, septuaginta duo Præcones Evangelici ex Palestina (quæ probabilior conjectura est) profecti, Legem Christi in Chinan intulerunt. Viguit illa per 200. ferè an. tempore 12. circiter Principum ordine imperantium, quod etsi maligno quodam silentio gentis Annales occuluerint (quam suspicionem eandem temerariam esse in Prologomenis docuimus) tamen admodum luculenter & irreparabili testimonio rem totam prodidit lapideum monumentum anno sæculi hujus vigesimo-quinto in provincia Xèn sî, non tam casu quam singulari providentiâ beneficioque numinis erutum, in quo monumento præter Encomium divinæ Legis Sinicis expressum litteris; nomina quoque cernuntur 72. Syriacis litteris exarata cum propriis cujusque Præconis gradu & mune. re, hodieque extat iste lapis in fano (ubi regali jussu fuit erectus) quinque stadiis Sinicis distante à Metropoli Sī ngañ fū.

Cāo cŭ xīn yaŏ hoàm ti, idem qui Lỉ yvên stirps septima Reguli regni Sī leâm; pater ei fuit Pîm a Boreali Imperatore Cheū donatus Satrapia Tâm, cujus nomen ad imperialem deinde familiam translatum est; moritur an. æt. 71. qui quidem annus fuit nonus sequentis Imperatoris filii ipsius, in quem novem ante mortem suam resignarat Imperium.

Anno primo, mense quinto proclamatur Imperator: mense sexto filium natu maximum designat hæredem Imperii, Regulis omnibus qui Familiæ novem parere recusabant, operâ potissimum secundi filii domitis & subactis, eodem anno sexto Monarchiæ totius evadit dominus. Exinde pax magna: suppliciorum acerbitatem, simulque vectigalium onera moderatur; renovat monetam æneam, sic ut nummos decem ex una æris uncia cudi jubeat: nummi isti Tum paó hodieque honoris gratiâ proprio donat nomine; sed damnant hoc Scriptores Annalium, quod dicant eâ ratione parentum ac majorum nomen & memoriam in oblivionem venire.

Xỉ mîn secundus Princeps, dum paternis auspiciis bellum gerens, posteriorem Aulam Yam hoâ n ti capit; contemplatus ædes regias insi. tati splendoris ac majestatis, & vehementer ad mirans ac ingemiscens; *Opus*, inquit, *quod hominis animum dissolvit ac pessundat, & quod exhausisse quodammodo videatur cupiditatum, quamvis inexhaustæ cordis humani, ubique nefas est diutiùs persistere?* sine mora igitur totum in favillas & cineres jussum est redigi.

Imperator dum Xỉ mîn filii sui natu secundi laudes ac merita deprædicat, cumque significant Imperio videri dignum, subministrat imprudens duobus aliis filiis exitialis invidiæ odiique fomitem, præsertim cum natu maximus jam designatus Imperii hæres esset: clam igitur ignis serpere, & calumniæ per Aulam spargi, quæ innocentis laudes ac famam obscurarent; eóque tandem provecta sunt odia quæ minor quoque frater Yên Kiě dictus, sermonibus suis inflammatus, ut ambo communi consulto serio constituerent Xỉ mîn è medio tollere, sed hic de omnibus clam factus certior, cum eum sui hortarentur, ut eisdem suam fratrum cæde præverteret, primùm quidem cohorruit animo, deinde tamen & proprio stimulante periculo, & cupiditate tanti Imperii, quod Cœli natu, certisque auguriis deferri ad ipsum amici dictitabant: permotus, incautos fratres opprimere tandem statuit; itaque an. 9. mense sexto majorem natu ipsemet sagittâ interfecit: minore natu per idem tempus à milite interfecto. Pater quamvis graviter commotus adeo funestâ filiorum cæde, & tantâ labe domûs suæ; tamen Optimatum rationibus tandem placatus, non modo succedendi jus dedit minori filio, sed abdicans Imperio sese totum illi commisit, & verò cum major natu Baccho Veneriquè immodicè deditus esset, tolerabilior hujus quidem jactura videri potuit. Anno nono Colaus Iŭ yĕ cum otiosam Bonziorum vitam peraegrè ferret, auctor est Imperatori, ut eorum centum millia cogat uxorem ducere, sic enim fore ut multa soboles apta militiae quamprimum succrescat : annuit ex parte Imperator, minuitque Bonziorum numerum. Imperavit annis novem, fuitque annus ille quo imperare coepit idem Mon. 3561. post Diluv. 3836. post Christ. 618. Cycli ejusdem an 15. Vŭ sŭ.

Tai cum hoàm ti, alias Xî mîn conditoris filius natu secundus. Xŭ sĕm physiognomus dum pueri quadriennis os oculosque studiosè contemplatur, futuram Principis gloriam & magnitudinem fidenter praenuntiat. Obiit anno aetatis 58. Princeps omnibus ferè numeris absolutus, sectator priscorum Regum Tâm, & Vŭ vâm, qui secundae tertiaeque Familiae conditores extiterunt, quanquam doceant interpretes non fuisse nisi umbram illorum, ut qui à priscâ aetatis simplicitate, candore, sinceritate longè abfuerit : à nobis tamen plusculum tribuetur ejus laudibus, propterea quod ipso imperante Lex Christiana in Chinam sit illata. Simul atque jussu patris capessivit Imperium, specimen eximii cujusdam Principis dare coepit. Tria millia foeminarum è Palatio dimisit : libros undique jussit conquiri, & inter ipsos regiae domus parietes instituit Academiam ; in hac eminebant caeteris Xĕ pă giŏ sŭ id est octodecim studiorum Magistri seu Praefecti : annus fuit quo numerabantur plusquam octo discipulorum millia ; atque hos inter varii exterorum Principum filii, quin & militare Gymnasium, ubi ars jaculandi exerceretur ibidem extrui & frequentari voluit ; verum cum non probaretur id Colais, quod dicerent inusitatum esse, & alienum videri à tanta Majestate, nec - non cum periculo conjunctum. *Ego*, inquit, *hoc Imperium meum considero, sicut pater quispiam familiam suam, subditos verò omnes, velut tenellos infantes ex me progenitos sinu meo complector ; quid agitur, aut quem pertimescam?* Praeclara suorum consilia, & monita ad Imperium rectè gubernandum, non audiebat modo libenter ac studiosè, sed describi & ea Aulae suae parietibus suspendi jubebat, ut eorum memoriam identidem renovaret : dicere solebat ad impedienda latrocinia valere plurimum ut semper populo esset affatim earum rerum quae sunt ad sustentandam vitam necessariae : *Regnorum salus*, inquiebat, *pendet à populo, hunc deglubere, & exhaurire ut Rex abundet tantumdem est ac si quis suam ipsius carnem in frusta concindat : ut ea ventrem impleat : venter augescit, ac impletur ; at corpus minuitur, marcescit, perit. Regi rerum est copia ; sed populo intereunte ; quam deinde sententiam declarans, Multi Regum, inquiebat, à se non ab aliis pereunt, cupiditas exitio est ; etenim dum huic saturandae sumptus sunt immensi, protinus oritur augendorum vectigalium necessitas ; ex hac populi totius afflictio, afflicto vexatoque populo, quis neget periclitari Regnum?*

periclitante Regno quid pronius quam perire Regem? caput unâ cum suo corpore : hac ego dum considero non audeo laxare fraena cupiditatibus meis. Constitutos ab se Judices ac Magistratus munera vetuerat accipere, poena capitis proposita, exploraturus ergo suorum fidem, hominum unus, sit ipse certior, jubet interfici ; verum Colaus Lĭ xiŭ, *Est ille quidem nocens*, inquit, *ô Rex, sed neque tu innocens, qui eum per insidias ad violandam Legem pellexisti* : Pepercit reo Imperator.

Altero post annum cum Châm sŭn praefectus militum supremus, munus è veste serica accepisset, cognitâ re Imperator ei magnam vim misit vestis sericae, mirantibus vero aliis, & ad supplicium deposcentibus hominem : *Supplicium*, inquit, *acerbius ipsâ morte suus illi rubor erit, hoc eum lentè cruciari volo.* Et haec quidem omnia ad primos Imperii menses pertinent, cum ipse annus etiamnum patri adscriberetur. Fuit omnino Princeps amans suorum, & ipse carus vicissim, non modo suis, sed exteris etiam, ad haec boni communis studiosus, pius, liberalis, benignus, cibi potusque temperans, sic ut discos plures quàm octo non adhiberet ; moneri verò (ne dicam reprehendi) tam patiens, tamque facilis, ut haec laus ejus praecipua censeri possit. De minimis quibusque rebus vult se commonefieri dicens, *Ab his ad majora gradum fieri, adeoque à minimis pendere Imperii conservationem.* Monitores suos vel novâ dignitate, vel regiis augebat muneribus ; convivio eosdem non rarò adhibens, quò fidentiùs & inter vina moneatur, ultroque increpat cessantes. Illustriora quaeque monita venustè scribi, nec - non viginti. quatuor Heroum effigies pingi jubet, & in atriis Palatii sui palam exponi. De insidiis argenti fodinae factus certior, illam vetat aperiri dicens, *Auro & argento cariora sibi esse suorum verba & consilia, quae ad Reipublicae emolumentum suggerebantur.* Quotiescumque vel coeli siccitas, vel imbrium copia famem & vastitatem minatur, edicto jubet enuntiari quid abs se, quibusve in rebus peccetur : auguriis interim nullam dat fidem ; itaque cum forte Ciconiae nidificantes coram ipso, aliâ rostroque plausissent, quibusdam procerum foelicitatem ei inde augurantibus ; subridens ipse, Xui cai tĕ lieŭ, inquit, id est, *Auguriorum foelicitas in hoc consistit, ut penes me sapientes habeam* ; quo dicto protinus jussit nidum dejici. Dicere consueverat Principem, quamvis desideratur, quidquid est faustorum omnium, si tamen subditis suis probe consulat, priscorum Regum Yaô, & Xûn posse similem evadere, contra verò si ejus vitio detrimentum patiatur Respublica : tametsi faustissima nuntientur, omnia, fieri posse ut alter Cheŭ & kiĕ, id est improbus & tyrannus merito censeatur. Comptas & ornatas orationes litteratis interdicit, quod ex eis nihil proveniat emolumenti Reipublicae. Audiens laudari armamentarium suum, & ei, quod praecedens familia Sŭi quondam instruxerat, anteponi, *Mihi*, inquit, *subditi mei pro armis sunt quandiu suo Principe & pace gaudent, ubi haec duo familiae Sŭi defuerunt ; nec arma fuerunt usui.* Cum praeceps & inconsideratior fuisset in uno clientum suorum ad mortem condemnando legem condidit ne quis ante, plecteretur quam datis ter codicillis causa rei iterum atque iterum fuisset cognita. Viros præstanti sapientiâ prudentiâque conquiri mandat, dicens: *Si vel unus adveniat, fore multos qui hunc ultro sequantur.* Propinquitatis & affinitatis cum domo regia nullam vult haberi rationem quando cætera (maximè quidem virtus & prudentia desiderantur) quæ si adsint, quamvis adversarios olim atque infestos in amicorum tamen & consiliariorum numerum admittit. Homines, qui una tantum facultate præstent, quamvis inutiles ad cætera, neget tamen abjici oportere, sed contra Principis esse sicuti subditis suis, quemadmodum vasis quorum alia plures habent usus, singulos alia.

Inter multos quos habet à consilio tres eminent Fâm hivên lìm Guêi chim, qui tamen secutus aliquando fuerat partes maximi natu fratris; horum porro monita, plenasque sapientiâ sententias synoptica brevitas præterire nos cogit.

Secundo Imperii anno cum locustæ grassarentur, jamque fames timeretur, ingemiscens Imperator, *Ex messe,* inquit, *quam vos absumpsistis pendet vita meorum? Ah! quanto malim consumi à vobis viscera mea.* Hæc fatus unam locustarum vivam deglutivit: res mira, quasi deglutisset omnes, sic pestis illa cessavit, si fas est Annalibus credere. Là hium clientem suum ægrotare, & morbo curando pilos, barbam redactos in pulverem præscriptos à medico, Imperator ex sui ipsius barba pharmacum parari jubet & ægroto offerri, qui illo usus convalescit. Didicimus ex libris medicis quod læsis humeris ac dorso nobiliores quoque partes ex interioribus facile offenderentur; itaque Legem tulit, ut qui rei essent non in dorso, sed femoribus vapularent, quæ Lex hodie viget.

Quo die supplicii de reis sumebatur, abstinebat ipse vino, carne, musica. Anno quarto &c. cum facta fuisset ubique fere messis, & magna quies à finitimis barbaris, *Hæc duo,* inquit, *magna quidem mihi sunt voluptati, sed angit me res una, quod diuturna fœlicitas negligentiæ superbiæque mater sit:* Cum qui capesseret teneretque Imperium similem docebat esse ædificanti domum quam ruinæ periculo exponas, si jam fundatam & bene constitutam denuo velis immutare. *Imperio jam constituto, bonisque firmato legibus à novitatibus abstinendum esse,* alias, Rex inquit, *morbo medentis est instar discordia, perturbatio, bellum Imperii est morbus, qui tametsi jam sit depulsus ab Imperio meo, magna tamen populi convalescentis habenda est cura, ne relabatur in pristinum morbum, & cui deinde nulla queat mederi industria: pax alia nunc terras obtinet; parent nobis ritu saltem Barbari, nec tamen sollicitus esse desino ut primis ultima respondeant, quocirca vos docete me, monete, reprehendite.* Audiens hoc Colaus Guêi clìn, *Ego quidem,* ô Rex, *non tam gaudeo de pace florentis Imperii, quam quod pacis tempore periculi vivax memor.*

Kiūngan sĭguêi, alias item, *Vulgò,* inquit, *dicitur Imperatorem maximè verendum esse, ipsum vero non habere quod pertimescat: at ego sanè dissentio ab hac vulgi opinione: vereor enim providentiam Imperatoris Cœli quæ ad nos usque pertingit, & simul vereor oculos omnium subditorum ad me unum conversos: itaque sic angor, & sic invigilo mihi ipse ut qui nec Cœli voluntati nec desiderio populi adhuc responderim. Est hoc recta gubernationis fundamentum,* inquit, Colaus, *opto equidem ut principio finis respondeat.* Aliàs rursus, *Audivi,* inquit, *in Occidente reperiri Barbaros qui si gemmam pretii majoris invenerint, haud dubitent eam convulnerato corpore intra cutem recondere, nos autem ridemus illos & merito: verum si nosipsi dum servimus cupiditatibus nostris regnum amittimus, si clientes nostri dum fidem justitiamque vendunt muneribus, in ultimum vitæ discrimen se conjiciunt, nonne majori jure vel ab ipsis Barbaris ridemur?* Siccitatis tempore solaturus afflictum populum recludi jubet carceres, & communem noxarum veniam promulgari: docet tamen rariùs hoc clementiæ genere utendum esse Principi, ne cum proborum damno foveatur & invalescat improbitas, zizaniæ segeti ne noceant, utique eradicari oportere.

Anno septimo custodias adit publicas & per se lustrat; è vinctis trecenta & nonaginta, qui omnes capitalis noxæ rei erant, ad tempus dimittit, jussos ubi messem collegissent ad statum reverti, revertuntur ad unum omnes præstituto tempore; admirabundus ac lætus Princeps vitam omnibus cum libertate donat.

Anno octavo tredecim viros idoneos ad cuncta coram inspicienda per omnes Regni partes amplissima cum potestate dimittit. Regnum ipse diviserat in decem Provincias Xę taó ciĉtas; mandat in primis ut severè in Præfectos Urbium & Provinciarum inquirant, si quorum fortasse crudelitas & avaritia populum divertat: item an homines grandævi sint in honore, an egenorum sublevetur inopia, an sua probis sapientibusque viris laus constet, quod si ex his latitent nonnulli ac supprimantur, in lucem produci jubet: quam dispar hoc tempore Provincias lustrandi ratio est.

Memorant Chronica pervenisse eodem anno ex longinquis regionibus variarum gentium legatos, oris habitu corporisque admodum peregrino & nunquam antea Sinis viso, quin adeo gloriatum fuisse Imperatorem, quod suis primum temporibus homines capillo rufi, oculisque viridibus (glaucos interpretor) Ditionem Sinicam adiissem. Est verissimum eos ipsos fuisse quos Iapideum provinciæ Xēn si monumentum ætati nostræ prodidit, diserte referens imagine sacrosancta & quinque libris venisse instructos: & anno hujus Imperii nono in urbem regiam Chām ngān, ipsumque adeo Palatium Principis hospitum ritu deductos fuisse à Colao Fâm hivên lìm, utique postquam per menses aliquot ad fines Imperii de more substitissent; accepit illos Imperator perbenignè, cognitaque sanctitate Legis cujus annuntiandæ gratia sese venisse dicebant, fecit ejusdem promulgandæ potestatem.

Anno decimo die obiit Regina Chām sûn, litterarum peritiâ, pietate, ac prudentiâ celebris;
&

& ob istas laudes Imperatori clarissima, cujus & iracundiam quæ subinde vehementius effervescebat, ipsa prudenti silentio patientiaque sua fœliciter sedabat; itaque dum vixit in nullum ex domesticis regiis gravius animadversum est raro prorsus exemplo. Offenderat aliquando Principis animum Colaus Guei chim, crebrius importuniusque eum monet, jamque ab illius aditu & conspectu arcebatur; inaudiit Regina, adit extemplo conjugem, sed insolito cultu ornatuque corporis, & gratulabundæ prorsus instar mirantisque rei novitatem. *Audivi*, inquit, *sæpenumero, mi Rex, quod ubi datur Imperii gubernator sapiens atque perspicax, subditi quoque dantur veraces & recti: rectus & verax est Colaus tuus, nimirum quia tuipse tam eximia es sapientia & perspicacitate, hunc ego tibi gratulatura venio.* Placuit offensum monitoris importunitate opportuna dilectæ conjugis gratulatio. Librum ipsa conscripserat de recta Gynecæi institutione triginta constantem capitibus; hunc postquam extincta est lacrymabundus Imperator coram suis accipiens in manus: *Norma*, inquit, *centum sæculorum continetur hoc Volumine; scio quidem luctum hunc tam acerbum Cæli nutu mihi evenisse, neque jam esse quo illi medear; sed enim dum reminiscor adjutricis tam fidæ, cujus præclara monita, consiliaque nunquam posthac auditurus sim, an ego ferre desiderium, an temperare lacrymis possim?* Amotis interim ac doloris magnitudinem Mausolæum declaravit ipso illo quod extruerat suo patri magnificentius (uno quippe ante anno pater decesserat.) Cum itaque die quodam Colaum Güei chim in editiorem ducens locum Mausolæum conjugis eminùs conspicuum digito monstravisset, Colaus qui ad id tempus dissimulaverat ab se visum esse: *Existimabam*, inquit, *ô Rex, contemplari te & judicare sepulchrum Patris, nam conjugis quidem diu est quod vidi.* Lacrymas elicuit Principi vox ista, qui non ignorus quid illa carperet, destrui jussit Reginæ Mausolæum, usque adeo filiorum pietas vincit apud Sinas amorem conjugalem.

Anno 11. puellam familiæ Vû quatuordecim annos natam, quod admodum præstantis esset formæ & ingenii in Aulam admittit, & titulo donat honorifico; nimirum mos hic Sinarum est ut illustrioribus fœminis, non secus ac viris sui sint dignitatum gradus ac tituli, qui pro cujuscumque meritis & arbitrio Principis conferri solent; at fœminis non alio fere fructu vel usu quam honoris. Post annos aliquot tyrannidem exercebit hæc puella imperandi jure contra fas sibi vindicato.

Anno duodecimo, mense septimo, Imperator (uti constat ex monumento supra dicto) dato diplomate Divinam Legem tanquam perutilem subditis per Imperium totum promulgari permittit; Fundum largitur extruendo Templo in urbe regia, ubi jam Tu Xi Præcones Evangelii degunt; neque enim uno omnes tempore in Chinam ingressi sunt.

Anno decimo-tertio cum sterilitas agrorum minaretur calamitatem publicam, Imperator Edicto jubet candide significari quid ab se peccatum sit: eminet hic inter omnes Colai Guei etiam libertas & candor; decem notat peccata Principis sui, per quæ eum ab inceptis paulatim deflexisse quæritur, quod ei vitio dat secundo loco; nam longum foret referre singula. *Primis*, inquit, *Imperii tui annis populus tuus non secus ac pater filium protegebas, neque adeo qua non patiebaris absque gravi causa publicis operibus exerceri: at nunc specie æquitatis ne multo scilicet otio diffluat & insolescat; re autem vera quia sic tibi collubitum est, subditos fatigas.* Sexto autem loco sic ait; *Principi pio tu quidem viros sapientes, sitientis instar, expetebas & sollicite conquiri mandabas: nunc vero si quid expetis, si quid aversaris non tam rationi tribuendum est quam cæcæ affectioni.* Imperator monitis accurate lectis; *Plane video*, inquit, *in quo à me peccatum sit, placet emendare.* Jussit deinde describi eadem in conclavi suo, & ad memoriam posterorum in Annales referri.

Anno decimo-septimo moritur Colaus Guei chim, Elogium fidissimi Clientis scribit ipsemet Imperator, & sepulchro jubet incidi; conversus deinde ad suos, *Tria sunt*, ait, *specula mortalibus, unum ex ære, ad quod pileum suum vestemque suam apte componunt; alterum ex veterum libris & monumentis, in quo contemplantur ortus Regnorum & incrementum, & occasus; tertium sunt mortales ipsi, quos si consideres attentius facile disces quid ipse preces, quid te fugere, quid prosequi par sit: & ego tribus hisce speculis adhuc quidem sum usus, & nunc (proh dolor) amisi tertium functum vita;* Colaum designans. Alias, *Est*, inquit, *Principi cor nicum.* Sed qui hoc oppugnant plurimi, & alii quidem fortitudine, id est, studio quodam fortitudinis gloriæque bellicæ id oppugnant; alii deliciis & cupiditatibus, hi doctis contentionibus & cavillationibus, adulatione & blanditiis illi dolis item mendaciisque non pauci; tam variis artibus machinisque pugnantium; una fere cura est ut gratiam Principis acquirant, adeoque opibus & honore augeantur; quisquis ergo de perpetua quadam intentione suique ipsius vigilantia paulum remiserit quam pronum erit hic à se vinci & perire.

Anno decimo-nono contra Coreanos qui defecerant expeditionem suscipit, de via sepulchrum vidit Colai Pi can, qui olim tuendæ veritatis causa ab impio kie fuerat occisus: ornat ipsum perhonorifico titulo Yn tai sù, id est Magni Magistri familiæ Yn, seu Xam quæ fuit ordine secunda. Anno vigesimo redit ab expeditione re infecta & multis suorum propter annonæ penuriam & frigoris acerbitatem desideratis.

Anno vigesimo-secundo puellam Sin hoei dictam Colai filiam litteris & ingenio claram in consortium thori sui admittit, & sapientis titulo exornat. Narrant eam quinto post ortum mense cœpisse fari; qua to ætatis anno libros Sù xù tenuisse memoria; octavo scripsisse apposite variis de rebus: hoc certum in legendis libris fuisse assiduam. Eodem anno trecenta millia militum rursus in Coream destinat, verum cum ipse paulo post diem obiret, Optimatum consilio intermissa expeditio est. Rara fuit hujus Principis &

I

cura & induſtria in libris inſtituendis ex obviis quibuſque rebus appoſita petebat ipſis documenta. Cum oriza veſcebatur, meminiſſe jubebat quanto ſudore illa colono conſtitiſſet, ſic enim fore ut nunquam eis deeſſet. Cum navigabant, *Aqua ut videris*, inquit *ſuſtentat Naves, & ea poteſt Navem ſubmergere : aqua populus eſt, Rex Navis*. Aliaque his ſimilia.

Uno ante mortem anno duodecim monita, quæ litteris viginti - quatuor continebantur filio dedit, ei ſcilicet quem præ cæteris Imperio deſtinaverat ; monita hæc erant ; *Tuæ Fili ſac regas*, inquit, *honores quos conferre par eſt, in propinquos confer, accerſe ſapientes, examina Magiſtratus, audi monentem, repelle detractores, faſtu abſtine, moderatio parſimoniaque cordi ſit, præmia ſuppliciaque meritis reſpondeant, curæ ſint res agraria & militaris, civilis & litteraria etiam*. (Venerationis unum hîc deſiderat Chronicorum interpretatio, quod priſci quidem Reges hæredibus ſuis inculcabant, nimirum in uſu & amore mulierum Imperium ſui & moderationem.) Pergit Pater: *Tu*, inquit, *ô Fili, petes à priſcis Regibus, eiſdem Philoſophis exempla gubernandi; nam ego is non ſum qui tibi ad exemplum ſufficiam : medium ut attingas ſummum pete, excides medio ſi collimaris in medio. Multis in rebus à me peccatum eſt ex quo imperare cœpi, ſed tu vires contende, ut quæ ages, agas recte, & conſtabit Imperio pax ſua, quod ſi fueris ſuperbus, ſi iners, ſi prodigus & diſſolutus, non Imperii modo, ſed tuiipſius jacturam facies*.

Anno vigeſimo-tertio, menſe quarto, cum morbus ingraveſceret, hæres Imperii filius diu noctuque aſſidebat patri, cibo etiam aliquot per dies abſtinens & caneſcens præ cura & mœrore, quod obſervans pater lacrymas tenere non potuit, filiumque intuens, *Quorſum*, inquit, *mori me pigeat Fili mi, quando tanta eſt pietas tua, tantus mei amor?* Primis deinde Procerum adeſſe juſſis filium commendat, & huic viciſſim, quoſdam ſuorum, hortatur etiam ut ſi quis poſt mortem ſuam clientum ſuorum famæ fideique obtrectare velit, aures haud quaquam præbeat. Obiit menſe ſexto, quo ipſo filius in paternum ſolium conſcendit.

Ex iis quæ de hoc principe retulimus, quamvis & multa ſtudio ſunt à nobis prætérita, intelliget Europeus Lector quam uberem præbeant ſcribendi materiam Rex Sinicæ poſt Chriſti ortum geſta Imperavit an. 23. fuitque Monarc. 3571. poſt Diluvium 3845. poſt Chriſtum 627. Cycli ejuſd. an. 24. tim : hai.

Caô çûm hoâm ti deceſſoris filius natu nonus obiit ætatis 56. principio quidem paternæ laudis ac virtutis æmulus ſed haudquaquam deinde ſibi conſtitit, muliercula unius amor pervertit miſerum & tantum non evertit Imperatricem familiam primis itaque temporibus ea potiſſimum adſcribimus quæ monumento lapideo reperimus exarata. Faviſſe ſcilicet hunc principem rei Chriſti : impenſius quam pater, pluribus in oppidis exſtructa fuiſſe Templa vero numini, titulum quoque per honorificum ab eodem collatum eſſe cuidam proculdubio ſacrorum Antiſtitum, cui Olopuen nomen erat, denique legem Chriſti per Provincias omnino Chriſtianas promulgatam maxime ubique felicitatis extitiſſe ſementem.

Anno 5. ardet Imperator deſiderio viſendæ vû xî puellæ quam pater, in thori conſortium admiſerat, illo autem mortuo cœnobiticam Bonziorum vitam profeſſa degebat in fano. Specie ergo religionis fanum adit, inde puellam reducit ad palatium, & creſcente ſimul cum amore inſania de repudianda Imperatrice quia prole maſcula carebat, nec non altera Reginarum conſilium agitat, hoc cum improbaret optimus quiſque, tum vero Colaus ſui Leâm ubi Rex cum cum cæteris quos habebat à conſiliis accivit deliberandi cauſa, ob res, inquit. Gynecei vocamur hodie. Scitis optimi Collegæ quid nobis Taî cûm in mandatis dederit, quod ſi nunc improbæ cupiditati principis haud obſiſtamus, contempto periculo noſtri capitis, qua fronte nos in conſpectum defuncti Imp. venire aliquando ſuſtinebimus, nec dixit fortius quam egit, conſultus enim à Rege cum graviſſimis rationibus flagitium diſſuaſiſſet, abjectis tandem ſuæ dignitatis inſignibus atque humi proſtratus, caput afflixit ſolo (ſummopere quid efflagitantis atque obteſtantis indicium eſt) tanto impetu ut ſanguis excuteretur affirmans etiam renuntiare ſe dignitati ſuæ, ſiquidem rex in ſententia perſiſteret, at rex ita excandeſcens diſcedere eum è conſpectu ſuo, juſſit poſtero die Ly Hium (cujus ante meminimus) cum intelligeret obfirmato eſſe animo principem ſibique mallet ipſe quam principi conſulere, Rex hæc privata eſt, inquit, ac domeſtica te ipſum Res conſule, quid multa præter Reginam (ideſt ſecundam ab ipſa Imperatrice nuptarum) imperatrix quoque & uxor legitima repudiatur & in ejus locum ſolemni, cum ritu ſubſtituitur defuncti patris concubina ; porro ſpeciem aliquam juſti dedit repudii ſuſpicio falciſſima quod imperatrix filiolam ipſius vû xî ſuſtuliſſet è medio, cum re vera ſua mater eam ſuffocaſſet per inordinatiſſimam ſcilicet prolis necem innocentis dominæ non tantum thoro, ſed etiam vitæ crudeliter inſidiata, his itaque gradibus evecta ad ſolium cum tuta timeret omnia, cumque obſervaſſet imperatorem meminiſſe etiam nunc earum quas repudiaverat, præcidi juſſit ambabus, & manus & pedes, nec multis poſt diebus ipſum caput, haud dubia quin radice curæ metuſque ſui una ſucciduſſet, ſed contrarium prorſus evenit, uſque adeo nunquam maleficiorum ſuorum conſcientia ſtimulata eſt. Feralibus ambarum umbris ut Chronica teſtatur, furiarum prope ritu quocumque aſpiceret terrorem ingeminantibus, ut cum diu noctuque reſpirare vix poſſet loci tandem mutatione remedium aliquod petere coacta ſit. Tranſactis interim ſex annis cum vitio oculorum laboraret Imperator, adminiſtrationem imperii ſui commiſit amoribus, preſidebat ergo mulier improba conſilio regio ſupplices admittebat libellos, & vitæ omnium neeiſque arbitra res tantæ Monarchiæ definiebat, uxorio principe interim per inſignem vecordiam deliciis atque otio diffluente, hinc ſcilicet lachrimis, hinc tantæ malorum illuvies. quanta fuerat aquarum ſecundo poſt menſe quam pel-

DECAS SECUNDA. 47

fere illa redierat in palatium, aquis in ipsum quoque penetrantibus cubile regium non sine mortalium multorum interitu, & renovata sexto rursus mense eadem calamitate quando vicino in oppido quinque domorum millia aquis hausta perierunt.

Inter hæc filii aliquot Imperatori ex vu xi nati sunt cui cum ipse Heü id est reginæ titulum contulisset, alterum deinde prorsus insolentem Tiën heu quasi datæ cælitus reginæ demens adjecit, filius primo natus loco & jam imperii constitutus hæres multum laudatur ab obedientia & pietate, verum in ipso ætatis flore, veneno quod ei mater ipsa miscuisse creditur sublatus est, alter Hiën dictus & ipse destinatus Imperio matris opera rejectus est, hoc nimirum agebat improba, ut ad fratris sui filiorum aliquem paulatim devolveretur imperium quod ut foelicius aliquando perficeretur, assidue suos & opibus & honoribus cumulabat, succedet tamen is ipse qui nunc rejicitur hæres imperii testamento patris declaratus, quatuor decies mutatur anni cognomentum, anno 19. Luna 4. Cometes apparet eodemque anno Coreani tandem obsequium clientare deferunt, imperavit ann. 34. fuitque Monarch. 3594. post Diluvium 3868. post Christum 650. Cycli ejusdem an. 47. Vèm Siô.

Vù Hoûm heü ex pellice Domina Sinarum seu vere Tyranna excludunt eam jus Imperatorum serie, uti feminas omnes solent, Historici, annos tamen 21. tametsi per vim dominantis computant obiit an. ætatis 81. post mortem conjugis filium suum legitimumque hæredem rejicit & in oppido Fâm: Cleü Provinciæ Hû quam cum reguli titulo privatum jubet vivere, ipsa interim altero filiolo, cui tan nomen in jus locumque fratris subrogato sola res administrat. Vafra, crudelis magni tamen animi, magni & sagacis ingenii. Literarum quoque studiosa, Liĕ mù chuên aliosque libros de foeminarum institutione conscriptos illustrium quarumdam matronarum lucubrationes conquiri jubet & typis vulgari non ignara se suis esse odio, maxime quidem Magistratibus clam fidos homines subornat qui quo quisque sit animo, explorent: certior deinde facta, plurimos dat neci, dies fuit quo perierunt quinquaginta supra octogentos è familia item regia complures & quidem Reguli interfecti.

Anno septimo tyrannidis, mutat Imperiale nomen familiæ Tâm in nomen cheu mutat item insignia vestium colores primas anni Calendas. Vu nomen suum indit filiolo, publica interim noxarum venia quo vulgi animos emulceat per Imperium vulgari jussa. Anno 15. cum desperaret in familiam suam transferre Imperium filium pronunciat Imperatorem legitimum eique palatiũ Orientale attribuit, cœpit hoc ipso anno moveri Impium bellum uti constat ex monumento lapideo, contra legem Christi à Syriacis præconibus promulgatum, acerrimi hostium Bonziorum tela calumniæ, probra, contumeliæ; antris circiter 15. (quod ex annorum cognomentis colligitur) persecutio tenuit quoad Hyvén cũm cepit imperare tutantibus interim Christiana cum fortitudine & constantia legem Sanctissimam,

iis qui promulgatum venerant quos inter eminebat is cui Lohan nomen.

Anno 220. graviter ægrotat Imperatrix, filius itaque habenas imperii suscipit, sunt qui illi suadent, ut matrem tota cum stirpe curet interfici, non audiuntur, imò novis etiam dignitatibus, ipsa tandem octogenaria jam major eodem anno moritur, at filius unam Reginarum Guei dictam exilii sui sociam fidelem protinus Imperatricem creat. Anno 20. mense 9. totius solis Eclipsis Imperavit ann. 21. fuitque Monarc. 3628. post Diluv. 3902. post Christum 684. Cycl. 53. an. 21. Kiă Kim.

Chûm çũm hoâm ti, alias Iliën de quo supra tarde admodum capessit Imperium post annos scilicet 22. è quibus in Provincia Hû quam quindecim, septem vero in ipsa matris Regia privatus egit. Veneno periit & 55. humilis & ignavi vir ingenii, & muliercularum amoribus miserè implicatus. Quod igitur æquo sit visus animo repulsam ferre cujus auctorem sciebat esse matrem, teniori potius inertiæque tribuendum, quam filiali observantiæ & pietati, quæ cæteroquin maximum in Sinarum animos exercet Imperium, certè non multo post quam imperare cepit, exemplo patris administrationem rerum Imperatrici Guêi permisit; hæc autem focrus suæ vestigio insistens ad novam prope tyrannidem flagitium quoque, tandem etiam parricidium adjecit, postquam enim cum quodam Sān Sū qui è familia Vu oriundus erat turpiter aliquando vixit, anno denique sexto, mense 6. conjugem suum & Dominum veneno sustulit, ipsemet filia, quod omnium fuit detestabilissimum diri sceleris adjutrice huc eam libido impulit, dominandi, quo autem severius diutiusque dominaretur, non eum quem socrus ante destinaverat, mariti fratrem, sed filium suum Chûm meū dictum sex decim tantum annos natum succedere patri voluit, successit inditumque ei Kām ti nomen sed non tulerunt hoc regii, aliique principes, sumuntur arma. Dux confederatorum filius natu tertius illius ipsius quem dominatrix rejecerat, quique proxime capesset imperium jūi cum hoûm ti nominatus, impia mulier cum filia obtruncatur, adolescentulus ultro se dedit patruoque cedit imperium & ditionis Vēn creatur Dynasta. Imperavit annis 16. fuitque Monar. 3649. post Diluv. 3923. post Christ. 705. Cycli ejusdem an. 42. Yĕ su.

Iúi cùm hoâm ti, aliàs Tān decessoris frater filius octavus Imperatoris Caō cũm ex Vū seū Tyranna, cujus operā subrogatus fuerat in locum fratris, & imperante solā matre, inane gesserat Imperatoris nomen. Obiit anno quarto sequentis Imperatoris, mense sexto, ætatis 55. Restaurare conatus Imperii res, & ad primævam quietem ac foelicitatem revocare cum diffideret se perficere id posse, & quietis interim amore teneretur, filio natu tertio tradit Imperium, præmium scilicet fortitudinis atque prudentiæ, quā is imminentem novæ Tyrannidis pestem tam foeliciter propulsarat. Bis mutatur anni cognomentum. Anno secundo, mense septimo Cometes ab Occasu ascendit. Imperavit annis duobus, fuitque Monar. 3655. post Diluv. 3929. post Ch.

I ij

711. Cycli ejusdem anni Sin hai.

Hivên çúm hoâm tí decessoris filius natu tertius, obiit anno ætatis 78. eodem quo successor anno Indolis bonæ Princeps, & rarâ moderatione animi, publicique boni studiosus, valdè item religiosus. Renovavit certè priscum morem quo solebant Imperatores suis ipsi manibus agrum colere, ex quo deinde tributum ad Sàcrificium necessarium peteretur, voluitque præpositos provinciarum atque urbium idem facere; ea etiam de causâ ut experti laborem miserari Colonos discerent. Ipso statim principio Primores aliquot qui superiorum temporum perturbationes vel excitarant, vel certè foverant, tollit è medio. Fratri natu majori rebellionis reo potestatem facit quo velit ipse lethi genere se perimendi; rebellionis socios curat interfici: exinde magnâ cum pace per annos fere triginta regnat, ac Familiam Taîn prope jam collapsam quadamtenus restaurat. Reliquorum interim fratrum Reguli omnes erant, usque adeo fidens & amans fuit, ut in eodem strato, & sub eadem veste stragulâ & conopeso, cum eisdem non raro dormiret, quandoque etiam totas noctes confabulando transigens; hinc lectus ille stratum quinque Regum deinceps dictus. Cum fratrum unus ægrotaret potionem medicam coquebat ipsemet Imperator, cumque poculo excitando incautius os admovisset, barbaque combureretur, prohibentibus ipsum Eunuchis & operam conferre volentibus, *Sinite*, inquit, *dummodo convalescat ussis hac potione frater jactura barbæ quid refert?*

Anno secundo videns Imperator cupiditatem rerum cum ipsa rerum copia elegantiaque crescere, confringi jubet ac fundi argenteam aureamque supellectilem domus regiæ, varii generis pervetusta raræque artis vasa, vestes item pretiosas ac nitentes auro, gemmis, unionibus ante fores Palatii sui flammis absumi imperat; Unionum quoque piscationem quæ prope Hai nám Sinicæ Ditionis Insulam exercebatur, interdicit. Exinde tam Imperatrix quàm Reginæ vulgari vestis habitu tunc sunt usæ; vulgarem dixi, nam verecundo modestoque nunquam non est usa China. Sub hæc tam fausta principia Divina quoque Lex denuò vigere cœpit ac frui pace (quemadmodum testatur memoratum sæpè monumentum) & sub deinde tribus Principibus qui ordine successerunt suos habuit progressus. Interea Eunuchorum unus Caô liè sû Palatii Præfectus creatur: hoc initium fuit perniciosæ Eunuchorum potentiæ, è quibus deinde plusquam mille variis perfuncti Magistratibus, & imperialis tandem Familiæ in discrimen adducta. Hic ille fuit Caô liè sû qui anno circiter trigesimo pulsus à Rege fuit cum multis magnisque muneribus (inter quæ imagines quinque Regum) ut ea in Templo quod Evangelici è Palæstinâ Præcones vero Numini consecrarunt offeruntur.

Anno tertio & quarto locustæ crebra Chinæ Borealis lues, Provinciam Xám tûm depopulantur; incolæ nescio quâ impediti religione (Pytagoricæ Metempsichoseos ut opinor) non audent eas extinguere; tandem authoritate Magistratuum ineptissimam Religionem deponunt. Anno decimo præclara Colai Yvên chí monita, quibus utinam Rex paruisset; suadet in primis ut Eunuchos à publicis muneribus removeat, ut consanguineos suos ad dignitates cum potestate publica conjunctas haud evehat: duas sectas Fe & Tao penitus extinguat. Imperator duos bello claros, etiamsi non essent stirpis regiæ Reguli titulo contra morem primus donat, quæ res ad hæc usque tempora fuit observata. Per se lustrat Provincias, & Confucii natalem domum honoris causâ adit. Anno 10. quattuor & viginti duntaxat ex Imperio tam vasto memorantur ad mortem destinati. An. item 16. non nisi 58. Anno 21. divisit Imperium in quindecim Provincias. Mandarini sive qui Magistratum gerebant è toto numerati Imperio 17. mille 686. minoris vero notæ Præfecti 57. millia 416; multitudo tanta quod in Reipublicæ damnum vergeret non semel à Colais damnata est.

Anno decimo - sexto Vâm yû Regulus Imperatori fratri suo est auctor ut pro veste sericâ massisque argenti quæ flammis tradi consueverant, quibus quando tutelaribus rerum & locorum spiritibus nec non majoribus vitâ functis soliti deferebantur honores; his quoi em mere politici, illis autem religiosi: auctor est, inquam, ut deinceps vestes argenteique massæ è papyro fictæ crementur: quod consilium hominis magis ad rem quam cultum attenti cum insigni quadam superstitione tam Bonzii quam Tâô sû ad hæc usque tempora observant.

Anno vigesimo Imperator honorificum titulum Vên siven chám, id est litterarum illustris Regis Confucio tribuit discipulos ejusdem Philosophi, nec - non Heroes alios bello claros variis honorum insigniis atque titulis qui fere nostratibus Ducum, Comitum, Marchionum respondent: pro suo quemque gradu ornat; majores item suos simili honorum genere (sed quosdam supra meritum, nec sine subditorum offensione) prosecutus est. Varias ubique vel condit Accademias, vel instaurat; Lauream Doctoratûs, reliquosque Gradus litterarios instituit; Libros de militari quoque scientia conscriptos conquiri jubet, & scribi novos, edique. Anno vigesimo-nono dormienti species offertur Laô kiün chûm secta Tao auctorem suum vocat (visus est Regi præcipere ut conquiri juberet suam statuam in Palatio scilicet collocandam. Auxit vero superstitionem somnii, aliquot post annis vox spiritûs (ut aiunt) ab eodem audita ex aëre, monentis ut certo ex loco qui signabatur ambrosiam in potionem immortalitatis peteret. Cæterum ab hoc tempore cœperunt omnia in pejus vergere, ut Scriptores observant; atque in primis à finitimis Tartaris rebellatum est, fuit cum uno prælio 70. Sinarum millia cæderet; altero item 200. fere millia, nec erat tamen qui tantæ cladis Imperatorem faceret certiorem. Eunuchis procul dubio (erant namque potentissimi) aditus omnes occupantibus, rebellat inter alios Ngân lô xân exterus Princeps, quamvis & hospitio in morem fuisset exceptus perhonorificè, & multis obstrictus huic Imperatori beneficiis, cujus quidem animum & benevolentiam usque adeo occupaverat, ut non

dubitaret

DECAS SECUNDA. 49

dubitaret eum exercitibus quoque suis præficere; vehementer Colai dissuaserant ne tantum fideret extero homini, sed nunquam sunt auditi, quoad serò tandem sapiens cognovit ejusdem perfidiam, & luculentum perfidiæ argumentum, ditiones quatuor & vigenti vi & armis in Septentrione occupatas. Sub idem fere tempus aliud ex alio malum magna latronum vis emergit, à quibus cum anno circiter 44. stragem accepisset, exercitus regius, desideratis plusquam quadraginta millibus: profugere tandem cogitur infoelix Imperator & provinciam Su cům nominatam petere. Inter hos autem ne mala deessent, etiam domestica; repudiat uxorem, tres filios, & levi quidem de causâ interficit, nurum nuptam suam facit. Quantum mutatus ab illo qui olim capessebat Imperium! capessit igitur hoc pro patre filius qui in Australi China degens, sumptis generosè armis rebelles foeliciter domuerat. Bis mutatur anni cognomentum. Anno secundo, lunâ tertiâ, die primâ oblata Regi descriptio solaris Ecypseos uti proximè instantis, verum cum nihil prorsus apparuisset, hoc ipsum adulatores Principi gratulati sunt, sed rident adulationem tam solidam Chronicorum Interpretes. Anno septimo, lunâ quintâ Solis Eclypsis; Imperator eo die cum suis lugubri indutus veste à musicâ, & ciborum delectu abstinet: adiri jubet carceres, & vinctorum causas cognosci. Anno quadragesimo-primo, mense septimo Solis item Eclypsis. Anno 44. mense decimo totius item Solis Eclypsis, quo fere tempore cladem accipit à latronibus. Imperavit annis 44, fuitque Monar. 3657. eost Diluv. 3931. post Christ. 713. Cycli ejusdem anni 32. an. 50. Guei cheu.

Sŏ cům hoãn ti decessoris filius, obiit anno ætatis 52. Princeps bellicosus, adeoque sæpe victor de latronibus: foelix quod adjutorem sibi nactus Io cú y virum bellicæ rei perquam peritum, (de quo infra) multo etiam foelicior futurus, si quemadmodum mederi potuit malis præsentibus, ita prævertere scivisset quæ proximè sunt consecuta. Patre (sicut dictum est) profugo, filius Imperium suscipit; damnant Scriptores hoc factum, licet is patrem deinde magno cum honore ad Aulam reduxerit, ubi non multo post mortuus est anno ætat. 78. sed & ipse filius eodem anno secutus est patrem. Statuit hic autem vidua imperatrix (cui Cham nomen) regnandi cupida rejicere eum quem pater Imperii hæredem nominaverat, altero qui minoris erat gentis substituto: Colaum quoque Lî fŭ qué ne conatibus suis adversaretur, è medio tollere constituit; sed hic rem subodoratus occupat facinus Imperatrice interemptâ. Inter hæc Ngān lŏ xān rebellis ille, (cujus ante meminimus) oblitus maximorum beneficiorum, quibus ipsum Hivēn cům Imperator cumulaverat, Imperium affectat Sinicum, nomenque assumit atque insignia Imperatoris. Ceperat is Aulam Chām ngān, ex hac ergo dům maximum vim auri argentique & pretiosissima rerum deportari jubet in urbem Lŏ yam.

Elephantes quoque & Rhinoceratas adduxerat, quos inter epulas produci quondam viderat ab Hyvēn cům devicti Principis patre, uti etiam equos omnino centum, qui ad numeros musicos sic docti fuerant saltare, ut simul craterem singuli tenerent ore, quem Imperatori deinde offerebant: eos ergo cum victor aliquando produxisset ad spectaculum simile, nullis unquam artibus perficere potuit ut saltarent; prorsus indignabundus occidi mox jussit omnes. Cæterum haud diuturna foelicitas fuit ingratitudinis perfidiæque tam barbaræ & hujus & illius non multo post pœnas dedit ab suomet filio, obtruncatus in lecto filius vicissim mox dedit parricidii ipso parricidâ à belli duce Sū mūn (qui deinde patrium sibi regnum vindicat) occisus, sed & hic rursus, quod minorem natu filium hæredem suum præoptaret à primogenito suo post annum interficitur. Celebratur fides & fortitudo Chám chīm, cui superstitiosa posteritas Festum deinde statuit. Obsidebatur urbs Xi yen à latronibus, eam ipse cum decem millibus præsidiariorum, & socio armorum Hiŭ yven dicto strenuo item ductore militum propugnabat eruptionibus quadraginta & amplius, excisæ latronum vires, desideratis tandem centum & viginti millibus, non tamen soluta obsidio; fames interim urget obsessos, arborum jam folia, papyrum, nidos volucrum, mures consumpserant: Dux ipse clarissimam sibi nuptam jugulat, suisque dat epulandam; ab hac itum est ad cædem aliarum, sed cum ne sic quidem vinci potest fames, videret autem suos si non animo, viribus certè corporis deficere, deprecabundus suscipit Cœlum & illud more gentis veneratus, *Exhaustæ sunt vires*, inquit, *vivus tueri nequeo Imperium, restat ut mortuus fiam crudelis Dæmon, quo sic deleam latrones*. Hi ergo non multò post potiti urbe hominem obtruncant. Quater mutatur anni cognomentum. An. quinto, lunâ septimâ defectio totius Solis, sic ut stellæ omnes majores essent conspicuæ. Imperavit ann. 6. fuitque Monar. 3701. post Dil. 3975. post Christ. 757. Cycli 53. an. 34. Tîm yeŭ.

Tai cům hoãn ti decessoris filius, obiit anno ætat. 58. Laudatur hic Princeps à liberalitate; fidos ac strenuos habet administros rerum suarum; itaque initio rebelles aliquot foeliciter extinguit, ac pacem Imperio quadamtenus restituit, sed haud multò post potentiores quique Dynastæ neglecto Imperatoris obsequio suam sibi vindicant & tuentur ditionem. Ipse interim maternæ cædis expetiturus pœnas palam non ausus, clam homines subornat qui intempesta nocte latronum more irrumpant in Palatium, ac Colaum Lî fŭ qué in lecto obtruncent; cum res pro voto successisset, Imperator sequenti die per insignem dissimulationem conquiri jubet homicidas, quibus nusquam apparentibus, eum perhonorificè jubet humari: prius tamen in gratiam lugentis afflictæque Familiæ caput ei quod sublatum fuerat perquam simile ligno jubet effingi, & trunco aptè junctum unâ sepulchro condi: usque adeo scilicet grave Syriis atque intolerandum videtur violari corporis integritatem, multoque tenuius ac minus infame censetur supplicium perire laqueo, quam plecti capite.

Anno tertio, Bonziorum quoddam Fanum Cœnobiumque visens Imperator, mille partim viros, partim fœminas eò destinat, qui sub dis-

m

ciplina Bonziaca vitam agant. Fú hû ciên Præfectus morti proximus, caput suum radi jubet à Bonziis quibus impensè favebat; corpus item sepeliri more ipsorum rituque, quod item sub familia decima-nona Súm dicta à præcipuis viris observatum: nihil itaque mirandum est Evangelicæ veritatis triticum, succrescentibus tanta copia zizaniis tandem fuisse oppressum.

Est è Primoribus Imperii Chû çù nomine, qui Imperatori inter alia munera glirem offert simul cum felicula ambo sugentes lac ex una eademque fele, gratulantur & munus, & omnes more suo adulatores: at Yen fù unus de Senatu regio, *Quæ res*, inquit, *ô Rex, naturæ ordinem haud sequuntur, justum gratulationis argumentum non præbent, hoc agatur potius, ut ii quos armis tuis ac ditionibus præfecisti, nullum exerceant, vel cum latronibus, vel cum barbaris clandestinum commercium, non sinant adulteria cæteraque flagitia esse impunita, cum celeritate conformentur, tollentur hæc monstra, naturæ & rationi contraria, tunc suus erit gratulationi locus.*

Anno octavo viginti supra ducenta Barbarorum seu Tartarorum millia Borealem Chinam invadunt, fugit Imperator, Aula capitur, diruitur: onusti spoliis Barbari domum repetunt; Imperator operâ fortissimi ducis Cö çù y reducitur in Aulam. Regno Fuén yâm fidem industriamque viri remuneratur; mentio fit hujus Cö çù y in monumento lapideo. Hunc aliquot ex Evangelii Præconibus secuti videntur, quo magis etiam probabile redditur authoritate tanti viri (maximè cum eundem naturâ quoque liberalissimum fuisse constet) complura Templa Deo fuisse ædificata, & opera misericordiæ corporalis quæ ibidem referantur variis in locis exercita, fortassis & ipse Christianus fuerit; ei moriens Imperator hæredem filium commendavit.

Hoc Imperatore terræ quædam Boreales ultra fluvium Hoâm hô sitæ ab reliquo Imperii tempore sic abjungi cœperunt, ut ei quandiu hæc domus imperavit nunquam deinde unitæ sint: refertur etiam in lapideo monumento quob Imperator die Natali Salvatoris cœlestia quædam, id est rara pretiosaque odoramenta; ad Templum veri Numinis, simul etiam regias dapes ad Ministros Templi miserit. Ter mutatur anni cognomentum. Imperavit annis 17. fuitque Monarc. 3707. post Dil. 3781. post Ch. 763. Cycli ejusdem anni 40. Qùei maô.

Tê çùm hoâm ti decessoris filius natu maximus, obiit anno ætatis 64. Minutiis intentus, rectis suorum consiliis parum subinde attendit: naturâ timidus, suis nimium diffidit, adulatione gaudet: hæc interim laudanda, quod peregrina quædam munera, quibus fœlix omen & augurium captabatur adimitti vetuerit dicens, *Optatissima peti auguria ex viris sapientibus, quos adeo conquiri oporteret.* Ingentem nummorum vim sibi oblatam dispergi jubet in militem, ut ab se cupidi Principis nomen ac suspicionem removeat.

Anno tertio diem obiit Cö çù y natus annos 85. vir usque adeo bene meritus de Imperio, ut scribant haud extitisse alium an parem fidei per an. 1300. & amplius per annos triginta sub quatuor Imperatoribus administer fuit rei Sinicæ, tantumque fidei ipsius fuit concreditum, ut dici possit habuisse in potestate salutem simul ac ruinam imperantis familiæ; evectus ad summa, nullius tamen sensit invidiam inter summas opes quas summa cum liberalitate, & magnificentiâ expendebat; nemo fuit qui crimen in eo notaret, habebat inter famulos tria millia, octo reliquit filios æmulos paternæ laudis, gestoque dein Magistratu claros: mortuum triennio luxerunt Sinæ velut communem omnium maerorem; sepultus est prope civitatem Hô xin quæ paret xim yâm urbi provinciæ Xàn si.

Anno quinto Li hôai quàm deficit ab Imperatore, fugere hic compulsus est in Hàm chùam urbem provinciæ Xen si; per idem fere tempus cum civitates amplius quadraginta, vicinique agri multum damni paterentur ab aquarum illuvione, hortatu Lö cheí Colai misit Imperator qui solarentur afflictos, vitæque eis necessaria suppeditarent. Idem cum temporum suorum perturbationes & calamitates, nec-non perfidiam quorumdam Ministrorum fatis attribueret, diceretque multa sibi pronuntiata fuisse à judiciariis: Colaus Lì miè, *Alii*, inquit, *ô Rex, de fato disserant, licet, at te certè nosque ipsos qui tibi sumus à consiliis haud quaquam par est sermones usurpare, hujusmodi etenim prout nos Rempublicam vel justè recteque, vel contra perperam administramus, ita fabricamus, ipsi vobis ac populo fatum vel fortunatum vel infortunatum.*

Eunuchorum vitio & operâ seditiones oriuntur ac bella quæ longum sit recensere; contra ipsum Principem plus æquo scilicet fidentem Eunuchis, eisque tribuentem, præfectorum militarium, nec-non militum contra rebelles magna copia conscribitur, quo sumptus ergo suppetant in stipendia, vectigal duplicatum instituitur, alterum mense sexto, alterum duodecimo pendendum ex foliis quoque Chá, seu vulgari gentis potione potuum census incrementum; his rebus animi subditorum aversi & exacerbati, non pauci relictis urbibus vagi errant, & ad rapinas tandem convertuntur: inter hæc tamen haud defunt alii qui egregiam præstant fidem, atque operam suo Principi, per quos ipse tum de rebellibus tum etiam de Barbaris cis & ultra fluvium non paucas reportat victorias. Imperavit annis 25. fuitque Mon. 3724. post Diluv. 3998. post Christum 780. Cycli ejusdem 53. an. 757. Kêm xin. Bis mutatur anni cognomentum.

Xùm cùm hoâm ti decessoris filius, obiit anno ætatis 46. Imperii anno primo, fuitque Monarc. 3743. post Dil. 4013. post Christ. 805. Cycli 54.

Anno 21. Yé yén specimen aliquod præbuit boni Principis, verum quod immedicabili sordidoque laborabat morbo, commisit Imperium filio, ac superstes deinde fuit; quinque duntaxat mensibus ob aliquibus annus hic adscribitur huic Principi cum reverâ pertinet ad patrem quippe qui primo illius mense diem obierat, alias interim qui hunc taciti prætereunt tribuentibus patri annos sex & viginti.

Hièn cùm hoâm ti decessoris filius ab Eunuchis sublatus est minus ætatis 43. isque fuit Monarc. 3750. post Dil. 4014. post Christ. 806. Cycli

DECAS SECUNDA.

54. an. 23. Pīm hô. Princeps intelligens rerum & prudens, & ubi suos jam audiverat prompti firmique consilii, subditis fame laborantibus liberaliter opitulatur, hunc in finem varios ministrorum legans eisdem præcepit nefarias excursiones haud necessarias ne patiantur in se suosque sumptus fieri. Lié xiĕ fŭ hortatur Imperatorem ut parta jam pace Imperii, deliciis dedat sese, sed resistit Lĭ sui Colaus negans censeri posse pacem quamdiu reliquæ superiorum perturbationum nondum extinctæ sint.

Anno penultimo vitæ & Imperii jubet è provincia Kēn sī solemni cum apparatu transferri in Palatium suum os digitale Idoli Fé, & una cum ipso Bonzios superstitionis magistros ne quidquam adversante supremo consilii rituum præside & affirmante reliquias tam execradas flammis & aquis aboleri oportere, quam quidem sententiam dum tuetur prævicacius indignabundus Princeps, eum ad inferiorem dignitatis gradum dejicit, pœnā Sinas inter vilissima: idem sectæ Tao perquam deditus conquiri jubet herbam vitæ immortalis scilicet, verum Eunuchi (si vera est fama) ambrosiam longè diversam quam mors illico secuta est credulo Principi propinaverunt.

Mŏ cum hoām tī decessoris filius aureum potans medicamen extinguitur anno ætatis 31. Imperii quarto, Mon. 3765. ad solium electus à patre, & à suis in eo collocatus haud absque cæde multorum qui alium conabantur evehere. Publica noxarum condonatio sub initium Imperii de more vulgatur. Persuasus à quibusdam suorum quod pacata jam essent omnia partem militum dimittit; at hi transeunt ad latrones. Sub hoc Principe familia Tám magis ac magis inclinare cœpit in ruinam, nec amplius recuperavit statum pristinæ fœlicitatis.

Kim cum hoām tī decessoris filius ab Eunuchis evectus, ab iisdem dum redux à venatione mutandæ vestis causa in conclave se recipit, extinctis repente luminibus, occiditur anno ætatis octavo, Imperii tertio, Monar. 3769. post Dil. 4943. post Christ. 825. Cycli ejusdem ann. 42. Yě xu vel nullius vel virtutis; vel ingenii dissolutis moribus effusus in jocos; itaque Reginæ matri commissum est, ab Eunuchis Imperium. Toī tu vir præclare meritus de Imperio huic gerente Magistratum primi ordinis, cum quodam die epulatur cum amicis forte nunciatur amissum esse proprium sui muneris sigillum (crimen apud Sinas capitale) quo audito nihil ipse visus commoveri, in convivio perseverat prorsus eo si non ageretur hic res sua nec dum vita: non multo post nuntiatur inventum, audit ille ac pari cum constantia, mirantibus amicis, *Sigillum*, inquit, *procul dubio famulorum aliquis subripuerat, eo vel in amici gratiam, vel certè spoliato raptim abusurus: at ego si exanimatos nuncio ad terrores & minas illico me convertissem, periisset certissimè vel humo vel aquis obrutum quod mihi mea nunc dissimulatio tam cito, tam fœliciterque restituit.*

Yen cum hoām tī filius natu secundus Mŏ cum decimā tertii, electus ab Eunuchis, obiit anno ætatis 33. Imperii 13. post Dil. 4006. Monarc. 3772. post Christ. 818. Cycli ejusdem anni 45.

Pŭ xīn Koĭs. Mutatur anni cognomentum. Litteratum studiosus, adeoque sapientum. Anno Imperii nono post apparatus clandestinos cædem aggressus Eunuchorum. Primo quidem impetu decem prosternit, sed reliqui jam ante subodorati insidias, adeo ferociter invecti sunt in Ministros militesque regios, ut ex his ceciderint amplius mille, & totæ deinde Familiæ stirpitus extinctæ essent, crescente magis ac magis in dies insolentia victorum; Imperator itaque jam non ferens calamitates publicas, & majores animo præsagiens ac sæpe conatus obruere vino liberalius hausto curas tam acerbas mœrore invicem contabescit: exarserant inimicitiæ extra in Aula inter duos potentes in primis suique singulis erant asside, atque ingemiscens Imperator, *Latrones*, inquit, *facilius mihi fuerit ex toto Imperio depellere, quam removere ab Aula contentiones illas & simultates duorum*.

Vŭ cum hoām tī decessoris frater, adeoque filius natu quintus Mŏ cum decimi tertii evectus, ab Eunuchis, præterito filio decessoris, obiit an. ætat. 33. Imperii 6. Monar. 3785. post Dil. 4059. post Christ. 841. Cycli ejusdem an. Sīn yeu. Bellicosus, prudens, sagaxque: in primis Ministros idoneos colligit administrandæ Reipublicæ; expellit à locis provinciæ Xān sī quibusdam Barbaros, ex aliis provinciis Hān tūn similiter latrones. Colaus Lytĕ yŭ docet Imperatorem quod Imperii salus in hoc consistat in primis ut is perspectos habeat Ministros suos & pravos à rectis solerte discernat, hos porro vigere semper animo Cypressi instar, & quasvis inter injurias ac vicissitudines temporum sui similes persistere, illos vero propter suam vel improbitatem, vel imbecillitatem arundinis in morem flecti prorinus ac ruere. Vetus item Sinarum lex est quæ viget hodieque ut singulis septenniis vel novenniis jussu regio inquiratur in mores ad vitam Mandarinorum qui in Aula degunt, & à quibus dependent alii, qui per provincias sunt dispersi, nec raro contingit aliquos ob vicia paulo quam levia, morum scilicet, vel asperitatem, vel rusticitatem de gradu suo dejici dissimulatis interim quandoque peccatis aliorum gravissimis, dum jus & æquitatem vel aurum vincit vel gratia.

Liven cum hoām tī filius natu decimus tertius Hiēn cum Imperatoris duodecimi, electus ab Eunuchis, præterito decessoris filio etiam infante, obiit anno ætatis 50. potitus ambrosiā à sectatio Taŏ scatere cœpit vermibus ac demum emori. Imperavit annis 13. Monar. 3791. post Diluv. 4065. post Christ. 847. Cycli 55. ann. 4. Tīm māo. Anno octavo, Lunā primā sol deficit.

A puero educatus in Aula, quod nullum daret ingenii specimen, passim stupidus audiebat quod ipsum impulit Eunuchos dominandi cupidos ei ut Imperium deferrent, quo suscepto, raras animi dotes exemplo prodidit moderationem, solers, concilium prudentiam & moderationem animi singularem: examinat omnia, vacat impensè commodis subditorum; magnum illum Taí cum secundum Familiæ hujus Principem fœliciter imitatus, & ipse vulgò Suiaŏ taí cum

m ij

HISTORIÆ SINICÆ

quasi secundus ab illo dictus est; mederi tamen haud potuit imperiali Familiæ vitium facienti in dies propter immodicam Eunuchorum potentiam. Dum suos Imperator consulit de Eunuchis extinguendis, Hû taô Colaus oblato etiam libello suadet, primùm quidem ut noxios culpæ gravioris inexorabiliter plectat, deinde verò neminem ut substituat in eorum qui mortui fuerint locum, sic paulatim extingui posse omnes; fœlix consilium si latuisset: verum haud multo post patefactus assiduas contentiones & inimicitias genuit Eunuchos inter atque Præfectos regios. Magistros sectæ Taô accersit Imperator, cujus quidem sectæ studium dant ipsi vitio scriptores Sinici: consulit de arte vitæ immortalis, respondet Hiĕm yvèn liĕ, coerceat Rex ac moderetur affectiones animi, virtutem suspiciat ac colat, sic fœlix erit procul dubio, & diu fœlix, quorum alia quæritat præsidia vitæ immortalis quam multi superiorum Principum canos vidissent si hâc vixissent contenti ambrosiâ.

Y cum hoâm tí decessoris filius ab Eunuchis evectus ad solium, obiit anno ætatis 31. Imperavit annis 14. Monar. 3804. post Diluv. 4078. post Christ. 860. Cycli ejusdem anni 17. Kèm vĭn. Superbus, prodigus, supra omnem modum Veneri luxuique vehementer deditus. Anno 14. Reliquias Idoli Fĕ deferri jubet in Palatium; deferuntur mense quarto, mense autem septimo Rex ipse moritur, cujus deinde mortem secuti sunt tumultus ac defectiones, itaque hæc omnia Reliquiis istis accepta fuerunt Scriptores quos opinor, ea quoque res offendere solet cum intelligunt ossa de mortuo homine inter se esse divulsa, vulgo namque Sinenses morem cujusdam immanitatis, censent esse violari corpora mortuorum: violari porro tum dicunt cum dissociantur ossa vel membra, maximè si sint locis quoque distracta.

Hi cum hoâm tí decessoris filius ab Eunuchis evectus, obiit anno ætatis 17. Imperii 15. Monar. 3818. post Diluv. 4092. post Chr. 874. Cycli ejusdem an. 31. Kiâ ŭ. Quinquies mutatur anni cognomentum.

Summa rerum penes Eunuchos est: duodenni interim Principe ludis intento, musicæque arti crebræ defectiones Borealium quidem maximè quarum ipse vel ignatus, vel securiùs in umbra domestica, equitatione jaculoque se exercet; latronum potentia crevit in dies, augent eorum numerum, vexati Tributis oppressique subditi, illuviones aquarum & aliarum ex aliis calamitatum ex locustis agros depopulantibus ex sterilitate per annos aliquot continuos, prognostica scilicet ruentis Imperii venturique belli quod ad decades aliquot annorum deinde sævit.

Hiâm ciaô è Xaĥ tũm provincia oriundus, coactis latronum copiis urbem regiam Cleâm ngán invadit, ac regia stirpe Tâm expulsa occupat, Imperatorem se jubet proclamari suscepto familiæ Cĭ nomine. Lĭ Kĕ yvèn viginti-octo annoru: i juvenis imperialium copiarum ductor haud minus fide erga Principem quam virtute militari nobilis, ob quam Tŏ yêm lŭm, id est Draco monoculus, altero quippe oculorum carebat nuncupatur, confligit cum latronum duce Hoâ ciaô victumque primo certamine, & tamen eodem die semel iterumque redintegrantem prælium triplici clade prosternit, fugit itaque latro, sed incenso prius Palatio regio, reducitur in Aulam Imperator ubi tertio post mense diem obit.

Claô cũm hoâm tí filius natu septimus Y cũm decimi-octavi, ab Eunuchis collocatus in solio; ab Chũ vèn conditore sequentis Familiæ jussu interficitur anno ætatis 38. Imperii 13. Monarc. 3833. post Diluv. 4107. post Christ. 889. Cycli ejusdem ann. 46. Kì ycŭ. Septies mutatur anni cognomentum.

Princeps haud mediocri vel ingenio vel animi fortitudine viros sapientes, & primos quoque Ministrorum suorum præcipuo habet in honore; labentis res Imperii conatur quidem restituere, sed irrito conatu; quippe seditiosis ac perduellionibus hinc inde pro suo quisque arbitratu jus si non supremum & imperium regium certè quidem usurpantibus.

Anno 13. deliberat Imperator de tollendis è medio Eunuchis, at hi rem subodorati armatâ cum manu militum erumpunt in ædes regias, captumque Principem in secretius Palatii penetrale abducunt; hic quid ab ipso quantumque peccatum ut exaratum humi litteris exponunt, ex inde fores obducunt muniuntque validè, ac denique perforato pariete foramen exiguum per quod mitti queant cibaria relinquunt. Filium interim sic cum sepulti Imperatoris in solio collocant. Cæterum anno sequenti Colaus Cĭũ yé clam submittit armatos qui nefarios satellites obtruncent, sic pro voto cædes; libertati, solioque patet quadamtenus restituitur: invitat interim Colaus cum suis copiis ducem Clũ vèn ut reliquos Eunuchorum extinguat: at hi rem subodorati tam Imperatorem ipsum quam Reginas alio cogunt migrare Fŭn cum scilicet urbem provinciæ Xèn sĭ; advolat hoc audito miles regius Chũ vèn duce, urbem obsidet: Eunuchi cum suis propugnant, crebro fortiterque dimicatur; ingens interim penuria rerum omnium, premit obsessos sic ut vestis etiam regia venalis in foro prostet: tandem expugnatur urbs, interficiuntur ex Eunuchis plures septuaginta; Imperator in Clâm ngán Aulam suam reducitur: hortatur eum Colaus Cĭũ yú internecionem Eunuchorum; itaque perempti die uno centeni aliquot, jussique tandem Edicto regio quotquot usquam laterent interfici, triginta duntaxat pueris à tanta multitudine permissis vivere qui viliora ministeria obirent.

Anno postremo Cĭũ yú Colaus à perfido Clũ vèn jubetur interfici, ab eodem mox jussus Imperator jam simili precario migrare in Aulam Lŏ yàm provinciæ Hô nán, quo facto Aulam pristinam Clũm ngán provinciæ Xèn sĭ jubet æquari solo, & cives aliò transferre sedem. Imperator denique paulo post quam venerat in novam Aulam ab eodem perduelle neci datus est, substituto interim filio in paternum solium quoad maturasset dominationis occupandæ tempus.

Rebelles qui non uno loco emergunt alii atque alii, Lĕ Kĕ yvèn Sinensis Annibal armis domat, quare Dynastiam obtinet Regni Cin virtutis

DECAS SECUNDA.

et fidei suæ præmium: verum non multo post morienti succedit filius futurus deinceps conditor Familiæ decimæ quintæ Hû tăm dictæ; inter hæc latronum dux Clûn vên nomine qui una cum Hoăm ciaô ad id usque tempus arma junxerat; deletum videns illius exercitum, transiet ad partes Imperatoris à quo & Dynasta creatur regni Liăm, à quo etiam nomine Familiam proxime sequentem est fundaturus, quando scilicet deposita brevi larva & interfecto ipsomet Imperatore per summum scelus invadet Imperium, perfidia tanto magis execranda quanto dissimiliùs cognomentum civem Clûn id est ministri, prorsus fidelis paulo ante consecutus fuerat ab illo ipso cujus erat futurus parricida anno decimotertio deliberat.

Claô sivên hoăm ti decessoris filius nonus, moritur anno ætatis 17. Imperii secundo, Mon. 3549. post Diluv. 4123. post Christ. 905. Cycli 56. an. 2. Yè cheû. Futurus conditor sequentis Familiæ Principem adolescentulum collocat in solio, hic duobus eum satius esse ducens dimittere Imperium quàm una cum Imperio vitam amittere, coronam defert perduelli, à quo creatus regni Cì yê Dynasta, & paulo post sublatus è medio. Anno primo Lunâ quinta ab occasu Boreali Cometes apparuit, cujus aspectu turbatus Cliû vên & veritus quippiam sinistri, seu de se & adversùm spei suæ & ambitioni. Doctores ac viros gravissimos amplius triginta jubet interfici, corporibus in fluvium injectis: superstitiosæ crudelitatis auctor ipsi fuit Lè chin quondam contubernalis suus idemque judiciarius; hic enim cum aliquoties pro laurea Doctoris ac semper frustra contendisset placare voluit, scilicet cæde tot innocentium livorem suum pariter ac colorem. Præter mortem eodem anni cognomento utitur Imperator, quod pater ultimo Imperii sui anno attribuerat Tiên yeû sui licet, id est, Cœli auxilium; quod ipsum quoque cognomentum Reges alii ac Dynastæ qui etiamnum familiæ Tăm, licet ei jam non parerent, in suo quisque regno nomen anni similiter esse voluerunt.

Heù ù tai, id est posteriores quinque familiæ, sic dictæ ut distinguantur ab aliis; item quinque quæ familiam Tăm antecesserant. Porro sicut his illæ fuerunt similes quoad bella, perduelliones cædes, ac parricidia; ita dissimiles & inferiores annorum, aliorumque Principum numero: priores namque annos 198. Principes quatuor & viginti numeraverunt, posteriores vero ne unum quidem Cyclum, sive periodum sexagenariam explevere; Principibus omnino tredecim intra annos 53. imperitantibus.

DECIMA-QUARTA FAMILIA
Han Loăm dicta,

Numeravit Imperatores seu verius Dominos, ut vocant 2. annos 16.

Tai cù hoăm ti, aliàs Chù vên occisus à filio natu maximo, anno ætatis 61. Imperii sexto Monarchiæ 3851. post Diluvium 4125. post Christum 907. Cycli ejusdem an. quarto Tin maô. Bis mutatur anni cognomentum.

Aulam suam constituit in Piên leăm Metropoli provinciæ Hô năn, deinde transfert in Lô yám urbem ejusdem provinciæ. E latronum duce & parricida legitimotum Principem patris & filii evadit Imperator: decessores fratres omnes laqueo necatos in lacum jubet abjici.

Per hæc tempora dominabantur quinque Regna majora & totidem Dynastiæ seu Regna minora jam avulsa à corpore Imperii pro suo quæque arbitrio; sic tamen ut quædam ex eis non desinerent offerre Imperatori seu domino clientelare munus & obsequium; quoad alia tandem victa sunt ab aliis, pleraque vero sunt Familiæ item regiæ, & post annos 53. Imperatori parere coactæ. Cæterum gens una præ reliquis Siê Têm dicta Creanorum coloniis quondam aucta, bello acris & incola regionis Caô tùm, terroremque adjacentium sequentibus Imperatoribus plurimum facesset negotii. Est autem Leâo tùm Sinicaturn regionum quæ vergunt ad ortum maximæ Borealis, adeoque Tartariæ istæ penes quam hodie Sinarum est Imperium finitima: describit illam more suo accurate uti & reliquas Sinarum Urbes atque Provincias P. Martinus Societatis Jesu in Atlante suo.

Mô ti, aliàs Kûm vâm decessoris filius natu tertius, periit morte voluntaria anno ætatis 36. Imperii decimo, Monarc. 3857. post Diluv. 4131. post Christ. 913. Cycli ejusdem an decimi Quey yeu. Bis mutatur anni cognomentum.

Dynasta cum esset regni xiem fratrem parricidam armis aggressus, causaque & numero militum superior vincit ac interficit præmium victoriæ Imperium, quo tamen brevi spoliatus est non uno victus prælio à Dynasta mox imperaturo, quem adeo fugiens tandem sibi manus intulit:

Ab anno 40 hujus Principis Boreales Barbari Siê tañ, dein etiam mutato hoc nomine Leae dicti. Ordiuntur annos dominationis suæ, tenentque perpetuam seriem novam Principum ordine succedentium per annos 209. Primus omnium Tai cù dictus in Leâo yăm Metropoli regionis Loaô tùm Aulam sedemque novi Imperii sui constituit, quæ deinde crescente Imperio illo transferretur in urbem Yên hodie Pekinum.

DECIMA QUINTA FAMILIA
Sicù Tăm dicta

Numerat Imperatores quatuor, annos 13.

CHuêm çúm Lusei bellatoris Li xé yûm Dynastæ regni Cín de quo supra filius, sagitta periit anno ætatis 35. Imperii tertio, Mon. 3867. post Diluv. 4141. post Christ. 923. Cycli ejusdem anni 20. Quei yú. Anno primo, Luna decima Cometes. Aula in urbe Lô yăn, nunc vulgo Hô năn ejusdem cam provincia nomine.

Imperatorem superioris Familiæ, captis urbibus: ipsoque exercitu ad spontaneam adigit cædem ultimum desperationis profugium, multis deinde clarus victoriis, partem magnam Chinæ Meridionalis parere sibi cogit, vir plane martius,

& qui ad labores ærumnasque bellicas jam callum obduxerat: otii quidem somnique tam impatiens ut quo hunc dura cubans humo excuteret, habebat excitatricem campanulam è collo suspensam; inter Heroes suæ gentis meritò numerandus, si constans sibi laudes martias molli otio deinde, ludisque non fœdasset, sed cum his intentus à quo matrem suam, & Reginas, & neptas suas oblectaret; Comœdiarum non modo spectator, sed etiam pars, cœpit ipse primum quidem suis esse contemptui, mox etiam odio; quando constitit habere montes auri argentique domi congestos, nec vix quidquam tamen impertire subditis; ad hæc multa committi intra Aulam indigna Majestate Sinica; tandem ergo cum oborta esset seditio inter milites, sagittæ ictu interiit, casu ne, an de industriâ, incertum.

Mîn çúm hoâm tí natus extra fines Imperii, adoptatus interim in solium à patre decessoris, & electus ab omnibus ducibus. Obiit an. ætatis 87. Imperii octavo, Monar. 3870. post Dil. 4144. post Christ. 916. Cycli ejusdem annn 12. Bis mutatur anni cognomentum. Princeps admodum religiosus, liberalis, moderatus, ac pacis amans ac subditorum; litteras cum ignoraret, colit tamen litteratos dignus cujus tempore ars inveniretur excudendi Libros, tabulis scilicet ligneis, quibus insculpunt jam Sinæ, rarâ facilitate litteras suas insculpta sque papyro imprimunt: papyri autem & copiam & varietatem fere majorem China suppeditat, estque vetustus illius usus; ut etiam pennicillorum quibus ipsi non secus atque nos calamo caracteres suos pingunt: cæterum quemadmodum Latini Typographi convenerant ipsi illustriora quæque litterarum suarum monumenta, non papiro tantùm & Serico sed maxime arundinibus quas Otiens hîc gignit eximii tum roboris tum etiam magnitudinis inscribere.

Illustre specimen religionis ac modestiæ dabat Princeps: dum vespertinis horis Cœlo seu verius cœlesti numini thus adolens, ejusdem opem implorabat his verbis: *Ego Barbaros inter & ipse barbarus in Septentrione sum natus, quia vero turbatæ res erant Imperii: Imperium mihi detulerunt omnes, sed unum itaque nunc desidero, hoc est ut cœlestis Majestas applicet cor suum huic administrationi, utque submittet mihi viros sapientes & sanctos qui monitis suis atque consiliis mecum moderentur hoc Imperium.* Pietas ipsa votis suis non est frustrata, fuit namque ipsi sapientum quos & ipse acciverat studiosè copia, quorum deinde consilio cum multa præclare constituit, tum hoc imprimis ut Eunuchorum nemini publicum munus conferretur: alium quoque fructum pietati illi tribuunt Interpretes, quod nimirum sub hæc tempora natus fuerit illustrissimæ Familiæ decimæ-nonæ Suin dictæ fundator.

Quinque Familiis his imperantibus si quidem fuit pax aliqua, certè fuit ea sub hoc Principe, magna per annos ferè singulos ubertas agrorum & annonæ copia; usus armorum rerumque militarium perexiguus. Cum itaque lætus Imperator diceret Colao suo quodam die quo de proventu rerum tam uberi procul dubio vigerent animi corporaque subditorum. Ægrotabat Colaus, hoc tempore tam florenti qui ærumnosæ sterilitatis moribundis erant similes: scilicet immodica notans vectigalia, quæ tunc quoque cogebantur pendere. Fûm taó Colaus vii integerrimus, cujus consiliis & hic & sequentes Principes multum uti: inter illustres ejusdem sententias, una celebratur imprimis, quâ docebat, habenas & equi & Imperii jura cautioneque similima teneri oportere; *Ego*, inquiebat, *per aspera quandoque loca & abrupta montium incedens Eques evasi incolumis, quia nimirum adducto simper fræno: nec sine cura metuque incedens: idem vero dum vias deinde faciles ac planas obequitans fræna curasque laxo, turpiter sane, nec sine periculo sum prolapsus.* Videat ergo quisquis regit Imperium, ne rebus etiam secundissimis renitat curas animi vigilantis ac intenti.

Mîn tí Dynasta Regni Súm decessoris uti creditur filius legitimus, occisus anno ætatis 41. Imperii primo, Monar. 3878. post Diluv. 4152. post Christ 934. Cycli ejusdem ann. 31. Kia û. Evectus ad solium tanquam filius legitimus decessoris, sed ab sequenti, qui sibi comparatæ exercitum dejectus, & post occisus.

Fi tí, seu Lú vâm filius adoptivus Mîn çûm voluntario extinctus incendio anno ætatis 55. Imperii primo, Monar. 3879. post Diluv. 4153. post Christ. 935. Cycli ejusdem ann. 32. Yé vi.

Ejecto Mîn tí occupat Imperium, quod mox à conditore sequentis Familiæ similiter occupabitur. Aula Lô yâm capta, ex qua profigiens Imperator in oppidum Guéi cheû: inibi sese cum pretiosissimis rerum suarum flammis absumet anno sequenti. Inimicitias exterminarunt filius hîc Mîm çúm Imperatoris, & Xê kim tâm ejusdem gener, dum pariter in Aula vixerant; non tulit ergo gener inimicum suum potiri Imperio, sed instructus armis, & copiis Barbarorum Borealium regionis Heâs tûm, advolat infestus, Aulam occupat, fundatque sequentem Familiam.

DECIMA-SEXTA FAMILIA
Hèu çin dicta,

Numerat Imperatores 2. annos 11.

CAô çù hoâm tí, aliàs Xê kim tâm gener Mîm çúm hoâm tí: Aulam constituit in urbe Honân, quam deinde transfert in Metropolim ejusdem regionis. Obiit anno ætatis 51. Imperii Mon. 3880. post Dil. 4154. post Christ. 936. Cycli ejusdem an. 23. Pîm xîm.

Ipse interim jam potitus Imperio & quietis ac pacis amans; hoc agit ut eâ perfruatur & sim militares itaque exercitationes consueto prætermittit, (contra quam suadebant multi qui vigere illas volebant, vel maxime ad reprimendos Boreales) multosque militum exauctorat, quod diceret eorum copiam commune populi detrimentum esse; cæterum parum diu frui licuit pace, cujus præsidia negligebat.

Inimicum privaturus Imperio, copias auxiliares petit ex Septentrione, adsunt e Baroris Sié tan quinquaginta equitum millia; pugnatur

DECAS SECUNDA.

vincitur Fi tí: fugit, periitque incendio: victori miles barbarus Imperium ſuum non deſerit, titulumque Imperatoris admittit ipſe, non ſine macula Sinenſis gloriæ, præmiumque pro navatâ in bello operâ Civitates donat omnino ſexdecim Pekinenſis regionis, regioni Leaô tûm ſeu verius jam Regno finitimas præter annuum munus ſacrorum Voluminum ter centum mille. Cæterum ab hoc maxime peccato, & inauſpicata donatione hujus Principis (uti graviter notat Colaus Kieû) manarunt cruentæ illæ lacrymæ annorum quadragentorum & amplius: corroborati namque Barbari ditione tantâ, paulatim occupaverunt Chinam Borealem totam, ex qua ſic eos deinde expulerunt Occidentales Tartari, ut perſtiterint ipſimet, ac tandem Meridionali quoque China, totoque potiti ſint Imperio; quod unum ſcilicet campus & arena fuit belli tam lacrymoſi, cruenti, diuturni, ipſe interim jam potitus Imperio & quietis ac pacis amans.

Ci vàm deceſſoris ex fratre nepos, electus à Primoribus Imperii: Imperavit annis quatuor, Monarc. 3887. poſt Diluv. 4161. poſt Chr. 943. Cycli ejuſdem ann. Qûei Mão Hiſce temporibus turbata ſunt omnia, funeſtaque, nec refertur quidquam fere præter bella, cædes, defectiones Principum, partim in Meridie, partim in Septentrione.

Cum rupto fœdere irruptionem feciſſent Barbari, Siē tañ mittit Imperator belli ducem Lieû chi yvên cum exercitu, qui ſiſtat irrumpentes, at ille moras nectens, ſpatium dat Barbaris, & capi ſinit Imperatorem, quem ipſi Dynaſtiâ contentum eſſe jubent, & in urbe Hoâm lûm vitam agere. Perfidus interim Lieû occupat Imperium, & ſequentem fundat Familiam.

DECIMA-SEPTIMA FAMILIA
Heù hán dicta,

Numerat Imperatores 2. annos 4.

Aô cù hoâm tí, alias Lieû yvêm Aulam conſtituit in Metropoli provinciæ Hô nân; obiit anno ætatis 54. Imperii ſecundo, Monarc. 3891. poſt Dil. 4165. poſt Chriſt. 947. Cycli ejuſdem an. 44. Tān ûy. Princeps litteratus: imperante familia Heùçin Præfectus armis, & ab eadem ob ſua merita donatus Dynaſtiâ, quo tempore militiam regit provinciæ Xān sī juſſus occurrere Barbaris irrumpentibus; prodit Imperatorem, quem ubi captum audit, perfidiam novo cumulans ſcelere, invadit Imperium.

Boreales Barbari novis aucti ditionibus latè vaſtant Septentrionem, cumque tam in Meridionalem uſque Chinam progreſſis, frequentes occurrerent latronum copiæ vim vi paratæ repellere: *Non putabam,* inquit Barbarorum Ductor, *tam eſſe difficile domare & gubernare Sinas.* Quare ſpoliis onuſtus Septentrionem repetit, novæque dominationi ſuæ Leaô nomen indit, quæ poſt annos viginti prætermiſſo rurſus hoc nomine veteri ſuo Hié tǎm nuncupabitur, quadraginta deinde poſt annis denuo Leaô nuncupanda.

Yn hoâm tí deceſſoris filius, à militibus ſeditioſis occiſus anno ætatis vigeſimo, Imperii ſecundo, Monar. 3893. poſt Diluv. 4167. poſt Chriſt. 949. Cycli ejuſd. an. 46. xi eū. Quod Imperator adoleſcens ſit, ſoli ferè Eunuchi gubernant; hinc è Primoribus multi per invidiam odiaque tolluntur è medio, quæ tandem cauſa eſt, ut etiam ipſemet Imperator, ortâ militum ſeditione, interficiatur; Cǒ guēi autem Præfectus illorum unà cum Primoribus Imperii exemplo denuntiat Reginæ matri ſucceſſorem ut eligat; illa fratrem nominat interfecti. Inter hæc denuo excurrunt depopulabundi Barbari; reprimendis illis Cǒ guēy à Regina cum exercitu mittitur; re pro voto peractâ, ductores omnes Cǒ guēy Imperatorem proclamant: vexilla regia coloris flavi diſtrumpunt, iiſque novum Principem cooperiunt; hujus coloris habitu qui ſolius Imperatoris eſt proprius, pergit ipſe in Auſtralem Aulam Pien leam: admittit Imperatrix, cui etiam, velut matri deinde obſequitur & ſervit, ſimulque repudiat ipſa quem prius elegerat; audit hoc Cûm patruus repudiati, capit arma, ſimulque nomen & inſignia Imperatoris, in provincia Xám cī dominatum ſuum Pě hán nuncupari jubens. Cæterum huic quoque dominatui finem dabit poſt annos triginta Imperator ſecundus familiæ Súm poſt novennium imperaturæ.

Incendium ex ſcintilla; ex duorum, inquam, deprimoribus rixoſâ contentione, rixæ non leves atque odia litteratos inter ac militares, fortè lanceam ſuam miles enſemque jactabat glorioſus, & ad Imperii conſervationem multo plus aiebat conferre quam piloſam illam & inanem arundinem, pavicillum intelligens quo Sinæ Caracteres ſuos pingunt, cui litteratus; *At enim,* inquit, *ſi deſit ea quam tu flocciſacis, arundo; Ecquis vulgabit edicta regia? Ecquis ſubducet rationes publicas, nec Rex fraudetur vectigalibus, ne voſipſi veſtris ſtipendiis? Ecquis opportuna conſilia quæ ſæpenumero voce non licet, ſcripto ſuggeret Imperatori?* Hæc origo funeſti incendii.

DECIMA - OCTAVA FAMILIA
Heù chēû dicta,

Numerat Imperatores 3. annos 9.

Ai cù hoâm tí, alias Cǒ guēy oriundus ex tertia familia chéu, ut quidam putant; obiit an. ætat. 5ǣ. Imperii tertio, Mon. 3895.poſt Dil. 4169. poſt C. 951. Cycli ejuſd. an. 48. Sīn hái. Repulſis fœliciter Barbaris, delatum ab exercitu victore, ipſâque dein Imperatrice, Imperium ſuſcipit: Aulam conſtituit in Pien leán Metropoli provinciæ Hô nân. Ad ſepulchrum Confucii accedens, ei veluti Magiſtro Sinenſis Imperii regios deferi honores; quibuſdam vero ſuorum fas eſſe negantibus regio celebrari memoriam illius qui ſemper fuiſſet non unius modo Imperatoris, ſed Regum quoque ſubditus, *Imo vero,* inquit, *non alio ritu celebrandus eſt quiſquis non modo Regum, ſed etiam Imperatorum Magiſter eſt.*

n ij

Xi cum hoâm ti à decessore qui liberis carebat adoptatus ; progenitus autem à fratre natu majore ipsius Imperatricis : obiit anno ætatis 39. Imperii sexto, Mon. 3898. post Diluv. 4172. post Christ. 954. Cycli ejusdem an. Xiā în, Inter omnes qui ex hisce quinque familiis Imperatorum, maxime celebratus à virtute militari aliisque laudibus : animum serio applicat revocandis rebus Imperii ad integritatem pristinam ; musicam revocat ac studia litterarum, totas quandoque noctes iisdem vacans ; in Palatio suo vult esse aratrum & machinam textoriam ne laboris suorum meminisse unquam desinat. Cum in ditione Hoâinân esset ingens agrorum sterilitas ac penuria annonæ jubet eis Imperator venundari orizam regiam vili pretio, nec nisi postea persolvendo ; dicentibus vero Præfectis annonæ regiæ vereri se ut unquam solverent, quod essent tam pauperes : *At*, inquit Imperator, *nescitis me Patrem esse, ipsos vero mihi filios: quis autem vidit patrem qui filio fame laboranti opitulari non velit, nisi cum onere pretii rependendi?* Aliquot Regna seu Dynastiæ quæ parere desierant Imperatoribus, ad famam tantarum laudum ultro se subdunt huic Principi. Est qui offerat Libellum de modo & ordine recuperandi Provincias omnes ac Regna quæ defecerant ab Imperio, admittit Imperator, & fœliciter jam cœperat, quando mors interrupit omnia. Statuas omnes æneas Idoli Fé comminui jubet Imperator, & ex eisdem cudi nummos quorum tunc erat penuria in Imperio.

Cum ti puer septennis filius decessoris, obiit anno sexto, ætatis decimo tertio. Moriens commendat parvulum filium tutelæ Cháo quàm vi viri multis clari victoriis, magnorumque meritorum propter quæ gradatim evectus fuerat ætas ista, Procerum suorum, Ducumque belli commune votum. Defert Imperium suo tutori, ab eoque vicissim accipit Dynastiam Chím ; erit hic ergo sequentis familiæ Súm dictæ fundator ; Scriptores interim sic annum hunc attribuunt puero, ut simul etiam primum esse voluit ipsius fundatoris. At nos (uti alibi etiam fecimus) consulto subtrahemus illi, ne geminetur quod est unicum, verum quia non raro incidit geminatio ejusdem modi in Chronicis Sinicis, idcirco debet exactus supputator temporum ex solis fere periodis ann. 60. non autem ex summaria qualibet ann. serie, qua vel stetit Familia quælibet Imperialis, vel hic & iste Princeps imperavit, tempora supputare.

DECIMA NONA FAMILIA Súm dicta,

Numerat Imperatores 18. annos 319. Nuncupatur eadem Pè sùm, & Hàn sùm, quatenus scilicet primùm constituit Aulam suam, domumque Regiam in Pè, id est Septentrione sub novem Imperatoribus per ann. 167 deinde vero in Nân, id est Meridie sub rursus 9 Imperatoribus & per an. 151.

SUCCESSIT infaustis ac turbulentis quinque Familiis quas modo commemoravimus ista multo fœlicior ac magis pacata, & post vicissitudines adeo funestas ac procellosas ann, 53. secuta fuit aliquando diuturna serenitas ac malatia, quod autem inter tres principes familias duæ Xam & cheū clementia & amore subditorum aliarumque præsidio virtutum obtinuerunt ; quod item duæ posteriores quinta Hán & decima tertia Tâm, armis ac fortitudine adepta fuit ac tutata, hæc familia Sûm prudentiâ, consilio, præsidioque litterarum, ac litteratorum copia obtinuit & conservavit ; conservatura multo diutius fœliciúsque se novisset uti fœlicius toga, pariter & sago, Palladique suæ hastam pariter cum oliva, seu verius penicillo reliquisset : sic enim facile domuisset Boreales Barbaros, nec coacta fuisset inire cum iis pacem tam indignam Majestate Sinicā, quamquam nec tueri libertatem nec se quidem potuit, sed Barbaris Tartarisque Orientalibus primum ex parte inserviens, tota deinde redacta fuit in jus ac potestatem Occidentalium Tartarorum.

Barbari Boreales, tametsi crebro negotium facessebant Sinensibus, eo maxime tempore quo familiæ Hám & Tâm aliæque deinde potitæ sunt rerum ; plerumque tamen solis contenti rapinis & excursionibus de amplificanda ditione sua parum laborabant. At imperante hac familia cùm aucti jam essent agro Pekinensi, usque adeo invaluerunt armis opibusque, ut coegerint Imperatorem mutare sedem regiam, & ex Septentrione migrare versus Meridiem, quod tandem victi sunt oppressique ab illis quos in armorum suorum societatem malè auspicatam China vocaverat, & cum Lupos expulsura, admisit Tigrides imprudens, Occidentales inquam Tartaros contra Orientales, cumque ad illorum multitudinem ferociamque recessisset infantia, inertiaque pastorum sive Imperatorum Sinensium, necnon multorum ex Ministris insolentia potentiaque & quæ hinc deinde nata fuit perfidia, mirandum non est greges illos quondam pinguissimos florentes Imperii, tam miserandum in modum fuisse dispersos, disjunctos & extinctos.

Tái cū hoām ti oriundus ex Lŏ yàn urbe provinciæ Hû nân. Ferunt ipso nascente refulsisse cubiculum purpureo lumine & odoris inusitati fragrantia fuisse perfusum ; hoc certum quod ex armorum Præfecto factus deinde Imperii totius Princeps : insignia sua voluit esse coloris purpurei. Regiam constituit in Metropoli Provinciæ Hô nân. Obiit anno ætatis 50. Imperii 17. fuitque Mon. 3934. post Dil. 4178. post Chr. 960. Cycli ejusdem an. 57. Kēm kiń. Ter mutatur an. cognomentum.

Bello fœliciter confecto in Septentrione cum fratre ductore ordinum, cæterique milites duos soles admitabundi cum observassent in Cœlo, omen hinc & ansam petentes deferendi ad ducem suum Imperii (cui quidem gerendo) prorsus impar tunc erat puer ad quem illud nascendi jure pervenerat, jacentem in lecto, & visu minus cogitantem aggressi repente salutant Imperatorem veste unique flavi coloris corpori circumdant : at ipse non alia conditione susceptarum sese testatur Imperium quam ut mater sua primas obtineat, ipsique munus omne subditorum fidelium constanter obeunt, nihil cunctari tam
hoc

DECAS SECUNDA.

hoc quam illud promittunt firmantque juramento.

Princeps fuit ingenio, prudentia, industriaque singulari, magno item liberalique animo, nec minus erga victos ac supplices clemente; itaque artibus hujusmodi decem circiter Regna inter se mutua discordia, rursus ipse cum Imperio atque inter se conciliavit subditorum amantissimus, faciles aditus, & aures præbet omnibus, & in hunc finem, quatuor Palatii sui portas, quæ quatuor mundi regionibus de more obversæ sunt, patere jubet assiduè, dictitans velle se suas Ædes esse cordis sui consimiles, in quo nihil reconditum esset, quod patere nollet oculis omnium. Audito quod Lieù chàm Dynasta tractaret inclementer subditos suos, expedit copias militares quæ tyrannidem coerceant; at is ultro se dedens, pergit supplex ad Regiam: in gratiam recepto, cum Imperator quodam die poculum offerret vini præcellentis quo gaudere Dynastam cognoverat, is venenum suspicatus, ore ipso suspicionem metumque prodidit; rem animadvertens Imperator, *Quid trepidas*, inquit, *Ego si nescis cor meum intra viscera meorum collocatum habeo, quo pacto igitur succineam illud obruere veneno*; quæ dicens ipsemet prior exhausit. Sub initium gubernationis suæ quaqua versum Ministros legit, qui bene meritis præmia conferant, populoque soli certas immunitates, usitata priscorum pietate. Patrem, Avum, Atavum, Tritavum vitâ licet jam functos Imperatorum titulis & insignibus honorat; matrem suam creat Imperatricem. Causas criminum capitalium per se singulas examinat, ac deinde Him pú, sive consilio criminali tradit examinandas, tandem fert sententiam: mitigat suppliciorum severitatem: emendat Kalendarium: disponit prudens omnia ad quietem, concordiamque publicam. Si quando pars aliqua ditionis laborat illuvione vel sterilitate, Cœlum deprecatur supplex, unumque se tantæ calamitatis reum esse profitetur: aulicum luxum prohibet; usu gemmarum filiabus quoque suis interdicto, quæ res ei magnæ laudi est: data vasa majoris pretii jubet comminui, & quo hæc omnia ferantur æquiori animo, exemplo præit ipse, habitu vestium modesto ac prope vulgari contentus. Constituto in tam sublimi fastigio semper anxius, ac paventi similis apparatu, more scilicet usitato priscorum Regum; auditus etiam quandoque dicere, se ex quo tempore teneret Imperium, ne unam quidem noctem transegisse quietam: *Vita hominis*, inquiebat, *vestigii instar quod ab eque transeunte relinquitur: desiderium prolis numerosæ, opumque & honorum cupiditas, radix sunt vitiorum omnium: beatus ille qui ruri degit innocens, suisque liberis relinquit quod casus & fortuna non auferet:*

Cum forte solito esset asperius brumale frigus, subit Imperatori memoria ac miseratio eorum militum qui tunc in occidua regione Chinæ Borealis contra finitimos Barbaros dimicabant, itaque se exuens pretiosis quibus utebatur pelliceis, eas profecto militum dono mittit, jucundissimum sibi fore significans, si in promptu haberet quas singulis quoque militum donaret; dici

vix potest quantum caloris & animorum totis attulerit castris hæc una vestis & memoria amantis Principis. Plurimum semper usitata fuit hæc industria Sinicorum Principum, ut Ministris suis modo titulum nomenve honorificum, modo uestem, modo litteralum unicam regiâ exaratam manu donarent magnorum præmium merito: rum: & vero cum vulgetur illico favor ejusmodi, quin & referri plerumque soleat in Annales Imperii; habet utique non parum quo se hîc pascat humana ambitio, filiique deinde ac nepotes avitæ laudis fructum percipiant.

Optimates suos Imperator convivio sæpe excipit, viros etiam militares litteris operam dare jubet: Lege data (quæ hodie viget) ut & ipsi dum gradus altiores expetant sua habeant examina partim litteraria in quibus Proposito Themate certatim scribant de rebus artibusque militaribus, partim castrensia dum cursu, equitatione, jaculo se exercent, hunc in finem adit ipsemet anno septimo Natale suum, domumque Confucii, conscribit ejusdem Panegyrim: nepotem Philosophi Cûm y dictum ex stirpe jam quintâ & quadragesimâ ornat titulo Dynastæ, aliisque honoribus quod à successoribus quoque factitatum, qui ut litterarum studia excitarent aliis atque aliis honorum insignibus titulisque Philosophum decorarunt, ac nullo tamen, quod Idoli, falsive Numini specimen.

Graviter ægrotabat frater Imperatoris destinatus eidem jussu matris successor & hæres Imperii Medici crebris ustiunculis (usitato medendi genere apud Sinas) dispellere conabantur humorem flatuosum, qui musculos inter latitans erat morbi causâ & pabulum, ad ignis cruciatum cum ingemisceret adolescens, Imperator quo animos illi adjiceret, suis & ipse manibus ustulare sibimet corpus cœpit.

Anno secundo moritur Imperatoris Mater inter illustres dominas ætatis ac gentis suæ merito numeranda. Evecto ad Imperium filio, cum ei certatim gratularentur viri fœmineæque Principes, quod nullum ipsa lætitiæ sensum proderet demittantibus: *Audivi*, inquit, *rem esse perdifficilem regnare, filius itaque si rectè gerat, quod suscepit munus erit quidem justa venerationis ac congratulationis causa; at vero si secus evenerit, non erit mihi tunc integrum, ne ad priorem quidem fæminæ vulgaris conditionem reverti, hinc angor ac mœreo*. Moriens filio præscripsit, ut nullâ filiorum habitâ ratione hæredem Imperii nominaret Quâm y fratrem natu proximum, ab hoc vero tertium Quâm mûi, à tertio Tê châo quartum; *Quod enim*, inquit, *Imperio potiaris, ô Fili, non tam tuis meritis debetur quam quod Familia superior Principem infantem reliquerit*. Flexis humi genibus excipit mandatum puer filius, & magnâ cum fide perfecit: at non item qui successit; cæterum damno quoque erit, imo etiam exitio huic item Familiæ infantia trium Principum postremorum.

Inter viros illustres ætatis hujus memorabiles in primis Châo pù, & Crô pin, hic sago clarus, & ille togâ; togatus ergo ut erat a consilio Principi cum eum libellis aliis, at ue aliis moneret identidem officii sui rerumque spectan-

o

tium ad utilitatem publicam, tædio tandem commonitionis tam crebræ victus Imperator & excandescens repentina iracundia oblatum forte libellum dilacerans abjecit: ac Consiliarius fragmenta studiosè colligens apteque domi suæ conglutinans, altero mox die denuo venerabundus offert: suspexit enim vero viri integritatem & constantiam Imperator, præmiumque virtutis, primum ei Colaos inter locum attribuit, obsidebat Caò pin urbem NanKinensem factusque jam certior non posse diu resistere, morbum simulat: anxii ductores militum visum decumbentem, ibi dum remedia, sicut fit, alii alia coram suggerunt: *Non aliud*, inquit, *morbo remedium magis præsens & efficax excogitari à vobis potest, quam ut juramento vos obstringatis à civium istorum cæde prorsus abstinere:* Juramentum est, convalescit, urbs capitur, nec sine vi, adeoque nec sine cæde, licentiaque militari: tamen si modica, sed hæc ipsa Imperatori quoque rei mox concussio expressit lacrymas & hanc simul vocem, *miseranda conditio bellorum quæ nunquam vacant cædibus etiam innocentium*; jussit extemplo dispertiri in cives longâ fame afflictos centum millia. Mira fuit in memorato duce æquitatis vita & morum, ad summa jam evecti, semper tamen & fides & modestia; Doctoris lauream adeptis factus obviam locum semper cedebat honoris gratia: præcipua tamen ipsius laus, quod nunquam audiretur aliena vitia usurpare sermonibus: senex moritur, neptis ipsius olim erit Imperatrix, & uxor Gin cùm quarti Imperatoris.

Anno sexto, Luna secundâ Solis defectio prænuntiata non contigit.

Anno octavo, Lunâ tertiâ visi sunt quinque Planetæ concurrere in unam eandem constellationem ex 28. quas numerat, quod etiam alibi velut omen faustum sæpius referunt.

Anno decimo-quarto scribitur introductus in Chinam palmus nitricus ex Occidente quamquam putant alii fuisse hujus authores Chinas ipsos.

Tai cum hoâm ti, alias Quàm y decessoris frater à matre moriente jussus fratri succedere, obiit anno ætatis 59. Imperii 21. fuitque Mon. 3921. post Dil. 4199. post Christ 977. Quinquies mutatur anni cognomentum. Cycli 57. ann. 14. Tim cheû. Princeps pius, moderatus, fautor magnus litterarum: quotidie plurium temporis impendit lectioni librorum: Bibliothecam instruxit locupletissimam, scilicet 80000. universim recensentur Bibliothecæ prorsus illustres fuisse in China 272.

Anno tertio extinxit ac redegit in Provinciam Regnum Pë hán quod unicum recusabat: dum suscipit istam expeditionem, jamque obsidet urbem Tai yuên Regni caput: forte tumultuarium fuit de nocte in regione castrorum quibus erat Præfectus Te chio frater Imperatoris, successurus & ipse jussu matris quamvis tumultu dumtaxat loco, rumor itaque postridie sparsus fuit quasi de occupando Imperio, tumultuaria quædam consilia fuissent suscepta, dissimulavit Imperator, & peractâ pro voto expeditione, cum forte disserret præmia; conferre in bene meritos familia-

riter hac de re monitus à fratre: *Expectabam*, inquit, *ut tuipse fungereris ipso officio & munere*. Responsum hoc tam acerbè pupugit fratrem, ut ante vesperam sibi ipse manus intulerit; quo cognito Imperator exanimato similis & cadaver complexus, mutumque lacrymans damnavit tam præcipitem ac puerilem impatientiam, alter interim Fratrum Quàm mul tristis & ipse formidines ac suspiciones hinc suspiciens non multo post mœrore contabuit; Imperator & huic & illi post humas dignitates ac titulos valde honorificos contulit, more jam olim (temporibus inquam Cheû cùm qui hujus author fuit) necnon hac ipsa ætate usitato.

Ardebat Imperator recuperare ditiones illas terræ Pexinensis quas superiorum familiarum Principes attribuerant Barbaris Leaotonensibus, dissuasit hoc Colaus militans Chàm cù hien affirmans satius esse non pugnare, quam centies vincere, primum pacanda esse interiora totius Imperii, ac tum de Barbaris cogitandum: non acquiescit Imperator, bellatur a vario marte, cælis modo Sinis, modo Barbaris, & his quandoque prope ad internecionem: memorabile stratagema fuit, quo præcipuæ cujusdam civitatis obsidionem repente solvit Colaus modo dictus, noctu quippe trecentis militum una singulos tædia instructos appropinquare jussit castris hostium, & repentino isto lumine speciem præbere numerosi exercitus eminus adventantis ingens pavor & consternatio Barbaros occupat, sic fuga, fugientes partim Colaus a tergo mox cædit, partim dispositi in insidiis milites excipiunt, paucique Barbarorum evadunt.

Anno sui Imperii antepenultimo Imperator consulit Colaum Chùm & quem de filiis hæredem Imperii designet: *De re tanta*, inquit Colaus, *statuat Majestas tua per se, & apud animum suum, nequaquam vero apud Eunuchos, & in Gynæceo suo, tum ille filius meus natu tertius placet*, hic Colaus, *cui*, inquit, *æque ut patri perspectus est filius? quod si is placet, nihil cunctatus illico designat.* Paret Imperator, & altiori primum Dynastia Regni Xeù de more donatum, necnon mutato nomine hæredem Imperii nominat: miranda Colai hujus authoritas & gratia apud Imperatorem; dum huic aliquando rem quampiam commendat impensius Imperator quod dissentiret, repente discedit indignabundus, eundem sequitur Colaus & prehenso sinu vestis regiæ rogat denuo, repetat sedem regiam, auresque pacatas ut præbeat, adeo non exasperavit hæc fiducia Principem ut rursus concesserit, audiensque perorantem in sententiam quoque ejusdem iverit.

Anno decimo-quarto, Lunâ quartâ laborabatur magno defectu pluviarum, jubet Imperator dimitti vinctos ex carceribus, & ecce ipso die sub vesperam pluit. Lunâ octavâ Cometes ab Ortu spectatur; Imperator abstinet publico, jubetque regias dapes imminui, vulgari rixarum condonationem, & ecce eodem quo Edictum prodiit vespere disparet Cometes: *Ecquis hic dicat* (inquit Interpres Ethnicus) *Cœli voluntatem ac decretum esse fatale quid ac irrevocabile?* Certè cognovit illud Imperator eique obsecutus animadvertit in se, & pepercit suis, & ecce respôdit ei Cœlum,

DECAS SECUNDA.

Chiñ cùm hoàm ti decessoris filius natu tertius, tutela Imperii commissa Imperatrici; obiit ætatis anno 55. Imperii 25. fuitque Monar. 3941. post Dil. 4216. post Christ. 998. Cycli ejusdem ann. 35. Vù siǒ. Sexies mutatur anni cognomentum. Anno primo, Lunâ primâ Cometes apparuit. Anno 22. duæ Lunæ visæ.

Mortuo decessore jubet Imperatrix per Eunuchorum Principem evocari ad se primum ex Colais Tuǒn dictum 15. suspicatus, sed quod erat Imperatricem inclinare in filium natu maximum in Imperio succederet, unà cum Eunucho contendit ad Archivum regium petiturus inde testamentum, quo reperto & Eunucho inibi callidè occluso, pergit ad Imperatricem & coram ipsa primisque procerum exponit voluntatem ultimam defuncti Principis, cui mox universa Aula obsequitur solitis ritibus, novum Imperatorem supplex venerata.

Sub initium præbet specimen præclari Principis: cum fortè Cometes apparuisset, vult ab suis, si quid forte peccet, commonefieri: anni primi, Lunâ quartâ remittit de vectigalibus plusquam decem milliones aureorum: vinctos toto Imperio qui plusquam ter mille erant jubet dimitti. Cum vehementer expeteret filium qui par esset Imperio post se regendo, cumque assiduis precibus ab Xàm ti supremo cœli Imperatore efflagitasset, tandem anno 13. voti & hæredis compos est factus; recudi jubet libros omnes veteres ac dispergi per Imperium. Cæterum valdè addictus fuit sectæ Tao.

Anno septimo Barbari Leàn tùm, Siě tán dicti obsident in regione Pexinensi urbem Tán iǔm: procedit contra illos Imperator ipse infesto cum exercitu, territi Barbari solvunt obsidionem: suadetur Imperatori, ut usus fortunâ exuat pavidos omnibus omnino ditionibus quas ibidem occuparant: sed placuit illi pax certa præ incerta spe victoriæ: fœdus init cum victis haud secus ac si vicissim, ut scilicet quotannis aureis centum mille, & ducenta millia sericorum voluminum eisdem doni loco submittat, quæ res haud incredibilis ei videbitur, qui noverit, quod dum hæc scribimus importentur in Aulam quotannis unus millio 655. millia 432. libræ setici; voluminum vero sericorum leviorum ad usus æstivos 476. millia 170. serici item crudi libræ 272. mille 93. neque in his tamen numeratur vestis, ut vocant, imperatoria, cujus incredibilis vis quotannis in Aulam deportatur navigiis structuræ prælegantis atque Magnificæ plusquam trecentis.

Anno undecimo, Lunâ primâ insigni fraude vel hominum vel dæmonum superstitiones artefque magicæ invalescunt; nuntiatur quippe Imperatori Liber Cœlo delapsus ad portam urbis regiæ, placet credulo Principi per se excipere donum cæleste, dehortantur Colai otiosorum quorumdam, & adulatorum nugas esse ac mendacia, Cœlum non loqui, multo minus exarare litteras: Imperator aliquantisper subdubitans quid ageret, tandem superstioni dat manus, quod dicerèt uno ante anno sibi dormienti promissum fuisse à quodam spiritu illum ipsum librum: pedes itaque cum plurimis aulicorum eò pergit excipit librum venerabundus, qui & mox prodidit auctorem suum principiis sectæ Tao & fortilegiis plenus: extructum interim in eo loco fanum est; *Ex hoc tempore*, inquit Interpres Hû sin ngañ, *nihil fuit præter illudere supremo Cœlorum Domino*, Prí quǒ quěi xiaǒ viu xàm ticñ chie chū.

Imperator cum forte curiosus exquireret à supremo Quæstore Imperii quanta vis auri contineretur ærario, ipse identidem cunctaretur explicatius rem significare; admiranti Principi: *Vereor*, inquit, *ne si Majestas tua penitus habeat perspectas opes suas, liberalitas ejusdem in prodigalitatem degeneret*. Placuit responsum sapiens sapienti Principi. Inter sex Imperii concilia Hú pú, id est Quæstorum ordine & dignitate secundum est parem isti quatuordecim minora concilia, item Quæstores tot scilicet quot Provinciæ sunt; horum ministerio coguntur vectigalia, dispensantus censūs regis, publici sumptus fiunt, & præter hæc omnia quotannis importantur in ærarium Regium (hac quidem ætate) 27. milliones aureorum ex quibus deinde nihil, nisi cum summa urget necessitas, expenditur: hujus item Concilii munus est inire censum, numerumque populi, atque ita imperante Chīm cum anno ejusdem 16. recensita sunt virorum capita 21. milliones 976. mille & 965. virorum inquam, nec aliorum quàm ad quos spectat agricultura, ex qua potissimum vectigal petitur; sic ut nec fœminæ, nec minoresmet, nec Magistratus, nec qui gradum adepti sunt litterarium, nec Eunuchi, nec Bonzii, nec qui in navigiis vitam agunt (quotum tamen incredibilis est copia) hoc censu comprehendantur. Celebratur in primis fides Colai Vàn tañ, hic morti jam proximus, alloquens suos filios, *Ego quidem*, inquit, *non sum mihi conscius delicti contra Principem nec rem publicam admisi, peccavi tamen re una, quod non & ipse auctor fui Principi perniciosum Volumen illud ut concremaret, quare vel ipsum post mortem certum est pœnas exigere; vobis itaque præscribo, ut me rasa barba & comâ ritu cujusdam Bonzii sine pileo & cingulo sepeliatis.*

Gin çǔm hoàm ti decessoris filius sextus & Reginarum secunda natus: Imperatrix administrat Imperium pro tredecenni Principe, nec illud ante mortem quæ post undecim annos secuta est, dimittit: ipso interim ei quæ non erat mater, prorsus ac si mater esset morem gerente in omnibus. Obiit anno ætatis 54. Imperii 41. fuitque Monar. 3967. post Diluv. 4241. post Christ. 1013. Cycli ejusdem ann. 60. Quěi haí. Novies mutatur anni cognomentum. Primum quod 9. annos tenuit dicebatur Tiēn xīm, id est Cœli sanctitas. Anno secundo, Luna quinta Eclypsis Solis prænunciata non apparuit; hinc adulatoria congratulatio Principi quasi meritis id suis consecuto. Anno 31. Luna quarta, & anno 27. Luna prima Solis defectio contigit, & anno 39. Luna sexta Sol quatuor tantum digitis obscuratus fuit, cum sex & dimidius prænuntiati fuissent: hinc rursus congratulatio. Anno vigesimo, luna duodecima nix rubra de cœlo decidit; item terræ motus non uno loco.

Princeps pius & re & nomine, pacis & quietis, quam belli quamvis necessarii justique amantior: quæ res addidit ferociam Barbaris, quibuscum non dubitabit pacem inire indignam Majestate Sinica, sed qualem sibi sive Princeps dedecori non ducunt, dummodo subditorum quieti ac saluti consulent. Ex Palatio suo ejicit Idola omnia: vetat sibi offerri munera peregrina & rari pretii, faustique ominis; dictitans annum fertilem esse bene ominatum, nec quicquam pretiosius viro probo ac sapiente: cum ipsi forte inter alias dapes ferculum esset appositum ex Ostreolis 28. quorum singulæ constiterant mille nummis cupreis; re cognitâ, *Absit*, inquit, *ut complexu unico paxillorum in os gulosum inferam octo & viginti nummorum millia.*

Liù î kién spectatæ fidei Colaus ægrotabat, præscriptum à Medicis pharmacum ex pilis barbæ redactis in pulverem; audiens hoc Imperator, sibi illico deradi jussit & ægroto submitti.

Anno vigesimo-sexto cum post magnam sterilitatem pluisset tandem, Principique gratularentur Proceres: *Omni*, inquit, *illo tempore quo aquarum penuria laboratum est, ego quotidie succensis ritè odoribus Cælum deprecabar: nocte æterna cum audirem tonitru surrexi de strato cingulumque sumens & pileum, sub dio constiti, & simul atque pluit procidi in genua, & salutans reverenter Cælum, gratias eidem egi, ac sic demum ausus fui ad cubile meum reverti: nunc rem unam in primis repeto, ut mihi fidenter significetis qua in re forte peccem; etenim vereor ne inane geram nomen, & pluris quam par est faciam apparatum exteriorem? O quam præclarum est, & quanti refert vespere & mane afficere animum usque quoque purum, quoties quoque Cælum clam quoque & privatim deprecamur!*

Laudes suas re unâ commaculavit, repudio scilicet legitimæ uxoris Imperatricis: causa repudiandi desiderium prolis masculæ; probant hanc alii, alii damnant; alii afferunt exempla Principum familiæ sanctæ Hán, & decima-tertia Táu, Tao fu Colaus; itemque ex stirpe oriundus Confucii: aliique negant peti posse exempla ab iis in quibus desiderata virtus fuerit; ab Yáo & Gún legitimis virtutum Magistris petenda esse non audiantur. Repudiatur legitima, ducitur neptis bellicosi Caô pín de quo supra, sed neque ex hac suscipit hæredem; itaque anno tandem penultimo Imperii ac vitæ fratris sui filium successorem designat.

Anno decimo-tertio in Provincia Xén sí rebellat Dynasta Chá yvén Dynastiæ suæ quæ constabat Urbibus, Op idisque triginta duobus, Imperii titulum & Hià nomen attribuit, pugnatum sæpe & vario marte, quoad tandem coactus pacem petere & Imperatoris fidei se dedens: singulari ejusdem clementiâ pristinam ditionem simulque Dynastiæ titulum recuperavit, huic deinde succedunt filii ac nepotes ordine octo qui non parum negotii sub inde facessent Imperio donec ab Occidentali Barbaro penitus extinguentur anno tertio Lì cûm Imperatoris decimi-quarti.

Anno vigesimo primo Hièn cûm Barbarorum sic Hàm sive Leauconensium Princeps, vel (ut ipse nuncupari se volebat) Imperator ordine septimus per Legatos suos ad Imperatorem Sinicum repetit ditionem Quàn nân (constabat hæc decem civitatibus) quam genti suæ donaverat, quondam conditor familiæ Hèu cín, sed vi & armis deinde recuperaverat secundus Imperator familiæ 18. Hèu cheû dictæ: Itaque Cûm cûm Imperator misso vicissim Legato Fú piè offert Barbaris munus annuum ex veste serica, dimidia parte majus opulentiusque solito; sed ille ditionem postulat, respuit munera: re prope desperatâ reditum parat Legatus: invitat ipsum Princeps posterae diei, cum quo dum obequitat venabundus: *Proh!* inquit, *quam gloriosum est terrarum esse dominum:* cui Legatus, *& quam probrosum eum qui jam sit dominus dominio terrarum exui, duo Regna quæ fraterno juncta sint fædere, unum esse in opprobrio, alterum in gloria quid fiat?* Emollit ista vox animum Barbari, qui abjectâ quadamtenus cupiditate ditionis recuperandæ, & hujus loco sibi jam nuptias expetens cum filiâ Sinici Imperatoris, misit è suis qui cum Legato rem tractaret: hic Legatus quo spes istas averteret: *Quam vereor*, inquit, *ne talia pacis firmamenta pacem deinde rumpant: adde quod dos nuptiarum istarum non excedat centum millia sericorum voluminum, at qui si statur conditionibus quas nunc offerimus dominio Principis tuus, & quidem singulis obtinebit annis quod dotem istam superet:* Assentitur tandem Barbarus, ac sic ut quæ mittantur annis singulis cum littera Hièn mittantur: tum Legatus, *Meridionale*, inquit, *Regnum nostrum fratris natu majoris est instar: Meridionale, natu minoris, inaudita res est, ut major natu frater minori munus offerens.* Illa utatur littera, quæ minoris inferiorisque est propria. Barbarus constantiam simul & caliditatem observans hominis Sinæ, non sine stomacho illum dimittit, & unâ cum ipso suos rursum Legatos qui rem conficiant apud Imperatorem, qui studiosior pacis quam gloriæ, tandem assensus est ut penderentur in annos singulos trecenta millia sericorum Voluminum, præter ducenta aurorum millia, idque cum littera Nā quâ pensio tributaria significari solet.

Legatus interim Fú piè, cûm eum vellet Imperator augere censu, meritisque honoribus, tum propter Legationem præclarè obitam, tum etiam quod famis tempore consilio suo & operâ quingentis circiter hominum millibus vitam servasset, constantissime recusavit omnia, quod diceret sibi fæderis quidem causa, in quod nunquam consenserat, deberi nihil; quod autem Legationem laborantibus præstiterat, pro officio præstitisse.

Ym cûm hoàm tì ex fratre decessoris decimotertio natus loco; obiit anno ætatis trigesimosexto, Imperii quarto, fuitque Monarch. 408. post Diluv. 4281. post Chr. 1064. Cycli 54. an. 41. Kiā xin. Primo statim anno dissentio quædam animorum fuit inter hunc & ipsam Imperatricem Caô dictam, penes quam etiam tum administratio erat Imperii. Morbum contrahit Princeps ex animi molestia; ubi cœpit convalescere, adit Imperatricem: Colaus Hán ki significat quanto cum periculo totius Imperii conjunctæ sint dissentiones ejusmodi; Principem vicissim hortatur, ut pii & observantis filii partes omnes constanter expleat, etiam adversus illum,

DECAS SECUNDA.

illim, quæ mater non fit, & quamvis eadem forte sub aspera & iniqua; in arduis virtutem consistere; facilem esse observantiam adversus eos qui nobis sunt faciles, qui nostri amantes: crerum quod Xún prisci Regis obedientia, hodieque tum celebratur, deberi non facilitati, sed inclementiæ patris, & novercæ improbitati: tantum potuit sapientis oratio, ut conciliatis animis, ipsa non multo post Imperium quoque resignarit.

Floruit hoc tempore Colaus Sú mà quàm, inter Historiographos celeber in primis: conficit ipse quasi corpus quoddam Annalium, excerpens res magis memorabiles ex Voluminibus bis mille & amplius. Orditur autem Annales suos ab eo Principe, qui vulgò censetur tertius Sinicæ Monarchiæ Hoâm ti scilicet, (duobus Fó hi, & Xin nûm silentio præteritis;) qui secundum Sinarum computum cœpit imperare anno ante Christum 2689. de qua re co.sule Prolegomena. Xin cúm Hoâm ti decessoris filius natu maximus, obiit anno ætatis 58. Imperii decimo-octavo, fuitque Monar. 4012. post Diluv. 4186. post Ch. 1068. Cycli ejusdem an. 45. Vú xi. Bis mutatur anni cognomentum. Anno primo, Luna prima Sol deficit: anno octavo Cometes.

Ultro suos hortatur, ut si quid ab se peccetur, fidenter moneant. Princeps majoris animi quam prudentiæ: audiens tamen consilia prudentum; cum vehementer optaret liberare Septentrionem jugo barbarorum, quod tamen moriens mater ei suasisset, armis ut abstineret, abjecit tam præclarum consilium: impensè favet litteris; Mencium Philosophum posthumo Ducis titulo condecorat: floruere sub hoc & sequenti Principe auctores novæ Philosophiæ Cheû çù, & ejus discipuli Chîm çù, Xaô çù, aliique variis perfuncti muneribus, variis item titulis & honoribus, tam in vita quam post mortem ornati.

Fûpiē Colaus, de quo supra, auctor est Principi, ut ne importuna & immodica severitate & cura exquirat quid ab suis peccetur: majora quippe mala hinc nata existere; Cœli potius sit instar, contemplantis omnia tam recta quam prava, maximè cum hæc ipsa serius ocius prodant sese, suumque referant vel præmium vel pœnam, Simul auctor erat, ut per annos viginti de armis ne loqueretur quidem, quod ea quemcunque tandem successum habeant, subditis plerumque damno sint.

Cum laboraretur sterilitate, & Princeps quodam die mœstus reciperet sese in certas ædes sui Palatii, ubi de more jejunio solitudinique vacans placando Cœlo daret operam; Atheus politicus Vâm ngân xè calamitates dictitans illas casu non consilio accidere: Cur, inquit, incassum te affligis, ô Rex! non est, mihi crede, quod Cœlum, Cœlique decretum aliquod extimescas; Quod audiens Colaus Fù piē, & ingemiscens: immo vero, inquit, quod populi Princeps in primis extimescit, Cœlum est; hoc si non extimescat ac revereatur, & quid tandem erit quod non perpetret. Cin Kiun sô guêi chè tiēn sō pú guêi tien, Iô sũ pú cō hûei chè.

Idem Vân ngân xē pro ea qua valebat facundia, & arte multiplici versipellis ingenii, persuadet Imperatori, ut nova instituat vectigalia; omnino decem, longum sit recensere singula, hinc gravis invidia, odiumque afflicti populi, aliique ex aliis codicilli, contra calamitatis auctorem: at ille jacula tot adversantium miris eludit artibus: tandem tamen anno quodam steriliori, quidquid est novi oneris, Edicto tollit Imperator, atque ecce profusis repente imbribus tam justam Principis clementiam Cœlum approbat, ac remuneratur. Conatibus hominis improbi, res iterum novas molientis acriter resistit Colaus Sú ma quàm, affirmans quamlibet novitatem periculo esse obnoxiam: Imperium quippe firmæ domus ad instar esse, quam si qua parte labefactetur rectè quidem resarcias, at nisi tota ruinam fecerit, de novo ædificare nequaquam oporteat.

Erat memoratus Vâm ngân xè ex suprema classe litteratorum quæ Hân lîn yvên dicitur; constat illa ex selectissimis Imperii Doctoribus: Doctoris autem Lauream quovis triennio trecenti sexaginta-sex adipiscuntur, utique pauci ex multis Licentiatorum millibus, qui ad certamen illud in Aulam conveniunt. Ex dictis Hân lîn yvên seliguntur deinde Magistri, Consiliarii, Historiographi Regii, Regiorum item Consiliorum Præsides.

Chē çúm hoâm ti decessoris filius natu sextus, obiit anno ætatis 25. Imperii 25. fuitque Mon. 4030. post Diluv. 4304. post Chr. 1086. Cycli 59. a nus tertius Pîm. Ter mutatur anni cognomentum. Anno quindecimo, Luna quarta Solis defectio. Pro parvulo nepote res Imperii administrat Avia Imperatrix, fœliciter autem, quia rara cum prudentia; octavo post anno moriens, Colais suis sollicitè præscribit, ut eliciant è Palatio Regio inutilem otiosamque Ministrorum turbam, a quibus facilè depravari queat ælolescentia Principis: at serò frustraque præcipit, quod ipsius fuerat præstare: itaque ex illo tempore labem aliquam facere cœperunt res Imperii.

Liù cûm chù ad Colai dignitatem evectus, protinus offert Imperatori libellum, quo complectitur litteris viginti hæc decem monita. Primum, *Cœlum time*. Secundum. *Populum ama*. Tertium, *Te-ipsum perfice*. Quartum. *Litteris vaca*. Quintum, *Evehe sapientes*. Sextum, *Audi monitores*. Septimum, *Contrahe vectigalia*. Octavum, *Mitiga supplicia*. Nonum, *Fuge prodigalitatem*. Decimum, *Fuge dissolutionem*.

Repudiat Imperator uxorem legitimam; damnat factum Consiliarius Ceû haô: at ipse tuetur illud exemplo quorumdam antecessorum; verum alter, *Satius foret*, inquit, *imitari te virtutes majorum, quàm peccata*. Excandescit Princeps, libellum monitorium conculcat pedibus, & tam salubria monentem privat dignitate. Fuit in hoc Imperio ab omni tempore magnus usus & libertas magna subditis monendorum Principum, nec minor plerumque horum facilitas monitores suos audiendi: hinc illud censorum Concilium, quod Cŏ̂t ô, vel Cō̂ lī dicitur, cujus proprium munus est observare quod peccetur etiam à Principe, & hunc silenter commonefacere officii sui: æqualis omnes dignitatis sunt, & singulis Conciliis regis, quæ ex numero sunt duo, semper assistunt

P

omnibus, itaque sunt in honore, improbis etiam formidini.

Hŏei çûm hoăm rí, filius natu undecimus Xîn çûm sexti Imperatoris, captivus apud Barbaros obiit anno nono Caô çûm decimi Imperatoris, ætatis vero suæ anno 54. Imperii 25. fuitque Monar. 4045. post Diluv. 4319. post Chr. 1101. Cycli ejusdem an. 18. Sîn sù. Sexies mutatur anni cognomentum.

Cum avia Imperatrice pariter administrat Imperium: Princeps fuit artium quidem liberalium disciplinis præclare instructus: idem tamen plus tribuens luxui, jocisque, quam curis administrandi recte Imperii. Damno fuerunt Eunuchi, quibus adeo favit imprudens, ut aliquibus Regulorum quoque nomen ac dignitatem, non aliis fere quam principibus stirpis regiæ conferri solitam, primus contulerit.

Anno primo, Luna prima, die primo, Cometes ab occiduo Australi tantæ claritatis, ut illuminaret terram universam, & lucem reliquorum syderum obrueret: exhalabat vapores modo nigricantes, modo albicantes: Cometem protinus consecuta est mors aviæ Imperatricis: mors item octavi Regis Leactenensium dicti Taô çûm, postquam regnaverat annis 46. cui deinde successit postremus Rex ejusdem gentis Tiēn çû nuncupatus. Rursus anno quinto, Luna prima, Cometes apparet ab Occasu; Cometis occasione monetur Imperator, oblato de more libello, ut titulos auferat, ac demoliatur monumenta sepulchralia collata, improbis quibusdam Ministris, in primis Vâm ngăn xē, cum offensione gravi subditorum: annuit Imperator. Rursum anno decimo Cometes; anno decimo-nono, Luna quinta, Draco visus in Aula, quem milites confixum telis comederunt: eodem anno tanta fuit aquarum illuvies, ut excreverint ad altitudinem 20. orgiarum, magna cum strage populi, præter alia portenta & prognostica collabentis (saltem in Septentrione) Imperii.

Huic Principi non alia res majori fuit damno vel dedecori quam superstitio, addictus sectæ Taô, libros ejusdem conquiri jubet; immò anno 16. eò provectus est stultitiæ, ut celebrem ejusdem sectæ cœnobitam Chám y nomine, qui floruerat imperante familia Hán, titulo Xán ti seu nominis supremi donaverit, erectis eidem per Imperium Statuis ac Templis, in quibus hodieque à multis impiè colitur. Idem Princeps insanire perseverans, sectæ illius supremum Pontificem nuncupari se voluit. Cæterum vehementer damnant hæc omnia historici Interpretes illorum temporum, nec dubitant consecutas deinde calamitates ac ruinam Borealis Imperii, tam sacrilegæ superstitioni attribuere. Colaus in primis Kiĕu Kiûm xan, qui verbis gravissimis expendit atrocitatem sacrilegii, quo Majestas Cœlestis usque adeo contempta fuit & abjecta.

Anno decimo-quarto Imperator (dissuadente Coreanorum Lege, & plerisque suorum dissuadentibus) armorum societatem init cum Tartaris Orientalibus Niŭ chě dictis, ut eorum ope tandem domet Leaotanenses Barbaros: advolant alacres Tartari; diu acriterque pugnatur, subjuguntur Leaotanenses; Tartarus successu tumidus

affectat Imperium; & anno decimo-octavo novæ dominationi Kîn, id est auri cognomentum indit, ex qua ipsa gente & familia dicent olim oriundos se esse, qui consimili ferè fiduciâ ac temeritate invitati, & ex sociis hostes facti, invadent rursus Sinense Imperium, totoque potientur post annos 530. suæque dominationi cognomentum Tá çîm, id est magnæ puritatis indent: desinente interim Regno Lĕaŏ quod per annos 209. sub novem Principibus steterat, sic tamen ut tenues ejus reliquiæ ad montes Occidentales profugæ, sed à Tartaro victore, & Sinicis inhiante ditionibus neglecta per annos centum cum regio nomine Sĭ Lĕaŏ perstiterint ab occiduo Tartaro subigendæ: Tartarus itaque rupto palam fœdere, invadit occupatque Pekinensem ditionem, non ferro tantum domicans, sed etiam ignaviâ, perfidiâque Sinarum quorumdam, quorum animi ab Imperatore aversi, faciliores hosti præstabant victorias.

Imperator interim priusquam amittat omnia, novi fœderis conditiones alias, aliasque offert, nec dubitat ipsemet tandem adire Barbaros, invitatus ut de limitibus Imperii eorum transigat: transigitur: ad suos redit, at hi prorsus ne am pactis stari posse, longè satius esse ferro decernere: Tartarus recognita, resumit arma, captisque variis urbibus, ad provinciam usque Xānsí victor penetrat: invitat iterum principem: pergit infelix, nec tam voluntate sua quam suorum adventanti protinus injiciunt manus; & captivi ritu deponere jubetur vestem Regiam; non sustinuit rei indignitatem ac atrocitatem comes ipsius ac Minister Lĭ Sŏ Xiŭ, altamque suspirans: Cœlum (inquit) duos soles ferre nequit, & ego duos ut feram dominos? Conantibus vero Tartaris pacare hominem, acrius ipse exardescens, & perfidiam adeo Barbaram detestans, labia sibi linguamque, ac jugulum denique furenti similis abscindit, raræ fidei Barbarum specimen Barbari suspexere.

Kîn çûm hoăm tí, decessoris filius natu maximus à captivo patre nominatus: moritur & ipse captivus 30. post annis, anno suæ ætatis 61. Imperii 1. fuitque Monarch. 4070. post Diluvium 4344. post Christum 1126. Cycli ejusdem ann. 43. pùm ù jussu captivi patris sexi dem ann. 43. plim ù jussu captivi patris sex. Ministris suis reos ac duces agitatæ proditionis tollit è medio. Tartari nihilominus infesto cum exercitu transeunt flumen hoăm hô, admira Sinarum socordiam, à quibus manu quamvis exigua militum transitu prohiberi potuissent: Au lam petunt quæ Piém Léam hodieque dicitur obsident, capiunt, diripiunt, captivos Imperatorem ac Reginas abducunt: multis præcipue rum procerum & consiliariorum probrosa barbaræ captivitatis voluntaria morte antevertentibus: Ductor interim armorum Sinensium Çûm yĕ, qui per id tempus in diversa regione Septentrionis versabatur, & tredecim in prœliis feliciter quondam pugnaverat contra Tartaros advolat celeritate maxima, aulæ Principique opitulaturus, at sero jam cœnum. Non abhorruerant hostes Imperatricem Mém quod ei ulti dixisset, se repudiatam fuisse, & jam nullo esse in numero. Cæterum prudentia solertiaque si

DECAS SECUNDA.

saluti fuit hæc ipsa labenti Imperio, dum hoc ad Principem Căm vầm de quo mox agetur, detulit.

Cáo çũm hoầm tí decessoris frater filius natu nonus hoëi çũm Octavi Imperatoris, antea çăm vầm dictus, & à repudiata Imperatrice Mém magno cum plausu omnium in solio collocatus: obiit absque liberis anno 25. successoris sui & 81. Imperii 36. fuitque Monarch. 4071. post Diluvium 4345. post Christum 1127. Cycli ejusdem ann. 44. tùm ùi bis mutatur anni cognomentum. Aulam suam primum constituit in Kiém Căm, quæ urbs hodie Nânxinum vulgò dicitur, & paulò post transtulit in Lîn Ngán quæ hodie Metropolis est provinciæ Meridionalis Chē Kiam, Hầm Cheû nomine: ab hoc Imperatore cœpit exordium Nân sûm, id est Meridionalis familia Imperatoria sûm dicta.

Princeps erat litterarum amans, adeòque & pacis, non paucas tamen retulit victorias annis quinto, sexto, octavo, decimo quarto, tam de Tartaris quam de latronibus Sinicis, qui freti publica perturbatione, nunc hîc, nunc illic grassabantur, quamvis autem essent Imperatori Duces armorum egregii Han chi chūm, & yŏ fî, nihil tamen suarum ditionum recuperare potuit. Huic Imperatori duæ res dantur crimini, prima quod neglectis viris prudentissimis, & integerrimis, aures præbuerit duobus, tribusve improbis ac perversis: altera, quod usque eo fuerit addictus Sectæ Bonziorum, ut quo vacare posset impensius commentationibus superstitiosis, non dubitaverit imperii administrationem filio quem adoptarat committere, ipse interim secretiori in palatio vitam Cœnobiticæ similem ducens.

Anno nono, Lun. prima defectio solis, quo ipso anno Hoëi çũm Imperator captivus apud Tartaros una cum conjuge sua obiit: moriens rogat Tartaros ut Patris in solo sepeliri se permitterent, at tunc quidem frustra, tametsi deinde post annos 16. concedetur.

Anno quarto, Tartarus invadit & capit Nânxinum sive Aulam Meridionalem, ex qua jam ante discesserat Imperator in Metropolim Provinciæ Chē Kiăm. Celebratur rara fides yầm pầm ductoris Sinici, qui captus ab hostibus, & recusans transire ad partes illorum, sanguine suo inscripsit sago, malle se mortuum accenceri manibus familiæ Súm, quàm vivum servis Barbarorum, quare in ipso vestigio interfectus est; hostes interim cognito Ducem alterum yŏ fî venire ubi suppetias, incensa raptim Regia, Septentrionem repetunt haud sine clade postremi agminis, nec ausi sunt deinceps spatiosum flumen Kiăm transire: duos interim Imperatores patrem & filium in ulteriora Septentrionis abducunt.

Anno 15. Rex Tartarus, ut litteratos Sinas Imperii basim, & florem sibi deviniciat, litterarum studia suos inter introducit, & hujus rei gratia Confucii Philosophorum principis Gymnasium ipsemet adit, honores illi posthumos more Sinarum ritè persoluturus, cumque qui stipabant eum proceres dicerent, non esse cur hominem vulgarem Regiis honoribus persequeretur, respondit, cùm yŭ, seu vû guéi, xî taŏ cŏ çũn,

hoc est, tametsi Confucius non ea dum viveret conditione fuerit, quæ nunc Regios honores poscat, attamen ejus doctrina & institutio, digna est quam veneremur ritu regio, ac celebremus.

Anno 16. Lun. 12. Cometes apparet ab occasu australiori, eodem anno pax inita cum Tartaro, nec dubitavit Sinica Majestas ei subscribere cum nomine Chin, id est, subditi, & Cum, seu tributarii, dummodo sibi parentum corpora, qui octo ante annis obierant, uti pactus fuerat, restituerentur, iis autem restitutis, plurima lætitiæ signa ubique edita, & laxatis carceribus, publica vulgarium noxarum condonatio impertita: itaque adeò non damnant hoc factum Interpretes, ut etiam raræ cujusdam pietatis nomine depræ-dicent.

Anno 15. Lun. 1. sol deficit, simul etiam pax Sinas inter ac Tartaros, Rex horum cum sexcentis armatorum millibus meridiem petit, infestus translata prius aula Pekinensi in Pien Leam Metropolim provinciæ Hovân, nec non interfecta per ferocitatem barbaram Regina conjuge, proptereà quod damnaret expeditionem: urbs magna yầm cheû capitur, inde contendens ad Kiam fluvium qui non procul ab urbe spatioso rapidoque alveo devolvitur in Mare, mortem suis minatur, ni victo metu trajiciant: oritur seditio: occiditur Rex ipse, reditur re infecta in Septentrionem, ubi jam turbatæ quoque res erant, & inclinatæ ad Rebellionem.

Hiaŏ çũm hoầm tí, ejus qui familiæ conditor fuit post sextam stirpem nepos, obiit anno quinto successoris sui, in quem Imperium resignarat, ætatis vero suæ ann. 60. imp. 27. fuitque Monarch. 4107. post Diluvium 4381. post Christum 1163. Cycl. 60. ann. 20. Guéi vi. Bis mutatur anni cognomentum. Princeps a pietate, & obedientia erga decessorem à quo in filium adoptatus fuerat commendatissimus, cui prorsus ut patri servierat ann. 26. pacificè satis rexit, quia Rex Tartarus xi çũm erat item pius, sapiens, modestus, & indolis benignæ & pacificæ.

Floruit eo tempore Chū çù, alias Chū hĭ veterum litterarum interpres hodie celeberrimus. Obiit verò septuagenario major anno sexto Imperantis Nîm çũm Imperatoris decimi tertii, postquam variis in Imperio perfunctus est muneribus sub quatuor Imperatoribus: post mortem honoratus titulo vêm çũm, hoc est litterarum principis cum cæteris Confucii discipulis, consecutus honores posthumos.

Quầm çũm hoầm tí decessoris filius tertius obiit anno sexto, sui successoris ætat. ann. 54, Imp. 5. fuitque Monarch 4134. post Diluvium 4408. post Christum 1190. Cycl. ejusdem ann. 47. Kèm Siŏ Imperatrix çaŏ optabat cum Eunuchis alium abs se genitum eligere, sed quia etiamnum in vivis erat decessor, caruit effectu votum.

Anno quinto, quo decessor jam obierat, Imperator coram procerum suorum cœtu correptus apoplexia, in terram corruit, neque potuit exinde sibi integre restitui, quare electus mox

p ij

ad folium regni Kiă Dynaſta, tametſi multum reluctaretur.

Nim cum hoăm ti deceſſoris filius tertius, obiit nullis relictis liberis, anno ætat. 57. Imp. 30. fuitque Monarch. 4139. poſt Diluvium 4413. poſt Chriſtum 1195. Cycl. ejuſdem ann. 32. yĕ mão Princeps re & nomine quieti ingenii, femper ſui ſimilis, pius, modeſtus, ſed quia ingenio minus valebat, ſe à ſuis regi, ne dicam decipi patiebatur, edicto vetuit ne quis pro arbitrio ſuo, & privata authoritate Annales publicos conſcribendos ſuſciperet & in lucem ederet. Quater mutatur anni cognomentum. Anno primo Iris alba viſa eſt ambire Solem. Anno octavo, incendium in aula Ham Cheŭ exortum, quatuor dies tenuit. Poſt 36. annos ibidem alterum incendium, quo ſcribuntur exuſta 530. millia domorum.

Anno octavo, Tartari Kín ſive Orientales, rupto rurſum fœdere, cum ingentibus copiis invadunt, ac depopulantur ditiones Sinicas.

Anno 12. incipit Tartarus Occidentalis Imperii ſui jacere fundamenta, indit familiæ ſuæ nomen, Yvên, quod principium ſonat, familiæ conditor. Tăi çŭ, alias Tiĕ mŏ Chín dictus vir cruentus, & immani crudelitate, ſic ut auſpiciis ipſius ab anno primo novi Imperii uſque ad decimum quartum occiſæ ferantur hominum Myriades omnino 1847. Quintus ab hoc princeps poſt annos 32. fundabit eo quo dictum eſt nomine familiam vigeſimam Chinæ pariter & Occidentalis Tartariæ dominaturam; omnes illæ Regiones quæ Provinciæ Xēn Sí Provinciarum Sinicarum maximæ, & quæ Tibetum uſque, & Samarcandiam extenduntur, incoluntur ab hiſce Tartaris quos recte Scythas voces Aſiæ vergentis in Orientem, debellati fuerunt olim ab Imperatore ſexto quintæ familiæ Hân Hiáo Vŭ dictæ, anno ante Chriſtum circiter centeſimo, quando multis cladibus proſtrati ultimo prælio ad 70. millia in ſervitutem redacta referuntur: ab eo tempore uſque ad hanc familiam Sum per annos circiter 1300. non videtur geſſiſſe quidpiam memoratu dignum contra Sinarum Imperium, ideo fortaſſe quod cum Occidentalioris Aſiæ, & Europę regnis haberent quod agerent, aut etiam quod inter multa principum capita divifum eſſet ipſorum Imperium vireſque diſtractę. Ann. 13. ſiccitas magna: vis Locuſtarum tanta, ut ſolem offuſcarent ac tegerent.

Anno 16. Tartarus Occidentalis bellum auſpicatur, copiis aliquot ſubmiſſis contra Orientalem Kín, à Sinis ipſis (uti creditur) invitatus, Kín ergo pacem offert, adeoque petit; recuſat alter: quare converſus ad Sinas, cum eis ipſis paciſci conatur conditionibus multo jam quam ſolebat equioribus: at ſine tot cladibus, & injuriis exacerbati & meliora ſcilicet de Occidentali Tartaro promittentes ſibi pacem omnem reſpuunt: quo cognito Orientalis: *Hodie*, inquit, *mihi meum Imperium, cras tuum tibi auferent, ſibique ſubjicient, amici illi, ac ſocii.*

Anno 28. memoratur Tartarus Occidentalis extinxiſſe Mahometanorum Regnum, quod Metena nominabatur, inde vero cum exercitu victore provectus eſſe ad regna In Tŏ ſive Indo-

rum, & Samalh han, puta Samarcandiam uſque ad Tiĕ mŭen, hoc eſt portam ferream arcem ſic dictam: hic autem (uti complures teſtantur, aut fabulantur verius) occurrit principi monſtrum quodpiam unicorne, ſpecie cervina, equina cauda, colore viridi, eumque alloquens edixit ut ceſſaret tandem à cumulandis cędibus, ſtragibuſque tot mortalium, curſumque & furorem ſiſteret; ad quę verba expaveſcente Barbaro, is qui ei à conſiliis erat: *Cœlum*, inquit, *hoc monſtri miſit, ut te commoneſaceret abſtineres à cædibus, quibus utique non gaudet Cœlum.* Quare abrupto curſu verſus occaſum, in orbem rediit ac natale ſolum, unde non multo poſt vim omnem armorum ad Sinenſe convertit Imperium, invadens mox Provinciam Xēn Sĭ regnumque Hià, de quo ſupra aliaque ſibi ſubjiciens.

Lì cum hoăm tí ejus qui conditor familiæ fuit poſt ſtirpem decimam nepos; obiit abſque liberis ætatis anno 61. Luna decima. Mortem ejus tribus ante menſibus prænuntiaſſe viſus eſt Cometes. Imperavit annos 40. fuitque Mon. 4169. poſt Dil. 4443. poſt Chriſt. 1123. Cycli 61. ann. 22. Yĕ yçŭ. Octies mutatur anni cognomentum. Anno quindecimo, Luna prima, Cometes apparuit, item anno quadrageſimo. Luna ſeptima.

Princeps additus ſectæ Taó, ſtudiis item litterarum, pluſquam ratio belli ac temporis permittebat. Anno ſecundo, Luna ſexta titulum Ducatus, & dignitatem confert Imperator familiæ Confucii, ſic ut ea conſtanter gaudeat quiſquis pro tempore legitimæ rectæque ſtirpis eſt Princeps, ſeu fratrum natu maximus. Unica porro domus iſta à tributi penſione immunis eſt in hac China. Gens numeroſiſſima Tartarorum Occidentalium variis exercitibus, variiſque ex locis aggreſſa Tartaros Orientales crebras reportat victorias duce in primis Pĕ yĕa: Aulam Hŏ nân eripiunt; item Metropolim provinciæ Xān tum: at poſt obſidionem tam diuturnam, ut oppidum fame addacti, carne veſcerentur humana.

Eò denique res adiguntur Orientalis familiæ Kīm, urgente hinc Sinā, illinc Tartaro Occidentali, ut regis ti poſtremus ex illa Princeps, deſperatis tandem rebus, laqueo vitam ſiniuit; atque ita extinctum eſt anno decimo Li cum Regnum Tartarorum Orientalium, quod novem Principes obtinuerunt per annos 117. verum poſt annos 319. ex reliquiis, poſteriſque horum ipſorum Tartarorum, alia.

Interim quo tempore penes hunc Sinenſem Principem Lì cum Imperium fuit Meridionale, (fuit autem per annos quadraginta,) Boreale Imperium fuit penes Hŏ piĕ liĕ multis clarum victoriis; imperare cœpit anno Sinenſis hujus Imperatoris trigeſimo-ſexto, utque erat ipſe verſatiſſimus in rebus, litteriſque Sinicis, quo arctius ſibi deviiiciret animos Sinarum quos ſubegerat, ipſos ad litterarum ſtudia excitaret, voluit & ipſi Principi litterarum Confucio item regio ſolemniter parentari. Poſt annos autem novem-decim videbimus ab eodem condi novam Familiam numero vigeſimam, quæ Yvên nuncupabitur, & Monarchia tota petietur.

Tú çum hoăm tí deceſſoris è fratre nepos, obiit

DECAS SECUNDA.

obiit an. ætatis 25. relictis ad fortunæ ludibrium, & ruinam collabentis Familiæ, tribus filiolis. Imperavit annis decem, fuitque Monarch. 4209. post Diluvium 4483. post Christum 1265. ann. 2. ye Cheû. Anno primo, Luna primâ, efectio Solis: anno septimo, ingens sterilitas. Princeps admodum deditus Veneri & Baccho: novis tributis populum onerat; regi se sinit à Hiá sú taô Ministro perfido & turpissimo. contra quem multi oblati libelli supplices, sed incassum; hinc multorum consecuta defectio ad Tartarum victorem, quod se negligi viderent, & res in pejus ire absque spe remedii. Tartarorum Occidentalium varii exercitus per provincias Occidenti finitimas, uti Yûn nân, Sú chuên , kên sî, grassati, in provinciam Hû quàm Australem irrumpunt, captis urbibus oppidisque, è quibus multa se ultro dedunt, quo factum ut Imperator ignarus eorum quæ fiebant, jam è tribus Imperii partibus, vix unam obtineret.

Marci Pauli introitus in Chinam, qui vel incidit in postremos annos hujus Principis, vel potius in annum subsequentis: præclarus ille civis illustrissimæ Venetorum Reipublicæ, primus fuit Europæorum, (quod scimus) qui perlustravit extremam hanc Asiam, nobilissimas adiens ejusdem provincias, & cum fide referens plurima quæ ad ritus, mores, opulentiamque gentis spectant, tametsi non careant mendis suis ejusdem Commentarii, quos tamen benignè condonamus (nos saltem qui hic vivimus) homini extero, juveni, militari, quando ipsimet experimur, quam pronum sit tot inter dialectos tot provinciarum minus aptè pronuntiare voces Sinicas, ne dum exarare litteris Europeis: itaque jure merito tuendos susceperunt Commentarios illos Societatis nostræ Patres Trigaultius, Semedus, Martines, & novissimè omnium, maximéque feliciter Magalhanius, neque dubium qu in huic Synopsi lucem dare possent, & ab hac vicissim aliquam accipere, si quidem potuissemus nancisci illos in hoc exilio penuriaque nostra Librorum etiam nostratum; extant in provincia Fŏ kién vestigia quædam sub. obscura Legis Christianæ, (pariter ea quæ commemorant Trigaultius ac Semedus utique satis illustria) Cruces, inquam, ac statua Matris, habitu formaque Europæa, suum complexæ Filium, quem qui venerabantur, sequi se profitentur Má li Kiao, quasi dicas, Mariæ Legem, cultu interim Idolorum abstinentes: iidem opinor, cum iis qui inibi Xè cù Kiaô, id est, Crucis Legem commemorant, tametsi Mysterium ignorent; unde colligimus eo tempore quo Tartari Chinam occuparunt, præter Paulum Venetum, alios etiam Christianos, fortasse milites, eodem penetrasse, maxime cum indigenæ interrogati de origine dictæ Legis, eam constanter ad familiam sequentem Yvèn Occidentalium Tartarorum referunt.

Cûm cum hoàm ti decessoris filius secundus, captus à Tartaro, obiit in deserto Tartariæ quod Xā nŭ dicitur. Imperavit anno uno, fuitque Monar. 4219. post Diluv. 4493. post Chr. 1275. Cycli ejusdem ann. 12. Yê haì. Luna tertia, visa in cœli medio inter se concurrere duæ stellæ, quarum altera resoluta videri desiit. Luna sexta, totalis defectio Solis, sic ut nox ingruere videre-

tur. Prudens Imperatrix pro puero Principe gubernacula suscipit. Missâ legatione pacem petit à victore Tartaro, duris & iniquis sibi conditionibus; at Pê yên ductor supremus exercitus Tartarici nullas admittens: *Vestra*, inquit, *Familia ob infantiam Principis familiæ Heû cheû, quæ proximè vestram antecessit, potita fuit Imperio, nunc igitur æquitati videtur esse consentaneum, ut eodem similiter privetur ob infantiam Principis , Cœlo sic dispensante vices humanæ fœlicitatis.* Ita ille. Narrant illam fuisse prudentiam, industriamque hujus Pê yên, ut regeret armatorum ducenta millia, non aliter quam si unum regeret militem: idem cum debellasset Tartaros Orientales , & Imperatorem Sinicum una cum Imperatrice captivos abduxisset, ac illustrasset victoriis suis Meridiem pariter ac Septentrionem, nunquam tamen auditus est commemorare, nedum jactare res suas ac merita: quam quidem modestiam magnis extollunt laudibus Sinici Scriptores. Obiit eodem anno quo familiæ Yvèn conditor Xi cù hoàm tí.

Tartarus Chinæ Borealis jam dominus cum 700. armatorum millibus petit Meridiem: Imperator autem Sinarum, licet etiam tunc haberet in armis 130. millia selectorum militum, non potuit tamen resistere iis qui & numero & robore tam animi quam corporis vincebant: quare Tartarus superato magno flumine Kiam (quo etiam nomine utitur Marcus Paulus) & captis Urbium præcipuis, cis & ultra flumen sitis, uti Hoâi nágn fú, (a M. Paulo dicta Côi gan fú) Yàm cheû Nânkino Tâi pîn fú (quam ad provinciam Chè Kiām refert: Kīm sú , à Veneto Kīm sai dictam) id est Aulam Imperatoriam urbem scilicet Hâm cheû , quæ nullo negotio capta, Imperatorem ipsum in Septentrionem abducit ; fugiente interim cum duobus filiolis & reliquo exercitu Yàm Imperatrice ad urbem Vên cheû maritimam, ubi decessoris jam captivi frater natu major proclamatur Imperator. Longum foret hic referre fidem & constantiam plusquam Sinicam (si tamen fides est constantia, & non potius stultitia & pertinacia dicenda sit,) complurium è Ministris regiis , qui aut laqueo , aut veneno, aut aquis , aut fame voluntariâ vitam sibimet in hac rerum desperatione & extremâ calamitate auferre maluerunt, quam alieno domino servire.

Hos inter memorabilis in primis fuit Yn cò Doctor, risu ne dignus, an lacrymis, Lector stat at. Is cum videret urbem Tân cheû, ubi cum familia degebat, arctâ premi obsidione a Tartaris, nec differri jam posse deditionem , amicos suos , & propinquos ad epulas invitavit, parvis , ut aiebat, filiis pileum solito cum ritu & solemnitate impositurus , cujus quidem pilei anno circiter ætatis 14. pueris imponendi mos ac ritus ab omni ferè ævo inter Sinas, ab ipsis quoque gentis Imperatoribus, solemniter observari consueverat: adsunt ergo hospites , confertur pileus , & post hunc etiam cingulum quo de more se cingant : tùm pater ; *Bene habet*, inquit , *hoc habitu mecum visere poteritis pios manes majorum vestrorum.* Finitis itaque epulis & solemnitate , dimissisque jam hospitibus , flammas repentè tectis subjicit, ac se cum filiis totaque familia concremat.

Tuôn cum hoàm ti decessoris frater natu major,

obiit anno ætatis undecimo, Imperii secundo, fuitque Monarc. 4220. post Diluv. 4494. post Christ. 1276. Cycli ejusdem ann. 13. Pìm çù. Anno primo, Luna secunda, visa in Sole macula ovi instar anserini. Luna sexta, à meridie visa stella inusitatæ magnitudinis in mare delabi, quam millenæ aliæ consecutæ, continuato cum fragore, tonitrui ad instar, fatale præsagium secuturæ mox calamitatis, & familiæ Sûm maris fluctibus miserabiliter obruendæ.

Imperator Tartarum fugiens cum reliquis Aulicorum suorum ac Procerum, militumque admodum numerosa classe, (quippe 200. hominum millia traxisse scribitur) ad Australioris provinciæ Fŏ Kién Metropolim Fŏ cheũ (à M. Paulo Fú giu dictam) contendit; sed Tartaro, partim mari, partim terrâ, in hanc ipsam provinciam mox irrumpente, coactus est tandem cum tota classe ultimam provinciarum Quam tûm petere, ubi & diem obiit, delato protinus Imperio ad fratrem natu minorem & octennem puerum, cum quo tandem familia Sûm extinguitur.

Tì pìm decessoris frater natu minimus, & ultima Familiæ scintilluta, octennis extinguitur, præceps datus in mare. Imperavit anno uno, fuitque Monar. 4222. post Diluv. 4496. post Ch. 1278. Cycli ejusdem an. 15. Vú yn.

Tartarorum classis, Archithalasso Chãm tûm fân, persequitur classem Sinicam; decretorium initur certamen longe acerrimum, tandem ingenti clade profligatur Sinica. Colaus Lŏ sieũ sũ cinctam videns undequaque navem Imperatoriam, nec evadendi jam modum, deturbatâ prius in mari conjuge suâ, complectitur octennem Principem, & se pariter cum illo in subjectas undas præcipitat: desperationis exemplum, reliqui Procerum & Ministrorum certatim imitati; ea re cognita Yâm Imperatrix magnum edens ejulatum; *Et ego cui servor*, inquit, *carnis inutile frustum?* Hæc dicens & ipsa ruit præceps in profundum. Peracta fuit miserabilissima catastrophe Luna secunda hujus anni, prope Insulam Yâi xân, vel, ut alii nominant, Yá muên civitáti Siñ hoéi: paret autem civitas ista Metropoli provinciæ Quàm tûm, Quàm cheũ dictæ, in qua hæc à nobis scribuntur.

Xi kiẽ dux alter Sinarum, perrumpens medios per hostes, evaserat cum parte classis ad Insulam cui Chấm xân nomen est; hic iterum iterumque conatus in littus conscendere, procelloso vento qui à terra spirabat constanter prohibetur: igitur & ipse desperatâ jam penitus salute, acceram produci jubet, sum succensis ritè odoribus, Cœloque suspiciens venerabundus: *Actum est*, inquit, *uti video de familia Sûm: Principi qui morbo decesserat, fratrem unicum substitueramus, nunc hujus quoque mihi nuntiatur interitus; quando igitur hæc Cœli voluntas est, nec fas mihi suscitare reliquias Familiæ pereuntis, obruat me, meamque Navim (sic rogo, sic voveo) iratum mare.* Vix hæc effatus fuerat, quando vi turbinis ac procellarum inversa repente Navis abit in profundum. Periisse dicuntur ista die supra centum millia mortalium, partim hostili ferro, partim fluctibus, in quos plerique ultro sese desperabundi abjecêre.

Et hunc quidem habuit exitum florentissima quondam Familia, quæ uti litterarum sapientiaque gloriâ visa fuit antecellere cæteras omnes ita quoniam evanuit in hac ipsa sapientia sua & fovens impiè Ministros Atheopoliticos discessi omnium longissimè à sapientia majorum suorum quæ nativo lumini rectæ rationis consentanea fuerat, idcircò justo Dei judicio fuit ipsa quoque omnium maximè depressa & abjecta, quippe coacta præstare Barbaris pensiones annuas maximè sumptuosas, & simul tales eisdem deferre titulos ac honores, quales à stipendiariis infimisque Dynastiis suis accipere quondam ipsa consueverat; finem denique sortita tam funestam tamque terribilem, ut certum sit nulli superiorum Familiarum tristiorem obtigisse.

VIGESIMA FAMILIA
Yvèn dicta,
Tartarorum Occidentalium numerat Imperatores 10. annos 89.

PER annos 4221. rexerant Monarchiam Sinicam patriæ Familiæ Imperatoriæ novemdecim; Principes verò penes quos supremum jus fuerat, ac Cœli (ut aiunt) mandatum, omnino 212. quando prima vice parere tota cœpit exteris, & collum tam nobile jugo submittere Tartarorum Occidentalium, nunquam tamen latius dominata quam quando sic servivit. Fuit hæc Familia Sinensi cuipiam quam Tartaræ similior, propterea quod usa sit non Administris modò, sed & Legibus, moribusque Sinicis, conjunxit arma cum litteris; vicit autem Sinas nativâ quadam sinceritate & fide: itaque tam placida fuit administratio, tamque accommodata Sinarum ingeniis, ut vulgò Xìm chaó, id est, dominatio sancta hodieque nuncupetur; dominato tamen ei fuit vita perquam brevis singulorum ferè Principum, mollis item ac deliciosa eorum educatio, quo factum est ut ab avito robore, bellicaque laude citò degenerarint. desiderio, interim patriorum Principum semper, uti fit, augescente in animis Sinarum.

Xì cù Hoâm tí, aliàs Hŏ piĕ liĕ, primi conditoris Taì cù dicti filius natu quartus, idemque frater uterinus Hièn cũm, cui successerat in administratione nascentis Imperii. Hic si universim imperavit annis triginta-quinque, Historiographi tamen non ordinantur annos Imperii ipsius, nisi à vigesimo, quando scilicet toti Chinæ simul & Tartariæ dominari cœpit, cui adeo dominatus est annis sex decim. Obiit anno ætatis octogesimo. Aulam ipse primùm constituit in Metropoli provinciæ Xân si, Taì Yvèn sù (quam Venetus nominat Taì yn fu) debellato deinde Tartaro Orientali traduxit Aulam in urbem Pekinensem, quam adeò Taì tu, id est, magnam Aulam (Venetus Taì su sceribit) vulgò tunc nuncupabant: aliàs etiam vocat eam Venetus Cambalu, mendosè quidem, cum reverà dicendum esset Ham palu, id est, Regis sedes: Hàm quippe Tartaris Regem sonat, Palu, Aulam, sedemque Re-

DECAS SECUNDA.

giam: quoniam verò Tartari tam Occidentales quam Orientales pro littera B quâ carent, utantur P, iidemque rursus litteram H vehementer aspirent, hinc procul dubio natus error Cam pro Ham, & Ba pro Pa scribentis.

Fuit hæc Monar. 4123. post Diluv. 4497. post Christum 1279. Cycli ejusdem ann. 16. kĭ maô.

Anno duodecimo, Luna octava, terræ motus ingens, quo septem millia mortalium ruinis suis oppressa periere. Anno decimo tantæ exiterunt eluviones aquarum, ut supra quadraginta-quinque Myriades familiarum coactæ sint mutare solum, quas miseratus Imperator, distribuit in illas modiorum orizæ 580. millia 2899.. Anno decimotertio alter terræ motus in Piôn yâm urbe provinciæ Xân sī (Pi yam à Venet o dicta) quo corruerunt ædes 826. extincti mortales dumtaxat 150. Anno decimo-quinto, Luna prima, Cometes apparuit, per totum deinde mensem conspicuus.

Princeps rebus præclarè gestis memorabilis, in primis pius, idem perspicax, prudens & regia quadam magnitudine animi, ardens gloriæ studio & proferendi extra patrios fines Imperii. Mecænas eximius litteratum, litteraros ac sapientes conquiri jubet, quibus favet impensè, moneri non modò patiens, sed etiam cupidus, amans subditorum; tributa, supplicia que moderatur, & omnia (quod singularis fuit prudentiæ) ad Leges revocat moresque Sinicos, eò quidem successu, ut brevi non modò respiraverit Monarchia tota quæ afflictissima fuerat, sed longè florentissima evaserit; idque à Barbaro consecuta sit, quod à cive sperare vix potuisset. Multos qui imperante Familia Súm præcipuos gesserant Magistratus, ad obsequium suum pristinosque census & honores invitat; recusant aliqui, & morte spontanea tam splendidam servitutem fugiunt: hos inter memorandus in primis Colaus Vèn tiên sian in prælio captus maritimo; eum, extincta jam Familia Súm, ductor exercitus Tartarici (hâm hûm fân, modis omnibus devincire sibi, novæque dominationi tentaverat, inculcans identidem, ne spem quidem jam superesse restaurandæ superioris Familiæ: quocirca necessitati prudens cederet ac tempori; at ille, *Fidus*, inquit, *Minister ita servit Principi, uti filius patri: pater si ægrotat, mederi conatur ægrotanti: si morbi vis respuit medicinam, adhibere tamen perseverat, vel ideo ut partes omnes expleat pietatis suæ: non ignarus interim arbitrium vitæ ac necis esse penes Cœlum*. Victor ergo cum nihil proficeret, jamque alter inediâ se conficere niteretur, Pekinum consultò adducitur: hic toto ferè triennio sollicitata viri fides machinis modisque omnibus; at incassum, quoad mortem, quam ultrò flagitabat, importunus tandem impetravit ab Imperatore Tartaro, quamvis invito, multumque ingemiscente, jussus in foro lignario truncari capite. Inventæ post mortem duæ sententiæ cingulo inscriptæ, una quidem Confucii Xă xin sŭm gĭn, id est, pereat corpus ut pietas perficiatur; altera vero Mencii Xĕ sèm çŭm, id est, vitæ fiat jactura, ut obtineatur justitia. Obiit anno ætatis 47. multum deploratus ab omnibus.

Anno tertio suscipitur expeditio Japonica, missis ad Insulas Japonicas plusquam centum millibus bellatorum: at successu minimè secundo, partim in mari, partim in variis Insulis perierunt, sic ut ex tanta multitudine vix tres quatuorve rediisse, testentur Historici, Eodem anno, Luna nona, jubet Imperator cremari Libros omnes sectæ Tao; unum idemque Kalendarium quod ab Aula prodit quotannis, vult ubique esse in usu; quisquis autem privata authoritate aliud edat, reum mortis declarat. Anno septimo acerbo cum luctu sensuque patris in primis, moritur Imperatoris filius unicus, designatus hæres Imperii, relictis tamen liberis. Anno decimo-quinto Mahometani venalem offerunt gemmam immensi pretii, sed emi vetat Imperator, satius esse dicens sublevare pecunia illa ærumnas pauperum.

Idem quod intelligeret perire multas earum Navium quæ viâ maritimâ petebant quotannis Septentrionem, & commeatum ex China Meridionali in Aulam devehebant, ingentes aquarum ductus (quorum & meminit Paulus Venetus) tribus in provinciis aperiri jussit, decurrunt autem perpetuo alveo (tametsi creberrimis intercepto cataractis) per stadia Sinica ter mille & quinquaginta, id est, 245. leucas Hispanicas; opus verè regium, & in quo naturam felicissimè juvit ars atque industria; meatus enim per quos lacus quidam provinciæ Xân tŭm perennes devolvebat aquas in ortum ac mare, sic obstruxerunt, ut eædem redeuntes, aversæque in Occasum, postquam per exiguum spatium uno fluxerunt alveo, repentè dividantur, parique ferè portione aquarum duos efficiant fluvios, quorum alter intendit versus Meridiem; alter versus Septentrionem. Per eos fluvios se uductus aquarum hac etiam ætate nostra immensam orizæ vim quotannis deferunt naves onerariæ 9999. vastæ quidem molis, sed carinæ expertes, quarum singulæ 500. orizæ modios in Aulam quotannis devehunt alendis quotquot in ea munere aliquo publico funguntur & regiis sumptibus vivunt; ex quo conjiciat Lector quam incredibilem vim Mortalium sola Aula Pekinensis contineat, quod autem multitudinem navium per numerum 9999. exponant, cum alioqui unitate dumtaxat addita vocabulo unico (Van) myriadem compendiosius exponere potuissent, id equidem vanitatis ambitiosæ studio quopiam, uti & in aliis multis factitant, ut videlicet tanti numeri pluribus verbis pronuntiati amplitudo, magnificentius, vehementiusque aures omnium animosque commovereat.

Chīm cum Hoâm tì decessoris nepos ex filio à Regulis omnibus electus, obiit an. ætatis 42. Imperii 12. fuitque Morar. 4239. post Diluv. 4513. post Ch. 1295. Cycli ejusdem an. 32. Yĕm.

Bis mutatur ann. cognomentum. Anno primo, Luna quarta, fluvius Hoâm hô (Tartari Caramoran vocant) qui semper aquas trahit limosas ac turbidas, limpidas habuit ad spatium 300. stadiorum, quod ipsum sinistri ominis vim habet in China. Anno quinto, Luna nona, Cometes apparuit rubenti cum cauda valdè lucida, resolutus non multo post cum fragore tonitrui ad instar. An. 6. Luna secunda, Eclypsis Solis. An 9. terræ motus in xán sĩ cum interitu mortalium. An. 10. Cometes per dies 76. conspicuus.

Vectigalia suppliciaque moderatur, & alia tollit onera, quibus Reguli populum opprimebant; universim itaque laudatur à clementia & amore subditorum, administrato rectè Imperio: fraudi tamen fuit invaletudo prope assidua, quo factum est ut non potuerit eam afferre contentionem ac vigilantiam quam res postulabant, vel domesticæ Palatii sui, vel publicæ totius Imperii, quare variis in locis latrocinia exerceri cœpta: verum quod etiamnum recens esset memoria decessoris, & præclara institutio, non potuit magnopere labefactari prima hæc ætas, & quasi juventus vegetæ robustæque dominationis.

Yŭ cũm Hoâm ti decessoris nepos ex fratre, & filius natu maximus Reguli Xún cũm, obiit anno ætatis 31. relictis duobus filiis, qui postea imperabunt septimo & octavo loco. Imperavit annis quinque, fuitque Monar. 4251. post Dil. 4252. post Christ. 1307. Cycli ejusdem ann. 44. Tim vi. Anno quarto, Luna sexta, ingentes aquarum eluviones cum strage domorum 418229. & interitu 3466. mortalium. Calamitatem publicam publicâ noxarum condonatione & vinctorum libertate solari conatus est pius Princeps: Princeps egregiæ cujusdam munificentiæ, cujus testes variæ dignitates ac Dynastiæ benè meritis collatæ. Ad litterarum commendationem communem Imperii Magistrum Confucium regiis titulis & honoribus donat, quod & à successoribus suis factitatum.

Certiorfactus orizam & sericum exportari à multis viâ maritimâ, ab aliis verò præstolantibus annum steriliorem, recondi ac supprimi, lege latâ vetat quidquam orizæ ac tritici, vel auri argentive, ac vestis sericæ in exteras Regiones efferri.

Gĩn cũm Hoâm ti decessoris frater uterinus. obiit æt. 36. Imperii 3. fuit Mon. 4256. post Dil. 4530. post Ch. 1312. Cycli ejusd. an. 49. Gĩn cù. Bis mutatur anni cognomentum. Anno secundo, Luna tertia, Cometes apparet. Crebri terræ motus variis in locis, nec sine ruinis etiam montium; haud immeritò prodigiosam quis nominet hanc Familiam, quod illa impexante prodigia extiterint tot ac tanta.

Princeps & re pius & nomine, morem gerens parentibus, moderatus, gravis, liberalis, doceri gaudens ac moneri, & cœlestis (uti dicunt) indolis, idemque perspicacis & acuti ingenii, litterarum studiosus; amans subditorum, & tantus denique in administrando rectè Imperio: floret ergo mirificè Respublica & magnâ ubique pace perfruitur; Regulis ac Dynastis venationes interdicit à Luna quinta cujusque anni usque ad decimam, ne Colonis & agriculturæ damno sint, vel impedimento. Libellum sibi oblatum quo de cultu agrorum & mororum sericove appositè agebatur, excudi jubet ac dispergi per Imperium, quod diceret ea quæ ad sustentationem & amictum populi necessaria, sunt Imperii basim esse. Dicere consueverat gemmas apud Mahometanos quidem esse in pretio, sed apud se in maximo esse pretio viros sapientes ac probos; *Quorum si utar*, inquit, *operâ, nonne meritò sperem subditos meos non tranquillè modo, sed etiam commodè, lautéque victuros? cum hac autem fœlicitate quâ tandem gemma lapidesve pretiosi comparari possunt?* Cognito quinque fratres ob gravia quædam delicta reos esse mortis, ingemiscens, *Un saltem*, inquit, *donetur vita, ut sit qui miseros parentes soletur & alat*. Cessante diu pluviâ, cum messis periclitaretur, altum suspirans, *Ego*, inquit, *ego reus sum calamitatis hujus*, Res admiratione digna, sequenti mox die multa cœlo piu via decidit; & verò solebat identidem successu odoramentis pluviam a Cœlo flagitare.

Iñ cũm Hoâm ti decessoris filius natu major, unà cum l'ai diù Colao suo in ingressu Tentorii occisus à Tiĕxĕ, & aliis perfidiæ sociis, qui criminis alicujus conscii sibi timebant. Imperavit annis tribus, fuitque Mon. 4265. post Dil. 4539. post Chr. 4321. Cycli ejusdem ann. 58. Sii yĕu.

Anno secundo, Luna undecima, Solis defectio. in Aula terræ motus, eum cum regii Ministri ac Proceres coram ipso Principe attribuerent peccatis suis, utque officio suo non uti par erat fungerentur: bonus Princeps contrà, unum se reum esse contendit; depromi jubet ex ærario suo magnam auri vim, quo ærumnis populi ab eluvionibus aquarum damna passi sopirentur. Laude virtutum, pietatis in primis, haud inferior ipso patre: hic enim cum ægrotaret, filius per noctes singulas suspiriis ac lacrymis Cœlum deprecabatur, sibi fas ut esset subire vices morituri patris: sui suorumque commodorum oblitus curas omnes intendit in publicam utilitatem. Percunctanti à Colao suo Pái diù, num daretur illo tempore consiliarius ac monitor adeo fidus, atque fuerat Familiæ Tâm Principi Tǎi, cũm Colaus Guĕi chim, *Princeps*, inquit, *vasis instar, Minister autem Principis instar aquæ quæ vase recipitur; porrò cum vase cujuscumque tandem formæ sit, seu rotundæ, seu quadratæ, semper aqua se conformat: sic & Minister si nactus fuerit Principem consilii capacem, consilia suggerat, si patientem commoneri, erit & ipse sedulus ac fidens in commonendo: denique ubi Tǎi cũm fuerit, Guĕi chim non deerit.*

Tái tim Hoâm ti Reguli Hiē i cũm filius natu maximus, obiit anno ætatis 36. Imperii quinto, fuitque Monar. 4268. post Dil. 4541. post Chr. 1324. Cycli 65. ann. 1. Kiǎ cù. Bis mutatur anni cognomentum. Hoc Principe multa rursum prodigia, terræ motus cum fragore, saxis etiam per volitantibus, ruinæ montium accuratè referunt Annales singulorum prodigiorum tempus, locum, quot domorum facta sit strages, quot homines interierint. Admitti vetat Imperator advenas Bonzios vulgò Lamasem nuncupatos, quorum magni greges ex Tiba ac Tartaria sua ventilabant in Chinam, eorumque indigenis & oneri & offendiculo, concursantes per domos, haud secus ferè atque apud nos ii quos Ægyptiacos vocitamus.

Princeps amans pacis & tranquillitatis, feliciter & tranquillè administrat Imperium, patricidas uno post mense pro meritis suppliciis jubet affici, stirpemque totam funditus extingui, interfectis etiam filiis ac nepotibus.

Mim cũm Hoâm ti filius natu maximus Vŭ cũm, obiit repentè non multis post mensibus quam susceperat Imperium; duos reliquit filios qui

DECAS SECUNDA.

qui deinde futuri sunt postremi Imperatores hujus Familiæ. Imperavit anno uno, fuitque Mon. 4273. post Diluv. 4547. post Christ. 1329. Cycli ejusdem ann. 6. kĭ sŭ. Electio autem Principis ad Imperium fuit hujusmodi : mortuo Taí tìn, Comitia celebrantur in Aula ad eligendum novum Principem, adsunt primi quique præfecti militiæ Tartaricæ, iique districtis omnes ensibus, Colaus Yĕn cheu moìs & ipse Tartarus alloquens universum cœtum : *Duos*, inquit, *filios reliquit Vŭ cŭm Imperator, alterutri deferendum est Imperium, si quis refragat, sciat in ipso vestigio moriendum sibi esse* : Aberat tunc in Tartaria natu major ; minor aderat, cui Vĕn cŭm nomen, hic ergo eligitur, at negat ipse, quod fratri debebatur, admittere, nec mora, invitat absentem, palam interim edici jubens se non Imperium gerere, sed vices dumtaxat fratris ; adest frater : salutatur Imperator ; tranquillè prosperéque res eunt : exacto circiter anni dimidio, convivium instituitur apparatu sumptuque regio ; adsunt primores omnes, adest & Imperator, quando & ecce mediàs inter gratulationes atque lætitias, repentè exhalat animam, non defuit veneni suspicio, nec immunis à suspicione fuit ipsemet frater, quamquam credibile non est eum qui absenti detulit Imperium, præsenti abstulisse vitam.

Vĕn cŭm Hoâm tí decessoris frater natu minor, obiit anno ætatis 29. Impetii tertio, fuitque Monar. 4274. post Dil. 4548. post Christ. 1320. Cycli ejusdem ann. 7. kĕm xĭ. Anno tertio, Luna octava, terræ motus in Aula eodem quo moritur Imperator die : mortuo fratre denuo suscipit Imperium ; audit lubens non modò consiliarios, sed etiam monitores ; peccavit unâ in re, quod Antistitem Bonziorum qui Lamasen nominantur, tunc forte advenam ex Tartaria Occidentali in magistrum sibi delegerit, eumque singulari cum honore excipi jusserit ab Aula universa, quem adeo cum præcipui quique procerum curvatis etiam poplitibus salutarent, vinumque ritu ministrarent ; at ipse nulla vicissim data honoris significatione consisteret immotus, Sinarum unus superstitionem faltumque hominis haud ferens : *Tu*, inquit, *bone Vir, discipulus es Xĕ kiâ seu Fĕ Idoli, idemque Magister Bonziorum, ego vero (si nescis) discipulus sum Confucii, idemque Magister Litterarum Imperii, quo circa supersedeamus obsecro mutuo venerationis ritu*. Hæc fatus vinum illi stans obtulit, subscripsit Bonzius, cyathumque surgens exhausit:

Quando Bonziorum istorum jam facta est mentio, juvat hic inserere nonnulla, non quidem ex Annalibus deprompta Sinarum, sed ex litteris Sociorum, qui nuper ex China terrestri itinere profecti sunt in Europam, aliisque Authoribus fide dignis : est igitur occiduæ Sinarum provinciæ quæ Xēn sī dicitur finitima regio, cui Lama nomen, immensæ ditionis Tartarorum perexigua quædam portio, quam dives musci, gregumque & armentorum tam inops aliarum rerum quæ ad splendorem vitæ, vel delicias faciunt ; Incolæ regionis prisco Scytarum more vivunt in Tentoriis ; pauperibus interim non aliæ sedes aut tectum est quam Cœlum, solumque omnibus commune ;

per dies tamen brumales quibus aspera sunt Tartariæ frigora, sibi scrobes effodiunt, & in his ita noctem transigunt, somnoque dant operam, ut pro strato quidem firmum habeant equinum, pro tecto autem pelles ipsas quibus sunt induti, ortoque dein Sole, exclusis hinc stercoribus, illinc nivibus, quibus itentidem cooperiuntur, alacriter consurgant : haud alia regio securius præbet iter negotiatoribus, quantumvis pauci sint, opesque suas etiam ostentent : securitatem gignit severitas quâ patriæ Leges furta castigant.

Ingens in eadem Regione Cœnobitarum & Sacrificulorum est numerus (quos uti jam dictum est Lamas vocant) à quibus superstitiosæ gentis ac Idolorum cultui deditæ sacra procurentur. Inter Idola, unum visitur, quod maris probrosè nudati specimen refert, cui, dum hæc ipsa scribimus, complures ex memoratis Sacrificulis in Palatio Pekinensi ritu impio famulantur, invitis quidem Sinis, qui ab omni simulachrorum & picturarum obscœnitate semper abhorruerunt, sed hanc quoque fœdæ superstitionis servitutem non tolerantibus in gratiam aviæ Imperatricis quæ ex familia regia Tartariæ Occidentalis, in hanc Orientalium Tartarorum Chinæ dominantium, olim nupsit ; est porro Cœnobitis illis ac Bonziis præter minores cujusque cœtus Cœnobiarchas unus omnium Princeps & caput, adeoque summæ dignitatis, & autoritatis Antistes, Numen aliquod Cœlo delapsum diceres ; tanta cum superstitione ipsum summi pariter infimique venerantur, fæces ipsas & excrementa (quis credat) hominis impuri habent in pretio, atque à multis locoque pendulæ de collo gestant, nec putare dubitant urinam ejusdem præstantis instar panaceæ, si quando se tentari morbo sentiunt : penes eundem pacis ac belli supremum quasi jus est, arma nunquam sumere, ipso non approbante, si non piaculum, inauspicatum certè dicitur : annorum itaque ferme trecentorum pacem ea quæ mox sequetur Mĭm familia huic ex parte Antistiti & superstitiosæ Barbarorum observantiæ referre debet acceptam, uti & suam fortè debet hodie familia Cȗm Tartariæ Orientalis, ac Sinarum Domina.

Nìm çŭm Hoâm tí septimi Imperatoris Nĭm cŭm filius natu secundus, à patruo decessore declaratus hæres Impetii, duobus circiter mensibus post obitum patrui, & ipse moritur septennis, quare a quibusdam Chronologis non recensetur, utpote cujus Imperio ne unus quidem annus adscribi potest.

Xŭn hoâm tí filius natu major Mĭm cŭm Imperatoris ordine septimi, obiit anno ætatis 49. profugus in Borealem urbem Im châm. Imperavit ann. 35. fuitque Mon. 4277. post Dil. 4551 post Christ. 1333. Cycli ejusdem ann. 10: Quiĕy yŭ. Mortuo patre se contulerat in provinciam Australem Quàn sī, unde evocatus ad Aulam, adit Imperium annorum tredecim puer : Princeps indolis blandæ quidem, sed & inertis, parum certi firmique consilii, Fŏyén hâ mâ Colaum creat, qui interfectâ deinde Reginâ propterea quod fratres ejus ab Imperatore defecissent, valdè perturbavit Imperium ; ipsemet interim indulgente ludis, jocis, ac Veneri, publicasque res & curas ner-

L

HISTORIÆ SINICÆ

gligente; hinc ergo aliæ calamitates ex aliis, ac Familiæ totius tandem ruina atque interitus: non defuerunt quidam viri fortes ac probi, qui sistere conati euntem in præceps, ei veterum Tyrannorum Kië & Chéu tristia exempla, exitusque infaustos in memoriam revocantes: quos inter unus & ipse Colaus, cum forte laudaret Imperatorem octavum Familiæ superioris Principem Hoëi cūm dictum: *Merito quidem laudas illum*, inquit, *ô Rex, ut cui multa magnaeque dotes animi & facultates fuerint, una tantùm tamen facultas? proh dolor! in eo desiderata est. Ecqua illa*, inquit Imperator? Tum Colaus, *Facultas agendi Regem, cum tamen Rex esset.* Cæterum nec isti multi, nec alii multò acriores sopitum excitavêre.

Accessit interim ad malorum cumulum quod invitatis in Aulam ex Tartaria sua Bonziis, non idololatriæ tantùm, sed & magiæ aditum patefecit; ex illis duo Palatium frequentant, ipsumque Ginecæum, cum insigni offensione gentis Sinicæ: eisdem auctoribus, sexdecim puellarum saltantium institutus Chorus Tiēn mó vŭ vocitabatur, id est saltus dæmonum cœlestium.

Anno undecimo cum pergeret Imperator ad Aulam gentilitiam, majorum suorum officia parentalia solito ritu ac more persoluturus; quæsivit ex Colao suo. num deceret exhiberi ab se honores istos manibus Vên cūm fratris natu minoris, cum esset ipse natu major; respondit Colaus, *Parest, ô Rex, ei qui ante gessit Imperium deferri abs te honores istos velut Imperatori*. Ita factum. Ter mutatur anni cognomentum.

Anno vigesimo-tertio homo SinaChū nomine, oriundus in provincia NanKinensi ex oppido kaó hëu, quod urbi Hoai parebat illo tempore, exercitum sibi comparare incipit, ex latrone & duce latronum futurus brevi magnorum Imperator exercituum, ac Chinæ tandem universæ dominus, novæque conditor Familiæ; ad ipsius castra confluunt undique latrones, quorum multi, magnique cunei jam diu propter desidiam Principis, & res malè administratas sub suis quique ductoribus terrâ marique grassabantur, urbem Tāi pīn oppugnat, & capit exinde Chím kiām, urbesque alias provinciæ Nankinensis. At anno decimo-octavo varias urbes occupat provinciæ Kiām sī, suumque æmulum qui Hán ascititio nomine tituloque Imperatoris jam gloriabatur, vincit.

Anno trigesimo-tertio exercitum familiæ Yvèn, cui præfectus erat filius Imperatoris, ad internecionem delet; provincias Meridionales Fō kien & Quàm sī nullo negotio sibi adjungit. Anno 36. Luna sexta (primus hic fuit ipsiusmet conditoris) fluvium Hoām hô trajicit; urbes alias atque alias occupat. Altera Luna sexta (geminabatur enim de more isto anno mensis unus seu Luna, quod annus esset intercalaris) rursum cæditur exercitus Imperatoris, qui re cognitâ noctu profugit omni cum Familia, Proceribus suis, ac Ministris, ad Aulam superiorem, quæ adeo Xan tum dicebatur. Anno 37. die uno Aula Pekinensis rapitur: Chu supra nominatus Nankini acclamatur Imperator; indit Familiæ suæ Tā mǐm, id est, magnæ claritatis cognomentum.

Anno 34. Luna quarta, diem obit postremus familiæ Yvèn Imperator Xún hoàm tí in urbe Im chām, distabat hæc ad ortum Borealem stadiis 3000. à Xīn tū, sive Aula superiore; sed hæc ipsa quoque non multò post cessit victori maximisque gazis spoliata est, fugiente in Tartariam suam filio Imperatoris, & equitibus vix centum fugæ sociis.

Sed operæ pretium fuerit sub unum quasi aspectum ponere Lectori calamitates, portenta, atque prodigia quæ sub occasum Familiæ Tartariæ, & imperante Xún contigerunt, perquam similia varietate suâ prodigiis illis quæ trecentis annis Orientales Tartari spectaturi sunt.

Anno secundo, & ipsis anni Kalendis in Metropoli provinciæ Hô nân pluit sanguinem, sic ut vestes incedentium per plateas passim colore rubeo tingerentur. Luna tertia, pluit pilos pilorum instar oblongos in urbe ejusdem Provinciæ Chām tē dicta; ibidem cessarunt deinde pluviæ a Luna tertia usque ad octavam: Luna quarta Solis defectio: Luna septima Cometes apparet magnitudine ad instar cyathi, ut aiunt, rubeo colore, & cauda cubitorum quinque valdè rutilante: Luna octava terræ motus in Aula; Mons Kí mǔn subsidit absortus ingenti voragine cum interitu multorum mortalium; Monti succedit lacus.

Anno quarto, Luna prima in civitate Siō sūm terræ motus quo scissi montes aliquem hiatum fecerunt. Luna quinta & sexta eluviones aquæ aquarum: in provinciis Nân kīn & Chē kiām per octo menses cessant pluviæ.

Anno quinto, Luna quarta Cometes apparet usque ad Lunam septimam, qua ipsa Luna vis magna locustarum provinciæ Hô nân agros depopulatur. Luna octava magni terræ motus in Aula & provinciâ Hô nân, magna cum strage domorum & hominum; à Luna septima usque ad undecimam planeta Veneris de die conspicuus fuit identidem, hoc cum numerent in prodigiis, alias item commemorant.

Anno sexto terræ motus in oppido Sūm xún: Luna quarta in Aula pluit arenam rubeam magnâ copiâ: Luna octava crebri terræ motus in Aula & aliis locis cum ruina montium.

Anno septimo referuntur eluviones aquarum quæ contigerunt Lunâ sextâ, septimâ & duodecimâ.

Anno octavo, tertia circiter, Luna Cometes apparet, post dies 32. videri desinit.

Anno nono, Luna quarta, ad urbem Chām lŏ in provincia Hô nân ventus ab Occasu Boreali vapores detulit rubri coloris adeo spissos, ut dies in noctes vêrterent.

Anno decimo, Luna prima, flumen k'ù kil præter modum exundat in Aula: Luna quarta in provincia Hô nân terræ motus, cum fragore, qualis esse solet tonitruum, hiante ipsâ terrâ. Luna septima ruit mons Lōfeu in oppido Hoëi dicto,

Anno undecimo à Luna quarta usque ad sextam pluviæ perennes in Hô nân.

Anno decimo-quarto, Luna secunda, in provincia Xań tūm terræ motus per dies omnino 7.

Anno decimo sexto, Luna secunda iterum terræ motus in eadem provincia; corruunt item muri Urbis Regiæ, assiduis imbribus & eluvionibus fundamenta laxantibus.

Anno decimo-octavo, Luna sexta, stella nova ad

DECAS SECUNDA.

instar Lunæ: Luna undecima, accensi duo vapores, Sinæ stellas vocant, in oppido Yâo chéu Cœlo delapsi mutantur in lapidem qui formam bipennis exhibet.

Anno decimo nono, Lunâ undecimâ, Cometes ab Occasu.

Anno vigesimo, Luna decima sexta, in territorio Sûm si terræ motus per dies 100. amplius; sub ruinis murorum Hoéi chéu reperiuntur Balistæ magnitudinis inusitatæ, quas adeo nemo motiri poterat, majores erant duarum orgiarum Sinensium, seu quatuor nostratium, minores novem cubitorum: Luna decima, movente rursum terrâ, mons ruit, ibidem tribus ante diebus audiuntur ululatus inusitati ferarum & pecudum.

Anno vigesimo-primo, laboratum suit agrorum sterilitate: Luna nona, Solis defectio.

Anno vigesimo-secundo, terræ motus in territorio Fuén hián: in provinciis Hù quàm & Kiâm si magna fames, post famem morbi quibus innumeri mortales extincti.

Anno vigesimo-quarto, duo Soles inter se visi concurrere: Luna octava, Cometes apparet albo cæruleus, Luna duodecima disparet: Luna decima, vapor ignitus ac lucidus (ad instar stellæ) & caudam trahens cum sonitu delabitur, terramque attingens in lapidem convertitur coloris nigro cærulei.

Anno vigesimo-sexto, Luna tertia, in provincia Pekinensi tonitruum fragor; ab Occidente nubes ignitæ & quasi deprœliantium sonitus in aëre: Luna quinta, in provincia Xán tùm pilorum pluvia, terræ motus.

Anno vigesimo-septimo, Luna quinta, Xán tùm prope fluvium Hoân hô, alitisque in locis tanta vis fuit locustarum, ut Cœlum obtegerent, neque jam equi possent incedere, aut homines iter facere, hinc orta fames horribilis ac solitudo.

Anno trigesimo, Luna secunda, Cometes per 34. dies conspicuus; alius item, Luna quarta, longissimam trahere caudam, qui dies quadraginta Cœlum obtinuit.

Anno trigesimo-primo, Luna tertia, Cometes ab Ortu spectabilis per mensem totum: Luna nona in provincia Xán tùm aër inusitato rubore exardescens per leucas circiter septuaginta.

Anno trigesimo-tertio, Luna secunda, juxta Solem conspecta fuit Luna & stella quædam.

Anno trigesimo-quinto, Luna prima, armorum sonitus ac prœliantium auditus in aëre.

Anno trigesimo-sexto, Luna prima, Cometes per triennæ spectabilis, quo etiam tempore finem accipit dominatio familiæ Yvén: Luna sexta, terræ motus in Xan si provincia, per dies quinque.

Historiam familiæ Yvén fusè admodum conscriptam, quippe 210. Voluminibus, ab historico Kiâ pa vuân, qui author imperante Familia Mim floruit, Chronologus Sinensis summatim complectens, annorum computum à septimi Monarchæ Imperatoris Vâo anno primo, qui fuit primæ Periodi seu Cycli sexagenarii ann. 41. Kia kin dictus, usque ad annum 35. & postremum decimi Imperatoris Xûm hoâm ti è familia Yvén modò dicta, (qui fuit Periodi 63. ann. 44. Tim ui dictus) concludit summam annorum fuisse 3724. porro his si addas familiæ Mim sequentis ann. 276. & subsequentis Sim familiæ sub qua scribimus ann. 23. existent anni omnino 4023. computati secundum Periodos seu Cyclos sexagenarios integros 66. & duos dimidiatos, alterum scilicet qui à primi Cycli ann. 41. cœpit numerari, & alterum qui usque ad postremum Cycli jam decurrentis annum 41. fuit, qui annus respondet anno post Christum 1666. & quo includimus & concludimus Chronologicam Synopsim.

VIGESIMA-PRIMA FAMILIA
Mîm dicta,

Numerat Imperatores 17. annos 276.

SEQUITUR familia Tá mIm, id est, magnæ claritatis, sic dicta, quod fortè dies ille quo solemniter auspicata fuit Imperium serenissimus esset, & qui inusitatâ claritate suâ gratulari quodammodo videbatur Monarchiæ Sinicæ, diuturnis è tenebris Tartariæ servitutis emergenti, quod autem in exordiis aliarum quoque Familiarum accidisse crebro jam vidimus, ut ex cineribus unius nasceretur altera, & ruinæ prioris, posterioris essent fundamenta: quique latrocinanti fuerant, civium deinde militumque legitimorum munere fungerentur, quique dux fuerat vel rebellium, vel latronum, legitimi tandem Principis & jus & nomen magna cum pace & gratulatione omnium obtineret: id in hac quoque Familia usu venit, etenim declinante jam in occasum dominatione Tartarica, cum jacerent Leges ac propter inertiam socordiamque Principis postremi, magis in dies negligeretur Respublica, variique latronum cunei suis quique sub ducibus, velut in neglecto agro herbæ inutiles ac noxiæ, terra marique nascerentur: tamdiu hi digladiati sunt, & nunc legitimo cum Principe, nunc inter se de Imperio ad quod aspirabant singuli decertarunt, quoad post varios belli casus ac vicissitudines, uni tandem sua felicitas ac virtus, atque (ut Sinæ loqui solent) decretum cœleste Coronam & Imperium detulit: fuit omnino familia Tá mîm inter eas quæ post tres primas potitæ sunt rerum, perpaucis secunda, usque adeo fuit illa & sago nobilis & togâ, & Imperium armis, litteris, Legibus stabilitum, rara cum laude æquitatis, clementiæ, sapientiæque gubernavit, quoad ipsi quoque diuturna tandem pax atque felicitas fraudi fuit & quæ servitutem excusserat Barbarorum, fastu insolens, luxuque onerata, servire vitiis cœpit, & dum plus litteris quam armis tribuit, armis primum civilibus, deinde exteris Tartarorum Orientalium oppressa denuò incidit in servitutem, illa quam modo vidimus longè magis acerbam, justo quidem Dei judicio, & quæ annuntiatam a Societate Jesu veritatem Evangelicam, & oblatam filiorum Dei libertatem tam frigidè lentèque susceperat, ut respicere verius quam suscipere videretur. Cæterum post hac brevitate plusquam synoptica, necesse nobis erit tractare quæ tractanda supersunt, quamquam non sine spe saturum aliquando qui clarè copiosèque & pro dignitate res memoratu dignas exponat Europæis; nos enim jam

r ij

urgent curæ majores propriæ fori noftri, & propter quas relicto natali folo, volente ac læto animo in hos terrarum ultimos fines olim perreximus; revocant, inquam, nos dilecti Neophitorum greges & Ecclefiæ annorum feptem viduitate afflictæ, ad quas denuó revertendi poteftas nobis ab Imperatore nuper facta eft, non fine ftupore quodam gentis politicæ plaufuque bonorum gratulantium innocentiæ Chriftianæ in folemnibus Imperii Comitiis juridicè declaratæ, & de calumniis impietatis, invidæ fimul impiæque, triumphanti: illi fit honor & gloria, in cujus manu funt corda Regum, & cujus confilium femper ftabit, & omnis voluntas femper ubique fiet.

Recté notant hoc loco Sinenfes Interpretes, quod ficut Elementis totique mundo fublunari fuæ funt rerum temporumque viciffitudines, ita fuæ funt etiam Regnis atque Imperiis, adeoque Familiis illis penes quas ipfa funt Imperia, fic ut dum unæ occidunt, oriuntur aliæ, dum hæ vigent, ac florent, marcifcant illæ & confenefcant, nec quicquam fere conftantius fit quam ipfa rerum viciffitudo & inconftantia ; locupletiffima veritatis hujus teftis eft Monarchia Sinica, in qua poft tres familias principes Hiä, Xām, Chiā, quarum præclara inftituta, pacem, clementiam, æquitatem pofteritas omnis meritò femper fufpexit ac deprædicavit, quarta Cîn dicta velut procellofus turbo poft longam ferenitatem fecuta eft, & concutere, mutare, deftruere cœpit res annorum bis mille ufu ftabilitas : concrematis libris, extinctis litteratis, armis quidem potens & longinquis etiam terris formidabilis, fed & fubditis fuis propter infolentiam crudelitatemque odiofa, minimè tamen diuturna, uti fere brevis effe folet turba omnis ac tempeftas; excepit hanc quinta, cui Hàn nomen, annofa, multis clara Principibus, nec bello minus quam pace florens: quinæ fucceffit ea quæ Cîn dicitur, huic vero per breves aliæ numero quinque, affiduis armorum motibus, perduellionibus, cædibus, patricidiis infames, quarum tempus omne, vel unius familiæ Hán ætatem fpatiumve æquare non potuit; pacavit autem deinde tempeftates iftas Familia Tâm, diu florens ac beata, quoad huic quoque finem dederunt quinque rurfum Familiæ ordine fuccedentes prioribus illis longè magis feroces ac turbulentæ, quodque violentiæ omnis eft proprium, breviffimæ; reduxit autem familia Sûm amiffam diu pacem & tranquillitatem diutius confervatura, fi tam fuiffet armorum quam litterum ftudiofa, impar itaque armis Tartarorum Occidentalium, infelix occidit, & fervituti exterorum, dominationique familiæ Yvên Chinam fubjecit, brevem tamen fecit fervitutem & dominationem Principum fere fingulorum vita brevis & longa poftremi, quippe cujus inertia latrociniis primûm, deinde recuperandæ penitus libertati anfam dedit, fimul initium familiæ Tâmîm quoad hanc rurfus fua primum vitia & luxu, opulentiâ, faftuque orta debilitarent; bella deinde inteftina latrociniaque fœde lacerarunt, ac Orientales denique Tartari qui cum hęc fcribimus rerum potiuntur ingenti cum ftrage hominum urbiunque extinxerunt.

Cào cù Hoâm tí, aliàs Chû ex infimo loco gradatim ad faftigium Monarchiæ Sinicæ, idemque conditor Familiæ per annos 276. imperaturæ; obiit anno ætatis 71. menfe quinto qui tunc fore intercalaris erat: Aulæ fedes NanKinum. Imperavit ann. 31. fuitque Monar. 4511. poft Diluvium 4586. poft Chriftum 1368. Cycli ejufdem ann. 41. Vû xiñ. Anni cognomentum unicum Hûm vû, id eft Mars inundans, quotquot Principes ad hæc ufque tempora deinde fucceffermt, unico fimiliter anni cognomento funt ufi, quo & ipfimet Principes vulgó nuncupantur.

Natus ann. 17. & parentibus tribufque fratribus morbo amiffis, ipfe natu minimus & compulfus inopia, ignobilis, qui Idolum Foē colunt, famulatur; brevi autem genus hoc vitæ inertis ac fuperftitiofæ mutat, tertio poft anno militiæ dat nomen. Eo tempore multi ficut eft dictum, qui defecerant à poftremo Familiæ Tartaricæ Imperatore, latrocinantium prope ritu terrâ marique circumferebant arma; Inter hos ergo Tyro nofter cum fortitudinis induftriæque bellicæ rarum fpecimen & aliud atque aliud edidiffet, ufque adeo ductori fuo, Cō cú hēm nomen erat, probatus eft, ut is virginem ab fe adoptatam quæ Ma nominabatur, ei dederit in uxorem, nec multó poft cum focer fatis conceffiffet, in ejufdem locum communibus militum fuffragiis fubelectus eft: ipfæ ergo perturbationes rerum ac temporum, focordiaque Principis Tartari offerunt occafionem reftituendæ libertatis patriæ, cœpit in dies ardentioribus urgeri ftimulis, quo autem felicius rem tantam perficeret, ante omnia pietatis & clementiæ fibi famam conciliare inftituit, quod ipfum aliis aliarum Familiarum conditoribus præclare quondam fucceffrat, commilitones fuos rapinis & cædibus abftinere jubens, & fœminas atque parvulos, quos ritu captivorum abduxerant, ad natale folum benignè remittens: edito etiam caftimoniæ exemplo, fi non & crudelitatis fimul edidiffet, virginem quippe rarâ formæ gratia confpicuam, cum ei muneris loco obtuliffent, ipfemet nihil cunctatus obtruncavit, vetans in pofterum munera tam illecebrofa Principibus offerri, quod itaque nulla forte vis induftriaque valuiffet efficere, virtus efficit, eó quidem potentior, quod & civis & contra Barbarorum dominatores, urbes totæ ultro illi fe dedunt, totæ rebellium legiones & exercitus ad ejufdem figna tranfeunt.

Pugnatum fæpius cum Tartaro & Sinis, qui Tartari partes tuebantur, quo autem fucceffu, jam ante obiter memoratum eft: exactis denique inter affiduas expeditiones & prælia annis omnino viginti excuffum fuit jugum Tartarorum; affertor vero priftinæ libertatis falutatus Imperator & in folio collocatus: hic ergo novum caturus fpecimen pietatis parentes ac majores fuos ad quartam ufque ftirpem pofthumis de more honoribus ac titulis ornat regiis, & ignobilia eorumdem fepulchra magnis fubftructionibus effert augetque; vafa tamen haud alia quam fictilia adhiberi patitur, quotiefcumque parentales eis honores defert, dicens ita ferviendum vita functis, uti vivis quondam ferviebatur.

Oppidum Haô cæeū, unde fuit oriundus, urbem effe voluit & quidem primam à Metropoli feu

Aula

DECAS SECUNDA.

Aula Nankinensi, novisque auctam muris ac privilegiis Fūm Yâm, id est, Phœnicis splendor nominari.

Uxorem suam Ma xì, consortem fidissimam laborum suorum atque discriminum, Imperatricem creat, eamque & colere & amare perseverat, quamvis alioqui deformis illa esset variolarum cicatricibus & pedum magnitudine prope cubitali, quod formæ vitium fœminæ Sinenses, etiam rusticæ & agrestes vulgò fugiunt ac horrent, sed nimirum raræ dotes animi tam caram fecerant, sic prorsus ut fateretur debere se imperium prudentiæ imprimis ac pietati suæ conjugis; etenim cum esset ipse naturâ præceps atque ferocior, illa moderationis clementiæque hortatrix assidua mariti vitio blandè medebatur, spemque fovens Imperii consequendi, eis hoc potissimum à Cœlo deferri affirmabat qui voluntati votoque cœlesti, quod est utique amoris & clementiæ, promptius obtemperarent. Ad Imperatricis evectæ dignitatem, nunquam tamen gemmas adhibuit, veste etiam sæpius lota utens; morti quo extincta est causam præbuit animi molestia, quam ceperat ex supplicio trium virorum præpotentium quos Imperator initi contra se consilii suspectos ipsa dehortante interfecerat. Morti proxima, cum paratum ei pharmacum offerret Imperator, amicam vim facere sumere recusanti, persistit tamen ipsa, quod diceret verer se, ne si nihil proficeret, ut erat probabilissimum, Medici quoque vitam in discrimen vocaret. Obiit anno decimo quinto novæ dominationis: quantus mariti luctus fuerit, hinc patet, quod aliam deinceps creare Imperatricem constanter recusarit.

Hoc Imperatore ænea Tormenta bellica primùm feruntur inducta à Mahometanis, uti etiam Astronomia Chaldaica, vel Arabica, ex cujus deinde calculo seu normâ conscriptum Kalendarium, regia tandem authoritate fuit admissum; verum ducentis post annis hujus authoritatem vehementer imminuet, usumque tandem penitùs tollet Astronomia Europæa, à Patribus Societatis Jesu apud Sinas vulganda. Regna finitimarum gentium omnino quadraginta feruntur detulisse novo Principi clientelare obsequium variis & exquisitis cum muneribus, inter quæ & Leo nunquam ante id tempus visus in China. Paulus itaque Venetus quando scripsit feracem esse Leonum provinciam Tŏ kim, dici debet accepisse Tigrides pro Leonibus, quorum ingens inibi copia est.

Porro inter ea quæ dixi Regna, Japonia numeratur: invitaverat autem Japones Familiæ quoque præcedentis conditor Tartarus: at qui nunc ultrò veniunt, & per annos plurimos deinceps venient, nec invitati venerunt. Adfuerunt etiam Legati à Coreanis & tribus Regibus Lieû, Kieû, nunc Insulæ Formosæ, & vicinarum, quos & comitabantur, Juvenes regii in Sinensi Gymnasio litteris daturi operam. Item à Regno Siĕn lŏ (quod Europæi vulgò Siam nominamus,) cum litteris inscriptis auro in folium extenuato; hoc Regnum quondam bipartitum, & partim habitatum ab indigenis, partim ab Sinis imperante familiâ Han transfugis (qui quod superciliua sua minio tingerent, Chĕ mûi nuncupabantur, & paulò post Christi tempora eò se contulerant) præcedens Familia Tartarorum Occidentalium uni subjecit Principi.

Multæ præterea Ditiones, ac Regna occiduis Sinarum Provinciis finitima, Orientem Solem, uti sit, adoratura, Legatos, ac munera Nankinum expedivere, quos omnes amplis donatos muneribus, & instructos aureo sigillo titulisque honorariis pro suo cujusque Principe perhumaniter dimisit Imperator, qui pacato jam Imperio domique stabilito, vices Barbaro redditurus in ipsam quoque Tartariam victores, infestosque misit exercitus. At ne tunc quidem moderationis & clementiæ suæ oblitus, etenim cum nepotem haberet in sua potestate, juris quondam sui, Xún Hoăm tí, non adeo non læsit, ut contra Dynastiæ titulo honoratum paulò post etiam redite permiserit ad natale solum, afflictos scilicet Parentes & amicos suos consolaturum, cum tamen eum ad necem deposcerent Imperii Consiliarii.

Ductores, ac Milites præclarè meritos, quia & posteros eorum qui inter recuperandam patriæ libertatem bello perierant, auget agris & honoribus: suis item filiis, ac nepotibus regios adscribit census; veruntamen eâ lege ut nullis unquam Reipublicæ muneribus occupentur, quo factum ut ducentorum circiter annorum spatio numerosissima exstiterit regiæ stirpis soboles, quæ quod & dispersa per Imperium luxu, deliciisque diffluens, ad hæc insolens, superba, nec populo tantùm, sed & Magistratibus molesta, nobilissimæ Familiæ ruinam atque interitum accelerabit.

Rem interim militarem sapiens Princeps præclarè constituit, dignitatem bellicam vel civilem Eunuchis conferri vetat. Edi jubet in lucem Leges & priscas & novas, multis ea Voluminibus complexus, usque hanc ad rem operâ virorum sapientum, quos undique studiosè accersiverat, etiam illorum qui superioris Familiæ Administri fuerant.

Rem litterariam vel maximè habet cordi; Examina fere jam neglecta ad Gradus litterarios suscipiendos instaurat: Gymnasium Hán lin yvén præcipuorum Imperii Doctorum (de quo nos supra) novis auget privilegiis, ac gratiis, Examini gravissimo, quo scilicet Doctoris Laurea confertur, ipsemet astitit.

Confucio Litterarum principi & Magistro gentis honores suos deferri jubet quotannis, haud tamen ritu regio, quo superiores aliquot Familiæ uti fuerant, sed eo quod celebrari vulgò consueverat memoria Siĕn sú, id est hominum litteratorum vitâ jam functorum, atque adeò non aliis ferculis & muneribus, quam quibus eos dum viverent Discipuli sui prosequi solebant, carne, vino, oleribus &c. negat etiam coli oportere Confucium ritu illo quo reliqui coluntur Spiritus; *Cum enim*, inquit, *Litterati qui diem obierunt à reliquis Spiritibus diversi sint, par est quotannis eorum memoriam diversâ quoque honoris significatione rituque renovare, sed itaque non alio quam qui pristinæ cujusque conditioni & quam gessit olim dignitati competat.*

Gymnasium Regium Quĕ cù Kien dictum amplis ornat privilegiis: est huic Gymnasio suus

s

Præses, assistentes alii Magistratus & Consiliarii; ad eos autem cura spectat omnium Baccalaureorum & Licentiatorum Imperii totius: item eorum qui titulo quopiam donati sunt ab Imperatore; quos inter numerantur in ordine Baccalaureorum Liĕ sēm, seu filii secundo nati loco Ducum, Comitum, aliorumque Titularium: item juvenes illi quibus Imperator nuptias destinat regiarum Virginum quæ Cūm diù dicuntur; ipsi verò illarum sponsi Fú mǎ: patent etiam eidem Gymnasio Quōn sēm, id est præcipuorum Mandarinorum filii, Ngēm sēm (quasi dicas Beneficiari,) quos Imperator scilicet Baccaaureatu merè gratuito donavit: cum ei fortè natus est filius, vel aliud quidpiam quod raræ sit felicitatis obtigit: Cūm sēm, qui citra Examen ob merita præterita, vel parentum, vel sua, gradum illum sunt adepti, Kiĕn sēm qui post crebras contentiones & examina nunquam attingere voluerunt gradum superiorem; ne autem hac de causa de illo ipso quem tenent secundum Leges Imperii dejiciantur, certam pecuniæ summam contribuunt; ad extremum Y Sēm qui peregrinas addiscunt linguas, ut sermones hominum exterorum, in primis Legatorum interpretentur: Cæterum qui veri legitimique censentur Baccalaurei & præistis omnibus in pretio sunt, ac honore Y sien qui marte suo, suoque penicillo ad gradum illum pervenerunt.

Imperator quò facilius sibi conciliet suorum benevolentiam, ludis, spectaculisque publicis ipsemet frequens assistit; inter hæc maximè festiva ac sumptuosa sunt quæ primo cujusque anni plenilunio ubique locorum celebrantur, ab usu lanternarum ac luminum, quorum est per illas noctes rara varietas, splendor, ac gratia, lanternaria vulgò dicta nongentis ferè ante Christum annis, quando Kiĕ Tyrannus hic rerum potiebatur, in usu fuisse memoratur hæc Festa; Festorum porro originem pellicis regiæ dedit vanitas, ac petulantia: hæc enim ut amatori suo perpetuas sine nocte dies, seu verius perpetuas sine tenebris noctes faceret, majores Aulas Domus regiæ, excluso diligenter Solis lumine tot luminibus, & quæ lumina geminarent speculis instrui mandavit, ut per dies plurimos consopitus amoribus, deliciisque Princeps nullum sentiret diem, nullum sciret Solis ortum vel occasum.

Inter egregia Principis hujus documenta & apophtegmata, celebriora sunt ista; *In regendo populo turbulento cave sis præceps; in eo qui jam pacatus sit regendo cave sis tetricus, minutus, molestus: item uti cœlum & terra procreant res omnes ad communem usum victumque hominis, ita sapiens Rex curas suas & contentiones eo dirigat potissimum, ut diligat suos, faveat, ac sustentet, & quamvis ipse contrahat vectigalia sumptusque publicos, ac privatos moderetur. semper tamen angitur, ac timet ut subditis necessaria suppetant; quâ quidem curâ & metu multo magis tunc cruciatur, quando graviora subinde vectigalia imperari necesse est: item diversa est ratio patris-familias & Principis: ille dum opes suas tuetur, ac accumulat, sibi suæque familiæ consulit dumtaxat; & verus Princeps hoc agit, ut affatim sit ditioni universæ, universa nam-* que ditio est familia Principis.

Cum fortè dies plurimos cessissent pluviæ, Imperator deprecaturus imminentem calamitatem, ad montem contendit, stramineos gerens calceos, ac vestem lugubrem, in monte triduum totum diu noctuque perseverans, opem Cœli, clementiamque imploravit; exacto triduo, largi imbres deciderunt; lustrans ipse quandoque ditiones Imperii, comite filio natu maximo repentè mediis in agris currum jussit consistere & conversus ad filium, *Ideo*, inquit, *te mecum adduxi, ut tuis ipse usurpes oculis pauperum Colonorum labores, ac sudores, ut discas misereri illos, ac moderari vectigalia.*

Cursum tantæ felicitatis interrupit tandem mors insperata filii cujus modo facta est mentio, accidit anno vigesimo-quinto novæ dominationis; luctus eo fuit acerbior, quod jam declaratus esset hæres Imperii, cum verò placuisset triennii totius luctum indicere (qualis hic esse solet filiorum in patris funere) rem inusitatam, nec Colai, nec pater ipse probaverunt: quo circa decretum ut in regio duntaxat Palatio (quod urbis esset instar) per annos omnino tres abstineretur à cachinnis & clamosis sermonibus, usus item, carnis ac musicæ tantisper cessaret: demortuo filiolus exinde protinus declaratus est hæres, quæ res, uti mox patebit, tranquillitatem nascentis Imperii perturbabit, gravissimè fratribus scilicet defuncti Principis rem ægrè ferentibus, tametsi tunc quidem dissimularent.

Juvat his attexere duo exempla, vitiorum dicam, an virtutum? primum quidem filii qui ut ægrotanti matri valetudinem pristinam exoraret ab Idolo, proprium ei filiolum sacrificavit; castigavit Imperator tam insanam pietatem, pœna tamen mitiori, quod ignorantiæ tam crudeli propositæ fuisset aliqua species pietatis.

Alterum fidei conjugis cui Pyon nomen; cum enim ipsa & maritus ejus Sui dictus & ejus pater in latrones quos maximè tum fugiebant incidisset, parantibus senem interficere, filius vitam suam pro paterna promptus obtulit; parentem verò vim nuptæ parantibus inferre; *At*, inquit illa, *nefas hoc marito superstite*. Congestis ergo raptim sarmentis, lignifque, immanes illi flammas subjiciunt, vivumque juvenem in illas præcipitat, quod conspicata mulier in easdem præcipitat se, ibique maritum complexa abit in cineres, invictam hujus fidem, illius pietatem collaudans Imperator, illustria utrique monumenta poni curavit.

Kiĕn vēn Hoām ti decessoris nepos, obiit anno ætatis decimo-septimo, consumptus uti creditur incendio Palatii sui, quanquam putant alii mutata veste, rasoque capite fugam capessivisse, & Bonzios inter latitantem exegisse reliquum ætatis. Imperavit annis quatuor, fuitque Monar. 4343 post Diluv. 4617. post Christ. 1399. Cych 64. Ki mao.

Princeps laudatus à pietate & observantia adversus Avum, quem toto luxit triennio, amans populi, cui adeò tertiam partem vectigalium perbenignè condonavit: litterarum usque adeò studiosus, ut perceperit & cognomentum Kiĕn vēn, quasi stabilientis ornatum litterarum, quod ip-

DECAS SECUNDA.

sum quoque fuit annorum quibus imperavit cognomentum. Cæterum perbrevis adolescenti usura fuit hæreditatis tantæ. Non pauci quippe è patriis qui Regulorum cum titulo & dignitate variis in locis splendidè vivebant, nec-non fratres ejusdem patruelos ægrè admodum ferebant, antepositum fuisse adolescentulum tot Principibus ejusdem sanguinis, ad Imperium tam idoneis, tam maturis: auxerunt etiam vehementer hanc invidiam consilia fortè patefacta Colaorum, qui Patruos si non extinctos, coercitos certe constrictéque volebant, quo saluti Principis & publicæ tranquillitati consuleretur. Quamquam is nedum sciens timere & plusquam par erat nativæ benignitati, stirpique, ut aiebat, tam propinquè indulgens, primum quidem non audiit salubria suadentes & superiorum temporum non modò fratricidia, sed & parricidia revocantes in memoriam; atque ita Regulum Yen, qui adeunti Imperium gratulaturus inter alios advenerat quidem sed debitos ritus haud observarat, non detinuit ipse, aut in provinciam Australiorem migrare jussit, uti prudentiores suadebant, sed in Septentrionem passus est reverti, in perniciem, uti mox patebit, & suam & suorum; cum enim pro inconstantiâ vel indolis suæ, vel ætatis qui modò facilitate peccaverat, non multò post peccaret severitate, sic ut duces è patris suspectos alicujus novitatis Regulorum dignitate privaret, tertium redigeret in ordinem plebeium, alium qui reverà defectionem meditabatur, interficeret, alium demque accerseret pœna scilicet mulctandum, quod populum in ædificandis Palatiis crudeliter divexaret (quamquam hic amens ira se, suosque unà cum Palatio flammis absumsit,) his, aliisque rebus exacerbatus ditionis Yen, sive Pekinensis Regulus, qui filius erat natu quartus ipsius conditoris, accensus etiam (opinor) occultis malitiosæ spei stimulis, cœpit tandem defectionem agitare animo, & postquam negligi vidit l belles supplices, qui contra Ministros regios offerebantur, palam tandem sumpsit arma; scripsit militem, hostemque se periniquæ (ut aiebat) gubernationis declaravit; magni contra ipsum profecti exercitus ex China Meridionali: uno conflictu qui tenuit horas octo cecidisse feruntur trecenta bellatorum millia, nutante diu victoria, & pari ferè utrinque clade: inter hæc oblata pacis conditio rebelli, ut China Borealis à Meridionali separata suo quæque pareret Principi, & ille respuere pacem omnem, nisi tradantur sibi (utique ad necem) Ministri regii; Quo circa desperata jam pace, & subactà deinde Xen tum provincia, petit ipse infestis cum signis regiam Nankinensem; quo ipso ferè tempore extitit terræ motus; urbem verò paranti circumsidere proditoris opera, (cui Lim Kim lûm nomen) ultrò panduntur portæ, ingens hic strages editur mortalium, succenditur domus regia, horribilis rerum facies, ambustum cadaver adolescentis, quod Imperatoris esse asseverabant in conspectum victoris producitur, illacrymatur ipse, & imperatorio ritu humari jubet: sævitiam nihilominus crudeliter in præcipuos quoique Legis administros & uno die plures octingentis variis affecti suppliciis; aliis interim fatum occupantibus propria manu,

aliis raso capite mentitis Bonzios fugaque elapsis, quos inter (uti dictum est) Imperator fuisse creditur. Fama est periisse in hac rerum perturbatione, & armorum licentia, prope decies centena hominum millia, atque hæc quidem felicitatis tantæ tam insperata fuit catastrophe.

Chîm cù vëd Hoâm ti ab annorum cognomento Yúm lö item dictus, hoc est æterna lætitia, conditoris filius natu quartus. Anno Imperii septimo transfert Aulam suam à Meridie in Septentrionem, Nankino Pekinum, ubi hodieque perseverat; filio interim relicto Nankin, simillimis cum Magistratibus & Colais, quales patri assistebant Pekini. Obiit anno ætatis 65. mense septimo, die 18. tertio post mense quam languere cœperat, redux ab Imperii lustratione quæ pertingebat in ipsam usque Tartariam: luxerunt ejus mortem per d.es 27. mensibus in dies commutatis ex decreto conditoris. Imperavit annis 22. fuitque Monarchiæ 4347. post Diluv. 4261. post Christum 1403. Cycli 64. ann. 40. Quei ùi.

Princeps initio quidem suæ dominationis vir lentus & crudelis, at prudens tamen & magnanimus, & conditoris, ac patris sui perquam similis, cujus Imperii tempora sub cognomento Hûm vû constare voluit 35. annis, quatuor quibus decessor nepos imperaverat eidem subtractis.

Fratribus suis, aliisque benè meritis, quos decessor suus redegerat in ordinem, restituit honores pristinos, ac census; amoris sui erga subditos non unum dat specimen : respuit vasa pretiosa à Mahometanis oblata, dicens sufficere sibi fictilia patriæ suæ, nec immeritò, cum ejusmodi sint cum quibus Europa nostra commutat hodieque argentea. Cum offerrentur ei lapides pretiosi fortè effossi in provincia Xansi, occludi jussit fodinas, dicens, fatigari non oportere populum vano labore, quandoquidem lapides isti, nec sterilitatis tempore comedi possunt, nec brumali tempore fovere corpus.

Libellum Alchimicum sibi oblatum de usu Ambrosiæ, eduliis, ac potionibus ad longam scilicet vitam obtinendam accommodatis, cremari jussit; commemorans funestos exitus, & mortes acceleratas priorum Regum, deliramentis iisdem deceptorum.

Legationes multæ ac magnificæ ex utraque Tartaria, ex Muôn lã kiã (opinor ego) Malaca, ex mari Australi, & Occidentali, a Mahometanis. Inter munera fuit Rhinoceros, Cervus coloris cærulei, Elephas & Lepus coloris albi.

Quinque Campanas æneas magnitudinis inusitatæ fundi jubet, è quibus duas prope jam consepultis humo, trochlaerum, vectiumque beneficio olim educet in altum, ac suspendet ex turri. P. Joannes Ad. mus Schall, Societatis Jesu, facilitate inauditâ apud Sinas, spectante simul, & applaudente Regia Pekinensi, singulæ Campanarum appendunt libris 120. mille, & habet ex iis una decem millia litterarum internæ faciei, totidemque externæ, opere item fusorio, pereleganter impressi.

Cum juberet Imperator certum ob crimen interfici Li Kim lûm; hic autem ostentans sua merita, diceret haud imperaturum fuisse ipsum, si venienti portas urbis regiæ non aperuisset: *Imò verò*, inquit alter, *fortunæ meæ fuit venisse me,* nam si veniffet alius, quicumque pari instructus robore armorum, non secus illi, ac mihi portas aperuiffes, proditor.

Anno quarto cum Regulus Chim, quem Caó cù fundator miserat ad Regnum Lun lin administrandum, occisus fuisset a præpotenti familia Lì dicta: capti sunt ex tribus fratribus conjuratis duo; tertius qui evasit, non multò post, imperante Syven té, quinto familiæ Mîm Principe, viam sibi sternet ad Regnum Nankinense, Legatos Pekinum mittet; ac certis conditionibus admittetur Legatio.

Anno quinto, adolescentes 1800. forté nomen dederunt superstitiosæ Bonziorum sectæ; audivit rem Imperator, tulit permolesté; & quoniam ante annum ætatis 40. institutum illud vitæ susceperant, contra Legem, quam pater suus tulerat; excedere Cœnobio confestim jussit. Sub idem feré tempus moriens Imperatrix anno ætatis 46. relictis tribus liberis suprema filio dat monita, quibus eum cohortatur ad virtutes Imperatori necessarias, pietatem in primis, ac modestiam: ad Matronas item, ac Virgines Ginecæi regii conversa, docet amorem maritarum conciliari multò felicius virtutes, & affabilitate quadam, modestiaque sermonis, quam operoso cultu oris & corporis.

Anno 13. juffu Imperatoris, ac studio, operaque 42. Doctorum, qui Hân lin dicuntur, veteres Libri classici, unà cum præcipuis Interpretum Commentis, redacti sunt in unum quasi corpus majus: condita est ab iisdem Doctoribus, nova quædam Philosophia, quæ multis continetur Voluminibus; insistunt autem vestigiis ac doctrinæ duorum maximé Interpretum Chū cù, & Chîm cù, qui imperante familia Súm floruerunt.

Juvat hic addere quod in Compendiis Annalium ipse non legi, sed ab authoribus Christianis sibi narratum fuisse sæpenumero testatur P. Nicolaus Trigaultius. Imperator cum nocte quadam somnum caperet, orta disputatio est inter Eunuchos excubitores; uter major esset Hoâm yĕ, quo nomine solent Eunuchi Principem suum nuncupare? an Tyĕn yĕ Cœli Dominus? eorum unus acriter contenderet, majorem esse suum Principem; alter contra longé majorem esse Cœli Dominum: luce postera Imperator, qui contentiones amborum audiverat, sopore simulato, & sicut multi Principum gaudebat adulationibus, accersit adulatorem, capsam ei tradit occlusam, ac munitam sigillo regio, deferre jubet ad illum Senatorum cœtum, quorum munus est publicas dignitates Imperii dispensare; scedulam in capsam injecerat: scedulæ hæc verba inscripta, *Latori hujus conferte talem dignitatem, insigniaque dignitatis, sic jubeo.* Ignarus omnium Eunuchus, capsam excipit, viam aggreditur, quando ecce dolor ventris repentinus & acer corripit hominem, gressum moliri impotens, rogat socium, (& quidem illum ipsum cui cum eo contentio fuerat) suo loco capsam ut deferat; defert, refertque insignia dignitatis, adit Imperatorem, gratias acturus; stupet ille, totaque re cognita; *Cœli Domino*, inquit, *non autem mihi gratias age, ille te tam insperatis ornavit insignibus, estque revera, uti hac nocte contendebas, multo me major.*

Gîn cùm chao Hoâm ti ab annorum cognomento dictus, item Hûm hi, id est dilatata concordia, filius decessoris: obiit anno ætatis 48. Imperii 1°. fuitq; Mon. 4399. post Diluv. 4643. post Christ. 1425 Cycli ejusd. ann. 42. Yĕsú. Implevit nomen suum clementis, ac benigni principis, etiam ante quam principatum adiret Imperii: etenim cum forté iter faceret per provinciam Kam tum, calamitoso tempore, non dubitavit adire domos, ac mapalia plebis pauperculæ, & suis ipse lustrare oculis singula, & examinare; accitosque deinde locorum præfectos, verbis gravibus commonefacere officii sui in calamitate publica, pro viribus sublevanda.

Idem jam Imperator audiens in eadem rursus provincia laborari fame, protinus eò destinabat Colaum Yâm sui Kaĕ; dicente autem Colao quod res ista spectaret ad concilia duo regia, eorum scilicet, qui fisco regio, publicisque operibus erant præfecti, quos adeò consultare oporteret, & quid facto censerent opus, renuntiare Principi: *Facessant*, inquit, *mora iste, ac deliberationes, populo namque laboranti fame, tanta cum celeritate opitulandum est, quanta concurritur ad communè extinguendum incendium, vel repentinam aquarum illuvionem reprimendam.* Aliis dicentibus, rationem habendam esse diversitati locorum, & hominum magis minusve egentium; *Habeatur*, inquit, *verumtamen, sicut à nimia abstineamus, & dum opitulandum est tanta calamitati, non vereamur peccare quodammodo largitate.*

Admodum studiosus cum esset rei Astrologicæ, & nocte quapiam observasset mutationem nec eo quam in stellis, accitis ad se Colais, *Adzim*, inquit, *de vita mea, Ministris autem me passim fuisse multa ab invidis, & obtrectatoribus per annos viginti, quando commorabar in Palatio Orientali, sed fides vestra, concordiaque me juvit, & contutata est; Eheu! Regina meritorum vestrorum post mortem meam memor erit?* Hæc fatus, duobus, quorum spectatissima fides erat, sigillum donat, insculptæ sigillo litteræ Chûm chin, id est, Minister fidelis, atque integer: ii multis cum lacrymis excipiunt pignus extremum honoris præcipui, nec alio deinceps sigillo Epistolas suas obsignant. Languere incipit Imperator, accersit hæredem filium ex Aula Meridionali; mæstus advolat, serò tamen, jam extincto patre.

RELATION DES CHRESTIENS DE S. IEAN,
faite par le Pere Ignace de IESVS *Carme Déchaux, Missionaire & Vicaire de la Maison de Sainte Marie des Remedes, à Bassora.*

CEs Chrestiens, qui demeurent il y a long-temps sur les frontieres de la Syrie, conuiennent en beaucoup de leurs façons de faire, & en plusieurs points de leur Religion, auec les Chrestiens Caldeens de Babylone ; c'est de là que vient le nom de Caldeens, que quelques-vns leur donnent ; c'est de là aussi que quelques autres les ont nommez Suriens, il y a enuiron cent soixante & dix ans qu'ils se sont separez de l'obeyssance du Patriarche de Babylone, les Arabes & les Persans les appellent Sabbi, entre-eux ils se nomment Mendai, & quelquesfois Mendaiaia, c'est à dire Disciples de S. Iean, de qui ils font profession d'auoir receu de Religion, leur façons de faire, & certains Liures de sortilege, qu'ils gardent soigneusement.

Pour moy, ie croy qu'ils tirent leur origine de ces premiers Chrestiens que saint Iean baptiza dans le Iourdain, comme l'on appelle Chrestiens de S. Thomas ceux qui ont esté baptisez par ce Saint ; car dans les Langues Orientales, baptizer signifie faire Chrestien : Saint Iean baptizoit dans le Iourdain, ce qu'ils obseruent encore maintenant, & leur plus grande Feste est encore à present la Chaid Pengia, c'est à dire la Feste des cinq Iours, pendant lesquels ces Chrestiens se rendent auprés de leur Sech, c'est à dire Vieillard ou Prestre, qui les baptisent dans quelque riuiere en commemoration du Baptesme de S. Iean ; leurs Traditions semblent aussi appuyer cette conjecture ; car ils disent qu'en Perse proche de la ville de Sciuster est enseuely S. Iean ; & que du bastiment où est son Sepulchre, il en sort vn fleuue qu'ils nomment le Iourdain.

La persecution des Mahometans, & principalement celle d'Omar, les a obligez de se retirer aux lieux où ils sont maintenant, la sauue-garde que Mahomet leur accorda ne leur ayant de rien seruy auprés Abubecher, d'Omar, & du grand Tamerlan, apres lesquels le Gouuernement de leur Pays tomba entre les mains d'vn nommé Mandible, Magicien, qui eut vn fils nommé Musca ; Mobarech, fils du frere de Musca, chassa du Pays les Enfans de son frere, & persecuta cruellement ces Chrestiens, brûla leurs Liures, abbatist leurs Eglises, & les obliga de se disperser dans les Villes voisines, & principalement à Auisé, Durech, Sciuster, Despul, Rumez, Minao, Calafabad, & autres Villes sujettes au Persan ; comme aussi à Bassora, Gezaer, Zechie, Gabon, dépendantes du Bacha de Bassora, d'autres se retirerent dans les Estats du Turc ; il y en a aussi de dispersez dans les Indes Orientales, à Mascate, dans l'Isle de Seilan, entre lesquels sont ceux que ie fis partir il y a deux ans auec le titre de Deputez de leur Nation, pour reconnoistre l'habitation que ce Vice-Roy leur auoit promise dans l'Isle de Seilan : I'en ay enuoyé 50. cette année à Dom Iulian de Norogna, Gouuerneur de Mascate, & General de l'Armée Portugaise dans le Golfe de Perse : Tous ces Chrestiens dispersez, cõme ie viens de dire, sont enuiron 20. ou 25. mille familles : quelques-vns sont Marchands ; mais la plus grande part sont Artisans, & affectent mesme vne pauureté apparente, de peur de s'attirer l'enuie & la persecution des Mahometans. Ils ne connoissent point le Sacrement de la Confirmation, ny celuy de l'Extrême-Onction, Quelques-vns d'entre-eux asseurent qu'ils

Relation des Sabaïtes & Chrestiens de S. Iean.

de Dieu, pour y estre jugée; qu'à ces costez les Anges, qu'ils disent estre les peseurs des ames, l'vn Beedat, & l'autre Bourlan, la pesent dans vne balance; que si ils la trouuent de poids, ils la mettent en Paradis.

Que les ames des enfans sont introduits dans vn lieu où elles se nourrissent du fruit d'vn certain arbre, jusqu'à ce qu'elles ayent atteint l'âge de virilité, ils tiennent qu'elles entrent dans le Paradis, & qu'elles sont sauuées comme tous les Chrestiens de S. Iean le doiuent estre infailliblement. *Enfin il n'y a point de rêverie dont ces pauures gens ne se soient fait vn Article de Foy.*

L'*Autheur de cette Relation dans vn Dialogue qu'il a mis à la fin, apporte des raisons pour confuter leurs erreurs; mais comme elles sont fort grossieres, & qu'elles se détruisent assez d'elles-mesmes, i'ay crû qu'il estoit inutil de les rapporter icy,* l'on a tasché en differents temps d'en faire de bons Chrestiens, mais auec peu de succez. Vn Archeuesque de Goa passant à Auisé où sont les plus sçauans d'entr'eux, les auoit desia disposez à rendre obeyssance au Pape; mais il ne pust iamais les guerir de l'auersion qu'ils ont pour la couleur bleuë, quoy qu'elle n'aye point d'autre fondement qu'vne tradition qui courre parmy eux. Les Iuifs prévoyants, ce disent-ils, que S. Iean détruiroit leur Religion, auoient ietté de l'Indigo, & teint les eaux de cette riuiere en bleu. Leurs Prestres les entretiennent dans cette foiblesse, pour les éloigner dauantage des Turcs qui s'abillent ordinairement d'estoffes de cette couleur. Ils députerent à Rome du temps d'*Innocent X.* pour obtenir du Pape qu'il s'entremit auec le Roy de Portugal, pour leur faire auoir quelque lieu de retraite dans les Indes, deux de leurs Deputez, les deux autres estant morts dans le voyage qu'ils firent par terre, estans venus à Rome, *Abraham* l'Eccellense qui y estoit alors, eut ordre du Pape de s'informer du suiet de leur voyage, & de prendre le soin de ces estrangers dans vne Ville où il n'y auoit que luy qui entendit leur langue. Il rapporte au Pape qu'ils viennent pour luy rendre obeyssance & luy parler du dessein de leur retraitte. On prend iour pour leur Audiance, l'Interprete les y conduit, mais il se trouua bien embarrassé quand ils furent en presence de sa Sainteté; car ils ne luy voulurent point baiser les pieds, l'Eccellence qui a eu l'esprit fort present, se tira de ce mauuais pas, en leur disant qu'ils rendissent au moins cette soûmission à la Croix qui est marquée sur sa Mule, ils le firent, & la baiserent à genoux. En partant de Rome ils promirent à vn des amis d'Eccellense qui auoit pris quelque soin d'eux, de luy enuoyer vne copie d'vn Liure qui est parmy eux en grande veneration, & deux ans apres on receut à Rome vn Rouleau où la feüille qui suit, où est le commencement de ce Liure, dont les caracteres sont apparemment plus anciens que ceux que nous auons maintenant de la Langue Hebraique, ce qui rend cette piece tres-curieuse, les paroles qu'ils prononcent lors qu'ils baptisent, & que l'*Autheur de la Relation rapporte* Besmeon Edai Rabbi Cadmai Nocrai, &c. sont les premieres de ce fragment que l'on a fait grauer auec exactitude sur l'Original enuoyé de Bassora.

La Carte qui suit apres represente vne Topographie des emboucheures du Tygre & de l'Euphrate, & des pays que les Sabaïtes habitent maintenant, & où beaucoup des plus grands Docteurs placent le Paradis terrestre.

VOYAGE DE LA TERCERE,

FAIT PAR M. LE COMMANDEUR DE CHASTE Gentilhomme ordinaire de la Chambre du Roy, & Gouverneur pour sa Majesté de la Ville & Chasteaux de Dieppe & Arques.

A Reine mere du Roy s'estant resoluë de s'opposer aux efforts que le Roy d'Espagne pretendoit faire aux isles de la Tercere & de Fayal, par le moyen d'une forte armée qu'il avoit de longue main dressée & preparée tant à Lisbonne qu'aux autres ports de son obeïssance, à dessein de reduire lesdites isles sous son authorité, reste du royaume de Portugal, que ledit Roy possedoit il y avoit cinq ou six ans, comme je croy, sous le titre d'un fort & fin voisin. Le seigneur dom Antoine élu Roy dudit royaume aprés la mort de son predecesseur le Roy dom Sebastien, ayant fort long-temps imploré l'aide de ladite Reine à l'extremité de ses affaires, & pour cet effet suivi & sejourné longuement à la cour du Roy de France, sa Majesté luy fit promesse de l'assister pour bonnes considerations, ayant ajoûté foy aux assurances que le Roy dom Antoine luy donnoit, & aux grands sermens qu'il faisoit, que l'isle de la Tercere se pouvoit defendre & conserver avec mille hommes François contre l'armée du Roy d'Espagne, qu'il disoit estre composée de cinq ou six mille hommes pour le plus; & que dans cette isle il y avoit six ou sept mille Portugais de combat, commandez par le Comte de Torrevedres son Vice-Roy, avec cinq cens François, qui s'estoient là arrestez l'année precedente 1582. aprés le combat de monsieur Strossy, commandez par le capitaine Baptiste Italien, & sergent-major, & le capitaine Carles de Bordeaux. Outre cela il disoit que tout le tour de l'isle de la Tercere contenant dix-huit grandes lieuës, il estoit fort difficile de l'aborder, & qu'il n'y avoit que trois endroits où l'on pust faire descente, lesquels estoient fort aisez à fortifier.

Sa Majesté croyant estre veritable ce que le Roy dom Antoine luy disoit, donna la charge au sieur Commandeur de Chaste de neuf compagnies de gens de pied, desquelles & des autres François qui estoient restez dans lesdites isles elle le fit General, & luy commanda de s'aller jetter dans la Tercere pour la defendre & conserver. Aprés que ledit Commandeur eut remercié sa Majesté, il la supplia tres-humblement de considerer de quelle importance estoit ce dessein & cet embarquement, lequel il ne rendoit pas considerable pour la perte de sa vie, pourvu qu'il en pust remporter quelque contentement à sa Majesté, ce qu'il jugeoit estre fort difficile, precipitant ce voyage sur les propositions d'un pauvre Roy passionné, & dans le desespoir de pouvoir estre jamais rétably en son royaume de Portugal, duquel il ne restoit que lesdites isles, lesquelles il tâchoit de conserver aux dépens de l'honneur & de la vie d'autruy, & n'avoit mesme aucune experience au fait des armes.

IV. Partie. A

VOYAGE DE LA TERCERE

Le Commandeur demanda permission seulement à sa Majesté de s'embarquer dans un petit vaisseau particulierement, & le temps de pouvoir aller reconnoistre la Tercere, pour luy faire un rapport asseuré de sa force, & des moyens qu'il pourroit juger estre necessaires pour la pouvoir conserver. Sa Majesté trouva ses propositions fort raisonnables, & accorda la requeste du Commandeur, neanmoins elle retarda tellement son depart, & le remit en si grande longueur, qu'elle fut avertie que l'armée Espagnole s'embarquoit à Lisbonne, & estoit preste de faire voile; ce qui obligea le Commandeur de s'acheminer promptement au Havre de Grace avec ses neuf compagnies par commandement exprés de sa Majesté, pour s'embarquer: ce qu'il fit le 17. jour de May 1583. Ayant demeuré vingt-quatre jours sur mer à cause du calme & des tourmentes, & estant environ à 40. ou 50. lieuës de la Tercere, il envoya une patache de sa flotte, commandée par le sieur de Cusson, pour la reconnoistre, & pour sçavoir si l'Espagnol s'en estoit emparé; & suivant la mesme route, il eut avis certain que cette isle estoit encore en liberté, & arriva le 11. jour de Juin suivant au havre de la Tercere, qui est joignant la cité, qui est un fort grand bourg non fermé. Il fut salué de plusieurs coups de canon & d'arquebuze, & fort honorablement receu du sieur de Torrevedres Vice-Roy & Portugais, qui fit de grandes demonstrations de joye qu'il avoit de l'arrivée du Commandeur & de ses trouppes : le commun peuple Portugais cria à haute voix: *Vive le Roy dom Antoine, le Roy de France, & le sieur Commandeur de Chaste qui nous vient secourir.* A la pluspart des fenestres de la cité les dames paroissoient, & semoient sur sa teste abondance de roses, & d'autres fleurs, & venoient luy jetter une nasse au visage, en luy disant: *Vous serez arrosé puisque vous estes amy de nostre bon Roy dom Antoine.* Cela dura par toutes les ruës de la cité jusques à ce qu'il fust retiré à son logis. Les pauvres François qui estoient là un an auparavant, estoient si contens de cette vuë, qu'ils en pleuroient de joye, & venoient embrasser les pieds de leurs compagnons & compatriotes; car ils pensoient estre confinez en cette isle, où ils vivoient assez mal, pour l'incommodité qu'il y avoit de toutes choses.

Incontinent aprés cette arrivée il vint avis d'une isle nommée le Pic, de l'armée Espagnole, de laquelle il avoit esté découvert vingt-cinq voiles: tout aussi-tost le Comte de Torrevedres Vice-Roy vint trouver le Commandeur pour sçavoir ce qu'on auroit à faire, & proposer d'envoyer des hommes en l'isle du Fayal où il n'y avoit qu'une compagnie Françoise; dequoy le Commandeur se remit à luy, parce qu'il sçavoit mieux que luy ce que c'estoit de l'isle du Fayal, comme elle estoit fortifiée, quelle descente il y avoit, & le nombre d'hommes qu'il estoit besoin pour la conserver : neanmoins le Commandeur fit entendre que par ses instructions il avoit commandement de faire conserver la Tercere. Surquoy le Comte continuant ses propositions, demanda trois cens hommes pour y envoyer, alleguant la consequence de la perte de l'isle du Fayal, où l'ennemy pourroit loger des galeres; que par ce moyen la Tercere seroit toujours prise. Enfin il fut resolu que le capitaine Carles de Bordeaux s'y en iroit avec quatre compagnies Françoises & une compagnie d'Anglois : il fut aussi resolu de tenir les vaisseaux qu'avoit amené le Commandeur, tant pour se servir des soldats & mariniers, que pour faire une chaine desdits vaisseaux pour traverser le havre dit Angres, ayant reconnu à son arrivée le peu d'hommes qu'il avoit pour conserver ladite isle. Cela fait il pria le Comte d'aller ensemble reconnoistre les descentes, ce qu'il luy accorda, & y allerent accompagnez de quelque nombre de capitaines, où estant arrivez, le Commandeur trouva tout le contraire des propositions que le Roy dom Antoine avoit fait à sa Majesté, sçavoir qu'il n'y avoit que trois descentes, celle d'Angres, de Porto-Indio, & de la Praye; outre lesquelles il en fut trouvé une infinité davantage, où l'on avoit travaillé fort mal à propos, leurs petits retranchemens estant trop avant dans la terre, & de peu de force; ce qui fut cause qu'on separa les hommes pour en mettre à chasune desdites descentes, comme il s'ensuit ; à Angres le Capitaine Baptiste avec sa

PAR LE COMMANDEVR DE CHASTE. 3

compagnie qui estoit de 90. hommes, & celle du Capitaine Brevel, qui estoit de 80. hommes, avec quelque nombre de Portugais, & devoit garder les descentes dudit Angres ; & depuis le Bresil jusques aux forts S. Antoine & S. Michel, où il y avoit une grande lieuë & demie de long, les capitaines Bazet & Capon avec leurs compagnies qui estoient de cent hommes les deux, & deux compagnies de Portugais ; à la Case de Salque, distant du Porto-Indio un quart de lieuë & une montagne entre deux ; le capitaine la Valade avec sa compagnie qui estoit de 40. hommes, & une compagnie de Portugais ; à Sainte Catherine distant une lieuë de la Case de Salque, & une grande montagne entre deux, le capitaine Bourguignon avec sa compagnie de 50. hommes, & deux compagnies de Portugais ; au Port Pescart distant de Sainte Catherine une demie-lieuë, & une autre montagne entre deux, fort fâcheuse, qui empeschoit qu'on ne pouvoit ny les voir ny les entendre pour les secourir s'ils en avoient besoin, le capitaine la Grave avec sa compagnie de 60. hommes, & une compagnie de Portugais ; à S. Sebastien distant du Port Pescart d'une demie-lieuë, le capitaine Louis avec sa compagnie de 40. hommes, avec une compagnie de Portugais ; à Gilles-Fernandez distant de S. Sebastien d'une grande lieuë, & tout de descentes, le capitaine Campagnol avec sa compagnie de 60. hommes, & trois compagnies de Portugais ; à Sainte Marguerite distant de Gilles-Fernandez un quart de lieuë, le capitaine Chouïn avec 40. hommes, soldats ou matelots, & deux compagnies de Portugais ; à Porto-Martin distant de Sainte Marguerite d'un quart de lieuë, le capitaine Campols avec sa compagnie de 80. hommes, & une compagnie de Portugais ; à la Praye, qui estoit la descente la plus longue & la plus dangereuse, & où l'on s'attendoit que l'ennemy aborderoit & feroit son effort, distant de Porto-Martin d'une grande lieuë & demie, le Commandeur de Chaste se logea avec les compagnies des Capitaines Laste, Aremissac, la Barre & Lignerol, qui estoient de 100. hommes chacune, & quatre compagnies de Portugais ; à Villeneufve distant une grande lieuë & demie de la Praye, le capitaine Lahan Rochelois avec vingt matelots & une compagnie de Portugais ; aux quatre rivieres distant de Villeneufve une lieuë & demie, un sergent du capitaine la Barre avec quinze hommes de sa compagnie ; au Biscuit distant d'une lieuë des quatre rivieres, & deux descentes à demie-lieuë l'une de l'autre, le capitaine Armand avec sa compagnie de 60. hommes, le Maistre de camp avec sa compagnie de 90. hommes, avec ledit Comte & mille Portugais qui devoient suivre l'armée aux vignes, qui estoit la Praye & Port-Indio, & le Capitaine Pomyne avec sa compagnie de 35. hommes. Il fut ordonné qu'on separeroit les matelots comme il seroit de besoin, & que 60. des meilleurs chevaux de l'isle se rendroient à la Praye vers le Commandeur pour sçavoir ceux qui seroient attaquez les premiers, & qu'on envoyeroit la patache du Comte prendre langue à l'isle de S. Michel tenuë par l'Espagnol ; laquelle estant de retour, on fut averty que quinze ou seize grands voiles de leur armée avoient esté découverts ; en mesme temps il arriva une des voiles de la flotte du Commandeur, que le mauvais temps avoit tenuë sur la mer. Aprés estre arrivée, tous les capitaines des navires vinrent prier le Commandeur de leur donner congé pour s'en retourner en France ; puisque toute sa flotte estoit venuë. Cela se fit en la presence du Comte, qui remontra au Commandeur que les forces qu'il avoit amenées à la Tercere n'estoient pas suffisantes pour la conserver, & qu'il protestoit contre luy s'il donnoit congé aux capitaines de navires, ayant découvert beaucoup de descentes, desquelles il n'avoit point fait d'estat, & on n'avoit eu ny le moyen ny le loisir de les fortifier à cause que l'armée Espagnole s'approchoit. Le Commandeur ayant entendu ces remontrances, il ne voulut pas accorder le congé aux capitaines de navires, mais il leur fit commandement de demeurer, & de faire mettre leurs gens à terre, lesquels aprés avoir beaucoup contesté, promirent d'obeïr ; au contraire le lendemain une heure aprés midy les vaisseaux du Capitaine la Haye, la Roberge de Monsieur de Sarlobret, le navire de Poupietre, & un autre

IV. Partie. B ij

nommé le Roy, firent voile, & s'en allerent sans congé : le Commandeur les suivit avec une patache à huit ou dix lieuës sur mer, & leur fit encore commandement de par le Roy & sur peine de leur vie de s'en retourner dans l'isle pour la necessité qu'il en avoit, & qui estoit importante au service de sa Majesté ; ils se mirent en armes, & répondirent au Commandeur qu'ils n'en feroient rien, & qu'ils ne se vouloient pas perdre comme luy & tous ceux qui l'accompagnoient, & que sans doute tous ceux qui estoient dans la Tercere auroient la gorge coupée dans dix jours, mesme que les Portugais trahiroient les François : ils le prierent de se retirer sans plus user de commandement ; ce qu'il fit, n'ayant pas moyen d'user de force.

Estant de retour il envoya une autre patache sur mer pour prendre langue, qui découvrit toute l'armée à la voile, s'acheminant à la Tercere ; dequoy estant averty, le Comte vint trouver à la Praye le Commandeur, & l'assura que l'armée Espagnole estoit de quarante grands vaisseaux, douz galeres, deux galeasses, & le reste en petits vaisseaux ou pataches, faisant nombre de cent voiles. Aussi-tost le Commandeur alla reconnoistre les forts qui estoient le long de la Praye, & voir s'ils estoient munis ainsi qu'il avoit esté ordonné ; lors il entendit les sentinelles qui donnoient l'allarme des montagnes, à son de cloche, de l'armée qu'il découvroient. Estant de retour à la Praye on luy dit que le Comte s'estoit retiré à Angres, où estoit son quartier, entendant l'allarme.

Le lendemain matin, qui fut le 23. Juillet, toute l'armée parut à une lieuë de terre au devant de la Praye, qui s'approchant toujours, alloit le long de la coste de l'isle. Le Commandeur les suivit jusques à Sainte Marguerite, où ils donnerent fond, & tenoit un quart de lieuë de long : avant que les galeres donnassent fond comme leur admiral, elles approcherent une descente de fort prest, où il n'y avoit que des Portugais, qui leur firent tirer quelques volées de canon. Le Commandeur du Mayet estant prest de là avec quelque nombre de soldats François, s'avança, & en mesme temps qu'il y fut arrivé, les galeres se retirerent, & on mit à la descente le capitaine Pomynet avec sa compagnie qui estoit de trente hommes.

Le dimanche suivant à la pointe du jour les galeres vinrent à la Praye, fort prest de terre, & tirerent force canonades & arquebuzades aux tranchées, & envoyerent un batteau pour reconnoistre les descentes ; ce qu'ils firent de fort prés, dautant qu'il ne faisoit point de lune : le soleil levé elles se retirent à l'armée, & l'apresdinée elles furent le long de la coste reconnoistre toutes les descentes, & tirerent quelque coups de canon aux endroits où ils virent du monde. Le Maistre de camp se vint loger avec sa compagnie aux descentes qui estoient entre Gilles-Fernandez & le Port-Pescart. Sur les deux heures aprés midy il fut envoyé de l'armée une barque qui portoit une enseigne blanche, & venoit en terre au quartier où estoit le Commandeur du Mayet, lequel luy fit tirer trois ou quatre coups de canon, afin qu'elle ne reconnust pas la descente, ce qui fit retirer cette barque. Le Commandeur de Chaste qui n'avoit point encore vû paroistre le Comte, luy envoya dire qu'il trouvoit fort estrange qu'il ne venoit point à l'armée, & que les Portugais & les François en avoient fort mauvaise opinion, & qu'il le prioit d'y venir, & de luy envoyer la cavallerie qui estoit ordonnée à la Praye, & aussi un autre capitaine que celuy qui commandoit aux Portugais, parcequ'ils ne se confioient point en luy, & le tenoient pour traistre ou poltron par les demonstrations qu'il en faisoit : neanmoins qu'il donnast ordre que les soldats eussent du pain ; car depuis que l'armée avoit paru il y en avoit eu si peu, qu'ils estoient affamez.

Le lendemain qui estoit lundy, toutes les galeres vinrent avant le jour à la Praye, & tirerent grand nombre de coups de canon & d'arquebuze, & une heure aprés soleil levé s'en retournerent, & tout le jour furent le long de la coste pour reconnoistre de plus prés ; le Commandeur les suivit jusques à l'armée, & rencontra en chemin dom Jean de Castres Portugais, que le Comte luy envoyoit pour commander à la Praye, qui luy donna une lettre de la part du Comte, qu'il avoit reçuë du Mar-

PAR LE COMMANDEVR DE CHASTÉ.

quis de Sainte Croix General de l'armée Espagnole, par deux Portugais de la Tercere qu'il tenoit prisonniers, qu'il luy avoit envoyez à la nage, la lettre attachée au col de l'un des deux avec un cordon, voyant qu'on ne vouloit pas permettre que la barque approchast pour parlementer. Le Marquis par cette lettre persuadoit le Comte à rendre l'isle au Roy d'Espagne à qui il disoit qu'elle appartenoit, & l'asseuroit sur son honneur, du pardon que sa Majesté luy faisoit de sa desobeïssance passée, nonobstant laquelle sa femme & ses enfans qui estoient prisonniers à Madrit en Espagne, luy seroient delivrez & remis avec luy en paisible jouïssance de ses biens; & que sa Majesté l'honoreroit de belles charges & moyens : Pour le regard des François qui estoient dans l'isle, qu'elle leur pardonnoit aussi, sçachant bien que de tout temps ils avoient couru la fortune aux lieux où les plus belles occasions s'estoient presentées; & qu'il avoit commandement de sa Majesté de leur faire faire montre pour trois mois, & de leur donner passage pour s'en retourner en France avec les navires qui les avoient amenez : & bien qu'il ne doutast nullement de la prise de ladite isle, neanmoins pour faire paroistre que son maistre estoit un prince doux & benin, il faisoit de sa part ces offres & honnestes presentations la force en main.

Aussitost que le Commandeur eut entendu le sujet de sa lettre, il la rompit sans la communiquer à personne, & sur le tard le Comte le vint trouver à la Praye avec la cavallerie, & luy promit de luy envoyer soixante chevaux sur le soir, ce qu'il ne fit pas : & en s'en retournant à son quartier il passa par celuy du Maistre de camp & du Commandeur du Mayet, qui luy dit que son opinion estoit, que l'ennemy se disposoit à donner le lendemain à Porto-Indio, ou à S. Catherine, où il n'avoit pas assez de gens pour empescher la descente, & pria le Comte de luy envoyer les matelots François qui estoient à Angres, pour les y mettre, ce qu'il promit de faire, & assura le Maistre de camp & le Commandeur du Mayet qu'il s'y trouveroit avec quatre mille hommes : mais au contraire ayant trouvé les matelots en chemin, il les ramena à Angres, & on n'eut point de nouvelles de luy jusques au lendemain aprés midy jour du combat. Le soir mesme le Maistre de camp & du Mayet commanderent au capitaine Baptiste d'envoyer sa compagnie coucher à une montagne qui estoit entre Sainte Catherine & Porto-Indio, pour secourir l'un ou l'autre s'il en estoit de besoin ; ce qu'il ne fit point, mais alla coucher à S. Sebastien, distant de là d'une lieuë.

Le lendemain qui estoit le mardy, une heure devant le jour, trois galeres de l'armée Espagnole vinrent à la Praye, & tirerent quelques coups de canon sur un corps de garde où ils voyoient du feu : cependant les autres galeres avec quinze ou vingt grands batteaux à chacune vinrent donner à la descente de Sainte Catherine, où estoit le capitaine Bourguignon & deux compagnies de Portugais qui s'enfuirent sans avoir tiré aucun coup d'arquebuze, à la premiere volée de canon des galeres, de sorte que ledit Bourguignon demeura avec 50. soldats François qu'il avoit à sa compagnie, lequel combattit vaillamment, & y mourut avec 35. de ses hommes, ayant fort bien defendu la descente, son Lieutenant & son Enseigne ayant esté blessez & ses quinze soldats qui luy restoient des 50. L'Espagnol jetta tout d'un coup six mille hommes à terre, & le reste de l'armée suivit à la file jusques au nombre de quinze mille hommes de combat, desquels l'ordonnance estoit si belle, qu'on les voyoit mettre en bataille comme ils prenoient terre, chacun sçachant le rang qu'il devoit tenir. Du Mayet y arriva, & le capitaine la Grave, & bien tost aprés le Maistre de camp, & commencerent l'escarmouche, lesquels furent contraints de se retirer faute d'hommes. Aussi-tost que le jour parut le Commandeur de Chaste fit commandement au capitaine la Barre de s'avancer vers l'armée, se doutant qu'elle faisoit descente, & à l'instant il entendit quelques canonades du costé de Sainte Catherine, ce qui fut cause qu'il s'y achemina avec ses compagnies, les faisant marcher l'une à la vuë de l'autre, & alla toujours en cet ordre le long de la marine, le plus

A iiij

viste qu'il pouvoit, & jusqu'au lieu où donnoit l'ennemy, afin que s'il estoit repoussé; il ne vinst aborder quelque autre descente avec ses galeres. Il fut averty à la teste de ses compagnies par un homme de cheval qu'il avoit envoyé, que toute l'armée estoit à terre, & qu'à un petit village fort proche d'elle sept ou huit cens mousquetaires & arquebuziers s'y avançoient pour gagner une fontaine, lesquels le Commandeur se delibera de charger, les ayant découvert, ce qu'il fit & de telle furie avec quatre cens hommes qu'il pouvoit avoir, qu'il les repoussa & mena battant jusques à une petite montagne au pied de laquelle estoit l'armée en bataille. Il fut tué à coups d'epée & d'allebarde plus de quatre cens Espagnols; & le Maistre de camp & du Mayet s'estant ralliez avec le Commandeur, la montagne fut fort disputée, gagnée & perdue d'un costé & d'autre par quatre ou cinq fois, & le Commandeur l'ayant quittée à la derniere fois, à cause de l'inegale partie, n'ayant au plus que cinq cens François, desquels il en estoit déja mort ou blessé quelque nombre : les autres voyant l'échec perdoient courage, mesme qu'ils avoient si mal vécu depuis que l'armée avoit paru, ou harassez du chemin qu'ils avoient fait de vitesse avec le Commandeur pour se trouver à la descente, estant venus d'une, deux & trois lieuës de là, faisant une extreme chaleur en l'isle, en sorte qu'ils tomboient comme morts; le Commandeur se resolut de regagner ladite montagne, & dressa un bataillon du reste d'hommes qu'il avoit, l'attaqua, & la fit quitter à l'Espagnol, se deliberant mourir plutost, que de perdre plus un seul pied de terre, estant les honnestes hommes jaloux, voyant leurs compagnons & amis tomber à leurs pieds, de n'avoir pas payé de mesme qu'eux le tribut de nature, s'assurant bien qu'il falloit en faire autant, mesme se voyant abandonnez des Portugais, qui estoit la plus grande force, sans l'aide desquels le Commandeur garda ladite montagne jusques à la nuit. On peut juger par là si les François eussent eu le mesme avantage sur leur ennemy qu'il avoit sur eux, s'ils eussent esté chassez d'autre façon. Je ne veux pas dire pourtant, que l'armée Espagnole ne fust composée de plusieurs honnestes hommes & vieux soldats, mais à la verité ils sont fort sages & avisez en leurs affaires, & reconnoissant le naturel du François, qui charge le premier, fort ou foible, ils laisserent passer cette fumée, laquelle ils ne purent eviter sans grande perte des leurs.

Sur le soir & après tous ces combats le Comte arriva avec mille Portugais & trois ou quatre cens vaches, & assura le Commandeur que les Portugais vouloient combattre avec elles, & que cela profiteroit, dautant qu'il y avoit quelque temps que l'Espagnol fit descente de cinq ou six cens hommes dans l'isle, qui furent deffaits par la furie des vaches, qu'on avoit échauffées avec des aiguillons. Le Commandeur luy remontra qu'un tel combat n'estoit pas honorable, & qu'il n'appartenoit qu'à des gens rustiques & villains, mesme qu'elles pouroient autant nuire qu'aider si elles s'attaquoient à eux devant qu'à leur ennemy, & qu'il eust beaucoup mieux valu pour sa reputation qu'il se fust trouvé à la descente & au combat comme il avoit promis, & où son devoir le convioit, que d'inventer des vaches : qu'il estoit cause de la perte de l'isle & des François, mais puisque la faute estoit faite, il ne prevoyoit point d'autre remede, que de faire une mort honorable ensemble, plutost que de souffrir la cruauté dont l'Espagnol avoit accoustumé d'user, mesme depuis quelque temps à l'endroit des François tant à la Floride, au voyage & combat du seigneur Strossy, que autres lieux, où ils avoient manqué de foy promise, & fait executer plusieurs gentilshommes & soldats François par les mains d'un boureau. Le Comte atteint de poltronerie répondit qu'il avoit tort, mais qu'il ne pouvoit aller au combat, dequoy il supplioit le Commandeur de l'excuser, disant que Dieu luy avoit osté la force & l'entendement; mais l'assura d'y faire aller tous les Portugais qu'il avoit amenez avec luy, & qu'ils mourroient avec luy, & que cependant il ordonneroit aux affaires où il estoit plus propre qu'au combat. Ce que voyant le Commandeur, il se resolut de retourner au combat, & rassembla le reste de ses hommes.

PAR LE COMMANDEVR DE CHASTE.

Estant prés de l'ennemy pour le combattre le jour commença à faillir, le Comte luy manda qu'à cette occasion il falloit remettre la partie au lendemain, & que la nuit luy feroit du tort & à ses gens: aussi tost le Commandeur alla trouver tous les Portugais qui faisoient semblant de vouloir combattre, & les pria de ne bouger de leurs rangs jusques au lendemain matin auquel le combat estoit remis, ce qu'ils promirent de faire; cependant il alla regarder ceux qui estoient morts & blessez des siens.

Chefs morts.

Le capitaine Bourguignon, le capitaine Armissac, le capitaine Espalingues, le lieutenant & enseigne du Maistre de camp, le lieutenant du capitaine Campagnol, l'enseigne du capitaine la Grave, l'enseigne du capitaine la Valade, l'enseigne du capitaine Baptiste.

Chefs blessez.

Le commandeur du Mayet, le capitaine Brevet, le capitaine Laste, le capitaine de la Barre, le capitaine Louis, l'enseigne du capitaine Campagnol, le lieutenant & enseigne du capitaine Bourguignon, l'enseigne du capitaine la Barre, le lieutenant & l'enseigne du capitaine Loys.

Volontaires morts.

Messieurs de Montmurat, Mollin, & Besses.

Gentilshommes volontaires blessez.

Cusson, Mailhames, Favet, Nivaudieres, Incantz, Villaubes, Tascort & Mitemont, avec plusieurs soldats morts & blessez.

Le Commandeur demeura campé fort proche de l'armée Espagnole jusques à une heure de nuit, dans lequel temps il fut averty par le Comte, que les Portugais avoient rompu leur bataillon, & s'en estoient fuis dans les montagnes, & qu'il avisast de necessité à ce qu'il avoit à faire. Le Commandeur luy en demanda son avis, qui fut de se retirer à une montagne, par le moyen de laquelle, disoit-il, on tiendroit une grande partie de l'isle, & on pouroit y faire porter quelques vivres & munitions, & y amener quelques pieces de canon. Le Commandeur luy répondit, qu'il en communiqueroit avec ses compagnons. Il les assembla aussi-tost, mais la pluspart furent d'opinion d'aller plutost se jetter dans les forteresses d'Angres, & y mettre les vivres qui estoient en trois vaisseaux François au havre joignant lesdites forteresses. Il en avertit le Comte, qui ne trouva pas bon cet avis, alleguant qu'il ne pouroit pas deux cens hommes dans ces forteresses, & que dans vingt-quatre heures on y seroit forcé & foudroyé à coups de canon, & qu'il se tenoit à sa premiere opinion d'aller à la montagne. Il fit par là encore connoistre la mésiance qu'il avoit toujours euë contre les François, & de la crainte qu'ils ne s'emparassent des forteresses; ce qu'il confessa à sa mort, comme je diray cy-aprés.

Le Commandeur estant resolu de s'en aller ensemble avec le Comte à la montagne, il fit partir ses troupes environ une heure aprés minuit, & s'acheminant il demanda où estoit le Comte, qui ne se trouva point, & s'en estoit allé sans laisser ny garde ny rendez-vous. Le Commandeur ne laissa pas pour cela de s'avancer vers la montagne, pour voir s'il se pouroit rallier avec luy, & aviser à ce qu'il avoit proposé. Il se trouva à une heure de jour à un village qu'on appelle Nostre-Dame dague de loup, où il fut averty que le Comte s'estoit embarqué dans deux batteaux, & s'estoit enfuy: cela fit resoudre le Commandeur à sa premiere proposition, qui estoit de s'aller jetter dans les forteresses d'Angres. Estant bien prés de là, il les envoya reconnoistre par un homme de cheval, qui rapporta que l'ennemy s'en estoit saisi, & que les Portugais leur avoient porté les clefs dans leur camp le soir auparavant: ce qu'il avoit sceu d'un Negre qui avoit échapé des mains de l'Espagnol, & qui s'enfuyoit aux montagnes. Le Commandeur se voyant trompé par le Comte & par les Portugais, desquels il n'y en avoit pas eu cinquante qui eussent combattu, ne servans que d'effroy aux soldats François, il delibera de s'en retourner au village de Noſtre-Dame dague de loup, pour s'y retrancher & tenir le plus qu'il pourroit avec ſes troupes. Incontinent qu'il y fut, il fit travailler aux barrieres & retranchemens, & aſſigna un lieu à ſes capitaines, où environ les onze heures du ſoir tous les ſoldats s'aſſemblerent, & commencerent à faire rumeur & crier tout haut, *Armes, armes, il faut tuer noſtre General & maſſacrer ſes Capitaines, parce qu'ils ſe veulent ſauver & nous laiſſer pour gages* : & élurent un chef pour les mener au Marquis de Sainte Croix avec les enſeignes, ſe voulant rendre à ſa mercy. Le Commandeur voyant cela ſortit de ſon logis, & entra dans le corps de garde où les ſoldats eſtoient aſſemblez, & leur demanda le ſujet de cette allarme. Ils luy dirent qu'ils ſçavoient bien qu'il ſe vouloit ſauver avec ſes capitaines ; ce qu'il leur nia, & répondit que s'il euſt eu cette volonté, il l'euſt fait le jour du combat qu'il en avoit le moyen, & qu'il en fut ſollicité par les capitaines Roſſet, Chauvin & Girard mariniers, qui ne manquoient pas alors de barques ny de batteaux ; qu'ils leur demandaſſent la réponſe qu'il leur fit, qui eſtoit qu'il aimeroit mieux s'eſtre donné de ſon épée dans le cœur, que de commettre une ſi mechante action ; qu'il vouloit vivre & mourir avec ſes compagnons : ce que les capitaines mariniers aſſurerent tout haut. *Mais je voy bien*, dit le Commandeur, *que ce ſont quelques poltrons qui tiennent cette invention pour nous faire tous perdre, & faire pluſtoſt élection de vivre miſerablement en des galeres, qui eſt la plus grande courtoiſie qu'on peut eſperer de l'Eſpagnol, que de mourir honorablement.* Et pour les aſſurer davantage il leur jura qu'il perdroit la vie, ou qu'il les mettroit en liberté, & qu'il ſortiroit le dernier de l'iſle. Le Commandeur penſant les avoir contentez de raiſons, ſe retira en ſon logis, d'où peu d'heures aprés il entendit une autre ſemblable allarme, qu'ils avoient élu pour leur chef un ſergent du capitaine Armiſſac, & qu'on crioit tout haut, *Tuons, tuons ces capitaines, je vay commencer par le mien* ; & à l'heure meſme tourna la pointe de ſon hallebarde vers le capitaine Cuſſon, qui luy remontra la conſequence de cette allarme : mais le Commandeur fit pendre ce ſergent dans ſon vaiſſeau à ſon retour de la Tercere, n'ayant pas moyen pour lors d'adminiſtrer la juſtice, parce que la plus grande force eſtoit les poltrons & les mutins, la pluſpart des gens de bien eſtant morts, bleſſez, ou malades : neantmoins il ſortit encore de ſon logis, & leur remontra le tort qu'ils ſe faiſoient de ſe perdre ſi mechamment, & de croire qu'il ſe vouluſt ſauver, action trop deteſtable aux perſonnes qui aiment l'honneur, & meſme qu'il n'avoit pas moyen d'executer, quand il ſeroit ſi mechant d'en avoir la volonté ; mais pour les oſter entierement de ce doute, il leur dit que quarante ou cinquante vinſſent faire la garde la nuit à ſon logis, où il eſtoit avec ſept ou huit de ſa maiſon bleſſez. Ce qu'ils firent, & le jour venu ils s'en allerent trouver le capitaine Capon Italien, & par importunité l'envoyerent au Commandeur leur General pour le prier d'envoyer traiter de compoſition avec le Marquis de Sainte Croix, & au cas qu'il n'y vouluſt entendre, ils promettoient unanimement de mourir à ſes pieds, & de ne donner plus d'allarmes. Ce qu'ayant entendu le Commandeur par ledit Capon, il luy répondit qu'il n'avoit pas envie de prendre la loy de telles gens, & qu'il ſçavoit bien ce qu'il avoit à faire ; mais il luy commanda de les faire aſſembler : ce qu'ayant fait il leur dit pour la troiſieme fois : *Compagnons, je ſuis fort marry que portans ce nom de François vous en ayez ſi peu fait de cas, & par conſequent de l'honneur, que vous vous ſoyez oubliez à tant de laſcheté que vos comportemens en témoignent ; & pour y mettre fin, ne pouvant plus ſupporter vos inſolences, je ſuis reſolu, quoy qu'il en arrive, de bien chaſtier le premier qui recommencera ces émotions, & tirer à luy les gens de bien,* auſquels il promettoit ſur ſa vie & ſur ſon honneur de ne les abandonner nullement, & de mourir avec eux, & qu'il eſtoit content que ceux qui n'avoient pas le courage de le ſuivre au combat, ſe declaraſſent, qu'il les licencioit pour s'en aller où bon leur ſembleroit. Alors ils luy promirent tout haut de ne plus luy donner ſujet de ſe fâcher, & d'obeïr à ſes commandemens.

Environ la minuit, ce jour meſme qui eſtoit le jeudy, on avertit le Commandeur,

PAR LE COMMANDEVR DE CHASTE.

deur, qu'il estoit arrivé un soldat Espagnol à la premiere barriere du village, qui luy apportoit une lettre de la part de dom Pedre de Padilhe, & dom Augostino Inique Mestres de camp en l'armée Espagnole, laquelle il envoya querir à la barriere, sans vouloir parler à l'Espagnol. Le sujet de cette lettre estoit que lesdits de Padilhe & Inique estant asseurez de la necessité qu'avoit le Commandeur, & la risque qu'il couroit de sa vie, ils avoient prié le Marquis de Sainte Croix leur General de la luy sauver, ce qu'il leur avoit promis; & comme ils luy estoient amis; & qu'ils avoient reconnu sa valeur & des siens le jour du combat, ils luy en donnoient ce mot d'avis, afin qu'il pensast à ne refuser cette courtoisie. Le Commandeur leur fit réponse de bouche, laquelle il envoya à ce soldat Espagnol en la barriere par l'un de ses Capitaines, par laquelle il remercioit bien fort ces Messieurs qui craignoient plus la perte de sa vie que luy mesme, & qu'elle n'estoit pas en si grand hazard qu'ils pensoient; & quand il la perdroit & sa compagnie pour le service du Roy son maistre, il la tiendroit bien employée, mais que ce ne seroit sans leur vendre bien cher. Et bien que le Commandeur se vist affligé de beaucoup de necessité pour n'avoir pas dequoy vivre que par le moyen de l'eau qui couloit le long d'un ruisseau au travers du village, & de méchantes poires vertes, dequoy ils avoient déja vêcu huit ou neuf jours, fort peu de munitions de guerre, & peu de soldats qui eussent volonté de pâtir davantage avec luy & ses Capitaines, une bonne partie des bons estans morts, blessez ou malades; pour cela il ne voulut entendre à aucune composition, sans auparavant avoir averty par lettres les principaux capitaines Portugais qui estoient aux montagnes, & sçu d'eux si depuis la faute qu'ils avoient faite de l'avoir abandonné au combat, estant venu exposer sa vie & ses compagnons pour conserver la leur, leurs biens, & leur libertez, le courage ne leur seroit point augmenté; & si cela estoit, & s'ils prenoient volonté de se joindre à luy avec leurs forces & leurs munitions, qu'il estoit tout prest de retourner combattre leur ennemy, duquel ils pouvoient esperer aussi peu de courtoisie que les François; & quoiqu'il fust convié à composition, qu'il n'y entendroit jamais, s'ils prenoient resolution de faire ensemble une mort honorable.

Au lieu de faire réponse au Commandeur, ils envoyerent ses lettres au Marquis de Sainte Croix, auquel un nommé Francesco Diez, l'un des principaux capitaines Portugais, luy récrivit, qu'il estoit tres-humble serviteur & sujet du Roy Philippe, & s'il ne l'avoit esté par le passé, c'estoit faute de n'avoir eu connoissance du droit qu'il avoit en ce royaume de Portugal; mais que s'il avoit pour agreable son service, qu'il le viendroit trouver avec les Portugais, & s'employeroit à la mort des François, qui le persuadoient de se joindre avec eux au combat; qu'il luy promettoit de luy rendre prisonnier le Comte de Torrevedres qui touloit la montagne, dautant qu'on luy avoit rompu son bâteau en se voulant sauver. En mesme temps le Commandeur eut une seconde lettre de dom Petre de Padilhe & d'Inique, par laquelle ils se plaignoient que le Commandeur ne leur avoit fait réponse par écrit, & trouvoient fort étrange la resolution qu'il avoit prise de perdre sa vie si mal à propos, mesme que n'ayant aucun moyen de servir son maistre en cette perte, il n'aquereroit pas beaucoup d'honneur; qu'ils estoient extrêmement fâchez de sa fortune, connoissans son merite; toutefois que s'il vouloit penser à luy, comme ils l'en prioient, avant que l'armée partist pour le venir défaire, le Marquis en ayant fait commandement, qu'il pourroit envoyer quelque honneste homme des siens traiter de composition. Le Commandeur par sa réponse leur fit encore paroistre que sa resolution estoit augmentée, les priant de ne se plus donner tant de peine en leurs persuasions, & qu'il n'y vouloit entendre, & lorsqu'on le viendroit assaillir & ses compagnons, qu'ils feroient autrement sentir qu'ils n'avoient fait la valeur des François, & comme librement ils se disposoient à la mort, laquelle il n'attendroit pas sans faire quelque bon service à sadite Majesté, quelque avertissement contraire qu'ils en eussent. C'estoit comme on dit communément, bonne mine & mauvais jeu. Cependant le Com-

IV. Partie.

mandeur fut averty que le Comte eſtoit par la montagne, à qui on avoit rompu ſon bâteau en ſe voulant ſauver, & que les Portugais le cherchoient pour le faire mourir, à cauſe qu'il leur avoit fait perdre le courage, & avoit abandonné les François au beſoin : il luy manda s'il avoit moyen de le ſecourir de pain & de quelques munitions de guerre ; & bien que les Portugais ne vouluſſent entendre à venir à luy pour aller au combat, qu'il vouloit mourir avec ſes compagnons, plûtoſt que de compoſer avec l'Eſpagnol, duquel il n'eſperoit que cruauté. Par ſa réponſe le Comte prioit le Commandeur qu'il parlaſt à luy, & que s'y acheminant il ne ſouffriſt pas que les ſoldats François luy fiſſent déplaiſir pour ſes mauvais déportemens qu'il déploroit grandement : ce que le Commandeur luy promit, bien qu'il euſt plus de ſujet de luy faire mal que de le recevoir. Comme il arrivoit, & paſſant parmy les François, ils crioient tout haut, *Le voila le poltron qui nous a abandonné, & qui eſt cauſe de noſtre malheur, tuons, tuons-le.* Lors le Comte pleurant à chaudes larmes, tout honteux de ſa faute leur diſoit : *François mes freres & amis, vous avez ſujet de m'oſter la vie, mais auparavant je vous ſupplie à l'honneur de Dieu de me pardonner.* Le Commandeur entendant cette exclamation de ſon logis qui eſtoit là auprés, ſortit, & émû de pitié de voir un Vice-Roy le genouil en terre requerant la vie aux François, il leur commanda de ſe taire, & ne proferer aucune parole qui luy donnaſt du déplaiſir. J'aſſure avec verité qu'il n'y avoit honneſte homme là preſent, quelque affliction qu'il euſt eu à ſon occaſion, que le voyant en cet eſtat, il n'en euſt eu de la pitié, tout lâche de courage qu'il ſe fuſt montré auparavant. Il aſſura au Commandeur qu'il n'avoit pas moyen de l'aider d'aucuns vivres ny munitions de guerre; qu'il avoit paſſé ſix jours ſans manger pain, & abandonné de tous ſes gens, mais que s'il pouvoit faire quelque compoſition, qu'il feroit fort bien, eſtant reduit à cette extremité ; que ſi cela eſtoit, qu'il le ſupplioit tres humblement de l'y comprendre, & luy ſauver la vie. Le Commandeur luy répondit, *Ce ne me ſeroit que double mal, de vous ramentevoir, veu le peu d'occaſion que vous m'en avez donné; toutefois s'il ſe peut je le feray.*

A l'heure meſme une partie de ſes Capitaines luy donnerent avis que ſoixante de ces poltrons, qui faiſoient la rumeur, s'eſtoient allez rendre au Marquis de ſainte Croix, & que le reſte ſe diſpoſoit d'en faire de meſme, & jettoient leurs harquebuſes & corſelets derriere les murailles, rompoient leurs épées, donnoient tout haut au diable le pere & la mere qui les avoient engendrez pour ſouffrir tant de mal, & crioient; *Allons, allons aux galeres, vaut-il pas mieux cela, que d'eſtre pendus ou tuez? nous ſommes perdus, & noſtre General refuſe noſtre vie quand on nous la veut donner.* Les pauvres bleſſez entendans les allarmes de ces poltrons, & prevoyans que leur lâcheté ameneroit une miſerable fin aux gens de bien, ils perdirent toute eſperance, & entendans crier de tous coſtez, *Arme, arme, voicy l'ennemy*, ils regardoient ceux qui paſſoient auprés d'eux, leſquels eſtoient leurs compagnons, & ne pouvant ſe remuer diſoient, *Helas n'y a t'il pas quelqu'un de vous autres qui vueille mettre fin à nos peines par le moyen d'une arquebuzade à chacun, & ne ſouffrez point que la cruauté Eſpagnole y faſſe ſon effort.* Le Commandeur voyant cela, & le peu d'eſperance qu'il avoit de ſecours, & qu'une partie de ſes gens s'eſtoient déja rendus, & donné avertiſſement de ſa neceſſité, la plus grande partie du reſte eſtoient preſts d'en faire de meſme, les uns qui ſe mouroient de ſoif & de faim, & les bleſſez à faute d'eſtre penſez, aucuns de leurs Chirurgiens s'en eſtant allez à l'ennemy, les autres avoient perdu leurs onguens ; il aſſembla ſes capitaines, deſquels il fut prié d'entendre à compoſition, & de vouloir conſerver ce qu'il voyoit perdre d'heure en heure ſans effet, qui eſtoit leurs vies ; ce qu'eſtant reſolu entr'eux, & auſſi que par un particulier amy Chevalier de Malthe qui eſtoit en l'armée, le Commandeur fut averty que l'armée ſe mettoit en bataille pour le venir forcer, & le prioit encore d'avoir pitié de luy, & d'envoyer promptement un homme pour traiter de compoſition, ils firent élection pour cet effet du Commandeur du Mayet, qui s'y eſtant acheminé, leur fit des demandes auſſi avantageuſes, comme s'ils euſſent eſté d'égale partie; il fut renvoyé des Eſpagnols avec riſée de ſa demande, ſans luy faire aucune réponſe, ſinon que c'eſtoit une grande folie & temerité aux François qui ne peuvent quitter leurs vies ailleurs qu'entre leurs mains; & qu'au lieu de s'humilier pour la demander, ou ſe rendre à diſcretion, ils faiſoient les plus forts & les plus mauvais. Ils firent commandement au Commandeur du Mayet de ſe retirer promptement, & qu'ils alloient envoyer la réponſe de ſes impertinentes demandes par quinze mille hommes de combat. Cependant Dom Pedro de Padilhe ne laiſſa pas de continuer ſes écrits au Commandeur de Chaſte, qui luy donna encore avis qu'ayant envoyé un des ſiens ſans l'accompagner de raiſon, qu'il s'en revenoit ſans avoir fait aucun traité, ce qu'il avoit toûjours deſiré pour l'amour de luy, qui eſtoit l'aſſurance de ſa vie; que le Marquis de ſainte Croix avoit prié & defendu aux ſiens de ne le preſſer plus à la compoſition des François, & qu'il en vouloit voir la fin puiſqu'ils eſtoient ſi obſtinez; que toutesfois s'ils envoyoient diligemment quelqu'autre plus traitable que ledit du Mayet, que la compagnie de tous les Cavaliers Eſpagnols prieroient encore le Marquis d'y vouloir entendre; & qu'il prevoyoit que l'aſſurance qu'il avoit de ces poltrons Portugais, & qu'ils ſe viendroient r'allier avec luy, ſeroit cauſe de ſa perte, & qu'il ne falloit s'attendre à cela : que pour luy donner creance du contraire, il luy envoyoit la lettre qu'il avoit écrite au Capitaine Franceſco des Portugais, laquelle il avoit depuis envoyée au Marquis avec offre de ſon ſervice pour la ruine des François; qu'il s'ébaïſſoit fort qu'il recherchaſt cette méchante race, en ayant eſté déja trompé; & bien qu'ils fuſſent reünis, que cela ne pouvoit empeſcher ſa perte. Le Commandeur ayant derechef communiqué avec ſes capitaines, firent encore élection du ſieur d'Angarnagues Meſtre de Camp, auquel ils donnerent puiſſance de traiter la compoſition; lequel s'y achemina auſſi-toſt, & ſon arrivée fut cauſe qu'on fit faire alte à l'armée qui marchoit en bataille hors la cité d'Angres pour venir forcer les François; & bien que ledit d'Angarnagues demandaſt pluſieurs choſes qu'il n'eſperoit pas avoir, neantmoins avec grande peine il traita la compoſition, à ſçavoir 1. Que ledit Marquis promettoit audit Commandeur & à ſes gens de ſe retirer en France avec leurs épées & dagues. 2. Que pour les y conduire il bailleroit des vaiſſeaux aviĉtuaillez & leur bagage, qui ne peſoit guere ſur le dos des François pour avoir tout perdu, ne leur reſtant que les habits qu'ils avoient veſtus le jour du combat. 3. Et auſſi que ledit Marquis pour méfiance qu'on avoit de ſa foy jureroit ſur les SS. Evangiles d'obſerver la compoſition, laquelle il ſigneroit avec tous les principaux de ſon armée. Ce qui fut fait, & ces articles accordez & ſignez furent apportez au Commandeur, qui commença de s'acheminer avec ſes troupes à Angres où eſtoit ladite armée, de laquelle eſtant à un quart de lieuë prés il en fut honorablement reçu par les plus apparens, & aſſuré par ledit de Padilhe de la part du Marquis, qu'à cette heure il ſe pouvoit dire parmy ſes plus fideles freres & amis. Ils luy donnerent un cheval, parce qu'il eſtoit à pied à la teſte de ſa troupe, & monterent ſur la croupe des leurs quelques Gentilshommes qui ſuivoient le Commandeur, & s'en allerent à la cité, où le quartier des François & les munitions y eſtoient déja ordonnées comme aux troupes Eſpagnoles. Le Commandeur s'en alla droit au logis du Marquis, qui l'honora fort à la reception, & aprés luy avoir dit qu'il eſtoit étonné qu'un homme de ſa qualité & de tant de valeur ſe fuſt hazardé à un lieu ſi éloigné de ſa patrie, & avec ſi peu d'apparence de le conſerver, ny moins ſa vie & honneur, eſtant accompagné de ſi peu d'hommes,& pour aſſiſter à la plus lâche nation qui fuſt au monde, qui eſtoit les Portugais, il reconnut par la réponſe du Commandeur, qu'il eſtoit fort triſte & fâché de ſa fortune, diſant au Marquis que ſi les propoſitions que le Roy dom Antoine avoit fait au Roy ſon maiſtre & à la Reine ſa mere euſſent eſté veritables, que ſon entrepriſe n'euſt reüſſi à l'oppoſite de ſon deſſein, qui eſtoit de luy bien empeſcher la deſcente & priſe de l'iſle, comme il n'euſt encore fait ſi les galeres n'y fuſſent arrivées, ainſi que dom Antoine avoit aſſuré qu'el-

IV. Partie.

les n'y pouvoient naviger, & que les Portugais ne l'eussent abandonné, & qu'il estoit fort marry dequoy il n'estoit mort au commencement du combat pour n'avoir veu arriver ce malheur, dequoy il luy en resteroit un déplaisir autant de durée que sa vie, le Marquis luy dit: *A la verité, Monsieur de Chaste, ce seroit faire trop de tort à la nation Françoise, si je ne confessois leur brave courage & hautes entreprises, mais vous m'accorderez qu'elles sont bien souvent inconsiderées & avec trop de promptitude, comme je trouverois celle-cy, sans quelques raisons que vous m'alleguez où il y a de l'apparence; & ce que je trouve plus étrange, de vous voir nommer la bonne fortune mauvaise; car puisque vous avez esté trompé au principal sujet de vostre intention, qui n'est de vostre faute, en cela vous voyez la fortune que vous courez, que j'appelle mauvaise; mais je trouve qu'elle est tres-bonne, recouvrant chose perduë, comme vos vies, emportant seulement beaucoup de reputation qu'avez acquise parmy nous, ayant veu faire & aux vostres plus que de devoir, le jour de la descente, ayant combattu tout un jour furieusement, & avec bien peu d'hommes, une grande & si forte armée, n'ayant remarqué aux François que l'envie de mourir: vous vous deviez donc réjouir, & estimer que jamais Cavalier de vostre nation ne fist un si bel effet pour l'issuë d'une si hazardeuse & temeraire entreprise, ny plus remarquable au moyen de vostre retour en France.* Il luy dit pour exemple la défaite du Seigneur Stroffy & de son armée, le voyage que les François firent à la Floride, duquel il n'en rechapa pas un seul, & plusieurs autres combats où l'échet estoit tombé sur eux, non à faute de valeur, mais de conduite, ou pour ne pas bien entreprendre. Et après ces longs discours l'heure du souper s'approcha, & on commença d'apporter la viande, dequoy les Gentilshommes qui suivoient le Commandeur furent fort aises, & desiroient qu'à joüer des dents, quelques discours qu'il y eust: toutefois ils ne souperent pas au logis du Marquis, parce que les chefs Espagnols en prirent chacun le sien par la main, & les menerent en leur logis, où ils les traiterent avec apparence de bonne volonté, & souperent sans attendre la moustarde. Le Commandeur après avoir soupé avec le Marquis luy donna le bon soir, duquel estant encore asseuré qu'il observeroit la composition, & qu'il le feroit bientost embarquer pour s'en retourner en France, se retira au logis du Seigneur dom Petre de Tollede fils du feu Vice-Roy de Naples, fort honneste & brave cavalier, qui fit beaucoup d'honneur & d'offre de services aux François.

Le lendemain le Marquis fit faire un ban & défense parmy son armée qu'il n'y eust homme de quelque qualité qu'il fust, qui se hazardast d'importuner aucuns François de parole ny autrement, sur peine de la vie, & de mesme, que quiconque luy ameneroit le Comte de Torrevedres, mort ou vif, qui estoit dans les bois aux montagnes, il luy donneroit cinq cens ducats, le Commandeur n'ayant sçeu le faire entrer en sa composition, bien qu'il s'y fust employé plus par pitié que par bon sujet. Aussi-tost les soldats Espagnols, amateurs d'argent, commencerent à faire des troupes pour aller aux montagnes chercher le Comte, ne redoutant plus la rencontre des François à cause de la composition, & faisant peu d'estime des Portugais: un Caporal avec 8. de ses compagnons s'y achemina, & commençant à entrer dans les bois au pied des montagnes apperçut un Negre qui fuïoit devant luy; il pousse son cheval, le poursuit & le prend par le colet la dague à la main & jurant Dieu, luy dit, *Si tu ne m'apprens où est le Comte je te feray mourir.* Lors le Negre craignant cette furie luy confessa qu'il avoit esté son pallefrenier huit ans, & qu'il venoit de le laisser dans une caverne où il s'estoit retiré depuis sept ou huit jours, abandonné de ses gentilshommes & officiers domestiques. L'Espagnol le fait monter en croupe, quitta ses compagnons qui estoient à pied, & poursuit son chemin devers le Comte, lequel à l'instant sortit de sa caverne pour regarder si son Negre luy apporteroit quelque morceau de pain comme il luy avoit promis. Le Comte n'avoit pour tout vestement qu'un habit de païsan & des besaces sur le col : le Caporal qui ne le connoissoit nullement, & dans le mauvais estat qu'il luy parut lors, & mesme qu'il se retiroit comme il l'eut apperçu, commença à crier? *Vien-çà bon homme, parle à moy, ne*

PAR LE COMMANDEVR DE CHASTÉ.

crains rien. Le Comte s'approcha le chapeau à la main, n'ayant pû gagner sa caverne, & luy dit: *Que me demandez-vous, Monsieur? N'es-tu pas,* dit le Caporal, *de ces chiens Portugais qui nous ont fait la guerre? Ie ne veux nier,* dit-il, *que je ne sois Portugais, mais je suis un pauvre homme qui nourrissoit de mon travail ma femme & mes enfans en cette miserable terre, & ne me meslois point de la guerre.* Le Caporal luy dit: *Ie ne veux tant parler, mais si tu ne me montres de ce pas le lieu où le Comte se retire, tu mourras de ma main.* Lors jugeant qu'il avoit part à ce marché luy répondit: *Monsieur, faites vostre effort seulement, car de vous montrer le Comte il me seroit impossible, y ayant trop long-temps que je ne l'ay veu.* Il tenoit un ducat dans sa gorge pour se desalterer, à cause de l'extreme chaleur qu'il faisoit, & la necessité en laquelle il estoit; dequoy le Caporal s'apperçut, & luy demanda, *Qu'est-ce que tu roules parmy tes dents?* Il luy répondit que c'estoit une piece d'or qu'il avoit en tout son vaillant, de laquelle il desiroit avoir du pain en quelque maison de ces montagnes, pour le porter à ses enfans, que je n'ay veu, disoit-il, depuis que vous estes descendus en cette terre, & mesme qu'il mouroit de faim. Le Caporal prit le ducat, & en le fouillant luy demanda s'il n'avoit que celuy-là: *Ouy, Monsieur,* dit le Comte, *& si il y a plus de quinze ans que je l'ay; mais à l'honneur de Dieu donnez-m'en quelque piece de monnoye. Va villain, je te devrois oster la vie,* répond l'Espagnol, & s'en va, suivant le chemin. Le Negre qui estoit en croupe pour faire prendre son maistre, de peur qu'il ne fust tué lorsqu'il le vit en si pauvre estat parlant à l'Espagnol, il se representa le bien qu'il en avoit reçu, & ému de pitié, la larme à l'œil fit semblant de ne le pas reconnoistre: mais le Caporal en allant dans les bois luy dit: *Hé quoy, poltron, me feras-tu tout le jour courir sans me mener promptement dans cette caverne? je voy bien que tu te fâches de vivre, mais ce sera tost fait de toy.* Et remettant la main à la dague, le Negre s'écria: *Ah Monsieur, pardonnez-moy, vous venez de le laisser, mais je n'ay eu assez de cœur de vous le découvrir, pour la pitié qu'il m'a fait. Comment,* dit le Caporal, *seroit-il possible qu'il fust homme de si peu d'apparence?* Il retourne à toute bride vers luy; & comme il estoit dans sa caverne à un mauvais passage, le Caporal luy dit: *Vien-çà, mon pere, pren ton ducat, je fais conscience de te l'emporter.* Lors le Comte s'approcha de luy, & tendit la main pour le reprendre, laquelle le Caporal saisit, le faisant prisonnier de par le Roy Philippe. *Ah!* dit-il lors au Negre, *mechant, tu as vendu ton maistre, mais je ne m'en plains pas, car j'estois trop assuré qu'il falloit aussi-bien finir ma vie à ce coup, comme j'ay perdu le sens & le courage.* L'Espagnol grondant abattit le Negre de son cheval d'un coup de dague qu'il luy donna dans le sein, dont il mourut, & y monta le Comte qu'il amena au Marquis, devant lequel il fut traité rudement de paroles, & après mené dans la grande galeasse de l'armée, où on le gesna cruellement pour luy faire confesser le dessein du Roy dom Antoine & de ceux de la grande terre de Portugal, & après condamné d'avoir la teste tranchée, & soudain executé, bien que les plus grands de l'armée, qui estoient ses parens, s'efforcerent de luy sauver la vie par leurs prieres auprès du Marquis de Sainte Croix; mais son conseil avisa qu'il ne se pouvoit, à cause d'une réponse par écrit qu'il fit à une lettre que le Roy d'Espagne luy avoit envoyée, qui le persuadoit de se retirer à luy avec douceur & belles paroles, sa réponse estoit, qu'il feroit plutost hommage au diable qu'à un si tyran & perfide comme il estoit. Enfin il mourut bon Chrestien, avec une telle assurance, qu'on eust dit que c'eust esté le plus hardy des hommes, & confessa, comme j'ay cy-devant dit, qu'il estoit cause de la perte de l'isle & des pauvres François; supplia le Marquis d'effectuer ce qu'il leur avoit promis par la composition, & de les traiter en gens d'honneur, comme il les avoit reconnus tels. Tous ces langages furent tenus en presence de toute l'armée Espagnole, avec un visage riant & des paroles fort assurées, en sorte que les François s'en étonnoient, ayant connu son peu de courage à leur besoin, & avoient pitié de le voir mener si rudement, avec un mechant habit, l'ayant auparavant veu honorer & respecter tant par les siens que

B iij

par les habitans de l'isle, autant ou plus que s'il eust esté leur Roy, & servi à sa maison fort honorablement durant ses repas, ses gentilshommes & ses autres domestiques ayant la teste nuë, & celuy qui luy portoit à boire son genoux en terre, tenant en ses mains une sou-coupe d'or pour recevoir ce qu'il répandoit de son verre pendant qu'il buvoit : toutefois ses grandeurs n'empecherent pas cette mort odieuse & déplaisante aux François, qu'il avoit toujours honorez, & promis de faire ce que Dieu ne luy permit pas aux occasions.

Six jours auparavant la composition dom Petre de Tolede fils du feu vice-Roy de Naples fut commandé d'aller assieger l'isle du Fayal avec trois mille Espgnols, dans laquelle commandoit un Capitaine Portugais accompagné de 400. François & du Capitaine Carles de Bordeaux qui les conduisoit. Dom Petre s'embarqua dans les galeres & dans quelques grands navires, & le lendemain après la reconnoissance de l'isle s'estant approché, il prit terre facilement du costé des Portugais qui jouërent le mesme trait qu'à la Tercere, & s'enfuirent aux montagnes : toutefois les François voyans la terre prise & les Portugais enfuis, se resolurent d'aller au combat & y mourir : d'abord ils couperent la gorge à 50. ou 60. Espagnols qui avoient gagné un fort le long de la marine, & de là attaquerent la teste de la grande troupe que menoit le Comte Petre en ordonnance, où les François ne firent pas bien leurs affaires à cause de l'inégale partie, & furent repoussez combattans jusqu'à un fort qu'ils avoient fait à la montagne, où ils composerent aux mesmes conditions que ceux de la Tercere, où ils furent après conduits par ledit dom Petre, & traitez comme les autres.

Aussi-tost qu'ils furent arrivez, le Commandeur de Chaste pria le Marquis d'executer la composition, & de luy faire donner des vaisseaux & des munitions pour le conduire à la coste de France avec le reste de ses gens, comme il avoit promis ; ce que le Marquis luy promit de faire le lendemain, lequel advenu il commanda à dom Petre de Padilhe de dire au Commandeur de Chaste qu'il falloit qu'il vinst à Lisbonne avec ses gens, où il luy feroit donner embarquement, n'ayant moyen de luy en donner pour lors, parce qu'il n'auroit pas assez de vaisseaux pour ramener son armée ; à quoy le Commandeur fut obligé de se resoudre, quelque contestation qu'il fist au contraire. Cependant qu'il attendoit de jour en jour le depart de l'armée, il fut averty par quelques-uns de ses Capitaines, que les Espagnols tâchoient de les persuader de se mettre avec leurs soldats dans les troupes, pour se trouver à une journée que le Roy Philippe avoit assignée, & vouloit donner contre les Maures à Larache, où le Roy dom Sebastien fut tué, & perdit sa bataille, il y a quatre ans. Le jour mesme le Commandeur ayant esté convié au logis de dom Petre de Tolede, où estoient tous les plus grands Capitaines de l'armée, fut souvent invité à se réjouïr & faire bonne chere, le voyant triste à cause de la fortune passée, auquel dom Lopés de Foulquoal Maistre de camp general de l'armée commença à parler ainsi : *Monsieur de Chaste, il me semble que vous avez peu de sujet de vous fâcher de la façon que vous faites, mesme qu'à cette occasion il ne s'est rien passé qu'à vostre avantage ; je remets l'intelligence de vostre fortune au jugement des plus experimentez guerriers du monde, je m'assure qu'ayant entendu toutes les particularitez de point en point, qu'il ne leur entrera autre chose en l'esprit que ce qu'il fait à moy & à mes compagnons, c'est que quand tout l'heur du monde vous eust accompagné contre nous, plus honnestement ny avec plus de valeur vous ny les vostres ne pouviez mieux vous faire paroistre & signaler vos reputations qu'avez fait, d'avoir combatu & tenu debout une grande & forte armée tout un jour avec une poignée de gens qui s'exposoient si gaillardement au combat, qu'ils se venoient enferrer teste baissée aux armes de nos soldats pour y ensanglanter les leurs, en ayant fait mourir un grand nombre des plus braves, abandonnez de tous les Portugais & leur chef, mesme d'une partie des vostres, qui se vindrent rendre à nous, & nous donnoient avertissement de vos necessitez ; avec tout cela faire entrer en composition le Marquis de Sainte Croix, ayant entendu que la faim & la soif vous minoit*

PAR LE COMMANDEVR DE CHASTE.

& tous vos gens, & sortir vos vies inesperées d'un lieu precipité; je trouve quant à moy que nous avons executé la chose trop facile; que l'affront & peu d'honneur en fust demeuré eternellement à nostre nation, si la disgrace nous eust esté si contraire d'en faire tant soit peu moins; & que vous avez à remercier Dieu de l'aide qu'il vous a fait, mesme que vous estes à present entre les mains de gens d'honneur, desquels vous recevez la mesme courtoisie que sçauriez desirer. Le Commandeur le remercia fort humblement de ses civilitez, & luy dit: Ie serois le plus ingrat qui se puisse voir, s'il ne me restoit une tres bonne volonté pour me revancher où l'occasion s'en presentera, de l'honneur & faveur que vous me faites: mais comme le François ne peut cacher ce qui luy chatouille l'ame comme à moy, je diray librement que toutes les carresses & bons traitemens que vous me faites sont avec dessein, dequoy je ne puis recevoir que déplaisir; ce qui m'a tenu plus triste depuis deux jours, c'est l'advertissement que j'ay eu, que vos Capitaines débauchoient les nostres & leurs soldats pour les faire aller à cette journée de Larache, en quoy je voy beaucoup d'apparence, ayant le Marquis commencé de manquer à la composition, me remettant l'embarquement qu'il m'avoit promis en cette isle, à Lisbonne, qui est plutost pour nous faire entendre à ladite journée, que par faute de vaisseaux, comme il dit; ou si ce n'est cela, c'est pour me faire un mauvais trait & aux miens, me manquant du tout de foy. Il ne faut pas qu'il pense que quand je seray contraint d'aller à Lisbonne, que pour cela de gré ny de force il puisse tant faire de nous faire aller à ladite journée; car plutost je me donnerois cinquante coups de ma dague dans le corps, comme je m'assure que tous mes compagnons feroient de mesme, sans en avoir commandement du Roy mon maistre, auquel je veux aller rendre compte de ma charge. Ie trouve que c'est peu de perdre le bien & la vie, mais d'y faire reste d'honneur, comme je ferois si je m'en départois, autrement ce seroit à immortaliser le peu de foy de l'Espagnol, puisqu'un General d'armée & tous les principaux de vostre nation y avoient manqué comme vous en estes en chemin. Alors tous répondirent: Monsieur de Chaste, vous nous faites grand tort d'avoir si mauvaise opinion de nostre foy; ne vous persuadez jamais, que si ce n'est de vostre volonté & de vos soldats d'aller à cette heureuse journée de Larache, où tous les bons Chrestiens se doivent trouver contre les infideles, que le Marquis vous y voulust contraindre pour chose du monde, ny moins vous manquer de composition; & quand il le voudroit faire, nous aimons tant nostre honneur, que nous y perdrions tous la vie, plutost que de le permettre. Et de ce pas s'en allerent trouver le Marquis, auquel ils firent entendre la proposition que le Commandeur leur avoit faite sur le doute du manquement de sa foy, le menant à Lisbonne après avoir promis de le faire embarquer à la Tercere pour s'en retourner en France. Ils luy remontrerent que si c'estoit là sa volonté, le Commandeur auroit sujet de se plaindre, & qu'il ne feroit pas seulement tort à sa reputation, mais à toute la nation Espagnole. Ils le supplierent de tenir sa foy & sa promesse, & donner embarquement dans l'isle aux François avant que l'armée Espagnole partist: ce que le Marquis accorda, à la charge que le Commandeur mettroit entre ses mains en ostage & pour asseurance des vaisseaux qu'il feroit delivrer pour le conduire à la coste de France, le sieur d'Anguarnagues Maistre de camp, & quatre autres Capitaines avec leurs compagnies, ne pouvant pas aussi-bien faire embarquer le tout faute de vaisseaux. Le Commandeur ayant appris cela, s'en alla trouver le Marquis, & luy dit que dans la composition il n'estoit fait aucune mention qu'il dûst laisser des ostages, que c'estoit un retractement de promesse; & quand de force ou d'authorité il y seroit contraint, ce seroit luy-mesme qui voudroit estre en ostage, & faire la retraite, & courre la fortune de son dessein. Le Marquis luy répondit: Monsieur de Chaste, resolvez vous de me laisser les ostages que je vous ay nommez; je vous estime trop pour consentir à vostre perte, comme je ferois, si demeurant en ostage vous répondiez du desordre que vos soldats pouroient faire passans par les terres du Roy d'Espagne mon maistre, à faute de conduite: mais il faut que vous vous embarquiez dans demain avec vos gens dans trois vaisseaux Biscayens, chacun de 400 tonneaux, & une barque pour vos blessez ou malades, que je vous feray donner avec munitions & gens *pour vous conduire à la coste de France du costé de Fontarabie; & soudain que j'auray nouvelles du traitement qu'aurez fait ausdits Biscayens, & de leur retraite, je ne faudray après faire embarquer le reste de vos hommes que j'ameneray cependant à Lisbonne : voila tout ce que je puis faire pour vous, & à quoy je suis resolu.* Hé bien, dit le Commandeur, qui a la force fait la loy, Monsieur, comme vous. Et prenant congé de luy, l'assura de faire voile avec ses gens.

Le lendemain qui estoit le samedy 14. jour d'Aoust, ils s'embarquerent en telle confusion, que les vaisseaux estoient pleins de soldats ou matelots François, & il s'en cacha au dedans un grand nombre des compagnies qui demeuroient en ostage, craignant toujours que la fortune fust la derniere : cela fut cause que la plus grande partie mourut de faim & de soif, ou de flux de sang sur mer, y ayant sejourné environ deux mois, n'ayant fait estat d'y estre que quinze jours, si le vent leur eust esté propice; mais leur ayant esté contraire, les vaisseaux penserent couler à fond le mardy 17. dudit mois, & les hommes en furent si travaillez, qu'on en jetta quelque nombre de morts dans la mer, la plus part des autres estant demeurez malades du flux de sang qu'ils avoient pris par les miseres qu'ils avoient souffertes dans les montagne de la Tercere avant la composition, lesquelles continuoient dans leurs vaisseaux, y vivans si pauvrement, qu'ils n'avoient que bien peu à boire d'un mechant vin fort aigre, des eaux puantes, quelque reste de biscuit de l'armée Espagnole fait à Milan depuis quatre ans, plein de vers, & dur comme pierre, & de mechante moruë pourrie, tellement que le plus grand festin que les pauvres blessez & malades faisoient estoit de manger un morceau de biscuit qu'ils avoient fait bouillir dans un pot de terre avec de l'eau puante, encore c'estoit si peu, qu'ils ne le sentoient presque pas dans le ventre. Cela y engendra une si grande peste, qu'il en mourut plus de deux cens. Le mardy 24. dudit mois le vaisseau où estoit le Commandeur pensa encore aller à fond par le desespoir d'un soldat, lequel estant couché sous le tillac, se fâchant de vivre avec ces necessitez, ou à cause de la douleur qu'il souffroit d'un coup d'arquebuze qui luy avoit brisé la jambe, ouvrit un sabat du vaisseau, dans lequel il estoit déja entré deux pieds d'eau, & sans l'aide des matelots qui s'en apperçurent, le vaisseau eust esté bien-tost perdu. Le mesme vaisseau pensa encore perir le lendemain par feu, sans la diligence des mariniers François, qui accourrurent à l'endroit où quelques ivrognes Biscayens faisoient leur cuisine, & mangeoient leurs rafraichissemens en presence des pauvres François, qui leur en demandoient quelquefois à jointes mains, & les prioient au nom de Dieu de leur en donner quelque morceau, dequoy ils ne faisoient pas grand estat, mais se rioient de les voir en ces extremitez, & bien souvent en passant prés d'eux ils leur donnoient des coups de pied par le ventre & par les reins, disant que c'estoient des chiens & des pourceaux de faire le sang sous eux.

On peut juger comme les pauvres malades estoient traitez, qui se mouroient couchez les uns sur les autres par tous les coins des vaisseaux, sans se pouvoir remuer ny secourir. Plusieurs fois entendant parler de quelque mechante nation, j'ay ouy la comparer à la race des Biscayens; mais je puis assurer par experience, que ce sont les plus barbares & de moins d'amitié qui soit au monde. Toutes ces cruautez estoient fâcheuses à souffrir au Commandeur : il fut mesme averty un jour, que les Biscayens avoient jetté un gentilhomme François en mer, qui n'estoit pas encore mort; & l'ayant remontré au Capitaine de son navire, & le reste de son mauvais deportement, il luy fit réponse qu'il estoit si marry d'apporter dans son navire des personnes si affligées que les François, qu'il voudroit que le diable l'eust mis à fond & tout ce qui estoit dedans : neantmoins le Commandeur s'arma de patience en consideration de ceux qui estoient demeurez en ostage, qui eussent pâty pour le châtiment que meritoit ce malin esprit de Biscayen & tous ses compagnons, le Commandeur ayant bien moyen de s'en ressentir.

Le vendredy aprés 27. du mesme mois ils commencerent à découvrir la terre du costé

PAR LE COMMANDEVR DE CHASTE.

costé de la Galice, à laquelle voulant aborder au cap de Finis-terre pour prendre de l'eau au premier village, la tourmente s'augmenta tellement, que la pluspart des mariniers se preparerent pour se jetter à la nage, mais Dieu fit cesser la tempeste, & fit passer leur vaisseau à un pied ou environ des rochers. En tout ce jour-là ils ne purent prendre terre ; mais le lendemain ils mouillerent l'ancre à une mechante rade d'un village appellé Maugy, où plusieurs François pensant courir au remede de leur mal, y allerent boire à une fontaine, & aprés s'estre remply le ventre, il y en eut quatre ou cinq qui moururent sur le champ : cela fut cause que le Commandeur les fit rembarquer. Les soldats voyans qu'on les faisoit rembarquer, une grande partie prierent le Commandeur de les licencier ; & pour obtenir plus facilement leur congé, ils voulurent faire croire qu'ils s'estoient vouëz à S. Iacques en Galice, distant de là de six ou sept lieuës, afin qu'ils fussent hors de danger. Le Commandeur leur remontra leur indisposition, & la fortune qu'ils couroient en passant par l'Espagne, où ils seroient assommez de coups : qu'il valoit beaucoup mieux attendre encore deux jours, dans lesquels il esperoit que le vent de Nord-Est, qui leur empechoit de suivre leur brisée, se pouroit changer ; que si cela estoit, dans deux fois vingt-quatre heures ils mettroient fin à 160. lieuës qu'ils avoient encore à faire pour estre à la coste de France ; ce qu'ils ne pouroient faire de deux mois par terre : il les assura encore, qu'en cas que le temps ne fust propre, qu'il se deliberoit de courir la mesme fortune qu'eux, y estant contraint par la necessité des vivres qui estoit si grande, que la portion d'un soldat fut reduite à chacun ce qu'il pouvoit d'eau puante dans le creux de sa main, & le gros d'une noix de biscuit une fois le jour. Mais le Commandeur estant importuné de les licencier donna congé à six-vingt, la pluspart desquels moururent en Espagne à cause du mauvais traitement qu'ils y receurent, ou du mal qu'ils avoient déja souffert.

Le Mardy seiziéme dudit mois, le vent contraire fit semblant de se changer, & donna moyen de lever l'ancre & faire voile, aprés que le Commandeur eut fait mettre sept ou huit bariques d'eau dans son navite : mais en sortant de la rade il se leva un brouillard accompagné d'une grande tempeste, qui rompit le gros mast, & plia toutes les voiles, de sorte que l'on croyoit alors que c'estoit la fin des miseres, où le Capitaine Biscayen fit paroistre sa mechante ame & son avarice ; car plain de rage il commença de s'écrier : *O Dieu, me feras-tu à la fin perdre mon navire qui couste dix mille francs ! ô diable, emporte-moy plutost.* Ce fut alors que tous les autres du navire invoquoient l'aide de Dieu, qui les preserva encore de cette infortune, & fit cesser la tourmente, par les efforts de laquelle les deux autres navires & barques se separerent d'avec le Commandeur, & relâcherent, sçavoir le Commandeur du Mayet qui estoit dans l'un, à Valence en Espagne, distant dudit Commandeur de 36. lieuës, le Capitaine Carles de Bourdeaux qui commandoit dans l'autre navire, aux isles de Bayonne, distant de là de 24. lieuës, & le Capitaine Campagnol qui estoit dans la barque avec les malades repoussé avant en mer, estans les uns fort loin des autres ; ce vent contraire qui s'enfla de plus en plus, les fit rouler sur mer douze ou quinze jours, pendant lequel temps on faisoit sauter tous les jours le bord à dix ou douze corps au navire du Commandeur, dans lequel il n'y avoit plus rien à manger & bien peu à boire, & sans l'aide & misericorde du Tout-puissant, qui par les acclamations & prieres qu'on luy faisoit envoya le vent propre, ils estoient tous prests à jetter au sort à qui se mangeroit l'un l'autre. Ils arriverent neantmoins en deux jours & une nuit au port de la ville de Gueytarge d'où estoit le Capitaine Biscayen, où ils eurent à l'instant du pain & de l'eau par le moyen de quelque argent qu'un Gentilhomme François qui se trouva meilleur ménager que les autres, presta au Commandeur. Il y avoit encore de là dix lieuës par mer jusques à Fontarabie, où le Capitaine Biscayen avoit commandement de les mener ; toutefois il dit au Commandeur qu'il n'estoit pas deliberé de le conduire plus avant, mais qu'il pouvoit aller par terre si bon luy sembloit, dequoy le Commandeur donna auſſi-toſt avis au Gouverneur de Fontarabie, & luy fit entendre le peu de compte que faiſoit ce Biſcayen d'efectuer les commandemens du Marquis de Sainte Croix, & que par ſa faute tous ſes gens ſe mouroient: auſſi-toſt le Gouverneur envoya un homme au Biſcayen, en luy faiſant commandement ſur peine de la vie d'amener diligemment les François au bourg d'Andaye, qui eſt vis-à-vis de Fontarabie, n'y ayant entre deux qu'une petite entrée de mer qui fait la ſeparation de l'Eſpagne & de la France. Incontinent il ſe prepara avec des chaloupes & batteaux, & conduiſit le Commandeur & ſes gens au devant de Fontarabie; & comme ils vouloient paſſer cette petite branche, il arriva un gentilhomme Eſpagnol de la part du Gouverneur faire offre au Commandeur de vivres, argent, chevaux & habits, diſant qu'il avoit ordre de ſa Majeſté Catholique de luy faire toutes les courtoiſies qu'il pourroit & aux ſiens; il fut remercié du Commandeur, qui n'accepta rien du Gouverneur que des chevaux pour le porter & ceux qui eſtoient les plus malades juſques à Bayonne, diſtant de là de douze lieuës. Enfin ils prirent terre au village d'Andaye le 4. d'Octobre, où les habitans du lieu les voyans arriver ſi chetifs & déchirez, les reçurent en leurs maiſons, & leur firent la meilleure chere qu'ils purent; le lendemain matin la pluſpart les accommoderent de mules & d'aſnes pour les conduire juſques au pont qui tremble à trois lieuës de là, & quelques femmes & filles du lieu venoient, comme elles ſont en cette contrée fort charitables, pour ſecourir les malades. Le Commandeur reçut encore une partie du meſme traitement en ce lieu, & fit accommoder dans l'Hoſpital de ſaint Jean de Luz, qui eſt tout joignant, quelque nombre des malades, & continua d'en laiſſer dans les Hoſpitaux & Charitez qui eſtoient juſques à Bayonne, où la pluſpart ſe mouroient; les autres vinrent juſques aux portes de Bayonne, auſquels le Commandeur départit ſix cens écus qu'on luy preſta pour leur aider à ſe retirer, les faiſant accommoder de charettes de journée en journée tout au travers de la Gaſcogne, par le moyen du Sieur de la Paſliere Gouverneur de Bayonne, qui leur donna un Commiſſaire pour les conduire & dreſſer quelque étape. Ayant ainſi le Commandeur pourvû à ſes gens, il prit la poſte audit Bayonne pour s'en aller à Paris, où eſtoient leurs Majeſtez, rendre compte de ſa charge, & baiſant les mains à la Reine Mere du Roy, de laquelle il tenoit exprés commandement dudit voyage, luy preſenta un abregé de ce diſcours, luy diſant; MADAME, *je ſçay bien que vous racontant ma fortune, ce ſeroit vous entretenir trop long-temps d'un ſujet qui vous ſeroit peu agreable; je ſuis fort mary,* MADAME, *que mon voyage n'ait eſté entrepris avec autant de raiſon comme j'avois de bonne volonté de vous donner plus de contentement: vous verrez, s'il vous plaiſt, ce que la verité m'a fait écrire en ce papier; ſi vous trouvez que la crainte de ma vie m'ait fait oublier le devoir de voſtre ſervice, je vous porte ma teſte,* MADAME, *pour en répondre.* Auquel ſa Majeſté répondit prenant le diſcours: *Monſieur le Commandeur, je ſçay que vous eſtes trop homme de bien pour avoir manqué en voſtre charge, je vous remercie de l'affection que j'ay connu que vous avez à mon ſervice, je m'en reſerve une bonne volonté pour m'employer pour vous en ce qui dépendra de voſtre bien.*

ELEMENTA
LINGUÆ TARTARICÆ.

AD LECTOREM.

I quemadmodum singularum Nationum exterior loquendi modus, & ore prolata verba sunt diversa; sic etiam interior concipiendi modus, nec non res ipsæ, & quos de rebus habent conceptus, essent diversi, difficillimum certè foret proprium cujusque idioma tam discere, quàm docere: nunc autem etsi linguæ singularum sint diversæ, in hoc tamen omnes conveniunt, quòd sint unius quasi mentis & rationis (ut ita loquar) interpretes. Sicut enim ratio tanquam unica quædam & universalis Regina, Nationum omnium mentes gubernat; sic quoad mutuum commercium, quas præscribit leges & dictamina, ubique Nationum sunt eadem, & in uno aliquo conveniunt, imò unum esse dictamen dici potest, linguæ autem licèt diversissimæ, omnes unum hoc dictamen interpretantur. Ex hoc efficitur, ut si qua Natio unius hujus dictaminis optimum interpretandi modum habeat, ac certas nominum & verborum leges, quibus communem illum omnibus mentis affectum dilucidè explicet, is qui ejusmodi modum noverit, facilè etiam aliarum Nationum interpretandi sive loquendi modum, ad illius normam & similitudinem, saltem per æquivalentiam quandam poterit inducere, & proprium cujusque idioma tam discere, quàm docere. Jam verò cùm Grammatica Latina optimis legibus & præceptis abundet, quibus omnia quæ ad mutuum hominum commercium spectant facile explicat, eamque nos à puero omnes didicerimus, (scientibus enim hujusmodi Grammaticam hæc scribo) si quis ad aliarum Nationum linguas addiscendas docendasque animum applicare voluerit, facillima mihi & maxima plana illa via videtur, quæ omnem illarum loquendi modum ad Grammaticæ Latinæ leges & præcepta reducat, vel saltem comparatione factâ, per æquivalentiam quandam exponat. Nulla enim est Natio, quæ non habeat sua Nomina & Pronomina, nec non Substantiva & Adjectiva, certo vinculo inter se copulata; quæ non habeat Verba sua, quibus tam actionem quàm passionem, & ipsum etiam agendi ac patiendi modum determinatis quibusdam vocibus, quæ Adverbia appellamus, unà cum loco & tempore, aliisque circumstantiis abundè

A ij

exponat. Ego certè, cui singularis Imperatoris Sinico-Tartari benevolentia de industria magistrum dedit, quo idioma & litteras Tartaricas addiscerem, horis quibusdam per diem, quibus per otium licuit, animum ita applicui, ut idiomatis hujus præcipuos & magis necessarios loquendi modos, ad certas quasdam leges Grammaticæ Latinæ similes conatus sim reducere, ex quo hunc saltem fructum brevi tempore percepi, ut Legati Magni Ducis Moscoviæ Latino-Tartarum interpretem per tres & amplius menses non incommodè agere potuerim, tam apud supremum Imperii hujus Consilium, quàm apud ipsum Imperatorem Tartarum. Nunc itaque ad exemplar Latinæ Grammaticæ, leges Grammaticæ Tartaricæ, seu Grammaticæ Tartaricæ speciem aliquam adumbraturus, hunc Tractatum in quinque potissimùm capita distribui. Primum caput agit de Litteris, & modo pronunciandi, cui tanquam appendicis loco adjeci binos §. litteris & pronunciationi affines, unum quidem de Quantitate syllabarum, alterum de Orthographia. Secundum caput agit de Nomine; tertium de Pronomine; quartum de Verbo; quintum de Syntaxi, in quo sub titulo singulari ago de Adverbiis, Præpositionibus, Conjunctionibus, & in quantum scilicet, hæc ad Syntaxim potissimùm spectant.

Totum præterea Tractatum in 170. circiter §. breviores divisi, numeris ad marginem expressis, ut scilicet rerum præcipuarum indicem, quem ad calcem adjeci, magis distinctum proponerem. In præceptis exponendis de industria plura subinde exempla attuli, non ignarus longum iter per præcepta, breve esse per exempla: in his tamen exarandis charactere Latino, non Tartarico, usus sum, ne scilicet justo longiorem Tractatum efficerem; nam characteres Tartarici triplo & amplius majorem locum occupant, quàm Latini, & propter figuræ diversitatem non bene cum Latinis in uno & eodem loco conveniunt. Sed ne hoc ipso meo prologo longiorem etiam hunc ipsum Tractatum redderem, nihil amplius addo, nisi vale, & fruere.

CAPUT PRIMUM.
De Litteris, ac modo pronunciandi.

§. 1. TARTARI suas litteras, seu potiùs litterarum syllabas ad 12. elementa, sive (ut ipsorum idiomate utar) ad 12. capita reducunt, id est, aperiunt 12. classes vocum monosyllabarum, ex quibus inter se diverso modo conjunctis, omnes idiomatis sui proprias voces exprimunt. Determinarunt autem classium numerum illum duodenarium juxta diversas syllabarum suarum terminationes, quæ 12. tantùm sunt, quas hîc subjicio.

§. 2. Primæ classis syllabæ terminantur in unam ex singulis vocalibus a, e, i, o, u.
2^x in unam ex singulis diphthongis ai, ei, ii, oi, ui.
3^x in consonantem r.
4^x in n.

ELEMENTA.

5^x in *m* Lusitanorum, sive in *ng* Germanorum & aliarum Nationum.
6^x in *c.*
7^x in *s.*
8^x in *t.*
9^x in *p.*
10^x in diphthongos *au*, *eu*, *iu*, *ou*, *uu*.
11^x in *l.*
12^x in *m* apertum, sive in *m* Latinorum.

Atque hæ quidem sunt 12. litteræ finales monosyllabarum; initiales vero §. 3. sunt circiter 23. id est 5. vocales, & 18. consonantes, quas hîc refero, & quidem eodem ordine quo in 12. classium monosyllabis componendis se invicem consequuntur. *N*, *Ka*, *P*, *S*, *X*, *T*, *L*, *M*, *Ch'*, *Ch*, *y*, *Ke̊*, *Ki̊*, *Ců*, *Cå*, *Co̊*, *R*, *F*, *W.*

Nota primò, consonantibus *K* & *C* addidi vocales quasdam ad exprimendum §. 4. sonum illum particularem, sive pronunciationem, quam initiales referunt.

Nota secundò, octodecim illis initialibus litteris Tartaros præterea addidisse quinque sequentes *ç*, *f'*, *i*, *ch'*, *sü*, ad exprimendas scilicet voces Sinicas, idque in illis duntaxat classibus, quarum monosyllabæ voces terminantur in vocales vel diphthongos, nec non in *n* & *ng*, sive *m* Lusitanorum, qua aliarum classium terminationem voces Sinicæ non habent.

Singulæ autem classes ex duodecim illis, de quibus suprà, continent plures §. 5. monosyllabas voces, ferè juxta numerum quem componunt 23. litteræ initiales multiplicatæ per 5. vocales, cum quibus singulæ combinantur, & non cum aliis vocalibus.

Verùm hæc omnia faciliùs intelliges, ubi duodecim elementorum classes, quas ad calcem hujus tractatus subjicio, inspexeris, in quibus syllabas singulas pronunciabis secundùm syllabas Latinas adjacentes.

Adverte tamen primò, illam mediam lunulam supra quasdam Latinas syl- §. 6. labas positam, aspiratæ pronunciationis signum esse.

Secundò vocalem *u* sexto inter vocales loco positam, cum vocali *u* quæ quinto loco collocatur, diversitatem tantùm exhibere in littera Tartarica, nullam in pronunciatione, sicut etiam diphthongum *y* à vocali *i* differre solùm in scribendi modo, non in pronunciationis sono.

Tertiò diphthongum *iu* à multis pronunciari sicut diphthongum *eu*; item in prima classe syllabam *chi'*, & *chi*, utramque, hoc est tam aspiratam quàm non aspiratam, pronunciari ut *ci*, vel *si*, multis ut *tsi*, cum hoc tamen discrimine, quòd ubi aspirata exprimenda est, dices *tsi* cum aspiratione; ubi verò non aspiratam exprimere voles, dices *tsi*, sed leniter, imò hanc ipsam in medio vocis pronunciabis, ut *gi*. v. g. scribis *cochimi*, pronunciabis *cogimi*.

Quartò consonantem *p* in medio vocis sonare ut *b* Latinum; & *t* ante vocales lenes, id est non aspiratas, item in medio aliquorum nominum plerumque sonare ut *d*. Sic scribunt quidem *tantami*, *peytemi*, *peterembi*, *potomi*, *tetoumi*, item *antante*, *natante*; sed legunt *tandami*, *peydemi*, *pederembi*, *podomi*, *tedami*, *andande*, *nadande*, &c. Dixi plerumque; exprimuntur enim voces aliquæ, quas usus ipse docebit.

Quintò syllaba ⰔⰀ, quæ sine puncto addito pronuncianda esset ut *yan*, à plurimis pronunciari ut *yen*, à paucis ut *yan*, à multis verò medio sono inter *yan* & *yen.*

Sextò consonans *m* in fine sæpe tam obscurè pronunciatur in aliquibus vocibus, ut vix audiatur, præsertim in voce *moung*, *oun*, *ning*, *oun*, ubi planè non percipitur ab audiente.

Septimò littera ⰔⰀ, id est *ki*, cum puncto ad latus, in medio vocis sonat ut *ghi*: sic scribunt *selkiembi*, *yarkiamui*, sed legunt & pronunciant *selghiembi*, *yarghiambi.*

A iij

LINGUÆ TARTARICÆ

Octavò juxta litteram Tartaricam pronunciandum esset *yali*, hoc est, caro; *echen*, id est, dominus; *uchen*, id est, gravis. Tartari autem pronunciant *yeli*, *echin*, *uchin*: imò has duas postremas voces juxta superiùs dicta pronunciant *egin*, *ugin*.

§. 7. Ego in hoc tractatu Latinis litteris promiscuè exprimam voces Tartarorum subinde proùt ipsi eas pronunciant, subinde proùt scribunt, ut scilicet lingua & auris faciliùs assuescat: nam scribendi modum facillimè ex librorum lectione assequeris.

§. 8. In vocibus *mang-v*, *sang-v*, *ning-oun*, & similibus, *n* ante *gi* pronunciatur sicut *m* finale Lusitanorum in syllabis *am*, *em*, *im*, & sicuti Hispani, Galli ac Germani pronunciant *g* ante *n* in prima syllaba vocum *agnus*, *magnus*, &c. in prima inquam syllaba tantùm, secundâ syllabâ suspensâ, ac non prolatâ; littera verò vel syllaba quæ sequitur post *g*, pronunciatur tanquam separata, nec ullam secum trahit ipsius *g* consonantiam, quod lineâ interpositâ indicare volui, non secus ac si esset vox separata. Aspiratam *h* in medio vocis non adeò aspirant, ut Germani; sed quidem ante *a*, *o*, *u* sonat ut *g* : sic scribunt *vaha*, *loho*, *puhu*; at pronunciant *vaga*, *logo*, *pugu*. Ante *e* & *i* sonat ut *ghe*, *ghi* : sic scribunt omnia terminata in *hang-he*, *heng-he*, *hong-he*; item in *vang-he*, *veng-he*, *vong-he*, ac si essent pronuncianda cum *h*, sed pronunciant ut *g*, hoc est, dicunt *hang-ghe*, *hen-ghe*, *hon-ghe*, sive pronunciant hujusmodi terminationes eo modo quo Germani pronunciant Latinas voces, *ingenium*, *Germania*, &c.

Fi in medio vocis leniùs pronunciant quàm Germani, imò ferè pronunciant ac si esset *vi*: sic scribunt *pagafi*, sed pronunciant *pagavi*.

Præterea cùm Tartari habeant duplex *m*, id est, Latino & Lusitanico modo, pronunciatum, ut suprà diximus; Lusitanicum *m*, sive in fine, sive in medio, exprimunt per *ng*, ad discrimen à Latino.

Denique vocibus *ma-gni*, *on-gnimi*, &c. *g* ante *n* pronunciatur ut apud Italos, Gallos, &c. in vocibus *compagnia*, *campagne*, & similibus: vel pronunciatur ut Lusitani pronunciant voces in quibus *n* præcedit *h*, v. g. *companhia*, *campanha*, eâdem enim ratione pronunciant hujusmodi voces hoc modo scriptas, ut Itali: Galli præfato modo scriptas, hoc est *compagnia*, &c. Hunc pronunciandi modum indicare volui per lineolam interpositam, ut Lector meminerit syllabas esse separatas, & primam quidem syllabam in sua pronunciatione nullam omnino habere consonantiæ litteræ *g* sequentis.

§. 9. Vocalis *u* sonat sicut *ou* apud Germanos, Italos & Gallos; & ideo in sequentibus illam sic exprimo.

Notandum tandem ultimò inter illas duodecim classium monosyllabas voces, multas esse, quæ nullum vel exiguum habent usum in compositione vocum polysyllabarum; & ideo postquam singularum classium syllabas mediocriter noveris distinguere & pronunciare, expedire ut ad ipsos libros legendos te conferas, quibus multò faciliùs disces tum legere, tum scribere voces Tartaricas, quàm ex tædiosa syllabarum seorsim in suis classibus collocatarum consideratione.

§. 10. Cùm prosodia sive quantitas syllabarum comitetur pronunciationem, & hoc apud Tartaros, unâ tantùm vel alterâ regulâ comprehendatur, hanc subjicio.

In vocibus trium vel plurium syllabarum penultima semper corripitur, sive vocales sint, ante duas consonantes, sive non. Excipitur ab hac regula *sambime*, id est, scienter (ut ita loquar) sive sciens & volens, atque alia paucissima, quæ cum *pime* componuntur.

§. 11. Sunt quædam voces, & plurium syllabarum, & illæ quidem non paucæ, præsertim quæ habent vocalem *i* in penultima syllaba, quas Tartari inter pronunciandum tam raptim quasi absorbent, ut vix vel ne vix quidem aure percipiatur, ex quibus aliquas hîc affero, reliquas in Dictionario Latino-Tartarico notâ *V*. postpositâ distinguam.

ELEMENTA, 7

Sic scribunt,	pronunciant,	scribunt,	pronunciant,	§. 12.
Ousha, sella,	Vusha.	Vachihiame,	Wahiame.	
Tosohon, quindecim,	Toshon.	Houçutuleme,	Hustuleme.	
Fushoun,	Fushun.	Ketoukeleme,	Ketholeme.	
Vashun,	Vashun.	Esoukieme,	Eskieme.	
Ashan,	Ashan.	Hochihiame.	Hatschiame.	

§. 13. Quod spectat ad orthographiam (de qua hîc tanquam ex occasione mentionem facio) hoc præcipuè observandum, quod in polysyllabis litteræ aliquæ, quando sunt intermediæ, & cum aliis tam præcedentibus quàm cum sequentibus connexæ, aliter scribuntur quàm in initio vocis, seu diversimodè formentur quàm in classibus monosyllabarum conspicitur, quarum exempla præcipua hîc subjicio.

Initiales vel monosyllabæ sic scribuntur.

[Manchu script characters]

Intermediæ scribuntur sic.

[Manchu script characters with transliterations: machughe, ochi, toi tai, toto me, poti, pottra, onde-tur sende, tatambi, malhoufambi, cicini, ogote, toco, haga, chakade, mergni, energni]

Initiales sic scribuntur.

[Manchu script characters: yang, biuti, leng, cuing, ic]

Intermediæ verò sic.

[Manchu script characters with transliterations: yang-I, nisgouni, ileng-ou, leng-e, curig-chu, aochen, cixembi]

§. 14. Atque hæc quidem elementa tantùm suo idiomati accommodarunt: cùm enim litteræ & syllabæ sint vicariæ vocum, illas duntaxat litteras & syllabas norunt, quæ merè sufficiant, ut vocum suarum vices subeant; quapropter cùm nullas habeant voces, in quibus plures consonantes in una syllaba junctæ pariter pronunciantur, sic nullas etiam habent litteras & syllabas, quibus voces ejusmodi Europæas aliarumve Nationum exprimant: ideo si aliquando ejusmodi voces exprimere cogantur, v.g. quando Legati exterarum Nationum, ut Lusitani, Moscovitæ, Hollandi, &c. epistolas suas offerunt, quas quidem Tartari in idioma suum solent vertere; tunc ejusmodi consonantibus necessariò vocalem aliquam interponunt: v.g. voces, *Petrus, Andreas,* &c. sic scribunt, *Peterus, Andereas,* &c. Sic si scribenda esset hæc propositio, *Plebs est prostrata,* scriberent, *Plebes esut porosutarata,* &c. At Sinica pronunciatio magis adhuc ridicula, quæ scilicet non solùm litteras aliquas exterarum Nationum, ut *b, d, r,* sed plerasque vocum terminationes innumeris suis litteris exprimere nequit. Has enim pauculas voces, *Plebs est prostrata,* sic exprimunt, *Pelebesu nghesete polosutulata.* Hinc magis elucet litterarum Latinarum, aliarumque Eu-

B

ropæarum præstantia, quæ verè dici possunt Catholicæ & Apostolicæ, utpote quæ omnium Nationum linguis loquuntur.

CAPUT II.
De Nomine.

§. 15. NOMINA tam substantiva quàm adjectiva nullam habent singularem aut propriam terminationem; quælibet vocalis vel consonans potest illa terminare. Circa Nomen consideranda sunt tria, Genus, Numerus, Casus.

GENUS.

§. 16. Adjectiva invariata cuilibet Substantivo adjunguntur; tam illi quod maribus, quàm illi quod fœminis tribuitur: adeoque Nomina nullum certum genus præ se ferunt. Sic dicitur *sain haga*, i. bonus vir; *sain heghe*, i. bona fœmina; *sain morin*, i. bonus equus, &c.

NUMERUS.

§. 17. Multa Nomina numeri singularis transeunt ad pluralem, subjunctis particulis *sa, se, si, te*, i. *de*, v. g.

Hæc Nomina singularis numeri sic fiunt pluralis numeri.

spiritus,	*endori*,	*endourisa*,	spiritus.
mandarinus,	*hafan*,	*hafasa*,	mandarini.
fœmina,	*hehe*,	*hehesi*,	fœminæ.
frater,	*teu*,	*teude*,	fratres.
dominus,	*echin*,	*echede*,	domini.

Multa etiam Nomina in plurali ponuntur invariata sicut in singulari, & numerus pluralis arguitur vel ex sensu, vel ex quibusdam particulis multitudinem significantibus, quales sunt *sei*, i. cæteri; *cherchi*, i. ejusdem generis: arguitur item ex vocibus *ourse*, & *tome*.

Particula *sei* quidem hominibus tantùm tribuitur: v. g. *courgou cherghi*, i. animalia; item *toubihe cherchi*, i. fructus. Sæpe additur vox *chaca*, quando loquimur de aliis quasi sensitivis, v. g. *toubihe cherchi chaca*, i. fructus, vel res generis fructuum.

Particula *ourse* etiam est pluralis numeri, & additur Adjectivis separatis à Substantivis, solisque hominibus tribuitur; v. g. *sain ourse*, i. boni (homines scilicet.) Hæc ipsa particula correspondet nostro dicendi modo, cùm dicimus *illi qui*, *illos qui*, &c. vel si dicendum esset, *illi qui ex Europa huc adveniunt*, dices, *si yan curun chi ubade chiden ourse*.

Vox *tome* idem significat ac *unusquisque, unaquæque, unumquodque*; ponitur immediatè post suum Substantivum: v. g. *nyalma tome hendouresghe*, hominum unusquisque dicitur.

NUMERALIA.

§. 18. Numeralia, sicut aliis pluribus Nationibus commune est, ita etiam apud Sinas ab unitate usque ad decem singula simplici voce exprimuntur; reliqua verò à decem & ultrà, composita scilicet ex novem prioribus simplicibus, & ex decem, viginti, triginta, &c. duplici, imò multiplici voce exprimuntur, excepto quindecim, quod una voce dicitur *tofohon*, & pronunciatur *toshon*.

emu,	1.	*chacoun*,	8.	*orin*,	20.	*coyunchu*,	90.
chue,	2.	*oyun*,	9.	*cousin*,	30.		
ilan,	3.	*chuen*,	10.	*tchi*,	40.	*orin emu*, &c.	21. &c.
tuin,	4.	*chuen emu*,	11.	*sousei*,	50.	*tang-on*,	100.
suncha,	5.	*chuen chue*,	12.	*ningchu*,	60.	*ming-a*,	1000.
ning-oun,	6.	*chuen ilan*,	13.	*nadanchu*,	70.	*tumen*,	10000.
nadan,	7.			*chacunchu*,	80.		

ELEMENTA. 9

Vox *emke* iterata idem significat quod singuli, singulæ, singula; v. g. *emke emke chighe*, singuli pervenerunt.

Vox *meni* pariter iterata idem significat ac, quisque, sed solis rationibus tribuitur, hoc est, hominibus, spiritibus, animabus: utrique autem voci substantivum nomen additur, sed vel subintelligitur, vel præcessisse supponitur ejus mentio.

CARDINALIA.

Ouchu,	primus.	*chuen emuchi*,	11$^{us.}$	*nadanchuchi*,	70$^{mus.}$	§. 19.
chai,	secundus.	*chuen chucchi*,	12$^{us.}$	*chacounchuchi*,	80$^{mus.}$	
ilachi,	tertius.	*chuen ilachi*,	13$^{us.}$	*oyunchuchi*,	90$^{mus.}$	
tuichi,	quartus.	*chuen tuichi*,	14$^{us.}$	*emu tang-ouchi*,	100$^{mus.}$	
sunchachi,	quintus.	*toshouchi*, &c.	15$^{us.}$ &c.	*orin emuchi*,	21$^{mus.}$	
ning-ouchi,	sextus.	*orinchi*,	20$^{mus.}$	*nadanchu emuchi*,	71$^{mus.}$	
nadachi,	septimus.	*cusinchi*,	30$^{mus.}$	*nadanchu chai*,	72$^{dus.}$	
chacouchi,	octavus.	*tehinchi*,	40$^{mus.}$	*nadanchu ilachi*,	73$^{us.}$	
leyouchi,	nonus.	*souserchi*,	50$^{mus.}$	*chue tang-ouchi*,	200$^{mus.}$ &c.	
chuenchi,	decimus.	*ning-chuchi*,	60$^{mus.}$			

Nomina adjectiva nullam admittunt in gradibus significandis varietatem. §. 20.
Comparativa autem significantur per particulam *chi* Ablativis casibus Latinæ constructionis subjunctam. Aliquando additur vox *keli*, quandoquidem etiam, sed rariùs, vox *tabali*, v. g. *nyalma chi uues hann*, vel *keli uues houn*, vel *nyalma chi tabali*, i. hominibus sublimior, seu honoratior.

Comparativum sæpe explicant per negativam *isiraco*, i. non accedit, non æ- §. 21. quat, &c. v. g. hic homo melior est illo, *tere nyalma ere nyalmade isiraco*; quod sonat idem ac, ille homo non accedit, non pertingit ad hunc hominem, vel, illum non æquat: ubi adverte in hac phrasi Tartarica Ablativum Latinum præponi, & Nomen sequi.

Superlativum gradum explicant per voces *ochui*, *oumesi*, vel (ut aliqui) *emesi*, §. 22. Adjectivo præpositas: v. g. maximus, i. *ochui amba*, *oumesi amba*.

DE CASIBUS.

Casus rectus Nominum non differt ab obliquo, nisi penes quosdam articulos §. 23. Nominibus postpositos.

Sic Genitivum exprimunt per particulam *y*, vel *ni*, Genitivo postpositam: utuntur *y* quidem, si Genitivi ultima littera sit vocalis, vel diphthongus; *ni* verò, si sit consonans. Genitivus autem semper præcedit in constructione Tartarica, v. g. *apeai echin*, i. cœli Dominus.

Dativo præfigunt articulum *de*: v. g. *nyalma de puda*, homini &c.

Accusativum explicant per articulum *be* postpositum: v. g. pater amat filium, *ama chuibe cogimi*.

Vocativus Nominativo similis.

Ablativum explicant diversis particulis postpositis, juxta diversas acceptiones: §. 24. utuntur enim particulâ *chi* postpositâ, quoties significatur ablatio, separatio, distantia, discrimen: v. g. hic homo quid differt à bruto, *tere nyalma courgou chi ay en chu*: item, cœlum à terra procul distat, *apea na chi coro alchagapi*.

Secundò adhibetur particula *de*, si significetur passio unius ab alio, sive si propositio sit significationis passivæ: v. g. meus socius ab homine malo occisus est, *mini couc ehughe nyalma de utia pugapi*.

Tertiò utuntur particulâ *y* vel *ny*, quoties exprimere volunt modum aut instrumentum quo aliquid fit, aut aliquem affectum, aut actum voluntatis atque intellectûs; particula quidem *y* inserviet vocibus in vocalem desinentibus, *ny* verò ubi voces in consonantem terminantur: v. g. ex bono animo te hortor, *sain muchilen ny sim be tasulami*.

B ij

§. 25.   Quartò poſtponunt particulam *de* Verbis in Futuro, quoties exprimere volunt Ablativum abſolutum activæ terminationis (in conſtructione ſcilicet Latina, quam quidem ſubintelligi velim, quoties de Caſibus, Conjugationibus, Modis, Temporibus Præſentis, Futuri, &c. expreſſam mentionem facio) & tunc Nomen vel Pronomen invariatum remanet. Exemplum ſit, me operante ille ludit, *pi veileſide tere eſicmi*.

Quintò ſi verò Ablativus abſolutus ſit paſſivæ terminationis, præſertim Præteriti Participii, tunc poſt Verbum in Præterito poſitum ſubjunge vocem *ma-gni*: v. g. occiſo hoſte frater in urbem intravit, *patabe Waha ma-gni teu hotonde toſca*.

§. 26.   Familiare eſt Tartaris uti Verbis loco Nominum præſertim in Futuro poſitis, vel terminatis in *van-ghe*, *ven-ghe*, *von-ghe*; *han-ghe*, *hen-ghe*, *hon-ghe*: v. g. *mande chede renghe*, & *voreg-he acou*, mihi cibus, & veſtis non eſt; ſive, non habeo quod comedam ac veſtiam: item *ſini chidere amala*, i. poſt tuum adventum: *ſini cheghebe ſaga ma-gni*, poſtquam intellexi te adveniſſe: *ſini chige y tourgaunbe ala*, tui adventûs cauſam narra. Ubi nota poſt Verbum poni particulam vel Genitivi, vel Accuſativi, &c. acſi Nomen eſſet.

CAPUT III.
De Pronomine.

§. 29.   PRONOMEN primitivum eſt, ego, tu, hic ille, hoc eſt, *pi*, *ſy*, *ere tere*. Hujuſmodi Pronomina parumper variata declinantur per omnes caſus, additis ſcilicet articulis caſuum, ſicut in Nominibus.

PARADIGMA DECLINATIONIS *pi*, ego,

Num. ſing.		Num. plur.	
Nom.	*pi*, ego.	*mouſe*,	nos.
Genit.	*mini*, mei.	*omuſey*,	noſtrûm.
Dat.	*minde*, mihi.	*mouſede*,	nobis.
Accuſ.	*mimbe*, me.	*mouſebe*,	nos.
Vocat.			
Ablat.	*minchi*, à me.	*mouſechi*, à nobis.	
	vel *minde*.	vel *mouſede*.	

juxta dicta ſuperiùs §§. 24. & 25. cùm de Ablativo ageremus.

§. 30.   Nota quando loquimur de rebus noſtris, vel de nobis ipſis cum aliis hominibus, qui nobiſcum habent aliquam communicationem vel participationem earum rerum de quibus loquimur, tunc nominando nos ipſos dicimus, *mouſe*: ſi verò homines quibuſcum loquimur, nullam habeant nobiſcum communitatem earum rerum de quibus loquimur, tunc nominando nos ipſos dicemus, *pe*: v. g. loquor de mea familia, tribunali, patria, pecunia, &c. cum homine ejuſdem familiæ, tribunalis, patriæ, &c. tunc quoties exprimendum erit, nos, dicam *mouſe*; ſi cum aliis hominibus, dicam *pe*, & non *mouſe*. v. g. cum Sinis vel Tartaris loquendo de rebus Europæis dicam, *pe mederide*, vel *mederi chugunde chimi*, nos (Europæi ſcilicet) maritimo itinere huc venimus.

PARADIGMA DECLINATIONIS
num. pluralis vocis *pe*.

§. 31.

Nom.	*pe*,	nos.	Voc.		
Gen.	*meni*,	noſtrûm.	Abl.	*menchi*, vel *mende*, à nobis,
Dat.	*mende*,	nobis.		juxta dicta §§. 24. & 25.
Acc.	*membe*,	nos.		

PARA-

ELEMENTA.

Paradigma Declinationis *fi*, hoc est, tu.

	Numero singulari			Numero plurali	
Nom.	*fi*,	tu.		*fue*,	vos.
Gen.	*fini*,	tui.		*fuoni*,	vestri.
Dat.	*finde*,	tibi.		*fuonde*,	vobis.
Acc.	*fimbe*,	te.		*fuombe*,	vos.
Voc.	*fi*,	tu.		*fue*,	vos.
Abl.	*finchi*, vel *finde*, à te.			*fuonchi*, vel *fuondi*, à nobis;	
juxta dicta §§. 24. & 25.			juxta dicta §§. 24. & 25.		

Nota, quando prima vel secunda persona cum titulo aliquo, vel nomine proprio addito pronunciatur: v. g. ego vasallus, vel, ego servus; (quemadmodum scilicet hîc moris est tam apud Sinas quàm Tartaros, quoties minor superiorem alloquitur) tunc Pronomen *pi*, ego, & *fi*, tu, immediatè post nomen vel titulum pronunciatur, acsi esset ultima ejusdem nominis syllaba: v. g. ego loquens cum Rege, dicens v. g. ego vasallus ivi, &c. dicam, *ambampi keneghe*: item, *agousi ay sembi*, tu frater quid dicis. Hæc hoc loco ex occasione dicta sint.

Paradigma Declinationis *ere*, hic; *tere*, ille.

	Numero singulari				Numero plurali		
Nom.	*ere*,	*tere*,	hic, ille.		*ese*,	*tese*,	hi, illi.
Gen.	*erey*,	*terey*,	hujus, illius.		*esey*,	*tesey*,	horum, &c.
Dat.	*ede*,	*tede*,	huic, illi.		*esede*,	*tesede*,	his, &c.
	erede,	*tevede*,	rarissimè dicitur.				
Acc.	*erebe*,	*terebe*,	hunc, illum.		*esebe*,	*tesebe*;	hos, &c.
Voc.	*ere*,	*tere*,			*ese*,	*tese*,	
Abl.	*erechi*,	*terechi*,	ab hoc, ab illo.		*esechi*,	*tesechi*,	
	ede,	*tede*,			*esede*,	*tesede*,	

juxta dicta §§. 24. & 25. de Ablat. casu.

§. 32.

Paradigma Declinationis Reciproci *y*, hoc est, ipse.

	Numero singulari			Numero plurali	
Nom.	*y*,	ipse.		*chenis*,	ipsi.
Gen.	*yni*,	ipsius.		reliquis casibus caret, &	
Dat.	*ynde*,	ipsi.		supplent per vocem *peye*,	
Acc.	*ymbe*,	ipsum.		id est, propria persona,	
Voc. & Ablativo caret.			ut infrà hîc subjicio.		

§. 33.

Nota, ego ipse, *mini peye*; tu ipse, *fini peye*; ille ipse, *yni peye*, sive proùt verba sonant, *mea persona*, seu *meum corpus*; *tua persona*, seu *tuum corpus*; *ipsius corpus*, seu *persona*, in his omnibus tantùm declinatur Nomen, *persona*, sicut alia Nomina, ut suprà, & Pronomen derivativum *meus*, *mea*, *meum*; *tuus*, *tua*, *tuum*; *ipsius*, &c. nil aliud est quàm Genitivus primitivi, *ego*, *tu*, *ipse*, quod semper manet idem, & non variatur, sed tantùm declinatur Substantivum illud cui præponitur: v. g.

§. 34.

	Numero singulari		
Nom.	mea persona, id est, ego ipse.	*mini peye*.
Gen.	meæ personæ,	mei ipsius.	*mini peyey*.
Dat.	meæ personæ,	mihi ipsi.	*mini peyede*.
Acc.	meam personam,	me ipsum.	*mini peyebe*.
Voc.	mea persona,	ego ipse.	*mini peye*.
Abl.	à mea persona,	à me ipso.	*mini peyechi*, vel *peyede*.

§. 35.

Pro numero plurali eadem regula servanda: sic v. g. dices, illi ipsi, *tese peye*, &c.

Particula terminativa *ning-e* Adjectivis & Pronominibus subjungitur, illis non expressis, sed præintellectis, estque relativa Substantivorum præcedentium; hoc est, Substantiva, de quibus paulò antè facta est mentio, sub illa particula in-

§. 36.

telliguntur, sive in plurali, sive in singulari numero sint posita. V. g. in oratione superiori facta est mentio de equis, postea immediatè vel ferè immediatè subjungitur, boni, mali, &c. vel mei, tui, &c. subintelligendo scilicet equi, dices, *sayning-e*, *eghening-e*, hoc est, boni, mali: item, *mining-e*, mei; *sining-e*, tui.

§. 37. Particula pluralis numeri *ourse* additur etiam Pronominibus: v. g. *ereghere ourse*, *tereghese ourse*, hoc est, hujusmodi homines.

CAPUT IV.
De Verbo.

VERBA significationis activæ, passivæ, & neutrius apud Tartaros, sicut & apud alias Nationes, necessariò usurpantur; sed eorum omnium terminatio ultimata seu finalis apud Tartaros est una eademque, id est, *umi* : significatio autem ex sensu, vel particulis quibusdam adjunctis arguitur.

§. 38. Apud Tartaros nulla est differentia inter terminationem Verborum in singulari ac plurali numero, imò nec inter terminationem personarum, adeóque tota differentia significationis colligitur ex differentia Pronominum *ego*, *tu*, *ille*, *nos*, *vos*, *illi*, quæ Verbis præponuntur, vel subintelliguntur. Sic dicimus v. g. *pi cogimi*, *si cogimi*, *tere cogimi*, *mouse cogimi*, id est, ego amo, tu amas, ille amat, nos amamus, &c. Excipe tamen personas aliquas Imperativi & Optativi temporis, de quibus infrà.

DE VERBO ACTIVO,
id est, significationis activæ.

§. 39. Verbo Latino accidunt sex præcipua, Genus, Conjugatio, Modus, Tempus, Persona, Numerus. De Genere, Personis, ac Numero suprà egimus quantùm satis est.

Conjugationes Verborum meliùs distinguemus per terminationem Præsentis temporis Indicativi modi, quàm per Infinitum. Itaque Conjugationes possunt dici esse quinque juxta differentiam quinque vocalium. Omnium quidem ultima syllaba terminatur in *mi*, sed distinguitur per quinque diversas terminationes penultimarum, prout scilicet ante *mi*, sive antem admittunt unam ex quinque vocalibus. Quare prima Conjugatio exit in *ami*, vel *ambi* : utroque enim modo pronunciatur ad libitum, & ideo semper subintelligi velim, quoties non exprimemus, & quidem non in hac tantùm terminatione, sed in aliis omnibus subsequentibus.

2ª. Conjugatio definit in *emi*, vel *embi*. 3ª. in *imi*, vel *imbi*. 4ª. in *omi*, vel *ombi*. V. g. fit

INDICATIVUM
PRÆSENS per omnes personas & numeros.

1ª.	ego,	nos,	vos, &c.	voco,	vocamus,	vocatis,	*hulambi*.
2ª.	ego,	nos,	vos, &c.	facio,	facimus,	facitis,	*veilembi*.
3ª.	ego,	nos,	vos,	amo,	amamus,	amatis,	*cogimbi*.
4ª.	ego,	nos,	vos,	abrado,	abradimus,	abraditis,	*xombi*.
5ª.	ego,	nos,	vos,	do,	damus,	datis,	*pumi*.

(Conjugatio)

Distinguendi præterea sunt bini modi loquendi apud Tartaros: alter est, quo simpliciter indicatur quòd res illa quam Verbum significat, fiat ab ipsa Verbi persona, quæ est, *ego*, *tu*, *ille*, &c. & hoc modo omnia Verba terminantur in *ami*, vel *ambi*, *emi*, *imi*, *omi*.

Alter modus est quo indicatur, quòd res per Verbum significata curetur, vel

ELEMENTA.

jubeatur fieri: v. g. *curo, jubeo*, vel *facio vocare, fieri, amare*, &c. & hoc modo omnia Verba tam activa quàm passiva, & neutra mutant superiorem terminationem *mi*, in *pumi*, seu *bumi*.

Exempli gratiâ.

juxta primum modum.		juxta secundum modum.	
1ª.	voco, *hulami*.	jubeo vocare,	*hulabumi*.
2ª.	facio, *veilemi*.	jubeo fieri,	*veilebumi*.
3ª.	amo, *cogimi*.	jubeo amare,	*cogibumi*.
4ª.	abrado, *xomi*.	jubeo abradere,	*xobumi*.
5ª.	do, *pumi*.	jubeo dare,	*pubumi*.

Transeamus jam ad alia Verborum Tempora.

Tempora præcipua tria sunt, scilicet Præsens, Præteritum, & Futurum.

Præterita præcipuè terminantur in *ha*, vel *he*, vel *ho*, & nonnulla in *ca'*. Vocalis autem, quæ immediatè ponitur ante *ha, he, ho*, est caracteristicæ conjugationis; hoc est, plerumque indicat cujus conjugationis sit illud Præteritum, adeò ut vocalis caracteristica Præsentis sit etiam caracteristica Præteriti, imò & Futuri, cujus ultima syllaba est *ra*, vel *re*, vel *ro*, cùm tam Præteritum quàm Futurum formetur à Præsenti, mutato scilicet Præsentis *mi*, in Præteriti *ha, he, ho*, & in Futuri *ra, re, ro*. §.40.

Primæ Conjugationis Præteritum exit in *ha*, vel *ca'*.

Quartæ Conjugationis exit in *ho*.

Conjugationum reliquarum exit in *he*.

Multa tamen quintæ Conjugationis etiam exeunt in *ha*, excipe *tosimi*, intrare, & *vasimi*, discedere; & pauca alia, quæ licet sint tertiæ Conjugationis, formant Præteritum in *ca'*, ut *tosca', vasca'*.

PRÆTERITUM PERFECTUM per omnes personas & numeros.

Conjugatio.	1ª.	vocavi,	vocavimus, &c. *hulaga*.	In sensu neg.	*hulaga-aco*,	non vocavi, &c.
	2ª.	feci,	fecimus, &c. *veileghe*.		*veileghe-aco*,	non feci, &c.
	3ª.	amavi,	amavimus, &c. *cogighe*.		*cogighe-aco*,	non amavi, &c.
	4ª.	abrasi,	abrasimus, &c. *xoho*.		*xogo-aco*,	non abrasi, &c.
	5ª.	dedi,	dedimus, &c. *pughè*.		*pughe-aco*,	non dedi, &c.

Nota 1°. in omnibus Modis & Temporibus affero ferè semper exemplum propositionis negativæ præter affirmativam, quia hæc in lingua Tartarica habet peculiarem diversitatem.

Nota 2°. in fine Præteritorum plerumque addi Verbum auxiliare *pi*, id est, fuit, fui &c. vel ut universaliùs loquar, significat complementum actionis, quam Verbum indicat: vocavi, *hulaga pi*; feci, *veileghe pi*, &c.

FUTURUM.

Futurum primæ Conjugationis exit in *ra*, quartæ in *ro*, reliquarum Conjugationum in *re*. §. 41.

Exemplum per omnes personas & numeros.

Conjugatio.	1ª.	vocabo,	vocabimus, *hulara*.	In sensu neg.	*hularaco*, non vocabo, &c.	
	2ª.	faciam,	faciemus, *veilere*.		*veileraco*.	
	3ª.	amabo,	amabimus, *cogire*.		*cogiraco*.	
	4ª.	abradam,	abrademus, *xoro*.		*xoraco*.	
	5ª.	dabo,	dabimus, *pure*.		*puraco*.	

Nota, quanquam loquamur in sensu futuro, nihilominus sæpissimè non utimur terminatione Futuri, *ra, re, ro*, nisi subinde cùm loquimur in prima persona, sed utimur Indicativo præsenti, & ex materia seu objecto de quo loquimur, seu ex ipso sensu arguitur significatio Futuri, præsertim si voces aliquæ exprimentes Futurum addantur, ut cras, post annum, &c. Cras veniam, *chimari, humi*. §.42.

§. 43. A terminatione Præteriti *ha*, *he*, *ho* derivatur alia terminatio eorum Verborum, mutato scilicet *ha*, *he*, *ho*, in *hang-he*, *heng-he*, *hong-he*, ut *hula hang-he*, *veileheng-he*, *cogiheng-he*, *xohong-he*, *pugheng-he*, quæ etiamsi significant Præteritum, sed certo modo, ut mox dicam.

Præterea à terminatione Futuri *ra*, *re*, *ro*, derivantur aliæ terminationes in *rang-he*, *reng-he*, *rong-he*. v. g. *hularang-he*, *veilereng-he*, *cogireng-he*, *xorong-he*, *pureng-he*. His tamen non utimur in significatione futuri, sed præsentis temporis, ut mox explicabo.

In sensu autem negativo in Præteritis quidem in *ha*, *he*, *ho*, vel etiam *ca'*, hoc est *ga*, mutabis ultimam vocalem *a*, *e*, *o*, simpliciter in *acung-he*. v. g. *hulahacung-he*, *veilehacung-he*, *xohacung-he*, *puhacung-he*: in Futuris autem mutabis *ra*, *re*, *ro*, simpliciter in *racung-he*. v. g. *hularacung-he*, *veileracung-he*, *cogiracung-he*, *puracung-he*, &c.

§.44. Utimur autem terminatione Verbi, *hang-he*, *heng-he*, *hong-he*, in sensu præterito, vel *rang-he*, *reng-he*, *rong-he* in præsentis temporis sensu, quoties Verbum illud non ponitur in fine sensûs totalis, sive quoties non terminat ultimatè propositionem integram, & jam absolutam, sed ex modo loquendi significatur aliquid sequi, vel desiderari, ut sensus omninò compleatur. Sensui autem ultimatè completo in hoc loquendi modo additur præterea hæc clausula, *seghe-pi*, quod idem sonat ac, ita contigit, ita dixit, ita factum est, &c. v. g. Hic homo dixit, illâ horâ ventus à parte Occidentali spiravit, *ere nyalma hendoureng-he*, *edoun verghi erghici taga seghepi*. Item, Hic homo dicit, non est ventus, *ere nyalma hendoureng-he*, *edounaco seghepi*.

Itaque in omni occasione, quâ significamus aliquem dicere, cogitare, videre, audire, &c. hæc & illa; vel dixisse, cogitasse, &c. (mox scilicet subintelligendo illa quæ dixit, cogitavit, &c.) utimur supradictâ clausulâ *seghepi*, & quidem in orationibus longioribus semper, præsertim quando citamus testimonia, vel auctoritatem afferimus ex libris, aut aliorum dictis, vel in simili loquendi modo; in breviori autem sensu, non semper utimur eâdem formulâ, sed sæpe omittitur; imò quando loquimur absolutè in brevissimo sensu, sæpe utimur terminatione hujusmodi, *veileheng-he sain*: id est, bene fecit; *hendoureng-he sain*, bene dixit; in quibus dicendi modis includitur & insinuatur aliqua relatio ad antè dicta, vel facta.

PRÆTERITUM IMPERFECTUM modi Indicativi.

§. 45. Hoc Præteritum formatur à Præsenti, mutando *i* Præsentis in *pighe*, quod est Præteritum Verbi substantivi *pi*, hoc est, sum, es, est.

Habebis autem sensum negativum si in *pighe* vocalem, *e*, mutes in *aco*. v. g.

Præsens.	Imperfectum affirmativum,	negativum.
tuami, video.	*tuampighe*, videbam.	*tuampigaco*, non videbam, &c.
eremi, spero.	*erempighe*, sperabam.	*erempigaco*.
chimi, venio.	*chimipighe*, veniebam.	*chimpigaco*.

§.46. Quando autem Latinâ phrasi dicitur volebam, desiderabam, optabam, vel aliquid simile indicans affectum voluntatis, ac Verbum ponitur in Imperfecto, tunc Verbum sequitur, atque apud Latinos ponitur in Infinito, Tartari simpliciter terminant in *ki*, mutatâ scilicet Præsentis syllabâ *mi* in *ki*, additis vocibus *seme pighe* in prima persona, in aliis autem *seghe pighe*; nec sensus Verbi, volebam, desiderabam, aliter exprimitur. V. g. Ego volebam ire, *pi keneki seme pighe*; tu ille volebas, volebat ire, *si tere keneki seghe pighe*; tu ille volebas, volebat facere, *si tere veileki seghe pighe*, &c. tu ille volebas, volebat dare, *si tere puki seghe pighe*.

In sensu autem negativo.

Ego volebam ire, *minde keneki tere cunin aco pighe*, quod idem est, ac si dicerem, mihi non erat cogitatio eundi: tu nolebas ire, *sinde keneki tere cunin aco pighe*.

PERFECTUM

ELEMENTA. 15

PERFECTUM & PLUSQUAM-PERFECTUM Indicativi modi.

hulaha, vocavi.   *hulaga pighepi*, vocaveram.   §. 47.
veileghe, feci.   *veileghe pighepi*, feceram.
chighe, veni.   *chighe pighepi*, veneram.

Hinc perspicis Plusquam-perfectum formari ex Perfecto additâ voce in fine, *pighepi*.

Hæc duo tempora in sensu negativo sunt hujusmodi.

Hulaga aco, non vocavi : *hulaga aco pighepi*, non vocaveram.

Ex hoc exemplo facilè argues, quid agendum in aliis Verbis.

Si Præterito imperfecto Verborum illorum de quibus suprà §. 46. addas tan-   §. 48.
tùm vocem *pi*, habebis Plusquam-perfectum eorundem Verborum; v. g. *pi kencki semepighepi*, ego volueram, optaveram ire : item, *tere puki seghepi*, ille optaverat dare, &c.

In sensu autem negativo dices v. g.

Noluerat dare, *puki tere cunin aco pighepi*.

IMPERATIVUM PRÆSENS.

Imperativum secundæ personæ formatur à Præsente Indicativi, omissâ scilicet §. 49. Præsentis ultimâ syllabâ *mi*, tertia autem persona mutat Præsentis *mi* in *kini*; v. g.

Præsens Indicativi; Imperativum in secunda persona,   in tertia.
kenemi, vado.   *kene*, vade.   *kenckini*, eant, vel eat.
houlami, voco.   *houla*, voca.   *houlakini*, vocet.
pumi, do.   *pu*, da.   *pukini*, dent, vel det.

Excipiuntur aliquot Anomala, ut Verbum *chimi*, cum omnibus suis compo- §. 50.
sitis, quod in secunda persona exit in *chu*, id est, veni : sic *alanchimi*, *penchimi*, & alia composita, in secunda persona, dices *alanchu*, id est, veni nunciatum; *penchu*, affer, vel veni allatum. Tertia autem persona servat regulam communem, ut *chikini*, veniant, vel veniat: excipe item *caymi*, id est, capio, accipio; *paymbi*, quæro, rogo: in secunda enim persona dices *caysou*, *paysou* : in tertia verò uti reliqua verba, hoc est, *caykini*, *paykini*.

Quando autem loquimur cum æqualibus, vel superioribus, secundæ personæ §. 51.
Imperativi additur particula *ki*, quæ est invitantis, non imperantis : v. g. famulo dices, *te*, id est, sede, ex Verbo *temi*, sedeo; sociis æqualibus, vel honoratioribus dices *teki*; imò cum inferioribus, quando mitiùs, & quasi modestiori modo loqui placeat, loco particulæ *ki*, dices *kina*: v. g. *kene kina*, *omchina*, hoc est, ite, comedite, bibite.

In sensu autem negativo, sive potiùs prohibitivo.

Futuro Indicativi præpone particulas *ume*, & habebis secundam personam Imperativi. V. g. *ume kenere*, ne eas; tertia autem persona habetur, si ante *ra*, *re*, *ro* Futuri ponas particulam *bou* : v. g. *ume keneboure*, ne eant; *ume tuaboure*, *hulaboure*, ne videant, ne vocent.

Alium loquendi modum elegantiorem habebis infrà.

OPTATIVUS MODUS.

Modus hic in eo convenit cum Imperativo, quòd significet actum volunta- §. 52.
tis; differt quòd hic imperet, ille optet & desideret. Terminatio autem actuum voluntatis index in Verbis est particula *ki* in prima persona, & *kini* in secunda & tertia, additis insuper Verbis auxiliaribus *semi*, vel *sembi*.

Verbum autem *pagachi* significat idem ferè quod, velim, estque optantis, ac respondet utcunque Latinorum utinam, ideo usurpatur in Optativo, potest tamen omitti.

D

LINGUÆ TARTARICÆ

Optativi tempus Præsens.

§. 53. Prima persona formatur à secunda persona Imperativi, si illi simpliciter addas *kisemi*, vel *kisembi*.

Secunda persona & tertia formantur à tertia Imperativi, addendo *semi*, vel *sembi*.

Exemplum.

utinam ego eam,	*pi keneki sembi*, vel *pi pagachi keneki sembi*.
utinam tu eas,	*simbe kenekini sembi*, vel *pagachi simbe kenekini sembi*.
utinam ille eat,	*pagachi terebe kenekini sembi*.
utinam eamus,	*pagachi mouse keneki sembi*.
utinam eatis,	*pagachi sounbe kenekini sembi*.
utinam illi eant,	*pagachi tesebe kenekini sembi*.

Hîc nota, personas omnes præter primam in utroque numero, poni in casu Accusativo, quia sensus est, velim, seu vellem te, illum, vos. &c ire.

§. 54. Quòd si sensus sit, tu optas ire, vos optatis, illi optant ire, adeo ut Pronomen præponatur, & afficiat verbum optativum *pagachi*, tunc personæ ponuntur in Nominativo, & Verbum definit in *kisemi*, hoc est, tunc dices, *si tere, sue, tere pagachi ken kisemi*.

Atque hoc discrimen etiam locum habet in sensu negativo: v. g. utinam ego non eam, *pi pagachi keneraco oki sembi*, quæ formatur à Futuro Indicativi in sensu negativo desinente, & verbo *okisembi*, atque idem ferè hæc verba sonant, ac si dicerem, vellem ego fieri non vadens.

In secunda autem & tertia persona dices, *pagachi simbe keneraco okini sembi*, vellem te fieri non euntem; idipsum intellige de personis in plurali.

Dices autem in quacumque persona *oki sembi*, quoties sensus sit, ut suprà diximus, hoc est, si sensus sit, tu optas, ille optat, vel illi optant non ire: v. g. *si ere, ese pagachi keneraco oki sembi*; & hoc ipsum dicendum & applicandum est aliis temporibus ad Optativum modum spectantibus.

§. 55. Nota, universaliter sensum negativum Verborum omnium magis usitatè & elegantiùs explicari per Verbum *nacami*, quod significat cessare, abstinere, desinere, activè sumptum; hoc est, efficere ut cesset aut desinat. Unde quando loquimur in sensu negativo, Verbum quod apud Latinos afficitur negatione, non idem apud Tartaros ponitur in Futuro, articulo Accusativi *be* adjuncto, & Verbum *nacami* in fine sensûs: v. g. utinam non eam, *pi kenerebe nacaki sembi*; utinam tu non eas, vel non ires, *pi simbe kenerebe nacakini sembi*. Optativi namque Præsens ab Imperfecto à Tartaris non discriminatur, nisi ex aliqua temporis particula unde sensus arguitur.

Notandum hîc obiter, licet in exemplo Latino, utinam tu eas, vel ires, non fiat mentio Casûs Recti, hoc est, ego; in Tartarica tamen phrasi fit ejus mentio, ut vides in particula *pi*, eò quòd sensus Tartaricæ phrasis sit, ego opto te cessare ab itione, vel abstinere ab eundo, &c. hoc est, opto te non ire; & hac ipsa de causa Pronomen tu, quod Latina in oratione ponitur in Casu Recto, ponitur in Accusativo in modo dicendi Tartarico. Ex hoc exemplo disce quod agendum cum similibus exemplis.

Notandum item, prohibitivas Imperativi modi formulas optimè explicari ponendo Verbum illud quod apud Latinos negatione afficeretur, in Futuro cum particula *be* adjuncta, & Verbum *nacami* in fine, mutando ejus terminationem in *ca* vel *kin*, proùt persona cui aliquid imperatur erit secunda vel tertia: v. g. ne eas, *kenerebe naca*; ne ludatis, *esierebe naca*; ne eat, vel eant, *kenerebe nacakini*. Pronomina quando aderunt, hoc est, tu, vos, ille, illi, &c. in hoc sensu semper ponentur in Nominativo: v. g. in præfatis exemplis si expressè velis dicere, tu ne ludas, illi ne ludant, dices, *si esierebe naca*, *ese esierebe nacakini*.

ELEMENTA.

PRÆTERITUM PERFECTUM.

utinam iverim, *pagachi keneki seghepi.* §. 56.
utinam non iverim, *pagachi kenerebe nacaki seghepi.*
utinam tu iveris, *pagachi simbe kenekini seghepi.*
utinam non iveris, *pagachi simbe kenerebe nacakini seghepi.*
utinam ille iverit, *pagachi erebe kenekini seghepi.*

Quod numerum pluralem attinet, in prima persona non dicitur *kenekini*, sed *keneki*, ut in singulari, solùm mutatur Pronomen *pi* in *muse*, reliquæ personæ petunt terminationem *kini*, & Pronomen ponitur in Accusativo cum particula *be*, quod semel hìc adnotasse sit satis pro sequenti tempore.

PLUSQUAM-PERFECTUM.

Formatur hoc tempus à Præsenti Optativi *keneki sembi*, mutato *bi* in *pighe*. §. 57. Sic etiam in secunda & tertia persona, *kenekini sembi*. V. g.

utinam ivissem, *pagachi keneki sempighe.*
utinam tu, vel ille ivisset, *pagachi simbe*, vel *terebe kenekini sempighe.*

In sensu negativo.

utinam non ivissem, *pagachi kenerebe nacaki sempighe.*
utinam tu, vel ille non ivisset, *pagachi simbe*, vel *terebe kenerebe nacaki sempighe.*

FUTURUM sicut Præsens.

De modo Conjunctivo.

Conjunctivus modus ex se significat sensum incompletum, & necessariò ali- §. 58. quam sequentem propositionem conjungendam esse priori, ut habeatur sensus completus; particulæ autem sensum incompletum significantes sunt hujusmodi, si, etsi, licèt, quandoquidem, cùm, quando, postquam: quæ particulæ cùm indicant variam Verborum terminationem, sive inflexionem, de singulis breviter agendum. Si, id est, *aicambade* (ita enim pronunciatur, licèt scribatur, *aicaba-de*) etsi, id est, *outu*; quandoquidem, id est, *tetendere*, vel etiam *tagame*.

Tagame quidem propriè significat sequi, consequi, vel consequenter, & ver- §. 59. bum præcedens accipitur tanquam substantivè positum in Futuro, vel Præterito Indicativi cum articulo *be* Accusativi casûs subjuncto. v. g. *si kenerebe tagame*, quandoquidem tu eas, vel ut verba sonant, consequenter ad tuum ire, id est, cùm tu eas, consequenter hoc vel illud (quod scilicet subintelligitur, & mox etiam conjungitur) faciendum est: sic etiam, *si keneghe betagame*, &c. quandoquidem tu iveris, &c.

Tetendere videtur potissimum usurpari in contentione, seu disputatione, &c. §. 60. ubi scilicet arguimus, probamus, confirmamus, refutamus, &c. & ponitur post Verbum quod in *chi* terminatur. V. g. *si ketouken saga pichi tetendere aynou*, *outu yabulapi*, id est, quandoquidem apertè sciveris, cur ita operatus est? Quando utimur particulà *outu*, id est, etsi, tametsi; tunc post Verbum in Conjunctivo positum, terminatumque in *chi*, præterea ponitur particula *be*. V. g. etsi ego eam, *pi outu kenechibe*.

Particula quando, cùm, postquam, & similes sunt particulæ significantes tem- §. 61. pus, adeoque exigunt articulos illos, & voces, quæ in significatione temporis exprimuntur, uti est articulus *de* & vox *magni*, quæ post Verbum ponuntur, ut infrà videbimus.

CONJUNCTIVI MODI.

Tempus PRÆSENS per omnes personas & numeros
cum particulis, si, etsi, quandoquidem.

Hoc tempus formatur ab Indicativo præsenti, mutato *mi* in *chi*, v. g. sit §. 62.

Præsens Indicativi, fiet sic Præsens Conjunctivi.
houlami, lego.   quandoquidem legam,   *houlachi* ⎤
veilemi, facio.   quandoquidem faciam, *veilechi* ⎥
chimi, venio.   quandoquidem veniam, *chichi*   ⎬ *tetendere*.
xomi, abrado.   quandoquidem abradam, *xochi*   ⎥
pumi, do.   quandoquidem dem,   *puchi*   ⎦

Si præponas vocem *aicambade*, sensus erit; si ego legam, si tu legas, &c. si verò postponas vocem *tetendere*, sensus erit quandoquidem legam, ut in exemplo jam vidisti.

Si denique præponas vocem *outu*, etsi, ac Verbo postponas particulam *be*, v. g. *outu hulachibe*, *outu veilechibe*, sensus erit, etsi tu legas, etsi opereris, &c.

Sensus negativus per omnes personas & numeros.
quandoquidem non eam, *pi keneraco ochi tetendere*, vel *pi kenera cobe tagame*.
etsi non eam, eas, &c. *outu keneraco ochibe*.
si non eam, eas, eat, &c. *aicambade keneraco ochi*.

Præteritum Imperfectum.

Jam per Præsens, jam per Perfectum explicant particulis & vocibus tempus expressum significantibus, adjunctis, ut sunt heri, ab uno die, mense, &c. tunc, antea, &c. ac denique ex ipso sensu arguunt esse imperfectum præteritum, idque per omnes Conjugationum modos.

Præteritum Perfectum per omnes personas & modos.

§. 63.   Tempus hoc formatur à Præterito Indicativi addito, *pichi*.
si iverim,   *aicambade keneghe pichi*.
etsi iverim,   *aicambade keneghe pichibe*.
quandoquidem iverim, *keneghe pichi tetendere*, vel *keneghe be tagame*.
Sensus negativus.
si non iverim   *aicambade keneghe aco pichi*.
etsi non iverim,   *outu keneghe aco pichibe*.
quandoquidem non iverim, *keneghe aco pichi tetendere*, vel *keneghe aco be tagame*.

Præteritum Plusquam Perfectum per omnes personas & numeros.

§. 64.   Hoc tempus formatur à Præterito perfecto, ponendo scilicet vocem *pighe* ante vocem *pichi*. V. g.
si ivissem,   *aicambade keneghe pichi*.
etsi ivissem,   *outu keneghe pighe pichi be*.
quandoquidem ivissem, *keneghe pighe, pichi tetendere*, vel *keneghe pighe be tagame*.
Sensus negativus.
si non ivissem,   *aicambade keneghe aco pighe pichi*.
etsi non ivissem,   *outu keneghe aco pighe pichibe*.
quandoquidem non ivissem, *keneghe aco pighe pichi tetendere*, vel *keneghe aco pighe be tagame*.

Particula, etsi, hoc tempore magis usitata explicatur per Præteritum Indicativi, subjuncta voce *seme*, idque per omnes personas & numeros, v. g. etsi ivissem, *outu keneghe seme*, *outu keneghe sere aco*.

Futurum Præterito mixtum.

§. 65.   Formatur à Præterito Indicativi additâ voce *de*, vel *magni*.
si ivero,   *aicambade keneghe de*, vel *aicambade keneghe magni*.
etsi ivero, *outu keneghe de*, vel *outu keneghe magni*.
In sensu negativo.
si non ivero,   *aicambade keneraco ogho de*, vel *keneraco ogo magni*.
etsi non ivero, *outu keneraco ogode*, vel *keneraco ogo magni*.

Conjunctivus

ELEMENTA.

CONJUNCTIVUS MODUS
Cum particulis temporis, *quando*, *postquam*, &c.

Tempus Præsens.

Tempus præsens hujusmodi formatur à Futuro Indicativi, additâ particulâ *de*; §. 66.
vel etiam alia ejus terminatio formatur ab Infinitivo, illi addendo *ogode*, v. g.
    quando vado,   *kenerede*, vel *keneme ogode*.
    quando non vado, *keneraco ogode*.

Præteritum Imperfectum.

Formatur item à Futuro Indicativi, additâ voce *chacade*, imò & ab Infinitivo
addito *ogode*, sicut in Præsenti; potest etiam addi *pisirede*, v. g.
    cùm, vel interea dum irem, *kenere chacade*.
    cùm actualiter cogitarem,   *teni cunime pisirede*.
Antequam, postquam irem, *kenere ongolo*, hoc est, antea; vel *amala*, hoc est, postea.
      Sensus negativus.
cùm non irem,   *keneraco chacade*.
cùm non possem dormire,   *amou isinchiraco pisirede*.
cùm non possem vivere,   *panchiraco ogo magni*. Hîc miscetur Imperfectum cum
             Perfecto.

Præteritum Perfectum.

Formatur à Præterito Indicativi, addito *magni*, vel *fonde*, vel *amala*, &c.   §. 67.
    quando, vel cùm iverim, *keneghe magni*, vel *fonde*.
    postquam ivi,   *keneghe amala*.
    antequam ivi,   *keneghe*, *ongolo*.
      Sensus negativus.
    quando non ivi,   *keneghe aco ogo magni*.
    cùm necdum iverim, *kenere vendede*.

Plusquam-Perfectum.

Formatur à Præterito præcedenti interposito *pighe*.   §. 68.
    quando iveram, vel cùm ivissem, *keneghe pighe fonde*.
    postquam iveram,   *keneghe pighe amala*.
      In sensu negativo.
    cùm necdum ivissem, *keneghe pisere vendede*.

Futurum Præterito mixtum.

Formatur à Præterito Indicativi, additâ particulâ *de*, vel *ogo magni*.   §. 69.
    quando ivero,   *keneghe de*, vel *keneghe ogò magni*.
    quando non ivero, *keneraco ogo magni*.
    cùm necdum ivero, *kenere vendede*.

INFINITIVUM Præsens.

Formatur ab Indicativo Præsente, mutato *i* in *e*. v. g. *houlame*, vocare, §. 70.
vel legere: *veileme*, facere, vel operari: *chime*, venire, &c. *xome*, abradere:
pume, dare.

Participium.

Formatur ab Infinitivo Præsente, mutando *me* in *si*. *houlasi*, legens: *veilesi*, §. 71.
operans, &c.
  Nota, Tartari sæpe utuntur Infinitivo Præsente pro Participio.   §. 72.

GERUNDIUM in *di*.

§. 73. Futurum Indicativi positum ante nomen Gerundii Latinæ constructionis significat apud Tartaros. V. g.

  tempus eundi,   *kenero erin.*
  occasio loquendi, *kisurere ildonn.*

GERUNDIUM in *do*.

§ 74. Futuro Indicativi adde particulam *de*, & habes Gerundium in *do*: v. g.
  eundo, *kenerede*. loquendo, *kisurerede*.

Quòd si per verbum Gerundii significetur causa aliqua alicujus effectus immediatè subsequentis, tunc Gerundium in *do* formatur à Præterito perfecto Indicativi modi, addendo illi *i*: v. g. vehementer desiderando filium (absentem vel mortuum) morbum contraxit, *chuibe kidouga, i nime couleghepi*. Hoc genere Gerundii sæpissimè utuntur, præsertim quando significant affectum animi causam esse alicujus alterius effectus subsequentis, ut in exemplo superiori.

GERUNDIUM in *dum*.

§. 75. Terminatio Gerundii in *do* & *dum*, est eadem, id est, Futurum Indicativi: sed nota quòd Adjectiva, aptum, utile, bonum, & similia, quæ significant relationem vel ordinem ad aliquid faciendum, ponuntur post ipsum Gerundium: v. g. hoc lignum aptum est ad faciendam domum, *ere mo pobe veilerede sain*.

VERBUM PASSIVUM.

§. 76. Formatur ab Activi Indicativo Præsente, mutando *mi* in *pumi* vel *pumbi*, sive *bumi* vel *bumbi*, & Ablativus Latinorum explicatur per particulam *de* Nomini vel Pronomini postpositam, v. g. occisus est ab hoste, *pata de va wabumbi*, à Verbo activo *Wami*, id est, occidere.

§. 77. Sæpissimè etiam explicant Passivum per bina Verba activa, scilicet, *alime caymi*, id est, accipio, per modum unius sumpta, & tunc Verbum illud, quod apud Latinos est terminationis & pariter significationis passivæ, apud Tartaros ponitur in Futuro Indicativi activi, & accipitur in significatione activa, articulo Accusativi *be* subnexo, & Ablativo Latinorum mutato in Genitivum Tartarorum. V. g. ille à malo homine verberatus est, *tere eghe nyalma y tandarabe alime cayga*, id est (juxta id quod verba sonant) ille mali hominis verberationem, vel verberare (quod substantivè sumitur) accepit. Sic etiam, ille à te multùm amatus fuit, *tere sini cozirebe ambula alime caygapi*, &c.

§. 78. Cùm itaque tam Verbum *pumi* quàm *alime caymi* (*alime* enim nunquam mutatur) sint terminationis & significationis activæ, conjugantur more Activorum per omnes modos, tempora & personas, juxta supradicta.

DE VERBIS AUXILIARIBUS,

& primò quidem de Verbo Substantivo sum, *id est*, pi.

§. 79. Hoc Verbum conjugatur ad similitudinem Activorum, juxta exempla præallata, paucis exceptis, quæ sequuntur.

INDICATIVUM PRÆSENS.

§. 80. Terminatio Indicativi Præsentis per omnes personas & numeros est vox *pi*, nam *pimi*, vel *pimbi*, non est in usu, nisi perrarò: nihilominus ex hac terminatione *pimi* formantur ferè omnia alia tempora, etiam in aliis modis, eodem modo sicut in superioribus §§. diximus de aliis Verbis in *mi* terminatis.

ELEMENTA.

PRÆTERITUM PERFECTUM.

fui, *pighe*: negativè, non fui, *pighe aco*. §. 81.

PLUSQUAM-PERFECTUM.

fueram, *pighepi*: negativè, non fueram, *pighe aco pi*.

FUTURUM.

ero, *pifire*.

IMPERATIVUM.

sis, esto, *pifou*: ne sis, sitis, sit, sint, *ume pifire*: sit, *pikini*. §. 82.

OPTATIVI Præsens & Imperfectum.

utinam, *pagachi*.
Sim, essem, *piki fembi*, tu, sis, esses, *simbe pikini fembi*, juxta dicta §. 53. §. 83.
In sensu negativo.
utinam non sim, essem, *pifirebe nacaki fembi*.
utinam tu non sis, esses, *simbe pifirebe nacakini fembi*.

PRÆTERITUM PERFECTUM.

utinam fuerim,   *pagachi piki feghepi*.
utinam tu fueris, ille fuerit, *simbe terebe pikini feghepi*.
In sensu negativo.
utinam non fuerim,   *pagachi pifirebe nacaki feghepi*.
utinam non fueris, fuerit, *simbe terebe pifirebe nacaki feghepi*.

PLUSQUAM-PERFECTUM.

utinam fuissem, *pagachi piki fempighe*.
utinam fuisses, *pagachi simbe pifirebe nacakini fempighe*.

CONJUNCTIVI Præsens & Imperfectum.

si sim,   *aicambade pichi*. §. 84.
etsi sim,   *outu pichibe*.
quandoquidem sim, *pichi tetendere*, vel *pifirebe tagame*.
Sensus negativus.
si non sim,   *aicambade aco pichi*, vel *ochi*.
etsi non sim, *outu aco pichibe*.
cùm non sim, *aco pichi tetendere*, vel *pifirebe*, *tagame*.

PRÆTERITUM PERFECTUM.

si fuerim,   *aicambade pighe chi*.
etsi fuerim, *outu pighe chibe*.
cùm fuerim, *pighe chi tetendere*, vel *pighe be tagame*.
Sensus negativus.
si non fuerim, *pi aicambade pighe aco chi*.
etsi non fuerim, *outu pighe aco chi be*.
cùm non fuerim, *pighe aco chi tetendere*, vel *pighe aco be tagame*.

PLUSQUAM-PERFECTUM.

si fuissem,   *aicambade pighe pichi*.
etsi fuissem, *outu pighe pichibe*, vel melius, *outu pighe feme*.
cùm fuissem, *pighe pichi tetendere*.

LINGUÆ TARTARICÆ

Sensus negativus.
si non fuissem, *aicambade aco pighe pichi*.
etiamsi non fuissem, *pighe aco pichi tetendere*.

FUTURUM Præterito mixtum.

si fuero, *aicambade pighe de*: etsi fuero, *outo pighe de*.
Sensus negativus.
etsi non fuero, *outu peseraco ogo de*: si non fuero, *aicambade piseraco ogo de*.

CONJUNCTIVUS MODUS
Cum particulis temporis, *quando*, *postquam*.

TEMPUS Præsens.

§. 85.   quando sim, *pisirede*: quando non sim, *pisiraco ogo de*.

IMPERFECTUM.

cùm essem,   *pisire chacade*, vel *pisere fonde*.
cùm non essem,   *pisiraco chacade*.
antequam, postquam essem, *pisire ongolo*, *amala*.

PRÆTERITUM PERFECTUM.

cùm fui,   *pighe fonde*.
cùm non fui,   *pighe aco fonde*, vel *aco pighe fonde*.
antequam, postquam fui,   *pighe ongolo*, *pighe amala*.
cùm necdum essem, cum necdum fui, *pesere vendede*.

PLUSQUAM-PERFECTUM, idem cum Perfecto.

FUTURUM Præterito mixtum.

quando fuero, *pighe de*: quando non fuero, *piseraco ogo de*.

INFINITIVUM PRÆSENS.

Existens (sive barbarè) essens, *pime*.

§. 86. *Pibumi*, vel *pibumbi*, conjugatur sicut alia Activa de quibus suprà; significat idem quod efficere ut maneat, id est, relinquere. V. g. hunc hominem domi relinquas, *ere nyalma be pode pibu*: non relinquam, *piburaco*: ne relinquas, *ume pibure*, &c.

DE VERBO AUXILIARI *semi*, vel *sembi*.

§. 87. EX Conjugationibus Verborum præcedentium satis apparet, Verbum *semi* esse auxiliare, præsertim in Optativo, & Conjunctivo modo. Hoc Verbum seorsim ab aliis consideratum significat idem quod dicere, reputare, judicare, existimare, & in hoc sensu conjugatur sicut alia Verba activa per omnes modos, excepto Imperativo, in quo non videtur habere usum.

§. 88. Prout verò Verbum *semi* aliis Verbis in fine adjungitur, significat idem quod mando, jubeo, & accipitur in eodem fere sensu quo Verbum *pumi*, quando cum aliis Verbis componitur in fine Verborum, juxta dicta; sed Verbum cum quo componitur, tunc ponitur in Imperativo, & totum compositum conjugatur per omnes modos & tempora sicut alia supradicta Verba. V. g.

Verbum simplex,	compositum.
houlami, voco.	*houlasemi*, jubeo vocare, vel vocari.
veilemi, facio.	*veilesemi*, jubeo fieri, vel facere, &c.
chimi, venio.	*chisemi*, jubeo venire.
pumi, do.	*pusemi*, jubeo dare, vel dari.
caymi, capio.	*caysemi*, jubeo capere, vel capi.

Quoniam

ELEMENTA.

Quoniam hujus Verbi frequentissimus est usus, exhibebo præcipua ejus tempora.

IMPERFECTUM PRÆTERITUM.
jubebam vocari, *houlasem pighe.*

PRÆTERITUM PERFECTUM.
jussi vocari, *houlas eghepi.*

PLUSQUAM-PERFECTUM.
jusseram vocari, *houlaseme pighe.*

FUTURUM.
jubebo vocari, *houlasere.*

IMPERATIVUM.
jube vocari,   *houlache.*
jubeant vocari, *houlasekini.*

OPTATIVI PRÆSENS & IMPERFECTUM.
utinam jubeam vocari, *pagachi houlasekini sembi.*
utinam jubeas vocari,   *pagachi simbe houlasekini sembi.* §. 89.

PRÆTERITUM PERFECTUM.
utinam jusserit vocari, *pagachi houlasekini sempighe.*

PLUSQUAM-PERFECTUM.
utinam jussisset vocari, *pagachi houlasekini seghe pighepi.*

CONJUNCTIVI TEMPUS PRÆSENS & IMPERFECTUM.
si jubeam vocari,   *aicambade houlasechi.*
si non jubeam vocari, *aicambade houlaserato ochi.*   §. 90.

PRÆTERITUM PERFECTUM.
etsi jusserim vocari, *outu houlaseghe pichibe.*

PLUSQUAM-PERFECTUM.
cùm jussissem vocari, *houlaseghe pighe pichi tetendere.*

FUTURUM Præterito mixtum.
si jussero vocari,   *aicambade houlaseghede.*
quando jussero vocari, *houlaseghede.*

INFINITIVUM PRÆSENS.
jubere vocari, *houlaseme.*

Reliqua omnia tam affirmativa, quàm negativa, ut in aliis Verbis.

DE VERBO AUXILIARI omi, *vel* ombi.

HOc Verbum idem significat quod, sum, possum, & distinguitur à *mutembi*, quod etiam significat possum, quia *mutembi* significat potentiam effectivam, sive vires, & virtutem aliquid efficiendi. §. 91.

Ombi autem potiùs significat licentiam, facultatem, convenientiam; unde sæpe accipitur impersonaliter, ut significet idem quod, licet, præstat, docet, convenit, utile est, fieri potest, est possibile, &c. imò secundùm diversos Conjugationis modos & tempora, diversam assumit significationem, ut mox patebit. Verbum autem quod in constructione Latina sequitur Verbum possum, sive quod ponitur in Infinitivo in constructione Tartarica, terminat in *chi*, mutato scilicet Præsentis *mi* in *chi*, quod etiam accidit Verbo *achambi*, id est, decet, convenit: V. g. possum facere, *arachi ombi*; decet facere, *arachi achambi*.

INDICATIVUM PRÆSENS.

§. 92.   possum, *omi*: non possum, *ochoraco*.

PRÆTERITUM IMPERFECTUM.

poteram, licebat, &c. *ompighe*: non poteram, *ochoraco pighe*.

PRÆTERITUM PERFECTUM.

dedit licentiam, annuit, *ogo*, vel *ogo pi*: non annuit, *ogo*, *aco*.

PLUSQUAM-PERFECTUM.

annuerat, concesserat, *ogo pighepi*: abnuerat, *ogo aco pighepi*.

FUTURUM.

§. 93.   Potest fieri, utile est, præstat, est, *ochoro*: non potest fieri, *ochoraco*; item non possum, potes, potest, possumus, &c.

IMPERATIVUM.

sis, esto, estote, *oso*: sit, vel sint, *okini*.
ne sis, ne sit, ne sitis, ne sint, *ume ochoro*.

Nota, quando significatio hujus Verbi in aliquo modo vel tempore explicatur per significationem Verbi sum, non tamen absolutè & ubique usurpandum in hac significatione, sed cum addito Adjectivo: V. g. sis bonus justus, *sain churgang-a oso*: ipso tamen *ochoro* & *okini* frequentiùs & absolutè utimur pro esse, sit, sint. V. g. ita sit, *okini*; item, tempus est (ut barbarè loquar) extendi caloris, *halgoun ochoro erin*. Itaque in Imperativo & Optativo conjunctum adde illi Verbo Adjectivum aliquod, ut significationis vis clariùs appareat.

OPTATIVI PRÆSENS & IMPERFECTUM.

§ 94.   utinam sim, vel fiam bonus, *pagachi sain oki sembi*.
In sensu negativo

Verbum præcedens afficitur negatione *aco*: V. g. *pagachi keneraco oki sembi*, utinam non irem, vel ut verba sonant, utinam essem, vel fierem non vadens. Secunda persona, utinam tu esses bonus, *pagachi simbe sain nyalma okini sembi*; negativè, utinam non ires, *pagachi simbe keneraco okini sembi*.

PRÆTERITUM PERFECTUM.

utinam fuerim bonus, *pagachi sain okiseghe pi*.
In sensu negativo.
utinam non iverim,   *pagachi keneraco oki seghepi*.
utinam ille fuerit bonus,   *pagachi terebe sain okini seghepi*.
vel utinam ille non iverit, *pagachi terebe keneraco okiseghepi*.

PLUSQUAM-PERFECTUM.

utinam bonus fuissem, *pagachi sain okisemi pighepi*.
utinam bonus fuisses, *pagachi sain okini semi pighepi*.

ELEMENTA.

In sensu negativo.
utinam non ivissem, *pagachi keneraco oki semipighepi.*
utinam non ivisses, *pagachi simbe keneraco okini sempighepi.*

CONJUNCTIVI Tempus Præsens & Imperfectum.

Si essem bonus, & non essem malus, *aicambade sain ochi, eghe aco ochi*, si possit fieri, *aicambade veilechioioro ochi*: si non possit fieri, *veilechioioraco ochi*. §. 95.

Præteritum Perfectum.

si bonus fuerit, *aicambade sain ocho pichi*; item, si annuerit, *aicambade oho pichi.*
In sensu negativo.
si non fuerit malus, *aicambade eghe aco oho pichi.*
si abnuerit, *aicambade ogo aco pichi.*

Plusquam-perfectum.

si fuisset bonus, *aicambade sain ogo pighe pichi.*
si non fuisset malus, *aicambade eghe aco ogo pighe pichi.*
si annuisset, *aicambade ogo pighe pichi.*
si abnuisset, *aicambade ogo aco pighe pichi.*

Futurum Præterito mixtum.

si bonus fuerit, *aicambade sain ogo seghede*, vel *aicambade sain ogo magni.*
si non fuerit malus, *aicambade eghe aco ogo magni.*

Conjunctivi modi cum Particulis, quando, cùm, antequam, postquam, Tempus Præsens.

quando est Mandarinus, *hafan ogode.*
quando non est Mandarinus, *hafan aco ogode.*

§. 96.

Præteritum Imperfectum.

cùm esset Mandarinus, *hafan oioro chacade.*
cùm non esset Mandarinus, *hafan aco oioro chacade.*
cùm necdum esset Mandarinus, *hafan oioro vendeda.*

Præteritum Perfectum.

quando fuit Mandarinus, *hafan ogo fonde*, vel *hafan ogo magni.*
quando non fuit Mandarinus, *hafan aco ogo fonde*, vel *hafan aco ogo magni.*

Plusquam-perfectum.

quando fuerat Mandarinus, *hafan ogo pighe fonde.*
quando non fuerat Mandarinus, *hafan aco ogo pighe fonde.*
postquam fuerit Mandarinus, *hafan ogo pighe amala.*
antequam fuerit Mandarinus, *hafan ogo pighe ongolo.*

Futurum Præterito mixtum.

cùm fuero Mandarinus, *hafan ogo seghede*, vel *hafan ogo magni.*
cùm non fuero Mandarinus, *hafan aco ogo seghede*, vel *ogo magni.*

§. 97.

INFINITIVUM Præsens.

esse Mandarinum, *hafan ome.*

PARTICIPIUM.
existens Mandarinus, *hafan ofi*.

GERUNDIUM in *di*.
tempus existendi frigoris, *peiquen ochoro erin*.

GERUNDIUM in *do*, *dum*, non videtur in usu.

DE VERBO pagam.

§. 98. HOc Verbum propriè significat habeo, obtineo; & hoc sensu conjugatur sicut alia Activa: sæpe etiam significat idem quod possum; præsertim in terminatione Participii *pagafi*, quod præponitur Verbis, tam in sensu affirmativo, quàm negativo, & nihil omnino immutat terminationem Verborum, id est Verba omnia terminantur eodem modo, ac si *pagafi* non esset adjunctum. Contrà apud Latinos, qui, Verbum quod sequitur post possum pronunciant in Infinitivo, V. g. negotia omnia judicando absolvit, *veile kemu lashalapi*. Et iterum, negotia potuit judicando absolvere, dices, *veile kemu pagafi lashalagapi*. Item, non eo, *keneraco*. Non possum ire, *pagafi keneraco*, & in hoc sensu utuntur *pagafi* per omnes modos, & tempora & personas, ac numerum utrumque. In Optativo tamen non dicimus *pagafi*, sed *pagachi*, uti vides ex supradictis. Nunc per omnes reliquos modos unum alterumque exemplum affero.

INDICATIVI PRÆTERITUM PERFECTUM.

§. 99.
non potui ire, *pagafi keneghe aco*.

CONJUNCTIVI TEMPUS PRÆSENS.
si possim venire,   *aicambade pagafi chichi*.
si non possim venire, *aicambade pagafi chideraco ochibe*.

PRÆTERITUM PERFECTUM.
si potuissem venire,   *aicambade pagafi chighe pighe pichi*.
si non potuissem venire, *aicambade pagafi chighe aco pighe pichi*.

FUTURUM Præterito mixtum.
si potuero venire,   *aicambade pagafi chighede*.
si non potuero venire, *aicambade pagafi chideraco ogode*.

CAPUT V.

De Syntaxi.

SÆpe adverti in linguis addiscendis plerumque plus laboris insumi in Nominum & Verborum solutorum copia paranda, quàm in eorum apta Syntaxi observanda. Natura nimirum sequendo id quod facilius est: facilius est autem Nomina soluta & Verba sine ordine & compositione congerere, quàm illa ipsa certa lege, & cum conveniente (ut ita loquar) singularum partium proportione inter se colligere atque componere, sicut facilius est multos lateres, ligna & ferramenta varia in unum locum sine ordine congerere, quàm ex illis debitè inter se connexis juxta symmetriæ leges pulchrum ædificium erigere: sed sicut illud facilius, sic hoc multò pulchrius est, & cum hominibus agendo, majorem decorem atque auctoritatem affert.

Quare

Quare meo quidem judicio, postquam satis mediocrem Nominum & Verbo- §. 100.
rum copiam comparaveris, statim de bona eorum Syntaxi non mediocriter la-
borandum, & memoriam paucis illis loquendi formulis ac legibus assuefacien-
dam potiùs, quàm soluta illa multarum rerum congerie fatigandam. Imò magis decorum videtur, pauca illa, quæ memoriâ tenes, cum bona Syntaxi proferre, & ubi Nomen vel Verbum Tartaricum non occurrerit, ejus loco Nomen vel Verbum Sinicum interim substituere, sive illud immutatum accipiatur,
sive (quod Tartari ipsi passim faciunt) aliquantulum tartarizatum (ut ita
loquar) id est inflexioni & terminationi Tartaricæ accommodatum, quàm
singularum rerum nomina, & verborum copiam in medium projicere, & pe-
ritorum aures offendere.

In superioribus capitibus de præcipuis orationis partibus seorsìm ita egi, ut
tamen subinde propriam illorum aliquam Syntaxim miscuerim, adjunctis variis
loquendi exemplis, ne scilicet nuda Nominum abstractorum declinatione, &
Verborum conjugatione memoriam tædio afficerem, præsertim eorum qui jam
à puero Grammaticæ Latinæ leges optimè norunt. Nunc generales aliquot Syn-
taxeos plenioris regulas proponam.

De Syntaxi Nominum.

Nomina Adjectiva, & Pronomina plerumque Substantivo suo præponuntur. §. 101.
V. g. *sain nyalma*, id est, bonus vir; *sain morin*, bonus equus; *mini ama*,
meus pater.

Inter duo Nomina, quorum alterum ponitur in Genitivo, Genitivus semper §. 102.
præcedit. V. g. *akai echin*, cœli Dominus, & articulus Genitivi est *y*, vel *ni* Genitivo postpositus. Utimur *y* quoties Genitivus terminatur in vocali, utimur *ni*
quando definit in consonantem.

Omnia Verba instar Substantivi accipi possunt, præsertim juxta terminatio- §. 103.
nem Futuri, vel Præteriti Indicativi, posita articulis casuum Genitivi, Dativi,
& cæterorum, prout sensus exigit, postpositis, non secus acsi Nomina essent.
V. g. *nyalma y panchire pucherebe veroctobuhapi*, hominum vitam & mortem quis
determinavit?

Nomen *pa*, quod propriè significat locum, est in amplissimo usu apud Tarta- §. 104.
ros, & significat idem quod *res* in genere: v. g. illam rem ego nunquam co-
gitavi, *ere emu pabe umoy cunige acopi*. Usurpant maximè in omni propositione,
sive sensu, in qua Latini usurpant voces, *est quod*, *non est quod*. V. g. multa sunt,
vel multum habeo quod loquar, *minde kisurere pa lobdo pi*: non habeo quod loquar, *kisurere pa aco*, adeo ut *pa aco* idem sit quod *nihil*, sicut *pa* idem est
quod *res*.

Nomina juxta suos casus inflexa, id est posita in Accusativo, Dativo &c. §. 105.
Verbis præponuntur, & Verbum regens collocatur in fine sensûs jam completi.
V. g. Pater filium amat, *ama chuibe cogimbi*.

Particula negativa *aco*, id est, *non*, in fine Verbi quod afficit collocatur: v. g. §. 106.
non vado, *keneraco*. Et quidem in constructione plurium verborum, verbo principali annectitur, non auxiliari adjuncto. V. g. interea dum non posset dormire,
amou sinchiraco pisride. Item, cùm nollet audire, *ungiraco ogoro chacade*. Item, non
potuit ire, *pagasi keneraco*.

De Relativo qui, quæ, quod.

Sensum relativum Latinorum, v. g. liber ille quem tu fecisti, Tartari ita ex- §. 107.
plicant, ut nomen, vel rem illam, quam respicit Relativum nomine signi-
ficatum ponant post verbum illud, quod immediatè sequitur post Relativum

Latinorum, sicut in exemplo superiori, *sini oraga pithe*; quasi sensu passivo diceres, à te factus liber. Item, ubi est domus quam inhabitat pater tuus? *sini ama tehepo aybide pi*, quasi diceres, habitata à patre tuo domus, ubi est? Ubi nota in simili sensu Verbum plerumque poni in Præterito: sæpè etiam habet terminationem Futuri *ra*, *re*, *ro*, & in *ranghe*, *renghe*, *ronghe*, *hanghe*, *henghe*, *honghe*; v. g. *sini hendourenghe ere kisun cumesi ino*, illud verbum, sive illa oratio quam tu dicis, omnino ita est.

De Syntaxi Verborum.

§. 108. PEculiare est Tartaris, ut cùm aliqua referunt, vel proponunt, atque ex pluribus propositionibus, quæ singulæ sensum habent, vel faciunt incompletum, singularum Præpositionum Verbum collocent in Participio terminante in *fi*; aliquando etiam, præsertim penultima in Infinitivo Præsente, terminante in *me*, quod tunc etiam habet sensum Participii; & denique Verbum finale totius sensûs completi ponant in Indicativo Præsente, vel Futuro, vel Præterito: v. g. cùm frater meus acciperet gradum Doctoratûs, perrexit ad Aulam, ut quæreret & conveniret suum Magistratum, & cùm ex adverso ejus federet, diu expectavit, & nihil locutus est: *mini teu cin xi pagasi kim hechinde kenesi ini sesou payme achanasi paxileme tesi queidame oumay kisoureghe acopi*.

§. 109. Quando referimus causam præsertim finalem, ob quam aliquid facimus, vel fecimus, tunc tam verbum quod causam significat, quàm illud quod effectum explicat, eleganter habent terminationem quasi correlativam, sive Præteriti in *hanghe*, *henghe*, *honghe*. V. g. causa cur pater verberet filium, *ama chuibe tandaranghe*, *chuibe cogirenghe cai*. Item, causa cur pater filio dederit pecuniam, fuit quòd optaret ut defectus suos emendaret, sive corrigeret, *ama chuide moungoube paghenghe*, *ende boccaube halaki ni segheng.he*. Item, considero (id est, mihi persuadeo) à Deo esse determinatum, quòd talis homo non habeat filium, *cunichi ere nyalma chui acunghe abkai echin salchabuhang.he*.

Hîc nota inter binas propositiones, quarum altera causam, altera effectum exhibet, illa quæ effectum proponit, & in Syntaxi sive constructione Tartarica est prima, in constructione Latina est secunda ac posterior.

De Verbo Auxiliari *seme*, *sesi*, *sere*, *&c*.

§. 110. SEnsum illum Latinorum conjunctivum, ubi scilicet ex duabus propositionibus, quæ singulæ seorsim sensum habent incompletum, quem quidem Latini complent per Conjunctiones, *quod*, *ut*, *ne*, vel per Verbum in Infinitivo positum, ejusmodi inquam sensum Tartari (frequentissimè autem contingit) explicant, & complent per Verbum *seme*, *sesi*, *sere*, &c. positum immediatè post Verbum secundæ propositionis incompletæ juxta constructionem Latinam. Verbum autem primæ propositionis ponitur in fine totius sensûs completi, id est, quod apud Latinos præcedit & est primum, id apud Tartaros sequitur & est secundum, v. g. ille dixit mihi, quod tu venisses, vel te venisse: *simbe chighe seme tere minde alagapi*. Item, Rex jussit, ut ego de hac re darem libellum supplicem: *ere emu pabe vesim buseme hese minde vasimbuhapi*. Item, mandavit ne aliis hominibus notum facerem, *qua nyalma de ume tonchibure seme fasulahapi*.

§. 111. In his & similibus propositionibus adverte diligenter, quòd Verbum *seme* bene explicetur per particulam Latinam *sic*, *ita*, præpositam Verbis, *dixit*, *jussit*, *m*andavit, & similibus, quæ juxta Syntaxim Tartaricam ponuntur in fine totius sensûs completi, idque quasi in sensu diviso, hoc modo. Ille sic mihi dixit, tu venisti Item, Rex ita jussit, de hac re porrige libellum supplicem. Iterum, sic mandavit, ne aliis notum facias; nam juxta hunc loquendi modum inflectendum

ELEMENTA. 29

est Verbum, quod immediatè ante *seme* collocatur, ideo in primo exemplo, *chig-he* ponitur in Præterito Indicativi, id est, tu venisti: in secundo & tertio exemplo Verbum ponitur in Imperativo, scilicet, *vesimbu*, id est, porrige libellum supplicem, & illud, *ume tonchibure*, id est, ne notum facias, &c.

§. 112. Quando fit transitus de priori sensu completo, ad sequentem sensum diversum, tunc in fine prioris sensûs plerumque utuntur Verbo transitivo, *sesi* vel *sere chacade*, quod idem ferè sonat, ac rebus ita se habentibus, vel cùm ita esset, quod in libris usitatissimum est.

De usurpatione Verbi *seme* in Plusquam-perfecto, præsertim in modo conjunctivo, jam suprà ostendi.

Huc item spectat ille modus loquendi, etsi occidar, etiamsi mori oporteat, &c. libenter occidar, moriar potiùs, quàm peccem contra rationem, *Wachi vara tabula*, vel *puchichi, puchere tabula, toro kienbe, amaha seme sudara racho*.

§. 113. Verbum *seme* aliquando æquivalet causali *quia*, quoties scilicet nos significamus aliquid facere propter causam præteritam: v. g. quia multùm laboravit sive passus est, dedit illi præmium, *ambula chibogo seme xangnaha*. Ubi nota, Verbum *seme* poni potest post Verbum, per quod causam supradictam significamus, &c.

§. 114. Causales omnes, *quia*, *ideo*, &c. explicant Tartari per Verbum *tagame*, id est sequi, consequi, vel consequenter, quod immediatè ponitur post Verbum causam explicans, & hoc Verbum ponitur plerumque in Futuro, vel Præterito Indicativi, cum articulo Accusativi *be* subjuncto, adeoque tanquam Substantivum accipitur. V. g. quia ejus est filius, ideo multùm amat illum, *chui piserebe tagame ambula cogimbi*. Item, quia tu venisti, ideo ego abeo, *sy chighebe tagame pikenembi*. Hic loquendi modus prout Verba sonant, idem significat ac consequenter, ad tuum adventum ego abeo.

Ejusmodi causales etiam explicant per *tourgounde* in fine primi membri positum, & per *toutou oui* positum initio secundi membri totius sensûs. V. g. quia tu non ivisti, ideo ego etiam non ivi, *si keneg-he aco tourgoundepi inou kenghe aco*, vel *toutou oui pi inou keneg-he aco*.

§. 115. Quandocunque significamus actum aliquem voluntatis, sive optantis, sive jubentis, sive quomodocunque aliquid volentis, tunc Verbum, quod illum actum explicat, terminatur in *kisemi*, idque in omnibus modis, excepto Infinitivo, ubi terminatur in *kiseme*: v. g. venit pugnatum, id est, venit cum intentione pugnandi, *asa kiseme chighe*.

§. 116. Quoties sensus absolutus, sive ab alio independens, apud Latinos incipit à Participio hoc modo, ego considerans, vel cogitans, vel aspiciens, audiens, prævidens, comparans, &c. tunc illa Verba terminantur in *chi*, V. g. *pi*, *cumi*, *chi*, *tuachi*, *tenchichi*, *podochi*, *tuibulechi*, &c. & hic loquendi modus usitatissimus est in quovis exordio, præsertim libellorum supplicum, qui offeruntur Regi, vel aliis Tribunalibus, &c. Item *aqansi cogichi*, &c. est exordium quo aliquid petimus ab alio in gratiam nostri fieri.

§. 117. *Timeo ne*, & similes sensus, explicant per Verbum quod sequitur post, *ne* terminatum in *raghò seme*, *o* producto, & Verbo *timeo* in fine sensûs posito, quod Verbum etiam potest omitti, mutatur inquam caracteristica Futuri, *ra*, *re*, *ro*, in *rago seme*, timeo ne moriatur, *pulcheragò seme kelembi*.

§. 118. Verbum *kelembi*, id est, timeo, exigit particulam *de* postpositam rei illi quam timemus, quam Latini in Accusativo ponunt. V. g. timet hostem, *patade kelembi*: timet mori, *pucherede kelembi*. Ubi nota in simili sensu Verbum poni in Futuro cum particula *de* subjuncta.

§. 119. Impersonale, *convenit*, *decet*, id est *achambi*, vel *kien y achambi*, petit Verbum illud quod sequitur (sequitur inquam in constructione Latina, sed in Tartarica præcedit) terminari in *chi*. V. g. convenit te ire, *kien y si kinechi achambi*.

§. 120. Particula prohibentis, etiam suadentis, quæ apud Latinos est *ne*, apud **Tartaros** verò *oume*, ponitur ante Verbum positum in Futuro, v. g. ne eas, *oume kenere* : nè mittas, *oume penere*.

§. 121. Apud Latinos, *non audeo*, apud Sinas *pu can*, apud Tartaros *kelgon aco*, exigit Verbum quod sequitur poni in Futuro sensûs negativi, id est terminato in *raco* : non audeo ire, *kelgon aco keneraco*, quæ verba idem ferè sonant ac, absque timore non eo.

§. 122. Illud autem huic affine, hoc est, *quomodo ausim*, sive tam familiare Sinis *ki can*, Tartaricè *ay kelgon aco*, postulat Verbum sequens poni in Indicativo Præsenti sensûs affirmativi, additâ particulâ *ny*, v. g. quomodo ausim ire, *ay kelgon aco kenembi ny* ; quod idem sonat ac si dicas, quomodo sine timore possim ire ?

§. 123. Modum illum loquendi, quo quasi ironicè & oretenus tantùm affirmamus futurum esse id quod in animo tacitè negamus, vel de quo dubitamus, an ita futurum sit, quem Sinæ explicant per *vi pe*, & Latinè per *scilicet*, & similes particulas, Tartari explicant per particulam *aynaga*, & verbo subsequenti subnectunt particulam *ny*. V. g. avarus scilicet cupit dare pecunias : dices, *elinde tosi nyalma aynaga pukisembini*.

§. 124. Quoties loquimur de aliqua re, de qua dubitamus, vel suspicamur, vel incerti sumus an ita sit, nec ne, vel etiam de re quam merè possibilem judicamus, quam animi affectionem Latinè per verbum *videtur*, *apparet*, Sinicè autem per *quàm kin*, &c. indicamus, Tartari indicant per particulam *tere* postpositam illi verbo quod significat rem de qua dubitamus. V. g. videtur iturus, *kenembi tere* ; videtur non iturus, *keneraco tere* ; videtur dici posse, *kisurechi ombi tere*.

Sæpe etiam explicant per particulam *aynchi* præpositam, v. g. *aynchi kenembi* : aliquando tam antè, quàm pòst, pariter utrâque particulâ utuntur : v. g. *aynchi kenembi tere* : aliquando utuntur particulâ *ayse* postpositâ Verbo, sed Verbum tunc est in terminatione, & etiam significatione Præteriti. V. g. *chighe ayse*, videtur venisse.

§. 125. Cùm utimur Latino verbo, *puto*, Sinicè *cum pa*. V. g. puto Regem venturum, *eychi han chiderede aykemou*. Nota in initio poni particulam *eychi* dubitantis, id est forsitan, Verbum in Futuro cum particula *de*, & in fine sensûs *aykemou*.

§. 126. Affectum animi rogantis, spirantis, avidè expectantis explicant per terminationem Verborum in *reo* quo ad scripturam, sed in *ro* productam quo ad pronunciationem, illorum inquam Verborum, quæ in constructione Latina sequuntur verbum rogo, spero, &c. mutando scilicet Futurum *ra*, *re*, *ro*, in *ro* productum. V. g. rogo ut me doceas, *tachiburo* : rogo ut parcas, condones, *queburò*. Quòd si explicatè addas verbum rogo, tunc illud verbum ponitur in fine sensûs, & immediatè præcedit *seme*, v. g. *queburò seme payga*, rogavit ut condonaret ; item, sperabam te venturum, *simbi chidero seme*, *erempighe*.

§. 127. Quando interrogamus sub sensu tali, *ita est*, *nec ne*, id est subintelligendo more Sinico, & Tartarico, *nec ne*, tunc signum interrogationis est vocalis *o* producta : si autem consonans tunc interponitur *o* productum sic, ut *o* apertè intelligatur, & consonans sequens ac finalis subobscurè & quasi occultè, v. g. venit ? *chiqo* ? item, es ne sanus ? *sayon*? alii autem, & quidem plurimi dicunt, *sayn-o*, subobscurè pronunciando consonantem *n*.

§. 128. Sensus Verborum comparativus explicatur per verbum negativum *isiraco*, id est, non accedit, vel pervenit, cum particula *de* verbo præcedenti (quod quidem plerumque ponitur in Futuro) subnexa : v. g. hoc tempore satius est mori quàm vivere, *ere erinde panghirenghe pucherede isiraco*. Item, major est felicitas hominis boni, quàm felicitas hominis mali, *eghe nyalmay houtouri sayn nyalmay houtouride isiraco*. Ubi nota, illud quod est primum membrum comparationis in constructione Latina, fieri secundum in Tartarica, sive id quod apud Latinos

sequitur

ELEMENTA.

sequitur post particulam *quàm*, poni in primo loco in Syntaxi Tartarica.

Explicatur etiam ille sensus comparativus per particulam *angala* positam in fine membri primi juxta Syntaxim Tartaricam. V. g. melius est cor esse quietum, quàm hominem esse divitem, *nyalma payen ochoro angala cunin elghe de isiraco*.

§. 129. Quoties Latini utuntur Verbis ire, venire cum Supino sequenti, v. g. eo visum, auditum, &c. tunc Tartari Supino illo, quod sequitur post ire, sive Verbo illius Supini sic utuntur, ut ponant *na*, *ne*, *no*, ante *mi* Indicativi Præsentis, prout scilicet Præteritum ejus terminatur in *ha*, *he*, *ho*: v. g. vado visum, *tuanami*, à Verbo *tuami*, video: vado auditum, *tonchinemi*: vado abrasum, *xonomi*, &c. Quòd si particulam *na*, *ne*, *no*, vocalem *a*, *e*, *o*, mutes in *chimi*, tunc eadem illa verba respondent Supino Latinorum, quod sequitur sive ponitur post Verbum venio: v. g. venio visum, *tuachimi*.

§. 130. Verbum *obouhi* habet valde latam & universalem significationem, & est in frequentissimo usu, significat autem facere, efficere, item, constituere, existimare: v. g. fecit, constituit illum Mandarinum, *terebe hafan obouhapi*: item, divisit in duas partes, vel fecit duas partes, &c. *chue obou obouhapi*: item, existimat hanc rem tanquam fundamentum & radicem, &c. *ere chacabe*, vel *ere paytabe fouleghe ta obugapi*: item, hanc rem existimat magnam, gravem, levem, &c. *ere paytabe amba*, *uhin veihoken obouhapi*.

§. 131. Vox *amouran* dicitur de illo qui gaudet actione aliqua qualicunque, sive exercitio alicujus rei, & Verbum ponitur in Futuro cum particula Dativi *de* subjuncta: v. g. gaudet legere libros, *pithebe tuarade amouranpi*: item, gaudet venatione, *abalarade amouran ombi*.

§. 132. Verbum *quemi*, id est evadere, & *quebumbi*, id est eripi, v. g. aliquo periculo, calamitate morte, &c. exigit Ablativum cum particula *chi* postposita: v. g. evasit calamitatem, *chobulonchi queghe*: item, calamitate ereptus est, *chobulonchi quebaghe*: item, ereptus est morte, *pucherechi quebughe*.

§. 133. Omnia Verba quæ significant excessum, defectum, vel etiam separationem atque distantiam unius ab alio, quomodocunque factam, exigunt particulam *chi* subnexam Ablativo Latinorum, sive Nomini illius rei, à qua separatio, distantia, defectus, vel excessus significatur esse: v. g. non excedit illum, *terechi tulenderaco*: item, separatus est ab hominibus, *nyalmachi faxalagapi*: item, exivit domo, *pochi touchighe*: cœlum procul distat à terra, *aka nachi corò alchaga pi*.

§. 134. Adjectivum *tosi*, cupidus, accipitur in malam partem, & postulat Dativum, id est particulam *de* postpositam rei, cujus quis cupidus est. V. g. cupidus vini, veneris, pecuniæ seu divitiarum, *nourede*, *pochode*, *oulinde tosi*.

De Adverbiis.

§. 135. Quæ purè Adverbia sunt, plerumque exeunt in *lame*, *leme*, *lome*, & significant modum, aut affectionem, quâ aliquid fit, ut *cyramilame xangnaga*, largè & liberaliter remuneratus est, &c. quibus adde *ambula*, *oumesi*, hoc est, multùm, valde.

§. 136. Alia terminantur in *ouka*, *ouke*, *kan*, *ken*, quæ plerumque formantur à Verbis, & non sunt ita purè Adverbia, ut non etiam instar Adjectivorum usurpentur: & illa utrunque similia etiam sunt in significatione Adverbiis Latinis, terminatis in biliter: v. g. terribiliter, flebiliter, &c. quæ fiunt Adjectiva mutato *ter* in *s*, atque illorum significatio tam Latina, quàm Tartara potest explicari per Gerundium in *dum*. V. g. dolendum & flendum, &c. vel per Adjectivum, dignum, v. g. dignum dolore, amore, odio, compassione, &c. v. g. *kelechouke* (quod pronunciant corruptè, absorbendo antepenultimam ferè ut *kelchouke*) vel *olgouchoka*, id est, terribiliter, & terribilis; *fergoa chouke*, id est, mirabiliter, mirabilis; *toursichouka*, id est, dignum timore, tremore, & sollicitudine cordis;

item, *bayracan*, id eſt, dolendum; *chilacan*, id eſt, compaſſione dignum, &c.

§. 137. His adde *labdoucan, comſocan, veggheken, hanchican*, &c. quæ ſignificant adverbialiter cum aliqua diminutione, ſicuti pluſculum, paululum, ſive parumper, leviuſculè; quorum etiam aliqua tanquam Adjectiva Subſtantivis adjunguntur.

§. 138. Quæſtiones Latinorum per *ubi*, vel *quò*, inſtitutæ, Tartari exprimunt deſignando locum cum particula *de* poſtpoſita. V. g. ubi eſt, vel, quò vadit, *aybide pi? aybide kenemi?* reſpondent Latini, eſt domi, domum pergit, vadit ad urbem, &c. Tartari reſpondent, *podepi, pode kenemi, hechinde.*

Latinorum autem *verſus*, hoc eſt, verſus hanc vel illam partem, explicant per particulam *parò* poſtpoſitam. V. g. verſus ortum, verſus occidentalem plagam; verſus dexteram, lævam, &c. *haſhou, erghi parò ychi; erghi parò, terghi parò:* dicitur etiam *terghide, varghide, ychi erghide, haſhou erghide*, &c. ſurſum, deorſum.

Huc etiam ſpectant *alinny, antou*, id eſt, pars anterior montis, *alinny poſo*, id eſt, montis poſterior pars.

§. 139. Quæſtioni Latinorum per *unde* inſtitutæ Tartari reſpondent per particulam *chi* Ablativo Latinorum ſubjunctam, v. g. unde veniſti, *aybichi chighe*; reſpondent Latini domo, ex urbe, &c. *pochi hechinchi;* citra montes, *alinny ebule;* ultra montes, *alinny chaigide.* Obliquè ſurſum, v. g. in jugo montis, *exeme chigheg:* obliquè deorſum, *exeme kenegheg.*

§. 140. Quæſtionem Latinorum de tempore inſtitutam per particulam *quando*, id eſt *atagni*, Tartari exprimunt per particulam *de*, tempori poſtpoſitam, v. g. die primo, ſecundo, tertio menſis tertii; item, die nono, decimo, duodecimo, decimoquinto, dicent Tartari, *ilachi piay iche inengni de iche chue de, iche ilande, iche oyunde, iche chuende, chuen chuede, chuen ilande, toſhonde*, &c. item, tertio menſe, quarto anno, *ilachi pyade, tuichi anhade:* item, iſta occaſione, *ere elchoundes;* iſto tempore, *ere erinde, ere ouchouride;* iſto interſtitio, ſive intereadum, *ere nerguinde;* item, hac figura, v. g. exiſtente, *ere apkai arbunde*, &c.

§. 141. Diu, pridem, dudum, & eorum contrapoſita explicant Tartari per Verbum *queidami*, id eſt, tardare, affirmativè & negativè ſumptum, v. g. jampridem venit, *chighe queidaga*, vel *ayſini chighe*. Item, jamdiu non venit, *chideraco queidaga*, vel *chideracunghe queidaga.* Ita etiam dicitur, *chighenghe queidaga*, id eſt, jampridem venit; viceverſa, non ita pridem venit, dices, *chighenghe aſourou queidaga aco.* Item, necdum venit, necdum ſcripſit, *chidere vende, arara vende:* ubi nota *vende* poſtulare Futurum ſicut etiam, ante, antequam, *ongolo*, poſtea, *amala.* V. g. antequam venires, *ſini chidere ongolo:* poſtquam veniſti, *ſini chidere amala*, vel etiam *ſini chighe amala.*

§. 142. Modum illum argumentandi à majore ad minus, vel contrà; item illum, quem Latini ſæpe per *quidem*, & *nequidem* exprimunt (qui ſimilis eſt præfato) eundem Tartari explicant per particulam *hono*, v. g. quando ſocii quidem, ſive ſodales ita ſint inter ſeſe, quantò magis parentes ita eſſe debent, *coucheu cargan hono outoude, ouſoun moucourebe ayhendoure*; quod, ut verba ſonant, idem eſt ac dicere: ſociis quidem ita exiſtentibus, quid de parentibus dicendum, ſive quid opus de parentibus dicere. Ubi illud *ayhendoure* æquivalet Latinorum *quantò magis*, vel *quantò minus.* Item, Latini dicunt, v. g. ubi, vel cùm ne filium quidem amet, quantò minùs amabit ſocios, &c. Tartarus dicet: *chuibe hono cogiraco pade cochouſabe ayhendoure?* &c.

§. 143. Particula Latina *omnino* apud Tartaros explicatur per binas voces *ourounacou* & *anagaſame: ourounacou* quidem utimur in propoſitione affirmativa, *anagaſame* in negativa, v. g. omnino veniet, *ourounacou chimi:* omnino non veniet, *anagaſame chideraco.*

§. 144. Particula *cai* perpetuò eſt in ore Tartarorum; per ſe nihil ſignificat, ſed poni poteſt in fine cujuſvis ſenſûs, ſeu dicti abſoluti, tanquam clauſula, præſertim

ELEMENTA. 33

in fine cujufvis fententiæ, epiphonematis, vel etiam argumenti, & conclufionis finalis.

Ad fummum, *mang-a ochi*, vel *labdo ochi*; ad minimum, *comfo ochi*, partim, §. 145. partim, partim, &c. *emude ochi*, *chaide ochi*, *ilachide ochi*, &c. A capite ad calcem ufque, *uchuchi aname*, *venshinde iftala?* (fcribitur tamen *ifitala*.) A parvis pueris ufque ad fenes, *puya chufechi aname fardefa iftala*.

Latinorum *juxta*, vel *fecundùm*, vel *prout*, vel *quoad*, *quantùm*, &c. explicant §. 146. Tartari per Verbum *tuame*, id eft videre, quod poftponitur illi Nomini, vel Verbo, quod fequitur poft particulam *juxta*, *fecundùm*, &c. & Verbum quidem plerumque ponitur in Futuro cum particula *be*: poteft tamen poni etiam in Præterito, &c. prout fenfus requirit. V. g. juxta otium tuum, vel prout per otium licebit, veni, *chabdurob tuame fi chu*; item, comede, bibe, quantùm potes digerere, five juxta capacitatem ftomachi, &c. *fini eterebe tuame omiki*; idem fonat ac, vide tuum poffe, vel quantùm potes digerere: item, veni prout te venire jubebunt, *chuferebe tuame chu*.

Similiter *ficut*, id eft Tartaricè *adali*, quando Verbis adjungitur, tunc Verba §. 147. ponuntur in Futuro, v. g. calamitas fequitur malos, ficut umbra fequitur corpus, *chobulon eghe ourfebe tagame*, *helmen pegebe tagara adali*.

Ferè, feu propemodum, id eft, *elekey*, utimur cùm loquimur de re pericu- §. 148. lofa: v. g. ferè cecidi, *elekey tongheke*. Huc fpectat *hamica*, id eft Sinicè, *cha pu to*, parum abeft, five à tempore, five à loco determinato, five etiam ab opere quovis abfolvendo: v. g. quæritur, abfolvifti? refpondetur *hamica*, id eft, parum deeft, abeft; ferè eft abfolutum, &c.

Vox *ekifaca* fumitur etiam adverbialiter, & ideo fignificat, ac *fine loquela*; §. 149. dicitur fæpe de eo qui interrogatus non habet quid refpondeat; imò in omni occafione, ubi fub filentio res quafi fepelitur, nec fit mentio de ea. V. g. fedit, abiit, fine loquela, fine refponfo, in filentio, dices: *ekifaca teghe keneghe*.

De Præpofitionibus.

PRæpofitiones Latinorum poffunt appellari Poftpofitiones apud Tartaros; §. 150. nam quæ apud Latinos præponuntur, Tartari poftponunt cum particula Genitivi *y*, vel *ny*, inter Nomen aut Verbum, atque inter Præpofitionem, feu tartaricè Poftpofitionem collocata. V. g. ante domum, poft domum, *poy chuloripoy amala*. Item, intra montem, fupra montem, *alynni fegerghide*, vel *fegile alynni tele*, vel *ningoude*: item, cis flumen, ultra flumen, *pyray ebule*, *pyray chaigide*: item, intra portam, extra portam, circa portam, *toucay torghide*, *toucay tulerghide*, *toucay xourdeme*. Dicitur etiam, *payrachi toulghein*, propter, intus, tolo; foris, *tule*: præter hæc negotia, *ere paytay toulghien*: dicitur etiam, *paytachi toulgein*: dicitur etiam, *paytachi toulghein*. Propter patrem, *amay chalinde*, vel *tourgounde*.

Præ, cum, ex, quando ponuntur in Ablativo fignificante affectum animi, inftrumentum, vel modum, quo aliquid fit, explicantur per articulum Genitivi *y*, vel *ny* poftpofitum fine alio addito, v. g. ex bono animo, id eft, *fayn muchilon ny*: ex ceremonia congratulationis, *ourgoun ny toroy*, &c.

Ufque ad, cùm fignificat locum, vel tempus, exigunt particulam loci, vel §. 151. temporis quæ eft *de* poftpofitam, & explicatur per *iftala* (fcribitur autem *ifitala*.) V. g. ufque ad hoc tempus, ufque ad hunc locum, *ere erinde iftala*, *ere pade iftala*. Quando autem præponuntur Verbis in Syntaxi Latina, & fignificat quafi modum agendi vel patiendi intenfum, & fæpe apud Latinos explicatur per tantum quantum, tunc Tartari utuntur particulâ *tele*, vel *tala*, poft Verbum utcunque inflexum pofita. *Tele* quidem plerumque exigit inflexionem Futuri, quam *tala*, imò & *tele*, aliquando mutat, & abbreviat. V. g. quantùm possum, *mutere tele :* item, comedere usque ad satietatem, *ebi tele pura chemi :* item, usque ad finem, *tubentele :* usque ad occisionem, *vartala*, ex Verbo *vami*, in Futuro posito, hoc est, *vara*, & voce *tala :* item, usque ad exhaustionem virium, (ut ita loquar) *muchilen ny vachitala*, &c.

§. 152. Quando per Præpositionem *propter* Latini significant causam sive in genere, sive in particulari, tunc causæ illi subnectitur particula *da*, ut suprà vides. V. g. propter tui patris causam, vel tui patris causa, ratione, ergo, &c. *sini amy ehalinde*, vel *tourgounde*; gratitudinis ergo, quod me educasti, *si stumbe uchica paylide*; propter calamitatem domesticam domo exivit, *poy chobulonde touchike*.

De Conjunctionibus.

§. 153. Conjunctiones, *&*, *atque*, & similes, Tartari explicant per *chai*, *keli ;* quæ tamen voces propriè respondent Latinorum *præterea*, *rursum*, & iisdem utuntur tantùm, quando sensum, vel argumentum novum conjungunt priori : in brevioribus autem sensibus non utuntur, nec connexionem ullam exprimunt, sicut Latini passim faciunt.

§. 154. *Angala*, vel *teile vaca*, id est, *non tantùm*, exigit binas propositiones incompletas, & ponitur in fine prioris propositionis, particula correspondens est *keli*, vel *ino*, quod significat *idem ac*, *sed etiam*, & ponitur in principio secundæ propositionis, v. g. non tantùm liber evasit à calamitate, sed etiam felicitatem adeptus est, *chobolonchi queghe angala*, vel *teile vaca keli houtouribe paga :* item, non solùm ego ivi, sed tu etiam ivisti, *pi teile vaca sy ino keneghe*.

In ea dicendi formula Latina, *tu solus ignoras?* exprimenda Tartari utuntur voce *tule*, & dicunt, *sy tule sarcun ?* idem dic de similibus sensibus.

§. 155. *Simul atque*, *simul ac*, & similes particulæ, quibus indicamus duarum actionum similitatem, sive in eodem loco vel tempore coexistentiam, Tartari sic explicant, ut Verbum quod immediatè sequitur particulas *simul atque*, terminetur in *naco*, mutato scilicet Indicativi Præsentis *mi* in *naco*. V. g. simul atque ego ivi, ille intravit, *pi kenenaco y tosca*.

§. 156. Particulæ divisivæ, v. g. *sive hoc*, *sive illud*, *sive cras*, *sive perendie*, Tartari sic explicant, *ere ochibe*, *tere ochibe*, *chimari ochibe*, *choro ochibe*, &c. sive post quartum diem, *chai choro ochibe*, &c.

§. 157. *Pariter*, *unà*, *cùm*, *simul*, & similes particulæ, explicantur per *emo ugni*, cum particula Genitivi *y*, vel *ny*, anteposita, v. g. una tecum, *siny emougni*. In aliquibus quasi se subsequentibus, vel consequentibus utuntur particulâ *nishay :* v. g. equum dedit pariter cum ephebis, *morin enghemou nishay pughe*. Subinde utuntur *tagandouhay*, hoc est, *consequenter*.

§. 158. Corresponsoriæ illæ particulæ, *ita est*, *sic est*, *ita omnino*, &c. quibus aliorum dictis astipulamur, & correspondendo confirmamus, &c. explicant Tartari per *okochi*, quod pronunciant tanquam *ockchi*, additurque affirmando, *ino*, & negando *aco*, *ino ockchi*, ita est, scilicet uti tu dicis, *sarco ockchi*, ita est, ignorant (subintellige sicut antè dixisti, vel aliquid simile.)

§. 159. Huc spectat particula *eychi*, sine dubio, certè, profectò, quæ Sinicè exprimitur per *ou gen*, quâ etiam respondemus assentiendo aliorum dictis. Hæc particula exigit Verbum sequens terminari in *chi*, v. g. sine dubio vadit, *eychi konechi*.

Particulæ *etsi*, quæ est, *outou*, corresponsoria est *kemoni*, hoc est *nihilominus*.

FINIS.

APPENDIX AD HIST. MOGOLUM.

CAPUT VI.

HOC CAPUT SEXTUM EOS MEMORAT, QUI post Abusahidum Persidem rexerunt, estque in quatuor Sectiones divisum.

PRIMA SECTIO.

PRIMA sectio Giupanios (sive Pastores) complectitur, quorum primus.

EMIR GIOUPAN.

Emir Gioupan Salduz, Sultani Gazon & Algiaitu tempore inter magnates floruit, ac sub Abusahido duodecim annos adeo regnavit, ut penes Abusahidum Regium nomen solum esset: vir justitiâ, fortitudine, liberalitate insignis, omnique virtutum genere ornatissimus. In via Ægypti Syriæ & deserto Mecham ducente plurima ædificia construxit atque multa bona fecit, quin & aquæ ductum Mechanum nulli ante opus tentatum ad finem perduxit, * * * * * * * * statimque Emir Gioupon cum septuaginta equitum millibus, ejus mortem ulturus Iracam contendit, & castra metatus in colle Ri, ejus exercitus eo relicto ad Abusahidum, qui proximè stabat, transiit, illique se conjunxit. Giupon fuga Chorazanem rediit, atque ibi in Harat Abusahidi jussu ab Melekeddino Cort ann. Heg 728. interfectus est. Feretrum ejus filia Bagdad Caton Abusahadi conjux Mecham misit, ut peregrinantes in Haraphat pro eo orarent, deinde Medinam translatum, ibique solenni ritu terræ mandari ac sepeliri voluit. Emir Giupon novem filios habuit, Hasanem Chorazani præfectum, qui durante patris bello Choarzani profectus post aliquot prælia occisus est. Secundus filiorum Timur Tasch Græciam regebat, & audita patris morte Ægyptum petiit, ibique Nasiro Rege jubente pariter interfectus est. Tertius Damschek pater Delschad Chaton Abusahidi etiam mandato Sultaniæ ann. 737. morti traditus. Muhammed Gurgiestan Præfectus etiam Giupanio natus Tebrisii quoque ejusdem Abusahidi imperio leto datus. Halaocan, cujus mater Dulendi Caton filia Muhammedis Chodabendæ fuit post mortem patris, jussu Gajatdini, similiter periit. Sextus Sivarghon altera Chodabendæ filia Saguibex Caton natus in Diarbek occisus quoque est jubente loci domino Hasanis majoris filio. Tres alii Giuponis filii Siuxecha, Jaghi Basti; & Nurus erant, quorum Jachi basti periit Tebrisii, Regis Asraf ben Timur Tasch jussu, Siuxechæ & Neutusii vita resque gestæ ignotæ sunt.

EMIR SCHEIK HASEN.

Emir Scheix Hasen filius Timur Tasch f. Emir Giupon post Abusahidum & Arpa Chan sicut dictum est provincias Aderbajon Diarbexan & Rumeliam ac partem Iracæ persicæ rexit, atque per aliquod tempus, ut diximus, Saguibex Caton ad imperii fastigium sublimavit quo sublato Solimanem Chan ejus in locum substituit, ut diximus, cum eo Emir Scheik Hasen pugnavit, semperque victus abcessit. Tebrisii duo ædificia doctoris ac discipuli nomine insignia struxit, imperii regendi apprimè doctus, quod per quatuor annos ac sex menses administravit. quibus elapsis ejus uxor Hazatmelex noctu in gynecæo dormientis atque ebrii testiculos adeo compressit, ut ex ea vi, vitæ finem invenerit, hanc rei gestæ historiam Salmon Savegius descripsit.

MELEK ASRAF.

Melek Asraf filius Timur Tasch f. Emir Giupon post fratrem, regioni Aderbajon, Iracæ Persicæ & Iron præfuit, Nuschirevano per aliquod tempus Chani nomen dedit, cumque postea submovit. Tyrannus, injustus, perfidus audiit, eo imperante *Tros Rutulusve fuat* Turca vel Persa, si quis dives aut nobilis fuit, statim oppressus carcerique man

DE GIUPANIIS.

cipatus fuit, donec viluiffet; Magnates ac Principes sic vexare solitus, ut unius facultates & dignitatem alteri sæpius traderet, quibus artibus tantas opes congeffit, ut quadringentorum mulorum & mille Camelorum sequentium gregem haberet, gemmarum auri argentique portando oneri * * * *
Tandem istius Tyrannidis pertæsis omnibus Sedar Eddin Gueilon venit, Scheix Coja Syriam & Mohibeddin Bardajus Bicellanus in desertum K phiax fugit in urbem Sarai, in qua tum Rex deserti Jani Bex morabatur, vallemque Kapgiax tenebat, eoque præsente Regis Asraf tyrannica facta adeò verè memoravit, ut omnibus lacrymas excusserit. Jani Bex parato intra duos menses exercitu Aderbajon profectus est, eo nuntio Asraph commotus uxores & thesauros in arcem Algiax misit, quam vix ingreffæ erant cum Asraf in finibus Goi interceptus, atque adacto in corpus gladio qui larus utrumque perfodit, Jani Bex jussu interemptus est; caput occisi Tebrisium delatum & Meraguion templi portæ adfixum fuit, ita immensæ auri argentique gemmarum & pretiosæ, quàm per scelus paraverat supellectilis copia Jani Bek hominibus cessit, de quo Poëta scripsit. Hoc initio anni 759. contigit. Post eum Giupaniorum nullus regnavit. Jani Beg cum XII. M. equitum Tebrisium ingressus in aula constitit, & exercitu inter fluvios, eorumque aggeres collocato ac nulli militum incolatum ædes ingrediendi potestate facta, noctem tantùm unam moratus, mane post orationem in Templo doctoris Alischa Augion discessit, bis eo anno ejus exercitus per cultos transiit campos, illæsâ segete, nec unâ quidem ruptâ aut avulsâ spiâ Tebrisio Dast Capgiax reversurus, filium Bardi Bex cum L. M. equitum præfecit. Post aliquot dies ille accepto de valetudine patris eum videre cupidi nuntio Achijoux Provinciam regendam commisit, qui in Kafabag hyematus, extinctæ Astaphi Tyrannidis vestigia repetiit, quæ posteà in Avizi rebus gestis memorabimus.

II. EILEKANII.

EILEKANII numero quatuor ex tribu Ginkis Chan, omnes duces exercituum ejusque vicarii fuerunt, inter quos Emir Akbougon filius Emir Eilkcan qui tempore Abuschidi in regione Chorasana Emir Alous fuit, filiam Argou Chan duxit, & anno 725. Muharramo mense fatis concessit.

EMIR SCHEIK HASAN TUBON.

Emir Scheix Hasan Tubon ejusdem cum Hasane magno cognominis, sub finem Regni Abusahidi, in Regni finibus regendis occupatus erat, post Arpa Chani obitum, quando Aly regnum adeptus est, Græcia egressus, magno cum insulanorum numero belli gerendi cupidus, cum eo 14. Dulhagiæ die anni 736. pugnavit, victorque Delschad Caton filiam Emiri Damschek f. Emir Giupon, Abusahido olim dilectam duxit, * * *
* * * * * * Sed tandem Emir Scheix Hasen Giuponius excitato inter eos bello Iracano profectus est, ibique circa septemdecim annos regnavit, & Bagdadi anno 757. diem obiit, sepultus in insula. Emir Scheix Hasan primo Muhammedem Chanum in Regem sublimavit, dein eo amoto Togan Timur Chan substituit, ac tandem post aliquod tempus Jehon Timurem, ut supra memoravimus, nomine dignatus est, cujus tempore urbis Confæ excidium & vastitas accidit, quæ in hanc usque diem durat.

EMIR SCHEIK AVIS.

Emir Scheix Avis filius Emir Scheix Hasan post patrem Regnum adeptus est. Vere anni 759. Bagdado Aderbigion profectus cum Aguigiuko, quem Bardi Bex filius Giani Bex isti Provinciæ præfecerat, bellum gessit, eoque victo Tebrisium venit, regnoque occupato quadraginta ex Regis Asraf Principibus crurifragio interfecit, ac posteà Bagdadum rediit Sed eo absente Aguigiux Tebrisium reversus, iterum regnavit donec ann. 760. Emir Mubazer Eddin Muhammed Muzfir ex Schiraz venit Aderbagion, & victum prælio Aguigioukum interfecit, ac Tebrisium petiit. Sultan Avis hoc audito Tebrisium contendit, Muhammed venientem non expectavit; * * * *
* * * * * * * * * *

DE EILEKANIIS.

* * * * * * * * * regnavitque
XVII. annos; ac tandem secundâ Giumadi prioris die anni 770. fato concessit. Sultani Avis benignæ & optimæ indolis fuit, Salmon Scharaph Græcus, Muhammed Hatar & Haidar Iconiensis, eum maximè laudarunt, Salmon præcipuè. Sepulchrum Sultani Avis Tebrisii in coemeterio Schadabad ad latus alterius Ahmadi Schadabadi est.

SVLTAN HOSAIN.

Sultan Hosain ex patris testamento regnum adeptus illud octo annos tenuit, frater ejus Sultan Ahmad undecimo Siafari mensis anni 780. illum bello aggressus superavit, & occidit. Sepultus est Tebrisii in Damaschia.

SVLTAN AHMAD.

Sultan Ahmad filius Avis post fratrem regnavit, vir crudelis, scelestus, & imperii sensim labantis dominus, bellum cum Principibus suis gessit. Ejus tempore ex valle Capgiax centum hominum millia hyeme per Caspias portas Aderbajon ingressa; Tebrisium Persiam omni clad.um & cædium genere vexarunt, quibus describendis nec historia suffecerit; contigit hæc calamitas ann. 785. cum eam Timur Provinciam subegit, & Sultanum Ahmadem Iracam Arabicam fugere compulit, ubi septem annos regnavit, donec idem Timur ann. 795. Bagdadum contra eum profectus est, eoque ille territus Ægyptum fugit relicta in potestate Timuris Chaldæa, sive Iraka Arabica, quam duodecim annos tenuit, quos supervixit, quo temporis spatio Sultan Ahmad aliquando in Ægypto alias in Græcia & Bagdada turbabat usque dum Timure mortuo Iracam recuperat Eam quinque circiter annos rexit, & muros Bagdadi Timuris jussu dirutos instauravit, nunc etiam superstites ann. 83. maximo cum apparatu Tebrisium venit, ac prælio cum Kara Joseph noctu congressus & victus in aquæ ductum hortensem se condidit, eoque eductus 20. Rabie secundi feria septima occisus est, & in Templo Damaschio prope patrem sepultus, in eo Elecaniorum imperium desiit. Sultan Ahmad ingeniosus, poëtices, Geomantriæ ac Musicæ peritus fuit.

III. MVTZAPHERII ANGIOV.

EMIR ABV ISAAC ANGIOV.

PRIMUM res gestas Emiris Abu Isaac exequitur. Emir Scheik Abu Isaac filius Emiris Mahmudi Scha Anjou, * * * * * * *
* * * * * * * * *
* * * Hic Abdalla filius Ashadi f. Nasri f. Muhammed Abdallæ Medinensis, sub Regibus Mogolibus aulicorum præcipuus, ideoque Angiou dictus, quo nomine Aulæ Regiusque proprium famulitium vocari solet. Xiras in urbe multarum opum dominus adeo ut omnes cives illi addictissimi essent, neque hujus urbis proceres quidquam præpositis ejus inconsultis aggredi auderent, universi ab ejus imperio nutuque pendebant. Temporibus Sultani Abusahid obnoxiis magnum ejus dignitati accessit incrementum, Emir Giupon eum educavit, ac postea maximè fovit Abusahid, regnante Arpa Chan, qui malo animio alium ab Ginkeschaniis Regem constituere voluit, atque Emirem Mahumedem Scha occidit, ejus ex filiis Mashud Scha in Græciam fugit, Emir Scheik Abu Isaac se Aly Regi Abusahidi avunculo conjunxit. Atque in Persiam Arpa Chan interfecto rediit & Xirazii moratus est anno 740. Emir Scheik Hasen parvus regnum adeptus, Persidem Emiri Pir Hosain Giuponio regendam commisit, ille ut venit filios Emiris Mahmudi Scha elegit, illorumque uni Emiri Sultan Veziratum commisit, quem & posteà interfecit, omnia ab ejus nutu negotia pendere indignatus. Hinc Xirasiorum seditio, quâ Pir Hosain Peus periit, sed tandem & variis artibus fuga ad Hasanem minorem salvus evasit, collectoque exercitu Persiam rediit, & Kermonem, Mubazereddino Muhammedi Muzfiro tradidit Ispahanem, & Abu Isaaco Angiou liberaliter donavit, quia ad ejus auxilium primus accurrisset. Vix hæc acta cum Melek Asraph frater Hasani

minoris Giuponii Iracam venit, Abu Ifaac fratri fuo Pir Hofaino infenfus, ejus in oculis Perfidis imperium arripuit, ambo tamen Xyrafium venere, fed Pir Hofain viribus impar, fuga fibi confuluit, Abu Ifaac Angiou antequam Melek Afraf Xyrafim veniret, eam civitatem, quam maxime potuit, munivit, fruftra, nam Tyrannus Melek Afraf non deftitit eam aggredi: fed accepto de morte Gazani minoris nuntio Aderbajon rediit, ibique imperavit. Interea ejus frater Emir Mashud Scha, qui in aula & obfequio Emiris Baghi Bafti filii Emiris Giupon erat pro Hafane magno Perfidem recturus Xyrafium venit, Abu Ifaac tamen regnum obtinuit, fuoque nomine & pecuniam fignari, & preces in Templis fieri juffit ann. 744. Regnavit in Perfide annos quatuordecim & die Veneris XXI. Giumadi prioris ann. 758. In foro Mubarezeddini Muhammedis Muzfiri juffu occifus eft, ut poftea narrabimus. Haphetz Poëta hujus mortis cafum in χιαφ̅. fuo defcripfit. In eo quod condiderat foro fepultus eft. Præfecturam Perfidis ann. X. ante regnum tenuit. Regn. ann. XIV. Haphetz uno difticho ejus meminit.

MVZAPHERII.

Muzferii, qui feptem numero fuere, & feptuaginta duos annos imperarunt, eorum primus Ghiatzeddin * * * * * *
* * * * * * * Ipfe Tarataris Chorazanem cum exercitu venientibus Jefdam abiit, vir robuftus fuit, adeoque procerus, ut ejus pedibus calceus, qui conveniret, inventus non fuerit, *
* * * * * Enfem pondo triginta fex librarum geftabat Tres filios Abubecrum, Muhammedem & Manfurum fufcepit, primi duo improles mortui, Manfur trium natorum pater Muhammedis, Aly, Muzfiri. Aly fine liberis obiit; Muhammed unum fufcepit Bedareddinum Abubecrum Scha Sultani patrem, cujus res geftas poftea exequemur. Muzfir licet fratrum minimus eximia futuræ magnitudinis figna vultu prodebat, vitæ ac fidei integritate illuftris. Atabek Jofeph Scha filius Aladdulæ ejus curam geffit, illique regendam Mobid dedit, ubi manu & animo fe fortiter geffit, & latrones viarum potentes expulit, inde Argon Chan fequutus, illique gratiffimus evafit, & formæ & virtutis ergo, tributis exigendis præpofitus, eo mortuo Caicathon Chan eum impenfius fovit, tandem ann. 794. ad aulam Gazon Chan venit, qui mille equitum, imperio vexilloque ac tympano honoravit, crevitque in magnum dignitatis faftigium, & medio menfe Giumadi pofterioris ann. 700. Mubarezeddinum primum Muzferiorum Regem filium Mobidæ * * * * * *
fufcepit, poft Gazon Chan, Aliatu Sultani tempore fublimata eft Emiri Muzferii fortuna, donec ann. 713. die 13. Dulkaadæ Schabonkaræ fatis conceffit. Tres menfes ægrotus decubuit, & Schaboncara mobidem tranflatus, in eo quod condiderat templo fepultus eft. Filium unicum habuit Mubazereddinum Muhammedem, filiam pariter unicam, quam nepoti fuo Bedareddino Abubecro collocavit, ex qua Scha Sultan natus eft.

EMIR MVBAREZEDDINVS MVHAMMED MVZFIR.

Emir Mubazereddin Muhammed Muzfir decimum tertium annum agebat, cum pater vivis exceffit, vir pietate, fortitudine inclytus, & propagandæ Muhammedanæ quam profitebatur religionis ftudiofus, doctorum etiam virorum, populorumque utilitatis amans. Schievalo menfe ann. 718. Sultan Abufahid procurante Gaiateddino Vezire, illi Jefdæ præfecturam tribuit, in qua viginti & uno præliis quatuor annorum fpatio Macondarios victos delevit, magnamque famam & potentiam adeptus ann. 725. filium Scha Scherafeddinum Muzfirum fufcepit. Anno vero 729. filiam Cotabeddini filii Schiurgiafch qui Scha Geon, id eft, mundi Dominus, vocabatur duxit, ex qua Scha Schegiah & Scha Sultan fufcepit. Poft Abufahid Mogolum imperium debilitatum eft, multis ubique regnum affectantibus, fed Emiro Mubarezeddino Muhammed præcipuo, cujus potentia fingulis diebus crefcebat, ann. enim 742. Muharramo menfe Kermonem fubegit. Exinde inter eum & Emirem Scheic Abu Ifaac Angiou Perfiam obtinentem crebra prælia, donec Ifaac fugato Schirazium obtinuit, tandemque Abu Ifaac Hifpaanis captus ab Scha Sultan nepote Mubazereddini & Sirazium ductus die Veneris vigefima prima Giumadi prioris anni 758. in foro Saadet occifus eft; fic integro Perfidis regno potitus. Interim filius ejus Kurdiftan debellavit, & Auganiam ac Germaniam Mogolum populos, bello pariter fubjecit (Argon eos Sultano Gelabeddino Schiurgatmifchio petenti ad Provinciæ fines tutandos Kermonem miferat.) Hæc iftorum mutua bella & cædes ad ufque Timurem

centum

DE REGIBUS KURT.

formâ, scribendi pulchrè artem, sed imperandi prohibendique minus callens, itaque Gaurii illum sæpiùs aggressi, tandem in transitu arcis Iethejareddin eum occiderunt anno 732.

MOAZEDDIN.

Moazeddin filius Gajateddini, post fratris mortem Haratum obtinet, vir supra omnes Gentiles Kortios, regnandi artem callens, Gaurios rebelles ad obsequium compulit, religioni conciliandæ & fovendis sapientibus maximè studuit. Sahaddeddinus sui sæculi doctissimus Zestasanius librum Motoul ei dedicavit. Cum post Sultanum Abusahid, Chan nullus in Iron strenuus imperasset, Hosain ingentes statim animos generosè prodidit, viribusque ac potentia palam auctus, omnibus ad hoc paratis, suo nomine publicæ in templo preces dictæ famulitio & procerum ad eum confugientium multitudine auctus est. Anno 740. decima tertia Safari, Emir Vagieddin Mashud Sarbedar cum Hoseino Giourio & triginta millibus Zadam venit eum bello aggressurus, sed victus fugato exercitu ingentique prædâ receptâ, Seich Heusen Giouri occisus est, quæ posteà in Vagieddini rebus gestis memorabimus. Multi alii variis ex Provinciis * * * magnis cum copiis Jadghisum profecti bello Hosainum aggressi, victique sunt. Hosainus duas ex abscissis eorum capitibus * * victoriæ monumentum construi jussit Hinabim juxta horti vicum, Emir Kaskan totius Transoxianæ regionis seu Maurenahar dominus, ad hanc famam triginta millibus hominum comitatus Haratum venit, & Hosainum probè munitâ urbe se continentem obsidione cinxit, tandemque post multa prælia procerum interventu pax facta, hâc conditione ut anno proximo Hosain in regione Maurenahar ad obsequium Sultani Kaskan præsto esset. Quæ gesta sunt an. 751. mox Hosaini res in pejus ruere, & retro sublapsas teferri, Gaurii fratrem ejus Melek Baker Hosaino pulso regiâ in sede collocant; ipse in arcem Ascalgiam ab prædecessoribus prope Harat ædificatam, eoque tempore munitam & incolis frequentem secessit. Anno 753. Maurenahar profectus, venantem Emirem Kaskana accessit, ab eo multo amplexu & magno honore susceptus est. His verbis inimicitia tua generosa est, & amicitia pariter. Aliqui proceres ex Joctaini Kaskani comitatu ejus occidendi consilium coeperunt. Kaskan ejus certus & sollicitus noctu cum litteris Chorazonem dimisit, quam ubi post longi itineris molestias attigit, Regem Bokerum (fratrem suum) captum in vinculis habuit, & regiæ potens tredecim alios annos regnum tenuit, donec medio mense Dulcaada anni 771. diem obiit.

MELEK GAJATZEDDIN.

Melek Gajateddinus filius Moazeddini post patrem regnavit, orto inter eum & Aly Moid bello Nizapur Sarbedaris ablatum recepit, Timur qui Karkano annum decimum agens successerat in regno totius Transoxianæ, Gajateddinum ad se vocavit, & detrectantem obsessurus Chorazanem & Haratum ann. 785. venit, eaque expugnata Muharramo mense Gajateddinum captum cum filio Pir Muhammede aliisque ejus sociis Maurenaharem misit, & sub finem ann. 784. Gajateddinum & filium ejus Muhammedem cum fratre interfici jussit, ita regnum familiæ Kurtorum finem habuit ad Temirem translatum.

V. SARBEDARII.

De Sarbedariis, qui duodecim numero, annos triginta quinque regnarunt.

CHOJA ABDREZAC.

Choja Abdrezac filius Chojæ Fadlallæ Bastinii viri magni & ditissimi fuit (est autem Bastin vicus ex vicis Behac.) Hic Abdebrezac suscepit, audacem, strenuum, & eximiæ staturæ ac formæ, qui inter Sultani Abusahid aulicos claruit, a quo Kermonem ad parandas opes missus, cum eas parasset, largius vivendo brevi consumpsit. Inde turbatus perculsusque animo domuitionem paravit, hæreditatem & fundos paternos venditurus, æris alieni exsolvendi ergo, in itinere Abusahidi morte auditâ, lætus vicum Bastir

DE SARBEDARIIS.

venit, ibique propinquos & amicos repperit quiritantes, de nepote Aladini Muhammede Vezire, qui de vici incolis tyrannicè habitis, vinum & puellos puellasque exigebat. Illi rebus turbatis, ut erant, imperium Rustici non tolerandum censuerunt, nec n ora noctu Muhammedem Aladini nepotem aggressi occidunt; altera mane Eslon vicum parato patibulo plures pileos suspendunt, à quibus Sarbedari posteà vocati sunt. Hinc septingenti tum Abdrezaco conjurati, ea res Aladdino Muhammedi, ut innotuit, missi statim qui eos compescerent, prælium in Dahermogsutz commissum, Abdulrezac victor cum Vagieddin Mashudo fratre victos insequutus, ad Aladdinum properavit. Ille acceptâ pugnæ famâ cum trecentis Istrabad fugit, insequentibs Sarbedariis, qui in urbe Valabadad Kesvar & Kebudcanæ captum occiderunt. Ann. 737. ejusque facultatibus direptis Sapzuar obsessuri pergunt, quâ potiti Abdulrezac preces nomine suo fecit, & pecuniam signavit. Annum integrum & menses duos regnavit, ac mense Dulhagio anni 738. à fratre Vagieddino Mashudo occisus est.

VAGIEDDIN MASHVD.

Choja Vagieddin Mashud filius Fadlallæ Paschtinii post fratrem regnavit, vir bonus, audax & felix, cujus potentia tantum crevit, ut ab Giom ad Damaghon & ab Genousch on ad usque Balchis imperaverit, totius gentis suæ princeps, 700. in comitatu suo Turcas & duodecim equitum millia in stipendiis habuit, quibuscum 7000. millium exercitum ter fudit, ad ripam fluminis Arzat cum Togatimur Astrabad Rege pugnavit, vicitque. Discipulus erat Domini Hasen, qui Giourium præceptorem ex urbe Mazanderon habuit Sepzuari occisum & sepultum. Vagieddin Mashoud 13. die Safari ann. 743. Haseno Giourio consentiente Moazeddinum Hosainum Kiurtium bello aggressus, victus est. Ea in pugna miles ex Sarbedariis Haseni latus utrumque unico gladii ictu transfixit, ejus vulneris mortisque auctorem Vagieddinum Mashudum fuisse fama vulgavit. Firuzcoue regione subacta sub finem Rabie prioris anni 745. Melec Rostamdar & exercitus luctum indutus cum multis militibus eum interfecit; sex menses regnavit, alii plures: Sarbedariorum nullus, sed præfecti & aulici post eum regnum tenuerunt.

AGA MAHMVD TIMVR

Aga Mahmud Timur post Vagieddinum Mashudum biennium, totidemque menses regnum tenuit; post hoc temporis spatium occisus est ab Choja Schiamseddino Sarbedaro ann. 740.

KALON ASPHENDIAR.

Kalon Asphendiar post Aga Muhammed Timur annum & mensem unum, vir nequam & infimæ sortis occisus ab militibus Sarbedaris, procurante Choja Aly Schiamseddino, occisus fuit decima quarta Giumadæ mensis ann. 749.

CHOJA SCHIAMSEDDIN AFDSAL.

Choja Schiamseddin Afdzal filius Fadlallæ fratris Vagieddini fuit. Sarbedari post mortem Kalon Asphendiar Lotphallum filium Mashudi Regem constituere volebant. Aly Schiamseddinus non probavit puerum & ignarum imperandi dictitans, itaque idem pueri patruus regni puerique administrationi præfectus est, qua post sex menses se abdicavit. Ad hoc se minus sufficere inquiens, acceptisque regio ex thesauro quatuor serici vecturis (ponderibus quantum asinus ferre potest) eo se imperio regnique molestiis liberavit, illudque Chojæ Aly Schiamseddino tradidit, Dulhagia mense anni 749.

CHOJA ALT SCHIAMSEDDIN.

Choja Aly Schiamseddin vir prudens & strenuus, erga suos liberalis, pace cum Togatimur compositâ omnem Masmudi ditionem tenuit. Tredecim millibus hominum statutum stipendium (annonam) præbuit; populum commodè ac benignè habuit, necessaria ad vitam tribuens, cum artificibus Sepsevar agens, in via eorum operas describens, & domi pecuniam numerans, in dirigendis regni negotiis nullum æqualem habuit, ita ut vitiis rapinisque clausus Sepsevari aditus esset, eo regnante nulli subdito-

DE SARBEDARIIS.

eo regnante nulli subditorum vinum aut aliquid inebrians nominare audaciæ satis erat; quingentas meretrices vivas in puteum projici jussit, tantæ severitatis ut omnes quos vocabat proceres nonnisi facto testamento, in aulam irent; maleficum vel inter mille alios cognoscebat cæterum improbæ linguæ proceribus odiosus, Lanio in arce Sepsevar eum occidit ann. 753. regnavit annos quatuor & novem menses. Vixit quinquaginta annos.

EMIR CHOJA JAHIA.

Emir Choja Jahia filius Haidar Kerabii, Kerab autem vicus est ditionis Behac, Choja Jahia inter aulicos præcipuos Chojæ Mashoadi, vir magnus, orationi deditus, & Alcorano legendo, sed sævus, crudelis, intrepidus, sæpe insanus & furiosus, post Schiamseddinum regnavit, Haidarem Lanium ducem exercitus constituit, regiones Bitrud, Thus, Gioun, & Corban abstulit, initio regni pace cum Togatimur Chan stabilita, mox cum Sultano Istrabad eum die festi magni aggressus occidit ann. 759. Adfinium & propinquorum ejus manu & operâ fratris uxoris Aladdulæ interfectus fuit regnavit annos quatuor & sex menses.

COJA TAHER KERABI.

Choja Taher Kerabi frater Chojæ Jahiæ, post mortem fratris procurante Haidaro Lanio & proceribus regnum adipiscitur, homo vino deditus & decoris incuriosus, calculorum & latrunculorum ludo deditus, sub eo Sarbedariorum res prolapsæ regnavit annum unum, quo elapso imperio se abdicavit, resque suas ab arce Saphid (alba) Sepsuat in urbem Kerab transtulit, die 13. Ragiebi ann. 760.

PAHLEVON HAYDAR LANIO.

Pahlevon Haydar Lanio ex vico Giesin, sub Choja Schiamseddino educatus, strenuus, civilis, mensa omnibus parata, post Taheri mortem annum & mensem regnum tenuit. Nasralla Pasthinium in Asphatain rebellantem cum quinque millibus hominum mensem integrum obsedit, Sarbedari inito consilio eum occiderunt, pulsatoque in nomine Lotphallæ filii Chojæ Mashudi Ispharaine Tympano, is tunc in arce Ispharain erat, ejus caput Sepsevar miserunt, mense Rabie secundo ann. 761.

CHOJA LOTPHALLA.

Choja Lotphalla filius Chojæ Mashudi Pastinii, post mortem Haidari Lanii procurantibus Pahlevon Haseno & Nasralla Pastinio inter Sarbedaros Principibus, regnum adipiscitur, ingenti Sapsevarorum lætitia. Jam annum unum menses tres regnaverat, cum luctatorum Sapsevar ergo, inter eum & Hasenum Damgonium ortâ dissensione Lotphalla Muzade Haseium contumeliosius habuit, inde ejus animo conceptum odium, & nocturna Sapsevaram profectio, ibique captus Lotphalla in vinculis habitus, in arcem Dasthardon missus, & sub finem Ragiebi mensis ann. 762. occisus.

PAHLEVON HASEN.

Pahlevon Hasen Damagani post Chojæ Lotphallæ mortem regnum adipiscitur, ejus initio Dervisius sive Religiosus nomine Haziz ex discipulis Haseni Giouri Mecha egressus, arcem Thus intercepit, Pahlevon Hasen eo profectus, illum aliquot serici oneribus delinitum sibi conciliavit & Chorasane eductum Iracam misit. Sub regni finem contra Emir Vali successorem Togatimur Chan cum sex millibus hominum bellum movit, victusque est; eo absente Choja Aly Moid rebellavit, & Sepsevaram mille equitibus profectus est, omnes Haseni familiares & aulici, qui in eo loco erant, metu Chojæ Moid mutuo consensu caput Pahlevon Haseni abscissum ad Aly Moid miserunt. Regnavit annos quatuor & sex menses.

CHOJA ALIATV VEL ALI MOID.

Occiso Haseno Choja Ali regnum tenuit, hic evocatum Iraca Dervisium Aziz apud se constituit rerum omnium & consiliorum potentem, donec aliquid suspicatus mutatam voluntatem Dervifius intelligens Nifapuro Iracam fugit; fugientem equites mille infequuturos mifit, qui eum ad oram putei quo loco confederat, cum feptuaginta difcipulis interfecerunt. Mox duo doctorum Caliphæ & Hafeni Giourii fepulchra diruta, publicum fterquilinium fecit, addito ut publicè diris ambo devoverentur. Choja Moid Muhammedanæ religionis diligens cultor, vini & cujufque rei inebriantis Ofor, familiæ propheticæ & doctorum obfervantiffimus, omnibus diebus mane & vefperi paratum femper equum habebat, excipiendo fi veniret Muhammedi Mohadi XII. ultimoque, ut putavit, Pontifice (quem venturum expulfaque toto terrarum orbe injuftitia & tyrannide regnaturum, & orbem juftitia impleturum fibi perfuadent) idem liberaliffimus erat, fub vefte loricam femper geftabat, ortis inter eum & Junii Corbani proceres diffentionibus, magnum Timurem Religionis affertorem, impietatis vindicem Chorazanem ingreffum ann. 782. Coja Aly Moid fequutus ejus in obfequio ubique præfto fuit, affiduus in omnibus expeditionibus comes. Hinc ea, quæ habebat, Timure tradente retinuit, donec anno 788. ad plures abiit, extincto cum eo Sarbedarum imperio.

DOS VIAGES
DEL ADELANTADO ALVARO DE MENDAÑA
CON INTENTO DE POBLAR
LAS ISLAS DE SALOMON
Y DESCUBRIR LA PARTE AUSTRAL INCOGNITA

Sera bien tratar la jornada quen en el visreynado del marques, y con su fauor hizo, tras muchos años atrasados de espera por falta del, el Adelantado Aluaro de Mendaña con intento de poblar las islas de Salomon. Juzgo su discurso importante por muchas cosas mas sobre todo por la noticia que es justo se tenga del descubrimiento de la parte austral incognita, que despues se hizo, de quien fue fondamento el presente. Mas conuiene tocar antes de passo el primer viage que en razon de aquellas islas auia echo el propio Adelantado, supuesto seruira no poco para la claridad de lo de adelante.

El año sesenta y siete siendo por vacante de virrey en el Piru Presidente y el Gouernador el Licenciado Castro, por causas que le mouieron, despacho a su sobrino Aluaro de Mendaña, con titulo de general y orden para que descubriesse hazia la parte incognita del sur las tierras que sospechaua huuiesse por alli.

Partio del callao en diez de enero de sesenta y ocho. Reconocieron, andadas mil quatrocientas y cinquenta leguas, una isla pequeña, con gente amulatada. Esta en altura de seys grados y tres quartas parte del sur; hallaronse aquilos primeros aguaceros, truenos, y relampagos que se vieron y llamose la isla de Jesus; distantes della ciento y sesenta leguas ay unos arrecifes atrauesados de nordeste sudueste con algunas isletas en su medio. Tendria el espacio que se vio como quinze leguas. Nombraronse los baxos de la candelaria: esta su medio en altura de seys grados y un quarto. Pussieronse dezisiete dias en llegar a ellos desde la primera isla con grandes contrastes de aguas y vientos. Tuuose vista de otra tierra y fueron en su demanda. Hallaron un puerto donde entraron llamandole santa Isabel de la Estrella. Adoran los moradores culebras, sapos y cosas tales: son amulatados, tienen cabellos crespos andan desnudos, si bien con partes tapadas. Es su comida cocos y rayzes a que llaman venus. Carecen de carnes y breuages, y assi son mas limpios que otros: entendiose por cosa cierta comian carne humana respeto de auer embiado el cacique al general por presente un quarto de un muchacho con su braço y mano. El mandoenterrar delante de los portadores que mostrandose sentidos y cortidos del suceso se fueron baxadas las cabeças. Es gente de parcialidades. Tenian guerra unos con otros y se cautiuauan. Dixose aqui la primera missa, y por hallar aparejo se hizo un vergantin con que fue a descubrir el maesse de campo Pedro de Ortega accompañado de decyocho soldados, doze marineros, y el Piloto mayor hernan Gallego. Nauegose a sueste que assi corre la costa, y a seys leguas del puerto dos islas pegaditas con grandes palmares en altura de ocho grados, y por el mismo rumbo otras muchas. Viose assimismo una grande bahia con ocho islas pequeñas todas pobladas de gente que tiene por armas, macanas, arcos y flechas.

Leste oeste con esta ensenada, a quatorze leguas se vio una grande isla llamada por los indios Mataita: tiene a medio camino dos isletas cada una en una punta que esta en altura de ocho grados. Llamose isla de Ramos por descubrirse en su dia. Corriendo la costa de la isla de santa Isabel se vio un puerto y cabo en nueue grados, escasas catorze leguas de la ensenada de atras; pusose le nombre cabo prieto. Despues al sudueste deste cabo, distancia de nueue leguas, se hallaron diuersas islas. Llegose a la primera; tendra de box cinco leguas cercada toda de arrecifes; llamose la Galera. A una legua desta y noroeste sueste con cabo prieto a distancia de nueue leguas esta otra de doze de cuerpo. Es bien poblada tiene lugares formados, y juntos: diosele nombre Buena vista, por tenerla y ser fertilissima: su altura son nueue grados y medio; veanse en su contorno muchas isletas, pobladas y otras cinco en cordillera de leste oeste. Saltose en tierra en la primera; sus moradores enrubian los cabellos; huyen mucho de los arcabuzes: tocan alarma con caracoles, y tamborines, y comen carne humana. Es su box veynticinco leguas, altura nueue grados y medio. Llamose la florida. Los nombres de las otras tres fueron San Dimas, San German y Guadalupe. A la parte del sue destas cinco islas ay otra a quien llamaron Sesarga; boxea como ocho leguas tiene de altura nueue grados y tres quartos, esta con buena vista noreste sueste a distancia de cinco leguas. Es alta redonda y bien poblada. Tiene mucha comida de ynamines, panays y algunos puercos; mirase en medio della un bolcan que de continuo esta vomitando candidad de humo.

Tras esto se vio luego otra grande y en ella un caudaloso rio; salieron en canoas a ver a los nuestros muchos hombres, mugeres y muchachos. Salto el maesse de campo en un pueblo donde en cestillos hallo cantidad de gengibre verde y otras buenas rayzes con algunos puercos. Llamaron a esta isla Guadalcanar y al rio Ortega. Deste parage se boluio el vergantin con toda su gente en demanda del puerto de donde auian dexado las naos. Fueron boxeando la isla de santa Isabel por auerseles ordenado assi, passando por junto a cabo prieto. A siete leguas del, al oeste sudueste, a distancia de cinco leguas esta otra isla a quien nombraron san Jorge. Esta haze canal con la de santa Isabel: la entrada que esta parte del sueste tiene de largo seys leguas y de ancho una al oeste. Hallase alli un puerto de ocho a doze braças de fondo limpidissimo, y capaz para mil naos con la entrada al sueste y la salida al noroeste, donde ay una poblacion con mas de trecientas casas. Descubrieronse en esta algunas perlas de quien los indios hazen poco caso. Dauan muchas por rescate de una canoa que les auian tomado corriendo la costa de la isla de santa Isabel; auiendo andado quarenta leguas se hallaron unos grandes arrecifes y en ellos muchas canoas de indios que estauan pescando

IV Partie.

a

Vinieron todos a tirar flechas al vergantin y se boluieron. Ay en estos arrecifes muchas islas pobladas y despobladas, y en la punta y remate de santa Isabel que viene a estar en siete grados y medio se hallan muchas islas todas pobladas. Tiene de largo esta isla nouenta y cinco leguas y veynte de ancho. Boxea mas de dozientas. Vieronse aqui Murcielagos que de punta a punta de las alas tenian cinco pies. Giradala isla por la parte del oeste hallaron los mismos vientos lestes y lesuestes con que antes nauegaron. Auian de boluer al leste de puerto donde quedaron las naos mas no pudiendo por tener tan contrario el viento embio el Maesse de campo en una canoa nueue soldado con un marinero y un indio amigo, que siempre anduuo con los nuestros, para que fuessen a dar auiso al General de su yda, y de las causas porque no llegaran antes. Fueron costa a costa hasta que en unos arrecifes se hizo pedaços la canoa, y perdiendo algunos el hato, se saluaron todos. Por auerseles mojado la poluora determinaron boluer atras en busca del vergantin caminando para este efecto toda la noche por encima de las peñas con temor de ser assaltados de los indios. Encontraron con una cruz que auian dexado leuantada en cierta parte quando pasaron, y auiendola adorado acordaron de esperar tres dias el vergantin, y en caso que no viniesse hazer una balsa para yrse a los nauios. En esta aflicion estauan quando fue dios seruido llegasse, dandoles el contento que se puede imaginar. Hizieron señas con una vanderilla, a que acudio, y embarcando la gente siguieron su viage hasta llegar a las naues donde hallaron muertos algunos de los suyos, y otros indispuestos, por esta ocasion determino el General salir del puerto por unos arrecifes que estan a su entrada; con vientos lestres, a veces recios fue a surgir en una playa de la isle de Guadalcanar Buscose nueuo puerto, y hallose junto a un rio que llamaron Gallego, y al puerto de la cruz. Tomose el siguiente dia possession dela tierra por su Magestad y se leuanto una cruz en un cerrillo delante de algunos indios que tiraron flechas Mataron dos con las arcabuzes, y los demas huyeron. Tras esto, se embió a don Fernando Enriquez con el Piloto mayor, y treynta soldados a ver la tierra; queriendo descubrir un rio, cargaron sobre ellos tantos naturales que fue forçoso dexar este intento y atender solo a defenderse. Afirmaron los marineros, auia en el rio cantidad de oro. Al boluer truxeron dos gallinas y un gallo, que fueron los primeros que se vieron, conque se holgo mucho el General por entender se auia de yr descubriendo cada dia mas tierra con mejoria de cosas; tornose a enuiar a don Fernando con el piloto mayor en el vergantin. Nauegaron a lesu este y a distancia de dos leguas hallaron al rio Ortega y la costa llena de poblaciones. Fueron tocando desta manera en diferentes islas, y rios largo de referir, hollando en los moradores a vezes resistencia, y a vezes buena acogida. En fin boluieron a los nauios donde hallaron auian muerto los indios a nueue hombres que junto con el despensero fueron por agua. Mostrauase el cacique de aquella parcialidad amigo del General, mas disgustose con el por un m ̄acho que le auian tomado y no buelto, aun que le auia pedido. Otro dia despues de sucedida esta desgracia embio el General al capitan Pedro Sarmiento que con toda la gente saliesse a tierra a hazer castigo assi en los indios como en sus casas. Mato veynte, y quemo muchos pueblos con que se holuio. Salio secunda vez con cincuenta soldados, y poniendo fuego a diferentes poblaciones, hallo en ellas algunos pedaços de camissas y jubones de los muertos. A treze de junio se hizieron las naos a la vela y dos mil a barlouento (donde auian estado antes con el vergantin) se vieron muchas poblaciones; fuesse desde alli a una isla, que se llamo de san christoual. Tomose puerto en ella, saltando en tierra el General. Visto por los naturales dezian por señas a los nuestros, se boluiessen: mas reconociendo que no lo hazian fue cosa notable ver las brauuras, visages y temblotes que hizieron, escaruando arena con pies y manos corriendo al mar echando el agua por alto, sin otros estraños ademanes: tocose una trompeta a recoger, y acudio Pedro Sarmiento con toda la gente donde estaua el General. Vinieronse los indios para ellos a punto de guerra. Tenia cada uno a dos y a tres dardos y otros macanas, arcos y flechas. Acercaronse tanto que si desembarcaran, no dexaran de herir. Mas viendo que no aprouechaua dezir les muchas vezes por señas que se fuessen, mando el General, les disparessen algunos arcabuzes con que se mato a uno y se hirieron otros, ocasion de que los demas partiessen huyendo. Entraron los Españoles en sus pueblos donde hallaron tanta cantidad de cocos, y almendras, que se podia cargar un nauio, y assi todo aquel dia no se hizo otra cosa sino lleuar comida a los que estauan surtos. No osaron los indios boluer mas, embarcandose nuestra gente con lo hecho, porque se acercaua la noche. Este puerto esta en onze grados: la isla es estrecha, y montuosa. Partio desde alli el vergantin a descubrir mas tierra, hallo dos islas distantes tres leguas una de otra: llamose la una santa Catalina y a la otra santa Ana. Esta es baxa y redonda, con un alto en medio a manera de Castillo: Es bien poblada, y fertil. Tiene puercos, y gallinas, y un buen puerto a la parte de leste. Aqui saltaron los descubridores en tierra, donde fueron embestidos de los indios con muchos dardos flechas y vozerias. Venian pintados de colores con ramos en las cabeças, y unas vandas atrauesadas por el cuerpo. Pelearon con brauo brio hiriendo a tres de los nuestros. Arrojaron al caudillo un dardo con tanta furia y fuerça (por tener la grande aquella gente) que le pasaron la rodela, y el braço, y sobro a la otra parte un palmo de asta. mas al ultimo matando a dos huyeron los demas. Costeada la isla de san Christoual boluieron a los nauios. Refirio el piloto mayor no auerse descubierto mas tierra por aquella parte mas que a la del oeste era fuerça la huuiesse espaciossissima. Junto con los Pilotos y capitanes los quales al cabo de tratar de varias cosas importantes acordaron que se hiziesse jarcia y se aparejassen los nauios. Diose les la do lo mejor que se pudo, y con chyceron se diesse la buelta a Piru por la parte de norte sin que se perdiesse mas tiempo porque no se acabassen los bastimentos, ni se pudriessen las jarcias. Dieron pues velas gastando siete dias en montar la isla de san Christoual. Salieron della y con recio viento lesueste corrieron al nordeste quarta del leste. Fuesse nauegando con algunos contrastes de lesnordeste al norte mas y menos. En igual de dos a quatro grados (parte del sur) hallaron muchas palmas asadas y leñas quemadas que salian de rios, señales de tierra al oeste. Entendieron seria la nueua Guinea. Estando en la equinocial quizieron los Pilotos hazer un requirimiento al General dando por razon andauan perdidos y ser mejor subir de golpe a uno u otro polo. Acordose seguir la via, como ayudasse el tiempo del norte al noroeste, haciendolo assi. En onze dias caminaron veynticinco leguas, y se hallaron en cinco grados parte del norte y no es de espantar, por ser cierto hallarse en aquel parage de poca altura, pocos vientos y poco a proposito. Tuuieron aqui una lluuia improuisa de que cogieron agua. Dioles la brisa del leste y colaterales, con algunos aguaceros. Viose tierra y fuesse a ella. Descubrieron se naturales, mas huyeron. Hallaron unos cepillo hecho de un clauo, un gallo, muchos pedaços de cuerdas, y cantidad de palmas agujeradas indicio de que aquellos moradores cogian de alli el agua que beuian: dieron la buelta sin agua. Topose mas adelante otra isleta baxa redonda de mucha arena y matorrales cercada de arrecifes poblada solo de infinitos paxaros marinos. Boxea dos leguas, su altura de cinueue grados y un tercio, llamose de san Francisco. Nauegaron al norte y nordeste hasta treynta grados y medio en cuyo parage les dio un chubaсо de agua menuda. Amaynaron y el siguiente dia al amanecer embistio a la capitana viento susueste con tanta furia que afirmo el piloto mayor no auer visto otro semejante en quarenta y cinco años que tenia de nauegacion. Metio hasta media escutilla el costado del nauio debaxo del agua confessando que los hundiera alli si no estuiera calafeteada y clauada: nadauan los marineros y soldados por de dentro. Alijose el batel (ya lleno de cables y agua) y con mucho trabajo se mando dar un poco de vela al trinquete. Apenas estauan desatadas dos garsetas del quando se hizo mil pedaços y en ellos fue bolando por los ayres, quedando mondas las relingas, y el nauio ço çobrado media hora, hasta que el General mando cortar el arbol mayor que fue al mar con todos sus aperejos lleuandose al salir el canto del bordo. Deshizieron el camarote de popa, y alijado dieron vela con una fraçada con que se nauego al sur aquella noche. Y el dia siguiente hazia tras con perdida de cinquenta leguas, y sin vista del almiranta. Abonanço este mal viento: dio otro con que se puso la proa en camino, con solo aquella vela. A decinueue de otubre de sesenta y ocho se hizo el viento lesnordeste, y mucho; durando hasta veyntinueue. Por ser el nauio malo de mar al traues se anduuo de una y otra buelta y se boluio a perder el camino que se auia ganado el dia antes, negocio de mucha pena. A veyntinueue cargo el viento sueste con doblada furia, y con tantos truenos y relampagos que parecia hundirse el mundo. No se puso vela que no la lleuasse el viento auiendo siempre en la nauc un codo de agua. Dessembargose la ceuadera y puso se por trinquete para correr, mas cargo tanto el viento sur que se la lleuo dexandolos sin alguna vela. Pussieron las fraçadas a falta, con que se corrio al nordeste hasta otro dia postrero de otubre que el viento con aguaceros fue rodando hasta hazerse oeste; nauegose con el a leste altura de veyntinueue grados. Passo el viento al nordeste recissimo. Corriose con el al sueste durando hasta quatro de otubre. Baxose a veyntiseys grados por no poderse tener el costado al mar: sucedio el viento leste, y nauegose al nordeste. Pusose un masteleo por arbol mayor con una vela que parecia de batel con que se camino hasta veyntisiete grados; salto el viento al nordeste furioso en sumo grado. Fuesse a leste quarto de sueste : luego se passo lesnordeste; corriose al sueste que era camino perdido. Yua la gente fatigadissima de hambre y sed, supuesto apenas tenian cada uno medio quartillo de agua y ocho onças de viscocho podrido; desconfiauan en viage tan largo con vientos tan contrarios, con tan roto y mal auiado baxel.

Andando en estos contrastes tan desaparejados y hambrientos, dia de santa Isabel tuuieron viento con que la proa se puso en camino: nauegose hasta altura de treynta grados donde salto el viento al nordeste que duro hasta siete de deziembre con grandes frios y nieblas. A nueue se passo el viento al susueste y con el se nauego al lesnordeste altura treynta y un grados, en cuyo parage se vio un palo de pino, algunas gabiotas, un pato y otras cosas que señalauan tierra. Este viento se hizo norte bonança. Començo a llouer, y los marineros y soldados cogieron agua para tres dias. Aclaro el tiempo con viento fresco a proposito caminando se poco respeto de las pocas velas y de las muchas corrientes; amanecioles junto a dos islas una legua de tierra firme altura de treynta grados; en suma se enseñaron en una grande bahia donde surgieron en cinco braças al pie de un vanco de arena que tiene a la punta dos islas y entre ellas y la tierra firme buen fondo; a veyntidos de enero de sesenta y ocho entraron en el puerto de Santiago donde a tres dias llegado es arribo la Almiranta sin arbol mayor ni batel, y con sola una botija de agua, y tan necessitada del camino y tormentas, como su capitana. Surgiose dia de la conuersion de san Pablo, y en fin dando velas a dos de março se encaminaron al Piru lleuando don fernando henriquez Aluares Real la nueua a Lima con que se acabo este descubrimiento.

Pasaronse en silencio muchos años desde el primer viage, mas gouernando en el Piru don Garcia, viendo todos que sucedia bien quanto se intentaua en su tiempo, con su amparo, y fauor pregono el adelantado Aluaro de Mendaña la jornada que por orden de su Magestad queria hazer a las islas de Salomon. Para esto hizo tender vandera cuyo capitan fue don Lorenço Vareto su cuñado. Embio a los Valles de Truxillo, y Zaña otro capitan llamado Lope de Veja a cuyo cargo estaua leuantar gente y hazer bastimentos. Tuuo en su expedicion infinitas contradiciones y dificultades, mas allanolas el Marques zelosissimo de la saluacion de tantas almas como se tenia noticia auia en aquellas partes que yuan a poblar, y juntamente del seruicio de su Rey y aumento de su Real corona. Una de muchas vezes que Aluaro de Mendaña (ya despachado) comunico con el Virrey, algunos particulares y beso sus manos por las muchas mercedes, y fauores que le hazia, le dixo: señor Adelantado bien puedo dar el parabien a V. M. de que emprenda este negocio con la gente de mas esfuerço que tiene el mundo. Prodigiosas son las hazañas que han echo los españoles en varios tiempos, y partes y mas quando tuuieron valerosos generales que no los desampararon en las dificultades, que en sus peligros discurrieron prudentemente, que en los casos aduersos con rostro alegre los animaron ya con palabras, ya con promessas, que los premiaron, que los a cariciaron, que los socorrieron, y gouernando con blandura se aproucharon de la ocasion en todo, sabiamente. Son tantos gloriosos caudillos de nuestra nacion que a este proposito se pudieran nombrar que tengo por sin duda se cansara antes la lengua en referirlos, que la memoria en representarlos. Por otra parte sus valientes subditos an sido en las ocasiones siempre leales obedientes llenos de cortesia, y virtud en dichos y en echos. Y si en este siglo padece esta generalidad alguna excepcion, no es culpa suya, desdichas son que brotan diuersas edades. Escasos van algunos años en la cosecha de valor por esso se conocen pocos buenos para cabeças, y mas en descubrimientos y empressas maritimas donde son sin numero los inconuenientes, y dificultades que se ofrecen: y limitados y poco eficaces los remedios que se pueden aplicar. Notable ruydo hazen ciertos antiguos marineros, a quien nuestros mayores tan por excelentes tuuieron en grande veneracion: mas todos surcaron el mar de leuante cortissimo al lado del poniente que casi quiere poner limites a la imaginacion. Por este nauegaron con eminencia algunos. Fue primero Colon que menos preciado de diuersos Reyes descubrio al fin para los catolicos Isabel y Fernando la nuestra america, basa sobre que se han fundado tantas y tan insignes fabricas, assi espirituales, como temporales; sucediole el prodigioso Cortes con extension de Reynos y con inauditas hazañas, y en las partes donde estamos, el memorable francisco Picarro conquistador de tantas prouincias. Passo Magallanes mas adelante, dando casi buelta al mundo con sin menos dichoso que merecio su animo. O so Gama buscar remotas regiones: hallolas y dio principio al comercio de oriente, y a las proeças de su nacion. Valientes fueron, no se niegue, los atreuimientos de Draque, Candi, Atquines, emulos de Magallanes, pues atravesando de norte a sur el estrecho de su nombre, vinieron a turbar los mares, que tuuieron por maxima desde infinitos años atras, el ser seguros, y pacificos. Mas esto no obstante, me parece que estoy a mirando en V. M. un descubridor no menos insigne, y famoso que aquellos. Viose tiempos atras en todos Reynos auerse encargado lo importante de las cosas a quien o con ingenio, o con dignidad de persona, o con grauedad de vida, o con gracia, y autoridad se ad quirio fama uniuersal de verdadero arbitro de paz y guerra, cometiendose justamente a su prudencia la conseruacion, y acrecentamiento de los estados. Es cierto concurren en V. M. todos estos requisitos; pu-

DESCVBRIMIENTO

blicanlo sus acciones, y la confirmo la eleccion que la hecho su Majestad en su persona para tan gran seruicio de Dios y suyo. Tengo por sin duda quedara con su maduro gouierno gloriosa y triunfante en tan distante region la gente que le acompaña, y assi casi desde luego se pueden dar las gracias a su mucha industria y valor. Con este prudente artificio le animo y aduirtio de lo que auia de hazer para que el viage tuuiesse el buen suceso que se desseaua.

Apretados pues quatro vaxeles, se embarco en el Callao a onze de abril de nouenta y cinco el Adelantado Aluaro de Mendaña con su muger doña Isabel Varreto, llevando por su Maesse de campo a Pedro Merino Manrique, y por capitan, y Piloto mayor a Pedro Fernandes de Quiros sujeto de conocida virtud con experimentado conocimiento de los peligros del mar y noticia de muchas cosas del cielo tocantes a la nauegacion. Zarpadas ancoras y dadas velas surgieron en el puerto de Cherrepe que lo es de la villa de santiago de Miraflores, donde el capitan Lope de vega tenia alistada ya una buena compañia de gente mucha della casada. Embarcada pues esta fueron desde alli al puerto de Payta con intento de hazer aguada. El numero de los que yuan aqui era de trecientos setenta y ocho: los docientos y ochenta que podian pelear. Las armas eran docientos arcabuzes, y otras defensiuas, y ofensiuas, de que se tomo testimonio ante el Teniente de Payta para embiar al Rey. Llamauase la nao capitana san Geronimo. Yuan en ella el Adelantado su muger y hermanos, el Maesse de campo todos los oficiales mayores, dos sacerdotes, y el uno con titulo de vicario. En la Amiranta que se dezia santa Isabel, Lope de Vega. Almiranta dos capitanes y un sacerdote. En la Galeota (a quien nombraron san Felipe) el capitan Felipe Torco sus oficiales y gente. En la fragata llamada santa Catalina yua por teniente capitan Alonso de Leyta.

Hechas mil ochocientas botijas de agua, dadas instruciones de la orden que se auia de guardar y de la nauegacion que se auia de hazer, salieron a deciseys de junio de Payta, diziendo todos al partir como es costumbre: buen viage nos de Dios. Fueron nauegando la buelta del oes sudueste tendido el estandarte Real, y las vanderas, al son de caxas y clarines: haziendo todos fiesta y tan desseado dia como aquel, continuaron la nauegacion con vientos sures y susuestes que son los del Piru hasta subieron a altura de nueue grados y medio. Nauegose deste puerto al oeste quarto al sudueste hasta en altura de catorze grados. Deste parage se fue al oeste quarta del noroeste. A veyntiuno de julio se peso el sol a medio dia y echa su cuenta se hallo diez grados y cincuenta minutos. Viose a las cinco de la tarde una isla al norueste quarta del norte, distancia de diez leguas: llamola la Madalena por ser vispera del su dia. Entendiose ser la tierra que se buscaua por cuyo respeto fue su vista alegre y apacible para todos, celebrando el auer venido en tiempo tan breue con viento en popa con buen mantenimiento, la gente en paz, sana y gustosa. Pidio el Adelantado al vicario y capellan que con toda la gente de rodillas cantassen el Te deum laudamus dando gracias a Dios por la merced que les auia hecho de que descubriessen tierra. Hizose assi con mucha deuocion. El dia siguiente con duda de si aquella isla era poblada, se pusieron las naues al sur della bien cerca de tierra y de un puerto que esta junto a un cerro. Apenas se diuisaron estas quando salieron de alli en su seguimiento hasta sesenta canoas pequeñas no todas iguales. Son estos bateles de cierto palo con unos contra pesos de cañas por cada bordo, a modo de postigos de galeras, que llegan hasta el agua en que escoran para no trastornarse, bogando todos sus canaletes. Los menos que auia en cada una eran tres, y diez en la que mas. Serian en todo como quatrocientos indios, casi blancos, y de gentil talle, grandes, for-

nidos, de buenos pies, piernas y manos, con largos dedos, apacibles ojos, bocas, dientes, y las demas faciones: de carnes limpias en que mostrauan bien ser gente sana y fuerte. Eran robustos hasta en la voz. Venian todos desnudos sin parte cubierta. Traian rostros y cuerpos labrados de azul con algunos dibuxos de pescados y otras labores. Los cabellos como de muger crecidos y sueltos. Algunos los lleuauan cogidos y enmarañados. Eran rubios los mas, auiendo no pocos muchachos tan lindos que obligauan a dar gracias a su criador. Entre los demas auia una al parecer como de diez años. Venia con otras dos en una canoa bogando su canalete, los ojos puestos en la nao con rostro bellissimo, con aspecto y brio que prometia mucho: buena la color, blanca bastantemente, los cabellos hermosos y en todo tal, que afirmo el Piloto mayor (de cuyos papeles refiero esto) no auerle causado en su vida tanta pena cosa, como que se quedasse perdida en aquella parte tan bella criatura. Venian los indios con mucha furia bogando sus canoas y mostrando con los dedos su tierra y puerto hablauan alto y usauan mucho dezir Alalut y anatur. Esperaron los nauios, y llegados les dieron cocos y una casta de nuezes, cierta comida como masa embuelta en ojas, buenos platanos, y unos grandes cañutos de agua. Mirauan la nao y a su gente sobre todo a las mugeres que estauan en el corredor con quien se reian, holgandose mucho de verlas. En este tiempo alcançaron de la mano a uno, y con caricias le metieron dentro. Vistiole el propio Adelantado una camisa, y pusole en la cabeça un sombrero. El viendose assi se reia y remiraua dando vozes a los demas con que atraidos entraron hasta quarenta, junto a quien parecian los Españoles de marca pequeña. Auia entre ellos uno que era mas alto lo que ay de ombros a cabeça que el mayor hombre que yua alli, con auer uno de bien crecida estatura: comengaron a andar por la nao con gran desemboltura echando mano a quanto podian auer. Muchos dellos tentauan los braços de los soldados. Tocauan con los dedos en muchas partes. Mirauan las barbas y rostros haziendo otras donosas monerias. Como los veian vestidos de tantos colores mostrauanse confusos. Los soldados por satisfazerles, se desnudauan los pechos; baxauan las medias, y descubrian los braços con que mostrauan quietarse y holgarse mucho. El Adelantado y otros les dieron camissas, sombreros, y otras cosas menudas que luego colgauan al cuello Dançauan y cantauan a su modo, y con grandes voces llamauan a los demas enseñandoles lo que auian recebido. Començaron a mostrarse importunos, y a trauessear fuera de modo. Enfadado Mendaña de sus demasias, les dezia por señas que se fuessen, mas ellos no querian, antes con doblada libertad tomauan quanto hallauan delante. Unos cortauan con cuchillos de caña hasta pedaços de tocino y carne, y otros querian lleuar otras cosas. Assi mando el Adelantado que se disparasse una pieça. En sintiendola se echaron todos al agua con mucho espanto y nadando se entraron en sus canoas. Quedo solo uno colgado en las mesas mayores de guarnicion, sin que fuesse possible hazer le desaferrar hasta que un soldado le hirio con la espada en una mano. Dexose caer con esto, y mostrandola herida a los demas le lleuaron en una canoa. En este inter amararon una cuerda al vaupres de la nao y bogando tirauan por ella a tierra persuadiendose la auian de lleuar assi donde fuesse su voluntad. Con la herida del indio se alborotaron todos. Començo a ponerlos en orden uno que traia un quitasol de palma. Auia entre ellos un anciano con larga y bien puesta barba; hazia esse notables fierezas con los ojos ponia ambas manos en la misma barba, alçaua los mostachos. Estaua en pie y daua vozes mirando a muchas partes. Tocaron sus caracoles y dando con los canaletes en las canoas se embraueciau todos. Algunos sacando ciertos palos como lanças las blan-

dian

DE LAS ISLAS DE SALOMON.

dian, haziendo muestras de quererlas arrojar. Otros tirauan piedras con hondas. Hirieron con vna destas a vn soldado, auiendo dado primero en el bordo de la nao. Los nuestros querian disparar los arcabuzes, mas no tomaua fuego la poluora por auer llouido. Fue de ver el ruydo, y grita con que los Indios llegauan, y como algunos quando se vian apuntar, o se ponian colgados de las canoas, o se encubrian detras de otros. Diose en la frente vn pelotaço al viejo de las brauatas, de que cayo muerto, y otros ocho, o nueue con el, y heridos algunos, se fueron quedando, y andando los nauios. Vinieron luego en vna canoa tres Indios dando vozes. Traia el vno vn ramo verde y vna cola blanca en la mano, que se juzgó ser señal de paz. Parece que dezian, fuessen a su puerto, mas no se hizo, y assi se boluieron, dexando ciertos cocos.

Tendra esta Isla de box al parecer diez leguas. Es la parte que della se vio limpia, y rajada: por el confin del mar, alta, y montuosa. Tiene el puerto a la vanda del Sur; està en altura de diez grados, y mil leguas distante de Lima. Ay en ella mucha gente, porque demas de la que vino en las canoas, estaua la playa, y peñas llenas della. Desconociola Mendaña, y assi desengañado dixo, no ser las Islas en cuya demanda venia, sino nueuo descubrimiento. A poca distancia desta, se tuuo vista de otras tres. A la primera puso el Adelantado nombre san Pedro. Esta: à diez leguas de la Madalena al Norte, quarta del Norueste. No supieron si estaua poblada, porque no llegaron a ella. Es de quatro leguas de box, de mucha arboleda, pareja, y no muy alta. Descubriole otra a quien llamaron la Dominica. Está al Norueste de la de san Pedro. Tendra quinze leguas de circuyto. Dista de la otra cinco. Correse de Nordeste sudueste. Mostrò deleytosa vista con buenas llanadas, y alturas, en que se diuisauan manchas de copiosa arboleda. Parecio estar bien poblada. Está al Sur de la Dominica la otra, a quien se llamò santa Christina. Parecio tener nueue leguas de box. Hallasse poco mas que a legua de la Dominica con canal limpio, y hondable. El Adelantado llamò a todas estas Islas juntas, las Marquesas de Mendoça, en memoria del Marques de Cañete, y en agradecimiento de los muchos fauores que del auia recebido en su despacho. Anduuose de vna y otra buelta buscando puerto en la Isla Dominica. Salieron della muchas canoas de Indios: algunos de co o mas moreno que otros, y dando vozes, mostrauan la misma voluntad, que los passados. Venia entre ellos vn viejo de buen rostro que en la vna mano traía vn ramo verde, y otra cosa blanca. Llamaua este en ocasion, que virauan de otra buelta, y assi creyendo que las naos se yuan, començò a dar de nueuo muchas vozes. Hizia señas con sus mismos cabellos, y con ellos, y con el dedo apuntaua a su tierra. Mostrò el Adelantado desseo de yr alla, mas no se pudo efetuar por ser la parte del Leste, y soplar rezio este viento, y no verse puerto abrigado donde surgir, si bien la fragata yo andaua buscando bien cerca de tierra. Esta dixo, auer mucha mas gente que se auia visto de la nao. Assimismo refirio, auer entrado dentro della vn Indio que con gran facilidad auia alçado vna ternera de vna oreja. A este tiempo auian entrado en la Capitana quatro Indios bien dispuestos, donde tras auer estado vn rato, vna (como al descuydo) vna perrilla regalada, y dando vna voz, se arrojaron todos al mar con gallardo brio, y nadando, la lleuaron a sus canoas. El dia siguiente (quo lo fue de Santiago) boluio a embiar el General a la Isla de santa Christina al Maesse de Campo con veynte soldados en la barca, para que buscassen agua, o puerto. Fue, y surto en vno, saltò en tierra con la gente en orden al son de caxa. Rodeò vn pueblo, estandose quedos los Indios del. Hizo alto, y llamolos; vinieron como trecientos. Los nuestros hizieron vna raya, con señas dequo no passallen della: y pidiendoles agua la truxeron en cocos, con otras frutas. Salieron las Indias, de quien afirmaron los soldados, ser muchas dellas hermosissimas, y que auian sido faciles en sentarse junto a ellos en buena conuersacion. Dixo el Maesse de Campo a los Indios, que fuessen a

henchir de agua ciertas botijas, mas ellos hazian señas que las cargassen los nuestros, huyendo con quatro dellas, por cuya causa los a cañonearon. A veynticocho de Julio surgio el Adelantado en vn puerto que hallò el Maesse de Campo; y saltando en tierra, lleuò a su muger con la mayor parte de la gente a oyr la primera Missa, que el Vicario dixo, a que los Indios estuuieron de rodillas, con gran silencio, y atencion, haziendo pacificos todo lo que vian hazer a los Christianos. Sentòse junto a doña Ysabel (con ocasion de hazerle ayre) vna hermosa India, y de tan rubios cabellos, que procurò, se le cortassen algunos, mas viendo que se recataua, lo euitaron por no enojarla. Tomò el General en nombre de su Magestad, la possession de todas quatro Islas. Passeò el pueblo: sembrò mayz de lante de los Indios, y auiendo tenido con ellos toda amigable conuersacion, se embarcò, quedando el Maesse de Campo en tierra con toda la gente militar. Apenas se auia ausentado Mendaña, quando se trauaron vnos con otros, que tales son los inconuenientes de vn imprudente gouierno. Tiraron los Indios muchas piedras, y lanças, con que lastimaron a vn soldado en vn pie, sin hazer otro daño. Con esto se fueron huyendo al monte, lleuando consigo hijos, y mugeres. Fueron seguidos de los nuestros hasta embocarse, arcabuzeandolos de continuo. Subieronse a las coronas de tres altos cerros, y en ellas se fortificaron con trincheas. Por las mañanas, y tardes todos a vna voz, hazian vn rumor sonoro y concertado, que retumbaua por las quebradas. Respondianse a gritos y en fin descubrian voluntad de hazer daño, tirando lanças, y piedras, mas salieron vanas todas sus diligencias. Puso el Maesse de Campo guarda en tres puestos, para assegurar el pueblo y playa, donde las mugeres se estauan recreando, y los marineros haziendo aguada, y leña para las naos. Viendo los Indios el poco daño que hazian con sus armas, y el mucho que recibian de los arcabuzes, procurauan amistad y pazes. Dexauase esto conocer; porque yendo los soldados por sus haziendas, salian amorosamente a ellos, ofreciendoles racimos de plantanos, y otras frutas. Parece que deuian sentir la falta del regalo de sus casas, supuesto, preguntauan por señas, quando se auian de yr. Venian ya a los cuerpos de guardia algunos con cosas de comer, las quales dauan liberalmente, en especial vn Indio de buena traça con quien el Capellan trauò grande amistad, llamandole los dos camarada. Enseñole a santiguarse, y a dezir Iesus Maria. Estauan del mismo modo los demas en conuersacion con sus nueuos amigos. Tenia cada vno el suyo, a quien en viniendo buscaua, sentandose a parte con el. Preguntauanse por señas vnos a otros, como se llamaua el cielo, tierra, mar, sol, luna, estrellas, y todo lo demas que se estaua viendo: y ellos lo dezian con muestras de mucho gusto. Estos los vltimos acentos que formauan al despedirse, Amigos, amigos, camaradas. Vino al cuerpo de guardia el Indio que le dixo era amigo del Capellan, y porque le viesse el General, le embarcaron. Fue muy alegre, diziendo amigos. Recibiole el Adelantado con mucho amor, y regalo. Diole conserua, y vino, y no la comio, ni beuio. Començo a mirar los ganados, y parecio ponerles nombre. Miró la nao y las jarcias, con todos los arboles, y velas. Baxò entrecubiertas, y notolo todo con cuydado de mas que Indio. Pidieronle, que dixesse Iesus. Hizolo assi, mostrando en todo buen animo. Luego instò por personas que le boluiessen a tierra; y en fin fue tanta la ley desto, que quando supo, que trauauan de yrse las naos, mostrò pesar, y quiso seguir su compañia. Hallase santa Christina, bien poblada. Es en su medio alta: tiene quebradas, y valles, donde habitan los Indios. Al puerto llamaron de la madre de Dios. Está a la parte del Oeste en altura de nueue grados, y medio, abrigado de todos vientos. Su forma parece de herradura, con boca angosta. Tiene a la entrada de fondo limpio de arena treynta braças: a medio puerto, veyntiquatro, y doze junto a tierra. Siruele de señas vn cerro de la parte del Sur, tajado al mar. Vese en lo mas alto vn pico (aunque

IV. Partie.

b

tiene otros) y de la parte del Norte vna roca con caua. Descubrenfe cinco quebradas de arboleda, que vienen a conformar con el puerto, y vn cerro que diuide dos playuelas de arena, con vn caño de boniffima agua, que cae de altura de eftado y medio, tan grueffo como vn puño, con vn arroyo cerca, de no menos bondad. Paffa efte por junto a vn pueblo que los Indios tienen alli. De fuerte que caño, pueblo, y arroyo fe hallan juntos en la playa, que efta al pie del cerro a la parte del Norte. Ay, en la otra del Sur, vnas calas entremetidas con arboles, y a la parte del Lefte vnos rifcos con algunas quebradas de donde baxa el arroyo. Los mas Indios defta Isla no parecieron tan blancos como los de la Madalena. Tienen el mifmo vfo de hablar, las mifmas armas, y canoas, con que fi firuen de cerca. Su pueblo es como dos lados de vn quadrado, vno de Norte Sur, y otro de Lefte Oefte, con las pertenencias bien empedradas: lo demas con forma de plaçalana, ceñida de efpefos arboles. Las cafas parecian comunidades. Son hechas a modo de Galpones, y de dos aguas: el fuelo mas alto que el de la calle. Parecio que fe recogia mucha gente en cada vna, refpeto de auer muchas camas feñaladas. Tenian las vnas puertas baxas, y otras abierto todo el lienço frontero. Son armadas de madera, y entretexidas de grandes cañas, cuyos cañutos grueffos como vn braço, tienen a mas de cinco palmos de largo. Afirman, fer las mugeres belliffimas de roftros, de lindas manos, de gentil cuerpo, y cintura, excediendo muchas en perfecion a las mas hermofas de Lima. Eran baftantemente blancas. Andauan de pechos abaxo cubiertas con ciertas tunicas texidas fubtilmente de menudiffima palma. Apartado del pueblo eftaua vn oraculo cercado de paliçada con entrada al Oefte, y vna cafa cafi en medio con puerta al Norte, en que auia algunas figuras de madera mal obradas, y alli ofrecidas algunas cofas de comer entre quien vn puerco que los foldados defcolgaron, y queriendo quitar otras cofas, los Indios les fueron a la mano, diziendo con acciones que no las tocaffen; dando a entender, refpetauan aquella cafa, y figuras. Tenian tambien fuera del pueblo algunas piraguas (es cierto genero de barcas) largas y bien obradas de vn folo palo, con forma de quilla, popa y proa, y añadidas con tablas, amarradas fuertemente con ternelas que hazen de cocos. En cada vna cabran de treynta a quarenta remeros. Preguntados por feñas, de que feruian, dauan a entender, yuan con ellas a otras partes. Labranlas con vnas acuelas, que hazen de hueffos de pefcados, y caracoles. Afilanlas en guijarros grandes, que tienen para efto. El temperamento, falud, fuerças y corpulencia de aquella gente, dize lo que es, el clima donde viuen. La ropa fe fufria bien de noche, y de dia. No molefta ua el fol mucho. Huuo algunos aguaceros no grandes. Nunca fe fintio rocio, ni fereno, fino gran fequedad, tanto que fin tenderfe, fe hallauan fecas por la mañana las cofas que dexauan mojadas en el fuelo de parte de noche, aunque no fe puede faber fi paffaua affi todo el año, Vieronfe puercos, y gallinas de Caftilla. Los arboles, que fe apuntó eftauan en la plaça, dauan cierta fruta que llega a fer como la cabeça de vn muchacho, cuyo color quando eftá madura, es verde claro, y verdiffima quando acerba. Señal a la cafcara vnas rayas cruzadas al modo de piña. No es fu forma del todo redonda, es algo mas angofta en la punta que en el pie. Defte nace vn peçon que llega hafta el medio della, y del peçon vna armadura de telas. No tiene hueffo, ni pepita, ni cofa fin prouecho, fuera de la cafcara, y efta es delgada, el refto es vna mafa de poco çumo quando madura, y quando verde, de menos. Comieronfe muchas de todas maneras. Es tan fabrofa que la llamauan manjar blanco. Tuuofe por fana, y de mucha fuftancia. Las ojas de fu arbol fon fon grandes, y muy arpadas a manera de las Papayas. Ay otra fruta metida en erizos como caftañas, mas el meollo de cada vna, feia como feys de las de Caftilla, y tiene cafi fu gufto. Su forma es amodo de coraçon llano. Ay vnas nuezes del tamaño de las nueftras comunes, y cafi de fu mifmo fabor. Tienen la corteza duriffima, y fin alguna junta. No eftá fu meollo entremetido con la cafcara, fino tan libre, que quando la parten, fale entero facilmente. Comieron, y lleuaron muchas, defcubriendo al vltimo, fer fruta azeytofa. Vieronfe fembradas en la playa calabaças de Caftilla, y ente ellas, vnas flores, aunque de buena vifta, fin algun olor. De lo intimo de la Ifla nada fe puede dezir; porque no fe entró; mas de lo vifto afirmauan los foldados eran frutales todas fus arboledas. En tanto que el General eftuuo en efta Ifla, quifo fe aderecaffe la galeota, porque vn dia antes de furta, auia eftado colgada del vapres de la Capitana con notable peligro, Mandó recoger agua y leña, apreftar las naos, y embarcar la gente. Primero que partieffe, leuantó tres cruzes en diferentes lugares, fin otra que fe efculpio en vn arbol con año y dia. A cinco de Agofto çarparon y hizieron velas en demanda de las Iflas de fu defcubrimiento. Nauegofe la via del Oefte, quarta del Sudueste, con el viento Lefte, que fe yua haziendo Lefuefte: y a la mifma quarta, y a la del Noruefte fe anduuieron al parecer quatrocientas leguas. A tres, o quatro dias de nauegacion, dixo el Adelantado, fe auia de ver aquel dia la tierra que bufcaua. Alegró mucho efta nueua a todos, mas mirando a todas partes, no fue vifta en aquel, ni en otros muchos, caufa de entriftecerfe los foldados; porque al paffo que fe alargaua el viage, yua faltando agua, y baftimentos; fupueftofe auia gaftado largo con la nueua de la tierra. Començaron a campear la flaqueza y defconfiança, moftrandola cafi los mas; ni ay de que efpantarfe, requiriendo femejantes empreffas fugetos muy hechos a grandes trabajos, y muy fufridores dellos.

Domingo veynte de Agofto, andadas las quatrocientas leguas, amanecio a los nauios junto a quatro Iflas pequeñas y baxas, con playas de arena llenas de muchas palmas, y arboleda. Parecio tener de box todas quatro ocho leguas poco mas, o menos. Eftan como en arco, cerca vnas de otras. Tienen del Sudueste hafta el Nordefte por la parte del Lefte vnos bancos de arena, ocafion de no poder fer entradas por aquellos lados. Defcubrefe vna cabeça en la reftringa que va mas al Sudueste. Llamolas el General, de fan Bernardo, por fer fu dia. Quifieron bufcar puerto en ellas, y a ruegos del Vicario, fe dexó de hazer. No fe fupo fi eftauan pobladas, aunque dixeron los de la galeota, que auian vifto dos canoas; mas entendiofe fer antojo. Eftan en altura de diez grados, y vn tercio a la parte del Sur, longitud mil y quatrocientas leguas de Lima.

Paffadas eftas, fe halló viento Suefte, que fiempre duró, y a vezes con breues aguaceros. No faltauan guiños, y efpefiffimos ñublados de varios colores. Formauanfe dellos con eftrañeza muchas figuras, a quien en contemplar fe gaftauan buenos efpacios. Moftrauanfe a vezes tan fixas, que tardauan todo el dia en defuanecerfe, dando fofpechas, fueffe por tierra, refpeto de fuceder hacia la parte incognita. Fueffe nauegando la via del Oefte, y de fus dos quartas del Noruefte, y del Sudueste, fiempre por altura conforme a la inftitucion, y voluntad del Adelantado, que fue no fubir a doze grados, ni baxar de ocho, nauegandofe de contino de eftas a onze. Martes veyntinueue de Agofto, fe vio vna Ifleta baxa, y redonda copiofa de arboles, y cercada en tierra de arrecifes que falian fuera del agua. Seria fu circuito vna legua, y fu altura de diez grados, y dos tercios, diftante de Lima mil quinientas y treynta y cinco leguas. Llamofe Solitaria por fer fola. Mandó el Adelantado a los dos vaxeles pequeños, fueffen a bufcar en ella puerto, para hazer leña y agua, de que yua neceffitadiffima la Almiranta. Surgieron en diez braças, y a voz alta dixeron al General, paffaffe de largo, refpeto de fer todo aquel fuelo de grandes peñafcos, que fueron viftos: y paffando por encima con la Sonda, hallaron vnas vezes a diez braças, y otras a ciento, no auia fondo. Ponia efpanto ver la naue fobre tantas peñas. Valieronfe de toda velocidad, para falir, como fe hizo, a limpia mar.

Paffó el General con fufrimiento el tropel de murmu-

DE LAS ISLAS DE SALOMON.

raciones, y defconfianças, defleando euitar pecados publicos, y fecretos, en que hizo quanto pudo. Procuraua la paz de todos,dando buen exemplo con el rofario fiempre en la mano. Mandaua (fin perder dia) rezar la Salue delante de vna imagen de nueftra Señora de la Soledad. Hazia celebrar folenemente vifperas, y dias feftiuos con vendetas tendidas, y gallardetes colgados, tocando los inftrumentos de guerra. Reprehendia grandemente los juramentos. Encomendaua a los foldados el exercicio de las armas que profeffauan, y todas las tardes los ponia en refeña. Acudia por fu perfona a las obras del galeon, ayudando quanto podia, aunque fueffe en las de mas trabajo. Nauegaron en fiete de Setiembre con viento Suefte algo recio en popa, con folo el trinquete baxo fin bonera al Oefte franco. Viafe por la proa el tiempo cerradiffimo, caufa de que el piloto mayor embiafte delante la galeota, y fragata, vna a vifta de otra, y del galeon. Ordenoles que fi vieffen tierra, o baxos, o qualquier otra cofa de que auifar, hizieffen por feñas dos lumbres, que otro tanto fe haria en refpuefta, mas pudo tanto el rezelo, que en cerrando la noche, fe quedaron atras. Con eftos temores, y dudas yuan nauegando con el cuydado a que obligaua tal noche. Viofe como a las nueue la nao Almiranta, y a las onze por la vanda de bauor, fe vio vn grande, y efpeciffimo nublado, que por aquella parte cubria el Orizonte. Eftuuieron dudofos los que velauan, fi era tierra, mas defengañolos prefto vn crecido aguacero que brotò al inftante de aquella preñez. Paffado fe vio claramente tierra, de que apenas la Capitana eftaua vna legua. Reconocila con el regozijo que fe fuele, fe publicò en alta voz, faliendola a ver todos. Cogiofe al galeon la vela, y puefto de mar en traues, fe hizieron muchas feñales a los otros vexeles. Refpondieron folamente de los dos, fin verfe nada del otro. Llegò el dia en que fe vio al Suefte vna punta rafa algo grueffa, y negra, por abundar de arboles, y boluiendo los ojos, no parecio la Almiranta, deque todos quedaron triftes y confufos, moftrando el fentimiento que era razon. Defcubriofe tambien con el dia vn alto cerro hecho a modo de pan de açucar, todo tajado, y a la parte del Suefte otro cerrillo, cuyo cuerpo parecio de tres leguas. Eftà ocho de la Ifla. No tiene puerto, ni parte donde poder faltar, por fer todo cerril y pelado, fin tener arbol, ni cofa verde, fino cierto color de tierra y piedras de eftraña fequedad. Tiene algunas hendeduras, en efpecial dos a la parte del Oefte, por donde, y por lo mas alto del cerro, fale con eftruendo mucha cantidad de centellas y fuego. Tenia vna punta muy bien hecha, que a pocos dias tomado puerto, defcoronò, rebentando con tan gran temblor, que con tres leguas diftante de alli la parte donde fe furgio, fe oyò con notable affombro, eftremeciendofe el nauio De alli adelante de quando en quando auia gaandes truenos dentro del, y efto mas de ordinario al vomitar el fuego, y en acabando, falia tanto, y tan efpefo humo, que parecia tocaua la fuperficie del primer cielo, quedando defpues gruñendo ordinariamente. Mandò el General, fueffe a boxear el buelta la fragata; por ver, fi la Almiranta (auiendo por ventura paffado a la otra parte del) eftaua con fu abrigo en calma, ordenandole, fe vinieffe en demanda de la Ifla defcubierta. Eftando ya della, faliò vn canalucho con fu vela, y de tras del vna flota de otras cincuenta. Los que venian dentro dando vozes, y meneando las manos, parecia llamauan a los de la naue, y aunque con rezelo, tambien los llamauã. Llegados los bateles fe defcubrio, era la gente que venia en ellos de color negro atezado, y algunos mas loros, todos con cabellos friflados, y muchos los traian blancos rubios, y de otras colores (por fer cierto el teñirfelos) quitada la mitad de la cabeça, y hechas otras diferencias, con los dientes teñidos de colorado. Venian todos defnudos, faluo partes, que les cubrian con vnas telas blandas. Eftauan embixados los mas con tinta mas negra que fu color, y con otras diferentes. Diuafauanfe en fus roftros, y cuerpos algunas rayas, ceñidos los braços con muchas bueltas de bexuco negro, y colgadas del cuello muchas fartas de ciertas cuentecillas menudas de hueffo, euano, y dientes de pefcados. Lleuauan colgadas por diferentes partes de fus perfonas cantidad de patenas chicas, y grandes, hechas de conchas de perlas. Las canoas eran pequeñas, y algunas venian amarradas de dos en dos. Sus armas eran arcos, y flechas, con puas muy agudas de palo toftado. Otras las tenian de hueffos arponadas, y algunas con plumas, vntadas las puntas con yerua al parecer, aunque de poco daño. Traian piedras, macanas de madera pefada (que fon fus efpadas) dardos de palo rezio con tres ordenes de arpones, con mas de vn palmo de punta. Lleuauan en la forma que fe fuele el tahali, ciertas mochilas de palma bien labradas, llenas de viacocho, que hazen de vnas rayzes, de quo todos venian comiendo, y de que dieron parte con facilidad. Apenas vio el Adelantado fu color, quando los tuuo por la gente que bufcaua, diziendo efta es tal Ifla, o tal tierra, Hablodos en la lengua que aprendio en el primer viage; mas jamas los entendio el, ni ellos le entendieron. Paraonfe a mirar las vaxeles, y todos andauan, como graznando al rededor dellos. Nunca quifieron entrar, aunque mas fe lo perfuadieron; antes hablando vnos con otros, fe puñeron prefto en arma, y que parece les perfuadia vn Indio alto, flaco y viejo que eftaua en la delantera. Sin efperar mas, enarcauan los arcos para tirar: hablauales el anciano, y abatianfe luego: corria la palabra por todos, y no fe acabauan de refoluer, hafta que finalmente determinados, dando grita, tiraron muchas flechas, que clauaron por las velas, y otras partes de los nauios; fin hazer otro mal, ni daño. Vifto efto, fe mandò a los foldados (que ya eftauan preftos) los arcabuceaffen. Mataron a vno, y hirieron a muchos, con que huyeron todos con grande efpanto. Anduuofe de vna en otra buelta, bufcando puerto, tan defleado de todos, por el mucho trabajo que padecian, entendiendo, eftaua cierto fu refrigerio en faltando en tierra. Vino la fragata fin hallar la Almiranta, que de nueuo doblò la fofpecha, y pena. Surgieron los tres vaxeles a la boca de vna bahia, al abrigo de vnos baxos: el fondo era a pique, y con la creciente de la marea gariò el galeon como a las diez de la noche, con notable peligro de dar en los baxos. Saliò el General a animar la gente. Fue grande la prieffa, y bullicio por eftar el riefgo cerca, y hazerle mayor el fer de noche. En fin fe recogieron las ancoras, y dadas velas, faliò la nao a limpia, y ancha mar con grande trabajo. En amaneciendo fe embarcò el Adelantado en la galeota, y fue a bufcar el puerto. Hallò vno el piloto mayor, aunque pequeño, fituado al Norueftre del bolcan, abrigado del Suefte, con doze braças de fondo, con pueblo, rio, laftre, leña, y parte ayrofa. Por fer ya tarde fe furgio en vna punta, faliò vn fargento en tierra con doze arcabuzeros para affegurar el puerto. Salieronles a flechar los Indios de vn pueblo que eftaua cerca, con tanto impetu, que les obligò a fortificarfe en vna fola cafa que hallaron. Difpararonfe de la nao dos piecas con que les hizieron parar, y huyr, y en quinze foldados (auiendo toda la noche por el mar, y el figuiente dia, hallò el Adelantado vn puerto muerto, y abrigado de todos vientos. Surgiofe en el en quinze braças de fondo de lama, y junto a tierra, rio, y pueblos, de quien fe fentia toda la noche muficas y bayles a fu vfança, con palos tocados vnos con otros, y con tamboriles. Surtos alli, vinieron a ver las naos, y gente muchos Indios. Traian los mas vnas flores coloradas en las cabeças, y narizes. Aperfuafion de los nueftros fubieron algunos a la nao Capitana, dexando las armas en fus canoas. Entrò entre los demas vn hombre de buen cuerpo, y roftro, de color trigueño, algo flaco y cano. Parecia fu edad de fefenta años. Traia en la cabeça vnos plumages azules, amarillos, y colorados, y en las manos arco, y flechas con puntas de hueffo labradas. Venian a fus dos lados dos Indios de mas autoridad que los otros. Entendieron, fer efte alguna perfona feñalada entre ellos; afsi por la diferencia del trage;

b ij

DESCVBRIMIENTO

como por el respecto que le tenian los de mas. Preguntò luego por señas, quien era la cabeça de los recien venidos. Recibiole el Adelantado con grande amor, y tomandole de la mano, le dio a entender era el mismo. Dixole el Indio, que se llamaua Malopè, respondio el Adelantado, que el Mandaña. Entendiolo Malopè, y replicò (aplicando assi el nombre oydo) que el se llamaua Mandaña, y que el General se llamasse Malopè. En acabandose de satisfazer deste trocado, mostrò estimarlo mucho, y quando le llamauan Malopè dezia, que no sino Mendaña, y con el dedo enseñaua al Adelantado, diziendo, que aquel era Malopè. Dezia tambien que se llamaua Taurique, pareciendo ser este nombre de Cacique, o Capitan. Vistiole Aluaro de Mandaña vna camisa, y diole otras cosas ligeras, y de poco valor. Dieron a los otros Indios los soldados, plumas, cascaueles, cuentas de vidrio, pedacitos de tafetan, y algodon, y hasta naypes. Colgaronlo todo al cuello. Enseñaronles a dezir Amigos Amigos cruzadas las manos, abraçandose vnos con otros en señal de paz. Aprendieronlo luego, y vsauanlo mucho. Mostraronles espejos, limpiaronles con nauajas barbas y cabeças, y con tixeras les cortaron las vñas de manos, y pies, de que se holgauan mucho, pidiendo con instancia las mismas nauajas, y tixeras. Tambien procurauan saber lo que estaua debaxo de los vestidos, y desengañados, hazian las mismas monerias que los de las primeras Islas. Esto durò quatro dias. Yuan y venian, traian, y dauan lo que tenian de comer. Vino vn dia Malopè, que era quien acudia con mas frequentacion, y quien se mostraua mas amigo, junto a cuyo pueblo estauan surtos los vaxeles. Iuntaronse con el cinquenta canoas en que todos traian escondidas las armas, esperando a su Malopè que estaua dentro de la Capitana, de donde, porque vn soldado tomò vn arcabuz en las manos, se fue, sin que le pudiessen detener, huyendo a sus embarcaciones, y de alli a tierra, siguiendose todos los suyos. Auia en la playa otro golpe de gente, de quien fue recebido con particular alegria, haziendo entre ellos al parecer grandes consultas. Aquella misma tarde sacaron los Indios todo lo que tenian en vnas casas mas cercanas, y lo retraxeron al pueblo de Malopè. La noche siguiente huuo de la otra vanda de la bahia grandes fuegos, que duraron la mayor parte della. Parecio ser señal de guerra, y se confirmò por la sospecha que auian dado las canoas, y andando con mucha priessa de vnos pueblos en otros, como que apretauan, o auisauan de alguna cosa.

La mañana siguiente salieron de la galeota en el batel por agua, que estaua cerca, y andandola cargando ciertos Indios que estauan emboscados: acometieron a los soldados con gritos, y disparandoles flechas, se vinieron siguiendo hasta la barca, de donde, porque los arcabuzearon se detuuieron. Fueron curados los heridos. Y el General ordenò al punto al Maesse de Campo que saliesse a tierra con treynta soldados, y a sangre, y fuego procurasse hazerles todo el daño que pudiesse. Hizieron rostro los Indios de que murieron cinco, y los demas huyeron. Retiraronse los Españoles a su saluo, dexando cortadas palmas, y quemadas ciertas canoas, y casas.

Este mismo dia embiò el Adelantado en la fragata al Capitan don Lorenço con veynte soldados, y marineros a buscar la Almiranta, lleuando por instrucion, que boxease la Isla por la parte que estaua por ver, y se fuesse a poner en el parage donde les auia anochecido quando de vio la tierra, y que estando alli, fuesse del Oeste al Norueste, que era el rumbo que la Almiranta podia lleuar, fuera del que la Capitana auia seguido; y que viessen lo que hallauan en aquel camino. Ordenò tambien al Maesse de Campo, se aprestasse con quarenta hombres, para yr aquella madrugada (como fue) a vnos ranchos que estauan cerca de vn cerro, a fin de hazer castigo en los Indios; por auer flechado a su gente, y por ver si con el daño que se hiziesse a estos, se podian escusar otros mayores. Llegò sin ser sentido de los naturales: cogioles los passos: cercoles las casas, y les pegò fuego, acometiendo a siete que estauan dentro. Estos viendose apretados de las llamas, y gente, procuraron defenderse con particular valor, y no bastando, embistieron con sus enemigos, y se metieron por sus armas, sin estimar las vidas. Dexaronlas los seys, y el que escapò corriendo, fue mal herido. El Maesse de Campo se recogio con la gente, entre quien quedaron flechados siete.

Llegada la tarde, vino Malopè a la playa (porque los pueblos, y canoas que se quemaron eran suyas) y en voz alta llamò al Adelantado por nombre de Malopè, y dandole en los pechos dezia por si mismo, Mendaña. Abraçose, y deste modo se quexaua, mostrando con el dedo el daño que le auian hecho, y por señas dezia, que su gente no auia flechado a la nuestra, sino los Indios de la otra parte de la bahia, y enarcando el arco daua a entender, fuessen todos contra ellos, que el ayudaria a la vengança. Llamole el Adelantado con desseo de darle satisfacion, mas no vino hasta otro dia, en que huuo, de parte aparte mucha amistad.

El dia de san Mateo se dieron las velas deste puerto para otro mayor, y mas acomodado que se hallò a media legua dentro en la misma bahia. Yendo nauegando hazia el, llegò el Capitan don Lorenço, y truxo por nueuas; que boxeando la Isla en cumplimiento de la institucion que auia lleuado; vio en ella el Norte su con la bahia donde estauan surtos, otra que no parecia menos buena, y que mostrò mas gente, y embarcaciones. Refiriò, que auia visto mas adelante junto a la isla grande, otras dos medianas muy pobladas, y que en la parte del Sueste a otra isla pequeña, vieron otra isla, que parecio tenerlas de box, y que nueue, o diez leguas como al Osnorueste de donde les anochecio, quando se vio la tierra, auia topado con tres islas pobladas de gente mulata, color clara, y llenas de muchas palmas; con gran cantidad de arrecifes que se corrian al Oesnorueste con sus restingas, y canales; a las quales no vieron fin, concluyendo con que no auian hallado algun rastro de la naue buscada. Surgiose en el segundo puerto, gastando los Indios de aquella parte toda la noche en dar gritos, como que totauan, o hazian burla, diziendo muy claro muchas vezes, Amigos, Venida la mañana, acudieron de tropel a la playa mas vezina cantidad de quinientos Indios, tirando a los vaxeles muchas flechas, dardos, y piedras. Viendo que no alcançauan con ellas, se metian muchos en el agua hasta los pechos, y otros a nado. Acercaronse dando alaridos, tanto, que aferradas las boyas de los vaxeles, se yuan con ellas a tierra.

Visto por el Adelantado su atreuimiento, mandò al Capitan don Lorenço, que con quinze soldados saliesse en la barca a defenderlos, y las otras armadillas. Los rodeleros reparauan a los arcabuzeros, y bogadores, y con todo esto flecharon a dos, y fueran mas, a no esforçarlo las rodelas, de quien algunas passaron de parte aparte. Peleauan los Indios muy esparcidos, y de salto, mostrandose tan briosos, que se entendio, auian encontrado gente que sabria bien defender sus casas. Durò esto mientras les parecio que nuestras armas no hazian el mal que vieron, mas desengañados con la muerte de dos, o tres, y de algunos heridos, desempararon la playa, lleuandoselos consigo.

El siguiente dia, hallandose el Maesse del Campo en tierra, tratò con los soldados de desmontar vn sitio que estaua junto a vn grande manantial para la fundacion de vn pueblo. No agradò el lugar a todos los soldados por entender que seria enfermo. Assi se vinieron a la nao algunos de los casados a dar auiso al General de la determinacion del Maesse de Campo, y pedirle saliesse a tierra a hazer que se poblasse en vno de los pueblos de los Indios, que por estar ya las casas hechas, y los sitios vsados, era fuerça fuesse mas a proposito que el lugar que se escogia. Salio a esto el Adelantado, y haziendo junta, y siendo los mas soldados

del

DE LAS ISLAS DE SALOMON.

del parecer del Maesse de campo sacaron hachas, y machetes, con que començaron a cortar arboles, que los auia de lisos troncos, y altos, acopados. Quedó Mendaña poco gustoso de aquel acuerdo, por ser su entencion poblar en una punta rasa, que esta mas en la entrada de la bahia. Cortauan los soldados con mucho gusto los arboles, trayendo palos conque armauan choças, y palmas, y otros ramos para cubrirlas. Oluidados de lo que trabajauan, y del poco regalo que de presente tenian, no se acordauan de su patria ni de auer dexado la prouincia del Piru tan rica y larga; todas cuantas dificultades se podian ofrecer vencian por el servicio de Dios, y por el de su Rey; todo lo puede el animo, y valor de los Españoles, a quien no espantan trabaxos, ni malos sucessos suyos, y agenos por arduos, y temerosos que sean En fin hizieron sus casas, y plantaron sus tiendas lo mejor que cada uno pudo, para principio de las que hauia de hazer en partes donde entendieron vivir, y acabar con honra y fama Esta bahia a quien el Adelantado puso nombre la Graciosa (que tal es ella) tendra de circuito quatro leguas y media. Corrése de norte sur quarta del nordeste sudueste. Esta en lo mas ocidental de la isla por la parte norte della, y al sur del volcan ya dicho. Tiene la boca media legua, y a la parte del leste, un arrecife, mas con la entrada bien franca, hazese esta bahia con una isla, que esta de la parte del oeste, cuyo cuerpo es de quarto leguas. Es fertilissima, y muy poblada por las orillas, y tierra a dentro. Dista de la isla grande poco espacio dividida con piedras y bancos, y algunos pequeños canales, por donde no pueden passar, sino bateles, y canoas. Hallase el puerto en lo postrero de la bahia entre un copioso manantial de agua clarissima, que a tiro de mosquete sale de baxo de unas peñas, y un rio mediano apartado de alli unos quinientos pasos. Esta el puerto en altura de diez grados y un tercio, mil ocho cientas y cincuenta leguas de lima. Ay en el refriegas del sueste cosa de poco daño; su fondo es lama y de quarenta, treynta y veynte braças surgiendose muy cerca de tierra. Ay aqui muchos puercos que hassan enteros, sobre guijarros, gallinas de Castilla, blancas las mas (estas buelan por arboles y crian en ellos) perdizes como las nuestras, palomas torcases, tortolas de las pequeñas, patos, garças blancas y pardas, golondrinas, y otros pajaros que no se conocieron. De sauandijas solo se descubrieron ciertas lagartijas negras, y algunas hormigas, sin genero de mosquitos cosa nueua en poca altura. Ay muchas suertes de pezes que los indios pescan, con trasmallos que tienen. El hilo parecia ser de pita con boyas de un palo ligero y plomadas de piedra. Hallanse infinitos platanos de seis o siete castas, y no menor cantidad de cocos con muchas y grandes cañas dulces. Vieronse almendras de tres esquinas con grueso meollo y bonissimo sabor, piñas como la cabeça de un hombre con piñones tan grandes como almendras de España los arboles donde nacen tienen pocas hojas, mas crecidas. Tambien ay de la fruta grande de las primeras islas, y assimismo del genero de nuezes y castañas, que se apunto entonces. A otra llamaron comuesa: nace en altos y grandes arboles, y junto a ellas otros que no son tan buenas, a modo de peras. Ay tres ò quatro castas de rayzes que sirven de pan. Comen las asadas o cozidas. Tiene la una algo de dulce: las ostras dos pican un poco al principio. Un soldado comio una cruda, de que le resultaron grandes bascas, mas passo luego el acidente. Los indios hazen destos a tajadas gran suma de viscocho seco al sol o al fuego. Guardanlo en espuertas de palma. Es buen sustento, y solo podria tener de no tal el ser algo calido. Abunda aquella parte de bejuco, de que se sirven para cuerdas; hallase copia de calabaças y de albahaca de fortissimo olor, con otras flores coloradas de buena vista que los indios precian mucho: no huelen crianse en arbolicos como agyes, y tienen los como en macetas junto a sus casas. Es mucha la cantidad de gengibra que ay, y nace sin que se siembre. Esta cubierto el suelo de una yerua bien alta que se llama Xiquilete, que es de la que se hace tinta añil. Los arboles de pita son muchos y mucha la damahagua de que hazen sus cuerdas y redes Ay curiosos caracoles, como los que se traen de la China, y varias conchas de perlas. Cerca del sitio que poblaron los Españoles, orilla del manantial, auia un arbol, en cuyo tronco tenian los naturales hecha una herida, de quien distilaua un licor de buen olor que se parecia mucho al aceyte de beto. Hazen los indios mochilas, y bolsas de palma curiosas, y grandes petates que siruen de velas para sus embarcaciones: vieronse ciertas telas sin saberse de que eran, texenlas en unos pequeños telares, sirviendoles en lugar de lienço y mantas, con que las mugeres se cubren. Acostumbran mucho una comida que se llama brete tambien conocida y usada no poco en la india oriental, es una oja con echura de coraçon grande como una mano, tiene olor, sabor y color de clavo, y junta con otras cosas la mascan. Echose fuera el primer zumo y tragan el resto. Alabase por provechosa, y buena para fortalezer el estomago, y dentadura. Son sus pueblos de veynte casas poco mas o menos. Hazenlas redondas, y de tablas, armadas sobre un solo estante de palo gruesso. Tienen dos sobrados, a que suben por escaleras de manos, estan cubiertas de palmas entretexidas unas con otras. Son abiertas todas en rueda, altura de medio hombre, y cercadas de un pared on de piedras sueltas en su entrada en lugar de puerta. Auia en cada pueblo una casa grande como oraculo, con figuras humanas de medio relieue, mal obradas, y otra casa larga, que parecio ser de comunidad, y a la larga por en medio della unas barbacoas de caña. Auia diez o doce pueblos destos orilla del mar, y en cada uno dos poços hechos curiosamente con escalones por donde se baxa a ellos, y cubiertos con sus tapaderas de tablas: tienen junto al mar algunos corrales cercados de piedras, donde quando crece pescan con certa invencion, y un palo a modo de guindalete de bomba. Las canoas con que nauegan a lo lexos son hermosas, y grandes porque las chicas les siruen solo para cerca de sus casas, estas tienen formada su quilla algo chata con popa y proa de un solo tronco. Tienen su escotilla en medio por donde sacan el agua que le entra, y meten el arbol mayor. Arman en ellas unas barbacoas con palos atrauesados y con cuerdas amarradas fortissimamente de que nacen otros que a la larga se cruzan por un bordo, y siruen de escotas para trastornarse. De modo que el baso solo sirue de sustentar esta fabrica en que caben treynta, y mas hombres con sus hatos. La vela es de petate ancha y larga por arriva y angosta por abaxo, son muy veleras y buenas de barlouento. Tanto que la fragata procuro coger una y se le fue debajo del Vaupre. Tienen sus haciendas, labranzas y frutales muy puestos en razon. Es la tierra negra, esponjosa, y suelta, el temperamento es como el de las demas tierras de su altura. Huuo algunos truenos, y relampagos, y muchos aguaceros, mas no mucho viento. El Adelantado puso nombre a esta isla santa Cruz. Tiene de box al parecer cien leguas. Todo lo que se vio della se corre casi de leste oeste: es tierra muy alta y aun que tiene sierras con quebradas, y llanuras, es limpia de malezas. Por todas las orillas del mar esta bien poblada, de lo de mas a dentro no dan razon porque no la anduuieron. Aqui se detuuieron los Españoles dos meses y ocho dias en que pasaron notables cosas. Quanto a lo primero ciertos soldados de mala intencion mataron a Malopè el indio amigo del Adelantado de quien todos recibido muy buenas amistades. Sintieron los suyos con estremo su muerte, y la lloraron en publico y en secreto muchos dias, intentando diuersas vezes vengarla en los nuestros. Dexaron de acudir con los muchos socorros de mantenimientos que de continuo traian al campo, que les hizo gran falta. Castigola

IV Partie.

Mendaña, mandando quitar la vida al culpado con que procuro satisfacerles, mas no fue posible. Enfin del mudar temple, comida y costumbres, del trabajar andar al sol mojarse sin tener que mudar, dormir en el suelo, y de otros desconciertos, y contrarios sobreuinieron peligrosas enfermedades. Seguia en estos inconuenientes la falta de medico, que entendiesse su mal y la de los remedios que se deuian hazer careciendo casi los mas de quien los siruiese y regalasse. Començaron pues a morirse muchos, siendo cosa lastimosa verlos en las manos de sus accidentes, metidos en unas choças: unos freneticos, y otros poco menos: unos yendose a la nao, con imaginacion de hallar salud y otros de la nao al campo, pensando hallar la en el; destas lastimas nacieron reuoluciones, con algunos assumos de sedicion; pagola el maesse de campo (a quien se atribuia) con muerte violenta y otros dos del mismo modo que con certeza se tenian por sus complices en el mismo delito. Vispera de san Lucar llevó Dios al capellan Antonio de Serpa por cuya muerte hizo el vicario, intimo sentimiento y dolorosa lamentacion. Clauó los hojos en el cielo diziendo con muchas lagrimas: A señor que castigo tan grande es este que por mis pecados me embiays. O padre Antonio dichoso vos que aveys muerto auiendo reeuido los sacramentos. Ay triste quien pudiera heredar vuestra suerte: y no quedar en la que estoy para mi tan desdichada pues puedo confesar a quantos estan aqui y yo solo carezco de sacerdote que me confiesse, con esto andaua escondiendo el rostro, sin querer admitir consuelo, fuesse a la Iglesia y sobre el altar lloro, y solloço amargamente sin otras palabras tristissimas que dixo mientras el difunto, y se habrio la huella donde fue sepultado; tras el cayo malo el general agrauandole en corto espacio la enfermedad muchissimo. Huuoen diez y siete de octubre un eclipse total de luna, que al ascender por el orizonte venia ya toda eclipsada. Hallose el adelantado tan flaco que ordenando su testamento apenas le pudo firmar, dexo por heredera uniuersal, y nombrada por gobernadora a doña Isabel Barreto su muger por tener de su magestad cedula particular con poder para dexar en su puesto la persona que quissiesse; nombro por capitan general a don Lorenço Barreto su cuñado, y haziendo llamar el vicario cumplio con todas las obligaciones del alma; passose en esto la noche, y venido el dia viendole el vicario tan al ultimo, le puso delante quanto le emportaua el bien morir a una persona de suerte y buena vida, aduirtiendole e estaua en tiempo de poder negociar con Dios lo que le faltaua; dixo le otras cosas tan santas como piadosas que el adelantado oyo mostrando (demas de la atencion) contricion grandissima con que dio bien a entender, quan conforme estaua con la voluntad del señor; enfin ayudandole a dezir el psalmo del miserere; y el credo, a la una despues de medio dia paso de esta vida en edad de cincuenta y quatro años; murio al parecer de todos como del se esperaua; conocieronse en el muchos deseos de acertar en quanto puso mano, era zeloso de la honra de Dios y del seruicio del Rey, de leuantados pensamientos, causa de meterle en los pasados viages y descubrimientos. Agradauanle las cosas bien echas, y aborrecia las malas; era muy llano, y apazible no largo en razones, y assi solia dezir, esperassen del mas obras que palabras; parecia miraua bien por lo que tocaua a su conciencia nada se le pasaua por alto, si bien fue opinion que sabia mas que hazia. La gobernadora y sus parciales sintieron mucho su muerte, otros se olgoron della. Es de creer, serian estos los peores de la tropa a quien daua molestia su bondad: porque es impossible a me quien teme, la cosa que le causa temor, y mas quando el malo tiene el bueno por juez de sus malas operaciones. Sepultandole con la mayor pompa que dio lugar el tiempo, fue llevado en un ataud cubierto con un paño negro en ombros de ocho oficiales de los demas consideracion; los soldados con los arcabuses al reves a la usança de entierros de Generales y vanse arrastrando vanderas y con dos atambores (Cubiertos de luto) dando algunos golpes tardos, y roncos haciendo el pifano el mismo sentimiento. Llegados a la Iglesia le encomendo el vicario, y se bolvieron los demas a dar el pesame a la viuda Doña Isabel.

Don Lorenzo a cuyo cargo estavan ya las cosas de mar, y tierra envio una madrugada de la barca veynte soldados con un caudillo para que truxessen algunos muchachos con intento de enseñarles la lengua Española, por la falta que los hazia no entender la suya. Mas los indios que se velavan con mucho cuydado, les defendieron la salida a tierra con tan crecido animo que antes que los españoles se descubriessen flecharon a ocho, y gozando la ocasion, los fueron siguiendo con tiros de muchas flechas, pedradas, y gritos hasta llegar tan cerca del campo que fue necessario salir don Lorenço con la vandera tendida y con el resto de la gente sana a reprimirlos. Tiroseles una pieça con que se fueron retirando, quedando heridos en el alcance que se les dio, seys y el mismo don Lozenço en una pierna. Conocido por los indios el tiempo, y van en seguimiento de su vengança, y assi buscauan cada dia a sus contrarios trayendo algunos paveses, con que pensauan librarse de los arcabuses en la forma que con las rodelas se defendia de sus flechas. Hallavanse indignadissimos por la muerte de Malopé y assi con rabioso corage flechavan por entre las ramas, y arboles apuestando a los rostros y las piernas por mas partes desarmadas. Tenian los soldados la culpa desto porque tomauan sus flechas y dauan con ellas de punta en las rodelas, y en las otras armas duras para hazer a entender, como no los hacian mal: Mas dezian ellos por señas que se diessen con las mismas en los ojos, ó piernas y como no querian, entendiendo el secreto, tirando siempre a estos dos lugares. Aun que como muchos adelgaça, acudia don Lorenço lo mejor que podia al sustento y bien del campo. Embio tercera vez con la fragata al capitan de la artilleria a buscar la Almiranta dandole instrucion de lo que auia de hazer: fue, y sin oluidar quantas diligencias requeria el negocio, se boluio sin hallar la, salto de camino en una de las tres isletas referidas, que estauan en los arrecifes, y cogio en ella ocho muchachos todos bien agestados de buenos talles, de lindos ojos y al parecer de mejor ingenio. Truxo juntamente algunas grandes conchas de las ostrias de perlas que hallo en un pueblo, con que se boluio a la nao. Assimismo embio don Lorenço a Don Diego de Vera por caudillo con algunos soldados de mas salud a buscar indias para tenerlas por prendas y paraque por su causa cessasse el mal que de continuo hazian los naturales. Truxeron tres con seys hijos a quien visitaron los maridos muchas vezes y juntandose con otros de los suyos las vinieron a padir con muchos halagos. Dieronselas por darles contento con que al parecer partieron agradecidos. El general don Lorenço que (como se apunto arriba) estaua herido en una pierna de un flechazo, le fue menester guardar cama donde por instantes se halla va pejor de salud respeto de aversele pasmado. En suma le apreto tanto el mal que vino a morir a dos de noviembre, siendo llorado y sepultado en la misma forma que antes Alvaro de Mendaña. Siguiole de poco el vicario cuya enfermedad duro mas. Fue tal esta perdida qual merecieron los peccados de aquellos infelices peregrinos. Sirvio de açote para que aduirtiessen tenian muy enojado a Dios pues tras tantas afliciones corporales les quitaua el regalo espiritual. Era el vicario Juan Rodriguez de Espinosa, varon de virtuosas partes, zeloso del bien de las almas que tenia a su cargo. Daua con vida concertada bonissimo exemplo a todos, y assi le deuian todos un grande amor. Fue el capitan Pedro fernandez de Quiros su albacea, hizole sepultar en la mar no queriendo fuesse en tierra por temor de que los in-

DE LAS ISLAS DE SALOMON.

dios no le desterrassen, y hiziessen con su cuerpo algunas cosas indecentes. Con tan infaustos sucessos llegaron los nuestros a estados que veynte indios determinados los pudieran degollar y arrazar el pueblo bien a su saluo. Finalmente los enfermos apretados de sus acidentes (que eran grandes y sin remedio) se vinieron a la Nao, y la Gouernadora con ellos. Quedo la vandera en tierra y el fuesse con pocos soldados que tenia en alguna salud, mientras se recogio agua y leña. A siete de nouiembre se embarcaron todos con que se dio mal fin a esta buena empresa, errada por mil caminos y en especial por no hauerse hecho por cuenta de su magestad cuya sombra es importantissima para la execucion, y duracion de semejantes intentos. El dia siguiente hizo el viento norte y con ser poco, se rompieron tres cables que tenia la Nao por amarrar, quedando uno solo y tan delgado que no se juzgaua suficiente para tener una barca: y con parecer tan flaco fue Dios seruido fuesse tan fuerte, que solo tuuo el nauio estoruando no fuesse a dar en tierra, de que estuuo bien cerca. Por la tarde se embio a Luis de Andrada con treynta hombres à buscar de comer para el viage. Fue a una pequeña isla quien por su fertilidad y frescura llamauan la Guerta. Hallo en un estero cinco canoas de las grandes de espuertas de viscocho de la tierra que los indios tenian ya retirado; hizo lo coger y embio lo todo a la Nao, sin alguna dificultad, afirmo auer muerto ciento y veynte puercos de que se vio parte. Mientras anduuieron en esta entrada se pusieron en orden los enfermos, de quienes se auia encargado desde el Piru un venerable viejo eremitano, que en Lima seruia al hospital de los indios, era su nombre Juan Leal y tal fue para todas las necessidades que huuo. Este sieruo de Dios, de costumbres y vida exemplar, con bien poca salud, y sin alguna demonstracion de asco (no obstante huuiesse de que tenerle) fue quien en el campo y en la Nao quando estaua surta, y en todo el viage lleuo en peso siempre con alegre rostro el seruicio de los enfermos mostrando bien claro, quanto ardian sus entrañas en caridad, con que sangraua, echava ventosas, hazia las camas, seruia medicinas, ayudaua a bien morir, amortajaua, y en fin los acompañaua, hasta sacarlos del peligro o hasta la sepultura, mas fue Dios seruido llamarle en tal occasion: Por cierto felicissima muerte, pues venida en remate de tan buenas obras y admitida con tanta mansuedumbre, solo se puede esperar fuesse para recibir el premio en el cielo de lo merecido en la tierra. Menospreciaua el mundo como era justo, pues llegando a tratar de las personas mas sublimes, que eran los Reyes, los intitulaua, hombres criados en deleytes y menesterosos de gran numero de ministros, a quien si se quitauan, quedaran sin duda menos poderosos, que los demas por no estar enseñados a exercitar los pies, las manos, las otras partes del cuerpo sino viuir, por mayor parte, en un ocio perpetuo, sabiendo mejor mandar que obrar. Andaua vestido de sayal pegado a las carnes; con habito a media pierna, con barba y cavello largo, y en esta estrecha vida, y en seruir hospitales auia gastado muchos años despues de otros que auia sido soldado en Chile.

Venido Luis Andrada, fue embiado el piloto mayor a la misma isla con veynte hombres; siguieronle muchas embarcaciones de indios, mas el dexados seys en la barca, salio en tierra con los demas. Los naturales escarmentados del mal tratamiento de otras vezes, los recibieron con flechas y gritos, dando diversas bueltas; hizoseles señal de paz con una vanderilla blanca, mas ellos sin atender, dauan mas bueltas, y mas vozes, llegose mas el Piloto mayor, haziendo la misma señal. El camino por donde auian echado era demasiado angosto y de mucha arboleda, y assi comencaron a llouer flechas y piedras de todas partes. Mando el capitan disparar por alto dos arcabuzes, con que los espanto, dando lugar para que diessen una arremetida al pueblo, en que no hallaron, mas que algunas espuertas de viscocho, y otras rayzes naranjadas de que hazen tinta del mismo color. Siguio los indios que yuan huyendo por una cuesta arriba y llegando a lo alto descubrio una hermosa llanura copiosissima de varios frutales. Hallaronse alli muchos y grandes razimos de platanos cantidad de cocos, y en una casa vezina crecido numero de viscocho, cargaron lo por escoltas y a vista una de otra (por no diuidirse) lo embarcaron todo, sin que los indios recibiessen algun mal; hecho esto ordeno a la barca que le fuesse siguiendo por la playa hasta cierto puesto donde yua a cortar palmitos. Quando llego alla no fue vista por mas que se procuro en razon de lo qual hizo junta, y fueron todos de acuerdo, que se fuesse a la parte donde auian saltado en la isla. Apenas yuan marchando (ya puesto el sol) quando encontraron a un sitio, que con unas peñas hazia un buen reparo, por esto y por auer alli una canoa, dezian al piloto mayor esperasse a que fuesse noche del todo para que uno en la misma canoa fuesse a dar auiso a la naue del estado en que se hallauan para que embiasse gente a buscarlos, Mas no se siguio este parecer por algunos inconuenientes. Fueron pues prosiguiendo su camino por la playa donde hauia una grande espesura de arboles que des de su creacion estan en aquella parte sin hauer quien les ponga mano. Hallauanse enterpolados algunos crecidos peñascos con cuchillas, y puntas casi imposibles de andar de dia, quanto mas de noche y escura, Dauales unas vezes el agua a la rodilla, y otras a medio cuerpo, yuan subiendo y baxando troncos y peñas y torciendo caminos al mar y al monte. Era ya mas de media noche quando oydos dos arcabuzes que en los compañeros de delante se dieron priessa por saber que fuesse la ocasion y hallaron ser la barca que acabaua de llegar, auia se detenido por la contrariedad del viento y dado buelta a la isla. Embarcada la gente, boluieron al nauio, donde llegaron al romper el alua hallando a los amigos con el mismo cuydado y pena de la tardanza.

Propuso la Gouernadora este dia a los pilotos como queria salir de aquella isla en busca de la San Christoual por ver si hallaua en ella la almiranta, para hazer lo que resultasse en mas servicio de Dios y de su magestad: y caso que no le encontrasse, era su determinacion yr a la ciudad de Manila a traer sacerdotes y gente para voluer a la poblacion y acabar aquel descubrimiento, y que para esto rogaua, persuadia, y mandaua a cada uno de los que estauan alli diesse su parecer en la forma que entendiesse ser mas conueniente. Fue el acuerdo de todos, que se saliesse al oes sudueste todo el tiempo que fuesse menester para ponerse en altura de onze grados y que si la isla o la Almiranta no se hallassen, se siguiesse el camino de las filipinas. Esto firmaron todos de sus nombres obligandose el piloto mayor a no desamparar a la Gouernadora, si como dezia daua la vuelta con el referido intento. Venida la tarde, salio el mismo Piloto a visitar la galeota y la fragata dexandoles la harina, y agua necessaria, junto con una instruccion de la nauegacion que se hauia de hazer. En anochesiendo salio a tierra el capitan don Diego de Vera con algunos de su compañia y desenterro el cuerpo del adelantado para lleuar le en la fragata a Manila no le queriendo consentir en la capitana respecto de algunos abusos. Auia desde esta bahia graciosa a Manila distancia de nueuecientas leguas. Salieron pues los tres baxeles della en deciocho de nouiembre del mismo año yendo en demanda de la isla de SanChristoual, estauan los aparejos tales que para recoger la barca, se rompieron tres vezes. El dia que partieron y el siguiente al oes sudueste pesado el sol y echas cuentas se hallaron onze grados. Mirose luego si por alguna parte se via tierra y no fue descubierta; cayeron malos el contra maestre y otros quatro marineros. Dixeron al piloto mayor cinco o seys que quedaran sanos mirasse que estaua aquella nao desaparejada, llena de enfermos faltos de agua, y comida y que era imposible andar arando el mar con ella. Viendo ser esto assi, dixo Qui... a la gouernadora que era la altura en que estaua de onze grados, conforme a lo acordado, que mirasse lo que mandaua se hiziesse. Respondio que pues no se via la isla de san Christoual, ni parecia la Almiranta siguiesse el camino de Manila. El piloto mayor hizo gouernar con viento sueste al nornorueste por huir de la nueua Guinea (de quien se jusgara cerca) por no hallarse entre islas; a no considerar la incomodidad del navio tiera orden de yr costeando aquella tierra para saber lo que era, mas no yua en terminos de poderlo hazer; fueron nauegando por aquel rumbo hasta veynte y siete del mismo mes y bajar a cinco grados viose este dia en el mar un grueso troncoun grande ilero de vasura de rio con tres almendras como las que dexauan en la graciosa, muchas pajas, culebras, y el viento sudueste con refriegones, celages y aguaceros de aquella parte. Por estas señas entendieron, estaua cerca de aquel parage la nueua Guinea. Começaron a hallar grandes olas venidas de norueste que hazian a la nave mal trato, y por quanto auia bonanças o calmas señal de cursar a aquellos vientos de la otra parte de la linea, duroles esto casi hasta las islas de los ladrones. Tambien tuvieron contrastes sin hallar viento hecho hasta otros cinco grados. En ellos se hallo brissa de lesnordeste al nordeste, que duro todo el viage, y si el sol estuuiera tan cerca del zenit como lo estaua de capricornio no se sabe como fuera el doblar la equinocial.

Nauegose hasta diez de deciembre, hallose altura de medio grado por llegar a la linea; parage en que halla estando claro el cielo sosegado el ayre y quieto el mar sin verse tierra. Hazia de noche tanto fresco que era menester cubrirse con paños de lana mas de dia era tan fuerte el sol que apenas apuntare por el orizonte quando era insufrible. A via dias en que se conocia que maleaua la galeota porque se apartaua sin querer acudir a sus obligaciones. Mando la gouernadora se notificase a su capitan que pena de traydor, no dexasse la conserva, ni se apartasse distancia de media legua; mas juzgo siempre no auia de llegar a saluamento la capitana, por sus incomodidades y por llevar rendido el arbol mayor, causa de que aquella noche virasse de otra buelta y desapareciesse, sin que se viesse mas. Hizose lista de los enfermos de mas peligro. Dauase a cada uno todas las mañanas (de mas de su racion) un plato de gachas ayudadas con manteca y miel y a la tarde un jarro de agua con un poco de açucar y a las personas que estauan con alguna mas salud racion doblada para poder suplir la bomba quatro vezes al dia con que se padecio grandemente porque unos ses escondian al otro se sentauan otros se tendian, diziendo que no podian trabajar. Tal noche se paso sin poderlos obligar con el daño que tan cerca estaua, no auia con que suplir, yua el arbol mayor rendido por la carlenga. El dragante por no amordaçado pendio a una vanda y llevo con sigo al vaupres, que dio mucho cuydado; la ecuadera con todos sus aparejos se fueron almar sin coger seso sa della. El estay mayor se rompio segunda vez, fue necessario cortar parte del calabrote para hacer otro que pusieron ayudando con los brandales del arbol mayor que quitaron. No huuo verga que no viniese abaxo rompidas trizas y ostagas. Tal vez estuuo la vela tendida en el cones sin auer quien la quisiesse ni pudiesse yzar, y triza de treynta y tres costuras; quitaron los masteleos, velas de gabia y verga de mesena para aparejar y ayudar las dos velas maestras con que solo se nauegaua. Puedese dezir con verdad del casco, que sola la ligazon sustento la gente por ser de aquella buena madera de Guayaquil llamada Guachapeli, que al parecer jamas se enuejece; por las obras muertas estaua tan abierto el nauio que a pipas entraua y salia el agua quando yua a la bolina. Los marineros por lo mucho que tenian a que acudir y por sus enfermedades, y por ver el vaxel tan falto de remedios, yuan tan aburridos y desesperados, que menos preciauan la vida. En razon desto huuo uno entre ellos, que dixo al piloto mayor que ya podia euitar el cansar se y el cansarlos supuesto valia mas morir una que muchas vezes: que cerrassen todos los ojos y dexassen yr la nao a fondo. Con los contrastes de arriba, se fue nauegando por el mismo rumbo nornorueste hasta martes dezinueue de deziembre que llego a tres grados y medio de la parte del norte. La fragata venia fatigada por bomba y tanto que fue necessario dar les tres hombres para aliuio de sus trabajos. No valieron diligencias para tomar las aguas por ser muchas las que entrauan por varios partes; mostrase la gente tan triste, como desseosa de conseruarla por el cuerpo del adelantado, que yua en ella. Conociendo el piloto mayor su peligro propuso algunas vezes a le Gouernadora le pareçia acertado se dexasse aquel vaxel y se recogiessen los que en el yuan, con que cessaria aquel continuo temor de perderle y quedaria el galeon mas bien despachado. Viendo que no aprouechaua, dixo a don Diego de Vera, que yua por su capitan : Pues que no sabe porque no se sabe saluar noue que es homicida de si y de todos sus compañeros : Aborde con este nauio que aqui les daran la mano con particular amor. Al fin la fragata anochecio a una vista, a cuya causa el piloto mayor hizo ayuntar las escotas, y espero hasta el otro dia por la tarde que los soldados començaron a dar grandes vozes, diziendo que no era tiempo de perderse, deteniendo la nauegacion, que pues que la fragata no parecia deuia de yr adelante, sino que Dios con todos, y que cada uno mirasse por si.

Con viento leste y les nordeste que ya se lleuaua se fue siguiendo el rumbo nornorueste y el sabado siguiente, se tuuo vista de una isla en cuya demanda se fue con animo de buscar puerto y prouision, mas no pareciendo bien a Quiros y r de noche por junto a tierra, mando mando virar la nao, los marineros rendidos al excessivo trabajo, le dixeron que no los fatigasse tanto que bien se podia yr mas adelante. Propuso uno del consejo, se fuese hasta cierta punta, mas no obstante su contradicion el mismo Quiros largo al trinquete la escota, y cambiado el timon, fue la nao virada. Parece que fue inspiracion de algun Angel, pues si no se vira se pierde sin remedio como luego se apuntara. Fue haziendo, y diciendo, que hasta donde estaua conocia la mar limpia y que mas adelante no sabia lo que toparian. Al quatro del alua se boluio la Nao y vino amanecer donde auia anochecido, mando subir un marinero al tope como a costumbrauan mañana y tarde y auiso que a la buelta del norueste, yuan pro siguiendo unos grandes arrecifes, sin ver les fin. El viento era de nordeste y poco y trauesia: la nao no lleuaua velas de gabia para tenerse a barlouento, los baxos lleuauan el agua asi por manera que el vaxel estaua tan cerca dellos que apenas se buscaua remedio por tener ya todos tragada la muerte. Encomendose cierto deuoto al benito san Antonio de Padua y fue seruido interceder para que saliesse la nao del gran peligro en que estuuo aquel dia que lo fue del nacimiento de nuestro señor, a las tres de la tarde se acabaron de doblar los

baxos

DE LAS ISLAS DE SALOMON.

baxos, tambien milagrosamente. De las Islas salieron Indios en sus embarcaciones con velas, y sin ellas. Por no poder passar el arrecife, saltaron en el. Desde alli llamauan con las manos. Vino a la tarde por el remate de los baxos vn Indio solo en vna pequeña canoa: pusose a barlouento, y lexos, por esso no se pudo diuisar, si tenia barbas por ser aquel parage de las Islas de los barbudos. Pareciò ser hombre de buen cuerpo, desnudo, y con cabellos largos que traia sueltos. Apuntaua hàzia donde auia venido, y partiendo con las manos cierta cosa blanca, la comia, y empinaua cocos, como que beuia. Llamaronle, mas no quiso venir. Esta Isla tiene de eleuacion de polo artico seys grados largos: es casi redonda: boxea treynta leguas, y no es alta en demasia. Tiene mucha arboleda, y por sus laderas muchas rosas, y sementeras. A tres leguas parte del Oeste, tiene quatro Islas rasas, y otras muchas junto a si, todas cercadas de arrecifes. Pareciò ser mas limpia de la parte del Sur.

Siguiose el rumbo Nornorueste, y lunes primero de Enero se hallò altura de catorze grados. Gouernose al Oeste franco. El viento era largo, y fresco, y Miercoles tres del mismo mes al amanecer, se tuuo vista de dos Islas de los ladrones en cuya demanda se yua. Era la vna Guan, y la otra la Serpana. Passaron por entre las dos, corriendo Nordeste Sudueste por canal de diez leguas, arrimado a la de Guan. Aqui cayò un hombre al agua estando mareando el trinquete. En toda la naue no auia mas de vna cuerda, y esta la tenia echada vno al mar. Acertò a ser en la parte por donde saliò el caydo. Assiose a ella, y subiò, dando gracias a Dios por merced tan grande. La escusa del gastar algunos renglones deste libro en cosas menudas, serà tener (como dixeron los antiguos) las pequeñas consigo vn no se que de diuinidad, que aunque la sienten todos, ninguno la alcança. Por esso no pocas vezes se lleuan tan de veras tras si los ojos de quien las mira, o escucha, que sin otra recomendacion, ni abono, se le aficionan luego. Vna destas la descripcion de tierras, traxes, y costumbres de naturales; aunque el curioso la pondra (siempre que llegare) en el numero de las mas importantes, assi por el deleyte que causa su variedad, como por lo que enseña, y aduierte su narracion.

Llega pues, el nauio a vista de Guan, començaron a salir della gran numero de canoas. Estos son barquillos de cierta madera tan liuiana, como corcho. Nauega en cada vno solo vn Indio; y aunque tiene arbol, vela, entena, triza, escotas, y timon; el que va dentro lo gouierna con vna mano, y con otra alça, amayna, y buelue la vela, lleuando en cada pie vna escota, con que alarga, o caza, cada cosa a su tiempo. Son embarcaciones de dos proas, y en virando la vela, está na camino, sin que se vire el vaxel. Es grande su velocidad, y quando la ola cansada quiebra sobre el, lleuandole de aguas el que le guia se arroja al mar como vn pez, y cogiendole sobre los ombros le trastorna en el ayre, y le haze despedir el estoruo que tiene en su concauidad. Assi queda ensuto como antes, metiendose el que le desocupò dentro por vn lado. Llegado al puerto, toma el nauichuelo acuestas, y le arrima al pie de vn arbol, sobre quien (como nido) tiene su albergue; alimentandose de la pesca que haze. En esta forma viue, aunque como barbaro, como dichoso en ignorar los eclipses de corte, y los planos con que el mundo sirue de hazienda fauores, estimacion, y priuança, bienes soñados, y passatiempos de ayre. Llegauan al bordo de la nao muchos de aquellos bateles con refresco de frutas de la tierra, como cocos, plantanos, comboyes, y cañas dulces, sin varios generos de pezes maritimos, a quien con las manos sin otro aparejo pescan, y sacan de las concauidades de las peñas; causa de que ningun pescado este seguro de su agilidad, sino es el Cayman Tiburon, y Caella. A estos adoran como deydades, y por el temor que les tienen, y daño, que dellos reciben, les ofrecen, y pagan parte de los frutos, que cogen,

casi como en diezmo. Ponen el presente en vn batel, a quien a la vela, y sin gente despiden por el mar adelante, trastornandose, y hundiendose en corto espacio. Son los de las Islas ladrones de color pardo. No lleuan hombres, ni mugeres ropa sobre si. Es gente por estremo bellosa, membruda, de grandissima fuerça, y tan recia de cueros, que desnudos, y descalços se meten por entre çarças, y espinas, y andan por riscos, y peñascos tan ligeros como corzos. No tienen entre si genero de moneda. Desprecian la plata, y oro, por cuyo respeto los huespedes no podian tratar con ellos, sino con trueques de pedaços de hierro. Estiman este, despues que tienen conocimiento con los Españoles, viendo que cortan con el los arboles, y maderas. Codician en particular las hachas, y los cuchillos, porque los que vsauan hasta entonces, eran de guijas y pedernales, con que labrauan sus nauios, y otras cosas. Hallaronse varias vezes, que marineros, y soldados saltaron en aquella tierra con ocasion de aguada, muchas casas de Indios (como se dixo) edificadas sobre arboles. Auia tambien en la playa algunas choças, y buscando la codicia de los viandantes vnas, y otras, hallaron tan solo mimbres atrauessados, y en ellos ensartadas muchas canillas, y calaueras de hombres. Son estos, huessos de sus antepassados, que siruen a semejantes brutos de dioses. Veneranlos como a tales, porque no conocen otros, sino al Sol, Luna, Caymanes, y Tiburones, dentro de quien tienen entendido, que andan las almas de sus difuntos. Por dar a los cuerpos honrosa sepultura, los desuellan, y quemando la carne, la meten hecha ceniza en vna tinaja de tuba (cierto vino que sacan de palmas de cocos) y bien rebuelta; se la beuen entre todos. Solamente dexan los huessos, para que los parientes entolden sus casas, y tengan siempre presentes a los suyos. Lloran toda la vida a sus muertos enciertos dias, y noches por sus horas. Para este fin ay muchas plañideras, que se alquilan; supuesto, se lleuan vnos a otros, o por interes, o por amistad. A quien llorò por su vezino, siendo menester en su casa, se le paga el llanto que le fue prestado con esta condicion: de modo que o llora por su persona, o alquila quien llore en su nombre. Assi mismo, tienen estas obsequias, y toman mucho plazer, porque comen, y beuen esplendidamente. Duran las hontas cerca de vna semana por vez, siendo la borrachera propia del dia, y el lloro de la noche. Llora cada vna de por si la hora que le toca, en cuyo espacio refiere (entre las lagrimas) la vida, y hazañas de aquel, o aquellos por quien se aflige. Cuenta desde que naciò sus niñezias, y las cosas que hazia quando mayor, declarando por extenso su estatura, faciones, gracia, es fuerço, y todo lo demas, que puede hazer en honra del difunto. Si es gracioso algun passo de los que va refiriendo, comiença a reyr con la propia furia que ha llorado, dando los presentes tan grandes risadas, que el albo rotan todo. Acabado el impetu de la risa, despues de auer platicado, y beuido vn rato (que en esto se tiene gran cuenta) se buelue a proseguir el llanto como de antes. Por otra parte quando se toca algun particular triste, y de sentimiento, alçan mucho mas los alaridos todos los circunstantes; que quando se hazen estas fiestas suelen ser mas de dozientos.

El año de sesenta, y ocho passando a Filipinas dos compañias, vna de Iuan Lopes de Aguirre, y otra de Lorenço Chacon, saltando en esta Isla de Guan alguna gente a hazer aguada, y por algun refresco, sucedio, que apartandole no lexos de la marina vn Español de hasta veynte años, con desseo de buscar alguna fruta, se le apareciò al entrar en vna arboleda cierto saluajuelo como de catorze años. Viendole el forastero tan muchacho, desnudo, y sin armas, no tuuo rezelo del, aunque assi mismo se hallasse desarmado, por entender que no se alexaria del puesto donde estauan los otros. Acercose el Isleño, y abraçandose con el soldado, le hazia halagos y caricias de amistad, como que con su vista

IV. Partie.

huuieſſe recebido particular contento. Fuele tras eſto moſtrando donde auia plantanos, y anduuo vn rato con el al parecer ſeguro : mas ya deſuiados buen rato del cuerpo de guarda, ſe abraçò de nueuo el ſaluage con el ſoldado, y le lleuaua con gran facilidad de baxo del braço hazia el monte adentro, ſin ſer poderoſo para deſſaſirſe del. Tampoco oſaua dar vozes a los compañeros, porque al robador, ſintiendo ſu miedo, no apreſuraſſe el paſſo, y tambien, porque en chocarreria, riendoſe, y como que ſe burlaua, le yua lleuando donde queria. Continuando el ſendero de la eſpeſſura, acertaron a venir por el quatro Eſpañoles que ſe auian emboſcado con ocaſion de buſcar caça. Pararonſe todos, ſentido el ruydo que por entre las ramas hazia el barbaro, aſſeſtando los arcabuzes a la parte donde ſe ohia, entendiendo fueſſe algun corço, o bufano. Al fin ſe alteraron vn poco, viendo a los dos, y que el de ſu nacion forcejaua por deſtrauarſe. Viſtos por el ſaluage, le dexò libre, y huyendo, ſe ocultò por entre la maleza, quedando el opreſſo con los ſuyos, de quien, y de ſu Capitan, recibio deſpues particular reprehenſion, por auerſe apartado ſolo, y ſin armas de la tropa de los ſuyos. Paſſados cinco años, deſpues de ſemejante ſuceſſo, el Virrey de Mexico don Martin Enriquez, ordenò a Iuan Lopez de Aguirre, lleuaſſe al paſſar por aquellas Iſlas vno, o mas ſaluages muchachos, para que inſtruydos en la fe, aprendieſſen la lengua Eſpañola, a fin de que pudieſſen (ya ſabida , y bueltos a ſu tierra) ſeruir de interpretes, y de enſeñar, vna y otra a los naturales della. Puſo el miſmo Capitan mucho cuydado en prender alguno, y ſolo pudo auer a las manos vn ſaluage mancebo, que lleuò conſigo a Manila donde ſe bautizò. Acertò por ſu buena ſuerte a ſer el que arriba ſe dixo; y hablando a caſo vn dia con el miſmo ſoldado, ſe vinieron a conocer, y a ſer grandes amigos. Confeſſole (refiriendo el caſo) era ſu intento quando le tuuieſſe en ſu cabaña, ſorberle los ſeſſos, beuerle hecha ceniza la carne, y hazer tapiceria de ſus hueſſos. ¶ El nauio proſiguiendo la derrota de Filipinas, dexò atras las Iſlas de los Ladrones, ſin tomar tierra en ellas, aunque lo auia bien meneſter. Por no tener aparejos con que echar la barca al agua, ni con que recogerla; ſiguio ſu camino el Oeſte franco haſta vn Viernes doze de Enero, que ſe tomò de Sol treze grados. El piloto mayor, no auiendo eſtado jamas en aquellas partes, yua por ſola noticia , y ſin certeza en demanda del Cabo del Eſpiritu ſanto, primera tierra de Filipinas. Vioſe Domingo al romper del dia la corona de vn alto cerro. Alboroçaronſe todos, como ſi ya huuieran llegado al cierto, y ſeguro deſcanſo. Venian las naues, tales, que no ſe podian tener en pie de flacos, y tan faltos de virtud, que con ſola la armadura parecian la propia muerte : y aſſi traian por reſtan, que no querian ſacar a luz, mas que los fuſtes apuntelados. Cantidad de arrecifes, y otras incertezas turbaron por inſtantes ſu contento, viendoſe no pocas vezes en euidente peligro de las vidas. Perdieron de viſta el cerro, por la grande neblina, y doblaronſe ſus triſtezas, comencando de nueuo las mormuraciones contra el piloto mayor, a quien valian poco ſus buenas razones, y ſu mucha inteligencia. Boluioſe a la tierra en parte que hazia vn cabo. Por eſtar algo abaſlouento ſe metio boneta; y ſe puſo la proa al viento quando ſe pudo, con intencion de yr coſteando la tierra, la ſondaleta en el braço, y el eſcandallo en la mano, para ſurgir luego en hallando fondo, y elegir lo que mas parecieſſe conuenir. Hizoſe la verga arriba : rompieronſe las oſtagas: cayoſe la vela a baxo, y la gente que eſtaua ya deſeſperada, deſconfiò de manera, que no queria ya el remedio. Al fin obligados de buenas razones, y de vnos baxos que parecian a ſotauento, fue la verga leuantada, y amarrada al maſtil con vnas boças, para que ſe detuuieſſe. Rompieronſe las boças; boluio a

caer la verga, fue meneſter para tornarla a yzar lengua y manos. Aquella noche auian corrido grandes olas, y entonces era lo miſmo, y como la nao con la proa al viento trabajò tanto, rompioſe caſi toda la xarcia, en eſpecial la del trinquete, a quien no le quedò amante, y ſolo vn ouenque por banda: aſſi tan deſacompañado, parecia el arbol que al primer balance ſe auia de tronchar ; mas era bueno, y firme. En igual eſtado ſe hallaua la naue, y la gente ; quando el Señor los mirò con los ojos de ſu clemencia, y fue ſeruido, de que yendo con la proa derecha a vna bahia, ſe hizieſſe el viento largo, con que entraron en ella por vn canal ceñido de arrecifes, que tiene la miſma bahia en ſu boca. A eſte tiempo venian ya a reconocer tres Indios vn varangay, poniendoſe a barlouento de la nao, ſin dezir nada. Yua en ella vn ſoldado, platico en la lengua de Filipinas: aunque por auerlo querido ſer tambien en el viage, caſi huuo de ſer la ruyna de todos. Hablò en ella, y ſabiendo ſer Chriſtianos, ſe llegaron, y entraron a enſeñar el ſurgidero que ya ſe yua buſcando. Surgioſe en mitad de la bahia en catorze braças. El vno deſtos Indios era ladino, y el otro ſegun el afirmò, era el que el Ingles Tomas Candi lleuò conſigo, quando paſſò por alli, para que le enſeñaſſe entre aquellas Iſlas ſus canales. Preguntoſeles, que tierra era aquella, dixeron que el Cabo del Eſpiritu ſanto, y que el puerto y bahia ſe dezia de Cobos. Dieron eſtas nueuas la vida a los que no auia vn hora que ſe tenian por ſentenciados a muerte , ocaſion de moſtrar los interiores gozos con exteriores lagrimas. Fueron los Indios a ſu pueblo, de donde vinieron otros, y vno con vara alta de juſticia, que por verla, y vna cruz en tierra , ſe creyò eran Chriſtianos, y de paz. Truxeron gallinas, puercos, vino de palmas, muchos cocos, plantanos, cañas dulces, papayas, rayzes, agua en cañutos, leña en tercios, y en fin, ſocorro tal qual le auia meneſter gente tan neceſſitada. Reſcatoſe de todo por reales, cuchillos, cuentas de vidro (que eſtiman mas que la plata) con que en tres dias con ſus noches no ſe apagaron los fogones, ni dexaron de cozinar, y amaſſar tratando ſe ſolo de comer. Hizo eſte deſorden notable daño a los enfermos, porque como venian tan poco vſados a comer, y comian ſin taſſa, murieron de ſemejante exceſſo tres, o quatro. En eſta bahia , que eſta en doze grados, y cinco ſeſmos de eleuacion de polo artico, ſe detuuieron catorze dias ; aunque deſpues de auer interuenido grandes contradiciones ſobre el partir ſin a dereçar la naue, ſe dio vela en veyntinueue de Enero. A las cinco de la tarde ya eſtaua del todo embocada, y dexada bien atras la Iſla de ſan Bernardino, que caſi ſe metio de la boca. Llegada la noche en el parage de otra que ſe llama Capul, ſe hallaron vnos furioſos rilleros, y eſcarſeos alagados de corrientes, que alli muy poderoſas, y tanto que le hizieron, dar a la naue vna buelta en redondo, y aprouechò mucho la bondad para ſe poner en tierra. El otro dia, de vn puerto que eſtà en la Iſla de Luzon llamado Nibalon, ſalieron Indios en Barangays con muchas gallinas, puercos, y frutas, mas por no auer ya caſi con que reſcatar, ſe comprò poco. Nauegoſe la Iſla en la mano yendo por entre otras muchas de noche a la ventura, paſſando por partes, que dixeron deſpues los pilotos mas platicos, que ignorauan como no ſe auian perdido en muchos baxos que auia por donde fueron, mas nunca ſe vieron eſtos, de modo, que ſi los ay, fue nueſtro Señor ſeruido de guardarlos. Iueues primero de Hebrero en el parage que dizen de Galban, embiò la Gouernadora en la barca a ſus dos hermanos, y a otros ſiete hombres, con acll. que de que yuan a buſcar de comer. Eſtuuieronla eſperando todo el dia, mas no boluio ; reſpeto de auer ydo a Manila, diſtante de alli quinze leguas (por cierto delgado que la Iſla haze) a dar auiſo de la yda. La ſiguiente noche al amanecer, ſe hallò la nao enſenada

DE LAS ISLAS DE SALOMON.

en Islas, sin ver salida, sin la barca, y con poquissimo sustento, por auerse acabado la prouision del puerto de tras. Veianse por alli muchas embarcaciones de Indios, mas todos huian del nauio, aunque se les hazia señas: porque como a quel tiempo no era el en que van los vaxeles de la nueua España, entendian ser aquel de Ingleses. Crecia la pena de estar hambrientos, el no ver por donde salir con la nao. Assi anduuieron en calma lo que se pudo de vna parte a otra; quando se vio vna angosta canal, que tendria ancho vn tiro de piedra. Acometieronla con el viento que refresco a popa, saliendo por entre la Isla de la Caſa, y la de Luzon, por junta a vna punta llamada del Açufre, amar ancha de vna grande enſenada que se dize, de Bonbon. En esto se tuuo vista de dos caracoas, Bogauan en cada vna quarenta Indios, veynte por vanda con canaletes. Hizieron con vna vanderilla señal a la que venia delante. Desuiose, y no quiso esperar. Pusose la proa en la otra que temiendo la embistiessen, llegò, y se amarrò con vn cabo, que le dieron. Preguntole el patron de donde venia, y a donde yua. Respondio, que de Manila, que estaua veynte leguas de alli, y que yua a Cebu, la primera poblacion, que fundaron los Españoles en aquellas partes, que es Isla distante cien leguas de la misma Manila Pidioseles vn Indio para guia, por auer de passar la nao aquella noche vnos baxos que llaman de Tulei. Dieronle con precio de nueue pesos por su trabajo. Passose la noche con vigilancia, y a la mañana se alcançò a ver la boca de la bahia a quien se fueron acercando por tierra de la Isla de Fortun. Era contrario el viento por estar la entrada a la parte de Poniente, y ser brisa de Nordeste la que ventaua. Ay en la entrada desta bahia vna Isla que se dize Mariuelez, donde de ordinario esta vn Español por centinela, con Indios remeros, y barcas ligeras, con que salir a reconocer los nauios que van entrando, para auisar con presteza al Gouernador de Manila. Tiene mas vn setrallon pequeño que se dizeel Frayle, Norte sur, con Mariuelez. Estas dos Islas hazen tres pequeñas canales, y para entrar por la que haze Mariuelez, y el Frayle, se començo a boltear. Como la naue no tenia mas velas que las dos mayores, y la gente estaua tan consumida de trabajar, ganauase poco, o nada, y a ratos se perdia mucho. Anduuieron assi tres dias fatigadissimos y desesperados de ver, que el no montar aquella Isla, les robaua el contento de llegar a descansar en Manila. Todo era ansia, y esperar vna, y otra marea, haziendo cuenta a las horas de su creciente, para que los lleuasse adentro, mas como no guardan orden, y nunca llegò esta hora. Dezian los marineros al piloto mayor, que varasse la nao, pues bastaua lo trabajado. Deuio ser la causa, ver tierra de vna, y otra parte, y juntamente los humos de Manila. Assi acudian a las faenas tan despaçio, que parecia hazerlas mas de cumplimiento, que de obligacion. Todo su desseo consistia en varar el vaxel, alegando, que pues estauan tan cerca de tierra de Christianos, era mas justo, se perdiesse el solo, que no que padeciesse tanta gente. Faltaua ya del todo agua, y comida, y solo sobraua viento contrario, y picante. Mostrò el piloto mayor sentimiento con los marineros, en razon desto, acuya causa les dixo; aduirtiessen, que era muda toda aquella costa, y de grandes tumbos de mar: fuera desto, que estauan sin barca, sin algun manjar, y con muchos enfermos, que era impossible (segun estauan descaecidos) se consertuassen horas, quanto mas dias. Propusoles, era indignidad se dixesse dellos, que pretendian saluarse por de mas salud, y por saber nadar. Alentolos con dezir, que auian traydo aquella nao de tan remotas partes, por camino jamas arado de quilla, y assi que no era razon parecieſſe lo poco mucho a quien auia padecido tanto con tan buen animo. Significò, era duriſſimo de ſufrir, que ſe perdieſſe la palma de lo merecido por la nauegado en tan immenſos golfos, en el confin del puerto, de donde los eſtauan mirando. Aduirtio,

que si huuieran traydo aquel vaxel bien aparejado, con mucha gente sana, con sobra de bastimientos, y puntualidad de paga, les aplicaran pocos loores; mas que por ser todo al contrario, se les deuian muchos. En esto se descubriò vn Barangay que bolaua hàzia la nao. Llegado cerca, se vieron dentro del quatro Españoles con ocho Indios que lo bogauan. Era el vno destos la centinela de Mariuelez, llamado Alonço Albarran. Acompañaua al Maestresala del Gouernador que venia por su orden con dos soldados, a dar a doña Beatriz el pesame de su desgracia, con carta, en que le hazia muchos, y muy honrosos ofrecimientos. La vista de los quatro Españoles causò tan grande gozo a los afligidos, quanto se dexara entender por el trance en que se hallauan. Dieronles mano, y entrados, fueron recebidos con estrechissimos abraços. Yuan ellos con mucho cuydado, mirando a vnos, y a otros, y como vian tantos enfermos, y llagados, tan rotos, tan pobres, y embueltos en tan grandes miserias, solo dezian, Gracias a Dios, gracias a Dios. Baxò Albarran entre cubiertas a ver el hospital, y quando las mugeres enfermas le vieron, alçaron la voz, diziendo. Que nos trae para comer? denos de que comer, que rabiamos de hambre y sed. El las dexò algo consoladas, con la esperança del refresco que ya venia, con que se subio arriba, espantado de todo lo que auia visto. En fin les embio Cielo todo el bien junto. Dela buelta que la nao yua, se montò a Mariuelez, desde donde embiò doña Ysabel vn soldado con la respuesta de la carta que recibio del Gouernador, con que se despachò, y boluio el Barangay. De alli poco se tuuo vista de otro, en que venia el Alcalde mayor, de aquella costa, con los hermanos de la Gouernadora, con mucho pan fresco, vino, y fruta, que le dieron en Manila. Estandolo repartiendo, se vieron en los mas compuestos algunas cosas bien agenas de autoridad: mas quien no se descuyda en tiempos de tanta necessidad como era aquel. El siguiente dia llegò vn buen batel cargado de gallinas, terneras, puercos, pan, vino, y verdura: traiale Diego Diaz Marmolejo Encomendero de aquella tierra, por orden del Gouernador. Recogido, se repartio entre todos con mucha largueza.

Fuesse la nao acercando al puerto, haziendo algunas bueltas forçosas. Salio cierto Pinao contra Maestre de otra del Rey, con vn esquife lleno de marineros, todos vestidos de sedas de colores, a dar ayuda. Estaua en la playa el Capitan de aquel puerto con vandera tendida, y toda la gente de mar en orden con sus armas. Apunto del surgir se hizo salua al estandarte Real que yua tendido en la naue con toda la artilleria, y arcabuzeria. Respondiose como se pudo, con que se dio fondo a onze de Hebrero de nouenta y seys en el desseado puerto de Cabite, dos leguas al Sudueste de la ciudad de Manila cabeça de Filipinas, altura de catorze grados, y medio, parte del Norte, con cinquenta personas menos, que murieron despues de la salida de santa Cruz. Surta la nao, entraron de nueuo algunes en ella, que mouidos de caridad, acudieron con tanto pan, y carne que sobraua. Otro dia por la mañana, vino el Maestre de Campo por orden del Gouernador don Luys Perez de las Mariñas, y vn Regidor por parte del Cabildo popular, y vn clerigo por la del ecclesiastico, a recebir a doña Yzabel. Sacaron la luego, a las casas Reales del puerto, haziendole al desembarcar nueua salua. En comiendo la lleuaron a la ciudad. Entrò de noche, y fue recebida con aparato de hachas. A los enfermos sacados en braços del nauio, lleuaron al hospital: las viudas a casas de hombres principales, calandoſe despues todas a ſu guſto. Los conualecientes, y de mas ſoldados ſe alojaron en caſas particulares, y los caſados las puſieron luego: de ſuerte, que vnos, y otros, fueron recebidos, y hoſpedados de los piadoſos vezinos de Manila, con mucho amor, y guſto. De alli a pocos dias murieron diez, y quatro ſe entraron en religion. La fragata nunca mas pareciò. Nueuas huuo

IV. Partie.   d ij

que la auian hallado con todas sus velas arriba, y la gente muerta, y podrida, dada a la costa en cierta parte. Apottò la galeota a vna Isla, llamada Mindanao, en tierra de diez grados. Andando perdidos por entre aquellas Islas, vinieron a estar tan necessitados, que saltaron en vna pequeña que se dize, Camaniguin, y mataron, y comieron vn perro, que vieron en ella. A caso encontraron vnos Indios, que los encaminaron al puerto, donde avia vnos padres de la Compañia de Iesus; y los padres a vn Corregidor de aquel partido. Este embiò cinco presos a Manila (por auer su Capitan querellado dellos, diziendo, se le auian querido alçar) con carta para el Doctor Antonio de Morga, Teniente general de aquel Gouierno, que dezia. Aqui vino a dar vna galeota que traia su Capitan tan impertinente, como las cosas que dezia. Preguntele de donde venia: y dixo, que de la jornada del Adelantado Aluaro de Mendaña, que salio a hazer desde el Piru a las Islas de Salomon, y que auian salido quatro nauios. Este apottò aqui, y por traer vna vandera del Rey le recibi, como es deuido. Si los otros fueron alla, se sabia esto mejor. Contra los soldados no se procedio: dixeron como solo porque quiso el Capitan se auia apartado de la nao con su galeota.

Tuuo semejante fin tan prodigioso viage; si en su narracion me detuue demasiado, escuseme su grandissidad, supuesto, no fueron, ni con mucho, tales los de Vlises, y Gama; y merecieron ambos los dos poemas en que de proposito se ocuparon aquellos dos nobilissimos escritores Griego, y Lusitano. Mas porque pareciera superfluo auer hecho ostentacion de sucello que al parecer, fue tan infeliz, conuiene referir la grande vtilidad que resultò de igual despacho, y el bien futuro que quiso el Cielo se siguiesse del presente mal, para mayor gloria, y alabança de Dios, y del Virrey, causa fundamental, y eficaz instrumento suyo.

Quiros, tras boluer acompañando desde Manila a Mexico a doña Ysabel Barreto, que por entonces se quedò alli, passò a Lima, donde pretendio que don Luys de Velasco (sucesor del Marques en el Gouierno del Piru) le despachasse con vaxeles, gente, y lo de mas necessario, para proseguir el començado descubrimiento; y para (como el dezia) yr cortando las olas del mar incognito, y buscando las no sabidas tierras, que diuisaua el polo Antartico, centro de su mismo Orizonte. Puso en dos memoriales los motiuos, que le incitauan a seguir esta empressa, expressandolos casi en esta forma.

Porque, es parte de circulo la sombra que se ve en la Luna los dias de su eclipse, se prueua ser redonda la forma del cuerpo de tierra y agua que la causa. Imaginasse en este cuerpo vna linea llamada Equinocial, con solo largura, sin anchura, ni profundidad, que lo ciñe, y rodea todo, y lo deuide en dos partes iguales, diziendose la vna del Norte, y la otra del Sur. Desta Equinocial tienen principio los grados, contando desde vno hasta nouenta, que es la mayor cantidad de latitud, a qualquiera de los dos polos. De la parte del Norte està ya descubierto hasta mas de setenta grados: lo que resta de alli a nouenta, aunque se descubriesse, parece, que no se podria poblar, por la mucha frialdad, por la desigualdad del dia y la noche, y por otras incomodidades. Es notorio, que en muchas partes de las sabidas habitan los hombres en cueuas, y viuen con mucho artificio, teniendo otra vida mala de passar con el rigor de los tiempos. De la parte meridional ay descubierto hasta cincuenta, y cinco grados, passado el estrecho de Magallanes, y hasta treynta y cinco, en que està el Cabo de buena esperança, o quarenta, y poco mas, en que se ponen las naos para montarlo. Estas dos puntas de tierra con sus costas, y contra costas estan ya no sabidas, falta aora las demas que dellas restan, y del paralelo della, y de menos altura, rostro al poniente hasta nouenta, para saber si es tierra, o agua, o que partes tiene de las dos. El Adelantado Aluaro de Mendaña, quando yua nauegando año de nouenta y cinco para las Islas de Salomon, que dezia estauan de siete hasta doze grados parte del Sur, y mil, y quinientas leguas de la ciudad de los Reyes, encontrò o juntas quatro Islas pequeñas, pobladas de tan buena gente, que no se sabe auerse descubierto otra, que con aquella corra parejas, sino por la mayor parte vnos Indios de malos gestos, de medianos talles, y de color morenos, como se ven en el Piru, Tierra firme, Nicaragua, Nueua España, Filipinas, y otras partes. Estas Islas estan en altura de nueue, y diez grados. Distan de la ciudad de los Reyes mil leguas, y de la mas cercana costa de la nueua España leys cientas, y cincuenta, y otras mil de la nueua Guinea. Los vientos alli son Lestes, a cuya causa para poder yr destas Islas al Piru, y a la nueua España, estuerça, yr a la boliua, al Norte, o al Sur, o sus colaterales, a buscar fuera de los tropicos los vientos, que se dizen generales, y para esto son menester instrumentos de nauegacion, y nauios capazes, que son dos cosas (sin otras muy necessarias) que les faltan a estas gentes. Por estas, y otras razones que le pueden dar, queda bien manifiesto, no auerse podido comunicar en algun tiempo con las referidas dos Prouincias, ni menos con la nueua Guinea, y Filipinas; pues de aquellas partes a las mismas Islas, no se puede nauegar por el viento leuante, y tan contrario. Desde las quatro Islas no se vio otra tierra. Las embarcaciones de los naturales citan a breuedad de nauegacion, por cuya causa se buscò la que podia obligar a creer el como puedan yr a lexas partes: y es lo mas verisimil, que quando salgan de lugar donde no alcançan tierra de vista, se ya marcando la propia que van dexando, hasta que la van perdiendo, y luego que la dexan de ver, alcançan de vista la otra parte donde van: porque en siendo perder del todo la tierra, assi la de adonde salen, como la que van a buscar, luego ay necessidad de entender quando menos la aguja de nauegar, que no tienen. Dexanse los vientos contrarios, las corrientes, y otras cosas, que les pueden, hazer perder sus derechos caminos. Esto se infiere mejor de que los pilotos mas platicos, y pertrechados de todo lo que falta a esta gente, en perdiendo de vista dos, o quatro dias la tierra, no saben, ni pueden determinar lugar. Assi (hablando generalmente) se afirma ser los instrumentos de nauegar de aquellos Indios los mismos ojos, o el tino de cortas distancias. Pues a lo que se podia dezir, que se marcan por el Sol, Luna, y Estrellas, se responde, que el Sol no le ve de noche. Sabese tambien la variedad de la Luna, y en fin no estan siempre presentes, ni en vn mismo lugar, ni sin nublados delante, Estrellas, Luna, y Sol. Mas quando todo fuera possible (que no lo es) auia de ser por la misma razon su nauegacion tan corta como se dixo. Y aunque es verdad que pueden los mas boçales con sus embarcaciones yr a buscar de vna pequeña Isla vna grande tierra, como sea cerca, pues ya que no topen en vna parte, daran en otra; sino por esto se concede, que de vna grande, o corta tierra, puedan sin arte buscar Islas limitadas, y lexas. Entre aquellos Indios auia algunos amulatados, cuya diferencia de color arguye comunicacion con otras gentes. De mas, siendo aquellas quatro Islas pequeñas, es de aduertir, que en las grandes apenas caben los hombres, y siempre van procurando otras donde poder viuir con mayor comodidad; fuera de que o las dexan por discordias, o no poder sufrir señores, o por querer lo ser ellos. Assi piadosamente se puede creer aya por el Sueste, Sur, Sudueste, hasta mas del Oeste, otras Islas, que se van eslauonando, o tierra firme, que se va continuando, hasta trauarse con la nueua Guinea, o adscriuirse con Filipinas, o con la tierra del Sur, del estrecho de Magallanes, pues aqui no se conocen otras partes por donde en aquellas; y sustessen entrar las gentes que las habitan; sino de milagro. Si va para vna, o para otra parte, o para ambas, promete ser o muchas Islas, o tierra firme, antipodas de lo mejor de Europa, de Africa, y Assia, donde de veynte a setenta grados crio Dios los hombres tan

prouechosos

DE LAS ISLAS DE SALOMON.

prouechosos para letras, y armas; y tan mañosos en todo lo que es policia, dandoles el temperamento tan acomodado como se sabe. Siguese que se deue esperar esto mismo de aquellas partes, alomenos que aya buena disposicion en tierra, y hombres, para todo lo que se puede pretender, advirtiendo, que vale la parte oculta, mas de cinco mil leguas de longitud, y en partes sesenta, ochenta, o mas grados de latitud: en suma, que es quarta del globo la que alli esta por descubrir. Mas dexando otras muchas razones que se pudieran traer para prueua de lo que se afirma, se dize, que ninguna de todas quantas Islas se han descubierto engolfadas en todos los mares del Mundo, estaua poblada, sino desierta, y sin hombre que la pisasse, saluo las de los ladrones, de quien se tiene por cierto, forman cordillera que remata en el Iapon con cortas distancias, porque en todos los viages que por alli se hazen, viniendo de Filipinas a nueua España, se encuentran Islas. Siruan de exemplo las Terceras, las de la Madera, las de Cabo Verde, y otras del Oceano Atlantico, que por estar tan engolfadas, las hallaron solitarias; al contrario de las de Canaria, que por situadasa vista de la Tierra firme de Africa, se hallaron con la gente que se sabe. Pues si estas con estar tan vezinas a tierras de Europa, y Africa, a quien es tan antiguo el saber nauegar, estuuieron tanto tiempo ocultas, y a caso se descubrieron, y poblaron, que se dirà de las quatro aora descubiertas en tan largo, y ancho golfo, pobladas de gentes tan ignorantes, y todas las de aquellas partes tan sin arte como ellas. Dexanse las Islas de Mediterraneo, y todas las otras que estan arrimadas a las cinco Prouincias de Europa, Africa, Asia, Nueua España, y el Pirù que por la vista, o cercania entraron sus pobladores.

Con esto apoyaua Quiros lo que pretendia, mas no lo consiguio por entonces, respeto de alegar cuerdamente el Virrey Don Luys de Velasco (oy Marques de Salinas, y dignissimo Presidente del supremo Consejo de las Indias) carecia de orden de su Magestad, para dar efeto a su despacho. Enfin, se embiò a España con cartas para el Rey, y ministros en que acreditaua el negocio. Llegò a ella, donde despues de estar en Roma; despues de recibir espirituales fauores del Pontifice Clemente Octauo, y de ser amparado del Duque de Sesa Embaxador en aquel tiempo, le despachò (por negociacion del mismo Duque) el Monarca Felipe Tercero, para el descubrimiento de la Austrialia. Partiò desde el Piru en veyntvno de Deziembre de seyscientos, y cinco. Hallò diferentes Islas, y al vltimo a ferrò vna bahia, a quien llamò de san Felipe, y Santiago, fertilissima de sitio. Descubria continuacion de veynte leguas montuosas, que prometian otras muchas por lo interior, y lados de su distrito. Yua el Capitan enfermo; y fue forçoso dar la buelta: en el camino derrotò la Almiranta, siendo ventura la que entonces pareciò desdicha. Tocò con esta ocasion en muchas Islas copiosas de oro, perlas, y especeria. Costeò ochocientas leguas; y lleuando consigo algunos de los naturales, parò en Filipinas, desde donde Luys Vaes de Torres Almirante refiere todo lo visto. Finalmente, aunque esta empresa de poblar en las partes del Austro se iuzgue por algo dificil

respeto de algunos inconuenientes, se tiene con todo esso, por importante, y de mucha consideracion, como se encargue a persona cuerda, prudente, actiua, capaz, y sobre todo de calidad, y valor, con que obligue generalmente a obediencia, y decoro, requisitos tan necessarios en tan remotas regiones.

Acerca del viage de Mendaña, escriuio su Magestad al Marques, vn capitulo en carta de veyntitres de Deziembre de nouenta, y cinco, su data en Madrid, cuyo tenor es este.

Al Adelantado Aluaro de Mendaña, a quien se encargò el descubrimiento, y poblacion de las Islas de Salomon, y quedaua de partida para la iornada, dezis, que se venido el galeon, san Geronimo, que era mio, en ocho mil pesos corrientes, y que se hizo en ello comodidad, con condicion que le ocupasse en la dicha jornada; y que assi mismo por su pobreza, y porque arrancasse algun golpe de la gente valdia, y se consiga el fruto que se espera, seria forçoso ayudarle con algunas pieças de artilleria pequeñas, mosquetes, arcabuzes, poluora, y municiones; y reseruariades de la composicion a algunos estrangeros que le ayudauan, y yuan a seruir en aquella iornada; en lo qual aveys hecho bien; y assi ayudareis al dicho Adelantado con las cosas que dezis, y con las demas que se pudiere, y auisarmeeys si hizo la iornada, y lo que della fue succediendo.

Assimismo, sin este descubrimiento, mandò hazer el Marques otras muchas entradas, conociendo quan importante era para el buen gouierno de las Prouincias del Pirù, ocupar la gente ociosa dellas, iunto con lo que passaua continuamente destas partes. Iuzgaua que se seguian dos bienes por aquel camino, vno en abrirse puerta para la predicacion Euangelica, cuya extension desseaua por extremo, y otro en quedar limpia la tierra de gente valdia, que es la que suele turbar la paz y sossiego comun. La execucion destos intentos aprouò, y agradeciò su Magestad, diuersas vezes, en varias cartas, mas sobre todo en el capitulo de vna escrita en Madrid a veyntiuno de Enero de nouenta y quatro, donde se lee. Dezis que para desembaraçar la tierra de la mucha gente que en ella anda ociosa, aueys tenido por buen medio buscarles nueuos descubrimientos, y poblaciones en que se ocupen, y que a los que se encargan desto, los proueeys de algunos Corregimientos de que se fauorezcan, para hazer las jornadas, y facultad para repartir; y encomendar los Indios de guerra, tierras, y solares; y licencia para algun nauio, o barco donde ay necessidad de socorro por mar, y con poluora, y arcabuzes, y tambien se les prouee de ornamentos, y otras cosas para el culto diuino; y que en algunas Prouincias donde ay necessitad de ganado para criarlo en la tierra, y cultivarlo, se lo aueys embiado, y me lo suplicays tenga por bien de aprouarlo, pues ha sido en seruicio de Dios, y mio, y se ha hecho con mucha moderacion, y lo que no se ha podido excusar: està bien, auiendose hecho con la limitacion que dezis; y lo serà, que lo conitnueys, de manera que se consigan los buenos efetos que se desean.

ORDO III. SIVE SERIES REGVM ASGANIORVM VIII.
Ex stirpe Firusi Carousiadæ, qui annos CLIII. regnaverunt.

ASCHGVS.

Aschgus illato Ascaniis Bello eos Imperio ejecit, sibique vindicavit quod servato cum nationum regibus antiquo pacto Imperium XX. annos tenuit.

CHOSROV.

Cosroes Aschgi filius, patri ex testamento successit; regnavit annos XIX. & obiit, sub eo Christus Propheta natus est.

GAVDARZ.

Gaudarsius Belasi filius, Aschgi nepos, cognomento magnus, Joannis mortem in Judæos ultus: annos XXX. regnavit.

NARSES.

Narses Gaudarzii filius, Belasi nepos, Patri in Regno successit: regnavit annos XX. & obiit. Moid Ramiu Chorasanis Rex sub eo & ante eum floruit.

NARSES.

Narses filius Narsis. Gaudarzri nepos, Belasi abnepos, Patri successit; Regnumque decem annos tenuit.

ARDEVON.

Ardevon filius Narsis, f. Gaudarzii, f. Belasi Patri in Imperio successit: hujus tempore Romanorum Imperator Persidem invasit, sed eum petito ab Gentium Regibus auxilio Ardevon expulit, cum XI. annos regnasset obiit.

ARDEVON FILIVS NARSIS.

Ardevon Filius Narsis, f. Narsis, f. Gaudarzii ultimus Regum extraneorum, patri successit; XXXI. annos regnavit, ac demum in Bello Artaxerxis Babylonii occisus finem imperio exterorum posuit.

CAPUT QUARTUM.

De Sasoniis, qui & Cæsares XXXI. annos CCCCXXXI. imperaverunt.

ARDSCHIR BABECON.

ARdschir Babecon, ab Avo materno Babit dictus est, Babex ante Ardevonem Persidis Judex. Babecum urbem inter Persidem & Termonem sitam à suo nomine appellavit; Ardschiri Pater Sason à Sasone Behemenis filio originem repetens, Babexi pastor erat; qui cum ab eo generis initia quæsisset, ejus postea sciens & magno cum honore affecit, & filiam nuptiis dedit, ex qua natus est Ardschir; hic adolescens factus Ardevonis ad obsequium in Aulam profectus, ex ea postea cum sociis in Persidem fugit; Ardevon filium cum exercitu contra eos misit; hic ab Ardschuo victus est, qui etiam Patrem ad idem Bellum venientem extra Urbem Ri in prælio fudit, interfecit, regnoque potitus filiam ejus uxorem duxit: illa veneno Ardschirum tollere à Patre persuasa tentavit; sed hic dolo intellecto eam Veziri suo necandam traduxit. Ardschir improlis erat; Vezires cognito eam esse gravidams ervavit incolumem, seque eunnchum fecit natum post aliquot menses Saporem educavit, quem & annum decimum agentem Ardschiro in Pilæ ludo obtulit, reque tota exposita Vezir iste à quo Barmecidæ originem ducunt, amanter exceptus est. Ardschir autem omnes exteros Reges, nec Imperium, nec Tributum negantes reliquit, alios detrectantes sustulit: multos etiam post bellum parere volentes suscepit; Choure pars postea ab Adaddula Delemita melius culta, & Choaschir Kermonis Regia initio Ardschir dicta ejus opera laudantur.

In Choreston, Gezira, in Diabekra, Baharem, Persia & Nargia Casbini nunc vicus & Behamber in Gucilare nunc Kergion illi tribuuntur, sed & novem Urbes in Siston & Kermon & unam ex septem Irac & Bernachir, nunc prorsus deletam condidit; idem Zindroud Hispahanem deduxit, incolisque distribuit. Regnavit annos XL. & duos menses, liberalitate, prudentia, fortitudine insignis, justo certe regimini ea fundamenta posuit quæ

****

ante eum nemo, optima decreta & conſtitutiones ſuperſunt, illi magna orbis Terrarum pars ſub Imperii finem paruit.

SAPOR.

Sapor Patri ſucceſſit, & juſtitiâ & fortitudine clarus. Annos XXXI. vixit & aliquot menſes, Regnum tenuit, orbi ædificiis multis onerando ſtuduit; inter cætera, Niſapurum ab Zahamurazo conditum, & ab Alexandro everſum, inſtauravit in una ad latus vallis huic vicina ſpelunca cernitur in cujus medio Lapidea columna Saporis ſtatua conſpicitur; plures deſuper, & in Choreſtana ab eodem poſitæ ſunt: hic in omnibus Provinciis frequentes pagos extruxit.

HARMUZ.

Harmuz Saporis filius, vir fortis fuit, pulchritudine, robore, ſcientia clarus, annos duo Regnum obtinuit. Urbem Tameram in Choreſtana condidit & Arcem inter Bagdadum & Choreſtanam ut Manes confidenter ad eum accederet.

BEHERAM.

Beheram Harmuſi filius, Manichæos honorificè, Manetem ipſum in Choreſtam magnificè tractavit, ut omnes ejus ſectatores in ſuam poteſtatem redigeret: Tunc & ſapientibus congregatis habita cum eo diſputatione, manifeſtaque ejus perfidia in cuſtodiam traditus, cum ipſe, ejuſque diſcipuli juſtam Sententiam detractarent, Regis juſſu excoriatus eſt: Pelle palea repleta ſuſpendio expoſita: idem præfectis ſuis imperavit ut omnia eorum loca diruerent, ſectatores earceae claudi juſſit: ita hæc ſecta finem accepit, cujus etiamnum reliquias apud Sinas ſupreſſe memorant; regnavit annos tres & menſes totidem, ejuſque regni nulla veſtigia exſtant.

BEHERAM.

Beheram filius Beherami, f. Harmuſi, vir optimus fuit; regnavit annos XX. nec ulla ejus Regni veſtigia ſuperant; in Gendſcham Regiam habuit.

BEHERAM.

Beheram filius Beherami, f. Beherami, f. Harmuſi, Aſchonſcha & Beheram Beherami dictus; patri ſucceſſit, & menſes quatuor regnavit.

NARSES.

Narſes filius Beheram, f. Beheram, f. Beheram; Patri ſucceſſit, & annos IX. Imperavit.

HARMUZ.

Harmus filius Narzis, f. Beherami; poſt Patrem regnavit. Hic primus Coſroidarum pro Tribunali jus querentibus dixit: vir bonus & qui læſis æquum tribuit; annos novem regnavit, & Pagos multos in Choreſtana hodie exſtantes condidit.

SCHAPOR ZULAKNAF.

Schapor Zulaknaf filius Harmuſi, f. Narſis, f. Beheram, moriente patre nondum in lucem editus erat, neque alij defuncti liberi ſuperabant, proceres una ſententia decreverant, quando mater ejus gravida eſſet, fœtui regnum tradere: poſt quadraginta dies nati infantis, regioque in ſolio collocati, coronam capiri ſuſpendunt. Turbatum in regno dùm pueritiam egit. Tair ducto exercitu Regiam Saſoniorum diripuit. Sororem captivam abduxit. Sapor adultus Tairum bello aggreſſus, Melaca ejus ſorore conſentiente, arcemque tradente eum interfecit, pleroſque Arabas internecione delevit, donec tot motibus feſſus cæterorum humeriſtragium imperavit ut ita durius perirent, unde ab illis Zularnaf dictus eſt. Melik filius Naſri ex Majoribus Muhammedis, cum ad eo ejus ſævitiæ contra Arabas caufam quæfiviffet, Ego, inquit Sapor, ab Aftrologis accepi ea ex gente oriturum quempiam, qui Perfarum Reges tollet, cujus odio hanc occafionem juffi. Atqui fubjecit Malik forte á vero aherrarunt Aftrologis: quod fi hoc prorfus eventurum eft & iftius crudelitatis definere fatius eft, ut Ille Imperator cum venerit minori Perfas odio perfequatur. His perfuafus Sapor ab Arabum excidio ceffavit. Inde Legati fpecie ad Romanorum Imperatorem profectus, ab eoque agnitus, captus & in vinculis habitus eft, mox Perfidem invafit, lateque vaftavit diu in ea moratus longe lateque potens donec ancillæ amantis auxilio liberatus fapor in Perfidem cum ea rediit, nullibi quiefcens antequam Cafbinum pervenit, in ea urbe hortus ab Sapore conditus, ejufque nomine dictus etiam hodie celebratur. Tunc vero exiguus hortus, illique adjacens facellum erat; ibi cum defcendiffet ab ædituo Perfidis ftatum perfcrutatus Vezarem fuum Rudbari, ducem exercitus Sarvenari accepit, ftatimque utroque accerfito, & ad obfequium pararo omnes Bagadadum contra Cæfarem tendunt, eoque victo, regnoque recuperato Sapor Cafbini folum benedictum apud fe reputans civitatis ibi condendæ locum affignat; hæc dum exequuntur Delemitæ impedimento fuere qui diurnum opus nocte delebant, nec Sapor earum rerum ignarus erat, fed expellendis hoftibus aliifque turbationibus occupatus, huic negotio vacare non poterat, itaque ad eos fcripfit uti Delemitis pecunia redemptis opus urgerent, quod præftiterunt; ejus initium Menfe Ajaro, anno Alexandrino CCCCLXVI. Horofcopantibus geminis contigit, ibique ftatio militum limitaneorum contra Delemitas habitare juffa. Sapor victis rebellibus, contra Delemitas duxit, & ufque ad mare Cofar pervenit gentifque excidio injurias ultus nihil integrum reliquit, prædam ab militibus abductam, partim incenfam, partim terra conditam auferre puduit; Auctor electi Chronici Manetem Pictorem fub eo floruiffe, Prophetamque fe dixiffe fcribit, alii fub Sapore Ardfchiri filio: Nedam 1. feries temporum & Chamza Hafpahanenfis in Beherami tempus rejiciunt, ut jam diximus. Hic Prophetiam oftenrabat ductis brevibus, longifque lineis & emendatiffimis abfque circino circulis, quin & in monte orbis terrarum figuram defcripfit, ita ut omnium civitatum, marium, montium fluminumque fitus nofcerentur. Indufium fecit quod indutus invifibilis erat, eo fpoliatus omnium oculis patebat. Habita cum fapientibus difputatione falfi convictus & occifus eft. Saporis memoriam fervant Cafvinum ab eo ædificata nunc viantium ftatio, Modajue inftaurata Ainavar & Chourefchapour aut Saporis regio, aliæque in Segefton & India: vitæ ac imperii fpacium LXXII. anni.

ARDSCHIR BENEFICVS.

Saporis memorat Frater uterinus; Regnum, donec, Saporis filius adoleviffet, tenuit: ideo benefici nomen adeptus, quia omnes, quibus potuit beneficiis, XII. per annos demeruit.

SAPOR.

Poft Saporem Patrem regnavit, inter venandum, vehementis venti violentia ruptæ columnæ cafu in caput ejus deciduæ occidit; annos V. & menfes quatuor Regnum tenuit, Scharum & Ho rin ejus tempore vixerunt. Imperator Romanus, parvum quem habebat filium Sapori miffa ad eum legatione commendavit, cum vivis excederet ut fervatum Imperium illi adulto reftitueret, quod præftitit Sapor Scharuino reditum in patriam negavit, isque, ad Beheramum Gour ufque in Græcia manfit.

BEHERAM.

Beheram Saporis Zulchetati filius injuftus, fuperbus, nulli jus tribuens; regnavit XVI. annos.

IESDE CHVSED.

Filius Beherami, f. Saporis; poft patrem annum regnavit, Perfæ inter Reges fuos eum non numerant, fed Hamza Hifpahanenfis cæterifque Chronologi veritatis amantes numeratit, eumque maxime commendant.

IELDEKHIERD MALVS.

Poft fratris filium regnavit improbe & tyrannice hinc Badkar id eft Maleficus fine malum Perfis dictus XXII. ann. menfes VI.

XXII. annos sex menses imperavit: maxima Persidis pars eo imperante vastitatem passa est.

BEHERAM.

Filius Jesdixerdis, f. Saporis: regni proceres à patre male habiti eo rejecto Cosroi imperium detulerunt; hinc contentio, tandemque bellum. Beheram exercitus amans ne periret hoc consultum putavit, quando inquit ambo discedemus, coronam super solium ponendam puto, duos inter famelicos leones qui Regio Throno alligati aderunt, uter nostrum eos occiderit, & coronam abstulerit, ejus Regnum esto. Respondit Cosroes, ergo Regni potens sum, tu illud ambis; ire ergo prior tu debes: ivit, utrumque occidit, coronam abstulit; ita parto Regno & firmato quæ imperio vulnera Pater fecerat, justitia & æquitate, quarum studiosus erat, sanavit; viros bonos amavit, tutatus est, nec ullum scelus oblatum reliqui inultum, venationi maxime deditus fuit præcipue asinorum silvestrium, quorum quamplurimos occidit, unde illi nomen Beheramgour, ejus regnum mutuis coitibus tripudiisque semper occupatum media diei pars negotiis Regni, altera post meridiem cantibus, musicæque cedebat, ipse illis prorsus incumbens Veziri administrationem regni permiserat, cujus ille negligens, nec militibus stipendia solvens, pene illud ad vastitatem redegerat. Forte quodam die Beheram venatum profectus, tentorio egreditur, canem arbori suspensum, videt, causam quærit; Respondet Pastor. Domine hic canis gregi custodiendo erat, ego gregem quotidie minui notabam, cujus rei causam ignorabam donec illum cum lupa consuescere adverti, quæ eo consentiente damnum hoc inferebat. Rex hoc excitatus colloquio Veziri in acta inquisivit, quæ peccaverat castigavit; regnavit annos LXIII. sepulcro suo hoc inscribi jussit. Ex hoc mundo lubentius omnes tuli, & hunc non lubenter relinquo.

IESDEKHIRD.

Beheramgour filius, XVIII.

HORMVS.

Filius Jesdixirdi, f. Beherami Gur; post patrem hæres ex testamento regnat annum unum, sed Firasus frater natu major eum bello vicit & regnum adeptus est: ejus tempore magna fames septennium integrum occupavit Rex toto hoc spatio, tributa remisit ne populus prorsus deleretur; probitate ac justitia insignis fuit oppressos sublevavit, noxios in carcerem duci noluit, sed pro tribunali meritis poenis coercuit: in acie contra Conschevasium Turcam occisus est annos XII. regnavit.

AELAS.

Filius Pherusi, f. Jesdexirdi, post patrem Regnum tenuit: frater ejus Kobades Safarii fidem sequutus Ducis eximii aufugit & Conschevasium occidit; annos V. regnavit.

KOBADES.

Filius Firuz, f. Jesdexirdi; post patrem regnavit: Mesdax ejus tempore Prophetam se dixit, bonorum & uxorum communitatem sanxit. Kobades in eum credidit, hinc turbarum origo & errores. Ergo ejectus Regno Kobades & Giamastius frater ejus in locum substitutus, omissus tamen ab Historicis quia Kobades impetrato ab Euthalitarum Rege auxilio Regnum recuperavit & firmavit, Nuschireuon ejus filius Medasxum cum sectatoribus expulit, orbemque ea labe purgavit. Cobadis vestigia superant, Agion Matura urbs Abad Giorgion & alia multa loca in Tabareston, regnavit annos LXIV.

ANVSCHIREVON.

Anuschirevon justus cognomine Cobadis filius, post patrem regnavit Cosri dictus quod subsequuti eum Reges nomen retinuerunt. Hic optimo instituto, Regnum divisi, exercitum in turmas distribuit, ut ejus numerum demeret Buzurgemharo Vezeratum tribuit, deinde Romanorum in Imperium profectus illud domuit, victo Imperatori tributum imposuit addita conditione ut post aliquot annos Aulam suam adiret. Hoc defunctus Bello Mavvaraelnar adortus cum Rege Turcarum pacem fecit, ita ut Regni sui limes fargana

SASSONII. 21

xana esset, ejusque filium duceret; mox ambo Euthalitas aggressi eis subactis Indiam & Sinas usq; progressi vectigales fecere, reduci nuntiatum est, Caspias portas ab Kagiakis occupatas statim in eos duxit, vicit; portis de novo instauratis praesidium imposuit illis custodiendis, Castella, Pontes, Aedificia condidit vias à Latronibus securas praestare jussit, Ghilonios & Dilemonios grassatores ad obsequium adegit. Liber Calila & Damna dictus cum Scathorum ludo ex India in Persidem eo Regnante traductus. Buzargemher Vezires, illius ad instar calculos invenit, Seiphdiliezen Regibus oriundus ad eum venit auxilium petiturus contra Mastruchum, Abrahae Aethiopum Regis filium cujus pater Elephantibus Meccam obsederat, quod illi dedit, liberamque Arabiam praestitit: denique Nuxirevon egregia fama totum per orbem & justitia inclytus XVII. Imperij sui annos expleverat, tanta in colendo regno diligentia ut in eo universo quinquaginta Giaribae (mensurae genus est,) incultae facto ejus rei experimento reperiri non potuerint, sub ejus Regni finem Muhammedes natus est, ipsaque nativitatis illius die omnes sacri ignes in Perside extincti, Mare Savae aruit, duodecim Palatij Cosri pinnae deciderunt: Nuschirevon dubius Sathiham Sacerdotem interrogavit, respondit futuri haec Arabum Imperij signa sunt, illi cultoribus ignis imperabunt; quot pinnae ceciderunt, tot Coraixarum imperabunt, mox cessaturi. Eorum quae construxit superant Rumia Antiochiae ad instar, in Modain ibi quatuor Aurati Throni, primus Abuzerghamheri Vezaris. 2. Imperatoris Romanorum. 3. Regis Sinarum. 4. Regis Kapgiaca, annos XLVIII. regnavit sepulcro in monte Giari hoc inscribi jussit, Quidquid ante nos misimus hoc Thesaurus noster est, is coram quo merces boni minuetur & mali augebitur, tranquilla vita indignus est.

HORMVS.

Filius Nuschirevani malus tyrannus, clam multos procerum immerentes sustulit, vectigalia auxit, ind: omnium odium & exterorum Regum in Persarum Imperium invadendi lubido, Savae Rex Turkestan i umento exercitu Chorasanem aggressus, deserti Rex. Cozar Romanorum Imperator, Arabes idem fecere; Hormus haec omnia non ignorans Vezirem praecipuum misit qui Reges illos omnes, deserti, Cosar Romanorum, Arabum, donis placatos ad sua remitteret, Vezirum Gioupin magnis cum copiis contra Savae Regem misit; occurrentem occidit, ejus filium inglorium & male habitum fugavit: ex praeda & spoliis Regiam partem sumpsit, Hormuzio hinc irae: vestem foemineam ad Beheramum misit, ille rebellat, Regis filium Parvisium sibi conciliat, ejus nomine pecuniam signat, Parvis à patre fugit in Armeniam, Regis filiam deperit Schirinam, Hormusum tyrannidis pertinacem, proceres Regno & oculis spoliarunt; regnavit annos XII.

BEHERAM GIOVBIN.

Multi ad Kerkinum, alij ad Iesdikerdem malum genus ejus referunt, Hormusij obsequium fingens eum vindicandi praetextu, sed regnandi lubidine ad Neharuanen cum Parvisio pugnavit, victus Parvisius cum Bandina & Rostamo patruis in Graeciam fugit, ibi Maria Imperatoris filia in uxorem ducta, magno cum exercitu in Persiam rediit, frater ejus Ioannes cum Beheramo pugnavit qui victus Chorasonem deinde ad Tartarorum Regem Icakon Chin fugit, cujus filiam duxit, Parvis hominem misit qui eum dolo sustulit; biennium & ultra regnavit.

COSROV PARVIS.

Filius Harmusi, f. Anuxirevon, ab eo ad Ardxirum usq; octo Regu generationes. hic post Beheramu Gioubin regnu tenuit patris sui interfectores patruos & quoru auxilio certum à Beheramo excidium evaserat, tamen ultor ejus interfecit. Persae multa & magna de eo scribunt. Sirvani Reges ab eo descendentes memorant XV. Ancillarum ad Musicam & choreas, & Enuchorum VI. M. famulorum & corporis custodum XXVI. M. Elephantes in comitatu 960. semper habuit, praeter aliam quae in Urbibus e at supellectilem, quando eques incedebat CC. cum thuribulis aureis eum circumdabant, odoris fragrantia perfunderetur cum mille alij homines. Jumentis viam aqua spargebant ne pulvis eum attingeret; ipse clementia, forma, fortitudine, regiaque virtute temporis sua praestantissimus erat: multi praeterea in potestate sua habuit quae nulli mortalium ante eum contigerant, auri scilicet frustum, quod caerae ad instar in quamcumque lubebat formam, nullo ignis ministerio effigiabat, secundo eburneam quinque digitis constantem manum quae cum mulieris partus instaret in aquam demersa statim de matre cadebat infans, digitique se comprimebant, praesens qui

*****

aderat astrologus cognitæ nativitatis eventus describebat nec ullo ex Gineceo nuntio opus erat; Tertium, poculum erat quod epota qua plenum erat aqua, nullo aliam infundente statim replebatur: habuit & Albam Elephantem quæ pullum in Perside, quod numquam acciderat, edidit: Musicum etiam omnium Principem habuit qui in ejus gratiam CCCLXVI. varios Musicæ modos ad numerum dierum invenit; hujus artis Magistris probatos singulasque conendos * * * sed & ventorum Thesaurum habuisse dicunt. Orto inter eum & Cæsarem dissidio, Romanum Imperium bello aggredi proposuit; Cæsar omnes majorum Thesauros navi ad Insulas portandos imposuit, quos ventus ad Cosroem disjecit, qui iis potitus est.

Jam XIX. anni ejus Regni fluxerant, Muhammed ad eum epistolam scripsit, qua ad suscipiendum Islamisinum eum hortabatur, ille qui præpositum nomini suo nomen advertit iratus eam discerpsit, quo accepto nuntio, Muhammed dixit, ita discerpat Deus agnum tuum ut tu epistolam meam, quod exaudiente Deo accidit, quia ad Badon Arabiæ felicis Regem in hæc verba Cosroes scripsit, Hic qui in litteris suis se Prophetam fingit nisi ad gentis suæ Religionem redeat, mitte eum ad me. Badon ferus Orsenium sæpius ideo misit, cumque hoc coram Mahumede, & multis qui Religionem ejus amplexi erant diceretur, ipse subjecit quid de eo memoratis qui heri occisus est quod verum brevi post tépore accepto de ejus morte nuntio compererunt, cujus causa hæc fuit: Regni Proceres ejus tyrannide offensi inter se collocuti Fitonsha filium eo abdicato & in carcerem conjecto, Regem constituerunt, quo imperante elisis arcus corda faucibus Interfectus est, die martis vigesima Giomade prioris, anno heg. septimo, hora noctis sexta jam præterita, ejus memoriam servant Castrum Sherine & Palatium in monte Becou inceptum nec perfectum, regnavit annos XXXVIII.

SCHIRVIA.

Post Patrem regnavit: utque sibi Imperium firmaret, fratres ac proximos occidit, cujus facti attrocitate mox dolens ac pœnitens fato concessit, vixit XXII. annos.

ARDXIR.

Scherviæ filius, puer annum adeptus; annum, & sex menses illud tenuit.

CARONI.

Unus ex Paruisij Ducibus cujus nomen aliqui schaharitou alij schaharaidar efferunt; hic * * * Sassoniis deficientibus regni cupidine tactus illud invasit, ac per biennium tenuit, offensi proceres eum interfecerunt & cadaveris pedibus alligato laqueo per omnes Urbis vicos traxerunt, præcone clamante, quicumque ex regia familia non erit & regnum sibi vindicabit: hæc ejus merces.

TURON DOCHT SEU PUELLA.

Cum nullus ex familia Cosri superstes esset, exercitus Persarum illi Regnum dedit sine prudenti, ea regnante Muhammed diem obiit: annum & menses quatuor regnum tenuit.

ARZAMI DOCTHT.

Filia Parvisij post sororem regnavit, forma & sapientia insignis. Exercitus duci qui eam perdire amaret illa clam ad se veniendi facultatem concessit ac venientem interfecit: regnavit menses quatuor.

FARROGZAD.

Parvisij filius ex saltatrice muliere Hispahanensi. Dubitatum de ejus genere, sed cum alius nullus ex Regia familia superstes esset, regnum ei traditum quod unum mensem tenuit; alij sex illi tribuunt: ab servo occisus esse desijt.

IESDEGHERD.

Filius Schahariat Parvis ultimus Regum Persarum, quando Siroes ad fines suos occidit, eum nutrix fuga in Persidem eripuit ibique educavit, ubi delituit ignotus donec regnum illi cessit; ejus tempore Muhammedana religio invaluit & Persarum Imperium infirmatum

DE IMPERIO OMMIADARUM.

est. Venienti Musulmanorum exercitui Rostamum Farokzadum oposuit Astrologiæ peritissimum & desinentis Cosroïdum Imperij ideo non ignarum, itaque pacem tentavit irrito conatu, mox occisus est: auctis Musulmanorum viribus Iesdegerd Charasonem fugit, in Maruroud Duos menses pugnatum Duce Maavio suppetias ducente, domita Iraca, cum nuntiatum Pazanum Turcarum Regem contra Iron pergere, cui junctus Muavius, eum ambo fugarunt, victus in molendino deliruit, cujus rei certus Muavius percussores submisit; Pazanus vicissim Turcarum Rex Muavium cum filiis interfecit & igni dedit, regnavit annos XX. quatuor prioribus difficulter, cæteris hinc inde fugiendo, donec anno XXXI. ultimus Cosroïdarum vitam exuit.

PARS TERTIA.

DE HIS QVI POST ISLAMISMVM IMPERARVNT
3. Narrationibus & sex capitibus.

Primum de Abubekro, Omare, & Osmane qui Imperium gesserunt & homines in errorem præcipites seductos impulerunt, Muhammedes ut in aliam vitam transivit, multis ejus cadaveri lavando, involvendo, procurando funeri, ac sepeliendo occupatis Medinenses in ædibus Sahadidarum congregati de Sahado in Imperatorem eligendo cogitabant cum Abubekar Omare consentiente adsuit, ejusque opera maximè electus est; Meccanis etiam approbantibus, duos annos & sex menses imperavit, obiit sub finem Giumade posterioris anno XIII. Hegiræ. Pars Iraxæ Arabum & Syriæ sub eo victa. Musleimæ mendacis nomine celebris qui se Prophetam dicebat in Jamama occisus. Omar ex testamento illi successit & decem annos ac sex menses Imperium tenuit sub finem Dulhigie mensis, XXIII. Hegiræ. Abululu eum cultro percussit, diebus sacris obiit anno XXIV. ejus tempore Persis, utraque Irak, Ægyptus, Syria, Aderbigion & imperij Romani pars cum Mesopotamia Arabum Imperio accesserunt. Post eum regnavit Osman Ben Afan annos XI. & menses X. quo tempore elapso rebellantes, obsessum Medinæ captumque interfecerunt medio ultimi mensis Dilagiæ anno XXXV. eo imperante Chorason victa, Ali Imperator fidelium, omnium votis ac consensu Imperium adeptus quadriennium integrum & sex menses doctrina & pontificatu Orbem illustravit, ut antea hoc ipso libro satis fuse diximus.

CAPUT II.

De Imperio Ommiadarum qui numero XIV. annos LXXXXI. regnarunt.

MVAVIA PRIMVS.

Filius Abusophiani, filii Harebi, filii Omiæ Ægyptij anno XLI. heg. mense Rabie primo Imperium occupavit, Haseno eo se abdicante; Abdalla Ziad, cui Deus maledicat, Basoræ Præfectus erat anno LII. hegiræ, anno vero LVI. Muhavia filium suum Sezidum successorem Imperii declaravit, ejusque nomine Sacramentum exegit quod præstitum ab omnibus præter quinque, Hozainum Pontificem, Abdallam Hiatzi, Abdallam Zebiri, Abdallam Omaris, Abdurchamanem Abubekri filium, in quos tamen mali nihil molitus est, nec eos cogere sibi commodum duxit: obiit anno LX. hegiræ sub Regiebi mensis medium.

IEZID SECVNDVS OMMIADARVM.

Filius Muaviæ multorum labore patri successit, & Imperium occupavit cujus initio Hosaini Pontificis cædem cum sexaginta & duobus aut ut alij referunt, sexaginta fratribus, patruelibus & domesticis in deserto Kerbela imperavit: ultimo Medinam expugnavit magna populi clade, & ut memorant, undecim millia profugorum & Muhammedis fociorum internecione, Meccanum templum tormentis vaftavit, donec fub ejus Regni finem Abdalla Zebir contra eum in Arabia Petræa bellum movit, ac mortuo Iezido XIV. die Rabie prioris anno LXII. validis jam partibus totam Arabiam & Petræam & felicem, Chorafonem, Iracam, Perfidem, Aderbajoun & omnem Muhammedanorum ditionem Damafcum ufque & Jordanem fubactam in fua verba jurare coëgit donec Abdulmenlex Marvam Hagiagium filium Jofephi, contra eum pugnaturum mifit, qui Mecce occifum anno LXXII. die III. Giumadæ prioris fufpendit. Annos fex Imperavit.

MVAVIA TERTIVS OMMIADARVM.

Filius Jezidi, f. Muhaviæ, quadraginta dies poft patrem Imperium tenuit: obiit menfe Giumade priore anno LXIV. hegiræ: frater ejus chalid Jezidi filius defignatus.

MERVAN QVARTVS OMMIADARVM.

Filius Hakemi, f. Abulhazi f. Ommiæ, Abdallæ Ziadi opera Imperium adeptus eft Salmoun Sarudides eo regnante cum multis Pontificis Hofaini ob mortem rebellavit, Ommiadas omnes Cufæ repertos occidit, Amaluerdæ quadraginta diebus continuus cum Abdalla Ziade Hofeino. F. Ben Nemir pugnavit, Soliman Benfarad cum plurimis fuorum martyrio vitam finivit, cæteri in Mefopotamiam fugerunt Meccam menfe Ramadano anno LXV. heg. obiit infidiis matris Chalidis quæ noctu pulvino ejus ori impofito infedit donec extinctus eft annos LXXXI. natus

ABDVLMELEK QVINTVS OMMIADARVM.

Mervanis filius poft patrem regnavit, Muctarus Ben Abdtzak phij XV. die Rabie prioris anni LXVI. bellum movit, Ibrahim filius Malex illi auxilio venit, Iraka, Diarbekr, Hawaz, Aderbigion, fubactæ, fumma diligentia Hofaini Pontificis cædes vindicata, Omar fahad cum filio cæterique omnes ad Kerbelam ejus inserfectores capti & occifi : Abdulmelex Abdallam Ziadum cum LXX. millibus militum contra eos mifit, qui interfectus eft, is Abdallaziad XIV. annos imperavit, Muctar Victor Moufal, Mefopotamiam & circumiacentia loca Ibrahimo regenda dedit. Mofahabus f. Zebiri fratris loco contra Muctarum proficifcitur quem interfecit XIV. die Ramadani menfis LXVII. hegiræ Abdulmelek menfe Giumadi pofteriore anno LXXII. Mafaoubium filium Zebiri oppugnatum in Iracam pergit, eoque occifo tota regione in obfequium traducta Damafcum redit, Hagiagium f. Jofephi eodem anno Ramadano menfe contra Abdallam Zebiri filium mifit, qui victus & occifus eft. Ommiadis fub eo ejufque patre imperium firmum non erat, poftquam ad plures abiit omnes ei paruerunt. Abdulmelek anno LXXV. Hagiagium Arabia Petræa amotum utrique Iracæ Corafoni & conterminis locis præfecit anno LXXXIII. Vaftum Urbem condidit & Damafci circa medium menfis Schievali obiit annos XXI. & menfem regnavit.

VVALID SEXTVS OMMIADARVM.

Filius Abdulmelici f. Meruanis patri fucceffit in Imperio, fed eo potentior : eo regnante Cabia Muflimi filius Chorafane Turquéftanem profectus Maurelnar & Coarfonem fubegit: Muflimo verò filius Abdulmelex Septentrionem verfus, Amoriam & Conftantinopolim vaftavit, templum Damafcenum Ommiadis perfecit anno hegiræ 88. Omarem Abdulhafizum Medinam mifit diruendis domibus mulierum Muhammedis, Medinenfes hoc excidium fletu profecquuti inquiebant has fervandas ut ex omnibus partibus confluentes Mufulmani oculis fuis arbitrari poffent quibus in ædibus vixiffet: ejus tempore Hagiagius Jofephi filius XXV. Ramadani XCV. hegiræ mortuus eft, regnavit annos viginti vixit XLIV. annos, hominum fupra CM. occidit ipfemet adftans, præter eos qui in bello perierunt, Multi cum obiit, carceribus detinebantur. Valid Calipha medio menfe Giumada pofteriore extinctus eft anno hegiræ XCVI. regnavit annos IX. & fex menfes, vixit LIV. an.

SOLIMAN

DE IMPERIO OMMIADARVM.

SOLIMAN SEPTIMVS OMMIADARVM.

Filius Abdulmelecki patri fuccessit in imperio: ejus tempore Jezidus Mohalebi filius Gergianam & Tabrestanam subegit. Giafar Barmakius aurum & argentum probati justique ponderis cudi jussit, sub Abdulmeliko adulteratum; hinc Giafarei auri memoria, Omarem Abdulazizum successorem elegit die Veneris Safarei mensis octavo; & anno Hegirae LXXXXIX. lateris dolore obiit: annos II. & menses VIII. regnavit.

OMAR OCTAVVS OMMIADARVM.

Filius Abdolaziz filii Meruanis cognato successit; Muhammedis familiam magno prosequutus honore, ab eis injuriam & contumeliam prohibuit anno C. Hegirae. eo regnante Abbasidae inclarescere coeperunt, quorum primates missi varias in partes hortatores ad Islamismum Regem in suos adducendum. Omar Abdulhaziz die Veneris XXV. Ragebi anno CI. obiit dolo Hisjami servi, quem deceperat, qui eum veneno substulit. Biennium & menses VI. regnavit; annos XL. vixit.

IESID NONVS OMMIADARVM.

Filius Abdumeleki f. Meruanis cognato successit: ejus tempore anno CII. Hegirae Abumuslemus Chorazone oriundus Abbazidis Imperium procurabat. Jezid quatuor annos & mensem unum regnavit; noctu diei Veneris XXI. Schiabani obiit anno Hegirae CV.

HISIAM DECIMVS OMMIADARVM.

Abdumeleki filius fratri successit. Chorazoniararum Irakae utrique Jozephum filium Amru Tzaxiphii praefecit: ejus tempore Iesidus filius Pontificis Zenabeddini anno CXXI. Cufae occisus est: Hisiamus VI. Rabiae prioris anno CV. Hegirae obiit; annos XIX. & menses VIII. regnavit.

WALID VNDECIMVS OMMIADARVM.

Abdumeleki filius patruo successit. Ejus tempore anno CXXV. Muhammed f. Aly f. Abdallae f. Abas obiit. Filium suum Abrahamum & alium Sepha dictum successores sibi designavit, manifestam impietatem professus à militibus feriâ IV. & XXI. mensis Giumadae prioris occisus est; annum & menses II. regnavit.

IEZID DVODECIMVS OMMIADARVM.

Walidis filius f. Abdumeleki primâ feriâ anni CXXVI. Hegirae cognato successit; Nakes dictus est ob imminuta stipendia, regnavit sex menses, obiit VIII. Dulhagiae Damasci, anno Hegirae CXXVI. peste; annum quadragesimum non attigit.

IBRAHIM DECIMVS-TERTIVS OMMIADARVM.

Walidis filius f. Abdumelexi fratri successit; duos menses regnaverat, quando Meruan Aimar dictus in eum duxit mense Safaro anno Hegirae CXXVII. fuga sibi consuluit; demum ad Meruanem devoluto Imperio post tres menses occiditur.

MERVAN DECIMVS-QVARTVS OMMIADARVM.

Filius Muhammedis fil. Meruan Himari, inclinante Ommiadarum Imperio regnat, turbarum multum. Chorazane aliquis ex Muhabidis Kermoni nomine notissimus contra Nasrum Saiarum duxit; pugnatum saepius. Interea Abumuslemus XXVII. Ramadani anno Hegirae CXXIX. in vico ad Merua urbem spectante Abbazidarum Imperium proclamavit, nec tamen bellum Kermonides auxilio juvit: Idem Nasar Sajar contra eos profectus Kermonidem interficit; ab Abumuslemo fugit: Savae Rabia priore anno CXXXI. moritur. Hoc bellorum motu C. M. militum à partibus Ommiadarum caesa; Chorasan Abumuslemo dedita. Ille Cotabam Ben Schaischitai Iracam misit, quâ domitâ Cufam

26 DE IMPERIO ABBASIDARVM.

perrexit. Iezid Ben Biræ Meruanis Himari Copiarum Dux Vasto egressus conra Catabum duxit; pugnatum ad Euphratis littus, nec prælio noctu cessatum; Caataba fluvio mergitur ignaro exercitu, qui Zezidem victum fugavit, dies illuxit, Caatabæ mors nota, ejus filius Hasen à militibus Dux eligitur, Cufam eunt, Safahum filium Muhammedis f. Aly f. Abdallæ f. Abas ductum templo inferunt, Imperatorem salutant: hoc Meruan ubi rescivit Abrahamum Safahi fratrem in vinculis interfecit, exercitum contra Safahum mittit; ille patruos suos Abdallam, Abdalsemadum f. Aly. f. Abas contra cum misit: conflixere ad Euphratis ripam; victus fususque Meruan, quem Abbasidæ insequuti in Ægipto occiderunt mense Dulkaada ann. Hegir. CXXXII. hic Ommiadarum Imperii finis. Safahus eos quæsitos ad usque LXXX. occidit: alios præter Omarem Abdulhazizum sepulchris eductos igni tradidit.

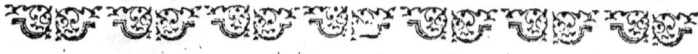

TERTIA PARS.

DE ABBASIDIS QUI XXXVII. ANNOS D. XXIV. regnarunt.

SAFAHVS PRIMVS ABBASIDARVM.

SAFAHVS Abdalla filius Muhammedis f. Aly, f. Abdallæ f. Abas feriâ sextâ XIII. Rabiæ prioris anni CXXII. Imperium accepit: Ægiptum, Syriam & Occidentem Abdallæ f. Aly patruo, Meccam & Medinam, Davidi patruo suo regendas commisit; fratrem Abugiafaram contra Iezidum Vasti proregem à Meruane institutum misit: Abugrafar composito negotio ad fratrem rediit, qui eum successorem imperii designatum, Chorazonem misit observando Abumuslemo, utque ab eo sacramentum exigeret, quod ille humili cum obsequio & magno cum honore Giafarum excipiens præstitit. hamus Vezirem suum Abusalemam Chalali filium occidi jussit, ejusque dignitatem Chalidi Barmaciidæ dedit. Obiit Safahus XIII. Dulhagiæ an. Heg. CXXXVI. regnavit annos IV. & menses IX.

ALMANSOR BILLA ABVGIAFAR ABDALLA
Secundus Abbasidarum.

Filius Muhammedis f. Aly f. Abdallæ Abasi fratri ex testamento in Imperio successit: is Abumuslemum ab omnibus maximè coli jussit, potentiaque & opibus præstare; non ignarus cum fraude ad se vocatum Rumiæ Modaïnæ interfecit: Imperii negotiis intentus omnibus sui metum incussit. Ex Aly familia Muhammed Ben Abdalla f. Hasen f. Pontificis Huasceni Medinæ, Ibrahim frater ejus Basoræ rebellarunt, qui præliis victi martyrium consummarunt. Abugiafar anno Hegiræ CXCVI. Bagdadum urbem condidit Sexta feria mensis Dulhagiæ obiit anno CLVIII. Hegire in puteo Maymonis, filio successore designato Abdalla, quem Mahadim Billa cognominavit. Vixit LXII. annos; regnavit XXII.

ALMAHADI BILLA TERTIVS ABBASIDARVM.

Almahadi Billa Abnadalla Muhammed Ben Mansiour post Patrem regnavit; ejus tempore Haken Ben Haschem prodiit Astrologus ex vico Charigia Provinciæ Baghis, Abumuslemi quondam scriba, qui amissum sagittæ ictu oculum quia tegebat Barkai dicebatur; hic vasta turpique statura pro Deo se gerens multos seduxit; quibus collectis plurimis in Kescher & Naeschet arcibus subactis immani potentia creverat: Mahadi Masahabum contra eum misit? ille Tabacum usque progressus, propinquos omnes y veneno substulit, se in ignem ex aromaticis exstructum dedit, adeoque combussit ut nec ullum membrorum ejus superfuerit; hinc ejus sectatores eum in cœlum ascendisse falso asseruerunt. Accidit hoc anno Hegiræ CLXIII. Mahadi X. die Veneris XXII. Muhanami anno Heg. CLXIX. hominem exuit; regnavit annos X. & mensem unum; XLIII. vixit.

DE IMPERIO ABBASIDARVM. 27

ELHADI BILLA QVARTVS ABBASIDARVM.

Elhadi Billa Moses filius Mahadi patri in Imperio successit: regnavit annum & mensem unum; procerus is corpulentusque fuit, labro superiore adeo brevi, ut inferius non attingeret: obiit XVI. Rabiæ prioris ann. Heg. CLXX.

ARRASCAID BILLA QVINTVS ABBASIDARVM.

Aaron Mahadi filius fratri in Imperio successit; duos susceperat filios Muhammedem Aminum & Mamonem, cui Orientis, alteri Occidentis Provincias omnes Mahumetanis subditas Halvam usque tribuit. Caseino, qui tertius erat Mutamen cognomine Græciam, Mesopotamiam Aderbaion dedit: quartum Mutasenum neglexit, quem tamen Deus post Mamonem imperare, & in ejus prosapiâ Regnum manere voluit. Aaron Safaro mense anno Hegiræ CLXXXVII. Barmacidis natus eos ejecit; Veziratum Fadlo Rabiæ filio concessit anno Heg. CIX. bellum inter Romanorum Imperatorem & Aaronem gestum; post aliquot prælia pax his conditionibus, ut Cæsar singulis annis CCCIII. aureorum Aaroni penderet: quibus à Cæsare violatis, qui ditionem Aaronis invaserat, ille intentissimâ hieme contra eum profectus multos Romanorum interfecit; Cæsar iterum pacem obtinuit Samarkandæ. Rafæus Ben Leitz f. Masti Sajati rebellavit, Maurenahar occupavit; contra eum ducturus Aaron, dum Chorazonem pergit, Thusi æger substitit tertiâ feriâ Rabiæ posterioris anno Heg. CXCIII. & obiit. Natus erat in urbe Rai anno Heg. CIX. die XXVII. Dulhagiæ Matre Chirsana Mahadi quam manumissam duxit. Obiit feriâ sextâ XXVII. Giumadæ posterioris anno Hegiræ CLXXXIII. procerus, pinguis, albus & altero paululum oculo luscus fuit.

ALAMIN SEXTVS ABBASIDARVM.

Alamin Muhammed filius Aaronis, qui eum successorem Imperii designavit, Mamon Chorazone regebat: Alamin Imperium adeptus Alim filium Mosis magno cum exercitu misit contra Almamonem; ille Zaherum [Hosaini filium Præfectum Rai circumire jussit cum fidelissimo milite; pugnatum; victa Alamini acies; Zaher Bagdadum usque victos insequutus, Alaminum occidit, qui annos quatuor & menses octo desiit esse R. anno Hegiræ 198. Muharrami mensis die V. Natus est Sievalo mense, anno Heg. CLXX.

ALMAMON SEPTIMVS ABBASIDARVM.

Almamon Abulabas Abdalla filius Aaronis fratri successit: Imperium adeptus Fadlo Sahili filio rerum administrationem commisit, quem Duplicis Principatus Dominum vocavit. Ille Alim filium Mosis Arradii Caliphatûs successorem designari curavit: Abbasidæ irati Almamonis animum ab Fadlo avertere, satagunt; & Fadlum Sarcasanæ in balneo occidunt; cujus interfectores Almamon pariter occidit: Libros Astrologiæ Geometriæ, Euclidis, Philosophiæ, Logicæ, aliosque ex Syriaca lingua in Arabicam transferri jussit. Anno 205. Taherum Chorazoni præfecit, cujus postea mentio fiet. Babex Chorandinus anno 201. in Aderbaion rebellavit, qui misso contra eum exercitu, fugato atque fuso potentia crevit, & usque ad Mutasenum duravit. Almamon vero 17. Ragtebi anno 218. obiit; regnavit annos 27. & menses 7. natus erat anno Hegiræ 170.

ALMVTASEN OCTAVVS ABBASIDARVM.

Almutasen f. Abù Isaar Mutasemi f. Aaron Almamoni successit anno Hegiræ 220. Samaram urbem condidit; Balbecum ingenti exercitu, in quem magnas pecunias profudit debellavit; captum manibus pedibusque truncatum ligno suspendit; inde Romanos bello invasit & vicit. Obiit mense Sienalo priore anno Hegiræ 227. Natus erat anno 180. Dictus est Octavianus, quia Octavus Abbasidarum erat, octavus ex eadem familia regnavit; octo annos, totidem menses & dies regnavit, 58. annos vixit, octo filios, & totidem filias suscepit. 8. m. servorum reliquit, 8. magnas victorias vicit, 8. magnos Reges occidit. octies millies mille aureos reliquit.

DE IMPERIO ABBASIDARVM.

ELWADZEK BILLA IX. ABBASIDARVM.

ElWatzek Billa Abugiafar Aaron Mutazeni filius patri succeffit; regnavit annos 5. menses 6. obiit sub finem Dulhagiæ anno Hegiræ 232. ex hydropisi.

ALMVTEWAKEL ALALLA X. ABBASIDARVM.

Almutevvakel Giofar Motafemi filius patri succeffit; Aly familiæ infenfus peregrinationem ad Hofaini fepulchrum vetuit in defertum Kerbelæ;eam ob caufam aquam aliò traduxit, quæ tamen ad martyrium Hofaini cum stupore constitit;unde & loco nomen Hair incertus animi (fed & aquæ confluxum notat) regnavit annos 11. à fervis occifus fub medium Sievali menfis anno Hegiræ 247. meritas in inferno pœnas fubiturus: poft eum vecordia filii Abbafidarum Imperium declinavit, ac per 90. annos, eos eligere aut deponere famulorum in arbitrio fuit.

ALMVSTANSIR BILLA XI. ABBASIDARVM.

Almuftanfir Billa Abugiafar Muhammed filius Mutevvakeli patri fucceffit in Imperio, quod circiter fex menfes tenuit: Obiit medio Rabiæ pofterioris anno Hegiræ 248. ex vertigine capitis.

ALMVSTAHIN BILLA XII. ABBASIDARVM.

Almuftahin Billa Abulabas Ahmad Ben Muhammed Mutazemi cognato fucceffit; annos 3. & menfes novem regnavit. Circa finem Muharrami anno Hegiræ 252. ejus fervi impetu facto eum depofuerunt, & fubtracto cibo inedia confecerunt: ejus tempore Dahi præfectus Hofaini Ben Iezid ex genere Alis anno 205. rebellavit. Tabriftanam ab Rai ad ufque fluvii albi ripam occupavit, & adufque annum 271. tenuit.

ALMVTARRVS BILLA XIII. ABBASIDARVM.

Almutazzus Abnabdalla Taherit Matevvakeli filius poft Mozzahinum imperavit; annos tres, menfes 6. dies 20. regnavit; quibus elapfis, milites, Imperio ut fe abdicaret, coegerunt, omnia ejus bona diripuerunt, & in calido balneo frigidam cum veneno propinarunt, cujus potu interiit; alii in carcere inedia mortuum fcribunt. 17. Ragiebi menfis, anni Hegiræ 255. Mufam Bacari filium contra Dahin mifit anno 256. Ille Rai Cafbin, Aabar, Zaugion recepit: Dahi victus Tabriftanam fugit: ejus ditione contentus donec anno Hegiræ 272. fatis conceffit. Muhammed Ben Zeid frater illi fucceffit anno 287. & Tabriftanam obtinuit, donec Muhammede Ben Aaron Sarcaffio Ifmaëlis Samomi Duce intefectus eft.

ALMVHTADI BILLA XIV. ABBASIDARVM.

Almuhtadi Billa Abu Ifaac Muhammed Watzeck filius Mutazimi poft eum undecim menfes regnavit. Milites eum captum, & in carcerem conjectum interfecerunt 18. Ragebi anno Hegiræ 256.

ALMVTAMID ALALLA XV. ABBASIDARVM.

Almutamid Alalla Abulabas Achmad filius Mutevvakeli poft Muhtadim regnavit 23. annos: cognatum fuum Achmadam Mutevvakeli filium Jemen & Hagiaz mifit. Ejus tempore in Irak perfica Hafen fil. Aly f. Omar Pontificis Aly Zenelhabedin rebellavit ufque ad annum 187. fub Regno Muradi: tunc Dilemon Præfectus, follicitato populo, potentiâ crevit. Geroniis, juftitiæ, veritatis, pacis adjutor dictus & Pontifex, cujus dicta magni apud eos fiunt, multique viri fapientes ejus fectatores funt. Obiit anno Hegiræ 304, die 23. Schiabani in Annal.

ALMVTADID BILLA XVI. ABBASIDARVM.

Almutadid Billa Abulabas Achmad filius Mutevvakeli poft Mutemadum Imperium tenuit.

DE IMPERIO ABBASIDARVM.

tenuit vir excelsi animi, integritatis, ingenii, & experientiæ. Antequam regnaret, vidit hominem in somniis magna luce fulgentem ad Tigridis ripam, qui immissâ manu aquam cepit statimque fluvius desiit; eâ rursus in alveum proiectâ de more fluere cepit: miraculi causam sciscitatus, Alium hunc esse accepit, quem salutavit; at ille salute reddita, illi dixit, cum tu ad Caliphatum perveneris filiis meis benefac, nec eis injuriam fieri sinito: hinc eos impense amavit, multis muneribus ornavit, quin & pro suggestu Muaviæ maled.ci jussit, quod magnates, metu ne Alis familia insurgeret, & Imperii mutationem afferret, enixe prohibuerunt. Regnavit Mutatidus annos 9. & totidem menses: obiit in fine mensis Rabiæ prioris anno Hegiræ 289. ex immoderato coitu.

ALMOCTAFI BILLA XVII. ABBASIDARVM.

Almoctafi Billa Abu Muhammud Achmad filius Mutadidi patri in Imperio successit: eo regnante, Caramitas rebellantes & egressos meccanam peregrinationem mpedientes vicit. Annos 6. menses 7. dies 20. imperavit 13. Dulhagiæ anno Hegiræ 295. obiit.

ALMVCTADIR BILLA XVIII. ABBASIDARVM.

Almuctadir Abulfade Giafar Mutadidi filius fratri ex testamento successit: eo regnante Caramitæ potentiores facti Meccam magno populi excidio vastarunt; Nigrum lapidem cusam transtulerunt, Vezirem ejus Hamad Mansorem Hosaini Kelagii filium interfecerunt. Almuctadir vero à suis 24. die Sieuali, anno Hegiræ 320. occisus est; regnavit annos 25.

ALCAHIR BILLA XIX. ABBASIDARVM.

Alcahir Billa Abumansor Muhammed Mutadidi filius post fratrem Caliphæ nomen obtinuit, sed post annum & sex menses Imperio & oculis orbatus est. obiit medio mense Giumada priore anno 321.

ARRADI BILLA XX. ABBASIDARVM.

Arradi Billa Abulabas Muhammed filius Moctadiri avunculo successit: ejus Vezires Mucla Calligraphus erat, cui Haxen Baco Dux Ducum manû dextrâ præcidi curavit, quia epist. scripserat, quo Imperatorem hortabatur, ut alium ab eo Ducem constitueret. Accidit hoc anno Heg. 326. Arradi sex annos & duos menses Imperium tenuit: obiit 17. Rabiæ prioris anno 329. hic primus substituit, qui suo loco ad populum concionaretur.

ALMOTTAKI BILLA XXI. ABBASIDARVM.

Almottaki Billa Abu Isaac Ibrahim Arradio successit. Ejus tempore dira Bagdadi fames homines humanis vesci carnibus coegit; insequuta pestis tantâ clade, ut sepulchra condendis corporibus deessent. Regnavit circiter annos 4. dein Caliphatu à militibus depositus & excæcatus, vixit 24. desiit sciabano mense ann. Heg. 357.

ALMVSTACFI BILLA XXII. ABBASIDARVM.

Almustacfi Billa Abulcasem Abdalla Ben Moctasi post Motaxi Imperium adeptus est: cum Muazzuddulas Boiades anno & sex mensibus elapsis captum & Imperio depositum excæcavit initio Giumadæ prioris anno Hegiræ 334.

ALMVTIO BILLA XXIII. ABBASIDARVM.

Almutio Billa Abulcasem Fadl filius Muctadiri procurante Muazzudaulâ Boiade Caliphatum adeptus, cum Caramitis pacem fecit, lapidem nigrum ab eis comparatum Cufa Meccam iterum transtulit: 29. annos imperavit; deinde paralysi tactus Imperio se abdicavit, & Zeno Billæ filio dedit in fine Dulhagiæ mensis ann. Heg. 363. & obiit.

ALTAIVS BILLA XXIV. ABBASIDARVM.

Altaius Billa Abdulxerim filius Mutii Patri ex testamento in Imperio successit: regnauit annos 17. menses 2. Imperio se abdicavit sub finem Schiabani mensis anno Heg. 383. Behaddula Dilamio procurante.

ELKADIR BILLA XXV. ABBASIDARVM.

Elkadir Billa Abulabas Achmad Ben Isaac fil. Muctaderi Taio successit. Mahmud buctes in ejus tempore Chorazone regnavit: ipse annos 41. & quatuor menses Caliphatum tenuit. 15. Dulhagię ann. Hegiræ 422. obiit.

ELKAIIM BIAMBILLA XXVI. ABBASIDARVM.

Elkajim Billa Abugiafar Abdulla Cadiri filius patri successit: ejus tempore Togrul Beg Michaëlis filius Chorazonem cœpit; Caimbilla veste donatum Rucuadini cognomine ornavit. Basasirus Dailemitarum Princeps Ægyptiorum Caliphatum partes sequutus contra Caiimum duxit, captum Ganæ servavit: ille Togrulbeci auxilium petiit, qui magno cum exercitu Basasirum inter Vasitum & Cufam fudit; Calipham Bagdadum reduxit, quæ in ejus potestatem venit. Caiimus Caliphatum tenuit annos 44. & menses sex; obiit mense Schiabano, anno Heg. 467.

ALMOCTADI BILLA XXVII. ABBASIDARVM.

Almoctadi Billa Albucasem Abdalla Ben Achmad Caiim avo successit in Imperio, quod 19 annos tenuit. Obiit medio mense Muharram ann. Heg. 487. morte repentina.

ALMVSTADFIR BILLA XXVIII. ABBASIDARVM.

Almustadfir Billa Achmad filius Murtadi patri ex testamento successit: orientalem Bagdadi partem muro, fossâ, & portis cinxit, eamque Incoluit. Reges Seljuicios nullo loco habuit, hinc bellum inter eum & Mashudum Seljuicium. Regnavit annos 25. & menses sex: Obiit mense Rabiæ posterioris ann. Heg. 512.

ALMVSTARCHID BILLA XXIX. ABBASIDARVM.

Almustarschid Billa Abumansor Fadl filius Mustafiri patri successit, digna imperio forma, Seliuicios contempsit; hinc bellum contra Mashudum, à quo captus & in vinculis in tentorio habitus est ann. Heg. 529. & ab infidelibus in Meragæ finibus cultro occisus. Regnavit annos 17. menses 2.

ARRASCHID BILLA XXX. ABBASIDARVM.

Artaschid Billa Abumansor Giafar filius Musfarchidi patri capto successit; nomini Seliuiciorum in templo benedici vetuit, patrem vindicaturus contra Mashudum duxit à quo victus fugatusque Hispahanam Bagdadà relictâ venit: ibi ab infidelibus occisus 27. Ramadani ann. Hegiræ 532. Regnavit menses sex in Irak Arabicà, aliis in Provinciis annum unum & quatuor menses.

ALMOCTAFI BEATZARILLA XXXI. ABBASIDARVM.

Almoctafi Beatzarilla Abdalla filius Mahummedis Mustansiri Raschedi victo successit Quandiu Mashud vixit, exiguæ vires Caliphatûs fuerunt; eo mortuo splendorem accepit; 24. annos & menses 11. Imperium tenuit. Obiit initio an. Heg. 555.

ALMOSTANGID BILLA XXXII. ABBASIDARVM.

Almostangid Billa Abumutafar Joseph filius Almoctafi patri successit venerabilis, gravis, ingeniosus, mitis versus bonos scripsit. 15, ann. regnavit. Obiit Rabia priore anno Hegiræ 566.

ALMOSTCHIN BENVRILLA XXXIII. ABBASIDARVM.

Almostchin Benurilla Abumuhammed Elhasen filius Mustangidi patri in Imperio suc-

DE IMPERIO ABBASIDARVM.

cessit, liberalitate insignis. Sajarhata præfectus ejus domui sine licentia duo aureorum millia erogare potuit recte & merito expensa; si excessisset, petenda erant. Novem annos & octo menses imperavit. Obiit sub finem Schieuali an. Heg. 570.

ELNASER LEDIN ALLA XXXIV. ABBASIDARVM.

Elnaser Ledin Alla Abulabas Ahmad filius Mostedi fortitudine & prudentia insignis; sub quo insigniter culta fuit Arabia. Regnavit 46. annos & undecim menses; ejus tempore Chorazamii Seliuicios oppresserunt; Ginkis Cham Hiron & Turon subegit omnium pene incolarum excidio. Obiit initio Schievali an. Heg. 622.

ELTAHER BILLA XXXV. ABBASIDARVM.

Eltaher Billa Abunaser Muhammed Ben Naser patri successit nulli Abbasidarum in regendo Imperio inferior, quod tamen minùs feliciter rexit. 9. menses & 16. dies imperavit. Obiit an. Heg. 606, die 13. Ragiebi.

ALMOSTANSIR BILLA XXXVI. ABBASIDARVM.

Almostansir Billa Abu-Giafar Mansur filius Taheri patri successit generositate & clementia insignis; omnes quas Abbasidæ 600. per annos collegerant, opes profudit: ejus tempore Arabia Paradiso invidiam fecisset, adeo felix & exculta ut incultum in ea nihil remanserit. Ejus tempore Mogoles invaluerunt: Germagon Nubin ex Mogolibus Bagdadum venit cum Scherafeddino Ixbalo Schermonio pugnavit; victus rediit. Regnavit annos 17. Obiit sub finem Giumadæ prioris an. Heg. 640.

ALMOSTASEN BILLA XXXVII. ABBASIDARVM.

Almostasen Billa Abu Achmad Abdalla filius Mustansiri ultimus Abbasidarum patri in Caliphatu successit, vir temperans, sed imperandi nescius: regnavit annos undecim menses 7. Vlachu Chan Mogolium Dux cum maximâ populi Bagdadici parte victum interfecit. Hegiræ 656. die Solis 4. Safari Calipha coram Vlachu Imperium Abbasidarum finem cepit. In Chronico dicto speculum noctis, cæsa Bagdadi sexcenta millia hominum. Desinentibus Abbasidis Mogoles Irak, Arabiam, Babiloniam & Chaldæam tenuerunt.

CAPVT I.

DE FAMILIIS, QVÆ PERSIDI IRON IMPERARVNT regnantibus Abbasidis, quod novem capitibus explicabimus.

SECTIO I. DE TAHERIIS

Taherii quinque numero regnarunt, quos Poëta Asoini hoc versu expressit.

Chirazone primus Mahsabut regnum obtinet
Talhala post hunc, imperat, dein tertius
Abdalla, Taher quartus, inde Mahemed
Inde Solium & Thiaram Iacobo vltimus dedit.

TAHER.

TAHER filius Huscini f. Masabi Dux Ducum Alaminum Almamonis fratrem occidit: ejus opera Almamon Caliphatum adeptus, ambidextri cognomine appellavit; alii ideo sic dictum putant, quia Pontifici Ali Mosi Arridæ sacramentum dixerit, in hæc verba dextera mea, Almamonis sinistra Pontificis est, cui plures fauisse, quemorant, atque adeo sic vocatum putant. Cocles erat, quod Poeta indicat.

Salve ambidexter, unus & oculus tibi
Vnam ergo dexteram abjice.

Almamon, quia fratrem ejus occiderat, follicitus quoquo modo eum à se procul amandaret, Chorafonem amoto Gaiano filio Abade ei regendam mandavit, anno Hegiræ 205. qui brevi acceptus fuit, & obiit ann. 207. Almamone regnante, cum ejus juffu contra Alimim à Ducem iret Fadlus Ben Sahali Vezires omnium peritiffimus Aftrologus illi faufto fidere proficifcenti dixiffe fertur, perge, vexillum tuum adeo felix, ut mortalium cujufvis, ad ufque fexaginta circiter annos manfurum fit; nec dicto vana fides; Nam ad Sepharios ufque 56. annos Chorafonis potens ejus familia fuit, quam multi in Regum numero non collocant, atque eorum res geftas fub Abbafidarum Imperio defcribunt; fed quia hic eorum primus fub vitæ finem fe Regem dixit, & fubfequnt, ejus pofteri multo tempore Chorafone pofiti funt, plures eorum peculiariter meminerunt.

TALEGA.

Talega patri Almamonis conceffione fucceffit: contra Hajazem Siftone egreffum & rebellantem duxit; vicit, eàque domita victor Chorafonem rediit. Obiit ann. Hegiræ 223.

TALEGA BEN TALEGA II. TAHERIORVM.

Talega patris locum obtinuit: paulo poft multi rebelles eum in finibus Nifapur occiderunt. Regnavit fex annos.

ABDALA III. TAHERIORVM.

Abdalla Taheri filius patri Ali filio fucceffit concedente Almamone, comitate, bonitate, immenfa liberalitate, ac juftitiâ præftans: Ejus tempore Chorafon incolis referta fuit. Regnavit annos 17. Obiit anno Heg. 260.

TAHER BEN ABDALLA IV. TAHERIORVM.

Taher Ben Abdalla patri fucceffit, cujus mores fequutus eft. Regnavit annos 18. Obiit an. Heg. 278.

MVHAMMED BEN TAHER V. ET VLTIMVS
Taheriorum.

Patri fucceffit concedente Almahino Calipha; ingenio, comitate præftans, fed ludo tripudiis, compotationibus deditus. Jacup Ben Beis ejus tempore Siftoni aggreffus, contra Chorafonem duxit: ex Alis familiâ Hafen Ben Zeid Hofainenfis dictus Dahi Ketzir Sultani nomen occupatâ Tabriftanâ Giergion venit. Muhammed undique circumventus & anxius ad Jacobum Ban Beis mifit, qui denunciaret, fi litteras figillo Caliphæ obfignatas habes, obedire paratus fum: fi vero fine mandato ades, cur huc venifti? Jacub Ben Beis extractum vaginâ gladium, hoc mandatum fuum effe dixit & Nifapur ingreffus eft, anno Hegiræ 259. Muhammedem Taheri filium cum 160. ejus affinibus captum Siftonem mifit. Ita Chorafone Taheriorum Imperium finem accepit, qui omnes generofi, liberales fuerunt: eorumque tempore Incolarum frequentia celeberrima.

DE IMPERIO SAPHARIORVM.

CAPUT II.
De Saphariis qui numero tres, annos triginta quatuor regnârunt.

LEITZ Saphar in urbe Siftone lignarius faber fuit, qui animadversâ filii superbiâ, eum armorum tractandorum ftudio reliquit; hinc latro, & viarum graffator factus, juftitiam tamen obfervabat: nam facultates obviicujufque non omnes auferebat: deinde Dachamo Nafir filio Siftonis Præfecto militavit; apud eum in honore habitus, ac Dux exercitus factus: cui & filius fucceffit.

IACVB BEN LEITZ.

Iacub Ben Leitz poft mortem Dichami Nafcridæ Siftonem occupat; deinde anno cclij. crefcente ejus potentia, continua felicitate adufque 259. A. Chorafonem fubegit. Muhammedem Tahariorum ultimum Nifapuri cepit, & in vinculis tenuit: domita Chorafone, Perfide, ac Sirazio Metropoli potitus eft, & Kermone: Calipha earum Regionum illi, fcriptis tabulis, Imperium conceffit, additâ, ut mos eft, vefte. Ubicumque locorum opes erant, vi auferebat, dives omnis hoftis erat. Ita congregatis ex orbe toto divitiis, Iracam & Mafanderon aggredi ftatuit, exercitum lxx. M. contra Dahi Kctzir Cafen Ben Zeid Hofainum duxit; eo victo, in Arabiam profectus Mutamedo Matafedo Caliphæ bellum intulit, qui fratrem Muaficum contra eum mifit: atrox pugna inter utramque aciem menfe Ragibio ann. Heg. cclxij. In finibus Vafiti, Iacobi exercitus fufus fugituíque: ipfe tribus in gutture fagittis vulneratus. In Chorestan fecefsit, & paulo poft colico dolore effe defiit ann. Hegiræ cclxv. Schievali xiiii. Iacub prudenâ ingenio, liberalitate nobiliffimus fuit; omnes exercitus fui equos, præter paucos, proprios habuit, & aluit. Ligneo infidebat tribunali, unde in omnem exercitum confpectus, fi quid in caftrametatione difpliceret, emendabat. Duo millia pellibus indutorum hominum cum aureâ clavâ ponderis M. aureorum: nullum arcanorum fuorum confcium habuit: hofte profligato, militum nullus prædam attigit. Annos xij. regnavit.

AMRON LEITZ II.

Amron Leitz fratri fucceffit, adeoque felici fucceffu crevit, ut Chorafon, Irak, Kermon, & Gaznam, Perfidem, Sifton, Kaheftan, Mazemderon obtinuerit; quin & Bagdadi ejus nomine oratum fuit; quo honor folis Caliphis habebatur. Chorftonis & Irak Arabum defiderio, movendi contra Calipham belli occafionem quæfivit. Calipha Ifmaëlem Samonium Maurenahar Regem contra eum mifit, flumine Amony vadato cum xij. M. equitum Balcham venit; inftructæ acies; ad prælium paratæ; tympana pulfata; ad quorum fonitum exiliens Amru Leitz equus eum in medium hoftium agmen detulit, ubi fine pugna captus eft, circa medium Rabiæ fecundi ann. Hegiræ 287. & ad Calipham miffus, qui eum biennium tenuit, & in vinculis fame necavit. 70. camelos habuit, qui culinaria vafa deferrent. Lepidum quippiam memorant, cum captus effet; Coquum ex fuis intuitus, ab eo quæfivit, an aliquid quod edere poffet, haberet? Ille carnem in ollam conjecit, ignem fubjecit, & aliquid aliud allaturus abiit; forte canis in ollam, carnem rapturus, caput demifit, fed aduftus confeftim retulit, ejufque in collum deciduam ollæ anfam, & ollam fimul fugiens tulit; quod intuitus Amru in rifum erupit: cujus aliquis caufam fcifcitatus, refpondit, an non hoc rifu dignum eft? feptuaginta Cameli ferendis Culinæ meæ vafis mane non fufficiebant, & nunc unus canis fufficit Amru lufcus erat, fortis, & pugnax; Templum Sirazi extruxit, quod hodie fupereft.

TAHER BEN MVHAMMED III.

Taher filius Muhammed Amru capto, Segeftarem fugit, ibique à Principibus Rex creatus, fed poft annum ab Ifmaële victus eft; & Saphariorum Imperium finem accepit.

CAPUT III.

De Samoniis, qui an. C. menses vi. imperârunt ab Turcia adusque Indiæ fines Persidem & Irakam tenuerunt: Bochara eorum aula fuit. Asamius Poëta hoc Epigrammate omnes recensuit.

Samonii novem fuere Nobiles;
Tenuere Regnum Chorasonis singuli.

ISMAEL Ben Achmad, Nasri Noæ duo Totidem Abdulmeleki & Noach Ben Mansuru Samon ad Beheramum Gionpin originem referebat, ante Muhammedem maximæ Maurenahar partis potens, sed adversante Fortuna in Camelarii sortem devolutus, eam vir exelsi generis molestè tulit, & astu discurrens rem fecit: filius ejus Ased in honore apud Calipham Almamonem fuit, cujus filiis & præfecturas tribuit, donec ann. Hegir. cclxj. Mutemad Calipha totam Maurenahar Nasro filio Achmadi filio Ased F. Samon dedit; cumque Nasrus ann. Heg. cclxxix obiit, rerum summa Ismaëli cessit.

ISMAEL I.

Ismaël filius Achmad F. Ased F. Samon vir prudens, venerabilis primus familiæ Samoniorum imperavit, eôque regnante Maurenahar floruit. Missus à Caliphâ Mutadido, ut rebellantes Saphurios debellaret, Taheriorum Regnum obtinuit: liberalitate & justitiâ præstans octo annos regnavit, obiit xiiij. Saphari ann. Heg. cccxcv.

ACHMAD BEN ISMAEL II.

Achmad Ben Ismaël patri successit: sex annos & totidem menses regnavit, deinde à suis occisus ann. Hegir. cccj.

NASER III.

Naser filius Achmad F. Ismaël post patrem regnavit; omnes patris sui interfectores interfecit; tenuit Imperium annos iij. justitiæ & æquitatis tenax. Obiit mense Schiabano ex phtisi.

NOAH IV.

Noah filius Nasri F. Achmad F. Ismaël patri successit: regnavit xij. annos & vij. menses: obiit xxix. Rabiæ posterioris, ann. Hegir. cccxliij.

ABDULMELEK BEN NOÆ V.

Abdulmelek Ben Noæ post patrem annos vij. & vj. menses Regnum tenuit; eque currente lapsus obiit medio mense Schievalo, ann. Heg. ccclxv.

MANSUR BEN NOÆ VI.

Mansur Ben Noæ fratri successit annos xv. & ix. menses regnavit æqui bonique studiosus Princeps. Obiit medio mense Schievalo, anno Hegiræ ccclxxxx.

NOAH BEN MANSUR VII.

Noach Ben Mansur post patrem regnum tenuit Chorasonis Principibus repugnantibus; contra quos Sebactekini Gasnenensis Præfecti auxilium per litteras imploravit ann. Heg. ccclxxxxiiij. Cui Chorasonis partem, & filio ejus Mahmud alteram commisit. Hic regni Mahmudi Gasnenensis initium est. Noe regnavit annos xxj. & vij. menses. Obiit die veneris xiv. Ragiebi ann. Heg. ccclxxxvij

DE IMPERIO GASNANIORVM. 35

MANSVR BEN NOÆ VIII.

Manſur Ben Noæ poſt patrem regnavit annum unum & ſex menſes; quo tempore elapſo, Beg Tuſon Ducis Ducum dignitatem aſſequutus, eum Sarchaſi captum excæcavit die Mercurii Saphari ann. Heg. 389.

ABDVLMELEK IX. & VLTIMVS SAMANIORVM.

Abdulmelek Ben Noæ poſt fratrem Imperium tenuit. Ille Choraſonem Mahmudo tollere voluit; hinc bellorum & pugnarum materia : Abdulmelek Bocharum fugit. Ilekcam Turcarum Rex Maurelaahar occupavit ann. Heg. 389. die 12. Dulhagiæ & Abdulmelecum captum Uskandum miſit, ubi hominem exuit. Regnavit 8. menſes & octo dies & Samaniorum in eo imperium deſiit.

CAPVT IV.

De Gaſnaniis XIV. qui centum quinquaginta quinque annos regnarunt Horum primus

SEBACTEKIN famulus Albatekimi fuit, qui Samoniorum ſervus erat: His autem regnantibus Gaſnæ & Indorum limitibus annos xvj. præfuit; eo mortuo, Sebactekin eaſdem Regiones rexit, & anno Hegir. 384. Choraſonis Imperium aſſecutus eſt. Obiit menſe Schiabano ann. Heg. 387. Mahmud filius illi ſucceſſit, & poſtquam Samoniorum Imperium finem accepit, Calipharum beneficio, Choraſonem obtinuit.

SVLTANIEMIN ADDOVLA II. GASNANIORVM.

Sultan-Iemin Addoula Abulcaſen Mamud Sebactekini filius cum Indis infidelibus perpetuum bellum geſſit. Matrem Zabel habuit, unde Zabelli cognomen accepit, vel Fardusio teſte.

Beata gemma, Zabeli Mahmud, mare
Deſcendi in illud, unionem haud repperi ;
Mea illa culpa ſortis eſt, & non Maris.

Mahmud ſex menſium iter in Indiâ ſubegit, multoſque Indos ad Iſlamiſmum convertit; Choarzam item domuit anno Heg. 387. Ilekchan Rex Maurenahar Balchæ cum eo bellum geſſit ; ſed victus in Regnum ſuum fugit & ann. Heg. 404. obiit. Mox Kacter Cham, & Arſalon Chan ambo Choraſonem invadunt : occurrit Mahmud; atrox pugna committitur ; Mashmud Elephanti albo inſidens in conſertos hoſtes irruit, eos fundit, fugat ; quarta pars fugientium in Amoniæ urbis flumine merſa periit. Mahmud Gihon flumen tranſit, Maureluahar vaſtat, Choraſonem tendit ann. Hegir. 410. Mahmud ſub Imperii finem ann. Hegir. 420. Irak Perſicam obtinuit, captumque ejus Præfectum Magiuddaulam Roſtami filium Facariddulæ neglectui habitum clam interfecit. Filio Mashudo Irakam commiſit, cujus totius potens rebellantes omnes compreſſit ; Hiſpanahenſium ex præcipuis 4. M. occidit. Caſabinios ejus abſentiâ defectionem meditantes, câ deprehensâ, caſtigavit. Demum ab Moleddinis Rey reducem in urbem Caſbin mors oppreſſit ann. Hegiræ 421. die Jovis 13. menſis Rabiæ prioris; vixit 61. annos; regnavit 31.

MASHVD BEN MAHMVD III. GASNANIORVM.

Mashud Ben Mahmud ex teſtamento patris Choraſonem & Choarzam obtinuit : frater ejus Muhammed filius Mahmudi Gaſnam & Indiæ Regiones. Mashud à majori fratre, ut nomen ſuum publicis precibus laudaretur quæſivit, quod ille negavit : Mashud Gaſnam invadere dum tentat, interea Joſeph Sebactekin Muhammedem capit, excæcat, in Nisadam arcem mittit, in qua novem annos mansit; atque ita omnes patris ditiones Mashud assequutus est. Ioseph am etiam cepit, qui fratrem dolo ceperat, captumque habuit. Sed exorto inter Mashudum & Seluccios, bello victus Mashud Casbinum ivit, Muhammedem cæcum libertati restitutum arce eduxit, ipse in Indiam proficiscitur; jam Dilem fluvium transiverat, exercitus ab eo defecit, Muhammedem cæcum regem proclamat, in solio constituit, Cirtium copias ducit, Mashmudum captum illi sistit, qui eum in custodiam (arcem) misit, sed in itinere à militibus occisus est Giumadâ primâ ann. Hegir. 433. Regnavit 13. annos: ab eo tempore, Mahmudi Gasnæ, ejus ditione contenti se continuerunt, unde & Gasnaniorum illis nomen, eoque in regno plurima sui monumenta reliquerunt.

MASHMVD FILIVS MASHMVDI IV. GASNANIORVM.

Mashmud filius Mashmudi, Sebactekin vivente fratre primo quatuor annos Gasnæ Regnum tenuit; dein Mashudi jussu 9. annos in carcere vixit; liber iterum annum unum regnavit. Tandem ann. Heg. 437. Nepotis manu interfectus est.

MOADVD FILIVS MASHVDI V. GASNANIORVM.

Moadud filius Mashudi Muhammedis patrem vindicaturus avunculo bellum intulit, cujus filios, omnésque patris interfectores occidit; filiam Giagarbek duxit, ex qua filium Mashudum suscepit: annos septem regnavit. Obiit mense Ragiebo ann. Hegir. 441. Contra Giakarbek ducebat, qui Chorasonem occupaverat; sed in itinere Colici doloris vehementiâ periit.

MASHVD FILIVS MOADVDI VI. GASNANIORVM.

Mashud filius Moadudi parvulus, cujus nomine Regni regimen administratum per aliquot dies; sed deinde Regni Principes, unanimi consensu, ejus avunculo Imperium detulerunt.

ALY FILIVS MASHVDI VII. GASNANIORVM.

Aly filius Mashudi f. Maodudi Imperium adeptus erat, cum Abdurraschid arce custodiâ, in qua per aliquot annos detentus fuerat, evasit; liber exercitum colligit, & Alim vicit, ac fugavit ann. 443.

ABDVRRASCHID VIII. GASNANIORVM.

Abdurraschid filius Mahmudi post nepotem Imperium adeptus obiit ann. Heg. 445.

FAROCZAD IX. GASNANIORVM.

Faroczad filius Mashudi Abduraschido, successit; hic Regionis vastitatem cogitans populo tributa remisit erga eum beneficus, divini cultûs ac Religionis studiosissimus; tres menses jejuniuu servavit: maximam noctis partem orationi vacabat. Colico dolore ann. Hegiræ 450. obiit

IBRAHIM IX. AVT POTIVS X. GASNANIORVM.

Ibrahim filius Mashudi post Faroczadum regnavit longum tempus, scilicet quadraginta duos annos, eleemosynis, diversoriis, Templis, ædificiis, regnoque administrando deditus; Regiones urbis diviserat, quas obibat noctu; viduis mulieribus & egenis cibós præbebat. Eo regnante Gasnæ omnibus ægris, medicamenta, potiones, ejus sumptu præbebantur. 36. filios, quorum nomina in Annalibus inveniuntur, suscepit; filias 40. singulas Principibus viris collocavit: Regni vastitatem excoluit: multa etiam oppida extruxit Chairabad, Aimenatad, & alia. Regum Dominus vocabatur, optimè scribebat, & singulis annis Meccam Alcoranum manu suâ scriptum mittebat opulentis cum muneribus: tres menses Ragebum, Schiubanum & Ramadanum jejunabat. Obiit 5. die Schievali mensis anno Hegiræ 492.

MASHVD

DE IMPERIO GASNANIORVM.

MASHVD FILIVS IBRAHIMI XI. GASNANIORVM.

Mashud filius Ibrahimi, sororem Sangiari Seljuccii duxit; annos 16. imperavit. Obiit anno Heg. D. 8.

SCHIRIAD FILIVS MASHVDI XII. GASNANIORVM.

Schirzad filius Mashudi patri ex testamento successit: annum unum regnavit, à fratre Arsalone Rege victus & interfectus ann. Heg. D. 9.

ARSALON REX FILIVS MASHVDI XIII. GASNANIORVM.

Arsalon Rex filius Mashudi post fratrem regnat: hic cum altero fratre Beheramo contendit, qui ad Regem Saugiarum avunculum se recepit, coque auxiliante Gasnam venit, Arsalonem vicit, regnavit: Saugiaro reduce, Arsalon Beheramum iterum expulit, qui secundò ad Saugiarum profectus, impetrato ab eo exercitu Arsalonem victor interfecit, ann. Hegir. D. 22.

BEHERAM SOHA XIII. GASNANIORVM.

Beheram Rex filius Mashudi f. Ibrahimi patri successit, clemens, erga omnes benignus, scientiarum amans, cujus in honorem Docti libros scripserunt; inter cæteros liber Calila & damna ab Naṭu Alla filio Abdulgemid explicatus, & liber horti à Domino Sadi scriptus notissimi sunt: pacata ejus tempora fuerunt. Regnavit annos 32. sub Regni finem Aladdinus f. Hasen f. Asen primus gauriorum illi bellum intulit; ab eo victus in Indiam fugit. Aladdinus fratri Surio Gasnę Regnum dedit; ipse Firuschon rediit; in itinere frater ejus Som obiit. Beheram Soha Gasnam repetit; ipse Surium oppugnat, capit, captum & bovis corio impositum per urbem traducit, omnique vexatus ignominia occidit, & occisi caput Sangiaro mittit. Aladdinus hoc nuntio irritatus contra Arsalonem cum ingenti exercitu proficiscitur; sed antequam Hasnam veniret, Arsalon obiit ann. Heg. D. 94.

CHOSROV SOHA XIV. & VLTIMVS GASNANIORVM.

Chosrou Beherami filius patri ex testamento successit. Aladini audito adventu, ad Indicum mare fugit: Aladinus Gasnam magna multitudine obsessam diripuit, Nepotem Gajattadinum Abulphata Muhammedem Somi fratris filium illi præfecit: is Chosrouem ingentibus promissis advocatum & fidentem cepit, captumque in custodia detinuit ann. Heg. D. 55. Chosrou in carcere 10. annos vixit, & obiit ann. Heg. D. 65. Gasnaniorum Imperium desiit, & nullo ex Mahmudiis superstite ad Gaurios transiit.

CAPVT V.

De Gauriis qui quinque numero regnârunt annos 64.

EORUM origo ab Gauro Rege qui ab exercitu Mahmudis victus est. Surius filius ejus Feri Sultani metu in Indiam fugit: huic filius nomine Som erat, qui Religionem Muhammedanam amplexus mercaturæ se dedit, ac Hosaïn omnibus virtutibus præstantem suscepit, cum quo aliiique suisque Gur profecturus navem conscendit, quâ magnâ tempestate submersâ vectores omnes aquis absorbti perierunt; solus Hosaïn repertum asserem tenuit; eadem in nave tigris erat, quæ idem quoque lignum conscendit; tres totos dies jactatos fluctus expulit ad littus ad quod tigris saltu appulit: Hosaïn vicinum mari iter ingressus urbem venit, séque somno super tabernam permisit, Præfectus vigilium eo loco inventam carceri mancipat, in quo septem annos mansit, donec ægrotans Rex eleemosynam facturus carceri detentos liberavit. Hosaïn liber Gasnam proficiscitur; à latronibus, qui viam insidebant inventus, cum eum formâ præstantem vidissent, equo & armis traditis, secum receperunt, iisque apud eos noctem duxit; atque eidem omnes ab Ibrahimi Regis militibus, qui eos quærebant, capti & occisi sunt. Carnifex cum oculos Hosaïni ligaret, ille in hæc verba erupit; ô Deus! qui falli non potes, quomodo me innocentem mori permittis? Hinc Carnifici interrogandi hominem cupido, ille casus suos omnes exortus est, qui Regi ubi innotuerunt, ejus misertus, dein amore prosequutus in Aulæ Præfecti dignitatem evexit, concessâ in uxorem consanguineâ. Dein Mashud Ibrahimi filius Regnum assequutus, cum Guræ præfecit; sic ejus res crevere, donec filius Hasen Hosaïn locum ejus tenuit.

ALADIN BEN HASEN I. GAVRIORVM.

Aladin filius Hasen f. Hosaïni fil. Som desinente Gasnaniorum Imperio, illud occupavit anno Hegiræ D. 51.

SEIFADDVLA II. GAVRIORVM.

Seifaddula Muhammed filius Aladini patri successit, adolescens formâ, liberalitate, justitiâ insignis, populi amantissimus, clemens, generosus, continens, humilis, Regnum Gasnæ cognato Gujattadino Muhammedi filio Som concessit: cum Sangiar Seljuccius Balcham obtinuisset, in bello contra Turcas periit anno 58. regnavit annos 7.

GAIATTVDIN III. GAVRIORVM.

Gajattudin Albuchata Muhammed filius Som f. Hosaïn post cognatum regnavit, magnumque cum Guziis bellum gessit; plurimos interfecit, reliquos pacem & securitatem postulantes vectigales fecit; fratri suo Scheabbaddino Abulmutafaro Harat V. concessit: ipse Gasnæ Regiam constituit. Regnavit annos quadraginta. Obiit Gasnæ ann. Heg. 588. Haratæ Templum memoriam ejus servat, quod Emir Aly Schir instauravit anno Hegiræ 544.

SCHAHAB ADDVLA IV. GAVRIORVM.

Schahab Addula Abulmutafar filius Som f. Hosaïn fratri successit, & annos 4. Regnum tenuit. Dum oraret, à Sicariis indicis occisus. Hoc de illo epigramma.

Ille mari terraque potens fortissimus Heros,
Qui nullum toto vidit in orbe parem.

MVHAMMED FILIVS MVHAMMED. V. & VLTIM. GAVRIORVM.

Muhammed filius Muhammedis, filius Som post Avunculum Regnum tenuit ann. 7. sed quadam die in Palatio interfectus inventus est. Ann. Heg. 609. ita Gauriorum Imperium ad Choarzamios translatum.

CAPVT VI.

De Boiadis sive Boiæ familia qui 17. numero regnarunt annos 127.

SALI Notarius Bojadarum originem ad Beheram Gur refert. Cum Macon Bachi Tabareston R. præfectus esset, Boia in ejus famulitio vivebat, cum tribus liberis Aly, Hasen, & Achmad; Sedar Asphar filius Sirviæ, & Marduangh f. Ziad, ejusque frater & Schamghir Maroni conjunctissimi erant; Asphar Ben Sirviæ contra Maronem egressus, eo fugato, Dilemon obtinuit anno Hehiræ 325. post anrum à Caramitis occisus est. Marduanghusgin illi successit. Vailem Diar, Abhar, & Tanefon, & Rostandar cepit, Mazanderon, Ry, Casbinum, Tanghica, & Tarenum urbes subegit; aliisq; Provinciis domandis incubuit. Hamadanam immensâ multitudine populi occisâ diripuit; cum fratribus in Persidem profectus, eam obtinuit, & Hispahanæ in Balneo à servis oc-

DE IMPERIO BOIADARUM. 39

cisus est ann. Hegir. 321. Ali Boiades Hispahanæ cum Vasanchiro Ziadi filio bellum gessit; quo victo Tabrestanam profectus, ejus regno contentus quievit. Boiadas Persidem & Irakam tenuit.

AMADADDAULAS I. BOIADARUM.

Amadaddaulas Aly filius Boiæ II. Dulkaadæ ann. Hegir. 321. imperavit. Irakam fratri minori Haseno, quem Racnaddaulam dixit; minimum Achmadum & Abustcclazun Kermon misit: cumque Muazzaddulam cognominavit: ipse Regiam Sirakii collocavit; & impetratis à Calipha Imperii codicillis, illud 16. annos & 6. menses tenuit. Mense Giumadæ priore obiit ann. Heg. 338. Nepotem suum Adaddaulam hæredem suum esse voluit.

RACNUDDAULAS II. BOIADARUM.

Racnuddaulas Hasen filius Boiæ fratris ex Mandato Irakam Persicam tenuit; 44. annos regnavit; vitam supra 80. protraxit. Obiit noctu Muharrami 24. ann. Hegir. 366. filios tres reliquit Adaddulam & Mujaddulam matre Turcâ ancillâ natos: tertium ex filia Haseni Firuzidæ patrui Macham Cachidæ fili Facraddulam suscepit. Racnaddaula post mortem fratris Amadaddulæ, filiis Regnum divisit. Mojaddulæ Abunasro Bojadæ Jesol, Hispahan, Com, Chiaschon, Nadar, & Gierpakon dedit; Raiam, Hamadam, Abhar, Casbin, Facraddulæ, Zaugion, Savam, Anam, & partem Kurdistan Mujaddulæ tribuit: Adaddulæ vero minori Hoctam sive Aulam Chosrois, id est, Persidem concessit sibi à patruo donatam.

MUAZZADDAULAS III. BOIADARUM.

Muazzaddaulas Achmad filius Boiæ Kermon à fratre obtinuit, eâque domitâ Chostestanem, Basoram, & Vasitum subegit. Advocatus à Calipha ann. Hegiræ 334. Bagdadum cepit: Calipham excæcavit; ejus dignitatem Muthiabillæ tradidit; mox fato concessit. Regnavit annos 21. tempore Hamaddulæ, & 17. Racnaddulæ. Obiit anno Hegir. 356. Quarto Rabiæ posterioris profluvio alvi quinquagesimum annum agens. Morem Boiadarum servavit, qui statuam precibus horam duodecim tubarum sonitu notabant. Idem Dulhagiæ 11. Husaini colendi originem præbuit, ann. 352.

AZADDAULAS IV. BOIADARUM.

Azaddaulas Abuschegiah Fena-Chosrou filius Racnaddaulæ Hasen f. Boiæ patruo ex testamento successit, & Regnum Persidis obtinuit anno Heg. 338. Regnavit A. 34. populi amantissimus. Anno Hegiræ 367. Bagdadum profectus cum agnato suo Azzudaulâ Bacteu bellum gessit, eumque interfecit. Bagdadum captam quo die ingressus est, Calipha illi obviam venit; Magnates bene habuit, justitiæ parum studiosus. Ejus memoriam servant Templa, quæ in honorem Haseni Imperatoris fidelium & Hosaini Pontificis extruxit, Nosocomium, & curandis ægrotis domus ab eodem Bagdadi ædificata; ut & murus Medinæ, & agger Bendamir fluvii Kurd, Imperatoris agger etiam hodie dictus, ann. Heg 343. perfectus, cujus aqua Kermon utitur. Etiam urbem ex opposito Schiraz condidit, quæ nunc ager est, & Imperatoris forum vocatur. Obiit epilepsiâ Bagdadi Ramadano mense anni 372. in Templo Aly Imperatoris fidelium sepultus. Natus erat die Lunæ 5. Dulkaadæ anno 324. Hispahæ.

AZUDDAULAS V. BOIADARUM.

Azzuddaulas filius Moiaddulæ post patrem Bagdadi 11. annos regnavit; deinde Adaddulæ jussu occisus est ann. 367. ut dictum est.

MOIADDULAS VI. BOIADARUM.

Moiaddulas Abunasri filius Racnadulæ f. Hasen filius Boiæ Hispahanæ degebat, patre vivente: eo mortuo Adaddulæ auxilium laturus Rex profectus est: septem annos & sex menses Imperavit. Bellum cum Fakraddulâ & Schensalmoali Kabuso; filio Vasmo-

DE IMPERIO BOIADARVM.

xit Tabarestonis Rege gessit; tandem Moiaddulas bis vicit primo die Mercurii 22. Ramadani ann. 372. Chorasonem fugerunt: ubi **** 18. annos Fakraddulas moram traxit, qui in Iraka regnum tenuit. Cabis & Tabareston in Moiaddulæ potestatem venerunt. Saheb filius Ibad inter Vezires celeberrimus, ejus in obsequio fuit. Obiit Moiaddulas ann. 373.

FACRADDVLAS VII. BOIADARVM.

Facraddulas Aly filius Racnaddaulæ secundum patris testamentum Aamadani degebat. Cum Adaddulæ auxilium tulit, Nisapor profectus est; unde ab Sahibo Ismaële Hibadæ filio post Mojaddulæ mortem evocatus, ann. Hegir. 373. rediit, regnoque restitutus, illud 11. annos tenuit. Obiit anno Hegiræ 387. Saheb filius Hibadi (Aiadi *Elmacin*) ejus Vesires fuit, vir absolutæ virtutis. DC. camelos Bibliothecæ vectores habuit; qui licet omnia regni negotia ejus arbitrio commissa recte administraret, nihilominus singulis diebus proficiebat, seque in omnium scientiarum cognitione eruditum jactabat, earum optimis libris instructissimus, etiam bellandi scientia inclytus. Anno 357. post Abulphatah Amidæ filium Vezir factus, 18. annos eam dignitatem tenuit. Obiit noctu diei Veneris feria 24. Safari; ann. Hegir. 385. Feretrum Hispahanem delatum in vico Darnâ, terrâ conditum. Quidam Razî, alii Hispahane oriundum scribunt.

MAIVDADDAVLE VIII. BOIADARVM.

Majudaddaule Abutalen Rostadi filius Facraddini, Patri in Iraka successit puer. Regni negotia Mater Saïda toto vitæ tempore curavit 27. scilicet annos splendidissime; sed anno Hegiræ 415, obiit. Tum turbatæ res. Mahmud Gananiensis valido cum exercitu Majudaddaulæ Regnum invasit; illum cum filio Abudelfo cepit anno 420. Ita Regnum Irax in Mahmudi potestatem venit. Majudaddaulas annos 30. Regnum tenuit; quem melancholia laborantem Abualy Sina (*Avicenna*) curavit. Sub ejus Regni initium Kabir Vasmekiri filius in Regnum rediit, & anno 488. mense Schiabano Kerkhon Tabristanam, Mazanderis domitis etiam Gueilon obtinuit; 15. annos regnavit vir magnis virtutibus ornatus, & scribendi peritissimus; sed crudelis, ideoque à militibus captus, in vinculis habitus: filioque Manucheer delatum Imperium. Obiit in carcere ann. Hegir. 403.

SCHARFADDVLAS IX. BOIADARVM.

Scharfaddulas Abulfuares Scharzin filius Adaddulæ Kermone post patrem regnavit anno Regni quarto, & sex elapsis mensibus. Bigdadum profectus fratrem Samsamadaulem obvium habuit, qui eum captum, & oculis orbatum in arcem Kuson misit anno Hegir. 476.

SAMSAMADDVLAS X. BOIADARVM.

Samsamaddulas Abucalangiar Merzebon filius Adaddulæ post fratris mortem à Regni Principibus carcere liberatus, in solio collocatus novem menses regnavit; donec Behaddulas frater contra eum duxit. Vixit tamen 8. postea annos, & obiit anno Hegiræ 388. occisus ab Beonazaddulâ Bactur.

BAHAVDDAVLA XI. BOIADARVM.

Bahauddaulas filius Adaddulæ post fratrem mense Safaro anni 480. Imperator factus annos 24. & sex menses regnavit. A Calipha Alkadir Billa Rex Regum, Religionis columen dictus. Sultani Mahmudis, cum quo pacem fecit, filiam uxorem duxit. Obiit mense Rabia priore ann. 404. Augianæ in Perside.

SVLTAN ADDOVLA XII. BOIADARVM.

Sultan Addoula filius Behaddulæ ex patris testamento Regnum tenuit annos 12. menses quatuor. Fratrem Kavaddin Abulfares, qui bellum illi intulit, vicit; & mense Schiabano anno 414. in Perside obiit.

DE IMPERIO BOIADARVM. 41

SCAARFADDVLAS XIII. BOIADARVM.

Scharfaddulas Hafen filius Beaddulæ poft patrem Bagdadi fratris Sultani Addulæ vicarius imperavit; deinde nomine proprio imperavit, & ann. 410. hominem exuit. Regnavit annos fex & 2. menfes.

GELAL ADDVLA XIV. BOIADARVM.

Gelal Addula filius Behaddulæ poft occifos fratres Baforam tenebat. Bagdadi imperavit minus facili rerum fucceffu. Regnavit annos 25. obiit anno Hegir. 435.

HAMADEDDINILLA XV. BOIADARVM.

Hamad Eddinilla Azalmeluk Abucalangiar Merzebon filius Sultani Addulæ, filius Behaddulæ filius Adaddulæ poft patrem Perfidis Regnum tenuit ann. 414. cùm patruo Gelaladdula, qui Bagdadi imperabat, bellum geffit. Dein compofitâ pace Gelaladdulæ Bagdadi iterum potens, fluctuantibus rebus fuis, Turcarum metu, quos in poteftate fua non habebat, Sirazium periit. Ifmaël in eum noctu irruit, & Bojadarum res afflixit. Hamadeddin obiit ann. Hegiræ 441.

HAMADEDDIN BILLA XVI. BOIADARVM.

Hamadeddin Billa Abu Mafra filius cognominis patris juffu Bagdadi Imperium tenuit annos feptem, fed anno 448. Sultan Togrulbek Selgiukides, Bagdadum profectus, eum cepit, & cuftodiendum in arcem Tolrac mifit, in qua obiit.

ELMELEK ERRAHIM XVII. BOIADARUM.

Elmelek Errahim Abu Manfur filius Hamadeddini Illai patris ex teftamento Perfidi imperavit. Eum anno 448. cepit (Togrulbek fcilicet) ubi effe defiit; Perfis in Faftuhiæ poteftatem venit, mox à Selgucciis recuperata. Superat ex Bojadis Abualy filius Hamaleddini; hic poft fratrem 40. circiter annos Noaband, Gian, Perfidem, Kermon, & Ictax tenuit, Regibus cariffimus; à quibus tympanum & vexillum obtinuit. Obiit anno 447. & cum eo Bojadarum Imperium finem accepit.

CAPVT VII.

De Selgucciis qui 14. numero annos 121. imperarunt.

GENERIS originem per triginta quatuor patrum Seriem ad Aforafiabum referebat Selgiukus, qui quatuor filios fufcepit Michaëlem, Ifraëlem, Mofem Begu, & Jonam, qui ditiffimi quærendis optimis pafcuis Maurenahar venerunt ann. Heg. 375. pofitis in finibus Bocharæ & Samarkandæ fedibus. Poft aliquod tempus à Mahmude Gafnanio licentiam tranfeundi fluminis Amniæ, & Chorazonem petendi poftularunt. Arfon Hadeb Tufii Præfectus hanc illis negandam cenfuit, ne damno Provinciæ effent ob ingentem eorum multitudinem; fed Mahmudus non probatâ ejus fententiâ conceffit. Itaque Chorafonem profecti in finibus Nifæ & Baucndi conftiterunt. Michaëli duo filii erant, Michaël Togrulbek & Giafar Beg gentis Duces Regiam prorfus indolem vultu oftendentes, Chorafoniis cariffimi, ut qui poft Regem Mahmudem ad eos judicandis litibus irent. Hinc Machmudi odium, qui contra illos exercitum mifit; Selguccii victores fuerunt. Vindictam Mahmud parabat; fed Indiam turbatam petere coactus, fub Afchio Chorafonis Præfecto bellum hoc mandavit, qui ut venit, ut victus eft.

SVLTAN RVCNVDINVS I. SELGVCCIORVM.

Sultan Rucnuddinus Abutaleb Togrulbek Mahammed filius Michaëlis, filius Sel-

DE IMPERIO SELGVCCIORVM.

guiki anno Hegiræ 429. abfente Mashudo Gafnanio Regio in Solio fedet, Mashud poft hos tres annos 432. Meru in planicie Zandexon cum Selgucciis pugnavit; & victus Gazia abiit. Tum vero ad eos Regni potentes Calipha Caim diploma mifit, quod Mashud Judex Abulhafen fui temporis eruditiffimus ad eorum Regiam Chorafonem tulit. Divifis inter eos Provinciis Giofar Beg Chorafonem tenuit; Iraxam Perficam Togrulbek cum reliquis, quas fubegit, Provinciis. Hic Gamadani fedem fixit; Bagdadum expugnavit; Calipham Cajimum ex vinculis Bafafiri, ut diximus, liberavit; & Bojadas profligavit. Giafar Beg obiit anno 453. Togrulbek filium ejus Alp Arfalonis patris fui locum tenere voluit. Ipfe die Veneris 18. Ramadani ad plures abiit. Rex optimus fingulis diebus quinquies cum tota familia orare, & quintâ ac fecundâ feriâ fingulis hebdomadis jejunare folitus; quoties domum fibi extruere volebat, prius Templum, deinde Palatium extruxit. Regnavit xxvj. annos, vixit lxx.

SVLTAN AZADDINVS II. SELGVCCIORVM.

Sultan Azaddin Abulfchegiah Alep Arfalon filius Giafar Beg, filius Michaëlis, filius Selgiux, terribilis & mole corporis metuendus, excurfionibus deditus Perfidem Falluyæ Schebouxaræ abftulit. Armanum Romanorum Imperatorem in bello captum eâ conditione liberavit, ut fingulis annis millies mille aureos tributum folveret. Inde Gurgefton contendit, Provinciæ Primores multos cepit, quorum aliqui Muhammedanam Religionem amplexi funt. Primus annuli loco, quem in auribus fervitutis fignum geftare moris erat, equi foleam geftare juffit. Primus Turcicorum Regum Euphratem tranfiit; Patris Vezirem Abunazirum Abdulmelek Kendarium Nifæ interfecit; occifi caput Nifapur mifit, ejus dignitatem Metamel, meleko Tufio celeberrimo viro dedit. Sub Regni finem cum Perfidis Iraxæ Aderbicion & Charafonis potens factus fuiffet Maurenahar cum ducentis equitum millibus proficifcens, Gehonem fluvium tranfiit. Barzam proximam littori arcem Jofeph Kubal Chorazanius tenebat; eo victo & Regium ad folium adducto, poft varios fermones gravia minatus eft, quorum impatiens cultro Regem aggredi voluit; qui jaculandi peritiâ confifus fuos illum impedire tentantes prohibuit; tribufque fagittis fed irrito conatu illum petiit: ita Jofeph ad eum pervenit & vulneravit: quo cafu fatellites territi abceflerunt; & Jofeph cultrum manu geftans egrediebatur; nifi Gameah Cubiculatius Nifapur oriundus lapidis in caput jactu interfeciffet. Arfalon eo etiam vulnere obiit circa finem Rabiæ prioris ann. Hegir. 465. Regnavit annos duos, menfes fex, dies 12. vixit 44. annos & 3. menfes. Mervæ fepultus eft.

SVLTAN GELALEDDIN III. SELGVCCIORVM.

Sultan Gelaleddin Abulfatah Melexfcha filius Olb Arfaloni patri fucceffit. Metalmelexi operâ Rex felici negotiorum fucceffu inclytus, ut qui Iron, Turon Græciæ & Syriæ partem obtinuerit. 48. Equitum millia parata femper habuit, affignatis toto Regno ad hoc prædiis, ut nemini molefti viverent. Sifpane Regnum tenuit: venationis amans erat. Ann. Hegiræ 479. Meccanam peregrinationem exorfus, multas in Iron eleemofynas fecit; domos, & diverforia in deferto viantibus extruxit. Sub Regni finem Giubu, Methaminu Almeleco Vezire depofito, Tagiaddinum Abulganaimum fubftituit. Metamulmelek Hofani Sebahi juffu in finibus Nahavind occifus fuit anno Hegiræ 485. menfe Ramadano ab Infidelibus; eodemque anno Bagdadi Rex menfe Schievalo hominem exuit. Mageius Poëta.

Vno menfe fenex; alio, florentibus annis
Rex & ad Elyfios ivit uterque locos.
Gloria quanta Dei, Regis quam debile robur,
Oftendunt oculis hæc monumenta tuis.

Natus eft Giumadâ priore anno 446.

SVLTAN RVCNADDIN IV. SELGVCCIORVM.

Sultan Rucnaddinus Abulmutafar Barkiarok filius Melexchæ, patri, cum quo regnaverat, fucceffit; liberalitate & bonitate infignis. Multa eo regnante fucceffe funt: cum fratribus & avunculis bellum geffit fæpius victor; tandem anno 489. Chorafonem fratri Sangiaro conceffit; annos 18. regnavit. Obiit Giumadæ pofterioris 12. fub finem anni cccciic. Rugerdæ.

DE IMPERIO SELGVCCIORVM.

SVLTAN GHIATZEDDIN V. SELGVCCIORVM.

Sultan Ghiaḋzeddin Abuschegiah Muhammed filius Melekschæ post patrem regnavit justitiâ & clementiâ inclytus, Religionis observantissimus, omni studio Hæreticos suo tempore validos tollere curavit. In Indiam cum Infidelibus pugnaturus duxit, victorque multis præliis extitit. Regnavit annos 13. & 24. anno 501. obiit. Cadaver Sispahanem delatum, conditumque: moriens hos versus protulisse fertur:

> *Ille ego, cui gladio, nodosa & robore clava,*
> *Gentes, & populi, victaque terra fuit:*
> *Vt populos vici, sic me mors frigida, vincit;*
> *Injicit ultrices & mihi sæva manus.*
> *Quot vitrias dextrâ superavi nutibus urbes,*
> *Quot patuere meo mœnia pulsa pede:*
> *Istaque nil prosunt, nusquam tractabile lethum,*
> *Suprema & nullas suscipit hora preces.*
> *Unicus est, omnes semper qui permanet annos,*
> *Et qui regna tenet non peritura Deus.*

Natus est mense Schiabano ann. Hegir. 474.

SVLTAN MVAZEDDIH FILIVS SANGIAR VI. SELGVCCIORVM.

Sultan Muazeddin Abulharetz Sangiar filius Melekschæ, dum Barxirroch & Muhammed fratres ejus vixerunt, viginti annos Chorasonis præfecturam tenuit. His fato defunctis, Rex Regum à finibus Catha & Cotan ad extrema usque Ægypti & Syriæ, & à mari Cotar ad Arabiam felicem Imperii fines produxit. 19. magna prælia pugnavit. 17. Victor, Regnum tenuit omnibus metuendus, liberalitate ac clementia erga populum insignis, fraudum, eloquentiæ incuriosus, pelliceum sagum indutus, in solio assiduus, & omnium Regium ad fastidium pertinentium mente omittens. Muhammede fratre mortuo Irakam profectus est: Mahmud filii frater contra eum insurgens victus est; deinde ad obsequium redeunti concessa veniâ illi Iraka adusque Ægypti & Syriæ terminos à Sangiaro gratanter concessa, feriâ 5. Safari ann. 536. Maurenahar profectus cum Chiurchan bellum gessit, victusque Chorasonem rediit. Eo in prælio ad 30. M. hominum cæsa, amissâ Maurenahar; capta Regis uxor Turcon domina; Emir Camach, Emir Abulfadl Ninruz præfectus mox libertati restituti. Ferideddin ejus pugnæ meminit his versibus.

> *Maxime Rex, vestique Atlas fortissime mundi*
> *Quadraginta annos odiis certasso prophanis*
> *Adversasque acies multo fudisse cruore;*
> *Multaque diversis ex hostibus ultio sumpta*
> *Immensum efficiunt nomen; si tristia forte*
> *Contingant; cœlum si misceat aspera lætis:*
> *Hoc ita fata volunt, vario mortalia casu*
> *Cuncta fluunt; solus Mundo rebusque superstes*
> *Est Deus, & nullo nunquam mutabilis ævo,*
> *Æternæ manet immota rationis abysso.*

Ter contra Chourtami Præfectum ejusque filium sibi familiares & rebellantes exercitum duxit. Tandem die Lunæ 12. Muharrami ann. Hegir. 543. cum eo cedente pacem fecit, ac rediit. Sub Regni finem Gihon transiverunt Gazaniani; miserias multas subierunt. Rex tamen eos aggredi bello constituit; illi mulieribus parvulis adductis coram, pacem orabant supplices oblatâ per singulas domos argenti minâ; quæ conditio Regi placebat, qui redeundum censebat: proceres recusarunt. Iraque illi, omni spe abreptâ, se parant ad bellum viram servaturi; & ann. Hegir. 548. quamplurimis occisis Regem capiunt, quem Gazanius admixtum præfecti venationis specie ad Oxi ripam ad luctum in arce Tarmud collocarunt. Inde Meru profectus vitâ jam deficiente & angoribus confectâ, obiit anno 552. Rabiæ prioris 26. vixit annos 72. Natus est in lo-

44 DE IMPERIO SELGVCCIORVM.

co Sangiar Syriæ die veneris 25. Ragiebi ann. 479. Regnavit annos 62. ab hoc tempore Seljucciorum Imperium Chorazone finem habuit. Eius ex forore nepos Mahmud Chan ex ftirpe Bogra Chan poft eum Chorazonem tenuit annos & fex menfes ; contra quem Mojedabia unus famulorum Saugiari menfe Ramadano illi bellum movit, captum excæcavit : ita Chorazon partim illi, partim Choarzaniis regibus, partim Guriis ceffit.

SVLTAN MVGHITZEDDIN VII. SELIVCCIORVM.

Sultan Mughitzeddin Abulcafem Muhmud filius Muhammedis Melefchæ patri fucceffit initio anni 612. in Iraka ; & fequenti 712. in finibus Saræ bellum cum Sultano Saugiaro geffit à quo victus, pace, magnatum diligentiâ, cum eo compofitâ , menfem unum eius in obfequio Riæ tranfegit, eumque fibi adeo benevolum reddidit ut Irakam adufque Græci Imperii limites & Syriæ obtinuerit, ficut antea diximus. Duas Saugiari filias duxerat, Mashudi fratris bellum bis fuftinuit, eumque vicit. Bonus Rex, clemens, eloquens , fcribendi peritus cum vocalibus, fomniorum interpretationes collegit , fœminarum, aucupii, & venationis amans, 400. canes cum torquibus gemmatis & loris auro intextis habuit ; Grammaticæ, Poëtices, Chronologiæ peritus ; Regum nullus particularibus Regni negotiis adeo exactè ftuduit. Obiit 11. Schievali anni 520. Hamadani : natus erat anno 487. vixit an. 25.

SVLTAN RVCNVDDVLAS VIII. SELIVCCIORVM.

Sultan Rucnuddinus Abulmutafar Togrulbek Muhammedis filius patris juffu tenuit annos tres adufque Ægypti & Syriæ terminos, vir juftus, regendi peritus, honeftus ac liberalis & maximè ftrenuus, ab omni errore & fœditate alienus. Obiit Hamadani menfe Muharramo ann. 529. vixit 25.

SVLTAN GIATZEDDIN SELIVCCIORVM IX.

Sultan Giatzeddin Abulfatah Mashud Mahummedi fratri fucceffit ; humilis, affabilis , fed tamen metu , clementiâ , juftitiâ , & audaciâ omnibus Seljucciis fuperior : uno Impetu integras acies fæpe fudit , uno vulnere leones confodit , bonus, induftrius, jocofus. Eo regnante plebs , exercitus, omnes ludis , & muficis dediti in otio ac fecuritate vivebant. Ipfe doctorum amans, erga pauperes liberalis, aucupii amans, deliciarum, & nimiæ quoque diligentiæ contemptor, venationis incuriofus, ambulationibus folitariis ftudiofus, parvulus in præliis femper affuit & pugnavit ; Thefauros, opes neglexit, quibus pene femper caruit, allatas aulicis diftribuit ; fratrum omnibus in bellis victor. Ejus tempore Salgarii Perfidem invaferunt, féque Reges proclamaverunt 18. annos & fex menfes regnavit, initio menfis Rahgiebi ann. 577. Hamadani obiit. vixit annos 45.

SVLTAN MEGHITZEDDIN X. SELIVCCIORVM.

Sultan Meghitzeddin Abulfatah Melefcha filius Mahudi f. Muhammed poft patruum regnavit , liberalis , bonus, & minùs ferius , convivii , lufui, & muficæ deditus ; magnatum, quibus nihil tribuebat , negligens , qui omnes quatuor menfibus elapfis eum unanimes ductum carceri manciparunt, Schievalo menfe ann. 547. in de aufugiens Choreftam ivit, & poft fratris mortem (cuius mentionem poftea faciemus) regnum adeptus, illud 9. dies tenuit, & obiit ann. 555. die 11. Rabiæ prioris, vixit Chorafiane 8. annos.

SVLTAN GHIATZEDDIN XI. SELIVCCIORVM.

Sultan Ghiatzeddin Abufchgiah Muhammed filius Mahmudi f. Muhammed Melekfcha, cum fratres in carcere effent Chorefiane relictâ Imperium adeptus eft ; vir bonus, prudens , recti confilii amans , doctorum diligens. Regnavit 7. annos. Obiit menfe Dulhagia ann. 554.

SVLTAN MVAZZEDDIN XII. SELIVCCIORVM.

Sultan Muazzeddin Abuharetz Soliman Rex filius Muhammedis à Regni Principibus

DE IMPERIO SELIVCCIORVM. 45

in eum post aliquod dubium, vel concilium constitutum est, Mousul evocatus & in solio collocatus est, vir consiliis prorsus deditus, hominum consortium fugiens; cæterùm moribus, formâ, eloquentiâ præstans, familiaris, sed minùs felix Princeps, eo sexto mense capto & in carcerem truso nepoti Sultan Achaloni regnum commiserunt. Natus erat mense Ragieb. ann. 511. Obiit 12. Rabiæ prioris ann. 556.

SVLTAN RACNVDDAVLAS FILIVS ARSALON XIII. SELIVCC.

Sultan Racnuddaulas filius Arsalon f. Togrul f. Muhammed f. Melexschæ, verecundiâ, clementiâ insignis, tardè iracundus, facilè placabilis, sed maximè civili, placido & sedato ingenio, nihil unquam petenti denegavit, nec ullus famulorum malè habitus seu vi seu contemptu, neque negantem quisquam audiit: Redituum & opum negligens, & in eorum exquirendis rationibus mitissimus, delicatus, victûs, epularum, & vestium curiosissimus quas habuit pretiosas, sicut & omnis generis & coloris catenas aure intextas nitidissimas curiosìas captavit, quibus & immane pretiû suo tempore fecit, quales nullus regum ante eum gessit. familiare ejus consortium perfectæ integritatis; nihil turpe, indignum, violentum, injuriosum aut quod aliquem commovere posset, ulli dictum 11. annos & 8. menses regnavit, obiit medio mense Giumadæ posterioris ann. 571.

SVLTAN MEGHITZEDDIN XIV. SELIVCCIORVM.

Sultan Meghitzeddin Togrul filius Arsalonis f. Togrul f. Muhammedis Meleschæ patri successit, formâ, bonitate, majestate, indole præstans. Seljuccios omnes ingenii vivacitate, justitiâ, equitis peditisque virtute superavit, omnis generis armorum peritissimus; cum eruditissimis disputare, bonum etiam carmen condere solitus ut ex his versibus elegiacis constat.

O felix hesterna dies, quæ junxit amantes;
    Quam radio fulsit candidiore dies!
Infelix hodierna malis nunc ignibus ardens,
    Dividis unanimes, quos bene junxit amor
Extat hæc fasti, & tristi morte sepulta
    Nunquam annos inter sit numeranda meos.
Ut pecudes lato incedunt per pascua passu;
    Sic homo per mundi mœnia carpit iter.
Illi magna cibi superest & copia copia potûs.
    Efferri ex toto nil tamen orbe licet.
Divitiæque manent, mensæque domúsque supellex:
    Nil tibi sit curæ, si tua vita perit.

Dominus Methami felicis memoriæ librum Thoscæ & Schirinæ illi dicavit. Eo regnante *septem planetæ in tertio gradu libræ eodem momento juncti sunt*; fuitque hæc prima conjunctio aëre pluvio. Astrologi internecionem, excidium & direptionem, quæ posteà sub Girkitchan contigit in Turon & Iron prædixerunt. Regnavit annos circiter 19. sub finem Rabiæ posterioris ann. 590 Sultan Tacasch ex Choarzamiis Regibus illum bello victum interfecit, occisi caput Bagdadum ad Calipham misit, corpus patibulo in urbe Rey suspendi jussit. Hinc versus.

Quam vana mundi regna curis anxia,
    Fluxæque sunt rerum vices!
Quodcumque vasto cingit orbis ambitu
    Mutabile & varium puta.
Heri efferebas proximum cœlo caput
    Palmaque vix distans brevi.
At nunc remotum distat à capite tuo
    Multis cadaver millibus!

Imperium Seljucciorum in Iraka desiit; ex eisdem tamen in Græcia ejusdem familiæ alios 110. annos imperarunt.

CAPVT VIII.

De Choarzamiis qui numero novem regnarunt annos 138.

ORIGINEM à *Tuschtaguino Claudo* repetunt. Is servus erat Pelxaikini servi Melexschæ Seljuccii, qui Tustaguino heri Pelchaïmi defuncti dignitatem tribuit Regiæ scilicet pelvis curam quia tunc in honore erat; id muneris adeptus præfecturam Choarzam etiam obtinuit, gessitque quandiu vixit.

COTBEDDIN II. CHOARZAMIORVM.

Cotbeddin Muhammed filius ejus sub Sultano Barxiarok præfectus Choarzam fuit, deinde Rex dictus obiit ann. Heg. 521.

SVLTAN ATAZ III. CHOARZAMIORVM.

Sultan Ataz filius Muhammedis Tustakini Sangiaro aliquantum temporis trepide regnavit, nec à bonitate, justitiâ, & paternis moribus hilum deflexit. Obiit in valle Ghuischon, subito aquarum impetu, subiti torrentis iniquè interceptus ann. Hegir. 551. Raschid & Tuat ejus laudes cecinere. Rhaschid hoc dysticho, cum corpus ejus elatum est.

Te Reges populique simul, te regna timebant;
  Omniaque obsequio sunt famulata tuo.
Nunc quis erit sapiens, qui dicat; regna, nec urbes
  Nec populus, pretium corporis hujus erit.

SVLTAN AIAL ARSALON IV. CHOARZAMIORVM.

Sultan AjalArsalon post patrem regnavit magnam Chorazonis & Maurenahar partem invalidis tum Seljuccii facilè subegit, multumque imperium extulit. Obiit 29. Ragiebi anno 558. regnavit annos 7.

SVLTAN SCHA V. CHOARZAMIORVM.

Sultan Scha filius Ajal Arsalon f. Altaz f. Muhammed patri ex testamento successit Sultan Tekesch. Frater ejus major natu contra eum bellum movit, quod totum decennium duravit. Tandem anno 518. Tekesch victor Choarzami regnum adeptus est. Sultan Scha Chorazonem fugit ejusque partem obtinuit per 21. annos, quos cladi suæ supervixit. Obiit sub finem Rhamadi ann. 589. ejusque regnum Tekesch frater obtinuit.

SVLTAN TEKESCH VI. CHOARZAMIORVM.

Sultan Tekesch filius Ajal Arsalon filii Ataz fratre victo imperium adeptus est 22. die Rabiæ posterioris ann. 563. Raschidi & Tonati de eo dystichon.

Namque bonitatis fama terris dedita
Tibi ligata venit ex tyrannide
Regni ruinas atque lati imperii
Restituit olim in integrum parens tuus.
Te sceptra, téque Regum decus decet
Sacroque circuire gaudet ambitu
Fortuna ridens. Quidnam agas nunc cogita

Choarzam & Chorazonis partem tenebat cùm ann. 590. Togrul Seljuccio occisâ Irakam occupavit. Chagoni Poëta his versibus hoc canit.

DE IMPERIO CHOARZAMIORVM.

Felix qui nostras pervenit nuntius aures,
Obtinet Hispaahnis regna Choarzamides.
Ad juga Persarum populos invisa coëgit
Devictos Arabas imperioque premit.
Et magni quæ Luna Ducis tentoria cingit:
Nunc domiti fulgens orbis in arce sedet
Sic acie gladii Regis Salomonis ad instar,
Et maria & terras sub ditione tenet.

Kemaldin Ismaël etiam in laudes ejus epigramma scripsit.

Consilio secura tuo Respublica crescit;
Regnaque firmata religione vigent.
Maxime Rex Regum, tibi non se æquare Feridon,
Pelleusque potest gloria tota Ducis.

Regnavit annos 28. & sex menses. Obiit Auginæ 29. Ramadami ann. 597. in loco qui puteus Arabis dicitur in finibus Choarzam.

SVLTAN KATBVDDIN VI. CHOARZAMIORVM.

Sultan Catbuddin Muhammed Tekxi Chan f. Ajal Arsalon post patrem regnavit Hæc familia ad summum evecta fuit fastigium felici adeo sidere & incremento ut totam Chorazonem, Indiæ limitaneā & Maurenahar subegerit, Bagdadum & Irakam etiam commoverit, & Reg. Aderbajon & Persidis Præfectos vectigales fecerit, nullo prorsus contra eos resistente: sed post viginti annos imperium illorum deficere & in occasum ire cœpit, cum victor Mogolum exercitus Chinghis Chan jussu ab Oriente adfuit, ab quibus victus Sultan, Maurenahare Chorazonem fugit, inde Irakam in urbem Casbinum, mox Ceilon, dein Mazanderou, ac ultimo in Insulam Albekou, ubi obiit insequentibus semper Mogolibus, qui omnes has Provincias obtinuerunt anno Hegir. 617. verùm Ginghis Chan ultra Balk progressus non est.

SVLTAN GELALEDDIN VIII. CHOARZAMIORVM.

Sultan Geladeddin filius Muhammedis Tekeschi audaciā & fortitudine supra cæteros omnes insignis post patris mortem ex insula Albekon mediā hyeme discessit Chorazam; profectus inde Casbinum, septies in itinere contra Mogolas pugnavit, sexies victor donec Ginghis Chan ex Iron rediit; tunc per viarum anfractus Kermon petiit, inde Irak, cujus Rex frater ejus Giatazeddin illi imperium tradidit: hinc Irakam Arabicam contendit Nazeri Caliphæ exercitum fudit, Aderbigion subegit & Gurgestan, cujus primores occidit; ibique Tartarorum exercitum Irakam venisse accepit: Hispahane abiit contra eos, pugnavit, illi Chorazonem fugerunt, hic Gazeston post aliquot dies Hispahanem rediit. Irakam obtinuit & Cailkobad in Græciam duxit; sed morbi pestis ergo fusus Mesopotamiam venit; Octai Chan Ginghis filium accepit misisse Vezirem suum Germagon Bovin magno cum exercitu & ad aquæ caput & transitum fluvii ann. Hegir. 628. medio mense Schieral. Qui eum in tentorio dormientem ex improviso aggressus dolo ac multā fraude adeo fugavit, ut nemo in posterum eum viderit. Aliqui ignotum memorant interfectum à Curdis.

GAIATZVDDIN IX. CHOARZAMIORVM.

Sultan Gajatzuddin & Sultan Rucnuddin filii Muhammedis Tekeschidæ ante Geladdini ex Indiā adventum aliquantum in Irakā regnacunt Mogolum, à quibus Rucnaddino tandem interfecto levi manu pro dextera utente etiam Gajatadinus Kermone ab Berat interfectus est; atque ita totum Geladdini imperium Mogolibus cessit. Hic Choarzamiorum Imperii finis est.

CAPVT IX.

De Atabekiis tres in familias distinctis.

RAMUS sive familia in Perside celebris Bulgariorum nomine undecim fuerunt quorum imperium 120. annos occupat.

MVTAFAREDDIN SANGAR I. ATABEKIORVM.

Primus Mutafareddin Sangar Maududi filius qui sub Mashudo Seljuccio prodiit, Persidem obtinuit, justitiæ & æquitatis studiosissimus. Hic excipiendis peregrinis ædificium, & turrim excelsam precibus faciendis Schirazi extruxit. Imperavit annos 23. ann. 556.

ATABEK MVTAFAREDDIN ZANKI II. ATABEKIORVM.

Atabek Mutafareddin Zanchi filius Maududi post Patrem Persidis regnum tenuit Arsalonis Seljuccij sub imperio qui illum ei præesse voluit. Regnavit 14. bonus Princeps, & qui ann. 570. hominem exuit.

ATABEK MVTAFAREDDIN III. ATABEKIORVM.

Atabek Mutafareddin Zanghi filius Maududi post fratrem Imperium tenuit; idem Arsalonis Seljuccii sub obsequio annos 14. bonus Princeps. Obiit an. 570.

ATABEK MVTAFAREDDIN TEKLA IV. ATABEKIORVM.

Atabek Mutafareddin Tekla filius Zanchi patri in imperio successit Princeps justitia & bonitate insignis regnavit annos 20. Magister Amineddin ejus tempore vixit ejus Vezir ex Bidhamo vir sui sæculi Maximus.

ATABEK COTABEDDIN. V. ATABEKIORVM.

Atabek Cotabeddin Togrul filius Sangar f. Madudi vir industrius post cognatum regnavit; cum Sahad Zanki patrui filio bellum gessit. *Magno regni exitio & vastatione* regnavit annos 9. Obiit ab eodem Sahado Zankide captus an. 599.

ATABEK MVTAFAREDDIN ABVESEHEGIAH VI. Atabekiorum.

Atabek Mutafareddin Abu Sehegiæ Sahad Ben Zauki victo Togrul regnum tenuit seculi sui liberalissimus fortitudine Rustamo æqualis, justitiâ præcipuus, Kermon subegit. Persis ejus tempore incolarum frequentia floruit ann. 613. Irakam profectus cum mille hominibus Sultani Mahmudis filii exercitum aggressus captus est; honorificè habitus, ac ea sub conditione demissus, ut duas sextas ejus, quod è Perside exigebat, tributi ærario Mahumdis inferret. Liberum ac reducem filius Abubeker admittere noluit & Sirazi ingressu prohibuit: Hinc bellum, in quo sagittæ ictu vulneratum noctu cum in urbem cives recepere; ita filium cepit, ac septem annos in vinculis habuit. Regnavit annos 28. templum, & recipiendis viatoribus locum extruxit. Obiit ann. 628.

ATABEK MVTAFAREDDIN ABVBEKR VII. ATABEKIORVM.

Atabek Mutafareddin Abubekr KaplakChan filius Sahad f. Zauki patri successit vir justitiâ & ingenio magnus totoque ob virtutes orbe celebris, doctorum hominum amantissimus

DE ATABEKIIS. 49

amantissimus, quibus multa in Regno suo beneficia conferebat sæpè de manu propria suis, etiam extra Regni limites alienis mittebat, hinc ex omnibus Provinciis ad eum confluebant, in aliquibus etiam Judeæ regionibus ejus nomine oratum est. Persicum Regnum sub eo maximè floruit, ipse ædificia plurima, templa, scholas, Schirazii restituit, domos, fora extruxit, ejusque ad instar cæteri Magnates, Sahadi Gulis Stanis librum ei dedicavit ; regnavit annos XXX. obiit Giumada priore an. DCLVIII.

ATABEK MUHAMED SCHA BEN SALGAR SCHA VIII. ATABEK.

Atabek Muhamedscha filius Salgarscha f. Sahad f. Zanki, post Atabekum Muhammedem octo menses regnavit , diu noctuque deliciis deditus Regni negligens, Turkon Chaton sive Domina die Veneris decima Ramadani illum oppressit & interfecit.

ATABER MUDAFAREDDIN SELGIUKSCHA IX. ATABEK.

Atabek Mudafareddin Selgiuk ejus filius Salgari f. Abubek f. Sahad, Persidis Regnum tenuit octo menses imperavit, Turkon Chaton sive Dominam matrimonio sibi junxit, & occidit; ejus frater Aladdule Jezdi ad Ulakouchan confugit, Mogolum exercitum ejus mortem ulturus adduxit, à quo multa post prælia victus Kazaronem fugit, Mogoles cum prosequuti, ejus loci Templo extractum interfecerunt.

ATABEK X. ATABEKIORUM.

Atabek familiaris Dominæ Turkon filiæ Sahado f. Abubekri post Selgiukscha Regnum sibi traditum tenuit: sed Mangin Zimur Ulachanis filio tradita *Chatone* Persidem Mogolum Imperio adjecit. XX. annorum spatio ejus nomine Regnum est administratum, donec Salgariorum nomen desiit.

STIRPS ATABEKIORUM SECUNDA.

Quæ in Syria & Mesopotamia annos CLXXVII. regnavit Sangaro Sultani Melescha Selgiuccii famulo oriundi numero novem.

AK SANKAR I.

Ak Sangar Ann. Heg. CCCCLXXXI. Amelekscha præfecturam Alepi adeptus, annos X. eam tenuit, ibique An. CCCCLXXXXI. obiit.

AMADEDDIN ZANKHI II.

Amadeddin Zanghi filius Aksangari An. DXXI. Sultani Mahmud filii Muhammed f. Melekschæ Selguccii Præfectus in Irak Arabum fuit, post annum Musal Præfecto mortuo hanc quoque ditionem obtinuit, hinc exercitu in Syriam ducto Halepum cepit, & an. DXXIIII. Francos Syriam invadentes vicit, Damascum bis obsidione cinxit, inde Mesopotamiam reversus Kurdistan subegit, tandem an. LXXXXI. noctu ab famulis meditato scelere nocte interemptus est. Regnavit XXIII. annos.

NURADDIN MAHMUD III.

Nuraddin Mahmud filius Amadeddini Zanghi post patrem Halepum Hames & Hama tenuit, Sinhar exercitu aggressus etiam subegit, Damascum ann. DXXXXIX. cepit, totamque per Syriam adeo Nuraddini Mahmudi Imperium crevit, ut Adeb ultimus Phasimidarum in Ægypto Calipha, ejus auxilium contra Francos imploraverit , nec ille moratus Saladdinum Josephum Jobi filium expellendis Ægypto Francis misit. ab eo tempore Ægypti Regnum ab Ismaëliis ad Saladdinum translatum est , isque Regis Victoris nomine vocatus. Cæterum Nuraddinus justitia & religione celebris fuit adeo , ut inter quadraginta sanctitate insignes numeretur , quin & ad sepulchrum ejus orantium preces exaudiri memorant. Natus est an. DLXIX. Damasci sepultus.

MEBEK SALEH FILIUS NURADDINI IV.

Melek Saleh filius Nuraddini Mahmudi, eo quo pater obiit die à Proceribus Rex constitutus est Salahdinus Joseph in Ægypto primus, ejus nomine sicut Pater ✱ ✱ ✱ ✱ oravit. Regnavit VIII. annos obiit An. DLXXVII.

SERPHADDIN GAZI V.

Serphaddin Gazi filius Hamaddedini Zanghi post mortem Patris à fratre Nuraddino Mahmud Mesopotamiæ Gezirae præfecturam & Kurdistanis partem obtinuit, in bellis Francorum occupatissimus. Obiit An. DXLIV.

KATABEDDIN VI.

Katabeddin Mandud filius Hamadeddini Zanghi post fratrem Seifaddinum Gazi, Regnum aliquod tempus tenuit. Obiit An. DLXV.

SEIPHADDIN VII.

Seiphaddin Gazi filius Kotabeddini Mandudi f. Hamadeddini Zanghi, post mortem Patris Musal regnavit, Annos XI. Obiit An. DLXVI.

AZEDDIN VIII.

Azeddin Mashud filius Kotabeddini Mandudi post mortem fratris Imperii cupidus Alepum cœpit, multisque inter eum & Saladdinum præliis gestis, tandem XXIX. Spahani An. LXXXIX. Obiit, eodemque anno Saladdinus decessit.

NURADDIN ARSALONSCHA IX.

Nuraddin Arsalon Scha filius Mashudi Mandudi f. Zanchi post Azaddinum Mashud; Regnavit annos XVIII. Obiit anno DCVII.

AZEDDIN MASHUD.

Azeddin Mashud filius Muraddini f. Arsolonis Scha patri in Regno successit, Bedareddino Lulu Regnum administrante, post exiguum tempus Azeddin fato concessit, & Musalis Imperium Beraddino, qui anno DCLIX. Obiit nonagesimum & sextum agens, illi filius Melexsaleh successit, qui Ulachochani rebellis ab Mogolum Proceribus Musale obsessus, & fame ac peste urgentibus egressus, occisus est anno DCLX. ab eo tempore Mesopotamia Mogolum Imperio cessit.

TERTIA STIRPS.

Tertia Atabekiorum soboles in Iraka & Aderbaion regnavit, numeroque sex fuerunt.

ATABEK EILEDKEZ I.

Atabek Eiledkez Sultani Mashudi Selguccii famulus ingenii præstantia ad hoc culmen evectus est. Etenim Mashudus fratris sui uxorem Zogrul Sultani Arsalonis matrem illi conjugem dedit ex qua filios duos suscepit Gehen Paphlevou, Atabekum Muhammedem & Kzel Arsalon, in tantum autem dignitatis fastigium crevit, ut omnes Regni Principes viciniquè & limitanei illi obedirent, omniaque sub Arsalone & potiora Regni negotia ejus in arbitrio & consilio essent, neque Rex, sine ejus approbatione quidquam gessit, solo Regis nomine contentus, sic XIII. annos cultus colensque vicissim egit, quo tempore elapso Mater Sultani Arsalon obiit an. DLXVIII. illique vix mensem unum superstes Atabex esse desiit. Cadi Rucundin hoc Epigrammate eventum hunc ita descripsit:

> *Felicitatem sæculi quis non dolet*
> *raptam perire tam cito.*
> *Pietatis illam solet Imperii decus*
> *Sequutus è vestigio est.*
> *Inane rerum temporis lapsus* ruit
> *Nihilque permanet diu.*

DE ATABEKIIS.

Felicitatem quinque stantem sæculis,
En mensis unus abstulit.

GEHON PAHLEVON II.

Gehon Pahlevon Atabek Muhammed filius Atabek Ildekez, post mortem Arsalonis Irakam tenuit Sultanum Sogrul Arsalonis filium septem annos natum in solio collocavit, fratrem Kezel Arsalon Aderbagionem misit, sicque Imperium rexit, ut Orientis & Occidentis Reges ei rationes rerum redderent, Caliphæ nomen, qui ei aliquid molestiæ fecerat, è precibus delere ausus, donec post annum ab eo muneribus placatus illud restituit; rexit annos X. obiit an. DLXXXII. filios quatuor reliquit Abubecrum 1. Kaslaxum 2. Inabachum 3. Mirmeronem 4. ex Cabito Inabacei filia.

ATABEK KZEL. III.

Atabek Kzel Arsalon filius Atabeki Iledkaz post mortem Atabeki Muhammedis Zebrisio relicta Irakam venit, Labitam uxorem duxit, Regni negotia administravit, ita ut præter nomen in diplomatibus, Sultano Zogruli nihil superesset, quod ille cogitans post aliquod tempus Kzel Arsaloni insidias struxit, quarum ille prudens & sciens eum captum in arcem Keharam misit, eademque nocte ipse Arsalon quinquaginta vulneribus cultri confossus inventus est sceleris invidia in Bagdatinos latrones hæreticos, grassatores, translata; accidit hoc Schievalo mense ann. DLXXXVII.

ATABEK ABUBEKER IV.

Atabek Abubeker filius Atabeki Muhammedis, occiso Kzel Arsalone Tebrisii regnavit, & Katibæ auxilio Kaslax Inabach ejus filius Irakam obtinuit, nec segnem operam præstitit Sultan Zogrul, qui Kutevualo adjuvante carcere liberatus, Irakam venit ejusque Imperium vindicavit. In uxorem Catibam duxit; Inabak cum fratre Atabeko pro Aderbigion sæpius pugnavit, vel uno mense quatuor præliis, in quibus omnibus victor Atabek fuit, qui XX. annos Aderbigion tenuit, & an. DCVII. obiit.

KATLAK INABAK V. ATABEKIORUM.

Catlak Inabak Muhammedis filius cum Zogrul Catibam matrem duxisset, ipse cum ea consilium iniit, de eo veneno interficiendo, paratur cibus, inficitur, Zogrul ab aliquo monitus Catibam coëgit, eo ex cibo sumere quo statim periit, Inabak captus, & Magnatum precibus liberatus in Zekesch Choarzani Regis famulitium transiit, qui ei Hispahanem tradidit post occisum Zogrulem, Irakæ præcipuos ingratorum hominum scelere in equitatu suo distribuit & ordinavit, anno DXCIV. ab Mialaxo Rei urbis Præfecto, Choarzani Regis misso interfectus est; caput occisi ad Zekesch delatum, aliqui eo invito accidisse putant.

ATABEK MUTAFAREDDIN VI. ATABEKIORUM.

Atabek Mutafareddin Akbek filius Atabeki Muhammedis post Abubekrum Muhammedem Aderbajone regnavit XI. annos DCXXII. quando Halucidiori certamine Aderbajonem occupavit. Colico morbo obiit in Asgiaco arce, & Imperium Atabekiorum desiit. Quando Gelaleddin Chorasimius Aderbajonem occupavit.

CAPUT X.

De Ismaëliis qui in duos ramos divisi.

Primus ordo ad Ismaëlem Pontificis Giafaris Justi filium originem refert, hi in Occidente Ægypto imperarunt CCLXVI. annos, fueruntque XIV. atque hi quamvis in Iron non regnarunt, eorum tamen hoc in breviario meminimus, quia illorum præcipui Persidem tenuerunt, qui se his ortos ferebant, itaque de istis aliqua compendio referre placuit.

DE ISMAELIIS.

ABULKASEM I.

Abulcasem Muhammed filius Abdallæ primus, qui regnavit auctor libri Gam Batne eum esse scribit, qui Mahadis nomine in historiis celebratur, at Muhammed Abussarour in chronico Atoun Eltarick, id est explorator chronologiæ, ita genus ejus refert Muhammed filius Abdallæ, f. Casem, f. Ahmad, f. Muhammed, f. Ismaël, f. Pontificis veridici, alii ab Abdalla filio Gihun Kamrah ortum perhibeant, qui Giafari Pontificis partibus addictus fuit. Anno Hegiræ CCCCLXXXX. mense Rabie 2°, viri docti in quærenda ejus genealogia laborarunt, eamque sic breviter prodiderunt. Primus omnium istorum erat dominus Cyd Almoztedi cum fratre Hosapio, Doctor Abuhamad Assefaranius, Judex Abumuhammed Alaxfanius, & Abulhasen Alkadurius, aliique plures, qui Muhammedem Ismaëlis ejus Avum Abbasidarum metu ad Muhammedem Abad fugisse perhibent in urbe in Rei, ibique sepultum in vico ab ejus nomine nuncupato, ejus filii Candahar secesserunt, eorumque familia ibi celebris fuit. Abulcasem anno CCLXXXXVI. hinc egressus Mahadim se nominari voluit, & firmando Imperio Prophetæ dictum usurpavit: *Initio anni trecentesimi orietur Sol ab occasu*; ibique multum incrementi sumpsit ann. CCCII. Zuglabum ibi antea imperantem vicit Cairaumum in potestatem redegit, & in finibus Mahadiam ædificavit, ubi sepultus est ann. CCCXXXIV.

ALKASEM BILLA II.

Alcasem Billa Zeraz post eum regnavit annos XII. obiit An. CCCXXXIV.

ALMANSOR JACOB BILLA III.

Almansor Jacob Billa Ismaël filius Mahammedis post patrem septem annos Imperium tenuit, obiit Mahadiæ anno CCCXLI.

ALMOHAZEDDIN BILLA IV.

Almohazeddin Billa Abazelim Mohas filius Mansur patri in Imperio successit vir prudens, qui late dominatus Ægyptum Abbasidarum Præfectis abstulit, & anno CCCLXII. Alcahiram condidit, quam & regiam Aatius Hagiaz etiam ab iisdem Abbasidis vindicavit, & vigesimo-quarto Imperii sui anno, die Veneris XI. Rabie posterioris an. CCCLXV. obiit.

ALHAZIZ EDDIN ALLA V.

Alhaziz Eddin Alla Abu Nasr Berar filius Muazzi patri successit, hic Albatekinum Mauritanum ante Abbasidis addictum Damasci Præfectum occidit, & Syriam subegit. Regnavit annos XXI. obiit Ramadano mense an. CCCLXXXVI.

ELHAKEM BIAMRILLA VI.

Elhakem Biamrilla Alvaly Mansur filius Azizi patri in Imperio successit insignis religionis observantia, & liciti vetitique pertinacissimus, hic prohibendo vini potu vites arboresque fructiferas excidit, ***** mulierum ne domo excederet, publicè consui vetuit, XXV. annos regnavit, obiit à suis occisus An. CCCCXI.

ELTAHER BILLA VII.

Eltaher Billa Abulhasen Aly filius Haxemi, f. Haziz, f. Muazzi, patri successit ejusque interfectorem captata & inventa occasione occidit. XVI. annos regnavit, & medio Schiewalo, an. CCCCXXVII. Hydrope excessit.

AMOSTANSIR BILLA VIII.

Almostansir Billa Abuzamim Muazzus filius Zaheri septem annos natus Imperium accepit, tenuitque sexaginta. Filios tres suscepit Zararum, Achmad, & Abulmegidum, primogenitum hæredem constituit indito Amari nomine, dein ejus pertæsus abdicavit Achmade substituto & Mostehali vocato, sic Ismaëlitæ duas in factiones divisi sunt,

utraque

DE ISMAELIIS.

utraque his nominibus celebri Omaraii aut Mostahelii dicti. Hasen Seba jus Primogenito tribuit, quem sequutus eum Regem proclamavit in Perside, eoque nomine Zerar Koestan * * * * Mostanser, obiit ann. CCCCLXXXVII.

ALMOSTAHALI BILLA IX.

Almostahali Billa Abulcasem Achmad filius Mostansiri patri successit, fratrem Zararum coepit, & Cahirae vinctum ad mortem usque tenuit. Eo regnante ann. CCCCXI. Franci Hierosolymam recuperarunt septuaginta hominum millibus ibi occisis. Mustanzir VII. annos regnavit, & ann. CCCCXIV. excessit.

ALANIR MAIED HOCCAM ALLA X.

Alanir Maied Haccam Alla Abualy Mansur filius Mostehali post mortem patris XXVII. annos regnavit, periit anno DXXIV. IV. mensis Dulcadae à quibusdam Berari fratris partes sequentibus occisus.

HAPHEDS EDDIN ALLA XI.

Hapheds Eddin Alla Abu Maymon Addalhamid filius Mostansiri nepoti successit, XX. annos regnavit, & mense Giumada posteriore Anno DXLIV. obiit octogenarius.

DAFER BILLA XII.

Eldafer Billa Abu Mansur Muhammed filius Haphetz f. Mustansir patri successit in regno, ejus tempore Franci Ascalonem expugnarunt, Vezir Abu Abas filius Faniae eum interfecit, quod filium Lascivius inspiceret, qui puer male audiebat ann. DXLIX.

ELFAIZ BILLA XIII.

Elfaiz Billa Abulcasem Isai filius Daferi post eum regnum tenuit, saepius Epilepticus, obiit ann. DLV.

HADED LEDIN BILLA XIV.

Haded Ledin Billa Abuabdala filius faiz post patrem regnavit ann. DLXIV. contra Francos a Nuraddino Mahmud filio Amadeddini Zenxiani auxilium petiit, ille Saladdinum Josephum Jobi filium ad eum misit Frauci ante Syriaci exercitus adventum fugerunt, interea orta inter Hadedum & Vezurem contentione Saladdinus Hadedo adfuit Vesirem Saporem occidit, ejusque dignitate impetrata tandem die Veneris anni DLXVII. secunda Muharrami die in Precibus publicis Almostedii Abbasidae nomen restituit, Haded mo. bo obiit, eodem anno X. mensis Muharrami, nec ullus amplius ea ex familia regnavit; Saladdinus Aegypti potens Sultani nomen assumpsit, & ann. DLXXI. Syriam Imperio adjecit DLXXXV. Hierosolimam Francis eripuit, Mecham etiam expugnavit, & ann. DLXXXIX. mense XVII. ad plures abiit, vixit LIX. annos paulo plus Regnum Aegypti; ad ejus posteros pervenit, mansitque ad octavum usque, inde ad Mamluchos seu Servos transiit, continuâ serie donec sub anni DCCCCXXII. finem aut initium DCCCCXXIII. Selimus Romanorum Imperator Syriam & Aegyptum subegit, ac debellatis Mamlucis Cansurum prope Halepum victum interfecit, in quae Imperium Mamlucorum, sive Circassiorum, seu Turcorum, his enim nominibus vocati, desiit, post an. CCLXXVII. eoque quo scribimus Anno DCCCCXVII. Graecia, Syria Aegyptus Hagiaz, id est, Mecca seu Arabia petraea Diarbekr & Irax Arabum, Solimano Solimi filio parent.

RAMUS SEU STIRPS SECUNDA
Regum Choeston qui Schismatici dicti, numero VIII. regnarunt annos CLXXI.

HASSAN SABAH I.

Hassan Sabah filius Aly, f. Muhammed, f. Giafar, f. Hosain, f. Muhammed Elhamiri pater Gasani, ex Arabia Kufam, Kufa Kom urbem, Kom Rey venit, ibique Hassanum genuit, qui publicè summum probitatis ac pietatis studium professus Religionis observan-

* 13.

DE ISMAELIIS.

tissimum & scientissimum se ostendit; his dotibus omnium laudem meritus, ut qui filium propter vini potum occiderit; Ad Ismaelem filium Pontificis Giafaris genus referebat cujus Successores sequutus est, ab doctis hoc nomine probatus. Ann. CCCXCIII. Mense Ragiebo Arcem Almut venit, deceptis incolis qui cum sibi Præfectum constituerunt, quod & aliæ arces plurimæ fecerunt, ejusque se Imperio multi submiserunt; ann. CCCCXCV. Zebrisium occupavit, Sultan Sangiar Selgueccius cum eo contentendere noluit, eumque sequutus, sic immensum res suas auxit, vestes pretiosas induit, Musco Superclium infecit, capitis tegmen ornavit, manifesta legis occulta esse, & occulta manifesta dicebat, ejus sensus, præcipua capita, & controversias exacte tenuit. Regnavit an. XXXV. obiit die Mercurii VI. mensis Ragiebi posterioris anni DXXVIII. Eo regnante multi Musulmani, qui in ejus verba jurare noluerunt, interempti sunt missis ab eo spiculatoribus percussoribus.

KIA BEZOURG OMID II.

Kia Bezourg Omid Rudbariensis, Hassani Sabahæ exercituum dux ab eo quando ad plures abiit Regni hæres institutus, hic palam Religionis studium ostentans, Hasani dicta sequi, eisque omnes parere voluit, Regnavit ann. XIV. & menses II. obiit XXVI. Giumad, posterioris anni DXXXII.

MUHAMMED FILIUS BEHOURG III.

Muhammed filius Bezourg Omid patri ex testamento successit, ipse quoque palam Religionis tenax, sed filium Hasanæ simulatorem habuit, nec sinceræ fidei, qui eamdem aliis credendi licentiam faceret, multaque in Alcorano secus interpretatus, quique se Pontificem profiteretur. Pater ejus rei certus congregatæ multitudini dixit, Hasan filius meus non est, & nos viles extremique nec Pontifices sumus, quisquis in nos crediderit falsus est, itaque filium carceri traditum detinuit, nulli concessa ad eum veniendi licentia. Regnavit XXIV. annos menses VI. obiit II. Rabie prioris ann. DLVII. *Vide locum qui emendandus est.*

HASAN FILIUS MUHAMMEDIS IV.

Hasan filius Muhammedis f. Besourg Omid patri in Imperio successit, is hæreticæ pravitatis fundamenta jecit Pontificem se professus mensis XVII. Ramadani an. DLIX. ad radices castri Almut, congregari homines jussit, positumque suggestum quatuor vexillis rubro, flavo, albo, & viridi ornatum conscendit, in hæc verba prolocutus: *Ego Propheta Pontifex vester sum, vim toto procul orbe & præcepta legalia sustuli, hoc Resurrectionis tempus est, nec ultra tempus diligentius inquirendum.* Statimque de sugesto descendens jejunium solvit, varia postea & adversa fortuna conflictatus. Ejus sectatores diem hunc Aaid Kiam .I. Resurrectionis festum vocarunt, & ab eo rejectâ Hegirâ suos annos numerarunt; atque ita in excelso, quod postea struxerunt ædificio posuerunt, Hasenum autem Domini in fidei suæ monumentum nomine appellarunt, hæretici immane tunc aucta potentia creverunt. Ipse quatuor annos regnavit, DLXI. à fratre uxoris occisus in arce Jexsar in malam mansionem abiit.

CHOND MUHAMMED V.

Chond Muhammed filius Hazemi f. Muhammed Bezourg Omid patri successit, cujus interfectores occidit. Regnavit annos XLVI. ejusque tempore ad summum potentiæ hæretici pervenerunt, & Muhammedanæ Religionis rituum, his in Provinciis desitum est uti. Obiit X. Rabie prioris ann. DCVIII. veneno, ut plerique asserunt â filio illi propinato.

CHOUD GELALEDDIN HASAN VI.

Choud Gelaleddin filius Muhammedis f. Hasen patri successit, cujus religionem aversatus à recta via deflectere noluit, suamque apud Chalypham fidem professus doctorum omnium sententia & testimonio fidelis nomen obtinuit, illisque decentibus prædecessoribus suis malè dixit, donec ab omnibus Musulmanus dictus singulis in vicis Rudbari Templa, & balnea ædificari curavit, ritusque solitos oraturus instauravit

DE ISMAELIIS.

Regnavit ann. XI. & dimidium & medio Ramadani mensis obiit an. DCXXVIII. nativitas ejus incidit in annum DLII.

CHOUND ALADDIN VII.

Chound Aladdin Muhammed, filius Gilaleddini, Hasam patri successit cujus neglecta religione licenter ad inania & impia deflexit. Regnavit annos XXXV. & mensem unum, interemptus sub finem Schivali an. DCXXXIII. ab Haseno Mazandecomo ejus custode. Schemseddin Job Zaousius Casbinensis hos versus in eum scripsit.

> Hunc traditurus mortis Angelus erebo
> Vidit Madulsam & Ebrium.
> Malamque mansionem duxit, * * * *
> Tractu viarum frangeret.
> Sed institorum Turba venit obvia
> Calicesque plenos obtulit.
> Alacritatis Judices, vestigiis
> assusa legit pocula.

Illius tempore Germagon Nubin Coeston venit hæreticorum arces obsedit, & Naser eddin Tusi in arcem Almut vi ductus est, in qua usque ad Rumaddini mortem mansit.

CHOUND RUCVADDINUS VIII.

Chound Rucnaddinus Chouzcha filius Aladdini Muhammedis patri successit, hasanem Mazanderonium cum filiis eodem supplicio interfecit, annum unum regnaverat, cum Houlgochan in eum duxit, atrox bellum fuit, sed cum ei se imparem vidit, arce Maymon egressus Hulagochani se permisit, sub finem Schievali mensis ann. DCLIV. Hulagochan arcem obtinuit omnesque hæreticorum arces everti jussit, uniusque mensis spatio quinquaginta deletæ sunt, nec ulla superfuit, præter duas Zamzar & Kerelkon, quæ postea expugnatæ sunt ipseque Halagochan Rucvaddinum ad Mangonchani aulam Chataium misit, sed Maurelnahar cum pervenisset Mangonis ex mandato occisus est, ita hæreticorum Regnum Almutense desiit

---

CAPUT XI.

De Regibus Kara-Cathai qui numero IX. in regione Kermon regnarunt annos LXXXVI.

BARAK AGEB I.

Barak Hageb .I. Janitor inter præcipuos Churgani Kara-Cathai Proceres ad Sultanum Muhammedem Chouarzamium legatus missus negata redeundi licentia ejus in aula cum Magnatibus vixit, & Mogolum Imperio utcumque languente Kermone regnavit, suoque nomine administravit ipsi Caliphæ & Gingis Chan cum Sultanum Caslah in litteris vocarunt. Regnavit XI. annos obiit XX. mensis dilkahadæ ann. DCXXII. sepultus est in templo quod ædificavit in loco Zurcabad. Successit illi ex testamento nepos Cotbeddin, qui post aliquot dies ex mandato Oktai Chan provinciam Beraki filio Rucnaddino tradidit, ad quem paternum Imperium rediit. *Puto Zinaddino legendum, vide* Persicum exemplar.

SULTAN ZIN EDDIN II.

Sultan Zin Eddim benedictus Chogia filius Beraki XVI. annos regnavit, deinde Mango Chani litteris amotus ann. DCL. mox ejus Irlag. id est jussu ab Cosbeddino interfectus est.

COSBEDDIN III.

Sultan Cosbeddin Muhammed filius Hamedi Zaixhou iterum regnat ita volente

DE REGIBUS KARA CATAI.

Mango Chan VI. annos·, justi tenax Princeps qui Xenodochio amplissimo exstructo Ramadano mense obiit ann. DCLV.

SULTAN HOGIAH IV.

Sultan Hogiah filius Cosbeddini patri successit ex mandato Mangou Chan, sed propter ejus pueritiam Caslach Turkon patris ejus uxor, alii pellicem fuisse fecerunt, Beraki filii, regni negotia administravit, Sultan Hogiah adultus, & vir eam colere ex solito desiit, hinc irae & illius ad aulam Abka Chan profectio, unde mandatum quo Kermon ingressu Hogia prohibitus, rerumque regimen mulieri permissum, Hogiah ann. DCLXIX. Dehli proficiscitur, & per ejus absentiam Katlag Turcon annos XII. Regnum tenuit, atque interea Sultan Hogiah hominem exuit, istius mulieris mors incidit in annum DCLXXXI. regnavit annos XXV.

SULTAN GELALEDDIN V.

Sultan Gelaleddin Siurgetmisch filius Cosbeddini patri mandante Argon Chan successit, & Kermoni; annos IX. imperavit, Kerduchinam filiam Manchon Tebar f. Halagonis Chani uxorem duxit, anno DCXCI. Halagonis mandato privatam ad vitam compulsus.

REGINA CHATON VI.

Regina Chaton filia Sultani Cotabeddini in familia Chairatonchani erat, eoque mandante Kermonis regnum abdicato Siurgatmeschio obtinuit ejusque fratrem interfecit ac postea anno DCXCIV. Kerduchinam Siurgatmeschii fratris uxorem quae in comitatu Bareduchani erat eo volente pariter occidit; Chaton eruditione, ingenio, forma conspicua excelluit, Alcoranis & libris scribendis dedita, illius est hoc Epigramma:

 Æternitatis quam diem signum putant,
 Afflictis requiem montibus illa feret.
 Effatus cupiunt dulces formosa labella
  Verborum trutinam pulcher in ore gerit.
 Quis gemmam Musci Maniba violaverit unquam?
  Aut Muscum vidit quis vitiasse merum?
 Nec tua Bacche bonus munera ladit odor.
 O animam labiis pul:hri vestigia ***
 Commendant speciem, nec decus inde perit.
 Si qua fides nobis sic parvo continet orbe.
 Vitæ undam & tenebras unus idemque locus.

SULTAN MUZAFAREDDIN HOGIAH VII.

Sultan Muzafereddin Hogiah filius Sultani Hogiah initio anni DCXCV. Kermone regnavit, Halagone ita volente, annos VIII. regnum tenuit, & ann. DCCIII. obiit Rex forma liberalitate justitia insignis, vixit annos XXIII.

SULTAN COSBEDDIN VIII.

Sultan Cosbeddin Rex mundi Siurgtmesch filius Cosbeddini, post nepotem Kermonis Regnum obtinuit annos II. & aliquot menses, justus Princeps ab Aliaichon expulsus in eo istius familiae Imperium Kermonis desiit, Mogoles succesere, at Cosbeddin privatam amplexus vitam Sirazii ditissimus degebat, cujus praefecturam adeptus filiam Marsidum Scha, mox Chan Kazag nomine celebrem educavit, Mubarezeddini Muhammedis Mutafari uxorem duxit, ex qua Geladeddinum Schafschegiali, Kosbeddinum Scha Mumedem, & Hamadeddinum Achmadem suscepit.

CAPUT

CAPUT II.

DE MOGOLIBUS,

Qui in Perside CL. annos regnarunt. Primus Ginghis Chan.

GINGHIS Chan filius Isuchi Behadour, f. Partun Behadour f. Kabl Chan f. Tumenæ Chan f. Basunkar f. Kaidu Chan f. Utoumia Chan f. Buka Chan f. Buzangir Chan, Majores Ginghis Chan in Orientis partibus omnes imperarunt; utque scriptis traditum est, omnium maximus Buzangir fuit, à quo plures Mogolum Principes originem ducunt; ejus tempore Abu Muslun Maw dixit nonus Ginghis Chani avus, ad quem Timur Majorum suorum XIII. genus suum referebat. Natus est Ginghis Chan Dilkaadæ anno DXLIX. Pater ejus obiit anno DLXII. quo jam XIII. attigerat, multosque labores pertulit rebus suis pereuntibus, donec mense Ramadano an. DXCIX. Imperio potitus primum nomen Temugini tertio Regni anno reliquit; & Ginghis Kanis nomen assumpsit. Rex ipse Regis filius felicissimus fuit crescente in dies Imperio, ac duplicato, dum singulis annis auctum ad summum pervenit fastigium victis omnibus deserti familiis, Cathanis, Sinis, Cotanensibus, Maginensibus, Sapgiachiis & Sahimensibus in potestatem redactis, Bulgares, Russos, Alassonios & Nanckar, aliosque populos adjecit anno DCXXV. contra Cosbeddinum Choarzami Regem duxit, qui relicta Maurenahar Chorazonem fugit, Ginghis Maurenaharem venit ann. DCXXVI. quam prædâ ac generali internecione vastavit an. DCXXVII. ab Oxi transitu Balx. urbem occupavit, eaque similiter vastatâ, triginta hominum millia quærendo Muhammedi misit in Persidem: at ille in insulam Abiscou fugit, in qua obiit, Mogoles maximam Persidis partem, Irakæ, Aderbigion, & Chorazonis spoliatam communi omnium cæde deleverunt. Mogiameddin qui hoc tempore vixit in libro cui Marsad Eladab titulum fecit in urbe Ry ejusque ditione septuaginta hominum millia periisse scribit: at in libro Tafarnama eos qui Nisapuri occisi, quibusque numerandis duodecim dies absumpti fuerunt præter mulieres septuaginta millia & quadraginta septem descripserunt. **** vulgo creditur decies centena milia & 80000. deleta; imo aliqui numerum augent. Ita Meru & Choarezam, aliæque Provinciæ habitæ. Mogoles post annum per portas Caspias & Dastsapgiax Maurenaharem ad Ginghis Chan redierunt. Turon & Iron in ejus potestatem redactas, ut videt Gelaleddin, Munkaresus Muhammmedis filius ad Sundam victus in Indiam fugit. Ginghis Cham an. DCXXI. Cataium rediit, & Ramadano mense ann. DCXXIV· obiit; XXV. annos regnavit: Muhammedanam Religionem non tenuit, sed Idolatrarum & ex impiorum numero fuit, qui ab octoginta circiter annos in Perside & Mantrenahare Imperium tenuerunt: quod hactenus non contigerat, quatuor filios susceperat, omnes illustres:

Primus Tuschi Chanum cui Regnum deserti Capgiax Bulgarorum, Alanorum, As, & Russorum tradidit: in quibusdam Chronicis ejus obitus ad annum DCXXII. verum Hamedalla in libro cui titulum fecit Tarich Keside 1. Historia selecta, & Magister noster Scharfeddin Ali Jesdi in præfatione libri Tafername 1. liber Victoriarum eum memoront ante patrem sex menses interiisse.

Secundus Ginghis Chani filius Joctai Chan Maurenahar, Jeguræos, partem Choarzami regendam habuit, idem Author An. DCXXXVII. cum obiisse scribit, alii in XL. annum ejus mortem referunt.

Tertius Octai Kaon patris successor designatus, cui successit supraque omnes cæteros Imperium auxit, ut postea describemus. Tres Reges ab eo originem trahere, gloriantur.

Quartus Ginghis Chani filius Tuli Chan erat cui thesauros opesque commisit, hic Nukarmi nomine celebris & Mogolum lingua Eilena dictus id est *Speculum*. Obiit anno DCXXVIII.

Octai Chan tertius Ginghis Chani filius biennio post patris obitum mense Rabiepriore anno DCXXVI. regnum adeptus est, hæres Imperii ab eo institutus. Cum autem Mogoles sermonis elegantiæ minus studiosi sint Reges suos Axaon pro Chanon vocant, ipse Axaon ideo dictus est; is parentis Tyranidem bonitate ac liberalitate quasi emplastro lenivit, adeo ut Hatentai & Maanu Bensaidæ virtutes superasse visus sit; nullus unquam ab ipso, ut memorant, repulsam tulit; centum septuaginta mille sacculos Tomanorum auri nobilibus eum dedisse affirmant; unusquisque autem sacculus D. aureos, ducatos, continet: Alii XXVIII. nummos & duas Deuec, sexta pars seu Keratia duo, aliqui octo denarios & duas Deuek pro sacculo memorant. Ann. XXVIII. Octai Chan Getmaghon Mughin in Persiam misit Geladdini bellum illaturum. Illo tempore Chouarmiorum Imperium cessavit, eaque pars Arabicæ Irak quæ Caliphæ Mustansiro parebat, Mogolibus prorsus cessit. Emir Katmur Persidem venit, illi Tusal successit An. Heg. DCXXXIII. Verum penes Giurghuzum Præfectum potestas erat. Emir Argon deinde integrum decennium illam rexit deinde Ulagun Chan illi præpositus fuit: cæterum Argon justitiâ morumque probitate commendatur; obiit tempore Abka Chan A. H. DCLXXIII. Octai Chan XIII. annos Imperium tenuit. Obiit ex immodico vini potu ann. heg. DCXXXIX. de illo hoc scriptum memorant.

Fœda sodalitii turpis mora longior annis
Coranicis & omnibus.
Continuique dies, ductaque ex ordine noctes

Noto Ebriorum cum grege.
Quamvis nulli vini modo venditor adsit,
Qui nimbi ad instar præbeat, mero arsit obrutus.

GAJUK CHAN.

Gaju Chan Octai Chan filius post patrem quatuor annis mense Rabie secundo ann. DCXLIII. Imperium adeptus est. Mater ejus Couraguina Domina antequam in throno federet, Imperium administravit ex more Mogolum, quibus hoc solenne est, ut post mortem Imperatoris, donec Imperii hæres illud occupet, majoris natu mater regimen obtineat. Fuit Gaiuc Chan patris ad instar liberalis, Christianorum Religionem fovit; annum unum regnavit, & Samarcandæ A. H. DCXDIV. obiit.

MANGOU KAON.

Mangou Kaon filius Tuli f. Ginghis post cognati mortem ann. IV. mense Rabie primo DCXLVIII. Opera Batu Chan filii Nusi Principis, qui Capgiac regebat Imperator factus, justitiam coluit, Muhammedanam Religionem cæteris ante tulit, ejus Antistites, Senes, ac sapientes ab fisci oneribus immunes servavit, idemque Christianorum Doctoribus, atque aliarum sectarum præstitit, quas omnes ornavit, Judæis exceptis, quibus nihil tribuit. Fratres suos Kaslai Chan in Orientem, Hulagon Chan in Occidentem debellandis populis misit De obitu ejus scriptores non consentiunt; Author Chronici Electi in annum DCLVII. rejicit prorsus falso si fides Rusname Elsafa, siquidem in rebus gestis Ulacou Chan Mustasimi Caliphæ Abbasidæ mors & expugnatio ann. H. DCLVI. memorantur, qui & domitæ Iracæ & Bagdad captæ ab Ulachou nuncios cum gaudio excepit, eosque regiis ditatos muneribus remisit quo argumento eum an. DCLVII. in vivis constat fuisse; quin & supra proditum est. Ulachou Chan Funi filium Ginghis Chani nepotem Mangou Chan fratris jussu Oxum transiisse mense Schievalo an. DCLVIII. debellandis hæreticis incubuisse Toun urbē. Vicinaque loca ad Ismaëlitas spectantia cœpisse incolas internecione occidisse, Iracan, dein progressum Almut *in Ghectan* venisse, Rucnaddinū Arce Maymou eduxisse, initio mensis Dulclaadæ an. DCL. deletisq; Castellis, Irakæ Arabicæ domandæ studuisse, ita Bagdadum Perventum, Curdistan prædæ exposita; interfecti incolæ, Mustahsem Calipha victus in ejus potestatem venit, & post biduum cum quatuor filiis occisus sexto Saphari mensis die ann. DCLVI. urbs direpta, civium promiscua multitudo neci tradita. Auctor libri Rouset Elsafa occisorum numerum centum & octoginta Myriadas recenset. Inde feria sexta, vigesima Ramadani Syriam aggredi statuit, Halepum secunda Safar mensis ann. DCLVIII. cepit; hinc Damasum profectus Kitukarou bin gubernatore relicto Aderbajon rediit, ibique decimo nono Rabie prioris anni DCLXIII.

Chani summa dies & ineluctabile fatum, *Dum Meragæ tristi frigore sævit hyems?* Anno DCLXIII. feria I. XIX. Rabie posterioris. Hulagou Chan doctos viros amavit, eos ad scientiarum investigationem hortatus est, ad se vocavit maximè Chymiæ studio deditus, in quam tantos sumptus effundit, ut nec ipsi Chore decimam impendere in mentem unquam venerit. Irakam, Mazanderonem & Chorasonem filio Abka Chani, Aran sive Armeniam & Aderbajonam Becimeto dedit, tertio vero Tendano Diarbekram & Rabiam sive Mesopotamiam tribuit, Bagdado Hatamelekum Janinum Rumestano Mahimeddinum Parnanium Chascanium reliquit. Vezirem primum Josephum Eddinum Tabaegium habuit, eo interempto Schemseddino rationum præposito munus

DE MOGOLIBUS.

hoc restituit. Ex Hulagou Chan vestigiis superest ædificium Hadidchan dictum, quod Nazir Tusi Nagemmeddini Aly scriptoris consensu & Casbinensium Sapientium opera exstrui curavit. Cæterum Nazireddini Abugiafaris Muhammed filii origo ex urbe Sava fuit, verùm Tusi natus eoque in oppido claritatem & famam adeptus, unicum sæculi ornamentum ac magister celebratus est. In Medicina discipulus Feridedini Demad fuit, qui Sedareddinum Sarchesium audiverat. Ille Fadleddinum Ghilaminum, Fadleddinus Abuhabasum Tucrium, Abuhabasus Bethmeharum, Bethmeharus Abualum Sina ; sed ejus nomen librique orbe toto notissimi sunt : natus est circa ortum solis feria septima undecimo die Giumadi prioris ann. DXCVII. qua hora Magister noster Fakarrazi vitâ excessit Mense Safaro ann. DCXLIV. libro Sharg Arasat finem imposuit, & circa meridiem die Lunæ XI. Dulhagiæ ann. DLXXII. obiit

Defensor legis magni Rex inclytus orbis, Sæcula cui nullum nostra tulere parem,
An. DCLXXII. mense Dulhagia vitâ excessit. Bagdadi sepultus est in loco Kadine dicto Magemaddinus vero medicus celebris fuit discipulus Aschereddini Abharii explicatio librorum Mohasel Mosalkas id est de Medicina oculi, & Rasale Shemsie ex ejus operibus commendantur, ut & liber de Collyriis.

ABKA CHAN.

Abka Chan filius Hulagou Chan patri successit in regno Iron avunculi Zuclai qui post Mango regnavit jussu auspicatus est regnum mense Ramadano Anno Heg. 663. publicisque decretis nomen ejus inscriptum est, cum antea sub ejus patre Mangou Chan nomen inscriberetur : cum Barako Maurenahar Rege ex Gioctai familia oriundo bellum gessit, pugnatum est Chorazami mense Dulhagia anno Heg. DCLXVIII. victoria Abka cessit, Barax victus Maurenaharem fugit. Abka XVII. annos regionis Iron, id est, intra Oxum Imperium tenuit. Obiit Hamadane ann. Heg. DCLXXX. ut ex his versibus patet :

Bis senos fluxisse dies Dulhagia vidit | *Perpetuum nihil orbis alit, fato omnia cedunt ;*
Ademptus Abka sæculo quando fuit. | *Hamadane mors hunc subita mane substulit.*

Annus erat Hegiræ DCLXXX. Schemseddini Rationum Minister qui patris Vesires fuerat, idem sub eo munus obtinuit.

AGHMAD.

Achmad filius Hulagou Chan post fratrem regnum adeptus est die Lunæ 13. Rabie prioris ann. DCLXXXI. primum ejus nomen Nikoudar Ogli, sed Muhammedanam religionem professus Sultan Akmad vocatus est. Veziratum Schiemscheddino confirmavit; biennium & menses duos Imperium tenentem Argon Chan filius Abka in eum duxit, & ann. DCLXXXIII. interfecit.

ARGON CHAN.

Agon Chan filius Abka post Akmadum ann. DCLXXXIII, die VII. Giumadæ posterioris regnum adeptus Schiemscheddinum, qui Veziratum patris, avi, & Avunculi tenuerat, virum virtutibus ornatissimum interfecit veneni suspectum, quod patri dedisse arguebatur. Obiit circa meridiem feriâ secundâ Schiebani mensis IV. die ann. DCLXXXIII. Aderbajone. Moriturus brevem temporis moram petiit, impetrata lavit, Alcoranum inspexit, testamentum condidit filiis observandum ; dein Epistolam ad Zebristi Magnates in hæc verba scripsit. Alcoranum quando accepi, hanc in sententiam incidi : *O Deus, hi qui dixerunt, O Domine Deus, insurrexerunt super eos Angelos ; Nolite timere, neque tristari, nuntiate in paradiso vobis promisso.* Deus servum suum in hoc mundo bene habuit, voluntati ejus nihil negat, imo & alterius sæculi memores esse, ejusque res ad illos pervenire vult. Quæ cum ita sint Dominos Mchiddinum & Hamadeddinum, aliosque quos enumerare longum esset, nec locus iste patitur, scire oportet me hujus vitæ relictis impedimentis ad meliorem vitam pergere, eorumque piarum precum auxilium mihi postulare Hoc absoluto epistolio in hæc verba erupit, *Quidquid ô Deus volueris, sanitas morbusve fiet, rectum est.* Hoc de illo celebratur :

Solis parantis regna relinquere, | *Noxi pulla vestem funeream induit,*
Et Occidentis fluxit ater cruor, | *Diesque tristem duxit ante luctum,*
Genasque Phœbe mœsta rasit | *Mœstumque suspirans ab imo*
Atque comas Venus alma vulsit. | *Visa sinus laniare nudos.*

DE MOGOLIBUS.

Filii ejus Faroch Alla, Mashoud & Atabek pariter interempti, omnium sepulchra Tebrisii exstant. Argon Chan septem annos regnavit. Obiit ann. DCXC. mense Rabie priore, quod ex hoc Chronicorum scripto patet:

Annus Prophetæ sexies sentesimus,	*Tum quinta verni Rabie menses dies.*
Nonusque decies, decies fluxerat	*Currebat in loco Agiba.*
Implere fatum cum suam voluit vicem	*Mortuus ille spiritum extremum dedit*
Argonque vitâ depulit.	*Hora parata prandio.*

KINI TUN CHAN.

Kini Tun Chan filius Abka f. Hulagou, post Argon sex menses imperavit: Vesiratum Sadreddino Achmæ Chaled tribuit, Princeps liberalis, sed voluptatibus deditus, promiscuæ in Mares fœminasque libidinis, lintei velique contemptor, de illo hoc ferebatur:

Curvata cum Dal littera atque Nun fuit,	*Ingressa rimam est Heth hiantem & con-*
Aleph quoque hunc statum tulit.	*cavam.*

Cai Chatun Chan rejecto auro papyraceam aut cartaceam monetam Chataiorum more reducere tentavit; hinc seditio ingens duce Baida Chan qui Magnatibus in partes suas junctis eum mense Safaro ann. DCXCIV. interfecit; regnavit annos tres, menses quatuor.

GAZUN.

Gazun filius Argon post patrem regnavit sub finem mensis Dulhagiæ ann. DCXCIV. justitiæ ac Religioni maxime studuit: Vezirem Gemaleddinum Dasxerdorium habuit, cui post duos menses occiso Muharramo mense ann. DCLXXVI. Sadereddinum Chadinum Zanghiamium suffecit, quem annum integrum, & Dimedinum hoc munere functum 21. Ragiebi ann. DCXCVII. cum fratre Catebeddino pariter interfecit, illique Raschieddinum Fadlalla Tael Adenium & Saheddinum Savagium substituit ann. DCIC. die XXIII. Rabiæ prioris: Damascum victis Ægyptiis ingressus Persidem rediit. Ann. DCCIII. in valle Feschkad ditionis Casbinensis fato concessit. Abu Jamen in Cronico suo ejus mortis meminit:

Cum septem vicibus centum numeraveris annos,	*Undecimamque diem Schievali mensis*
Ab hac Prophetæ quam vocant Hegiram	*Videbis, hora prandium quando citat;*
fuga.	*Hac Imperator esse mundo desiit.*

Regnavit annos VII. menses IX. vixit XXXIII. Tebrisium delatus sacello quod construxerat ejus nomine etiam hodie celebri depositus sepultusque est unicus Mogolum Imperatorum, cujus sepulchrum publice videndum superest. Nativitas ejus in diem Veneris XIX. Rabie prioris mane incidit; alii in Dulhagiam mensem ann. DCCCCVII. referunt. Autor Chronici Chronicorum noctem diei Veneris 29. Rabie prioris ejusdem anni assignat Mazandarane.

ALIAPTU.

Aliaptu Sultan Choda Bende Muhammed filius Argon Chan f. Abka Chan' post fratrem septimo Dulhagiæ mensis die ann. DCCVIII. Tebrisii regnum adeptus est anno ætatis XXIII. omnibus retrò Mogolum Regibus in administrandæ exacto justitiæ studio & propagandæ Religionis Muhammedanæ zelo superior, ut qui alias omnes prohibuerit, tributum ab Judæis & Christianis exegerit, edictáque per omnes persici Imperii Provincias duodecim Pontificum nomina in Suggestis laudari mandaverit Kalexschia Nubin Ducum duce vasit Rascheddino magistris & Saheddinum in dignitates conservavit anno DCCV. Sultaniam condidit anno DCCVI. Geilon provinciam subactam vectigalem fecit; ea in expeditione Katlexschia, aliique cum aliquot militibus cecidere. Ann. DCCXI. Saheddinum Vezirem interfecit, ejusque loco Alinschia Tebrisium cum Raschido constituit ann. DCCXII. Syriam petiit, ab eoque itinere pacifice redux cum annos XII. & menses IX. regnasset, nocte festi Ramadan ann. DCCXVI. mortem obiit, cujus idem auctor qui Regum vitas mortesque descripsit, sic meminit:

Fluxere septem sæcula anni & sexdecim	*Quando Tiaram & regii throni doctus*
Novemque spatium Mensium.	*Reliquit ignorantibus.*

Sepultus est ad latus portarum deserti. Nativitas ejus in XII. Dulhagiæ ann. DCVIII. incidit.

ABUSAHID

DE MOGOLIBUS

ABUSAHID.

Sultan Abusahid Behadur Chan Patri defuncto in Regnum successit, ann. XII. agens ejusque administrandi curam Guipono Seduzio reliquit, ita ut Regis solum nomen retineret, Giupon filio majori ejus Hasen Chorazanem, secundo Muhammedi Georgianam, tertio Timuri Tasch Romaniam (occupatas Provincias in Imperio Romano) regendam commisit, ultimum Damsacum Aulæ Præfectum constituit, ejusque filiam Regi uxorem dedit, Raschidum Veziratu motum post brevem moram occidit in finibus Abher ann. DCCXXVIII. Rex jam annos XII. regnaverat cum animo ab Giupone averso Hazeni Echkomi uxorem Bagdadom deperire cœpit, eamque ab marito abductam sibi propriam habere voluit, renuente Giupone, hinc iræ & odia, quæ postea Deo volente, narrabimus, tandem Hasen repudii libellum Bagdado dare coactus est, eamque statim Abusahid sibi conjunxit, cujus blanditiis captus adeo se totum permisit, ut abjecta prorsus Imperii cura illud ei regendum commiserit mutatoque nomine Choudkar vocaverit, occiso Giupono ann. DCCXXVIII. Vezirem Gaiateddinum Muhammedem Raschidum multis & magnis virtutibus inclytum elegit, cæterum scribendi artem eximie calluit, quam ab Abdalla Siraphio didicerat, fortitudine ac audacia cæteros Mogolum Reges superavit, primusque Behadur, id est fortis cognomen in edictis cœpit. Æstatem Sultaniæ, hyemem Bagdadi aut Carabagii traduxit, Viros doctos, & Poetas maxime coluit, insigni & pulchra corporis forma fuit, natus est nocte XIV. Dulkaadæ in domo Maidascht dicta; obiit Iberonii, feretrum ejus Sultaniam delatum, ibique in sacello collocatum, ac terra conditum est: sed postquam Mirza Miroufcha filius Timuris hoc sacellum dirui jussit; inde translatum in sacello portarum Deserti ad patris latus sepeliverunt. Ben Jemin in Chronico sic ejus mortem describit:

Triginta sex & centies septem à fuga	Cùm luce decima & tertia Rabiæ ultimi,
Muhammedis anni fluxerant	Diem Saturni dixeris.

Abusahido maximo Regi Deus in nigri amœnis hortuli secessibus, Karabagium Turcæ vocant, quando coronam sustulit. Regnavit annos XIX. Hujus tempore Choia Hyschon, qui duodecim annos & sex menses Vesir fuerat, sub finem Giumadæ secundi ann. DCCXXIV. Aniani obiit, nullus Vezirum sub Regno Mogolum, eo excepto naturali suaque morte vitam finiit; Tebresium delatus, atque in Imareto alteri, quod struxerat proximo sepultus est. Post Abusahidum Mogolum Imperium imminutum, multique proceres illis spretis ubique assumpto regio, nomine insurrexerunt, ut post. mortem narrabimus. Post Abusahidi mortem octo ex Mogolibus imperarunt: sed ut dicemus Procerum arbitrio retinendi aut amovendi.

ARPA CHAN.

Arpa Chan hic nullo post Abusahidi mortem superstite ex ejus stirpe, regnum tenuit cura & studio Veliris Hacateddini Muhammedis; erat autem ex posteris Arpac Tukanini Tuli patruus, avunculus Abusahidi * * * * Arpa Chani Regno valdè offensus Moses Chanum ex Baida Chan posteris Regem, junctisque secum, & in partes suas tractis Arabibus cum multis aliis contra Arpa Chanum valido magnoque exercitu movit, nec segnior Arpa Chan quanto potuit occurrere die Mercurii XVII. Ramadani ann. 736. in finibus Karbou pugnatum, plerique Arpa Chani duces eo deserto, at in posteris Haiokon propensi, & melius affecti Mosis partibus accessere, ita victus fuga sibi consuluit, & post aliquod tempus in Segas captus, & Angranium ductus festo die, qui jejunio Ramadani succedit. Regnavit menses quinque & aliquot dies, eo in bello Gaiatdinus Vezir ejusque frater capti & XXI. Ramadani occisi, hic autem Gaiatdinus Vir magnus incomparabilis fuit, cui eruditi libros sæpius dicarunt, ut Cotabeddin Ralius, qui suum de ortu syderum illi inscripsit, & Salomon Savegius poemata in ejus laudem, & dominus Anhadius Chan cum Muhammede, Anhadius Hispahanensis librum Jam Gema id est speculum Salomonis; Ladaddinus in libro Touafach versus de illo dixit, cùm Sirasium amputata ejus manus missa est:

O qui tulisti semper appensam manum	Honore vel virtute præcellentibus
Super ensem acutum & omnibus	Favere gaudium fuit:

DE MOGOLIBUS.

MOSES CHAN.

Moses Chan filius f. Bayd Chan post mortem Arpa Chan Schievalo mense anno DCCXXXVI. Augiani Imperium adeptus est; tunc Emir Hasen Myrza celebrisque Kacæiæ morabatur, ibique ex Græcia & Georgia collecto milite, Muhammede ex Ulagou Chan stirpe in Regem sublimato Zebrisium petiit, ac in loco Nuschaar Aledac dicto casa Mose Chano & Aly Rege prælium iniit, Aly occisus Moses fugatus fuit.

MOHID CHAN.

Mohid Chan filius Magioni f. Amougin, f. Hulagou Chan, occiso Aly regnum occupavit sub finem Dulhagiæ mensis ann. DCCXXXVI. Emir Scheir Delschae Abusahido dilectam uxorem duxit, recteque administrando Imperio vacavit, Veziris officium Schim Schiaddino Zachariæ nepoti Gaiateddini commisit.

TAGAR CHAN.

Tagar Chan Mazanderone egressus, Emir Pir Hasen Giuponium cum Mogolibus qui Chorazana erant, sibi junxit, ac Tebrisium ire destinavit. Moses Chan illis pariter cum Aderbaion limites attigissent, se comitem cum copiis addidit. Muhammed Chan & Emir Scheik Hasen hoc accepto nuntio illis cum exercitu in Kerai occurrunt, commissoque prælio Muhammed Chan victor Mosi capto caput abscindi jussit ann. 737. in festo quod oblationis vocant mensis Dulhagiæ Taga Timur Chan Chorazonem fugit. Post hæc Emir Hasen parvus filius Timur Tasch f. Giupon, qui in Græcia erat collectis ibi copiis Tebrisium proficisci statuit, pugnavitque in finibus Nagiovan, at victus Sultaniam fugit. Ann. DCCXXXVIII. regnavit Muhammed Chan annum unum.

SAGUI BEK CATON.

Sagui Bek Chaton filia Muhammedis Alyaptu, post mortem Muhammedis Chan Hasen Parvi opera & industria Regnum adepta est, Hasen Major etiam illi se submisit, Amboque Haseni composita inter se pace mutuos in amplexus iverunt, Sagui Bek & Hasen parvus hyemem Carabagii, Hasen Major eamdem anni tempestatem Sultania transfegit, vere exorto Tagar Timur Chan, collecto iterum exercitu Iracam venit atque Hesenum magnis muneribus suas in partes traxit, inde Sultaniam profecti sunt Hasen minor hoc accepto nuntio cum Sagui Bek Katon filia Sultani Muhammedis, post mortem Muhammedis Chani cum illis pugnaturus Meragam ivit uterque exercitus ad pugnam paratus erat, cùm Hasen minor Togar Timur Chan dolo aggressus nuptias Sagui Bek Chaton ant Delchad Katon illi clam obtulit, si Hasen majorem è medio tolleret quam ille conditionem accepit, ac per litteras propria manu exaratas tanti matrimonii cupidus Haseno minori significavit, quas ille statim per fidum hominem ad Hasenum majorem misit. Hinc iræ & odia, nec Togar Timuri tuta in castris mansio, quibus noctu relictis Istrabadam fugit. Ibique Sarbedaios qui aliquot annos post mortem Sultani Abusahid Sedem ibidem fixerant, in suum obsequium perduxit illi occasione inventa interfecerunt. Chronicum de morte Regum, sic ejus meminit:

Annos citatis septies centum rotis	*Hæc Sabbati dies erat*
Et quinque decies Sol confecerat.	*Et decima-sexta Dulcadæ, Deo*
Quando Imperator occidit,	*Quando hoc volente contigit.*

Hasen magnus post Timuris Chani fugam cum Principibus, totoque exercitu Giupaniorum Saghi Bek Caton adiit ejusque manum osculatus præterita deprecatus est, & excusavit, inde concordes Angion contendunt, aliqui etiam Magnatum Tebrisium profecti sunt Hasen duabus parasangis infra Asigion subsedit. Interea Hasen parvus Sagui Bek a regni gubernaculis amoto, Suleimanem ex Ulagon Chani progenie, ut aiebat substituit.

SULEIMAN CHAN.

Suleiman Chan filius Muhammedis f. Sanki Schimet f. Ulagou Chani Regnum adeptus Sagui Bek Chaton uxorem duxit, æstatis tempore ann. DCCXXXIX. at vero Emir Hasen de *Giuponiis* pastoribus sollicitus, sibique metuens Bagdadi Timurem Chan ad Imperii fastigium extulit.

DE MOGOLIBUS.

GEHONTIMUR CHAN.

Gehon Timur Chan filius Alatranki filius f. Keiatuni Chan f. Abka Chan procurante Hasen Magnɔ regium nomen assumpsit, & quacumque Hasen imperabat, receptus publiceque pro eo preces factæ sub finem Dulhagiæ mensis anni DCCLX. contra Suleiman Chan & Hasenum minorem profecti victique sunt, Hasen major Jehon Timut ignaviæ ergo Regno abdicavit, Haseni minoris gloria, opesque crevere & Imperii regimen sub eo fuit, cætera quæ ad utrumque Hasenum pertinent majorem & minorem mox Deo favente explicabuntur.

ANUSCHIREVON CHAN.

Anuschirevon Chan Melek Ashraf (gloriosus) Chani nomen assumpsit quo nomine usque ad Temirlanem qui Siurgatmeschio illud concessit in Perside nullus est, usus est.

DE TIMURE ET TIMURIIS.

PRIMUS Timur felix pius infidelium domitor, Rex magnus & quem Historici felicitate, magnitudine rerum gestarum, victarumque gentium multitudine & fortitudine Alexandro parem statuunt, plurefque de eo libros scripserunt. inter cæteros Tafer Nama 1. Victor. liber ab doctore Scherafdino Aly Jesdi primas obtinet. Patrem habuit Teragai, filium Emir Barguel f. Neguit Behadur, f. Elhal Nuion f. Karagiar Nubion, f. Sougonhion, f. Emir Iroumi Perlas, f. Kagioubi Behadur, f. Tumene Chani, f. Estagher Kan, f. Kaidu Chan, f. Zumin Chan, f. Buka Kaon, qui filius Nurangæ Kaon fuit. Tumenæ Chan qui quartus Ginkis Chan & nonus pater ejus est, in unam lineam conveniunt. Ejus majores apud Ginkis posteros in Aula potentes vixere, quintus ante cum Karagiar Nuion sub Joctai Chan filio Ginxis Chan Magni Veziris & exercituum Imperatoris munus tenuit; obiit ann. DCCLII. annum agens LXXXIX. Emir Timur nocte XXV. Schiubani mensis anni DCXXXVI. in Katkesch Maurenahar ditionis propter tyrannidem violentumque ejus Imperium ab Emire Chatean viro inter Principes prudente, & omnibus grato bello petitus, & tandem Anno DCCXLVII. occisus est. Ita Cinghisiæ familiæ debilitatum regnum, Proceribusque tot obnoxium, qui prohibita abdicabant aut instituebant Regem Emir Kazcan Doruschinendum Geoglan Nagianium ad Regnum sublimavit, eique post biennium amoto Bion Cali Oglan (filium) ex prosapia Gioktai Chani substituit; subsequente altero biennio Emir Kaskanis industria Maurenahar dives & incolis frequens evasit, duodecim sub ejus regimine fluxere anni, donec DCCLIX. vertente occisus in venatione fuit ab aulico familiari, mortuo successit filius Abdalla, qui annum unum imperavit, hunc Bioncaly suspectum nimiæ erga mulieres suas familiaritatis interfecit, & Oglano invitis ac reluctantibus Proceribus Regnum dedit, atque is ann. DCCLX. e medio sublatus est; ex illo turbari Maurenaharæ Rex, singulosque Proceres pro arbitrio Regem ponere, mutuis inter se odiis & bellis certantes Socioru incuriosos & negligentes magna utrimque hominum strage, donec Togastimur Chan ex Joctai progenie Getarum Rex, collecto exercitu mense Rabie secundo ann. DCCLXI. Maurenahar fortiter aggressus est, magna Procerum pars ejus in obsequium ivere, eo anno Timuris pater obiit, ipse filiam Meslai Emiris filii Kaskan uxorem duxit annos XXV. natus, Togaltimur Chan interea discessit, cumque & Timuris ex aspectu futuræ magnitudinis vestigia cernere facile esset, ejus in Concilio magno in honore ac dignatione habebatur; itaque præfectura Kesch totiusque ejus ditionis illi concessa, hoc initium dignitatum illi fuit, Togaltimuris exercitus Getarum in Provinciam rediit, relicto Emire Hossino Meslai filio uxoris Timuris fratre & Kaskani nepote, qui Maurenahar regeret, sub eo immensum Timuris potentia crevit, ambo in adversis lætisque perpetui comites, donec orto inter eos dissidio, Proceres Maurenahar a partibus Timuris stantes Hosainum in urbe Balk interfecerunt ann. DCCLXXI. feria quarta Ramadani duodecima. Ex illo totius Maurenahar Regnum Timur adeptus Emiris Kaskani opera, quando Siurgatmasch ex Joctai prosapia imperatorum culmen sive Chani dignitatem obtinuit, nec desiit postea majus incrementum sumere omnes in quas profectus est Provincias subegit, omnium bellorum hostium-

DE TIMURE ET TIMURIIS.

que semper victor, rebellium profligator, nullo unquam prælio victus toto triginta annorum quibus imperavit spatio, quo temporum intervallo præter Maurenahar, Regna & Provincias Turkestan, Chouarzam, Chorasan, Siston, Indostan, geminam Irakam, ersidem, Kermon, Mazandaron, Aderbigion, Diarbekram, Chorestan, domuit, multas arces & castella expugnavit, Reges harum ditionum ejecit, atque illas filiis & nepotibus, eximiisque viris & ducibus regendas concessit. Ann. DCCXCIX. die 1 une sexta Dulkaidæ mensis Hispahanem, seditionis ergò in qua aliquot ejus milites occisi fuerant, promiscua cæde ac strage vastavit, cæsorum numerus ad septuaginta hominum millia. Zuctumisch Chan Rex Dasht Kapgiak ejus in obsequio nutritus, eoque annitente Regnum adeptus, beneficii postea immemor contra eum rebellavit, ille bis contra eum exercitum duxit, Dasht Capgiak usque, cujus latitudo ad mille Parasangas, latitudo ad 600. extenditur, pugnatum acriter ambigua victoria, sæpe etiam Georgiam finitimasque Provincias bello aggressus tributo subjecit, multosque inde captivos abduxit. Ann. DCCXC. Sivangatmisch Chan fato suo defunctus filium successorem reliquit, anno DCCCII. Timur Syriam profectus ejus Proceres ad Halepum obvios fudit, Duces cepit, captos in vinculis habuit, urbem expugnavit; hinc Damascum progressus, Syriæ captivos, quos ducebat, Proceres occidit, cum Ægypti Rege Farox pugnavit, victum fugere in Ægyptum compulit, Damasco capta Syriam militum rapinis & prædæ subjecit, cujus adeo ingens copia, ut auferendæ exercitus non sufficeret, hoc ipso tempore quo Syriam vastabat, Bagdadum rebellantem communi totius urbis populique cæde compescuit. Mox Carabag Hyemarum ivit anno sequenti die Veneris, XIX. Dulhagiæ mensis anni DCCCIV. Græciam profectus occurrentem ad Angoriam (Ancyram) Finderum Bajasetem magno prælio vicit & cepit, ita totius Turcici Imperii mole potita est Scytharum exercitus, annum integrum & dimidium moratus est Timur hoc in loco eoque temporis spatio sultan Mahmud Chan & Ailderun Bajasid in Timuris castris mortem obierunt, anno DCCCV. Aderbaion Timur rediit, ibi annum integrum & dimidium, ac in Iraxa consumpsit, multi ex Cueilon & Dasht Reges ejus in obsequium transiverunt, alii missis muneribus ad obediendum se paratos testati sunt, Ægypti Rex pecuniæ in ingentem numerum ejus nomine signatam ad eum misit. Eo denique felicitatis provectus est, ut Meccæ & Medinæ ejus nomine publicæ preces sint conceptæ, ann. DCCCVI. die IX. Dulkaadæ Firuzcouh venit, arcem uno die expugnavit; inde victo Alexandro Shanhio Cargion, & Firuzcouh rediit, iterque Chorazonem versus imperavit, & initio mensis Muharram an. DCCCVII. Nisapuro profectus Maurenahar venit, atque ibi in campis Kankel ditionis Samarcand convivium pari jussit inaudito apparatu, in quo nepotes invicem matrimonio junxit; inde Chatais subjugandis operam daturus Israfariab venit per hyemem, cujus tempore noctu XVII. Schiabani obiit. In ejus mortem hi versus ab homine docto scripti sunt:

Maximus & toto Timur celeberrimus orbe	Post quater atque decem patriis egressus ab oris
Tempora cui nullius priscæ dedere parem.	Virtutis monstrat præscia signa suæ.
Ter decies ac sex annos & sæcula septem	Deinde decem & septem vasto consumpsit in orbe
Si numeres, isto natus in orbe fuit.	Quem domitum forti milite victor obit.

Alii etiam circumferuntur:

Qui tulit immensum victrici signa per orbem	Luna & feralem sensit adesse diem.
Sanguineque hostili qui madefecit humum.	Tunc placita abjecit momenta per ultima vitam
Terquinos binosque dies octava ferebat	Ad Cœlum & toto corpore liber abit.

Corpus Samarkandæ in templum, quod quieti æternæ sibi struxerat, delatum est, ac sepultum. Quatuor filios suscepit: I. Emirem Gaiateddinum Geankirum (orbis victorem) qui Samarkandæ obiit initio Imperii paterni ann. DCCVI. reliquit hic liberos duos, primum Sultanum Muhammed qui avo successor designatus, obiit an. DCCV. decima-septima Schiabani die post post victos Turcas in obsidione castri Suri. Secundus Pir Muhammed, post mortem fratris, ab eo quoque hæres Regnorum dictus, Timur omnes qui aderant Proceres decumbenti in ejus verba & obsequium testamento adegit, erat hic Gasnæ & Indiarum ditionibus regendis Præfectus, & Ann. DCCCIV. decima-quarta Ramadani die ab Pir Aly Zar uno ex Proceribus interfectus est. II. Timuris filius Moazeddin Persidis Gubernator vivente patre ann. DCCLXXVI. Rabie priore in obsidione arcis Harmatu, ad ejus radices sigittæ ictu periit, ejusque locum filio Pir Muhammed filio Omaris dedit. III. Timuris filius Gelaleddin Miroufcha Siulakon Chani solium obtinuit, utramque, scilicet Irakam, Aderbaion, Diarbekram, ad Græciam & Syriam usque, hic in bello contra Kara Isuph Aderbaione post

mortem

ALBARUM OVIUM.

psit, Baianduriani aliique Magnates Sufi Chalili regimen non ferentes, Masiam Myrza filium Hasen Beg in Regem sublimarunt, Commissum prælium in Horda dominationis Sultani in quo Masiah cæsus cum multis suorum, Rostam Beg filius Mucsud f. Hasen Beg, captus, & arce Alengiak clausus, Mahmud Beg filius Ogarlu Muhammed f. Hasen Beg, fuga Iracam petiit, collectoque exercitu Regnum adjuvante Aly Beg Parnak invasit, Baizangor Myrza & Sufi Calil statim contra eum duxerunt, pugnatum acriter in finibus Giezin, vicit Bazangor, Muhmud Beg & Scha Aly Beg cæsi Post hæc Salmon Bek Begen Diarbecræ contra Sufi Calilum rebellavit, qui Diarbecram profectus contra Salmon, in finibus Van victum oppressit; multi aulici Chalil ibi cæsi, ipseque Chalil Salmon victor, Zebrisium ivit; contigit hoc prælium sub finem anni 896. Postea Sultan Baiandor exercitu Chagiar adjutus Baizangori rebellavit, & communicatis cum Garsede consiliis, Iracam profectus Macsudum Beg filium Hasen, consentiente arcis Algiac Præfecto, isto carcere liberavit, ac Regem salutavit. Inde repellendo Salmon Zebrisium itum, plurimi Procerum ac militum ad eos defecerunt, Salmon impar Diarbecram fugit, ibique à Nuraly Beg Baiandor cæsus, dignas scelerum, quæ contra Haidarios commisit, pœnas luit. Baisangor Myrza ad avum maternum Farokiar Sirvanum fugit; partem rerum ejus gestarum, in historia Rostam Beg absolvemus.

ROSTAM BEG.

Rostam Beg filius Machud f. Asen Beg victis Baisangoro & Salmone Bego sub finem Ragiebi ann. 897. Zebrisium venit, ibi Regnum auspicatus, liberalitate insignis fuit, adeo ut ex Nigrarum Ovium familia, ei nemo comparari possit, neque ea quæ dabat stipendia unquam dederit, initio principatûs sui Bediazsmon Myrza filius Sultani Hosain Myrzæ Chorazamensis Regis Iracam invadere tentavit, ann. 898. quarta Muharrami, Varamim venit, & post aliquot dies venientem Nigrarum Ovium exercitum veritus Chorazonem petiit. Finierat auctus Imperii Rostam Bek cùm ense Hage Baiandor, anno supra memorato Hispahane rebellavit, Rostam Beg Iracam contendit, aliquos Procerum suorum contra Cusehagi misit, qui in finibus Com negotium peregerunt, & Caput Hagi ad Rostam Bek miserunt, hoc ipso tempore Karkia Myrza Aly Rex Gueilan rebellionem quoque moliri visus, & Mir abdulmelek Mostaphi ex Proceribus Casuini & præcipuis inter Magnates Gueilan multos ex Bajandaris Casuini & Ry interfecit, Sultaniam quoque prædæ exposuit Sultan Aius cum exercitu Cagiar Geilon missus ab Casuinis finibus montem Carefchin venit, in loco Darjanek dicto consedit Abdulmelek fugit, copiæ Kagiar omnem Regis Gueilon ditionem prædatæ; magnam etiam militum hujus Provinciæ partem interfecerunt, mense Ramadano anni supradicti, atque ex eorum capitibus pyramidem extruxerunt. Rostam Beg extinguendæ Baisangori rebellioni, qui Syrvano egressus erat, Aderbaionem rediit, & Sultanum Aly Haidar fratremque, Istacharæ arcis carcere liberavit, bis pugnatum Aly Sultano cum suis fortiter auxiliante, secundum prælium in finibus Kanga & Bardahiom commissum, Baisangor captus est, annum & dimidium regnavit, sub finem Schievali anni supradicti initio Dulraidæ cæsus est. Frater ejus Hasen Bek filius Jacobi Bek in castris idem fatum subiit. Post hæc acta Sultan Beg de Sultano Aly cogitare cœpit, multa contra eum meditans, quorum ille certior factus, magno cum militum numero Ardebil contendit, res Rostami suspiciones auxit, itaque Ainam Sultanum cum Hosaino Beg Uchanio avunculi sui filio Aderbilem misit contra Aly, cum quo in finibus Ardebil sub finem hujus anni prælium comiserunt; cæsus in eo Aly, martyrii decus meruit: sed & brevi post tempore Sultan Aina & Hosain beg occisi sunt, dignam malorum operum mercedem sortiti. Dum hæc gerebantur, Princeps potentissimus, religiosissius, semper victor Ismaël Rex fortissimus Gueilan secessit à Karkia Myrza Aly, ei occurrente honorificè exceptus, & omni obsequio cultus est. Rostam Beg sæpe per legatos ab Karkia Ismaelem petiit; ille Abdulmeschi Hasen Sufi Regis Gueilan consilio majorem in eo servando diligentiam adhibuit, legatosque voti inanes dimisit. Rostam Beg quinque annos regnaverat, sextus currebat eratque 902. Quando Achman Beg filius Ogorlu Muhammedis f. Hasen Beg Græciæ finibus egressus, Iracam venit, Hosain Beg Alichonium & Abdulcherimum Rostami Beg partes sequutos in finibus Sultaniæ victos interfecit, Ramadano mense anno supradicto. Ex illo publicæ preces nomine Achmad, qui frater uxoris ejus erat, concipi, nummosque cudi cœperunt, bis Rostam & Achmad Aderbaione pugnarunt; primo prælio Aina Sultan, relictis Rostam Beg partibus ad Achmadum defecit; victus Rostam Araxem transit *Kergium* fugit, eo Achmud contendens, Zebrisium venit; Secundum prælium Dulcaada mense ejusdem anni inter eosdem Comissum, in illo captus

Roftam Beg, & occifus eft. Regnavit annos quinque & dimidium.

ACHMAD BEN OGORLU MUHAMMED.

Achmad filius Ogorlu Muhammedis filii Hafen Beg, poft Roftam Bek mortem, in Regno confirmatus eft Princeps populi amantiffimus, exiguo quo regnavit tempore, claufæ tributorum portæ, nec ulli à quoquam aliquod exigere vi, & præter jus popoteftas fuit vinum & omne inebriantis poculi genus odio habuit, Legis fervandæ & propugnandæ ftudiofiffimus, doctos maximè coluit, quos apud fe habuit & difputantes audiebat, fenem Zahzomi præcipuè obfervavit, nec ab ejus confilio recedebat, * * * * * avaritia, ftipendia & dona, quæ majores ejus aliique olim Reges tribuebant, concitavit, quod illi malè vertit, nec diuturnum ejus Imperium fuit, crefcente diffidentia Hofainum Effoion generum fuum menfe Dulcaada ann. 902. occidit Sultan Aina Kermoni præfectus occafionem rei faciendæ fibi repertam putans, obtenta Kermonem eundi licentia Zebrio egreffus, Perfidem properat, & adjuvante Kafem Bek Parnak iftius Provinciæ gubernator rebellat. Achmud hoc comperto hyeme Iracam contendit, ad eos reprimendos illi viciffim parvo cum exercitu contra eum movent, die Mercurii 14. Rabiæ fecundi in loco Coiahafen Nahi dicto uterque exercitus pugnavit Achmad victus militum merita cum plerifque Procerum & Neftagio Ogli cæfus eft. Tunc familiæ Nigrarum Ovium Imperium declinare cepit, atque ad alios tranfiit, fex ex ftirpe Hafem Bek parvuli fupererant, variis in locis Sultan Morad filius Jacobi Syrnani erat, Alnand Bek filius Jacobi Bek Aderbaione & frater ejus Muhammed Myrza Jefdæ, Principes iftius Nigrarum Ovium familiæ, & Bajanderii tres in factiones divifi, fuum fibi finguli Regem conftituerunt, mutuifque fe bellis de adminiftratione certantes attriverunt, donec vaftatis Provinciis Regno excifa, ac prorfus exftincta familia periit, ut poftea dicemus.

ALNAND BEK.

Alnaud Bek filius Jofephi Bek filii Hafen Beg fuit. Ayna cùm Achmadem occidiffet nullum è regia familia, cui Regnum traderet, in poteftate habuit, publicas tamen preces concipi & monetam cudi Moradi nomine in Iraca juffit, ita & figillum regium omniaque mandata, mox Aderbaion verfus iter inftituit, fed antequam eo perveniret Cafem Beg ejus præfectum & Gazibeg Baiondur accepit, Aluendam in Regem fublimaffe, altera etiam factio Moradum Xyrazio egreffum Regem falutaverat, contra hos Sultan Aina prælio congreffus vicit, Moradum cepit, captum arce Zoubin claufit, matrem ejus uxorem duxit, pacem cum Alnand fecit, eumque Zebrifium ductum anno 903. Regem conftituit. Cætera quæ ad ejus hiftoriam pertinent, in Morado exequemur.

MUHAMMED MYRZA.

Muhammedem Myrzam filium Jofeph Hafen Beg aliqui Proceres Iracæ Regem conftituerunt, mox in Perfide contra Cafem Beg Parnak bellum gefferunt, qui victus Iftacharam in arcem fe recepit, illi Iracam redierunt, Aina Sultan & Alnand Bek Couzi hyemem ducebant, relictis aliquot Proceribus Varamine, qui Muhammedis conatus reprimerent, fub finem hyemis Muhammed Hofaina Kiara Gelomo fuadente impetum fecit & fugavit, Aina Sultan & Alnand urbe Com relicta, Aderbaionem iverunt; interea Muhammed Myrza, collecto in Iraca exercitu, magnaque Turcarum & Kilomorum multitudine adjuncta, menfe Sievalo ann. 904. Sultanum Ainam prælio aggrediuntur. Erat hic Bajanduriorum patruus, audacia ac virtute omnibus fuperior, qui declinante & everfæ Nigrarum Ovium familiæ fuperftes non fuit; eo tempore brevi, ab illis ad alios Imperium tranfiit, ut poftea dicemus, Alnand Beg poft hoc prælium Diarbecram fe recepit, Muhammed Myrza Tebrifium profectus eft, interea frater uxoris Sultani Ainæ Moradem Tubini carcere liberatum, ad Cafem Beg Parnak in Perfidem duxit, ibique Rex falutatus eft, Muhammed Myrza his reprimendis Iracam Petiit, & annum circiter regnavit.

SULTAN MORAD.

Sultan Morad filius Jacob Beg, poftea in Perfide regnavit, Alnand Aderbaionem rediit; interea quidam Sultan Hofain nomine eo prætextu, quia fe filium Myrzæ Gehonfcha f. Kara Jofeph diceret, Aderbaione egreffus, ingentem exercitum collegit, cum

ALBARUM OVIUM.

Alnand Beg ann. 905. prælio victum & captum interfecit; ann. sequenti 906. Alnand Beg & Sultan mutuo se aggredi voluerunt, sed multorum opera & diligentia in finibus Casbini & Abhari, conciliata pax his conditionibus, ut Iracam & Persiam, Morad retineret, Aderbaionem & Diarbekram Alvend haberet, quibus receptis, uterque ad sua reditum maturavit. Sultan Morad Giumadi secundo ejusdem anni Casbinum venit, integramque septimanam in hac urbe moratus est, Alnand Tebrisium petiit. Exin vastitas, direptio injuriæ, tributa, rapina, diversas terras occupare, obsessa itinera, Magnates dissentire, Casem Beg Parnak Xirasii multos per annos præfectus, cum Patre septimo Safari mensis anno 907. captus & Istaracham missus, deinde in arcem Hispahan, atq; ibi occisus. Feria septima Safari mensis ann. 908. Abulfatah Kermonis præfectus Xyrazium venit, Jacobum Chan Beg Moradi vicarium in Perside fugavit; regionem occupavit, sed post sex menses die Lunæ octava mensis Siubani ejusdem anni, ex monte cadens inter venandum, periit; vastato denique Regno, ad nequitiam & tyrannidem fames & pestis accesserunt, utraque ingentem populi numerum confecit, turbati sparsique mortales ubique solum vertebant, aliaque & diversa mundi facies erat, donec auxilii divini zephyrus pro tyrannide misericordiam super orbis fines flare incepit, & lucidus terrarum Sol potentissimus Imperator Religionis asylum, semper victor Ismaël fortis, exortus feliciter clementiam suam super varias gentes sparsit, ac Proceribus & militibus fortissimis comitatus, initio anni 907. in finibus Nackoan cum Alvend & Nigrarum Ovium familia prælium commisit; victus Alnend fuga sibi consuluit, Aderbaion Ismaëli cessit, ejusque incolæ ab Turcarum tyrannie liberati sub justo & clemente tuti vixerunt, Aludendiu turbatus & attonitus, tandem Bagdadum mox & Diarbecram petiit, ubi cum Cazem Beg & Gehonguir Beg cognato, Hasen Beg istius loci á multis annis Rege, bellum gessit, vicit, ne, & regnavit usque ad annum 910. quo mortem obiit; Ismaël, fugato Aluendo, Aderbaione potitus, post annum contra Sultanum Morad Iracam exercitum duxit, & die Lunæ 14. Dulhagiæ anno 908. in finibus Hamadan cum eo pugnavit, victus Morad Xirasium fugit, deinde Bagdadum ad Barik Beg Parnak istius regionis præfectum, ibi quinquennium integrum & sex menses moratus est, sed ambo cum Ismaëlem anno 914. Iracam Arabicam versus iter instituere coepissent, ea relicta, Caramaniam Turcarum Imperio subditam concesserunt, nec ultra Morad felici fortuna usus, donec ann. 920. Diarbecræ ab Ismaëlis militibus occisus est, & cum eo Nigrarum ovium familia finem cepit.

CAPUT V.

DE USBEKIIS PRINCIPIBUS,
qui post annum nongentesimum Transoxianam & Chorasan venerunt.

I. XAIBEG Chan filius Budag Sultani f. Abulchair Chan, ex prosapia Tuschi Chan f. Ginkis Chan, hic ann. 904. Tranxoxianam, sive Maurenaharam Timuris nepotibus & posteris abstulit, decem ann. in ea regnaverat, quando Sultan Hosain Chorasonis Rex mortem obiit, cujus filii malè concordes, suam quisque Regni partem tenuere Xaybeg Muharramo mense anni 913. exercitum Chorazonem duxit, Bedia Zemon Sultani Hosaini filium natu majorem prælio victum Iracam usque fugavit, alii ab Usbekiis occisi, alii fato suo perierunt, Xaibeg Chorazonem victor tenuit, jamque tres annos in ea regnaverat cum Ismaël exercitu Chorazonem ducto, die Veneris anni 616. cum prælio victum interfecit.

II. Kuchi Khon Chugiam Chan nomine nomine notissimus aulicorum, antiquior ex lege quæ apud eos invaluit, ut proximior succedat Maurenahar obtinuit, viginti annos, eo regnante Mir Baber, & Achmud Hispahanius Pangiom Zam dictus, multisque magnisque Proceribus comitantibus Maurenaharam occupaturi ad Oxum venerunt, Amoniam transiverant, cum Myrza Baber finium Indiæ Dominus cum eis copias conjunxit, Caspias portas transiverunt, ditionesCarschi direptioni prædæ & internecioni dederunt, mox in finibus Chan Giadnan cum Usbekiis & abdul Sultano eorum præcipuo prælium commiserunt septima Ramadani anni supradicti, & victi sunt Baber & Achmad Zurabadgiom, ac deinde Muharrami 11. ann. 935. cum Chamalo Ismaëlis filio congressi victique Maurenaharam fugerunt, anno sequente 936. iterum Meru venerunt rursus invasuri, sed composita pace ad suos redierunt, eoque anno Kuchengi obiit.

III. Abusahid Kuchengi filius post patrem regnavit quatuor annos & an. 830. obiit.

IV. Obaid Chan filius Mahmudi Sultani cognati Xaibeg Chan post Abusahidum Maurenaharæ Imperium tenuit, hic sæpe regnantibus Kufchengi, & Abusaido Chorazonem invasit, eaque variis inter eum & Ismaëlis duces præliis vastata magnaque hominum multitudo periit, tandem Maurenaharam regressus initio Dulkaadæ, ann. 930. fato concessit Bocharæ.

V. Abdalla Chan filius Alexandri f. Giapex, f. Choia muhammed Oglan, f. Abulchair Chan, f. Kuchengi Chan, post Obaidum Maurenaharam tenuit, sex circiter menses, obiitque ann. 940.

VI. Abdullatif Chan post eum regnavit atque etiam nunc regnat ann. 940. Kuchengi filius.

PARS QUARTA.

DE PRINCIPIBUS DOMESTICIS REGNI
ҁ) familiaribus Pontificatus, ҁ) viæ excelsæ, altæ, puræ.

CONSERVAT eos Deus cum gratiis suis & beneficiis ingentibus * * * * hujus libri propositum est ex illis aliquid referre, eorumque virtutibus, ut magni Reges, Principes, Imperatores ex ea Familia regnandi periti, celebres supra cæteros omnes mortales claruerunt, quibus à Deo benedictionem precari decet: hæc prosapia ad septimum Pontificem Casem Mosi refertur, eademque linea ad veritatis ducem Scheik Safi Abu Isacum avum jungitur, hic Scheik Tageddinum Ibrahim Tahedam Gueilonium sequebatur, qui Scaurondi obiit ann. 700. ibique sepultus est; hic autem Zahed ad Alim filium Abutaleb, aliosque subsequentes Pontifices pertinebat, Scheik Safi Eddin Abu Isac sui sæculi mundique salus, & polus perfectissimus sub Mogolibus ex Ginghascano profectis inclaruit, qui ei maxime tribuebant, isque ut in Chronico electo refertur, plurimos à vexationibus liberabat; itaque omnibus in locis de illorum virtutibus libri componebantur, ut patet ex Libro Rousat Elsafa quem composuit Ibn Elbazaz, hic vir maximus post matutinas preces obiit Aderbili ann. 735. regnante Sultan Abusahid Chan filio Olgiatu Sultani, ibidem sepultus in loco Cazire dicto, Scheikum Sadreddinum propter & fideles peregrinantes notissimo. Hic excellentissimus Princeps Imperatoriæ familiæ origo fuit, ex qua multi Reges ordine Persicum Imperium tenuere, semper victores; præcipuus omnium Ismaël, qui in solio sedit, Prophetæ vicariarum gerens, hostium victor, Duces Principesque mundi pulverem ungulæ equi illius pro Collyrio oculis imponunt, Reges exteri succincti & ad obsequium parati throno adstant, excelsus, potens, Alcorani defensor, Persarum, & Regum Rex, Imperator, justus, clemens, tyrannidis & rebellionis domitor, securitatis & quietis auctor à Deo datus, majestatis, pulchritudinis & fortitudinis extremum fastigium attigit, parvo cum exercitu centum equitum millia solitus aggredi, in venatione leones & pardos conficiebat. Cæterum ita suis venerandus & timendus, ut aulici nulli, nec Magnates aliquid sine licentia, eoque inconsulto, aut tentare aliquid, aut loqui non auderent. Liberalitate adeo insignis fuit, ut reditus necdum in aulam adlatos sæpe daret; Virtutes laudesque ejus innumeræ sunt, quas, si aliquis describere velit, alioquam hoc libro opus sit, in quo tantum ejus victorias, quomodo ad Regnum pervenerit breviter narrabimus, & quotiescumque Majestatis mentio incidet, nos eum intelligere lector sciet, atque initium à majoribus ejus faciemus. 1. Scha Ismaël filius Sultan Haydar 2. f. Suitant Inend, 3. f. Scheik Sederdin, 4. f. Ibrahim, 5. f. Scheik Choia Aly, 6. f. Scheik Sederdin, 7. f. Mosis, 8. f. Scheik Saphi, 9. f. Abu Isac, 10. f. Amineddin Gabriel, 11. f. Scheik Sale, 12. f. Scheik Kotabeddin, 13. f. Salaeddin Raschid, 14. f. Muhamed Elhaphetz, 15. f. Huz Elchouez, 16. f. Feruschazarin Colao, 17. f. Muhammed, 18. f. Scharfecha, 19. f. Muhammed Ben Hasen, 20. f. Muhammed ben Ibrahim 21. f. Goitar Ben Muhammed, 22. f. Ismaëlis ben Muhammed, 23. f. Achmud Arabi, 24. f. Abu Muhammed Casem, 25. f. Abulfatach Hanize, 26. f. Pontificis Elhamoni Mosis Elkazem, atque hi omnes magni viri & veneratione dignissimi fuerunt, qui homines doctrina & eruditione sua illustrarunt, viamque illis veritatis ostenderunt, & quidem discipulorum

qui

www.ingramcontent.com/pod-product-compliance
Lightning Source LLC
Chambersburg PA
CBHW050558230426
43670CB00009B/1174